庆元县志

（1991—2010年）

庆元县地方志编纂委员会　编

方志出版社
Publishing House of Local Records

图书在版编目（C I P）数据

庆元县志．1991—2010年 / 庆元县地方志编纂委员会编．-- 北京 ： 方志出版社，2020.9
ISBN 978-7-5144-4412-4

Ⅰ．①庆… Ⅱ．①庆… Ⅲ．①庆元县－地方志－1991-2010 Ⅳ．①K295.54

中国版本图书馆CIP数据核字（2020）第220525号

庆元县志（1991—2010年）

编　　者：庆元县地方志编纂委员会
责任编辑：宁　芳　王　品

出 版 者：方志出版社
地址　北京市朝阳区潘家园东里9号（国家方志馆4层）
邮编　100021
网址　http://www.zgfzcb.cn
发　　行：方志出版社图书经销中心
电话（010）67110500
经　　销：各地新华书店
印　　刷：杭州良诸印刷有限公司

开　　本：889×1194　1/16
印　　张：51.5
字　　数：1551千字
版　　次：2020年9月第1版　2020年9月第1次印刷
印　　数：0001～3000册

ISBN 978-7-5144-4412-4　定价：298.00元

庆元县地方志编纂委员会

2010—2013 年

主　任：叶　青
副主任：吴青松　张　明
委　员：黄立飞　刘　良　吴进平　陈丕灶　吴积云　张力军　叶绍飞　叶荣兴　柳昌发
吴雪英　王美芝　胡庆华　吴灌红　杨小芬　范庆伟　叶先良　李　斌　吴传彪
办公室主任：叶荣兴（兼）
副主任：吴传彪（兼）

2013—2014 年

主　任：叶　青
副主任：徐为民　阎昌远
委　员：黄立飞　胡葆飞　叶　武　陈丕灶　林高平　毛茂丰　陈定光　练正娟　叶荣兴
柳昌发　周　峰　吴进平　叶先良　王美芝　刘高深　祁康明　徐一群　吴传彪
办公室主任：叶荣兴（兼）
办公室副主任：吴传彪（兼）

2014—2017 年

主　任：叶　青
副主任：徐为民　阎昌远
委　员：黄立飞　胡葆飞　叶　武　陈丕灶　林高平　毛茂丰　陈定光　练正娟　叶荣兴
柳昌发　周　峰　吴进平　叶先良　王美芝　刘高深　祁康明　吴利斌　吴传彪
办公室主任：叶荣兴（兼）
办公室副主任：吴传彪（兼）

2017—2020 年

主　任：胡献如
副主任：李见阳　赵　玻
委　员：王伟松　吴长智　吴　勤　叶先良　赖小文　毛茂丰　沈亦平　叶文标　吴春生
吴秋标　毛志平　吴进平　张继誉　吴庆洪　叶华成　胡元胜　黄君贤　吴传彪
办公室主任：吴春生（兼）
办公室副主任：吴传彪（兼）

说明：以上分别见庆委办发〔2010〕92 号、庆委办发〔2013〕177 号、庆委办发〔2014〕139 号、庆委办发〔2017〕88 号发文。

2020 年

主　任：胡献如
副主任：李见阳　范国良
委　员：王伟松　吴长智　吴　勤　吴绍华　赖小文　毛茂丰　余兆云　叶文标　项进全
方　军　吴世鸿　刘利明　黄丽芬　吴永林　项邦宝　叶其娇　彭秋伟　吴传彪
办公室主任：项进全（兼）
办公室副主任：吴传彪（兼）

《庆元县志（1991—2020年）》编纂人员

主　编：叶荣兴（2009—2015）　吴春生（2015—2020）　项进全（2020）

副主编：吴传彪（2009—2020）

编　辑：吴　青（2009—2020）　吴美妫（2009—2015）　郑善九（2009—2020）

胡　帅（2009—2014）　吴新民（2011—2013）　王西金（2011—2015）

蔡章福（2013—2014）　叶帮谷（2013—2015）

采编人员（按姓氏笔画排序）

王　红　王加吉　王西金　王星荣　毛琼飞　叶　庆　叶　欣　叶发和　叶庆云　叶昌用

叶松平　甘乐民　刘学用　刘建辉　刘奕明　吴　君　吴　娟　吴　海　吴卫平　吴小臻

吴文平　吴永飞　吴庆生　吴式求　吴丽娜　吴国荣　吴采芬　吴春芳　吴荣斌　吴顺元

吴根峰　吴祥谊　吴起田　吴跃华　吴惠华　吴军辉　杨小珍　杨晓君　沈　芬　沈　菲

沈光友　苏大法　陈士平　陈伟红　陈祝香　陈根水　周　敏　周明全　周顺水　季均妹

林小楚　林显平　练素红　范志娟　范良大　范昌谊　郑承春　郑舒文　姚庆朋　姚家飞

柳从聪　洪根荣　胡　云　胡　青　胡光文　胡林松　胡桂兰　赵小伟　赵剑芳　麻益杰

彭荣根　童　健　蓝海荣　蓝雄飞　鄢善仁　蔡建年

庆元县城鸟瞰（高金龙　摄于 1992 年）

庆元县城鸟瞰（沈亮　摄于 2009 年）

百山祖（陈小荣供　摄于 2010 年）

巾子峰（2007 年）

双苗尖（陈士平　摄于 2005 年）

百山祖冷杉原生树(百山祖管理处供　摄于2010年)

举水乡落岭村杉树王(举水乡政府供　摄于2006年)

百山祖冷杉球果(百山祖管理处供　摄于2008年)

县人民政府大门（陈士平　摄于 2005 年）

濛洲街（县建设局供　摄于 2010 年）

松源街（郑承春　摄于 2009 年）

庆元大桥（彭荣根　摄于 2008 年）

后田大桥（彭荣根　摄于 2006 年）

市民广场（县建设局供　摄于 2006 年）

生态公园（县建设局供　摄于 2006 年）

庆元国际大酒店（陈士平　摄于 2005 年）

庆元客运站（县交通局供　摄于 2009 年）

聚丰佳园（县建设局供　摄于 2006 年）

沁心园商住小区（县建设局供　摄于 2007 年）

洋墩新村（县建设局供　摄于 2008 年）

同德新村（县农办供　摄于 2006 年）

同济新村（郑承春　摄于 2009 年）

国高长深线龙泉至庆元高速公路开工典礼（彭荣根　摄于 2010 年）

54 省道（吴凌云　摄于 2009 年）

左溪至黄岗康庄公路（陈士平　摄于 2010 年）

如龙桥（陈士平　摄于 2009 年）

后坑桥（叶荣兴　摄于 2007 年）

咏归桥（县文广新局供　摄于 2006 年）

兰溪桥（叶荣兴　摄于 2006 年）

松源溪县城段流域（县建设局供　摄于 2010 年）

兰溪桥水库大坝（县水利局供　摄于 2010 年 ）

剁花法栽培香菇（陈士平　摄于 2015 年）

段木栽培制菇（县食用菌管理局供　摄于 2015 年）

代料栽培——低棚脱袋出菇模式（县食用菌管理局供　摄于 2008 年）

代料栽培——高棚层架栽培模式（县食用菌管理局供　摄于 2015 年）

首届庆元香菇节开幕式（姚家飞　摄于 1992 年）

第七届中国（庆元）香菇节开幕式暨“中国廊桥之乡”授牌仪式（姚家飞　摄于 2008 年）

第八届中国（庆元）香菇文化节开幕式晚会（陈士平　摄于 2010 年）

梦天工业园（县工业园区管委会供　摄于 2008 年）

北门工业园（县工业园区管委会供　摄于 2008 年）

反墺工业园（县工业园区管委会供　摄于 2008 年）

孔庙（庆元中学供　摄于 2018 年）

西洋殿（五大堡乡政府供　摄于 2010 年）

吴三公祠（陈士平　摄于 2009 年）

吴文简祠（叶荣兴　摄于 2007 年）

庆元县文化馆、图书馆（县文广新局供　摄于 2010 年）

中国庆元香菇博物馆（姚家飞　摄于 2010 年）

庆元食用菌科研中心（陈士平　摄于 2013 年）

庆元中学（县教育局供　摄于 2010 年）

庆元县实验小学（县教育局供　摄于 2007 年）

庆元县中心幼儿园（县教育局供　摄于 2010 年）

庆元县人民医院（县卫生局供　摄于 2008 年）

庆元县中医院（县卫生局供　摄于 2008 年）

庆元县疾病预防控制中心（县卫生局供　摄于 2008 年）

庆元革命烈士陵园——革命烈士纪念碑（县民政局供 摄于 2010 年）

中国工农红军挺进师斋郎战斗纪念碑（叶荣兴摄于 2006 年）

中国工农红军北上抗日先遣队竹口战斗纪念碑（竹口镇政府供 摄于 2010 年）

中国工农红军挺进师斋郎战斗纪念遗址（百山祖乡政府供 摄于 2010 年）

序

地方史是国史的重要支撑，地方志是一地的“百科全书”。《庆元县志（1991—2010年）》编纂工程浩繁，历经十余年，数易其稿，即将付梓面世。这是全县一项系统文化工程，是庆元县精神文明建设的重要成果，是21万庆元人民文化生活中的大喜事，必将在今后的历史长河中持久发挥“存史、资政、教化”等诸多作用，可喜可贺！

庆元山川锦绣，历史悠久。这里有百山之祖、巾子之峰、“濛洲八景”、三江之源等旅游胜景；有人工栽培香菇技术创始人吴三公，南宋监察御史、吏部侍郎、具奏宁宗诏准建县的胡紘，南宋吏部尚书、世称“神童”的陈嘉猷，农民起义领袖叶宗留等历史名人；有香菇文化、廊桥文化、大济进士文化、月山文化和生态文化等深厚底蕴的地方文化。20年来，庆元交通发生翻天覆地变化，庆元人民出山之路变得更加畅通便捷：龙庆高速、庆元大道建成通车，实现一级公路“零”的突破，庆元迎来“高速时代”；衢宁铁路及火车站场建设、庆景青公路提升、庆寿高等级公路改造加快推进，农村客运“村村通”公路完善工程全面完成。20年来，庆元市政建设日新月异，民生事业蒸蒸日上：生态公园、濛洲公园、市民广场、香菇博物馆、廊桥博物馆、濛洲街等从无到有，松源新居、聚丰家园、沁心园、濛洲花园、山水小区等居住小区拔地而起，新庆中、新二中、新职高、人民医院、中医院等面貌一新。20年来，庆元人民靠着勤劳、智慧和创造创新精神，赢得不胜枚举的“国字号”荣誉：“中国香菇城”“中国廊桥之乡”“中国生态环境第一县”“中国制笔产业基地”“中国食用菌产业基地”“中国竹制品产业基地”“全国最美生态旅游示范县”“中国避暑胜地”等。目前，县委、县政府正举全县之力，力促经济社会加速发展。

庆元人杰地灵，文化厚重，修志古风绵延不绝。据《宋史·艺文志》载，宋邵笥撰《括苍庆元志》一卷，为县志始修。明代四修，清代四修，尽叙历史沿革之要略，追记先贤英杰之功绩，反映经济文化之盛衰，留下极为宝贵历史遗产。最近一部县志，是1996年出版的《庆元县志》，开县志之新体，注重记述1990年前全县经济建设和社会发展成就，更把改革进程作为重点载入，具有鲜明地方特色。如今，全县面貌变化之大，经济社会发展之快，前所未有。盛世修志，志载盛世，再次修志势在必行。

志为信史，修志之意，旨在告慰前人，激励当代，启迪后世，造福桑梓。《庆元县志（1991—2010年）》是中华人民共和国成立以来全县修成的第二部县志，重点记述了1991年以来20年庆元县经济建设和社会发展进程，内容全面，重点突出，特色鲜明，既有宏观鸟瞰，一县概况尽收眼底，又有微观透视，沧桑变化了然志中，一卷在手，犹如全县在胸，为认识庆元、研究庆元、建设庆元提供重要、科学的地情依据。主政者，可以之为镜，观兴废盛衰，知是非得失，把握未来发展方向；为民者，可以之为师，览家乡全貌，晓发展艰辛，珍惜今天幸福生活。

鉴昔而知今，继往为开来。值此《庆元县志（1991—2010年）》即将出版之时，谨代表中共庆元县委、县政府向支持、指导、帮助过本志编修的省、市方志办领导、专家，兄弟县（市、区）史志办领导、行家，方志界老前辈，致以诚挚谢意；谨向为编修本志提供帮助的各界人士、辛勤劳作的撰稿人员和默默耕耘数度春秋的编纂人员表示亲切慰问和衷心感谢！

中共庆元县委书记 董传刚

中共庆元县委副书记、县长 胡献如

2020年9月

凡 例

一、本志以马克思列宁主义、毛泽东思想、邓小平理论、“三个代表”重要思想、科学发展观、习近平新时代中国特色社会主义思想为指导，遵循辩证唯物主义和历史唯物主义的立场、观点和方法，贯彻国务院《地方志工作条例》、中国地方志指导小组《地方志书质量规定》的要求，全面、客观地记载庆元县1991—2010年间自然、政治、经济、文化与社会的历史与现状。

二、记载上限为1991年，下限为2010年。前志（特指浙江人民出版社1996年出版的《庆元县志》）未设的新篇章从事物发端写起。全书概述、篇首概述、章下序内容适当上溯。

三、本志以2010年庆元县行政区域为限，内容越境不书。2010年12月29日屏都镇获批并入松源镇，志稿记述时限内两镇实际尚未合署，故本志中各项数据仍以原松源镇、屏都镇为准。

四、体裁采用述、记、志、传、图、表、录等体裁，以志体为主。结构以篇章节结构为主。凡时代特征、地方特色显著，又难以在正文中展开记述者，设为专记。

五、篇的设置以科学分类与现实社会分工（现行管理体制）相结合。凡具有特别重要地位、文化积淀深厚且体量较大者，设为专志，各置为篇。篇下设章、节，必要时增设目、子目与细目等。

六、本志为体现区域内的地方特色，特设《庆元香菇》《庆元廊桥》两篇。

七、人物以“生不立传”为原则，专设《人物传略》予以记载。其他人物另设各类名录予以记载。

八、志书对行政机构的表述，庆元县级机构名称中，省略“庆元”两字；丽水市级机构名称中，省略“丽水”两字；浙江省级机构名称中，省略“浙江”两字。

九、本志资料来源于各单位撰写、提供的专志和档案，并经各承编单位核实、考订。统计数据以统计部门公布数据为准，统计部门缺失者则采用相关部门经过核实的数据。

十、本志数字表述按中华人民共和国国家标准《出版物上数字用法》执行。计量单位按《中华人民共和国法定计量单位》执行，一些地方适当保留“亩”等计量单位。地名使用县地名办审定的标准地名。

目　录

第三篇　人口　居民

第四篇　土地

第五篇　城乡建设

第六篇　交通

第七篇　庆元廊桥

第八篇　水利

第九篇　能源

第十篇　环境保护

第十一篇　邮政　电信

第十二篇　农业　农村

第十三篇　庆元香菇

第十四篇　林业

第十五篇　工业

第十六篇　商贸

第十七篇　旅游

第十八篇　财税

第十九篇　金融

第二十篇　经济管理

第二十一篇　中共庆元县地方组织

第二十二篇　地方人民代表大会

第二十三篇　地方人民政府

第二十四篇　地方人民政协

第二十五篇　社会团体

第二十六篇　军事

第二十七篇　法治

第二十八篇 文化 体育

第二十九篇 教育

第三十篇　科技

第三十一篇　媒体

第三十二篇　史志　档案

第三十三篇　卫生

第三十四篇 人事 劳动 社会保障

第三十五篇 民政

第三十六篇 方言

第三十七篇 风俗 宗教

第三十八篇 人物

附 录

索 引

CONTENTS

Part3:Population Resident

Part 4:Land

Part 5: Urban and Rural Construction

Part 6: Transportation

Part 7: Qingyuan Lounge Bridge

Part 8: Water Conservancy

Part 9: Energy

Part 10: Environmental Protection

Part 11: Postal Service Telecommunication

Part 12: Agriculture Village

Part 13: Qingyuan Mushroom

Part 14: the Forest Industry

Part 15: Industry

Part 16: Commerce and Trade

Part 17: Tourism

Part 18: Finance and Tax

Part 19: Finance

Part 20: Economic Management

Part 21: Local Organization of CPC in Qingyuan County

Part 22: Local People's Congress

Part 23: Local People's Government

Part 24: Local Organization of CPPCC

Part 25: Mass Organization

Part 26: Military Affairs

Part 27: Rule of Law

Part 28: Culture Sports

Part 29: Education

Part 30: Science and Technology

Part 31: Media

Part 32: Historical Annals Archives

Part 33: Health

Part 34: Personnel Labor Social Security

Part 35: Civil Affair

Part 36: Dialect

Part 37: Custom Religion

Part 38: Characters

Appendix

概 述

庆元县位于浙江省丽水市西南部，地处北纬27°25′—27°51′、东经118°50′—119°30′，南北长49千米，东西宽67千米。北面与浙江省龙泉市、景宁畲族自治县接壤，东、南、西三面分别与福建省寿宁县、松溪县、政和县交界，5条行政区域界线总长401.43千米。县政府驻地松源镇石龙街32号。县城距丽水市政府所在地210千米，距杭州市政府所在地506千米。1991—2010年，庆元县的经济社会发展特点可用“一县一城一区一乡三基地”来概括：“中国生态环境第一县”“中国香菇城”“历史文化保护区”“中国廊桥之乡”“中国铅笔生产基地”“中国竹制品产业基地”“中国食用菌产业基地”。

一

庆元县地形复杂多样，以中山、低山、丘陵为主，地势呈东北向西南倾斜。东、北部为洞宫山脉所踞，多崇山峻岭，海拔1500米以上山峰有23座，主峰百山祖海拔1856.7米，为浙江省第二高峰。百山祖北麓斋郎村海拔1210米，是全县最高居民点。西南部和中部是仙霞岭—枫岭余脉，地势平缓，盆地、谷地较宽。新窑村海拔240米，是全县最低点。地层主要由晚侏罗系火山岩组成，土壤类型可分为4个土类、9个亚类、30个土属和72个土种。

2010年，县境有土地面积189800公顷，其中，林业用地167796.3公顷，农业耕地10680公顷，溪流水域2733.2公顷，俗称“九山半水半分田”。山清水秀，环境优美，森林覆盖率为86%，生长着世界濒临灭绝的12种植物物种之一——百山祖冷杉，是著名天然氧吧。有大小溪流926条，其中东部地区的南阳溪、左溪向东流入瓯江，西部地区的松源溪、安溪、竹口溪向西南流入闽江，东南部的西溪、八炉溪向东南注入赛江，有“水流两省达三江”之说。较大的人工湖泊、水库有兰溪桥水库、马蹄岙水库、大岩坑水库、左溪水库。水力资源丰富，理论蕴藏量28万千瓦，可开发装机容量25万千瓦。

庆元地处属亚热带季风区，温暖湿润，四季分明，年均气温17.4℃，年均降水量1760毫米，年均相对湿度81%，年均无霜期245天，年均日照总时数1823小时。就局部而言，东、北部气温较西南部和中部低，无霜期短，昼夜温差大。

2004年，中国环境监测总站在通过对卫星遥感数据、生态环境现状调查和统计数据等多源数据融合分析基础上，从生物丰度、植被覆盖、水网密度、土地退化、污染负荷五项指标，对全国31个省（区、市）、2348个县（市、区）的生态环境质量进行评价，形成《中国生态环境质量评价研究》报告，其中庆元县的生态环境质量位居全国第一，是“中国生态环境第一县”。

1984年，庆元实行政社分设，设1个县直属镇、7个区、38个乡镇、336个行政村、4个居委会。1992年“撤区扩镇并乡”后，行政区划调整为7个镇、13个乡、343个行政村、758个自然村和5个居委会。2002年8月，县城7个居委会调整为新建、咏归、石龙、濛洲、玉田5个社区居委会。2010年8月，新增同济、同德、洋墩3个社区居委会。2010年，庆元下辖松源、竹口、黄田、荷地、左溪、贤良6个镇，安南、隆宫、五大堡、岭头、百山祖、淤上、张村、四山、江根、官塘、龙溪、举水、合湖13个乡，345个行政村，724个自然村，8个社区居委会。

1992 年，庆元县有 44189 户 186190 人，其中男性 96562 人、女性 89628 人，出生人口 1948 人、出生率 10.46‰，死亡人口 996 人、死亡率 5.35‰，自然增长率 5.11‰。2010 年末，户籍人口 20.36 万人，其中男性 10.56 万人、女性 9.8 万人，出生人口 2594 人、出生率 12.78‰，死亡人口 1190 人、死亡率 5.86‰，自然增长率 6.92‰。1990 年，有 13 个民族，除汉族外，有畲族、蒙古族、回族、苗族、侗族、彝族、壮族、普米族、佤族、瑶族、傈僳、黎族等 12 个少数民族 1238 人，占总人口的 0.66%。2010 年，有 25 个民族，除汉族外，有畲族、苗族、水族、侗族、彝族、布依族、壮族、土家族、拉祜族、蒙古族、佤族、瑶族、傈僳族、黎族、回族、满族、朝鲜族、哈尼族、藏族、维吾尔族、白族、仡佬族、傣族、土族 24 个少数民族 1452 人，占总人口的 1.03%。

二

庆元县自古山多地少，人均耕地面积不足 1 亩，且多是山垄梯田，“水土寒薄，所产无奇”。粮食作物主要有水稻、番薯、马铃薯和玉米等，经济作物主要有茶叶、大豆、柑橘和蔬菜等。1991 年，生产稻谷 7220 万千克、油菜籽 6000 千克、茶叶 49.2 万千克、蚕茧 1000 千克、蔬菜 3791.4 万千克、水果 285 万千克、禽蛋 61.5 万千克、猪牛羊肉 341.5 万千克（猪存栏 7.79 万头）、水产品 14.1 万千克。2010 年，农作物总播种面积 16262 公顷，其中粮食作物 11972 公顷、产量 6661.5 万千克，蔬菜 4400 万千克，生猪存栏 3.73 万头，家禽存栏 19.92 万只，茶叶 55.4 万千克，水果 1200 万千克，木材采伐 21.28 万立方米，毛竹采伐 1256 万根。

庆元香菇栽培已有 800 多年历史，是世界人工栽培香菇的起源地，有“香菇之源”之称。1992 年，20 个乡镇中有 2 个香菇专业乡镇（岭头乡和荷地镇）、78 个香菇专业村、1000 余香菇专业户，把制菇作为一项家庭副业者占总农户的 60% 以上；1993 年，有 60% 以上农户从事香菇生产，10% 人口参与香菇购销，12% 人口奔忙于香菇原材料加工、运输、销售，香菇产量 500 万千克，产值 1.4 亿元；2010 年，生产食用菌 571.5 万千克，其中香菇 441.2 万千克。1992 年 1 月，庆元香菇市场建成开业，占地面积 6700 平方米，建筑面积 9500 平方米，150 个摊位，总投资 420 万元，当年购销量 41.02 万千克，成交额 1.72 亿元；1993 年，又扩建 80 个摊位。1993 年，斥巨资建造全国最大的县食用菌科研中心，从事食用菌研究和推广。1997 年，创建县香菇博物馆。1992—2010 年，共举办 8 届香菇文化节。除香菇外，其他食用菌资源也很丰富，其中白木耳、草菇、茯苓、黑木耳、金针菇、灰树花、竹荪、凤尾菇（白鸽蕈）、猴头菇、灵芝、金耳等已得到开发栽培。庆元也因此成为“中国香菇城”“中国食用菌产业基地”。

1992 年，庆元县加快转换企业经营机制和调整经济结构步伐，工业企业改革逐步深化，经济规模不断发展壮大。工业总产值突破 2 亿元，达到 22895 万元，实现利税 1371 万元。2010 年，有私营企业 728 家、注册资金 152975 万元，个体工商户 5521 户、注册资本 23224 万元，地区生产总值 31.7 亿元，工业总产值 46.71 亿元，其中规模以上工业企业 108 家，工业总产值 35.21 亿元，实现利税 3.01 亿元和利润 1.79 亿元，且竹木加工业、农副食品加工业、汽摩配制造业、电力生产和供应业、铅笔制造业占规模以上工业产值的 79.8%。

20 世纪 90 年代，铅笔行业成为工业经济主导产业和出口创汇主力军。2010 年，有铅笔生产企业 23 家、从业人员 3000 多人，生产铅笔、眉笔和化妆笔 18 亿支。随着铅笔行业发展，与其配套的原辅材料、配件生产企业也发展起来。“飞雁”“宁雪”“爱沃玛”“双同”“菇城”“松源”“久灵”“冷杉”“攀首”“笔华”“中和”“欧迪”“登科”等品牌在全国铅笔行业中具有较高知名度。2010 年 3 月，庆元县被中国轻工业联合会和中国日用杂品工业协会授予“中国铅笔生产基地”称号。

20 世纪 90 年代后，庆元县人工刀削普通竹筷通过油漆、打印、包装，档次得到提升，附加值成倍提高。

在浙江双枪竹木有限公司带动下，天竹、三禾、佳缘等公司不断发展壮大，逐步推进竹产业持续快速发展。产品主要有竹筷、竹砧板、模板、地板、竹炭制品、家具、竹工艺品等30多种。有“梦天”“双枪”“天竹”“节节高”“吉安”5个全国驰名商标，“双枪”“天竹”“三月三”“节节高”4个省名牌产品。2010年，有竹木林产工业企业499家、从业人员12672人，规模企业完成工业产值15.72亿元，被中国轻工业联合会和中国日用杂品工业协会授予“中国竹制品产业基地”称号。

1990年，庆元县商品零售额8687万元，是1949年的60倍。2010年，社会消费品零售额14.25亿元，其中县城消费品零售额8.53亿元、农村市场消费品零售额5.72亿元；外贸进出口额3946万美元，其中进口23万美元、出口3923万美元；新增星级农家乐经营户7家，累计星级农家乐经营户46家，旅游收入1.7亿元。

因连遭特大洪灾，1989—1990年，庆元县财政两度出现赤字。但此后财政状况逐步好转。2010年，财政一般预算收入2.6亿元，其中地方财政收入1.55亿元；财政支出9.22亿元，其中民生支出6.1亿元。

1992年，庆元县有职工12806人，人均年工资2315元，农民人均收入793元，农村储蓄余额3959万元。2010年，城镇居民人均可支配收入18262元，农村居民人均纯收入6012元，城镇居民人均消费支出14260元，农村居民人均生活消费支出4245元；城镇居民人均住房建筑面积41.2平方米，农村居民人均居住面积47.0平方米；私人汽车拥有量4358辆；金融机构人民币存款余额41.08亿元，其中居民储蓄存款余额20.75亿元，贷款余额28.11亿元，存贷比68.4%。

三

随着经济发展，资金投入力度逐年增大，庆元县城乡基础设施得到较大改善。1992年，全社会固定资产投资4384万元，基本建设投资1547万元，个人投资721万元；2010年，社会固定资产投资19.29亿元，基础设施投资10.12亿元，限额以上民间投资4.86亿元，建筑业增加值3.36亿元。

县城地处县境中心，有水陆之便，至1990年末，建成城区面积由中华人民共和国成立初的0.8平方千米扩大到3.8平方千米，建成以石龙街、松源街、新建路为主干的混凝土街道9条、总长4595米，巷弄48条、总长8621米。2002年起，相继建成市民广场、濛洲公园、生态公园等市民休闲、健身和娱乐区。2004年起，始建垃圾填埋场、污水处理厂等市政设施，相继实施濛洲街延伸，济川路、江滨路、菇源路建设和石龙街改造。2007年4月起，相继启动G-15地块（原林业车队）旧城改造和东门巷旧城改造。2010年，城市建设用地面积5.77平方千米，实有城市道路面积68万平方米，排水管道总长度33千米、供水总量38.5亿千克，园林绿化面积129万平方米，公共绿地面积80万平方米，城市维护建设资金支出9905万元。

2004年，庆元县制定实施《庆元县县城总体规划（2004—2020）》，规划用地面积约212平方千米，首次把屏都区块划入城市规划区，形成“一轴三区”规划结构，城区面积极大拓展。

21世纪初，被誉为“农村公路建设革命”的乡村康庄工程在浙江大地上轰轰烈烈地展开建设，浙江成为全国较早提出“村村通”“村村硬化”的省份之一。2003年，庆元县开始实施乡村康庄工程，至2010年，投资4.8亿元，改造农村公路1537.2千米。2010年1月18日，动工建设龙庆高速公路。2010年末，全县等级公路总里程1441千米，公路桥梁240座。2010年，营运车辆、载客汽车165辆，3216个座位，其中大型客车24辆、中型客车65辆、小巴14辆、出租车26辆、公交车27辆、旅游车9辆，客运量185万人次，客运周转量9801万人千米；载货汽车1017辆，货运量30.2亿千克，货运周转量5006.1万千克。

庆元县有各类廊桥近百座，全国确切纪年现存寿命最长的木拱廊桥——如龙桥、全国现存单孔跨度最大的明代木拱廊桥——兰溪桥、全国廊屋最长的单孔木拱桥——黄水长桥、全国有史料记载时间最早的木拱廊桥——大济双门桥和甫田桥，均在县境内。同时，庆元在建设、保护廊桥和弘扬廊桥文化方面，推出诸多举措。在全国木拱廊桥中，如龙桥被最早列入全国重点文物保护单位。2004年12月22日，庆元县与北京大学世界遗产研究中心在杭州举行庆元木拱廊桥申报联合国教科文组织亚太地区文化遗产保护奖项目签约仪式；2005年9月6日，后坑木拱廊桥被联合国教科文组织评为亚太地区文化遗产保护卓越奖，并于2007年5月15日在庆元县举行颁奖典礼。2008年1月，庆元县被中国民间文艺家协会命名为“中国廊桥之乡”，并于同年11月在庆元县举行授牌仪式。

1976年，庆元县有邮电局、邮电所29处，职工109人，业务收入11.89万元。2010年，有邮电业务收入10335万元，其中邮政业务收入1111万元、电信（含移动、联通）业务收入9224万元。2010年末，有固定电话用户2.31万户，其中城市电话用户1.51万户、农村电话用户0.76万户；移动电话用户11.61万户；互联网用户11730户。

1991年始，城市社区工作稳步发展；至2010年末，8个城市社区有40名专职社区工作者、24名片警、16名协警、16名计划生育专管员、17名兼职社区居委会委员，其中5个社区建立居家养老服务站，有老年活动室5个及标准门球场、健身场地等老年人户外活动场所。

1991年始，农村经济快速发展，城乡差距日趋缩小。2010年，实施农村危旧房改造4613户，整治村庄40个，硬化村内主干道70.3千米，改厕5667户，建成公厕53个，294个行政村实施垃圾收集处理；农民异地转移838户2920人。

四

随着经济发展，庆元县科教文卫等各项社会事业得到较快发展，群众的获得感不断增强。

1991年始，以科技兴县为目标，制定和实施科技发展计划，逐渐加大科技经费投入，组织实施各类科技计划、项目。2010年，财政科技投入1741.85万元，其中科技“三项经费”投入120万元，安排县级科技项目41项；组织申报科技项目19项，科技立项11项，争取项目经费654万元；累计申请国家专利64件，获得授权专利54件。

1991年，全县有县教育部门办县城机关幼儿园1所，其他幼儿园班137个，在园幼儿3585人，教职工179人；小学294所，班级764个，另有简易学校84处，小学招生3938人，在校生18468人，毕业生4665人，入学率99.4%，毕业生率99.8%；初中7所，小学附设初中班27个，初中班级185个，初中招生3197人，在校生8865人，毕业生2658人；初中毕业生升入高中（含普高和职高）比例15.44%；普通高中3所，班级18个，招生313人，在校生931人，毕业生322人；职业高中1所，班级6个，在校生282人，毕业生111人，教职工38人。2010年末，有幼儿园67所（其中教育部门办9所、民办57所、县妇联办1所），241个班，在园幼儿5758人，教职工432人；小学24所，班级305个，在校生11225人，教职工925人，专任教师847人，毕业生2134人；初中8所，班级128个，招生1966人，在校生6186人，教职工468人，专任教师426人，毕业生2190人；普通高中1所，班级43个，在校生2308人，教职工174人，专任教师152人，毕业生628人；职业高级中学1所，44个教学班，在校生2062人，教职工144人，专任教师129人，毕业生729人。

庆元县是历史文化保护区。县境历史悠久，人文荟萃，唐朝古语、宋朝古桥、明朝古居“三朝文化”得到较好传承。中国历史文化名村——大济村，被称为“进士村”。县境还是革命老区，粟裕、刘英、叶飞等老一辈无产阶级革命家在庆元大地播下过革命种子。

县图书馆的藏书不断增加，送图书下乡和电影公司送电影进村活动持续开展。2010年末，图书馆有藏书7万余册，其中古籍5000余册、善本148册，送图书下乡1万余册，放映流动电影3200余场次。

2002年以来，各社区广泛开展文艺演出、体育竞技、知识抢答、书画展览、老年健身表演等群众喜闻乐见的文化活动，每年开展全县性较大规模活动不少于30次，居民参与率在80%以上。2006年，基本完成社区老龄工作“3587”工程。2007—2009年，连续举办三届社区文艺汇演，每年参演人员上千人、观众有2万多人。2010年末，建成17个省级达标乡镇综合文化站，扶持建设103个村级文化活动室，组织各类文艺演出120场次。

文物征集、收藏、申报和保护工作取得新成绩。2010年末，有传统馆藏文物592件，实际总数1547件、20个品类；有文物保护单位43处44个点，其中国家级、省级、县级重点文物保护单位分别有1处、5处6个点、37处；世界级、国家级、省级、市级、县级非物质文化遗产分别有1项、1项、6项、27项、97项。

1988年12月，可容纳千余名观众的县体育馆建成。2010年末，有小康体育村118个、体育协会24个、俱乐部9个，开展形式多样的民间文体活动。

2010年，庆元县有国家A级景区2个。旅游处于起步阶段的庆元积极打造“中国生态文化之旅”“中国廊桥文化之旅”“中国香菇文化之旅”“中国魅力生态山村之旅”4张名片，统筹管理旅游资源，挖掘旅游文化内涵，塑造旅游景区特色，加快旅游景点开发建设，构筑旅游发展新格局。全县有旅游从业人员451人，导游32人、农家乐从业人员185人。庆元群山环抱、绿水洄流，风光绮丽，清代有巾子祥云、霞岈丽日、百丈龙湫、双潭石印、云鹤松荫、槎水春澜、石龙烟净、梅坳夜月“濛洲八景”。2001年，全县有旅游资源单体270个，五级旅游资源单体（国家标准最高级）4个，即庆元香菇、百山祖、月山古廊桥、百山祖冷杉，四级旅游资源单体5个，即庆元廊桥、百瀑沟、大济古村落、龙岩古村落、西洋殿，还有大量三级、二级、一级等旅游资源。

1975年8月，县卫生局有防疫站、妇幼保健站、药品监督检验所和爱国卫生运动委员会等直属机构。2010年末，有医疗卫生机构46个，其中医院、卫生院42个，卫生技术人员580人，其中执业医师和执业助理医师252人，注册护士180人；社区卫生服务机构覆盖率80%，建立农村居民个人档案143178份，建档率85.07%，建立城镇居民个人档案18069份，建档率54.25%；农村安全卫生饮用水人口覆盖率98.65%，农村卫生厕所普及率93.5%。

1985—1992年，庆元县先后兴办4个福利企业，共安排71个残疾人劳动就业；2010年，有福利企业6家，产值5777万元，销售收入5307万元，安置残疾职工86人，月平均工资1560元。2010年，完成农村劳动力素质培训8687人，组织农民转移就业4729人，帮助解决农民就业岗位1713个。

1988年，对365户372个“五保”对象通过多种形式落实供给，其中乡统筹305人、村统筹22人、投亲靠友并签订供养合同53人，年人均生活费200元，年人均粮食250千克。2009年，石龙社区居委会被民政部评为基层低保规范化建设示范单位。2010年，在册“低保”对象4305户7833人，发放保障金1213万元；在册“五保”对象324人，集中供养292人；有乡镇老年活动中心2个、居家养老服务站2个、“星光老年之家”45个、老年电大教学点6所。

1981—1990年，保险业开办险种有企业财产保险、家庭财产保险、机动车辆及第三人责任保险、人身保险等20个，累计保险费收入443.5万元，理赔442.29万元。2010年，保险业实现保费收入7978万元，其中财产险保费3411万元、人身险保费4567万元，支付赔款及给付2050万元，其中人身险赔付507万元、财产险赔款1542万元。2010年，49250人参加城乡居民养老保险，总参保率41%，15361人参加城镇居民医疗保险，新型农村合作医疗参合人数162909人，参合率97.1%，人均筹资标准191元。

“二十年弹指一挥间”。尽管庆元仍然存在一些制约经济社会发展的不利因素，如地处偏远、远离经济发达地区、交通不便、基础设施建设滞后，加上自然条件复杂，都对生产和生活造成不利影响，但有着艰苦奋斗光荣传统的庆元人民，正在县委、县政府领导下，团结一心，为打造“寻梦菇乡、养生庆元”、加快建设“中国避暑胜地”而努力奋斗。

大事记

1991年

1月1日，百山祖冷杉人工繁殖成功，使全球仅存4株的珍稀树种扦插成活300株。

1月10—12日，县残疾人联合会第一次代表大会召开。

5月15日，庆元香菇专业市场开工建设；12月31日竣工；1992年1月11日开业。

6月16日，县委决定建立县关心下一代工作委员会。

9月，省委任命谢力群为中共庆元县委书记。

10月，省政府批准屏都乡为镇建制。

10月，县委、县政府在斋郎村建成中国工农红军挺进师斋郎战斗纪念碑，碑名由原挺进师参谋长王蕴瑞题写。

12月，香菇年销售量230万千克，占全国销售量的1/12。

同年，县希望工程正式启动。至2009年8月，共建成希望小学7所。

同年，在松源镇周墩桥头建成县首座社会福利院。

同年，县行政区划为7个区、1个县属镇；共3个乡级镇、34个乡、1个林场，5个居民委员会，343个行政村，758个自然村。

1992年

1月11—12日，首届庆元香菇节暨庆元香菇市场开业庆典举行，达成商品交易和投资意向22项，交易额800万元。

1月，县供电局成立。

3月10日，邮电部《杉树》特种邮票首发仪式在庆元举行。

5月6日，启动“撤区扩镇并乡”，月底结束，全县调整为6个镇、14个乡。

6月，《庆元县地名志》由杭州大学出版社出版发行。

7月，中共浙江省委、省政府、省军区授予庆元县“双拥模范县”称号。

8月，《菇城报》创刊，为旬报，公开发行。

10月27日，经国务院批准，把百山祖和龙泉市凤阳山两个省级自然保护区合并扩建升格为浙江凤阳山—百山祖国家级自然保护区。

10月底，乡镇企业总产值突破亿元大关。

11月19日，庆元县香菇市场被国家工商行政管理局授予“1991—1992全国文明集贸市场”称号。

12月，省民政厅批准石湖乡升格为镇建制，更名为贤良镇。

1993年

1月9日，所有行政村实现通电。

3月31日，合湖公路通车，实现“乡乡通公路”。

5月5日，县第十一届人民代表大会第一次会议选举单天成为县长。

5月5—8日，县第十一届人大一次会议政府工作报告正式提出建设“中国香菇城”系统工程。

5月，庆元香菇市场第二期工程开工建设。

7月13日，县政府公布第三批文物保护单位，如龙桥、步蟾桥被列为保护对象。

10月，庆元中山宝剑厂生产的中山宝刀被中央军委定为三军仪仗队指挥刀。

10月，省委任命单天成为中共庆元县委书记。

10月，庆元菇城城市信用社成立。

11月1日，第二届庆元香菇节暨复县20周年纪念活动开幕。

11月29日，全县农村工作会议召开，提出重新认识农业基础地位，深化农村改革，抓住经济增长点，加速农村实现小康。

12月30日，经国务院批准，省政府办公厅增列庆元县为对外国人开放地区。

1994年

2月28日—3月1日，林业部在庆元召集庆元、福建省寿宁县政府负责人，协调处理积压多年的黄连坑山林纠纷案件。

4月9—11日，中央军委办公厅朱楹少将（曾任粟裕秘书）到庆元考察斋郎战斗旧址。

6月14日，庆元香菇获第五届亚太国际贸易博览会金奖。

6月26—27日，省委副书记、省长万学远到庆元考察“中国香菇城”建设。

5月10日，中国银行庆元县支行建立。

9月30日，县国家税务局成立，与县财政税务局合署办公。

11月1—3日，国际香菇生产暨产品研讨会在庆元召开，20多个国家和地区、近百名专家参加会议。

11月8—9日，浙江省十三县（市）政协联谊会首次会议在庆元召开。

11月23—27日，原中共庆元县委书记（1938年）、上海市八届人大常委会常务副主任施平偕夫人蒋炜到庆元考察。

12月，庆元皮划艇代表队参加浙江省第十届运动会，获铜牌两枚，8个项目获前八名。

1995年

4月3日，石龙山烈士陵园、菇神殿、百山祖自然保护区、竹口战斗纪念碑、斋郎战斗纪念碑被命名为县首批爱国主义教育基地。

6月8日，县城工业小区破土动工；6月16日，县城工业小区管理委员会成立。

7月14日，司法部在庆元召开表彰大会，授予县司法局集体一等功。

7—8月，出现持续一个月的高温天气。

11月1日，第四届香菇节暨全县体育运动会举行。

11月，庆元被国务院发展研究中心市场经济研究所确认为“世界人工栽培香菇历史最早”“全国最大的香菇产地和集散地”，载入《中华之最荣誉大典》。

11月，县烟草专卖局（公司）成立。

12月14日，110千伏龙庆输电线路工程竣工，全长66.17千米，丽水地区实现县县联通110千伏网络。

12月22日，县体育总会成立。

12月，庆元被中共中央宣传部、司法部授予“1991—1995法制宣传教育先进单位”称号。

1996年

1月25日，县政府决定从1995年10月1日起，将全县企业最低工资标准调整为每人每月230元。

1月31日，庆元香菇市场被国家工商局授予“1993—1995年全国文明市场”称号。

1月，《庆元县志》由浙江人民出版社出版发行。

2月20日，庆元县获“全国乡村林场建设先进县”称号。

3月22日，县城新农贸市场开业，结束露天市场和以街为市的历史。

4月3日，庆元造纸厂破产。

4月，县人大常委会副主任、县食用菌科研中心主任吴克甸被省人民政府授予“省科技进步重大贡献一等奖”称号，获奖金10万元。

6月1—7日，庆元在“中国特产之乡”评比表彰会中获“中国香菇之乡”称号。

6月30日，庆元率先在丽水地区实现“乡乡通光缆、上程控”目标。

7月1日，庆元有线电视台正式开播。

9月19—20日，省委书记、省人大常委会主任李泽民到庆元视察香菇经济。

10月，庆元被省政府评为“基本普及九年义务教育，基本扫除青壮年文盲县”。

10月，县环境保护局成立。

11月，庆元被国家教委评为“普及九年义务教育、扫除青壮年文盲县”。

同年，全县老年人口19258人，占总人口的10.2%，庆元已进入联合国规定的老年型人口县。

1997年

1月1日，《丽水日报》庆元发行站成立。

3月11日，110千伏庆元变电所动工，总投资3400万元；12月28日，投入运行。

5月31日，通过全国科技工作先进县验收。

6月9日，县行政勘界工作领导小组成立。

6月23日，省委任命郑伟雄为中共庆元县委书记。

6月24日，庆元被省烟草专卖局确定为重点烟叶生产基地之一。

6月25日，全县封山育林动员大会召开，将封山育林列为农村工作重中之重。

8月29日，上洋窑址、西洋殿（含兰溪桥）、如龙桥（含吴文简祠）3处5个点被省政府公布为文物保护单位。

8月，荷地镇、岭头乡、县食用菌科研中心被中国食用菌协会评为全国食用菌行业先进集体。

9月29日，县公安局“110”报警服务台正式开通。

9月，县民族宗教事务局成立，与县委统战部合署办公。

10月，庆元移动分公司成立。

11月7—8日，省委副书记、代省长柴松岳到庆元检查指导经济工作。

11月，县城（西门）社会公墓首期332穴棺葬墓穴竣工启用。

1998年

2月24日，县境发生3.7级地震。

3月2—6日，中共庆元县第十次代表大会召开。

3月8日，兰荒线31千米处发生特大交通事故，一辆小客车翻入近百米深山谷，造成3人死亡、7人受伤。

3月23日，县第十二届人民代表大会第一次会议召开，选举占志妙为县长。

6月1日，庆元首座“希望小学”教学楼在松源镇北门洋奠基。

6月13—22日，全县遭受200年一遇洪水灾害，受灾人口13.5万人，死6人，伤136人，直接经济损失2.81亿元。

6月30日，庆“七一”暨中共庆元县委成立60周年报告会召开。

6月，庆元被科技部评为“全国科技工作先进县”。

9月，县电信局成立。

11月13—15日，省教委对庆元中小学进行实验教学普及验收。12月，庆元被省教委评为“浙江省中小学实验教学普及县”。

12月6日—20日，运动员沈森萍获第13届曼谷亚运会女子轻量级四人双桨无舵手赛艇冠军。

同年，全县国内生产总值10.05亿元，首次突破10亿元大关。

1999年

1月，县社会福利院开业，第一批入住孤寡老人10人。

6月18日，全县第二轮土地承包工作会议召开。

6月，评选“菇城十大杰出青年”，姚增辉等获此殊荣。

7月29日，省委任命占志妙为中共庆元县委书记。

8月18日，庆元首次人才交流大会召开。

10月6日，庆元首次义务献血活动举行，参加献血347人。

10月10日，在国务院批准公布的第一批《国家重点保护野生植物名录》中，百山祖冷杉被列为国家一级保护植物。

11月，庆元被省林业厅确定为全省首批20个“生态公益林建设试点县（市）”之一。

11月12日，庆元县与福建省政和县、松溪县、寿宁县及浙江省龙泉市、景宁畲族自治县联合勘定行政区域界线，签订协议书。

12月28日，庆元福利彩票销售发行，募集福利资金60万元。

12月，庆元被全国双拥工作领导小组、民政部评为“全国爱心献功臣行动先进县”。

12月，实现“村村通广播电视”，电视信号覆盖所有行政村。

2000年

2月17日，以中国科学院院士马建章为主任的鉴定委员会论证确认“浙江省华南虎踪迹发现及其基因鉴定”结果：百山祖国家级自然保护区内确实存在华南虎。

3月，县第十二届人大三次会议补选陈建波为县长。

3月，松源镇大济村被省政府批准为“省级历史文化保护区”。

8月，中国工商银行退出庆元金融市场；2010年10月29日，中国工商银行庆元支行开业，重新入驻庆元。

9月21日，54省道龙后线菊水至后山桥公路改造工程淤上至蓬桥段工程竣工。

9月29日，县委确定“团结务实，自强不息，奋力拼搏，开拓创新”为庆元精神。

10月，庆元香菇市场被中国食用菌协会评为“全国十佳龙头企业”。

10月，中国联通有限公司庆元分公司成立。

12月26日，省委书记张德江到庆元检查指导“三个代表”重要思想教育活动。

同年，大岩坑电站主体工程全面动工。2003年建成发电，装机容量3.6万千瓦。

2001年

4月，第五次人口普查主要数据公布，全县总人口为17.95万人（包括外来人口，不包括外出人口）。

5月18日，第一届浙闽赣边界区域经济研讨会在庆元召开。

6月29日，庆祝建党80周年纪念大会召开。

7月1日，竹口镇党委获“全国先进基层党组织”称号。

7月19日，如龙桥被国务院列入第五批全国重点文物保护单位。

8月8日，举行濛州二期开发暨庆元中学迁建工程开工典礼。2002年8月，庆元中学迁入新校区。

9月1日，丽水市质监局制定并实施《庆元香菇系列标准》；2002年5月28日，国内食用菌专家评议“庆元香菇国家标准”，原则通过国家级评审。

11月9日，百山祖香菇在中国农业博览会上被认定为中国名牌。

11月16日，沈森萍获第九届全国运动会女子轻量级四人双桨2000米比赛银牌。

11月，县风景旅游局成立。

12月18日，县药品监督管理局成立。

12月，县国有资产营运有限公司成立。

2002年

5月，国家商标局到庆元实地调查论证“庆元香菇”证明商标。

6月12日，国家质量监督检验检疫总局批复，对庆元香菇实施原产地域产品保护。8月，庆元香菇原产地域产品通过中国标准化协会原产地域产品国家标准审定。

6月，县人民政府行政审批中心成立，办事服务大厅启动使用。

7 月 6—7 日，省委副书记、省长柴松岳到庆元考察农业结构调整和工业经济发展情况。

8 月 29 日，全县“生态示范区”建设工作会议召开，明确“生态立县、特色兴县”主题。

11 月，竹口镇被中央文明委评为全国精神文明创建工作先进镇。

12 月 29 日，县殡仪馆落成；2003 年 8 月 1 日，全面实行火化安葬。

2003年

3 月 26 日，左溪镇竹坪村发生火灾，烧毁房屋 2346 间，死 2 人。

5 月 22 日，接轨大上海融入长三角暨招商引资动员大会召开。

7 月 29 日，55 省道菊寿线庆元县城过境段改建工程（二级公路）破土动工；2006 年 12 月 10 日竣工。

7 月 30 日，县工业园区管理委员会成立。

9 月 5 日，“高档育果纸袋”“姬松茸多糖”“生态效益型特色产业基地建设”“十五万亩烟稻两熟高产技术开发”项目被列入国家火炬和星火计划实施项目。

10 月，据浙江省森林资源Ⅱ类调查结果表明，庆元森林覆盖率 82.6%，位居浙江第一。

12 月 18 日，左溪流域水电资源综合开发项目开工；2007 年 4 月 29 日，左溪一级、二级水电站 4 台机组投入发电试运行。

同年，乡村“康庄工程”建设启动。至 2010 年，共投资 4.8 亿元，改造农村公路 1537.2 千米。

2004年

1 月 7 日，省委任命蔡小华为中共庆元县委书记。

年初，县政府门户网站开通上线。

截至 3 月 31 日，庆元成为全国最大竹筷生产地，年产竹筷 12 亿双，总产值 2.4 亿元。

3 月，县第十三届人大二次会议选举胡雄光为县长。

4 月，开展廊桥普查、登记，对现存 97 座廊桥建档造册。

4 月，县安全生产监督管理局成立。

8 月 12—13 日，第 14 号热带风暴“云娜”影响庆元，受灾乡镇 20 个，受灾人口 2.3 万人，房屋（厂房）倒塌 170 间，直接经济损失 690 万元。

8 月 21—24 日，中央电视台 4 套《走遍中国》栏目摄制组到庆元拍摄廊桥专题片。

8 月 22—24 日，《华南虎》特种邮票首发式暨第五届中国香菇文化节在庆元举行。

9 月 2 日下午，岭头乡、江根乡、荷地镇、官塘乡遭暴雨袭击，引发山洪、泥石流、山体滑坡等自然灾害，受灾人口 12000 人，直接经济损失 1500 多万元。

9 月 13 日，浙南花木园种苗生产基地被评为全国特色种苗基地。

12 月 22 日，庆元与北京大学世界遗产研究中心在杭州举行庆元木拱廊桥申报联合国教科文组织亚太地区文化遗产保护奖项目签约仪式；2005 年 9 月 6 日，庆元木拱廊桥保护项目获联合国教科文组织第六届亚太地区文化遗产保护卓越奖；2007 年 5 月 15 日，在庆元后坑桥举行颁奖仪式。

同年，据中国环境监测中心调查结果，在全国 2348 个县（市）生态环境排序中，庆元生态环境质量名列全国第一。

2005年

1月10日，县城百丈巷50号发生爆竹爆炸事故，死3人，伤2人。

5月10日，龙泉至庆元公路庆元段（曹岭至菊水、菊水至县城）改善工程动工；2007年12月28日投入使用。

6月18—22日，全县普降暴雨、大暴雨，引发山洪和山体滑坡，受灾乡镇20个，直接经济损失1.2亿元。

11月10—12日，第六届中国（庆元）香菇节暨全国食用菌主产区县（市）长论坛在庆元举行。

11月23日，庆元被中国食用菌协会第四届委员会评为“全国食用菌行业标准化示范县”。

12月28日，县新汽车站启动使用。

12月29日，县慈善总会成立。

2006年

1月4日，北门工业园区汽摩配企业入园奠基，至2010年入园企业7家。

1月16日，全县香菇产业大会召开。

1月，县畜牧兽医局成立。

3月，县第十三届人民代表大会第五次会议选举杜兴林为县长。

4月23—24日，中国地质科学院专家考察确认举水乡有大量冰臼群及第四纪冰川遗迹，为在中国火山岩区发现的最大的第四纪冰川遗迹。

6月3—8日，全县普降大暴雨，受灾乡镇20个，受灾人口4.6万人，直接经济损失约1.51亿元。

8月10—11日，超强台风“桑美”正面袭击庆元，持续集中强降雨，山体滑坡频发，受灾乡镇20个，尤其东部乡镇遭受重创，受灾人口7.5万人，紧急转移2.1万人，倒塌房屋5895幢，毁坏民房11626间，直接经济损失7.1亿元。

9月7—8日，省委副书记、省长吕祖善到庆元指导灾后重建工作。

9月8日，县人民防空办公室成立。

9月26日，中央电视台《走遍中国》栏目组的走进丽水系列专题片摄制组到庆元拍摄“廊桥遗梦”专题。

10月27日，反坱灾民安置小区开工。

10月29日，县技能型乡镇政府建设入选“中国十大政府创新典型”。

同年，实现“户户通电”。

2007年

6月25日，遭大范围强暴雨袭击，经济损失750万元。

8月30日，浙闽两省庆元、政和“平安边界”基本框架签约仪式在庆元举行。

9月10日，县污水处理厂通水试运行。

9月16日，首次探矿权拍卖会举行，以1890万元拍卖出让松源镇林后钼矿、黄田镇陈边铅锌矿探矿权。

10月22日，全国政协常委、民进中央副主席、中国文联副主席冯骥才到庆元考察了解民间文化遗产保护抢救情况。

11 月 2 日，地质灾害千户避险工程安溪安置小区动工。

11 月 7 日，庆元被省爱国卫生运动委员会命名为卫生县城。

11 月 11 日，吴鸣翔、吴夏华在屏都镇马蹄岙大坝下游发现起源于侏罗纪原始森林中植物“活化石”——蚌壳蕨科金毛狗蕨，为丽水市新分布纪录。

12 月 12 日，县实验小学举行百年校庆。

2008年

1 月 2 日，中国民间文艺家协会命名庆元为“中国廊桥之乡”；11 月 10—11 日，第七届中国（庆元）香菇节暨“中国廊桥之乡”授牌仪式在庆元举行。

2 月 25 日，庆元与内蒙古自治区科尔沁右翼前旗缔结“友好旗县”。

3 月 24 日，县竹产业行业协会成立暨第一届会员代表大会召开。

4 月 11 日，隆宫乡发放全省第一批林权抵押贷款。

4 月 23—24 日，省委书记、省人大常委会主任赵洪祝到庆元调研欠发达地区经济社会发展情况。

5 月 5 日，县小水电行业协会成立。

5 月 29 日，中国邮政储蓄银行庆元县支行成立。

6 月 5 日，省政协主席周国富到庆元考察调研农业农村工作。

7 月 23 日，浙江林学院与庆元举行“县校合作”签约仪式。

9 月 19 日，仿古木拱廊桥濛洲桥在庆元落成。

12 月 26 日，《庆元县域总体规划（2007—2020 年）》通过评审论证。

12 月 31 日，县归国华侨联合会成立。

2009年

1 月 9 日，县科研中心与上海市农业科学院等单位共同完成的科研成果“香菇育种新技术的建立与新品种的选育”获国家科学技术进步二等奖。

2 月 25 日，中国食用菌协会授予庆元县全国食用菌行业特别贡献奖，授予县食用菌科研中心“全国食用菌行业优秀科研院所”称号。

3 月 6 日，县城乡教育发展联盟工作启动仪式暨授牌（授印）仪式举行，设总校 7 所，各乡镇学校为分校。

3 月 16 日，庆元被省委、省政府命名为第二批生态县，成为全市第一批省级生态县之一。

4 月 9 日，省委任命陈景飞为中共庆元县委书记。

5 月，全省首家法律服务中心——县司法局法律服务中心成立。

同月，县非物质文化遗产保护中心成立。

6 月 27 日，在第二届中国生态小康论坛上，庆元被评为“2009 中国全面小康生态文明县（市）”。

11 月 10—12 日，共建海西浙闽边际区域协作组织成立大会暨第一届年会在庆元举行。

11 月 30 日—12 月 1 日，“2009 中国庆元（国际）竹炭产业发展高峰论坛”召开。

12 月 25 日，庆元被评为“全国小蘑菇新农村建设十强县”。

2010年

1月18日，G25长深线龙泉至庆元段高速公路开工典礼在竹口镇举行。

1月25日，庆元与浙江大学签署县校合作框架协议。

1月，县食用菌管理局成立。

3月，县第十四届人民代表大会第四次会议选举叶青为县长。

同月，百山祖乡、举水乡被环保部命名为“全国环境优美乡”。

5月29日，庆元被中国轻工业联合会和中国制笔协会评为“中国（庆元）铅笔生产基地”。

5月，举水乡“月山村晚”获全国群星奖。

6月4日，庆元被中国食用菌协会评为“中国食用菌产业基地”。

6月5—6日，县政府与北京环境交易所签署“低碳转型战略合作协议”。

7月21日，省委副书记、省长吕祖善到庆元调研重点欠发达县扶贫工作。

8月5日，同济、同德、洋敦3个社区成立。

9月20日，庆元与省侨联签署战略合作协议。

9月27日，浙江久灵笔刷有限公司扩建项目暨中国（庆元）铅笔文化博物馆奠基。2012年12月建成。

10月，县第十四届人大常委会第三十二次会议决定每年4月7日为生态日。

11月3日，县志愿者协会成立。

11月12日，铁道部副部长陆东福到庆元考察衢宁铁路线位走向和站场选址。

12月10—11日，第八届中国（庆元）香菇文化节暨庆元香菇博物馆开馆仪式举行。

12月28日，全县设7个镇、13个乡，8个社区、345个行政村，724个自然村。

12月29日，屏都镇建制撤销，其行政区域并入松源镇，全县辖6个镇、13个乡，8个社区、345个行政村，724个自然村。

12月31日，全县首个220千伏输变电工程——松源220千伏输变电工程开工建设。

同月，百山祖国家AAAA级旅游景区动工建设。

同年，松源镇大济村被住建部、国家文物局授予第五批“中国历史文化名村”称号。

同年，全县共创建国家级生态乡镇2个、省级生态乡镇17个、市级生态乡镇20个、市级生态村74个。

第一篇　政区

南宋庆元三年（1197 年），析龙泉县松源乡及延庆乡部分地（今龙泉市小梅、查田、茶丰、青溪、四源和庆元县三济、黄真、黄田等地）置县，县治濛洲（今庆元县城），属两浙东路处州，以宋宁宗年号“庆元”命名，为庆元县建制之始。建县以后，历经两次撤、复县，县域范围亦时有变动。1975 年 3 月之后，县境保持稳定。1991—2010 年，县域行政区划不断调整，乡镇大规模撤、扩、并，居民委员会变更为社区管理，行政村归属调整，自然村亦随之调整。

第一章　建置

庆元置县时，县域包括原龙泉县“松源乡益以延庆乡之半”。县域面积在宋、元及明初都无变化。明景泰二年（1451年），原属青田县鸣鹤乡的升天西里和升天东里的一部分划给庆元县，原属庆元县的“延庆乡之半”划归龙泉县。至清康熙年间，县域面积才基本确定。中华人民共和国成立后，县境多有变动。至1992年，县域面积稳定在1898平方千米。

第一节　境域

庆元县位于浙江省西南浙闽两省接合部，地处北纬27°25′—27°51′，东经118°50′—119°30′。北与浙江省龙泉市、景宁畲族自治县接壤，东与福建省宁德市寿宁县交界，南与福建省南平市政和县相连，西与福建省南平市松溪县毗邻。

县域南北长49千米，东西宽67千米，总面积1898平方千米，县域面积位居浙江省第14位。中共庆元县委、县人民政府驻地松源镇，东北距丽水市公路里程210千米，北距杭州市公路里程506千米。

第二节　沿革

从出土的石锛、石镯表明，新石器时代就有人类在庆元境内繁衍生息。夏、商、周时，境域为越地（越族聚居地）。春秋，为越国地。战国后期（约公元前306年），楚灭越，境域属楚国。秦，属闽中郡（郡治在今福州市）。西汉，汉高祖五年（公元前202年），改闽中郡为闽越国；汉惠帝三年（公元前192年），分闽越国瓯越地立东瓯国（治所在今温州市）；西汉始元二年（公元前85年），以东瓯国地置回浦县（县治在今台州市椒江区章安镇），辖今台州、温州、丽水三市区域，属扬州刺史部会稽郡（郡治在今江苏省苏州市）。东汉建武元年（25年），回浦改名为章安县（县治在今台州市椒江区章安镇），属扬州刺史部会稽郡（郡治在今绍兴市）；建安四年（199年），分章安县置松阳县，属扬州刺史部会稽郡；建安二十三年（218年），分太末县南部置遂昌县，属扬州刺史部会稽郡。从三国、两晋、南北朝、隋至唐乾元二年（759年），松阳县先后隶属扬州临海郡、永嘉郡、处（栝）州、江南道（或江南东道）栝州；遂昌县先后隶属扬州东阳郡、栝州、江南道（或江南东道）栝州。

唐乾元二年（759年），析遂昌县、松阳县置龙泉县，庆元境域属浙江东道栝州龙泉县。五代十国，属吴越国处州龙泉县；后晋天福二年（937年），闽国夺取吴越国龙泉县松源乡大部分地（今福建省松溪县溪东、渭田、旧县、河东、茶平，不含钱园桥行政村的松源镇及政和县东平镇和铁山乡锦屏行政村），建松源镇（治在今松溪县旧县村），另半（今屏都、淤上、隆宫、安南、松源、四山、百山祖、合湖、贤良、五大堡、张村、举水、龙溪等乡镇）仍属吴越国处州龙泉县。北宋，属两浙路（或两浙东路）处州龙泉县。

南宋庆元三年（1197年），析龙泉县松源乡及延庆乡部分地（今龙泉市小梅、查田、茶丰、青溪、四源和庆元县三济、黄真、黄田等地）置县，以宁宗年号“庆元”为名，为庆元县建制之始，属两浙东路处州，县治在濛洲（今庆元县城）。

元初，庆元县属江淮行省处州路；至元二十一年（1284年），改属江浙行省处州路；至正十九年（1359年），改为安南府；旋改为处州府。明洪武三年（1370年），撤庆元县置庆元巡检司，治在查田（今属龙泉市）；洪武十三年（1380年），复置庆元县，属浙江布政使司处州府；景泰三年（1452年），青田县鸣鹤乡升天西里一部分地域（今江根、竹坪、官塘、左溪、青竹、苏湖、岭头、南峰等乡村）划给庆元县，“延庆乡之半”地域中的小梅、查田、茶丰、青溪等地划归龙泉县。清，属浙江省处州府。嘉庆年间，金村、下洋划归龙泉县。辛亥革命时，隶属浙江军政府处州军政分府。

民国元年（1912年），庆元县直属浙江省都督府。3年，属浙江省长公署瓯海道（道尹驻今温州市）。16年，直属浙江省政府。24年6月，属浙江省第九行政督察区。37年属第六行政督察区，同年7月改称第七行政督察区。

1949年5月17日，庆元县和平解放。7月5日，庆元县人民政府成立，属浙江省第七专区，同年10月改称丽水专区。1952年1月至1963年4月，撤销丽水专区，改属温州专区。1954年3月，景宁县吴坑乡划给庆元县（今属张村乡）。1957年5月，龙泉县龙岩村划给庆元县（今属百山祖乡）。1958年3月，隆宫乡张天村划给福建省政和县。1958年11月，庆元县并入龙泉县。1973年7月17日，国务院批准恢复庆元县建制。1975年3月，四源公社划归龙泉县。1975年8月18日，庆元县革命委员会挂牌办公。1981年7月，改称庆元县人民政府，属丽水地区。2000年，撤销丽水地区，设立地级丽水市，庆元县属丽水市。

第二章　行政区划

庆元县人民政府建立后至1950年8月，全县设4个区、20个乡（镇）。1951年6月土地改革结束，设4个区、42个乡（镇），227个行政村。1953年，增设江根区、新村区，城内镇、后田镇并为城关镇，岭头乡、漈东乡并为岭头乡，四源乡分设丁源乡、上源乡，竹口乡分设竹口乡、大泽乡，增设周墩乡。至1953年末，全县有6个区、43个乡（镇）。1956年后，历经撤区并乡、大办人民公社、并县、公社体制下放、复县、政社分设、分乡建镇、撤区扩镇并乡等一系列变动。

第一节　区划演变

1984年，庆元县有城郊、菊隆、竹口、新村、万里林、荷地、左溪7个区，松源、屏都、竹口、荷地4个镇，星光、大济、和山、四山、五都、淤上、黄坑、小安、南坑、隆宫、黄田、黄新、黄真、三济、三坑、石湖、杨楼、张村、五大堡、后广、合湖、车根、斋郎、杨桥、岭头、南峰、龙溪、举水、苏湖、左溪、青竹、官塘、竹坪、江根34个乡。

1992年，庆元县开展乡镇撤、扩、并，把全县7个区、4个镇、34个乡并为松源、屏都、竹口、黄田、荷地、左溪6个镇，四山、淤上、隆宫、安南、张村、五大堡、石湖、合湖、百山祖、岭头、举水、龙溪、官塘、江根14个乡，行政区划变化较大。同年12月，省民政厅批准石湖乡更名为贤良镇。

2002年8月，庆元县成立濛洲、石龙、咏归、玉田、新建5个社区居民委员会，松源镇居民委员会变更为社区管理模式，并以城区道路、溪为界大致划分管辖区块。其中，川路为界，城区西至咏归桥、石龙山，南至过境公路，北至松源溪，设石龙社区，居民委员会办公地址为松源镇下宅巷6号；咏归桥、石龙山至阁门岭大桥，南至过境公路，北至松源溪，设咏归社区，居民委员会办公地址为松源镇陵园路8号；以松源街、济川路为界，城区东至横城南北路，南至过境公路，北至松源溪，设濛洲社区，居民委员会办公地址为松源镇东门新村东四弄9号；以横城南北路为界至洋心大桥，南至过境公路，北至松源溪，设玉田社区，居民委员会办公地址为松源镇横城北路4号；城区北面以松源溪为界，东至周墩村洋心大桥，西至阁门岭大桥，设新建社区，居民委员会办公地址为松源镇新建路73号。

2003年，由于人口自然搬迁和集聚，县民政局取消85个自然村村名，增加51个自然村村名，自然村由758个减至724个。是年12月11日，浙政函〔2003〕208号文件批复，同意将屏都镇五一、五二、五三、五四4个村划归松源镇管辖；松源镇辖41个行政村、5个社区，屏都镇辖16个行政村。

2006年1月10日，浙政函〔2006〕4号文件批复，同意安南乡政府驻地由原来的东村村移至安溪村。

2010年12月28日，庆元县有7个镇、13个乡，8个社区、345个行政村，724个自然村。同年8月5日，举行同济、同德、洋墩3个社区揭牌仪式。2010年12月29日，屏都镇建制撤销，其行政区域并入松源镇，松源镇辖57个行政村、8个社区。

第二节　区划设置

1991年末，庆元县设7个区、1个属镇，3个乡级镇、34个乡、1个林场，343个行政村、758个自然村，5个居民委员会。1992年末，辖7个镇、13个乡，341个行政村、1715个村民小组。2010年12月28日，辖7个镇、13个乡，8个社区、345个行政村，724个自然村。同年12月31日，辖6个镇、13个乡，8个社区、345个行政村，724个自然村。

1984年庆元县区、乡镇设置一览表

表1—2—2—1

区	乡镇	行政村
县直属	松源镇	城北（2）、北门（2）、西门（5）、南门（1）、东门（1）、街尾（1）、上叶（1）、姚家（1）、大坂洋（2）、吴宅（1）、后碓（1）、大坑（3）、白象（1）、一居委、二居委、三居委、四居委、菜队
城郊区	星光乡	下坞（1）、下庄亭（1）、范源（1）、半岱（1）、星源（1）、乌石岭（1）、林后（1）、
	大济乡	大济（1）、道岗（1）、半湾（1）、下滩（1）、周墩（3）、洋心（2）、田墩（1）、西演（1）、喜鹊（2）、应岭尾（1）
	和山乡	底村（2）、牛路洋（2）、岙后（3）、会溪（2）、坑西（7）、上庄（4）
	四山乡	高漈（1）、砻头（1）、斜山（1）、楼下（1）、班岱后（2）、三溪（1）、九漈（1）、深乌（1）
菊隆区	屏都镇	八都一村（2）、八都二村（1）、八都三村（1）、余村（2）、菊水（7）、洋背（3）、坑里（2）、官山头（3）、蔡段（1）
	五都乡	五都一村（1）、五都二村（1）、五都三村（1）、五都四村（3）、坪洋（1）、朱村（1）、薰山下（1）、薰坑（1）
	淤上乡	淤上（4）、山根（5）、坑口（4）、外童（6）、深坑（1）、局下（2）、吾田头（1）、高山湾（5）、石坝（4）、蒲潭（3）、塘根（4）、长砻（3）
	黄坑乡	黄坑（1）、张地（1）、小关（3）、源头（4）、生水塘（2）
	小安乡	安隆（5）、安溪（1）、黄竹（6）、甘竹山（1）、畲头（2）、山头洋（4）、上余（4）
	南坑乡	东村（3）、方塘（3）、坑井（2）、吾际下（6）、南坑（3）、陈村（1）、权山（6）
	隆宫乡	隆宫（3）、桃园（1）、林源（5）、中村（3）、源尾（1）、里地（2）、连湖（3）
	庆元林场	白岭头（3）、菖蒲洋（3）、坪坑（3）
竹口区	竹口镇	竹上（2）、竹中（3）、竹下（6）、崔家田（3）、大泽（4）、陈龙溪（2）、岩后（8）
	黄田乡	高山（4）、桐山（1）、曹岭（3）、葛田（1）、美丘（3）、古岭坑（2）、黄坞（3）、东西（4）、上大坑（2）
	黄新乡	新窑（4）、黄坛（3）、平岭岗（3）、良秋（3）
	黄真乡	姚村（4）、朱黄（10）、双坞（4）、台湖（2）、李村（3）、双沈（6）、洋垄（3）、双溪（3）
	三济乡	上济（1）、中济（6）、下济（1）、陈边（3）、黄源底（4）、湖头（3）、仙庄（2）、龙济（1）、良官田（1）、崔上（1）
	三坑乡	龙口（4）、上坑（2）、上洋（11）、蔡双（7）、后楼（2）

续表 1—2—2—1

区	乡镇	行政村
新村区	石湖乡	贤良（1）、黄淤（3）、石川（5）、富林（1）、湖池（1）、库源（4）、青林（2）、溪沿（6）、新村（1）
	杨楼乡	杨楼（2）、阴头（3）、西坑（6）、半溪（1）、东山后（1）、后垮（6）
	张村乡	张村（4）、田头（3）、澄湖（1）、山丘（2）、上吴坑（1）、吴坑（5）、第五坑（2）、西管岚（1）、后溪（1）、金苏岱（1）、松柏湾（2）、蔡川（1）、高洋（1）、库山（1）、岙头（2）、东川（1）、南阳（5）、风滩洋（4）、联合（6）
	五大堡乡	五大堡（2）、坛弄（2）、北坑（1）、西川（4）、樟下（1）、岩下（1）、濛淤（3）、高大（1）、大洪（3）、黄石（3）
	后广乡	后广（1）、东坑（2）、东岱（2）、西洋（1）、下段（3）、盖竹（5）、八洋（3）、天平马（2）、梧桐洋（1）、南源（1）、北泽（1）、甘山（1）
万里林区	合湖乡	合湖（1）、三堆（3）、兰泥（1）、西排（2）、黄水（2）、黄水岙（1）、坑底（2）、黄土洋（2）、久住洋（2）
	车根乡	车根（2）、桐梓（2）、黄皮（3）、桥陌（2）
	斋郎乡	斋郎（2）、枫坪（1）、龙岩（3）、栗洋（1）
荷地区	荷地镇	荷地（1）、底墅（2）、高住（2）、马家地（1）、漈面（2）、塘尾（2）、洋边（1）、青社（1）、黄沙（1）、高漈（1）、半路（1）、大岩（2）、杨朗坑（3）
	杨桥乡	杨桥（1）、黄洋（2）、桃坑（1）、松坑（2）、岩坑（1）
	岭头乡	岭头（2）、后仓坑（1）、山翠湾（1）、岗后洋（1）、陈鉴坑（2）、下庄（1）、杨家庄（3）、小漈头（2）、大漈头（1）、包果（1）、黄榴坑（1）、举洋（1）
	南峰乡	南峰（2）、大园（1）、莲花（1）、后村（1）、村尾（4）、徐洋（1）、龙洋（2）、富楼源（1）、东溪（1）、钵下（2）、塘堀（1）、葱甩（1）
	龙溪乡	西溪（2）、后洋坑（1）、铁吉岙（1）、荡口（1）、兰头（1）、冯家山（2）、岙里（1）、鱼川（1）、转水（1）、陈家岭（1）、交溪（1）、大毛坪（2）
	举水乡	月山（2）、照田（3）、杉源（1）、地虎坑（1）、大丘（1）、黄山（2）、国坪（1）、择树坑（1）、荐坑（2）、庄徐（5）、后坑（1）、龙井面（1）、蔡地（1）、门林（1）、落岭（2）、丰岭（2）
	苏湖乡	苏湖（1）、杨冯源（1）、坪头（1）、东山（1）、茶垄（2）、大横岭（1）、石磨下（2）、胡闲洋（1）、包谢（5）、八炉（6）、白岩下（5）、芳村（1）
左溪区	左溪乡	左溪（3）、田坑（6）、湖边（1）、高嵩坑（1）、枧头（1）、鱼鲩（1）、黄岗（2）、石柱（3）、岱上（2）
	青竹乡	青竹（4）、岱根（1）、半岭（2）、方村（5）、岚头（1）、梅树（4）、溪头角（2）、田寮（1）
	官塘乡	官塘（2）、若沃（1）、横坑（1）、荷洋（2）、白柘洋（4）、山头（1）、中央阔（2）、坑下（1）、漈下（4）
	竹坪乡	竹坪（1）、留香（1）、大柘（2）、石塘（1）、印浆（3）、发竹（1）、山后（1）、木桥头（1）、
	江根乡	江根（2）、箬坑（1）、青田（2）、坝头（2）、水寨（1）、洋头（1）、上店（2）、杉坑（2）、后洋（2）

说明：括号内为自然村数

2010年12月庆元县乡镇设置一览表

表1—2—2—2

乡镇	行政村或社区	自然村	行政村或社区	自然村
松源镇	城北	城北、学后	北门	北门、石龙下
	西门	西门、塘边、鹭鸶岙、竹坑、风炉岙	南门	南门
	东门	东门	街尾	街尾
	上叶	上叶	姚家	姚家
	大坂洋	大坂洋、洋墩	吴宅	吴宅
	后碓	后碓	大坑	大坑、岙下、黄田亭
	黄象	黄象、白象	菜业	菜业
	濛洲社区	—	石龙社区	—
	玉田社区	—	咏归社区	—
	新建社区	—	同德社区	—
	同济社区	—	洋墩社区	—
	下坞	下坞、赤洋	下庄亭	下庄亭
	范源	范源	半岱	半岱
	星源	源头	乌石岭	乌石岭
	林后	林后	大济	大济
	道岗	道岗（畲族聚居地）	半湾	半湾
	下滩	下滩、下滩庙、十二丘	周墩	周墩、平岗、省里
	洋心	洋心、庙下	田墩	田墩
	西演	西演	喜鹊	大毛湾、犁壁山
	应岭尾	应岭尾	底村	底村、东北坑
	牛路洋	牛路洋、上源	岙后	岙后、祝家洋、双坑
	会溪	会溪、坑头	上庄	上庄、蕉坑、上田、漈上
	坑西	坑西、石竹湾	五都一村	五都一村
	五都二村	五都二村	五都三村	五都三村
	五都四村	祭下湾、黄田、上淤	—	—
屏都镇	八都一村	八都、下吾	八都二村	八都二村
	八都三村	八都三村	余村	余村、白砍洋
	菊水	菊水、建山、回龙、钟石淤、后口、竹林坪、四十岗	官山头	官山头、大埼桥、张源坑（张良坑）
	洋背	洋背、岱根、赤坑	蔡段	蔡段、草古地
	坑里	坑里	坪洋	坪洋、岩头洋
	朱村	朱村	薰山下	薰山下
	薰坑	薰坑	坪坑	坪坑、半岭、奶圳、瓦窑、大布新村
	白岭头	白岭头、官山、仓坑、下斜、里寮、岙下	菖蒲洋	菖蒲洋、龙缺角、落花洋、炉坪、大毛堀

续表 1—2—2—2

乡镇	行政村或社区	自然村	行政村或社区	自然村
竹口镇	竹上	竹上、枫堂、瓦窑山	竹中	竹中、黄沙坑、洋源
	竹下	竹下、猫岗、葫芦潭背	岩后	岩后、山石、傍庄、岙门、炼泥碓、黄井洋、石步洋
	崔家田	崔家田、黄潭、岩坑头	大泽	大泽、岭坤、阙家、凉亭
	陈龙溪	陈龙溪、田边、陈龙溪口、茶梨山	上坑	上坑、岱根
	龙口	龙口	蔡双	双港潭、双坑、田丁寮、山头岭尾、大淤桥头、大汙、板卜底
	后楼	后楼、锄头岗	良秋	良秋、大连坪
	上洋	坛门、白沙、和平、大窑埄、洋淤、横坑、白象、帮阳、大处	平岭岗	平岭岗、山头坪
	新窑	新窑、山后坑	黄坛	黄坛、潘铜坞、鱼塘湾
黄田镇	东西	东边、西边、竹森、外柏渡口	高山	高埄、清水湾、五龙
	桐山	桐山	葛田	葛田
	曹岭	曹岭、头陀、南源	美丘	美源、半山丘、山头
	古岭坑	古岭坑、新坛	上大坑	柏渡口岗
	黄坞	黄坞、新闲、枫树桥	姚村	姚村、庄头梅、金村
	朱黄	朱坞、狮子坑、根竹山、黄畲寨、黄畲、印丘、麻岭后、英坞、茶园、上门头	双沈	上沈、柏渡沿、处周寮、帮埄、上堂、下沈、象鼻沟
	双坞	下坞、双井、双坑、岩下	李村	李村、旱埄、严源殿
	洋垄	山头垄、下洋、内柏渡口	双溪	三溪、缸钵厂、外村
	台湖	台湖、中岗	仙庄	仙庄、岭坤
	上济	上济	下济	下济
	中济	中济、墈下、东岸、上井	黄源底	黄源底、东丝湾、半岭、田坑
	陈边	陈边、半源、上赖	湖头	湖头、仓湾、湖头埄
	龙济	龙济	良官田	良官田
	崔上	崔上	—	—
左溪镇	左溪	左溪、口坑	石柱	石柱、桥头、新桥头
	湖边	湖边、湖边岭尾	高嵩坑	高嵩坑
	枧头	枧头	鱼鮏	鱼鮏
	黄岗	黄岗、落岭岗	岱上	岱上、茶园湾
	田坑	田坑、湖边洋、坊铺洋、上猪浆	青竹	青竹
	岱根	岱根、林里	半岭	半岭、双面
	岚头	岚头	溪头角	溪头角、印坑
	田寮	田寮	方村	方村
	梅树	梅树、山头栏、梅树岭头、山头	印浆	印浆、大溪沿、双港淤
	竹坪	竹坪	留香	留香、山洪
	白柘	白柘	石塘	石塘
	发竹	发竹	山后	山后
	木桥头	木桥头	半坑	半坑

续表 1—2—2—2

乡镇	行政村或社区	自然村	行政村或社区	自然村
贤良镇	贤良	贤良	新村	新村
	黄淤	淤上、石头坑、黄坛	青林	青草、龙井头
	富林	染庶坑	湖池	湖池
	库源	库坑、骑马岗、沿坑、半山源	石川	石板仓、外洋、新庄、西洋、后龙湾
	溪沿	溪沿、梨寮、大寮、水短湾、车坑、湾头寮、冷水凹	—	—
荷地镇	荷地	荷地	底墅	底墅、底墅岙
	高住	高住、朱岭坑	马家地	马家地
	漈面	漈面、漈角	塘尾	塘尾
	洋边	洋边	青社	青社
	黄沙	黄沙	高漈	高漈
	半路	半路	大岩	大岩、村尾
	杨朗坑	杨朗坑、上东溪、下东溪	杨桥	杨桥
	黄洋	黄洋、车坑	桃坑	桃坑、栗树洋
	松坑	山坑	岩坑	岩坑
	苏湖	苏湖	杨冯源	杨冯源
	坪头	坪头	东山	东山
	茶垄	茶坪、垄聪	石磨下	石磨下、桥头
	大横岭	大横岭	胡闲洋	胡闲洋
岭头乡	岭头	岭头、黄土布	后仓坑	后仓坑
	山翠湾	山翠湾	岗后洋	岗后洋
	陈鉴坑	陈鉴坑、桃洋	小漈头	小漈头、陈坑寮
	下庄	下庄	大漈头	大漈头
	包果	包果	黄榴坑	黄榴坑
	举洋	举洋	杨家庄	杨家庄、车庄寮、鱼树坑
	芳村	芳村	包谢	浅洋、婆洋、浅埼、闲大窑、坑沿店
	八炉	八炉、苦栗脑、郎坑、坑堀寮、第四坑、张公山	白岩下	白岩下、横岭、清楼、赤壁山、鱼条漈
	大池洋	大池洋、瓦窑坪	大园	大园
	莲花	莲花	后村	后村
	徐洋	徐洋	村尾	村尾、溪旁、新闲、闲后排
	龙洋	后溪洋、后中洋	富楼源	富楼源
	东溪	洋头	钵下	钵窑、下寮
	塘堀	塘堀	葱甩	葱甩
举水乡	月山	举水、漈根	照田	照田、半溪洋
	杉源	杉源	地虎坑	地虎坑、大坪
	大丘	大丘	国坪	国坪
	黄山	黄坑尾、富石山	荐坑	荐坑
	择树坑	择树坑	后坑	后坑

续表 1—2—2—2

乡镇	行政村或社区	自然村	行政村或社区	自然村
举水乡	龙井面	龙井面	蔡地	蔡地
	门林后	门林后	落岭	落岭
	丰岭	丰岭	庄徐	梅处、沙丘、石桥头、曲窑
龙溪乡	西溪	西溪	后洋坑	后洋坑
	铁岙	铁岙	荡口	荡口
	兰头	兰头	冯家山	冯家山
	岙里	岙里、下湾	鱼川	鱼川
	转水	转水	陈家岭	陈家岭
	交溪	交溪	大毛坪	大毛坪、李家坑
官塘乡	官塘	官塘、上塘洋	若沃	若沃
	横坑	横坑	荷洋	上洋、下洋
	山头	山头	中央闲	中央闲、黄坛、洋头
	白柘洋	白柘洋、温潭口、后柘头、白柘坑	漈下	漈下、梅坑、黄山头、马岙
	坑下	坑下	—	—
江根乡	江根	江根、山林岘	箬坑	箬坑
	青田	青田	坝头	坝头、沙衣湖
	水寨	水寨	洋头	洋头
	上店	上店、道坪窟	杉坑	杉坑
	后洋	后洋、第三洋	—	—
四山乡	高漈	高漈	砻头	砻头
	斜山	斜山	楼下	楼下
	班岱后	班岱后	三溪	三溪
	九漈	九漈	深乌	深乌
淤上乡	淤上	淤上、车下、甘公坑、店后山	山根	山根、黄泥弄、岭岙、黄泥弄新村
	坑口	坑口、徐墩、山岗	外童	外童、金坑、内童、坑边、山根寺
	涂坑	涂坑	局下	局下、苍岱
	吾田头	吾田头	高山湾	高山湾、思麻、涂坑新村
	石坝	石坝、良鲤塘、老鼠山、洋心	蒲潭	蒲潭、樟坑、山头、里地口
	塘根	塘根、新村、佃坪、油山头	长砻	长垄、横溪、翁山
隆宫乡	隆宫	隆宫、三门亭、山头岗	桃园	桃园（桃坑）
	林源	小林源、根竹山、旱垄、大路后	中村	中村
	源尾	源尾	里地	里地
	连湖	连湖、岩头弄、庙边	黄坑	黄坑
	张地	张地	小关	下村、上村
	源头	源头、庙后、山丘、田寮	生水塘	生水塘、后岙
安南乡	安隆	小安、粗隆、坪乌、小源、交溪	黄竹	朱岙、黄山头、洋坪、吾源、黄泥洋
	甘竹山	甘竹山	畲头	畲头、流溪洋
	山头洋	山头洋、埠头、五里根、坑节	上余	上村、余地、洋头
	东村	东村、底闲、福洋	方塘	方塘、横坑、下源、茶园洋

续表 1—2—2—2

乡镇	行政村或社区	自然村	行政村或社区	自然村
安南乡	吾漈下	吾漈下、双圳下、百花岩、岱根、吾地坑	权山	权山、后楼、罗岙、罗隆、麻园、下庄
	安溪	安溪	陈村	陈村
	南坑	南坑、南坑周、班岱内	坑井	坑井
张村乡	张村	张村、道堂基、张公天、大岩坑	田头	田头、燕头、岙后
	澄湖	澄湖	山丘	山丘、池背
	上吴坑	上吴坑	第五坑	第五坑、山下坑
	吴坑	吴坑、吴坑岚、张伯岱、银掌岗、黄垓洋	南阳	南阳、坑头、犁担岗、树脑坑、上堂
	西管岚	西管岚	后溪	后溪
	金苏岱	金苏岱	松柏湾	松柏湾、金山头
	蔡川	蔡川	高洋	高洋
	库山	库山	岙头	岙头、张伯坑
	东川	东村	风滩洋	风滩洋、坑底、久洋、风滩
	联合	上闲砻、胡答、麻竹坪、岭尾、坑头湾、独田	—	—
五大堡乡	五大堡	五大堡、平坛	坛弄	坛弄、西山
	北坑	北坑	樟下	樟下
	岩下	岩下	高大	高大
	濛淤	濛淤、野猪窝、桥头汇、新桥	大洪	大洪、榅岙
	黄石	石记岙、黄坪、黄坑湾	西川	西坑头、塘头、西排、新闲洋
	后广	后广	西洋	西洋
	东坑	东坑、处下洋	东岱	东岱
	下垟	下垟、鱼口、外洋	八洋	八洋、洋心、岩下、外洋、兰溪桥
	盖竹	东边、西边、普化寺、洋头、溪淤	天平马	天平马、葱岭
	梧桐洋	梧桐洋	南源	南坑
	北择	北坑	甘山	甘竹山
	杨楼	杨楼、英坑	阴头	阴头、山坪、黄泥隆
	半溪	半溪	东山后	东山后
	后埼	后埼、溪尾、高坪、田后壁、达溪	西坑	西坑、杨梅隆、西坑源、长湾尾、西坑湾、坑隆岗
合湖乡	合湖	合湖	兰泥	兰泥
	三堆	三堆、横坑、外洋	黄土洋	黄土洋、第八坑
	西排	西排、铁车	黄水	黄水、铁店
	黄水岙	黄水岙	坑底	坑底
	久住洋	久住洋、白水漈	—	—
百山祖乡	车根	车根、半坑	桥陌	桥陌、漈下
	桐梓	桐梓、桐梓下村	黄皮	黄皮、企坑、冲坑
	斋郎	斋郎、后坑头	龙岩	龙岩、石蕴、三井溪
	枫坪	枫树坪	栗洋	栗洋

第三章　乡镇

2010 年末，庆元县所辖 20 个乡镇，其名称来历、地理位置、政区、人口面积、自然条件、经济概况、基础设施、人文社会等各有特点。2010 年 12 月 29 日，屏都镇并入松源镇。

第一节　乡

岭头乡

岭头乡因乡政府驻地位于岭头村而得名。位于县境东南部，东邻荷地镇、左溪镇，南接龙溪乡和福建省寿宁县托溪乡，西倚举水乡、五大堡乡，北靠荷地镇、五大堡乡。1992 年，原南峰乡和苏湖乡的八炉、包谢、芳村、白岩下 4 个行政村并入岭头乡。乡政府驻岭头村，海拔 860 米，距县城 42 千米。地势高低错落，森林覆盖率为 80.35%。山间盆地海拔 600—1000 米，探明有花岗岩、银等矿藏。有西溪、八炉溪两大溪流，水力资源蕴藏量为 1.222 万千瓦。建有龙井、洋溪和横岭 3 座电站。1991 年，有 1206 户 5541 人，农村经济总收入 6332814 元，工农业总产值 5972034 元，农村居民人均收入 677 元。2010 年，总面积 123 平方千米，辖岭头、后仓坑、黄楠坑、包谢、白岩下、芳村、八炉、山翠湾、岗后洋、陈鉴坑、下庄、杨家庄、小际头、大际头、包果、举洋、村尾、徐洋、后村、大池洋、大园、莲花、龙洋、塘堀、东溪、钵下、富楼源和葱甩 28 个行政村，52 个自然村，90 个村民小组，3196 户 10221 人，农村经济总收入 4408 万元，农民年人均纯收入 3936 元。

随着农业产业不断调整，岭头乡发展成以高山蔬菜、食用菌、毛竹为主导，稻田养鱼、特禽养殖、高山茶叶、锥栗为辅的农业大乡。2010 年，耕地面积 1129 公顷，山林面积 9669 公顷，粮食产量 390.2 千克，发展食用菌 800 万袋，种植高山蔬菜 466.7 公顷，养殖高山田鲤鱼 333.3 公顷，抚育锥栗 470 公顷，抚育毛竹林 548.3 公顷。受交通、地形等要素制约，工业发展十分缓慢，多以家庭加工业为主的作坊式生产。2003 年以来，引进工商资本新建小水电 4 座。有乡文化站 1 处、广播电视站 1 处、村级文化活动中心 11 处、中小学 1 所、各级医疗卫生机构 5 个。除白岩下、芳村、包谢、葱甩、黄楠坑 5 个搬迁村外，其他 23 个行政村全部通数字电视及“村村通广播”。有东溪、包果和大际头 3 座古廊桥，县级文物保护单位南峰寺，旅游休闲点龙井电站水库。

图 1-1　岭头乡政府（岭头乡政府供　摄于 2010 年）

五大堡乡

五大堡乡由乡政府驻地得名。位于庆元县中部，东邻荷地镇，南接岭头乡、举水乡，西靠安南乡、松源镇、四山乡，北与百山祖乡、贤良镇毗连。1992 年，由五大堡、杨楼、后广 3 个乡扩并而成。乡政府驻五大堡村，距县城 18 千米。55 省道自西向东穿境而过，有濛杨线、兰荒线过境，城乡公交设 6 个站，年客运量 0.32 万人次。山峦连绵，东北高，中西部低平。有同属于闽江水系的两条河流——后广溪、杨楼溪，两溪交汇于兰溪桥水库。年平均气温 17℃，年无霜期 210 天。1992 年，有 2579 户 10387 人，其中劳动力 4678 人，男 2799 人、女 1879 人，农村经济总收入 14441132 元，其中农业收入 12813740 元、工业收入 255284 元，农村居民人均收入 817 元。2010 年，总面积 158 平方千米，辖五大堡、坛弄、北坑、西川、樟下、濛淤、高大、大洪、黄石、杨楼、半溪、后塝、东山后、阴头、西坑、后广、东坑、西洋、东岱、下墈、盖竹、八洋、天平马、梧桐洋、南源、北择、甘山、岩下 28 个行政村，64 个自然村，112 个村民小组，3439 户 10034 人，其中农村劳动力 6275 人，其中外出务工 2865 人，工农业总产值 5065 万元，农民年人均纯收入 4357 元。

五大堡乡有耕地 559.4 公顷，林地 15880 公顷（包括生态公益林 7933.3 公顷），锥栗 500 公顷，毛竹林 1326.67 公顷，森林覆盖率为 90.9%。受交通、气候等要素制约，居民一直以务农为主。2001 年以来，致力于农业产业结构调整，在以香菇经济为主基础上，寻找新经济增长点，重点培育种植锥栗、笋竹林、黑木耳、吊瓜和中草药材，逐渐走向多元化经营发展之路。2010 年，全面改造毛竹低产林，修建竹林便道 45 千米。2000 年以来，开展招商引资，异地办厂，先后创办镀锌厂、铅笔厂等，产值稳步提高。有乡文化站 1 处，村级文化活动中心 2 处，农家书屋 11 个，各类图书室 11 个，学校体育场 1 个，各类体育设施 5 处；幼儿园 5 所，小学 1 所；医疗卫生机构 1 个，门诊部（所）1 个；开通有线电视；27 个村开通程控电话，通村率为 96.4%，28 个村开通移动电话。旅游休闲景点有省级文物保护单位兰溪桥、西洋殿，以及西坑万古林、濛淤古廊桥、应岭岚古道、西川古道和黄石古村落等。

图 1-2　五大堡乡西川村（范敏姿　摄于 2010 年）

淤上乡

淤上乡以原驻地淤上村得名。位于县境西南部，东接松源镇，南邻隆宫、安南乡，西北与屏都镇毗连。1992年5月25日“撤扩并”时，保留原辖区范围。乡政府驻地山根村，距县城18千米。229省道龙后公路自北向南横贯而过。地形为河谷开阔地带，低丘缓坡分布其间。东西两翼多山，中部河谷宽阔，地势东西高中间低，平均海拔在400米以下。安溪自南向北由境内中部蜿蜒穿流而过，山涧小溪稠密，均从东西两侧汇入安溪，在屏都镇菊水村与松源溪汇合。蕴藏陶土和有色金属，出品日用陶器，为庆元县著名“陶乡”。属亚热带季风性湿润气候，7月、8月光热条件最好，雨量在100毫米以上，9月温度降低，光照充足，雨量较多，日差较大，有利于农作物有机质积累。1991年，有2650户9700人，农村经济总收入779.4万元，工农业总产值196.43万元，农民人均收入601元。2010年，总面积60.8平方千米，辖淤上、坑口、涂坑、吾田头、石坝、塘根、山根、外童、局下、高山湾、蒲潭、长砻12个行政村，38个自然村，77个村民小组，3056户8899人，农村经济总收入7061万元，农民年人纯均收入5795元。

淤上乡有耕地662.9公顷，是全县粮食主要产地之一，全县唯一的农保示范区，素有“庆元粮仓”之称。粮食作物每年播种1000公顷，粮食生产稳中有增，主要粮食作物为水稻。通过农业结构调整，逐渐形成以菌、烟、竹、茶为优势产业、其他产业共同发展的格局。特色农产品知名品牌有富硒米、富硒莲、山地西瓜、草菇、夏香菇、甜橘柚、仔猪等。有10个专业合作社，“芸乡依”富硒米取得无公害及QS论证。长砻、塘根、局下等毛竹园区有林道23千米，竹林便道107千米。有规模以上企业5家，小型工业企业130多家，工业产值1.8亿元，入库税收975万元，来料加工收入570万。陶瓷烧制是传统手工业，有10余窑烧制陶瓷，产品有风炉、花瓶、花盆、缸等。安福消防投资70万美元，在黎巴嫩和新西兰成立2家分公司。金圣竹木获4项国家专利，产品连续两年获得国家森博会金奖。有乡文化站、村级文化活动中心13处，农家书屋7个，各类图书室16个，学校体育场2个，各类体育设施12处；幼儿园3所，小学2所；医院1所，村卫生室1所。有县级文物保护单位樟坑瓷窑址和苍岱银矿洞。

图1-3　淤上乡鸟瞰（淤上乡政府供　摄于2008年）

安南乡

安南乡位于县境南部，地处浙闽两省交界处，东邻举水、五大堡乡，南界福建省政和县岭腰乡，西接淤上乡、隆宫乡，北连松源镇。1992年，由小安、南坑两乡合并而成，各取一字命名。2007年10月，乡政府驻地迁移至安溪村，距县城26千米。有229省道、县道安东线2条公路干线交会。地势东北高、西南低，安溪、吾际下溪从腹地穿过，两岸分布较多河谷盆地。气候属亚热带季风类型，年平均气温13.4℃。1991年，小安乡有4245人，农村经济总收入420.12万元，工农业总产值320.12万元，农村居民人均收入631元；南坑乡有3078人，农村经济总收入362.03万元，工农业总产值350.67万元，农村居民人均收入640元。2010年，总面积84.4平方千米，辖安溪、安隆、甘竹山、上余、畲头、山头洋、黄竹、东村、方塘、吾际下、南坑、陈坑、权山、坑井等14个行政村，44个自然村，总人口7578人，农村经济总收入8600万元，农民年人均纯收入5750元。

安南乡有耕地677.13公顷，林地8266.13公顷，毛竹林2392.93公顷，是庆元县重点笋竹两用林基地之一。2002年，建成福洋毛竹示范区和山头洋锥栗示范区。随着农业产业结构调整，粮食在农业产业结构中比例下降，食用菌、毛竹、茶叶、锥栗和高山蔬菜等逐渐成为主导产业。工业以竹木加工、竹筷加工等为主，有竹制品家庭加工作坊40多家，规模以上企业9家，其中浙江安南炭业科技有限公司、庆元江源菇品有限公司、庆元绿尔佳食品有限公司和浙江英标菇品有限公司入驻县工业园区，总产值3.6亿元。有文化站、广播电视站各1处，村级文化活动中心14处，各类图书室15个，学校体育场2个；各级医疗卫生机构4个；幼儿园3所，小学2所；有线电视入户率为90%，电信服务网点2个，电话交换机总容量3000门，电话普及率为90%。2008年，建成安南乡自来水厂，年供水36万立方米。有百花岩和百花岩庵、岗头庙等名胜。

图1-4 安南乡五岭坑香炉尖（安南乡政府供 摄于2010年）

张村乡

张村乡以乡政府驻地张村村得名。位于县境东部，东与左溪镇相邻，南接荷地镇，西连贤良镇，北毗合湖乡，东北与景宁县毛垟乡、秋炉乡交界。1992年，保留建制，辖区未变。乡政府驻地张村村，距县城58千米。主干公路为庆元至景宁县道新杉线，标准为四级油路，途经7个行政村，全长16千米。境内多山，除沿南阳溪两岸较平坦外，余均峻岭连绵，海拔落差大。森林资源丰富，有木材蓄积量6.4万立方米。矿产资源有铅、锌、银。南阳溪横贯全乡，属瓯江水系上游支流，汇集大小溪流115条，全长44千米。水力资源丰富，建有南阳一级和二级电站、后溪电站，总装机5.3万千瓦，其中南阳一级电

图1-5 张村乡南阳村（张村乡政府供 摄于2010年）

站装机容量 3.6 万千瓦。属亚热带季风性气候，年平均气温 15.5℃。1991 年，有 1616 户 7206 人，其中乡村劳动力 3934 人，农村经济总收入 5758911 元，其中农业收入 5454393 元、工业产值 40.6 万元，农村居民人均收入 499 元。2010 年，总面积 64.7 平方千米，辖张村、田头、金苏岱、后溪、吴坑、上吴坑、第五坑、山丘、西管岚、澄湖、南阳、风滩洋、联合、蔡川、高洋、松柏湾、岙头、东川、库山 19 个行政村，31 个自然村，68 个村民小组，2416 户 6710 人，其中外出务工 3048 人，农村经济总收入 3200.75 万元，农民年人均纯收入 4562 元。

张村乡有耕地 250.2 公顷、林地 4860.87 公顷。传统农业以单一粮食和香菇生产为主，逐步转化为以食用菌、锥栗和毛竹为主导产业，同时发展香榧、吊瓜、山地西瓜、中药材和高山蔬菜等特色农业，形成菌、果、菜、竹等多品种特色产业。2010 年，标准化生产香菇 420 万袋、黑木耳 180 万袋，种植锥栗 480 公顷，香榧 40 公顷，吊瓜 110 公顷，中药材基地 100 公顷，高山蔬菜 66.67 公顷。20 世纪 90 年代，企业主要从事竹木和山苍子油加工。有文化站 1 个，公共图书室 9 个，学校体育场 1 个，各类体育设施 13 处；幼儿园 1 所，小学 1 所，在校生 63 人；村卫生室 1 所，个体诊所 1 个；电视覆盖率 90.6%；电话普及率 32%，有移动电话用户 1530 户。有县级文物保护单位东川村八角殿、岙头村周家本宅。

隆宫乡

隆宫乡以乡政府驻地隆宫村得名。位于县境西南部，东邻安南乡，西南接福建省松溪县河东乡、茶平乡，东南与福建省政和县铁山镇、岭腰乡交界，北靠屏都镇、淤上乡。1992 年，黄坑乡并入隆宫乡。乡政府驻地隆宫村，距县城 33 千米。县道有蓬（桥）源（头）、后（山桥）桃（园）两线，1992 年村村通机耕路，2006 年村村通康庄公路。地势高低错落，西北部因受庆元林场境内的大毛堀余脉影响，峰峦密布，峻岭纵横，山间盆地海拔在 700 米左右。东部自隆宫至潦下坑一带，濒临安溪，地势平缓，气候较温和，适宜早、中稻生长。1992 年，有 1676 户 6901 人，农村经济总收入 1671.61 万元，工业产值 651.23 万元，农村居民人均收入 921 元。2010 年，总面积 68.7 平方千米，辖隆宫、林源、源尾、连湖、张地、源头、桃园、中村、里地、黄坑、小关、生水塘 12 个行政村，22 个自然村，65 个村民小组，2173 户 7472 人。

隆宫乡有耕地 424.4 公顷，山林 5276.7 公顷，毛竹林 3117.9 公顷，森林覆盖率为 81.2%。农业以种植水稻为主，旱地种植蕃薯、马铃薯、大豆、玉米和蔬菜等作物，经济作物有烤烟、茶叶和药材等。2002 年，调整农业生产结构，在种植吊瓜、黑木耳、茶业、锥栗和香菇等基础上，鼓励农民引进中药材、毛芋等新品种。有毛竹家庭加工企业 300 家，工业产品有工艺竹筷、地板、砧板、茶果篮、凉席、碗垫、竹炭、竹油、竹粉、笋罐头等。2010 年，工业总产值 2.2 亿元，其中三禾、天竹两家公司产值近亿元。有文化站、村级文化活动中心 1 处，农家书屋 6 个，各类图书室 8 个，学校体育场 2 个，各类体育设施 13 处；幼儿园 4 所，小学 1 所；医院 1 所，村卫生室 6 所，个体诊所 1 个；电视覆盖率为 98.6%；电信企业 2 家，服务网点 2 个，电话普及率为 30%。有省级文物保护单位龙济桥、县级文物保护单位张地村何氏宗祠。

图 1-6 隆宫乡小关村（甘长飞 摄于 2006 年）

举水乡

举水乡因举溪横穿乡政府所在村而得名。位于县境东南部，东部与岭头乡接壤，南与龙溪乡毗邻，西南部邻福建省政和县岭腰乡，西连安南乡，北靠五大堡乡。1992 年“撤扩并”，保留原行政区域。乡政府驻月山村，距县城 57 千米。地形以山地为主，西北高东南低，北面主峰银屏山可俯瞰全乡。西溪为主要河流，由 3 条支流汇成，自西向东流入福建境内。属亚热带季风性气候，年平均气温 13.4℃。1991 年，有 1350 户 6537 人，农村经济总收入 729.816 万元，工农业总产值 513.223 万元，农村居民人均收入 733.6 元。2010 年，总面积 79.9 平方千米，辖月山、地虎坑、杉源、大丘、黄山、国坪、择树坑、荐坑、落岭、丰岭、门林后、蔡地、庄徐、后坑、龙井面、照田等 16 个行政村，25 个自然村，63 个村民小组，2049 户 6090 人，95% 的村民为吴姓，农村经济总收入 3985 万元，农民年人均纯收入 5668 元。

举水乡有耕地 528 公顷，山地 8400 公顷。以种植水稻、茶叶为主。食用菌从单一香菇生产走向多元化发展，引进杏鲍菇、鸡腿菇等新菌种。有精品农业示范园及落岭高山蔬菜基地，引资种植珍稀中药材 60 公顷、高山蔬菜 30 公顷、西湖莼菜 10 公顷、高山有机茶 26.67 公顷、茭白 5.33 公顷。工业以竹木加工、来料加工为主。“月山春晚”是中国历史最悠久的民间春节晚会。名胜古迹有如龙桥、吴文简祠、步蟾桥、云泉寺、荐元塔、杉树王、冰臼等。

图 1-7 举水乡月山村（举水乡政府供 摄于 2008 年）

江根乡

江根乡以乡政府驻地江根村得名。位于县境东南方向，东、南分别与福建省寿宁县坑底乡、大安乡、托溪乡交界，西靠左溪镇，北邻官塘乡。1992 年撤区扩镇并乡中，保留江根乡。乡政府驻地江根村，距县城 90 千米。55 省道贯穿 5 个行政村，坝头二级公路开通后，距福建省寿宁县城关镇仅 18 千米。地形以山地为主，由南向北倾斜。以杉坑、箬坑两溪为最大溪流，均西出左溪，属瓯江水系。属季风性湿润气候，年平均气温 15.5℃。主要风口是东北风和西南风，最大风力可达八级以上。1991 年，有 1331 户 6445 人，其中劳动力 1845 人，农村经济总收入 185 万元，工农业总产值 47.25 万元，农村居民人均收入 206 元。2010 年，总面积 58.14 平方千米，辖江根、箬坑、青田、坝头、水寨、洋头、上店、杉坑、后洋 9 个行政村，

图 1-8　江根乡江根村（江根乡政府供　摄于2010年）

13个自然村，77个生产队，1656户5762人，农村经济总收入2583.7万元，工农业总产值2023.3万元，农村居民人均收入5271元。

江根乡有耕地面积527公顷。主要经济作物有花菜、香菇等，引进高山松花菜、美人茭、象茭等新品种，在每个实施村建立漂浮育苗基地，创建"松花菜—玉米""白菜—松花菜"等一批高产高效种植模式。2004年，成立县扶云菜业合作社江根分社，将花菜、花菇销售至上海、福州等大中城市。山林面积5216公顷，林地4638.53公顷。2000年以来，开发小竹笋基地55.07公顷，水干果基地20.73公顷，一般封山800公顷，生态公益林3154.33公顷，森林覆盖率为91.2%。20世纪90年代以来，开办竹筷粗加工、鲜菇冷冻等加工厂。2010年，有竹筷粗加工厂2家。有镇文化站、村级文化活动中心16处，各类图书室16个，藏书2.5万册，学校体育场1个，各类体育设施10处；幼儿园1所，小学1所；乡卫生院1所，村卫生室4所；农村信用社等金融机构1家，营业点1处；1996年开通江根村程控电话，之后各村陆续开通，2001年5月移动基站开通，2004年联通基站开通，2006年电信通信率为100%；2010年有邮政代办所1处。有县级文物保护单位青田庵和坝头村吴氏宗祠。

合湖乡

合湖乡因乡政府驻地位于合湖村而得名。位于县境东北部，东北邻景宁畲族自治县英川镇、秋炉乡，南接张村乡、贤良镇，西与百山祖乡毗连。1992年，保留合湖乡。乡政府驻地合湖村，距县城67千米。有县道公路干线，1993年，合湖乡通车，日发客运汽车2班次，日均容量40余人次。地处百山祖边缘，山峰林立，地势险峻。黄水溪、黄垟溪、合湖溪、三堆溪流经境内。三堆村有蓝果树、福建柏、古柳杉等古树300多株，其中180余株登记备案，受浙江省古树名木保护。属亚热带季风性温润气候，多年平均气温13.3℃，年平均降水量1741.6毫米。1992年，有1154户5181人，农村经济总收入614万元，工农业总产值684万元，农村居民人均收入852元。2010年，总面积63.4平方千米，辖合湖、三堆、兰泥、黄水、久住洋、黄土洋、杭底、黄水岙、西排等9个行政村，15个自然村，54个村民小组，1710户4862人，农村经济总收入3333万元，农民年人均纯收入4242元。

合湖乡有耕地518公顷，山地6053.3公顷，林业用地5767.8公顷，乔木林5106.2公顷，竹林500公顷，森林覆盖率为83.9%。从单一农业生产，发展到"菌、螺、蔬，果、竹、药"等多元化产业结构。2010年，

图 1-9　合湖乡三堆村迎神节舞龙灯（合湖乡政府供　摄于 2009 年）

食用菌栽培 500 多万袋（其中标准化生产 300 万袋），高山薄壳田螺精养区 80 公顷、封养区 120 公顷，高山反季节花椰菜复种面积 66.7 公顷，锥栗园区 86.7 公顷，厚朴、杜仲木本药材林 206.7 公顷，山茶油基地 20 公顷。黄水电站库容量 205 万立方米，装机容量 1 万千瓦；金元电站库容量 30.2 万立方米，装机容量 1500 千瓦。有文化站、广播电视站各 1 处，村级文化活动中心 9 处，图书室 1 个，学校体育场 1 个；小学 1 所；医疗卫生机构 1 个，门诊部 1 个；有线电视台用户 630 户、入户率 33%；邮政代办所 1 处；电信服务网点 1 个。

龙溪乡

原西溪公社因重名改为龙溪公社，后改为龙溪乡。位于县境东南部，东、北接岭头乡，南界福建省寿宁县下党乡、政和县澄源乡，西接举水乡。乡政府驻地西溪村，距县城 71 千米。1992 年，保留龙溪乡。有县道公路岗西线（岗后洋到西溪），2001 年，建成乡客运站，日发客运汽车 4 班次，日均容量 150 余人次。地形为丘陵地貌，海拔 570—970 米。西溪流域属赛江水系，发源于岭头乡大毛峰南麓，河道长 26 千米，水力资源理论蕴藏量 2.06 万千瓦。有杨梅垄水库、转水水库。有西溪银矿点，后蛇、半路坑有遗留矿洞 31 个。属亚热带湿润季风气候，年平均气温 16.2℃，无霜期 238 天。1991 年，全乡户数 982 户，人口 4741 人；农村经济总收入 4037740 元，工业收入 126140 元，人均收入 852 元。2010 年，总面积 44.5 平方千米，辖西溪、铁岙、兰头、岙里、转水、交溪、后洋坑、荡口、冯家山、鱼川、陈家岭、大毛坪等 12 个行政村，14 个自然村，53 个村民小组，总户数 1298 户，总人口 4249 人。2006 年，铁岙、荡口两个行政村先后搬迁到县城安置小区。农村经济总收入 1463 万元，农民年人均纯收入 4012 元。

图 1-10　龙溪乡龙溪茶园（郑承春　摄于 2010 年）

龙溪乡有耕地面积 340 公顷，林地面积 3061 公顷。2000 年以来，形成以茶叶为主导产业，以锥栗、笋竹、稻田养鱼为辅的特色农业经济。2010 年，有茶园 253.3 公顷，种植锥栗 172.2 公顷，毛竹 172.1 公顷，稻田养鱼 146.7 公顷。2009 年，龙溪绿茶通过“有机产品”“绿色食品”认证。依托与福建省寿宁县、政和县交界地理优势，2000 年，西溪边贸市场开业，逢农历初三、十八，邻近乡镇群众、八方来客汇集西溪赶集，进行日用品、食品、农副产品、服装、猪仔、鸡鸭、药材、土特产品等商品交易。有村级文化活动中心2处，各类图书室3个；幼儿园1所，小学1所；各级医疗卫生机构3个；2008年，建成龙溪乡有线电视台，有线电视台用户0.1万户，入户率为99%；邮政代办所1处；电信服务网点1个，电话普及率为80%，移动电话用户3500户；1994年，全面实行农网改造，12个行政村100%通电；2008年，建成龙溪乡自来水厂，年供水0.04万立方米。后洋坑永丰圣殿为二级景点，西溪风山圣殿、陈家岭水电站瀑布、下湾龙卵古石为一级景点。

百山祖乡

百山祖乡以山得名。位于县境东北部，北靠景宁县英川镇，东接合湖乡和贤良镇，南毗五大堡乡，西邻龙泉市屏南镇。1992年，由斋郎乡、车根乡合并成立。乡政府驻地车根村，距县城38千米。有县道公路兰荒线等干线交会。海拔1138米，平均海拔1000米，为华东地区海拔最高的山区乡。森林葱郁，物种繁多，龙泉凤阳山一庆元百山祖国家级自然保护区横亘其间，是华东地区最大的自然生物圈。已探明有含量0.57%—1.99%的锡矿。百山祖是瓯江、闽江、赛江发源地，三江之源。水资源丰富，已开发水电装机容量15740千瓦。气候冬暖夏凉，夏季最热月平均气温22.2℃。1992年，有824户3364人，农村经济总收入698万元，工农业总产值902万元，农村居民人均收入961元。2010年，总面积91.15平方千米，辖车根、桐梓、黄皮、桥陌、斋郎、龙岩、栗洋、枫坪等8个行政村，16个自然村，38个村民小组，1141户3022人，其中外出710户、常住871人，工农业总产值2739万元，农民年人均纯收入5403元。

百山祖乡有耕地面积355公顷，山林面积8730公顷。粮食作物以水稻为主，经济作物为香菇、蔬菜，畜牧业以猪、羊、家禽为主。有文化站、广播电视站各1处，村级文化活动中心3处，各类图书室2个；小学1所；医疗卫生机构1个，床位3张；2008年1月，建成百山祖乡有线电视台，有线电视用户316户，入户率为95%；邮政代办所1处；电信服务网点2个，固定电话用户130户；1995年百山祖乡变电站、供电站建成；2000年全面实行农网改造。生态旅游资源丰富，有二级以上自然景点16个。

图1-11　百山祖云海（百山祖乡政府供　摄于2009年）

官塘乡

官塘乡因乡政府驻地位于官塘村而得名。位于县境东部，东和福建省寿宁县坑底乡相邻，北与景宁县毛垟乡、大地乡、家地乡接壤，西靠左溪镇，南接江根乡。1992年，保留官塘乡。乡政府驻地官塘村，西距县城89千米。有9条公路，共45千米。以山地、山涧盆地为主，地势高峻，山峦叠嶂，森林覆盖率88.8%。已探明坑下村花岗岩储量丰富，可开采利用。河流都是山涧小溪，源于诸山之麓，经左溪或直接流入景宁境内。属亚热带气候，年平均气温13℃，无霜期短。1991年，有697户3271人，其中男性1702人、女性1569人，农村经济总收入270万元、工农业总产值270万元、农村居民人均收入528元。2010年，总面积53.5平方千米，辖官塘、若沃、横坑、荷洋、白柘洋、山头、中央闲、坑下、漈下等9个行政村，19个自然村，35个村民小组，856户2837人，农村经济总收入1450元，农民人均纯收入3312元。

图 1-12 官塘乡白柘洋村（摄于2010年）

官塘乡有耕地194.33公顷，林地4619.33公顷，林地中毛竹林743.8公顷、省级生态公益林3242.5公顷。村民一直以务农为主，受气候、地形等要素制约，农业投入较低，仅维持简单再生产。2002年以来，随着农业产业结构调整，逐渐从单一粮食生产走向多元化经营发展之路，形成香菇、毛竹、蔬菜为主，养殖业为辅的产业格局。2010年，建成高效毛竹示范基地5个，共67公顷，推广竹腔施肥，改造毛竹低产林130公顷，年采伐毛竹10万株，收入稳步提高。受交通、地形等要素条件制约，工业发展十分缓慢，多以家庭加工为主的作坊式生产。2003年以来，引进工商资本新建小水电4座，工业产值稳步提高。有文化站、广播电视站各9处，村级文化活动中心9处，省、市级文物保护单位2处；幼儿园1所，小学1所；各级医疗卫生机构9个；数字电视入户率为75%；邮政局1处，代办所4处；电信企业3家，服务网点12个，电话普及率达到72%。

四山乡

四山乡因四面皆山而得名。位于县境北部，东接五大堡乡，南邻松源镇，西与竹口镇毗连，北界龙泉市屏南镇。乡政府驻地三溪村，距县城31千米。地形以山地为主，地势高峻。有多条山涧小溪，库容较大的山塘、水库2处。属亚热带湿润季风性气候，年平均温度13.6℃，无霜期205天，温度低，雾日多，雨水充沛，相对湿度大，形成夏凉冬冷回春迟气候特点。1991年，有499户2443人，农村经济总收入384万元，工农业总产值422万元，农村居民人均收入795元。2010年，总面积68.9平方千米，辖三溪、高漈、斜山、班岱后、九漈、砻头、楼下、深鸟等8个行政村，8个自然村，23个村民小组，722户2232人，其中外出336户、1248人，农村经济总收入1332万元，农民年人均纯收入4767元。

四山乡有耕地面积153.07公顷。由于山高水冷，土地开发利用程度低，以种植单季稻为主。山林总面积6866.67公顷，森林覆盖率94.5%。林业用地面积6366.67公顷，占土地面积92.7%，其中生态公益林面积3733.33公顷，覆盖率超过50%。森林蓄积量17.3万立方米，阔叶林面积1420公顷，毛竹林面积400公顷，是浙江省重点林区乡之一。通过调整农业产业结构，初步形成以食用菌产业为主、高山蔬菜产业为辅两大主导产业，香菇生产280万袋，高山蔬菜年复种面积113.33公顷，年产值550万元。因地处偏僻，

图 1-13　四山乡九际村（沈世岗　摄于 2010 年）

实施“经营山水、统筹发展、打造休闲养生胜地”发展战略，逐步形成以农业为基础，旅游业为突破口的经济发展新格局，无工业企业。有文化中心 1 个、村级文化站 3 个；乡校于 2006 年被撤并；卫生院 1 所，医疗点 1 个，医生 3 人；有线广播转播站 1 个；除深鸟村整村搬迁外，其余 7 个行政村通水、通电、通邮、通电话、通有线电视，三溪村、九际村通宽带。生态旅游业发展前景良好，开发了县城—巾子峰—九际—四山旅游单行环线、上庄至三溪精品古道等旅游线路。

第二节　镇

松源镇

松源镇因庆元古时县治称松源而得名。位于庆元县中部，处于石龙山东麓，松源河中游，东接五大堡乡，南连安南乡，西邻屏都镇，北倚四山乡，为县政府驻地镇。1992 年 5 月，由松源镇、大济、和山和星光一镇三乡扩并而成。2010 年 12 月 29 日，撤销屏都镇，并入松源镇。镇政府驻后田街 1 号。境内地势东南高、西北低，中部较为平坦，松源河穿境而过。属亚热带季风气候，年平均气温 17.2℃。1991 年，有 5266 户 21248 人，其中农村人口 10559 人，农村经济总收入 1649.78 万元，工农业总产值 2290.94 万元，农村居民人均年收入 656 元。2010 年，总面积 128.83 平方千米，其中耕地 1445.7 公顷、林地 10263 公顷，辖东门、南门、西门、北门、城北、街尾、上叶、姚家、大坂洋、吴宅、后碓、菜业、大坑、黄象、下坞、半岱、范源、星源、下庄亭、乌石岭、林后、大济、道岗、半湾、喜鹊、周墩、田墩、西演、洋心、应岭尾、下滩、坑西、岙后、会溪、牛路洋、底村、上庄、五一、五二、五三、五四等 41 个行政村，69 个自然村。濛洲、石龙、新建、玉田、咏归、同济、同德、洋墩 8 个社区，6.77 万人（其中农业人口 2.5 万人），域内居民除汉族外还有少数民族 750 人（其中畲族 653 人），农村经济总收入 4.98 亿元，工农业总产值 18.2 亿元，粮食产量 799.6 万千克，农村居民人均纯收入 6920 元。

图 1-14　松源镇大济村（陈士平　摄于 2005 年）

域内有较为优越基础设施，交通便利，工商业发达，历来是庆元县政治、经济、文化中心。20 世纪 90 年代前，基本以单一农业生产为主。20 世纪 90 年代初，打破传统农业生产模式，逐步调整农业产业结构，以“菌、竹、果、烟、菜、茶”等为重点的效益农业快速发展，出产稻米、木材、毛竹、香菇、水果、茶叶、锥栗、油桐和柑橘等。拥有全国最大的香菇市场，是浙闽边界经济贸易集散地。工业以竹木加工、食品加工、汽摩修配、制笔行业和彩印包装等为主。2000 年后，实施万头猪、万担菇、万亩稻、万亩果蔬“四万工程”；打造大济古民居、五都菜园、喜鹊菇业、会溪餐饮、星光果园“五张名片”；培育田墩香菇、西演灵芝银耳标准化无公害生产、底村蜗牛养殖和铁皮石斛种植、大济绿壳生态鸡蛋养殖、鹭鸶凹养猪场、五都松平蔬菜、范源笋竹两用林、底村超级稻等“十大示范基地”；依托城关镇区位优势，商贸旅游、休闲餐饮、文化娱乐等新经济增长点兴起，“佳仁人家”“西演山庄”“月池山庄”等具有近郊特色休闲山庄遍地开花，带动旅宿、餐饮等第三产业蓬勃发展。2004 年以来，基本形成以农业为基础，工业为主导，第三产业为新型经济增长点的经济格局。2010 年，从业人员 38090 人，其中从事第一产业 9888 人、第二产业 9484 人、第三产业 14542 人。有庆元中学（省重点中学）、庆元二中、庆元三中和庆元高级职业技术学校 4 所中学，镇中心小学 4 所，辅小 4 所，完小 1 所；县人民医院和县中医院 2 家县级医院，县妇幼保健所 1 个，县疾病控制中心 1 个，医疗点、医务室 46 个；41 个行政村和 8 个社区均通路、通电、通邮、通电话、通有线电视，移动电话网络全覆盖；庆中新校区、濛洲公园、市民广场、生态公园、香菇博物馆和廊桥博物馆等公共服务项目建成使用；41 个行政村实现千万农民饮用水工程，普及率为 100%。“濛洲八景”中的巾子祥云、霞岥丽日、双潭石印、云鹤松荫、石龙烟净等胜景坐落域内，大济村为中国历史文化名村。

黄田镇

黄田镇以行政村黄坞和葛田各取一字而得名。位于县境西北部，东南邻竹口镇，西界福建省松溪县渭田镇，北与龙泉市小梅镇毗连。1992 年 5 月 25 日，把三济乡、黄真乡、黄田乡扩并而成。镇政府驻地东西村，距县城 35 千米。54 省道贯穿全镇，众多班车穿梭往来。地形以山地为主，地势北高南低，海拔 1000 米以上山峰 3 座，山地占总面积 85%，森林覆盖率为 85%。有三济溪、黄真溪、黄田溪、桐山溪 4 支河流。属亚热带季风类型，四季分明，雨量充沛，年平均气温 18.7℃，最高气温为 7 月、平均气温 28.2℃，最低气温为 1 月、平均气温 7℃，年降雨量 1777.9 毫米，年平均日照时数 1820 小时。1991 年，黄田乡有 1196 户 4708 人，其中非农人口 152 人，农村经济总收入 2609 万元，乡镇企业总产值 1434 万元，其中工业产值 1092 万元，人均收入 948 元。2010 年，总面积 125.89 平方千米，其中耕地面积 1453 公顷、山林面积 10056 公顷，上大坑、东西、黄坞、美丘、葛田、曹岭、桐山、高山、古岭坑、朱黄、双坞、姚村、李村、双沈、洋垄、双溪、台湖、下济、中济、陈边、黄源底、上济、湖头、仙庄、龙济、良官田、崔上等 27 个行政村，77 个自然村。15536 人（其中非农业户口 292 人），以汉族为主，有畲、黎、土家、土、侗、

图 1-15　黄田镇龙头山（张路明　摄于 2010 年）

满、傈僳等 8 个少数民族，主要分布在柏渡口村、东西村、李村村等地，畲族占少数民族人口的 90%。工业总产值 4.7 亿元，农村经济总收入 1.74 亿元，农村居民人均纯收入 6273 元，粮食总产量 715 万千克。

黄田镇耕地全部为水田和旱地，以种植水稻、茶叶、水果为主，粮食作物以水稻为主，主要经济作物为茶叶、水果。所产竹笋、香菇、灰树花，风味独特。笋竹两用林资源丰富，每年 1—4 月，销售大量春笋，覆盖上海、江苏和本省金华、嘉兴、宁波、兰溪、义乌等地，交易春笋 800 万千克，笋罐头 220 万千克。特别是拥有得天独厚的灰树花生产自然条件和成熟种植技术，单季生产量 1800 万段，产量 150 万千克，产值过亿元，种植规模占全国 90% 以上，成为全国最大灰树花生产基地、“中国灰树花之乡”。工业以竹木加工、铅笔制造、食用菌加工为主，拥有工业企业 43 家，职工 1700 人，其中浙江可信竹木有限公司连续多年荣获“庆元十强企业”。有文化站 1 处，农家书屋 19 个，藏书 9.5 万册，学校体育场 2 个，各类体育设施 19 处；幼儿园 5 所，小学 1 所，初中 1 所；各级医疗卫生机构 2 个，门诊部（所）2 个；实现广播电视光纤联网，8 个行政村实现局域网络，电视通村率为 100%；邮政局 1 处；有自来水厂 27 座，居民自来水普及率为 100%；竹口供电所为竹口、黄田两镇提供供电服务。有省级重点文物保护单位半路亭桥、济川桥，县级重点文物保护单位陂岭亭摩崖石刻，中共闽浙边地委驻地旧址。

竹口镇

竹口镇因流经全境的竹口溪而得名。位于县境西北部，东与四山乡相邻，西与福建省松溪县旧县乡交界，南与龙泉市屏都镇毗邻，北与黄田镇接壤。1992 年 6 月，由竹口镇、黄新乡、三坑乡扩并而成。镇政府驻地竹口村，距县城 30 千米。54 省道自北向南贯穿全镇。境内地形起伏，相对平坦，新窑村为全县海拔最低点（240 米）。地质较好，地下砂砾土层沉积较厚。竹口溪、松源溪、桐山溪穿境而过，水力资源丰富，有马蹄岙电站、桐山电站、山后坑二级电站、岩后电站等。属亚热带季风性湿润气候，四季分明，温暖湿润，夏凉冬暖，年平均气温 17.5℃。1991 年，竹口镇有 2107 户 10956 人，工农业总产值 2094 万元，其中农业产值 1017 万元。2010 年，总面积 164.47 平方千米，辖新窑、黄坛、良秋、平岭岗、竹上、竹中、竹下、岩后、陈龙溪、大泽、崔家田、上洋、龙口、后楼、蔡双、上坑 16 个行政村，57 个自然村。2972 户 10070 人，其中农业人口 9415 人，农村经济总收入 4.93 亿元，工业总产值 5.68 亿元，农民年人均纯收入 6592 元。

竹口镇有耕地面积 920 公顷，全部为水田和旱地，林地面积 14334 公顷，森林覆盖率为 88.4%，其中毛竹林666.7公顷。以种植水稻、茶叶、水果为主。2010年，粮食播种面积752.67公顷。竹下村、黄坛村和新窑村有水干果示范园区，累计开发186.7公顷，以种植甜橘柚、梨、黑李、锥栗、杨梅、桃为主。2010年，种植食用菌1500万袋，其中黑木耳1000万袋，总产值1.4亿元。畜牧业以饲养生猪、羊、鸡为主。是庆元工业重镇之一，工业主要集中在集镇区和新窑村，形成文化制笔、竹木加工和综合制造三大支柱产业。2010年，有企业65家，其中年产值500万元以上企业20家、年产值2000万元以上规模企业6家，实现工业总产值5.68亿元，工业税收2700万元。有文化站、广播电视站各1处，有村级文化中心6处，各类图书室1个、藏书1万余册，电影院1所、座位800个，学校体育场1个，各类体育设施7处；幼儿园4所，小学1所，初中1所；医疗卫生机构1个，门诊部（所）1个，即黄田镇卫生院及黄新分院；广播电视站实现广播电视光纤联网，8个行政村实现局域网络，电视通村率为100%，入户率为60%，广播通响率为100%；邮政局1处，服务网点1个；电信支局1所，联通基站5个，移动基站5个，移动、联通两家网络覆盖各村，电话通村率为100%；16个行政村均通邮路，建有自来水厂，供竹上、竹中、竹下及驻镇所在地企事业单位饮用水，全部行政村铺设通铁（塑）管道；竹口供电所为竹口、黄田两镇提供供电服务；有农村信用社、邮政储蓄所2家金融服务单位。有省级文物保护单位潘里垄瓷窑址、黄坛季氏宗祠，县级文物保护单位黄坛窑址、竹口窑址、新窑窑址、后坑桥、竹中许氏宗祠等，还有中国工农红军北上抗日先遣队竹口战斗遗址。

图1-16 竹口镇黄坛古村（郑承春 摄于2016年）

屏都镇

屏都镇以境内屏风山和八都村各取一字命名。位于县境西部，东邻松源镇，南连淤上乡、隆宫乡，西接福建省松溪县，北与四山乡、竹口镇接壤。1991年9月7日，改为建制镇。1992年5月，五都乡和白岭头管理处并入。2010年12月29日，撤销屏都镇，并入松源镇。镇政府驻地八都村，距县城10千米。地形较为平缓，自东向西倾斜。西部百丈山峰岭连绵，东南和中部为松源溪和安溪溪谷地，地势平坦，阡陌纵横，素称“鱼米之乡”。松源溪、安溪溪流经境内。有山塘水库2座，供应余村、八都三村农田灌溉用水，水质良好。属亚热带季风湿润气候，灾害性天气较少，年均气温17.4℃，年均降雨量1740.5毫米。1991年，有1750户7333人，其中劳动力3723人，农村经济总收入7270266元，工农业总产值198342元，农村居民人均收入633元。2010年，总面积64.3平方千米，辖八都一村、八都二村、八都三村、菊水、洋背、

图1-17 槎水春澜——松源溪屏都段（范正欢 摄于2010年）

余村、蔡段、坑里、官山头、坪洋、朱村、薰山下、薰坑、白岭头、坪坑、菖蒲洋等16个行政村，43个自然村，85个村民小组，常住3520户10888人（其中劳动力6653人，少数民族113人，其中畲族112人、苗族1人），农村经济总收入9849万元，工业总产值4.6亿元，粮食总产量519.62万千克，农民人均纯收入5151元。

屏都镇有耕地725.1公顷，林地5456.5公顷，森林覆盖率为85.6%。随着产业结构调整，传统农业向效益农业转变，走出一条以食用菌、养殖业、烤烟、茶叶、水干果为主的效益发展之路。2002年以来，发展袋料栽培和高棚层架栽培花菇，是全县重点产菇地之一。2010年，赤坑洋流转10公顷土地建成全县规模最大食用菌标准化生产示范基地。庆元林场坐落境内，下辖庆元国家级巾子峰森林公园及5个林区，总面积5842公顷。1996年，开始试种烤烟，平均每亩纯收入1680元；2010年，种植烤烟36.9公顷，产量822.97担，产值139万元。1991年，茶叶产量19606千克；2003年，春茶产量10480千克，产值300多万元。1991年，建立柑橘基地56公顷，产量451.4万千克；2006年，柑橘种植152.7公顷，产量74.6万千克。1996年，出现一批家禽、生猪、牛羊养殖户；2005年，山地养羊由自然放养转向圈养，建立八三、菊水、洋背、白岭头等山羊圈养重点村；2007年，饲养生猪3424头、牛124头、羊648头，家禽121500只，建成100多户山羊养殖示范户；2008年，洋背、余村两个规模养殖场饲养生猪1000头以上。1995年，规划建设菊水工业小区，占地面积8.4公顷，形成铅笔、木门、竹筷、纸箱包装、木托、建材等多行业齐头并进发展局面，其中铅笔、木托、竹筷产品以出口为主，主要销往欧美、东亚、东南亚。2010年7月5日，召开屏都综合新区建设政策处理动员大会，明确“一县双城”发展新格局，标志着屏都综合新区建设正式拉开序幕。同年，新区建设一期工程完成土地丈量80公顷，举行食用菌产业园和台湾农民创业园奠基仪式。2010年，有文化站、村级文化活动中心16处，各类图书室16个，学校体育场2个，各类体育设施9处；幼儿园4所，小学1所，初中1所；医院1所，村卫生室8所，个体诊所1个；有线电视用户1938户。有县级文化保护单位安禅寺，以及“百丈龙湫”、“槎水春澜”、“巾子祥云”、屏风山、菊水潭、白马山等景观。

荷地镇

荷地镇因镇政府驻地得名。位于县境东部，东邻左溪镇，西靠岭头乡，南傍五大堡乡，北与贤良镇、张村乡接壤。1992年，撤销荷地区、苏湖乡、杨桥乡，划出苏湖、杨冯源、东山、坪头、茶垅、大横岭、石磨下、胡闲洋8个行政村并入荷地镇。2006年，石磨下、坪头、茶垅、胡闲洋、上下东溪自然村等整村搬迁安置到县城同济新村和同德新村。镇政府驻荷地村，距县城43千米。329省道菊寿线自西向东贯穿全境，26个行政村均通康庄公路，总里程38.75千米。地势中部高、南北低，最高峰海拔1442米，最低处海拔500米，平均海拔980米。已探明矿藏有铁、银、稀土、花岗岩等。盛产山野菜，有蕨菜、山须、树参等，上洋湖林场和黄洋尖有多种天然珍稀野生动植物。有同属于瓯江水系的左溪溪、南阳溪，山塘水库4处。属亚热带季风性类型气候，年平均气温13.6℃，年平均降雨量2100毫米，年平均无霜期205天。1991年，有3050户14376人，农村经济总收入12355714元，农户所得收入2136834元，人均收入577元，工农业总收入9219272元。2010年，总面积117.6平方千米，辖

图1-18　荷地中学（县教育局供　摄于2007年）

荷地、际面、马家地、高住、底墅、杨朗坑、塘尾、青社、洋边、黄沙、高际、半路村、大岩、岩坑、杨桥、黄洋、桃坑、松坑、苏湖、东山、杨冯源、茶垅、坪头、横岭、石磨下、胡闲洋等26个行政村，36个自然村，139个村民小组，4225户13287人，其中农业3992户12625人、劳务输出2567户9259人，农村年经济总收入4592万元，农民年人均纯收入4890元。

荷地镇有耕地面积1037.8公顷，林业用地8773.33公顷，笋竹两用林资源丰富，森林覆盖率为83.6%。年产粮食409.4万千克，其中谷物378.6万千克；豆类5.8万千克；薯类25万千克；茭白213万千克；锥栗8.5万千克；肉类21.36万千克；食用菌45.17万千克；其他蔬菜500万千克。每年生产香菇千万袋以上，由于海拔高，适宜优质香菇生长，形成菇柄短小、菇面丰厚的"特色菇"。工业以香菇保鲜、家具、木糠等为主。有镇文化站、广播电视中心站各1处，村级文化活动中心11处，各类图书室11个；幼儿园1所，小学1所，初中1所；各级医疗卫生机构8个，卫生室8个，床位10张。2004年6月，建成荷地镇广播电视中心站，管辖荷地镇、岭头乡、举水乡、龙溪乡等乡镇；每个行政村通电、通邮、通电话和通有线电视，固定电话装机2650部，移动电话2390部，有线电视入户率为60%；21个行政村通自来水，自来水普及率为100%。

左溪镇

左溪镇因镇政府驻地位于左溪村而得名。位于县境东部，东邻官塘乡，西连张村乡和荷地镇，南与福建省寿宁县托溪乡相邻，北与景宁县毛垟乡交界，是两省三县交通要冲。1992年，由左溪、青竹和竹坪3个乡扩并而成。镇政府驻地左溪村，海拔435米，距县城65千米。以山地为主，南高北低，落差较大，海拔千米以上行政村有10个。动植物种类繁多，森林覆盖率为88.6%。有左溪溪、江根溪两大河流，青竹、竹坪、半岭3个水库。水资源丰富，水电可装机容量45600千瓦。属中亚热带气候，气候垂直变化明显，年平均气温16.5℃，年平均无霜期246天。1991年，左溪乡有717户3380人，农村经济总收入2816960元，农村居民人均收入553元；竹坪乡有857户4140人。2010年，总面积141.22平方千米，辖左溪、田坑、湖边、高嵩坑、枧头、鱼皝、黄岗、石柱、岱上、青竹、半岭、方村、岚头、岱根、梅树、溪头角、田寮、竹坪、石塘、白柘、印浆、发竹、山后、留香、木桥头和半坑等26个行政村，44个自然村，114个村民小组，3188户9219人（其中农业人口9063人、非农业人口156人，农村劳动力2361人，其中外出务工919人），村民除汉族外还有少数民族12人，农业总产值3851万元，农民年人均纯收入6010元。

图1-19 *左溪镇左溪村（左溪镇政府供 摄于2007年）*

左溪镇粮食作物以水稻为主，其他农作物有香菇、黑木耳、茶叶、油茶、香榧、毛竹等。2010年，生产粮食229.4万千克，人均248千克。2000年，从长兴市引进吊瓜，累计种植面积393.33公顷，产量26.2万千克。种植黑木耳500万段、产量26.3万千克，香菇510万段、产量26万千克。养殖业以饲养牛、羊、猪为主，发展养殖户15户，建立养殖基地2个，存栏量500头。封山育林7093公顷，建成林道1.5千米。受交通、地形等要素制约，多以家庭加工为主的作坊式生产。2003年以来，引进资金新开发小水电3座。2010年，拥有农业开发企业3家、工业企业4家，其中小水电开发企业3家、木制品加工企业1家，工业生产总值4038万元。有镇农技推广站1个；镇文化站、广播电视站各1处，村级文化活动中心11处，体育活动中心16个，篮球场5处；幼儿园1所，小学1所；医疗卫生机构1个；26个行政村均通路、通电、通邮、通电话、通有线电视和通广播；实现19个行政村千万农民饮用水工程全覆盖，自来水普及率为100%。景色宜人气候凉爽的双苗尖、山后溪大峡谷、水电建设形成的新景观成为开展生态旅游的独特资源，吃左溪溪鱼、品优质瓜籽、赏千年古樟、游双苗尖峰成为浙闽都市人群休闲养生的一种选择。

贤良镇

贤良镇以镇政府驻地贤良村得名。位于县境东部，东邻张村乡，南接荷地镇，西南与五大堡乡毗连，北靠合湖乡、百山祖乡。1992年，撤并建镇，更为现名。镇政府驻地贤良村，海拔600米，西距县城42千米。1997年交库公路开通，实现村村通公路，2004年实施康庄工程，2006年9个行政村实现路面硬化，设公交汽车线路1条、8个站。地形以山地为主，山间溪流流经处有平缓河谷平地分布。地势高低起伏，山岭连绵。海拔510—1100米，最高峰仙洞尖，海拔1555.5米，最低处上交溪，海拔420米。森林资源丰富，杉、松、毛竹等茂盛，森林覆盖率为86.9%。南阳溪、青林溪和库源溪流经境内，国家二级保护动物娃娃鱼栖息于溪流中。属亚热带季风性湿润气候，年平均气温15.9℃。1991年，石湖乡1250户5030人，其中农村劳动力2310人，农村经济总收入487.16万元，工业总产值200.8万元，人均经济收入599元。2010年，总面积76.1平方千米，辖贤良、黄淤、富林、新村、青林、湖池、库源、溪沿、石川等9个行政村，25个自然村，62个村民小组，1652户4880人（其中农村劳动力3099人），汉族5038人、少数民族32人，实现农村经济总收入3484万元，农民人均纯收入4821元。

贤良镇有耕地面积305.93公顷，随着农村产业结构调整，形成食用菌、吊瓜、锥栗、茶叶、笋竹为重点的农业主导产业。2008年起，推广香菇标准化生产，年产量400—500万段。食用菌品种不断增加，结构得到优化，发展长根菇、灰树花、竹荪等多元化种植。2005年，山地养羊由自然放养转向圈养，建立湖池、西洋和后龙湾等山羊圈养重点村，建成70户山羊养殖示范户。组建山地养殖产销专业合作社，成立山地养殖行业协会。山林面积6510.93公顷，其中木材蓄积量42.38万立方米，年林木采伐量0.7万立方米，毛竹913.33公顷。2005年，野生驯化四方竹种植成功，建立2个基地，带动120多户农户种植四方竹，累计种植面积18.67公顷。有西洋、龙江、后溪3座电站，总装机容量12000千瓦。有9家经销店分布在镇政府驻地街道两侧，经营日常生活用品。贤良村青龙山为县级自然保护区，发展生态森林旅游。有镇级文化活动中心1处，农家书屋9个，各类图书室9个，学校体育场1个，各类体育设施2处；幼儿园1所，小学1所；医院3所，村卫生室4所，病床15张；有线电视用户530户，其中数字电视用户470户，电视综合覆盖率为100%；邮政局1处；电信服务网点1个。2003年，实现9个行政村通电。有县级文物保护单位富林观音桥。

图1-20　贤良镇贤良村（贤良镇政府供　摄于2010年）

第二篇　自然环境

庆元俗称“九山半水半分田”，地形以山地为主，地势以百山祖为中心的东北区最高，由东北向西南倾斜。气候属亚热带季风气候，温暖湿润，四季分明，气候垂直差异显著；东部气温较西部低，无霜期短，昼夜温差大，适宜香菇等菌类生长。雨量充沛，水资源总量大。境内溪流众多，是瓯江、闽江、赛江发源地之一。

第一章　地质

庆元大地构造，处绍兴—江山大断裂东南侧，余姚—丽水—政和—大浦断裂带以西，基底和盖层属华夏与新华夏构造体系，地壳厚度32—33.5千米。

第一节　地层

庆元境内地层以上侏罗统下部火山岩、火山碎屑岩夹火山碎屑沉积岩为主，自老至新分别为：

中元古代龙泉群变质岩系

分布于曹岭—竹口和黄坑一带，张村、蕉坑村附近亦有零星出露，呈北东向分布，出露面积占全县的5%左右。主要岩性为黑云母斜长片麻岩、石英云母片岩，局部出露大理石。龙泉群的成岩时代距今约14亿—10亿年。

中—下侏罗统的煤系地层

仅见于松源镇黄塘—大坑和西门竹坑桥头—金坑，出露面积为10平方千米，于北东—南西向断陷中呈狭窄条状分布，主要岩性为枫坪组砂、页岩。

上侏罗统火山岩系

为境内出露最广的地层，面积1400平方千米，占全县面积的75%以上，呈北北东向产出，主要为流纹质、英安质和晶玻屑凝灰岩或熔结凝灰岩、夹凝灰质粉砂岩、泥岩的火山碎屑岩系。

下白垩统陆相碎屑岩

仅发育于青竹—竹坪一带小盆地中，面积为30平方千米，岩性为非石灰质紫红砂岩、砂砾岩、杂色砂岩、泥岩等。

第四系全新统沉积物

主要分布在河流两岸，为残积物、坡积物、冲积物、洪积物。

第二节　构造

境内地质构造基本受华夏系（北东向）、新华夏系（北北东向）构造控制。这两个构造体系控制境内地层、岩石和矿产的分布。

西部

为中元古代龙泉群变质岩主要出露区，亦是华夏系构造主要发育地段，构造线呈北东向。

南部（以松源镇—荷地为界，分南北）

断裂和岩体分布皆呈北东向。

东北区

新华夏系构造明显相互切割，地质体呈块状出现。

第三节　岩石

境内岩石以火山喷出岩为主，系老竹—庆元火山活动带晚侏罗统火山活动形成的岩石，变质岩和沉积岩也有少量分布。

岩浆岩

因岩浆侵入活动强烈频繁，各种侵入体均有出现。岩性多酸性或中酸性，大部呈岩株—岩基状产出，占境内侵入岩出露面积的 90% 以上。其中，中酸性岩的侵入活动略早于酸性岩，皆为燕山晚期产物。

松源镇城北有少量小岩体或岩脉发育。

大泽、曹岭花岗岩体呈北东向分布，规模较小。

高山湾花岗岩体，五都、雉鸟洞二长花岗岩体，石英闪长岩体，呈北北东向，规模较大，面积 1—20 平方千米。

中村钾长花岗岩体、西洋石英闪长岩体，呈北北东向分布，岩体规模较大。

锦屏北花岗班岩体，举水、荷地花岗闪长班岩体。其中，荷地岩体为县境内最大的岩体，出露面积数十平方千米。

冰臼　举水乡后坑村溪谷地带，分布着造型奇特的、形如舂米石臼的石洞。2005 年 1 月 6 日，中国地质科学院教授韩同林根据相关资料和图片分析，认定这些石洞是第四纪冰川运动的遗迹，属于河谷冰臼。

图 2-1　举水乡后坑村冰臼（陈士平　摄于 2007 年）

变质岩

分布在竹口镇、黄田镇、张村乡、隆宫乡和松源镇的和山等地，为黑云母斜长片麻岩、石英云母片岩等。

沉积岩

百山祖乡的枫树坪、龙岩一带分布着侏罗系下统枫坪组的砂岩、页岩；左溪镇的竹坪一带分布着白垩系下统馆头组的紫红色砂岩、砂砾岩；左溪镇的青竹一带分布着白垩系下统朝川组的杂色砂岩、泥岩，部分岩体深部偶有轻微的石灰反应。

第二章　地貌

庆元全境山岭连绵，群峰起伏，海拔1500米以上的山峰有266座，居全省之冠。境内地势以百山祖（1856.7米）为中心的东北区最高，自东北向西南倾斜。北、东部为洞宫山脉所踞，山间盆地相对高度海拔600—800米，斋郎村海拔1210米，是全县最高居民点；主峰百山祖，为浙江省第二高峰。西南部和中部是仙霞岭、枫岭余脉，山间盆地相对高度海拔330—600米；分布较多河谷，地势平缓，土质肥沃，灌溉方便，是粮食主要产区；新窑村海拔240米，为全县地势最低点。属浙闽丘陵，有河谷、丘陵、低山、中山四种地貌类型。

第一节　平原　丘陵

平原

庆元河谷平原主要分布在松源镇、屏都镇、淤上乡、竹口镇、黄田镇一带河谷开阔地段，海拔一般在400米以下。其中，以五都—余村—八都一块最大，东西长6千米，南北宽1000米，面积6平方千米；其次，是松源镇的大坂洋和淤上、竹口等河谷小盆地，面积有3—4平方千米。

丘陵

丘陵分布在庆元—屏都河谷平原外侧以及竹口一带，分火山岩丘陵和变质岩丘陵，海拔一般在500米以下，相对高度在50—150米。山脊平缓，呈条带状，平行或垂直于主河道。与周围低山呈明显分层，丘陵上半部坡度较大，约30度，下半部较平缓，约15度。

第二节　山脉

洞宫山脉是庆元县山脉的主体，与福建省的戴云山—鹫峰山及天台山，形成浙闽地盾的一条中央山脉，自西南向东北贯穿全境。西北的龙头山（海拔1348米）、台湖山（海拔1051米）、白马山（海拔910米）位于洞宫山脉和仙霞岭的接合部，为中央山脉分支。

洞宫山脉

由若干条平行山脉组成，呈西南—东北走向，大致可分四列：百丈山（海拔1243米）—大毛凹（海拔1400米）—巾子峰（海拔1563米）—黄泥仙尖（海拔1480米）—毛腰尖（海拔1322米）—黄泥后尖（海拔1550米）—火头尖（海拔1522米）—高斜尖（海拔1369米）—猪章山（海拔1304米）—百山祖（海拔1857米）—白岩背（海拔1680米）—锅帽尖（海拔1770米）—大天堂（海拔1822米）—烧香岩（海拔1832米）。山岗尖（海拔1108米）—羊角尖（海拔1162米）—白猴尖（海拔1421米）—仙山尖（海拔1300米）—仙山（海拔1503米）—仙桃（海拔988米）—北坑尖（海拔1266米）—西坑尖（海拔 1102 米）—东坑尖（海拔 1140 米）—印坑头（海拔 1555 米）—元头尖（海拔 1411 米）—同坑尖（海拔 1516 米）—尖顶（海拔 1539 米）—深湾尖（海拔 1557 米）—西排尖（海拔 1435 米）—龙岩尖（海拔 1299 米）。香炉尖（海拔 1597 米）—风岗尖（海拔 1577 米）—水牛圹尖（海拔 1295 米）—塘堀尖（海拔 1455 米）—大毛峰（海拔 1453 米）—桃洋尖（海拔 1362 米）—雷公尖（海拔 1197 米）—大山（海拔 1333 米）—大头山（海拔 1545 米）—黄秀尖（海拔 1588 米）。第一尖（海拔 1456 米）—将军尖（海拔 1131 米）—王章（海拔 1305 米）—黄狗寨（海拔 1137 米）—鸡公山（海拔 1197 米）—双苗尖（海拔 1626 米）—白鹤仙岩顶（海拔 1525 米）—大风门（海拔 1505 米）—角堂尖（海拔 1283 米）—杨雨尖（海拔 1467 米）—第三洋尖（海拔 1398 米）。

低山分布

海拔在 1000 米以下，相对高度在 200—400 米。根据岩性和侵蚀情况，分中等轻度侵蚀的凝灰岩低山和轻度侵蚀的变质岩低山。

中等侵蚀凝灰岩低山：主要分布在竹口溪的东侧及三坑一带，坡度 30—35 度。水流深切，谷坡陡峭，植被多为松杉及杂木林。

轻度侵蚀英安质凝灰岩低山：主要分布在淤上、小安、隆宫一带，坡度 15—25 度，风化层较深，植被以毛竹、杉木为主。

轻度侵蚀变质岩低山：分布在朱黄一带，坡度平缓，植被以毛竹为主。

中山分布

海拔 1000 米以上，相对高度大于 400 米，面积占全县总面积的 58% 左右。呈明显脉状延伸，峰峦起伏，山高，坡陡，谷深，河谷多呈“V”型。按切割情况可分三类：

中等切割的凝灰岩中山：坡度陡，多在 35—45 度。河谷沿断层线深切，成“V”形河谷，山顶常有岩石突兀，土层薄，植被以灌木为主。

轻度侵蚀的凝灰岩中山：坡度较平缓，在 25—30 度，土层较深，植被以松、杉、杂木为主，侵蚀相对较轻，如原四山乡的部分中山。

区域抬升中山台地：分布在荷地、苏湖、落岭、南峰一带，平均海拔 1000—1100 米。山顶较平坦，外观像丘陵，山地表层为红色风化壳并经侵蚀夷平的准平面化过程。许多地方沟状侵蚀明显。

第三章　气候

庆元县属亚热季风气候，温暖湿润，四季分明。境内地势高低悬殊，从最高点百山祖到最低点新窑，高差达1616.7米。根据测定，海拔每升高100米，温度降低约0.53℃，降水量增加约42毫米，地势带来的垂直差异造成明显的立体气候。大致海拔500米以下相当于中亚热带；海拔500—800米，相当于北亚热带；海拔800米以上相当于暖温带。7月、8月日照时间长，2月、3月日照时间短。年平均气温17.5℃，7月最热，1月最冷，年较差大。雨水丰沛，但降水的时空分布不均衡。

第一节　日照　气温

日照

1991—2010年，年均日照时数1756.6小时。其中，最多年（2003年）2108.6小时，最少年（1997年）1340.8小时；按月份，以7月、8月最多。其中，7月224.6小时，8月213.0小时，分别占全年的12.8%和12.1%，2月、3月较少，分别为89.9小时和96.3小时，仅占全年的5.1%和5.5%。

气温

松源镇等低海拔地区，最热月平均气温（7月）26.9℃，最冷月（1月）7.2℃，气温年较差19.7℃。以日均温等于或高于35℃的日数计算，1971—2010年平均每年约18天，最多的2009年有34天，最少的1975年只有1天，夏日极端最高气温41.1℃，最低气温18.9℃。冬季温暖又是另一特色，日均温低于0℃极为罕见，1971—2010年平均每年不足1天，日最低气温等于或低于0℃的天数不多，1971—2010年平均每年仅19天。其中，最多的1971年是41天，最少的2006年仅2天。

松源镇等低海拔地区，大于或等于10℃的初日，历年均在3月11日，10℃—10℃（指春季开始稳定通过10℃的那天到冬季第一天低于10℃之间的天数，一般在3月初至12月，在农业科学中常用）的间隔天数达258天，年均积温5485℃，有利作物生长。

松源镇等低海拔地区，年均气温日较差10.1℃，有利光合作用，有利香菇、长裙竹荪等食用菌子实体的发育和柑橘、西瓜等瓜果作物糖分的积累及品质的改善。但由于温变化大，冷害的机率偏高，如松源镇等低海拔地区，春寒概率50%，夏寒概率50%，秋寒偏早概率40%。而海拔较高的荷地、左溪、岭头、百山祖、合湖等地区，冷害的概率也就更高，因此春秋季气候呈现不稳定性。这是构成庆元气候的一大特点。

1991—2010年，年平均气温17.5℃。其中，7月最热月26.9℃，1月最冷月7.2℃，年较差19.7℃。气温随高℃升高而递减，各地因海拔、地势高低差异气温有所不同，并根据隆宫、贤良、朱黄、举水、荷地、车根不同高℃气象哨和县气象站同期资料（1957—1962年、1971—1983年），求得它们的气温垂直递减率。四季划分的一般标准，常用候平均气温（以5天活动平均气温为候温）稳定小于10℃为冬季，大于22℃为夏季，10℃—22℃为春季和秋季。冬季随着海拔的升高而延长，夏季随着海拔的升高而缩短。据统计，海拔每升高100米，冬季延长6.5天，夏季缩短8.2天。庆元县境内不同高度四季的起止日期，一般海拔400米以下的河谷地带，春季开始于3月10日，终止于6月9日，间隔92天；夏季开始于6月10日，终止于9月20日，间隔103天；秋季开始于9月21日，终止于11月23日，间隔64天；冬季开始于11月24日，终止于3月9日，间隔106天。低海拔地区，冬夏季在100天以上，超过3个月；春季3个月；秋季最短，只有2个多月。海拔600—800米的低山区，春季比秋季长10—15天。海拔1000米以上的中山区，春秋季长短各在85天左右。

1991—2010年庆元县各月平均气温一览表

表2—3—1—1　　　　单位：℃

地点	海拔（米）	1月	2月	3月	4月	5月	6月	7月	8月	9月	10月	11月	12月	月平均	年较差
松源	353	7.2	8.8	12.7	17.7	21.5	24.4	26.9	26.5	23.6	18.9	13.6	8.5	17.5	19.7
隆宫	600	6.3	7.8	11.6	16.2	20.0	23.1	25.6	25.1	22.4	18.1	12.5	7.4	16.4	19.3
贤良	605	5.9	7.4	11.2	15.8	19.6	22.9	25.3	24.7	21.9	17.6	11.7	7.0	16.1	19.4
朱黄	700	5.2	6.8	10.9	157	19.1	22.4	25.2	24.7	21.8	17.1	11.7	7.7	15.7	20.0
举水	765	5.5	6.5	10.0	14.6	18.4	21.7	24.3	23.5	20.9	16.5	11.3	6.8	15.0	18.8
荷地	1040	3.5	4.9	8.9	13.6	16.8	20.5	23.2	22.2	19.6	14.7	9.6	5.7	13.6	19.7
车根	1100	2.9	4.2	8.5	12.9	16.2	19.5	22.2	21.3	18.5	14.0	8.8	5.0	12.8	19.3

第二节　降水　蒸发

降水

降水量充沛。从2月起，月降水量在100毫米以上，3月、4月上升到500毫米，5月、6月在500—800毫米之间，7月、8月进入盛夏，光热条件最好，常有台风和热雷雨，降水量也有300毫米左右，一般可满足农作物的需要。但降水季节分配不均，最多月为最少月的几倍，还有少数月甚至无降水，旱涝现象常有发生。

降水以雨水为主，降雪量小，大雪少见，冰雹时有发生。根据气象站1957—1962年、1971—2010年46年资料，各地年平均降水量1740—2350毫米，高低差近600毫米（另有说法多年平均降水量达1716.5毫米，最高值2600毫米，最小值1118.9毫米）。以区域来说，中部南北两侧中山区雨量最多，东部次之，西部最少，降水时空分布不均匀。平均海拔高度每上升100米，年降水量增加42.3毫米左右。但季节分配不均匀，一般6月最多，12月最少，5—6月为多雨期，3—4月为较多雨期，7—8月为较少雨期，9—2月为少雨期。暴雨主要分为梅雨暴雨和台风暴雨两类。其中，梅雨暴雨多发生于春末夏初，台风暴雨多发生于7—9月，百山祖为全县最大暴雨中心。

蒸发

1991—2010年，庆元县各月平均蒸发（小型蒸发）量为：1月54.6毫米，2月66.0毫米，3月84.5毫米，4月122.5毫米，5月153.8毫米，6月146.2毫米，7月215.4毫米，8月204.4毫米，9月172.6毫米，10月141.9毫米，11月92.8毫米，12月67.7毫米，合计1522.4毫米。

第三节 风 霜 雾

风

年平均风速1.4米/秒，以2月、3月较大，6月较小。风向除8月为东风外，其余各月均为西北风或西北偏西风。年无风日数较多，无风频率高达49%，即一年中有近一半时间无风。

1991—2010年庆元县年均风速一览表

表2—3—3—1　　　　单位：米/秒

项目	1月	2月	3月	4月	5月	6月	7月	8月	9月	10月	11月	12月	平均
平均风速	1.1	1.2	1.2	1.1	1.0	0.9	1.1	1.1	1.1	1.1	1.1	1.0	1.1
最大风速	9.7	9.3	11.3	11.0	12.3	9.0	12.0	9.8	12.3	7.3	9.7	8.0	12.3
极大风速	11.3	12.1	18.9	15.8	20.1	17.6	19.6	20.8	17.8	10.8	17.1	12.4	20.8

霜

初、终霜日期和无霜期随高度而变化。根据统计，海拔每升高100米，无霜期约缩短7天。其中，400米以下的河谷地带，初霜期出现在11月上旬后期，终霜期出现在次年3月上旬后期，无霜期247天左右；海拔400米以上地区，初霜期差不多，终霜日相差很大。

1991—2010年庆元县不同高度初、终霜日及无霜期一览表

表2—3—3—2

地点	海拔	初霜日	终霜日	无霜期
松源	353米	11月中旬	3月上旬	230天左右
隆宫	600米	11月上旬	3月中旬	230天左右
举水	765米	11月上旬	3月下旬	220天左右
荷地	1040米	10月下旬	4月上旬	200天左右
万里林场	1100米	10月下旬	4月中旬	190天左右

雾

年雾日平均为14天，最多年达48天，最少年仅5天，相差43天。其中，以11月、12月较多，平均各有4—5天，最多年可达16—18天，最少年也有1天；以6月、7月、8月较少。其中，6月未发生过，7月、8月分别为10年一遇、20年一遇。

第四章　水文

庆元县是瓯江、闽江、赛江 3 条河流的发源地之一，有“三江之源”之称，水资源总量为 22.55 亿立方米，是全省人均占有量的 5 倍。多年平均年径流量 21.9 亿立方米，5—6 月径流量最大，约占全年的 16%，最小月是 12 月或 1 月，约占全年径流量的 2%—5%。庆元县年均侵蚀模数为 15.67 万千克 / 平方千米，输沙量约 2.96 亿千克。庆元县属山区基岩裂隙地下水分布区，地下水总量 5.50 亿立方米，以潜水为主要埋藏形式，分布极不均匀。沟谷、洼地及低级阶地前缘是地下水的主要排泄出口场所。

第一节　水系

以百山祖为中心，县境内地表水向东、向北流入瓯江，向西流入闽江，向南流入交溪，分属三大水系。2010 年，庆元有溪流 1071 条，总长 2198.79 千米，总容积为 10024.74 万立方米，水域面积 27.84 平方千米。其中，县级河道 18 条，总长 394.26 千米，容积 6810.55 万立方米，水域面积 14.80 平方千米；县级以下河道 1053 条，总长 1804.53 千米，容积 3214.19 万立方米，水域面积 13.04 平方千米。

瓯江水系

南阳溪　起始点为潦下村南至交溪口，流域面积为 185.45 平方千米，河道长度 42.36 千米，涉及百山祖乡、贤良镇、张村乡。

左溪　小溪支流，远处庆元县与福建省寿宁县交界的箬坑岙，主峰白鹤山顶海拔 1525.1 米，河流源头高程约 1105 米，最终与南阳溪合流，河口高程约 357 米。左溪流域面积 255.50 平方千米。其中，丽水市境内有流域面积 249.05 平方千米，主流长 35.99 千米，河道天然落差 748 米，平均坡降为 20.78‰。

交溪水系

西溪　赛江第一支流，总流域面积为 1178 平方千米，发源于龙溪乡大尖岩主峰西麓大井坳，主峰海拔 1467 米，河流源头高程 1172 米，最后与东溪汇合。西溪在庆元县境流域面积 196.32 平方千米，主流长 26.90 千米，河道天然落差 647 米，平均比降 24.05‰。其中，庆元县境内流域面积为 82.01 平方千米。

八炉溪　西溪支流九岭溪的上游，总流域面积为 250 平方千米，发源于岭头乡杨家庄西北最后注入西溪，河流源头高程 1090 米，出境外河床海拔 528 米，平均比降为 20.50‰。在庆元县境内有流域面积 82.01 平方千米，主流长 27.41 千米，河道天然落差 562 米。

闽江水系

松源溪　起始点为车根村东北至马蹄岙电站，流域面积为 215.93 平方千米，河道长度 55.71 千米，涉及竹口镇、屏都镇、松源镇、五大堡乡、百山祖乡。

安溪　松溪一级支流，发源于浙闽边界洞宫山庆元县境的凤岗尖南麓，河流源头高程 1080 米。出源后于菊水村汇入松源溪，河床高程约 310 米。安溪的流域面积 311.81 平方千米，河流总长 50.63 千米。其中，县境内有积水面积 196.30 平方千米，主流长度 21.48 千米，庆元县段主流长 18.59 千米，河段平均比降为 5.22‰。

竹口溪 松源溪一级支流，发源于黄田镇黄畲村，黄畲寨尖主峰海拔 1090.4 米，河流源头高程约 800 米，经柏渡口、大泽、竹口、新窑，最终和松源溪汇入松溪。竹口溪在县境流域面积 279.63 平方千米，主流长度 33.90 千米，河道天然落差 565 米，平均比降 16.67‰。

2010 年庆元县主要河道一览表

表 2—4—1—1

河流名称	等级	流域 / 水系	河流起始点		终点流域面积（平方千米）	主流长度（千米）	起点流域面积（平方千米）
			发源地	终点			
安溪	县级	安溪流域	与福建省交界处	菊水村东	112.39	18.59	48.18
小安溪	县级	安溪流域	半岭村	安溪电站	70.41	15.25	51.87
八炉溪	县级	八炉溪流域	八炉村	与福建省交界处	87.29	27.19	47.78
左溪	县级	左溪流域	左溪一级水库	左溪二级电站	159.18	35.44	48.60
石磨下溪	县级	左溪流域	栗树洋村	与左溪交汇处	85.87	17.76	47.83
竹口溪	县级	竹口溪流域	黄畲村	与福建省交界处	207.1	33.66	51.55
松源溪	县级	松源溪流域	竹山电站水库	与福建省交界处	215.93	55.71	58.29
杨楼溪	县级	松源溪流域	杨楼村	兰溪桥水库	139.64	30.74	43.97
西溪	县级	西溪流域	云雾山电站	与福建省交界处	144.16	28.43	36.75
南阳溪	县级	南阳溪流域	西洋水电站	与景宁交界处	185.45	42.36	47.25
杨溪	县级	南阳溪流域	上东流交汇处	黄淤村	56.02	25.15	52.03
大济溪	县级	松源溪流域	半湾村	与下滩溪交汇处	13.89	6.43	5.39
星光溪	县级	松源溪流域	星光村	庆元县城	16.68	8.61	2.77
坑西溪	县级	松源溪流域	坑西村	松源镇	5.56	3.06	2.38
底村坑	县级	松源溪流域	上庄村	会溪村	26.65	7.64	8.7

第二节 水文特征

降雨量

年平均 1777.9 毫米，最高年 2376.2 毫米，最低年 1118.9 毫米

径流量

最大年年平均流量 106.0 立方米 / 秒，年径流量 33.6 亿立方米。最小年年平均流量 30.0 立方米 / 秒，年径流量 9.5 亿立方米。平均年年平均流量 68.2 立方米 / 秒，年径流量 21.5 亿立方米。

含沙量

年均侵蚀模数为 156.7 吨 / 平方千米，输沙量 29.6 万吨。

汛期

每年主汛期一般是 4—10 月，上半年主要受梅雨带影响，下半年主要受台风影响。

第五章　土壤

1982年，庆元县土壤普查办公室成立，开展第二次土壤普查工作。1983年，以乡为单位，以野外作业小组为单位，以专业队调查为主的形式，分期分批进行包干野外调查。1984年4月野外作业结束，5月进行业内资料整理。1985年，基本完成第二次土壤普查的各项工作。其间，全县共挖土壤主剖面997个，分4个土类，9个亚类，28个土属，67个土种，绘制地图7幅，分析剖面土样69个，农化土样236个，速测土样3480个，分析化验8580项次。

第一节　类型与分布

类型

庆元土壤资源丰富，山地土壤占全县土地面积的87.93%，水田土壤占全县土地面积的6.71%，水面及其他用地占全县土地面积的5.36%。土壤有红壤、黄壤、紫色土、粗骨土、潮土、水稻土6个土类，包括11个亚类、24个土属、44个土种。庆元县变质岩性质明显区别于花岗岩变质而成的粗精片麻岩，其土性明显不同于砂黏质红土壤，因此庆元另立红松泥土属。

分布

庆元境内山地起伏，昼夜温差大，年温差少，加之较高的空气湿度，硅铝化成土作用的持续性特别强，广泛分布着红壤和黄壤的过渡性土壤黄红壤亚类以及黄壤亚类。红壤土类，一般分布在海拔750—800米以下，面积50080公顷，占全县土壤总面积的27.2%；黄壤土类，分布在海拔750米以上，面积81853.33公顷，占全县土壤总面积的44.4%；紫色土类，面积780公顷；粗骨土类，面积31820公顷，占土壤总面积的17.3%；潮土土类，面积较小，且已多开垦为水田；水稻土土类，分布区域主要在河谷平原及山垄、山坡和洪积地的开阔平缓地区，面积19773.33公顷，占全县土壤总面积的10.7%。

图2-2　五大堡乡高大村附近的山地紫粉泥土土壤（叶荣兴　摄于2006年）

1982年庆元县土壤类型一览表

表2—5—1—1

土类	亚类	土属	占全县土壤总面积比例（%）	土类	亚类	土属	占全县土壤总面积比例（%）
红壤	红壤	砂黏质红泥	0.51	潮土	灰潮土	洪积泥砂土	0.04
		红松泥	5.61			清水砂	0.01
		红泥土	1.45	水稻土	淹育水稻土	黄筋泥田	0.05
	黄红壤	亚黄筋泥	0.01			红泥田	0.44
		黄泥土	19.30			黄泥田	2.73
		砂黏质黄泥	0.22		渗育水稻土	培泥砂田	0.05
	红壤性土	红粉泥土	0.05			泥砂田	0.50
黄壤	黄壤	山黄泥土	38.00		潴育水稻土	洪积泥砂田	1.56
		砂黏质山黄泥	6.39			黄泥砂田	5.27
紫色土	酸性紫色土	酸性紫砂土	0.42			老黄筋泥田	0.06
粗骨土	酸性粗骨土	石砂土	17.06		潜育水稻土	烂浸田	0.06
		白岩砂土	0.20			烂泥田	0.02

第二节　土壤养分

森林土壤

庆元森林土壤A层有机质一般含量较高，平均为4.01%；全氮A层比较高，为0.167%。有机质与全氮比例为24∶1，一般全磷含量很低，变幅在0.002%—0.043%，全土体平均仅0.016%左右，A层平均仅0.019%，由于庆元成土母岩都为酸性侵入岩、酸性次火山岩夹少量酸中性火山岩及酸性紫砂岩等，母岩全磷含量而低引起。但黄坑生水塘附近角闪片岩风化物全磷含量相对较高，达0.042%。森林土壤速钾含量较高，一般情况不会缺钾，A层土壤速钾含量平均为120毫克/千克，全土体土壤速钾含量平均为173毫克/千克。

旱地土壤

庆元旱地耕层厚24厘米左右，全土体较深厚，常在100厘米左右，有机质含量随有机肥施用水平不同而差异较大。旱地土壤有机质矿化率较高，有机质和全氮水平中等，全磷和速磷均低，钾素较丰富。由于自然土壤母质是酸性岩浆岩、次火山岩、酸性砂岩等酸性母岩的风化物，其全磷含量是各类成土母岩最少的，因此庆元县土壤全磷含量普及少。由于酸性母岩含钾较丰富，且农民常有施用灰肥的习惯，因此土壤中钾素丰富，速效钾平均160毫克/千克左右。由于旱地土壤与自然土壤形状相似，其活性铁、铝含量很高，故速效磷在土体中极易被化学固定，含量极低，平均仅为2毫克/千克。

水稻土

庆元水稻土养分中，有机质和全氮属中偏高水平。A层有机质平均3.11%，全氮平均0.155%，有机质与全氮比值约为20∶1；速效钾属中偏低水平，平均68毫克/千克。其中，缺钾的农田占54.48%，全县大部分农田缺钾；速效磷各地差异很大，因施肥和土种化学固磷作用而异，全县A层速效磷含量平均28毫克/千克，但富磷的农田占31.72%，中磷的农田占37.24%，严重缺磷的农田占31%。就土壤整体剖面而言，有机质和全氮均随耕作熟化度提高而增加。

第六章　植物　动物

庆元县植被除百山祖自然保护区有少量原始植被外，其他地区均为天然林和人工栽培的用材林、经济林以及次生草木植物。庆元县森林植被在全国植被分区中属中亚热带常绿阔叶林北部亚地带——浙闽山丘甜槠、木荷林区，地带性植被为亚热带常绿阔叶林。区系特殊复杂，低海拔有华南植物通过福建联成一片，中海拔有温带植物分布。依据群落起源及人为影响程度，分为天然植被和人工植被两个类型。有些真菌具有药用和食用经济价值。

第一节　植物

类型

庆元县已知大型森林真菌 19 目 58 科 148 属 398 种，苔藓植物 62 科 149 属 326 种。维管束植物 194 科 854 属 2018 中。其中，蕨类植物 34 科 78 属 201 种，裸子植物 7 科 28 属 49 种，被子植物 153 科 748 属 1768 种。

天然植被　有常绿阔叶林、常绿落叶阔叶混交林及针阔混交林、针叶林、灌丛、草丛等类型，随地势垂直分布带明显。以具有代表性的百山祖天然植被为例，海拔 1200 米以下为常绿阔叶林带，根据群落群种不同可分为 2 个亚带；海拔 800 米以下优势树种为香樟、闽楠、钩栲、米槠、丝裂栲、罗浮栲、南栲、苦槠等，针叶树为马尾松、江南油杉、南方红豆杉等；海拔 800—1200 米优势树种为甜槠、云山青冈、小叶青冈、深山含笑、木荷等，针叶树种为黄山松、福建柏等；海拔 1200—1500 米为常绿落叶混交林带，优势树种为褐叶青冈、木荷等，针叶树种为柳杉、黄山松等；海拔 1500 米以上为落叶树占优势的落叶常绿混交林带，主要树种为亮叶水青冈、多脉青冈、蓝果树等，针叶树为柳杉、黄山松、南方铁杉等，全球 12 种最濒危植物之一的百山祖冷杉就散生在亮叶水青冈为建群种的落叶常绿阔叶林中；接近山顶为矮曲林和灌丛、草丛，灌丛优势树种为四川冬青、华山矾、波缘红果树等。

人工植被　主要树种有松木、杉木、柏类、毛竹、雷竹、柑橘、茶叶、油茶、桤木、锥栗、桃、李、梨等经济林及水杉、杜英、深山含笑、苦楝树、泡桐、香樟、广玉兰、香椿、冬青、桂花树、棕榈等“四旁”树。

药用植物　野生药用植物有 114 种，多数生长在森林中或林缘地。其中，抗癌药用植物有银杏、三尖杉、桑、龙胆草、绞股蓝、喜树、苦木、大叶唐松草、苦参、野百合、乌饭树、白英、香茶菜、败酱、七叶一枝花等。百山祖的竹节人参有羽叶人参、相思子样人参、狭叶竹节参、三叶参、乌趾状竹节参等变种。

大型森林真菌　有香菇、侧耳、木耳、银耳、牛舌菌、茯苓、灵芝、灰树花、园地花、白树花、硬皮树舌、褐孔树舌、椴木蹄、红缘层孔、木蹄、白口褐层孔、柳针层孔、硫磺菌、美味牛肝菌、松口蘑、珊瑚菌、松蕈、乳菇、竹荪、百鬼笔、蝉花、虫草菌、石耳（岩蕈）、石蕊（山紫）、环裂松萝、松萝。

珍稀植物

庆元县有珍稀濒危植物 27 种。其中，有百山祖冷杉、红豆杉、南方红豆杉、伯乐树、银杏、莼菜 6 种国家一级重点保护植物；有福建柏、华东黄杉、白豆杉、榧树、长叶榧、长柄双花木、半枫荷、樟树、闽楠、浙江楠、野大豆、花榈木、红豆树、鹅掌楸、厚朴、凹叶厚朴、红椿、毛红椿、香果树、蛛网萼、长序榆 21 种国家二级重点保护植物。

第二节 动物

类型

庆元县已知动物有 2532 种。其中，两栖类 2 目 8 科 36 种，爬行类 3 目 9 科 50 种，鸟类 10 目 34 科 112 种，兽类 8 目 20 科 55 种，昆虫类有 22 目 256 科 1364 属 2204 种。蜘蛛有 22 科 75 种。

兽类 有食虫目 5 种，翼手目 3 种，灵长目 2 种，鳞甲目 1 种，兔形目 1 种，啮齿目 19 种，食肉目 19 种，偶蹄目 5 目种，以食肉目和啮齿目为主。

鸟类 以雀形目鸟类种数最多，有 21 科 79 种，并以鸫科、画眉科、莺科的鸟类种数最多。其次是隼形目较多，有 2 科 9 种。

爬行类 有龟鳖目 2 科 3 种，蜥蜴目 4 科 8 种，蛇目 3 科 39 种。其中，铅山壁虎、多疣壁虎、中国石龙子、蓝尾石龙子、铜蜓蜥、北草蜥、福建竹叶青蛇、王锦蛇、赤链华游蛇、乌梢蛇数量较多。

两栖类 有尾目 2 科 4 种，蛙形目 6 科 32 种。其中，淡肩角蟾、中华大蟾蜍、泽陆蛙、黑斑侧褶蛙、棘胸蛙、九龙棘蛙、花臭蛙、华南湍蛙、饰纹姬蛙数量较多。

珍稀动物

庆元县有黄腹角雉、豹、云豹、黑麂 4 种国家一级重点保护动物，有大鲵（娃娃鱼）、虎纹蛙、黑冠鹃隼、凤头鹰、赤腹鹰、松雀鹰、普通鵟、林雕、白鹇、勺鸡、东方草鸮、红角鸮、雕鸮、领鸺鹠、斑头鸺鹠、猕猴、藏酋猴、中国穿山甲、青鼬、水獭、小灵猫、大灵猫、豺、金猫、鬣羚 25 种国家二级保护动物，有竹叶蛙、大头平胸龟、眼镜王蛇、大杜鹃、红嘴相思鸟等 30 种省级重点保护动物。

极危物种有大鲵，濒危物种有大头平胸龟、乌龟、眼镜王蛇、中国穿山甲、黑白飞鼠、豺。另外，有易危物种 17 种、近危物种 15 种。

专记：百山祖发现华南虎野外踪迹

1998 年 10 月 24 日，百山祖国家级自然保护区（以下简称保护区）职工在厚朴湾观察到 3 只疑似华南虎的动物在饮水，但未能拍摄到实物照片。1998 年 10 月 29 日，保护区在厚朴湾发现华南虎的脚印并拍摄照片，同时，制作了脚印石膏模型。1998 年 10 月 30 日，保护区在百山祖对门境界线，采集到华南虎粪便样品 2 份，并置于福尔马林液中固定。1998 年 11 月至 2000 年 2 月 13 日，保护区对发现的华南虎踪迹进行卫星全球定位系统的空间分布定位。2000 年 1 月 12 日，保护区在穿山岙路边发现华南虎的脚印并拍摄照片。2000 年 2 月 8 日，保护区在锅帽尖采集到华南虎粪便样品 3 份。

1999 年 3 月至 2000 年 2 月，浙江大学遗传学研究所对提取到的疑似华南虎的粪便进行 DNA 检测和鉴定，表明确属华南虎。2000 年 2 月 18 日，浙江省林业厅在杭州举办新闻发布会，宣布“华南虎在百山祖自然保护区重现”。2000 年 9 月，国家林业局确定庆元县为全国华南虎调查重点区域之一。2001 年 3 月，国家林业局华南虎野外种群调查课题组派专人到保护区，对华南虎进行定点定位调查。

第七章　自然灾害

庆元县自然灾害类型有气象灾害和地质灾害。洪涝是影响庆元最频繁的自然灾害之一，在历史上给庆元国民经济和人民生命财产造成巨大损失。由于庆元山区，地质环境复杂，故山地型地质灾害多发，为全省地质灾害最严重、受威胁人口最多的县（市、区）之一。境内地质灾害具有点多、面广、危害大、发生频率高等特点。

第一节　气象灾害

洪涝灾害

庆元洪涝灾害比较频繁。洪涝灾害大多出现于6月，占全年洪涝灾害的60%左右；其次是5月、7月、8月，10月亦有出现。

1998年6月13—24日，遭遇历史罕见的连续暴雨到大暴雨天气，12天合计降雨量875.3毫米，为庆元县有记录以来强度最大降雨，史称“二百年一遇”。其中，14日、20日、24日降水量分别为71.1毫米、64.1毫米、58.4毫米，达到暴雨标准；13日、17日、22日降水量分别为96.3毫米、94.2毫米、94.1毫米；15日、19日、21日降水量分别为115.9毫米、119.8毫米、112.6毫米，均达到大暴雨。全县损失惨重，冲毁省道26千米、县道30.6千米、其他公路400余千米，冲毁和损坏桥梁55座、涵洞306个，塌方2235处，通讯中断，受灾人口13.5万人。其中，死亡8人，重伤136人，经济损失28105万元。1999年6月9—11日，庆元受切变线和静止锋共同影响，连续三天出现暴雨和大暴雨天气。其中，9日降水量为79.6毫米，10日降水量为90.0毫米，11日降水量为104.7毫米。造成全县受灾人口7.6万人，倒塌房屋205间，失踪1人，经济损失5148万元。2005年6月18—22日，连续暴雨，受灾人数7.8万人，直接经济损失1.2亿多元。其中，农林牧渔业0.5亿元，工业交通运输业0.2亿元，水利设施0.3亿元，其他0.2亿元。2006年6月4—8日上午，连续暴雨，20个乡镇受灾，受灾人口4.6万人，经济损失1.51亿元。其中，5日凌晨4时33分，左溪电站一级大坝水溢入引水洞，死亡3人。2010年6月16—21日，普降暴雨到大暴雨，局部特大暴雨，10个乡镇受灾，受灾人口3.6万人，转移人口4732人，倒塌房屋256间，直接经济损失1.45亿元。23—27日，又出现一轮强降水过程，受灾1个乡镇，受灾人口0.8万人，转移人口1560人，倒塌房屋6间，经济损失0.08亿元。

旱灾

1991—1993年、1998年、2003—2004年、2007—2009年，庆元出现旱灾，其他年份未出现。

1991年，全县作物受旱面积2900公顷，粮食因灾损失350万千克，经济作物因灾经济损失2500万元。1992年，作物受旱面积2700公顷，粮食因灾损失330万千克，经济作物因灾经济损失2200万元。1993年，作物受旱面积2500公顷，粮食因灾损失310万千克，经济作物因灾经济损失2000万元。1998年，作物受旱面积5000公顷，粮食因灾损失800万千克，经济作物因灾经济损失5500万元。2003年6月30日始，庆元遭受副热带高压控制，持续晴热高温，气温节节攀升，日甚一日。7月，平均气温比同期高出近3℃，月内高于35℃日数为30天，最高气温屡创气象记录新高。其中，30日、31日最高气温分别为40.6℃、

41.1℃。8月下旬后至11月上旬两个半月，降水量仅25.7毫米，又出现严重秋旱天气。全县农业生产遭受重大危害，香菇高温烂棒户18100户，直接经济损失3930万元；烟叶出现高温逼熟现象，产量和质量受到严重影响；干旱天气还给水力发电、生活用水及供电带来较大影响，使森林火灾发生率比同期大大提高。作物受旱面积4500公顷，粮食因灾损失720万千克，经济作物因灾造成经济损失4900万元。2004年2月开始，降水增多，但2—5月春季降水总体仍偏少，干旱十分严重；5月21—28日，出现连晴天气，出现旱象，高山泉水出现断流；6月降水量为117.9毫米，比常年少222.7毫米。2004年，作物受旱面积2100公顷，粮食因灾损失280万千克，经济作物因灾造成经济损失2000万元。2007年，作物受旱面积600公顷，粮食因灾损失54万千克，经济作物因灾造成经济损失70万元。2008年，作物受旱面积500公顷，粮食因灾损失40万千克，经济作物因灾造成经济损失60万元。2009年，作物受旱面积300公顷，粮食因灾损失28万千克，经济作物因灾造成经济损失60万元。

寒害

春寒 一般在3月21日后出现，3月26日后出现较少，4月6日后不再出现。2003年3月11—13日，受北方强冷空气影响，出现一次寒潮，农业经济损失1410万元。

倒春寒 一般在4月16日后出现，4月21日后出现较少，4月26日后不再出现。

夏寒 又称“五月寒”。1993年5月3—5日连续三天、5月27—31日连续五天，日平均气温低于20℃，出现夏寒。

秋寒 通称“秋季低温”，常以22℃的初日末期早晚为表示。20世纪70年代前低于22℃的初日平均出现在9月22日，20世纪70年代后平均出现在9月20日，进入20世纪80年代，有6年平均出现在9月16日，说明秋寒有提早趋势，但强度相对较弱。

暖冬

从1998年12月—1999年1月，由于冷空气活动少而弱，整个冬季气候异常偏暖，平均气温10.4℃，较常年偏高2.5℃，是有历史资料以来最暖的一个冬天。

冰雹

冰雹一般出现于2—4月和7月，以7月、4月居多。1991年5月26日，庆元县气象站观测到降冰雹，最大直径10毫米。1992年7月22日15时9—17分，庆元县气象站观测到冰雹，最大直径12毫米，但灾害不明显。1994年4月6日，出现较大范围冰雹，直径10毫米以上。1995年4月16—17日，大部分地区先后发生冰雹灾害，为历年较为严重一次。据县气象站观测，降雹出现在16日16时9—14分，持续5分钟，最大直径14毫米，平均重1克；受灾最重的荷地镇观测到冰雹直径60毫米，同时伴有雷雨大风。1997年11月16日，黄田镇出现大风、冰雹、暴雨灾害。最大雹块有鸡蛋大，持续约7分钟，并伴狂风暴雨，许多民房瓦片被掀翻砸碎，菇棚被吹倒，损失严重。1998年4月22日16时30分至17时30分左右，部分乡镇受短时雷阵雨、大风、冰雹袭击，估测风力在10级以上，冰雹直径10毫米左右，影响范围为宽约1千米带状区域，直接经济损失256万元。2001年3月24日17时20—40分，黄田镇、竹口镇、百山祖乡、四山乡、合湖乡的43个行政村遭受历史罕见特大冰雹、大风灾害袭击，受灾人口3.5万人。其中，人员轻伤13人，倒塌房屋42间，损坏民房12080间，农作物受灾面积2980公顷，直接经济损失2820万元，农业经济损失2750万元。2001年4月28日20点前后，出现雷雨、大风天气。荷地、贤良、官塘三镇出现冰雹，瞬时最大风速超过17米/秒，13个乡镇、128个行政村受灾，受灾人口6.6万人，倒塌房屋18间，损坏民房13616间，农作物受灾面积1614公顷，直接经济损失2112.3万元，农业经济损失1912.3万元。2002年3月20日夜间，5个乡镇出现冰雹天气。其中，黄田镇受灾较重，受灾人口2.6万人、成灾人口0.36

万人，农作物受灾面积 132 公顷、成灾面积 67 公顷，损坏民房 1256 间，直接经济损失 760 万元，农业经济损失 760 万元。2006 年 6 月 27 日 20 时左右，受局地强对流天气影响，安南乡小源村出现短时冰雹、大风天气，持续 20 分钟左右。2007 年 4 月 1 日 17 时 28 分许，松源镇、淤上乡、安南乡、竹口镇、屏都镇遭遇冰雹袭击，最大直径达 20 毫米，持续 3—4 分钟，直接经济损失 100 多万元。

大风、台风

庆元县因地处浙西南山区，每年都会受到台风影响，但地理位置靠近内陆，高山地形使影响到的台风强度明显减弱，台风影响利大于弊。2004 年始，出现明显灾害。2004 年，受台风“云娜”影响，过程降水量 124.0 毫米，引发部分地区泥石流。2005 年，5 号台风“海棠”、9 号台风“麦莎”、13 号台风“泰利”和 19 号台风“龙王”过程降水分别为 34.5 毫米、25.4 毫米、60.6 毫米和 27.0 毫米，对庆元县造成较严重经济损失。相比台风“泰利”造成损失最大，20 个乡镇不同程度受灾。其中，7 个乡镇受灾严重，受灾人口 56000 余人，无人员伤亡，直接经济损失 7000 余万元；“海棠”造成经济损失 900 多万元，无人员伤亡。2006 年，受台风（热带低压）影响 4 次。其中，8 号“桑美”是近 50 年来登陆中国大陆强度最强的台风，庆元县受“桑美”正面冲击，受灾严重。2007 年 7 月 18—20 日，受第 9 号强台风“圣帕”影响，受灾乡镇 5 个，直接经济损失 3200 万元。2008 年 7 月 28 日 8 时至 30 日 20 时，受 0808 台风“凤凰”影响，普降暴雨到大暴雨，局部特大暴雨，部分乡镇出现 7—9 级大风。其中，四山、五大堡、官塘出现 8—9 级大风，东部 11 个乡镇不同程度受灾，直接经济损失 0.31 亿元。2009 年 6 日 20 时至 11 日 8 时，受台风“莫拉克”影响，普降大雨到暴雨，东部地区大暴雨，局部特大暴雨，部分乡镇出现 8—10 级大风，受灾乡镇 8 个，受灾人口 32000 人，直接经济损失 5600 万元。

雪灾

庆元县平均初雪日为 1 月 16 日，终雪日为 2 月 16 日，相隔约 31 天，年平均雪日 3 日。2001 年 12 月 7 日和 18 日午后，出现雷暴天气，春夏季才会出现的天气现象在冬季出现较为罕见。2001 年 12 月 27 日、2002 年 1 月 6 日，普降大雪，雪深分别为 2 厘米、3 厘米。2008 年 1 月 13 日—2 月 3 日，受北方冷空气影响，维持长时间低温、阴雨雪天气，除 20 日有 1.1 小时日照外，其余时间均无日照。其中，1 月 25 日—2 月 2 日，雨雪量超过 100 毫米，大部分山区出现严重冰冻，部分地方出现积雪。2009 年冬末、2010 年初春，低温阴雨，山区出现雨雪冰冻天气，农林业受较大影响；春末，降水量创历史新低，各地不同程度出现干旱缺水；秋末冬初，低温多雨，山区再次出现雨雪冰冻天气。2010 年 12 月 11—16 日，出现长时间降雪天气。其中，12 月 25 日夜，全县普降大到暴雪。

第二节　地质灾害

地质灾害种类有滑坡、崩塌和泥石流等，以山体滑坡为主，且多数是滑坡后形成泥石流，造成的损害最大。

滑坡

林溪洋滑坡、泥石流　2004 年 5 月 17 日，安南乡林溪洋自然村因强降雨引发山体滑坡、泥石流，滑坡、泥石流土石量 26000 立方米，下方范围损毁公路 300 米，直接经济损失 50 万元，间接威胁上下游村庄 300 余人生命财产安全。

包谢滑坡　2004 年 9 月 2 日，岭头乡包谢村因强降雨引发山体滑坡，压倒 1 栋道班房，4 栋民房损毁，直接经济损失120万元，14人成功避让。

塘根佃坪滑坡 2005年6月25日，因强降雨全县发生地质灾害灾情43起，受灾人口1200多人，65栋房屋倒塌，43栋房屋部分损毁，直接经济损失945万元。其中，淤上乡塘根、佃坪自然村的山体滑坡导致4栋民房倒塌、7栋民房损毁，直接经济损失90万元。

泥石流

小源泥石流 2006年6月5日，安南乡小源自然村受连日降雨影响引发泥石流，20000立方米泥石流直冲村庄，部分民房受损，1.33公顷农田损毁。

石磨下、坪头泥石流 2006年8月11日，受8号台风“桑美”带来的强降雨影响，荷地镇石磨下、坪头村引发泥石流，造成当地32人死亡、3人失踪，直接经济损失573万元。

专记：庆元县防抗台风“桑美”纪实

2006年第8号台风“桑美”是近50年来登陆中国大陆最强的台风，是中国台风强度重新分级后登陆的第一个超强台风，是中国气象部门第一次进入一级气象应急响应状态的台风。热带风暴“桑美”于8月5日20时在关岛附近洋面上生成，7日8时加强为强热带风暴，7日14时加强为台风，9日11时加强为强台风，18时继续加强为超强台风。8月10日17时25分在浙江省苍南县马站登陆，登陆时中心气压920百帕，近中心最大风力17级（60米／秒）。登陆后向西北偏西方向移动，10日夜11时多，台风“桑美”中心从福建境内进入庆元县东部地区，此时的“桑美”虽然已经减弱为台风，但仍然具有巨大的威力，给庆元带来狂风暴雨。在庆元盘旋4个多小时后，“桑美”从庆元县南部出境，再次进入福建境内。

“桑美”强度强，范围小，移速快，正面袭击庆元，造成重大影响。据水文资料8月10日8时—11日8时过程累计雨量超过200毫米站点：坪头354.0毫米（其中最大1小时雨量71.9毫米，最大3小时雨量176.2毫米，最大6小时雨量282.5毫米）、百龙257.5毫米、车根240毫米、贤良233.5毫米、大岩坑227毫米、左溪204毫米，超过100毫米的站点有14个。由于台风“桑美”向百山祖迎面撞来，台风在爬坡的过程中，形成的迎面峰使当地在短时间内遭受强降雨袭击，因此这次受灾最严重的地区均在百山祖以东。

超强台风“桑美”正面袭击庆元，持续集中的超强台风、超强降雨，导致大量山洪暴发、山体滑坡、泥石流倾泻，致使房屋成片倒塌、农田大面积毁没、大量农作物颗粒无收、供电系统瘫痪，通信不畅，交通中断。台风所到之处满目疮痍，风雨肆虐，损失惨重，特别是庆元东部荷地镇、左溪镇、江根乡、张村乡、贤良镇等乡镇遭受历史上最为严重的台风暴雨重创。全县受灾人口7.5万人，紧急转移人口21000多人，因长时间强降雨、山体滑坡导致房屋倒塌，造成重大人员伤亡，确认死亡38人，失踪8人。台风“桑美”造成直接经济损失7.1亿元。其中，农林牧渔业1.11亿元，工业交通运输业3.68亿元，水利设施1.67亿元，其他0.64亿元。

庆元受灾损失具体情况。（一）交通受损情况：省道、县乡道路及通村康庄工程，路基被冲毁82.6千米，路面被冲毁271.08万平方米，76座桥梁不同程度被毁坏。其中，全毁20座，涵洞全毁278道，局部损毁390道；冲毁挡墙356处、10.35万立方米，公路中断147条次。通往东部12个乡镇的55省道和所有7条县道交通中断，东部地区交通完全瘫痪，直接经济损失达2.68亿元。（二）农业受损情况：农作物受灾面积2600公顷，香菇棒受损2000余万袋，毁坏1781万袋，菇棚被毁1837个；蔬菜受灾295公顷，茶叶受灾44.7公顷，其他农作物均不同程度受灾，大量农作物颗粒无收。畜禽压死、淹死、冲走32000多头（只），500多处畜禽圈舍倒塌。水产养殖560公顷，损失水产品10万千克。（三）房屋受损情况：房屋完全倒塌有753户、涉及2578人，受损15710间，受影响急需整村搬迁的村达31个，需部分搬迁村达48个，需搬迁户有2851户。左溪镇口坑村、溪头角村被冲得只剩下一片沙滩，难以觅到村的痕迹；江根乡的江根村、青田村，左溪镇洋边村全部民房进水受淹；左溪镇、荷地镇政府所在地全部房屋进水受淹，张村乡政府所在地房屋进水深度超过3米。（四）教育受灾情况：全县28所中小学校不同程度受影响，倒塌校舍或造成危房有12幢188间，建筑面积4200平方米；大量的门窗、电脑、电视机、幻灯机、图书资料、教学仪器受损，直接经济损失1486万元。（五）水利、电力、通信受损情况：防洪堤受损365处94千米，堰坝受损176座，堤防决口58处6.2千米，损坏护岸219处，损坏灌溉设施171处，损坏电站8座，10座在建水利工程全部停工。东部11个乡镇供电设施严重受损，供电全面中断。荷地供电所进水，左溪变电所、左溪供电所、百山祖变电所被洪水和泥石流冲毁。造成10千伏线路停电23条，35千伏线路停电3条，停电乡镇11个、村庄354个。东部11个乡镇通信设施不同程度受损，通信一度中断。（六）地质灾害和小流域洪灾情况：全县180处已知地质灾害点在台风期间共有80处产生活动。其中，整体滑动5处，局部滑动75处，发生地质灾害23起；另外，未知点新发生12处地质灾害，严重的有荷地镇石木下、坪头，左溪镇木桥头、溪头角，贤良镇富林等村，已无法在原址重建，需整村异地安置。

8月10日晚，全县共有县、乡、村三级干部3100多人投入抗台救灾抢险。其中，县、乡直接到一线参与防台抗灾的干部1031人。紧急转移18000多名群众，保证了人民群众的生命安全。8月11日上午，省委副书记周国富带领省民政厅、省武警总队、省水利厅、省财政厅、省国土资源厅的负责人赶抵庆元县视察、指导抗台救灾工作。8月12日上午，市领导到灾情最重的荷地镇石磨下村实地察看灾情。8月13日，全县灾后自救动员大会召开。8月21日，副省长陈加元率省民政、财政、建设、交通、水利、教育等部门负责人，到左溪、张村等乡镇视察灾情。9月7—8日，省委副书记、省长吕祖善到荷地镇、左溪镇及反墺灾民小区实地察看灾情。

灾后救助情况。（一）搜救失踪人员：8月11日上午，失踪人员搜救工作小组在石磨下村、坪头村迅速展开失踪人员搜救工作。11日中午13时30分，县公安干警、武警和消防官兵、民兵应急分队前往荷地镇实施救援；武警丽水支队由66名官兵组成的支援队前来支援搜救工作。8月15日，搜救工作进入第五天，搜救工作取得突破性进展。在石磨下村，救援指挥部调集2辆铲车，对现场进行彻底的开挖。在搜救中，许多群众加入到搜救队伍中来。8月16日，荷地镇石磨下村21名失踪遇难人员的遗体全部找到，其他受灾点也找到17名失踪人员的尸体。（二）抢修基础设施：庆元县组织2595人成立333支抢修队伍，投入灾后基础设施抢修工作中。其中，供电队伍4支90人，电信队伍4支30人，交通队伍19支326人，卫生队伍9支136人，移动公司队伍5支27人，民政队伍2支15人。到8月21日，灾区通信、供电已基本恢复，抢修9条通乡公路，受毁的52条通村公路也抢通18条；到9月23日，灾区通信、供电已全面恢复，通乡公路全部抢通，受毁的52条通村公路抢通36条。（三）恢复农业生产：台风过后，灾区群众因地制宜、因时制宜，对损坏耕地进行复耕，对受淹农田进行补种或改种，对受损菇棚、菌棒进行整理，对灾后病虫害进行防治，全面开展灾后农业生产自救。至9月14日，整理农作物3493公顷，改种226.2公顷，整理食用菌菌棒726万段，修复菇棚613个，开展灾后病虫害防治6670.2公顷，畜禽圈舍及周围场地消毒341200平方米，畜禽免疫接种4.24万头（羽）。（四）稳定灾区社会生活秩序：灾害发生后，共应急安置灾民7699人；紧急分批调拨263万元的救灾专款和物资，及时把大米、棉被、衣物等救助物品发放给受灾群众。全力搜救死难者并做好善后事宜，做好家属的安抚工作；发动灾区群众及时开展清除污泥、疏通水沟等环境整治工作；加强对灾区各类传染病和其他与灾害有关疫病的防治工作，确保了灾后无大疫；组织心理干预专家赶赴灾区，开展灾后的心理危机干预，实施“心理救灾”；全力组织抢修受损校舍，确保学校按时开学；迅速开展灾区不稳定因素排查调处，加强引导，就地化解各种矛盾的隐患。

9月13日，庆元县委、县政府召开抗台救灾先进事迹报告会暨灾后重建工作会议。会议表彰县公路段等24个抗台先进集体和70名抗台先进个人。

台风过后，庆元县把灾民安置和倒房重建作为压倒一切的中心任务。8月23日，县委、县政府成立灾后重建工作指挥部，指导和协调全县灾后重建工作。9月1日，《庆元县8号台风桑美重灾户安置救助实施意见》《建房困难户建房贷款优惠办法》出台，每户灾民可贷款1.5万—3万元，政府贴付80%的利息，灾民自己承担20%，并在放贷手续、本金偿还时限等方面予以最大限度的优惠。9月初，根据灾民异地搬迁意向，确定县城2个、乡镇6个灾民建房与安置点。9月25日灾民安置点上坑岙小区开工建设，9月27日灾民安置点反墺小区开工建设，两小区项目分别可安置灾民800余户和2220户。11月14—16日，县城反墺和上坑岙灾民安置小区地基抽签大会召开。12月20日，灾民全面进场建房。通过全县上下的共同努力，截至2007年1月22日，反塽灾民安置小区的440户自建房灾民已有421户建成一层以上，有62户建成二层以上，有4户建成三层，有5户已搬入新居；80套公寓房主体工程竣工。上坑岙灾民安置小区182户自建房灾民有174户已建成一层以上，有14户建成二层以上。两个安置小区622户灾民的房屋在2007年春节前基本建成，搬进新居入住。同时，春节前全县受损的15710间房屋全部修复完毕。全面实现省委、省政府“春节前80%以上倒房户搬入新居，100%的倒房户得到妥善安置，所有受损房屋全部修复并能安全居住”的指示精神。

一方有难，八方支援。（一）县内赈灾募捐活动情况：8月13日下午，县慈善总会在举行台风“桑美”灾后现场赈灾募捐活动，全县机关、企事业单位及社会各界人士共募捐21.9万元。8月11日，竹口镇党委、政府组织行政村和镇属部门、企业捐款，还组成28人的慰问团前往荷地镇，为灾民送去爱心捐款5万元。8月12日上午，黄田镇党委、政府举行“黄田镇企业界支援东部受灾乡镇捐赠仪式”，各企业向灾区募捐价值7.2万元的救灾物资。8月14日上午，受灾的官塘乡为左溪镇灾民捐款3000元、稻谷1650千克、大米365千克。8月17日下午，举行机动三轮车车夫现场赈灾募捐活动，166位三轮车师傅共捐款1万多元。8月18日，隆宫乡隆宫村捐款捐物价值近15万元。8月16日，县汽车运输总公司全体职工共捐款人民币1.5万元，捐大米1000千克、方便面50箱，还安排10多辆出租车20多人次前往灾区看望灾民。8月14日上午，松源镇杨晓荣、毛为菊夫妻捐款1万元。（二）县外赈灾募捐活动情况：8月14日，省慈善总会副会长江坪和市慈善总会会长徐仁俊专程到庆元，给灾区人民送来30万元的捐助。8月15日，省福利彩票中心向灾区100名家庭贫困中小学生每位救助1000元（共计10万元人民币）。8月29日，副市长刘秀兰带领6家市直金融单位负责人，送来市直金融系统的47万元捐款及物资。8月30日，绍兴县民营企业协会为岭头乡中心学校贫困学生送去335床棉被，并为10位品学兼优的贫困生送上每人600元爱心助学款。10月31日，杭州滨江区政府捐款15万元，曾在庆元工作过的在杭州干部捐款5万余元。11月2日，省财政厅、民政厅根据澳门全国人大代表和政协委员捐赠意愿，向庆元县划拨捐赠救灾款294万元，专项用于灾民新村建设。11月14日，香港爱国同胞沈炳麟决定出资11万元帮助左溪镇小学灾后重建。12月4日，省民政厅、财政厅将中央单位和军队机关在“送温暖、献爱心”活动中的捐款50万元划拨庆元，专项用于灾民倒房重建和修复。

全县赈灾募捐统计。至2006年12月14日，全县接受捐赠总计有：捐赠款累计总额706.2万元，物资折价累计总额200多万元。其中，大米7.7万千克，食用油2875瓶，方便面979箱，棉被923床，旧衣裤15万件，其他物资折价27.8万元。至2006年末，个人捐赠金额1万元的有杨晓荣、姚安生、徐以杰、徐以昌、郑碎雄、陈达、周小平；本地企业救灾捐款在2万元以上的有浙江聚丰房地产投资有限公司12万元、浙江双枪竹木有限公11.1111万元、浙江梦天木业有限公司10万元、金诚房产5万元、浙江大山公司5万元、浙南铅笔有限公司2万元、浙江浙南竹木有限公司2万元、超大现代农业集团2万元；外县（市）救灾捐款5万元以上的有省慈善总会20万元、省总工会5万元、市总工会5万元、杭州市慈善总会5万元、杭州市信用联社20万元、杭州西湖印刷实业有限公司15万元、余杭区政协5万元、宁波市慈善总会5万元、丽水市直机关工委54.40415万元、丽水市林业系统10万元、丽水市国土资源局20万元、丽水市慈善总会10万元、丽水市水利局10万元、丽水市建设银行10万元、丽水市农业银行10万元、丽水市工商银行10万元、丽水市中国银行10万元、丽水市人民银行5万元、青田县政府50万元、遂昌县政府50万元、中共缙云县纪委8万元。

图2-3　荷地镇石磨下村遭台风“桑美”破坏现场（谢新明　摄于2006年）

第三篇 人口 居民

上古时期，县境内有少数先民游猎于山野间。秦汉时，人口仍稀少。汉武帝平定东越（公元前112年）后，实行“徙其民江淮间，而虚其地”的移民政策。三国至隋朝战乱频繁，北方移民陆续迁入，人口始有发展。至宋太平兴国年间，全境约500余户、3000余人。南宋庆元三年（1197年）置县时，有村庄43个，人口逾万。从元到明，人口增加不多。明成化十八年（1482年），全县人口19788人。清代旧志中只有编户数和丁口数的记载，准确人口无从查考。乾隆至光绪年间人口发展较快，仅新建村庄就有133个。民国21年（1932年），全县人口106179人。由于鼠疫和战争，民国38年人口减少至84769人。中华人民共和国成立后，人口逐渐恢复。1959年人口下降，1966年始有回升。1977年，全县人口突破15万人。中共十一届三中全会后，计划生育作为基本国策实施。庆元县积极开展计划生育宣传教育，人口增长放缓。1990年，全县总人口187744人。2000年，总人口179449人。2010年，总人口141541人，由于人口流动性增加，迁出人口增多，常住人口比2000年减少37908人。

第一章 人口

庆元人口分布，西密东疏。民国26年（1937年），全县人口密度为57.4人／平方千米。1950年，人口密度为47人／平方千米。1990年，人口密度为100.3人／平方千米。境内居民原是汉族。清乾隆四十五年(1780年),有畲族钟姓从景宁县迁入道岗村,畲族成了庆元最早的少数民族。其他如回族、蒙古族、苗族、壮族等少数民族，大多是中华人民共和国成立后因工作或婚姻关系而迁入的，人数很少。全县男女性别比为（女）100：（男）129.52，人口性别构成极不合理。中华人民共和国成立后，切实保障妇女儿童权益，性别构成渐趋合理。1990年，全县男女性别比为（女）100：（男）109.48。进入21世纪后，全县社会经济持续发展，人口结构发生显著变化，老年人口快速增加，人口老龄化持续加剧，少数民族人口增长，从事农业生产人口、户均家庭人口显著减少，人口素质显著提升。人口流动加快，人口外出较多，常住人口持续减少。

第一节 数量与分布

数量

1990年，第四次全国人口普查显示，庆元县总户数44741户，人口187744人。其中，家庭户44189户，集体户552户；男98096人，女89648人；家庭户平均每户人数4.15人。农业户口人数175240人，非农业户口人数11459人。

2000年，第五次全国人口普查显示，庆元县总户数54866户，人口179449人。其中，家庭户54433户，集体户433户；男92930人，女86519人；家庭户平均每户人数3.26人。农业户口人数159737人，非农业户口人数19242人。

2010年，第六次全国人口普查显示，庆元县总户数50327户，人口141541人。其中，家庭户49777户，集体户550户；男71948人，女69593人；家庭户平均每户人数2.72人。农业户口人数117232人，非农业户口人数23313人。

分布

1990年，第四次全国人口普查显示，庆元县总人口中城镇人口38184人，占总人口的20.34%（1982年占9.37%），人口主要分布在乡村，城镇人口较少。庆元东北部山多地少，地广人稀；西南部地势平坦，自然条件优越，人口多聚居于此，人口较多。1990年，全县人口密度98.92人／平方千米。1992年撤区扩镇并乡后，人口密度最高的是松源镇，为251.9人／平方千米；人口密度最低的是百山祖乡，为40.1人／平方千米。

2000年，第五次全国人口普查显示，总人口179449人。其中，城镇人口48590人，占总人口的27.08%；乡村人口130859人，占总人口的72.92%。人口逐渐向城镇流动，但是速度缓慢，仍主要分布在乡村。松源镇、竹口镇、荷地镇、屏都镇总人口45886人，占镇总人口的94.44%，其中松源镇人口38016人，占镇总人口的78.24%；四山乡、官塘乡、百山祖乡、龙溪乡总人口10813人，占乡总人口的8.26%；四山乡人口 1740 人，占乡总人口的 1.33%。全县人口密度 94.55 人 / 平方千米。

2010 年，第六次全国人口普查显示，总人口 141541 人，比 2000 年减少 19.98 人。在常住人口中，城镇人口 65056 人，占总人口数的 45.96%；乡村人口 76485 人，占总人口数的 54.04%。同 2000 年相比，城镇人口增加 16466 人，乡村人口减少 54374 万人，城镇人口比重上升 18.88%；松源镇、黄田镇、竹口镇、屏都镇、淤上乡、隆宫乡、安南乡、五大堡乡 8 大乡镇总人口 121122 人，占总人口 85.57%，其他 12 个乡镇总人口 20419 人，占总人口 14.43%；松源镇人口最多，74093 人，占总人口 52.35%，四山乡人口最少，为 633 人，占总人口 0.45%。全县人口密度 74.57 人 / 平方千米。其中，松源镇居首位，为 575.12 人 / 平方千米；四山乡最低，为 9.19 人 / 平方千米。

第二节　人口构成

民族

1990 年，第四次全国人口普查资料显示，有 13 个民族。其中，汉族 186506 人，占总人口的 99.34%；少数民族 1238 人，占总人口的 0.66%。少数民族中，畲族 1202 人（占总人口的 0.64%）、蒙古族 11 人、回族 6 人、苗族 5 人、侗族 4 人、彝族 2 人、壮族 2 人、普米族 2 人、佤族 1 人、瑶族 1 人、傈僳族 1 人、黎族 1 人。

2000 年，第五次全国人口普查资料显示，有 16 个民族。其中，汉族 178186 人，占总人口的 99.30%；少数民族 1263 人，占总人口的 0.70%，与第四次全国人口普查结果相比，少数民族人口比例提高 0.04 个百分点。少数民族中，畲族 1143 人（占总人口的 0.64%）、蒙古族 35 人、苗族 28 人、彝族 13 人、土家族 10 人、侗族 9 人、壮族 5 人、满族 5 人、回族 4 人、布依族 4 人、藏族 2 人、瑶族 2 人、维吾尔族 1 人、朝鲜族 1 人、仡佬族 1 人。

2010 年，第六次全国人口普查结果显示，有 25 个民族。其中，汉族 140089 人，占总人口的 98.97%；少数民族 1452 人，占总人口的 1.03%，与第五次全国人口普查结果相比，少数民族人口比例提高 0.33 个百分点。少数民族中，畲族 1131 人（占总人口的 0.80%）、苗族 69 人、水族 41 人、侗族 36 人、彝族 35 人、布依族 26 人、壮族 20 人、土家族 20 人、拉祜族 17 人、蒙古族 12 人、佤族 10 人、瑶族 6 人、傈僳族 6 人、黎族 5 人、回族 4 人、满族 4 人、朝鲜族 2 人、哈尼族 2 人、藏族 1 人、维吾尔族 1 人、白族 1 人、仡佬族 1 人、傣族 1 人、土族 1 人。

性别

1990 年，第四次全国人口普查资料显示，男女性别比为 109.42（98096∶89648）；2000 年，第五次全国人口普查资料显示，男女性别比为 107.41（92930∶86519）；2010 年，第六次全国人口普查资料显示，男女性别比例为 103.38（71948∶69593）。男女性别比逐渐趋向平衡。

年龄

1991—2010 年，庆元县 0—14 岁人口和 15—44 岁人口占总人口的比例均呈明显下降趋势，而 45—59 岁人口和 60 岁以上人口占总人口比例均呈明显的上升趋势，人口趋向老龄化，且在加速。1990 年，第四次全国人口普查资料显示，境内 0—14 岁人口 55715 人，占总人口的 29.68%；15—44 岁人口 97397 人，占总人口的 51.88%；45—59 岁人口 19544 人，占总人口的 10.41%；60 岁以上人口 15088 人，占总人口的 8.04%。2000 年，第五次全国人口普查资料显示，境内 0—14 岁人口 37049 人，占总人口的 20.65%；15—44 岁人口 96333 人，占总人口的 53.68%；45—59 岁人口 26440 人，占总人口的 14.73%；60 岁以上人口19627人，占总人口的10.94%。2010年，第六次全国人口普查资料显示，境内0—14岁人口26352人，占总人口的18.62%；15—44岁人口60959人，占总人口的43.07%；45—59岁人口32293人，占总人口的22.82%；60岁以上人口21937人，占总人口的15.50%。

文化程度

1990年，第四次人口普查结果显示，全县6岁及6岁以上168578人口中，具有大专以上文化程度928人，占0.55%；高中（含中专）文化程度8154人，占4.84%；初中文化程度40074人，占23.77%；小学文化程度84126人，占49.90%；文盲半文盲35296人，占20.94%。2000年，第五次人口普查结果显示，在全县6岁及6岁以上164645人口中，具有大专以上文化程度3024人，占1.84%；高中（含中专）文化程度13181人，占8.01%；初中文化程度57519人，占34.94%；小学文化程度74641人，占45.33%；未上过学10227人，占6.21%；扫盲班6053人，占3.68%。与1990年相比，人口文化素质提高，每万人中具有大专以上文化程度的由49人上升为169人，高中文化程度的由434人上升为735人，初中文化程度的由2135人上升为3205人，小学文化程度的由4481人下降为4159人，未上过学和扫盲班的下降至9.07%。2010年，第六次人口普查结果显示，在全县常住6岁及以上131288人口中，具有大专以上文化程度8646人，占6.59%；高中（含中专）文化程度13071人，占9.96%；初中文化程度43444人，占33.09%；小学文化程度52984人，占40.36%；未上过学13143人，占10.01%。与2000年第五次全国人口普查相比，人口文化素质显著提高，每万人中具有大专以上文化程度的人口由169人上升为611人；具有高中文化程度的人口由735人上升为924人；具有初中文化程度的人口由3205人下降为3069人；具有小学文化程度的人口由4159人下降为3743人；但未上过学的由5.70%上升为9.29%。

职业

1991—2010年，庆元县从事农、林、牧、渔、水利业人口占在业人口的比例由1990年的76.64%降到2000年的68.41%，2010年降至45.35%。从事行业从1990年的十三大类，到2000的十六大类，再到2010年的二十大类（出现信息传输、计算机服务和软件业、环境和公共设施管理业、公共管理和社会组织等新职业分类）。

1990年，第四次全国人口普查资料显示，境内在业人口90601人，占总人口的48.26%，其中男性62061人、女性28540人。按行业分，从事农、林、牧、渔、水利业69438人，占在业人口的76.64%；工业人口7777人，占在业人口的8.58%；地质普查和勘探业50人，占在业人口的0.06%；建筑业1175人，占在业人口的1.30%；交通运输、邮电通信等1449人，占在业人口的1.60%；商业、公共饮食业、物资供销和仓储业3776人，占在业人口的4.17%；房地产管理、公共事业、居民服务和咨询服务业934人，占在业人口的1.03%；卫生、体育和社会福利事业708人，占在业人口的0.78%；教育、文化艺术和广播电视事业2396人，占在业人口的2.64%；科学研究和综合技术服务事业80人，占在业人口的0.09%；金融、保险业422人，占在业人口的0.47%；国家机关、党政机关和社会团体2395人，占在业人口的2.64%；其他行业1人，占在业人口的0.001%。

2000年，第五次全国人口普查抽样表（长表抽取10%的户填报）显示，境内有在业人口9781人，其中男6267人、女3514人。按行业分，从事农、林、牧、渔业6691人（男4410人，女2281人），占在业人口的68.41%；采掘业26人（男20人，女6人），占在业人口的0.27%；制造业849（男437人，女412人），占在业人口的8.68%；电力、煤气、及水的生产和供应业73人（男54人，女19人），占在业人口的0.75%；建筑业188人（男170人，女18人），占在业人口的1.92%；地质勘查业、水利管理业2人（男2人），占在业人口的0.02%；交通运输、仓储及邮电通信249人（男209人，女40人），占在业人口的2.55%；批发和零售贸易、餐饮业711人（男376人，女335人），占在业人口的7.27%；金融、保险业64人（男

30人，女34人），占在业人口的0.65%；房地产业1人（女1人），占在业人口的0.01%；社会服务业186人（男111人，女75人），占在业人口的1.9%；卫生、体育和社会福利业128人（男64人，女64人），占在业人口的1.31%；教育、文化艺术及广播电影电视事业264人（男125人，女139人），占在业人口的2.7%；科学研究和综合技术服务业5人（男4人，女1人），占在业人口的0.05%；国家机关、党政机关和社会团体294人（男226人，女68人），占在业人口的3.01%；其他行业50人（男29人，女21人），占在业人口的0.51%。

2010年，第六次全国人口普查抽样表（长表抽取10%的户填报）显示，境内在业人口7530人，其中男4449人、女3081人。按行业分，从事农、林、牧、渔业3415人（男2133人，女1282人），占在业人口的45.35%；采矿业9人（男9人，女0人），占在业人口的0.12%；制造业1375（男623人，女752人），占在业人口的18.26%；电力、燃气及水的生产和供应业82人（男60人，女22人），占在业人口的1.09%；建筑业499人（男450人，女49人），占在业人口的6.63%；交通运输、仓储及邮政业233人（男211人，女22人），占在业人口的3.09%；信息传输、计算机服务和软件业42人（男26人，女16人），占在业人口的0.56%；批发和零售业693人（男333人，女360人），占在业人口的9.2%；住宿和餐饮业212人（男81人，女131人），占在业人口的2.82%；金融业94人（男46人，女48人），占在业人口的1.25%；房地产业11人（男7人，女4人），占在业人口的0.15%；租赁和商务服务业31人（男17人，女14人），占在业人口的0.41%；科学研究、技术服务和地质勘查业10人（男5人，女5人），占在业人口的0.13%；水利、环境和公共设施管理业21人（男9人，女12人），占在业人口的0.28%；居民服务和其他服务业163人（男90人，女73人），占在业人口的2.16%；教育218人（男80人，女138人），占在业人口的2.9%；卫生、社会保障和社会福利业87人（男36人，女51人），占在业人口的1.16%；文化、体育和娱乐业30人（男18人，女12人），占在业人口的0.4%；公共管理和社会组织305人（男215人，女90人），占在业人口的4.05%。

姓氏

1988年末，全县182853人中，有姓氏251个，其中吴姓人口最多，计59864人，占总人口的32.74%；其次是叶姓，17241人，占总人口的9.42%；第三是胡姓，12491人，占总人口的6.83%；第四是周姓，10349人，占总人口的5.66%。其他247个姓氏，合计82809人，占总人口的45.35%。排在第五至第十五位的姓氏分别是陈、范、刘、李、张、沈、王、杨、毛、姚、林。

吴姓 有两个宗支，一是望出延陵郡、世居会稽（今绍兴）的吴氏。始祖吴祎为避董昌之乱，于唐乾宁四年（897年）徙迁松源（今松源镇学后路上段），北宋明道年间其后裔改迁上仓，又于北宋治平元年（1064年）转迁举溪（今举水乡）。元明之后，其支裔已遍布全县。二是望出渤海郡的吴氏。约于宋初迁入，初居杭桥（今松源镇水门桥西端），故称“杭桥吴”，后支裔繁衍，分别向八都、大济、淤上等地拓展，人口较延陵郡之吴姓少。

叶姓 望出南阳。各地叶姓不断迁来，繁衍较快。早在隋唐时就有叶姓定居后田、坑墼和潭头（今属松源镇），明万历后向小济、局下、桃园等地拓展，今松源镇和隆宫的叶姓基本上是此宗支衍发的。唐元和八年（813年）又有一支叶姓从景宁迁入桃坑（今属荷地镇）。此后，历代都有叶姓迁入：如淤上、吾田头的叶姓，半坑的叶姓，是明天启至崇祯年间从龙泉迁入；金苏岱的叶姓，是清康熙年间从松阳迁入；贤良镇叶氏于明洪武年间在贤良落户；崇祯时，已先后在龙井头、岗后洋、青草、溪沿等村布下分支。叶姓最多的地方是贤良镇（1613人），其次是松源镇（1418人）和荷地镇（1004人）。

胡姓 望出安定。肇基始祖系宋吏部侍郎胡紘的九世祖胡䜣，约于北宋治平年间，因避乱退居坑西村（今属松源镇）；至南宋咸淳年间，其分支已拓展到官塘、左溪、苏湖；元至元年间，又从官塘分支到竹坪、青竹；明成化年间，左溪分支先迁隆宫、连湖，明嘉靖年间，又分支到岭头、包谢、八炉等村，与早已迁到苏湖的胡氏联族。岭头乡为胡姓的主要聚居地（3660人），其次是竹坪乡（2950人）和青竹乡（1210人，今属左溪镇）。

周姓 望出汝南。有二个分支：一是南宋祥兴二年（1279年）从松溪迁入黄真乡麻岭后（今属黄田镇）的周姓，至今人口不多。二是源出张村乡后溪村的周姓。元大德年间起，此支周姓先后分迁到周墩、湖池、茶亭、仙庄、山头垄等村；清康熙以后，又分支到黄土洋、上庄、菖蒲洋、炉坪、岱头等村。全县周姓最多的乡是合湖乡（1364人），其次是张村乡（1130人）、三济乡（1061人，今属黄田镇）和松源镇。

婚姻

1990年，第四次全国人口普查资料显示，全县15岁及以上人口132029人（男69661人，女62368人）。其中，未婚38890人（男22788人，女16102人，男性是女性的1.42倍），占15岁及以上人口的29.46%；有配偶83850人（男42161人，女41689人），占15岁及以上人口的63.51%；离婚1482人（男1324人，女158人，男性是女性的8.38倍），占15岁及以上人口的1.12%；丧偶7807人（男3388人，女4419人，女性是男性1.3倍），占15岁及以上人口的5.91%。

2000年，第五次全国人口普查抽样表（长表抽取10%的户填报）显示，全县15岁及以上人口14205人（男7390人，女6815人）。其中，未婚2970人（男1809人，女1161人，男性是女性的1.56倍）人，占15岁及以上人口的20.90%，比1990年下降8.56个百分点；初婚有配偶9953人（男4986人，女4967人），占15岁及以上人口的70.07%；再婚有配偶367人（男150人，女217人），占15岁及以上人口的2.58%；离婚137人（男113人，女24人，男性是女性的4.71倍），占15岁及以上人口的0.96%；丧偶778人（男332人，女446人，女性是男性1.34倍），占15岁及以上人口的5.48%。

2010年，第六次全国人口普查抽样表（长表抽取10%的户填报）显示，全县常住人口中，15岁及以上人口11053人（男5584人，女5469人）。其中，未婚1168人（男752人，女416人，男性是女性的1.81倍），占15岁及以上人口的10.57%；有配偶9010人（男4474人，女4536人），占15岁及以上人口的81.52%；离婚130人（男88人，女42人，男性是女性的2.1倍），占15岁及以上人口的1.18%；丧偶745人（男270人，女475人，女性是男性1.76倍），占15岁及以上人口的6.74%。

家庭

1990年，有家庭户44189户，人口183523人，占总人口的97.75%，户均人口4.15人。2000年，有家庭户54433户，人口177264人，占总人口的94.42%，户均3.26人，比1990年第四次全国人口普查的4.15人减少0.89人。

2010年，有家庭户49777户，人口135191人，占总人口的91.51%，户均2.72人，比2000年第五次全国人口普查的3.26人减少0.54人，比1990年第四次全国人口普查的4.15人减少1.43人。

第三节 人口流动

外出人口

全国人口普查资料显示，1990年庆元县总人口187744人，2000年179449人，2010年141541人，由于人口流动性增加，迁出人口增多，常住人口比2000年减少37908人。

1990年，庆元县外出人口2038人。其中，男1013人，女1025人。省内流动人口707人，省外流动人口1331人。外出人口从事经济社会活动（656人）、随亲外出（624人）、婚嫁（175人）、投亲靠友（165人）、学习培训（137人）等。外出人口从事经济社会活动的主要行业有农业（252人）、服务业（105人）、工业（78人）、商业（62人）等。

2000 年，庆元县外出人口 35447 人。其中，男 18104 人，女 17343 人。县内流动人数 19238 人，省内流动人数 9011 人，省外流动人数 7198 人。外出人口主要是务工经商（19485 人）、随迁家属（5697 人）、学习培训（2353 人）、投亲靠友（1501 人）等。外出人口主要从事行业有社会服务业（5517 人）、工业（3246 人）、农业（3197 人），批发和零售贸易、餐饮业（3082 人）。

2010 年，庆元县户口登记地在外乡镇街道的人口 38418 人。其中，男 19988 人，女 18430 人。户口登记地在县内的 33939 人，在省内其他县的 908 人，在省外的 3571 人。迁移的原因主要是务工经商（16381 人）、随迁家属（8563 人）、拆迁搬家（4145 人）、学习培训（3351 人）、工作调动（1654 人）、婚姻嫁娶（1728 人）、投亲靠友（1020 人）、寄挂户口（60 人）、其他（1516 人）。

人口迁入

20 世纪 60 年代，因建造新安江水电站，有 314 户、1625 人被安置在庆元县境内。1990 年末，全县新安江移民 563 户、2648 人。20 世纪 90 年代，庆元人口流入主要是大中专毕业生回乡工作、婚嫁迁入。21 世纪开始，还有因公务员招录、事业单位招聘等原因迁入县内的人口。受经济社会发展水平、交通区位等因素影响，庆元县人口流入较少，外出人口大于流入人口。

第二章　居民生活

民国时期，庆元尚无产业工人，靠薪俸维持生活的主要是政府公务人员和学校教员。民国27年（1938年），一般公务人员月薪8—12元（法币），时大米价格为9千克/元（法币）。而农村则“户口凋敝，田多荒芜，五行百业有衰无旺”，许多农民背井离乡。中华人民共和国成立后，城乡居民生活待遇逐步提高。1952年，全县职工人均年工资244元，农民人均年收入45元。1981年，全县职工人均年工资635元，农民人均年收入130元。1991年，庆元县改革开放持续深入，经济快速健康发展，收入分配制度逐步完善，劳动力转移速度加快，城乡居民就业方式多元化，城镇居民人均可支配收入、农村居民人均纯收入不断增长，城镇居民人均消费支出、农村居民人均生活消费支出不断增多，城乡居民家庭主要耐用消费品拥有量持续增长，居民收入的持续增加促进居民储蓄和消费水平的持续增长。随着收入水平提高，城乡居民消费不断改善。1991年，国民经济各部门职工平均工资2157元，农民人均收入633元。2010年，城镇居民人均可支配收入和农村居民人均纯收入分别为18262元和6012元，收入分别是1991年的4.66倍和9.50倍。

第一节　收入与储蓄

收入

1991年，庆元县国有及城镇集体单位在岗职工年人均工资2148元。2000年，职工年平均工资8945元，是1991年的4.16倍。2010年，城镇居民人均可支配收入为18262元，是1991年的8.5倍。

1991年，县财政加大对农业、农村的扶持力度，农村经济结构得到优化调整，农村第二、三产业发展加快。农民收入稳步提高的同时，收入结构也发生明显变化。尤其是2004年以后，中共中央连续7年发布以“三农”（农业、农村、农民）为主题的一号文件，减免农业税、粮食直补、新型农村合作医疗、农村养老保险等多项惠农政策落实到位，农民收入持续增加。1991年，农村居民人均纯收入633元，其中农业收入443元，占纯收入的69.9%。1996年，农民人均纯收入1978元，是1991年的3.12倍。2010年，农民人均纯收入6012元，是1991年的9.5倍，其中工资性收入2667.6元，占纯收入的44.37%，农业收入2708.4元，占45.05%。

1991—2010年庆元县城乡居民收入和储蓄存款一览表

表3—2—1—1　　单位：元

年份	农民人均纯收入	职工平均工资	居民人均储蓄存款
1991	633	2148	319
1992	793	2556	406
1993	1122	2985	571
1994	1602	4596	1348

续表 3—2—1—1

年份	农民人均纯收入	职工平均工资	居民人均储蓄存款
1995	1840	5336	1822
1996	1978	6215	2101
1997	1975	6493	2291
1998	1970	6893	2667
1999	2047	8266	2944
2000	1971	8945	3178
2001	2043	12054	3496
2002	2580	13934	4118
2003	2735	15090	4679
2004	2910	20249	5099
2005	3150	23361	5783
2006	3459	26843	6480
2007	3950	30482	6621
2008	4670	33274	8158
2009	5278	39873	10344
2010	6012	46264	14661

储蓄

1978 年，庆元县城乡居民人均储蓄存款余额 11.89 元。1988—1989 年，出现储蓄大滑坡。1988 年 9 月，曾出现提款抢购风。针对物价通胀现状，县内各金融机构纷纷增设营业网点。为调动居民储蓄热情，经县人行批准，各金融机构开办十多种存期长短不一、金额大小不同、形式多种多样的实物有奖储蓄。为稳定市场，维护储户利益，1988 年 9 月起，各银行均开办人民币长期保值储蓄（提前支取不予保值），保值贴补率由县人行按季发布，1990 年改为按月发布，对稳定物价、稳定金融、制止储蓄滑坡、促进城乡居民储蓄回升起到积极作用，1991 年 11 月 30 日停办。1991 年，城乡居民储蓄存款种类有活期、定期、定活两便存款。其中，定期储蓄存款包括整存整取、零存整取、存本取息、整存零取，分三个月、半年、一年、两年、三年、五年、八年（1993 年 4 月停止）。1998 年，城乡居民人均储蓄存款余额 2489.5 元，是 1978 年的 209.4 倍。2000 年，居民储蓄存款余额 57012 万元，人均 2904 元。2010 年，居民储蓄存款余额 20.75 亿元，人均 10193 元。

第二节　消费

社会消费品

1991 年，全县社会消费品零售总额 0.802 亿元。1998 年，全县社会消费品零售总额 3.359 亿元。1999 年，全县社会消费品零售总额 3.832 亿元。2010 年，全县社会消费品零售总额 14.25 亿元。其中，城镇居民人均消费性支出 14260 元，食品、交通和通信、医疗保健和教育文化娱乐服务仍是主要消费领域，占消费性支出总额的 75.97%；农村居民人均生活消费支出 4245 元，食品、交通和通信、医疗保健和娱乐文教服务是主要支出领域，占消费性支出总额的 67.2%。人均社会消费品零售额由 1991 年的 532 元提高到 2000 年的 1950 元。

居民住房

1993—1998年，全县城镇建住宅建筑面积14.23万平方米，出售公有住房建筑面积12.12万平方米，城镇人均住房面积从1993年的8.45平方米提高到1998年的15.6平方米。2002年，城镇人均住房面积22.81平方米，农村人均住房面积33.82平方米。2010年，城镇居民人均住房建筑面积41.2平方米，农民人均居住面积47.0平方米，较1991年都有较大提高。

家庭耐用消费品

20世纪90年代，人们追求的是以彩电、洗衣机、电冰箱、录音机等为主要代表的“新四件”。21世纪初，城乡居民家庭耐用消费品升级换代加快，品种大为改观，拥有量大幅增加，空调、家用电脑、汽车等新消费品逐渐进入居民家庭。2010年末，城镇居民家庭每百户拥有家用汽车7辆、家用电脑64台、移动电话195部；空调、电脑等享受型耐用消费品也逐步进入农民家庭，农民家庭每百户拥有移动电话164部、洗衣机51台、电冰箱19台、电脑12台、微波炉7台。

2010年庆元县城乡居民消费支出情况表

表3—2—2—1　　单位：元

消费项目	农村居民消费	城镇居民消费
食　品	1545	5832
衣　着	313	1290
居　住	552	1249
设备用品及服务	150	513
医疗保健	366	1223
交通和通信	470	2095
娱乐文教服务	472	1684
其他商品和服务	377	374
共　计	4245	14260

第三章　计划生育

1964年，庆元开始宣传倡导计划生育。中共十一届三中全会后，庆元县坚持计划生育基本国策，严格执行国家生育政策，为居民提供生育服务，使人口增长和社会经济发展相适应。1990年末，全县人口出生率为9.37‰，比1981年的18.59‰降低9个千分点；人口自然增长率为4.054‰，比1981年的12.16‰降低8个千分点；计划生育率为96.6%，比1981年的54.95%上升42个百分点。2000年，全县人口自然增长率为6.22‰。2010年，全县人口出生率为12.78‰，死亡率为5.86‰，自然增长率为6.92‰。庆元县人口增长呈现低出生率、低死亡率、低自然增长率的特点。

第一节　机构团体

计划生育机构

县人口和计划生育局　1985年9月，庆元县计划生育办公室更名为庆元县计划生育委员会，成为县政府的职能部门。人员列入行政编制，乡镇计生专管员27人转为国家干部。1992年撤区扩镇并乡后，乡镇的计划生育力量相应加强，全县有计划生育专职干部57人。2002年1月1日，县计划生育委员会更名为县计划生育局。2005年6月，县计划生育局更名为县人口和计划生育局。2010年，县人口和计划生育局内设办公室、政策统计科（流动人口管理科）、宣传技术科；下属事业单位有计划生育流动人口管理办公室。全县345个建制村、8个居委会均建立计划生育领导小组，配备计划生育服务员、联系员355人，形成县、乡镇、村（居）委会三级计划生育管理体系。

县流动人口计划生育管理办公室　1998年9月，庆元县流动人口计划生育管理办公室成立，为正股级全额事业单位。2010年编制4人，人员4人。

乡(镇)计划生育办公室　1990年,全县20个乡镇配备专职计划生育干部,有工作人员38人。1992年，加强计划生育机构建设，全县20个乡镇都设立计划生育办公室，8个乡镇设专职办公室主任，设12个乡镇办公室主任为兼职，平均每个办公室人员3人，最多的有8人。

乡（镇）计划生育服务站　1992年末，建立黄田、屏都、竹口、石湖、荷地和左溪6个计划生育服务站。2010年，全县20个乡镇有计划生育工作人员45人。

县计划生育宣传技术指导站　为正股级全额事业单位，主要从事与计划生育有关的宣传教育、技术服务、业务培训、药具管理等。1989年，县计划生育宣传技术指导站大楼建成，有医务人员15人。2002年核定编制15人。2010年5月，行政管理划归县卫生局。

计划生育团体

1989年1月15日，成立县计划生育协会。会长由县人大常委会副主任兼任，县计划生育协会配专职副会长1人。2010年参照编制4人，现有人员4人。各乡镇配专兼职副会长1人。1991年全县乡级协会38个，村级协会338个，企业协会27个；建立协会活动室、会员之家15个。全县计划生育协会会员发展到7343人，比1990年同期增加3993人，形成全县上下的协会网络。基层协会组织的建立和健全，充分发挥协会组织在计划生育中的桥梁和纽带作用，成为计划生育工作的生力军。

第二节　生育政策

2002年7月前，全县居民婚姻登记由各乡镇办理。2002年7月1日后，庆元县居民婚姻登记集中由县里统一办理。居民结婚登记后，符合规定生育子女的，由夫妇双方向村（居）委会提出生育一孩申请，经乡镇政府批准发给一孩生育证。

婚育政策

1990年8月23日，《庆元县人民政府关于贯彻实施〈浙江省计划生育条例〉的若干规定》出台。规定具有庆元户籍或在庆元县居住的公民大力提倡晚婚、推行晚育。

1996年1月1日，《庆元县人民政府实施〈浙江省计划生育条例〉细则》出台。

1991年始，接受节育的国家工作人员和职工，在国家规定的假期内，工资、奖金照发。国家工作人员和职工因配偶接受绝育手术需要照顾的，经手术单位证明，可给予3—7天假期，工资照发。2006年2月，《庆元县实施〈浙江省人口与计划生育条例〉办法》出台，规定对接受节育手术的机关、团体、企业、事业单位和其他组织职工，在国家规定的假期内，工资、奖金照发。对符合法定条件可再生育的农村居民，夫妻一方选择结扎手术的给予一次性补贴200元。

流动人口的计划生育管理，由户籍地和暂住地人民政府各负其责，双方管理，并落实暂住地为主的管理体制。1993年11月，《庆元县流动人口计划生育管理规定》出台。

独生子女政策

1990年8月，《庆元县人民政府关于贯彻实施〈浙江省计划生育条例〉的若干规定》规定，夫妻双方均为农民，持有独生子女父母光荣证的，从领取独生子女父母光荣证之日起至子女14周岁止，每年由乡（镇）人民政府发给一定数量的独生子女父母奖励费；独生子女户口在农村的，在调整落实责任山、责任田时，按两个孩子的份额给予安排，对丧失劳动能力或遭受自然灾害的独生子女户，可以在救济、抚贫等方面给予优先照顾。独生子女可优先进托儿所、幼儿园。幼托费和幼儿学费，由男方所在单位报销。独生子女在招干、招工、农转非、入学、就医、住房分配等方面在同等条件下给予优先照顾。独生子女奖励费可以作为独生子女父母的养老金投入保险。1996年，《庆元县人民政府实施〈浙江省计划生育条例〉细则》重申上述政策，明确国家工作人员和职工，包括招聘干部、聘用人员、民办教师、合同工、一年以上临时工（包括乡镇企业），持有独生子女父母光荣证的奖励办法按省条例有关规定执行。因父母离婚的，其独生子女奖励费由子女跟随共同生活一方所在单位半数发给。独生子女可优先进托儿所、幼儿园。幼托费和幼儿学费，夫妻双方均为干部职工的，由男方所在单位报销；一方为干部、职工、招聘、聘用、合同工、民办教师、一年以上临时工，一方为农民的，由干部一方单位报销；干部、职工夫妻一方在外地，另一方在本县，由子女户籍所在单位报销。幼托费和幼儿学费按物价部门规定报销。2006年，《庆元县实施〈浙江省人口与计划生育条例〉办法》规定，夫妻一方是职工的，另一方是失业人员、无业人员、农村居民的，由职工方所在单位发给每年不低于100元的独生子女父母奖励费（从领取独生子女父母光荣证当年起至子女14周岁）。夫妻双方均为职工的，其子女学前教育保育费和杂费由双方所在单位各报销50%；一方为职工，另一方为失业人员、无业人员、农村居民的，由职工方所在单位报销。

第三节 生育服务

计划生育服务站

《庆元县人民政府实施〈浙江省计划生育条例〉细则》规定，计划生育的技术服务的综合管理工作，由县计生委负责，计划生育的技术指导工作由县卫生局与县计生委共同进行。《庆元县人民政府实施〈浙江省计划生育条例〉细则》规定，机关企事业单位必须设立计划生育管理机构，或配备专（兼）职计划生育工作人员。县编制委员会应给予一定的事业编制，支持有条件的乡（镇）设立流动人口计划生育管理站和计划生育服务站，负责流动人口管理和为育龄人群提供计划生育技术服务。对各乡（镇）计生办人员的调动和计生办主任任免之前，必须征得计生委同意。

计划生育公益金

2006 年 2 月，《庆元县实施〈浙江省人口与计划生育条例〉办法》出台，规定县政府设立计划生育公益金，用于独生子女发生意外伤残或死亡，夫妻不再生育等对象和其他特殊情况的扶持。父母均系农村居民并已领取独生子女父母光荣证的独生子女户和按计划生育政策规定生育两个女孩并已落实绝育措施的两女户在办理庆元县农村独生子女户优惠证、庆元县农村两女孩户优惠证后，享受优惠奖励政策：农村独生子女户和两女户的孩子，在本县范围内就学的初中升高中（包括职业高中）给予独生子女 5 分和两女户的孩子 3 分的加分照顾。农村独生子女户和两女户的孩子，高考成绩名列全县文、理科前 6 名并被高校录取的，可享受不同档次的一次性计划生育奖学金。农村独生子女户和两女户的孩子，中考成绩名列全县前 3 名的，可享受一次性计划生育奖学金。在省、市、县各项扶贫助学活动中，家庭困难的独生子女和两女户的孩子优先受助。

计划生育奖励政策

《庆元县实施〈浙江省人口与计划生育条例〉办法》规定，2006 年 1 月 1 以后出生且已领取独生子女父母光荣证的农村独生子女家庭，其父母及独生子女免缴次年新型农村合作医疗基金个人缴纳部分。2006 年 3 月始，机关、团体、企业、事业单位和其他组织职工晚育的，女方可增加产假 15 天，工资、奖金照发，男方可享受 7 天护理假，工资、奖金和其他福利待遇照发。农村居民晚婚晚育的奖励，由乡（镇）人民政府根据当地实际作出规定。

第四篇　土地

明代开始土地管理，建立地籍登记制度。民国时期设县田赋管理处管理土地。民国32年（1943年），庆元县土地总面积190475公顷。中华人民共和国成立后，由民政、财政部门共同管理土地；合作化后，转为农业部门分管；1988年，成立县土地管理局专门管理，规范和加强建设用地管理、土地复垦、地籍管理、地政监察制度等一系列土地管理制度，并实行土地后备资源开发、低利用率土地的再开发、水毁田和荒田复垦。1989年，土地总面积187126公顷，耕地占10.09%，林地占82.39%，耕地面积小，林地面积大。1991—2010年，庆元土地管理部门创新国土资源管理，科学规划，从严把关，从严监管，坚持节约集约用地不动摇，守住耕地保护红线，优化配置土地资源，盘活存量土地，扩充土地增量，发展用地得到坚实保障。2008年，全县土地总面积189800公顷，耕地占7.80%，林地占83.01%。

第一章　土地规划

1991—2010 年，庆元县相继编制完成《庆元县土地利用总体规划（1997—2010 年）》《庆元县土地利用总体规划（2006—2020 年）》，保护基本农田、标准农田面积，提高耕地质量，控制城乡建设用地规模。庆元县严格执行基本农田保护区规划，有效保护耕地和基本农田面积。1991 年末，全县耕地面积 10660 公顷。2010 年末，全县耕地面积 13662.8 公顷，基本农田面积 12357.76 公顷。

第一节　土地利用总体规划

《庆元县土地利用总体规划（1997—2010 年）》

1998 年 2 月，县政府组织编制《庆元县土地利用总体规划（1997—2010 年）》，1998 年 4 月底完成，1999 年经浙江省人民政府批准实施。以 1996 年土地利用现状变更调查数据成果为基础，1996 年为基期年，规划期限为 1997—2010 年，其中近期 1997—2000 年、远期 2001—2010 年。主要控制指标：1996 年，庆元县耕地面积为 14318.71 公顷，2010 年末，耕地保有量 13674.80 公顷，规划期间建设占用耕地不得超过 199 公顷，基本农田保护面积指标 12357.76 公顷，农保率为 86.3%，一般农田 1305.04 公顷，生态退耕及灾毁 701 公顷；到 2010 年，建设用地规模为 2724.37 公顷。1999 年，庆元县追加生态耕地及灾毁指标 181 公顷，生态退耕及灾毁指标共计 882 公顷；2000 年，根据省统筹代保基本农田 466.67 公顷，至 2005 年末，实际基本农田保护面积为 12824.43 公顷。

《庆元县土地利用总体规划（2006—2020 年）》

2005 年 4 月，开始编制《庆元县土地利用总体规划（2006—2020 年）》，2006 年末，召开前期研究成果县级评审会，2007 年 4 月形成大纲初稿，2010 年 8 月通过省厅验收。规划基期为 2005 年，规划期限为 2006—2020 年，其中近期 2006—2010 年、中期 2011—2015 年、远期 2016—2020 年。主要控制指标：基本农田保护面积 11913.33 公顷，耕地质量逐年提高；标准农田面积保持在 5213.33 公顷以上；规划期末耕地保有量不少于 12753.33 公顷；2005 年，城乡建设用地面积 1851.43 公顷，规划期末城乡建设用地规模控制在 1590 公顷以内；规划期内新增建设用地面积控制在 1082 公顷以内；规划期末人均城镇工矿用地控制在 95 平方米以内；通过建设用地的集约利用和合理布局，至 2020 年，万元二三产业增加值用地量 71.8 平方米 / 万元；到规划期末新增建设用地面积 945.01 公顷；到规划期末建设占用耕地面积 740.63 公顷，其中预留面积 100 公顷；土地开发、整理、复垦补充耕地面积 3030.09 公顷。

《庆元县土地利用总体规划（1997—2010年）》数据一览表

表4—1—1—1　　单位：公顷

类别			1997—2010年	1997—2000年	2001—2010年
控制耕地减少量	建设用地	交通用地	50	18	32
		水利用地	22	8	14
		农田水利	22	7	15
		农村道路	25	12	13
		城镇建设	70	20	50
		农村建房	10	3	7
		小计	199	68	131
	耕地		666.66	195.55	471.11
	灾毁		34.34	10.41	23.93
	合计		900	—	—
补充耕地量（土地开发整理）			244.09	—	—
耕地净减少			655.91	—	—

第二节　基本农田保护区规划

1991—1993年，庆元县完成基本农田保护区规划。1995年，调整原农田保护区规划，确定到2000年（1995—2000），划定基本农田保护区面积10421.93公顷，非农业建设留用地226.67公顷，农田保护率为97.75%。因与城建规划、土地利用总体规划未衔接好等原因，地区土管局丽地土发〔1997〕43号文件下达庆元县1997—2010年耕地控制减少340公顷，其中建设占用耕地199公顷，退耕及灾毁141公顷，补充耕地即开发整理复垦240公顷，规划期限内耕地净增量控制在-100公顷。庆元县以地区土管局认定的1996年10月土地利用现状、实有耕地面积14320公顷为基数，再次对基本农田保护区规划进行修订，确定规划期末划定基本农田保护区面积11455公顷，农田保护率在80%以上。

1996—2010年庆元县土地利用总体规划耕地与基本农田一览表

表4—1—2—1　　单位：公顷

乡镇	1996年耕地	2000年耕地		2010年耕地			
		总面积	净减	总面积	净减	基本农田	一般农田
合计	14318.71	14140.75	177.96	13662.8	655.91	12357.76	1305.04
松源镇	1395.03	1377.69	17.34	1328.57	66.46	1201.57	127
竹口镇	916.65	905.26	11.39	892.29	24.36	733	159.29
荷地镇	1183.78	1169.07	14.71	1112.95	70.83	947	165.95
屏都镇	1025.19	1012.45	12.74	1004.35	20.84	820	184.35
黄田镇	1376.14	1359.04	17.1	1301.96	74.18	1101	200.96
左溪镇	687.68	679.13	8.55	634.36	53.32	585	49.36

续表 4—1—2—1

乡镇	1996 年耕地	2000 年耕地		2010 年耕地			
		总面积	净减	总面积	净减	基本农田	一般农田
贤良镇	414.75	409.6	5.15	388.58	26.17	373	15.58
安南乡	702.81	694.07	8.74	661.45	41.36	639	22.45
隆宫乡	704.23	695.48	8.75	693.9	10.33	641	52.9
五大堡乡	735.6	726.46	9.14	893.21	42.39	669.4	223.81
岭头乡	1092.39	1078.81	13.58	1034.07	58.32	983	51.07
百山祖乡	257.92	254.71	3.21	233.38	25.54	206	27.38
淤上乡	791.51	781.67	9.84	764.91	26.6	712	53.91
张村乡	559.51	552.56	6.95	523.72	35.79	514.75	8.97
四山乡	189.49	187.13	2.36	190.53	−1.04	170	20.53
江根乡	448.19	442.62	5.57	419.18	29.01	403	16.18
官塘乡	329.38	325.29	4.09	324.2	5.18	296	28.2
龙溪乡	358.93	354.47	4.46	345.54	13.39	323.04	22.5
举水乡	644.37	636.36	8.01	648.29	−3.92	586	62.29
合湖乡	505.16	498.88	6.28	470.36	34.8	454	16.36

第二章　保护与利用

1982—1990 年，土地管理部门严格执行建设用地管理制度、土地复垦制度、地籍管理制度、地政监察制度，共审批非农业建设用地 310.90 公顷。进入 21 世纪后，城乡建设快速发展，庆元县对建设用地需求量不断增长。庆元县严格控制用地指标，通过实施标准农田整理、村庄整治、统一征地和完善土地交易市场等一系列措施，增加土地供给和土地储备，保证建设用地的需求。

第一节　土地开发利用

建设用地指标

1999 年，庆元开始下达建设用地计划指标，当年下达新增建设用地计划指标 16.00 公顷。2001—2010 年，庆元县国有建设用地主要用于松源镇基础设施、公路、交通、电站、教育、工业园区、房地产开发项目及下山脱贫小区建设。2001—2010 年，庆元县集体建设用地主要用于各行政村办公楼、老年活动中心、农村康庄道路、农民个人建房等建设。2007 年，庆元县工业用地项目 28 宗，面积 27.5 公顷，占总供地量的 1/4 以上。2009 年，农村危旧房改造全面开展，新批农民建房 4690 户。2010 年，新批农民建房 4590 户，2009—2010 年，31 个行政村进行旧房改造，农村危旧房改造累计 9303 户。

1999—2010 年庆元县建设用地指标一览表

表 4—2—1—1　　　　单位：公顷

年份	下达新增建设用地计划	其中申请省留指标	使用新增建设用地计划
1999	16.00	0	16.00
2000	88.32	0	88.32
2001	18.25	0	18.25
2002	41.15	0	41.15
2003	129.21	0	129.21
2004	3.66	0	3.66
2005	73.64	23.55	73.64
2006	0	0	51.19
2007	44.67	0	38.29
2008	75.62	35.76	73.43
2009	249.40	200.71	228.06
2010	71.33	0	71.33

说明：2006 年新增建设用地计划统一留市安排，未下达到各县

统一征地

2006年，庆元县统一征地办公室与土地利用科、土地储备中心从耕保科分出，独立成为一个部门。同年，庆元县完成北门工业小区、东山洋工业园区、安南乡千户避险、安南乡政府搬迁、淤上乡千户避险、浙江省庆元广播转播台、方格公司、反岙灾民安置小区、上坑岙灾民安置小区土地征收，征收耕地405949.63平方米，支付补偿费用27079888.91元，参加失地保险898人。2007年，征收黄田洋工业园区、五四灾民安置小区、屏都中学扩建、菊水工业园区、黄田镇工业园区、屠宰场、济川路、城东小学、下山脱贫小区、西演农家乐、杨楼梯级电站土地，征收耕地453921.34平方米，支付补偿费用36014385.86元，参加失地保险400人。2007年，制定《庆元县人民政府关于印发加强庆元县城市规划区内村集体留用地管理的实施意见（试行）的通知》《庆元县人民政府关于印发庆元县征收农民集体所有土地管理暂行规定的通知》《庆元县被征地农民基本生活保障实施办法》。2008年，征收西演农家乐、城东中心小学、同济新村幼儿园、同德新村二期、城西加油站、气象站、反澳过境线、黄坞工业园区、建飞博物馆、庆元至百山祖公路土地，征收耕地11.67万平方米，支付补偿费用1209.31万元，参加失地保险198人。2009年，征收竹口路政、城东小学防洪堤、竹口低山缓坡改造、梨壁山庄、五一农家乐、黄田卫生院、城东大桥南、庆元至百山祖公路土地，征收耕地12.44万平方米，支付补偿费用1505.34万元，参加失地保险52人。2009年，制定《庆元县人民政府关于印发庆元县征收农民集体所有土地补偿安置标准的通知》。2010年，相继开展54省道改建、长深龙庆段高速公路、和山小学扩建、濛洲街延伸、城东大桥和会溪工业园区下垄片、菊水洋边下山脱贫点等重大项目土地征收，共计征收土地面积164.2公顷，支付各种土地补偿费8109万元。

土地市场

1991—1993年，全县供地108宗，面积55.04公顷。其中，商服用地16宗，1.76公顷；住宅用地16宗，1.58公顷；工矿仓储用地24宗，7.41公顷；公共管理与公共服务用地30宗，9.13公顷；交通运输用地16宗，26.94公顷；水域及水利设施用地4宗，3.59公顷；特殊用地2宗，4.63公顷。1993年，庆元首次拍卖国有土地。2000年，共办理国有土地使用权出让31宗，面积9514平方米，收取土地出让金净收入165.5万元。其中对安南乡一块地3024平方米采用拍卖方式。2001年，江山贝格房地产开发公司入驻庆元，之后有聚丰置业、巨龙、金诚、银泰、瑞丰等房地产公司在庆元进行房地产开发，开发量和交易量逐步扩大，对城市发展起到推动作用。2006年、2007年，供地率分别为96.58%、95.08%，达到省政府的要求。2008年，县政府出台《庆元县已购公有住房上市出售中有关土地问题若干规定（试行）》（庆政发〔2008〕136号）、《庆元县补缴土地出让价款暂行规定》（庆政发〔2008〕126号）等文件，规范土地二级市场。2009年，办理具体建设项目用地审批手续904宗，面积13.26公顷，土地出让合同总价款6298.13万元。其中办理私人建房891宗，面积7.09公顷。对经营性用地及工业用地严格实行招标拍卖挂牌出让制度，严格执行工业用地出让最低价制度；出让土地7期，挂牌出让土地13宗。其中，工业用地6宗，住宅用地3宗，出让总面积为6.92公顷，土地出让金合同数额5513.86万元。2010年，办理划拨补办出让用地40宗，房改房、集资房补办出让330户，返还地补交出让金13宗，土地出让金合同数额为340万元。

土地开发

土地开发、土地整理是山区实现占补平衡的重要手段，庆元县土地后备资源贫乏，按照“占一补一”的政策，就必须加大土地整理、土地开发力度。2008—2009年，庆元县规划立项省统筹土地开发项目16个，面积227.47公顷。2009年末，16个项目工程基本竣工，省统征办组织竣工复测，验收后可新增耕地207

公顷。2009年，出台《庆元县2009年度土地开发建设用地复垦工作若干意见》，调动乡镇、村的造地积极性。各乡镇上报项目201个，从符合开发条件的131个项目中落实当年开发项目53个，总面积433.33公顷，新增耕地300公顷，涉及17个乡镇、49个行政村。2010年，发动群众进行宅基地整理，上报立项黄田镇高山、古岭坑，竹口镇蔡双、垄口、上洋，松源镇大济、黄象等10处宅基地整理项目；整理土地面积47.11公顷，增加有效耕地面积45.07公顷，折抵指标35.39公顷；继续推进土地开发建设用地复垦项目，实施“百万亩造地”工程，全年竣工项目54个，面积338.47公顷。

图4-1　庆元县第四期国有土地使用权拍卖会（县国土局供　摄于2004年）

第二节　土地保护

土地整理

2001年7月，县土地整理中心成立，负责农田整理规划、立项、实施工作。2000—2007年，庆元县共实施标准农田建设项目56个，涉及20个乡镇，整理面积1.15万公顷，建成标准农田5839公顷，产生折抵指标1145公顷。通过对农田进行土地平整及田间水利设施、道路、防护林等建设，达到“田成方、渠相通、路相连、林成网、灌得进、排得出”的要求，农田生产条件得到明显改善。1998—2008年，庆元县共实施“空心村整治”“村庄整治”等宅基地整理项目105个，涉及20个乡镇，复垦废弃建设用地总面积252公顷，新增耕地232公顷，有效提高土地集约利用率。2009年，建设用地复垦项目以治理“空心村”为重点，落实并完成建设用地复垦项目33个，面积28.18公顷，可增加耕地面积27.79公顷，涉及16个乡镇、33个行政村。2010年，清查批而未供地3块，面积28.61公顷。其中，竹口工业区块，面积为17.90公顷；会溪工业区块，面积为6.32公顷；屏都镇下宅洋工业区块，面积为4.39公顷。

土地储备

2002年10月21日，县土地储备中心成立。县土地储备管理委员会制定《庆元县土地储备实施办法》《庆元县收储土地资产管理暂行办法》《土地出库、入库制度以及财务管理制度》等文件。2010年，完成土地收储6宗，面积4.02公顷。2002年至2010年末，庆元县共收储国有土地面积约37.36公顷，供应土地面积约21.58公顷，土地补偿费约2508.26万元，土地出让金收入21434.93万元，库存土地24宗，面积约18.73公顷。其中，城区库存土地15宗，面积13.47公顷（工业用地3宗，面积1.50公顷；住宅用地9宗，面积5.60公顷；商住用地1宗，面积1.03公顷；其他用地2宗，面积1.34公顷）；城区外库存土地9宗，面积9.25公顷（工业用地5宗，面积4.13公顷；住宅用地2宗，面积3.59公顷；其他用地2宗，面积1.53公顷）。

土地执法

2000年，庆元在土地领域开展执法活动，当年申请法院强行拆除3处违法建筑，占地面积294平方米；

处理和制止非法转让土地案件，处理土地使用证年检发现的隐漏案件 106 起；检查发现个别企业改制中土地资产处置不够规范，五金公司补缴土地出让金 50 万元；全面清查全县 544 座烤烟房用地，发现并处理违法建设烤烟房行为 19 起；清查砖瓦用地，清理面积 50664 平方米。2009 年，出动执法巡查 2326 人次，发现并及时制止违法用地 48 起，涉及土地面积 7309.8 平方米。2010 年，出台《庆元县关于建立健全土地执法监管长效机制的若干意见》，明确相关部门在土地执法监管的责任和要求，形成部门合力；招录土地执法协管员；推行“365”土地巡查制度，按照《庆元县关于建立健全土地执法监管长效机制的若干意见》的要求，开展土地执法监察动态巡查，全年开展土地执法监察动态巡查 97 次，出动巡查人员 537 人次，发现并处置土地违法行为 61 件，涉及土地面积 0.91 公顷。

第三章　土地管理

1950—1982 年，庆元县土地由县民政局、财政局等管理，1982—1987 年，由县农牧特产局管理。1988 年 8 月，庆元县土地管理局建立，设行政秘书股、地政监察股、建设用地管理股、地籍管理股、土地利用规划股及县土地监察中队。1993—2010 年，县土地管理部门先后开展两次土地调查，摸清全县土地利用类型；办理各类土地登记 37576 宗；开展地籍整理，查清 7 个建制镇地籍数据；制定和更新地价评估政策和基准，规范土地二级市场交易流通；严格控制国有建设用地供应和集体建设用地审批，制定土地补偿标准，土地管理规范化、制度化水平不断提高。

第一节　管理机构

庆元县国土资源局

1997 年 10 月，县国土局内设办公室，土地监察股、建设用地管理股 3 个职能科室；下属事业单位土地利用规划股、地籍管理所、土地监察大队、地产管理所、统一征地事务所。2001 年 11 月，在庆元县土地管理局基础上组建庆元县国土资源局，主管全县土地、矿产等自然资源和资产及地质环境的规划、管理、保护与合理利用工作。2010 年，县国土资源局内设办公室（计划财务科）、人事监察法规科（2008 年 7 月，人事监察室和法规监察科合并为人事监察法规科，另设立行政许可科）、行政审批服务科（2008 年 7 月，设立行政许可科；2010 年 8 月，行政许可科更名为行政审批服务科）、土地规划耕地保护科、土地利用管理科、地籍管理科、地质矿产管理科；下属事业单位有县国土资源执法监察大队、县地质环境监测站与地质灾害应急中心（2010 年 8 月，设立县地质灾害应急中心，与县地质环境监测站合署办公）、县土地储备中心、县矿产资源管理站、县地籍地产管理所、县统一征地事务办公室、县土地整理中心、松源镇国土资源所、屏都镇国土资源所、黄田镇国土资源所、荷地镇国土资源所。

乡镇国土资源所

松源镇国土资源所　位于松源镇北门村龙山尾，前身为松源土地管理所，成立于 1998 年。2001 年更名为松源国土资源所。服务范围包括松源镇、贤良镇、张村乡、百山祖乡、合湖乡、五大堡乡、四山乡 2 个镇、5 个乡，122 个行政村。服务区内国土资源总面积 67009.63 公顷，其中耕地面积 4057.46 公顷，基本农田 3597.09 公顷。

屏都镇国土资源所　位于屏都镇八都大街 238 号，前身为屏都土地管理所，成立于 1998 年。服务范围包括屏都镇、淤上乡、隆宫乡、安南乡 1 个镇、3 个乡，54 个行政村，142 个自然村。服务区内国土资源面积 32191 公顷，其中耕地面积 3159 公顷，基本农田面积 2748 公顷。服务辖区内地质灾害隐患点共 32 个，其中 A 类点 1 个、B 类点 8 个、C 类点 23 个。由于地质灾害，严重威胁人民群众的生命和财产安全，至 2010 年，已经规划建设蒲潭、安溪地质灾害安置小区，安置地质灾害搬迁农民 760 户。

黄田镇国土资源所　位于庆元县西部黄田镇黄田村，前身为黄田土地管理所，成立于 1998 年。2001 年更名为黄田国土资源所。服务范围包括黄田镇、竹口镇 2 个镇，43 个行政村，154 个自然村。服务区国土资源面积29370公顷，耕地面积2341公顷，基本农田2059公顷。

荷地镇国土资源所 位于庆元县东部荷地镇荷地村，距县城43千米，海拔1040米。前身为荷地土地管理所，成立于1998年。2001年更名为荷地国土资源所。服务范围荷地镇、左溪镇、岭头乡、举水乡、龙溪乡、江根乡、官塘乡2个镇、5个乡，126个行政村，人口51543人。服务区内国土资源面积为61150公顷，耕地面积5883.25公顷，基本农田面积4081.9公顷。

第二节 土地资源调查

资源调查

第一次土地调查、土地利用现状变更调查 1991年3月至1993年11月，庆元县开展土地利用现状调查。调查显示，1993年，土地总面积191253.84公顷。其中，耕地面积15579.61公顷（详查数），其中灌溉水田8715.64公顷、望天田5501.42公顷、旱地1347.44公顷、菜地15.11公顷。1996年8月至10月，全县开展土地利用现状变更调查。由于社会发展需要和自然灾害等因素影响，1996年，全县耕地面积13377.51公顷，较1993年减少2202.10公顷，其中灌溉水田减少237.33公顷，望天田减少1417.55公顷，旱地减少542.55公顷，菜地减少4.67公顷；园地面积2628.54公顷，其中柑橘园1197.37公顷，其他果园251.35公顷，桑园4.96公顷，菜园1173.74公顷，其他园地1.12公顷；林地面积160813.14公顷，1993—1996年增加1939.41公顷，是庆元县土地利用的主体；农、林、牧、园等农业用地176908.99公顷，占全县土地总面积的1.32%；农村居民点1296.83公顷，占居民点及独立工矿用地面积的73.25%；交通用地面积746.01公顷，其中新增交通用地面积27.26公顷；水域面积1924.38公顷，占全县土地面积的1.01%；未利用地9956.83公顷，利用率94.79%。

第二次土地调查、城镇土地调查 2008年7月至2010年1月，开展第二次土地调查。由县国土资源局和杭州网新超图地理信息技术有限公司共同承担，查清土地利用现状和权属状况，更新土地利用现状图形和属性数据，建成土地调查数据库及其管理系统。2010年，二次土地调查成果通过了省厅验收。调查显示，2008年，耕地面积14794.94公顷，占全县土地面积的7.80%。其中，水田13275.28公顷，旱地1519.66公顷；园地面积4633.52公顷，其中果园1433.93公顷，茶园1189.03公顷，其他园地2010.56公顷；林地面积157558.3公顷，其中有林地147209.6公顷，灌木林地13897.52公顷，其他林地6451.2公顷；草地面积4409.32公顷，其中其他草地4409.32公顷；城镇村及工矿用地2190.6公顷，其中建制镇451.74公顷，村庄1664.62公顷，采矿用地58.32公顷，风景名胜及特殊用地15.92公顷；交通运输用地1062.09公顷，其中公路用地463.87公顷，农村道路598.22公顷；水域及水利设施用地2084.69公顷，其中河流水面1768.73公顷，水库水面220.62公顷，坑塘水面36.13公顷，内陆滩涂22.8公顷，沟渠18.6公顷，水工建筑用地17.81公顷；其他土地3007.85公顷，其中设施农用地9.21公顷，田坎2853.05公顷，裸地145.59公顷。同时，县国土局以第二次全国土地调查数据为标准，在全面查清县城建制镇范围土地利用现状基础上，完成松源、屏都、竹口、黄田、贤良、荷地、左溪的城镇地籍调查数据汇总工作。

2010年土地资源状况

全县土地总面积189741.34公顷。其中，耕地面积15024.27公顷，占全县总面积的7.92%；园地面积4579.44公顷，占全县总面积的2.41%；林地面积157397.55公顷，占全县总面积的82.95%；草地面积4126.07公顷，占全县总面积的2.18%；城镇村及工矿用地2154.86公顷，占全县总面积的1.14%；交通运输用地1314.91公顷，占全县总面积的0.69%；水域及水利设施用地2070.64公顷，占全县总面积的1.09%；

其他土地 3073.60 公顷，占全县土地总面积的 1.62%。

各类土地构成占比　耕地构成：水田 13341.07 公顷，旱地 1683.20 公顷，分别占耕地总面积 88.80% 和 11.20%。园地构成：果园 1407.83 公顷，茶园 1167.67 公顷，其他园地 2003.94 公顷，分别占园地总面积的 30.74%、25.50%、43.75%。林地构成：有林地 147094.18 公顷，灌木林地 3879.77 公顷，其他林地 6423.6 公顷，分别占林地总面积的 93.45%、2.46%、4.09%。草地构成：天然牧草地 28.12 公顷，其他草地 4097.95 公顷，分别占草地总面积的 0.68%、99.32%。

用地构成占比　城镇村及工矿用地构成：建制镇用地 451.06 公顷，村庄用地 1633.39 公顷，采矿用地 54.5 公顷，风景名胜及特殊用地 15.91 公顷，分别占城镇村及工矿用地总面积的 20.93%、75.80%、2.53%、0.74%。交通运输用地构成：公路用地 714.12 公顷，农村道路 600.79 公顷，分别占交通运输用地总面积的 54.31%、45.69%。水域及水利设施用地构成：河流水面用地 1757.64 公顷，水库水面用地 220.62 公顷，坑塘水面用地 35.59 公顷，内陆滩涂用地 21.92 公顷，沟渠用地 18.09 公顷，水工建筑用地 16.85 公顷，分别占水域及水利设施用地总面积的 84.88%、10.65%、1.72%、1.06%、0.87%、0.82%。其他土地构成：设施农用地 9.20 公顷，田坎 2919.26 公顷、裸地 145.21 公顷，分别占其他土地总面积的 0.30%、94.98%、4.72%。

耕地数量增减变化情况　2010 年度耕地面积 15024.27 公顷，年内因建设用地，占用耕地 112.38 公顷，新垦、复垦耕地 341.71 公顷。

建设用地增减变化情况　2010 年度城镇村及工矿用地面积 2154.86 公顷，年内增加 13.95 公顷，其中建制镇用地 0.63 公顷，村庄用地 13.32 公顷，分别占年内增加建设用地面积的 4.52%、95.48%。年内减少 49.69 公顷，其中建制镇用地 1.31 公顷，村庄用地 44.55 公顷，采矿用地 3.82 公顷，风景名胜古胜及特殊用地 99.9 平方米，分别占年内减少建设用地面积的 2.64%、89.66%、7.69%、0.01%。

2010 年度全县新增建设用地 252.54 公顷，其中是年批准 2010 年建设的面积 194.84 公顷，是年批准 2010 年未建设的面积 56.17 公顷，是年未批先建面积 1.53 公顷，分别占新增建设用地的 77.15%、22.24%、0.61%，新增建设用地分别是庆元县 55 省道反墺段改建工程、庆元至百山祖公路工程、54 省道庆元县菊水至后山桥段公路改建工程、龙泉至庆元（浙闽界）公路庆元段建设项目 4 条公路项目，屏都镇菊水下洋边农民新村建设项目，和山小学扩建项目，松源镇私人建房项目。

地籍整理

1999 年，庆元开展土地证书年检试点。2000 年，左溪、荷地、贤良、屏都等重点乡镇逐步推开土地证书年检试点，完成土地证书年检土地 1520 宗，共发放土地使用证 1181 本，面积 16.66 万平方米。2006 年，开展地籍信息管理系统初始建库，启动地籍信息系统管理建设，加快建设数字共享的工作平台；7 个建制镇完成地籍调查数据汇总工作，查清 7 个建制镇总面积为 698.95 公顷。其中，商服用地为 9.78 公顷、工矿仓储用地 45.52 公顷、住宅用地 235.14 公顷、公共管理和公共服务用地 75.91 公顷、特殊用地 2.35 公顷、交通运输用地 141.88 公顷、水域及水利设施用地 187.54 公顷、其他土地 0.83 公顷。2009 年，完成县城城区范围内 7 平方千米内 1∶500 的地形测量，结果上报省测绘局验收，并全面进入城区范围内土地权属核查；开展地籍信息管理系统建设，建立内外网并且实现内外网完全的物理隔离，安装信息系统。

1993年庆元县土地利用类型结构一览表

表4—3—2—1

土地类型			面积（公顷）	占全县面积（%）
全县合计			191253.84	100
耕地	合计		13377.51	6.99
	荒园水田		8478.31	4.43
	望天田		4083.87	2.13
	菜地		804.89	0.42
	菜地		10.44	0.01
园地	合计		2628.54	1.37
	果园	柑橘园	1197.37	0.626
		其他果园	251.35	0.130
	桑园		4.96	0.003
	茶园		1173.74	0.610
	其他园地		1.12	0.001
林地	合计		160813.14	84.08
	育林地	小计	143420.08	74.09
		用材林	119383.51	62.42
		防护林	3724.41	1.95
		经济林	877.98	0.46
		竹林	17599.29	9.20
		特殊用途林	1789.89	0.94
	灌木林		1480.91	0.77
	疏林地		3367.41	1.76
	未成林造林地		11943.68	6.25
	迹地		556.00	0.29
牧草地	合 计		36.99	0.02
	天然牧草地		36.99	0.02
居民点及工矿用地	合计		1770.44	0.93
	建制镇		272.49	0.14
	农村居民点		1296.83	0.68
	独立工矿		189.05	0.10
	特殊用地		12.07	0.01
交通用地	合计		746.01	0.39
	公路		526.11	0.28
	农村道路		219.90	0.11
水域	合计		1924.38	1.01
	河流水面		1671.76	0.87
	水库水面		96.67	0.05
	坑塘水面		38.27	0.02
	滩地		96.61	0.05

续表 4—3—2—1

土地类型		面积（公顷）	占全县面积（%）
水域	沟渠	14.54	0.01
	水工建筑物	6.53	0.01
未利用土地	合计	9956.83	5.21
	荒草地	3528.94	1.85
	裸岩石砾地	222.53	0.12
	田埂（坎）	5221.35	2.73
	其他未利用地	984.01	0.51

第三节　土地登记

登记

1991—2010 年，全县办理各种土地登记 37576 宗。其中，城区土地登记发证 16931 宗，面积 170 多万平方米；农村土地登记发证 20039 宗，面积 200 多万平方米；注销登记 606 宗。2008—2010 年，抵押登记 112 宗，面积 944984.88 平方米，实现抵押贷款 36210.9 万元。2008 年，出台《庆元县已购公有住房上市出售中有关土地问题若干规定》（庆政发〔2008〕136 号），改变庆元集资、房改房无证历史，一些多年土地历史遗留问题得到解决。2010 年，办理土地使用证 2769 本，面积 89.13 万平方米。国有土地使用证 2229 本，面积 40.45 万平方米。其中，国有土地转让 606 本，面积 2.80 万平方米；集体土地使用权证 403 本，面积 3.56 万平方米；查封登记 4 宗，面积 4.43 万平方米，注销登记 90 宗，面积 7701.86 平方米；抵押登记 42 宗，面积 34.48 万平方米，土地抵押金额 13315 万元。

土地档案

1987 年，庆元建立土地档案。1994 年，查处城区“违法占地、违章建房”工作，确定以用地审批和地籍确权档案为依据，先后查阅土地档案 100 多人次，调阅案卷 300 多卷次。1995 年 8 月，县国土局建立综合档案室。2002 年始，县国土资源局各业务科室的档案基本移交到综合档案室统一保管，查询工具从传统手工目录逐步转变为电脑查询，已实现档案数字化管理。至 2010 年，土地档案馆藏数量总计 34831 卷。其中，地籍 20682 卷，土地规划 785 卷，建设用地 12887 卷，土地监察 442 卷，地质矿产 35 卷。所有档案已形成数字化管理。

第四节　地价

征用土地补偿标准

2003 年 12 月 29 日，出台《庆元县征用土地补偿标准暂行规定》。县城城市规划区范围内征用集体土地的，实行“区片综合价”；上述区域范围外的，实行年产值乘补偿倍数的方式（简称产值倍数法）确定征地补偿标准。“区片综合价”由土地补偿费、安置补助费组成。区片范围内青苗补助费及地面附着物补偿费未计入区片综合评价。产值倍数法是指根据《浙江省实施〈中华人民共和国土地管理法〉办法》规定的补偿倍数乘以被征地单位所在乡镇的前三年平均年产值确定征地补偿标准。征用土地补偿费用包括土地补偿费、安置补助费、青苗补偿费及地上附着物补偿费。土地补偿费的补偿标准：（1）征用水田的，按照其被征用前三年平均年产值的8—10倍补偿。(2) 征用水田以外其他农用地的（原属水田的，按水田补偿标准补偿；退耕还林的，按林地补偿），其补偿标准最高不超过水田补偿标准的1/2。(3) 征用林地及未利用地的，按照其他农用地补偿标准的1/2补偿。前三年的平均年产值以乡（镇）为单位，以统计行政主管部门提供的数据为依据，前三年的平均年产值计算最低不低于2.25元／平方米。安置补助费的补助标准：(1) 征用水田的安置补助费，按照需要安置的农业人口计算。需要安置的农业人口数，按照被征用的水田数量除以征用前被征用单位平均每人占有水田的数量计算。每一个需要安置的农业人口的补助标准，按同类水田征用前三年平均综合年产值的4—6倍补偿。但每亩被征用水田的安置补助费最高不得超过被征用前三年平均综合年产值的10倍。人口、水田面积以土地征用时上年末的统计年报为准。已领取安置费的农业人口不得重复计算安置补助费。(2) 征用水田以外的其他农用地的，其安置补助标准最高不得超过水田安置补助标准的1/2。(3) 征用未利用地，按照其他农用地补助标准的1/2补助。青苗补偿费补偿标准：青苗补偿费以土地征用时当季作物的单位面积产值进行补偿，无苗的不予补偿。青苗、粮食等作物补偿1.5元／平方米，养殖水面补偿3.75元／平方米，果木、花卉、林木等多年生经济作物补偿标准见《庆元县多年生经济作物补偿标准》。

2007年6月8日，发布《庆元县征收农民集体所有土地管理暂行规定》，制定征地区片综合地价补偿标准、征地统一年产值标准、统一年产值补偿标准、青苗补偿费、林木补偿费及地上附着物补偿标准等。2007年10月1日起施行，《庆元县征用土地补偿标准暂行规定》同时废止。

2009年4月23日，庆元县出台《庆元县征收农民集体所有土地补偿安置标准》，重新划分征地区片，对征地区片综合地价标准、青苗和地上建（构）筑物补偿标准进行调整。2009年1月1日起施行，同时《庆元县征收农民集体所有土地管理暂行规定》同时废止。地上建（构）筑物补偿标准：地上附着物指地上合法建（构）筑物、农田水利等生产、生活设施，按《庆元县地上附着物补偿标准》补偿；房屋拆迁按《庆元县县城房屋拆迁管理办法》执行；未说明的地上附着物经现场估价执行。此外，土地征收预公告发布后，在拟征收土地上开挖的鱼塘，抢种的青苗，栽插的花草、果树、林木，及搭建的建（构）筑物、各类附属设施和铺设的管线等，违法违章建（构）筑物，不予补偿。

用地基准价

1995年，县政府出台《关于公布松源镇规划区和各镇土地有偿使用基准地价的通知》。2001年8月，更新基准地价。2008年，县政府相继出台《庆元县补缴土地出让价款暂行规定》《庆元县违法使用国有土地行为处理办法（试行）》《庆元县已购公有住房上市出售中有关土地问题的若干规定（试行）》等文件，规范土地二级市场交易流通，处理大量历史遗留土地问题。同年5月，县政府公布庆元县2007年各类用地基准地价。

全县划分成五个区片　Ⅰ区片：松源镇的东门村、南门村、西门村、北门村、菜业村、城北村、后碓村、吴宅村、大坂洋村、姚家村、上叶村、街尾村、周墩村等行政村在城市中心及近中心区块范围内的集体土地，面积约1479.0391公顷。Ⅱ区片：松源镇的田墩村、洋心村、周墩村、吴宅村、上叶村、大坂洋村等行政村的部分集体土地，面积约891.3568公顷。Ⅲ区片：松源镇西门村、东门村、南门村、五一村、五二村、五三村、五四村、岙后村、大济村、道岗村、半湾村、喜鹊村、西演村、应岭尾村、坑西村、底村村、牛路洋村、大坑村、下滩村、会溪村、黄象村、田墩村及屏都镇朱村村、余村村、八一村、八二村、八三村、菊水村、蔡段村、坑里村、洋背村、坪洋村等行政村的部分集体土地，面积约9927.8392公顷。Ⅳ区片：松源镇下坞村、底村村、牛路洋、坑西村、上庄村、黄象村，屏都镇薰山下村、薰坑村，竹口镇新窑村、黄坛村、良秋村、竹下村、竹中村、竹上村、大泽村、崔家田、平岭岗，黄田镇的东西村、大坑村、黄坞村、葛田村、曹岭村、美丘村、洋垄村，淤上乡石坝村、山根村、外童村、淤上村、吾田头村、坑口村、蒲潭村，安南乡安溪村的部分集体土地，面积约15202.0404公顷。Ⅴ区片：除Ⅰ、Ⅱ、Ⅲ、Ⅳ区片以外的集体土地，面积约 148925.4545 公顷。

各区片地价　Ⅰ区片：耕地、园地（原属耕地）、农田水利用地、养殖水面等为 73333 元 / 亩，林地、未利用地为 36667 元 / 亩。Ⅱ区片：耕地、园地（原属耕地）、农田水利用地、养殖水面等为 63333 元 / 亩，林地、未利用地为 19000 元 / 亩。Ⅲ区片：耕地、园地（原属耕地）、农田水利用地、养殖水面等为 50000 元 / 亩，林地、未利用地为 15000 元 / 亩。Ⅳ区片：耕地、园地（原属耕地）、农田水利用地、养殖水面等为 40000 元 / 亩，林地、未利用地为 12000 元 / 亩。Ⅴ区片：耕地、园地（原属耕地）、农田水利用地、养殖水面等为 30000 元 / 亩，林地、未利用地为 9000 元 / 亩。

插花地按所在区片综合地价标准进行补偿。建设用地参照同区片耕地标准补偿。收回国有农用地参照同区片同地类标准补偿。地类属林地，但确实进行开发并种植经济作物的，根据实际补偿一定的土地开垦费，土地开垦费不得高于每亩 800 元。

2001 年庆元县各类用地基准地价一览表

表 4—3—4—1　　　　单位：元 / 平方米

类别	一	二	三
商业	1716	1086	590
住宅	550	425	320
工业	松源镇城区	西部地区	东部地区
	180	110	80

2007 年庆元县城区级别基准地价一览表

表 4—3—4—2　　　　单位：元 / 平方米

级别	基本范围	商业用地	住宅用地	工业用地
一级	1. 由北门桥开始沿星光街转至府后旧街、濛洲街松源路口，往南至济川路，转东面沿云山路（规划称：环城中路）、新 55 省道至新车站，北上接于濛洲街后往西到大济路再往北接后田街向西转绕黄下楼弄，然后沿松源溪向西回至北门桥。 2. 东至仓山路新建路口，南至松源溪，西至西桥路，北至新建路北侧第一排房屋。	2800	880	300
二级	1. 东至庆元梦天工业园园区东界及县自来水厂，南至过境公路 55 省道线，西至一级地界线，北至冬瓜山及镜山山脚。 2. 东至一级地界线，南至过境公路 55 省道线，西至深湾，北上接石龙山南侧山脚，沿石龙山山脚往东北转到石龙山北侧山脚，西北和北部均到冬瓜山山脚。 3. 过境公路以南 15 米，祥云路以西，环城中路以东范围。	1750	680	260
三级	二级地以外、松源镇辖区范围以内的土地。	800	450	150

说明：一级地边界延伸到各相应道路外侧的第一排房屋

2007 年庆元县乡镇级别基准地价一览表

表 4—3—4—3　　　　单位：元 / 平方米

乡镇	级别	范围	商业用地	住宅用地	工业用地
屏都镇	一	1. 沿 55 省道东至松源溪，南至松源溪，西至国土所，北至山脚 2. 沿 54 省道东至菊水邮政储蓄所，南至松源溪，西至菊水村村委会，北至卫生院	950	350	120
	二	一级地以外、辖区以内的土地	580	250	105
竹口镇	一	东至镇政府，南至镇政府以南的第一个十字路口，西至竹口溪，北至 54 省道与竹口溪相交处	950	350	120
	二	一级地以外、辖区以内的土地	580	250	105
黄田镇	一	沿 54 省道东至小溪，南至浙南竹木有限公司，西至山脚，北至镇政府	950	350	120
	二	一级地以外、辖区以内的土地	580	250	105
荷地镇	一	荷地镇政府所在地范围	850	300	120
	二	一级地以外、辖区以内的土地	520	180	105
左溪镇	一	沿 55 省道东至镇政府以东的第一座桥及邮政储蓄所，南至山脚，西至镇政府以西的第一座桥，北至山脚	850	300	120
	二	一级地以外、辖区以内的土地	520	180	105
贤良镇	区域价	贤良镇辖区内的土地	520	180	105
百山祖乡	区域价	百山祖乡辖区内的土地	520	180	105
四山乡	区域价	四山乡辖区内的土地	520	180	105
隆宫乡	区域价	隆宫乡辖区内的土地	520	180	105
淤上乡	区域价	淤上乡辖区内的土地	520	180	105
安南乡	区域价	安南乡辖区内的土地	520	180	105
五大堡乡	区域价	五大堡乡辖区内的土地	520	180	105
合湖乡	区域价	合湖乡辖区内的土地	520	180	105
张村乡	区域价	张村乡辖区内的土地	520	180	105
举水乡	区域价	举水乡辖区内的土地	520	180	105
岭头乡	区域价	岭头乡辖区内的土地	520	180	105
龙溪乡	区域价	龙溪乡辖区内的土地	520	180	105
官塘乡	区域价	官塘乡辖区内的土地	520	180	105
江根乡	区域价	江根乡辖区内的土地	520	180	105

2007 年庆元县多年生经济作物补偿标准一览表

表 4—3—4—4

名称	初产	盛产	衰退	按亩计算
板栗、梨、李、枣、梅、柚、枇杷、桃、葡萄、杨梅、柑橘等果树	50 元 / 株	80 元 / 株	60 元 / 株	5000 元 / 亩
茶叶	3 元 / 丛	6 元 / 丛	3 元 / 丛	5000 元 / 亩
厚朴等木本中药材	10 元 / 株			4500 元 / 亩
油桐、棕、油茶	20 元 / 株	30 元 / 株	20 元 / 株	4500 元 / 亩
苗圃	一年生：3000 元 / 亩；二年生：4000 元 / 亩；三年以上（含三年）生：5000 元 / 亩			
大苗培育基地（林地）	三年以下：3000 元 / 亩；三年以上（含三年）生：3500 元 / 亩			
毛竹	高产示范竹林（含食用笋竹林）：4000 元 / 亩；每亩 25 支以上：3000 元 / 亩；每亩 25 支以下：10 元 / 枝			
林木	1100 元 / 亩			

说明：1. 初产期是指 1—3 年期，盛产期是指产量高峰期，衰退期是指衰退老化期。2. 零星果树、毛竹以单株计算，0.2 亩以上的成片果树按面积计算

2007 年庆元县地上附着物补偿标准一览表

表 4—3—4—5

名称	分类	计量单位	标准价（元）
大棚	钢管	平方米	10
	毛竹、树木		7
池	现浇混凝土	立方米	40
	浆砌表面找平		25
	泥土		5
粪缸	大	只	80
	中		50
	小		30
水井	深不足三米的	米	150
	超过三米的		200
	摇井	个	500
砌坎	干砌石坎	立方米	30
	浆砌石坎		40
墓	水泥坟	穴	1500
	土坟		1000
葡萄架	水泥桩架	公顷	53.33
	竹木桩架		26.67

第五节　用地审批

国有建设用地供应

根据《中华人民共和国土地管理法》（以下简称《土地法》）、《中华人民共和国土地管理法实施条例》（以下简称《土地管理实施办法》）有关规定，国家、单位、集体、个人需要占用土地时，应向有关部门提出申请，在符合土地利用总体规划和城镇（村镇）规划的前提下，经过有关部门审批后才能占用土地。国有建设用地审批依据：《中华人民共和国土地管理法》《土地管理实施办法》《国务院关于深化改革严格土地管理的决定》《国务院关于加强土地调控有关问题的通知》《国务院关于促进节约集约用地的通知》《限制用地项目目录》《禁止用地项目目录》。程序：编制并公布供地计划；用地单位、个人提出用地申请；确定供地方式；编制供地方案；实施供地；履行合同，严格发证。

集体建设用地审批

《中华人民共和国土地管理法》规定，乡镇企业、乡（镇）村公共设施和公益事业建设、农村村民住宅等三类乡（镇）村建设可以使用农民集体所有土地。2007年，国务院办公厅《关于严格执行有关农村集体建设用地法律和政策的通知》要求严格土地用途，严格依法批准，严格集体建设用地总量控制。为加强私人建房用地管理，县政府根据省政府《关于加强农村住房建设管理的若干意见》等文件，出台《松源镇规划区内农村村民建房审批管理暂行办法》《庆元县城市规划区外农村村民建房审批管理暂行办法》《庆元县人民政府关于进一步加强农村村民建房审批管理的若干规定》等文件。农村各类企业用地须向县国土资源局提出申请，县国土资源局审查后，按批准权限报批。农村公共设施建设，由村民委员会提出，乡（镇）政府审核，向县国土资源局申请，按批准权限报批。农村私人建房需要使用土地的，由村民向村民委员会提出申请，经村民委员会或村民代表大会讨论通过后，报乡镇人民政府审核，报县国土部门批准。其中，占用农用地，需先办农转用审批手续。《中华人民共和国土地管理法》规定："建设占用土地，涉及农用地转为建设用地的，应当办理农用地转用审批手续。在已批准的农用地转用范围内，具体建设项目用地可以由市、县人民政府批准。"

第四章　矿产资源

庆元县有矿种23种。其中，金属矿有金、银、铜、铁、铅、锌、钨、钼、锡、铀以及稀土11种，非金属矿有煤、磷、高岭土、叶蜡石、钾长石、石英、白云母、水晶、大理岩、花岗岩、砖瓦用全风化泥岩、黄砂12种。已开发利用矿种有11种，其中金属矿2种、非金属矿9种。至2010年末，尚在开采的矿种有5种，均为非金属矿。其中，隆宫乡的石灰石、石英石已被用于水泥和硅钙合金原料。矿产地质勘查程度总体较低，已查明资源储量的小型矿床6个，分别是老鹰岩铅锌矿、官坳铅锌矿、桉树坳铅锌矿、隆宫乡生水塘钾长石矿、山丘大理岩矿、荷地稀土矿。其中，荷地稀土矿品位和含量均冠全省。

第一节　资源分布

金属矿

官山头金银矿（苍岱遗址）　位于屏都镇官山头村和苍岱村一带。有旧洞28个，断续分布2.5千米，开采长度100米。地质队圈定菊水局下1.60万平方米面积，平均每吨含金0.44克、银30克，最高含银每吨1000克。

竹坪金银矿　位于左溪镇新坑湖村。丽水地质大队对矿石取样检查，最高每吨矿石含金0.21克、银350克。

西溪银矿点　位于龙溪乡后洋坑村东南和西溪村处。后蛇、半路坑有旧洞31个。

岗后洋银矿　位于岭头乡岗后洋村。异常面积1万平方米，异常元素主要为银，最高每吨含银3克，有旧洞100余个。

溪沿银矿点　位于合湖乡溪沿至湾头一带。丽水地质队采样化验，其中一个样长0.6米，每吨含银157克，余在6克以下。

隆宫黄金砂点　位于隆宫乡隆宫村。黄金重砂异常区有4个，重砂样含金1—3粒，并有数条长10米、宽0.5米的石英脉及破碎化带，其中一条每吨含金2克、银4克。

铜钱寨铜矿点　位于屏都镇铜钱寨村。经槽探样品分析含铜量少于0.71%。

茶梅淤锡矿　位于万里林场茶梅淤林区。蚀变破碎带走向320米，长200余米，宽2.5米，含锡0.57%—1.99%。水系重砂样，最高1000多粒，并有硅化带多条，体中含锡量在0.01%—0.05%。

老鹰岩铅锌矿　位于松源镇以北的老鹰岩附近。矿产储量164万吨，铅锌金属总量4.87万吨。

桉树坳铅锌矿　位于松源镇以南10千米处。有旧洞7个，为多方铅矿、闪锌矿，金属储量0.8万吨。

松源镇源头锡铅锌矿点　位于松源镇半岱至源头村一带。有旧洞18个。采样调查：部分地段锡最高含量1%，每吨矿石含银217克、铅锌3.38克，矿体0.20—40米，

上村锡铅锌矿点　位于安南乡上村。长约1—5千米，异常元素为锡、铅、锌。

荷地稀土　位于荷地镇一带，面积绵延数十平方千米。稀土矿床类型为风化壳离子吸附型稀土矿床，稀土矿主要赋存于花岗岩风化壳中，见矿厚度数米以上，品位较高。

此外，曹岭、张村、桐山、隆宫有铁矿，源头有钨矿。

非金属矿

金坑煤矿 位于淤上乡外童村。有3个大煤包。

黄坑石灰石矿 位于隆宫乡黄坑村。石灰石储量211万吨。

源头石灰石矿 位于隆宫乡源头村。石灰石储量250万吨。

下滩花岗岩矿 位于松源镇松源镇以东6千米处。花岗石储量360万吨。

高岭土 储量丰富，以黄真、竹口、黄坛、新窑、东川、五大堡、龙溪、石龙山下等地的土质最好。

此外，官塘、江根、左溪、四山也有花岗岩蕴藏。

第二节 矿产管理

分区管理

庆元县矿产资源规划始于2001年，2007年完成第二轮规划修编。根据《庆元县矿产资源规划（2006—2020）》，分为开采区（KC）、限采区（XC）、禁采区（JC）。

开采区（KC） 全县划定7个开采区，总面积46.97平方千米，占全县总面积的2.59%：黄田镇双户白泥岭建筑石料开采区（KC1），位于黄田镇西北双户村白泥岭，面积1.47平方千米；黄田镇洋垄砖瓦用全风化岩、建筑石料开采区（KC2），位于黄田镇西侧，距丽（水）—龙（泉）—庆（元）公路干线约1000米，面积约3.95平方千米；黄田镇大坑建筑石料开采区（KC3），位于黄田镇东侧，面积2.14平方千米；竹口镇龙口建筑石料开采区（KC4），位于竹口镇龙口一带，面积4.47平方千米；黄坑—源头大理岩、钾长石开采区（KC5），位于隆宫乡源头，面积约15.51平方千米；屏都镇石坝—薰山下砖瓦用全风化岩开采区（KC6），位于屏都镇西南侧，面积7.13平方千米；松源镇下滩砖瓦用全风化岩、建筑石料开采区（KC7），位于松源镇东南部下滩一带，距松源镇6千米，面积12.3平方千米。

图4-2 庆元县首次拍卖探矿权（县国土局供 摄于2007年）

限采区（XC） 荷地稀土资源保护区，面积67.71平方千米。

禁采区（JC） 划定12个禁采区，总面积489.95平方千米，占全县总面积的25.8%：百山祖自然保护区禁采区（JC1），属国家级自然保护区，面积180.34平方千米；巾子峰森林公园—百丈山禁采区（JC2），面积约88.27平方千米；松源镇建设规划区—大济历史文化村保护区（JC3），面积88.27平方千米；五岭根自然保护区—安南乡地质灾害易发区禁采区（JC4），面积52.78平方千米；双苗尖省级风景名胜区禁采区（JC5），面积26.51平方千米；举水月山省级风景名胜区禁采区（JC6），面积47.7平方千米；竹口集镇禁采区（JC7），面积1.71平方千米；黄田集镇禁采区（JC8），面积2.12平方千米；安溪集镇禁采区（JC9），面积0.67平方千米；荷地集镇禁采区（JC10），面积0.54平方千米；贤良集镇禁采区（JC11），面积0.7平方千米；左溪集镇禁采区（JC12），面积0.35平方千米。

矿业权市场建设

庆元矿业权市场启动于 2004 年，严把矿业权市场准入条件，加快探矿权市场建设，严格执行矿业权有偿取得及招标、拍卖、挂牌、出让制度。“十五”期间，完成矿业权交易 8 宗，交易额 9.4 万元，全部为采矿权出让，所出让矿产为砖瓦用全风化岩和建筑石料。2007 年 9 月 16 日，完成黄田镇陈边铅锌矿探矿权公开拍卖出让，收取出让金 350 万元，开创浙江省矿产勘查空白地探矿权有偿出让先河。2009 年，公开有偿出让松源镇下滩白莲岗新设砖瓦用全风化岩采矿权，收取有偿出让金 19 万元。

矿山治理

1991 年开始，全县完善矿山生态环境保护与治理方案，建立年度检查制度，推进“绿色”矿山建设。全面禁止砖瓦用黏土开采，关停侵占耕地的砖瓦用矿山，复垦复绿。禁采区不予审批新办矿山，已有矿山逐步关停。2009 年，制定《庆元县矿产资源规划实施办法》，严格控制全县矿山数量和新设矿山准入条件。至 2009 年末，全部废弃矿山生态环境完成治理，其中，庆元县铅锌矿被列入浙江省“百矿示范”项目，累计投入资金 700 多万元。新扩建矿山实行矿山准入、生态环境治理备用金、建设项目“三同时”制度，严禁一矿多开、一证多采。矿山从 2000 年的 34 座减至 2005 年的 17 座，2010 年开采的矿产有 5 种，均为非金属矿，布局趋于合理，生态环境逐步改善，隆宫的石灰石、石英石已被用于水泥和硅钙合金原料。

图 4-3　庆元县铅锌矿二期绿化工程（黄业勇　摄于 2009 年）

第五章　地质灾害防治

20世纪90年后，受森林采伐、修筑公路、开垦梯田等影响，县境局部地区水土流失、山体滑坡，公路塌方，以致地裂等不断出现。较大地裂是1983年、1992年发生在淤上乡塘根村的两次，裂缝面积1平方千米。进入21世纪后，按照“以人为本，预防为主，避让与治理相结合”的原则，庆元对地质灾害隐患点进行监测预警、工程治理及搬迁避让，同时做好应急调查、处置与宣传培训工作。

第一节　地质灾害

易发区

高易发区　主要分布在库山—张村（31.99平方千米）、新村—南坑（26.12平方千米）、落岭—照田（24.94平方千米）和竹坪—留香（8.20平方千米）4个片区，总面积91.25平方千米，占全县面积的4.81%。

中易发区　主要分布在上济—古岭坑（26.73平方千米）、新窑（10.49平方千米）、深鸟—九漈（6.27平方千米）、县域中东部（790.04平方千米，包括隆宫乡、安南乡、淤上乡、屏都镇、松源镇、五大堡乡、贤良镇、岭头乡、荷地镇和左溪镇的大部，百山祖乡东南部，合湖乡大部，张村乡北部，举水乡南部，江根乡南部以及龙溪乡大部）4个片区，总面积833.53平方千米，占全县面积的43.92%。

低易发区　主要分布在县域西北部（479.07平方千米，包括黄田镇、竹口镇、四山乡大部和屏都镇、淤上乡局部），百山祖乡北部—合湖乡东部（108.78平方千米），五大堡、举水、岭头等3个乡接壤部位之黄坪－吾地坑（127.56平方千米），朱岭坑－马家地西侧（25.28平方千米），荷地、左溪、岭头3个乡镇接壤部位的举洋－鱼条漈（100.76平方千米）和官塘－江根（131.76平方千米）6个片区，总面积973.21平方千米，占全县面积的51.28%。

防治区

重点防治区　主要包括松源、屏都、荷地等人口相对集中、经济比较发达、地质灾害较为发育的区块，以及塘根—新村、张村、举水乡庄徐—龙溪乡陈家岭等人口比较密集、地质灾害较发育的区块，总面积约53.77平方千米，占全县面积的2.83%。

次重点防治区　主要包括黄田、竹口、四山、后广—百山祖、斋郎—龙岩5个独立区块，以及县域西南环绕松源—屏都—塘根、东部环绕张村—荷地—举水—龙溪等重点防治区周围的2个环形区块，总面积约492.79平方千米，占县域面积的25.96%。

一般防治区　除重点、次重点防治区外，其余为一般防治区，属于人口分布较稀少、地质环境相对较好的中低山区，总面积1351.88平方千米，占全县面积的71.23%。

第二节　防治

防治规划

2000年，首次规划时，灾害点数为113处，其中大部分是1998年持续降雨、强降雨期间形成的。2001—2005年，新增地质灾害点54处。2006年，受“6·5”强降雨和8号“桑美”台风影响，新增灾害点20处，最多时达到187处，威胁19193人的生命和财产安全。2007年，开展小流域泥石流调查与评价，新增泥石流隐患沟谷52条，威胁865人的生命和财产安全。2010年，地质灾害（隐患点）235处（含膨胀土1处）。

防治工作

机制建设　建立县、乡（镇）应急机构。拟订突发性地质灾害应急预案。选择具有较大危险性的地质灾害隐患点，每年组织一次地质灾害抢险救灾演练。对县域所有地质灾害隐患点进行群测群防监测，同时对人口密集区或重大工程建设等构成严重威胁和危害重大的地质灾害隐患点实施专业监测，完善监测预报网络，及时进行预报预警。2009年，完成《开展地灾搬迁、保护地质环境》的专题调研报告；编制《庆元县2009年度地质灾害防治方案》，完善《庆元县突发地质灾害应急预案操作手册》；全县112个滑坡、崩塌地质灾害（隐患）点和52条小流域泥石流地质灾害（隐患）沟谷落实154名群众监测员；制定《庆元县地质灾害防治工作职责分工和庆元县地质灾害防治工作制度》，组织26组98人次巡查；发放防灾避险明白卡，提高预警预报水平；完成松源镇星源滑坡勘查、照田滑坡调查，进一步摸清重点地质灾害隐患活动情况；贤良镇开展监测员和村干部地质灾害知识培训，百山祖乡车根村组织地质灾害应急避险演练；新村指挥部开展地质灾害避险搬迁，238户916人进行搬迁。

隐患点调查　2010年，完成地质灾害隐患点调查、勘查的项目点：左溪镇竹坪村、留香村，张村乡张村村，岭头乡包谢村，举水乡照田村，松源镇星源村，淤上乡塘根村，竹口镇新窑村等。实施地质灾害隐患点应急排险治理的工程点：左溪镇竹坪村、留香村，张村乡张村村、田头村，岭头乡包谢村、黄榴坑村、塘堀村，合湖乡三堆村、久住洋村，举水乡梅处村，松源镇铅锌矿，淤上乡塘根村（1、2期），竹口镇新窑村，松源镇镜山林等。

“千户避险”工程　地质灾害防治逐步实现从“以防为主”到“防、治、迁并举”，再到“大力实施异地搬迁”的根本转变。2003年，开始建设灾民安置小区同德新村、地质灾害搬迁安置小区同济新村、县城洋墩新村、淤上乡蒲潭安置小区和安南乡安溪安置小区。至2009年末，全县搬迁安置80多处、3091户、11480人，整村搬迁20个、1065户、4037人，获得省级地质灾害搬迁补助资金1597.2万元。

第五篇　城乡建设

1975 年，庆元县城乡建设局成立。1993 年，更名为庆元县城乡建设环境保护局，内设办公室、规划股、建工股、城建股、环保办公室。1996 年 10 月，庆元县城乡建设环境保护局撤销，成立庆元县建设局（县环境保护局）。2002 年 6 月，单独设置庆元县建设局（以下简称县建设局），内设办公室（城建档案馆）、规划与城建管理科、建筑业管理科。2006 年 9 月，由县政府办公室承担的人民防空办公室职能划归县建设局。2010 年，县建设局内设办公室（城建档案室）、规划与城建管理科、建筑业管理科，下属事业单位有县城市管理综合监察大队、县建筑工程质量监督站、县房地产管理处、县供排水有限公司、县推进城镇化工作办公室（城发公司）、县园林管理白蚁防治站、县规划测绘设计院、县村镇建设管理处、县环卫处、县安全监督管理站。

第一章　城乡规划与市政建设

中华人民共和国成立后，庆元县于1956年制订旧城改造规划，后因并县而未实施。1984年，制定《县城建设总体规划》。至1990年末，县城建成区面积由1949年的0.8平方千米扩大到3.8平方千米，建成以石龙街、松源街、新建路为主干的混凝土街道9条，总长4595米；巷弄48条，总长8621米；道路面积总计9.96万平方千米。1992年，县城内公共建筑共有建筑面积27.42万平方米，为混合结构，一般3—5层。

第一节　规划

县域总体规划

《庆元县城乡一体化规划（2004—2020）》　2005年县人大批复实施，省城乡规划设计研究院编制。根据发展模式，规划以庆元县实际要素资源，逐步形成“一个中心、一主轴、五片区”的县域城乡空间结构。

《庆元县县域总体规划（2007—2020）》　2007年由浙江大学城乡规划设计研究院编制。在规划区域发展布局中，庆元北承“长三角”，南接海西区，充分发挥本地生态环境优势，全面实施“生态立县、工业强县、开放兴县”战略，提升地区经济实力和竞争力，加快基础设施建设，着力推进区域合作、生态文明和小康社会建设的三大跨越，努力与发达地区同步实现全面小康。总体规划注重空间结构的打造，规划形成“一主一次五点，一轴五片”的县域城乡空间结构：一主：由松源镇区和屏都镇区所组成的中心城区。一次：竹口镇区，规划为中心镇。五点：包括黄田镇、荷地镇、左溪镇的3个镇区和百山祖乡集镇区、安溪集镇区，均规划为一般镇。一轴：由南至北依次由黄田镇区、竹口镇区、中心城区、淤上集镇区、安溪集镇区和隆宫集镇区所组成的城镇与产业发展轴。五片：包括县域产业发展核心片区、西北竹木产业发展片区、西南工业边贸发展片区、百山祖生态发展片区和东部生态建设片区。总体规划中，庆元县在区域功能中定位为我国东部沿海生态核心区和生态产业建设示范区、丽水市域南部主要城镇发展区；形象定位为中国生态环境第一县、中国香菇第一县、中国廊桥第一县、沿海生态休闲度假之乡。坚持生态发展，积极发挥地区的生态优势，发展高效生态农业、生态工业和生态休闲度假旅游业。利用自然环境，加强基础设施建设，建设宜居的生态型山水城镇。

县城总体规划

《庆元县城城市总体规划（1995—2010年）》　1995年由省城乡规划设计研究院编制，规划城市范围为松源镇城关5个居委会及东门、南门、西门、北门、城北、街尾、上叶、吴宅、姚家、大坂洋、后碓、大坑、黄象、菜业、道岗、大济、周墩、洋心、田墩、西演、应岭尾、喜鹊、下滩、底村、牛路洋、会溪、岙后、坑西28个行政村，五大堡乡岩下、盖竹、八墙、濛淤、天马坪5个行政村，屏都镇五一、五二、五三、五四、坪洋、朱村、薰坑、薰山下8个行政村，总面积102平方千米，规划用地6.57平方千米，采用“一个城市中心、一条城市发展轴线、三条东西向道路主骨架，三片用地”结构形式。

《庆元县城城市总体规划（2002—2020年）》　2002年由浙江东华规划设计有限公司编制，规划区面积102平方千米。

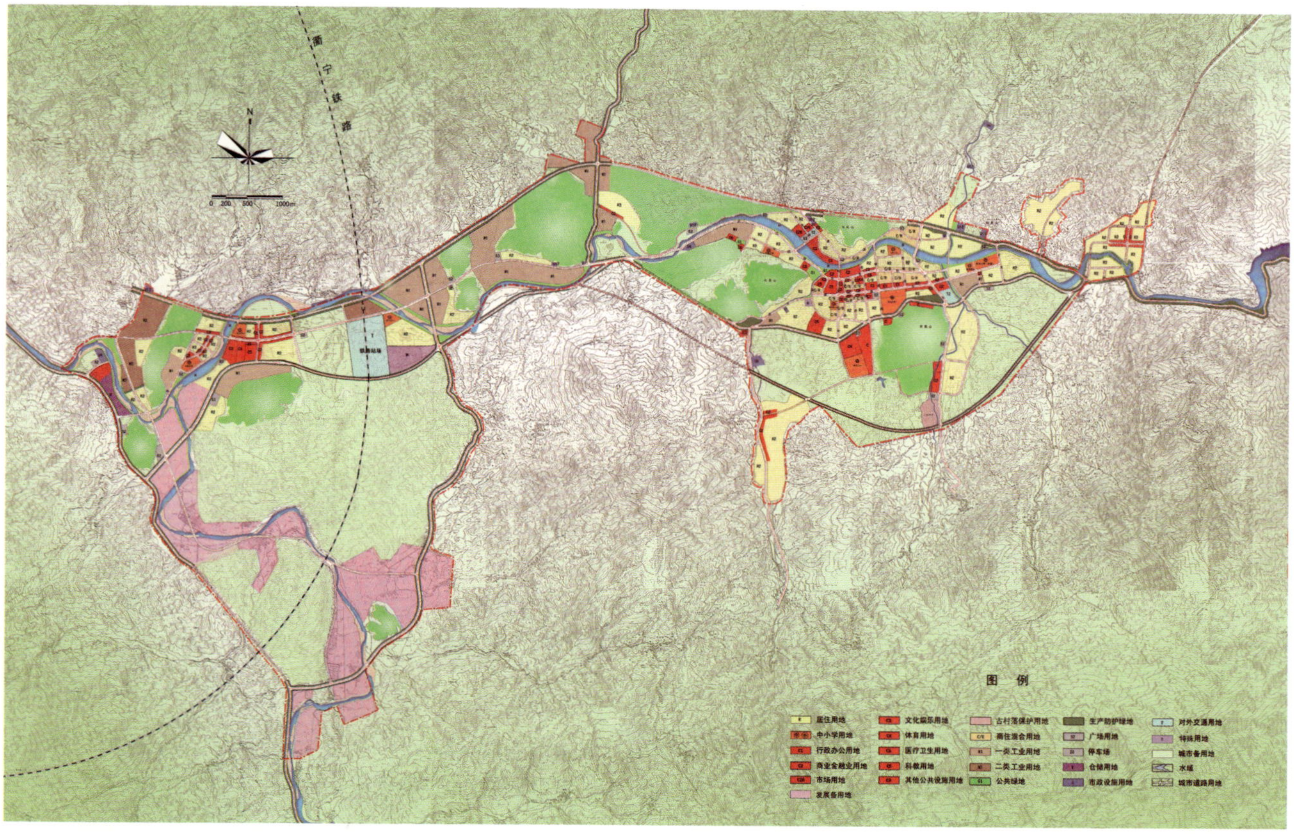

图 5-1 《庆元县县域总体规划（2007—2020）》之庆元中心城市土地利用规划示意图

《庆元县县城总体规划（2004—2020）》 2004 年由省城乡规划设计研究院编制。规划划定的城市规划区范围包括松源镇、屏都镇及淤上乡部分村庄，用地面积共 212 平方千米。用地范围为北沿规划 55 省道，西沿规划 54 省道，南沿交通南线，东至松源镇垟心桥，面积约 24.49 平方千米。该规划首次把屏都区块划入城市规划区，形成“一轴三区”的规划结构。

风景名胜区总体规划

《双苗尖—月山风景名胜区总体规划（2008—2020）》 2008 年省城乡规划设计研究院编制，确定双苗尖—月山风景区核心景区分别位于双苗尖景区和月山村景区，以景点范围为界，划定核心景区范围包括 3 个一级景点、3 个二级景点和 4 个三级景点，面积 3.68 平方千米。其中，双苗尖景区核心景区范围包括双苗尖生态保护区和部分风景游览区，面积 3.54 平方千米，月山村景区核心景区面积 0.14 平方千米。

第二节 城区街道与桥梁

街道

濛洲街 东西走向，东起九墩村，西至松源街，长 1420 米，宽 19—30 米，混凝土路面，花岗岩火烧板人行道，人行道树为樟树，途经建设银行、中国银行、县财政局、市民广场、庆元中学等单位，为县城横向框架主干道之一。

横城路 南北走向，南起过境公路，北至濛洲桥，长 900 米，宽 9—30 米，混凝土路面，花岗岩火烧板人行道，人行道树为樟树，途经聚丰佳园居住小区、市民广场、农业银行等单位，为县城纵向框架主干道之一。

石龙街 东西走向，东起大济路，西至星光路，长1560米，宽17—20米，混凝土和柏油路面，混凝土彩砖人行道，人行道树为法国梧桐和樟树，途经县政府、百大超市、县电影院、县建设局、县中医院等单位，是县城建设最早的主要城区街道之一，也是最主要商贸街道和最具历史文化底蕴的街道。

江滨路 东西走向，东起星光路，西至阁门岭桥，长2310米，宽15—26米，柏油路面，花岗岩火浇板人行道，人行道树为杨柳、广玉兰、樟树等，为县城江滨风景街道，沿途经过生态公园、西大桥、江滨工业园、县污水处理厂等，是进入县城主要城区街道之一。

大济路 南北走向，南起庆元汽车站，北至55省道，长1140米，宽6—30米，混凝土路面，横穿濛洲街、石龙街等主要街道，花岗岩火浇板人行道，人行道树为樟树，为县城纵向框架主干道之一。

兴贸路 南北走向，南起云山路，北至石龙街，长590米，宽16—17米，位于城区中央地带，混凝土路面，混凝土彩砖人行道，人行道树为樟树，途经中国银行、县农贸市场等单位。

祥云路 南北走向，南起过境公路，北至石龙街，长610米，宽约16米，位于城区中央地带，混凝土路面，混凝土彩砖人行道，人行道树为樟树，途经聚丰佳园，横穿濛洲街。

云鹤路 南北走向，南起县职中，北至石龙街，长770米，宽12—15米，位于城区中央地带，混凝土路面，混凝土彩砖人行道，人行道树为樟树，途经县移动公司、县文体局、县人民银行、县土管局、县信用联社、县电信局等单位，横穿濛洲街，是县城纵向框架主干道。

星光路 南北走向，南起县过境公路，北至石龙街，长1300米，宽10—12米，位于星光溪东侧，混凝土路面，混凝土彩砖人行道，人行道树为杜英，途经县卫生局、县消防大队、县机关幼园、县看守所等单位，是县城框架主干道之一。

菇源路 东西走向，东起西大桥头，西至工业区三路，长1100米，宽16—17米，位于江滨区块，混凝土路面，混凝土彩砖人行道，人行道树为樟树，途经镇关派出所、江滨小学等单位，是江滨区块横向主要框架干道。

市场路 东西走向，东起横城南路，西至云鹤路，长570米，宽约12米，位于城区中央，混凝土路面，混凝土彩砖人行道，人行道树为樟树、广玉兰，途经县广电局、县农贸市场等单位，是县城主要商贸街道之一。

教场路 东西走向，东起西大桥引桥路，西至新建路，长500米，宽约17米，混凝土路面，混凝土彩砖人行道，人行道树为樟树，途经县香菇市场等单位，是县城较早开发建设的街道之一。

新建路 东西走向，东起濛洲桥，西至县食用菌科研中心，长1480米，宽11—25米，柏油路面，混凝土彩砖人行道，人行道树为樟树，途经县香菇市场、县交警大队等单位，是县城较早开发建设的街道之一。

松源街 南北走向，南起濛洲街，北至新建路，长560米，宽10—18米，柏油路面，混凝土彩砖人行道，人行道树为樟树，途经县交通局、菇城剧院、工贸大楼等单位，是县城纵向框架主干道之一。

贝林街 南北走向，南起云鹤路，北至濛洲街，长330米，宽约18米，混凝土路面，混凝土彩砖人行道，人行道树为樟树，途经县实验小学等单位，是县城较早进行旧城改造的街道之一。

济川路 南北走向，南起县过境公路，北至云鹤路，长330米，宽15—18米，混凝土路面，混凝土彩砖人行道，人行道树为樟树。

云山路 东西走向，东起过境公路，西至云鹤路，长390米，宽约13米，柏油路面，混凝土彩砖人行道，人行道树为樟树，途经庆元电大、早市批发市场等单位。

霞帔路 东西走向，东起祥云路，西至云鹤路，长380米，宽约15米，柏油路面，混凝土彩砖人行道，人行道树为樟树，途经庆元电大、早市批发市场等单位。

龙洲西路 南北走向，南起濛洲街，北至石龙街，长260米，宽约18米，混凝土路面，混凝土彩砖人行道，人行道树为樟树。

龙洲中路　南北走向，南起濛洲街，北至石龙街，长230米，宽约18米，混凝土路面，混凝土彩砖人行道，人行道树为樟树。

希望路　南北走向，北起江滨路，南至石龙山脚，长340米，宽约15米，混凝土路面，混凝土彩砖人行道，人行道树为樟树。

巾子三路　南北走向，北起江滨路，南至石龙山脚，长320米，宽约15米，混凝土路面，混凝土彩砖人行道，人行道树为樟树。

园林巷　南北走向，北起江滨路，南至石龙山脚，长200米，宽4—6米，混凝土路面，混凝土彩砖人行道，人行道树为樟树。

学后路　南北走向，南起松源街，北至西大桥引桥路，长550米，宽8—13米，混凝土路面，混凝土彩砖人行道，人行道树为樟树，途经县人民医院等单位。

府后街　东西走向，东起松源街，西至星光路，长440米，宽8—10米，混凝土路面，途经县公安局等单位，是县城旧城区主要街道之一。

车站路　南北走向，南起过境公路，北至濛洲街，长330米，宽12米，位于城区中央地带，混凝土路面，花岗岩火烧板人行道。

桥梁

濛洲桥　木拱廊桥，长114.37米，净跨80.64米，宽度5.4米，分别由9组三节苗、8组五节苗组成，南北桥台花岗岩铺装。

庆元大桥　位于咏归桥上游200米处，跨松源溪，长104.8米，宽6米，5孔石台石墩钢筋混凝土空腹式双曲拱结构，载重1.3万千克，是全城车、人流量最大的主通道。1968年建，1980年拓宽至9米，增设人行道。

西大桥　位于城西，跨松源溪，长113米，宽14米，钢筋混凝土桩基，钢筋混凝土梁板结构。

后田大桥　位于后田广益桥原址，跨松源溪。长128米，宽4米，为5孔石台石墩钢筋混凝土空腹式双曲拱结构，载重1万千克，1973年建，是连接大济公路的主通道。

周墩桥　位于城东白象村，跨松源溪，长86米，宽5米，为3孔石台石墩钢筋混凝土空腹式双曲拱结构，载重1.3万千克。1985年建，通周墩村。

登云桥　又称北门桥，跨金溪（竹坑溪），石龙街与咏归路在此衔接，长20米，宽8米。原系木桥，1984年改建为钢筋混凝土球面扁壳结构。

水门桥　又称太平桥，位于星光路，跨金溪，长15米，宽3.8米。原系木桥，1985年改建为单孔石拱桥。

廊下桥　位于星光路，跨金溪，长12米，宽6米，钢筋混凝土平梁板结构，1983年建。

薰阜桥　位于星光路，跨金溪，长15米，宽10米，双孔石拱桥，1986年建。

第三节　公共设施

供水

县自来水厂位于松源镇东北白象山，占地面积1.2万平方米，1981年9月动工兴建，1984年1月建成供水，设计日供水量300万千克，重力式供水，取水点在周墩桥上游松源溪缸钵潭。1990年，日均供水量288万千克，水质合格率为92%，供水普及率为87%。1991年，厂区扩建一套日生产规模1000万千克的净水处理设备，日供水量1300万千克。由于取水不足，输配水管配置不够合理，1997年，建成兰溪

图5-2 县自来水厂（县住建局供 摄于2010年）

桥水库引水一期工程，采用DN500钢管，长度4.5千米。随着城市不断发展，供水量日趋紧张，净水供不应求。2003年，在原厂址扩建供水规模为4000万千克/日的净水厂，分两期实施，届时能满足10万城市人口生活用水需求。其中，第一期于2006年7月竣工投产，水质合格率99.9%。城市供水（安全用水）备用水源工程选址在下滩溪上游，建成后，将大大提高城区供水保证率，确保应急状态下供给。

1981年，开始铺设城区自来水管网。1995年，改造濛洲街、石龙街等输配水管。2010年，县城有供水管网37.5千米。其中，1985年前建成的为6.5千米、1995前建成的为14.3千米、2005年前建成的为16.7千米。城区管网改造工程完工后，形成四横五纵主供水管网布局，供水管网DN100管以上的60千米，供水范围由城区至菊水工业园区，供水普及率为99.99%。2010年，城区主要街道管网总长7.16千米。

1991—2010年庆元县自来水售水量一览表

表5—1—3—1　　单位：万千克

年份	年售水量	年份	年售水量
1991	1057396	2001	1890287
1992	1271157	2002	1950519
1993	1375779	2003	2217104
1994	1622677	2004	2331898
1995	1780796	2005	2423918
1996	1859321	2006	2547494
1997	1901929	2007	2839896
1998	1925100	2008	2932556
1999	1968725	2009	3011288
2000	1937262	2010	3143515

绿化

1981年，县园林管理站成立。1983年，县城风景区建设领导小组成立。1991—1999年，县城绿化面积45万平方米。其中，石龙山风景游览区面积41万平方米。2000—2005年，县城绿化事业突飞猛进，新建市民广场、生态公园，改建濛洲公园、龙山森林公园。2005年末，县城绿化面积112.6万平方米。2006年以后，城市绿化进一步升级，逐步由绿化向彩化改变，大面积配植彩叶色块树种和草坪，主要有法国梧桐、香樟、杜英、杨柳、桂花、乐昌含笑、广玉兰、乳源木莲、大叶冬青等数十种，相继建成镜山森林公园、象山宝塔。2010年末，园林绿地面积129万平方米。其中，公共绿地面积80万平方米，建成区绿地覆盖面积137万平方米。经过30年努力，县城初步形成由市民广场、濛洲公园、生态公园、石龙山风景区、镜山林森林公园、象山宝塔等组成的园林绿化布局。

公园广场

濛洲公园 始建于2003年，位于庆元大桥南岸下游，东接庆元大桥，西临咏归桥，南接溪沿路，北临松源溪，占地面积12000平方米。分中心岛、鹅卵石亲水平台、花岗石拱桥、健身场、鹅卵石花岗石游步道、茶楼等，绿化有杨柳、樟树、广玉兰、梅树、月季、桃树等。

生态公园 始建于2005年，位于江滨路边石龙山景区内，占地面积10000平方米，主要建筑有牌坊、科普画廊、20年县城鸟瞰对比图、荐元廊、半景亭、中心健身场、健身区、公厕及游步道等，绿化有桂花、香樟、草坪，安装有庭园灯、舞台灯、景观灯。

市民广场 始建于2002年，南临霞岥路，北靠濛洲街，东临横城南路，西靠县财政局，占地面积8000平方米。其中，绿化面积2350平方米、广场铺装5660平方米，是市民休闲、健身、娱乐综合性中心广场。主要建筑有旱喷广场、露天舞台、构架廊、园林小品、公厕等，绿化有百年桂花、香樟、高羊毛草坪，安装有旱喷、水喷设备，庭园灯，舞台灯，景观灯等。

污水处理

2005年，开始对生活污水进行处理。污水处理厂位于江滨路阁门岭桥头，占地面积3300平方米，设计日处理污水50万吨，主要由提升泵房、澄清池、生化池、二沉池、污泥浓缩池、配电房、综合楼等建筑、构筑物组成。

图5-3 县污水处理厂（县住建局供 摄于2008年）

第四节 旧城改造

政策措施

2007年4月，县旧城改造指挥部成立，开始旧城改造。2007年8月20日，实施新修订后《庆元县县城房屋拆迁管理办法》，9月17日，出台《房屋拆迁重置价格等相关补偿标准》。

项目

原林业车队地块旧城改造 2007年11月启动G—15（原林业车队）地块旧城改造项目。四至：东至下山脱贫一期，南至松源河边，西至大坑溪边，北至下山脱贫二期，占地面积约10500平方米，需拆迁安置建筑面积3195平方米，实施模拟拆迁安置面积2800平方米，投资1750万元。2008年1月开始动迁，2008年7月完成拆迁安置，签订模拟拆迁安置协议35户，签订房屋拆迁安置协议36户。

东门巷旧城改造项目 2007年7月30日，东门巷旧城改造项目经县发改局立项，11月14日通过可行性研究审查。项目东至云鹤路，南至濛州街，西至松源街，北至菇城剧院，拆迁用地面积11515平方米，拆迁建筑面积23125.18万平方米，被拆迁户144户，在县农业银行融资4800万元。2008年11月，编制通过《庆元县城东门巷区块旧城改造规划设计方案》，制定《庆元县东门巷地块房屋拆迁实施细则》等政策，召开征求意见(听证)会。2009年7月13日，县政府批复同意E19—23东门巷地块拆迁红线，收回国有土地使用权。2009年6月，正式开始实施E19—23东门巷地块旧城改造；9月，公布《庆元县E19—23东门巷地块旧城改造房屋拆迁实施细则》。2010年末，完成拆迁。

图5-4 东门巷旧城改造项目拆除现场（县住建局供 摄于2010年）

第二章　城市管理

1980年，县建设部门（县基建局）改组县卫生局保洁工作队，成立县环境卫生管理所（简称县环卫所），有保洁员5人，主要从事府后街和石龙街清扫保洁和城区粪便清运。1989年，启动鹭鸶岙垃圾填埋场建设并投入使用，解决县城垃圾焚烧和倾倒于松源河造成二次污染问题。1994年起，县城市管理综合监察大队负责城市市容、环境治理，查处违法建设情况，审批危旧房修缮和小区房屋装修，对影响市容市貌的其他行为进行制止和查处。

第一节　市容管理

2003年，庆元相继制定出台《县城沿街店面装修管理规定》《户外广告审批管理协议》《县城流动摊点夜市管理办法》等管理规范，采取划分责任区、定员定岗、重点布控、错时管理、疏导结合、签订门前三包责任书等管理措施。2010年，全县查处违法建设案件35起，受理自行申报历史遗留违法建设案件72起，审批危房修缮23户；开展现场禁止饲养生猪治理工作，规范非法放养狗。1994—2010年，县城市管理综合监察大队共组织市容环境综合整治行动300多次，查处违反市容管理行为简易案件21530件，劝导纠正不文明行为20000多次，发放宣传资料5万多份。

第二节　环卫管理

人员、设备

1990年末，县环卫所有环卫工人27人，粪便清运由最初手动摇桶更新为盘式拖拉机排污，街道保洁、垃圾清运实现拖拉机式半机械化运输，保洁面积从最初2万平方米扩大到14万平方米，每日清运污水十多车。1991—2000年，城区人口大量增加，城区保洁面积扩大到40多万平方米，县环卫所通过招聘、分配方式增加干部职工10人。2004年，《庆元县生活垃圾管理办法》出台，制定及审批城镇居民生活垃圾处理费收费标准，实行有偿服务。推行县城主要街道、社区保洁承包权招标，试行保洁市场化运作模式，实现管干职能分离。2007年9月，委托县自来水厂开征城镇居民生活垃圾处理费，每户每月3元。2010年，县环卫处有一线保洁员112人、清运车3辆、洒水车2辆、排污车1辆、工具车1辆。城区保洁面积90万平方米，中转站20个，日清运垃圾10万千克，公厕15座。

垃圾填埋场

2004年4月，县城发公司动工建设鸟笼湾垃圾填埋场，7月完成道路建设，投入使用。填埋场位于松源镇大坑村，占地面积9公顷，总库容是60.8万立方米，设计日处理垃圾量是15万千克，分填埋区、污水处理区、管理区等区块。设计使用年限20年，总投资1834万元。2006年，垃圾填埋场拦渣坝工程、污水处理系统建成，县城垃圾填埋场无害化处理被省建设厅专家组评为Ⅱ级。

第三章　房地产管理

20世纪90年代后，庆元县开始城镇住房制度改革，取消住房分配制度。1995年，全县建立住房公积金制度，支持居民购建房产，改善住房条件。2002年，全县启动住宅小区开发，房地产业迅速发展，房地产产权登记与交易量不断增加。2010年，庆元县城镇住户人均住房建筑面积为41.22平方米。

第一节　房地产产权登记与交易

登记

1991—2010年，全县房屋产权累计登记22503宗，登记面积5616315平方米；贷款抵押权累计登记34352宗，登记面积8822407平方米，登记金额511133万元；备案预告登记累计登记2650宗，登记面积330488平方米，登记金额98328万元。

交易

1993—2010年，全县房地产累计交易3769笔，交易面积684526.74平方米，金额63706.91万元。

1991—2010年庆元县房地产产权登记一览表

表5—3—1—1

年份	房屋产权登记		贷款抵押权登记			备案预告登记		
	登记宗数（宗）	登记面积（平方米）	登记宗数（宗）	登记面积（平方米）	登记金额（万元）	登记宗数（宗）	登记面积（平方米）	登记金额（万元）
1991	1402	195006	300	—	—	—	—	—
1992	1405	201394	300	—	—	—	—	—
1993	429	110000	300	—	—	—	—	—
1994	597	80500	410	24900	1533	—	—	—
1995	1141	132948	425	146921	1738	—	—	—
1996	283	73316	930	153700	5400	—	—	—
1997	234	65679	576	120400	2935	—	—	—
1998	756	141671	1041	104665	6869	—	—	—
1999	708	148377	1546	429400	11848	—	—	—
2000	1042	220841	1781	440260	11567	—	—	—
2001	927	303088	1813	431117	11241	—	—	—
2002	1375	366381	3131	585729	22762	—	—	—
2003	1127	282170	2369	635911	22356	205	27010	2800
2004	1237	354871	2483	61703	27232	76	7623	2225

续表 5—3—1—1

年份	房屋产权登记		贷款抵押权登记			备案预告登记		
	登记宗数（宗）	登记面积（平方米）	登记宗数（宗）	登记面积（平方米）	登记金额（万元）	登记宗数（宗）	登记面积（平方米）	登记金额（万元）
2005	1192	310732	2585	666119	34916	340	43559	9021
2006	1271	524654	2775	835542	40554	512	83010	13787
2007	1060	359675	2794	785246	59730	671	62662	19392
2008	1445	387378	2678	727394	58412	315	38650	16998
2009	2902	833758	3062	1779429	99241	195	24858	9269
2010	1970	523876	3053	893971	92799	336	43116	24836

1993—2010 年庆元县房地产交易一览表

表 5—3—1—2

年份	交易数（笔）	交易面积（平方米）	金额（万元）
1993	65	9016.4	513.8
1994	71	9311.08	561.42
1995	30	2621.48	144.99
1996	21	3143.32	127.02
1997	13	1377	41.52
1998	24	3983.69	149.2
1999	50	8140	232.16
2000	263	27812.04	1145.36
2001	325	44538	1953.23
2002	330	38962	1750.55
2003	321	80112.12	2045.41
2004	290	43492	2628.97
2005	362	57269	3587
2006	523	133057	8195.38
2007	49	62459	7642
2008	176	42988	4332
2009	463	59127.39	14518.5
2010	393	57117.22	14138.4

第二节　城镇住房制度改革

住房制度

1992 年，县住房制度改革领导小组建立。1993 年，县住房基金管理中心成立。1995 年，开始建立住房公积金制度。1997 年，县住房制度改革领导小组更名为县住房改革委员会。1998 年，县住房基金管理中心更名为县住房资金管理中心。2003 年，丽水市住房公积金管理中心庆元分中心成立。1992 年 6 月至今，县住房制度改革先后审核办理公有住房出售 1902 套，归集住房资金 1490 万元；审批单位职工集资合作建房48个单位、1059套，审核批办房屋产权证607户。1999年7月起，审核批办房改房上市交易910套。2007年，审核发放离休干部住房补贴124人，补贴资金1478.9万元。

公积金制度

1995年10月13日，县政府出台《庆元县建立住房公积金制度的暂行规定》，缴存比例为工资总额的6%。同月，中国工商银行庆元县支行首先建立住房公积金制度。1996年6月，7个单位开展建立住房公积金制度试点，到年末，564名职工共计归集住房公积金44.53万元。1997年10月1日，《浙江省住房公积金条例》公布实施。1998年8月3日，县政府出台《关于分步建立住房公积金制度的补充通知》，从9月1日起，先在县城行政事业单位中为职工建立住房公积制度，单位、个人按月工资总额的3%缴存住房公积金，原来已按6%缴存的不变。到1999年末，4753人缴存住房公积金，占应缴人数的86%，累计归集住房公积金466万元。1999年，贯彻执行《住房公积金管理条例》《关于提高缴纳住房公积金比率的通知》《庆元县个人住房政策性委托贷款实施细则》，从2000年1月1日起，缴纳比率执行6%，同时乡镇机关、事业单位开始建立住房公积金制度。

2000年1月6日，住房公积金贷款额度双职工为3万元、单职工为2万元。2001年1月1日起，住房公积金交缴比率执行8%。2002年1月至2003年6月，住房公积金贷款额度调整为双职工5万元、单职工为3万元。2003年1月1日起，住房公积交缴比率执行10%。2003年7月至2004年6月，住房公积金贷款额度调整为双职工8万元、单职工为5万元。2004年7月至2004年12月，住房公积金贷款额度调整为双职工5万元、单职工为3万元。2005年1月至2007年6月，住房公积金贷款额度稳定在双职工为8万元、单职工为5万元，其间贷款最高额度双职工曾有执行10万元。

2007年1月1日起，住房公积金交缴比率执行12%。2007年7月至2008年8月，住房公积金贷款额度调整为双职工15万元、单职工为8万元。2008年9月，全市住房公积金贷款额度调整为双职工40万元、单职工为25万元。2010年11月1日，对到村(社区)任职的高校毕业生建立住房公积金制度。到2010年末，本年度归集住房公积金6090万元；归集余额为21193.86万元；累计归集总额35871.16万元；归集总人数为7531人。本年度办理个人住房贷款187户，发放贷款5244.4万元；累计向4066户发放贷款34713.16万元；贷款余额为16344.46万元。本年度共办理支取861人次；提取额3504.23万元；累计办理支取总额17263.29万元，占归集总额的48.46%。

第三节　房地产开发

开发

2002年，浙江贝林房地产有限公司投资开发松源新居，庆元真正意义上的房地产业正式起步。2004年，聚丰佳园商住项目实施，庆元房地产行业进入快速发展期。2006年和2007年，迎来快速增长。2006年，房地产业投资1.6亿元，2007年达2.38亿元，分别占当年全社会固定资产投资的17.6%和21.5%；房地产行业涉税收入分别为3517万元、5769万元，占地税收入比重分别为49.65%、59.52%，达到前所未有水平。2002—2007年，累计开发商品房建筑面积27万平方米。其间，聚丰佳园投资1.28亿元，建筑面积80654.9平方米；沁心园投资1.2亿元，建筑面积75378平方米；银泰丽晶城一期投资1.2亿元，建筑面积34489平方米；金城佳苑投资5000万元，建筑面积20512平方米。2008年，房地产开发投资1.13亿元，比2007年减少52.5%，商住项目竣工建筑面积16.8万平米。受金融危机影响，房地产开发企业投资资金十分紧张，银泰项目资金断链。2009年，房地产业投资继续大幅度回落，仅2000万元（银泰一期项目）。2008—2009年，没有新出让土地用于房地产开发项目，2009年度无新开工楼盘，无增量商品房。2010年是庆元房地产投资快速增长的一年，有5个房地产项目开发投资1.2亿元，施工面积10万平方米，全年无竣工商品房项目。2002—2010年，全县累计房地产业投资约5.6亿元，用地面积约13万平方米，建筑面积约30万平方米。

项目

松源新居　2002年12月始建，2003年12月建成，建筑面积37600平方米，19幢，均价800元/平方米，由浙江贝林房地产有限公司开发。

聚丰佳园　2004年9月始建，2007年11月建成。建筑面积80654.9平方米，22幢、525户，均价3500元/平方米，由浙江聚丰房地产投资有限公司开发。

江滨花苑　2005年4月始建，2006年2月建成。建筑面积8847平方米，3幢、90户，均价1600元/平方米，由龙泉市庆龙房地产开发有限公司开发。

沁心园　2006年2月始建，2007年5月建成。建筑面积75378.6平方米，24幢、530户，均价3000元/平方米，由龙泉市地产开发有限责任公司开发。

图5-5　庆元首个房地产项目——松源新居（县住建局供　摄于2010年）

金诚佳苑　2006年8月始建，2007年2月建成。建筑面积13368.86平方米，3幢、167户，均价2000元/平方米，由福建省政和县金城房地产开发有限公司庆元分公司开发。

文昌苑　2007年4月始建，2008年4月建成。建筑面积8575平方米，1幢、104户，均价1588元/平方米，由龙泉市巨龙房地产开发公司开发。

第四节　白蚁防治

种类

庆元地处中国白蚁分布中心地带，白蚁分布广、种类多，主要有家白蚁、台湾乳白蚁、黑翅土白蚁、黄翅大白蚁、黄胸散白蚁、黑胸散白蚁等数十种。

防治

1977年，县财政局成立专业白蚁防治机构，专业防治白蚁。1988年，白蚁防治机构归入县城建局，后并入县房管会。1990年，县白蚁防治站成立，具体负责白蚁预防和灭治。1990—2005年，全县新建房屋白蚁预防100多万平方米，年均35幢房屋进行白蚁灭治。2005年始，公建项目逐年增加，白蚁防治逐步规范，防治水平进一步提高。2006年，年均防治白蚁房屋面积15万平方米。2007—2009年，年均防治白蚁房屋面积30.1万平方米。白蚁预防和灭治业务逐年扩展，古建筑害虫灭治、园林树木白蚁灭治、古廊桥白蚁预防，特别是农村白蚁灭治业务，年均防治房屋68幢。2010年，县白蚁防治站签订白蚁预防合同30份，防治房屋建筑面积157170平方米，山林绿地等面积15000平方米；承揽县食用菌科研中心实验基地和县移动公司部份信号塔基地的白蚁灭治，开展石龙山烈士陵园山林地和大济进士村祠堂山林地的白蚁灭治；业务范围延伸到其他生物领域，开展木蜂和粉蠹等害虫的防治。

第四章　建筑业与测绘

1952年，木器生产合作社成立，1957年升格为庆元县建筑工程公司。1991年，庆元有县建筑公司、县第二建筑公司、松源镇建筑公司、松源镇建筑队等集体建筑企业，固定资产合计178.13万元，年竣工面积合计2.68万平方米。

1975年前，庆元没有专业建筑设计公司，复县后一些单位配有少量设计施工人员。20世纪80年代，勘察设计机构建立，承担工业及民用建筑设计任务。1990年末，全县有县建筑设计室、县建筑工程公司设计室、林业勘察设计队、县水利水电局勘察设计室等设计机构。

第一节　建筑业

规划管理

2007年，庆元开始对建设项目进行竣工验收规划确认，至2010年，全县完成各类项目规划专项验收128件。2007—2010年，审查建设用地规划许可521件、用地面积168万平方米，建设工程规划许可408件、建筑面积74.7万平方米，另完成项目选址100余件（含庆龙高速公路项目）。

建筑设计

1994年，县乡镇建设基层管理服务站出资成立县村镇规划建筑设计室，属乡镇建设基层管理服务站管辖的丁级资质企业。2010年，县村镇规划建筑设计室与县测绘队合并组建县规划测绘设计院，主要从事县内民房设计、村镇规划编制以及村镇各项基础设施建设项目设计。2010年完成的代表项目：庆元县教场路道路工程，同济、同德新村基础设施项目，百山祖乡、张村乡、安南乡、贤良镇、竹口镇、黄田镇、松源镇等乡镇的村庄规划设计。主要完成业务有庆元县域内各乡镇、村庄规划设计，县城各主干市政道路的设计，县域内中小型公共建筑（民房）设计，县域范围内城镇、乡镇地形测绘。

施工队伍

20世纪90年代，全县集体建筑企业成为建筑施工主力，队伍数量和质量有全面发展和提高。1991年，有4家集体建筑企业，分别为县建筑公司、县第二建筑公司、松源镇建筑公司、松源镇建筑队，职工998人。其中，工程师2人、助理工程师11人、技术员28人。1992年，县建筑公司、县第二建筑公司、松源镇建筑公司合并建立县建筑（联合）有限责任公司。21世纪，建筑企业进行经营机制改革，队伍变化较大。2000年，县建筑（联合）有限责任公司改制为县华联建筑有限责任公司。2002年，开展建筑企业资质就位，县林勘建筑工程公司并到丽水南明建筑有限责任公司，县华联建筑有限责任公司、丽水第四建筑公司、青田县建筑公司合并组建浙江强盛建设有限公司。资质就位后，县属建筑企业有3家：县市政建设开发工程公司，市政、房建总承包三级；县鑫直建筑有限责任公司，房建总承包三级；县松源镇南方建筑有限公司，房建总承包三级。2005年12月，县市政建设开发工程公司改制成立浙江大地建设工程有限公司。2006年10月，丽水华晟建设有限公司成立，房建、市政总承包三级。2009年6月，浙江鑫直建筑有限公司（原庆元县鑫直建筑有限责任公司更名），主项资质升级为房建二级，成为庆元县首家二级资质建筑施工企业；9月，丽水福源建设工程有限公司成立，房建总承包三级。2010年，庆元县有建筑施工企业5家，即浙江鑫直建筑有限公司、县松源镇南方建筑有限公司、浙江大地建设工程有限公司、丽水华晟建设有限公司、丽水福源建设工程有限公司。

2010年庆元县建筑施工企业一览表

表5—4—1—1

企业名称	资质	从业人员	建筑业总产值（万元）	房屋施工建筑面积（平方米）
浙江鑫直建筑有限公司	房建二级	156	8604	67457.26
浙江大地建设工程有限公司	市政、房建三级	358	8950	52960
庆元县松源镇南方建筑有限公司	房建三级	155	4768	36570
丽水华晟建设有限公司	房建三级	428	9216	57140
丽水福源建设工程有限公司	房建三级	148	2964	32690
丽水亿煌市政园林建设有限公司	市政三级	50	1000	18600
丽水平合建设工程有限公司	房建三级	100	1200	5000
丽水宝诚建设工程有限公司	市政三级	130	1500	6500

施工项目

香菇市场，位于新建路，建筑面积22970平方米，1991年建。

电信大楼，位于石龙街，建筑面积3700平方米，1991年建。

建筑公司大楼，位于新建路，建筑面积6800平方米，1992年建。

少年宫，位于石龙街，建筑面积2100平方米，1992年建。

金融大厦，位于云鹤路，建筑面积11000平方米，1993年县人民银行、建设银行、保险公司联建。

新华书店，位于松源街，建筑面积1930平方米，1993年建。

文化馆扩建工程，位于府后街，建筑面积1980平方米，1993年建。

食用菌科研中心，位于新建路，建筑面积5295平方米，1994年建。

农贸市场，位于濛洲街，建筑面积11800平方米，1995年建。

国税大楼，位于濛洲街，建筑面积4331平方米，1996年建。

江滨小学，位于菇源路，建筑面积7854平方米，1996年建。

烟草大楼，位于濛洲街，建筑面积10946平方米，1998年建。

工贸大厦，位于松源街，建筑面积3588平方米，1998年建。

庆元二中女生宿舍，位于石龙街，建筑面积1697平方米，1999年建。

邮政综合楼，位于濛洲街，建筑面积3583平方米，1999年建。

庆元中学建筑群，位于濛洲街，建筑面积37970平方米，2000年建。

移动公司，位于云鹤路，建筑面积1774平方米，2001年建。

林业大楼，位于教场路，建筑面积4100平方米，2001年建。

人民法院审判办公大楼，位于濛洲街，建筑面积7628平方米，2001年建。

殡仪馆，位于星光路，建筑面积1774平方米，2001年建。

信用联社营业综合楼，位于云鹤路，建筑面积2425平方米，2002年建。

松源新居，位于松源街，建筑面积37600平方米，2002年建。

电力生产调度大楼，位于濛洲街，建筑面积11794平方米，2002年建。

工商大楼，位于濛洲街，建筑面积3094平方米，2002年建。

看守所扩建工程一期，位于星光路，建筑面积2647平方米，2004年建。

新车站，位于大济路，建筑面积11080平方米，2004年建。

检察院技侦房质监局检测中心，位于濛洲街，建筑面积5696平方米，2004年建。

职业中学学生宿舍及食堂，位于云鹤路，建筑面积7190平方米，2004年建。

聚丰佳苑，位于横城南路，建筑面积80654平方米，2004年建。

文昌苑，位于横城南路，建筑面积8546平方米，2005年建。

江滨花苑住宅楼，位于江滨路，建筑面积8847平方米，2005年建。

农业银行营业用房，位于石龙街，建筑面积3010平方米，2005年建。

石龙市场商住楼，位于龙洲西路，建筑面积3422平方米，2005年建。

移民新村二期工程，位于洋墩村，建筑面积54213平方米，2005年建。

疾控中心，位于巾子三路，建筑面积2520平方米，2006年建。

人民政府办公室服务中心，位于石龙街，建筑面积2375平方米，2006年建。

银泰丽晶城——阳光华庭商住小区，位于濛洲街，建筑面积34355平方米，2007年建。

城东小学学校建筑群，位于濛洲街，建筑面积24160平方米，2006年建。

沁心园商住小区，位于濛洲街，建筑面积75378平方米，2006年建。

同济新村，位于上坑岙，建筑面积35万平方米，2006年建。

金城佳苑，位于横城南路，建筑面积21213平方米，2006年建。

同德新村，位于县城西反墺，建筑面积16.9万平方米，2007年建。

百山祖保护区综合楼，位于济川路，建筑面积1098平方米，2007年建。

稽征运管所业务用房，位于濛洲街，建筑面积5312平方米，2008年建。

粮食储备库工程（三期），位于大济村，建筑面积4638平方米，2010年建。

县气象观测场迁建工程，位于省里山，建筑面积830平方米，2010年建。

质量监督

1984年，县建筑工程质量监督站成立，检查监督建筑工程。1985年，出台《庆元县建筑工程质量监督细则》，要求设计单位、施工单位、监理单位（1999年后成立）均应在其资质范围内承包工程项目，不合格建材产品不得投入使用，竣工工程要验收和核定质量等级，奖优罚劣，验收不合格工程不得交付使用。1987年，建成监督综合楼下试验室，保证工程质量。具有检测资质的业务有混凝土、砂浆抗压强度测试，水泥抗压、抗折、安定性检测，钢材拉伸、弯曲性能检测等9个大项17个参数，试验检验报告缺陷率小于1%，检测及时率大于99%，全年检测事故率小于0.1%，全年客户投诉率小于1%。2005—2010年，接受监督工程项目278个，建筑面积130.7396万平方米，竣工验收198个，竣工面积90.32万平方米，合格率为100%，工程质量明显提高。2010年1月1日始，取消工程质量监督费收费，工程质量监督朝着纯公益事业类性质发展。

建设执法

1994年6月至1998年8月，县城市管理综合监察大队查处违法建筑案件378件、违法建筑面积23500平方米，拆除违法建筑87起、违法建筑面积4970平方米。1998年9月至2003年5月，查处违法建筑案件410件、违法建筑面积27500平方米，拆除违法建筑78起、违法建筑面积3700平方米。2003

年6月至2010年6月，查处违法建筑案件900件、违法建筑面积105000平方米，拆除违法建筑201起、违法建筑面积17300平方米。2006年3月15日，县政府出台《关于查处县城违法建筑违法用地行为》通告后，组织6次集中大拆违行动，共拆除违法建筑和违法用地12000平方米。2007年8月，县政府出台《庆元县建设局关于查处违法建设行为的处理处罚办法》的通知后，开展对县城历史遗留违法建筑处理处罚，至2010年，共受理处理自行申报案件353件，处理违法建筑面积57394平方米。2008年11月，县建设局出台《庆元县城市规划区内农民破旧危房管理暂行办法》后，审批县城危旧房修缮80户。2008年6月，与房地产开发商签订协议，在聚丰、沁心园两个住宅小区首次推行住宅小区装修试点管理。至2010年，共审批小区房屋装修200多户，查处违规装修5户。其中，责令自行整改4户，强制拆除违规装修1户。

第二节　测绘

1980年，县建设局委托上海同济大学在县城建立6个四等三角控制网，指导县城各项建设事业并沿用至今。1983—1986年，县农房办利用简易平板仪为343个行政村规划编制提供地形图。1991年，县建设局成立县测绘队，测绘事业由常规测绘技术向电子测量技术发展，建立13个（GPS）C级控制网。2003年起，测绘仪器由常规向电子测量仪器发展，改变测绘长期数据采集靠手工、计算靠对数表和算盘的状况，而电磁波测距仪广泛应用结束测量距离完全靠钢尺时代，由测绘基本比例尺地形图发展到测绘1∶500、1∶1000地形图，大地测量则由以经纬仪、水准仪为主的定位技术发展为开始应用接收专用卫星信号定位的全球定位系统（GPS）。2009年，组建县规划测绘设计院，为规划编制、测绘放样、房屋及村镇基础设计的综合性技术服务单位。2003—2004年，分别绘成屏都镇1∶1000数字地形图44幅，黄田镇中济村地形图3幅。2004年，绘成县城东半个城地形图22幅、安溪村地形图6幅。2004—2005年，测绘北门工业园区。2005年，绘成县城西半城地形图26幅、竹口镇镇区地形图20幅，测绘百山祖乡车根村。2006年，相继测绘、规划上坑岙（同济新村）、淤上乡蒲潭村、安南乡安溪村千户避险小区。2007年，测绘并编制竹口镇黄坛村、巾子工业园区地形图12幅。2008年，绘成屏都工业园区地形图3幅。2009年始，配合农村危旧房改造，调绘和现场补测保留村地形图38个，测绘10个村的旧村改造地形图。2010年，进行新GPS卫星接收站建设选址，完成县城第二水源管线1.34平方千米测绘和城南区块1.6平方千米地形图测绘。

第六篇 交通

庆元县地处浙西南山区的地理位置形成行路难的局面，古时人们出行靠步行，运输靠肩挑背驮。到民国31年（1942年）龙泉至庆元公路才建成通车，35年龙庆公路遭水毁。中华人民共和国成立后，1954年龙庆公路修复通车，至1989年，全县建成公路527千米。20世纪90年代，庆元打响“提高公路等级，适应经济发展”攻坚战，以“国家投资为主，地方政府配套为辅”的投资方式，全面改造原有公路，庆元交通建设进入大发展时期。1993年，实现全县乡乡通公路，2003年开始乡村“康庄工程”建设，实现全县村村通公路。2010年，龙庆高速公路工程庆元段开工建设，庆元公路建设进入高速公路时代。

第一章　公路设施

1992年，全县通车里程521.26千米。其中，省道165.58千米，县道154.75千米，乡道186.33千米，厂、矿专用线5.8千米，其他道路8.8千米。另有机耕路618千米。2010年，全县等级公路1451.01千米。其中，二级公路74.35千米，三级公路109.51千米，四级公路438.33千米，准四级公路819.29千米，等外公路9.53千米。按行政管辖分，省道153.87千米，县道353.60千米，乡道102.68千米，专用道4.63千米，村道836.22千米。按路面类型分，高级铺装路面1270.92千米，简易铺装路面79.53千米，未铺装路面100.56千米。

第一节　高速公路

规划

龙庆高速公路（G25）是《国家高速公路网规划》（7918网）中南北纵线之一的“长春至深圳”高速公路浙江省最南段。龙泉至庆元高速公路路线总体呈北南走向，起于丽龙高速公路终点K109+697.499，向南经龙泉市龙渊镇、兰巨乡、查田镇、小梅镇、庆元县黄田镇、竹口镇，止于浙闽交界福建木城。路线长54.71千米（右线），起点桩号K109+697.499，终点桩号YK164+426.829（右）、ZK164+477.167（左）。其中，庆元段21千米，经小梅镇进入庆元县境，过曹岭村，穿半山丘隧道至美丘村，沿山坡布线过黄坞村（设置庆元服务区及黄田互通）、东西村至黄田中学外围，设置黄坛隧道穿过黄田镇，然后沿54省道布线，跨过竹口溪上游，设置大泽隧道，穿过大泽村沿山坡至后坑桥进入竹口镇区，然后前行至鱼塘尾设隧道通过，从良秋村外围经过黄坛村东设庆元（新窑）互通（桩号K162+500附近），沿山坡布设，设隧道穿界岭至木城村北进入福建省境，与其松溪至建瓯高速公路相接。

主线采用交通部《公路工程技术标准》（JTG01—2003）及《公路路线设计规范》（JTG D20—2006）中设计速度过100千米/小时的高速公路标准进行设计。整体式路基宽26米，行车宽度2×7.5米，左侧路缘带宽2×0.75米，硬路肩宽2×3米，土路肩宽2×0.75米，路面宽22.5米，分离工路基宽13米，行车道宽7.5米，左侧硬路肩宽1米，右侧硬路肩宽3米，土路肩宽0.75米，路面宽11.5米；桥梁宽25.5米（12.5米）；涵洞与路基同宽；汽车荷载等级公路—Ⅰ级。主线工作量：路基工程，土石方挖方10686.9千立方米，填方11845.2千立方米，圬工385890立方米，绿色防护1199210平方米；路面工程1075.5千平方米；桥梁，特大桥6387.9米/23座，中、小桥363.2米/6座；涵洞2278米/40道；隧道6059.5米/10座；互通立交5处，分离立交7处；通道109处。工程总概算46.74亿元，其中，龙泉段24.96亿元、庆元段16.25亿元。

建设

2010年1月18日，龙庆高速公路动工建设，省交通投资集团公司为业主，设计单位为浙江省交通规划设计研究院，中铁十五局集团有限公司（四标）、东盟营造工程有限公司（五标）、河北冀通路桥建设有限公司（六标）施工，杭州交通工程监理咨询有限公司监理，2013年6月25日，龙庆高速公路建成通车。

第二节 普通公路

省道

2010年末，全县有省道2条，153.87千米。其中，二级公路62.46千米，三级公路91.41千米；沥青混凝土路面149.99千米，水泥混凝土路面3.88千米。

54省道龙后线 龙泉县城至福建政和县后山桥，是浙江省入闽重要通道之一，也是庆元县进入龙泉市及浙江腹地的必经之路和庆元县与福建省政和县、松溪县、浦城县、建阳地区武夷山乃至江西省的主要通道。庆元段接龙泉市小梅，经庆元县曹岭、西边（黄田镇政府所在地）、柏渡口、大泽、枫堂、竹口、黄坦、新窑、马蹄岙、菊水、淤上、樟坑、蒲潭、蓬桥、安溪至政和县后山桥，与福建省政和县政岭公路衔接，二级公路，里程50.03千米。

曹岭至菊水段 始建于民国26年（1937年），为龙庆公路（曹岭至县城50千米），未能交付使用。1954年4月6日修复。1990年8月至1997年，按山丘三级公路标准改造。2004—2007年，按二级公路标准改造，路基宽8.5米，路面宽7米，沥青砼路面，里程36.3千米，设计行车速度60千米/小时，投资11322.81万元。

菊水至后山桥段（菊后公路） 菊水至安溪段于1957年建成，安溪至后山桥段于1958年通车。1996—2003年，按山丘三级公路标准改造路线，路基宽7.5—8.5米，路面宽6.0—7.0米，里程16千米，按山岭重丘三级标准设计时速30千米/小时，总投资2100万元。2009年11月30日，开始按二级公路标准改造，路基宽度为12米（行车道2×3.5米+硬路肩2×1.75米+土路肩2×0.75米），设计行车速度60千米/小时，投资26517.45万元。

55省道菊寿线 菊水至福建省寿宁县城，为东西向横贯庆元，通往福建省寿宁县的主要通道。庆元段自菊水经八都、五都、反澳、县城、大济村口、周墩、洋心、应岭尾、濛淤、五大堡、万年桥、杉树湾、高大、岗后洋、车头洋、马家地、荷地、塘尾、洋边、青社、黄沙、胡闲洋、兰头、岱根、栗树洋、左溪、桥头、印浆、石塘、江根、坝头、水寨、洋头、上店止于福建省寿宁县坑底乡（新线经坝头、青田止于福建省寿宁界，里程103.87千米）。

菊水至庆元段 始建于民国29年（1940年），水毁于民国34年。1953—1954年重修，恢复通车。1990—1996年，按山丘三级公路标准改造。2004—2007年，按三级公路标准改造。2008年12月，对反墺段进行改道改造，按山岭重丘二级公路标准建设，路基宽12米，路面宽10.5米，沥青混凝土路面，路线长3.68千米，设计行车速度60千米/小时，总投资5609万元。

庆元至寿宁段 1958—1987年分段建成，投资502.54万元。1995—2007年，按山岭重丘三级标准设计（其中，庆元县城过境线8.46千米、坝头至寿宁大熟公路3.54千米为山岭重丘二级公路），路基宽8.5米，路面宽7米，铺设沥青表处路面，里程96.13千米，设计荷载汽—20、挂—100。

县道

2010年末，全县有县道33条，353.60千米。其中，二级公路11.89千米、三级公路16.06千米、四级公路325.65千米；高级铺装路面304千米，沥青混凝土路面283.85千米，水泥混凝土路面20.55千米。

后会线 后岭背至会溪，后岭背经三溪、平坦岙、斑岱后、焦坑、上庄、底村至会溪，里程31.29千米。

小曹线 曹岭桥头至曹岭村，原为55省道龙后线，2005年小梅过境线改造后，降为县道，里程0.64千米。

兰荒线 兰溪桥至栗洋桥，与龙泉市荒村交界，为庆元县通往龙泉市的主要通道之一，也是百山祖与凤阳山风景区的连接线，兰溪桥经盖竹、后广、百山祖（车根）、出水岙、斋郎、枫坪、龙岩、栗洋至龙泉市荒村，山区重丘四级公路，沥青表处路面，里程69.35千米。

柏小线 柏渡口至黄畲寨村，与龙泉市小黄南村交界，为庆元通往龙泉市的主要通道之一，里程21.18千米。其中，山区重丘三级公路1.84千米，四级公路19.34千米；沥青混凝土路面16.77千米，水泥混凝土路面4.41千米。

岭荷线 岭头至荷地，自岭头经后仓坑、后洋亭、际面至荷地，山区重丘四级公路，沥青表处路面，里程8.78千米。

岗双线 岗后洋至双港村，山区重丘四级公路，沥青表处路面，里程24.18千米。

官下线 官局至贵南洋电站，与福建省寿宁县下党交界，官局经陈鉴坑、桃洋、下庄、杨家庄、小际头、月山、照田、半溪洋、云雾亭、陈家岭、西溪至寿宁县下党，山区重丘四级公路，沥青表处面，里程35.63千米。

生炉线 生水塘至松溪炉下电站，与福建省交界，隆宫乡生水塘村经小关至炉下，山区重丘四级公路，沥青表处路面，里程10.06千米。

后大线 后田至大济，反（奥）洋（心桥）线接线经后田街后碓村过新车站沿山脚到大济村，山区重丘四级公路，沥青表处路面，里程2.71千米。

枫上线 枫堂至上洋，自枫堂沿溪右岸经练泥堆、岩后、大圩、蔡双、双港潭、三坑垅口至上洋，终点与龙泉市小梅至瑞洋公路相连接，山区重丘四级公路，沥青表处路面，里程16.76千米。

出合线 出水岙至合湖，山区重丘四级公路，沥青表处路面，里程14.42千米。

左交线 左溪至交溪口，自左溪经庙洋、方铺洋、田坑（对岸）、湖边至溪口，与溪杉线连接，山区重丘四级公路，沥青表处路面，里程7.32千米。

蓬源线 蓬桥至源头，自蓬桥经际下坑、中村、隆宫、黄坑岭、黄坑、生水塘至源头村，山区重丘四级公路，里程22.01千米。其中，水泥混凝土路面1.59千米、沥青表处路面20.42千米。

新松线 新窑至福建省松溪县界，山区重丘二级公路，水泥混凝土路面，里程1.49千米。1994年5月四级改三级，2006年改为二级。

水坝线 水尾桥至坝头，山区重丘四级公路，沥青表处路面，里程1.78千米。1987年通车。

枫竹线 枫堂至竹下，山区重丘三级公路，水泥混凝土路面，里程1.44千米。1967年通车。原为54省道，二级公路改造后降为县道。

马大线 马蹄岙至大坝，原为54省道，三级公路改造后降为县道，山区重丘四级公路，沥青表处路面，里程1.28千米。

马建线 马蹄岙至建山，山区重丘四级公路，沥青表处路面，里程2.00千米。原为54省道，三级公路改造后降为县道。

安砖线 安溪至砖厂，山区重丘四级公路，沥青表处路面，里程1.15千米。原为54省道，三级公路改造后降为县道。

岗车线 岗后洋至车头洋，山区重丘四级公路，沥青表处路面，里程1.23千米。1973年通车。

庙胡线 庙下至胡闲洋，山区重丘四级公路，沥青表处路面，里程0.56千米。1976年通车。

反洋线 反墺至洋心桥，原为55省道菊寿线，县城过境线改造时改道，降为县道，里程9.02千米。其中，山区重丘二级公路4.1千米，三级公路4.92千米；沥青混泥土路面4.1千米，沥青表处路面4.92千米。

祝会线 祝家洋至会溪，山区重丘二级公路，沥青混泥土路面，里程0.61千米，2005年通车。

龙星线 龙山至星光路接口，山区重丘四级公路，沥青混泥土路面，里程0.52千米。2005年通车。

西上线 西边至上坑出口，原为54省道，二级公路，里程1.41千米。

大阙线 大泽至阙家，原54省道，里程1.73千米。

枫官线　枫堂至官山，原54省道，里程3.12千米。

黄村线　黄坛村头至黄坛村尾，原54省道，里程0.76千米。

蜈马线　蜈蚣岭至马蹄岙，原54省道，里程0.85千米。

菊八线　河口桥头至八都，原55省道，里程1.5千米。

坝大线　坝头至福建省寿宁县大熟，二级公路技术标准，里程3.56千米。2005年7月1日动工，2006年12月完工。

东桥线　官塘至新桥头，山区重丘四级公路，沥青表处路面，里程14.06千米。1982年通车。

溪杉线　交溪口至杉树湾，自景宁交界处溪口经南阳、张村、岙头、黄淤、贤良至杉树湾55省道接口，山区重丘四级公路，里程41.20千米。其中，沥青混凝土路面16.92千米、沥青表处路面24.28千米。

乡道

2010年末，全县有乡道16条，102.68千米。其中，山区重丘三级公路2.04千米、四级公路100.65千米；高级铺装路面72.36千米，其中，沥青混凝土路面31.08千米、水泥混凝土路面41.28千米；简易铺装路面30.33千米。

平三线　平坦岙至三溪，里程4.61千米，山区重丘四级公路，沥青表处路面。

黄杨线　黄沙至杨桥，自黄沙（55省道菊寿线）经岩坑至杨桥村，里程4.71千米，山区重丘四级公路，沥青表处路面。

印竹线　印浆至竹坪，自印浆（55省道菊寿线）经白柘至竹坪，里程6.40千米，山区重丘四级公路，水泥混凝土路面。

浦青线　浦留桥至青竹，自浦留桥（55省道菊寿线）经方村至青竹，里程11.00千米，山区重丘四级公路，沥青表处路面。

后苏线　后洋亭至苏湖，里程4.89千米，山区重丘四级公路，沥青表处路面。

下东线　下庄至东溪，自下庄经包果、洋头、徐洋、南丰至东溪村，里程10.20千米，山区重丘四级公路，沥青表处路面。

举落线　举水至落岭，里程6.33千米，山区重丘四级公路，水泥混凝土路面。

濛杨线　濛淤至杨楼，自濛淤（55省道菊寿线）经达溪、半溪、东山至杨楼村，里程12.28千米，山区重丘四级公路，沥青混凝土路面。

庆星线　石龙街至下坞出口，55省道县城连接线北门桥经星光路、下庄亭至下坞，里程5.87千米。

安中线　安溪至东村，安溪（54省道龙后线）经小安、坪鸟、粗隆至东村，里程7.25千米。

交吾线　交溪至吾际下，里程3.68千米，山区重丘四级公路，水泥混凝土路面。

后桃线　后山桥至桃源，里程3.66千米，山区重丘四级公路，水泥混凝土路面。

洋良线　洋垄至良官田，自洋垄经中济、陈边、上济、湖头、新庄、际下至良官田，里程20.00千米，山区重丘四级公路，水泥混凝土路面1.52千米，沥青表处路面18.48千米。

黄铁线　黄坑至福建省松溪县铁岭界，里程0.94千米，山区重丘四级公路，沥青混凝土路面。

庆坑线　庆元至坑西，里程0.53千米，山区重丘四级公路，水泥混凝土路面。

后后线　后广桥至后广，里程0.34千米，山区重丘四级公路，水泥混凝土路面。

村道

1991—2003年，全县村内道路建149条，造价762万元，国家补贴26.18万元。2010年，全县村道总长836.22千米。

专记：勒紧裤腰带搞康庄——庆元县乡村康庄工程建设纪实

乡村康庄工程是国家对庆元县农村的最大扶贫工程，也是庆元共享度最高的一项民心工程。2003年前，全县345个行政村中通等级公路和路面硬化的分别为135个和46个，等级公路通达率和硬化率仅为39.1%和13.3%。其中，有27个行政村只有人行小道。2003年，省委、省政府作出实施乡村康庄工程重大决策，加大对庆元县等欠发达县农村公路建设补助力度。县委、县政府抓住契机，推进"二次创业"，在财政收入全省倒数第一状况下，每年从紧缺的"吃饭"财政中挤出500万元，配套补助康庄工程建设，"勒紧裤腰带搞康庄"。到2008年，每千米路基路面补助达到33万元。至2010年，庆元县投资4.8亿元，改造农村公路1537.2千米，交通状况发生历史性嬗变。其中，乡道171.8千米（路基改造23千米、路面硬化148.8千米），等级公路通乡率和硬化率达到"双百"目标；村道1365.4千米（等级公路路基改造663.1千米、路面硬化702.3千米），行政村等级公路通达和硬化的分别达到337个和337个（除下山脱贫8个村），通达率和硬化率达"双百"目标。

图6-1 黄田镇麻岭后村村民开辟康庄路 （吴凌云 摄于2006年）

第三节 其他道路

专用公路

源石线 源头至石灰矿区，里程2.90千米，山区重丘四级公路，未铺装路面，1964年1月通车。

黄坦至新窑 里程1.73千米，通往县化肥厂，山区重丘四级公路，未铺装路面。1967年1月通车。

机耕路

1991—2010年，全县通村的机耕路逐步由机耕路改为简易公路，继而改为康庄道路，机耕路向农田、山林延伸，主要由农业、林业部门组织实施建造。2010年，全县通农田、山林机耕路有2233.18千米。其中，通农田道341.43千米，通竹林道1387.3千米，通果园道196.35千米，通茶园道7.6千米，通木材林道300.5千米。

第四节 桥梁 隧道

桥梁

2010年末，庆元县拥有公路桥梁240座，6208.82延米。其中，省道桥梁33座、1230.76延米，县道桥梁66座、1951.12延米，乡道桥梁16座、310.44延米，村道桥梁125座、2716.5延米；拱桥176座，梁桥48座；按跨径分，有大桥7座、中桥33座、小桥200座。大、中桥介绍如下：

河口桥　位于54省道龙后线桥梁中心桩70.94千米处。桥梁总长118.4米，桥跨总长96米，桥面宽11米，净宽10米（改造前7米），正交通道，组合6孔16米。上部为石拱桥，下部为重力式墩台，扩大桩基础，桥面铺装沥青混凝土，设计载荷汽车—20级。建于1978年10月，建设单位为县公路段，设计和施工单位均为丽水地区公路总段工程队，县交通局监理。

兰溪桥　位于55省道菊寿线桥梁中心桩22.445千米处。桥梁总长50.1米，桥跨总长36米，桥面宽7.6米，净宽6.6米，正交通道，组合2孔18米，设计载荷汽车—15级。上部为石拱桥，下部为浆砌块石、U形重力式墩台，扩大桩基础，桥面铺装沥青混凝土。建于1972年12月，建设单位为县公路段，设计单位兰溪桥水库指挥部，施工单位为县水电局，县交通局监理。

坝头桥（石拱桥）　位于55省道菊寿线桥梁中心桩95.95千米处。桥梁总长28.7米，桥跨总长20米，桥面宽7.9米，净宽6.8米，正交通道，组合1孔20米，设计载荷汽车—15级。上部为石拱桥，下部为浆砌块石、U形重力式墩台，扩大桩基础，桥面铺装沥青混凝土。建于1987年。

坝头桥（公路桥）　位于江根乡坝头村，县道坝大线（坝头—大熟）桥梁中心桩0.68千米处，跨越坝头溪。桥长59.94米，桥面宽8.5米，桥下净空10米。上部为跨径40米空腹式石拱桥，下部采用重力U形桥台，扩大基础，桥面铺装厚5厘米混凝土＋厚20厘米水泥稳定碎石基层（5%），两侧采用组合式砼防撞护栏，计算荷载汽车—20级，验算荷载挂车—100。2004年1月开工，建设单位为县交通局，由浙江交通勘察设计有限公司设计，中铁一局公司施工，丽水丽通监理工程有限公司监理，2009年竣工。

西溪桥　位于县道405线(官下)桥梁中心桩28.58千米处。桥梁总长42米，桥面宽6.6米，净宽6米，正交通道，桥下净空5.6米，桥跨组合3孔12米。上部为石拱，下部为浆砌块石、重力式墙式桥台，桥面铺装水泥混凝土，设计载荷汽车—10级。由县交通设计所设计，县交通局承建，1994年2月28日竣工。

交溪口桥　位于县道410线（左交）桥梁中心桩7.17千米处。桥梁总长45米，桥面净宽7.6米，正交通道，净空8.4米，桥跨组合1孔30米。上部为石拱，下部为浆砌块石、重力式桥台，桥面铺装沥青混凝土，设计载荷汽车—15级。由县交通设计所设计，县乡公路管理所施工，县交通局监理，1983年4月竣工。

新窑桥　位于县道新松线桥梁中心桩0.35千米处。桥梁总长77.4米，桥面净宽6.8米，正交通道，净空6.8米，桥跨组合4孔15米。上部为石拱桥，下部为浆砌块石、U形重力式墩台，桥面为水泥混凝土。由县交通设计所设计，浙江省交通厅工程6队施工，1967年1月30日竣工。

垟心桥　位于县道反洋线（反墺—洋心，原为55省道）桥梁中心桩8.75千米处。桥梁总长101.5米，桥面宽7.7米，净宽7.1米，正交通道，桥跨组合4孔20米。上部为石拱桥，下部为浆砌块石、U形重力式墩台，路面铺装沥青混凝土，设计载荷汽车—15级。由县公路段设计施工，县交通局监理，1981年12月竣工。

枫堂桥　位于县道枫官线（原为54省道）桥梁中心桩0.27千米处。桥梁总长58米，桥面宽6.4米，净宽5.2米，正交通道，桥跨组合3孔16米。上部为双曲拱石拱桥，下部为浆砌块石、U形重力式墩台，路面装铺沥青混凝土，设计载荷汽车—15级。建于1967年12月。

新桥头桥　位于县道东桥线（801线）桥梁中心桩70.2千米处。桥梁总长40米，桥面宽7.7米，净宽7.1米，正交通道，净空7.1米，桥跨组合3孔11米。上部为钢筋混凝土拱桥，下部为浆砌块石、重力式墩墙式桥台，桥面沥青表面处治。建于1981年11月。

交溪口桥　位于县道溪杉线（802线）67.99千米处。桥梁总长45米，桥面宽7.6米，净宽7.1米，正交通道，净空7.1米，桥跨组合1孔30米。上部为石拱，下部为浆砌块石、重力式墙式桥台，路面铺装沥青混凝土，设计载荷汽车—15级。建于1983年4月。

山后溪桥　位于县道浦青线（线）千米处。桥梁总长29.04米，桥面宽9米，净宽8米，正交通道，桥下净空7.7米，桥跨组合1孔20米。上部为石拱，下部为浆砌块石、扩大基础U形重力式墙式桥台，路面铺装沥青混凝土，设计载荷汽车—10级。建于1987年3月，2006年被“桑美”台风损毁，2007年重建。

周墩桥　位于村道白象至周墩松源河上。桥梁总长90米，桥面净宽4.5米，正交通道，桥跨组合3孔27米。上部为圬工拱，下部为重力式墩台。建于1988年。

西演桥　位于村道采石场至西演松源河上。桥梁总长49米，桥面净宽4米，正交通道，桥跨组合4孔11米。上部为圬工拱，设计载荷汽车—1级。建于1985年。

五都桥　位于村道五都至余村松源河上桥梁中心桩0.60千米处。桥梁总长147米，桥面宽5米，净宽4.5米，正交通道，桥跨组合5孔28米。上部为圬工拱，下部为重力U型墩台，桥面铺装水泥混凝土，设计载荷汽车—10级。建于1990年，由县交通设计所设计，屏都镇组织实施。

上洋桥　位于村道曹岭至上洋路线桥梁中心桩7.48千米处。桥梁总长45米，桥面宽5米，净宽4.5米，正交通道，桥跨组合6孔6.5米。上部为圬工拱，设计载荷汽车—11级。建于1984年。

良秋桥　位于村道平岭岗至平岭岗村竹口溪上，桥梁总长60米，桥面宽4.5米，净宽4米，正交通道，桥跨组合4孔13米。上部为圬工拱，设计载荷汽车—11级。建于1990年。

蔡段桥　位于村道蔡段至蔡段村安溪上。桥梁总长75.5米，桥面宽4米，正交通道，桥跨组合8孔9米。上部为水泥板梁桥。建于1990年。

林化厂桥　位于村道林化厂至落花洋松源河上。桥梁总长68.8米，桥面净宽6米，正交通道，桥跨组合3孔18米。上部为圬工拱。建于1981年。

下吴桥（大桥）　位于村道庆元林场至余村松源河上桥梁中心桩0.22千米处。桥梁总长120米，桥面净宽4.5米，正交通道，桥跨组合6孔19米。上部为石拱，下部为墩台。建于1980年。

上交溪桥　位于上交溪至后溪村道上。桥梁总长37米，桥面净宽4.5米，正交通道，桥跨组合1孔30米。上部结构为圬工拱。建于1989年。

印浆桥　位于大溪沿至印浆村道上。桥梁总长35.7米，桥面净宽4.5米，正交通道，桥跨组合1孔29米。上部为圬工拱。建于1985年。

石川桥　位于石川至蔡川村道上。桥梁总长46米，桥面净宽4.5米，正交通道，桥跨组合1孔30米。上部为圬工拱。建于2006年。

下段桥　位于下段桥至下段村道上。桥梁总长44米，桥面净宽4米，正交通道，桥跨组合3孔13米。上部为圬工拱。建于1992年。

山根桥　位于村道山根至外童安溪上。桥梁总长82米，桥面净宽4.5米，正交通道，桥跨组合4孔18米。上部结构为圬工拱。建于1982年。

蒲潭桥　位于村道蒲潭至长砻安溪上。桥梁总长62米，桥面净宽4.5米，正交通道，桥跨组合3孔16米。上部为圬工拱。建于1996年。

吾田头桥　位于村道吾田头至吾田头安溪上。桥梁总长83米，桥面净宽4.5米，正交通道，桥跨组合4孔18米。上部为圬工拱。建于1991年。

张村水尾桥　位于张村至吴坑村道上。桥梁总长38米，桥面净宽5米，正交通道，桥跨组合1孔30米。上部为圬工拱。建于1978年。

八角殿桥　位于村道田头至东川南洋溪上。桥梁总长105米，桥面净宽4.5米，正交通道，桥跨组合7孔14米。上部为圬工拱。建于1982年。

贵南阳桥　位于赤溪口至后洋坑村道上。桥梁总长61.7米，桥面净宽4.5米，正交通道，桥跨组合3孔16米。上部为圬工拱。建于2004年。

鱼川桥　位于陈家岭至岙里村道上。桥梁总长20.4米，桥面宽5米，净宽4.5米，正交通道，桥跨组合1孔20米。上部为圬工拱。1980年11月30日通车。

转水桥　位于交溪至转水村道上。桥梁总长33.2米，桥面净宽5米，正交通道，桥跨组合1孔28米。上部为圬工拱。建于1980年。

新安桥　位于村道蔡段至草古地安溪上。桥梁总长86米，桥面宽5米，正交通道，桥跨组合5孔石拱桥，单孔最大跨径15米。上部为石拱桥。1990年11月通车，为新安江移民补助经费和群众集资建造，2006年作为通村公路桥梁。

黄坦桥　位于良秋至黄坛村道上。桥梁总长66米，桥面净宽4米，正交通道，桥跨组合4孔15米。上部为圬工拱。2007年通车。

桥头中桥　位于54省道龙后线桥梁中心桩52.43千米处。桥梁长64.04米，桥面宽9米，净宽8米，斜交通道，桥跨组合3孔20米，桥下净空6.3米。上部为预应力空心板箱梁桥，钢筋混凝土，下部为灌桩（柱）重力式墩台，桥台为双柱框架式，橡胶支座，桥面铺装沥青混凝土，设计荷载汽车—20。2006年，公路改造时动工重建，由中国公路工程咨询监理总公司设计，福建第二工程公司施工，丽水公路水运工程监理咨询公司监理，2007年建成通车。

枫堂中桥　位于54省道龙后线桥梁中心桩53.51千米处。桥梁长52.04米，桥面宽9米，净宽8米，斜交通道，桥跨组合3孔16米，桥下净空4.3米。上部为预应力空心板箱梁桥，钢筋混凝土，下部为灌桩（柱）重力式墩台，桥台为双柱框架式，橡胶支座，桥面铺装沥青混凝土，设计荷载汽车—20。2007年公路改造时动工重建，由中国公路工程咨询监理总公司设计，福建第二工程公司施工，丽水公路水运工程监理咨询公司监理，2007年建成通车。

竹下大桥　位于54省道龙后线桥梁中心桩54.96千米处。桥梁长184.8米，桥面宽9米，净宽8米，斜交通道，桥跨组合9孔20米，桥下净空6.5米。上部为预应力空心板箱梁桥，钢筋混凝土，下部为灌桩（柱）重力式墩台，桥台为双柱框架式，橡胶支座，桥面铺装沥青混凝土，设计荷载汽车—20。2006年动工重建，由中国公路工程咨询监理总公司设计，福建第二工程公司施工，丽水公路水运工程监理咨询公司监理，2007年建成通车。

祝家洋大桥　位于55省道菊寿线桥梁中心桩7.17千米处。桥梁长154.5米，桥面宽10.5米，净宽9.5米，正交通道，桥下净空9米。上部为预应力空心板箱梁桥，钢筋混凝土，下部为灌桩（柱）重力式墩台，桥台为双柱框架式，橡胶支座，桥面铺装沥青混凝土，设计荷载汽车—20。2003年县城过境公路改造时动工建设，由浙江省交通规划设计研究院设计，中铁二十局第二工程有限公司施工，丽水公路水运工程监理有限公司监理，2007年建成通车。

星光溪桥　位于55省道菊寿线桥梁中心桩9.72千米处。桥梁长74.56米，桥面宽14米，净宽13米，正交通道，桥下净空5.7米。上部结构为预应力空心板箱梁桥，钢筋混凝土，下部为灌桩（柱）重力式墩台，桥台为双柱框架式，多柱墩，橡胶支座，桥面铺装沥青混凝土，设计荷载汽车—20。2003年县城过境公路改造时动工建设，由浙江省交通规划设计研究院设计，中铁二十局第二工程有限公司施工，丽水公路水运工程监理有限公司监理，2007年建成通车。

东大桥　原东大桥位于后大线桥梁中心桩0.17米处，建于1978年，宽仅4米。1995年，按汽—20、挂—100设计进行改造。桥梁长118.6米，桥面宽14.5米，正交通道，桥跨组合5孔23.6米。上部采用预应力箱形梁，下部为钻孔灌注桩，双桩式墩台，扩大基础，桥面铺装水泥混凝土，设计荷载汽车—15。由县交通局组织实施，诸暨路桥公司施工，经鉴定为优良工程，1996年11月建成通车，总投资290万元（其中，省补35万元、县自筹255万元）。

黄岗岭脚桥　位于县道左交线桥梁中心桩0.26千米处。桥梁长56米，桥面宽8.5米，净宽7.5米，正交通道，桥跨组合2孔20米，桥下净空12米。上部为空心板梁桥，下部为重力式墩台，墙式桥台，桥面铺装沥青表面处治。年月动工，由县交通局组织实施，2004年5月建成通车。

龙山大桥　位于乡道祝会线桥梁中心桩0.3千米处。桥梁长220米，桥面宽8.5米，净宽7.5米，桥跨组合11孔20米。上部为预应力空心板箱梁桥，钢筋混凝土，下部为灌桩（柱）重力式墩台，桥台为双柱框架式，钢板支座，桥面铺装沥青混凝土，设计荷载汽车—20。2003年动工新建，由浙江省规划设计研究院设计，中铁二十局第二工程有限公司施工，丽水公路水运工程监理有限公司监理，2007年3月竣工。

隧道

20世纪90年代，54省道拓宽改造，修建马蹄岙和汇隆隧道。至2010年末，全县有通车隧道7条，累计总长4129.8米。

马蹄岙隧道 位于54省道竹口镇新窑村，全长778米，全宽8.5米，高4.5米，人行道宽2×0.75米。按山岭重丘三级公路标准设计，内设双向坡。1990年8月13日开工，1996年8月7日通车。

汇隆隧道 位于54省道竹口镇山后坑西侧，全长234米，全宽8.5米，高5米。按山岭重丘三级公路标准设计，无照明，自然通风，内设双向坡。1990年8月13日开工，1996年8月7日通车。

龙山隧道 位于55省道松源镇岙坞村，长1325米。其中，明洞长10米，明挖施工，暗洞长1315米，按新奥法施工，全宽10.5米，高5米，人行道1.5米。按山岭重丘二级公路标准设计，设计速度40千米/小时。2003年9月1日开工，2007年4月27日竣工通车。

大泽隧道 位于54省道黄田镇大泽村，长265米，宽10米，高5米。按山岭重丘二级公路标准设计，设计速度60千米/小时。2006年开工，2007年通车。

新窑隧道 位于54省道竹口镇新窑村，长255米，宽10米，高5米。按山岭重丘二级公路标准设计，设计速度60千米/小时，双向通行。2006年开工，2007年通车。

菊隆隧道 位于55省道屏都镇菊水村，长580米，宽10米，高5米，人行道1米，按山岭重丘二级公路标准设计，设计速度60千米/小时，双向通行。2006年开工，2007年竣工。

庆寿隧道 位于江根乡青田岙与福建省寿宁县交界处兰头山，海拔1133.3米。单洞式，长692.78米（庆元县境310.28米，福建寿宁县境382.5米），行车道宽7米，路缘带宽2×0.75米，检修道宽2×0.5米，车行道净高5米，人行道净高2.5米。按山岭重丘二级公路标准设计，设计速度40千米/小时。2004年开工，2009年竣工。

第二章　公路运输与养护

公路等级的提高，庆元县汽车运输业进入快速发展期。汽车逐渐成为庆元人出行的主要交通工具，2010年，庆元县有营运性客车177辆、私家小客车5796辆。长途班车、短途班车、城市公交和城乡公交构成客运网络。2010年，公路旅客运输量184万人次，客运周转量9801万人千米；货运由国营（集体）单项货运转化为市场调节民营组合货运组织，逐步向大物流发展，2010年公路货物运输量436万吨，货运周转量64883万吨。以县城为中心，乡镇为节点，连接城镇、辐射乡村的道路客货运网络初步形成。

1988年前，庆元县乡公路养护以民工建勤养护为主。1988年，县乡公路养护管理实行经济责任承包制，激发养路农工的积极性。1991—2010年，庆元道路由砂石路面向硬化路面转变，道路养护的科学技术指数也不断提高，形成专业养护和农民工养护格局。

第一节　公路运输

客运

庆元县客运从单一公营到公营、私营并存，从班车到城市公交、城乡公交、长运出租。1989—2002年，庆元县个体客运车辆大批量增加，县内班线基本由个体中小型客车经营。1992年，客运量271万人次，客运周转量9338万人千米。2010年，客运量184万人次，客运周转量9801万人千米。2003年，进行资源整合，从事客运的企业有县汽车运输总公司、县濛洲汽车运输有限公司和县通达运输有限公司3家，经营跨省客运线路8条、跨县客运线路16条、县内客运线路46条、县城公交线路2条，从业人员311人，出租车26辆，县内农村客运班车全面推行公司化经营。2010年，有三级客运中心1个、稽征运管业务用房1座、乡镇客运站5个、乡镇回头站2个、港湾式停靠站52个、康庄小巴招呼站56个，一个以县城为中心、乡镇为节点、连接城镇、辐射乡村、方便快捷的道路客货运网络初步形成。2010年，客运车辆159辆、3282个客座，营运线路82条。其中，跨省、县班车25辆、859个座位，县内农村客运班车51辆、962个座位（含康庄小巴13辆、96个座位），城市公交24辆、316个座位，城乡公交线路19辆、465个座位，出租车26辆、130个座位，机动和旅游车14辆、550个座位。

线路、车辆　省际线路。庆元—深圳，1428千米，大型高二卧铺车1辆，34个座位，1998年9月开通；庆元—上海，726千米，大型高一车1辆，40个座位，2009年10月开通；庆元—福州，408千米，大型高一车1辆，24个座位，1998年4月开通；庆元—上饶，294千米，大型高一车1辆，33个座位，1997年11月开通；庆元—南平，220千米，大型高一车1辆，30个座位；庆元——邵武，236千米，大型高一车1辆，39个座位，1994年1月开通；庆元—寿宁，94千米，大型高一车1辆，20个座位；庆元—政和，57千米，大型高一车2辆，50个座位；庆元—松溪，48千米，小型中级车1辆，17个座位。

省内及县际线路。庆元—杭州，506千米，大型高一车2辆，78个座位，1991年开通；庆元—金华，330千米，大型高一车1辆，28个座位，1998年9月开通；庆元—温州，338千米，大型高一车1辆，40个座位；庆元—衢州，285千米，中型级车1辆，26个座位；庆元—宁波，537千米，大型高一车1辆，40个座位，1996年3月开通；庆元—义乌，351千米，大型高一车1辆，30个座位；庆元—路桥，522千

图 6-2　庆元—丽水新客车投入使用（县交通局供　摄于 2007 年）

米，大型高一车 1 辆，1997 年 10 月开通；庆元—泰顺，144 千米，普通客车 1 辆，24 个座位；庆元—瑞安，378 千米，大型高一车 1 辆，39 个座位，1997 年 9 月开通；庆元—淳安，433 千米，大型高一车 1 辆，40 个座位，2007 年 2 月开通；庆元—丽水，208 千米，大型高一车 4 辆，144 个座位；岭头—丽水，185 千米，中型高一车 1 辆，34 个座位；庆元—缙云，246 千米，大型高一车 1 辆，39 个座位；庆元—遂昌，192 千米，中型高一车 1 辆，20 个座位，1999 年 10 月—2006 年 12 月运营；庆元—景宁，135 千米，中型高一车 1 辆，31 个座位；庆元—龙泉，89 千米，中型高一车 1 辆，33 个座位。以上线路均由县汽运公司经营。

县内线路。庆元—托溪，普通客车 1 辆，26 个座位；庆元—上店，普通客车 5 辆，101 个座位；庆元—坑底，普通客车 1 辆，35 个座位；庆元—合湖，普通客车 1 辆，24 个座位；庆元—官塘，普通客车 1 辆，25 个座位；庆元—四山，普通客车 1 辆，25 个座位；庆元—后广，普通客车 1 辆，17 个座位；庆元—菊水，普通客车 1 辆，17 个座位；庆元—交溪口，普通客车 1 辆，17 个座位；庆元—杨桥，普通客车 1 辆，19 个座位；庆元—龙岩，普通客车 1 辆，24 个座位；庆元—石堆坑，普通客车 1 辆，24 个座位；庆元—半山源，普通客车 1 辆，28 个座位；西溪—庆元，普通客车 2 辆，50 个座位；庆元—落岭，普通客车 1 辆，29 个座位；庆元—石堆坑，普通客车 1 辆，29 个座位；庆元—高住，普通客车 1 辆，19 个座位；庆元—劳武，普通客车 2 辆，38 个座位；庆元—杨楼，普通客车 1 辆，19 个座位；庆元—上庄，普通客车 1 辆，12 个座位；庆元—苏湖，普通客车 1 辆，29 个座位；庆元—左溪，普通客车 1 辆，19 个座位；庆元—曹岭，普通客车 1 辆，29 个座位；庆元—黄土洋，普通客车 1 辆，29 个座位；庆元—南锋，普通客车 1 辆，29 个座位；庆元—四源，普通客车 1 辆，19 个座位；左溪—杉坑，康庄小巴 1 辆，8 个座位；左溪—横坑，康庄小巴 1 辆，8 个座位；左溪—留香，康庄小巴 1 辆，8 个座位；荷地—杨朗，康庄小巴 1 辆，8 个座位；岭头—富源楼，康庄小巴 1 辆，7 个座位；岭头—荷地，康庄小巴 1 辆，7 个座位；岭头—大毛坪，康庄小巴 1 辆，7 个座位；岭头—鱼条际，康庄小巴 1 辆，7 个座位；左溪—青竹，康庄小巴 2 辆，16 个座位。以上线路均为濛洲公司营运。庆元—菊水，普通客车 1 辆，17 个座位；庆元—黄坑，普通客车 1 辆，23 个座位；庆元—上余，普通客车 1 辆，23 个座位；庆元—张地，普通客车 1 辆，19 个座位；庆元—连湖，普通客车 1 辆，19 个座位；庆元—陈村，普通客车 1 辆，19 个座位；三坑—庆元，普通客车 1 辆，19 个座位；庆元—源头，普通客车 1 辆，19 个座位；朱黄—庆元，普通客车 1 辆，19 个座位；塘根—庆元，普通客车 1 辆，19 个座位；庆元—南坑，普通客车 1 辆，19 个座位。以上线路均为通达公司营运。

1991—2010 年庆元县公路旅客运输车辆一览表

表 6—2—1—1

年份	单位	总计	营业性车辆	大型车	中型车	小巴	旅游车	出租车	公交车	私家车
1991	辆	165	53	12	14	27	0	0	0	112
	座位（个）	1436	876	430	203	243	0	0	0	560
1992	辆	188	72	12	21	39	0	0	0	116
	座位（个）	1671	1089	430	305	351	0	0	0	582
1993	辆	213	92	15	28	49	0	0	0	121
	座位（个）	1998	1385	538	406	441	0	0	0	613
1994	辆	229	101	16	34	51	0	0	0	128
	座位（个）	2172	1525	573	493	459	0	0	0	647
1995	辆	253	123	19	36	49	0	0	0	130
	座位（个）	2301	1642	680	523	439	0	0	0	659
1996	辆	276	140	19	83	38	0	0	0	136
	座位（个）	2912	2226	681	1203	342	0	0	0	686
1997	辆	323	149	20	97	32	0	0	0	174
	座位（个）	3286	2410	716	1406	288	0	0	0	876
1998	辆	354	165	21	119	25	0	0	0	189
	座位（个）	3647	2702	752	1725	225	0	0	0	945
1999	辆	367	173	23	135	15	0	0	0	194
	座位（个）	3886	2916	824	1957	135	0	0	0	970
2000	辆	374	179	23	143	13	0	0	0	195
	座位（个）	3989	3014	824	2073	117	0	0	0	975
2001	辆	384	137	24	113	0	0	0	0	219
	座位（个）	3944	2849	674	2175	0	0	0	0	1095
2002	辆	388	132	19	123	0	0	0	0	235
	座位（个）	4787	3612	534	3078	0	0	0	0	1175
2003	辆	401	137	23	114	0	0	0	0	252
	座位（个）	4310	3050	550	2500	0	0	0	0	1260
2004	辆	475	147	20	134	0	0	0	0	329
	座位（个）	4860	3211	694	2517	0	0	0	0	1649
2005	辆	482	166	18	132	8	0	10	0	329
	座位（个）	5100	3460	624	2676	101	0	50	0	1649
2006	辆	851	140	20	108	24	0	20	0	711
	座位（个）	6279	2648	704	2124	235	0	100	0	3631
2007	辆	1165	138	20	107	32	0	20	0	1027
	座位（个）	7934	2718	704	2061	235	0	100	0	5216
2008	辆	1581	149	26	90	33	0	25	0	1432
	座位（个）	10950	3057	953	1902	202	0	125	0	7893
2009	辆	4616	169	23	71	14	8	26	27	4447
	座位（个）	—	3349	809	1621	111	348	130	330	—

续表 6—2—1—1

年份	单位	总计	营业性车辆	大型车	中型车	小巴	旅游车	出租车	公交车	私家车
2010	辆	5973	165	24	65	14	9	26	27	5796
	座位（个）	—	3216	858	1384	111	403	130	330	—

1991—2010 年庆元县公路旅客运输流量一览表

表 6—2—1—2

年份	公路旅客运输量		营业性公路旅客运输量	
	运输量（万人次）	运输周转量（万人千米）	运输量（万人）	运输周转量（万人千米）
1991	199.7	9749.9	120.783	6588.15
1992	200.01	9750.2	121.155	6635.28
1993	200.13	9750.6	121.473	7008.34
1994	200.91	9749.39	121.715	7563.45
1995	201.24	9751.15	121.998	7985.31
1996	201.57	9751.39	122.165	8324.78
1997	201.76	9751.42	122.758	8997.561
1998	201.93	9751.71	122.996	9053.21
1999	202.21	9752.04	123.154	9120.56
2000	202.53	9752.37	123.528	9231.84
2001	202.99	9752.59	123.768	9352.66
2002	203.31	10429.809	128.779	9937.81
2003	203.58	10379.357	137.481	9762.53
2004	203.795	9929.693	133.892	9478.73
2005	203.977	9723.478	131.257	9073.54
2006	204.238	9591.682	130.698	8654.122
2007	204.983	10128.5	125.63	9097.2
2008	205.921	10990	120.34	8642
2009	206.887	11850.37	182	9690
2010	—	—	184	9801

企业 庆元县汽车运输总公司。成立于 1954 年，位于松源镇大济路 166 号，前身为省汽车运输公司丽水分公司庆元站，隶属县交通局，国有专业运输企业。2000 年，投资成立县交通旅行社。2001 年，投资成立县长运汽车运输有限公司，经营汽车租赁、公路运输经营、出租车营运等业务。2010 年末，下设办公室、安全科（车队）、计财科、客运站、保卫科、稽查队、修理厂（县大中型客车维修中心）、城北农贸市场、加油站，有职工 151 人，客车 78 辆，客运量 41.85 万人次，长途旅客客运周转量 4702 万人 / 千米。

庆元县通达运输有限责任公司。成立于 2003 年，位于松源镇霞岥路 15 号，从事旅客运输、汽车旅游运输、普通货运服务、汽配零售等业务，主要经营隆宫、南坑片区农村班线运输，有农村线路 11 条，中型普通客车 10 辆、大型客车 2 辆，座位 236 个。

庆元县濛洲运输有限公司。成立于 2003 年，位于松源镇石龙街 242 号，从事旅客运输、普通货运、汽车配件销售等业务，主要经营县内班车客运、县际班车客运、县内包车客运、县际包车客运、市际包车客运、省际包车客运、货运、普通货运班线运输，有农村线路 38 条，中型普通客车 19 辆、大型客车

30 辆，座位 1144 个。

货运

公路货运是庆元县唯一物流方式。体制改革前，主要由县汽车运输公司（隶属丽水总公司）、县林业车队、县供销车队、县粮食车队等国营、集体企业经营。体制改革后，转为个体经营为主，逐步组合，向交通大物流发展。1991—2010 年，庆元县货运量和运输周转量持续增长，货运主体由原来的县汽车运输公司、县林业车队转变为公司、私营及个体运输专业化经营。2008 年，浙江快运小件网络庆元站成立小件快运站，先后在工业园区、菊水、竹口、黄田、安溪、隆宫、荷地、左溪、岭头、贤良等 10 个中心乡镇建立乡镇快运小件配送网点，与网点经营者和 3 家客运公司签订配送和运输合作协议。为保证货物安全、及时送达，每件货物必须在快运小件配送点登记，50% 以上乡镇所在地实现快运小件“一票制、门到门、当天件”“一站式”服务。2010 年，庆元县建成乡镇物流配送站 4 个、农村物流配送网点 17 个。公路货物运输车辆非交通部门直属单位有兄弟快运服务有限公司庆元分公司、汇通（公铁联运）货物运输配送中心、快顺物流公司、京沪货运托部、腾飞托运部。

线路　按照“大交通、大物流、大港口”要求，编制《2009—2020 年庆元县交通物流发展规划》。发展农村寄递服务，依托现有省小件快运信息平台和县一、二、三级客运网络，建立和完善以县客运站为中心，对内辐射 20 个乡镇和已通客车行政村，建立农村网点 17 个，对外辐射丽水、金华、义乌、杭州、宁波、温州、衢州、上海、福州、深圳等主要城市，以“浙江快客（运）”“绿谷巴士”“康庄小巴”为品牌的小件快运寄递服务网络，把“邮局”开至百姓家门口。以县访友食品配送中心为龙头（一级），左溪、荷地、岭头、百山祖、屏都、安溪、黄田等乡镇配送站为骨干（二级），定线定时，或电话预约，专用货车整体运输、分散装卸、服务上门，构建辐射 20 个乡镇 345 个行政村的放心食品（农产品）配送网络。以县宏源生产资料有限公司和县万丰生产资料有限公司为龙头（一级），各乡镇、行政村为节点（二级），以化肥、农药、薄膜、农机具为主要产品，定线定时，或电话预约，直达与中转结合，专用货车整体运输、分散供应、服务上门，构建辐射 20 个乡镇、345 个行政村的农业生产资料配送网络。

1991—2010 年庆元县公路货物运输车辆一览表

表 6—2—1—3

年份	单位	大型车	中型车	小型车	大中小型车	农用车	拖拉机
1991	辆	110	57	119	286	50	830
	吨位	560	171	190	921	74	830
1992	辆	102	40	129	271	49	930
	吨位	520	120	206	846	73	930
1993	辆	150	51	140	341	50	1005
	吨位	765	153	224	1142	75	1005
1994	辆	166	68	154	388	59	1206
	吨位	847	204	250	1301	89	1206
1995	辆	182	20	221	423	65	1322
	吨位	1317	65	102	1484	98	1322
1996	辆	82	27	35	144	68	1332
	吨位	521	88	61	670	98	1332
1997	辆	92	34	83	209	48	1330
	吨位	588	103	129	820	54	1330

续表 6—2—1—3

年份	单位	大型车	中型车	小型车	大中小型车	农用车	拖拉机
1998	辆	92	34	83	209	48	1330
	吨位	588.5	103	129.2	820.7	54	1330
1999	辆	98	34	80	212	58	1247
	吨位	618	103	126	847	60	1247
2000	辆	72	27	65	164	63	1340
	吨位	453	81	97	631	65	1340
2001	辆	33	30	50	113	65	1760
	吨位	208	99	75	382	88	1760
2002	辆	32	8	72	112	150	1040
	吨位	236	28	111	375	100	1040
2003	辆	32	8	75	115	100	420
	吨位	253	28	88	369	100	420
2004	辆	44	16	77	137	90	447
	吨位	491	57	148	696	90	447
2005	辆	93	19	37	149	80	366
	吨位	1715	71	45	1831	80	366
2006	辆	197	27	164	388	60	207
	吨位	3002	96.29	248.42	3346.71	79	207
2007	辆	235	103	205	543	48	207
	吨位	3437.95	225.44	280.8	3944.19	55.79	207
2008	辆	262	129	225	616	57	301
	吨位	4350.21	275.99	301.91	4928.11	93.86	301
2009	辆	451	43	449	943	58	629
	吨位	8257	198	602	9057	67	629
2010	辆	443	30	544	1017	97	627
	吨位	7851	103	700	8654	114	627

企业　普通货物运输。1995前，以国有运输企业为主。2000年后，民营运输企业成为货物运输主力军，2003年，处于货物运输老大地位的县林业车队解散，标志着国有货物运输企业彻底退出道路货物运输市场。开放之初，个体运输户购买车辆后基本上可以直接领取道路运输证从事营运，后不断规范，实行准入管理，经过技术等级评定和驾驶员资质审查后，才可以办理道路运输相关手续。2005年《浙江省道路运输管理条例》实施后，货物运输管理更加规范，从单车运营逐渐向企业化发展。货运业获利能力较弱，运价明显偏低，运输经营户基本上靠超载运输才能获得一定利润。20年中，先后有县造纸厂车队、县化肥厂车队、县水泥厂车队、县林化厂车队、县家具厂车队、县石油公司车队、县土产公司车队、县林业车队、县汽运车队、县储运公司车队等十多家国有货运企业，以及县联运7个车队、县三星钢球厂、县华夏菇品公司、县大山菇业公司、县菇城木制厂、县野马汽车租赁、县三江汽车运输公司、县梦天木业公司、县平治运输有限公司、丽水中达运输有限公司庆元分公司、县可信竹木公司、县超大运输有限公司、县梅园酒业公司车队、县元鹏运输有限公司、县红树实业公司车队、县三禾竹木公司车队等十多家民营货运企业从事营运。其中，以单车组合的联运车队主要从事短途货物运输，由于车辆技术性能偏低，2003年解散。2009年末，有货运企业19家，个体运输业户365户（不含农用车运输户），货运车辆943辆、9057吨，

农用运输车 58 辆、67 吨，年货运运输量 407.5 万吨，货运周转量 62487 万吨，直接从业人员 962 人。此外，还存在相当数量的外挂货运车辆，主要外挂安徽、江西、福建等地。

化学危险品运输。2007 年前，所有危险货物都由外籍运输企业经营。2007 年 2 月，县安达民爆服务有限公司成立，为庆元县第一家危险货物运输企业。办公场所以及停车场占地面积 1700 平方米，从业人员 37 人。其中，持证驾驶员 6 人、押运员 6 人，车辆 6 辆，主要运输品为炸药、雷管和其他化工原料与危险产品。2009 年，省道路运输管理职能调整，危险货物运输许可权限下放至属地县级运管机构。

1991—2010 年庆元县公路货物运输流量一览表

表 6—2—1—4

年份	公路货运	
	运输量（万吨）	运输周转量（万吨千米）
1991	37.5	5773.8
1992	38.01	5244.2
1993	38.3	5284.3
1994	132	7085
1995	286	17279
1996	145	10570
1997	135	11986
1998	146	9839
1999	157	9880
2000	149	8713
2001	144	7790
2002	145	7850
2003	130	7086.8
2004	87.8	28628.1
2005	89.5	29182.5
2006	98.2407	32032.515
2007	117.565	39067.06
2008	120.2	39286.7
2009	407.5	62487
2010	436	64883

城乡公交

线路、班车　城市公交由县公共交通有限公司（隶属县汽车运输总公司）经营。2009 年 3 月 19 日，1 路公交试运行，投放“迷你”小公交型，7 月 1 日起，正式营运。取得经验后，其他各路相继投入运行。

主要城乡公交线路。反缭工业园区专线车：天竹公司—节节高公司—三禾公司—龙山大桥—110 变电站—仔猪市场—营林公司—香菇市场—老车站—西大桥—生态公园—石龙街—松源街—濛洲街—横城南路—石龙新街—大济路—后田桥—洋墩—洋墩新村—周墩桥头—同济村尾—同济新村，城区沿途按 1 路、2 路、5 路公交站上下旅客，循环运行。

农贸市场到石坝、余村线：农贸市场—濛洲街—松源街—石龙街—江滨路—摩配城—龙山大桥—反

图 6-3 3路城市公交线路开通运营（县交通局供 摄于2010年）

墺工业园区—五都—茶场—石坝；朱村—上余—余村—下吾，城区沿途按1路、2路、5路公交站上下旅客，循环运行。

农贸市场到菊水、淤上、塘根班线：农贸市场—濛洲街—松源街—济川路—过境公路—反墺工业园区—菊水、淤上、塘根；回程（菊水、淤上、塘根）—反墺工业园区—龙山大桥—110变电站—龙珠湾—新建路—西桥路—江滨路—石龙街—松源街—濛洲街—农贸市场。城区沿途设仔猪市场、香菇市场、西桥路、生态公园、农贸市场、济川路口6个停靠站点上下旅客，单向运行。

卫生局门口到星光班线：星光村沿星光路至县卫生局门口，循环运行。

客运站到焦坑班线：客运站—大济路—后田桥—新建路—会溪—底村—焦坑，城区沿途设濛洲汽运公司、洋墩、建筑公司、香菇市场、仔猪市场4个停靠站上下旅客。回程经会溪—新建路—西桥路—江滨路—石龙街—松源街—濛洲街—客运站，城区沿途设仔猪市场、香菇市场、西桥路、生态公园、农贸市场（邮政局）5个停靠站点上下旅客，单向运行。

2010年庆元县城市公交线路一览表

表 6—2—1—5

线路	起止点	里程（千米）	车辆数（辆）	开通时间	经营单位
1路	客运站—疾控中心	3.5	8	2009年	县汽运总公司
2路	客运站—林业局	4	8	2009年	县汽运总公司
3路	客运站—同济新村	4.2	4	2010年	县汽运总公司
5路	老车站—同德新村	6.5	4	2010年	县汽运总公司

出租车 2005年12月，首批10辆出租车投放客运市场，结束庆元县城无出租车历史。2006年1月，第二批10辆出租车进入客运市场。2008年，机动三轮车进行报废，按照转轨方案，5辆客运机动三轮车报废后可合伙经营一辆出租车。2010年8月，由8辆出租车组建县城文明出租车队（庆元菇乡文明出租车队）。2010年末，县城客运出租车26辆、130个座位，运输量2万人次，运输周转量11万人千米。

旅游客运 主要由县旅游集散中心、百山祖旅行社、菇城旅行社3家旅游企业经营。县旅游集散中心有限公司是集公众旅游服务、旅游客运业务、旅游资源展示、旅游咨询服务、旅游商品展销于一体的“旅游超市”。县百山祖旅行社有限公司组织接待各种经济、贸易、文化、科技、体育等会议团体活动和全国各地飞机票、火车票、宾馆、酒店代订服务，下设丽水市杭外旅游汽车有限公司、庆元青园宾馆、庆元西演农家乐休闲山庄。菇城旅行社联盟丽水市旅游学校、县蓝雁竹炭公司开展中国公民国内旅游、商务考察以及各类特色旅游等业务。

学生客运 是保障中小学生运输安全的客运经营新形式。2006年开始，县公路运输管理所开始实行周末学生接送放心车方案，对县汽车运输总公司、县濛洲汽车运输有限公司和县通达运输有限公司3家客运企业接送中小学生实施安全目标管理考评，使周末学生接送工程规范化，成为安全放心工程。

工人接送客运　是县公路运输管理所客运管理上一大创新、特殊项目。2004年12月，投入2辆站立式（公交管理模式）38/19座普通客车，经营线路为县农贸市场至反墺工业园区，专门接送工业园区上下班工人。2009年，按工业园区企业要求延伸到状元山庄。每年春运期间，设立“外来务工人员接送”便民服务项目，为外来务工人员返乡过节提供优质服务。

运输服务

驾驶员培训　1991年前，由于社会车辆保有量和增长量较少，正规汽车驾驶技工学校每年能向社会提供足够汽车驾驶员，对急需驾驶人员单位采用师傅带徒弟方式填补部分驾驶人员空缺。庆元县没有驾驶培训学校，只有由公安车管部门根据需求情况拼凑几位教练员开设临时驾驶培训班。2005年1月，县平安驾驶员培训学校有限公司成立，为庆元县第一家驾培学校。同年6月和7月，县兴安摩托车驾驶员培训学校和丽水市大地驾驶员培训学校有限公司庆元分公司先后成立。2010年，有三级资质驾培学校3家，教练车21辆，摩托教练车5辆，从业人员43人，教练场地1.55万平方米，教室面积430平方米，累计培训结业学员7908人。

汽车综合性能检测　1996年6月，县林业车队内成立县车辆综合性能检测站。每年平均检测800辆次。2002年末，由于县林业车队改制，该站停业解散。2003年1月—2004年，县客、货运车辆均在龙泉和丽水车辆综合性能检测站检测。2004年3月，在县农机培训站内成立庆元县安华机动车辆检测有限公司，主要担负客货运车辆二级维护检测、车辆技术状况评定和车管所车辆年审检测。2003—2010年，每年平均检测汽车1600辆次。

机修行业　汽车维修业经历3个主要发展过程。庆元县恢复县制后，出现省汽车运输公司丽水运输段（分公司）及其所属的庆元车站修理车间，主要对本系统车辆进行修理。1978年和1984年，国家允许个人购置机动车搞运输，车辆迅速增加，促使机动车维修业相应发展。有关部门和企业修理车间相继开展对外承接维修业务，相互竞争，出现浙南大修理厂和县府小车修理厂之类专业从事汽车维修企业以及个体户经营的小修理店。1987年，有汽车修理厂21家。2010年，有二类汽车维修企业8家、汽车快修店2家、三类汽车专业维修店26家、摩托车维修店50家、汽车装潢美容店4家。

运输站场　客运站场。2010年末，庆元县有二级客运中心1座、乡镇客运站5个、乡镇回头站2个、港湾式停靠站52个、康庄小巴招呼站56个。庆元第二代客运站位于松源镇新建路103号，面积25000平方米，站房面积2504平方米，停车棚面积283平方米，货运站房面积140平方米，修理车间面积726平方米。1981年开工建设，1983年建成，2005年12月28日停运。2004年，开工建设第三代客运站即庆元县客运中心，2005年12月28日投入试运行。该站位于松源镇大济路与55省道交会处，占地面积3.1万平方米，总建筑面积1.31万平方米，由主站房、沿街辅楼、车辆维修车间、设备用房及停车场组成。可容纳客车300多辆，日发送旅客3300多人。

货运站场。2010年，庆元县有乡镇物流配送站4个，分别为岭头交通综合站、黄田物流配送站、荷地物流配送站、竹口物流配送站；有农村物流配送网点17个。

加油站　2010年末，全县有机动车加油服务站（点）14个，主要是中石化庆元燃料加油站、庆元县汽运公司加油站、中石化庆元城镇加油站、中石化新窑加油站等。

第二节　公路养护

机构队伍

2002年前，庆元县公路段负责公路管养，管养合一。2002年，庆元县管养体制改革，实现专业养护与县乡养护合并，管养分离。县乡公路管理所与县公路段合并设立县乡道路管理股（人员、养护管理模式基本照旧），养护事业机构设办公室、养护管理股、工程管理股、路政管理股、县乡道路管理股，路政大队下设新窑、荷地两个中队，管理人员编制44人。2003年10月，庆元县公路养护中心成立，为县公路段下属二类乙级公路养护国有企业，主要负责省县道公路、桥梁养护、水毁修复等，参与公路工程施工。下设12个养护站，职工138人；县道道班25个，农民工56人，养护公路276.878千米；乡道道班14个，职工33人，养护公路101.515千米。

养护

1996年，县公路段接管龙庆公路三级公路改造以前，以沙石路养护为主，由县公路段直管养护，人工扫路和拖拉机拉扫结合。2006年，全面实施“路面硬化工程”后，转化为水泥路和沥青路养护，向省提出创建“五型”（品质型、平安型、生态型、服务型、阳光型）公路建设标准，实行公路“生态化”养护，摸索山区公路生态养护初步经验。2002年，县公路段管养里程559.75千米，砂石路面占73.4%。2010年，县公路段管理里程1451千米。其中，省道153.87千米、县道353.60千米、乡道102.68千米、专业公路4.63千米、村道836.22千米。省道公路大中修工程完成投资619万元，农村公路大中修工程完成投资694.31万元，安全保障工程完成投资323.5万元。

农村公路养护分为农村公路养护工程和农村公路日常养护。其中，农村公路养护工程指农村公路大修和中修工程，农村公路日常养护指农村公路小修、保洁、绿化管护、附属设施维护等。农村公路养护与管理实行县级为主、乡镇村配合体制，县道养护管理由县级公路管理机构直接负责，乡道、村道养护管理职责由县级政府根据实际确定。2002年前，乡公路养护由县交通局管理。2002年，体制改革，由县公路段县乡道路管理股负责属农民工养护性质的354.881千米（其中，县道232.762千米、乡道122.119千米）县乡公路养护管理。2003年前，通村公路均为简易（等外）公路和拖拉机路，由乡（镇）、村管养。由于缺乏养护资金，普遍失养，一般处于瘫痪或半瘫痪状态。2003年，省政府实施农村道路“康庄工程”后，养护逐步规范化。2006年，有农村养护班组20个，农民工160人，养护里程806千米，维持基本通畅水平。2006年，根据《庆元县农村公路管理养护暂行办法》，农村公路由所在乡镇政府组织沿线行政村负责管理和养护，原由县公路段管养的县、乡公路和厂矿专业部门管养的专用公路，仍由原管养单位管养；县交通局负责制订农村公路建设规划，编制下达养护计划，监督检查养护计划执行情况和养护质量，统

图6-4　养路工人对道路进行沥青稀浆土层养护（吴凌云　摄于2008年）

筹安排和监管农村公路养护资金，指导、监督农村公路管理；乡镇康庄办具体负责、组织落实农村公路管理养护；管养人员 5 千米以下配备 1 人，5—10 千米以下不少于 2 人，10 千米以上不少于 3 人，由所在乡镇负责选拔（所在行政村政治思想好、身体健康的村民），做到专人专管，负责到人；管养经费由所在乡镇组织沿线行政村筹措或组织人工投入，县政府按管养里程给予每年每千米 500 元补助，由县财政列支，每年由县康庄办验收，按质拨款；对小修保养、水毁抢修、大中修都做明确规定。2010 年，县政府出台《庆元县农村公路管理养护办法》，村道养护技术指导、等级评定及经费管理由县公路段管辖，养护里程 836.223 千米。

公路绿化

20 世纪 90 年代，公路绿化一般在公路两旁种植行道树，树种一般为乌桕、水杉、苦楝、白杨，长期存在“存活率不高”问题。进入 21 世纪 10 年代后，公路绿化状况大为改观，在观念上，有意识地提高景观绿化层次。在植树技术上，提高科学含量，避免“大轰隆造声势”做法，实行专业承包和招投标管理，成活率大大提高，种一片绿一片。公路养护转变到生态养护，以“路肩草坪化、行道公园化、边坡蔓藤化、沿路景观化”为目标，打造省、县道沿线与自然景观相适应的生态景观带。改路肩铲草为路肩剪草，使路肩保持绿毯色；行道绿化改简单种植树为设花坛、标语模块；树种从单一落叶树改为珍贵花木，如香樟、玉兰、紫薇、红花檵木、四季桂、杜英、冬青等，保持四季常青、繁华似锦；特别是对边坡绿化进行改革，缓坡采取阶梯式绿化，陡坡采取喷混植生技术，用特制喷混机械，将种植介质、有机物、复合肥、保水剂、固土剂、黏合剂、植物种子等搅拌均匀，加水喷射到岩石表面，固坡后种植爬山虎类蔓藤植物。加大“人人植树、人人爱树”宣传力度，1996 年，推行“绿色长廊”活动，学校包路段，少先队员、共青团员认护行道树，提高绿化成活率和保存率。1998 年后，《浙江省公路绿化管理办法》规定，公路绿化带面积、绿化与工程同步设计、同步组织实施，绿化经费单列，对破坏公路绿化行为予以处罚，公路绿化走上法律化轨道。2008 年，1017.12 千米可绿化各类公路中，绿化 769.07 千米。2010 年，公路总里程 1451 千米，1137.38 千米可绿化各类公路中，绿化 864.20 千米；省道公路绿化率为 100%，县道公路绿化率为 99.06%，乡道公路绿化率为 64.1%，专用道绿化率为 100%，村道公路绿化率为 56%。

第三章　交通管理

庆元县交通管理主要由县交通局主管，行业管理由运管稽征所、公路段承担，有些行政事务由行政主管部门委托运营、公路部门办理。各交通管理部门依法治理交通，严格公路税费管理，使交通行业走上法治轨道；加强公路用地管理，大力整治超限运输，20年共查处超限车辆3527辆，卸载货物10万余吨，保障路网安全。

第一节　管理机构

庆元县交通局

1949年8月，庆元县人民政府设实业科，主管交通行政。1958年6月，工业交通合并成立工业交通局。1975年8月，庆元县复县后设工业交通手工业局。1977年5月，设工业交通局，8月成立庆元县交通局（以下简称县交通局）。县交通局是主管公路交通行业的县政府组成部门。2010年，县交通局内设办公室、工程科（交通战备办公室）、运管法制科（运输安全科）；下属事业单位有县公路段、县运管稽征所、县交通规划设计所、县交通建设管理站、县交通工程质量安全监督站、县乡村康庄工程办公室；归口管理事业单位有县公路段、县运管稽征所。

庆元县公路段（庆元县公路路政管理大队）

为县交通局下属负责公路养护管理和公路路政执法的承担行政智能类事业单位。2002年，庆元县公路段、庆元县公路路政管理大队（以下简称大队）实行两块牌子、一套班子。2010年，庆元县公路段内设机构有办公室、养护股、工程股、路政管理股、县乡公路管理股，下属公路养护中心；大队下设路政股、新窑（竹口）中队、荷地中队、屏都中队、左溪中队；公路段管理人员编制44人，大队人员编制22人。

庆元县公路运输管理所（庆元县运管稽征所）

庆元县公路运输管理所、庆元县公路稽征所隶属县交通局，为两个机构、一套班子，合署办公。2009年1月1日税费改革后，为省财政转移支付的执法监督类副科级事业单位。主要承担庆元县域范围内公路规费征收和公路运输行业管理工作。在国家实行税费改革后，汽车养路费、手拖摩托车养路费、公路建设附加费、公路运输管理费等4项公路规费停征。为适应改革，自2009年1月1日起，工作重点转移到道路运输行业管理方面，主要负责庆元县域范围内宣传、贯彻执行国家、省、市、县有关道路运输方针政策、法律法规，开展道路运输行业管理和维护道路运输市场秩序两大工作职能。2010年，全所内设办公室、行政许可股、客运与行业安全管理股、货运维修检测驾驶陪驾管理股、法制稽查股、新窑稽查股、基建与清欠办公室，有干部职工44人。

第二节　路政管理

公路用地管理

2005年1月，《浙江省公路路政管理条例》颁布，规定在公路两侧修建永久性工程设施，其建筑物边缘与公路边沟外缘，国道不少于20米，省道不少于15米，县道不少于10米，乡道不少于5米。其中，高速公路不少于30米、互通立交和特大型桥梁不少于50米；公路弯道内侧及交道口附近建筑控制区还须依照国家规定，满足行车视距或者改作立体交叉需要。新建、改建公路两侧建筑控制区范围自公路建设项目开工建设之日起30日内，由公路沿线县级以上政府依法划定，公路管理机构在划定的公路两侧建筑控制区外缘设置标桩、界桩；需在建筑控制区内埋设管线、电缆等设施的，事先须经公路路政管理机构批准。

超限运输管理

超限运输主要是指超高、超宽、超长装载货物以及车辆轴载质量超过规定值的车辆运输。个别装载不能分解的大型货物、确需超限运输的车辆，在上公路行驶前，须向公路管理机构提出申请，由公路管理机构对所经路线进行勘测，选定运输路线，计算公路、桥梁承载能力，制定通行与固定方案，签发超限运输车辆通行证后方能行驶。超限运输车辆通过桥梁时速不得超过5千米/小时，且应匀速居中行驶，严禁在桥上制动或变速；四级公路、等外公路和技术状况低于三类的桥梁，不得超限运输；对总质量、轴载量超过限值标准且未办理超限运输手续的超限运输车辆，采取卸载等方法，补办有关手续。公路路政管理机构根据需要在公路上设置运输车辆质量及车货总质量检测装置，对超限运输车辆进行检测。1991—2010年，治理超限运输由公路部门单独行为转变为超限超载治理工作领导小组及相关部门的联合行为，执法依据由部门规章上升为法律，手段由人力现场执法向使用非现场设备执法转变。20年间，庆元县共查处超限车辆3527辆，卸载货物10万余吨。

第三节　规费征收

养路费征收

公路养路费包括汽车养路费、手扶拖拉机养路费和摩托车养路费，是国家按照“以路养路、专款专用”原则，由交通部门向有车单位和个人征收，用于公路养护、修建、技术改造、改善和管理的政府性基金，实行“收支两条线”管理。征收对象：领有行车牌证的各类客、货汽车，各类胶轮拖拉机（包括手扶拖拉机），各类革新机动车，以及胶轮机械车、拖车、挂车等（规定免征的除外）。1987年9月前，养路费由县交通监理所征收。1987年9月始，由县公路稽征所征收。1990年1月1日始，开始征收摩托车养路费。1998年10月1日始，施行《浙江省公路养路费征收管理条例》。2008年12月，国家发展和改革委员会公布《成品油价税费改革方案》，提出从2009年1月1日始，汽油消费税单位税额由每升0.20元提高到1元，柴油由每升0.10元提高到0.80元，此次调整税额形成的成品油消费税收入主要用于替代公路养路费等6项收费支出和补助各地取消已审批的政府还贷二级公路收费等。2008年12月18日，国务院发布《关于实施成品油价格和税费改革的通知》，2009年1月1日零时始，取消公路养路费、航道养护费、公路运输管理费、公路客货运附加费、水路运输管理费、水运客货运附加费6项收费。

运管费征收

1990年，《浙江省公路运输管理费征收和使用规定实施细则》实施，明确公路运输管理费（简称运管费）是根据国家规定由运管部门向从事营业性公路运输业者征收并用于公路运输行业管理和服务的事业费。1998年5月1日，开始执行《关于重新核定丽水地区公路、水路运输管理费的定额征收标准的通知》，对运管费征收标准进行细化。2005年5月31日，丽水市对运管费征收标准进行调整。2006年12月31日，丽水市重新公布公路客货运输附加费和管理费定额征收标准。2009年1月1日始，停止征收。

车辆购置附加费（税）征收 1985年5月1日后，购买的机动车须缴纳车辆购置附加费。其中，进口车辆为购置金额的15%，国产车辆为购置金额的10%，手扶拖拉机按拖斗部分购置金额征收。汽车类由地（市）级稽征部门征收，拖拉机、摩托车、农用运输车由县级稽征部门征收。2001年1月1日起，车辆购置附加费改为车辆购置税并改由国税部门负责征收。为便于过渡，省各级国税部门暂时委托各级稽征部门代征，税率统一为10%。2005年1月1日起，庆元县车辆购置税划归县国税局征收，是交通部门各项规费中最早实行税费改革的费种。

公路客货运输附加费和公路养路费附加费征收 1988年，庆元开始征收浙江省征收公路客货运输附加费和公路养路费附加费，作为公路建设专用基金。同年9月1日始，庆元县对客货营运车辆外其他车辆开征运输附加费，10月1日始对客货营运车辆开征客货运输附加费。其中，客运每人千米征收1分，货运每吨千米征收1分；2005年5月31日，丽水市客货运输附加费征收标准作调整；2006年12月31日，丽水市客货运输附加费征收标准再次作调整；2009年1月1日停止征收。公路养路费附加费征收对象为所有按吨计征车辆即除营运客车外的所有车辆，征收标准为每吨每月按105元标准计征的车辆每吨每月征25元，按53元减半计征的车辆每吨每月征12元，按每吨每月42元计征的车辆每吨每月征10元，按每吨每月30元和26元计征的车辆每吨每月征6元，与养路费缴讫证“合在一起”；2009年1月1日停止征收。

1991—2008年庆元县公路规费征收一览表

表6—3—3—1　　单位：万元

年份	汽车养路费	客货运输附加费	公路运输管理费	手拖摩托养路费	车辆购置费(税)
1991	156.13	38.33	13.72	21.25	2.87
1992	150.42	36.04	18.63	25.67	18.69
1993	202.11	108.14	25.20	28.90	6.69
1994	205.81	111.07	41.23	27.96	20.98
1995	206.93	112.68	41.31	35.50	48.81
1996	209.78	132.71	58.00	37.72	17.22
1997	255.39	200.43	50.24	35.54	31.83
1998	268.75	209.09	49.73	36.24	35.96
1999	286.99	221.02	45.37	36.12	25.35
2000	249.25	213.58	42.26	45.43	20.12
2001	262.45	197.25	50.51	56.12	50.08
2002	259.42	205.07	54.06	66.62	67.38
2003	266.31	165.14	58.93	59.11	99.32
2004	337.99	207.02	61.12	72.62	119.88
2005	450.13	191.20	70.93	81.59	—
2006	747.86	212.41	114.62	106.60	—
2007	1119.66	237.68	136.5	116.46	—
2008	1303.61	249.38	152.03	121.96	—

说明：2005年后，车辆购置费（税）移交国税征收

第七篇　庆元廊桥

庆元是古廊桥的天然博物馆，被誉为“中国廊桥之乡”。庆元廊桥具有全国数量最多、历史最悠久、历史沿革最具连贯性的特点，且至2010年全国寿命最长、单孔廊屋最长、单孔跨度最大的木拱廊桥均在庆元境内。据光绪《庆元县志》载，庆元有宋朝以来修建的各式廊桥230多座，至2010年境内仍存有各类廊桥90多座，为全国廊桥数量最多的县份。宋、元、明、清各朝代建造的木拱廊桥均有完好保存。庆元木拱廊桥技术含量极高，且是世界桥梁史上绝无仅有的一个品类。庆元木拱桥传统营造技艺是北宋名画《清明上河图》中虹桥技艺的再现，2007年、2008年先后被列入省级、国家级非物质文化遗产名录，2009年，被列入世界急需保护的非物质文化遗产名录。

第一章　廊桥类型

20世纪90年代，庆元全方位实地深入调查县内的木构桥，系统查阅地方文献以及姓氏族谱等村史资料，发现有关庆元木拱廊桥的珍贵历史文字和线索。同时邀请全国各地的古桥梁研究专家、古建筑专家、文物文化专家到庆元实地考察、研究、论证，厘清庆元木拱廊桥的历史发展轨迹。庆元木拱廊桥萌芽于唐宋，成熟于元代，鼎盛于明代，定型于清代。庆元廊桥中有全国重点文保单位1座、省级文保单位13座、县级文保单位11座。廊桥的类型有木拱廊桥、石拱廊桥、木平梁廊桥和其他形式廊桥等。

第一节　木拱廊桥

特征

庆元木拱廊桥以梁木穿插别压形成拱桥，支撑在两岸的岩石上。木结构基本一致，大部分由两个系统组成，用杉木作拱骨，以燕尾榫形式与横梁串梁木（俗称牛头）相连接，构架成八字形拱架，再用八根梁木形成四个“X”形剪刀撑来加强桥梁结构的水平刚度，避免桥拱左右摇晃，并在桥拱上穿插杆件形成桥面支架，不用钉铆，不费寸钉片铁，只凭榫卯衔接，构造严密，结构稳固。然后在其上横铺木板形成桥面，最后在桥面上竖起四柱九檩穿斗式构架的桥屋，上覆两坡顶，或重檐歇山顶。桥中大多设一个神龛，少数桥中设2—3个神龛。整座桥桥身拱而桥面平，略显弧形。典型代表有兰溪桥、濛淤桥、半路亭桥等。

选介

双门桥　原名临清桥，位于松源镇大济村，始建于北宋天圣二年（1024年）前，明隆庆元年（1567年）重修，1992年洪水中倒塌，同年12月11日按原貌重建，是全国有史料记载始建桥时间最早的木拱廊桥之一。全长11.15米，净跨10.2米，矢高5.2米，面阔4.35米，有廊屋5间。木拱架由第一系统三节苗并列7组和第二系统五节苗并列6组，两组铆接与两岸相通成平稳的拱骨平面。廊屋三开间，明间做通道，两次间设桥凳，可供行人小歇。梁架九檩四柱，五架梁扁作挖底，两肩不卷杀，月梁两端施雀替。三架梁、五架梁及顺檩枋等木构件底部原有丰富的墨书题记，其内容多为募建缘首、建桥工匠、捐款捐资人名及“风调雨顺、国泰民安”等吉祥语，很多信息在1992年水毁时丢失了。五架梁两侧鳞叠封钉风雨板，风雨板分上、中、下三部分，分护廊屋及木拱架，风雨板分别饰扇形、圆形、长方形，彩绘西游记人物故事图案。北侧设2个神龛，一个祀临清社主，另一个祀观音和金童玉女。桥两端设三间牌楼式门屋，上覆歇山顶出檐深远。2007年5

图7-1　双门桥（陈士平　摄于2005年）

月，被列为县级文物保护单位。

甫田桥　位于松源镇大济村尾，东西走向，始建于宋。明万历年间，里人吴起蛟、吴廷殷重修。清顺治十八年（1661 年），吴世臣、吴铨臣、吴贞臣再修。清道光七年（1827 年），吴墉、吴邦銮、吴序喜再捐修，后毁。民国 26 年（1937 年），吴墉后裔子孙重建，全长 16.5 米，净跨 9.5 米，矢高 4.2 米，面阔 4.4 米，有廊屋 5 间。木拱架由两层苗木系统组成，拱架第一系统三节苗并列 9 组，第二系统五节苗并列 8 组。桥台外壁端竖排架有 8 根，三节苗牛头之间设剪刀苗。纵平梁并列 9 组，平梁端部燕尾榫分别落入外壁端竖排架顶部横枋木及五节苗上的牛头。纵平梁与三节苗紧贴牢靠，五节苗平苗与两端纵平梁结合形成联通的水平支撑，纵平梁和五节苗平苗上横铺桥面板，其上铺沙土，再砌筑卵石。廊屋外壁封钉风雨板。廊屋面阔三开间，明间为通道，次间设长木凳供人小憩。梁架为九檩四柱，檐柱外侧装置雕花牛腿，托撩承檐枋檐。中心间脊檩上有“中华民国廿六年丁丑岁大济大理祠吴贞明 120 代子孙重新建造”题记，梁枋记录造桥匠人等重要历史信息。2007 年 5 月被列为县级文物保护单位。

图 7-2　甫田桥（县文广新局供　摄于 2009 年）

濛淤桥　位于五大堡乡濛淤村，东西走向。始建元至元年间，久废。明嘉靖五年（1526 年），邑人叶亨重建，后毁于洪水。清嘉庆十四年（1809 年），邑人吴昌兴倡建。1986 年重修，1995 年毁于火灾。2010 年 6 月 30 日，因民间重建濛淤桥，修复古驿道呼声强烈，濛淤桥暨应岭岚古道文化协会成立。在其倡导下，社会爱心人士纷纷捐款捐物、投劳投力，在原址按原貌重建濛淤桥。全长 35 米，净跨 28.2 米，矢高 8 米，面阔 4.5 米。1982 年被列为县级文物保护单位。

图 7-3　濛淤桥（县文广新局供　摄于 2010 年）

咏归桥　又名杨公桥、护龙桥、兴贤桥，位于城内石龙山麓，处在竹坑溪和松源溪交汇处，东西走向。始建于元大德十年（1306 年），明天顺四年（1460 年）重建时改名为“咏归桥”。该桥屡毁屡建，民国 13 年（1924 年）重建，1983 年重修。全长 38.76 米，净跨 21.7 米，矢高 8.8 米，面阔 5.5 米，有廊屋 8 间。桥拱由数十根粗大圆木纵横组合铆接而成，形成架设廊屋的拱骨平面。造型优美、别致豪华，桥面铺块石，坚固平坦。廊屋面阔三开间，明间为通道，两次间设长板木凳。梁架用九檩四柱，柱子直接顶在桥面卵石上。五架梁扁型，上承三架圆木梁，桥内梁柱壁枋或题诗绘画，或雕刻山水人物。廊屋中心三间为重檐歇山顶，桥身外壁鳞叠三层风雨板，开启几何窗。屋面施方椽、望板，小青瓦合铺。桥东首建补天阁，有木梯上下，阁顶有女娲画像，西桥台设桥亭，三面辟门。咏归桥集亭、台、楼、阁于一体，是典型的园林观赏性廊桥。1984 年被列为县级文物保护单位。

半路亭桥　又名查洋桥、云岩桥，位于黄田镇陈边村。始建于元至正年间，后毁。清嘉庆二十三年（1818

图 7-4　半路亭桥（县文广新局供　摄于 2010 年）

年）重建，后毁。民国 6 年（1917 年）重建。全长 28.65 米，净跨 21.25 米，矢高 5.75 米，面阔 4.9 米，有廊屋 9 间。拱架由数组圆木纵横组合铆接而成，拱架第一系统三节苗并列 9 组，第二系统五节苗并列 8 组。端直排架并列 9 组，在五节苗牛头与平梁之间又立一组小排架支撑纵平梁，在端直排架两侧天门柱与三节苗、五节苗牛头间各按插一组剪刀苗。纵平梁并列 9 组，两端以燕尾榫分别落入端直排架的顶部横枋木上和五节苗的牛头上。五节苗平苗与两端纵平梁三部分段接组合形成自两岸联通平稳的水平支撑。在纵平梁平面上均匀放置横垫木，再铺钉桥面板，架设廊屋。廊屋面阔三间，明间为通道，两次间设长木凳，中心间南面设神龛，供奉观音像。梁架较高，用九檩四柱，重檐两坡顶。中心间重檐歇山顶，屋面施方椽、望板，小青瓦合铺。五架梁、三架梁为月梁形制，梁头雕龙须纹。挑檐枋、牛腿等部件雕花卉图案。桥身两侧栏杆至木拱架外壁各鳞叠封钉一层风雨板，廊屋中部三间重檐下又封钉一层挡雨板，并在中心间北面风雨板处开启扇形小窗。两桥头筑墙垣，辟长方门作通道。该桥在陈边和中际两村之间，各村民往返时歇息之处，故称为半路亭桥。2007 年 5 月被列为县级文物保护单位。

阜梁桥　又名抱梁桥，位于竹口镇竹中村沿弄头。始建于明永乐九年（1411 年），明嘉靖十一年（1532 年）和万历四年（1576 年）民间两次捐资重修，清道光年间两次重建。桥长 40 米，桥宽 5 米，高 6 米，廊屋 13 间。20 世纪 60 年代末，因桥墩塌陷而拆除。2010 年，阜梁桥启动重建工作。

兰溪桥　位于五大堡乡西洋村，横跨松源溪上游，始建于明万历二年（1574 年），清乾隆五十九年（1794 年）重修。1984 年由于水库工程建设，从下游按原貌迁建现址，2006 年再度重修，桥为东西走向，全长 48.12 米，净跨 36.8 米，矢高 9.8 米，桥面宽 5 米，有廊屋 19 间。桥拱由数十根粗大圆木纵横组合铆接而成，形成架设廊屋的拱骨平面。在结构上，除具备一般木拱桥的木拱架由纵向三折边，五折边和剪刀叉各自与横枋木（牛头）榫接，稳固重心，均衡受力的优点之外，还有“蚱蜢腿”连接三折边和五折边系统；又用立柱置于横枋木上，枋木间又有纵向圆木铆接，并在拱架与廊屋接合部设若干方形的框架，其上铺钉一层木板，木板上置箬叶，再在箬叶上散铺一层木炭、砂石，以防潮湿，最后墁砌卵石，以增加桥身自重，达到整座桥体稳定。桥两端有引桥，引桥两边建有八字马头墙，引桥进入正桥处建马头墙、拱券门。桥面鹅卵石墁铺，中嵌条石，直通驿道。廊屋梁架为九檩四柱，总共 20 榀。桥面阔三开间，中间为通道，两次一间设长凳供行人小憩。当心间两重檐歇山顶，翼角饰牡丹卷草状发戗起翘，内设藻井，彩绘双凤朝阳和八卦图案。南面设一神龛，供奉观音菩萨和金童玉女像。整个屋顶呈虹状，中间呈鲤鱼脊背状。桥两侧全部置鳞叠风雨板，并在风雨板上开启扇形、桃形、花瓶形等形状小窗。兰溪桥是全国现存单孔跨度最大的木拱廊桥，其拱架受力十分科学，技术构建在同类桥梁中堪称典范。1984 年被列为县级文物保护单位，1997 年 8 月被列为省级文物保护单位。

臬桥　位于松源镇西门村星光路边，横跨竹坑溪，东西走向。始建于明万历三十二年（1604 年），清乾隆三十四年（1769 年）重修。全长 28.63 米，净跨 14.5 米，矢高 4.1 米，面宽 3.6 米，有廊屋 11 间。拱架第一系统三节苗并列 7 组，第二系统五节苗并列 6 组。两桥台外壁设端竖排架，并列 6 根，在端竖排架与牛头之间按插剪刀苗，其上架设横贯全桥的纵平梁，纵平梁并列 7 组。桥面阔三开间，明间为通道，两次间设长木板凳。拱架桥面部分铺设木板，木板长度 4 米，引桥部分卵石墁铺。次间檐柱设木板封钉栏杆，桥身外壁鳞叠封钉风雨板，上层风雨板开启圆形、方形小窗。第五间廊屋北侧设神龛，供奉观音及金童玉女像，神龛前有一长方形的香火桌。梁架九檩四柱，三架梁重柱上承蝴蝶木托脊檩，五架梁重柱承托上金檩，金柱承下金檩，檐柱上承檐檩，穿檐柱枋木构承托挑檐檩。廊屋东端建桥亭，内置四根金柱，金柱间距 2.4 米，外设四根檐柱，檐柱间距 3.6 米。东面辟门，西桥头南面设泥墙辟门，高度触及下重檐角，桥亭重檐攒尖顶，施鹅颈椽卷棚八角藻井。屋面依次施方椽、望板，小青瓦。2007 年 5 月被列为县级文物保护单位。

图 7-5 衾桥（彭荣根 摄于 2008 年）

如龙桥 位于举水乡月山村，始建年代不详，明天启五年（1625 年）重建，南北走向，横跨于举溪之上。因其与后山脊的古松林相连，桥似龙首下倾，状如飞奔之龙，取名为如龙桥。全长 28.2 米，净跨 19.5 米，矢高 6.8 米，桥宽 6 米，有廊屋 9 间。桥拱由数十根粗大圆木纵横组合铆接而成，拱架由纵向三折边、五折边和剪刀叉各自与横枋木（牛头）榫接，稳固重心，均衡受力；用立柱置于横枋木上，枋木之间有纵向圆木铆接，使拱架与廊屋浑然一体，形成架设廊屋的拱骨平面。桥面以木板铺设，两次间设有木凳供行人小憩。廊屋的设计特别精美，集楼、亭、桥于一体。桥北端建三重檐歇山顶钟楼，与近旁的马仙宫殿互相映衬、成趣生辉；南端设桥亭，三面通衢，连接闽北的古道穿亭而过。当心间设神龛，神龛上额悬挂一古匾，上书“如龙桥”三个大字，相传为明朝月山村神童吴之球七岁时所书。当心间顶部设藻井，如意斗拱层层叠加，像一朵朵盛开的莲花，巧夺天工，精美无比。廊屋两旁采用三层风雨板，上一层风雨板上开设若干圆形、桃形、扇形的小窗。该桥是全国迄今有确切纪年、现存年代最早的木拱廊桥，造型美观、结构复杂、工艺精湛、功能完备，是浙南闽北木拱桥的经典之作，具有较高的历史、艺术、科学价值。1997 年列为省级文物保护单位，2001 年列为第五批全国重点文物保护单位。

后坑桥 又名普渡桥、红军桥，位于竹口镇竹上村枫堂自然村，东西走向。始建于清康熙十年（1671 年），从墨书题记上看，有过几次修建记录。清光绪十一年（1884 年）重建。2003 年重修。拱架由 17 组拱骨（圆木）组成两个系统，第一系统三节苗并列 9 组，第二系统五节苗并列 8 组，纵横组合铆接，形成架设廊屋的拱架平面，梁架用九檩四柱构架。东桥台间南面辟门，与龙庆公路相接；西桥台间南北两面辟门，通往古驿道；西桥头建桥亭一进二间。全长 36.2 米，净跨 28.5 米，矢高 6.05 米，桥面阔 5.45 米，有廊屋 15 间。桥面铺钉一层木板，木板上置箬叶，再在箬叶上散铺一层木炭、砂石，以防潮湿。桥面采用香砖、条石铺就，以增加桥体自重，稳定整体构架。桥两侧自檐口至木拱架外壁鳞叠封钉三层风雨板，上层风雨板开设各种几何形小窗。当心间脊檩有“旹大清光绪乙酉拾壹年桂月拾壹日吉旦鼎新重建”墨书题记。屋面通施方椽、望板，小青瓦合铺。桥屋两次间设长板凳，桥面中间铺条石，明间人行道铺小青砖，两次间铺方砖。1982 年 9 月列为县级文物保护单位。2005 年 5 月，后坑木拱桥保护项目获联合国教科文组织亚太地区文化遗产保护卓越奖。

黄水长桥 古称飞阁桥，位于合湖乡黄水村水口。始建于清乾隆十九年（1754 年），乾隆三十一年（1766 年）建成。清同治十一年（1872 年）重建。2003 年因下游建电站，整座桥在原址上抬升 1.7 米，南北走向。全长 54.3 米，净跨 17.45 米，矢高 8.7 米，面阔 4.9 米。桥拱由数十根粗大圆木纵横组合铆接而成，形成架设廊屋的拱骨平面。引桥部分占全桥总长的 2/3，这种形制十分罕见，是全国现存单拱廊桥中廊屋最长木拱廊桥，共有廊屋 21 间。桥中心 7 间为木拱架结构，桥北端 10 间和南端 4 间为地面引桥。拱架第一系统为三节苗并列 9 组，第二系统为五节苗并列 8 组，桥台外壁端竖排架并列 8 根（含两侧天门柱）。

图7-6 黄水长桥（县文广新局供 摄于2010年）

梁架九檩四柱，面阔三间，明间为通道，两次间设长木板凳。桥面以卵石墁铺，拱坡桥面，屋面两坡顶。桥外壁封钉风雨板，上层风雨板上开启的小窗形状各异，有圆形、桃形、瓶形、折扇形、六角形、树叶形、葫芦形等十多种。屋面施方椽、望板，小青瓦合铺。中心间设有神龛，供奉观音像，北端第一间供奉土地爷像，逢年过节村民都要到桥上奉拜祭祀。2007年5月被列为县级文物保护单位。

竹坪桥 又名蜈蚣桥，位于左溪镇竹坪村通往江根乡的古道上，南北走向。始建于清康熙年间，清道光二十二年（1842年）修建。全长36.69米，净跨18.2米，矢高9米，面阔4.48米，有廊屋17间。县级文物保护单位。2006年8月，因台风“桑美”被毁，同年10月按原貌动工重建，2007年10月27日竣工。

夹金桥 位于贤良镇贤良村村尾。清乾隆三十年（1765年）建，桥长约35米，面阔5米，2个拱跨各约15米。桥头建有魁星楼，桥上供奉观音佛。该桥是古时庆元至张村、景宁、寿宁方向的交通要道。1974年因公路建设被拆除，2001年重建。

迴龙桥 位于荷地镇石木下村，始建年代不详，清光绪二十六年（1900年）重建。系通往景宁、泰顺、福建政和等地的交通古道。东南—西北走向。木拱架由数组圆木纵横交错铆接而成。全长21米，面阔4.6米，净跨16.3米，拱高7.4米，有廊屋9间。明间为通道，两次间设长木板凳，中心间东面设神龛，供奉观音像。近平坡桥面，两端第一间为卵石墁铺，拱架平面内木板铺钉。桥两侧檐柱间封钉栏板，自檐下至木拱架外壁鳞叠封钉三层风雨板，在上层风雨板开启若干圆形小窗。中心间脊檩上有“大清□□庚子二十六年丁亥月”题记。桥南端设踏垛至桥，北端护墙开启长方门作通道。

濛洲桥 位于县城横城北路，横跨松源溪，南北走向，南接横城北路和溪沿路。两墩三跨（不等跨），墩宽3米。桥长114.67米，净跨80.8米，面阔5.4米，有廊屋39间。中部设三重檐楼阁，桥两端设桥亭，九檩四柱抬梁式构架，两面坡屋顶。采用传统营造技艺建造，2006年动工，2008年建成通行。

文昌桥 位于松源镇大济村水口，东西走向。全长16米，宽5米，矢高3.5米，有廊屋5间，九檩四柱构架。2009年10月动工，次年建成，共耗资30余万元，均为民间集资。

图7-7 濛洲桥（陈士平 摄于2011年）

第二节 石拱廊桥

特征

庆元的石拱廊桥大多建在小溪上，单孔，多用块石或条石砌桥拱，以卵石或块石砌桥面，上面以杉木构建桥屋。桥屋有二柱七檩穿斗构架式和四柱九檩穿斗构架式两种。桥中大多设一个神龛，少数桥中设2—3个神龛，上覆两坡顶，或重檐歇山顶。其中比较精美的有步蟾桥、来凤桥寨后坑桥等。石拱廊桥较之木拱廊桥更耐风雨侵袭和洪水冲刷。石拱廊桥的廊屋建造与木拱廊桥的廊屋建造基本相同。

选介

步蟾桥 位于举水乡月山村水尾，始建于明永乐年间，民国6年（1917年）重建，东北—西南走向，系大跨度石拱廊桥。半圆形单孔石拱券，拱跨16.4米，矢高8米，用条石垒筑而成，其上建造廊屋。廊屋全长50.2米，有廊屋18间，面阔3间，5.2米。桥面平缓无坡，中轴线与桥边铺条石，其余部位铺块石。梁架用九檩四柱，柱子直接顶在桥面上。当心间施八角藻井和雕花垂莲柱，东南向次间设神龛，供奉平水王大禹，其上额书“步蟾桥”古匾。当心间和东西桥头各一间分设三个重檐歇山顶桥亭。桥身外壁鳞叠封钉两层风雨板，上层开启几何图案窗，有花瓶、桃、扇、梅花等图案。屋面施方椽、望板，小青瓦合铺。该桥的取名颇有寓意，月山村因其形似月而被誉为仙境，从南门进入月山之地必经此桥，意取步入蟾宫之意，也有蟾宫折桂之意（举水科举出仕较多），故称步蟾桥。另一说是距桥上游不远处有一奇石形如蟾，守于水口，被视为吉祥之物，故称步蟾桥。步蟾桥是石拱廊桥中代表，其拱跨大，做法考究，桥亭结合，外型美观，与旁边的古树与古塔成为村口的一道亮丽的风景。1993年被列为县级文物保护单位。

图7-8 步蟾桥（县文广新局供 摄于2010年）

永宁桥 位于合湖乡三堆村水尾，始建于明成化二十一年（1485年），1973年重修。拱跨4.54米，矢高3.06米，全长14.78米，宽4.24米，共有廊屋7间。

观音桥 又名青田桥，位于江根乡青田村水尾，东西走向，建于清雍正年间。拱券由块石垒砌而成，净跨6.8米，矢高2.7米，全长10.7米，面阔3.6米，设廊屋4间。当心间脊柱上题有建造年代（已模糊不清），东北向悬挂“观音桥”木质牌匾，穿插枋上承两个雕花斗拱，桥身两侧鳞叠封钉两层风雨板，并开启几何图形供采光，屋面歇山顶，翼角起翘。桥形制较小，构造合理。

龙凤桥 位于岭头乡小际头村至月山村的古道上，东西走向，始建于清乾隆五十四年（1789年），民国28年（1939年）重修。石拱采用块石垒砌，做工精美，拱跨3.9米，矢高4.5米，全长17.8米，面阔4米，有廊屋7间。

坑照桥 位于岭头乡岭头村，南北走向，清嘉庆元年（1796年）建。全长8.65米，面阔3.75米，净跨4.75米，拱高2.7米，有廊屋3间。

图 7-9　坝头桥（张舒欣供　摄于 2010 年）

坝头桥　又名上碓桥，位于江根乡坝头村水尾，南北走向，建于清嘉庆十四年（1809 年）。拱券采用块石垒砌，拱跨 12 米，矢高 6 米，全长 9.4 米，面阔 4.3 米，设廊屋 3 间。桥面中央为条石，两侧为块石墁铺。中心间脊檩上有“口龙飞嘉庆拾肆年岁仲吕月辛卯时建造”墨书题记。桥身两侧外壁鳞叠封钉两层风雨板，上层开启几何形小窗。屋面施方椽、小青瓦，歇山顶。坝头桥做法独特，结构规整，石工考究。

余地桥　又名曲尺桥，位于安南乡上余村余地自然村水尾，始建于清嘉庆二十三年（1818 年），清同治九年（1870 年）重建，南北走向。原为罕见的曲尺桥，2004 年在北端新建 2 间廊屋，呈“T”形桥。拱净跨 8.6 米，矢高 7 米，廊屋全长 24.4 米，面阔 3.72 米，设廊屋 7 间。梁枋上有“大清嘉庆廿叁年……鼎新建造”“大清同治年玖年……重新建造”等墨书题记。

五石桥　又名安源桥、乌石桥，位于安南乡陈村村，东西走向，清康熙年间建造。拱跨 7 米，矢高 5.4 米，全长 17.1 米，面宽 3.33 米，设廊屋 7 间。中心间南面设神龛，北面设美人靠。桥两侧檐柱间设栏杆，檐口下至栏杆处鳞叠封钉一层风雨板。梁架为九檩四柱，明间抬梁式，五架梁扁作挖底，两端部承以丁字拱。五架梁北置抹角方柱，承金檩；三架梁亦挖底，背置短柱，承脊檩，顺梁方向用蝴蝶木稳固。屋面施方椽、小青瓦，两坡顶，正脊起翘。

鱼川垅桥　又名石龙桥，位于龙溪乡鱼川村水尾，东西走向。石拱券始建清乾隆四年（1739 年），廊屋建于清乾隆五年（1740 年），石拱券错缝叠砌。全长 20.15 米，拱跨 11.7 米，矢高 3.8 米，设廊屋 9 间，面阔三间、3.95 米。明间为通道，两次间设长板凳，两侧封钉风雨板。屋面施方椽、青瓦，两坡顶。桥上祀观音、陈氏夫人、土地公等神像。

园山阏桥　位于安南乡黄竹村朱岙自然村至洋坪古道上，东西走向，清道光十六年（1836 年）建造。桥长 12 米，拱跨 2 米，矢高 1.5 米，宽 4 米，共有廊屋 5 间。梁架九檩四柱，脊檩下均有题记。

来凤桥　位于举水乡月山村，清道光十八年（1838 年），由村里的富四房后代捐资重建。东南—西北走向。石拱券由条石横向错缝垒砌叠成半月状，拱跨 16.7 米，矢高 6.1 米，全长 30 米，面阔 3 间、6 米，设廊屋 11 间。地面墁铺不规则块石，明间为通道，两次间设桥凳，当心间西南侧设神龛，神龛间与两侧各间设美人靠。桥檐口至拱架外壁鳞叠封钉两层风雨板，上层风雨板开启几何形小窗。梁架为九檩四柱，三架梁及五架梁瓜柱上均穿挖底题记随脊枋，屋面两坡顶。明末清初邑人吴懋修在《举溪记》中记载：“由下溯上又见一桥，若飞若舞……以其从州县来，故名来凤。”来凤桥与如龙桥遥相呼应，相传与如龙桥同等构造，都是木拱廊桥，后遭焚毁。桥身高出地面 10 余米，当地人又称其为上桥。当心间脊檩上有“大清道光十八年……”等题记，其他梁架上留有多处“文化大革命”时期的墨迹。来凤桥有着动人的传说，具有一定的人文价值。2007 年 5 月被列为县级

图 7-10　来凤桥（县文广新局供　摄于 2010 年）

文物保护单位。

木桥头桥 位于左溪镇木桥头村，东南—西北走向，原为木拱廊桥，清道光二十年（1840年）重建，改为石拱廊桥。该桥是庆元东部地区通往福建寿宁等地的交通要道。拱券石错缝叠砌，卵石桥面。全长26.3米，面阔3.4米，净跨7.5米，拱高6.8米，有廊屋9间，面阔3间，明间为通道，两次间设长板凳。廊梁架为九檩四柱。屋两侧外壁鳞叠封钉风雨板，上层风雨板开启扇面小窗。靠东北面设神龛，供奉观音像。脊檩上书“大清道光二十年庚子太岁仲秋佳月丁丑日辛丑时□梁大吉”等墨书题记。屋面施方椽、小青瓦，两坡顶。

半山桥 又名茶洋桥，位于龙溪乡大毛坪村路口，东西走向，建于清道光二十七年（1847年）。石拱用扇形块石垒砌而成，拱跨7.6米，矢高5.2米，全长12.8米，宽4.1米，设廊屋5间。脊檩上题有“时大清道光贰拾柒年□次丁未应□月□未良旦甲午时升栋大吉”等墨书题记。

杆谷桥 又名秆坑桥，位于举水乡月山村水尾，南北走向，建于清咸丰五年（1855年）。净跨2.82米，矢高1.85米，全长6.87米，面阔2.92米，设廊屋3间。桥面卵石铺墁，明间为桥之甬道。

连湖桥 位于隆宫乡连湖村，建于清同治十一年(1872年)。桥长7.75米，宽3.4米，拱跨4米，矢高2.25米，有廊屋4间。梁架七檩四柱，两侧次间设美人靠，当心间随脊檩上有建桥年代题记。连湖桥造型较小。

砻头水尾桥 位于四山乡砻头村水尾，南北走向，建于清光绪四年(1878年)。石拱采用扇形块石垒砌，净跨5.6米，矢高2.6米，全长16米，面阔5米，有廊屋5间。明间为通道，两次间设长板凳供行人小憩，中心间、次间施美人靠。

寨后坑桥 又名山后坑桥，位于竹口镇新窑村寨后坑自然村，故名寨后坑桥，始建于清光绪十一年（1885年），民国11年（1922年）重建，1983年改建为单孔石拱桥，南北走向。由数十块块石垒砌成石拱，两岸桥台卵石砌筑，拱跨7.6米，矢高3.8米，桥长25米，面阔4.6米，有廊屋7间，卵石桥面。梁架为九檩四柱，明间为通道，两次间设长板凳供行人小憩。五架梁扁式作挖底，上承两董柱再承三架梁和金檩。三架梁扁式，背承一董柱，董柱下部承随脊枋，上部承蝴蝶木和脊檩，中心梁架做法特殊，雕刻精美，西向设神龛，东向设美人靠，桥身两侧外壁檐柱间施两层风雨板。屋面方椽、小青瓦合铺。两岸桥台施石坎夯土墙。2007年5月被列为县级文物保护单位。

富林观音桥 位于贤良镇富林村水尾，东西走向，建于清光绪二十三年（1897年）。石拱券采用块石垒砌而成，共用26块梯形石头组成拱形，拱跨5.2米，矢高3.6米。全长35.41米，设廊屋13间，面阔三间、6.4米。梁架为九檩四柱，五架梁背置两瓜柱承三架梁和金檩，三架梁背置一瓜柱承随脊枋和脊檩。当心间施重檐歇山顶，东北向设神龛供奉观音和金童玉女像。桥墨书题记丰富。2007年5月被列为县级文物保护单位。

复兴桥 位于黄田镇姚村村，东西走向。始建清代中叶，1960年水毁，1961年重建，1975年火毁，1976年改建石拱桥面，重檐歇山顶。净跨13米，矢高3米，桥长26.7米，桥宽6米，有廊屋7间。

上坑阙下桥 位于竹口镇上坑村口，东南—西北走向，始建于清代，1991年火毁，同年重建为石拱廊桥。拱跨6.3米，矢高5米，桥长25.7米，宽4.34米，廊屋9间。该桥保留“桥山”10亩。

曹岭下村桥 又名南源桥，位于黄田镇曹岭村南2千米处的南源村，东南—西北走向，建于清代。石拱以卵石垒砌，拱跨2.4米，矢高2.5米。全长15.05米，宽4.35米，设廊屋5间。桥面阔3间，明间为通道，两次间设木板凳。檐柱间设有栏杆，桥栏两侧封钉风雨板。桥面卵石墁铺。梁架九檩四柱，三架梁、五架梁扁作挖底，三架梁背置瓜柱、蝴蝶木吻脊檩。屋面方椽、小青瓦，歇山顶。

塘堀水尾桥 位于岭头乡塘堀村水尾，清代建筑，1997年修缮，东北—西南走向。石拱券用38块扇形块石垒砌而成，桥长20.8米，矢高2.8米，净跨4.2米，设廊屋7间，面阔三间、3.84米，明间为通道，两次间设长板凳供行人小憩。次间外壁鳞叠封钉风雨板，上层开启几何形小窗，中心间东南向设佛龛。卵石桥面，梁架九檩四柱。五架梁上墨书山水图案。屋面方椽、小青瓦，两坡顶。

梅树桥 位于左溪镇梅树村水尾，南北走向，建于民国元年（1912年）。拱跨2.5米，矢高1.7米，全长21.8米，面阔3.65米，设廊屋9间。明间为通道，两次间设宽板凳，当心间设神龛。梁架为九檩四柱，五架梁雕龙须纹。桥身两侧外壁鳞叠封钉两层风雨板，上层开启几何形小窗。屋面方椽、小青瓦，两坡顶。

班岱后上村桥 又名善庆桥、村头桥，位于四山乡班岱后村上村尾，东北—西南走向，建于民国5年（1916年）。石拱用扇形块石并列相互挤砌。净跨3.7米，矢高2.5米，桥长13米，宽4米，有廊屋5间，面阔3间。明间为通道，两次间设长板凳供行人小憩。廊屋外壁鳞叠封钉风雨板。屋面方椽、小青瓦合铺。当心间系重檐歇山顶。

应岭尾阙桥 位于松源镇应岭尾村水尾，东西走向，建于民国29年（1940年）年。拱跨4.8米，矢高4.5米，全长10.6米，面阔3.1米，有廊屋3间。

黄坑桥 又名回龙桥，位于隆宫乡黄坑村。原为木拱廊桥，1952年水毁，1993年在原址上重建为石拱廊桥。拱跨12米，矢高6.5米，桥长27.95米，面阔4.02米，设廊屋9间。该桥保留"桥山"15亩。

乌石岭村尾桥 位于松源镇乌石岭村水尾，东北—西南走向，建于1969年，石拱由26块扇形块石砌筑而成，拱跨2.83米，矢高3米，全长10.44米，设廊屋3间。

石门桥 位于屏都镇坑里村，东北—西南走向，原系木拱桥，1987年水毁，1995年改建为石拱桥。拱跨7米，矢高2.5米，桥长17米，宽4米，有廊屋4间。

会龙桥 又名斋郎水尾桥，位于百山祖乡斋郎村水尾，东西走向，1991年重建，拱跨2.3米，矢高3米，桥长13.7米，宽4.3米，有廊屋5间。桥体及周边的"风水林"保护完好。

呑下桥 位于松源镇大坑村，东西走向，原有木平梁廊桥毁于风灾，1995年重建为石拱廊桥。全长11.1米，面阔6.25米，净跨4.6米，拱高4.5米，有廊屋3间。

吾际下文昌桥 位于安南乡吾际下村，东西走向，建于2001年。拱跨13.1米，矢高6.35米，桥长17.7米，宽3.76米，设廊屋5间，中心间设神龛，供奉真武大帝和文昌帝君。

慈照桥 位于松源镇底村村，建于2008年。有廊屋8间，造型独特，桥与东侧桥亭间设穿心门，二间升起三重檐歇山顶，施藻井，花岗石墁铺地面，两端桥亭及桥面当心升起重檐歇山顶，为典型的仿古建筑。

第三节　木平梁廊桥

特征

庆元的木平梁廊桥多选择较粗大的杉木为梁，梁木直接搭建在两岸由块石砌筑的桥台上，跨度较大，两侧桥台之上用2—3行杉木构成伸臂，以增加桥梁中间的承受力。梁木上横铺杉木板为桥面，桥屋有二柱七檩穿斗构架式和四柱九檩穿斗构架式两种。桥中大多设一个神龛，少数桥中设2—3个神龛，上覆两坡顶，或悬山顶，或重檐歇山顶。其中工艺最为精美的是杨家庄村的护龙桥和隆宫村的龙济桥。木平梁廊桥工艺较为简单，造价低，容易建造，是庆元数量最多的一种廊桥，至2010年末，保存完好的有50多座。

选介

蛟龙桥 又名大际头水尾桥，位于岭头乡大际头村，南北走向。清道光十六年（1836年），吴保林倡建。1996年，大际头村委会发动群众维修。纵平梁并列6支，跨度8.6米，矢高2.95米。设廊屋11间，长26.4米，面阔4.4米，三开间，明间为通道，两次间设长木凳。廊屋内平梁净跨部分铺钉桥面板，余为块石地墁。桥身两侧鳞叠封钉两层风雨板，上层风雨板开启几何形窗。梁架为九檩四柱，两坡顶，结构较简。桥北起第六间设神龛，脊檩上有"大清道光十六年丙申……"等建桥年号题记。2007年5月被列为县级文物保护单位。

永兴桥　位于合湖乡三堆村尾，东西走向，始建于明代，现存建筑为1953年修建。净跨5.86米，矢高6.45米，全长24.64米，设廊屋11间，面阔三间、4.9米。

北坑水尾桥　位于五大堡乡北坑村水尾，北坑村至五大堡村的老路上，南北走向，始建于清乾隆十五年（1750年）。桥由5根粗大圆木架设于两岸桥台上，桥台块石垒砌。平梁之下垫置枕木，上部平铺木板，形成架设廊屋的构架平面。桥长19.82米，面宽3.71米，净跨2.15米，矢高2.9米，廊屋9间。明间为通道，当心间西向设神龛，供奉观音像，次间设长木凳供行人小憩。除当心间和南向三间外，其余铺方砖地面，柱子直接顶在桥面上。五架梁扁式挖底，背置两瓜柱承三架梁和金檩，三架梁背施一斗三升承脊檩，脊檩上有“时大清乾隆拾伍年……”墨书题记。其余各间有五架梁扁式挖底，中间背负一瓜柱承脊檩，瓜柱与金柱间设双步梁，双步梁背置瓜柱承脊檩。桥身两侧鳞叠封钉两层风雨板，上层开启多种几何形窗。屋面由方椽、小青瓦合铺，两坡顶。2007年5月被列为县级文物保护单位。

图7-11　蛟龙桥（叶荣兴　摄于2007年）

洋里桥　位于淤上乡石坝村石坝公路与良鲤塘公路交叉处。始建于清乾隆五十四年（1789年），同治十一年（1872年）重修，南北走向，占地面积57平方米。木平梁由13根圆木组成，平梁之上垒0.25米厚的卵石，再打0.4米夯土，桥面用砖铺成“人”字形图案。设廊屋7间，当心间随脊枋上有“大清同治拾壹年王申崴次拾月贰拾日各村勘完重修佛桥大吉”字样。

澄湖水尾桥　位于张村乡澄湖村水尾，东西走向。清乾隆六十年（1795年）建造。全长15.35米，净跨3.3米，矢高1.6米，面阔4.05米，有廊屋3间。

下源桥　位于安南乡方塘村下源自然村，南北走向，始建于清嘉庆二十三年（1818年），光绪十二年（1886年）重修。四周为梯田，小溪自西向东流经该桥。纵铺木梁11根，净跨7.8米，矢高3.8米。全长13.28米，面宽4米，廊屋5间，面阔3间。明间为通道，两次间设木板凳、栏杆。桥面中轴线上用青砖墁砌成曲形图案，余均为卵石地面。梁架为九檩四柱，中心间随脊枋上有“交林郎知庆元县事知县谭正坤官星高照”墨书题记。

东溪桥　又名南洋桥，位于岭头乡钵下村，东南—西北走向，清嘉庆二十三年（1818年）建造。矢高1.75米，净跨7.13米，桥长21.56米，宽4.38米，有廊屋9间。明间为桥之甬道，两次间设长凳供行人小憩，中间至西北端，4间桥面平梁施木板，东北向设2间神龛。梁架为九檩四柱，随脊枋上有“嘉庆贰拾叁年……重新建造”题记。五架梁上置两瓜柱再承三架梁，三架梁上置一瓜柱上承随脊枋和脊檩。桥外壁鳞叠两层风雨板，上层开启多种几何图案小窗。南北两端夯筑护墙，北向第二间至南向第四间桥面铺木板，余均为卵石地面。屋面施方椽、小青瓦，两坡顶。

图7-12　杨家庄护龙桥（县文广新局供　摄于2010年）

杨家庄护龙桥　位于岭头乡杨家庄村水

尾，南北走向，始建于清嘉庆二十五年（1820年）。桥有纵平梁7根，净跨7米，矢高2.15米，桥长27.75米，宽5.12米，设廊屋11间。梁架为九檩四柱，中心间脊檩上有“大清嘉庆廿五年庚辰岁次……”等题记。明间为通道，两次间设长板凳，中心间东侧设神龛，两侧外壁鳞叠封钉两层风雨板，上层开启几何窗。北端第四间至第三间桥面铺钉木板，其余均铺小石块，柱子底部设块石。屋面施方椽、小青瓦，两坡顶。2007年5月被列为县级文物保护单位。

渡龙桥 又名回龙桥，位于百山祖乡龙岩村，东北—西南走向，始建于清嘉庆二十五年（1820年），1969年原址重建。净跨2.13米，矢高2.5米，溪水自东南向西北穿桥而过，全长21.37米，设廊屋7间，面阔4米。

福星桥 位于荷地镇半路村水尾，东北—西南走向，建于清道光十二年（1832年）。木平梁由19根苗木组成，净跨3.8米，矢高1.8米，廊屋全长17.3米，设廊屋7间，面阔三间、4.5米，块石桥面，柱子直接顶在块石上。梁架为九檩四柱，中心三间梁架穿插枋上施斗拱，五架梁、三架梁随金枋等构件上施水墨画。屋面设重檐歇山顶，桥身两侧檐柱外壁鳞叠封钉两层风雨板，上层开启如意窗等。

狮马桥 位于贤良镇新村村水尾，建于清道光十七年（1837年）。净跨3.56米，矢高2.11米。全长12.15米，设廊屋7间，面阔三间、4.25米。明间为桥之通道，次间设长凳供行人小憩。梁架为九檩四柱，柱子直接顶在块石之上，五架梁方形挖底，背置两瓜柱上承三架梁和金檩，三架梁方形，背置瓜柱上承脊檩和随脊枋。瓜柱下置驼墩，柱与瓜柱、瓜柱与瓜柱间设驼峰。

野岙桥 位于四山乡班岱后村，南北走向，据脊檩书原桥始建于道光二十六年（1846年），后毁于火，2006年重建。全长12.8米，面阔4.08米，净跨2.18米，拱高1.5米，有廊屋5间。

平兴桥 位于合湖乡合湖村中心，东北—西南走向，建于清同治二年（1863年）。净跨8.75米，矢高1.75米，全长11.6米，设廊屋5间，面阔三间、4.4米。明间为通道，两次间设木板凳，中心间设神龛。两侧檐柱之间封钉木板栏杆，在栏杆外壁鳞叠封钉风雨板。梁架为九檩四柱，五架梁扁式，两端雕龙须，背置二瓜柱再承三架梁，三架梁背置一瓜柱上承随脊枋和脊檩，两次间金柱间穿插枋两端均雕龙须纹。脊檩有“旹同治二年……重新建造”等墨迹题记。屋面方椽、小青瓦，两坡顶。

择树坑交龙桥 位于举水乡择树坑村水尾，建于清同治十年（1871年）。桥台用块石垒砌，有梁木11根。桥长11米，宽3.5米，净跨4.3米，矢高1.9米。共有廊屋4间，西侧第二间南侧设神龛，枋上施彩绘。

甘公坑桥 位于淤上乡淤上村甘公坑自然村水尾，南北走向。清光绪五年（1879年）建造。该桥有木平梁9根，梁径约0.28米，净跨5.35米，矢高5.5米。现存廊屋3间，桥长约10米，宽3.6米。廊屋梁上墨迹题记，彩绘丰富。原桥长约15米，原有廊屋5间，北侧二间已塌。

官局桥 位于岭头乡岭头村山翠湾自然村尾，东北—西南走向。桥长11.8米；面阔4.5米，净跨2.9米，矢高3.8米。据脊檩记载建于大清光绪六年（1880年）。有木平梁4根，直径约0.7—0.8米，廊屋面阔三间，九檩四柱。明间为通道，两次间添建竹制美人靠。东北侧第二间廊屋设神龛，供奉观音像。水泥地面，廊屋下半部一层风雨板，屋面施望板，小青瓦合铺，歇山顶。

石塘桥 位于左溪镇石塘村至江根水寨的古道上，东北—西南走向。建于清光绪十三年（1887年），长6.34米，面阔三间、2.7米，净跨4.3米，矢高4.3米，设廊屋三间。明间为通道，中心间西北向设神龛，两次间设长凳供行人小憩。桥面铺设木板，柱子直接抵在桥面木板上，梁架为九檩四柱。五架梁匾式作挖底，背置两瓜柱上承三架梁和金檩，三架梁背置一瓜柱上承脊檩和随脊枋。

乌石岭新桥 位于松源镇乌石岭村至甘公坑村古道上，南北走向。建于清光绪二十一年（1895年），木平梁由13根圆木架设在两岸桥台上，桥台用块石垒筑，净跨3.68米，矢高3.05米。桥长17.64米，设廊屋5间，面阔三间，明间为桥之通道，两次间设长凳供行人小憩。梁架九檩四柱，五架梁承瓜柱和三架梁。中心间西向加两金柱设神龛，脊檩有“旹大清光绪二十一年……”题记。桥身外壁鳞叠封钉两层风雨板。屋面施方椽，小青瓦合铺。

吴坑封锁桥　位于张村乡吴坑村吴坑自然村水尾。桥长约18米，宽约4.56米，有廊屋6间。有梁木6根，净跨5.8米，梁架九檩四柱。明间为通道，西侧次间重檐歇山顶。脊檩上书建于清光绪二十一年（1895年）。北侧桥头2008年维修，建砖墙，中设圆形拱门。

庙后桥　位于龙溪乡西溪村，东西走向，清光绪二十一年（1895年）重新建造。桥净跨4米，矢高2.2米，桥长6.6米、宽8.45米，廊屋2间。梁架穿斗结构，底部31根木平梁，屋面瓦片阴阳合铺。

转水桥　位于左溪镇梅树村至木桥头村古道上，东西走向。建于清光绪二十四年（1898年），净跨7.4米，矢高2.26米，桥台为块石垒砌，5根木平梁架于两岸桥台上。全长11.37米，面阔3.4米，有廊屋5间。明间为通道，两次间设长板凳。两侧檐柱间封钉栏板，栏板外壁鳞叠封钉一层风雨板。桥面铺钉木板，梁架为九檩四柱，五架梁背置蝙蝠木、大斗承三架梁，三架梁背置一大斗，吻脊檩。挑檐枋上置一大斗承檫檐檩。桥内木匾额上有“旹大清光绪贰拾肆年……”等墨书题记。

福寿桥　又名后楼坑桥，系石拱及木平梁廊桥，位于安南乡权山村后楼自然村至五岭根村的古道上，南北走向，清光绪二十四年（1898年）建造，石拱券净跨3.4米，矢高2.5米，靠上游拱券填三根木平梁，跨4.6米，桥长11.4米，面阔三间、3.45米，有廊屋5间。九檩四柱，两次间设桥凳，当心间西侧设神龛，桥廊两侧檐下至栏杆处鳞叠封钉风雨板，风雨板上开启扇形小窗。明间抬梁式，三架梁梁头做成“龙头”状，中间置顺檩枋，梁背置一大斗承托脊檩，顺梁方向用蝴蝶木。屋面施方椽、小青瓦，两坡顶。该桥形制特殊，桥底有矴步。2007年5月被列为县级文物保护单位。

桃坑接龙桥　位于荷地镇桃坑村水尾，为县级文物保护单位。始建于清光绪二十九年（1903年），东西走向。平梁净跨2.2米，高1.7米，设廊屋5间，长12.2米，面阔三间，4.75米，明间为通道，南面中心三间设神龛，西端第二间桥面铺钉木板，余均夯土地面，柱子端部垫长方木，两次间外壁鳞叠封钉风雨板，上层开启几何形小窗。中心间为重檐歇山顶，在角柱上按插牛腿。檐柱上施丁字拱承托挑檐枋、挑檐檩。梁架为九檩四柱，内柱额枋与金檩之间用单步梁连接隔架科，一斗三升做法。桥内梁枋彩绘“双凤朝阳”、“三国人物故事”、花草等图案，在神龛西侧壁上墨书“旹在戌申仲庆秋月”字样。屋面方椽、小青瓦合铺，两坡顶。

杉坑桥　位于江根乡杉坑村水尾，南北走向，建于清光绪三十年（1904年）。桥台为块石垒砌，净跨8.3米，高3.8米。廊屋全长24米，设廊屋9间，面阔三开间5.05米。明间为桥之通道，梁架为九檩四柱，五架梁背置二瓜柱上承三架梁和金檩，三架梁设瓜柱下承驼墩和随脊柱，上承角背和脊檩。

库坑双龙桥　位于贤良镇库源村库坑自然村水尾，南北走向，建于清光绪年间。净跨9.8米，矢高4米，全长23.96米，设廊屋7间，面阔三间、4.7米。

江根暗坑桥　位于江根乡江根村至石塘的古道上，南北走向，距江根村1.5千米，建于清代。桥台用块石垒砌，净跨5.7米，矢高2米，全长8.37米，设廊屋3间，面阔三间、3.76米。

黄坪桥　位于五大堡乡黄石村黄坪自然村村口，清代建筑，占地面积77.54平方米。木平梁由七根粗大圆木架设而成，梁木与桥台之间垫有枕木。该桥净跨9.5米，矢高2.7米，全长16.93米，面宽4.58米，设廊屋7间。明间为通道，内有长木凳和美人靠供行人小憩。

桥陌水尾桥　又名望乡桥、观音桥，位于百山祖乡桥陌村水尾，东西走向，建于民国20年（1931年）。木纵梁并列15根，净跨9.3米，矢高2.3米，面阔4.15，全长17.54米，设廊屋6间，面阔3间。东西各2间，为地面桥，卵石墁地；拱跨内3间，为木板铺钉。明间为通道，两次间设木板凳，中心间北面设神龛，神龛上悬挂民国20年制“慈航普渡”木匾。桥两侧檐柱间设栏板，桥身自檐口至木纵梁外壁鳞叠封钉两层风雨板，在上层风雨板处开启几何形小窗，在中心间南向风雨板及东、西桥头明间风雨板挖成半圆形。梁架为九檩四柱。中心间重檐歇山顶，内设天花藻井，余为两坡顶。屋面施方椽、小青瓦。

门林后桥楼　位于举水乡门林后村水尾，系双层结构的木平梁廊桥，建于民国21年（1932年）。木平梁由18根圆木组成，架设于两侧桥台之上，桥台块石垒筑，平梁之上用块石平铺，形成架设廊屋的构架平面。廊屋为两层结构，全长14米，设廊屋5间，面阔4.72米。一层为桥之通道，二层为登高赏景的楼台，桥楼曾一度被用做学堂。该桥布局规整，结构特殊，是典型的乡土文化建筑。

坪头接龙桥 位于荷地镇坪头村，东西走向，民国29年（1940年）重新建造，长8.2米，面阔3.9米，净跨7.8米，矢高5米，有廊屋5间。

半岱阙下桥 位于松源镇半岱村口，南北走向。建于民国35年（1946年）建，桥长18.77米，净跨3.62米，矢高3.9米，设廊屋7间，面阔三间、3.66米。块石桥面，设有神龛。梁架九檩四柱，五架梁上施随脊枋和随金枋。

黄洋护龙桥 位于荷地镇黄洋村水尾，东西走向，始建于民国年间，1987年重修。桥的木平梁10余根，矢高2米，净跨2.5米。全长19.5米，设廊屋9间，面阔三间、4.25米。明间为桥之通道，两次间设长板凳供行人小憩。卵石桥面，石鼓柱墩，梁架为九檩四柱，五架梁挖底背置两瓜柱上承随金枋和金檩，瓜柱间设三架梁，三架梁背置一瓜柱上承随脊枋再承蝴蝶木和脊檩。当心间重檐歇山顶，角柱上施二攒斗拱，重檐壁上施彩绘人物图案，墨书“光”字样，另一面彩绘花、鸟、鹿等图案，重檐下层内设藻井，彩绘“双凤朝阳”图案。当心间和北端第一间设神龛。桥身两侧檐柱设木板壁，外壁鳞叠封钉两层风雨板，上层开启几何形小窗。屋面方椽、小青瓦合铺。该桥设重檐，施彩绘，是地方文化、历史文化信息丰富的一座廊桥。2007年5月被列为县级文物保护单位。

陈鉴坑阙下桥 位于岭头乡陈鉴坑村水尾，南北走向，建于民国时期。桥长16.9米，面阔4.3米，净跨6.65米，矢高3米，设廊屋7间。明间为通道，两次间设长凳供行人小憩。

会堂桥 位于岭头乡后仓坑村，建于1963年。净跨4米，桥长13.42米，有廊屋12间。

殿桥 又名高升桥，位于合湖乡合湖村，东北—西南走向。始建年代不详，1974年重建。全长22.45米，净跨12.5米，矢高4.5米，面阔4.7米，有廊屋9间。

枫树坪水尾桥 又名枫树坪阙下桥，位于百山祖乡枫坪村水尾，南北走向，始建年代不详，1986年修建。全长18.7米，拱跨5.98米，矢高2.4米，有廊屋7间。

后溪水尾桥 位于张村乡后溪村至张村村的古道上，东北—西南走向，溪水由东南向西北流经该桥。有木平梁7根，桥长6.7米，宽3.6米，净跨5.3米，矢高6米，有廊屋3间。廊屋面阔三间，明间为通道，两次间设木板凳。廊屋两侧有一层风雨板。平梁上铺木板供行人行走。梁架为九檩四柱。屋面施方椽，小青瓦合铺。

吴坑新桥 位于张村乡吴坑村，东西走向。桥长9米，面阔3.5米，净跨4米，有廊屋3间。

第四节 其他形式廊桥

水泥平梁廊桥

小关水尾桥 位于隆宫乡小关村水尾。始建于明代，水毁于1953年6月初，2007年9月重建为水泥平梁廊桥。拱跨8米，矢高4.5米，桥长28.7米，面阔3.8米，设廊屋9间。

观洋桥 位于安南乡陈村村，南北走向。始建于清康熙年间，原为木平梁廊桥，1999年改建为水泥平梁廊桥。净跨6.3米，矢高4.7米，桥长19.75米，面宽3.85米，设廊屋7间。

猫奔桥 又名毛犇桥，位于黄田镇姚村至台湖村公路北侧。始建于清乾隆四十年（1775年），原为木拱廊桥，1962年改为水泥平梁廊桥。净跨3.5米，矢高2.5米，全长12米，面宽4.5米，有廊屋3间。

龙庆桥 位于黄田镇曹岭村尾与龙泉市小梅镇村头之间，始建年代不详。原为木拱廊桥，乾隆四十二年（1777年）重建，更名为“通福桥”，光绪三十年（1904年）改名为“寿川桥”。桥5跨36间，全长140米，高14米，面宽5米。1949年5月中旬，国民党军队溃败途经此桥，为阻挡解放军的追击，将此桥烧毁。

2010年，龙庆两地人民启动原址重建龙庆桥工作。

图 7-13 庙潭桥（安南乡政府供 摄于2010年）

庙潭桥 又名安溪桥，位于安南乡安溪村，东西走向。建于清嘉庆四年（1799年），2001年重修，2007年改建为水泥平梁廊桥。桥长48米，宽4.8米，矢高14米，设廊屋16间。

南坑桥 位于安南乡南坑村，南北走向，始建于清代，原为木平梁廊桥，2003年在原址上重建为水泥平梁廊桥。桥长15.4米，宽4.3米，有廊屋7间。

横岭桥 位于荷地镇大横岭村水尾。始建年代不详，民国37年（1948年）重建，原系木平梁廊桥，2006年毁于台风“桑美”，2009年重建为水泥平梁廊桥。净跨8.7米，矢高4米，桥长15.4米，宽5.27米，设廊屋7间。

八字门桥 位于隆宫乡张地村，原为八字门亭，2001年改建为水泥平梁廊桥，桥长5米，宽4米，矢高2米。

八字撑木平梁廊桥

包果桥 位于岭头乡包果村尾。始建于清乾隆十一年（1746年），系斜撑式木廊桥，南北走向。桥长18.15米，宽4.25米，净跨11.3米，矢高2.3米。原有廊屋11间，南侧3间于20世纪80年代修公路时拆除，现存8间。廊屋3间，明间为通道，两次间设长板凳，北侧第四间西侧设神龛，当心间脊檩上墨书“大清乾隆十一年……”等题记。廊屋两侧鳞叠封钉两层风雨板，上层开启几何形窗。梁架为九檩四柱。屋面施方椽，小青瓦合铺，两坡顶。桥台用块石垒筑，木平梁由5根圆木架于两侧桥台上，平梁下增设八字排架。2007年5月被列为县级文物保护单位。

白云桥 位于举水乡月山村云泉路旁，建于清代。为斜撑式木廊桥，南北走向，东临公路，南侧为云泉寺。白云寺依山而建，是一座小巧袖珍的桥。全长8.34米，宽3.72米，净跨5.75米，矢高3.5米，廊屋3间。桥台建在两侧岩壁上，块石叠砌。桥拱由8根圆木并列组成平梁架，下设八字形木撑架，斜撑用4根一组，顶部为3根一组，在拱架接点处安横向圆木，使八字形撑架连成一体，结点圆木与平梁靠合，帮助纵平梁传递桥面荷载。梁架为九檩四柱，中心间顶部设八角天花藻井。屋面施方椽、小青瓦。明间设通道，次间设美人靠，当心间设神龛供奉观音菩萨。重檐歇山顶，翼角飞翘。桥身两侧自檐口至

图 7-14 包果桥（叶荣兴 摄于2007年）

图 7-15 白云桥（县文广新局供 摄于2008年）

木拱架外壁鳞叠四层风雨板，在上层风雨板处每间各开启桃形、瓶形、六角形小窗。桥廊地面中轴线上用青砖曲折纹铺墁，余用小鹅卵石几何纹铺墁。桥面中间铺砌成人字图案，两侧用鹅卵石拼砌成铜钱状。2007 年 5 月被列为县级文物保护单位。

伸臂叠梁廊桥

济川桥　位于黄田镇上济村，建于清康熙三十六年（1697 年），东南—西北走向。叠梁伸臂式廊桥，形式特殊。叠梁式木拱架：桥台外壁直立一组木柱，并列六根（后改建为石砌基础），上下以枋木铆固，在顶部枋木上架设一组伸臂梁，并列 7 根，在其上叠一组横枋木，并列 3 根，再在其上架设一组伸臂梁，并列 11 根，再在伸臂梁上叠一组横枋木，并列 4 根，最后由两岸桥台外壁架设横贯全桥的纵梁，并列 15 根，形成完整的伸臂叠梁系统。伸臂梁与横枋木十字重叠，逐级层层挑出，达到增加桥梁承载力的目的。桥长 21.5 米、面宽 4.7 米，净跨 16 米，矢高 2.8 米。有廊屋 7 间，面阔 3 间，明间为通道，两次间设美人靠。当心间南面设神龛。梁架为九檩四柱，抬梁形式，结构较简。施方椽、小青瓦，两坡顶。桥廊两侧外壁鳞叠封钉两层风雨板，上层开启几何形小窗，当心间北面风雨板挖成如意形。桥当心间随脊枋上有“大清康熙三十六年丁丑岁次仲春月……鼎新建造”等墨书题记。该桥不仅有交通功能，而且自古为村民交流活动的公共场所，村民常聚此议事，至今遗风依旧。2007 年 5 月被列为县级文物保护单位。

图 7-16　济川桥（县文广新局供　摄于 2010 年）

龙济桥　位于隆宫乡隆宫村，建于清初，东北—西南走向。该桥的主要承重部分，由伸臂梁和横枋木十字交叉重叠组成，逐级层层挑出，是较短构件营造较大跨度桥梁，增加桥梁强度的一种桥式。桥长 20.9 米，净跨 4.9 米、高 3.6 米。设廊屋 6 间，面阔三间、5 米，明间为通道，两次间设长木板凳、美人靠。中心间重檐歇山项，内施锅形螺旋式如意斗拱藻井，在天花板中部开启圆孔，露出层叠斗拱，构成外方内圆的寓意。梁架为九檩四柱，廊屋两侧鳞叠一层风雨板。屋面依次施方椽、望板、小青瓦。伸臂叠梁的桥式以及重檐斗拱等构造，型制比较特殊，造型简补，颇具明代风格，在现存廊桥中比较罕见。2007 年 5 月被列为县级文物保护单位。

图 7-17　龙济桥（县文广新局供　摄于 2009 年）

旱桥

底墅外村桥　位于荷地镇底墅村。据清同治五年（1866 年）版底墅村《吴氏宗谱》记载：“自宋代以来已有此桥，后被洪水冲毁，崇祯十一年重建，称其为崇德桥，道光二十八年又重建，并增建天仙宫殿……”

原系石拱廊桥（石拱券被填封，仅留廊屋），现为旱桥，东北—西南走向。通进深 14 米，面宽 7 米，当心间为鸳鸯厅，东南厅作桥廊，西北厅为天仙宫殿。梁架为十三檩五柱，设中柱通脊檩（中柱即为桥廊内柱），建筑整体两厅梁架共用檐柱，桥廊为八檩四柱，天仙宫殿为六檩二柱。歇山顶，翼角起翘。明间五架梁挖底，梁背置雕花角背，承三架梁，三架梁为月梁形制，梁背置雕花驼峰、一斗三升式斗拱，承脊檩。桥廊内柱额枋与金檩之间用雕花月梁连接，隔架科一斗三升式做法。此桥设计合理，雕梁画栋，工艺细腻；在功能上，可歇息避雨，又设庙供村民进香祭拜，是一处既美观又实用的古代桥梁，其文化内涵丰富。2007 年 5 月被列为县级文物保护单位。

隆宫接龙桥　位于隆宫乡隆宫村，东西走向，始建于清末，原为木平梁廊桥，20 世纪 80 年代毁于火灾，2000 年重建为旱桥。桥长 19.4 米，面阔 4.9 米，设廊屋 6 间。

上余村尾桥　又名永丰桥，位于松源镇五都上淤村，建于 1964 年。桥长 10.21 米，面阔 3.38 米，设廊屋 3 间。

双溪桥　位于黄田镇双溪村水口，东西走向，建于 1994 年，全长 19.65 米，面阔 5 米，有廊屋 5 间，是典型的“风水桥”。

第二章　廊桥建筑

外观优美的廊桥，为山区群众的交通提供方便。它集桥、亭、庙等功能于一体，是人们休息、避雨、祭祀、文化娱乐、物资交流的重要场所。庆元木拱廊桥在营造、修建的过程中，有一系列约定俗成的仪式和习俗，这些仪式和习俗与廊桥密切相关、相互依存，是廊桥历史文化的有机组成部分，有着丰富的社会文化内涵。

第一节　廊桥发展

起源于唐宋

随着唐宋经济文化的发展，对交通的需求与日俱增，北方京杭运河漕渡的船只越来越大，为便于通行，石拱桥、木拱桥成为最主要的桥式。而浙闽山区溪流落差大，山洪爆发时泥石杂木俱下，一般有桥柱的木板桥和平梁桥一冲即垮，所以逐渐在八字撑梁桥和伸臂叠梁桥的基础上发展为木拱廊桥。庆元有历史记载的木拱廊桥见于北宋，堪称“北虹南拱”。据大济村的《吴氏宗谱》记载，早在大济吴氏先祖吴崇煦迁入之前（吴崇煦于公元1004年迁入大济），大济村就有临清、甫田两社，社坛就设在临清桥和甫田桥上，四时祭祀，香火鼎盛。临清桥和甫田桥的始建年代在1004年之前，即使从这年算起，也比北宋青州“虹桥”出现的时间早30多年，比《清明上河图》中的虹桥早100多年，比现在始建最早记录的闽清合龙桥早130多年。临清桥上的中梁书北宋天圣二年（1024年）修建，始建年代向前推移50年就是五代十国时期，向前推移100年就是唐末。代表性廊桥有双门桥、甫田桥，它们最大的特点是，此时的木拱廊桥尚带有初始时期的痕迹。如双门桥的拱架虽已采用三节苗和五节苗两个系统，但五节苗系统与后来发展的五节苗系统的做法有较大区别，其平苗特别短。不过其整体结构与明代的如龙桥已极为接近，可以看成是初期木拱廊桥到成熟期木拱廊桥之间的一种过渡形式。双门桥和甫田桥拱架结构是从八字撑梁桥的基础上发展起来的，最为突出的特点是，工匠们在一座桥的拱架上采取两个系统，即用三节苗与五节苗相间交错排列，形成拱形木梁架。但第二系统的五节苗与后来发展的五节苗有较大区别，平苗（第二节）的苗木特别短，只有20厘米。两支平行的横枋木靠得很近，如不仔细观察，会以为是四节苗组合结构。第二个特点是，为避免左右侧移，在大牛头和将军柱之间设计“人”字撑加固。第三个特点是，靠岸的竖排架的“将军柱”直通上部廊屋，使木拱架和廊屋连成一体，整座桥更为稳固。第四个特点是，桥面用横板铺就，没有坡度，与两岸的道路呈水平状态。

成熟于元代

元代中期，内外战争基本停息，比较重视手工业和建筑业的发展。在木建筑理论上继北宋《营造法式》《木式》之后，元代著有《经世大典》和《梓人遗制》，南方建筑在细致的基础上引进北方粗犷的风格，具有去华从简、厚重自然的建筑特色。庆元留存这一时期的木拱廊桥有咏归桥、濛洲桥、半路亭桥。最主要特点是此时木拱廊桥的主要结构——木拱架上有新的改进。如咏归桥，与双门桥相比，平苗加长，拱架形成较为匀称的五折边形状，是木拱廊桥建筑臻于成熟的典型桥式。

咏归桥的特点有，从整体上看，具备元代粗犷、高峻、大气的时代特色。它采用重檐双坡顶，高坡长廊，举架高峻，正脊与翼角起翘显著，具有明显的元代建筑特点。引桥设亭台，颇为壮观。桥面凸出明显，改木板桥面为大块河石和不甚规则的条石铺砌。粗看好像杂乱无章，细看有菱形图案，具有元代的装饰风格。桥墩加固加厚。元代已经注意到拱型建筑物具有强大的反弹力，桥墩要特别坚固的特点，工匠们用大块石砌成又高又厚的桥墩，既壮观又牢固。在木拱架的主要部位上有新的改进，与双门桥相比，平苗加长，拱架形成较为匀称的五折边形状。改“人字撑”为两层“剪刀苗”，这样受力更加均匀，能有效避免桥体侧移，构造更为稳固。寻找整体和谐美观。在桥的两端引桥部分建方亭，南北向各开圆月型拱圈门。明崇祯十五年（1642 年）第五次修建咏归桥时，在原有结构的基础上，取“女娲补天”之意，添建重檐歇山顶的补天阁，整座廊桥如蛟龙昂首，气宇不凡，成为一座典型的园林廊桥。

鼎盛于明代

元朝末年由于长期战乱，社会经济受到严重破坏，“土地荒芜”“民居鲜少”。明朝初期，明王朝总结历代王朝兴衰的经验教训，竭力主张通过发展生产，“阜民之财，息民之力”给民“实惠”，以求达到长治久安的目的。这一时期，官府重视农业和手工业生产，解除奴仆关系，建立起雇佣关系，无地农民相对自由，手工业得到发展。另外，工匠轮班进京服役，服役期满可以“自由趁作”，交流先进工艺。在这种相对宽松的政策之下，“庆元香菇”又受到朱元璋的御封，特许庆元、龙泉、景宁三县农民制菇专利权，香菇业空前繁荣，菇民足迹遍及大半个中国。随着香菇经济的崛起，庆元的道路桥梁建设也开始兴盛。据史料记载，当时有位知县叫杨芝瑞，他以“苟利于民，何惜劳瘁”为座右铭，不惜重金召集邻近州县的能工巧匠筑路建桥，庆元一时名师云集，各路工匠大显身手，各展才艺，庆元的木拱廊桥建造技术达到登峰造极的程度。全县有明代留存的廊桥十多座，其中木拱廊桥有如龙桥、兰溪桥、袅桥、夹金桥、濛淤桥等；石拱廊桥有步蟾桥、富林观音桥、殿桥等；木平梁廊桥有官局桥、蛟龙桥、外村桥、阜梁桥等。

这一时期的特点主要有：

木拱廊桥从小跨径向大跨径发展。现有的宋、元时期的廊桥遗存都建在流量较小的溪流上，跨径不大。明代，随着廊桥营造技艺特别是木拱廊桥建造技艺中的拱架结构技术日趋成熟，在大流量、大河面上建造大跨度的木拱廊桥成为可能，达到木拱桥单孔拱跨长度之极限，兰溪桥是这一时期的典型代表。兰溪桥建造于明万历二年（1574 年），全长 48.12 米，面阔 5 米，桥拱净跨 36.8 米，拱高 9.8 米，有廊屋 19 间。至 2010 年，兰溪桥依然是全国单孔跨度最大的木拱廊桥。

拱架结构技术更加科学合理。这一时期的木拱廊桥解决承接关键部位的横枋木（俗称牛头）的技术难题。木拱架的三节苗与五节苗之间的“牛头”用抗腐防裂的杂木树种如苦槠木等为原料。三节苗的大牛头要连接平苗、斜苗、剪刀苗榫卯的 4 个不同方向、不同方位的 20 个木拱件，而且要根据苗木大小、弯直和不同斜度划墨，榫接不差毫厘。五节苗的上牛头要开凿 3 个不同方向、不同形制桥苗的卯眼，其中五节苗斜撑木卯眼 8 个、平梁燕尾榫卯眼 9 个、纵梁（桥板苗）的燕尾榫卯眼 9 个，共 26 个卯眼。诸多部件穿插别压采用牛头榫卯连接，使整个拱架紧密无间，形成一加一大于二的功效，大大增强木拱架的支承荷载力，同时有效减少纵向推力和反推力，达到抗弯、抗压、抗拉、抗侧移的奇妙效果。这一时期的木拱廊桥还在桥苗之间增加一个小排架（俗称蚱蜢腿），桥面立柱与枋木之间设一个方形框架，起到稳定重心、均衡受力的作用。

形成独特的桥面建造技艺。随着拱架结构技术的成熟完善，木拱架支承荷载力大大增强。这一时期，形成更加科学、庆元独有的桥面建造技艺。其建造流程是：先在桥面上铺一层木板，再依次铺上箬叶、木炭、砂石，最后墁砌溪石。这一建造工艺有效科学地解决桥面防潮、防腐、耐磨、防火、透气等诸多问题，加大桥面重量后使桥身更加稳固。更加注重整体造型，外观优美。由于当时有文化名人的参与和工匠轮班服役的熏陶，吸收廊桥建筑宫殿建筑和宋代遗风，更加注重造型，外观优美。如龙桥，于明天启五年（1625 年）修造，廊屋设计特别精致。它北端建三重檐歇山顶钟楼，与旁边的马仙宫殿相互映衬，中厅造重檐歇山顶，内设大禹神龛，中间顶部施藻井，如意斗拱层层叠加，如莲花绽放，风雨板开几何形小窗。如龙桥集楼、亭、桥、庙于一体，增加观赏价值和艺术价值，是木拱廊桥风景化、园林化的杰作。

转型于清代

清初，廊桥最大的特点是在营造技艺和工艺水平上趋于程式化、固定化，且逐步由木拱向石拱转型。从留存的廊桥看，石拱廊桥的数量占很大的比例，仅庆元留存的清代石拱廊桥就有20多座。

这一时期的特点有：廊桥的建设形式呈现多样化。随着清朝社会逐渐安定和经济的不断发展，官府和民众建造廊桥也逐渐兴盛，建桥工程纷纷上马。这一时期，木拱廊桥营造十分注重追求跨度，建成单孔跨36—43米的木拱廊桥就有张村岙头桥、张村桥、南洋桥、金石桥、角门岭桥5座。木拱桥、石拱桥、平梁桥，各种桥式层出不穷。逐步由木拱向石拱转型。清代200多年间，全国建筑桥梁总量比任何历史朝代都要多，木材的积储日渐稀少，在建材上采用石、砖为基本发展趋势。庆元也不例外，此时20米以上，梢径为24厘米以上的大杉木为数不多，且木拱桥要经常维护修理。建石拱桥比较牢固，比较实用，新建桥梁逐步由木拱向石拱转型。清朝庆元石拱廊桥有20多座，没有廊屋的石拱桥更多。更加注重廊桥的简洁实用。从留存的清代木拱廊桥来看，柱径、檩径、梁枋变小变细，一些不必要的斗拱全部消失，清朝木架构造的简化、细化及砖石的广泛采用，都在廊桥上得到反映。以黄水长桥为例，全长54.9米，桥面阔5米，拱跨只有17.45米，引桥加长，有廊屋21间，是全国廊屋最长的单孔木拱廊桥。又如后坑桥，桥面用花砖铺砌，有舒适感。

庆元以及浙南闽北的木拱廊桥具有历史连贯性，自我形成、发展的脉络清晰，有着自身的独立发展体系。这种观点得到越来越多的专家、学者的赞同和认可，浙江省文物考古研究所陈云根就此撰写专题论文，系统阐述独特观点。

第二节　建筑特色

木拱廊桥结构

木拱廊桥主要由拱架和廊屋两大部分组成，其主要技术含量和科学价值集中表现在拱架部分。木拱廊桥的拱架，主要由纵向梁木三节苗、五节苗和横向梁木大牛头、小牛头等木构件拼装组合而成，它的形态和构造原理很像篾工编簸箕、编箩筐的结构形式，“上下两根纵梁夹住一根横梁”“通过木构件的纵横相贯，穿顶别压，相互承托，逐节伸展，最后达到完整与稳定”，实现“一加一大于二”的荷载效果，所以，有人称之为“编梁木拱桥”。由于木拱架的结构形式和力学原理与《清明上河图》中的虹桥十分相似，学界也有人称它为“虹桥式结构”。整个拱架不用一钉一铆，木构件之间完全采用传统的榫卯技术连接，体现出高超的技艺水平。

庆元人把木桥上的纵向梁木称为“苗”，也叫“苗梁”。所以，所谓“三节苗”“五节苗”，实际上就是三节梁、五节梁，“剪刀苗”“桥板苗”就是指剪刀梁、桥板梁。另外，三节苗不是指三根梁木，而是指三排梁木通过两个节点的连接，由溪流的此岸到达彼岸，就是我国著名的桥梁专家唐寰澄所说的“第一系统”。五节苗是指五排梁木，通过四个节点的连接，与三节苗穿插别压，最终由此岸到达彼岸，也就是唐寰澄所说的“第二系统”。三节苗、五节苗的所有连接点全部通过方形横梁采用榫卯技术连接，方形横梁叫“牛头”，连接三节苗的两根横梁叫“大牛头”，连接五节苗的四根横梁叫“小牛头”。

木拱廊桥榫卯技术

榫卯技术是指传统木器中两个部分结合的地方采用榫卯的方式进行连接，突出部分叫“榫头”，凿空部分叫“卯眼”，这种连接方式叫卯结构或榫卯结构。榫卯又分为透榫、半榫、银锭榫（木匠称“牛吃水”）、燕尾榫、合掌、脚榫等等。廊桥营造过程中，使用最多的是燕尾榫、透榫和半榫。

木拱廊桥这种独特的结构形式，使它具有以下几个方面的特点。营造过程简便，构件加工简单。廊桥的木拱架部分只有苗木和“牛头”两种主要构件，而且规格比较统一，没有特殊构件和特型异型构件，原木材料经过简单的加工，就能成为拱架的基本构件。搭建组合便捷。与石拱桥相比较，木拱桥的拱架搭建更为便捷。在拱架搭建过程中，只要采用水架柱等简单的工具设施，就可以顺利施工，而且搭建所需的时间不长。短木料造长桥。与木平梁桥比较，可运用较短小的木料，营造更大跨度的桥梁。短小木料便于运输和加工，解决粗长木料难找问题，经济合理。能拓展作业时空。在石拱桥建造过程中，基本上都采取现场施工的方式进行，要搭好脚手架，铺好预制板，再建桥拱，而且要等到形成一定强度后再拆卸脚手架、预制板。木拱廊桥却不一样，主墨师傅计算好木构件的尺寸后，可以在桥边或更远的场地进行木构件预制，然后运至现场安装。由于可以预制，一是解决桥址周边加工场地不足的问题；二是可大幅度缩短造桥工匠在水上、水面作业的时间；三是木构件可在大的室内空间制作，不受天气影响，工期有保证。此外，在搭建拱架时，前一道工序完成，后一道工序就可以利用前一道工序的场地进行施工。这对于简化施工、减少设施有着重要的意义。比如，完成三节苗（即第一系统）安装后，木匠就可以利用三节苗为脚手架，运送木料并进行施工。桥拱完成后，桥面、廊屋等工序就在其上进行，不需要附属特别设施。可重新组装利用。木拱廊桥的拱架、廊屋都采用榫卯结构营造，拼装拆卸比较方便，修桥的时候，可以做到拆卸不损坏主要构件，并进行重复利用。兰溪桥、后坑桥修建时，对一部分毁坏的木构件进行更换、重新组装就修复如初。

木拱廊桥有很好的承重受压性能，但是，由于拱架结构特殊，容易产生向上的反弹力，造成失稳而损坏。为此，庆元的木拱廊桥都采用加盖廊屋的桥式，桥上的廊屋非但不是负担，反而增强桥的拱架与廊屋连接部分的稳定性，采用桥两端的四根“将军柱”（又叫天门柱），从拱架底部的垫苗木直通廊屋顶部，使廊屋和拱架浑然一体，这样重心下移，桥体更加稳固。

第三节　建筑流程

组织

廊桥是古代的公用交通设施，它的建设过程往往也具有公众行为的特征。一座廊桥的筹建初期，一般由村里有名望的乡绅或族长发起建桥倡议，然后成立一个建桥组织叫“某某桥董事会”或“某某桥理事会”，董事会成员称“董事”“桥董”“缘首”或“主事”等，人数从几人到几十人不等。董事会专门从事建桥款项的募集使用、建桥材料的准备、桥位的选择、落实建桥工匠、工期质量监督等建桥事宜。

建桥款项和物资，由“桥董”或“缘首”分头向社会公众募集，常常是走街串巷，挨家挨户进行募捐，募捐过程叫“写缘”。当建桥资金募集得差不多的时候，董事会就要约请“风水先生”与造桥的主墨师傅一起选桥址。开工前，桥董还要与主墨师傅订立“桥约”。“桥约”相当于现代的建桥施工合同，一般包含以下几项内容：廊桥的长度、宽度，工艺质量要求、双方的职责、工钱数量和兑付时间、方式等。

筹备工作完成后，建桥就进入具体的实施阶段。一座单孔木拱廊桥的营造大致有选桥址、砌桥台、架桥拱、铺桥面、造廊屋等工艺流程。

选桥址

古代建造廊桥的具体位置，一般由桥董、“风水先生”、主墨师傅共同选择确定。在庆元人的心目中，廊桥是“风水桥”，桥址一般都选择在乡村溪流的下游，村庄“水尾”的地方。另外，还要看周边的山形地势，最好选在两岸山脉逶迤于溪边所在，按民间的说法，廊桥建好之后能把“龙脉”接在一起。桥址的选择既要考虑交通需求，又要考虑留住村庄的“风水”，使廊桥具备双重功能。同时，还要尽量选择河床相对狭窄之处，这样可以缩短廊桥的跨度，节省资金投入。

砌桥台

建造桥台，有的由石匠单独承包，有的由木匠一起承包，再由木匠请石匠承建。桥台坚固是整座廊桥成功营造和长期牢固的基础，施工过程中，石匠师傅要征求木匠主墨师傅的意见，并听从其监督指导。桥台要求基础扎实，有的采用溪流中的卵石砌筑，有的采用块石砌筑，有的采用条石砌筑。条石砌筑的桥台最好，但成本较高。

有少数桥的桥台呈一头高一头低的状态，绝大多数的桥台呈水平状态。古代石匠和木匠主要采取两种方法测量桥台的水平高度：一是“竹爿水平法”。把毛竹劈成两爿，去掉中间的竹节，用支架把毛竹爿撑住，让它们连接成一条直线，竹爿与竹爿的连接处用泥巴堵好。然后，在竹爿内装水，以竹爿内的水来测试、调整桥台的水平高度。二是“麻绳加水平尺法”。选长4米左右、宽0.1米左右的直方木料一根，刨光后，在木料中间凿一个长方形的凹槽，制成旧时的“水平尺”。测量时，在凹槽中加水，由一人端平，二人在两岸的桥台上拉紧麻绳，让麻绳平行于“水平尺”，测出桥台的水平高度。

架桥拱

架桥拱是建造廊桥的关键步骤，是技术含量最高、工序最为复杂、施工难度最大的环节。包括上三节苗、立将军柱与大排架，上五节苗与剪刀苗、立小排架（即蚱蜢腿与桥板苗）等。

上三节苗　制作好相应的木构件之后，造桥师傅就要开始架桥拱，架桥拱的第一道工序是上“三节苗”。木拱廊桥的桥台可分为上桥台及下桥台。上桥台与桥面平行，是桥梁与道路的连接平台，下桥台是安装木拱架顶端、承接整座廊桥重量的受力平台。上三节苗之前，要在下桥台上做一个条形底座，用木质做的底座称“垫苗木”，用石质的称“垫苗石”。在三节苗之斜苗的下端制作一个凹口，木匠叫其“鸭嘴甲”，上端作半榫，木匠称之为“牛吃水”。将制作好的三节苗的斜苗起吊放置在水架柱上，接着把下端安装在“垫苗木”上，让“鸭嘴甲”咬住“垫苗木”，然后将斜苗的上端半样折入木横梁，这根横梁也就是俗称的大牛头”。靠近桥台两端的所有斜苗安装好之后，再从上往下将三节苗的平苗两端分别打入两边大牛头的燕尾榫中，从而完成桥体主要受力结构第一系统的搭建。木拱廊桥三节苗的苗木数量根据廊桥的宽度及木料的粗细而定，有的每节用11根，有的用9根，有的用7根。至此，完成桥体主要受力结构的第一系统。

立将军柱与大排架　在三节苗垫苗木的两边各竖立1根柱子，木匠称这4根柱子为“将军柱”。将军柱有“透柱”与“半柱”之分，将军柱从底座一直延伸到廊屋梁架的称透柱，将军柱仅延伸到桥台平面的称半柱。整座桥为一个木匠承建的，一般做成透柱，这样受力较好；桥拱与廊屋由不同的师傅承建的，一般做成半柱。将军柱的下端采用榫头固定在垫苗木上，为后续上端与桥板苗及梁架进行榫卯连接做准备，这道工序叫“立将军柱”。此后，还要在两根将军柱之间加若干柱子，上面加横梁，形成一个承重大排架，为之后安装桥板苗而准备。

上五节苗与剪刀苗　上五节苗，就是在安装好三节苗的基础上，以三节苗为受力支撑和施工“脚手架”，进行五节苗的安装。在大排架与三节苗形成的夹角处安装五节苗的垫苗木，将五节苗下斜苗的下端扦入垫苗木，上端与下小牛头榫卯连接，下小牛头紧贴在三节苗之上。将五节苗上斜苗的下端与下小牛头榫卯连接，苗木从三节苗之间的空隙、大牛头的下面穿过，其上端与上小牛头连接，五节苗的上小牛头紧贴在三节苗的平苗之上。将五节苗的平苗从上往下打入上小牛头的燕尾榫中，从而完成拱架主要受力结构第二系统的安装。这样三节苗、五节苗通过大牛头和小牛头的连接逐节延伸，形成相互咬合、穿顶别压的“编梁”的效果，使拱架达到整体的稳定，实现一加一大于二的承载能力。

剪刀苗又叫剪刀撑，因形似剪刀而得名。从现有的木拱廊桥上看，一般大跨度的桥梁安装两组剪刀苗，小跨度的安装一组剪刀苗。设置剪刀苗的拱架，苗木下端采用透榫与左边的将军柱连接，上端用燕尾榫与大牛头右端连接，另一根苗木以同样的方式在右将军柱与大牛头的左端之间连接，形成剪刀的形状，剪刀苗的交叉处用铁箍套住，或用铁条扦住。设置两组剪刀苗的廊桥就是在小牛头与将军柱之间再增加一组剪刀苗，其制作安装方法与上述基本一致。剪刀苗的作用是对拱架进行纵向固定，防止拱架左右摆动，增强桥体的稳定性。

立小排架　为使整个拱架均衡受力，要在拱架与桥板苗之间安装两组小排架，木匠叫这两组小排架“蚱蜢腿”，也有人叫“青蛙腿”。具体做法是：在下小牛头的两端各竖立一根柱子，其下端以“鸭嘴甲”左右各一根斜苗木半榫分别与大牛头、五节苗的垫苗木连接，再在其上安装一根横梁，横梁左右各一根苗木与将军柱连接，这个木排架就是“蚱蜢腿”。此后，将桥板苗架在“蚱蜢腿”的横梁上，其一头与上小牛头连接，另一头与将军柱的横梁连接，为铺桥面板做准备。

铺桥面

桥面紧贴桥拱之上，是供人们通行的部分，由木板（或砖块、石块）、箬叶及木炭等铺成。桥面有三种：一是木板桥面；二是砖铺桥面；三是石铺桥面。木板桥面就是在桥板苗上铺设较厚的木板，直接供人通行。庆元木拱廊桥大部分是砖铺桥面和石铺桥面，其具体程序是：先在桥面板上铺一层箬叶，填层木炭，再铺一层箬叶，再填一层砂石料，最后再砌筑桥面砖或桥面石。这样在桥面与桥面板之间有隔离层，通风透气，防止桥面板受潮腐烂。砖铺桥面和石铺桥面增加桥体的自身重量，增强廊桥的稳定性，同时起到防火作用。

造廊屋

庆元廊桥的廊屋，大部分的梁架为九檩四柱结构。廊屋的高度与宽度视整座桥的规模而定，没有统一的规格。庆元建桥师傅流行“七轿八马”的做法，意思是桥中间的人行道宽七尺六、高八尺六，这样的比例更为协调大方。屋面有歇山顶、圆山顶等。盖好屋顶再钉上风雨板，制作神龛，整座廊桥就基本完工。由于桥长、桥宽和建桥师傅的不同，建桥资金投入的不同，廊屋也呈现出不同的工艺风貌。有的廊桥募集资金有限，廊屋就造得简朴实用；有的廊桥募集资金充裕，就精工细作，雕栏画栋。有些廊桥在当心间或桥亭的顶部制作各种形式的藻井，结构复杂，装饰豪华。有些廊桥还在桥头建造附属建筑，与廊屋连成一体，使廊桥的外观更加气势雄伟，蔚为壮观，如龙桥的钟楼、咏归桥的补天阁就是典型的例子。在造廊屋的过程中，还要请附近村庄书法较好的人来“书梁”，就是在廊屋的梁枋上写字，写出来的内容叫“梁书”。书写的地方和内容一般是：当心间正栋眉梁，书写造桥时间：左次间正栋眉梁，书写“某某府某某县知县大人某某某官星高照”；右次间正栋眉梁，书写桥董、缘首的姓名，配以“子孙昌盛、清吉平安”等吉祥语：左次间前四抽眉梁，书写主要捐款捐物者姓名，配以“功德无量、代代兴旺”等吉祥语：右次间前四抽眉梁，书写主墨师傅、其他木匠以及石匠、油漆匠姓名，配以“艺业精通、名扬四海”

图 7-18　龙济桥当心间八卦藻井（县文广新局供　摄于 2009 年）

等吉祥语。

廊桥造好之后，大多数不油漆，有些部分油漆和全面油漆，以增加观赏效果和木构件的使用寿命。有的廊桥还请人在柱子、栋梁、木枋、桥墙之上描绘龙凤、花鸟、人物、山水等各种题材的油漆彩画，描金涂银，熠熠生辉。

第四节　建筑习俗

选择吉日

旧时，建廊桥先请“风水先生”选取桥的具体位置、方位、坐向，然后再请“择日先生”选取开工、上梁的时间。选择出来的吉日时辰用红纸书写，叫“择日吉课”。

祭河动工

木拱桥桥台的建造，一般选择在农历秋分之后的枯水期进行。石匠动工建桥台之前，要举行一个祭河仪式。祭河要置备斋供一席，有香烛、茶、酒、果点、全猪、全羊、公鸡等供品。猪和羊要在桥址附近现杀。众人把一头猪、一头羊赶到或抬到河边，将猪和羊杀一刀后放到河里，让其在水中挣扎一直到死亡。按民间风俗的说法，它们喷洒出来的血越多，河水越红，就越吉利。再把猪、羊去毛开膛，作为祭河供品。祭河仪式一般请道士主持（或请主墨师傅主持），分四个程序进行，即请神、祭神读疏文、送神和架马。疏文一般写明某地（按古代称某府、某县、某都、某村），因为河流阻拦交通不便，行人商贾过河困难，某村某弟子（一般讲桥董或缘首）定于某年某月某日，在某地建造木拱廊桥一座，请求河神及鲁班祖师保佑造桥过程顺利圆满，造桥师傅帮工吉祥平安。“祭河”之后，建桥台的石匠师傅破土动工，同时木匠师傅也开始架“木马”、做“水杆”。廊桥全面竣工之日，也要举行类似的祭河答谢仪式。

发锤起拱

“发锤”仪式是在整个桥拱的木构件都已加工完成后，进行拱架安装前的一个风俗仪式。仪式由主墨师傅主持，先准备些香烛、纸、斗、灯、镜子、尺、剪刀以及斋菜、水果等供品，一同摆在案桌上，拜祭的对象是祖师鲁班。程序包括点香、请师、拜祭师傅、默念祭语（一不打天，二不打地，三不打旁边房屋，神宫庙宇鲁班子弟大发锤；香烛纸烧阵阵，上透云头鲁班仙，白鹤仙翁云头见，鲁班子弟大发锤）。然后，主墨师傅用廊锤向空中连打三锤，再在安装拱架的实木上敲三锤，边敲边大声叫“风调雨顺、大吉大利”等吉祥语，拱架安装正式开始。

南山伐梁

按照传统风俗，在建造木拱廊桥的过程中，选择梁木十分重要的大事。选择梁木有比较复杂的程序要求，而且带着宗教的色彩。要求一是物色梁木必须到南山（即桥南或村南）的山场。二是栋梁必须是杉木，要选择三株或是两株同根、枝叶茂盛、笔直参天的“双胞胎”树，“苗梁”亦可用松木取代，但必须是四周长有许多小松木的“多子多孙”树，决不可选只有一根的独木。三是树龄要适中，不宜长不宜短，树干从下到上粗细最好要一致。

选好梁木后，伐木要择吉日，备香、烛、酒，并选择乡村中父母双全、三代同堂的“有福气人”为伐木工。砍伐时，先由主墨师傅“开斧”，并念唱伐木经：“一斧送你财丁两旺，二斧送你大兴大发，三斧送你富贵双全，四斧送你年年出状元。”师傅每唱一句砍一斧头，砍四斧之后再由“有福气人”接着砍。为讨吉利，砍栋梁时，最好不要伤害同根树木和周边的树木。“梁木”伐倒时要朝山的上方倒，砍倒的“梁木”要用树枝垫底，不能触地。随即量好尺寸，去其树枝，用截下的树尾挂于“梁木”中央，并给“梁木”披上红布，以示有头有尾、兴旺发达。尔后由两人抬回，一路上还要有人在前面鸣放鞭炮，告知路上行人给“梁木”让道。抬“梁木”要走露天道，不能经过任何房子的屋檐下，路上若遇“骑路亭”之类，抬梁者要想办法避开，更不能在亭内歇息，其意是“梁木”为整座桥梁至高无上的木材，不能居于其他木材之下。“梁木”抬到桥址旁边空地后，要置于露天之下，两头平放在早已准备好的木马上，不可触地，不准晾晒衣物，不许人从“梁木”上面跨过，或坐在上面。然后削去树皮，将它晾干直到正式制作成“梁”为止。梁木的树皮必须砍回后再削，树皮的处置有一定的规矩：一是放在清洁的高处晒干后，烧成灰用作神龛香炉灰用；二是放在溪中让水冲走。山上砍来作栋梁的杉木，除中间取一截作为栋梁外，它的头尾两节要作为桥中间神龛两边的主柱。

露天制梁

不论是“苗梁”或是“栋梁”，动斧锛刨都要选吉日，师傅要先点三支香于露天之下，再燃放鞭炮，然后念唱一段“梁木”的由来：“此木长在终南山，鲁班弟子把它搬，锛刨斧锯做成梁，用在此桥定平安。”念唱完后，主墨师傅手执墨斗、曲尺，一边拉墨线一边接着念唱：“墨斗金线定中央，财丁富贵两头量，不偏不斜分风水，村人齐齐各相当。”念唱到这，主墨师傅立即拿起斧头，将第一斧头轻砍在“梁木”中央，接着一斧向左，一斧向右，寓意将“梁木风水”人人均分。之后，方可锛刨，精心制作。一般而言，同座廊桥由同一批师傅制作时，师傅的念唱仪式通常在制作“喜梁”时进行一次；若桥拱与廊屋分别由两批师傅建造时，则两梁的加工都须进行这样的仪式程序。

两次上梁

建造木拱廊桥，庆元流传两次“上梁”的习俗，一是桥拱部分上“苗梁”，二是廊屋部分上“栋梁”。上“苗梁”是指廊桥拱架结构基本建造完成，在安装三节苗平苗中央一根苗木时举行的仪式。上“栋梁”，是指安装廊屋正中间房顶大梁时举行的仪式。桥拱与廊屋由同一批师傅建造时，两次上梁仪式均由主墨师傅主持，若分开建造，上“苗梁”仪式由主墨师傅主持，上“栋梁”仪式由建廊屋的木匠师傅主持。上梁仪式基本一致，在众人协助下，由师傅将一根精心挑选加工好的圆木安放到指定的位置，不钉不铆，不锤不凿，安放好后，在梁中间贴上用大红纸写成“上梁大吉”的梁批，以示吉利。“上梁”仪式有不少繁琐细节：

苗梁仪式 “梁木”制作完工后，一般来说拱桥或廊屋也已基本完成，紧接着就要按选定的吉日良辰“上梁”。上“苗梁”和上“栋梁”的仪式相仿，但是主墨师傅的祷告词有所不同。上“苗梁”是在桥拱上好斜苗和其他平苗后，留下中间一根平苗来举行祭梁仪式。先在溪边摆一供桌，供品有香烛、茶酒、果点、斋菜，以及墨斗、斧子、凿子等木匠造桥工具。

祭梁由主墨木匠主持，点烛、焚香、烧纸钱、上茶酒，然后由主墨师傅念唱：“一逢一，二逢一，三逢一，吉日良辰天地开，阴阳相配大利此方，谨请天皇鸾驾到，谨请玉皇鸾驾到……时辰已到，鸣炮开拔送上梁。”然后边放鞭炮，边由主墨师傅喝梁。指挥木匠转动天门车（造桥用于调动木料的自制简易工具）抽紧天门车缆绳，大梁徐徐上升。主墨师傅大声喝梁，在场民众跟随喝彩：“一来长命富贵（好啊），二来金玉满堂（好啊），三来三元及第（好啊）……福贵万年长（好啊）。”

主墨师傅不同，喝梁的内容也有差别，有的喝梁：“一敬梁木一盅酒，财丁两旺家家有（好啊），二敬梁尾一杯茶，家家户户闹喳喳（好啊），三敬梁中一盅酒，荣华富贵满堂红（好啊）……”将三节苗平梁打入大牛头的榫头时喝彩：“拜鲁班仙师下凡来，保佑弟子上金榜，一要财丁两旺（好啊），二要金玉满堂（好啊），三来三元及第（好啊），四来四季吉祥（好啊），五来五福六寿（好啊）……十来十全大发（好啊）。”

栋梁仪式 桥内正中房顶上的一根梁木，庆元人叫栋梁。上梁这天，造桥的缘首、桥董和捐资的邻里村人，都要到场庆贺，祈求吉祥。“上梁”仪式开始前，也要在桥边摆上供桌，点烛，焚香，烧纸钱，敬茶酒，燃放鞭炮。由主墨和副墨师傅抬着“梁木”，来到搭好的木梯子前，一步一步往上攀登。由于“梁木”粗大沉重，他人也用“丫”字形木杈帮助主墨师傅和副墨师傅将“梁木”杈上屋脊顶端。师傅一边攀梯一边念：“太白金星云头走，秀水溪上起桥楼，好时好日挑今日，财丁富贵在后头。”抬栋梁时要平平稳稳往上抬，不能高低倾斜。栋梁抬到屋脊顶后，不钉不铆，平放在早已预备好的凹槽内，然后拿来发锤，轻轻地在两头敲打，最多各敲三下，让喜梁入槽。喜梁放平稳后，主墨师傅站在大梁旁接着念：“栋梁好比一条龙，摇头摆尾卧当中，问龙为何身不动，身上还缺“惯梁红”。即给栋梁披挂红布，以示吉庆。建桥缘首、桥董就要将早已备好的红绸布（或大红纸）递给师傅，再把它挂到栋梁的中央，接着由主墨师傅站在梁边高声用一些吉祥的话喝梁。如：一喝：“千里来龙万里山，万里来龙坐中央，千里来龙添丁财，万里来龙富贵长。”二喝：“进上金梁，金玉满堂，护好金梁，子孙兴旺。”三喝：“桥董缘首行善事，方便路人起（桥名）桥，财丁富贵双双旺，世世代代留芳名。”四喝：“……十进栋梁子孙永满堂”。

完成上梁仪式后，主墨师傅要将“水杆”横放在“喜梁”下面。然后再念：“栋梁好比桥中王，‘水杆’好比老丞相，丞相君王长相守……”念完后，师傅要拜谢苍天，高声念唱祷词：“鲁班师傅下‘金梁’，各位神圣回本宫，从此来龙风水应，世世代代永其昌。”主墨师傅快速下来，回到桥面。至此，廊桥上梁仪式全部完成，意味着廊桥即将竣工，缘首、桥董要置办“上梁”酒，庆贺廊桥建造大功告成，也感谢建桥师傅、工匠以及捐资出力的民众。

踏桥开走

按照传统习俗，“上梁”仪式之后，接着有一个仪式“踏桥开走”。此时，桥面工程已经基本完工，可以供行人通行，乡俗要请“踏桥人”首先从桥上走过去，就叫“踏桥开走”。在此之前，桥董、缘首要预先选择村里三代同堂、夫妻双全、家庭富裕、有一定声名威望两位长者，请他们做“踏桥人”。受请“踏桥”是一种荣耀，一般都会欣然应邀。在“踏桥开走”之前，“踏桥人”要当众为建桥捐款，然后点香拜桥开走，众人紧跟其后在桥上来回走。“踏桥人”在走的时候，一般会念一些吉利的话，如“人丁兴旺、四季发财、风调雨顺、岁岁平安”等等，众人亦然。

“圆桥”谢众

整座桥都完全建好还有一个重要的仪式，叫“圆桥”。一种情况是桥上没有供奉神佛像，在桥竣工后，就按预先选好的吉日举行“圆桥”仪式。“圆桥”过程分为三步：一是“祭河”，答谢河神，仪式与祭河动工基本一致；二是“踏桥”，与“踏桥开走”仪式基本一致；最后大摆筵席，请参与建桥的所有师傅、帮工喝“圆桥酒”，表示建桥工程圆满结束。大多数木拱廊桥上都供奉有神佛像，“圆桥”仪式要复杂、隆重得多。首先，要在桥上做好神龛，请人塑好神像或佛像，再请道士或高僧做道场、法事，然后在“圆桥”那天举行“开光”仪式，接着举行“圆桥”仪式。每逢一座廊桥落成举行“圆桥”仪式时，附近十里八村的百姓都汇集于桥上桥下，常常要热闹好几天。

第三章　廊桥保护

庆元是木拱廊桥分布最集中的地区，木拱廊桥历史沿革也具连贯性，有唐、宋、元、明、清各个朝代的木拱廊桥。经过全国各地的古桥梁研究专家、古建筑专家、文物专家、文化专家到庆元进行实地考察、研究、论证，确认庆元木拱廊桥为萌芽于唐宋，成熟于元代，鼎盛于明代，转型于清代，具有脉络清楚的历史连贯性和自我发展体系。2000 年起，庆元县廊桥的社会保护意识增强，特别是政府及职能部门力量的加入，廊桥保护工作逐步走上科学化、规范化、体系化的轨道。

第一节　文物保护

廊桥保护由原来的抢救性保护转变为主动的监测、开发、更新、整治、利用，将其纳入城市总体规划、城镇体系规划和经济与社会发展规划，合理安排文物修缮项目，有效控制建设控制地带内的建设项目，改善文物周边环境风貌，带动当地经济社会的可持续发展。

廊桥保护框架

全县廊桥保护的结构表现为节点、轴线和区域三个层面，通过节点、轴线、区域三方面的相互联系，形成全县廊桥保护网络。节点：以廊桥单体为节点。包括廊桥周边自然景观，如古木、溪流等；建筑物如民居、祠堂、庙宇等；构筑物如古桥、牌坊等。轴线：以县、乡道为轴线，将各个主要节点联系起来，是开展廊桥旅游的主要线路。区域：以全县为一大区域，以乡镇为一小区域，根据廊桥保护的需要，划定重点保护区和环境风貌协调区，制定不同的保护和控制措施。

本体保护

建立健全廊桥保护属地管理制度，将安全管理、日常管理列入乡镇考核机制，确立安全管理、日常管理主体为乡镇。完善县、乡、村三级管理网络，县文物主管部门建立巡查机制，各乡镇设立联络管理员，县级以上文保单位要有所在地村的文保员。

安全管理　对影响廊桥本体安全或者潜在安全的人和事进行管理，包含日常特别是节假日火灾防范、雨季水流监测等。

日常管理　廊桥日常保护和监测，包含廊桥内部杂物清理、日常巡查，并做好记录台账，发现隐患及时排除、有突发事件报告汇报。

修缮维护管理　确立廊桥所有人为第一修缮主体，当廊桥有损毁危险，所有人不具备修缮能力的，县级人民政府应当给予帮助。鼓励企事业单位、民间团体、个人参与廊桥的维护、维修。完善廊桥维护、维修审批制度，监督指导制度。各级文物保护单位维护和修缮应报相应文物行政部门审批，对未核定为文物保护单位的廊桥进行修缮，应当报登记的县级人民政府文物行政部门批准。县级文物主管部门应对廊桥维护、维修进行监督和业务指导，并建立台账。实施廊桥保护工程前，应进行全面、系统的勘察、测绘和评估，全面调查该廊桥有关的历史遗迹、周边环境和文献资料，尽可能查清廊桥自建造之日起的整个过程中的历史信息和价值，通过对廊桥本体、结构和相关地形等进行测绘，确保廊桥结构不因修缮等各种原因而改变。

要素保护

要素的构成分三大部分，即自然环境要素、人工环境要素和人文环境要素。自然环境要素中的溪沟及地形地貌，应尊重其本来的面目，不得随意更改既有尺度和其面貌；不得向溪沟内排放污水、垃圾和废物；廊桥周围山体严禁开挖。自然环境要素中的古树名木，树冠投影外围5米半径的保护圈内，不允许随意改变此范围内原有风貌及环境，古树名木应做到每树一牌、一号、入册。对已损毁廊桥实行原址保护，并采取建立标志物的方式进行展示。标志物展示的形式宜采用经久耐用、古朴典雅造型的石碑等。传统建筑保护本着保护历史文化遗产资源，并考虑内部生活空间、设施能够基本满足现代生活的需要，使居民生活与古村传统建筑保护之间的矛盾得以较好的解决。传统建筑、构筑物的修缮应严格保留原有的结构框架，在修复过程中尽量利用原旧材料，并按照传统工艺施工，使建筑物的历史本性得以保留，修复后的建筑在外观、色彩和体形上必须与建筑物的原有面貌相符。县级文物保护单位以上廊桥保护范围内严禁任何项目建设，严格控制建设控制地带内工程建设。未定级廊桥20米半径的保护圈内，不允许随意改变此范围内原有风貌及环境。编制廊桥文化作品集，加强对外、对内宣传力度，充分挖掘廊桥的历史文化内涵，弘扬廊桥文化精神。

保护措施

编号挂牌 由县级文物行政部门对全县廊桥编号挂牌，制作廊桥档案，对廊桥基本情况、保存现状、历史信息进行记录，实行卡片管理，定期检查记录制度。

四有档案 严格按照“四有”（有保护范围、有保护标志、有记录档案、有保管机构）工作规范，在各级文物保护单位公布一年内完成“四有”档案编制，形成规范化管理。

划定范围 在廊桥周围，旅游沿线划定重点保护区和传统风貌协调区。重点保护区保护，要求确保此范围以内的廊桥及环境基本不受破坏，如需改动，必须严格按照保护规划执行并经过有关部门审定批准。各种修建需在建设部门及文物行政部门等有关部门严格审批下进行。传统风貌协调区内建设项目的选址及设计方案在依法报经有关部门批准前，须先征得县文物行政部门同意。

建立制度 20世纪90年代至2010年，相继制定和完善《文化遗产保护管理办法》《廊桥保护管理办法》《廊桥文保员制度》《廊桥登记制度》《廊桥修缮审批制度》等廊桥保护相关制度。

技防物防 包含监测预警、消防、防蛀防盗等。对廊桥实行定期监测，对保存现状作出科学评估。通过定期检查，搞好廊桥周围及内部的环境卫生，不随意堆放木材、烧火柴、木（竹）篱笆等易孳生白蚁的材料。定期设置白蚁诱杀堆、诱杀坑杀灭白蚁。并定期观察廊桥周围的树木、农作物等，掌握蚁害动态。木蜂防治，定期观察廊桥木蜂情况，掌握动态，及时灭杀。为每座廊桥配备灭火器，重点廊桥还应在重要区域安装摄像头、配备消防栓，以达到实时监测，确保安全。

河道治理 对廊桥所在区域进行水源保护，严格控制电站建设。严禁在河道倾倒垃圾，确保河道整洁，水流清澈。定期清除河道淤积，确保河道在汛期能够迅速排洪。

环境整治 对廊桥周边环境和旅游沿线环境进行整治，拆除影响风貌的建筑物和构筑物，恢复历史原貌。

第二节　文化保护与传承

在廊桥的保护过程中，仅仅保护好现有的廊桥历史遗存是不够的，而将营造技艺为核心、相关内涵为一体的廊桥文化挖掘保护下来，传承下去，才是对廊桥文化完整、系统的保护。

廊桥营造技艺保护

2000 年始，县文化部门利用运用文字以及录音、摄像、摄影等现代化手段，对木拱桥传统营造技艺、营造流程、具体环节进行跟踪记录，搜集积累第一手资料，建立木拱桥传统营造技艺电子数据资料库。2004 年，庆元廊桥文化专项普查，对廊桥传统营造技艺以及相关文化进行详尽的记录，建立完善的廊桥历史文化资料库。2009 年 11 月，开展庆元县古建筑（廊桥）专业技术职称评审，20 名廊桥艺人被评为廊桥助理工程师。发现和培养新的传承人，形成老中青相结合的传承人队伍，使传统营造技艺延绵不绝。同时，开展造桥艺人专项普查，建立专门的造桥艺人档案，开展传承人的发现和申报工作。2009 年，在松源镇建立木拱廊桥传统营造技艺传承基地，以实际操作为主，理论教学为辅，对传统营造技艺进行传承。聘请代表性传承人、廊桥老艺人，对造桥工匠以及爱好者采取手把手教的方式，让学习者真正掌握木拱廊桥营造技术和手艺。2010 年 6 月，公布吴复勇、胡淼为县级木拱桥传统营造技艺代表性传承人。对木拱廊桥传统营造技艺传承有贡献的传承人和廊桥历史文化研究成果，政府将设立专项资金，进行物质和精神奖励。“十二五”期间，全县建立 4 个木拱廊桥原材料保护基地，重点保护木拱廊桥所需的杉木和硬杂木，以保障古廊桥维修以及传统技艺传承过程中的原材料供应。编写规范统一的廊桥文化乡土教材，在全县中小学设立廊桥课程和讲座。

廊桥文化保护

内容　民间信仰：廊桥风水、廊桥祭祀、端午走桥等。建桥习俗：选择吉日、祭河动工、南山伐梁、两次上梁、踏桥开走、“圆桥”谢众等。民俗活动：认桥为母、廊桥灯会、廊桥书场、桥戏等。

手段和方式　活动恢复：用 5 年时间，通过引导鼓励的方式，对传统民俗仪式活动进行恢复，发现和培养各项民俗活动的传统艺人，使传统文化得到有效的保护和传承。资料搜集整理：采用文字、摄影、摄像、录音等手段，对廊桥民俗活动进行详细、系统的记录，归类建档，形成较完善的资料库，此工作争取在 3 年内完成。建立庆元廊桥文化研究会：组织发动当地的专家、文化人、爱好者，对廊桥文化进行挖掘、搜集、整理和研究。设立廊桥民俗文化研究课题，对廊桥民俗文化现象进行深入研究，探析其萌发形成的原因和传承特点，挖掘其丰富的社会文化内涵。设立木拱廊桥营造课题研究项目，并召集全县廊桥师傅，邀请其他县的廊桥专家、定期开展木拱廊桥营造课题研究、研讨。形成良好的廊桥历史文化学术研究

图 7-19　“中国木拱廊桥传统营造技艺”列入联合国教科文组织“急需保护的非物质文化遗产名录”(县文广新局供)

社会氛围，推动廊桥文化保护的深入开展。

民俗保护体系

对全县的廊桥民间习俗文化进行调查摸底，掌握它们的发布情况和传承状况，建立相应的档案资料。建立特色文化保护区。根据廊桥民俗发布情况，争取用5年时间建立信仰习俗文化保护区、建桥习俗文化保护区、用桥习俗文化保护区、走桥习俗文化保护区等特色文化保护区，对相关习俗文化设施实行重点保护。在特色文化保护区建立相应的民间保护组织，充分发挥社会力量的积极性，对民俗活动项目进行有效保护。由县政府与廊桥民俗文化保护区乡镇签订保护责任状，将民俗文化保护纳入廊桥历史文化保护范畴，作为乡镇政府的年终考核内容。文化主管部门负责廊桥民俗文化保护工作的业务指导，加强廊桥民俗文化的发掘、整理、研究，通过“非遗”申报等形式，争取上级政府政策扶持和资金扶持，不断扩大廊桥民俗文化的社会影响。最终形成政府主导，文化部门专业指导，社会力量积极参与的廊桥民俗文化保护体系。

专记：廊桥保护大事记

1982年9月1日，濛淤桥、后坑桥被列为第一批县级文物保护单位。

1984年12月17日，兰溪桥、咏归桥被列为第二批县级文物保护单位。

1986年，县政府出资1.4万元维修濛淤桥。

1987年，后坑桥三节苗、五节苗、剪刀苗被盗19根，用镀锌水管、角钢临时抢救加固。

1993年7月13日，如龙桥、步蟾桥被列为第三批县级文物保护单位。。

1997年，兰溪桥被浙江省人民政府公布为第四批省级文物保护单位。

1998年，如龙桥落架大修。

2001年6月25日，如龙桥被国务院公布为第五批全国重点文物保单位。

2002年9月，浙江省电信公司制作如龙桥、兰溪桥、咏归桥、后坑桥为背景的IP电话卡四枚。

2003年，黄水长桥因电站建设，整体提升1.7米。

2004年4—6月，庆元开展廊桥普查，建档造册廊桥97座。

6月，庆元木拱廊桥抢救保护领导小组成立，县政府与相关乡镇签订《古廊桥保护责任书》。

8月，浙闽两省木拱廊桥保护与开发研讨会在庆元召开，会议通过开展浙闽两省木拱廊桥保护与开发区域合作的倡议书，并成立中国廊桥保护与开发协会筹备委员会。

8月，庆元选取54座廊桥图片，制作“梦幻廊桥”扑克牌3万副。

9月，庆元在丽水国际摄影节期间举办《梦幻廊桥》专题摄影展。

11月，中央电视台国际频道《走遍中国》播出《丽水·廊桥寻梦》专题片。

2005年1月，庆元县欧冶刀剑有限公司制成塑脂、陶瓷、金属和玉雕四类廊桥工艺品。

9月，庆元廊桥保护与开发协会成立。

9月，后坑木拱廊桥保护项目获得联合国教科文组织第六届亚太地区文化遗产保护卓越奖。

11月24日，第一届中国廊桥国际学术研讨会期间，泰顺县、庆元县、景宁畲族自治县和福建省寿宁县、屏南县共同签署廊桥保护和申遗的联合宣言。

11月，庆元建立廊桥博物馆和桥模展示厅。

同年，庆元民间廊桥工艺师研制出濛洲桥、如龙桥、兰溪桥、咏归桥、枭桥等桥模。

2006年11月，庆元县在县城松源溪上重建濛洲桥。2008年8月，濛洲桥落成。

同年，兰溪桥落架大修。

2007年2月，《中国廊桥之都——庆元》由西泠印社出版社出版发行。

4月，庆元推出“庆元古廊桥爱心认护”活动，如龙桥、兰溪桥、咏归桥、双门桥、甫田桥等木拱廊桥被企业或个人出资认护、认修。

5月，联合国教科文组织官员到庆元考察廊桥，并举行庆元后坑木拱廊桥保护项目获联合国教科文组织第六届亚太地区文化遗产保护卓越奖颁奖典礼。

5月，黄水长桥、粜桥、半路亭桥、双门桥、甫田桥、白云桥、包果桥、济川桥、龙济桥、大济头蛟龙桥、杨家庄护龙桥、黄洋护龙桥、来凤桥、寨后坑桥、富林观音桥、福寿桥、外村桥等17座廊桥被列为第六批县级文物保护单位。

6月5日，庆元、泰顺编梁木拱桥营造技艺被浙江省人民政府公布为第二批省级非物质文化遗产名录。

7月，“中国民间艺术之乡”专家评审组成员到庆元考察木拱廊桥、二都戏、大济进士村。

9月，第二届中国廊桥国际学术研讨会期间，庆元县等浙闽11个县市联合启动中国廊桥申遗工作。

10月，丽水市人民政府印发《关于加强廊桥保护工作的通知》。

10月，庆元县人民政府印发《关于做好古廊桥保护工作的通告》。

10月，全国政协常委、中国文联副主席冯骥才考察庆元木拱廊桥及民间文化遗产。

12月，庆元为22座县级以上文物保护单位廊桥聘任文保员。

同年，左溪镇竹坪村村民集资重建竹坪蜈蚣桥。

2008年1月，庆元县被中国民间文艺家协会命名为“中国廊桥之乡”。

4月14日，中央电视台四套播出《相约丽水·守望廊桥》专题片。

6月8日，庆元县木拱廊桥传统营造技艺列入国务院公布的第二批国家级非物质文化遗产名录。

8月，庆元县人民政府印发《庆元县廊桥保护管理办法（试行）》。

11月11日，第七届中国（庆元）香菇节暨“中国廊桥之乡”授牌仪式举行，庆元廊桥博物馆全面改造后开馆。

同年，粜桥落架大修，甫田桥局部修缮。

2009年10月，“中国木拱廊桥传统营造技艺”列入联合国教科文组织急需保护的非物质文化遗产名录。

11月，庆元县参加第三届中国廊桥国际学术研讨会。

11月，庆元开展古建筑（廊桥）专业技术职称评审，20名廊桥艺人被评为廊桥助理工程师。

11月，庆元木拱桥传统营造技艺代表性传承人吴复勇赴四川省地震灾区青川县石坝乡援建廊桥。

同年，庆元半路亭桥、双门桥、黄水长桥进行局部修缮。

2010年1月3日，丽水市文广新局公布吴复勇、胡森为市级木拱桥传统营造技艺代表性传承人。

6月30日，濛淤桥开工重建。

8月，庆元廊桥艺人（文保员）培训班举行。

8月，庆元举行廊桥影视片投资签约仪式。

11月，庆元廊桥文化建设领导小组成立。

11月17日，浙江电视台《风雨记忆——中国庆元廊桥》纪录片开拍。

12月，吴复勇、胡森、吴启高、叶永兴被评为庆元县古建筑（廊桥）工程师。

第四章　廊桥文化

庆元廊桥已经有一千多年的发展历史。庆元先民在建廊桥、用廊桥、护廊桥的过程中，创造璀璨夺目的廊桥文化，如营造技艺、造桥习俗、用桥习俗、廊桥祭祀、桥山桥田、传说故事、桥记桥联等，这些都是廊桥文化的有机组成部分，拓展廊桥文化的外延，丰富廊桥文化的内涵，使廊桥闪耀出人文精神的光辉，也是全面解廊桥历史文化以及农耕时期乡村社会、经济、文化的重要载体。

第一节　廊桥习俗

廊桥与古道

庆元廊桥以它独特的风姿，横跨在山谷溪流之上，方便村民的出行，促进村落之间的联系，沟通与外界的交流。庆元古时，许多廊桥建在村口岭脚，东部至福建东北是“私盐道”，西部是“香菇道”。庆元古代就盛产木材、毛竹、笋干、茶叶、锥栗等农副产品，商贩与劳工们靠肩挑背驮，长途跋涉，把商品通过六条古驿道运到外地，十几里难见到人烟，每到廊桥，住脚歇担，休息聊天，遮风避雨，避暑乘凉。

廊桥与“风水”

庆元廊桥大多将桥址选择在村落的村尾、水口，就是古人把廊桥营造与“风水”联系在一起的具体表现。晋代的郭璞《藏经》最早提出“风水”一词：“气乘风则散，界水则止，古人聚之使不散，行之使有止，故谓之风水。”古人在选择村落地址时，就十分重视周围山的态势和溪水的流向，把它们作为判断“风水”优劣的主要因素来考虑。古人认为“水之祸福应速，山之祸福迟”；水有来有去，有水床，有水口；水要回旋，要到堂，要上阶，要拱背，要入怀，要弯抱，要囊聚，这些均为上吉之水，有“逆水一滴，胜于万脉”的说法；凡水来处谓之天门，水去处谓之地户，四水环绕为富贵之地。水口显得尤为重要。然而，很多村庄的自然条件都达不到上述要求，人们就采取建桥、筑路、挖塘、围墙、建塔等方法来“补救”。

中华人民共和国成立前，庆元各种传染性疾病、疫情时有发生，人们缺医少药，火灾、水灾、旱灾、地质灾害也比较频繁。由于科学知识落后，面对一些无法解释的天灾人祸，带有迷信色彩的“风水”学说，就成为人们解释病痛灾祸最好的理由，人们往往“风水”与村庄的兴旺发达、福禄寿喜、吉祥凶险联系在一起。

建廊桥于水口，既能方便交通出行，又能留住“风水”，自然成为各个乡村相互效仿、乐此不疲的最好选择。从一些遗存下来的桥碑、桥匾上可以看出，一座座廊桥的营造和修建，往往都是民众共同努力的结果。同时，在修造过程中，还有很多复杂、繁琐的风俗讲究，民众总是要按照风俗习惯的程序要求去做。在廊桥的使用过程中，人们对廊桥也是十分爱护、珍惜，如果有人占用、破坏，就会遭到全村人指责，有些村庄甚至把保护廊桥的相关内容写进家法族律、村规民约。

庆元人对村庄水口的重视，不仅表现在廊桥的修建和保护上，还表现在对周边环境的经营、管理上。除在水口建造廊桥之外，许多村庄还在廊桥边修建庙宇、祠堂，在桥头种植大量树木，称之为“风水林”，进行严格的保护。桥上的一砖一瓦、林中的一草一木都不容损毁。正因为这样，庆元有廊桥的地方，周围大多古树参天，环境优美，形成意境清幽的特色景观。

“建造廊桥，留住风水”，不仅在民间十分盛行，且受到古代的社会名流、官吏乡绅的极力推崇。据光绪《庆元县志》记载，清朝康熙年间，庆元知县程维伊就曾经亲自倡议建造角门桥。他在《建角门桥记》中说庆元“其士敦诗书习礼让，彬彬乎弦诵之风，足与上国名邦媲美。而三岁宾兴升诸司马者，寥寥无几，识者未尝不扼腕而叹庆士之难遇也”。他认为：“士之扼于制举非无故也，松源之水，自东振迅而来，至角门岭一曲，邑之文澜于斯萃焉。向之有其才而难遇者，以兹水之洩而不聚，故若此若架木为梁，以接两山之脉络，锁一水之回旋，文运殆一助乎。”古代庆元建造廊桥不仅是交通的需要，有些桥的兴建是留住“风水”追求。

在庆元，廊桥又叫“风水桥”，在庆元人的心目中，它寄托了群众避凶趋福的深切愿望，承载一方百姓对美好生活的无限向往，是古代庆元精神文化心理的一种象征。

廊桥与祭祀

人们想留住“风水”，总觉得仅靠廊桥还没有足够的份量，于是就在桥中供奉神像、佛像，以期得到更多的吉祥和福祉。

廊桥就成了宗教信仰的活动场所，具备寺庙、道观的功能。在庆元的古廊桥中，几乎都供奉有神佛像，各不相同，大济的莆田桥和双门桥（临清桥）供奉的是观音像和社主像，黄水长桥供奉的是观音像和土地爷像，其他桥上供奉的还有真武大帝像、大禹像、弥勒佛像，还有地方神灵陈夫人像、马夫人像、菇神吴三公像等。

图 7-20　白云桥牌匾及神龛（县文广新局供　摄于 2008 年）

廊桥上供奉祭祀没有统一的时间和程序，每年有几个重要的民间节日都要举行祭祀，一是春节前的黄道吉日，二是清明节，三是农历七月十五，四是重阳节。许多乡村在每年夏秋之际还要举行一次“迎神节”，具体日子因村而异，活动内容都是将廊桥上的神佛“迎”到村庄中进行祭拜。

在庆元民间，“迎神节”是仅次于春节的重要节日，有些乡村对其重视程度甚至要超过春节。“迎神节”到来的三天前，村中的百姓家家户户都要蒸米糕、捣黄粿，或做麻糍、豆腐，购买丰盛的菜肴、水果，合湖乡一带还要制作剪纸工艺品，为“迎神”做准备。“迎神”那天，村里的男人要在天亮之时，敲锣打鼓将廊桥上的神佛像抬进村子，一路所经之处，家家户户都要点香拜迎，燃放鞭炮。“迎神”队伍巡游村里的主要道路、巷子后，再把神佛像临时摆放在祠堂或老宅中，接受民众的祭拜。同时，村里要开展舞狮子灯、龙灯，请戏班演戏等各种形式的文化活动。热闹三四天之后，再一路敲锣打鼓、鞭炮不断地把神佛像抬回到廊桥上，叫“送神”。整个过程一般由道士或僧人主持，有不少禁忌、讲究。

庆元至今还一直流传着一种与廊桥密切相关的传统民俗活动——端午“走桥”。每年的农历五月初六，也就是端午节的第二天拂晓，走桥妇女头插鲜花，身着色彩鲜艳的传统服饰，带着粽子、水果、茶点、香、烛、黄纸、鞭炮等祭品，分别到县城附近的双门桥、袅桥、咏归桥上“走桥”。

廊桥与菇民

庆元廊桥与当地的香菇经济、菇民群体有着千丝万缕的联系。庆元是世界人工栽培香菇的发祥地，庆元菇民每年深秋时节背井离乡，远赴福建、江西、广东、安徽、湖北等地的深山老林中生产香菇，第二年春天再回乡耕种，岁岁年年，周而复始。旧时庆元舟车不通，徒步而行是连接山外世界的唯一方式，一路上的亭子、廊桥，不仅是菇民歇脚休息、躲避风雨的场所，而且还是他们热食就餐、投宿过夜的免费旅店。所以，菇民与廊桥有着其他人群所没有的特殊情感，穷困时在廊桥中留宿，一旦香菇丰收、赚钱发迹，他们也十分乐意捐钱捐物建造廊桥。庆元有古廊桥的地方，几乎都是历史上的传统菇民区，不少廊桥就是直接由菇民募捐建造起来的。其中，菇民还在竹坪桥、张伯坑桥廊屋上设置“桥床”，供无处投宿者安身过夜。

此外，菇民离家远赴菇山前要到廊桥上祭拜、许愿，祈求往来顺利、香菇丰收，回乡时也必须到廊桥上祭拜、还愿。如今，庆元菇民已经不再远赴菇山，但是，春秋时节祭拜廊桥的习俗一直延续至今。庆元廊桥与菇民有着无法割舍的内在联系，廊桥是了解研究庆元社会经济历史发展，特别是了解研究传统菇民生活、香菇经济、香菇文化的重要窗口。

桥田与桥山

庆元廊桥不仅在营造过程中有缘首、董事，而且在使用过程中还有一种常设的民间组织——董事会，专门负责桥梁的日常管理、维护、修缮。董事会有的因桥而设，称某某桥董事会；有的因村而立，称某某村桥董事会，同时负责几座桥的相关事宜。董事会的人数从几人到十几人不等，董事的人选有的是建桥时缘首、董事的自然延续，有的由民众推举或增补，一般是村里的族长或有威望且热心公益之事的人担任，董事也叫桥董。

为维持廊桥管理、维护、修缮的长期费用支出，庆元自古以来就有专门的田产、山场，俗称“桥田”“桥山”。桥田、桥山有的用募捐款项购买，有的由附近的财主、乡绅直接捐赠，捐赠时要立田契山约，捐赠之后即为桥田、桥山。桥田、桥山由董事会经营管理，所有收入都由董事会用于桥事开支。桥梁的日常维护修缮有长期的物质经费来源，又有桥董事会负责管理操办，就形成廊桥“永续利用，造福百姓”的有效运行机制。

光绪《庆元县志》对桥田、桥山有明确的详细记载。其中关于咏归桥就有这样的内容：“道光二年置买官陂头段内租十把水，道光十年又买大坂洋土名山下垄、又名瓦窑下租五十二把水所有新旧田契，领粮单一并粘簿交与经理董事吴东垣掌管……（咸丰）八年置买山场一片，坐落魏溪白蒙湾安着，上至岗顶，下至田，左至坑，右至湾，蓄箓杉树备用。”直接募捐桥田、桥山是八都菊水的同济桥最多，捐田捐山者达18人，共有桥田、桥山20多处：“余村耆宾范则兴舍八都黄弄土名军田大租二十四把，土名湾丘大租十一把，监生范振荣舍余村土名垄口大租四十把……林广增舍杉树山场一处，坐落六都涂坑麻山大湾安着……”

据有关部门调查，解放初期，庆元一共有34座廊桥拥有桥山和桥田，桥山面积314亩，桥田面积265亩。1951年，庆元实行土地改革，所有的桥田都划分给农户。大部分桥山也在土改中“分山到户”，有小部分得以保留。2010年，还保留桥山的廊桥有松源镇咏归桥400多亩、松源镇金村桥50余亩、隆宫乡黄坑桥15亩、竹口镇上坑阙下桥10亩、屏都镇槎溪桥23亩、岭头乡黄楠坑村尾桥10亩、岭头乡八炉村郎坑桥10亩、黄田镇崔家田村村桥10亩等。

因为廊桥而建立专门的民间保护组织机构，设置专门的物质、资金来源，在中国的桥梁文化史上十分罕见，是古代庆元人民的一个创举，它为保护廊桥发挥重要作用。

廊桥与乡村文化传播

在相当漫长的岁月中，地处浙西南一隅的庆元，由于大山的重重阻隔，社会、经济、文化的发展都相对滞后。在自然经济占绝对主导地位的乡村社会，除必须的生产生活设施之外，公众文化设施十分缺乏。村里的凉亭、路口、廊桥、寺庙就常常成为传播文化信息、开展精神文化活动的重要场所。

在过去的庆元乡村社会中，廊桥的文化功能是其他任何公用建筑都无法替代的。寺庙、宗祠虽然屋宇宽敞，但是有很多的忌讳，不是特殊的日子一般不进行文化活动。凉亭、路口容纳人数较少，而且受气候等因素影响，也不是十分适宜。廊桥既有比较宽敞的场地，又有廊屋遮风挡雨，还有桥上固定的长凳，是最理想的文化娱乐场所。虽然廊桥上几乎都有神龛，但它不是正式的寺庙，相应的忌讳也就少了很多。从史料记载和近年的调查结果来看，庆元现存的古廊桥中，位于村庄内或者村落旁的廊桥都进行过不同形式的文化娱乐活动，是乡村文化的“集散地”。

廊桥中的文化娱乐形式多样，丰富多彩。春节舞灯在庆元乡村十分盛行，有“唱灯”“龙灯”“鱼灯”“狮子灯”等。正月初五至正月十五元宵节，是民间的“灯期”，各个村庄都有1—2支舞灯队，要到附近十里八村的家家户户去表演。无论是本村还是外村的舞灯队，在进村表演之前，必须先在廊桥上表演，村里的男女老少要在桥上“迎灯”。“迎灯”有两层意思，一是新年伊始讨个吉祥的彩头，二是看灯队的行头装饰、表演水平如何，为给舞灯队包红包之钱的数量作参考，所以，每个舞灯队在廊桥上的表演最卖劲，最精彩。按照传统习俗，正月十五的“元宵灯会”也在廊桥上举行。这天晚上，村中的家家户户都要把预先制作的灯笼、马灯挂在廊桥上，进行观灯、赏灯、评灯。村里的各种舞灯队也必须当天结束走村进户的表演，晚上在廊桥上进行最后的演出。各家各户春节没燃放完的鞭炮、花炮，都要拿到廊桥附近尽数燃放干净。极尽狂欢之后，灯队在廊桥上停锣息鼓，等待来年再结团组队，重起炉灶。村人也要在子时之前把自己的灯笼迎回家中，任其烛尽而灭，表示“年”已过完，平常的日子开始了。

春节前后，有些村庄还要请戏班在廊桥上演出，而且往往一演就十天半月。虽然戏都是在桥上演给全村人看，由于出钱“请戏”的对象不同，对“戏”的叫法也不同。有桥田、桥山的廊桥，由廊桥董事会出钱的场次，叫“桥戏”。由全村人集资请演的场次，叫“大众戏”。由村里的财主、大户出钱的场次，叫“请戏”。平常，村里财主、富户办喜事时，也会请戏班在廊桥上演戏。老人做寿时请演叫“寿戏”，儿女结婚请演叫“喜戏”，喜得贵子请演叫“添丁戏”。据考证，庆元的“菇民戏”（又叫“二都戏”）就是从廊桥上的演出中萌芽，继而形成和发展，成为在浙江、福建、江西等地产生广泛社会影响的地方剧种。

廊桥不仅是乡村的剧场，还是乡村的书场。虽然乡村的灯会、演戏大多选择在廊桥之上，但是类似的文化娱乐活动在农耕社会过于奢侈，不可能经常举行，最普遍、最常见的娱乐活动是廊桥上的说书，也叫“讲古董”。村里有两三名相对固定的“讲古董”人，没有报酬，是倍受听众欢迎和尊重的“明星”。他们讲述的内容大致有《水浒传》《三国演义》《封神榜》《隋唐演义》《薛仁贵征东、征西》，以及当地一些传说故事等。

廊桥是人气最旺的公共场所，村人的是非恩怨、家长里短也会在这里评说、流传；一些家族会议、全村人的会议在这里召开，村里的大事在这里宣布；村规民约最先贴在廊桥的风雨板上；江湖卖艺者在这里摆场子，外地来的买卖人生意在这里开张；甚至连“夜哭郎”的纸条也必须先贴在廊屋的柱子上。

第二节 廊桥故事

庆元的许多廊桥都有它的传说故事，有的史书有记载，有的流传在民间。从民国22年（1933年）到民国38年（1949年），红军北上抗日先遣队、红军挺进师、闽东独立师和闽北独立师、庆元县委、闽浙边地委在庆元频繁活动，革命前辈的足迹踏遍庆元的古道廊桥，赋予庆元廊桥红色的神韵。

革命故事

抗日先遣队攻占举溪 民国23年（1934年）8月26日，中国工农红军北上抗日先遣队由福建寿宁县硖头进入浙江庆元县境。经龙溪乡荡口、后洋坑、岙里，在小际头冲破大刀会的阻拦后，向举溪村（时为国民党荷地区署驻地，即今月山村）进发。先遣队先头部队到庆元荷地区署驻地举溪村的村尾。他们从步蟾桥桥头下水，以溪坎为掩护，蹚着溪水向上游行进，在上游1000米的地方进村。位于村尾的是一个六角形3层碉堡，由县保安团的1个分队2个班驻守。8月27日晨，村里的群众刚吃过早饭，保卫队与大刀会信徒走出碉堡，企图到水口桥（步蟾桥）驻守，不料红军已经进入水口。敌军乱放一阵枪后，见红军袭来，急忙退入碉堡内，紧闭大门，也不敢向红军开枪。红军政工人员写了一封说明红军宗旨和政策的信，用晒衣服的长竹竿挑给二楼碉堡内的士兵。保安队队长回信说不知道是红军经过此地，冒犯了。于是，红军只把碉堡警戒起来，围而不攻。先遣队在举溪部署警戒人员后，战士们有的发动群众分掉土豪家的粮食和食物，向群众了解前往庆元县城的路线；有的在村里张贴“欢迎大刀会弟兄们与红军共同北上抗日”“打倒土豪劣绅”等宣传标语，标语署名“北上抗日先遣队宣”；有的打扫祠堂、庙宇、廊桥等公共场所。当天在举溪宿营。

濛淤桥遭遇战 民国23年（1934年）8月28日先遣队后续部队行至濛淤村时，已是午后时分。当另一路拦阻红军的丽水保安分处军士队第二队及庆元保安一中队闻报红军冲破保安第一队的布防，已向庆元县城前进，就抄小路从石记岱追来。行至濛淤与红军的炊事兵相遇，他们误认对方部队是国民党张克部队，便问：“你们是哪支部队的？”当时红军对外也称一、二、三支队，穿灰色军服，红军回答：“是第三支队。”保安队看他们挑着炊具，不是战斗部队，就说：“快去报告你们的队长，今天来的不是土匪，是红军。你们停一停让我们先走。”恰巧红军炊事兵也背着枪，一看不是自己人，即开枪打死保安队一名军官。经一番激战，打得保安队满山乱窜。一时间军帽、刀枪满地。濛淤遭遇战，红军炊事人员击溃保安队，缴获枪弹颇丰，还抓了几名俘虏。红军牺牲2名战士，多人受伤。扫清沿途堵截之敌，红军于下午占领庆元县城。民国23年8月30日，中华苏维埃共和国临时中央政府机关报《红色中华》发布专题报道《捷报　抗日先遣队占领浙江庆元》，内容为：“抗日先遣队来电：红军先遣队由穆洋（阳）连日向浙江境内挺进，于本月28日占领浙江西南的庆元县城。”

竹口战斗 民国23年（1934年）8月30日，红军抗日先遣队先头部队与红军侦察部队在后坑桥附近遭遇国民党浙保三团及丽水保安警察大队、庆元县保安团。红军军团司令指挥部设在竹口村对面山上(即今竹口战斗纪念碑址)。寻淮洲、粟裕等首长亲临阵地指挥。英勇顽强的红军守住正面通道，顶住敌人一次次冲锋，至15时，战斗达白热化。敌人用迫击炮、轻重机枪开道，连续发起十几次猛烈冲锋，欲一举拿下红军阵地，但均被红军击退。粟裕派一师的1个连从竹口村头向山角林东侧包抄，形成“凹”字形口袋，与瓦窑山阵地连接呼应，扼制敌主力的攻击力。浙保三团团长何世澄以为红军瓦窑山阵地没有碉堡作依托，经不起迫击炮轰炸，想争头功，亲自上官山督战，倾全力疯狂进攻，曾一度推进到东山亭，但仍争夺不下红军瓦窑山阵地。红军二师抢占东山亭前面的高地，军团首长也从对面山指挥所运动到东山亭指挥。此时，敌兵欲进不能，欲退无门。天色将黑，善于夜战的红军组织反击。粟裕趁机派三师1个营迂回官山西侧敌后，突发进攻，敌猝不及防，指挥所被捣毁。红军又派二师1个营从东山亭西侧沿下济溪逆水而上，经洋源折向前后岗，直插敌后，突然向敌迫击炮阵地进攻，击垮迫击炮阵地，抢占制高点。敌阵大乱，弃枪弃炮逃命者甚众。此战全歼省浙保三团和县保安团。县保安团副团长丁南在战斗中毙命，浙保三团团长何世澄潜逃后自杀身亡。次日晨，红军在后坑桥附近山寮活捉国民党庆元县长，缴获迫击炮2门、轻重机枪10多挺、长短枪200余支及一批弹药物资。从此以后当地百姓将“后坑桥”改称“红军桥”。中央机关报《红色中华》于1934年9月4日报道这次战斗。

奇袭小梅镇 民国23年（1934年）8月31日，红军北上抗日先遣队6000余人从庆元经龙庆桥进入龙泉小梅镇。1935—1937年，红军挺进师部队多次经过龙庆桥。1947年9月26日，以崔上村为根据地的中共闽浙边地委游击队130多人在陈贵芳、张翼率领下，在崔上等地200多名民兵和群众配合下，利用敌县特务行动大队调防换防之际，以及当地群众赶墟时机，通过龙庆桥奇袭小梅镇，取得胜利。这一天，陈贵芳、张翼、叶风顺、池云宝率领20多名游击队员化装成调防的国民党军直抵镇内，张国荣等组织十几个便衣，装扮成赶集农民混入集市，预伏在重要袭击目标周围。参战的游击战士和民兵、群众埋伏在通往曹岭、小梅的制高点和隘口，切断曹岭乡公所、小梅镇公所、警察所与外界的电话线路和交通要道。仅半个小时，游击队冲进敌县自卫队驻地，俘 36 人，俘镇警察所 16 人，当场处决反动警察所所长，缴获长短枪 17 支。游击队全体进入镇内，没收三家商号的财产，缴获布匹 3300 余米，筹款 1.2 亿多元（旧币），在曹岭破仓分粮数千担。缴获品除游击队留足自用外，其余悉数就地分给群众。

斋郎战斗　民国 24 年（1935 年）4 月 23 日，中国工农红军挺进师 500 余人在师长粟裕、政委刘英、参谋长王永瑞、政治部主任黄富武等率领下进驻庆元斋郎村。该村界于黄茅尖和百山祖之间，东邻景宁，北接龙泉，地势极为险要，挺进师决定在此作短期休整，利用有利地形，给紧追不放的浙闽两省反动保安队以狠狠的打击。国民党当局得知红军主力宿营斋郎，即令浙江保安第一团团长李秀率所部 1200 余人，福建保安团团长马洪琛率所部 1000 余人，在当地地主武装“大刀会”近千人配合下，对从东北、正东和东南三个方向对红军挺进师进行分进合击，形势非常危急。当时挺进师只有 500 余人，敌我力量对比悬殊。敌人知道挺进师兵力有限，弹药不多，更无后方补给，便以“大刀会”打头阵，先给挺进师以扰乱和消耗，然后出动主力，妄想一举将挺进师歼灭，这却恰恰给挺进师以各个歼灭敌人的良机。4 月 28 日，红军在斋郎村口会龙桥击退千余名“大刀会”会徒的进攻。在主战场上，挺进师居高临下，以少胜多，打败国民党军的进攻，毙伤 300 余人，俘虏 200 余人，缴获重机枪 1 挺、轻机枪 4 挺、长短枪 150 支、子弹万余发。挺进师政委会委员、宣传科科长王维信等 20 多人在战斗中牺牲。斋郎战斗是挺进师入浙后的关键性一仗，迫使龙泉河以南的国民党军转攻为守，龙泉溪以北则因兵力南调而空虚。为开辟浙西南革命根据地创造条件。该战被粟裕大将誉为“是我军挺进闽浙边以后的关键性一仗”。

独立营攻克济川据点　民国 24 年（1935 年）2 月，闽北红军独立师黄立贵部的广（丰）浦（城）独立营营长周汝春（又名周国华）、政委叶全兴率 200 多人从浦城出发，进入庆元县到上济村，由该村交通站交通员鲍世芳带路，去攻打济川桥头的国民党三济、黄真、四源三乡联防队据点。因敌兵力足，据点房屋坚固，红军一时未能攻下，牺牲 3 人，暂时撤退。数日后，独立营乘敌联防队上山砍毛竹，据点内兵力空虚之机攻打敌碉堡，击伤联防分队长，联防队四处溃逃，独立营成功端掉该据点。独立营撤走后，国民党三乡联防队回村报复，抓住闽北红军交通员鲍世芳，残忍杀害于上济村溪边。

情报交换的通道　三济乡（今属黄田镇）作为闽北红军、建（阳）松（溪）政（和）特委、闽浙边地委进出庆元的主要通道之一，常有地下交通员借助廊桥为掩护，传递信息，传达上级指示，通报紧急情况等。民国 24 年（1935 年）2 月，闽北红军张立贵率部端掉上济村（今属黄田镇）济川桥头三乡联防队据点，打通进入庆元的通道。1943 年，建松政特委进入庆元，福建省委政治交通员章志廉与庆元地下交通员沈世达等多次在半路亭桥传递、交换情报、信息等。各个时期的地下交通员为确保情报信息传递安全，还探索总结许多特殊的通信暗语代名词。如河流急不急，代表军队强弱；草长短，代表军队驻防时间长短；草青翠不青翠，代表军队作战的强弱；太阳快落和出来，代表军队快要离开或过来。

红军政工队的宣传阵地　民国 24 年（1935 年）4 月 9 日，中国工农红军挺进师（红三师）政工队从八炉出发，经过太婆岱，在东溪庵（今南峰寺）的照墙上写下“实行二五减租，解除贫农痛苦”的巨幅标语，接着路过塘堀水尾桥，在两侧风雨板上写下“日（本）落西山、收回失地”，继而在葱甩路上半边亭的泥墙上写下“救国就是救己”等宣传标语。

坚强的红军向导　民国 24 年（1935 年），红军挺进师第四纵队在三堆村设立交通站。同年秋天，国民党军队大规模“围剿”浙闽边区的红军，挺进师四纵队遭敌人重重包围，与师部失去联系。纵队领导决定，向闽北根据地转移。10 月 13 日下午，四纵队从景宁县境内到达三堆交通站，纵队领导向吴思澄等人讲所处的困境，要求带路，并照看好留下的伤员，要提高警惕，坚决挺住。吴思澄立即叫家人炒几斗黄豆，装几毛竹筒米酒给红军。然后由他和吴思健、吴文资 3 人做向导，带红四纵队穿过万里林，指点红军通向闽北的路线，与红军告别后回村。红军刚走，敌人随后追到村里。吴思澄等 3 人回村时，已是夜晚，他们在夜色下走到村附近被敌军拦住，急忙把红军首长留给的“片子”（即现在的名片）丢到田里。当时稻子将收割，“片子”搁在稻叶上，敌人用电筒一照，就被找到了。吴思健走在后面见势不妙，立即逃跑脱险。吴思澄、吴文资当即被抓回村。二人在敌人酷刑面前，毫不畏惧，坚守秘密，最后被敌人杀害。脱险后的吴思健按照红军首长嘱托，将掉队的红军伤员转移到安全地点，用草药精心治疗，直到红军伤愈归队。

中共庆元县特别支部的诞生地 民国27年（1938年）5月，中共浙江临时省委书记刘英选派云和县特支书记施平到庆元，以国民党庆元县政府民政科长的职务为掩护，秘密开展党的工作，筹建县一级党组织。6月初某天傍晚，施平等党员以饭后散步的形式到咏归桥，召开秘密会议，成立中共庆元县特别支部，施平任书记，金更、梅占魁为委员，县特支直属中共浙江省委领导。咏归桥成为中共庆元县特别支部的诞生地。8月，中共浙江临时省委巡视员、新四军驻浙办事处主任吴毓到庆元协助，正式成立中共庆元县委，施平任书记。县委下建城区、荷地、淤上、竹口4个区委。1939年春，又先后建立9个支部，全县有党员104人。

传说故事

香菇客建廊桥 相传庆元一位香菇客在兰溪落难，被人逼债，走投无路，遇一名兰溪富商，香菇客向兰溪商人求助借款，商人索要抵押合同。香菇客家中并无财产，只得将应岭尾一截青溪潭作良田抵押给商人，躲过大难一场。几年后，合同到期，商人不见还钱，跑到青溪潭一看，并无良田，但见潭中有彩锦浮泛，认定这是一块风水宝地，便将祖上骸骨包裹掷入潭中，彩锦裹骨而沉。后来兰溪商人发了财。香菇客向商人还钱，商人说得风水宝地发财已足矣。香菇客便将这笔钱造了廊桥，名“兰溪桥”。与兰溪桥相邻的西洋殿供奉吴三。吴三（1130—1208年），龙岩村（今属百山祖乡）人，裔出松源上仓吴氏，父吴十五，一生潜心归真修道。吴三自幼随父修炼，亦谙通巫术，明万历三年（1575年），吴氏父子均被明神宗封为“判府相公”，相传吴三对人工栽培香菇技术颇有研究，沿用近千年的“砍花法”与“惊蕈术”即他发明，故被菇民尊为“菇神”，立庙祀奉。国内外香菇专业人士调查考证，确认吴三是世界香菇栽培技术的创始人。坐落在兰溪桥西端的西洋殿（松源殿）是供奉吴三公的最大庙宇。

刘秀御题桥名 传说该桥原先是链桥，汉朝始建为木拱廊桥。座落于陈边村尾水口，桥若飞虹，腾空镶嵌在悬崖峭壁之间，左右两侧修竹婆娑，若楮郁树，金钩古藤环绕，硕果累累。西桥头建有太保师寺庙，檀香紫烟袅袅，摩崖石刻依稀可见。喻名“云岩桥”，后改名为“查洋桥”。传说，历史上“王莽之乱”，汉武帝刘邦后裔刘秀被王莽贼兵追杀，眼看就要祸身蒙难，情急之下，刘秀隐入该桥底下，躲过此劫。刘秀登基后，为纪念此桥，曾御题桥名：“查洋桥”。“查洋”与“遮阳”谐音，其寓意暗指刘秀避难栖身在此桥。

“内七里，外七里”的故事 从前，一位福建货郎在庙宇避雨，在避雨时看到庙堂柱子上有一行字：“内七里，外七里，真金就在七里内。”他往庙堂四周一望，见神龛前摆着一尊方方正正漆得雪亮的香炉。脑海中灵机一动，莫非是“内漆里，外漆里，真金就在漆里内”。于是他拿出铜钱将香炉内外的漆刮去，果然惊奇地发现这香炉是金子铸成的。货郎发财了，第二年就到庆元得金的地方建了一座木拱廊桥。因此地云雾缭绕，在青山绿水中袅绕升腾，故取名为袅桥。

蓝采和与蛟龙桥 相传岭头乡大际村村尾有八仙在赤岩之上下棋，一位牧童从对面路过，隐约听见蓝采和说：“如果这里有一座桥，让凡人在此嬉戏，看看我们仙境，岂不是更好。”铁拐李说：“金童到这里就会建桥了。”牧童到村里一说，族长动了心，立即筹资建桥。正当上正梁时，那八仙见村民真的在这里建桥，化成二都戏班前来观看。人们欢天喜地地敲锣打鼓来迎接八仙，八仙一高兴就各显神通舞蹈起来。一时惊动蛟龙，雷雨交加，过来看个究竟，原来是人仙合欢，于是收了风雨，与八仙一起到南峰寺找真武帝打牌去了。人们就将此桥命名为蛟龙桥。

大毛坪的故事　据传，叶家先祖在大毛坪牧牛，天下大雪，牛不肯回家，叶家先祖去找牛时发现此地异常暖和，老虎经过这里看见牛群竟与之和睦相处，后来叶家先祖就从半山坪迁到这里居住。庆元方言称老虎为"大毛"，故这里就叫"大毛坪"。叶家先祖后来又邀请举水、龙溪名人志士联手捐款修筑了半山桥，将水口龙山和凤山对接。

如龙来凤的传说　相传举溪两岸同住吴陈两大家族，原本相处得和睦。不料有一年大旱，吴陈两家为争举溪之水入田灌溉而大动干戈，从此结下宿怨。有一年，又是一个干旱之年，两家人为了溪水越争越凶，都拿着刀棍对峙在两岸，眼看着前辈人发生过的族斗又要发生。这时，一方想出比武夺水的办法，结果吴如龙和陈来凤各胜一场，平分溪水，暂时解决了纷争。在比武中产生感情的青年男女又决定从银屏山上开渠引水，两家人同心协力，终于引来山泉，保住收成，化解昔日仇怨。次年八月十五，举溪两岸喇叭声声，吴陈两家喜气洋洋，吴如龙、陈来凤在乡亲们的祝福中，结成美满的夫妻。从此，陈吴两家又和睦相处，互帮互助，日子越过越美，越过越甜。为了纪念这件喜事，吴陈两家决定修建如龙桥和来凤桥。

泳龟的由来　传说吴三公有个徒弟学成后贪得无厌，一日正担着一担香菇，遇见吴三公就要求师傅把自己前面一筐菇变金，后面一筐菇变银，吴三公问他承受得住否，徒弟说能承受。结果被吴三公点化，扁担一头变球山，一头变仓山，扁担变成桥，徒弟被桥压成顽石，酷似泳龟。五百年后，桥毁，泳龟外去作祟，专门调戏新娘子，众巫不能镇龟，吴三公点化喜鹊窝作桥，镇住泳龟，诲其修炼，守水不涨，故无论多大的洪水都漫不过泳龟石，名为"泳龟桥"。后来文人取《论语》"浴乎沂，风乎舞雩，咏而归"改桥名为"咏归桥"。

新郎答谢临水陈夫人　古时石塘村一位新娘嫁到底村，经过一深潭，由于路窄，轿夫把轿撞到陡崖峭壁上，新娘连轿带人跌入深潭而身亡。新娘过奈何桥，汤婆劝她喝迷魂汤，忘却前事，出生后就可以无忧无虑地自选才郎，可新娘觉得新郎与她情真意切，不肯轻易忘却，执意滴汤不进，此时新郎也跪在灵前求新娘复生。临水陈夫人见新娘如此情真意切，深为感动，不想眼看一对好鸳鸯被拆散，于是亲自到阎王殿为新娘求寿。阎王说："你如果要为新娘添寿。要面壁而坐三年。"陈夫人满口答应。阎王红硃笔一挥，新娘果然苏醒过来，夫妻重新团圆，过着人间美满的生活。为答谢临水夫人，新郎出资在底村建一座廊桥，神龛背水而设，这样的朝向是所有的廊桥神龛所没有的，人们称底村桥为"新娘桥"。

蜈蚣怕蛛网　相传村口风水林路上蜘蛛网很多，影响行人，经人点拨，建成状似蜈蚣的木拱廊桥，故称蜈蚣桥。

第三节　桥联　桥诗　桥记

桥联

如龙桥　玉宇琼楼天上下，长虹飞渡水中央。上下影摇流底月，往来人渡境中梯。桥头看月色如画，桃畔听溪流有声。桥廊风爽堪留客，波底星光可醒龙。古事现今朝今朝过去皆古事，虚华当实境实境已信亦虚华。

甘公坑桥　开基立桥传万古，复新竖造镇乾坤。

余地桥　桥护本境永兴隆，途通浙闽咸康泰。上下影摇波底月，四面云开山色秀。

步蟾桥　至西至东任君过去，或远或近由此登高。笔伐桂枝何用斧，登云有路步蟾宫。文塔崔巍千仞上，佛灯明灭一龛中。宝塔占左恍如一株榕树，翠盖擎浚俨若五色祥云。石狮负石桥石兴石镇定举溪南门锁钥，玉兔浮玉宇玉和玉印成半月东道垂轮。

半山桥　一道长虹闽浙往来迎百世，两岸耸翠东西连续锁千秋。

桥诗

后坑桥（普渡桥） 普渡桥志感（吴得训）。竹溪溪水落长空，路辟榛芜辐辏同。绵亘何年鞭海石，依稀半碧架晴虹。柳阴不用方舟渡，桥畔偏令舆马通。王政于今侔夏令，千秋犹逢忆程公。

濛淤桥 濛淤桥（张恪忠）。峰峦环抱锁溪声，百丈流虹饮涧横。我欲招寻题柱客，长门恰喜倩长卿。

济川桥 步龙泉邑令题济川桥（陈嘉猷）。此地天教系断槎，古来剑气属张华。长桥高阁一时胜，巨碣雄篇众口夸。曾是斗牛相照映，不应风雨肆敧斜。今君小试扶颠手，便有欢声霭万家。

咏归桥 九日补天阁吊杨公（周之德）。清霄雨歇应重阳，一杖寻登木未黄。万井填城山缺处，双虹负阁水中央。愁闻鸿雁传乡县，忍见茱萸佩客囊。此日登临怀作者，只余新泪湿衣裳。

锦水桥 锦水桥成记感（吴元翰）。仙槎断处系飞蓬，伐石为桥结构同。烟雨楼台新店北，丹黄庙貌济川东。当堤柳色垂芳霭，古甸泉声咽远风。日暮驷车来络绎，高材孰是茂陵翁。

永兴桥 永兴桥（吴孟登）。地僻人烟少，山危水涧深。潺谖飞万壑，澎湃落千寻。岸苦褰裳涉，溪愁勒马临。最宜鞭石手，为洽济川心。

白云桥（题目、作者不详） 六角重檐立溪前，双栏对映步云间。白首青童详旧事，曾传此处紫微坛。

如龙桥、来凤桥（题目、作者不详） 来凤如龙号两桥，重关交锁束溪腰。月山银汉垂清影，举水金波落绛绡。道济自能为普渡，乘舆何用频相招？殷殷寄语褰裳客，从此江干被泽遥。

桥记

咏归桥记（碑文，作者不可考） 庆元僻处万山之中，一水环注，界乎县治之北，学宫之南，凡游宦之车马，市民之携挈，行旅之担荷，越是溪者惟筏竹代渡而已。至于春夏涨浮，奔流跳浪，争趋疾渡者，有蹶踣倾复之患；黉宫师儒，往来昕夕，其虑尤切。天顺庚辰秋，钦差中贵臣罗公常谒学宫，视其溪阻，谓众曰："水有桥梁，民不患涉，亦王政之一端。况学宫间阻，而劳师儒往来涉渡乎！"遂损资抡材，鸠工伐石，邑之民士欢趋乐助。经始于是年八月，落成于十二月，长跨若干步，横架四十一间，高结檐牙，以蔽风雨，所用缗帛以千计。倚势吞波，鲸飞虹卧，凡车马之行，携挈之便，担荷之安，无有蹶踣倾复之患者皆公赐也。师儒来游来歌，恍若风乎舞雩之咏，因题其桥曰"咏归"。庆元知县张宣等来请曰："昔汴州作东西水门，而昌黎有记，柳州作东亭，而宗元有文，今按节斯土，桥梁既成，颂公之德非文何以传后乎？"予塞其请而记之，使百世之下，因其文而推其德，莫不知公之所以利济斯人者，千百世而未艾也。天顺四年冬十一月庚子。

槎溪桥记（郑汝璧） 庆括岩邑也。地当闽浙之交，而八都离城二十里，水势洄涎，盖水口所关为邑孔道也。旧有桥，兴坏不一。正德间邑令何公鳌，架木为之。至万历甲午，蜃水大发，桥坏无存，春夏之交，溪流迅驶，垫溺者众，往来病焉。邓公顾瞻兴叹，以此举为不可缓，乃捐俸首倡，而乡之士民咸乐助之。叠石为墩者五，每墩高二丈，阔半之。复屋三十七楹，砻甃精密，结构坚固，民有攸济矣。桥成，走使征余为记。余曩迁官之闽，道经松源，见其山水明秀意必有异人出于其间，及稽载籍，在昔巾山献瑞，佳气浮空若彩桥然，以故状元刘公知新，尚书陈公嘉猷，后先崛起，焯然至今有声。迩年以来，因桥坏风气不聚，人文寥寥有由然矣！是桥之成，水口有键，多士生于其乡，足称俊雅，又得公振作之，岂无绍述之思继二公而兴起者乎？信有之，则古云"地灵人杰"非虚语也，公其大有造于庆哉！

复建咏归桥记（杨芝瑞） 寓内多故，守土者力竭催科，即重务犹莫为之，应若夫褰裳之患，惟问诸水滨而已。旷览山川，追维往迹，则如咏归桥是也。予莅庆两载，诸凡建隘修城、借民财、烦民力，以仰副功令，免予罪愆者，虽昕夕经营，予劳也乎哉，民劳也。方幸黾勉告竣，差得吾民优游共适，而阖邑复有建桥之举，先是桥之兴废不一，初创于元大德，再造于明天顺，三造于嘉靖，四造于万历，屡造屡圮，人皆曰："波臣为祟。"予曰："非也。人谋未臧，乃欲分咎波臣，枉矣。"自今伊始于万斯年，维持巩固，往来行人不赋“匏叶”而赋“周行”。则今所谓经营昕夕者民乐也乎哉。予乐也，苟利于民，何惜劳瘁，凡我好义同心者，请勿作桥观。是即君子谷贻孙子之颂也。求宁观成，敢计日以俟。

补天阁记（吕阳） 昔上帝既剖浑沌氏，以其支节为山岳，肠胃为江河。山曰积气，水曰积形，高者为生，下者为死，邱陵为牡，溪谷为牝。凡山川蜿蜒者旺气也，奔窜不回者衰气也，故郡邑孕旺气者泰，乘衰气者否。庆元为浙东僻邑，天为山欺，石不抱水，离城数武而北，是为龙潭，两水迅泄，有石孤峙于波中，状似巨鳌、挟有灵气。肯堂杨年伯了如也。久之，集邑之老者、壮者、贤而达者佥谋之曰，余少读汉唐史，至其载堪舆诸书知青囊术，百世所奇盍图诸。于是捐俸发粟，为士民先，遂鸠工庀材，殚心毕力。自草昧以来，为斯石开其生面者，则自年伯始，自孟夏迄季秋而工落成。其阁暴藏，周以廊，环以栏。危檐峻楹，承阴广霤。中悬太极，外列八卦，曲梯盘纡，玲珑莹透，登临啸咏，天宇空阔，烟雾莽苍。仙桃巾峰诸山，近在指顾间，俯瞰溪流，水光微茫，诸鳞出没，若群鸦浴波，远瞻云树，掩映蓊郁，籁声盈耳，日光注射，伟哉观也！土德既维，屹乎山峙。风气聚于斯，地脉厚于斯，将使人文寖盛。噫嘻！天缺西北，女娲炼石以补之，兹邑亏西北，杨年伯创构杰阁，奠坤维以挽天工，岂曰小补云乎哉。年伯曰诺，是则仆榜阁意也。遂书之石。

建角门桥记（程维伊） 自古分建郡邑，莫不上应列星，下随地纪，以为形胜。故泰岱峙于东，而青、齐显，衡霍列于南，而荆、扬著，华、恒分立于西、北，而雍、冀名，此最钜者也。至若津梁之设，又所以补天地之气机，聚山川之秀气，而大有助于文运，岂仅系一方之利涉而已哉。庆邑僻处万山，去省会千有余里，其民力田务本，不事末作。其士敦诗书、习礼让，彬彬乎弦诵之风，足与上国名邦媲美。而三岁宾兴升诸司马者，廖廖无几，识者未尝不扼腕而叹庆士之难遇也。余治庆之六年，岁在己酉，偶值簿书之暇，与邑人士登高远眺，四顾徘徊，北望抚然曰：“士之扼于制举，非无故也。松源之水，自东振迅而来，至角门岭而一曲，邑之文澜于斯萃焉。向之有其才而难遇者，以兹水之泄洩而不聚，故若此若架木为梁，以接两山之脉络，锁一水之潆洄，文运殆一助乎。”邑人士咸跃然喜曰：“善。”余乃捐数岁之俸，以为邑人倡，诸绅衿父老，不谋同辞，各效厥力。于是伐石庀材，建桥于其上。其工始于本年之二月，至明年十月而工落成。望之如长虹亘两山之间者，桥之形也，重檐飞栋，鳞次而纵横者，长廊邃阁，架于桥之上也。蛾然双峙，骞翥于桥之左右者，丽谯之楼也。修垣曲扉，有亭翼然于石壁之畔者，储英庄也。长川潆潆，波折而内拥者，溪之水流而复返也。列嶂层岩，郁郁蒸蒸，互为掩映者，两山之气相生相续也。而庆邑之山川庶几从此其效灵乎。虽然自有天地，即有此山川，自有此山川，即应有此桥，向不知建，而建于余，盖亦有数存焉，余又幸遇合之奇也。因乐观厥成，与二三僚友登斯桥而瞻眺，岂曰侈创建之劳哉，窃于是而有感矣！顾原田之朊朊，则思不竭吾民之力焉。溯清流之洁冽，则思臣心如水，而不使可淆焉。观其烟霞朝变，禽鱼上下，则思与诸士切磨砥砺，而期文教之成焉。念夫负担而往来息足于溪云沙月，则思阜吾民之财而比户可封焉。回眺乎雉堞言言，左山而右川，则思百里之寄，上足国而下裕民者，无不周详而审处焉。至于免厉揭之劳，无胥溺之患，又其最著者耳。邑人士不忘余一日之功，欲仿苏公桥之意榜其桥曰：“程公。”余固辞之不得，遂以是名。是为记。时康熙十一年腊月之吉。

杨公桥记（陈函辉） 邑治之北，距城百武而近，旧有桥焉。其再创于天顺间者，嘉靖末为河伯所溃，迨万历初年复拓之。寻就废圮，垂六十年于兹，无有继者；姑孰杨公莅任之期月，士民叩阶，力请复之。公起谢曰：“请之诚善也。但政有缓急，治有标本，方今寇警骚动，桑土之谋未备，衣袽之计尚疏，未遑此也，姑俟之。”惟是专志殚力缮城池、创关隘、练乡勇，靖寇之余，仍筑堤垦田，修仓葺狱，宵旦经营，次第毕举。庆之士民，复叩阶请曰：“荷公缔造，百废俱兴，桥属东北孔道，不可缓也。且适当捍门，尤为一邑风水所关，更不可缓也，愿君侯图之。”公輾然喜曰：“诺！夫桥梁，王政之所有事也。徒杠缺而国侨致讥，川梁騳而单公以刺。余承乏兹土，不亟思夫捍灾备害，一切利赖生民之道，能无内愧于心乎？”于是佥谋塔院，上其事于道台，计工授事，毅然引之为己任。更搜橐中俸金伍拾两，以为之倡。而邑之挥镪乐助者，翕如也。经始于癸未岁孟夏，以是年秋仲告成。中竖一巍阁，东北分建两桥，架屋计十九间，其长计二十四丈，广计二丈一尺。栋宇庄严，丹彩宏丽，势若长虹，横挂于绝壁危渊之间。盖自是而舆马可通，商旅可行，褰裳蹶踴之患息矣！而诸山拱揖，百派汇聚，与桥相望不绝，甚盛举也。庆之士民欢呼载道，咸谓斯桥也，其湮灭于洪波荆棘中者已数十年，而公乃披蓁莽，精区画，鞭海石，一旦而鼎新之，其规模视昔尤巨丽焉。非其勇于仁，急于义，殚乃虑，疲乃形，其能成此大工耶？是以感之也深，慕之也切，相与识公之功德于不朽，遂颜之曰“杨公桥”，俾后之人顾名思义，不且千万年，犹如见公乎！

重修太平桥记（吴纶彰） 庆邑之城西有太平桥为附近居民往来孔道，其始作年月不及详，考之前志，其间水火相寻不无改作，然皆因陋就简，每当春夏之际，大雨时行，溪水暴涨，迄无完圮。至乾隆间邑人架木重修，至今复四十余年，桥固在也，而蹶踴者若不敢前，行人仍苦跋涉。壬辰春，吏请余倡新之，若恐倡者之易为谋，而继者之限于力也。绅士姚君鸾闻是举而请曰：“是不必为使君虑，鸾当独为之。”因年老艰于步，乃命长君树德捐资而鸠工焉。树德体父志，不辞劳瘁，倾者建之，隘者廓之，不阅月而工竣：宽厚视昔有加，而捐租若干把以备修葺。于是往来斯桥者莫不欢欣鼓舞，以为今而后可免蹶踴倾复之患矣。余闻而叹曰：人之好行其德者类如是哉！夫九月除道，十月成梁，此王政之大体也，昔持地菩萨于一切要路津口，田地险隘，防损车马，悉为平填，或作桥梁，或负沙土，勤苦无量，得入二十五园通圣者之一，此释氏功德之说也。福田利益，儒者所勿道。姚君是举也固未足以见其全体，而论者乐道其父子平日类皆济急扶危，乐善好施。及窥其门，太和翔洽，子若弟循循然，悉有规距，佥曰：“此功德所致。”而吾曰：“不然，今姚君父子世济其美，方将宏愿广施，济人利物，使后之子孙体此意，继承于勿替。而岂区区杯勺间自鸣得意为邀福计哉！此可知其善量靡穷，而天之报施未艾也。”然是役也，父也乐善，子也克承，皆宜光之简册，以示来兹。桥既成余乐为之记。

重建阜梁桥记（沈镜源） 自来舆梁之设，所以通商贾济行旅也。庆邑竹口最为巨镇，且地邻闽省松溪诸邑，最为往来要道，旧建桥梁屡遭水激，行人病之。道光癸未绅士吴君恒宪等首捐百金为倡，众亦踊跃乐输。计洞有三，上加蓬盖以御风雨寒暑，规模宏备，木石坚固。计经费千有馀缗，诚盛举也。告成后，同里贡生田君嘉修榜其上曰：“宋王伯厚先生故里。”以志先型。余赴郡往来过之，深为之望风景仰。且见兹履坦利征，民未病涉，深嘉都人士好善乐义者多，其利物济人之功甚宏。且远古云：太上三不朽，首立德与立功，庶几近之。爰援笔乐为之记。

登云桥记（董敦礼） 盖闻夏垂除道成梁之令，周载徒杠舆梁之规，虽属莅治之微，实关王政之大。彼夫郑济溱洧，小惠未周，即如诗咏浅深大川难涉，所以洛阳费一千四百万之多，建工于醋字，秦阪立三百六十丈之架，廑念于枕边，况造之久而坏于俄顷，路之冲而行者甚众，兴工修葺有不能已者。庆邑北门外，向有登云桥，遐迩咸蒙其泽，士庶欲永其休。讵料戊申五月为洪水冲塌，以致石板随沙湮没，农商徒涉往来兴悲。幸赖邑中绅士吴飞云、姚宗洙、吴登云等共襄斯举，集腋成裘，不日工成，竭鹊填之劳瘁，拟虹带之驾空，造修如旧，坚固比前。总计捐输之项，犹存数十余金，续置桥田，永作千万年修理之费，岂特一时之欣颂也哉。乾隆己酉季冬。

第八篇　水利

庆元系三江之源，溪流众多。历代官民为防洪抗旱兴修防洪设施，较早的有明、清时修筑的姚村新处路堤，杨楼东、西堤，岭头下洋堤，桐山堤，淤上东、西堤等24处。民国时期，修筑有甘东坑左、右堤，竹口田边堤，大岩庙下堤和坝头护村堤等。中华人民共和国成立后，新建和改建的防洪堤，长度在1000米以上的有和山东、西堤，五都堤，八都堤，犬头山堤，坑口吾田头堤，隆宫左、右堤，小安东、西堤，黄田西边堤，新窑堤，岭头村前堤，盖竹东、西堤等24处。1991年，全县长度在150米以上的堤防105处，总长102.99千米；堰坝971处，总长14.6千米，水渠总长180.6千米，受益农田4980公顷；容积在1万立方米以上的水库31座，山塘42处。2000年后，全县加快兴建水电站，水电企业利税占地方财政收入的14%；建设乡、村农民饮用水工程，解决农村饮用水安全问题。建设水土保持示范区工程，减少水土流失。建设城市防洪工程，防洪抗洪。同时，加大水体保护力度，采取主要河道禁止采砂、河岸绿化、河道保洁等制度，保持庆元水体环境生态。

第一章 治水和蓄水

1990年9月，庆元县水政水资源监督管理站成立，履行水政、水资源管理职责。1996年11月，县水利电力局更名为县水利水电局。1997年，水政渔业股设立，与县水政渔业监察大队合署办公，负责水行政、渔业行政、水土保持管理。1998年10月，县护河队成立。2001年11月，县水利水电局更名为县水利局。2010年，县水利局内设办公室、规划计划建设科、行政审批服务科；参照职能科室为水政渔政监察大队；下属事业单位有县水文站、县水电管理总站、县水产技术推广站、县水利管理总站、县水利工程质量监督站、县水利水电勘测设计室、县水土保持监督管理站、县河道堤防管理所、县农村饮用水管理站、庆元大鲵省级水产种质资源保护区管理处、东部流域站、西部流域站、淤上渔种场；县政府设在县水利局的机构有县防汛抗旱指挥部办公室。

第一节 水利建设

建设项目

1991—1995年，水利建设主要围绕去冬今春和今冬明春两次兴修水利的黄金季节展开。1996年，去冬今春共完成107处水利建设项目，投资233万元，累计投工122万工日，移动土石方64万立方米，新增灌溉面积20公顷，改善灌溉面积1340公顷。今冬明春共规划116处水利建设项目，投资274万元，其中防洪堤19处、2.14千米，引水渠道48处、26.86千米，水坝37处，修理提灌站4处，新建提灌站1处，修理水库2处，排水沟1处、80米，防洪堤护脚1处、135米，引水管工程3处、3.9千米。1997年，实施星光溪流域综合治理，总投资333万元，其中国家补助130万元（包括省补助经费、包干经费、县财政及乡镇政府投入经费），当地群众自筹203万元，投劳18万工日，移动土石方15.5万立方米。经过初步整治，193.2公顷水田得到改善，抗旱能力从不足30天提高到70天，其中旱涝保收154.67公顷，扩大耕地面积2.47公顷，产量逐年增加，并基本解决人畜饮用水。实施去冬今春工程，全县有116处水利工程，总投资162万元，投劳68万工日，移动土石方41万立方米，改善灌溉面积1540公顷，保护农田266.67公顷，改造低产田200公顷，全部工程于7月底竣

图8-1 主城区松源溪河段防洪工程施工现场（蔡李振 摄于2002年）

工验收，并逐步兑现补助资金。1998 年，实施去冬今春工程，总投资 211 万元，累计投工 85 万工日，移动土石方 77.3 万立方米。改善灌溉面积 700 公顷，保护农田 120 公顷，改造低产田 16.67 公顷。1999 年，坚持“以小流域治理为龙头，以重要水毁工程修复和山塘水库除险加固为重点”的山区治水原则。去冬今春完成农田水利基本建设 134 处，其中修复病险水库 15 座，总投资 1210 万元，累计完成土石方 133 万立方米，投入劳动积累工 178 万工日，改善灌溉面积 1233.33 公顷，改造低产田 333.33 公顷，保护农田 1040 公顷，解决群众生活用水 4500 人，保护人口 3 万余人，疏浚河道 5.9 千米，治理松源河 21 千米。

2000 年，大岩坑电站主体工程全面动工，附属工程基本完成，完成年度投资 5500 万元；城防一期工程即阁门岭段防洪工程于 11 月 8 日开工建设，总长 1.04 千米，总投资 1600 万元。通过城防工程建设使县城防洪能力达到近期 20 年一遇、远期 50 年一遇目标；实施松源溪小流域治理三期工程、竹口溪小流域治理一期工程和自力更生治水县一期建设。全年完成农田水利基本建设 148 处，总投资 2100 万元，修建防洪堤 5.8 千米，防洪提护脚加固 3 千米，引水渠道 27 千米，堰坝 56 处，修复病险山塘水库 3 座，增加蓄水量 10 万立方米，改善灌溉面积 1666.67 公顷，增加旱涝保收农田 1000 公顷，保护农田 600 公顷，保护人口 3.5 万人，解决 1.2 万人饮水问题，治理水土流失面积 2000 公顷。

河道治理

20 世纪 90 年代，庆元县贯彻执行《中华人民共和国水法》，先后出台《庆元县河道采砂收费管理实施细则》《庆元县水资源费征收管理暂行规定》《庆元县河道管理暂行规定》等 7 个规范性文件。1991—2010 年“中国水周”，出动宣传车 65 车次，设置固定标语牌 805 块，张贴临时性标语 2275 条，上街宣传 45 次，发放水行政法律汇编 3180 册，组织文艺表演 8 场，到乡村放幻灯 57 场次，出黑板报 68 期，广播宣传 380 次，发放宣传扇 5000 多把。2010 年 8 月 13 日，举办“共饮松源水，保护母亲河”万人签名活动，受教育人数 142055 人次。

庆元县围绕“水清、流畅、岸绿、景美”总体目标开展河道治理。2003 年始，实行主要河道禁止采砂制度，逐年扩大，至 2009 年末，竹口溪、松源溪、安溪等实行禁采。绿化大泽至后广约 40 千米河岸，种植柳树、雷竹等植物 8 万余株。2000 年始，每年向松源溪、竹口溪等水域投放甲鱼、瓯江彩鲤、倒刺鲃等种苗，累计 30 余万尾。安排保洁经费，聘用保洁人员，对松源溪、星光溪实行长效保洁，建立“定人员、定报酬、定责任、定河段”河道保洁机制。1991—2010 年，县水利渔政部门调解水事纠纷 35 件，查处水事违法案件 836 件，查处毒鱼案件 75 起、电鱼案件 453 起，开展多次重大执法活动。

第二节　治水

水土保持示范区工程

庆元县水土流失分布特征：松源镇水土流失面积最大，占土地总面积的 10% 以上；林地流失面积最大，坡耕地流失最严重；强烈以上水土流失面积发生在坡度 15°—25° 区域；1000 米高度以上水土流失所占比例最大，300 米高度以下水土流失所占比例最小。水土保持工作从无到有，逐年发展完善，通过封山育林、小流域治理、对建设项目强化监督验收、建设水土保持示范工程等措施，水土流失面积逐年减少，成效明显。据第四次卫星遥感调查水土流失数据显示，2004 年，庆元县水土流失面积 100.92 平方千米，占土地总面积的 5.63%，属全省水土流失面积最小的县市之一。2009 年 8 月，张村水土保持综合治理工程开工建设，12 月完工，建成截水沟 580 米、排水沟 218 米、蓄水池 64 个、沉沙池 10 个、拦砂坝 1 座，开挖水平带 4000 米，种植经果林 100 公顷，封育治理 58 公顷。

2010年庆元县水土流失面积一览表

表 8—1—2—1　　　　单位：平方千米

乡镇	土地总面积	水土无明显流失面积	水土流失面积				
			轻度	中度	强烈	极强烈	剧烈
松源镇	129.00	117.44	7.14	2.79	0.88	0.50	0.25
黄田镇	126.00	120.07	2.79	1.50	1.33	0.23	0.08
竹口镇	164.00	157.52	4.11	2.05	0.21	0.11	0
屏都镇	111.00	105.20	3.37	1.66	0.53	0.23	0.01
隆宫乡	72.00	63.88	5.34	2.12	0.57	0.06	0.13
安南乡	83.00	76.87	2.01	1.61	1.68	0.68	0.15
淤上乡	58.00	51.18	4.76	0.98	0.70	0.28	0.10
荷地镇	103.00	95.83	3.86	1.90	0.93	0.30	0.18
左溪镇	141.00	132.60	4.23	3.20	0.52	0.35	0.10
贤良镇	76.00	73.56	0.76	0.96	0.50	0.13	0.09
四山乡	60.00	59.20	0.03	0.29	0.21	0.19	0.08
百山祖乡	127.00	124.41	0.60	0.81	0.79	0.30	0.09
五大堡乡	163.00	153.80	3.61	2.77	1.86	0.76	0.20
举水乡	81.00	77.07	2.00	0.93	0.78	0.20	0.02
龙溪乡	40.00	35.97	1.54	1.25	0.64	0.47	0.13
岭头乡	120.00	115.05	3.60	0.98	0.29	0.06	0.02
江根乡	58.00	55.24	1.56	1.01	0.18	0.01	0
官塘乡	56.00	53.68	0.50	0.82	0.58	0.30	0.12
张村乡	66.00	61.35	1.36	1.50	1.08	0.63	0.08
合湖乡	64.00	61.16	0.55	1.05	0.77	0.34	0.13

千万农民饮用水工程

2003年始，庆元县开始建设乡村农民饮用水工程，解决饮水安全问题。采用县自来水管网延伸供水、集中供水、分散供水三种建设模式。2007年8月，县政府出台《庆元县千万农民饮用水工程建设项目和资金管理办法》，政府给予延伸工程一定补助，实行同网、同价、同待遇；集中供水，单独向省申报，金额定向补助；分散式供水，进村部分（拦水堰、引水管、清水池等）西部补70%，东部补80%，村内到户管网每户补300元，再按人口数东部补80/人、西部补60元/人。松源镇3个村庄、屏都镇7个村庄供水问题由县自来水厂管网延伸解决，黄田镇等4个乡镇所在地采用集中供水解决，其余221个村庄采用分散式供水解决。2009年末，建成村饮用水工程292个，总投资1.23亿元，解决14.23万人口饮用水安全问题，结束农民靠肩挑手提直接饮用山坑水、井水、溪水、塘水、渠水的历史。

图 8-2 千万农民饮用水工程实施前村民的取水设施（县水利局供 摄于 2008 年）

图 8-3 千万农民饮用水工程实施后农户家接入自来水（县供水办供 摄于 2008 年）

2007—2009 年庆元县千万农民饮用水工程一览表

表 8—1—2—2

乡镇	村数（个）	人口（人）	投资（万元）	供水规模（吨／日）
松源镇	30	16959	1083.1	1540
黄田镇	27	14870	1264	1790
竹口镇	16	9942	569.1	810
屏都镇	18	10379	457.3	660
荷地镇	26	14290	821.7	1165
左溪镇	25	7888	553	784
贤良镇	9	4831	327.3	465
五大堡乡	28	10139	861.8	1221
岭头乡	26	9008	672.3	960
张村乡	18	6304	521.9	745
淤上乡	12	8492	721.8	1025
安南乡	15	7761	640.1	910
隆宫乡	12	7395	440.2	625
举水乡	16	6010	497.7	710
龙溪乡	8	3147	180.2	260
江根乡	9	5703	484.8	690
官塘乡	9	2870	243.9	350
百山祖乡	8	3033	257.8	365
合湖乡	9	4878	414.7	590
四山乡	6	1590	115.45	170
合　计	327	155489	11128.15	15835

第三节　蓄水

中型水库

1991年，庆元县有水库（容积1万立方米以上）31座，山塘42处，总蓄水量1504万立方米，灌溉面积713.33公顷。2010年，全县有山塘水库55座，其中中型水库3座、小⑴型水库6座、小⑵型水库16座、山塘30座，总蓄水量4874.58万立方米，灌溉面积6666.67公顷。

大岩坑水库　1999年开工建设，2003年建成，坝址位于张村乡车坑村，距县城约62千米。大坝为石板堆石坝，坝高76.8米，坝顶长156米，宽6米。坝址以上主流集雨面积22平方千米，跨流域引水面积78.2平方千米，其中扬溪25.2平方千米、小东溪17.6平方千米、八炉溪22.7平方千米、后仓溪6.3平方千米、际角溪6.4平方千米，总库容1125万立方米，正常蓄水位829米，相应库容967万立方米，以发电为主，汛期可蓄水防洪，对下游防洪起错峰作用。装机2×1.8万千瓦。

左溪一级水库　2003年7月动工建设，2007年8月建成，坝址位于左溪镇印浆村上游500米处。大坝为抛物线双曲变厚拱坝，坝高63米，坝顶长178米，宽5米，溢流项设8×6.5米弧形钢闸门。坝址以上集雨面积90.4平方千米，跨流域引水面积63.01平方千米，其中石磨下溪24.16平方千米、青竹溪21.3平方千米、黄秀坑8.05平方千米、青条坑9.5平方千米，总库容1545万立方米，正常蓄水位648米，相应库容1350万立方米，对下游防洪起着重要作用。装机容量2×1.6万千瓦。

水库除险加固工程

地山水库　2003年9月开工，12月竣工，总投资51万元，恢复库容3万立方米，增加供水3万立方米。

侧平垟水库　2003年3月开工，2004年7月竣工，总投资132万元，恢复库容10.5万立方米，解决53.33公顷农田灌溉用水。

兰溪桥水库　2005年10月开工，2006年8月完工，总投资610万元，提高防洪能力。

马蹄岙水库　2007年11月开工，2008年12月完工，总投资1075万元。

1991—2010年庆元县中小型水库一览表

表8—1—3—1

型号	水库名称	所在乡镇	集雨面积（平方千米）	总库容（万立方米）	最大坝高（米）	坝型	建成时间
中型水库	兰溪桥	松源镇	235	1617	53.5	砼重力坝	1984
	左溪一级	左溪镇	143.71	1428	63	双曲拱坝	2007
	大岩坑	荷地镇	100.2	1125	76.8	砼面板堆石坝	2003
小⑴型水库	冯家山	龙溪乡	129	450	47	砼拱坝	2004
	黄水	合湖乡	27.4	205	44	砼拱坝	2005
	贵南洋	龙溪乡	179.7	161	26	砼拱坝	2004
	马蹄岙	屏都镇	738	130	27	砼拱坝	1972
	仙坑	五大堡	44.1	152	36.5	双曲砼埋石拱坝	2009
	龙井	西溪乡	212	402	37	混合线型优化拱坝	2009

续表 8—1—3—1

型号	水库名称	所在乡镇	集雨面积（平方千米）	总库容（万立方米）	最大坝高（米）	坝型	建成时间
小(2)型水库	云雾亭	龙溪乡	57.4	98	33	砼拱坝	2005
	西洋	贤良镇	49.5	92.5	37.5	砼拱坝	2005
	百龙	百山祖乡	20.3	75	34	砼拱坝	2002
	杨溪一级	岭头乡	13.8	47.05	13.2	砼拱坝	2006
	杨溪二级	岭头乡	9.3	70	27.75	砼拱坝	2006
	左溪二级	左溪镇	229.3	61	16.5	翻板坝	2007
	三汇	百山祖乡	37.1	40.3	44.5	砼拱坝	2004
	金元	合湖乡	7.33	39	26.1	砼拱坝	2006
	山后坑	屏都镇	18.65	25	30.8	砼拱坝	2006
	岭坤	黄田镇	14	16	13	拱坝	1977
	侧平洋	五大堡乡	0.135	10.5	17.5	黏土心墙堆石坝	1984
	南门	松源镇	1.4	10.5	7.5	均质土坝	1958
	地山	举水乡	1	10	16	黏土心墙堆石坝	1985
	高洋	荷地镇	0.48	43	20	黏土心墙土坝	2007
	坪乌	安南乡	36.33	23	13	浆砌块石重力坝	2007
	上庄	松源镇	3.23	12	35.8	砼拱坝	2009

第二章　防汛抗旱

1952年6月，庆元县防汛抗旱生产办公室成立，将4月15日至10月15日定为汛期。1976年，县防汛防旱指挥部成立，总指挥由分管副县长兼任。2000年，庆元县抗旱服务站成立，与水利管理总站合署办公，实行一套人员、两块牌子。2010年，成员单位有县水利局、县人武部、县武警中队、县委宣传部、县发展和改革局、县经贸局、县教育局、县公安局、县监察局、县民政局、县财政局、县国土资源局、县建设局、县交通局、县农业局、县林业局、县卫生局、县旅游局、县气象局、县供电局、县电信公司、县保险公司、县农业银行、县广播电视局、兰溪桥水库管理处，办公室设在县水利局，为常设机构，有3名专职人员，负责日常事务，汛期昼夜值班。

第一节　防汛信息系统

防汛远程会商系统

2005年，庆元县建成与省、市防指联网的防汛远程会商系统。2008年，县政府投入200多万元对县防汛远程会商系统进行升级改造，将防汛远程视频会商系统延伸到全县各乡镇。2002—2011年，分期建成全县中型水库、小⑴型水库、重要小⑵型水库及重要小流域水雨情遥测采集系统，共计监测站点54个。

防汛远程视频会议系统

2008年4月，县水利局成立县水利信息化建设工作领导小组，建成多个防汛信息系统，为防汛科学决策提供依据。防汛远程视频会议系统，省、市、县三级可同时召开视频会议，上下级可直接对话，2008年延伸到乡镇一级。水雨情监测系统，由县水雨情监测中心站和35个水雨情遥测站、7个人工雨量站组成。2006年，水利部在后广溪进行山洪灾害防御决策系统试点并建成，包括信息查询、汛情监视、洪水预测、水情调度等内容，在后广溪流域建立3套远程广播预警系统，还建成传真群发、短信群发等系统。

山洪与暴雨预警系统

2009年，山洪灾害防御预警系统及暴雨预警网格化管理系统建成。2010年，建设水雨情遥测站3套，升级水雨情遥测站11套。

第二节　防洪工程

建设

1999年，根据全省城市防洪建设的全面部署，委托浙江省水利水电勘测设计院编制《庆元县城市防洪规划报告》，1999年9月编制完成并通过县、市各相关部门审查，2000年2月23日丽水地区水电局提出复审意见，2000年3月20日，县政府批准同意该规划报告。项目法人为庆元县城市防洪工程建设发展有限公司，工程设计单位为庆元县水利水电勘测设计所，设计顾问单位为浙江省水利水电勘测设计院，监理单位为浙江省东洲监理咨询公司，质量监督单位为丽水市水利水电质量监督站，施工单位为浙江省第一水电建设有限公司、浙江省水电建筑安装公司等。工程于2000年11月8日正式开工，2004年8月完工。

2000年11月，城市防洪工程开工建设。2004年8月完工，建设加固防洪堤总长6588米，包括阁门岭防洪堤、西大桥至东大桥防洪堤、林业车队至东大桥防洪堤、大济溪截弯取直和护岸、庆元大桥至龙珠湾两岸老堤加固，修建十二股、龙珠湾2座橡胶坝，疏浚河道10.09千米，县城防洪能力由10年一遇提高至20年一遇。

防洪工程选介

阁门岭防洪堤 位于县城工业小区，东起吉瑞公司，西至阁门岭，全长1040米。2000年11月开工，2001年10月完工，总投资739万元，有堤身、堤顶沥青路面、彩砖人行道、绿化带、路灯、排水渠等，被评定为优良工程。

十二股橡胶坝 位于县城西大桥上游72米处。2001年11月开工，2002年5月完工，总投资210万元，堰体为浆砌石重力堰，堰顶设3.5米高橡胶坝袋，最大坝高6.5米，坝长96米。

松源溪小流域治理工程 2008年12月，可行性研究报告批复。2010年10月，松源溪小流域治理一期工程施工。一期工程以治理河道、提高工程防洪能力为主，新建防洪堤9.19千米，使松源镇周墩桥至屏都镇安溪汇合口左岸达到20年一遇防洪标准。工程范围为松源镇周墩桥至大坑溪汇合口右岸河段、阁门岭公园及阁门岭大桥—屏都镇安溪汇合口左岸河段。

图8-4 城东左岸防洪堤（谢新明 摄于2003年）

第九篇 能源

1949年前，庆元县没有电灯，能源结构单一，主要以使用薪材等生物能源。1952年，庆元开始电力建设，先后建起20座火电厂、170座水电站。至1987年，全县有水电站39座，总装机容量1.56万千瓦。1988年，庆元县实现农村初级电气化。1991年始，庆元县社会经济不断发展和变化，庆元能源结构发生显著变化。传统能源中，薪材使用频度和使用量大幅度减少和降低，水电、石油、天然气、沼气使用量逐渐上升，新能源如太阳能开始出现并逐渐推广使用。2010年，庆元县最主要能源是水电，水电作为清洁可再生能源，占电量结构的100%。

第一章　电力

1992年，庆元县发电量6344.11万千万时。其中，国营电站5419.26万千瓦时，乡村电站914.9万千瓦时，总产值920万元。进入21世纪后，庆元县加大供电设施建设，建成110千伏变电所和线路，开工建设220千伏变电工程。用电结构发生变化，工业用电比重超过50%，居民用电量持续增长。2010年，庆元县发电量54994.06万千瓦时，水电占100%；电力销售收入1.65亿元，利润361万元，创税2581万元，资产总额1.56亿元。

第一节　水电

水电资源

庆元县水能资源十分丰富，是全国首批100个农村初级电气化县之一，年均降雨量1600—2300毫米，全县水力资源理论蕴藏量28万千瓦，可开发装机有25万千瓦，多年电能70219万千瓦时。1991年，水电装机容量15614千瓦。2000—2010年，小水电开发达到顶峰，新增装机16.95万千瓦。2009年，水电企业收入17691万元，利税6078万元，占地方财政收入的14%。2010年，发电量54994.06万千瓦时，水电占100%。至2010年12月底，建成并网水电站57座，总装机容量18.739万千瓦（183495千瓦），占可开发量的75%。其中，全民所有制电站4座（蓬桥、陈家岭、兰溪桥、马蹄岙），总装机容量15890千瓦，股份制电站53座，装机容量167605千瓦；500千瓦及以上水电站35座，装机85台，总容量178910千瓦。

水电站选介

大岩坑电站　位于张村乡车坑村。2000年9月开工建设，2005年建成发电。大坝为砼面板堆石坝，坝高76.8米。电站库容1125立方米，装机容量36000千瓦。

百龙电站　位于百山祖乡龙岩村。2000年11月开工建设，2002年2月建成发电，2002年5月投产，总投资1800万元，是庆元县第一座股份制私有电站。坝址位于枫坪村附近双溪汇合处，引水式径流电站。坝高34米，坝址以上水库集雨面积20.3平方千米，平均水头280米，引水隧道长2.2千米，设计水头283米，流量0.6立方米/秒/台，水库正常蓄水位1020米，相应库容74.8万立方米，装机3台，容量3750千瓦（3×1250千瓦），每年平均发电量1235万千瓦时，至2010年末，累计发电量11532万千瓦时。由庆元水利水电勘测设计所设计，金华顺泰水利水电建设有限公司施工，总投资2300万元。

左溪一级、二级水电站　位于左溪镇左溪村。2003年12月18日开工，2007年3月21日首台机组投入发电试运行，4月29日四台机组全部投入发电试运行，电站总装机容量44.6兆瓦，年发电量1.07亿千瓦时。左溪一级水电站控制流域面积90.2平方千米，跨流域引水面积63.01平方千米，电站装机容量2×16兆瓦；二级水电站控制流域面积229.3平方千米，电站装机容量2×6.3兆瓦。该工程以发电为主，兼顾防洪、养殖、旅游等功能。庆元县左溪流域水电开发有限公司开发，总投资3.6亿元。

银河电站　位于百山祖乡桥陌村。2005年1月建成发电，引水式径流电站，股份制企业。水库集雨面积19.3平方千米，引水隧道长2.8千米，设计水头245米，装机2台，容量2500千瓦，至2010年末，累计发电量5226.4万千瓦时。由开化水利水电勘测设计所设计，业主自行建设施工，总投资1500万元。

贵南阳电站　位于龙溪乡贵南阳村。2005 年 1 月建成发电，引水式径流电站，股份制企业。水库集雨面积 179.7 平方千米，引水隧道长 9.25 千米，设计水头 41.5 米，总流量 19.87 立方米 / 秒，装机 2 台，容量 6400 千瓦，至 2010 年末，累计发电量 7921.21 万千瓦时。由庆元水利水电勘测设计所设计，金华顺泰水利水电建设有限公司施工，总投资 2838 万元。

冯家山电站　位于龙溪乡冯家山村。2005 年 6 月建成发电，引水式径流电站，股份制企业。水库集雨面积 212 平方千米，引水隧道长 3.16 千米，设计水头 67 米，总流量 13.94 立方米 / 秒，装机 2 台，容量 6400 千瓦，至 2010 年末，累计发电量 7132.78 万千瓦时。由庆元水利水电勘测设计所设计，金华顺泰水利水电建设有限公司施工，总投资 3163 万元。

金元电站　位于合湖乡黄土垟村。2006 年 1 月建成发电，引水式径流电站，股份制企业。水库集雨面积 7.33 平方千米，引水隧道长 0.748 千米，设计水头 265 米，流量 0.245 立方米 / 秒 / 台，装机 2 台，容量 1600 千瓦，平均年发电量 420 万千瓦时。由庆元水利水电勘测设计所设计，福建省松溪县水利电力工程建设公司施工，总投资 950 万元。

龙井电站　位于龙溪乡、岭头乡内。2007 年 12 月动工，2010 年 3 月投产，总投资 5145 万元，坝址以上集雨面积 23.1 平方千米，发电设计水头 297 米，总库容 405 万立方米，正常库容 303 万立方米，装机容量 2×4000 千瓦，年发电量 2006 万千瓦时。

1991—2010 年庆元县装机容量 500 千瓦及以上电站一览表

表 9—1—1—1

电站	所在乡镇	类型	装机容量（千瓦）	投运时间
马蹄岙	屏都镇	引水	6800	1972 年
五大堡	五大堡乡	引水	500	1995 年
陈家岭	龙溪乡	引水	2290	1996 年
百龙	百山祖乡	引水	3750	2002 年
大岩坑	张村乡	引水	36000	2002 年
山后坑	竹口镇	引水	1000	2003 年
后洋坑	龙溪乡	引水	800	2004 年
蔡段	屏都镇	引水	1200	2004 年
三汇	五大堡乡	引水	3200	2004 年
四洋	五大堡乡	引水	1000	2004 年
龙江	贤良镇	引水	1260	2004 年
竹坪	左溪镇	引水	1000	2005 年
高山坑	淤上乡	引水	500	2005 年
云雾亭	龙溪乡	引水	1800	2005 年
贵南洋	龙溪乡	引水	6400	2005 年
冯家山	龙溪乡	引水	6400	2005 年
银河	桥陌村	引水	2500	2005 年
竹山	五大堡乡	引水	800	2005 年
黄水	合湖乡	引水	10000	2005 年
濛淤	濛淤村	引水	1890	2006 年
杨溪	岭头乡	引水	2230	2006 年
金元	合湖乡	引水	1600	2006 年
万里源	百山祖乡	引水	500	2006 年

续表 9—1—1—1

电站	所在乡镇	类型	装机容量（千瓦）	投运时间
新后广	五大堡乡	引水	2000	2006 年
西洋	贤良镇	引水	2400	2006 年
后溪	张村乡	引水	4000	2006 年
坪乌	安南乡	引水	1890	2007 年
南阳二级	景宁县	引水	8000	2007 年
左溪一级	左溪镇	引水	32000	2007 年
左溪二级	左溪镇	引水	12600	2007 年
仙坑	濛淤村	引水	4000	2008 年
安溪口	安南乡	引水	1000	2008 年
横岭	岭头乡	引水	3200	2008 年
兰溪桥	松源镇	引水	6400	2009 年
龙井	西溪村	引水	8000	2010 年

第二节　供电用电

电网建设

1991 年，庆元县有 35 千伏变电所 7 座，容量 26900 千伏安，35 千伏线路 101.82 千米，10 千伏线路 894.56 千米，配电变压器 600 台，容量 52200 千伏安，乡镇、村通电率 100%，年供电量 4807.45 万千瓦时，线损率 7.3%。区乡（镇）“撤扩并”前，黄田乡等 5 个乡和左溪区 5 个乡分别由一条 10 千伏线路供电，送电容量不足，供电可靠率低。1993 年 11 月，建立 35 千伏黄田变电所，主变容量 4000 千伏安，10 千伏出线 5 条；同年，10 千伏左溪开关站竣工投运。1994 年，新建改造 10 千伏线路 22.4 千米，接管小水电自供区 4 个乡（镇）89 个村。1995 年，35 千伏庆元变电所（1997 年改称白象变电所）主变容量从 3150 千伏安增容为 4000 千伏安，35 千伏荷地变电所新增主变 1 台，容量 3150 千伏安。1999 年 7 月 16 日，县电网调度自动化系统实用化建设投入使用；12 月 17 日，浙江省海拔最高变电所、庆元县首座少人值守小型化变电所——35 千伏百山祖变电所投产运行，一期主变 1 台，容量 2000 千伏安，近区百山祖乡、合湖乡、五大堡乡等乡供电质量及输送容量均有所提高。

图 9-1　县供电局进行农村电网升级改造（县供电局供　摄于 2010 年）

2000 年 8 月开始，为提升农村电气化水平，全面实施第一期农网建设与改造工程，总投资 7662 万元（其中，农村小水电自供区电网改造投资 3000 万元），至 2001 年 12 月完成，城乡用电实行同网同价，以 2003 年农村售电量计算，减轻农民电费负担 421 万元。通过新农村电气化建设与改造，农村配电网各项指标达到要求：供电半径控制在 500 米以内，配电使用 S9 及以上，架空线路主干线不小于 70 平方毫米，分支不小于 35 平方毫米，按照 10—20 年规划计划一次建成；生活区改造和新建线路采用绝缘线；低压电力网一般采用 TT 系统，低压线路和户联线尽量采用三相四线制供电，低压中性线与相线截面相同；低压配电装置完好率 100%，低压配电装置一类占 80% 以上，居民客户端电压装置完好率在 95% 以上，剩余电流动作保护装置安装率 100%，剩余电流动作保护装置投运率 100%，节能型配变比率 100%，低压线损 11%。2005 年，争取到 110 千伏荷地输变电工程资金 4700 万元、110 千伏龙庆输电线路复线工程资金 4070 万元及城网改造续建和农网增补项目资金 2800 万元，全县“十五”期间争取到的电网建设资金达 2.87 亿元。2007 年，根据《浙江省新农村电气化标准体系》和《庆元县“十一五”新农村电气化村建设规划》要求，建成 1 个电气化乡、20 个电气化村，全面提升农村用电质量和服务水平。2010 年 12 月 31 日，松源 220 千伏输变电工程开工建设，标志着庆元电力事业步入新时代。至 2010 年 12 月底，县电网有 110 千伏变电所 2 座，主变容量 121.5 兆伏安。其中，110 千伏庆元变电所主变 2 台，容量 81.5 兆伏安，有 2 条 110 千伏线路与龙泉 220 千伏宏山变电所连接，1 条 110 千伏线路通过瑞阳电站与大网联接，1 条 110 千伏线路连接 110 千伏荷地变电所，35 千伏线路 5 条，10 千伏线路 10 条，电容器 4 组，容量 10800 千伏安；110 千伏荷地变电所主变 1 台，容量 40 兆伏安，1 条 110 千伏线路与 110 千伏庆元变电所连接，1 条 110 千伏线路与左溪电站连接，5 条 35 千伏线路，6 条 10 千伏线路，电容器 2 组，容量 6000 千伏安。35 千伏变电所 8 座，35 千伏主变 16 台，有载调压 16 台，总容量 80800 千伏安。有 35 千伏开关 45 台，10 千伏开关 86 台，均为六氟化硫、真空开关，无油化率 100%；电容器 10 组，容量 9750 千伏安；有 35 千伏线路 22 条 /275.83 千米，10 千伏线路 57 条 /1713.74 千米；10 千伏配电变压器 1297 台，总容量 162443 千伏安。

1991—2010 年庆元县电网 35 千伏变电所投产（增容）一览表

表 9—1—2—1

变电所	所址	主变容量（千伏安）	电压比（千伏）		投产日期
			一次	二次	
白象变	白象	4000 4000	35 35	10 10	1991 年 1995 年
荷地变	荷地镇	3150	35	10	1995 年
黄田变	黄田镇	4000 3150	35 35	10 10	1993 年 2002 年
百山祖变	百山祖乡	2000 3150	38.5 38.5	10.5 10.5	1999 年 2002 年
蓬桥变	蓬桥	3150	35	10	2001 年
举水变	举水乡	3150	35	10.5	2001 年
左溪变	左溪镇	3150	35	10.5	2001 年
新窑变	竹口镇	3150	38.5	10.5	2001 年
新窑变	竹口镇	5000	38.5	10.5	2006 年
城北变	反墺村	6300 8000	35 35	10 10	2006 年 2009 年
举水变	举水乡	6300	35	10.5	2006 年
白象变	白象	8000 8000	35 35	10 10	2007 年 2007 年
百山祖变	百山祖乡	3150 5000	38.5 38.5	10.5 10.5	2007 年 2007 年
左溪变	左溪镇	3150 5000	38.5 38.5	10.5 10.5	2007 年 2007 年
蓬桥变	蓬桥	6300	35	10	2007 年

1991—2010年庆元县电网投产35千伏线路一览表

表9—1—2—2

线路名称	起点	终点	长度（千米）	杆塔		投产时间
				类别	基数	
白山线	白象变电所	车根	18.1	铁塔/水泥杆	54	1992年
左溪线	荷地变电所	左溪变电所	11.86	铁塔/水泥杆	44	2001年
荷举线	荷地变电所	举水变电所	15.18	水泥杆/铁塔	44	2001年
庆白线	庆元变电所	白象变电所	4.54	铁塔	18	2001年
百龙线	百龙电站	百山祖变电所	14.00	水泥杆	65	2002年
冯贵线	冯贵电站	举水变电所	14.00	水泥杆	44	2004年
新松线	松源电站	新窑变电所	6.74	水泥杆	25	2004年
庆象线	庆元变电所	白象变电所	5.4	铁塔	13	2006年
庆北线	庆元变电所	城北变电所	1.95	铁塔	8	2006年
新城线	新窑变电所	城北变电所	13.3	铁塔	39	2006年
新黄线	新窑变电所	黄田变电所	12.93	铁塔	39	2007年
横岭线	横岭电站	荷地变电所	12.96	铁塔	41	2008年
庆蓬线	庆元变电所	蓬桥变电所	13.05	铁塔	42	2009年
荷水线	荷地变电所	举水变电所	15.313	铁塔	59	2009年
华特线	新窑变电所	华特变电所	0.6	—	—	2010年

用电结构

20世纪90年代初，工业用电在全社会用电中比重逐步加大，主要集中在化肥、竹木加工、造纸等行业，随着10千伏配电网络扩大，农村用电量迅速增长，特别是香菇产业蓬勃发展，成为农村用电量增长点。1991年，总用电量3783.01万千瓦时。其中，工业用电量2671.90万千瓦时，占70.63%；城乡居民生活用电量789.18万千瓦时，占20.86%；商业用电量61.21万千瓦时，占1.62%；建筑业用电量35.06万千瓦时，占0.93%；农、林、牧、渔业用电量52.15万千瓦时，占1.38%；交通运输、仓储、邮政业用电量35.79万千瓦时，占0.94%；地质普查和勘探业用电量0.51万千瓦时，占0.01%；公共事业及管理组织用电量137.21万千瓦时，占3.63%。2000年以来，随着招商引资力度不断加大以及特色加工企业不断壮大，相继出现华特、昌达、梦天等用电大户。2006年，提出“北承长三角，南接海西区”发展战略，合力兴工，多个工业园区相继建成，工业用电量增长迅速，全社会用电量首次突破1亿万千瓦时，达10228.92万千瓦时。2008年，售电量首次突破1万亿千瓦时，达11185.62万千瓦时。2010年，全社会用电量在建筑业、竹木加工业等用电量增长拉动下保持13.64%增长。主要有四方面原因：2010年以来经济增长迅速，随着中国食用菌生产基地和竹木制品生产基地挂牌，食用菌产业和竹木加工业两大支柱产业产能产量进一步扩大，用电量大幅增长；在龙庆高速公路建设、54省道改造、房地产建设及旧城改造施工用电等拉动下，建筑业用电量大幅增长；随着居民生活水平不断提高，家用电器不断增多，加上电动自行车大量使用，居民生活类用电量快速增长；近年来旅游业发展较快，带动商业、餐饮和住宿业发展，用电量增长。2010年末，总用电量15758.39万千瓦时。其中，工业用电量8140.07万千瓦时，占51.66%；城乡居民生活用电量4295.40万千瓦时，占27.26%；商业用电量878.43万千瓦时，占5.57%；建筑业用电量689.94万千瓦时，占4.38%；农、林、牧、渔业用电量118.78万千瓦时，占0.75%；交通运输、仓储、邮政业用电量141.28万千瓦时，占0.90%；信息传输、计算机服务和软件业用电量426.82万千瓦时，占2.71%；金融、房地产、商务及居民服务用电量276.32万千瓦时，占1.75%；公共事业及管理组织用电量791.35万千瓦时，占5.02%。

1991—2004年庆元县社会用电分类状况一览表

表9—1—2—3　　　　单位：万千瓦时

年份	农、林、牧、渔、水利	工业	地质普查和勘探业	建筑业	交通、运输、邮电	商业、饮食、物资、供销	其他事业	城乡人民生活用电	
								城镇	乡村
1991	52.15	2671.90	0.51	35.06	35.79	61.21	137.21	384.61	404.57
1992	53.61	3903.73	0.70	17.64	36.42	82.92	169.59	362.17	547.10
1993	32.32	3823.81	0.21	27.10	41.38	89.38	186.15	497.26	528.49
1994	45.10	3994.55	0	35.15	66.82	106.32	235.74	640.99	786.05
1995	44.34	3495.73	0.17	49.11	71.22	149.47	329.30	820.77	1001.56
1996	62.27	3970.40	0.25	58.10	82.91	163.69	340.27	571.93	1179.87
1997	117.98	3858.70	0.21	39.70	90.49	164.96	434.64	548.27	1428.06
1998	153.67	2861.49	0.13	52.02	101.16	152.75	335.91	582.91	1265.89
1999	194.60	3242.28	0.09	114.54	106.95	150.82	325.87	616.23	1163.70
2000	118.19	3568.80	0.13	139.48	118.36	175.33	351.93	662.66	1105.00
2001	102.08	2740.13	0.18	356.02	126.28	243.83	360.83	691.37	895.35
2002	121.91	2803.67	0.45	337.38	137.38	240.46	378.41	762.03	1027.55
2003	122.91	3668.51	0.24	435.96	157.67	327.32	533.94	924.95	1173.08
2004	167.14	3963.17	0	462.20	183.78	295.69	810.92	1026.73	1127.80

2005—2010年庆元县社会用电分类状况一览表

表9—1—2—4　　　　单位：万千瓦时

年份	农、林、牧、渔、水利	工业	建筑业	交通、运输、邮电	信息传输、计算机	商业、饮食、物资、供销	金融、地产、商务	公共事业、管理组织	城乡人民生活用电	
									城镇	乡村
2005	91.05	4537.53	577.67	42.47	209.80	359.04	162.36	527.63	1171.74	1139.78
2006	80.81	5550.01	509.13	54.28	234.05	433.93	205.11	604.89	1325.63	1231.08
2007	100.61	6131.94	256.87	68.85	296.56	506.70	233.21	621.02	1537.52	1373.06
2008	119.51	6826.97	242.72	77.62	350.52	586.55	219.49	715.11	1791.39	1537.93
2009	111.61	7572.77	221.43	121.03	397.88	723.59	253.54	757.30	2010.97	1697.32
2010	118.78	8140.07	689.94	141.28	426.82	878.43	276.32	791.35	2245.78	2049.62

管理与服务

管理　1980年4月，庆元县电力公司成立。1991年，县电力公司下设办公室、财务科、企管办、生技科、行政后勤科、保卫科、用电管理所、农电站、调度室、修试队、电器服务部等科室及单位，在册职工总数210人，产值131.47万元，固定资产总值875.07万元。1992年2月21日，成立县供电局，与县电力公司合署办公。1999年1月，县供电局由省电力公司代管，委托丽水电业局管理。2004年，开展人事机构改革，实行竞争上岗，实现逐级聘任制，推出内部离岗退养政策；设置7个职能部门和3个直属单位；

图 9-2　110 千伏庆元变电所（县供电局供　摄于 2008 年）

18 人内退，招聘乡（镇）供电营业所电管员 60 人、专职农村电工 80 人、兼职农村电工 94 人，与劳动部门签订人事代理合同。2010 年，开展机构定员定编改革，规范机构职能和人员编制。2010 年末，县供电局下设办公室、财务资产部、人力资源部、安全监察部、发展基建部、生产技术部、电力营销部、思想政治工作部、工会办 9 个职能部室，下辖 7 个生产单位、5 个供电营业所和 8 个 35 千伏变电所，多经企业主要有电力实业总公司；有正式职工 211 人，补充生产一线社会化用工 6 人，农电工 126 人，大专以上学历 143 人，中级职称以上技术人员 23 人，高级工以上技能人员 46 人。1997 年，建成首座 110 千伏变电所——110 千伏庆元变电所。1999 年，撤销县农电总站及乡（镇）电管站、农电联站，建立农电科，负责农村用电管理，设立城镇、城郊、菊隆、竹口、荷地、左溪 6 个供电营业所，设置 16 个供电服务组，精简 4/5 乡村电工，率先在丽水地区全面推行农村用电销售、抄表、收费、服务“四到户”管理。2002 年，完成农村电网改造，实现城乡同网同价。2005 年，建成 110 千伏荷地变电所和庆元电力生产调度大楼。2006 年，实现“户户通电”。2007 年，建成左溪供电营业所综合楼、35 千伏左溪变电所，完成 35 千伏百山祖变电所“桑美”灾后重建。2010 年 12 月 31 日，首个 220 千伏输变电工程——松源 220 千伏输变电工程开工建设。

服务　县供电局设立客服中心及供电营业所二级机构，负责用户用电服务，除城郊供电营业所无营业服务窗口外，其余均设立，承担高、低压及居民电力客户用电服务，包括业务咨询、信息查询、新装、增容及变更用电业务受理、业务收费、电费托收、投诉举报受理、故障报修受理等。庆元供电营业厅组建于 1998 年，是县供电局电力客户服务中心下属基层单位，也是县供电局为电力客户提供优质服务的主要窗口，职工 6 人。客户服务中心“95598”呼叫中心成立于 2004 年 7 月，由 5 名座席人员实行 24 小时轮流值班，通过“95598”呼叫中心系统为客户提供快速便捷、优质高效供电服务，主要受理用电信息咨询查询、故障报修、投诉举报、业务受理、信息公告等业务，2009 年 4 月实现全市联网，统一受理客户报修、咨询和投诉、建议等业务，达到“资源共享、协调联动、属地优先、遇忙转移”。

图 9-3　县供电局在荷地开展支农服务（县供电局供　摄于 2009 年）

第二章　其他能源

薪柴是庆元当地居民使用时间最长的能源，广泛用于生活、生产活动。进入21世纪后，随着农村人口的大量外出，及电力、石油、太阳能等新能源的出现和使用，薪材在能源结构中的比重显著降低。新能源中，石油成品油主要用于汽车等交通工具，瓶装液化气用于居民生活炊事，沼气用于农村生产生活，太阳能用于居民生活及农业生产活动。

第一节　薪材

庆元县历次森林资源调查对薪材未进行单独调查统计。据1990年县林业局《庆元县八五—八九年森林资源消耗量调查报告》分析，1985—1989年，薪材年消耗量12.77万立方米。其中，农村平均每年有3.6万农户，每户日均耗柴17.5千克，年消耗森林蓄积11.04万立方米；城镇居民非农户数4000户，以每户年耗1000千克计算，年消耗森林蓄积2000立方米；机关、厂矿年均用柴碳20万吨，年消耗森林蓄积4000立方米；年制菇6000万袋，需灭菌及烘菇用柴6600万千克，年消耗森林蓄积5866立方米；还有年制茶炒茶用柴消耗森林蓄积1877立方米，砖瓦窑用柴年均消耗森林蓄积3600立方米。20世纪90年代之后，加强资源林政管理，加速节柴灶推广应用，特别是通过以电代柴、以煤代柴和以石化气代柴开展，薪材使用频度和使用量大大减少和降低。2004年，荷地镇杨桥村、底墅村，举水乡月山村，岭头乡钵下村、徐洋村实施国家林业局计资司、财政部农业司下达的《农村小型公益设施（薪碳林）建设》项目，营造薪碳林178.20公顷。21世纪初，庆元县大量农村劳动力外出就业，实行“生态”移民政策。至2010年，农村劳动力转移就业3万人以上，安置受台风“桑美”影响的灾民、地质灾害避险搬迁和下乡脱贫农民5605户、20611人，特别是东部地区，约有1/3人口迁移到乡镇、城市，薪材使用量更大幅度减少使用频度降低。

第二节　石油　液化气

石油

1975年10月，县燃料公司成立。1985年2月，石油、燃料公司分设。1990年，石油公司供应汽油1972吨、柴油886吨、煤油98吨、润滑油68吨，总销售额411.59万元。至2010年，全县有4家加油站。其中，中石化加油站3家，县汽车运输总公司加油站1家，加油点10个，年供应汽油5600吨、柴油3850吨，总销售额6996万元。

液化气

庆元居民日常生活中使用的主要是瓶装液化气，由县菇城液化气有限公司经营销售。该公司成立于1993年11月20日，位于松源镇会溪村，注册员工10人，主要经营石油液化气、钢瓶、灶具批发零售。

第三节　沼气　太阳能

沼气

组织机构　2004年4月13日，县农村沼气设施项目领导小组成立。2005年1月25日，县农业局农村能源办公室成立。

农村户用沼气　2004年12月25日，庆元县全面实施农村户用沼气国债项目，涉及20个乡镇188个行政村，建设7689户（处），总容积63331立方米，年产沼气377.18万立方米，年处理污水35.5万吨。2004年12月26日，农村户用沼气首先在松源镇西演村兰华为户实施农业部“生态家园富民计划”农村户用沼气工程建设，采用“猪、沼、作物”为主的能源生态家园模式，推动农村“一池三改”（建沼气池、改圈、改厕、改厨）。2005—2006年，农村户用沼气建设项目被列入县十大重点工程之一，沼气池采用“常规水压式”“曲流布料型”圆形设计技术，池型结构、建设材料、工艺流程比20世纪90年代沼气池发生很大变化，池型质量明显提高，尤其沼气池出料方面有很大改进，增加出料装置，可以半自动清料，省去开盖清料麻烦和发生漏气现象，出料安全问题得到彻底解决。2010年末，20个乡镇188个行政村7667户建设沼气池总容积61336立方米，年产沼气3641825立方米，年处理污水11.5万吨；根据项目延续使用配套需要，建设后续服务网点69个。

大、中型沼气工程　2007年3月，庆元县实施规模畜禽养殖场大、中型沼气工程建设，采用“能源生态利用模式”，以沼气为纽带，把养殖、种植紧密结合，形成猪、沼、作物循环利用模式，使资源相互利用、相互转化。2007—2009年12月，在松源镇吴顺传养猪场等22个规模养殖场建成大、中型沼气工程22处，沼气厌氧池总容积1995立方米，年产沼气13万立方米，年可处理污水9万吨。

生活污水净化沼气工程　2006年，庆元县开始试推广生活污水净化沼气池建设，第一次把沼气技术应用到城市生活污水处理中。在城郊移民新村建设一座240立方米农村生活污水净化沼气工程，试点完成后，取出水口污水进行检测，各项指标均达到国家二级排放标准，寄生虫卵、有害细菌杀灭率达到97%。至2010年，建设生活污水净化沼气池4处，总池容840立方米，建池地点包括居民楼、学校、公厕及其他公共场所，年处理生活污水15万立方米。

太阳能

20世纪90年代末，庆元县开始利用太阳能，农户零星安装使用。直到2000年，太阳能才被老百姓普遍接受认可和推广使用，利用面积逐年增加。2000年，太阳能利用户数111户，使用面积195平方米；2005年，太阳能热水器安装户数2414户，利用面积4830平方米；2010年，太阳能热水器安装户数8068户，利用面积20170平方米，可节约标煤2420吨，增收节支201.7万元，减少二氧化硫排放97.8吨、二氧化氮排放44.4吨、烟尘排放75.6吨，减少大气污染损失131.1万元。2008年，庆元县拓展可再生清洁太阳能多元化利用，在屏都镇坪垟村试安装太阳能路灯6盏。2008—2009年，四山乡、岭头乡、江根乡安装太阳能杀虫灯62盏。2010年，百山祖乡斋郎村、岭头乡岭头村安装太阳能杀虫灯40盏。太阳能杀虫灯有利于提高农作物产量（3%—5%／亩）与品质，减少治虫用工（1.5工／亩）和农药使用量，降低成本（30—40元／亩）。

第十篇　环境保护

中华人民共和国成立以后，庆元县委、县政府重视生态环境的保护和建设，禁止烧荒开垦，实行人工造林和封山育林、生态公益林建设。1982年始，兴建用材林基地，消灭绝大部分宜林荒山，使庆元大地“绿”了起来。1997年始，实行大面积封山育林、培育生态公益林的政策。至2000年，全县森林资源得到快速增长，森林覆盖率、林木活蓄积量以及阔叶林面积、蓄积量和质量有显著提升。2010年，庆元坚持“生态立县、特色兴县”战略，实施产业升级换代、农村环境综合整治，采取关闭污染企业、节能减排、环境监管以及污水、垃圾收集处理设施等环保基础设施建设，全面控制和减少污染物排放，生态环境质量明显改善，城乡面貌焕然一新，生态文明观念在全社会牢固树立，全县人民在良好生态环境中生产生活，实现经济社会可持续发展，人与自然和谐共生。

第一章　环境质量

20世纪90年代始，庆元坚持对环境质量的监测和保护，大气、水、声环境持续优良。2004年，据中国环境监测中心调查结果，全国2348个县（市）生态环境中，庆元县生态环境质量名列全国第一，成为“中国生态环境第一县”。2009年，省人民政府命名庆元县为省级生态县。

第一节　大气环境

庆元地形地貌为江南丘陵山区，属海洋性亚热带季风气候区。境内山峰林立，沟谷深切，植被茂密，生物种类繁多，森林覆盖率86.7%。庆元地广人稀，工业经济总量较小，自然、社会经济状况为优良的空气质量奠定良好的基础条件。但松源、屏都、竹口、黄田镇等狭小的河谷地带，集聚全县2/3的人口和全部工业企业，周边高山有阻隔不利于空中污染扩散的屏蔽效果，给空气质量的保护带来不利因素。

2001年，庆元开始对县城空气质量进行监测，监测站点位于松源镇西北的居民区内。从监测情况来看，县城的空气质量均为优良，年均优良率为100%。但酸雨率逐年增加，至2005年为峰值，2007年后虽有所下降，但仍维持在较高水平。这与2007年工业园区建立，工业较快发展，工业、生活用煤增加有关。影响庆元空气质量的污染物以居民生活和取暖、工业污染、汽车尾气、道路扬尘等污染源为主。

2001—2010年庆元县大气质量变化情况表

表10—1—1—1　　单位：天

年份	空气等级天数			空气综合污染指数	指标						空气优良（%）
	Ⅰ级	Ⅱ级	Ⅲ级		酸雨率	PH值	SO_2	NO_2	TSP	PM10	
2001	64	0	0	—	0	5.85	0.017	0.016	0.038	—	100
2002	65	0	0	—	1.7	5.81	0.011	0.02	0.049	—	100
2003	145	0	0	—	6.5	5.77	0.012	0.01	0.011	—	100
2004	150	0	0	—	29.2	5.51	0.011	0.012	0.047	—	100
2005	147	0	0	—	55.3	5.34	0.01	0.01	0.045	—	100
2006	147	0	0	—	37.5	5.57	0.008	0.009	0.044	—	100
2007	90	174	8	68	44.8	5.47	0.012	0.009	0.053	0.085	97.1
2008	129	231	3	58	37.8	5.48	0.013	0.011	—	0.067	99.2
2009	178	173	4	54	39	5.45	0.017	0.013	—	0.058	98.9
2010	165	182	7	56	31	5.56	0.015	0.016	—	0.061	98.0

说明：空气综合污染指数从2007年4月开始统计。2007年4月之前的数据均为手工监测数据，2007年4月之后的数据为自动站监测数据

第二节　水环境

地表水

县境内主要溪流有松源溪、竹口溪、左溪、南阳溪、安溪、西溪和八炉溪7条，分别注入瓯江、闽江和赛江。全县设有8个地表水水质监测断面。其中，岩下、贵南洋为国控、省控断面。县委、县政府为提高境内地表水水质，降低森林采伐量实行封山育林，强制关停工业污染企业，实施城乡生活污水综合治理，经过长期不懈地努力，县境内地表水水质有显著提高。2001年始，全县所有地表水水质监测断面水质均为Ⅱ类水，优于Ⅲ类水功能区标准，实现“一江清水向闽流”。2000—2010年地表水监测数据显示，全县各河段水质均符合各类功能区标准，水质良好，水质相对稳定。

岩下断面　位于福建省松溪县岩下村，属闽江建溪水系一级支流。庆元境内松源溪、安溪、竹口溪汇于此地，故设地表水监测断面于此，属国控断面。岩下断面上游庆元境内流域面积1066平方千米，占庆元国土面积的56.2%，该水域承纳庆元县全部工业污水及2/3人口的生活污水，是工业源、生活源和农业面源汇聚的河流，是水污染防治工作的重中之重的区域。1995年，因县造纸厂、县染料化工有限公司大量工业废水超标排放，导致浙闽交界岩下断面水质超标。2家企业进行多次技改无效的情况下，根据浙江省环境保护局要求，企业停产治理。1996年，县造纸厂破产，停止制浆生产。1998年，县染料化工有限公司因污染问题被关闭。随着3家主要排污企业的停产关闭，浙闽交界岩下断面水质逐年好转。

贵南洋断面　位于龙溪乡与福建省寿宁县上党乡交界处，为省控断面，属赛江水系西溪支流，境内流域面积92平方千米。该区域人口稀少，无工业污染，断面水质一直保持在Ⅱ类水标准。

县城下断面　位于松源镇阁门岭松源溪处，主要监测松源溪县城段水质。2000年前，主要污染物是生活污水。2000年后，主要污染源为工业污水和生活污水。2007年，杜绝县城工业污水入河，实施县城生活污水处理厂及收集管网建设项目。2009年，建成污水处理厂及收集管网，县城生活污水进入管网统一处理阶段。

2000—2010年庆元县地表水监测断面水质监测结果一览表

表10—1—2—1

年份	西演村下		县城下		官山		枫堂		竹口下		新窑		岩下	
	水质类别	达标率（%）	水质类别	达标率（%）	水质类别	达标率（%）	水质类别	达标率（%）	水质类别	达标率（%）	水质类别	达标率（%）	水质类别	达标率（%）
2000	Ⅱ	100	Ⅱ	100	Ⅱ	100	Ⅰ	100	Ⅱ	100	Ⅱ	100	Ⅲ	100
2001	Ⅱ	100	Ⅱ	100	Ⅱ	100	Ⅰ	100	Ⅱ	100	Ⅱ	100	Ⅱ	100
2002	Ⅱ	100	Ⅱ	100	Ⅱ	100	Ⅱ	100	Ⅱ	100	Ⅱ	100	Ⅱ	100
2003	Ⅱ	100	Ⅱ	100	Ⅱ	100	Ⅰ	100	Ⅱ	100	Ⅱ	100	Ⅱ	100
2004	Ⅱ	100	Ⅲ	100	Ⅱ	100	Ⅰ	100	Ⅱ	100	Ⅱ	100	Ⅱ	100
2005	Ⅱ	100	Ⅲ	100	Ⅱ	100	Ⅰ	100	Ⅱ	100	Ⅱ	100	Ⅱ	100
2006	Ⅱ	100	Ⅱ	100	Ⅱ	100	Ⅱ	100	Ⅱ	100	Ⅱ	100	Ⅱ	100
2007	Ⅱ	100	Ⅲ	100	Ⅱ	100	Ⅰ	100	Ⅱ	100	Ⅱ	100	Ⅱ	100
2008	Ⅰ	100	Ⅱ	100	Ⅱ	100	Ⅰ	100	Ⅱ	100	Ⅱ	100	Ⅱ	100
2009	Ⅱ	100	Ⅱ	100	Ⅱ	100	Ⅰ	100	Ⅱ	100	Ⅱ	100	Ⅱ	100
2010	Ⅱ	100	Ⅲ	100	Ⅱ	100	Ⅰ	100	Ⅱ	100	Ⅱ	100	Ⅱ	100

饮用水水质

庆元饮用水水质根据供水规模不同，分为三级管理，即县城饮用水水源保护区、集镇集中供水饮用水和农村居民点集中供水饮用水源。针对饮用水源供水规模不同，在确保饮用水水质安全的前提下，分别采取不同的管理措施。

兰溪桥县城饮用水水质　1999年前，县城饮用水水源位于松源镇周墩村周墩大桥北岸东侧。1999年始，县自来水厂取水由兰溪桥水库引水供应。2003年，兰溪桥水库划设为县城饮用水水源保护区。2005年，兰溪桥水库划分为一、二级饮用水水源保护区。2007年始，设立庆元县兰溪桥饮用水水源水质监测站，每月对兰溪桥水库进行水质监测，水质均为Ⅰ—Ⅱ类，符合饮用水水源地一级保护区要求。

乡镇所在地集中式饮用水水质　全县各乡镇、村饮用水皆就近取水饮用。“十五”期间，县水利局实施以集中供水、改善饮用水水质为目的的“百万农民饮用水工程”，改造308个行政村饮用水，农村饮用水水质为饮用水水质标准要求。2010年，初步完成常住人口500人以上的13个乡镇政府所在地集中式饮用水水源保护区划定工作。同时，县环境监测站对乡镇所在地集中式饮用水水源保护区水质进行取样检测。监测结果显示，13个乡镇所在地集中式饮用水源水质均符合饮用水水源地一级保护区要求，黄田镇下大坑和荷地镇高洋水库为Ⅱ类标准，其余11个乡镇均为Ⅰ类标准。

第三节　声环境

庆元城乡声环境质量优良，县城是声环境保护的重点区域。1991年，声环境主要污染源为汽车鸣笛、鞭炮燃放及建筑施工噪声。2001年，编制并实施《庆元县城区域环境噪声功能区划分》。2004年，县城建成区开展区域环境噪声监测，噪声监测内容为区域环境噪声、功能区定点噪声、道路交通噪声，监测布点、监测方法按《城市区域环境噪声测量方法GB/T14623—93》标准执行。2008年10月，庆元开始按《声环境质量标准》（GB3096—2008）执行。2006—2010年，区域环境噪声Leq分别为53.0dB（A）、52.4dB（A）、50.6dB（A）、50.8dB（A）、50.5dB（A）。从噪声监测数据看，县城区域环境噪声相对平稳，以生活噪声为主，交通噪声声源最强。1—4类声环境功能区，昼间和夜间等效声级有时略有超标。车流量大路段噪声有时会超标。2010年，道路交通噪声除新车站测点超标外，其他测点基本达标。

第二章　环境监管

1984年11月，庆元县环境监测站建立，环境监测站与县城乡建设环境保护局环保股合署办公。1988年12月，监测站与环保股分设，县环境监测站正式独立履行监测职能：科学制定监测计划，组织对庆元县辖区域内的大气、水体、噪声、土壤等环境要素的质量状况进行常规监测；参加其它指令性的环境监测任务；分析、储存和整理环境监测数据资料，组织编制环境状况公报，定期向县环境保护局和上级监测站呈报庆元县环境质量状况和有关技术报告。

第一节　监管机制

环境保护规划

2006年，编制完成《庆元县环境保护规划“十一五”规划》，内容为生态建设和环境保护。其中，环境保护目标为：到2010年，全县生态环境质量保持现有水平不下降，主要污染物排放总量维持在现有水平并保持达标排放；加快城市基础设施建设，与全省同步建成城市污水、垃圾集中处理设施，同步建成环境质量和重点污染源自动监控网络；继续推进生态县建设步伐，以水环境整治为重点，开展对工业污染、城镇环境污染、农业农村面源污染专项整治，进一步巩固“中国生态环境第一县”地位。

建设项目环保管理制度

1998年国务院颁布《建设项目环境保护管理条例》，1999年国家环保总局颁布《建设项目环境影响评价资格证书管理办法》，2003年9月1日起施行《中华人民共和国环境影响评价法》。庆元坚持对所有项目实行环境影响评价制度，把经审批的环境影响评价报告书（表）、登记表所作出结论作为项目是否批准的前提。明确省、市、县三级环保部门建设项目环评分级审批管理权限，加强信息沟通。在新建、改建、扩建的基本建设项目、技术改造项目、区域开发项目及自然资源开发项目中，坚持防治环境污染和生态破坏设施必须与主体工程同时设计、同时施工、同时投入使用（简称“三同时”），经环保部门验收合格后，方可投入生产或使用，否则环保部门有权责令停止生产或使用，处以罚款，从而改变长期以来企业先污染后治理的状况。至2010年，全县建设项目“三同时”执行率在90%以上，做到经济建设和环境保护基本同步发展。

排污许可证制度、排污费征收

1996年，环保部出台《关于全面推行排污申报的通知》。凡是有污染物排放企业，尤其重点污染企业、“三产”企业等，实行排污许可证制度。2005—2010年，排污费征收情况：2005年征收40.40万元，2006年征收42.34万元，2007年征收55.57万元，2008年征收56.31万元，2009年征收54.23万元，2010年征收55.31万元。征收的排污费，一律上缴县财政，用于重点污染源和区域性污染防治，污染防治新技术新工艺开发、示范和应用等。

现场巡查制度

县环保局下设环境保护监察大队，担负对庆元县境内生态环境破坏行为的监督并依法查处。环境保护监察大队成立以来，长期坚持对企业和饮用水水源保护区实行现场巡查制度。对辖区内重点企业必须每月巡查一次，一般企业每季巡查一次，必须对巡查中发现的问题提出整改意见和限期整改时间，并监督执行情况。同时，还根据不同企业排放水、声、气等污染物的特殊性和群众的举报，不定时对特定企业进行突击检查，防止企业偷排、漏排行为发生。

限期治理制度

对因治污设施不完善，运转不正常，或治污技术不过关，甚至无治理设施，致污染物不能达标排放的企业，采取限期治理措施。在规定时间内达不到治理要求，未达标排放的企业停产或转产。2009 年，张村乡东川造纸厂因为不符合产业政策，属“五小”企业，且废水治理不达标，被县政府下令停产关闭。2010 年，县环保局针对检查中发现的各种水、声、气环境污染问题，责令限期改正 9 件，责令补办建设项目环保审批手续 3 件，责令违规单位改正环境违法行为，配合乡镇（街道）和相关部门做好环境保护工作。

设立庆元生态日

2010年10月，县第十四届人大常委会第三十二次会议听取并审议县政府提请的关于设立“庆元生态日”的议案。会议决定每年 4 月 7 日为“庆元生态日”。会议要求，每年“庆元生态日”，要根据庆元实际和人民群众的意愿，确定一个主题，通过各种方式和途径，精心组织，通过丰富多彩的活动内容，努力把公众的生态意识和环保意愿转化为保护生态环境、建设生态庆元的自觉行动，积极投入生态县建设中来，推动庆元县生态文明建设由生态环境第一县向生态县、低碳经济示范县跨越目标早日实现。

第二节　环境监测

大气监测

2001 年前，大气监测项目为降水酸碱度（pH 值），设置降水采样点 1 个，逢雨必采，人工采样分析。2001 年 4 月，庆元县环境监测站开始大气监测，监测内容主要有降水监测和大气质量监测。全县设大气监测采样点 1 个，位于县监测站楼顶。2007 年 10 月，县空气自动监测站建立并投入使用，位于县环境监测站楼顶，采用空气连续自动监测设备自动监测，监测数据实时记录，实时同步上报。

图 10-1　县城环境空气自动监测站（县环保局供　摄于 2007 年）

大气监测的因子项目共有 14 个，主要为降水监测和空气环境质量监测。

降水监测　2009 年 4 月起，降水监测项目有 pH 值、电导率、硫酸根、硝酸根、氟离子、氯离子、氨离子、钙离子、镁离子、钠离子、钾离子。从监测数据看，降水年平均 pH 值呈先下降后上升，最低值出现在 2005 年，pH 值为 5.34，2004—2010 年，酸雨发生频率增加，属于轻酸雨区。

空气环境质量监测 2001年4月，正式开展大气监测，采样地点为县监测站楼顶，监测项目有二氧化硫、二氧化氮、总悬浮颗粒物，每周一、二、三连续24小时采样。2007年10月，开始采用空气连续自动监测。从监测数据看，庆元大气环境空气质量为优。

2001—2010年庆元县大气监测数据一览表

表10—2—2—1

年份	SO_2	NO_2	TSP	PM10	年平均pH值	酸雨率
2001	0.017	0.016	0.038	—	5.85	0
2002	0.011	0.020	0.049	—	5.81	1.7
2003	0.012	0.010	0.011	—	5.77	6.5
2004	0.011	0.012	0.047	—	5.51	29.2
2005	0.010	0.010	0.045	—	5.34	55.3
2006	0.008	0.009	0.044	—	5.57	37.5
2007	0.012	0.009	0.053	0.085	5.47	44.8
2008	0.013	0.011	—	0.067	5.48	37.8
2009	0.017	0.013	—	0.058	5.45	39.0
2010	0.015	0.016	—	0.061	5.56	31.0

水环境监测

地表水水质监测 闽江流域设7个监测断面。其中，松源溪干流设置3个监测断面（西演村下、县城下、官山），支流竹口溪设置3个监测断面（枫堂、竹口下、新窑），松源溪和竹口溪汇合后的岩下（福建松溪县境内）设置1个省际地表水监测断面。每年监测3期，采样时间按平、丰、枯水期（4月、7月、12月），在每月上旬，连续进行2次。2002年始，每年按丰、平、枯水期，在1月、3月、5月、7月、9月、11月上旬各采样1次。监测溶解氧、高锰酸钾指数、生化需氧量、氨氮等常规监测项目。2003年，浙江省在西溪乡贵南洋浙闽交界处设置贵南洋省际地表水交界断面，2009年更名为贵南洋省际地表水自动监测站。左溪、南阳溪、八炉溪因水质优良、稳定，未设地表水监测断面。

饮用水源地水质监测 饮用水水质监测是环保工作的重点。1999年前，县城饮用水水源位于松源镇周墩村周墩大桥北岸东侧，日供水能力为5000立方米。县环境监测站对该取水点水质进行监测，采取人工采样，人工分析检测，每月1次。1999年始，县自来水厂取水由兰溪桥水库引水供应，设计年供水量300万立方米，饮用水水质监测点位设在兰溪桥水库饮用水取水点进水口处，周墩取水点作为备用水源。县饮用水源水质监测增加兰溪桥水库监测点，监测密度、方法和监测项目与周墩监测点相同。2003年，取消周墩饮用水取水水源，将兰溪桥水库划设为庆元县城饮用水水源保护区。2007年始，设立兰溪桥饮用水水源水质监测站，每月对兰溪桥水库进行水质监测，部分项目采用自动仪器监测，2009年兰溪桥饮用水水源自动监测设备更新完毕，全部28个监测项目采用自动记录、实时上传上报的方式。

污染源普查 2009年，全县开展污染源普查工作。经普查，全县有排污企业674家。其中，重点污染源4家，涉及造纸、电镀、竹木加工等行业。庆元县2007年工业污水COD排放量为680.96吨，生活污水排放量为473.21万吨。

污染源监测 2000年前，重点工业企业污染源是庆元县污染源监测的重点，主要污染源有庆元化肥厂、庆元水泥厂、庆元造纸厂、庆元纤维板厂、庆元铅锌厂等国有企业；2000年后，随着上述企业的关停，监测的污染源以变化的重点污染源为主，对重点污染源实行定时监测与不定时监测相结合的方式，对违规排放企业采取不定时监测的方式。样品带回监测站化验室进行人工检测分析、上报。2007年，5家重点污染源企业安装在线监控设施，与市县环保监测部门监测设备无缝对接，对污染源进出口水质实行在线自动监测、数据实时上报。

噪声监测

2004年，县城开展区域环境噪声监测，噪声监测内容为区域环境噪声、功能区定点噪声、道路交通噪声，监测布点、监测方法按GB/T14623—93执行。现场监测记录，每月统计上报。2008年10月，开始按《声环境质量标准》（GB3096—2008）执行。2006—2010年，区域环境噪声Leq分别为53.0dB（A)、52.4dB（A)、50.6dB（A)、50.8dB（A)、50.5dB（A)。从噪声监测数据看，县城区域环境噪声相对平稳，以生活噪声为主，交通噪声声源最强。1—4类声环境功能区，昼间和夜间等效声级有时略有超标。随着县城车辆增多，车流量大路段噪声有时会超标。2010年，道路交通噪声除新车站测点超标外，其他测点基本达标。

2006—2010年庆元县噪声监测数据一览表

表10—2—2—2　　单位：dB（A）

年份	功能区噪声		区域噪声		交通噪声
2006	1类	48.7	昼间	夜间	82.1
	2类	54.0			
	3类	57.1	58.7	47.5	
	4类	61.4			
2007	1类	50.4	昼间	夜间	74.7
	2类	54.1			
	3类	59.6	57.7	47.2	
	4类	63.1			
2008	1类	50.4	昼间	夜间	68.3
	2类	53.5			
	3类	58.7	56.7	44.5	
	4类	62.4			
2009	1类	50.2	昼间	夜间	75.6
	2类	53.2			
	3类	58.5	57.2	44.4	
	4类	61.2			
2010	1类	49.1	昼间	夜间	66.1
	2类	52.3			
	3类	53.9	56.4	45.0	
	4类	56.4			
	4类	55.3			

土壤污染调查

2008年，县环保局对庆元境内的土壤污染情况进行取样调查，取样9个。土样送省统一分析，反馈结果显示，庆元土壤质量优良，无污染情况。

第三节 环境执法

人大、政协监督

县人大、政协根据县委统一部署，围绕生态县创建这一中心工作，协助支持生态环境保护和生态县创建工作，开展专项调研和检查、督察。自2005年5月起，县人大、政协每年开展一次为期一周的“生态县建设暨环境污染整治跟踪检查”活动，深入重点区域、重点企业察看环境整治情况，查找存在问题及其解决办法，督促相关部门切实解决生态县创建中的问题。

违法行为查处

县环境保护局成立环境监察大队后，加大环境执法力度。环境监察大队针对本地环境污染实际情况的特点，对排污企业采用定期巡查、不定期突查的方式，查办辖区内的水、声、气等各类环保违法行为，进行调查取证，依法处理。2005年，查处8起违法案件，罚款10.6万元。2006年，查处8起违法案件，罚款14.68万元。2007年，查处5起违法案件，罚款34.5万元。2008年，查处6起案件，罚款37.5万元。2009年，查处8起案件，罚款35万元。2010年，查处4起案件，罚款23万元。

环保专项整治行动

2005年起，浙江省开始实施“811”环境污染整治行动，丽水市结合本地实际，2006年开始开展乱排污专项执法环境综合整治“绿剑”一、二、四号行动。庆元县在“811”行动中，每年确定一个污染整治主题，深入开展污染整治。6年间，分别完成饮用水源头污染整治、规模畜禽养殖污染整治、重点企业污染源在线监控、工业企业污水治理、企业废气污染治理、企业锅炉烟尘污染治理等集中专项行动。

环境投诉信访

2002年，县环境保护局成立环保信访办公室，制定环保信访处理制度，开设“12369”环保专线，落实专人实行24小时值班制度，收集和处理环保信访中反映的问题，并将处理结果及时反馈给环保信访者，对开展环保执法、及时解决群众关注的环保问题打下基础。2002—2010年，县环保局环保信访反映的问题主要涉及水污染、大气污染、噪声污染等方面。其中，反映水污染149件，占信访总数的9%；反映大气污染642件，占信访总数的38.6%；反映噪声污染741件，占信访总数的44.6%；其他129件，占信访总数的7.8%。

第三章　污染治理

经济发展，生活水平提高，庆元人民对环境质量的要求不断提高。环境污染整治已经成为生态文明建设的重要内容，也是切实改善民生环境、创建生态县的应有之义。1997年始，县委确立并坚持贯彻“生态立县、特色兴县”战略，实行防治并举方针，在调整产业结构，鼓励发展环境友好型、生态型产业的同时，积极加快环境基础设施建设。积极谋划和实施生活垃圾填埋场、生活污水处理厂等环境基础设施建设项目，以提高县城生活污水、生活垃圾集中无害化处理水平。

第一节　污染防治

废气污染治理

工业废气治理　庆元县工业废气主要有砖瓦厂废气、锅炉废气和竹木加工企业产品油漆工序排放的废气。砖瓦厂、工业锅炉排放的废气，因以竹木废弃能为燃料，其废气中的污染物，主要为粉尘、氮氧化物。为保护耕地，加强节能减排工作，2005年，国家出台禁止生产黏土实心砖的政策，要求通过3—5年的努力，逐步淘汰使用实心黏土砖，改用新型空心砖和其他节能砖。庆元县关闭小型实心砖窑，推广环保节能型砖。对较大的环保节能砖生产，出台政策，鼓励企业开展以减污降尘为中心的技术改造，采取除尘、改变燃料形态、改进燃烧和烟道排放等新工艺、新技术。至2010年，全县实心黏土砖窑全部关闭，环保节能型砖厂的粉尘污染物也降至达标排放。县环保局协助梦天木业、欧迪实业等企业开展油漆废气治理攻关研究，至2010年，通过产品升级、油漆改性、喷漆设备和工艺改造等方法，企业油漆废气达标排放。

生活废气治理　庆元县生活废气污染源主要有家庭生活用煤、烟花鞭炮燃放、汽车尾气等排放的污染空气的有害物质。生活废气来源点多面广且有时间上的不确定性，治理难度较大。20世纪90年代始，庆元县在加强环保知识宣传教育，出台相关节能环保政策，制定禁燃烟花鞭炮、货车禁止进城、街道喷洒、汽车实行绿色环保标识制度等相关法规的同时，开展太阳能热水器、燃气灶、以电代煤等环保节能新技术、新生活方式的推广工作。至2010年，燃气灶代替柴火灶，使用太阳能热水器、家用电器成为居民新的生活方式，居民生活废气排放得到有效控制和减少。

建筑工地扬尘治理　2000年后，庆元县旧城改造、道路改造等建筑工地日趋增加，工地施工和弃碴搬运过程产生的扬尘，是空气污染物粉尘的重要来源。县环保局督促施工企业严格实行扬尘污染防治法规规定，施工企业采取定期洒水、冲洗、搬运车覆盖等方式，减少建筑工地扬尘。

水污染防治

生活污水防治　2007年，县污水处理厂（一期）及县城（南岸）生活污水收集系统开工建设。2008年4月建成，日处理污水能力5000吨。2008年，建成县城（北岸）生活污水收集系统。污水收集采用主要排污口截流收集纳管方式，县城生活污水纳管处理率为78%。

2005年始，实施农村环境综合整治项目，开展农村生活垃圾、生活污水集中处理设施建设。至2010年，建成五大堡乡、举水乡、黄田镇、左溪镇政府驻地生活污水处理工程（日处理污水约1120吨）和乡镇中心村污水处理设施12个（日处理污水约2000吨），采用分户纳管、集中处理方式，根据农村生活污水的特点，污水处理工艺为物理沉淀—生态滤料层—人工湿地，经监测均为达标排放。至2010年，69个行政村完成环境综合整治，占全县行政村的20%。建成乡镇所在地生活垃圾集中处理设施和乡村生活垃圾收集系统19个，聘用乡村环保员90人，发放垃圾收集桶2万个、垃圾收集箱1000个，农村生活垃圾集中收集率为60%。

工业废水治理 2000年前，庆元主要企业有庆元水泥厂、庆元化肥厂（染化厂）、庆元造纸厂、庆元纤维板厂（胶合板厂）和庆元县铅锌矿，这些企业资源消耗大、污染严重、效益不佳。1999年，庆元贯彻关闭“五小企业”（指浪费资源、技术落后、质量低劣、污染严重的小煤矿、小炼油厂、小水泥厂、小玻璃生产企业、小火电厂等）的政策，加大造纸、化工等重点污染行业和重点企业污染治理力度，采取改制、转产、破产等法律、经济、行政、科技综合手段，对重点污染源进行整治。水泥、化肥、造纸、染化、铅锌矿、纤维板、胶合板等生产企业相继停产、关闭。2006年，庆元县昌达纸业有限公司技改第一期工程建成并投入生产，采用干法生产工艺，安装水循环利用的污水处理装置，大幅减少污水排放量和污染浓度，污水经企业处理达排放标准后排放。2010年，全县工业废水处理率大于95%，水重复利用率大于50%，工业废气处理率大于90%，城镇污水集中处理率大于60%，城镇生活垃圾处理率大于95%，工业固体废弃物综合利用率大于95%，危险废物安全处置率100%。

固体废物防治

城镇生活垃圾治理 生活垃圾是庆元固体废物的重要组成部分，县城居住人口的日益增加，县城生活垃圾也与日俱增。2000—2003年，县城生活垃圾填埋场建成并投入使用，设计库容60万立方米，年处理生活垃圾3万吨。同时，初步建成县城生活垃圾收集系统投入使用。2005年，建成生活垃圾填埋场渗滤液处理设施，基本解决县城生活垃圾集中无害化处理问题。

图10-2 五大堡乡梧桐洋村垃圾房（县环保局供 摄于2010年）

乡镇村生活垃圾治理 2005年始，庆元申请省环保专项资金，实施农村生态环境综合治理项目，配合县农办实施以农村生活垃圾、生活污水整治为重点的“十村示范，百村整治”工程。先后建成以垃圾焚烧处理方式为主的各乡镇所在地生活垃圾处理设施，采取村收集、乡镇集中处理的方式处理生活垃圾。2009年，为减少垃圾焚烧造成的烟尘污染，为生活垃圾无害化处理要求，庆元分区域建成垃圾卫生填埋场，建成城乡一体化的300多人的环保收集处置队伍，由乡镇集中无害化集中填埋。2010年，全县农村生活垃圾集中无害化处理率为90%。

工业固废防治 20世纪90年代，庆元工业基础薄弱，工业企业少，规模小，除可利用的木材废料、煤碴外，几无工业固体废物排放。2000年，竹筷、铅笔等竹木加工业兴起并得到蓬勃发展，企业为降低成本，以竹木废料替代燃煤作锅炉燃料，使全县煤用量下降，但竹木废料燃烧产生的大量粉尘污染大气环境。庆元出台相关政策，鼓励并协助企业争取项目，开展除粉尘技术改造，降低粉尘排放量，使大多数企业烟尘达标排放。2010年，全县工业固废无害化处置率为100%。

放射源管理 2008年，庆元开展放射源普查，对现有放射源进行登记造册存档，经普查，全县有放射源5个，主要集中在各大型医疗单位。同时，使用单位建立放射源管理制度，落实专人使用、专人管理、定期检查汇报、安全回收的相关规定。

医疗废物治理 县卫生局对医疗废物收集、运送、贮存、处置活动中的疾病防治工作实施统一监督管理；县对医疗废物收集、运送、贮存、处置活动中的环境污染防治工作实施统一监督管理。在查清情况的基础上，各医疗卫生机构和医疗废物集中处置单位，建立、健全医疗废物管理责任制，明确医疗机构和处置单位的医疗废物处置责任，全面落实由具有专业资质的医疗废物处理机构依法登记移交、统一收集、专业运输、集中无害化处置医疗废物处置流程要求，做到医疗废物集中、安全、无害化处置。2008—2010年，全县医疗废物收集率和集中化害化处置率为100%。

畜禽养殖污染治理 2000年前，庆元畜禽养殖以农户分散养殖为主，畜禽粪便处理除作农家肥外，将畜禽排泄物作为沼气原料，经发酵分解产生以甲烷为主的沼气及沼液，作为农村能源和有机肥使用。2010年，全县建设农村户用沼气池7636个，基本解决农村分散养殖畜禽污染物的无害化利用问题。

2000—2010年，农村经济、社会的发展，原来传统的农户畜禽分散养殖习惯逐渐被粗放型养殖模式所取代，各种集约型规模化养殖大户不断涌现。养殖业的发展促进农村产业结构的调整。养殖业的发展，污染问题也愈来愈严重，养殖场周边因养殖污染造成空气恶化、水质下降，对周围群众的生命财产和身体健康带来严重威胁和损害，农村畜禽养殖污染已成为农村的重要污染源。2007年，庆元组织专业技术力量，调查畜禽养殖情况。将全县畜禽养殖污染治理进行规划、区划，初步划定禁止、限制养殖区域。县环保局开展畜禽规模养殖企业污染治理试点工作，先后建成5个规模化养殖场的畜禽污染无害化处理设施，3家罐头笋加工企业的笋壳、污水处理设施。至2010年，全县规模养殖场污染物无害化处理率为100%。

第二节　生态创建

生态示范区建设

2000年，庆元全面实施“生态立县”战略，把加强生态环境建设作为推进全县经济可持续发展的重点来抓，编制完成《庆元县生态环境建设规划》和《庆元县生态示范区建设规划》，被省政府正式列为全省31个生态环境建设重点县之首。围绕生态农业、生态工业、生态旅游、生态城镇建设的“四大生态系统”工程建设，突出抓好“一区、三江、四线”75万亩生态公益林建设。“百山祖自然保护区生物多样性保护”项目被国家环保总局列为“十五”国家投资计划。至2003年，“一控双达标”工作完成，城镇环境综合整治取得明显成效，生态示范区建设通过省市验收。

省级生态县创建

2004年，县委、县政府明确地提出创建生态县的决定，把生态县创建作为庆元经济、社会、生态发展的重中之重的战略性工作来抓。把生态环境保护作为庆元发展的底线，以环境保护促进庆元经济社会发展，以经济社会发展促进生态环境保护。4月23日《庆元县生态建设规划》通过丽水市级专家组评审，5月31日通过县人大常委会会议审议并批准实施。2004年11月，庆元县生态县建设领导小组及其办公室成立，将创建指标与经济建设、文明建设法制建设有机结合起来，列入各乡镇、部门年度考核重要指标，并签订责任状，每年实行评优“一票否决制。2007年《庆元县生态环境功能区规划》完成专家论证，2008年批准实施。2008年，《庆元县生态建设规划》重修，把庆元建成省级生态县、打造“绿色庆元”作为全县首要目标，并列入《庆元县国民经济和社会发展第十一个五年规划纲要》。开展生态县建设后，庆元环境质量不断提高，全县森林覆盖率由1997年的82.4%提高到2007年的86%；水土流失面积由2004年的107平方千米减少到2008年的71平方千米；全县所有地面水环境质量均为Ⅱ类水质标准，特别是浙闽交界的岩下断面连续5年保持Ⅱ类水质，优于地面水功能区划的Ⅲ类水质要求；县城大气环境质量基本保持在一级水平，声环境质量得到改善，噪声达标区面积占县城建成区面积的40%。庆元县于2008年获得丽水市生态市考核特别奖，2009年1月20日通过省生态办省级生态县验收，2009年3月16日被省委、省政府命名为浙江省第二批省级生态县，2009 年、2010 年连续获生态市建设考核第一名。

庆元县省级生态县考核指标完成情况表

表 10—3—2—1

名称	单位	指标值	达标值
主要农、水产品中有机、绿色及无公害产品种植或养殖面积比重	%	≥ 40	42.69
森林覆盖率（山区）指标	%	72	86.05
需治理废弃矿山的治理率	%	55	100
“三沿五区”坟墓治理率	%	≥ 90	92.5
生态葬法行政村覆盖率		≥ 90	95.4
环境质量：水环境、气环境、声环境	—	为功能区标准、过境河流水质不降低	达标
化学需氧量（COD）排放强度	千克 / 万元	＜ 5.5，未超过国家总量控制指标	5.2
城镇生活污水集中处理率	%	≥ 60	65.19
工业用水重复利用率		≥ 40	46.03
城镇生活垃圾无害化处理率	%	100	100
工业固体废物处置利用率（无危险废物排放）	%	100	100
城镇人均公共绿地	平方米	≥ 12	16.93
规模化养殖场粪便综合利用率	%	≥ 90	95.77
集中饮用水源水质达标率	%	100	100

生态林业

庆元有林业用地面积 16780 公顷；森林覆盖率为 86%，为全省第一；林木蓄积量 846 万立方米。2006 年，庆元完成山林延包后，实施分类经营方针，加强生态公益林建设，推进林地流转，发展特色林业产业，通过公开招标、拍卖和承包、租赁、转让等方式流转山林总面积 18933. 33 公顷。出台扶持林道、特色林产品基地建设等政策，培育锥栗、毛竹速丰林。至 2007 年，全县毛竹林面积 25800 公顷，立竹量 5452 万株，比 1990 年分别增加 44. 4% 和 95. 1%；另有以锥栗为主的经济林基地面积 5066. 67 公顷。特色林产品基地建设，促进竹木制品、食品加工业的发展。2007 年，全县林业行业总产值 16. 58 亿元。其中，竹业总产值达 8. 57 亿元，全县农村居民人均林业总收入 4349 元，人均林业纯收入 2614 元，占农村居民人均纯收入的 66%。

2006 年，实施兴林富民示范工程。至 2010 年，全县创建省市级兴林富民示范乡镇 5 个（其中省级 2 个）、示范村 14 个（其中省级 8 个），建成高效林业基地 12000 公顷，建设林区道路 957 千米，完成村庄绿化 49 个。

生态农业

庆元县通过育龙头、建基地、创品牌、重培训、强服务等举措，加快农业产业的发展，传统农业实现向生态农业质的转折，生态农业主导产业规模不断壮大，农民增收渠道越来越宽。2009 年，全县农业生产总值 46789 万元，农民人均纯收入 55278 元。

农业生产坚持走“稳定发展粮食、畜牧两大战略产业，大力发展食用菌、笋竹、蔬菜三大主导产业，积极发展烤烟、吊瓜、高山有机茶、休闲观光农业等新兴产业”的发展思路，主攻主导产业发展，形成特色鲜明、优势明显、效益显著的食用菌、笋竹、蔬菜三大农业产业，推进有机、绿色、无公害农产品基地建设。至 2010 年，全县培育农业龙头企业 38 家，各类农村专业合作经济组织 56 家，累计带动发展标准化产业基地 2400 公顷，累计带动 2. 56 万户农户增收致富；建成有机食品基地 48 个、绿色食品基地

4个，通过国家无公害认证农产品13个，通过无公害基地认证农产品生产基地2000公顷。“庆元香菇”通过“原产地域产品”和“证明商标”注册。建成全国最大的香菇生产基地，成为全国香菇集散中心。2007年，庆元县被省政府认定为浙江省农业特色优势产业综合强县和浙江省农业特色优势产业食用菌单项强县。

生态工业

在发展生态经济的思路下，庆元人明确“靠山吃山”的真正含义就是“绿水青山就是金山银山”。围绕丰富的生物资源和优异的生态环境发展绿色生态经济，竹产业、森林食品、森林旅游等林业产业迅速蓬勃兴起，形成制笔、食用菌加工、竹制品三大支柱产业，产品系列逐步完善，产业规模迅速扩大。2010年，全县以梦天木业、浙江双枪、节节高、久灵笔业、欧迪实业等企业为龙头的各类竹木加工企业400余家，开发竹筷、木制门、竹材板、竹材家具等10余个系列300多个产品，具有年产木门60万扇、竹筷13亿双、竹材板2万吨的生产能力，成为全国最大的竹筷生产基地和木门生产基地；以小水电开发，食用菌、水果、山野菜等绿色食品加工为代表的无污染或少污染工业经济呈现出强劲的发展势头，2007年小水电开发绿色食品加工行业规模以上企业产值3.94亿元。

生态乡镇创建

2004年，庆元将生态乡镇创建作为生态县创建的重要内容，坚持以生活污水、生活垃圾治理为抓手，提升生态环境质量为目标，结合“农村环境综合整治工程”、“千村示范、万村整治”工程、“五整治一提高”等工程，加强农村基础设施建设，提升公共服务水平，解决农村污水垃圾等突出环境问题，提高农村环境保护能力。2005年，《庆元县生态乡镇创建规划》编制实施。2005年，黄田镇被省生态建设领导小组命名为省级生态镇。2006年，百山祖乡被命名为省级生态乡。2007年，全县20个乡镇均编制生态乡镇创建方案。2007年，安南乡被命名为省级生态乡。2008年，举水乡、龙溪乡、荷地镇、左溪镇、江根乡、官塘乡、贤良镇、合湖乡、五大堡乡、岭头乡、淤上乡、四山乡、隆宫乡被命名为省级生态乡镇。2010年，竹口镇被命名为省级生态镇；百山祖乡、举水乡被环保部命名为全国环境优美乡。至2010年，全县创建国家级生态乡镇2个、省级生态乡镇17个、市级生态乡镇20个、市级生态村74个。

绿色创建活动

庆元围绕绿色生活、绿色生产，提高环保意识，践行环保理念，出台相关政策，鼓励各单位开展争创绿色社区、绿色家庭、绿色学校、绿色企业、生态环保教育示范基地等系列绿色创建活动，弘扬生态文明理念，增强全社会生态文明意识，提高全民生态文明素养，提高庆元生态环境质量。至2010年，全县创建省级生态文明教育基地2个、省（市）级绿色学校15所、省级绿色社区4个、省级绿色饭店1家、通过清洁生产审核企业2家、通过ISO14000环境管理体系认证企业9家；共青团县委创建生态监护站1个，提出保护母亲河号2个，评出绿色小卫士1个、绿色公益使者1人。

图10-3　庆元县青年环保志愿者行动启动仪式（县环保局供　摄于2010年）

第十一篇　邮政　电信

1991—2010 年，庆元县邮政、电信事业作为经济社会发展的重要基础建设得到优先发展，邮电管理体制和经营机制改革逐步深入。1991 年，庆元县邮电局（以下简称县邮电局）实行省、县双重领导，以省邮电局为主的管理体制。1998 年 9 月，邮政、电信分营，1999 年，电信和移动通信分营，邮政、电信逐步建立起适应市场经济的企业营运机制。依靠科技进步，引进世界先进技术和设备，邮政、通信服务水平大幅度提高。邮件处理向机械化、自动化过渡，计算机技术在邮政业务中得到广泛运用。先后开通程控电话、无线寻呼和移动电话，实现城乡电话交换程控化、干线传输数字化，移动通信由模拟网向数字网转换。固定电话、移动电话迅速普及，互联网等新业务迅速发展。2010 年，庆元县固定电话用户 2.3126 万户，移动电话用户 11.6127 万户，国际互联网用户 1.173 万户，邮政业务收入 1111 万元，电信（含移动、联通）业务收入 9224 万元。

第一章　邮政

1991年，县邮电局内设机构有局办、党办、人教科、供应科、邮政股、电信股、储汇股7个部门，下设黄田、竹口、菊水、左溪、荷地、新村6个支局，安溪、江根、五大堡、万里林、新窑5个邮政所。1998年9月，县邮电局实行邮政和电信分开经营，分别成立庆元县邮政局（以下简称县邮政局）和庆元县电信局（以下简称县电信局）。9月18日，县邮政局挂牌成立。2008年，中国邮政储蓄银行浙江省庆元县支行挂牌成立。2009年3月12日，庆元邮政速递物流经营部成立，挂靠县邮政局管理。2010年2月，经营部独立运营，县邮政局金融、速递物流业务从自主经营转为代理经营。2010年，县邮政局内部机构设综合办公室、市场部。其中，综合办公室下设财务部、保安队，市场部下设大客户部、发投公司、信息技术中心、集邮公司、机要室；下辖后田、新建2个储蓄所，黄田、竹口、菊水、荷地和左溪5个邮政支局，新村、百山祖2个邮政所。

第一节　邮政设施

生产用房

1990年，庆元县有邮电局、所38处。其中，邮电支局5处、邮电所3处、社办邮电代办所30处。1998年邮电分营时，石龙街邮电综合生产用房6111平方米划归电信，位于新建路的698平方米生产用房划归邮政；支局、所共有生产及综合用房10处13幢11220平方米，分给邮政7幢5248平方米，包括荷地、黄田、新村、五大堡、安溪5个邮政支局、所综合楼。1999年，在县城濛洲街新建6000平方米邮政大楼，2000年10月8日竣工并投入使用。2010年末，县邮政局有房屋建筑面积11149平方米。其中，邮政生产用房3748平方米（营业用房894平方米、投递用房180平方米、内部生产用房2674平方米）、其他生产用房2066平方米、非生产用房5335平方米。从邮政系统外租赁房屋建筑面积281平方米。

设备

1990年，县邮电局有邮政包裹收寄机4台、计算机2台、汽车2辆、摩托车1辆。1995年9月，5个邮政储蓄点全部实现微机化处理。1997年，增置微机20台，城乡储蓄实行微机联网。1999年，首台ATM机投入使用。2010年，有邮资机1台、给据邮件登单机1台、过戳机3台、ATM机2台、邮储监控设备15套台、邮政内部生产用微机8台、营业窗口用微机31台、综合管理用微机30台，固定资产原值2161万元，比2005年2582万元减少16.3%。

车辆

1990年，县邮电局有邮政投递自行车45辆、摩托车1辆、汽车2辆。1998年，邮电分营时共有汽车11辆，分给邮政5辆。2002—2005年，对部分车辆报废处理，先后购置邮政用车4辆。2009年，邮政、速递分业经营，划给县邮政速递物流营业部邮政用车1辆、摩托车1辆。2010年末，县邮政局有邮政车4辆，包括代理邮政储蓄专用、投递专用、其他生产、非生产用车。另有投递用摩托车1辆、自行车33辆、接送包裹用电动三轮车1辆。

第二节　邮政路网

邮路

1990年，县邮政局拥有邮路和农村投递路线62条，单程长1608.5千米，为1949年的14.9倍，有固定班期投递邮件的乡镇20个。1997年，对部分路线进行调整，投递单程长1122千米。其中，自办汽车邮路单程长149千米，委托办理汽车邮路单程长278千米。2009年，根据城市发展规划，城市投递段道延伸到聚丰、沁心园、城郊同济和同德等新村。2010年末，有邮路、城市投递段道和农村投递路线98条，单程长2758千米。分布格局：邮路18条，单程长829千米。其中，农村委办汽车邮路16条、单程长820千米，其他邮路2条、单程长9千米；城市投递段道7条，单程长94千米，农村投递路线73条，单程长1835千米。农村投递路线中，步班投递路线10条、单程长234千米，自行车投递路线63条、单程长1601千米。

邮政编码

1986年6月，邮电部核定庆元县邮政编码323800。同年11月，省邮电管理局核定县局和各支局所投递区域邮政编码。1991年1月，全部实行邮政编码，达到信封标准化。

2010年庆元县各乡镇邮政编码一览表

表11—1—2—1

乡镇名	邮政编码	乡镇名	邮政编码
松源镇	323800	五大堡乡	323804
四山乡	323800	屏都镇	323805
贤良镇	323801	竹口镇	323807
张村乡	323801	百山祖乡	323808
左溪镇	323802	合湖乡	323808
官塘乡	323802	黄田镇	323809
荷地镇	323803	江根乡	323811
举水乡	323803	隆宫乡	323812
龙溪乡	323803	安南乡	323813
岭头乡	323803	淤上乡	323814

邮件投递

邮件投递分为按址投递和局内投交两种方式。按址投递是按照书写地址投交邮件，普通专递按址投交收件人，平常函件投递到收发室、传达室或信报箱；保价邮件、存局候领邮件、包裹、高额汇款通知单等，由邮局填发领取邮件通知单投递给收件人，收件人凭通知单到发单局办理领取邮件手续。

市内投递　报刊投递实行信报合投，每天投递1次。电报和机要件另设专人投递。20世纪90年代，设东、西、南、北、中5个道段。2001年5月，调整市内投递频次，从日投1班改为2班，保证县城订户看到当日党报。2010年，县城有住宅楼房544幢，安装信报箱有309幢，装箱率56.8%，有邮政报刊亭4个。

农村投递　1990年，农村投递路线29条，单程长638千米，设置信箱、信筒114个。1999年1月

1日起，城乡邮路实行全额浮动经济承包责任制，投递员收入与投递里程、主要报刊收投份数、报刊流转额、邮件投递件数挂钩。2008年，贯彻实施ISO9001质量管理体系，农村投递路线调整为73条，单程长1835千米，乡镇、行政村通邮率为100%。2010年，县邮政局有邮政支局（所）13处。其中，农村支局（所）11处，全功能支局（所）7处。辖内共有邮路、城市投递段道和农村投递路线98条。其中，农村投递路线73条，邮路总长（单程）2758千米。除主要提供信函、包裹、汇兑、储蓄、报刊发行、集邮、特快专递等服务外，还顺应时代发展需要，依托网络优势，推出物流配送、商函广告、代发工资及养老金、代办保险、代办电信、代售票务等业务。

第三节　邮政业务

函件

1991年11月，开办贺年有奖明信片业务。1995年4月1日起，国内挂号函件采用条形签码；5月5日，开办中国邮政礼仪信函业务。1996年，根据邮电部《关于重新印发对台通邮有关规定的通知》，两岸互换函件包括平信及挂号信函、明信片、印刷品、盲人读物和印刷品专袋。20世纪90年代，电信通信手段多样化和普及，函件业务量一度不断萎缩。1990年，函件业务量114.2万件，到1998年函件业务量63.63万件，呈逐年下降趋势。随着邮政体制改革和市场化经营，在传统函件业务基础上，推出邮政贺卡、账单、数据库商函等新函件产品。2010年，函件业务量为64.72万件，开发账单2万多封，邮政贺卡承揽单位135家，发行21.14万张，人均1.04张。

随着邮政业务变化，邮政资费也不断调整。国内平信1955年至1990年7月，每重20克资费本埠0.04元、外埠0.08元；1990年8月，分别调整为0.1元和0.2元；1999年3月，分别调整为0.6元、0.8元；2006年11月，分别调整为0.80元、1.20元。

1989年1月1日起，对盲人读物平常邮件实行免费寄递，挂号和航空交寄分别收取挂号费和航空费；1997年7月香港回归后，内地与香港之间邮政业务仍属特别国内业务，继续执行特别资费标准。

报刊发行

1992年，县邮政局发行报纸1.91万份、杂志1.89万份。1995年，邮电部规定邮发报刊国内发行均由邮局统一办理，报刊社不得另辟发行渠道。1997年，报刊要数实行微机联网，结束人工订单要数历史。2003年9月，开始采取“私订公助”方式，订阅范围为《人民日报》《浙江日报》《求是》等党报党刊。至2010年，订销报纸累计266.18万份、杂志10.55万份，报刊流转额259万元，占邮政业务收入的0.6%。

邮政汇兑

也叫邮政汇款，是邮政开办的传统业务，作用为传递货币。1980年起，每张汇票最高限额提高到5000元，电报汇款无限额，规定500元以上为“高额汇票”。1987年，开办汇转储业务。1995年，停办汇转储业务，邮政自办机构单笔汇款由5000元提高到10000元。1999年，开办国内邮政礼仪汇款业务。2002年，开办电子汇兑业务。2006年12月，开办邮政网汇e业务。2008年，开发汇票9552笔。2009年，开发汇票17699笔。2010年，开发汇票8759笔（不含邮储银行）。

包件

1990年7月，快递小包业务停办。随着国民经济发展，包件寄递业务量不断增长。到1995年，寄递业务量2.18万件。2001年8月1日，开办国内快递包裹业务。2006年1月1日起，国家对邮政普通服务和特殊服务业务实行免征营业税，邮政包裹业务被列为普通服务业务，与函件、汇票业务同等享受免税待遇。2010 年，包件业务量 1.36 万件。

特快专递

1995 年 8 月 15 日，开办国际国内邮政特快专递业务。2003 年 2 月，开办邮政礼仪专递业务，办理特快礼仪礼品、月饼等业务。是年，实行特快专递业务经营承包责任制。2008 年，特快专递 29975 件，收入 64.79 万元。2009 年 3 月 12 日，县邮政速递物流经营部成立，挂靠县邮政局管理，开始专业化经营之路。次年初，脱离县邮政局，直接隶属丽水邮政速递物流公司管理。2010 年，代理速递 15187 件。

集邮

1991 年，全县集邮 25.18 万枚，收入 10.56 万元。1996 年 4 月 9 日，荷地、左溪、菊水、竹口、新村 5 个支局开办集邮业务。1992 年 3 月 10 日，邮电部发行《杉树》特种邮票首发仪式在庆元举行。其中，《杉树》（4—4）为百山祖冷杉，面额 80 分，是丽水地区历史上第一枚本地题材邮票。1994 年 5 月 23 日，全区九县市集邮联展在庆元开幕，展出 22 部邮票 96 框 864 张贴片。1996 年 9 月 17 日，中国邮电博物馆为“新工时制纪念戳”设计者庆元县吴陈子颁奖。邮电分营后，邮政集邮业务扩展，推出礼品型集邮品和定制型集邮品，较典型个性化邮品有《食用菌王国》《中国廊桥之乡——庆元》《双枪公司企业形象年册》邮册和中国生态环境第一县纪念银章、“共建海西”浙闽边际区域协助组织成立大会暨第一届年会纪念银章等。1998 年，集邮 35.32 万枚，收入 67 万元。2004 年 8 月 23 日，发行《华南虎》特种邮票，一套两枚。2010 年，全县集邮收入 40.18 万元。

图 11-1 《百山祖冷杉》邮票

图 11-2 《百山祖冷杉》首日封

图 11-3 《华南虎》特种邮票

第二章　电信

1997 年，移动通信业务从县邮电局分离。1998 年 9 月 2 日，邮政、电信分开经营，县电信局成立，下设综合办、市场部、综合维护站，城区支局、屏都支局、竹口支局、荷地支局和新村支局，其他下属公司、中心、班组 7 个有政企客户中心、实业公司、营业中心、客户服务中心、综合值守中心、线路班、装维班。2000 年 7 月，实施政企分开，省电信有限公司庆元分公司挂牌成立。2003 年，电信上市，更名为中国电信股份有限公司庆元分公司。2010 年，中国电信庆元分公司内设机构为综合管理部、市场部、网运部、政企部，下设荷地、新村、屏都、竹口 4 个支局，固定资产 1 亿元。

第一节　电报　电话　寻呼

电报

1989 年，手法电报以人工为主。年始，电报种类、业务量增多，去报业务量 1.18 万份，为历史之最。1991 年，县邮电局四路载报机容量 4 部，开办公众和用户真迹传真业务。1992 年，为宣传礼仪电报新业务，县邮电局 2 月 1 日零时至 4 日 24 时免费为有关单位拍发新春佳节庆贺电报 1000 份，开办请柬电报业务。1993 年，程控电话开通，实现长途、县内传输现代化，电报业务量下降。2010 年，业务量几乎为零，电报业务基本退出历史舞台。

电话

市内电话　1989 年，实行市内电话网络单局制，市话网最大服务半径不超过 5 千米，在用户话机上可加装扩音机、录音机、传真机、数据终端机等。市内电话收费由包月改为计次制。1993 年，程控电话开通后，市话新业务有国内国际长途电话直拨、热线服务、缩位拨号、呼叫等待、遇忙回叫、三方通话、转移呼叫、缺席用户服务、免打扰服务、闹钟服务、呼出限制和追查恶意呼叫。1996 年 10 月，开通市话营业对外查询系统，对公用电话采用集中网络监控管理，安装 IC 智能话机。1997—2010 年，随着移动电话普及，市内电话由当初的 3 万户降为 1 万户。

农村电话　1986 年，电话交换机总容量 1100 门，杆路长度 575 千米。农村电话交换机容量 1670 门，话机 709 部，用户 305 户。其中，私人电话 19 户，农村每百人拥有电话 0.4 部。1994 年 3 月 18 日，黄田镇 256 门程控电话开通；3 月 21 日，全省海拔最高乡——百山祖乡程控电话开通。1996 年 6 月，农话交换机容量发展到 3000 门，农话话机 1025 部。百山祖乡斋郎村是全县第一个开通光缆程控电话的行政村。至 1996 年 6 月 30 日，在全区率先实现“乡乡通光缆、上程控”目标。1997 年末，实现 50% 的行政村通电话目标。其中，岭头乡 92.8% 的行政村通电话。农话传输以光缆为主体，多种手段并存，有光缆 177 千米。20 个乡镇全部开通程控电话，实现传输数字化、城乡一体化农话通信格局。2005 年，固话户数 3.2 万户。2006 年，完成“村村通电话”。2010 年，农话户数 1.98 万户。

长途电话　1986—1991 年，采用纵横制交换机设备。1989 年，开办国内、国际长途电话有权直拨业务，年末有权用户 37 户。1991—1993 年，采用半自动纵横制交换机。1993 年 10 月 31 日，5000 门程控电话顺利割接开通，电话号码由5位升6位，长途电话进入全国联网直拨，原接续顺序和时限废止；12月，拓展国际电话新业务，开放“108”国际直拨受话人付费电话。1993年以后，采用程控S1240交换机设备，开通程控电话，长途交换和传输手段呈现超常规、跳跃式发展。1995年1月15日，地区局c3网开通，电话号码升7位，庆元局c4网撤销，长途区号统一用0578。1995年6月9日，停止长途电话“113”受理业务；8月，公众数据通信网和可视电话会议网同步开通联网。1997—2010年，法定假日和双休日长途电话分级计费。

小灵通　2001年3月，庆元开通无线接入电话，俗称小灵通，设备容量2万门。至2005年末，建设小灵通基站423个，小灵通用户1.82万户。2010年，小灵通用户5000户。

设施设备　1989年，市内电话拆除架空铁质明线，实现市内线路电缆化，年末有各种型号电缆25.3皮长千米。1989年，县邮电局开通纵横制自动电话2000门。1991年，各种型号电缆50皮长千米。1993年，开通程控电话。1994年6月，安装HOVLL计算机网络系统，营业管理、册报、电话放号、计费、“114”查询等实现计算机操作，市话装机受理实现业务流程自动化；8月15日，市内程控电话扩容2000门，容量6000门，实占4752门，用户4045户，电话机5295部；11月14日，安装S1240Ⅲ型测量台，开通“112”自动障碍受理台；12月，县内C4通信网路建成运行。1995年1月，配合市邮电局完成C3本地网建设，电话号码由6位升至7位；3月，首次配置6部磁卡公用电话机；11月17日，县城市内电话再次扩容4000门，兼并入网，市内程控电话升至10000门。1997年7月7日，县邮电局程控机房安装信号采集系统，实现对支局（所）交换数据传递、接收及告警和远端控制；9月10日，“110”自动报警系统开通。2010年，各种型号电缆600皮长千米，实现s1240程控交换机33312门、cc08程控交换机20183门。

寻呼

1992年6月30日，庆元开通人工寻呼台，覆盖范围为城关镇，用户使用费25元／月。1994年，开通127自动寻呼。1995年，实现“127”“129”与全省自动联网。1998年6月，将无线寻呼业务、资产和人员从县邮电局分离，成立寻呼公司。2000年，寻呼机使用量最大，有10万只。随后手机迅速普及。2003年，寻呼机完全退出通信市场。

第二节　移动通信

中国电信庆元分公司

1993年12月20日，建移动铁塔发射台1座，开通900兆赫蜂窝式模拟移动电话，新入网用户98户。1996年，开通GSM数字蜂窝移动电话（全球通），16个信道，用户1000户。1997年，有数字基站9个，入网数字用户4653户。是年7月，移动业务从县邮电局分离，独立核算，县邮电局划出9名正式人员从事移动公司业务经营。2008年5月24日，工信部、发改委、财政部联合发文《关于深化电信体制改革的公告》，原由中国联通经营的CDMA网络转由中国电信经营。10月1日，中国电信股份有限公司庆元分公司（简称中国电信庆元分公司）正式承接CDMA网络运营，从固网运营商向综合信息服务提供商转型，成为全业务运营商。当年，资本性投资800余万元，开通CDMA移动基站6个，优化升级移动基站22个；完成荷地—岭头24芯、百山祖—出水岙12芯等主干光缆16皮长千米工程；开通香溢酒店、聚丰小区、城东学校等23个点EPON（光纤接入网点），实现光纤进小区、进大楼。2009年，资本性投资1000余万元，建成CDMA网基站21个，城区、高速公路和主要省道实现网络无缝隙覆盖，实现乡乡通，行政村覆盖率比2008年提升12%，3G网络覆盖县城全域和屏都、竹口、黄田、荷地、百山祖等乡镇，实现宽带村通率75%。2010年，中国电信手机用户2万户，并实现光纤进小区、进大楼。

中国移动庆元分公司

1993年12月，中国移动通信集团浙江有限公司庆元分公司（简称中国移动庆元分公司）县邮电局成立模拟移动营业点，即庆元移动电话初始。1997年10月，中国移动庆元分公司从县邮电局剥离，成立浙江有限责任公司庆元分公司，有员工9人，松源镇有2个GSM基站。2002年9月15日，更名为中国移动通信集团浙江有限公司庆元分公司（简称中国移动庆元分公司），下设综合办、市场部、网络部3个部门。2003年3月17日，迁至中国移动庆元分公司综合大楼营业，迅速扩大业务。2005年9月，增设屏都、隆宫、荷地、石龙街、松源街5家营业厅，移动电话用户超过10万户。2008年8月，建成投入使用基站300多个、直放站89个、室内分布系统49套，乡镇所在地网络覆盖率为100%，行政村网络覆盖率在96%以上，实现全国31个省（市）、自治区，308个地（市）和98%以上县（市）自动漫游。公司主营业务经历模拟手机、GSM手机、2.5G手机、3G手机阶段，经营中国移动通信139、138、137、136、135、134、159、158、150、188等数字网络，业务涵盖移动话音、数据IP电话和多媒体，拥有无线通信和互联网经营权。2010年，公司内设市场部、网络部、综合办，正式职工10人，社会化员工55人。全县移动通话用户数10.9万户，宽带用户1300多户。全县基站367个，行政村网络覆盖率为100%，主城区及周边家庭宽带覆盖率在90%以上。移动电话漫游由省际扩展至国际，237个国家和地区的385个GSM运营商开通国际自动漫游和GPRS业务。

图11-4　市民在庆元移动营业厅办理业务（县移动公司供　摄于2009年）

中国联通庆元分公司

中国联合网络通信有限公司庆元县分公司（简称中国联通庆元分公司）隶属中国联合网络通信有限公司丽水市分公司，只承担业务往来，不具有企业法人资格，主要经营业务有移动通信（包括GSM、WCDMA）、国内国际长途通信、电话、数据通信、互联网、3G数据业务（掌中宽带、无线上网卡）、电子商务及各种电信增值业务。1998年6月，业务、资产和人员从县邮电局剥离，成立庆元电信寻呼公司，并开通GSM网络。1999年5月，更名为庆元国信寻呼公司。2000年10月，中国联通有限公司（外商独资）庆元分公司成立，下设市场部、综合部等部门，有员工8人。其中，有通信专业职称2人；11月登记注册，正式开通试运营。2001 年 9 月，开通 CDMA 网络，实现 CDMA、GSM 双网运行。2003 年，开通国际互联网接入、光纤租线业务和语音专线接入工程，电话装机容量超过 1500 户，用户可以接入国际互联网，出口带宽 500 兆。2006 年 3 月，联通新司标发布。2008 年 5 月 24 日，CDMA 网络出售给中国电信，进行电信业重组；10 月 15 日，中国联通和中国网通合并，成立新联通，即中国联合网络通信有限公司庆元县分公司。2009 年 1 月 7 日，工业和信息化部为中国移动、中国电信、中国联通发放 3 张第三代移动通信（3G）牌照，中国联通获得 WCDMA 网络牌照，186 段手机号是中国联通 WCDMA 专用号段；5 月 17 日放号试商用，庆元全面进入 3G 时代；10 月，依托 iphone 智能 3G 手机，开展预交话费送手机活动。2010 年，联通庆元分公司为全业务基础通信运营商，下设营销部、集团客户部、综合部等部门，有在册员工 24 人，基站 115 个，网络基本覆盖县城、交通干线、乡镇村，无线系统呼通率平均 97%，电话用户 1.73 万户。

第三节　数据通信

设备

1995 年 9 月 8 日，数据通信系统终端设备开通运行，节点设在县邮电局，端口 1 个；11 月，开通分组交换网。业务通信费采用计时和计量复式计费办法。1996 年，安装 DPH100，分组交换节点机端口 32 个。其中，实占 19 个。1998 年，有分组交换节点端口、DDN 网节点机端口和分组交换 PAD 端口各 56 个。全国国内分组交换 5.29 万千字。其中，计费 2.13 万千字。1999 年，新增数据网节点机端口 138 个，实占 51 个。2000 年，有数字数据网节点机端口 248 个，实占 144 个。

业务

1997 年，开办数据通信分组交换和 ZNERNP 业务，实有分组交换用户 22 户、数据用户 2 户、电子信箱用户 2 户，国内分组交换 1.80 万千字。1999 年末，有分组交换拨号用户 2 户，专线用户 22 户，电子信箱用户 2 户，传真存储转发用户 2 户，IP 网拨号注册用户 351 户，安装 DDN 端口国内长途 3 个、本地网 33 个，国内分组交换量 5.76 万千字段。2000 年，因特网拨号注册用户 2130 户，国内通信时长 261.55 万分钟，因特网用户使用时长 458.76 万分钟，数据通信收入 93.40 万元。2001 年，开通宽带 ADSL、光纤上网业务和无线上网业务。2010 年，全县有宽带用户 10000 户、光纤上网 928 户、无线上网 2000 户。

第十二篇　农业　农村

庆元县林地面积占全县总面积的85.5%，耕地占6.5%，水面及其他用地占8.9%，俗称“九山半水半分田”，人均耕地面积不到1亩，且多是山垄梯田。旧志载“水土寒薄，所产无奇”，历史上是远近文明的“缺粮县”。中华人民共和国成立后，通过土地改革和互助合作，政府积极引导农民改革耕作制度，推广优良品种，科学种田，大兴农田水利，粮食产量逐年上升。中共十一届三中全会后，深入进行农业体制改革，全面落实家庭联产承包责任制，进一步解放生产力。1992年，全县农业总产值25462万元，比1949年增长65.3倍。进入21世纪后，通过农村经济体制改革，实现农民多种经营，农村经济快速增长。2010年，农村经济总收入155058.6128万元，是1990年的10.45倍。

20世纪90年代，开始进行村镇规划。至2010年，先后实施农村危旧房改造、村庄整治建设、村庄道路硬化、改水改厕、农村垃圾收集处理等一系列建设工程，村庄面貌焕然一新。同时，大力实施农民异地转移、地质灾害避险搬迁、农村劳动力素质培训、欠发达乡镇奔小康工程、低收入农户奔小康工程等一系列措施，农民收入快速提升。2010年，庆元农民外出劳务收入29616.1457万元，从空白到快速增长；农民所得总额87854.3371万元，是1990年的9.61倍；农民人均所得5235元，是1990年的9.9倍。

第一章　农业资源

1975—1978年，全县开展以“治水”为中心的山、水、田、路、林综合治理的农田基本建设，建成千亩以上的高产稳产田畈有大坂洋畈、淤上畈、余村畈、竹口畈、黄田畈。传统的耕作农具有锄头、铁锹、田籂、犁、耙、耖、碌碡等。1956年开始农具改革。1969年，县种畜场购进工农—7型手扶拖拉机，之后机械化农机具逐渐增多，但大、中型拖拉机和机耕船不适合山区，均相继停止使用。至1990年，全县有手扶拖拉机1107台、9726千瓦，机耕面积1840公顷，占耕地面积的17.24%。21世纪后，农机具种类和数量不断增加，至2010年，全县有各类农机6037台、育秧流水线2条，机耕面积0.50公顷，机收面积800公顷，机插面积160公顷。

第一节　农业自然资源

主要特征

庆元县境内地形起伏很大，地势东北部高、西部低，西部地区平均海拔只有700米左右，自东北向西南倾斜。地貌类型中，山地地貌为主，约占全县总面积的80%，主要分布在中部、东部和北部；河谷地貌分布在河谷开阔地段；丘陵地貌主要集中在松源、八都小平原和竹口一带，海拔在500米以下，相对高程50—150米不等。土壤有4个土类，9个亚类，28个土属，67个土种，种植业适当施用化肥能获得显著增产效果。气候属亚热带季风气候，由于大山交错，气候垂直差异明显，境内有不同的小气候环境，适宜农业多种经营。但常有南北气流汇合交锋导致的大量降水过程，日照也相对不足。灾害性天气主要有暴雨、干旱、寒潮等，对农业生产影响较大。

耕地

1992年末，全县耕地面积10674.93公顷（习惯亩换算）。其中，水田面积9940公顷，旱地面积734.93公顷。耕地面积年内增加8.67公顷，减少34.97公顷。1996年末，耕地面积14318.71公顷。2000年末，耕地面积14140.75公顷。21世纪始，城镇化和工业化进程不断加快，耕地面积逐渐减少。2010年末，全县耕地面积13662.8公顷。其中，基本农田面积12357.76公顷，一般农田面积1305.04公顷。

第二节　农业经济资源

劳动力

1992年，全县乡村劳动力9.07万人，农村劳动力8.46万人。农村劳动力中，男劳动力5.06万人，女劳动力3.40万人。农、林、牧、副、渔业从业人员6.82万人，工业从业人员0.25万人。2000年，农村劳动力9.51万人。其中，男劳动力5.19万人，女劳动力4.32万人。农、林、牧、渔业从业人员7.8万人，工业从业人员0.53万人。2010年，农村劳动力资源7.54万人，农村从业人员7.18万人。农村从业人员中，男 3.77 万人，女 3.41 万人。外出从业人员 2.14 万人，其中出省 0.38 万人。农、林、牧、渔业从业人员 4.4 万人，工业从业人员 0.87 万人。

农机

农机管理 农机管理站主要承担农业机械法律法规宣传、技术检验、核发牌证和异地签证、开展农业机械驾驶操作人员技术考核发证审验和安全管理。1990 年始，农机管理站逐步从管理型转为服务推广型，实行农机管理与开展各项技术服务相结合。1990—1994 年，农机各项作业量与农用平价柴油计划分配挂钩，按产结算，重点保证机耕用油。组织开展农机零配件供应、农机维修、农机供油等，鼓励兴建农机服务队为农民提供机耕、粮食加工等服务。至 2010 年，建设农机化示范基地 6 个、金牛等农机专业合作社 3 个，高技术含量农机企业（食用菌机械生产）兴起。2010 年，庆元菇星节能机械有限公司生产的 5 款产品列入《浙江省 2010 年农业机械购置补贴产品目录》，农民购买可享受国家补贴。其中，桑枝条粉碎机 WAQ500，2000 元 / 台；小型自走式拌料机 ZDG—4，900 元 / 台；微电脑控制多功能装袋机 ZDG500，20000 元 / 台；半自动电磁离合装袋机 ZDG—3，700 元 / 台；食用菌菌棒扎口机 ZKJ—ZD1，900 元 / 台。当年购买食用菌生产机械 446 台，享受国家补贴资金 100.1 万元。1991—2010 年，全县核发拖拉机牌证 1441 台，核发拖拉机驾驶证 1298 本，换发拖拉机牌照 989 付，换发拖拉机驾驶证 1113 本，年度检验拖拉机 891 台，年度审验拖拉机驾驶员 1023 人。

农机培训 1991—2003 年，县农培训站承担农机技术人员培训。1991—2010 年，全县举办各类农机技术培训班 165 期，培训学员 6350 人次。其中，小型拖拉机驾驶员 775 人，大中型拖拉机驾驶员 1785 人。2000 年后，农机化侧重推广服务，以培育基地、服务农机企业、兴办农机专业合作组织为主。2003 年，拖拉机驾驶员培训社会化，庆元拖拉机驾驶员培训由丽水大顺拖拉机驾驶培训有限公司承担，农机管理站继续负责其他农机技术人员培训。

农具

20 世纪 90 年代，是庆元农机发展转型期，传统农具使用率大幅度下降，新型农机具开始逐年增加。1990 年，全县农机总动力 8.5 万千瓦。1996 年，农机总动力 11.36 万千瓦，为最高值。2001 年，引进起垄机用于烟叶种植。2003 年后，得益于国家购机补贴政策，庆元农机具开始大发展。2004—2010 年，旧机型快速淘汰，新型机械不断增加，总体趋于平衡，总动力在 9 万千瓦左右。

图 12-1 庆元农村的土法打谷（林小荣 摄于 2006 年）

耕作机械 20 世纪 90 年代早、中期，农民主要使用以工农—12 型手扶拖拉机为动力牵引的各类耕作机械。1990 年，全县有耕作机械 1305 台、11510 千瓦，小型配套农具 260 台。其中，以旋耕机为主。1991 年，试验推广割晒机，因设计不够科学，效益不高，未推广。1995 年始，人力打稻机逐渐减少，机动打稻机快速增加，全县有机动打稻机 295 台、640 千瓦。1998 年始，使用小型耕作机械、田园管理机。1997 年，引进第一台全喂入联合收割机（湖州—130），能一次性完成水稻收割、脱粒、初选，高效作业，被农民所接受，当年收割水稻面积20公顷，实现机收面积零的突破。1998年，引进动力小于12马力小型耕作机械——田园管理机；当年全县有耕作机械1544台、13614千瓦。2001年，开始使用起垄机。2004—2010年，购买全喂入联合收割机25台。2010年，机收面积800公顷。2007年，引进第一条水稻育秧流水线及步进式插秧机2台，实施水稻关键环节机械化生产，当年试验示范机插秧面积20公顷；至2010年，全县引进流水线2条、插秧机5台，当年水稻机插秧面积160公顷。2007—2009年，由于国家购机补贴影响，手扶拖拉机大量更新，新购置拖拉机285台。2009年，路桥农腾耕整机蓬勃发展；誉禾种子专业合作社引进第一台粮食烘干机（久阳5HXG—80），实施水稻生产全程机械化。2010年末，全县拥有耕作机械1028台、9207千瓦。

农副产品加工机械 20世纪90年代初期，农副产品加工机械比较单一，主要有碾米机、榨油机、饲料粉碎机、磨面机，动力基本上采用S195柴油机。20世纪90年代中后期，开始用电动机替代柴油机。1995年，全县有农副产品加工机械1328台、9568千瓦。其中，碾米机909台、磨粉机369台、茶直揉捻机63台。2000年始，农民生活条件不断改善，劳动力大量外出及受主导产业食用菌、茶叶等影响，相关加工机械开始大量增加。2010年，全县有食用菌机械27463台、38474千瓦，茶叶加工机械159台、567千瓦。

运输机具 20世纪90年代始，手扶拖拉机因速度过慢、驾驶条件差、运输量少而逐步退出营运市场，逐渐引入方向盘式小型运输型拖拉机，动力与S195柴油机配套，主要机型有HZ—T9102z和工农—12YS型，用于农村纯运输作业。1997年，引进变型运输机，动力与295型、2100型柴油机配套，主要机型有正宇ZY—ZDH型、宝马13BT1410—Ⅷ—Z型、彪马BMT—Ⅷ—3型、杭挂BSP1510DⅡ型、BSP151DⅡA型。1999年，全县有变型运输机1104台、总动力23204千瓦。2004年后，交通条件改善，人民群众对运输量与运输速度要求越来越高，变型运输机淡出运输市场。2010年，全县有变型运输机900台、总动力18869千瓦。

植保机械 20世纪90年代，农民基本上使用手动背负式喷雾器、喷粉器。2000年，开始使用机动喷雾器，配套动力主要是汽油机。2004年，引进担架式喷雾机，由于使用成本高，动用人力多，不被农民所接受。2008年，省政府出台农机作业环节补贴政策，对水稻病虫害统防统治下达任务，新型植保机械由于射程远、喷液量大，受到农民欢迎并快速发展。同时，以蓄电池为动力的喷雾器以轻巧、高效、方便使用的优势大量进入农民家庭，开始大幅取代手动背负式喷雾器。2010年末，全县有植保机械468台、总动力570千瓦。

图12-2 庆元引进的全喂入联合收割机——湖州-130（县农业局供 摄于1997年）

第二章　种植业

受种植结构调整、粮食政策、土地经营方式和技术推广力度等因素影响，庆元年度之间种粮面积、产量波动较大。2000年始，全县农田结构调整，茶叶、水果、蔬菜、吊瓜等高效经济作物栽种比例不断提高，特别是蔬菜业迅速发展，导致粮食作物种植面积逐年下滑。1991年，全县粮食播种面积1.52万公顷，粮食总产量7220万千克，亩产316千克。2010年，粮食播种面积1.20万公顷，粮食总产量6490万千克，亩产361千克。庆元经济作物主要有锥栗、香菇、茶叶、烟草、吊瓜、灰树花、高山蔬菜、柑橘等。

第一节　耕作制度

水田

中华人民共和国成立后至2010年，庆元耕作制度发生深刻变化，一方面是粮地面积缩小，一方面是复种指数和单位面积产量增长。

庆元水田习惯种植单季稻，传统的耕作习惯是：浸冬田，单季稻一年一熟。1955年，试种双季稻成功，并逐年扩大播种面积。1976年，引进杂交水稻，至1990年，种植面积占全面水稻播种总面积的82%。1990年，全县粮食播种面积中，单季稻播种面积占75%，双季稻播种面积占24%，一年三熟水稻播种面积极少，复种指数130%。2000年，单季稻占全县粮食播种面积的66.65%，连作晚稻占全县粮食播种面积的2.08%。2010年，水稻播种面积占全县粮食播种面积的73.25%，基本上种植单季稻。

旱地

旱地散落在山腰坡地，大多种植大豆、番薯、玉米、马铃薯，基本是一年一熟。一般2月种植马铃薯，5月收获后复种番薯。2000年，番薯播种面积占全县粮食播种面积的7.65%，大豆占全县粮食播种面积的6.25%，玉米占全县粮食播种面积的0.89%。2010年，薯类播种面积占全县粮食播种面积的16.15%，豆类占全县粮食播种面积的6.87%，玉米占全县粮食播种面积的3.11%。

第二节　粮食作物

水稻

水稻是庆元粮食作物的主栽品种。1990年始，调整种植业结构，杂交水稻大面积推广，双季稻种植面积逐年减少。2005年始，庆元未种植双季稻。庆元水田主要种植模式：单季稻一熟制、烤烟—水稻—蔬菜三熟轮作制、中稻—再生稻二熟制、早熟毛芋—水稻轮作制、春大豆（春玉米）—晚稻连作制、春马铃薯—单季稻二熟制等。2000年前，引进杂交水稻组合Ⅱ优6216、协优10号、威优63、汕优77、威优77、汕优10号、威优402、Ⅱ优1273、国丰一号、粤优938、中浙优8号、Ⅱ优8220、丰两优一号等品种；2000年，引进超级稻中浙优1号、Ⅱ优明86、Ⅱ优084、Ⅱ优7954、国稻6号、杨两优6号、甬

优6号、甬优9号等。1991—2000年，水稻播种面积9467—11400公顷，总产量5610万—6870万千克；2001—2010年，水稻播种面积徘徊在8360—9733公顷，总产4470万—5710万千克；2010年，水稻播种面积8766.67公顷，占粮食播种面积73.22%，亩产414千克，水稻总产5580万千克。

水稻垄畦法技术 1991年始，大面积推广水稻垄畦法技术，面积6666.67公顷，增产7%。1996年之后，随着项目实施结束，面积锐减至1333.33—2000公顷。主要技术：按畦宽1.2米、沟宽0.2米拉线开沟做垄畦，选用良种，每畦栽6行，合理施肥，采用病虫综合防治技术，适时清沟，湿润灌溉，适时收割。

烟稻两熟高产高效技术 选用良种，选好适宜田块及早翻晒，适时播种漂浮育壮苗；提高整地做畦质量，科学施肥，适时移栽，地膜覆盖；进行田间管理（包括烟苗移栽后查苗补苗、及时清沟、做好病虫检查预报、适时破膜、培土、打脚叶、打顶、打叉等）；适时采收；科学烘烤与贮藏等。烟后稻生产技术：选用良种适时播种，旱育多蘖壮秧；适时移栽，合理密植；合理施肥，做好田间管理；适时收割等。1997年，庆元开始推广烟稻两熟高产高效技术。2002年，全县种植面积912.9公顷，烤烟亩产普遍为130千克以上，烟后稻亩产500千克以上，亩产值2000元以上。之后，种植面积逐年减少。2003年，"山区烟稻两熟高产高效技术推广"项目获浙江省农业丰收一等奖。2010年，全县烟稻两熟种植面积200公顷左右。

中稻—再生稻高产栽培技术 选用高产品种，适时早播；畦栽密植，合理施肥，浅灌沟灌，重施促芽肥；严防病虫，巧喷"九二〇"；完熟收割，适留高桩。1995年后，中稻—再生稻高产栽培技术开始列入庆元县重点推广项目。2000年，全县推广种植面积1000公顷，平均单产840千克以上。

单季晚稻"五改"高产栽培技术 即改品种，由多穗型品种改为生育期比较长的大穗型品种；改播栽季节，单季晚稻播种移栽期确定，除了确保安全齐穗和抽穗扬花期避开高温等不利气候条件，重点考虑充分利用温光资源，前期有充足营养生长期，后期使抽穗结实阶段处于最佳温光条件；改种植密度，单季晚稻营养生长期较长，要走小群体壮个体、足穗大穗途径；改施肥方法，由化肥为主改为增施有机肥，减少前期基肥和分蘖肥比例，提高后期穗粒肥比例；改水分管理，改长期灌水为短期灌水，改深灌为浅灌，改全生育期田面建立水层为主为田面湿润、营养生长期保持田间湿润为主。2006年，引进单季晚稻"五改"高产栽培技术。之后，年推广种植面积3000公顷以上，亩增产7.5%。

旱育保姆种衣剂 是采用保水剂和缓释剂为基质，与特种矿质黏土相配伍，辅之杀菌剂、杀虫剂、植物生长调节剂、有机生态肥和微肥等功能性助剂，经超细加工复合研制而成的粉状种衣剂，是水稻育秧新技术。技术要点：旱育苗床要肥、软、厚，以利培育壮秧和便于拔秧；亩用"旱育保姆"150克包衣稻种0.5千克，破胸前种子浸透，沥去多余水份，沥至稻种不滴水即可包衣；底水要浇足浇透，均匀播种，化学除草；短秧龄移植，一般18—20天，4叶左右。2007年，引进旱育保姆种衣剂。2010年，推广应用种植面积1000公顷，亩增产8%左右。

单季晚稻强化栽培技术 20世纪80年代起源于马达加斯加的水稻高产高效栽培法，具有增产潜力大、节省育秧和移栽用工、节约灌溉用水、改善土壤理化性状等优势。核心技术：小苗早栽，单本稀植，湿润灌溉，有机肥为主，化学除草耘田。2005年，庆元引进单季晚稻强化栽培技术。2006—2010年，年推广种植面积1000公顷以上，亩增产10%左右。

水稻测土配方施肥技术 以土壤测试和肥料田间试验为基础，根据作物需肥规律、土壤供肥性能和肥料效应，在合理施用有机肥料基础上，提出氮、磷、钾及中、微量元素等肥料施用数量、施肥时期和施用方法。2005年始，庆元全面推广水稻测土配方施肥技术，被列入丽水市测土配方施肥重点示范县。2009年，庆元县被列为农业部2009年测土配方施肥补贴资金项目县。2010年，推广种植面积3333.33公顷。

新型植保技术 2000年，水稻"两迁"害虫发生日趋严重。在禁用高毒高残留农药后，植保部门推行水稻病虫统防统治技术，由专业队伍统一时间、统一用药。针对农药残留严重问题，在水稻上推行农药减量控害增效技术，在经济作物上推行太阳能杀虫灯、普通杀虫灯、杀虫板等技术，减少农药使用量。2010年，应用种植面积800公顷。

1991—2010年庆元县水稻播种面积、产量一览表

表 12—2—2—1

年份	面积（公顷）	总产量（万千克）	年份	面积（公顷）	总产量（万千克）
1991	11423	6504.39	2001	9031	5294.6
1992	11394	6869.98	2002	9114	5354.1
1993	10379	6492.30	2003	8361	4522.4
1994	10179	6509	2004	8920	4974.1
1995	10402	6566.4	2005	8886	5029.6
1996	10379	6669.9	2006	8482	4471.4
1997	10289	5608.8	2007	8695	4523.6
1998	10140	6202.7	2008	8817	4490.68
1999	9926	6105.2	2009	8591	4642.8
2000	9732	5714.7	2010	8768	5577.52

玉米

随着农村生活水平提高和先进农业技术推广应用，玉米栽培被杂交水稻所替代，已不是山区农民主食和主要栽培粮食作物之一，而是以栽培鲜食玉米为主，作为副食及零食，少数地方栽培收获的干玉米仅作饲料。品种有丹玉 13 号、苏玉 1 号、浙单 1 号、华珍、苏玉糯 2 号、浙凤糯 2 号等。有山玉米、地玉米、田玉米之分。鲜食玉米有糯玉米和甜玉米之分。其中，糯玉米带有糯性，皮薄渣少，软黏清香，品种有苏玉糯 2 号、浙凤糯 2 号、科玉糯等；甜玉米含糖量较高，鲜甜可口，品种有甜玉米皇、超甜 1 号、超甜 3 号、超甜 204、农大 108 等。2010 年，全县玉米种植面积 266. 67 公顷。

番薯

番薯是山区和丘陵坡地主栽薯类品种，主栽区在西南片及山区乡镇，种植地区以山地为主，很少在大田种植。品种有红皮白心（六十日）、胜利百号、浙薯 13 心香、红皮红心、红皮黄心、彩色“迷你”番薯等。20 世纪 90 年代末，番薯不再是山区农民主食，主要用于洗薯粉、晒薯干、做脯薯片、做饲料等。2000 年后，番薯种植面积不断下降。2010 年，全县番薯种植面积 1075 公顷，总产量 382. 8 万千克。

马铃薯

马铃薯是粮菜兼用型食品，适应性广，生产期短，产量高，山区、丘陵、平原均可种植。有春、秋马铃薯之分。其中，春马铃薯基本用于食用；秋马铃薯多作种薯，少量用于食用。2010 年，全县马铃薯种植面积 938 公顷，总产量 476. 5 万千克。

豆类

庆元种植豆类品种众多，主要有大豆、六月黄、十不要包萝豆、黄皮大豆、青皮大豆、白毛豆、田豆、绿豆、赤豆、黑豆等。1990 年后，栽培春大豆有矮脚早、浙春 1 号、4 号等品种，1994 年引进台湾 75，逐步取代以前品种，主要在幼橘园内套种及闲杂地种植，单产 40—50 千克 / 亩。夏大豆 1993 年引进引豆 9701 和肃垦 8901，台湾 75 也作夏大豆种植，栽培面积不大，有种植田塍豆习惯的地方已得到普及。赤豆良种有大红袍良种，品质好，粒大丰产。2010 年，全县大豆种植面积 910. 47 公顷，产量 182. 7 万千克。

此外，高粱、荞麦和鸡爪粟等旱粮作物一直种植，面积不大。

第三节　经济作物

蔬菜

1991年，以计划经济主导的蔬菜购销体系进一步放开，管理职能逐步转移到农办和农业局。1994—1996年，加强建设常年蔬菜基地，加大菜地水利、大棚等设施建设补贴。1996年，常年城郊蔬菜基地发展至73.33公顷，季节性蔬菜基地面积166.67公顷，蔬菜大棚100多个，平地商品蔬菜生产达到鼎盛，蔬菜产销自给有余，早春菜、秋菜等反季节蔬菜畅销县外松溪、龙泉等市场，先后建成蔬菜批发早市和零售市场。2000年后，随着县城和工业区建设扩张，原城镇、城郊常年蔬菜基地大面积减少，从66.67公顷减少到20公顷，蔬菜大棚所剩无几，市场普通蔬菜供应由松溪等地外来商品蔬菜大量流入补充。

20世纪90年代后期，一些农户进行小规模高山蔬菜试种。其中，星光下庄亭、下坞等村农户每年种植面积2—4公顷，品种有茄子、甜椒、辣椒、豇豆、四季豆、大白菜等。2001年，江根乡农户从寿宁县引种试种高山松花菜取得成功，得到政府重视。2002年，开始将蔬菜产业作为农业主导产业大力培育，此后常年复种面积保持在666.67—1333.33公顷，主要产品有高山松花菜、四季豆、小尖椒、萝卜、茭白等，产品销往县外市场。2003年7月，制订《无公害食品高山花椰菜生产技术规程》县级地方标准；12月，沁园茶业科技开发有限公司600公顷蔬菜基地获无公害产地认证，“三江源”牌花椰菜、豌豆两个产品获无公害产品认证。2010年，四山乡班岱后村、百山祖乡斋郎村、岭头乡塘堀村分别建成百亩以上微畜微灌等多样化增产增效生产示范基地，组建蔬菜专业合作社8家，建成微型贮菜冷库15处，商品蔬菜复种面积2206.67公顷，总产量4500万千克，产值1.01亿元，以松花菜为特色拳头产品的高山反季节蔬菜产业带初步形成。其中，特色高山松花菜以江根、荷地、岭头、四山等乡镇为主产区，单项种植面积1140公顷，产量1920万千克，产值6750万元。

香菇

（参见第十三篇庆元香菇）

灰树花

1982年，庆元驯化灰树花试验进而推广生产，是灰树花主产区（主要集中在黄田镇一带）。1995年，灰树花产量1650万袋。2010年，灰树花产量1268万段，生产规模100多万千克，约占全国生产量的70%。

黑木耳

“十一五”后期，黑木耳在黄田、竹口、左溪、五大堡等乡镇都有一定种植规模。2010年，全县黑木耳栽培1499万段。

长根菇

1992年始在庆元县内生产，主要集中于举水乡一带，后菇农大多迁至福建省泰顺县生产。长根菇的生产区渐渐集中至松源镇会溪村一带，市场前景看好。

牛肝菌

俗称黄靛蕈，是野生的牛肝菌科真菌，生长在地下的林木共生菌。庆元缘盖牛肝菌主要产区为岭头、举水、五大堡、安南、荷地、百山祖、龙溪、四山 8 个乡镇和庆元林场、万亩林场 2 个国有林场，2003 年产值 80 万元。

草菇

1958 年从福建、上海引进，产区分布于竹口、松源、淤上、屏都一带。其中，淤上乡石坝是草菇专业村。1991 年干草菇产量 2 吨，1995 年干草菇产量 2 万千克。由于香菇生产规模扩大带来的冲击，以及草菇栽培模式使其产品中含有泥沙等杂质较多、单位面积产量过低，深加工技术没有跟上和营销市场等原因，导致草菇产业陷入低潮。2010 年，仅淤上乡、屏都镇等少数菇农仍种植草菇，种植规模基本保持在 1000—2000 千克，主要在本地农贸市场鲜销。

茶叶

1990 年始，庆元茶叶生产形势持续下滑，大批茶园继续被荒芜、改种、还林。1994 年，负责茶叶产销管理职能的单位县供销社茶果牧公司改制解散，茶叶产业发展陷入低谷。至 1997 年，全县正常管理茶园面积只剩下 213.33 公顷，加工厂只剩下 6 家。针对大宗绿茶销路不畅、效益低等状况，20 世纪 90 代初始，庆元先后开发碧螺春、龙井茶、毛峰茶等名优茶试制与批量加工、销售。1995 年，庆元茶场“庆元碧玉春名茶”获第二届中国农业博览会金奖。一些茶场进行不同经营管理模式摸索和实践，为茶叶产业发展奠定一定产业基础。1999 年后，县委、县政府将茶叶产业列为农业主导产业，提出培育东部高山生态有机茶和西部早优茶两个产业带发展思路。2000 年始，庆元连续 7 年出台系列扶持政策，推动庆元茶叶新一轮开发热潮。除恢复改造原有老茶园外，还大力推广迎霜、龙井 43、乌牛早、安吉白茶等无性系良种，龙井、碧螺春、香茶等名优绿茶加工迅速兴起，茶叶面积、产量、产值连创新高。2002 年，开始栽培生产沁园春茶，有沁园碧玉春、沁园绿剑、沁园香茶等系列产品，有基地 666.67 公顷，主要分布在海拔 250—1100 米山腰云雾地带；2003 年获中国精品名茶博览会金奖；2005 年获济南国际茶博会金奖；2006 年通过国家级无公害产品认证，获丽水市生态名茶称号。2005 年始，加大对茶厂改造、机剪机采、品牌建设和有机、绿色、QS 认证等扶持力度，提升茶叶产业化水平。至 2010 年，全县茶叶产量 38.7 万千克，创产值 2825 万元。在 2003 年浙江省优势农产品区域布局规划中，庆元被列为浙江省优势茶叶区域；在 2007 年农业部发布的《绿色农产品区域布局规划（2006—2015 年）》中，庆元被列为全国绿茶特色区域。

图 12-3　庆元碧玉春茶获全国农业博览会金奖奖章（县农业局供　摄于 1995 年）

图 12-4　龙溪乡鹰峰茶园（龙溪乡政府供　摄于 2006 年）

1991—2010 年庆元县茶叶生产一览表

表 12—2—3—1

年份	面积（公顷）		产量（万千克）		产值（万元）	
	总面积	其中无性系茶园	总产量	其中名优茶产量	总产值	其中名优茶产值
1991	1482	—	49.2	—	—	—
1992	1450	—	51.9	—	—	—
1993	1300	—	49.4	—	—	—
1994	—	—	—	—	—	—
1995	1219	—	42.3	—	—	—
1996	1281	—	45.0	—	—	—
1997	1222	—	41.3	—	—	—
1998	850	—	41.1	—	—	—
1999	857	—	39.5	—	—	—
2000	577	900	23.7	52	309	247
2001	511	1648	21.5	58	325	257
2002	621	—	21.3	—	545	402
2003	679	—	23.9	196	827	740
2004	725	6223	29.7	244	1512	1460
2005	800	6684	32.9	321	1805	1797
2006	880	7378	36.5	355	2021	2011
2007	912	7708	40.8	391	2313	2297
2008	1015	9258	43.3	416	2852	2834
2009	1104	10588	46.5	448	3084	3067
2010	1172	11603	38.7	369	2825	2804

烟草

图 12-5　安溪烟叶站开展烟叶品种对比试验（县烟草局供　摄于 2006 年）

1997 年，庆元从福建省松溪县引进烤烟种植，试种成功 2.73 公顷。1998 年始，庆元县烤烟种植推广西部 8 个乡镇，种植面积逐年翻番。2002 年，全县烤烟种植达高峰，种植面积 930.9 公顷，收购烟叶 211.97 万千克，涉及农户 2047 户，基本形成规模化生产。2004 年，烤烟种植实施“西调东进”发展战略，在合湖乡、贤良镇、张村乡、岭头乡成功试种 33.33 公顷。随着市场经济迅速发展，烤烟生产对比效益明显下降，烤烟种植面积一路下滑。2010 年，全县种植面积 123.91 公顷，收购烟叶 25.52 万千克。

1998—2010 年庆元县烤烟生产一览表

表 12—2—3—2

年度	种植面积（公顷）	总产量（万千克）
1998	74.53	13.71
1999	132.15	19.64
2000	245.33	44.40
2001	546.54	112.93
2002	930.90	211.97
2003	653.48	143.83
2004	593.74	140.36
2005	473.90	98.22
2006	317.56	76.62
2007	133.79	36.95
2008	160.43	45.41
2009	212.73	58.26
2010	123.91	25.52

吊瓜

2001 年，左溪镇引进湖州市长兴县吊瓜试种成功后，种植面积扩大至张村乡、贤良镇。2004 年末，全县吊瓜种植面积 144.6 公顷。2005 年，县政府将吊瓜列为扶持开发项目，县农业局全面介入吊瓜栽培技术示范推广与产业服务，吊瓜种植面积 202.39 公顷，生产吊瓜籽 33.57 万千克，产值 960 万元。2005 年 11 月 11 日，制订县级地方标准《A 级绿色食品——瓜蒌生产技术规程》，加快吊瓜产业化发展。2004—2005 年，县农业局组织由 9 个乡镇 15 位农技员参加的“吊瓜生态栽培技术”和“菇瓜共育”两个项目试验示范及推广实施。2010 年末，全县吊瓜基地面积 1133.47 公顷，吊瓜籽 105.4 万千克，总产值 2635 万元，主要分布在 16 个乡镇。其中，种植面积在 1 万亩以上的乡镇有左溪镇、五大堡乡、贤良镇、张村乡 4 个，面积在 2000 亩以上大户有 37 户，部分大户还到异地发展吊瓜生产；经营吊瓜籽的吊瓜合作社有 7 家，以左溪镇庆元县森海吊瓜产销专业合作社生产加工的吊瓜籽最出名。此外，吊瓜产业发展，种植技术不断提高，产量也在提高，平均单产 77.4 千克 / 亩。

图 12-6　左溪吊瓜（陈士平　摄于 2005 年）

2001—2010年庆元县吊瓜生产情况表

表12—2—3—3

年份	面积（公顷）	产量（万千克）	产值（万元）
2001	8.93	——	——
2002	11.37	——	——
2003	35.40	——	——
2004	144.60	——	——
2005	346.99	33.57	960.0
2006	570.74	54.9	1264.4
2007	745.79	72.15	2063.7
2008	821.73	81.4	2523
2009	1030.63	119.66	3470
2010	1133.47	105.4	2635

水干果

2004年，全县水果产量1130万千克，产值1130万元。2009年，水果产量997.4万千克，产值2028万元，连续6年产量基本保持稳定，产值年均增长10.23%，水干果产业已成为农民经济收入主导产业。2010年，全县水干果面积4843.33公顷，水干果产量11990吨。其中，锥栗3733.33公顷，柑橘860公顷（其中甜橘柚153.33公顷），桃树100公顷，梨126.67公顷，李66.67公顷，杨梅16.67公顷。

柑橘　柑橘是庆元县投产量最多的大宗水果，面积860公顷。20世纪90年代，由于立地和气候条件有利于柑橘生产栽培，中熟和特早熟温州蜜柑多次获省优、部优称号。但随着产品过剩和树龄老化，失管、衰退果园大面积增加，产品品质下降，造成温州蜜柑较大面积减少。1998年，从浙江省柑橘研究所引进杂柑类新品种“甜春桔柚”(Sweet Springtangelo)，通过在蜜桔上高接等措施，进行品种改良，2001年底从中初步筛选出杂柑类优良品系——庆元甜桔柚，后推广栽培面积约153.33公顷。其中，“志东牌”和

图12-7　庆元甜桔柚（陈士平　摄于2004年）

“齐胜牌”甜桔柚分别于2007年和2009年获A级绿色农产品认证，生产基地获浙江省森林食品基地认证。小林果业有限公司生产的“余村牌”余村蜜橘2006年11月获得有机产品认证，2007年获得A级绿色食品认证，2002—2006年连续5年获浙江农业博览会金奖。2010年，柑橘产量782.4万千克。其中，柑227.4万千克，橘246.3万千克，橙84.7万千克，柚156.3万千克。

锥栗 锥栗在庆元有200多年栽培历史，被农民称为“铁杆庄稼”，是生态型经济林树种。2000年，庆元获省唯一“锥栗之乡”称号。2001年，全县锥栗产量37吨，产值22.2亿元。2003年，万亩丰产锥栗基地和“天堂山”牌锥栗分别获省首批森林食品基地和森林食品认证，产品获得浙江省绿色食品认证。2004年、2005年，“天堂山”牌锥栗先后获得中国浙江国际农业博览会金奖。2009年，产量2600吨，产值1456亿元，连续9年产量年均增长60.40%，产值年均增长59.17%。2010年，全县锥栗栽培面积由1990年66.67公顷发展到3733.33公顷，产量220万千克，成为全省最大锥栗生产基地县。

图12-8 锥栗（陈士平 摄于2004年）

其他水干果 2001年始，庆元最大集中连片水果园区在竹口镇黄坛村建成，园内种植品种有梨、桃、杨梅、李子、锥栗等，黄坛村获得丽水市果业强村项目支持，园区道路列入康庄工程项目，配套建成水利灌溉设施和主干道路路面硬化。至2010年，全县有水干果专业合作社10家。2010年，锥栗产量220万千克、桃产量35万千克、梨产量85万千克、李产量23万千克、杨梅产量20万千克。

第三章　养殖业

20世纪90年代初期，庆元县主要以家庭饲养畜禽为主。20世纪90年代后期起，逐步向规模化、专业化、商品化方向发展。因受自然条件、经济基础和信息技术限制，总体规模饲养发展不快，集约化程度不高，产量产值所占比重不大。2010年，全县牧业产值6179万元。其中，牲畜产值5326万元，家禽饲养产值548万元。

第一节　畜牧业

1997年以来，畜禽养殖开始走向专业化、规模化道路，出现众多畜禽养殖专业户，逐渐形成规模。国家加大对专业养殖户、养殖场政策资金扶持，更加激发养殖户养殖热情。2006年末，存栏生猪50头以上的养猪专业户8户，存栏猪550头，出栏712头；存栏羊20头以上的养羊户317户，存栏羊10058头，出栏21392头；存栏鸡2000羽以上养鸡户3户，存栏鸡15000羽，出栏8000羽；养鸭、鹅等养殖户55户，年末存栏57530羽，出栏61400羽；年末存栏兔100只以上的养兔专业户5户；年末存栏牛10头以上的38户，存栏牛411头，出栏101头。2007年，养猪大户11户，年末存栏猪869头，出栏14923头；养羊户286户，年末存栏1.06万头，出栏1.8万头；养禽户73户，年末存栏103480羽，出栏15.94万羽；养兔户5户，存栏855只；养牛户31户，存栏447头，出栏197头。2010年，有规模养猪场（户）38个，生猪存栏5181头，其中，规模最大的是天宫生猪生态养殖场，生猪存栏1200头，出栏3000头；养羊场（户）214个，存栏羊7100头，出栏6370头；养禽户60户，存栏10余万羽，出栏6.7万羽；养兔场（户）13个，存栏兔3660只，出栏7741只；养牛场（户）59户，存栏牛1007头，出栏317头。2010年，畜牧业总产值1.2亿元，占农业总产值的7.74%。

良种繁殖

猪　1991年，基本实现“公猪外来良种化，母猪本地化，肉猪杂交一代化”，积极引进良种公猪，检疫乡村配种点39个。据测定，杂交肉猪瘦肉率从土种猪34.6%提高到43.75%，出肉率提高15%—20%，缩短饲养周期2—3个月。由于太湖母猪生产性能较好，从1995年始引进，取代庆元土种母猪，当年引进太湖母猪60余头、长白种公猪4头。1997年，推广太湖母猪300余头，引进长白、大约克种公猪6头。1998年，重点抓好二元杂交母猪和三元杂交肉猪的商品猪改良换代，推广太湖母猪210头、二元杂交母猪516头，引进长白、大约克等种公猪8头。1999年，推广二元母猪600余头。至2003年，生猪品种改良工作加快，引进长白、大约克种公猪26头，良种覆盖率86%。2008年始，随着500头以上规模猪场建成，引进杜洛克公猪15头、长大二元母猪485头，良种覆盖率提高至92%。

羊　1993年前，庆元山羊体型小、产肉性能差。1993年始，先后引进四川黄羊、南江黄羊、戴云山羊、波尔山羊等优良品种。至2004年，共引进波尔山羊250头、南江黄羊1600头，通过品种改良与推广的山羊2万余头，商品羊杂交改良率91.5%。

畜禽养殖

猪　1991—1996年，全县生猪生产迅速发展，饲养量保持在12万头以上。1993年，年饲养量130572头，为历年最高。1997—2006年，由于东部地区劳动力大量外出，西部地区家庭工业兴起，生猪散养户和养殖数量逐渐减少，年饲养量保持7万—9万头。2007年以后，随着国家对生猪生态规模养殖进行扶持，陆续新建10家年出栏500头以上生态规模猪场，改变无千头猪场历史，生猪年饲养量保持7万—8万头。为稳定母猪数量，2007年始，国家对存栏母猪实行保险，每头母猪保险费60元。其中，养户自负12元、国家补贴48元，保期内母猪死亡且符合赔补条件者，保险公司予以理赔。2010年，开展能繁母猪预警体系建设，钉载电子耳标，进行信息采集、录入，实现信息化管理；生猪年末存栏3.73万头，出栏3.66万头。

牛　随着传统耕作制度转变和农机化水平提高，役用牛存栏数量逐年减少。1991年末，存栏4088头。1997年末，存栏2982头。2008年末，存栏1867头。2010年，从外地调入肉牛养殖户增多，年末存栏2279头，出栏281头。

羊　1991年末，羊存栏1235只。后逐年有所发展。2001年，随着“省山区海岛发展特色畜牧业”项目实施，山羊养殖有很大发展。2001年，出栏6068只，年末存栏9402只。2005年，出栏8601只，年末存栏14779只。2008年后，年末存栏有所下降。2010年，年末存栏7100只，出栏4800只。

兔　1990年，因兔毛收购价格下跌，兔饲养量急剧减少。1991—2009年，存栏数约9000只，个别农户圈养野兔作为家庭副业。2004年，出栏5813只，年末存栏8574只。2010年，年末存栏8100只，出栏9200只。

家禽　主要品种为鸡、鸭、鹅，数量不多。1997年饲养量20.4万羽，1998年饲养量22.6万羽。2007年后，家禽饲养量有很大提高，2007年48.2万羽，2008年46.5万羽。2010年，年末存栏19.92万羽，出栏28.21万羽。

特种动物饲养

山鸡　又名野山鸡。1996年，松源镇庙下村吴剑锋引进1500羽试养。1997年，荷地镇一农户以股份形式创办山鸡养殖场。1999年，有山鸡养殖户2户。

肉狗　1997年，松源镇、屏都镇两户农户创办圈养肉狗场。1998年，庆元种畜场龚定炉养殖肉狗120余只。1999年，有2户养殖。2001年，有肉狗养殖户3户，养狗320余只。

鹌鹑　1998年，屏都镇余村村王新君饲养鹌鹑3000羽。2000年4月，松源大济村吴复新养殖1500羽。2001年，有养殖户2户，存栏9000余羽。2006年，屏都镇余村村王文兴户存栏3000羽。

肉鸽　1999年，竹口镇新窑村蔡秀斌饲养肉鸽45对。2001年，有养鸽户3户，存栏1600只。2006年，松源镇五四村方陆荣出栏4000余只，存栏肉鸽1400余只。2007年，该户出栏5000余只，存栏2500余只，产值10万余元。

蝎子　龙溪乡后垟坑村吴锡、松源镇大济村兰世寿、松源镇焦坑村叶贤岳分别于1999年、2000年养殖7000余尾。

驴　2006年4月，松源镇姚安亮引进27头驴饲养，繁殖小驴2头。

竹鼠　松源镇上庄村叶太飞自2008年引进竹鼠饲养，每年向周边农户供应种鼠，现存栏种鼠60余对。江根乡江根村吴宁春于2009年引进饲养，现存栏40对。

美国七彩山鸡　2010年，隆宫乡连湖村永益珍禽特种养殖场存栏美国七彩山鸡12000羽，岭头乡山外山原生态养殖场存栏5000羽。

珍珠鸡　2010年，隆宫乡连湖村永益珍禽特种养殖场存栏珍珠鸡8000羽。

贵妃鸡　2010年，松源镇道岗村披凤特种生态养殖场存栏贵妃鸡4000羽。

孔雀 隆宫乡连湖村永益珍禽特种养殖场2010年存栏孔雀6羽，松源镇道岗村披凤特种生态养殖场存栏15羽。

绿头野鸭 2010年，隆宫乡连湖村永益珍禽特种养殖场存栏绿头野鸭4000羽。

野兔 隆宫乡永益珍禽特种养殖场2010年存栏野兔2000余只，松源镇道岗村披凤特种生态养殖场存栏1000余只。

第二节 渔业

庆元渔业发展始于1982年，以县鱼种场兴建为主要标志。受自然地理条件限制，规模化经营鱼塘不多，大多数百姓以房前屋后零星坑塘养鱼。1991—1995年，渔业主要养殖品种为鲤鱼、罗非鱼、白昌鱼、鲢鳙鱼、草鱼。1996年，增加鳗鱼养殖。2007年，增加大鲵养殖。2010年，渔业主要有稻田养鱼、鳗鱼养殖、大鲵养殖等，渔业经济总产值3372万元（淡水养殖2412万元，涉渔流通960万元）。其中，稻田养鱼1000公顷，年产量约15万千克，产值450万元；鳗鱼精养池塘4公顷，产量14.5万千克，产值1450万元；其他鱼类养殖（含水库）196公顷，产量18.5万千克，产值512万元。

稻田养鱼

稻田养鱼是庆元传统养殖方式，丰富农民餐桌，成为农业增效、农民增收重要途径之一。1982年始，县渔业部门持续为农户提供技术服务和苗种供应。2004年，稻田养殖面积达鼎盛，面积1066.67公顷，产量20万千克。随着山区农民大量向外迁移和打工，大部农田处于荒废状态，以及国家鼓励土地流转政策出台，促使稻田养鱼从人放天养粗放式养殖向集约化精养模式转变，先后建立百山祖乡黄皮基地、桥陌基地、岭头乡徐洋基地、隆宫乡莲湖基地，精养基地平均亩产从粗养的5千克提高至50千克。

鳗鱼养殖

鳗鱼养殖是高投入、高产出、高风险养殖业，对养殖环境及养殖技术要求非常高。1995年8月，第一家鳗鱼养殖场——德瑞祥朱村养殖场在屏都镇朱村村成立；1996年1月，德瑞祥大毛湾养殖场在松源镇大毛湾成立。1997年7月，洋心鳗场和大济鳗场建成投产。由于市场波动较大，洋心鳗场和大济鳗场相继退出市场。2001年，德瑞祥种养专业合作社先后建立扬兴鳗业公司和淤上鳗场。2010年，德瑞祥种养专业合作社鳗鱼养殖场占地面积8公顷，有鳗鱼保温棚40个，鳗鱼均价在155元/千克左右，年产值1000多万元。

大鲵驯养繁殖

1993年，县政府建立县级大鲵自然保护区。2007年11月，浙江省山鼎大鲵研发有限公司成立，为大鲵驯养繁殖企业。公司按照“公司+合作社+农户”的养鲵方式，分别在贤良镇的青草村、溪沿村等村发展大鲵托养。按合同约定，3年后，农户养殖的娃娃鱼再由公司收购。

1991—2010 年庆元县渔业生产一览表

表 12—3—2—1

年份	养殖面积（公顷）	养殖产量（万千克）	养殖产值（万元）
1991	120	8	128
1992	160	9	144
1993	190	10	160
1994	220	11	176
1995	230	12	210
1996	260	17.5	635
1997	797	30	910
1998	880	38	1128
1999	950	41	1128
2000	950	43	1130
2001	1100	59	1260
2002	1120	80.5	1265
2003	1250	93	1744
2004	1330	102	1952
2005	1100	105	2065
2006	1050	107	2150
2007	1120	112	2210
2008	1100	117	2330
2009	1200	125	2407
2010	1200	128	3372

第四章　农业综合开发

1991年始，庆元在稳定粮食和畜牧生产基础上，发展食用菌、毛竹、茶叶等传统产业，引进推广吊瓜、高山松花菜、甜橘柚、茭白等新品种。1998年，原浙江省庆元县志东杂柑试验场从日本引进杂柑类新品种甜橘柚。2001年，江根乡试种推广高山松花菜。2005年，左溪镇试种推广吊瓜。2008年，岭头乡试种推广高山茭白。庆元食用菌、毛竹、蔬菜产业基础和生产条件比较好，发展潜力大，有较强竞争优势，对农民增收作用突出，为农业主导产业。

第一节　农业结构调整

1991—2000年，庆元主要发展“菌、竹、果、茶、药、烟”六大产业。2001—2010年，高山蔬菜在东部乡镇得到快速发展。2003年取代中药材产业，形成“菌、竹、果、烟、茶、蔬”新六大产业。2007年始，农业产业结构作较大调整，根据各产业战略地位、产业基础和市场条件，将农业产业分为战略产业、主导产业、新兴产业三个层次，形成“稳定发展粮食、畜牧两大战略产业，大力发展食用菌、毛竹、蔬菜三大主导产业，鼓励发展吊瓜、茶叶、水果、锥栗、中药材等特色新兴产业”总体产业发展思路。

第二节　农业专业合作

农业龙头企业

食用菌产业和毛竹产业一直是农业产业支柱和农民增收主要渠道，生产、加工、销售等网络较健全，产业化程度较高。20世纪90年代中后期，从事食用菌、毛竹生产、加工的企业如雨后春笋般出现并迅速壮大。2001年,庆元县香菇市场被列为首批省级骨干农业龙头企业。2001年,高山松花菜在东部乡镇推广，带动山地蔬菜发展，蔬菜产业逐渐成为农户尤其是东部农户增收主要渠道之一。2002年，丽水市政府组织评选首批市级重点农业龙头企业，梦天、香溢、显丰3家企业入围。2003年，蔬菜被列为县重点发展六大产业之一。2004年，评选首批县级农业龙头企业。2007年，蔬菜被列为县农业主导产业；由于山地蔬菜以鲜品供应为主，市场供需和价格较稳定，从事蔬菜生产、营销主要以农民专业合作社为主，加工型蔬菜龙头企业不多，仅有康元食品、英标菇品2家从事脱水蔬菜加工。2010年，全县县级以上农业龙头企业45家。其中，省级4家、市级17家、县级21家；从事食用菌、毛竹生产加工的企业33家（食用菌17家、毛竹16家），占农业龙头企业的73%，产值占农业企业总产值的85%以上。

农民专业合作社

农民专业合作社起步较晚，最早的是成立于2002年2月的庆元县百山祖香菇合作社。《浙江省农民专业合作社条例》实施后，真正意义上的农民专业合作社才开始起步。2007年7月1日，《中华人民共和国农民专业合作社法》和《农民专业合作社登记管理条例》相继实施，直接推动农民专业合作社蓬勃发展。2010年，经农业主管部门备案的农民专业合作社214家。其中，被市县农业主管部门认定为规范化农民专业合作社96家、省级示范性专业合作社6家，拥有注册商标的合作社49个，注册商标53个；注册资金10552万元，社员总数11637个，带动非成员农户59569户；建立合作社联结基地面积9154.73公顷，其中核心基地面积2893.07公顷，覆盖粮、菌、竹、果、茶、蔬、药、养殖等产业，实现销售收入39649.916万元，盈余1913.502万元。农民专业合作社成为农业增效、农民增收的新模式。

第三节　生态农业

农产品产业带

1991年始，庆元优化农业和农村经济结构调整，发挥区域优势，合理利用农业资源，培育壮大优势产业，推进食用菌、蔬菜、水果、吊瓜、茶叶等优势农产品区域合理布局。至2010年，全县形成食用菌、山地蔬菜、水果、茶叶、吊瓜等产业带。

食用菌产业　各乡镇均有农户进行食用菌栽培，灰树花重点建设黄田三济产业带，黑木耳重点建设黄田—竹口、左溪—荷地—岭头两条产业带，白木耳重点建设百山祖黄皮基地，草菇以淤上为主产地，其他珍稀重点在东部乡镇培育。

山地蔬菜产业　重点建设四山—百山祖、江根—荷地—岭头两条产业带，培育高山松花菜、茭白、萝卜、四季豆、小尖椒等特色品种。

水果产业　重点建设竹口黄坛水果园区、屏都—淤上产业带，培育温州早熟柑、甜橘柚等品种。

茶叶产业　重点建设两条茶叶产业带，即东部龙溪、荷地、岭头、举水高山生态有机茶叶带和西部屏都、淤上、黄田、竹口、安南早春茶优质茶叶带。

吊瓜产业　建设、形成左溪—贤良—五大堡、松源—屏都—竹口—黄田两条产业带。

农产品生产基地

农产品生产基地建设是农业产业化发展和区域合理布局的重要载体。2001年始，省财政逐步加大农业项目资金投入，农产品生产基地建设成为扶持重点。庆元提出“五化”基地建设、用“经营工业理念”建设基地等思路，制订规划，出台政策，积极培育主导产业和优势农产品。2010年，省政府提出建设现代农业园区和粮食功能区“两区”建设战略举措。结合省级现代农业园区建设“125”工程，庆元提出利用3—5年，建设1个省级现代农业综合区、3个主导产业示范区、5个特色农业精品园。江根高山松花菜主导区和黄田灰树花精品园列为省级首批主导区和精品园创建点；丰乐省级现代农业综合区通过专家评审，列为省级第二批现代农业综合区创建点。编制粮食功能区建设10年规划并上报省主管部门。同时，结合现代农业建设制订出台《关于加快庆元县现代农业发展若干意见》，重点支持建设100个县级特色产业基地、30个规模养殖场、60个粮食功能区。同年，拥有各类规模种植基地318个，种植面积3182公顷，规模养殖场42个。其中，有机绿色无公害产品基地41个，面积1521.33公顷，总产量1725.72万千克，产值11849.8万元。

第五章　动植物疫病防治

1991—2010 年，庆元发生农业植物疫情主要为水稻细条病、美洲斑潜蝇、日本菟丝子（28.67 公顷）、甘薯瘟、蔗扁蛾、柑橘溃疡病、柑橘黄龙病等，县农业部门采取监测、普查、防治、扑灭和行政处罚等手段，防止危害植物的危险性病、虫、杂草传播蔓延。2001 年，江根乡、官塘乡发生山羊痘病，近百头山羊死亡。2004 年，荷地镇际面村、黄沙村发生鸭病毒性肝炎，死亡雏鸭 147 羽；官塘乡白柘洋村发生羊胸膜肺炎，死亡羊 30 余头。

第一节　植物检疫与防治

机构

1992 年 11 月 23 日，县香菇市场设立签证点，办理植物检疫调运签证手续。1996 年，荷地镇、左溪镇、屏都镇和黄田镇分别设立香菇、橘果植物检疫签证点。1997 年，竹口镇、江根乡和举水乡增设柑橘、香菇植物检疫签证点，聘请兼职检疫员 14 人。1998 年，增设贤良镇签证点和城镇、菊隆、竹口粮管所植物检疫签证点。1999 年，保留县香菇市场和黄田镇、竹口镇、荷地镇、左溪镇、江根乡签证点，取消贤良镇、举水乡及城镇、菊隆、竹口粮管所植物检疫签证点。1998 年 6 月，实施检疫监测站工程建设。1999 年，食用菌等植物由农业部门检疫。2000 年，开展有害生物疫情普查，基本查清水稻二化螟等 14 种农业有害生物分布危害情况。2003 年，首次在松源镇洋心村脐橙果园发现柑橘黄龙病，县政府出台防治扑灭工作实施方案。2005 年 2 月，开通鲜活农产品运输“绿色通道”。

产地检疫

主要针对杂交水稻制繁种基地和其他苗木基地，按照《水稻种子产地检疫规程》及相关产地检疫规程进行产地检疫。检疫合格即签发产地检疫合格证，准许调运出县域，不检疫、不合格则按规定改变用途或销毁。1991—2010 年，共检疫杂交水稻制繁种基地面积 726.73 公顷、柑橘苗木基地面积 1.5 公顷、猕猴桃苗木基地面积 2.67 公顷、烟草基地面积 2063.89 公顷。

调运检疫

按规定对要求调出县域的种子、苗木、水果、香菇等植物和植物产品进行调运检疫。1991—2010 年，签证调运出县域的稻种、菌种、菌棒、香菇、柑橘、烤烟、蔬菜、水果、鲜花、稻米、茶叶等植物和植物产品 22378.21 万千克。其中，水稻种子 458 批次、124.79 万千克，香菇 45867 批次、10023.89 万千克，蔬菜 15920 批次、5172.78 万千克，水果 8233 批次、3544.84 万千克。

疫情防控

采取药物防治或者挖除病株等措施，控制疫情蔓延。1991—2010 年，进行水稻细条病防治面积 8500 公顷、美洲斑潜蝇防治面积 5960 公顷、日本菟丝子防治面积 61 公顷、甘薯瘟防治面积 26.93 公顷、柑橘黄龙病防治面积 800 公顷、柑橘溃疡病防治面积 4666.67 公顷。其中，水稻细条病在采取药治措施后，呈逐年下降趋势，至 2010 年，已处于零星发生状态；2003 年防治柑橘黄龙病，挖 1 株柑橘财政补助 5 元，2006 年采取砍挖措施后，柑橘黄龙病呈下降趋势；其他疫情在采取药治措施后，都控制在比较小的零星发生范围。

第二节　动物检疫与防治

机构

1994 年，县防治动物疫病指挥部（称县“防五”总指挥部）成立，为县政府常设机构，由农业、财政、公安、工商、经贸、交通、卫生、质监等部门为成员单位，分管副县长任总指挥，下设办公室。20 个乡镇均设立防治动物疫病指挥部。还有县动物卫生监督所、县动物及动物产品报检中心、乡镇畜牧兽医站等机构一起承担畜禽免疫、疫情普查、疫病扑灭等公益性服务。

检疫检验

农贸市场、生猪屠宰场和仔猪交易市场为检疫检验重点区域，进行产地检疫和畜禽及产品流通领域监管，加强检疫规范和消毒灭源。1991—2010 年，共检疫仔猪 20 余万头，检出病猪 500 余头；屠宰检疫，检验肉猪 8.3 万头，检出病猪 147 头；产地检疫生猪 22.8 万头。其中，2001 年检疫仔猪 1.92 万头，肉猪 0.91 万头，检出病猪 137 头；2003 年检疫仔猪 1.75 万头，肉猪 1.12 万头，检出病猪 63 头；2007 年检疫生猪 1.86 万头，仔猪 3.2 万头，禽类 18.65 万羽，羊、狗 0.46 万只；2010 年检疫生猪 1.17 万头，仔猪 2.1 万头，禽类 25.85 万羽，羊、狗 0.44 万只。生猪屠宰场和仔猪市场检疫到位率 100%，面上产地检疫到位率 90%，全面开展规模场户产地检疫，产地检疫到位率在 95% 以上。

疫病防治

以重大动物疫病免疫注射为重点，每年进行两次较大规模集中免疫注射活动，结合平时“补免”，控制重大动物疫病发生。2003 年始，实施免疫耳标制度，使免疫走向规范。2005 年，建立各乡镇动物疫情报告责任制度，345 个行政村落实动物疫情测报员 365 人。2006 年始，加强重大动物疫病免疫监测和评估，每个月对规模养殖场、散养户和农贸市场畜禽免疫情况进行动态监测，随机抽取血样检验动物免疫抗体水平。2010 年，抽检畜禽血样 1675 份，免疫抗体水平分别为禽类 95.5%、家禽 84.5%，超过省定 70% 目标，猪、牛、羊、禽免疫密度分别为 99.4%、100%、96.8% 和 99.1%，规模场户免疫密度为 100%。

第六章　新农村建设

1991年，农村扶贫开发、食用菌技术推广、农业区划、农村经营管理、农村机耕路建设等工作主要由庆元县农村经济委员会负责。1992年，县农村经济委员会更名为县农村工作办公室（以下简称县农办）。2002年5月至2006年5月，县农办与县农业局合署办公。2006年7月，县农办单设，下设综合秘书科、农村发展科、扶贫开发科3个科室。2010年，县农办成立下属股级全额拨款事业单位县新农村建设发展中心，负责牵头协调新农村建设、农村劳动力素质培训、农村指导员、农村危旧房改造、对台农业合作与交流，主抓农村扶贫开发、村庄整治建设、农家乐休闲旅游业等工作。

第一节　村镇建设

中心村

2010年，庆元县有31个中心村与118个保留基层村。31个中心村分别是松源镇下坞、底村，竹口镇新窑、黄坛、上垟，黄田镇双沈、姚村、陈边、中济、曹岭，荷地镇杨桥、苏湖，左溪镇青竹，百山祖乡车根，官塘乡官塘，淤上乡淤上、蒲谭，隆宫乡隆宫、中村、黄坑，安南乡安隆，五大堡乡五大堡、竹山、杨楼，举水乡月山、落岭，岭头乡岭头，龙溪乡西溪，张村乡张村，江根乡江根，合湖乡合湖。

村镇规划

1991年，庆元县编制曹岭村和左溪村总体规划，修正新村区石湖乡、蔡川村规划。2006年，庆元县全面启动新农村建设，编制完成19个村村庄整治建设规划。2007年，有序开展村镇规划编制，委托编制15个中心村规划，完成左溪镇、举水乡月山村规划编制。2008年，《双苗尖—月山省级风景名胜区》总体规划通过省建设厅组织的专家评审，《庆元县黄田镇镇区建设规划》等14个村庄集镇建设规划通过评审，50个中心村和保留村建设规划编制进行现场勘探和基础资料收集。2009年，编制村庄规划88个。2010年，申报大济国家级历史文化名村和月山村全国特色旅游名镇（村），编制村庄规划48个，实现保留村规划编制全覆盖。

小康乡（镇）、村建设

2000年始，庆元把小康创建作为一项统揽农村工作全局的重要工作，成立领导小组，制定小康建设工作意见和小康创建工作规划，发展效益农业、开展农村基础设施建设、推进城镇化水平、加强农村精神文明和政治文明建设等措施，开展农村小康达标创建。至2005年末，庆元县建成小康乡镇6个、小康村181个。

村庄示范、整治工程　2003年，启动“十村示范、百村整治”工程。按照以村庄建设规划为龙头、从治理农村“脏、乱、差、散”入手、加大村庄环境整治力度、完善农村基础设施、加强农村基层组织和民主建设、加快发展农村社会事业的工作思路，推进村庄基础设施建设。组织实施农村环境“五整治一提高”工程，完善农村垃圾收集和处理设施，建立农村环境卫生保洁员制度，改善村庄环境面貌。组织实施环境整治村 62 个，建成黄田镇中济村、隆宫乡小关村 2 个省级全面小康建设示范村，松源镇大济村、黄田镇中济村、屏都镇蔡段村、朱村村、贤良镇石川村、五大堡乡杨楼村、安南乡安溪村、隆宫乡小关村、举水乡月山村和百山祖乡车根村 10 个市级新农村建设示范村。2008 年，省里启动新一轮“千村示范、万村整治”工程，制定整治村垃圾处理、村内道路硬化、污水治理、卫生改厕和村庄绿化五大项目以奖代补扶持政策，加大村庄整治资金投入。每年安排 40 个村开展整治建设，全面推进村庄道路硬化，建设垃圾收集池（箱）和垃圾集中焚烧处理设施，建设公共厕所；对条件相对较好的村，还组织农户进行卫生改厕或与沼气池建设结合进行厕所改造，对村庄进行绿化，对农村生活污水进行处理，极大改善农民居住环境条件。2008—2010 年，组织实施村庄整治 120 个村。至 2010 年，294 个行政村建立农村保洁员制度，基本做到农村垃圾集中收集处理。

省级全面小康建设示范村选介 小关村，位于隆宫乡。2006 年全村经济总收入 404 万元，集体经济收入 7.1 万元，农民人均纯收入 0.55 万元。2005 年通过村庄整治建设，2006 年被授予市级示范村。该村是市级生态村和县级文明村。该村在 2005 年实施村庄整治建设之前，农村卫生环境、公共基础设施、社会经济发展水平落后，农民收入处于较低水平，农民增收后劲不足，当地人民群众对改变农村“脏、乱、差”现象、加快发展农村社会经济的要求和愿望十分迫切。为此，经该县规划，2005 年列入村庄整治建设，2006 年实施市级示范村创建，2007 年开始建设省级示范村。该村通过加强村庄公共基础设施建设、建立健全农村卫生环境长效管理、大力发展竹产业，村庄环境卫生面貌发生很大变化，农村公共服务水平得到极大提高，农民收入持续增长。

中济村，位于黄田镇。2006 年全村经济总收入 1273 万元，集体经济收入 16.2 万元，农民人均纯收入 0.6 万元。2004 年通过村庄整治建设，2005 年被授予省级全面小康建设示范村，该村还是省级绿化示范村、先锋工程市级先进党组织、县级文明村。该村在 2004 年实施村庄整治建设之前，村庄建设水平差，农村环境卫生落后，农民收入处于较低水平，随着社会经济的发展和人民生活水平的提高，人民群众对建设社会主义新农村的要求和愿望十分强烈。2004 年列入整治村，2005 年实施省级示范村创建。该村村庄整治建设重点是围绕灰树花、毛竹等地方特色农业产业，增加农民收入，大力开展村庄环境整治，提高村庄建设水平和知名度。

2000—2005 年庆元县小康乡镇和村一览表

表 12—6—1—1

年份	小康乡镇	小康村
2000	—	松源镇东门村、城北村、西门村、姚家村、北门村、大济村，黄田镇中济村、曹岭村，百山祖乡粟洋村（计 9 个）
2001	竹口镇 松源镇 黄田镇 隆宫乡	松源镇南门村、菜业村、街尾村、大坂洋村、上叶村、吴宅村、后碓村、下坞村、下庄亭村、范源村、上庄村、会溪村、坑西村、应岭尾村、西演村、喜鹊村、洋心村、道岗村、半湾村、田墩村，黄田镇下济村、陈边村、黄源底村、上济村、湖头村、仙庄村、龙济村、崔上村、双溪村、双沈村、李村村、姚村村、台湖村、东西村、黄坞村、美丘村、葛田村、古岭坑村，竹口镇竹上村、竹中村、竹下村、新窑村、黄坦村、良秋村、平岭岗村、大泽村、崔家田村、陈龙溪村、龙口村、蔡双村、上坑村，淤上乡石坝村，隆宫乡隆宫村、黄坑村、生水塘村、张地村、小关村、中村村、连湖村、桃园村（计 60 个）
2002	屏都镇	屏都镇菊水村、五一村、八一村、五二村、八二村、八三村、五三村、五四村、余村村、坑里村、朱村村、官山头村、坪洋村、坪坑村，贤良镇贤良村、富林村、青林村，淤上乡淤上村、外童村、山根村、蒲潭村，安南乡安隆村、黄竹村、吾际下村、东村村、上余村、安溪村、陈村村（计 28 个）

续表 12—6—1—1

年份	小康乡镇	小康村
2003	安南乡	松源镇底村村、牛路洋村、周墩村，黄田镇朱黄村、双坞村，五大堡乡杨楼村、蒙淤村、后广村、西坑村、高大村，淤上乡吾田头村，安南乡甘竹山村、方塘村、南坑村，百山祖乡车坑村、黄皮村（计16个）
2004	—	松源镇黄象村、大坑村、星源村、下滩村，黄田镇良官田村、洋垄村，竹口镇上洋村、岩后村，屏都镇洋背村、蔡段村、薰坑村、薰山下村，荷地镇高住村，贤良镇石川村，五大堡乡西洋村、半溪村、五大堡村、岩下村、天坪马村，百山祖乡桥陌村、龙岩村，岭头乡莲花村、岗后洋村，淤上乡坑口村、塘根村，安南乡权山村，隆宫乡小林源村、里地村，江根乡水寨村，四山乡班岱后村、砻头村（计31个）
2005	—	松源镇岙后村、半岱村，黄田镇高山村、桐山村、大坑村，竹口镇后楼村，屏都镇白岭头村、菖蒲洋村，荷地镇荷地村、杨冯源村、高际村，左溪镇左溪村、印浆村、白柘村，贤良镇溪沿村，五大堡乡下段村、东岱村、梧桐洋村，岭头乡岭头村，张村乡张村村、田头村，淤上乡长砻村、涂坑村，安南乡山头垟村、畲头村、坑井村，隆宫乡源头村、源尾村，举水乡月山村、后坑村，龙溪乡西溪村，江根乡上店村、箬坑村，官塘乡官塘村，百山祖乡斋郎村，合湖乡合湖村，四山乡三溪村（计37个）

第二节　扶贫开发

庆元县扶贫开发历程艰难曲折。计划经济年代，庆元县原始松杉木材实行“统购统销”，几乎砍伐殆尽，农民依然贫困。20世纪90年代初，大力发展香菇产业，县域经济一度发展较快，农民一度脱贫，但这是一种以消耗大量菇木资源为代价的脱贫，一种低水平暂时性脱贫。1994—2002年，全国香菇产业效益下降，加上因脱贫较早，失去中央、省里对“贫困县”扶持机会，农村经济发展步履维艰，农民收入持续多年徘徊不前，返贫严重。2003年，省委、省政府实施“欠发达乡镇奔小康工程”，荷地镇、左溪镇、贤良镇、张村乡、举水乡、龙溪乡、官塘乡、江根乡、四山乡、合湖乡10个乡镇被列为省重点扶持欠发达乡镇。2008年，省委、省政府实施“低收入农户奔小康工程”，222个村被列为低收入农户集中村。2010年，省委、省政府决定从2011年始实施重点欠发达县特别扶持项目，庆元被列为6个重点欠发达县之一。在省委、省政府关心和支持下，扶贫工作进入大建设大发展时期，各项扶贫开发取得明显成效。到2010年末，农村居民人均纯收入从2002年的2580元提高到2010年的6012元，年均增幅13.6%；2500元以下低收入农户从2007年末的18302户55165人减少到2010年的4410户13295人，低收入农户家庭人均收入超过2500元以上的比例为75.9%，超过4000元以上的比例为38.8%。

结对帮扶

2003—2007年，省级安排省农业厅、省农科院、萧山机场、大红鹰烟厂、桐乡市和南湖区部分乡镇10个单位结对庆元县东部10个重点扶持欠发达乡镇。2008年始，扶贫工作重点到村，省级安排省司法厅、省外办、省统计局、东联集团、广电集团、萧山机场、嘉善县、桐乡市、国航浙江分公司、浙江林学院等13个单位，市级安排17个单位以及本县机关单位结对222个低收入农户集中村。2004年，浙江省开始建立农村工作指导员制度。2004—2010年，省、市、县、乡镇四级向农村派驻农村工作指导员2000多人次。

农村劳动力素质培训

2004年，省委、省政府提出实施“千万农村劳动力素质培训工程”，提高农村劳动力职业技能和就业竞争力。庆元县出台《关于开展百村万民素质培训工程工作的实施意见》，主要开展农业专业技能培训、转移就业技能培训、务工农民岗位技能培训以及农民学历培训、农村职业教育和后备劳动力教育培训等，由县农业局、县林业局、县人劳社保局、县教育局、县经贸局、县妇联、团县委、县科协、县残联等部门承担。2004—2010 年，完成农村劳动力素质培训 86975 人次。其中，农业专业技能培训 40507 人次，农民转移就业技能培训 30116 人次，务工农民岗位技能培训 9087 人次，农村后备劳动力培训 5209 人次，农村实用人才培训 2056 人次。2010 年，16—60 周岁有劳动能力的农业户籍劳动力有 96354 人，实现转移就业 56526 人，占农村劳动力总数的 58.7%。其中，转移国外就业 126 人，国内省外就业 5907 人，省内县外就业 20477 人，县内乡外就业 20678 人，本乡镇内就业 9338 人，未转移就业 11448 人，在家务农 28380 人。

产业化扶贫

2003 年，开展产业化扶贫，扶持发展锥栗、高山蔬菜、茶叶、吊瓜等基地 5333.33 公顷，食用菌年生产量达 1.2 亿段。新开毛竹林便道 1000 多千米。支持农产品购销大户和专业合作社等经济组织新建农产品冷藏库 96 个。扶持来料加工经纪人 250 多人在下山搬迁小区和低收入农户集中村等区域建立来料加工点，解决在家带小孩妇女和留守老人就业问题，发放来料加工费 3 亿元。实施乡村旅游项目，涌现松源镇会溪村、百山祖乡车坑村等一批农家乐特色村和示范户，成为农民就地增收致富的新亮点。

金融扶贫

2007 年，开展林权抵押贷款试点，推广林权 IC 卡业务，建立森林资源资产和农村信用体系相结合的信息化平台，开展扶贫小额贷款业务和村级资金互助组织试点。

下山脱贫

20 世纪 90 年代初，居住在高山远山地区、地质灾害隐患区部分先富起来的群众开始自发下山，搬迁到县城、公路沿线村庄或外县居住。2003 年，省委、省政府实施欠发达乡镇奔小康工程和下山脱贫工程，庆元开始大规模下山搬迁及生态移民。2003—2010 年，先后规划建设洋墩新村、同济新村、同德新村 3 个大型农民安置小区。其中，2003—2006 年建成安置规模 872 户 3300 多人的洋墩新村，2006—2010 年建成安置规模 1233 户 4200 余人的同德新村和安置规模达 1642 户 6200 余人的同济新村。同期，建设安置规模 119 户 451 人的淤上乡蒲潭安置点和安置规模 224 户 852 人的安南乡安溪安置点。2010 年，同心新村建设启动，占地面积 46 公顷。1991—2010 年，全县下山搬迁 8550 户 31915 人，整村搬迁行政村 21 个、自然村 79 个。

洋墩新村　位于县城东约 2 千米，占地面积 7.59 万平方千米，总建筑面积 15.7 万平方米，总投资 1.2 亿元，新村一期 31 幢 355 直（纵向的地块）采用排房设计，每直占地面积 54 平方米，建筑面积 189 平方米，房屋高度为三层半；二期 517 套采用公寓住宅形式建设，分 70—80 平方米、80—90 平方米、100—120 平方米，以及大于 120 平方米的跃层 4 种户型。共安置高山远山区、地质灾害隐患区、库区下山搬迁的农民，涉及 20 个乡镇 242 个行政村，876 户、3300 余人，为全省最大的下山脱贫农民新村。

同德新村　位于县城西反墺，距县城 4 千米，南邻 55 省道和县工业园区。新村总占地面积约为 190 亩，建筑占地面积约 4.29 万平方米，总建筑面积约 16.9 万平方米，总投资 1.68 亿元，主要安置“桑美”台风灾民、地质灾害避险户、55 省道和县工业园区征地拆迁安置户等人群，共安置搬迁户 1286 户 4600 多人。安置房采用排屋（占地面积分别为 45 平方米、54 平方米、65 平方米）和公寓房（40 平方米）两种形式 4 种户型。其中，100 套农民廉租房供给庆元务工但无建房能力的农民工租住。二期采用公寓房形式，分两种户型：小户型（90 平方米左右）用于安置 1—2 人口家庭；大户型（100 平方米以上）用于安置 3 人及以上人口家庭。此外，安排工业园区及55省道反墺过境公路征地拆迁安置64户（排屋）。

同济新村 位于县城周墩桥头55省道以北上坑岙地块，小区于2006年10月12日开工建设，占地面积约为400亩，总建筑占地面积为12万平方米，总建筑面积35万平方米，总投资1.73亿元。安置房采用排屋形式，分小型（建筑占地面积45平方米、48平方米）、中型（建筑占地面积54平方米）、大型（建筑占地面积65平方米）3种户型。用于安置“桑美”台风灾民、地质灾害避险搬迁户，涉及13个乡镇85个行政村，共计1649户5797人。为全省最大的地质灾害避险搬迁和下山脱贫小区。

蒲潭安置小区 位于淤上乡蒲潭村，距县城20千米，南邻蒲潭村民房，北连蒲潭村村民活动中心和香菇市场，东临安溪溪。项目位于淤上乡蒲潭村，总占地面积21317平方米，总建筑面积31471平方米。安置地质灾害农户119户500多人（其中公寓房9户），主要安置塘根村、长砻村和坑口村等地质灾害村的农户。2006年9月19日开工建设，2008年12月竣工。共有119户500多人搬迁入住。公建项目已全部完成（排污设施、防洪设施、道路硬化、公厕、路灯等），水、电、广播电视“三入户”工程已完成。

图12-9 蒲潭安置小区（县农办 2009年摄）

安溪安置点 位于安南乡安溪村，距离庆元县城28千米，229省道贯穿境内，交通便利，东至安溪溪，南至社坛田块，西至安溪老路和省道，北至良种田，小区地势平坦。该小区总占地面积34325平方米，总建筑面积50779平方米，总投资4000多万元，实现219户911人入住小区，从2008年至2010年分四批前后入住。主要安置对象为林溪洋村、山头洋村、岱根村和小源村农户。

图12-10 安溪安置点（县农办 2010年摄）

第三节　农村住房

农村住房解困

2007年，实施农村住房解困工程，救助农户120户。完善城市规划区危房拆改建及修缮政策，及时办理村集体及农民个人建设项目规划审批，缓解规划区农民建房难问题。2008年，农村困难户住房救助400户。2010年，1178户农村困难群众获住房救助专项资金补助518.032万元。

危旧房改造

2008年，省委、省政府提出实施“强塘固房”工程。全县开展农村危旧房现状调查，城镇规划建设用地范围以外农村危旧房户数1.35万户，占城镇规划建设用地范围以外农房5.65万户的23.87%，涉及4.57万人，占城镇规划建设用地范围以外农村户籍人数15.25万人的30%。2009年，把加快农村危旧房改造作为推动社会主义新农村建设实事工程，主要实施旧村改造、批建新房、危旧房修缮三大项目，以改善村庄环境面貌和实现农民“住有所居”目标。

旧村改造主要是“拆旧房、建新房、抓配套”，通过“乡镇负责、村当业主、部门服务”工作方式，编制村庄建设规划，拆除旧房、危房、闲置房，规划原地批建新房或组织农民到县城安置小区异地建房，完善基础设施，对宅基地进行整理复垦，按照每亩5万元以奖代补，由旧村改造村统筹安排使用。批建新房主要是简化审批程序，提高服务管理水平，鼓励农民原拆原建和利用空闲宅基地建房，对利用非耕地建房农户给予每户6000元补助，对占用耕地建房的给予每户4000元补助。危旧房修缮主要是利用省“强塘固房”工程、农村困难群众住房救助政策，配套一定财政资金，对低保农户危房修缮给予每户3000元补助，对低保户旧房修缮和非低保户危旧房修缮给予户均1000元补助。

2009年，庆元县实施旧村改造21个村，拆除危旧房10.78万平方米，复垦宅基地18.33公顷，就地建新房365户，异地建设283户，批建新房2349户。其中，就地批建新房1305户，小区安置农户1044户；完成农村危旧房修缮2341户；编制村庄建设规划55个村，发放农村土地使用证21110户，新增发放农村房屋产权证1222户。2010年，完成20个村建设项目，新启动旧村改造项目15个村，实施农村危旧房改造4213户。其中，批建新房2311户，农村危旧房修缮2302户，新发放集体土地使用证995户、农房产权证1506户，完成48个规划保留村建设规划编制。

第七章　农村经济改革与管理

1990年4月，庆元县农牧特产局更名为庆元县农业局。2002年5月，县委、县政府农村工作办公室与县农业局合署办公。2006年5月，县农办与县农业局仍为合署机构，但实行相对独立办公运行模式。2010年1月，组建县食用菌管理局，与县食用菌科研中心合署办公，撤销县食用菌办公室，内设机构4个，分别为办公室、产业管理科、研究所、技术推广站。当年，县农业局设办公室、农村发展科（县小康办、县扶贫办）、农村经营管理科（县减轻农民负担监督管理办公室）、农政科（县农业行政执法大队）、科教科（县绿色食品管理办公室）；下属事业单位有县农业技术推广中心、县农业信息中心、县农业检测中心、县农村财务审计站、县种子技术推广站、县农机管理站、县畜牧兽医站。

第一节　农村经济体制改革

完善家庭联产承包责任制

1980年12月，全县有50%的生产队实行联产承包责任制。1982年，又有1617个生产队实行联产承包责任制。前后只用2年时间，就完成全县农村经济体制改革。1984年，土地承包期从原来的5年延长至15年，全县32419户农民均与所在乡镇人民政府签订土地承包使用合同书。1998年，全县第一轮土地承包到期。1999年，第二轮农村土地延包工作开始。2003年，《中华人民共和国农村土地承包法》出台，明确土地承包期至少30年不变。2006年1月1日，《中华人民共和国农业税条例》废止，延续2000多年的中国农业税正式走下历史舞台；同时，国家逐步有针对性地大幅增加农业补贴，取消两级提留。随着一系列惠农政策出台，家庭承包关系得到稳定。2010年末，家庭承包耕地面积964.67公顷，承包农户46332户。其中，与村集体签订承包合同4.373万户，占总承包农户的94.38%；由县政府颁发二轮土地承包经营权证4.373万户，占总承包农户的94.38%。但由于土地征用遗留问题、集体用地补偿以及人口界定难等原因，12个乡镇34个行政村67个村民小组延包工作没有得到落实。2010年4月，县农村土地承包经营纠纷调解仲裁委员会成立，土地承包纠纷调处新机制建立。

土地使用权流转

21世纪初，庆元县农村土地承包经营权流转经历从无到有、从不规范到逐步规范过程，规模不断扩大。2005年之前，庆元县农村土地承包经营权无流转。随着《中华人民共和国农村土地承包法》《农村土地承包经营权流转管理办法》《浙江省实施〈中华人民共和国农村土地承包法〉办法》等法律法规相继出台，明确规定农村土地承包经营权可以依法采取转包、出租、互换、转让等方式流转，并对规范农村土地承包经营权流转行为做出规定。2005年始，农户家庭承包耕地流转882.13公顷，土地流转率为9.25%。其中，实行适度规模经营耕地296.87公顷。2008年，竹口镇为土地流转服务中心试点乡镇；2009年，龙溪乡、岭头乡、竹口镇、屏都镇建立土地流转服务组织；2010年，12个乡镇建立土地流转服务组织。2010年末，农户家庭承包耕地流转2602.93公顷，土地流转率为26.97%。以出租、转包流转形式为主，其中，出租971.53公顷、转包7618公顷、转让104公顷、互换126.33公顷、其他639.27公顷；实行适度规模经营1206.33公顷，其中，10—30亩的969.07公顷，30—50亩的71.27公顷，50—100亩的89.47公顷，100—200亩的62.53公顷，200亩以上的14公顷；签订流转合同1304份，涉及流转面积227.73公顷，涉及农户2078户。

第二节　农村经济管理

农村合作基金会建立与整顿

农村合作基金会是社区内为农业、农民、农村服务的资金互助组织。1994年4月至1995年，庆元先后建立松源镇、荷地镇、竹口镇、岭头乡、左溪镇、贤良镇和举水乡7个农村合作基金会及2个农村合作基金会联合会。1998年，农村合作基金会年末可融通资金2541万元，入会村170多个。由于基金会缺乏规范化管理和有效监督，存在问题日益显露。1999年，在省、市、县统一部署下，农村合作基金会清盘关闭。

农业承包合同管理

初期农村承包合同不规范，责权利不明，兑现率低，纠纷频发。1999年，开展第二轮土地承包，县、乡（镇）政府成立农业承包合同管理委员会，负责宣传国家有关法律、法规、政策，指导合同签订，日常工作由县、乡（镇）农村合作经济经营管理部门承担。建立合同管理制度，负责合同鉴证和存档；检查、监督合同履行；调处合同纠纷；帮助发包方健全土地等自然资源和其他生产资料管理制度。是年，签订农业承包合同79470份，规范合同70640份，占88.89%；收取各业承包款165万元，为应交款的87.77%。其中，收取耕地承包款80万元，占应交承包款的82.47%。2006年，取消农业税和两级提留收取。

农村经济合作社换届

2009年，根据《浙江省村经济合作社组织条例》《浙江省人民政府办公厅关于切实加强村经济合作社组织建设的若干意见》等文件精神，全面开展村经济合作社换届选举。20个乡镇、345个行政村，除14个整体搬迁村暂不发放证明书外，其余331个村全面完成村经济合作社换届选举，由乡镇党委、政府直接任命产生新一届村经济合作社管理委员会（社管会）和社监会。其中，社管会社长313人、成员1203人。其中，村书记兼社长303人、村主任兼社长27人、其他人兼社长1人；已界定社员资格293个，界定社员资格人数149461人；已产生社员代表69个，产生社员代表人数1491人。新一届社监会成员1056人，社监会主任由村党支部书记兼任。

农村集体经济财务管理

农村经济机构队伍　1991—2001年，庆元县各级农经机构队伍一直比较健全、稳定，但农经人员特别是村级财务人员业务素质较差，农村合作经济长期不记账、“包包账”等现象时有发生。2001年，庆元县有农经人员28人。2002年，各乡镇设立会计委托代理服务中心，通过组织人事部门对各乡镇农经员统一实行竞聘上岗，取消村级会计，设立村级报账员，村级代理会计由乡镇农经干部兼任。2005年，实行乡镇综合改革后，乡镇农经员调动频繁，队伍不稳定，有所削弱。2010年，县级农经机构1个，乡级机构20个，职责由事业机构承担，与农技推广综合设置；农经人员33人。

管理　1992年，庆元县农村合作经济审计总站成立，各乡镇成立农村合作经济审计小组，农村集体经济审计从此步入正轨。1993—2001年，庆元县农村集体经济财务管理依照财政部印发的《村合作经济组织财务制度（试行）》《村合作经济组织会计制度（试行）》和农业部、监察部印发的《村集体经济组织财务公开暂行规定》执行。每个村集体经济组织设置会计、出纳，村级集体账务由村会计、出纳处理，乡镇农经干部每年负责对村会计、出纳、后备会计等相关人员进行培训，开展村级财务审计工作。

2002年，村级财务管理在坚持“四权”（村级集体资产所有权、集体资金使用权、集体资金审批权、村级财务民主监督权）不变和“五统一”（统一财务制度、统一票据、统一审核记账、统一公开、统一建档）原则下，实行村级会计委托代理制，村级代理会计由乡镇农经干部兼任，取消村级会计，设立村级报账员，逐步走上规范化管理轨道。2006年始，根据省政府开展“万村审计”要求，每年完成1/3村审计，审计重点是村级财务收支、村干部经济责任与离任审计、土地征用补偿费和村级项目建设资金等。2006年，出台《庆元县违反村级财务管理行为责任追究制度》《庆元县村级“一事一议”筹资筹劳实施意见》《农村财务管理制度》《村干部任期和离任经济责任专项审计工作意见》《进一步规范村级会计委托代理制的实施意见》等一系列制度，加强农村财务管理。2007年，百山祖乡龙岩村被省农业厅认定为首批农村财务规范化管理示范点。2009年，为切实加强村级财务管理，扎实推进农村基层党风廉政建设，有效保障村经济合作社及成员合法权益，省纪委、省监察厅、省财政厅、省农业厅制定《浙江省违反村级财务管理规定行为责任追究办法》。2006—2010年，开展“万村审计”，累计审计单位813个，已审单位资金总额64814.08万元。其中，违纪金额514.46万元，退赔金额506.58万元，处分10人。

第十三篇　庆元香菇

庆元香菇栽培已有800多年历史，是世界人工栽培香菇的起源地，有“香菇之源”、中国香菇城之称。1978年，改革开放后，庆元县通过段木新法制菇与木屑代料栽培技术，使这一古老产业重新崛起。20世纪90年代，庆元香菇产量占全国产量的1/6，占全世界产量的1/10；庆元香菇产值占全县农业产值的60%以上，农民收入56%来源于香菇，财政收入60%依靠香菇，香菇一业兴旺带动各业发展，庆元香菇风靡全国，走向世界。香菇生产作为庆元最重要的产业之一，带动当地经济的发展，也造就丰富多彩、底蕴深厚的香菇文化。菇民在生产中说香菇山话、唱香菇山歌，总结凝聚制菇经验的香菇谚语，贩菇时用香菇功夫防身健体，祭祀菇神时表演菇民戏，由此形成一整套文化体系。1992—2010年，庆元县相继举办8届中国（庆元）香菇节，将庆元香菇及香菇文化推向全国、世界，庆元香菇的品牌和文化影响日益扩大。

第一章　香菇生产

香菇栽培技术从野生菌到人工栽培，经历三次大的演变过程，生产流程、栽培方式相应有不同的变化。这三次演变过程分别为剁花栽培法、段木接种栽培法、代料接种栽培法。1991—2010年，庆元香菇主要栽培方法为代料香菇栽培方法和高棚层架栽培花厚菇方法。

第一节　香菇生产概况

1988年，吴克甸等选育成功中低温型迟熟代料香菇新菌株241—4，改夏秋高温期接种为冬春低温期接种，摸索总结出刺孔通气、袋内转色、室外越夏、偏干出菇管理、保湿催蕾等一整套春栽香菇技术。改变当时的夏季接种成活率低、短菌龄品种菇形不好、口感差、效益不显著的生产模式，使接种成品率和香菇质量大大提高，庆元香菇栽培发展进入黄金时期。1990年开始推广应用，至1992年，庆元县栽培量达5500万袋，干菇销售量达409.6万千克，其中出口140.9万千克，超过长期垄断香菇产业的日本。

1995年，基于代料花菇形成机理研究的突破，花菇品种庆元9015、939的选育成功，优质品种L135引进等，形成高棚层架栽培花厚菇技术。大幅度提高花厚菇栽培比例，节省土地资源，增加单位面积土地产出率和经济效益。1996年，代料香菇栽培量达1.41亿段，干菇销售量654.77万千克，1997年，代料香菇栽培量达到1.67亿袋。其中，干菇出口量394.31万千克，鲜菇出口量72.32万千克。1993—2000年，庆元连续8年香菇生产规模超亿袋，干品产量在500万千克以上。全县50%以上人口从事香菇生产及相关行业，农民50%以上的收入来自香菇产业，香菇生产对地方财政收入的贡献率超过50%。由于庆元在香菇产业中的历史与现有规模，1995年庆元被确认为“世界人工栽培历史最早、全国最大的香菇产地和集散地”，次年被确认为“中国香菇之乡”。

发展代料香菇栽培见效快，农民增收容易，许多地方政府将其作为农民脱贫致富的短平快项目引进，庆元高棚层架花厚菇模式及技术迅速在全国各地引入并推广应用。因北方气候干燥更易形成花菇，以河南西峡、湖北随州等为代表的北方产区更是快速发展，香菇栽培进入“南菇北移”的时代。1997年，庆元香菇国内生产量又达到一个顶峰，恰逢亚洲金融危机爆发，香菇出口量骤减，香菇价格一落千丈，鲜菇低至0.67元/千克，菇贱伤农，香菇生产量大幅度下降。2001年，全县香菇生产量只有7000万袋，仅高峰时16500万袋的42%。产业生产方式的落后、市场运作的无序及菌林矛盾等问题凸现，香菇产业进入低迷时期。

2003年以来，庆元县就庆元香菇面临的形势、下阶段如何发展，开展大讨论，通过激烈和有序的讨论，县内各界有识之士达成共识，认为人们对食用菌价值认识的深化、真菌多糖广泛的应用前景等，都将为香菇提供更大的发展空间；香菇生产并非阔叶林剧减的主要因素，香菇与森林是可以和谐相处的；更为重要的是，香菇是庆元县的支柱产业，依然是庆元县农民收入的主要来源。因此，2004年，县委、县政府作出全面提升香菇产业的决策，并出台《提升庆元香菇产业，确保全国领先地位》的实施意见。在颁布实施“原产地域产品——庆元香菇”国家强制性标准的基础上，在全县范围大力推广标准化生产。

2010年，庆元香菇种植规模达9349.46万袋，全县20个乡镇均有种植。其中，种植规模超过500万袋的有 8 个乡镇，分别是松源镇 1113.88 万袋、黄田镇 611.7 万袋、竹口镇 506 万袋、荷地镇 940.45 万袋、左溪镇 550.33 万袋、五大堡乡 1266 万袋、岭头乡 982 万袋、合湖乡 515.35 万袋。全县 15 个乡镇有种植规模超过 50 万袋的村有 43 个。全县在册的食用菌生产经营专业合作社 64 家。香菇价格稳定，普通统菇价格 44—50 元 / 千克，产值 3.6 亿元。

2010 年庆元县主要香菇生产村生产规模一览表

表 13—1—1—1　　单位：万袋

乡镇	村	规模	乡镇	村	规模
合湖乡	合湖村	94.8	岭头乡	陈鉴坑村	115
合湖乡	三堆村	107.4	岭头乡	岗后洋村	82
合湖乡	久住洋村	102	屏都镇	朱村村	87.65
左溪镇	青竹村	82.4	屏都镇	坪洋村	63.6
百山祖乡	龙岩村	80	四山乡	砻头村	74.4
官塘乡	官塘村	54.1	松源镇	喜鹊村	110.7
官塘乡	际下村	65.1	松源镇	五四村	57.6
荷地镇	荷地村	235.2	松源镇	街尾村	94.9
荷地镇	底墅村	89.1	松源镇	姚家村	133.7
荷地镇	青社村	65.9	松源镇	周墩村	112.9
荷地镇	黄沙村	63.7	松源镇	上庄村	105.64
荷地镇	杨桥村	58.5	松源镇	坑西村	52.95
荷地镇	苏湖村	57.6	贤良镇	贤良村	56
黄田镇	黄坞村	54.6	贤良镇	溪沿村	58
黄田镇	葛田村	55.2	贤良镇	富林村	51
黄田镇	桐山村	132.7	贤良镇	青林村	70
黄田镇	双沈村	62.5	贤良镇	库源村	80
江根乡	箬坑村	89.1	张村乡	南阳村	95.42
举水乡	月山村	172.9	竹口镇	平岭岗村	54
举水乡	落岭村	195.6	竹口镇	上垟村	100
岭头乡	岭头村	75	竹口镇	大泽村	90
岭头乡	小际头村	193	—	—	—

2010 年庆元县食用菌专业合作社一览表

表 13—1—1—2

名称	注册时间	名称	注册时间
庆元县百山祖香菇专业合作社	2002 年 2 月 28 日	庆元县银锦粮食专业合作社	2009 年 4 月 9 日
庆元县森海吊瓜专业合作社	2005 年 7 月 7 日	庆元县绿乡园种养专业合作社	2009 年 4 月 20 日
庆元县山中来果菜专业合作社	2005 年 11 月 22 日	庆元县久久农产品专业合作社	2009 年 5 月 15 日
庆元县宏源农副产品专业合作社	2006 年 5 月 18 日	庆元县旺丰毛竹专业合作社	2009 年 5 月 18 日
庆元县巾子峰食用菌专业合作社	2007 年 1 月 19 日	庆元县谢氏农产品专业合作社	2009 年 5 月 19 日
庆元县兴安林业专业合作社	2007 年 2 月 9 日	庆元县同德食用菌专业合作社	2009 年 6 月 9 日

续表 13—1—1—2

名称	注册时间	名称	注册时间
庆元县逢源种植专业合作社	2007 年 5 月 25 日	庆元县顺发食用菌专业合作社	2009 年 6 月 12 日
浙江丰禾蔬菜专业合作社	2007 年 7 月 27 日	庆元县仙山菌果蔬专业合作社	2009 年 6 月 18 日
庆元县黄三笋竹专业合作社	2007 年 7 月 27 日	庆元县信合农产品专业合作社	2009 年 6 月 26 日
庆元县长丰香菇专业合作社	2007 年 12 月 27 日	庆元县农之源农产品专业合作社	2009 年 6 月 29 日
庆元县龙庆景香菇专业合作社	2008 年 1 月 31 日	庆元县高川源食用菌专业合作社	2009 年 7 月 21 日
庆元县万方农产品专业合作社	2008 年 3 月 21 日	庆元县云露富硒莲专业合作社	2009 年 7 月 30 日
庆元县山妞果蔬专业合作社	2008 年 5 月 21 日	庆元县绍元农产品专业合作社	2009 年 8 月 12 日
庆元县崧峰蔬菌专业合作社	2008 年 6 月 25 日	庆元县绿宝农产品专业合作社	2009 年 9 月 11 日
庆元县惠民农业专业合作社	2008 年 7 月 16 日	庆元县悠悠农产品专业合作社	2009 年 10 月 21 日
庆元县安泰竹笋产销专业合作社	2008 年 7 月 24 日	庆元县圣谷笋竹专业合作社	2009 年 12 月 3 日
庆元县夏源种养专业合作社	2008 年 7 月 29 日	庆元县绿神食用菌专业合作社	2009 年 12 月 11 日
庆元县四季丰农产品专业合作社	2008 年 8 月 8 日	庆元县大道食用菌专业合作社	2009 年 12 月 23 日
庆元县华宇食用菌专业合作社	2008 年 9 月 1 日	庆元县佳农种植专业合作社	2009 年 12 月 29 日
庆元县望家农产品专业合作社	2008 年 9 月 25 日	庆元县小吴农产品专业合作社	2010 年 2 月 2 日
庆元县森林王中药材专业合作社	2008 年 9 月 27 日	庆元县庆黄食用菌专业合作社	2010 年 2 月 25 日
庆元县万鸿农产品专业合作社	2008 年 10 月 28 日	庆元县盛民蔬菜专业合作社	2010 年 4 月 28 日
庆元县方格食用菌专业合作社	2008 年 11 月 14 日	庆元县大森林农副产品专业合作社	2010 年 5 月 25 日
庆元县康元菌菇专业合作社	2008 年 12 月 29 日	庆元县清泉食用菌专业合作社	2010 年 5 月 27 日
庆元县黄田灰树花专业合作社	2009 年 2 月 13 日	庆元县臻品轩食用菌专业合作社	2010 年 6 月 4 日
庆元县怡然林菌专业合作社	2009 年 2 月 19 日	庆元县乡野风农产品专业合作社	2010 年 6 月 23 日
庆元县庆峰木竹菌专业合作社	2009 年 3 月 6 日	庆元县山花农产品专业合作社	2010 年 7 月 14 日
庆元县龙峰食用菌专业合作社	2009 年 3 月 10 日	庆元县百庆农产品专业合作社	2010 年 8 月 2 日
庆元县福庆农产品专业合作社	2009 年 3 月 17 日	庆元县禾帝农产品专业合作社	2010 年 10 月 12 日
庆元县浙福种养专业合作社	2009 年 3 月 23 日	庆元县百源农产品专业合作社	2010 年 10 月 15 日
庆元县举水云屏农产品专业合作社	2009 年 3 月 23 日	庆元县天骄林业专业合作社	2010 年 11 月 22 日
庆元县人顶茶叶专业合作社	2009 年 3 月 31 日	庆元县玉奇农产品产销专业合作社	2010 年 12 月 13 日

第二节　菌种培育与科研

主要品种

241-4　由庆元食用菌科研中心育成，1995 年浙江省农作物品种审定委员会认定，2008 年通过国家审定。该品种子实体大叶型，朵形圆整，肉厚，菌盖直径 6—10 厘米，菌肉厚度 1.8—2.2 厘米，菌柄短而细，品质优，国外称之为“仿生菇”。出菇温度为 6—20℃，最适温度为 12—15℃，所产的香菇肉厚柄短，朵形圆整，组织致密，含水率低，折干率高，是脱水干制出口菇的主要品种。栽培模式选用低棚脱袋出菇，出菇高峰期在秋冬季，该菌株栽培季节弹性较大，高山区 1—4 月接种，低山区可 2—6 月接种，可避开农忙季节。该菌株是全国第一个被大面积推广应用的中低温型迟熟品种，管理技术容易掌握，产量高，是浙南闽北菇区应用最广泛的袋栽香菇主栽品种。

庆元 9015　由庆元食用菌科研中心育成，1990 年从庆元段木香菇老栽培场采集子实体，经组织分离筛选育成。1998 年浙江省农作物品种审定委员会认定，2008 年通过国家审定。该品种子实体朵形圆整，

图 13-1　香菇品种 241-4（县食用菌管理局供　摄于 2010 年）

图 13-2　香菇品种庆元 9015（县食用菌管理局供　摄于 2010 年）

盖大肉厚，产量高，菌盖直径 4—14 厘米，菌柄长 3.5—5.5 厘米，不易开膜，易形成花菇。属中温型品种，适宜出菇温度 8—22℃，最适温度 14—18℃，培养条件适宜时，菌棒接种菌龄 90 天左右可使香菇正常发生。接种期弹性较大，3—8 月之间均可接种，9 月下旬至翌年 5 月出菇。不同接种期菌棒的香菇产量无明显差异，但 5—7 月接种的菇木香菇朵形较均匀。该品种最大优点是抗逆性强，是所有代料香菇的品种中耐高温能力最强的品种。栽培模式为高棚层架栽培花厚菇，培养料含水量宜略高一些为好（60%—63%），越夏管理置于室外菇棚较适宜，菌棒转色宜稍深稍厚，利用震动拍打法催蕾具有良好的效果。

L135　该品种子实体中型，菌肉肥厚，菌盖圆整内卷，不易开伞，盖面茶褐色有鳞毛，菌柄上粗下细且较短，畸形菇少，商品价值高，花菇比 939 容易形成。花菇比例高，阴雨天通过适当管理尚可形成茶花菇，是一个适于花菇培育的优良菌株。出菇温度 6—18℃，最适温度 9—13℃，产菇期 11 月—翌年 3 月，出菇高峰期 12 月—翌年 2 月，始菇期比 939 迟。在生产管理上，菌棒含水率不宜过高，转色时菌皮不应太厚，培菌过程中要多刺孔通气，促进生理成熟，并要遮光培养。该菌株即使在适宜的条件下也要 100 天以上才能正常出菇，菌棒接种菌龄保持 200 天以上有利于香菇发生，在高海拔地区适宜的栽培季节为 3 月上旬—4 月中旬；低海拔地区适宜的栽培季节为 3 月中旬—4 月下旬，并要注意越夏管理。该菌株抗逆性略弱，含水率高的菌棒易烂筒，香菇发生也难，菇体含水率比 939 高且软，因此，选用 L135 要注意以下三点：⑴菌棒制作时含水量宜低不宜高，控制在 56% 以下；⑵室内遮光培养，转色不宜厚，花白相间最适宜；⑶有零星菇发生再排场。宜选用高棚层架栽培花厚菇的栽培模式。

图 13-3　香菇品种 L135（县食用菌管理局供　摄于 2010 年）

图 13-4　香菇品种庆科 20（县食用菌管理局供　摄于 2010 年）

庆科 20　2005 年浙江省农作物品种审（认）定委员会审定，2010 年通过国家审定。属中温偏低型中熟品种，由庆元食用菌科研中心育成，适宜熟料袋栽，对培养料含氮源的需求量大，培养料含水量60—65%；菌丝生长适宜温度23—26℃，出菇温度8—22℃，最适温度14—18℃；栽培周期为春夏栽培，秋冬出菇；原基形成不需要温差刺激，子实体分化时需6—8℃的昼夜温差刺激；菇潮明显，潮间隔期7—15天。花菇折干率为4.3—6.1∶1，普通菇折干率为8.1—9.6∶1，收缩率为28.5%—34.3%。子实体致密、耐贮存，鲜菇口感嫩滑清香，干菇口感柔滑而浓香。庆科20栽培性状稳定、产量高、品质优、商品性好、抗性较强、适应性广，适宜高棚层架栽培花菇和低棚脱袋栽培普通菇。

胶囊菌种

香菇胶囊菌种由日本人最先研究并在椴木香菇上大面积应用。2000年庆元县全国劳模吴克甸从韩国引进该项技术并着手研究该技术在代料香菇上的应用。2002年后，庆元食用菌科研中心接手该项目的研究，并与丽水市食用菌科研开发中心开展合作，在引进日、韩技术的基础上，结合我国代料香菇生产模式加以改进、完善和创新，研发成功代料香菇胶囊菌种繁育技术。庆元食用菌科研中心于2003年开始开展国产化胶囊菌种生产技术研究，通过四年的努力，取得重大创新与突破，自主研制成功胶囊菌种生产机械与塑料蜂窝板底盘，实现胶囊菌种的完全国产化生产目标。这一技术突破，使得胶囊菌种制作材料成本比进口材料节约50%左右，为规模化、产业化开发提供保障。

2005年12月15日，由庆元食用菌科研中心主持承担完成的丽水市农业丰收计划项目“香菇胶囊菌种推广应用”顺利通过验收。市、县专家组成的验收组一致认为，该项目实施单位已完成项目计划的各项指标，达到全市同类项目的领先水平。

科研机构

庆元食用菌科研中心 1979年成立，是专业从事食用菌育种驯化、栽培研究、新资源开发、科技成果转化及产品研发、对外技术服务的专业机构。2010年，发展成为浙江省重点实验室和试验基地——浙江省食用菌开发中试基地、浙江省食用菌一级种定点生产单位、浙江省农科教结合示范区食用菌科教基地，是国内最大的食用菌原种生产供应单位。

1990—2010年庆元食用菌科研中心主要成果一览表

表13—1—2—1

成果名称	奖项	主持和承担单位
优质高产香菇配套新品种沪农1号、82—2	1990年农业部科技进步奖二等奖	庆元食用菌科研中心
241—4香菇菌株的选育	1994年度浙江省科技进步二等奖	庆元食用菌科研中心
代料栽培花菇技术研究	1996年度浙江省科技进步二等奖	庆元食用菌科研中心
香菇新菌株“庆元9015”选育与推广	1999年浙江省科学技术奖三等奖	庆元食用菌科研中心
高棚层架代料栽培花厚菇技术	2000年全国食用菌行业十佳优秀科技成果奖（第一名）	庆元食用菌科研中心
香菇省力高效新型栽培技术	2001年丽水市科技进步奖一等奖	庆元食用菌科研中心
香菇栽培基质资源开发利用	2003年度省科学技术奖二等奖	丽水市食用菌研究开发中心
代料香菇新资源开发与病虫害综合防治研究	2004年丽水市科技进步奖二等奖	庆元食用菌科研中心
香菇新菌株“庆科20”选育研究	2005年浙江省科学技术奖二等奖	庆元食用菌科研中心
香菇有机栽培技术研究与开发	2006年丽水市科技进步奖三等奖	庆元食用菌科研中心
代料香菇周年栽培技术开发与推广研究	2007年浙江省科学技术奖二等奖	浙江寿仙谷生物科技有限公司、庆元食用菌科研中心等

续表 13—1—2—1

成果名称	奖项	主持和承担单位
香菇育种新技术的建立及新品种选育	2008 年国家科技进步二等奖	上海农科院食用菌研究所、庆元食用菌科研中心、浙江寿仙谷生物科技有限公司等
食用菌标准化生产新模式研究与应用	2008 年丽水市科技进步奖三等奖	庆元食用菌科研中心
食用菌生产质量控制体系研究及应用	2008 年浙江省科学技术奖三等奖	浙江省农科院质标所、庆元食用菌科研中心
短轮伐期菇木林培育技术研究与开发	国家林业局科技进步三等奖	浙江省林科院、庆元食用菌科研中心等

第三节　香菇生产设备

20 世纪 90 年代，代料香菇快速发展，机械需求增加，出现专业从事食用菌机械研究与生产人员和企业。但产品还是以小型机械设备为主，如装袋机、木屑粉碎机、烘干机头、蒸汽发生炉等。2000 年后，开始出现拌料机、大型拌料装袋机等，随着劳动成本提高，自动、半自动的机械设备需求增加。同时政府扶持农业的力度增加，各地兴起建设生产示范基地，专业生产大户不断增加，对提高生产效率、减省劳动力的设备要求越来越多，开始出现较多的自动、半自动机械和大型的设备。食用菌机械产业进入大发展时期。

木屑粉碎机

木材切片机　将适切树木、枝桠等加工成一定厚度的木片，将木片粉碎成所需细度的木屑，作为食用菌代料栽培的主料。

木片粉碎机　粉碎木片、谷粒、各种农林副产品和矿物质，如稻麦草、树叶、颖壳、玉米秆、豆秆、玉米芯、贝壳等。

木材锯粉机　俗称木糠机。能一次性将木材、枝桠粉碎成一定粒度的木屑。

杀菌设备

一般采用湿热灭菌法，利用饱和的水蒸气所遇到待灭菌物料冷凝时释放出大量潜热的物理特性，对物料进行加热，使存在培养料中的杂菌及其芽孢的蛋白质受热凝固变性，进而达到灭菌的目的。

常压灭菌灶　也叫土灶，刚开始代料香菇生产时就用土灶，由家乡砌灶师傅做，利用外部燃料加热锅内水产生蒸汽对料棒进行加温，达到灭菌目的。灭菌灶由铁皮焊制，也有的用砖块水泥制作，还有的用木柱木板塑料膜铁锅制作。

高压灭菌灶　高压灭菌采用一定的蒸气压力和较高的温度，需要有一定的耐压、密封的容器。为承受工作压力，确保使用安全，容器均采用一定厚度的钢板制成，并按规定检验程序和项目，经耐压检验合格后才能出厂。高压灭菌设备根据容器的外形，可分圆筒式和方形两种。根据容器安置的形式，可分立式、卧式和手提式；根据灭菌设备是否能产生高压蒸气来分，可分为锅和器；根据灭菌锅使用的能源，可分电热型、燃油型、煤型和柴型。

接种设备

装袋机　将拌和后的固体培养基装填入培养容器、菌种瓶或菌种袋内，以便灭菌后接入菌种，发菌长满菌丝体。

接种箱（无菌箱） 接种箱可分单人接种箱和双人接种箱。接种箱一般是木质结构，利用杉木、三合板、玻璃、布袖筒等组成，箱体安装有进出料活动的玻璃窗，镶嵌透明玻璃，箱内四周光滑、清洁，为科研密闭的木制小箱，便于熏蒸消毒，在箱内进行无菌操作。

净化工作台 俗称超净工作台，它是提供局部高净度工作环境的一种设备。

新型设备

2008年，庆元县食用菌机械使用量合计27505台，包括杀菌设备、接种设备、粉碎机、菌包生产流水线等。2009年、2010年全县机械使用量与2008年基本持平。2010年，浙江省农业厅、浙江省财政厅联合出台《关于2010年机械购置补贴的实施意见》，庆元县菇星节能机械有限公司生产的桑枝条粉碎机、小型自走式拌料机、微电脑控制多功能装袋机、半自动电磁离合装袋机和食用菌菌棒扎口机列为补贴产品。

冲压装袋机 可用于木生食用菌如香菇、木耳、灵芝、金针菇等代料栽培和制种生产时颗粒状培养料的袋装作业，生产效率高，装袋质量稳定，适用于中等规模以上食用菌专业合作社、大中型工厂化食用菌生产基地。

图13-5 小型装袋机（县食用菌管理局供 摄于2010年）

图13-6 微电脑控制多功能装袋机（县食用菌管理局供 摄于2010年）

桑枝条粉碎机 用于将桑（果树）枝条、木柴等粉碎成适用于食用菌生产的颗粒状原材料的机器。粉碎颗粒大小适中，生产效率高、结构简单、操作方便。

自走式小型拌料机 适用于从事食用菌生产的中小型规模用户及单户使用。

微电脑控制多功能装袋机流水线 自动计数同时可自动搅拌，自动输送物料，直接显示生产数量，适用于中等规模以上食用菌专业合作社、大中型工厂化食用菌生产基地。

第四节 香菇生产标准

制定

2002年，庆元县在全国率先实施香菇标准化生产为核心内容的原产地域产品保护的名牌战略。促进传统优势产业接轨现代农业，接轨国际市场规则，以优质、诚信、绿色、无公害打造传统名优品牌，提升产业层次，落实国务院“提高‘菜篮子’产品的质量卫生安全水平”“加大‘菜篮子’产品生产环节监管力度，从源头上保证产品安全卫生”的指示，从容应对“绿色壁垒”和“技术壁垒”。2002年，出台《庆元县人民政府办公室转发县食用菌办公室关于实施香菇标准化生产提升食用菌产业意见的通知》（庆政办发〔2002〕6号），同时制定推出“庆元香菇”系列地方标准，由县质量监督局向国家质检总局申请“庆元香菇”原产地域产品保护，顺利通过审查。2003年，“原产地域产品——庆元香菇”国家强制性标准颁布实施。此后，县政府出台《庆元县香菇系列标准实施规范》，在全县范围大力推广标准化生产。经长期酝酿，2005年，县政府出台《关于实施香菇生产114计划的意见》，提出要遵循政府推动、市场引导、企业带动、农民实施的思路，引导香菇生产走大户栽培、适度规模经营的路子。

图13-7　五大堡乡二十五筛食用菌基地（县食用菌管理局供　摄于2005年）

标准化生产基地

2006—2009年，全县共建立香菇标准化生产核心示范基地24个、示范村55个，通过商检出口备案食用菌基地26个，示范生产规模达到14400万袋，面上推广标准化生产规模33000万袋。2010年，基本完成政府十件实事项目——新建同济新村100万袋标准化香菇基地。项目实施主体为县长丰香菇专业合作社。根据集聚化、集约化、标准化、机械化、工厂化的原则和“两头集中、中间分散”的模式，在松源镇东瓜源（同济新村附近）建设100万袋标准化香菇生产基地（其中新建基地60万袋）。

图13-8　长丰香菇专业合作社庙下基地（县食用菌管理局供　摄于2007年）

2010年庆元县香菇标准化生产核心示范基地分布一览表

表13—1—4—1

基地名称	地址	生产规模	联建企业
二十五筛	五大堡乡	40万袋	益农公司
百兴农场	竹口镇黄坛村	80万袋	百兴食品公司
良种场基地	松源镇良种场	200万袋	康元食品公司
举水夏菇	举水乡举水村	80万袋	三江源公司
上洋基地	五大堡乡上洋村	30万袋	江源菇品公司
竹山基地	五大堡乡竹山村	50万袋	绿尔佳公司
后奔基地	五大堡乡上洋村	40万袋	—
高大基地	五大堡乡高大村	40万袋	山辉食品
库山基地	张村乡库山村	50万袋	大山菇业

续表 13—1—4—1

基地名称	地址	生产规模	联建企业
富楼源基地	岭头乡富楼源村	40万袋	—
下庄基地	岭头乡下庄村	30万袋	海通集团
东岱基地	五大保乡东岱村	30万袋	英标菇品
高住基地	荷地镇高住村	50万袋	嘉佳公司
水车洋基地	五大堡乡水车洋	30万袋	三江源公司
栗树洋基地	荷地镇栗树洋村	40万袋	百山祖合作社
庙下基地	松源镇庙下村	130万袋	长丰合作社
库源基地	贤良镇库源村	60万袋	宏建菇品
大泽基地	竹口镇大泽村	40万袋	浙江益圣
杨家庄基地	岭头乡杨家庄村	60万袋	方格药业
坑里基地	屏都镇坑里村	40万袋	宏建菇品
大毛湾基地	松源镇大毛湾	60万袋	斯大菇品
喜鹊基地	松源镇喜鹊村	120万袋	三江源公司
樟下基地	五大堡乡樟下村	80万袋	森龙菌蔬
底墅基地	荷地底墅村	80万袋	海天菇业

第二章　香菇加工与销售

20 世纪 90 年代以前，庆元香菇一般经过粗加工，延长香菇保质期，利于保藏和长途运输，或者加工成罐头等初级产品，产品附加值不高。20 世纪 90 年代后，庆元县开始研发食用菌精深加工技术。随着食用菌加工企业的增多，研发资金投入不断加大，香菇深加工、精加工产品也越来越多，产品附加值不断提高。庆元香菇贸易也逐渐向以出售干、鲜香菇为主，香菇保健品、香菇食品等深加工产品为辅转变。

第一节　香菇加工

加工提升

20 世纪 90 年代以前，庆元县香菇加工主要是采用晒干烘干、盐渍、罐头加工、鲜菇冷冻脱水等方法，延长香菇的保藏时间和方便运输等。

20 世纪 90 年代初期，庆元县为提升产品竞争力和产品附加值，尝试开发食用菌精深加工产品。1991 年，县食用菌研究所从灰树花中提取抗癌物质，制成 PEF 胶囊和保福达口服液，产品命名为保力生胶囊。

20 世纪 90 年代中叶，庆元县食用菌加工企业越来越多，尤其是民营企业的兴起，产品研发投入不断增加，加工产品类别也越来越多，有香菇加工品，如香菇片、香菇松、香菇汤料、香菇细粉、香菇酱、香菇即食食品、香菇酱油，香菇成分提取产品，如香菇多糖、香菇精等。

加工企业

庆元县微生物制品厂　1992 年 5 月成立，全民企业，隶属县科委。该厂与浙江省医科大学协作，从灰树花、香菇中提取多糖，产品有保力生银耳罐头、保力生口服液、保力生快餐添加剂、PEF 胶囊等，保力生系列保健食品在萧山召开的全国科技展览会上获金奖。1993 年，经浙江省药政管理局批复，组建浙江方格医药保健品公司。

浙江方格药业有限公司　（参见第十五篇工业）

浙江百兴食品有限公司　位于五都工业园，1996 年成立。公司为菌类食品的产业链企业，有较完善的循环产业链的架构。产品有即食方便食品、休闲食品、调味品、菌类健康食品、真菌提取物。旗下拥有深山菇、春山夏木、百山祖、咕咚菇冻 4 个子品牌，分别为有“深山菇”干品系列、“春山夏木”有机系列、“百山祖”菇酱系列、“咕咚菇冻”休闲系列。属省级骨干农业龙头企业，是浙江农产品加工示范企业，“百兴”商标为浙江省著名商标、浙江名牌产品、浙江省知名商号。2008 年，“百兴”商标被评选为中国驰名商标。2009 年，成立行业内科研实力领先的企业食用菌研究中心，是首批丽水市市级博士工作站（与台湾南台科技大学联合创建）

浙江庆元康元食品有限公司　位于洋墩路，1997 年成立。公司是集食用菌工、贸于一体的股份制企业。公司主要产品有食用菌精加工品（食用菌丁、粉、丝）、食用菌菌捧、方便食品、调味品等配料品，产品大部分供出口。2002 年，被外经贸部赋予进出口权；2002 年，“您信”牌食用菌获得“浙江省绿色农产品”证书。

庆元县绿尔佳食品有限公司　位于东山垟工业园，2004 年成立。公司是集种植、研发、加工、销售于一体的现代化食用菌深加工企业，通过 HACCP 体系认证、有机产品认证和 SC 认证。产品有香菇粉、灰树花粉、猴头菇粉、姬松茸粉、黑木耳粉、平菇粉、牛肝菌粉、双孢蘑菇粉等食用菌细粉，香菇、黑木耳、灰树花、茶树菇、猴头菇、姬松茸、银耳、鸡腿菇、杏饱菇、牛肝菌等食用菌干品，干品松茸、干品牛肝菌、干品黑松露、干品鸡油菌、干品羊肚菌等野生菌干品，牛肝菌细粉、松茸细粉、黑松露细粉等野生菌细粉，香菇小包装、黑木耳小包装、茶树菇小包装、雪花银耳小包装等菌菇小包装。2010 年，公司员工 20 人，产值 360 万元。

浙江大山合菇业有限公司　（详见第十五篇工业）

庆元县益尔食品有限公司　位于会溪工业园区，2005 年成立。公司专业生产加工香菇柄、香菇干品、香菇细粉等食用菌以及食用菌胶囊产品，年营业额 500 万—1000 万元。

第二节　香菇销售

香菇贸易

20 世纪 90 年代初期，庆元县香菇贸易仍以国营与集体经营为主，但是民营个人和企业已经越来越多。由县、区、乡供销社，乡镇企业，外贸公司，食用菌开发公司，香菇产销公司，县供销社香菇产销合作社和菇品实业公司等 28 个单位在县内设点收购并分别在北京、天津、上海、济南、无锡、南通、杭州、宁波、温州、厦门、广州、深圳等十多个城市销出和通过省外贸公司出口。这些单位每年约派出二三百人的供销队伍，在全国各地推销香菇，组织原材料供应。1991 年，在县城新建路设行、设店、设摊购销的个体户有 111 家，同时有 2000 多人的菇贩队伍跋山涉水、挑箩带秤下乡挨户收购。这些个体经营者走南闯北，活跃在全国十多个城市和 200 多个产地县、市，购销量约占市场总购销量的 40%。20 世纪 90 年代中期以后，民营企业尤其是大型加工、贸易企业逐渐兴起，取代国有企业与集体企业、个体户在香菇贸易中的主体地位，带动香菇产业贸易发展。

20 世纪 90 年代以前，庆元县香菇销售主要以干品销售为主，到 20 世纪 90 年代，庆元县开始香菇鲜品销售。1992 年，庆元县香菇产销公司最先经营鲜菇出口。该公司集资 50 万元，在县城学后路建成鲜菇冷藏库 1 座，购置冷藏车 2 辆，向产区收购菇蕾未全绽和菇膜尚完好的鲜菇 16 万千克，经筛选并用泡沫箱包装，由上海空运日本，获利较厚。1993 年，该公司鲜菇经营业务大增，除县城外，岭头、荷地、举水、蓬桥、黄田等地都陆续建起冷藏库，参与经营的单位还有县物资局、县供销社、庆华食用菌联合公司、荷地供销社、岭头乡实业公司、县食用菌开发公司、浙南菜果冷冻实业有限公司以及一些个体香菇经营户等，他们有的独营，有的与福建省古田、罗源等县的菇商联营。1993 年，全县鲜菇出口量逾 100 万千克。其中浙南菜果冷冻实业有限公司（黄田）是采用真空冷冻脱水，技术先进，香菇经此法处理后，色、香、味与鲜菇一样，加之包装精美，具有广阔的外销前景。到 21 世纪，庆元县的鲜菇销售占比达香菇产量的 1/10，主要经营企业有浙江三江

图 13-9　庆元香菇市场（陈士平　摄于 2008 年）

源农业发展有限公司、浙江江源菇品有限公司、庆元县斯大食用菌有限责任公司等。

2010年，庆元香菇销售仍以干香菇为主，鲜香菇占比不断提高，主要销往韩国、日本、越南、美国、新加坡、英国、德国、法国、意大利、塞尔维亚、瑞士、奥地利、西班牙、以色列、荷兰、波兰、俄罗斯、比利时、乌克兰、捷克、阿根廷、加拿大、印度、马来西亚、巴西、黎巴嫩、新西兰、泰国、印尼、南非等国家和中国香港地区。2010年，庆元香菇出口金额854万美元；干牛肝菌出口金额188万美元；干木耳出口金额181万美元。

香菇贸易市场

庆元香菇市场　位于县城西北隅，始于1985年，当时在县城新建路香菇临时交易市场做香菇生意的个体户只有13家，年销干菇仅几万千克。随着袋料香菇生产的快速发展，越来越多的农民介入香菇流通领域，县政府审时度势，于1991年由县工商局、县供销社、汽运总公司集资兴建占地面积16153平方米、建筑面积22392平方米、总投资1600万元、店铺370间的香菇市场。主营香菇，兼营银耳、木耳、灰树花、牛肝菌等食用菌系列产品30多种，是全国最大的香菇专业批发市场和浙西南地区最大的农副产品冷藏中心。

香菇贸易企业

庆元县万成实业有限公司　位于教场路，1989年成立。公司以“庆元香菇”为龙头的食用菌干品系列、高山生态特色农产品系列等，与200多户菇农建立“公司＋农户”的网络，并与国内20多个省市自治区及国际同行建立长期的合作关系。2005年，投资创办庆元县万成农产品仓储冷藏中心，中心占地面积5170平方米，建筑面积13000平方米，拥有设备先进的低温冷库和各类大小标准仓库12000平方米。

庆元县华夏菇品有限公司　位于香菇市场，1995年成立。公司主要经营香菇等食用菌系列产品，有深加工、精选、精包装产品“富根”牌花菇、厚菇、薄菇、牛肝菌、灰树花、姬松茸、竹荪、鸡腿菇、长根菇、杏鲍菇、黑木王军等30余个品种，产品远销美国、日本、韩国、东南亚等国家和地区，在全国主要大中城市设有销售点。

浙江江源菇品有限公司　位于东山垟工业园，1996年成立。公司集食用菌生产、加工、销售为一体，主要经营香菇、木耳等食用菌系列产品。产品主要销往日本、韩国等东南亚及欧美等国家。公司通过ISO9001：2000、HACCP国际食品安全体系认证、QS国家质量安全认证、GAP良好农业规范认证等。2010年，公司员工60多人，资产3903万元，销售的香菇、黑木耳、茶树菇等干品食用菌100多万千克，销售收入2673万元。

浙江英标菇品有限公司　（参见第十五篇工业）

庆元县斯大食用菌有限责任公司　（参见第十五篇工业）

浙江庆元千百川食品有限公司　位于北门工业园，2003年成立。公司主要从事开发精品食用菌小包装产品，以优良的品质和美观的包装赢得市场，产品布及北京、杭州、义乌、上海、宁波、广州、南昌等30多个城市，该公司为雀巢公司、康师傅等公司的供货商。

浙江三江源农业发展有限公司　位于东山垟工业园，2004年成立。公司主要发展高效生态农业，集农产品种养、加工、销售于一体。致力于开发无公害、绿色、有机农副产品基地。其中，喜鹊基地被农业部认定为无公害食用菌生产基地。公司下属的庆元县斯大食用自富有限责任公司专业经营干鲜香菇。

第三章　菇民

1949年10月，中华人民共和国成立后，庆元县从事香菇生产的人口逐年增加。1997年庆元县从事香菇生产的人口达到历史顶峰。之后，随着香菇技术的推广和农村人口流动，全县菇民逐渐减少。2010年，全县从事食用菌生产农户仅占农村总户数的14.93%。

随着香菇经济的发展，菇民组织也不断壮大。1952年，县农民协会召开第一次菇民代表大会，成立庆元县菇民协会。1956年，庆元县菇民协会更名为庆元县菇民委员会。1984年10月，庆元县菇民委员会改为庆元县香菇生产协会。1998年4月，庆元县香菇生产协会更名为庆元县食用菌协会。

第一节　菇民人口

清代，庆元县的菇民区基本上固定在庆元东部、东北部、西北部。1953年，根据县政府《菇情调查》，全县42个乡有25个乡属菇民区。其中，东部有荷地、杨桥、漈东、岭头、西溪、八炉、东山、青竹、举水、落岭、周墩、竹坪、杨石、蒙西、左溪15个乡，各乡约60%—75%的人口从事香菇生产；东北部有石湖、东乔、合湖、南洋、竹山、斋郎6个乡，各乡约43%—65%的人口从事香菇生产；北部和西部有四山、和山、三坑、南坑4个乡，各乡约50%—70%的人口从事香菇生产。

1992年，全县20个乡镇中，有岭头、荷地2个香菇专业乡、镇，78个香菇专业村，1000余户香菇专业户，把制菇作为一项家庭副业的农户则占农户总数的60%以上。1994年，全县制菇农户27059户，占农户总数的65.1%，从事省外段木制菇的有2000户，占农户总数的4.9%；从事菌种生产供应有164户，占农户总数的0.4%；从事菇木糠加工有285户，占农户总数的0.68%；从事脱水烘干设备供应维修有215户，占农户总数的0.5%；从事筒袋加工有60户，占农户总数的0.14%；从事香菇购销有1900户，占农户总数的4.6%；从事香菇运输有200户，占农户总数的0.48%；从事饮食服务有180户，占农户总数的0.43%。1997年，全县制菇农户3.6万户，约占农户总数的80%，是食用菌从业人员最多的年份。

随着制菇技术向全国推广和庆元农村人口外出，庆元县制菇农户逐年递减。2005年，全县食用菌生产农户10313户，全县制菇农户除安南乡、龙溪乡、隆宫乡3个乡镇外，其他乡镇都超过200户，其中黄田镇、竹口镇、松源镇、荷地镇、五大堡乡、合湖乡、岭头乡超过500户。2010年，全县食用菌生产农户约为8000户，占农户总数的14.93%。

第二节　菇民组织

浙江菇业会馆（浙江会馆）

庆元菇民在县外谋生，人地两疏，于是建立组织，以保护生命财产安全。最早的菇民组织是成立于清光绪二十二年（1896年）设在福建省建瓯县城内的浙江菇业会馆（又称浙江会馆）。民国初年，庆元、龙泉、景宁三县菇民联合在闽、赣、皖、桂等省100多个县（市）成立浙江同乡会和菇业公会，并在福建省南平设立浙江会馆作为各菇业公会中心机构，公会协同当地政府仲裁、调处涉及菇民生命、财产案件。民国36年（1947年），浙江会馆解体后，竹坪村人胡睦臣在福州组建浙江菇业公会，直至福州解放前夕解散。

庆元县菇民代表大会

中华人民共和国成立后，县政府为加强菇业生产的领导，于1951年冬设立庆元县临时菇民协会（隶属县农会），按地域和菇民人数设置14个驻外菇民分会，由各乡政府抽调干部担任各分会领导，分赴外省领导全县4325个菇厂、34个代销所、3个合作社。1952年10月，第一次庆元县菇民代表大会召开，成立庆元县菇民协会，各驻外菇民分会的管辖范围、名称不变。合作化和人民公社化后，放松对香菇生产领导，停止派出驻外分会，县菇民协会亦随着并县而消失。1982年9月，第二次县菇民代表大会召开，县菇民协会改称县菇民委员会，各驻外菇民分会改成办事组，并在福建省南平市设中心办事处，对菇民的管理工作恢复正常。县菇民委员会负责签发菇民证，帮助联系生产资源、报批采伐计划、协助解决山场纠纷、通报产销和科技信息等。1984年9月，第三次菇民代表大会召开，县菇民委员会改称庆元县香菇生产协会，会员4900多人。1989年8月，第四次县菇民代表大会召开，恢复县菇民委员会名称。是年，由丽水地区行署组织庆、龙、景、云四县各设驻外办事机构，庆元县的办事机构设在邵武市，管理南平、三明、龙岩、漳州、赣州等地区1万多名菇民。

庆元县食用菌协会（庆元县香菇生产协会）

1984年9月，庆元县菇民委员会改称庆元县香菇生产协会。1994年10月，庆元县香菇生产协会第二届理事会召开。1998年4月，庆元县香菇生产协会更名为庆元县食用菌协会，是经县民政局登记注册的具有独立法人资格的全县性行业社会团体。1998年4月，庆元县食用菌协会第一届会员代表大会召开。2007年9月28日，中国食用菌协会香菇分会在庆元成立。2009年4月29日，庆元县食用菌协会第六届会员代表大会召开。

庆元县食用菌协会是县级社团组织的一级行业协会，由县内从事食用菌生产、加工、流通、科研、教学、消费领域的法人和自然人自愿联合组成的行业性社会组织，属非营利性社团法人，有单位会员和个人会员200余个。宗旨是以团结、分享、共赢的理念，承传庆元香菇历史文化，推动地方品牌建设和庆元菌菇行业的发展，维护会员的合法权益，推动庆元食用菌行业的转型升级。协会主要开展行业情况调查和研究工作，协助政府主管部门进行行业管理；制定行规行约，搞好行业自律，维护公平竞争，建立和维护正常的生产、经营和市场秩序；组织行业信息交流，办好会刊和网站，为会员和行业提供信息和咨询服务；加强对外交流与合作，促进企业开展对外贸易活动；发展餐桌经济，宣传普及食用菌食用价值、食用方法和科学知识，拓宽市场，引导消费，提高人民的健康水平。

第四章　香菇产业

1994—1999年，“庆元香菇”品牌先后获北京第五届亚太国际贸易博览会金奖、韩国第三届国际各行业产品畅销博览会金奖、国际农博会名牌产品。2002年，“庆元香菇”被国家质量监督总局批准为国家原产地域保护产品。2005年，“庆元香菇”品牌被评为全国食用菌行业最具影响力品牌之一。2006年，“庆元香菇”被评定为“浙江十大名菇”“中国十佳农产品品牌”。2009年，“庆元香菇”证明商标获最具竞争力的地理标志商标。2010年，中国农产品区域公用品牌价值评估课题组评估“庆元香菇”品牌价值43.78亿元，居全国食用菌类品牌首位。

第一节　香菇品牌建设

管理机构

庆元县食用菌办公室　1987年2月12日，庆元县食用菌生产领导小组成立，协调全县食用菌的产、供、销及产前、产中、产后服务工作。领导小组下设办公室，称庆元县食用菌办公室。主要职能为食用菌产业组织、管理和协调；负责标准化生产的推广；生产、流通、加工各个环节项目的引进、包装、申报和项目实施的监督、验收；进行产业调查、研究；“庆元香菇”品牌建设、“庆元香菇”原产地域保护产品和“庆元香菇”证明商标的使用管理。2010年，县食用菌办公室撤销。

庆元县食用菌管理局（县食用菌科研中心）　2010年，庆元县食用菌管理局（县食用菌科研中心）组建，与县食用菌科研中心合署办公，并撤销庆元县食用菌办公室。内设机构4个，为办公室、产业管理科、研究所、技术推广站。庆元县食用菌管理局职能包括贯彻落实国家、县委、县政府有关食用菌产业政策，研究提出全县食用菌产业发展战略、政策建议，并组织实施；研究制订食用菌产业中长期发展规划，引导食用菌产业结构合理调整、资源合理配置；参与食用菌产品流通、精深加工，以及食用菌机械、原辅材料的开发管理与服务；负责食用菌产业对外宣传、交流与合作；负责食用菌行业管理，包括食用菌菌种管理、生产投入品管理和标准化生产管理；负责食用菌品牌建设；负责食用菌新品种选育、新技术新产品的研发与推广；负责《中国食用菌网》等信息体系建设；负责庆元县食用菌协会的日常工作；履行科右前旗办事处职能；承办县委、县政府及主管部门交办的其他事项。

香菇产业政策

《关于菇木林资源建设实施意见的通知》　1993年6月25日，庆元县第十一届人大常委会第一次会议根据人大代表联名提出的“加快我县菇木林基地建设”议案，作出《关于加强、加快我县菇木林基地建设的决议》。为尽快落实县人大决议，早日建成50万亩菇木林基地，确保庆元香菇生产长盛不衰，经县长办公会议研究，对菇木资源建设提出实施意见。实施意见指出，菇木林的培育和建设，是整个中国香菇城建设的重要组成部分，是关系到庆元香菇这一支柱产业能否持续发展，关系到全县人民能否尽快致富、实现小康的一件大事，因此要充分认识庆元菇木资源建设的重要性和紧迫性；要加强领导，落实菇木资源建设工作责任制；落实菇木资源建设资金，增加菇木资源建设的投入，计划每年筹措60万—100万元资金专项用于菇木林的培育和建设；采用“封、管、造”相结合办法，加快菇木林基地建设；减少菇木消耗，推广节柴技术，保持菇木消耗与生长基本平衡。

《浙江省庆元国家级食用菌星火支柱产业发展规划及总体实施方案（1996—2000年）》 1995年12月，由县科学技术委员会编制，县政府发布实施。为使庆元食用菌产业在“九·五”期间按“高科技含量，高附加值，高商品率，高市场占有率”的原则和方向发展，特制定本发展规划。制定总体目标：到2000年，支柱产业实现年产值25亿元以上，科技进步贡献率在50%以上，创造2万个农村劳动力就业岗位。实现农村城镇化、农（产）业现代化、农民奔小康的战略目标。

《庆元县人民政府办公室转发县食用菌办公室关于实施香菇标准化生产提升食用菌产业意见的通知》 2002年开始在全县范围内逐步实施“庆元香菇”的标准化生产，以标准化生产接轨现代农业，提升产业层次，以信用、绿色、无公害保护原产地域产品的传统声誉，取信于国际市场，提高食用菌产业的经济效益。要求有关职能部门配合，在全县上下形成“标准化”共识，共同致力实现产业提升的预期目标。

《关于提升庆元香菇产业　确保全国领先地位的实施意见》 2004年，县委、县政府提出在二次创业中全面提升庆元香菇产业，确保全国领先地位，具有重要的现实意义和深远的历史意义。提升庆元香菇产业是历史的选择，是提高市场竞争力的需要，是应对国际市场各种壁垒的重要手段，是提高香菇效益和增加农民收入的主要途径，是弘扬香菇文化的有效举措。要正确认识提升庆元香菇产业的内涵，提升香菇产业不是简单的提高产量，而是要在稳定适当规模的基础上进行全面提升，要通过研发，使庆元香菇高新技术的应用走在全国的前沿；通过品牌宣传，打响“中国香菇城”和“原产地域产品”两块牌子；通过标准化生产提高产品竞争力；通过提高加工品占有率和促进终端销售增加效益，使菇农分享加工、流通环节的利润；通过文化与产业相结合，使庆元香菇提高文化品位；通过菇木林培育，促进香菇产业与生态环境建设协调发展，要始终以领头雁的高度，使庆元香菇产业保持全国领先发展。

《庆元县人民政府关于实施香菇生产“114”计划的意见》 2005年始，根据产业布局在全县建设100个香菇标准化生产核心基地，发展规模生产示范户（场）1000户，稳定400万千克标准化香菇生产规模。通过政策扶持、技术指导、企业带动、科技投入等形式，引导农户向大户栽培、专业“农庄型”种植转移。

《庆元县人民政府关于实施庆元香菇质量“411”工程的通知》 2007年，为贯彻落实中共十七大、省第十二次党代会精神和县第十二次党代会提出的构建中国食用菌生产研发集散基地的战略部署，进一步加强庆元香菇质量安全管理，提高庆元香菇产业综合生产能力和国际市场竞争力，巩固中国香菇第一品牌地位，促进香菇产业的可持续发展。县政府决定全面实施庆元香菇质量“411”工程。以4个100%为目标，即菇农安全生产培训率100%；标准化生产普及率100%；企业自查自检率100%；国家监督抽查合格率100%。以11项制度措施为保障，即建立香菇产业战略地位领导制度；推行庆元香菇标准化生产制度；推行生产基地多元化管理制度；推行庆元香菇生产、加工投入品监管制度；推行香菇生产植保员制度；推行庆元香菇生产档案盒质量可追溯制度；推行香菇产品质量企业自查监督抽查制度；推行行业自律制度；推行香菇产品质量安全信息发布制度；建立香菇质量安全技术创新能力建设制度；建立庆元香菇质量“411”工程检测政策保障制度。

《中共庆元县委办公室　庆元县人民政府办公室关于进一步巩固领先地位推进食用菌产业全面协调持续发展的意见》 2007年，从以质量第一为根本，提升“中国香菇第一品牌”；以和谐发展为主题，继续保持生产生态协调发展；以结构调整为导向，强化科技创新，优化产品结构；以园区建设为平台，促进精深加工，尽快形成产业集群；以生产研发集散基地建设为目标，再树庆元食用菌行业新形象等五个方面提出具体意见。

第二节　香菇产业培育

“香菇之源”确立

1989年，联合国教科文组织、香港中文大学教授、国际热带菇类学会主席张树庭三次到庆元，考证龙岩村《吴氏家谱》和传统的砍花法生产技术及香菇文化后，郑重地作出庆元是人类栽培香菇的发源地的结论，并在庆元召开系统会议，邀请国际专家论证，结束日本对香菇发源地的国际争论，并亲笔书写“香菇之源”的题词。1996年，国务院发展研究中心市场研究所确认庆元“世界人工栽培香菇历史最早”，并列入“中华之最荣誉大典”。

“中国香菇城”建设

1993年3月10日，根据全县食用菌发展的形势，县政府召开建设“中国香菇城”工程研讨会。5月5—8日，在县十一届人大一次会议上，政府工作报告正式提出建设“中国香菇城”系统工程的计划，并提出全方位开展“中国香菇城”配套工程建设。6月7日，县委发文成立“中国香菇城”系统工程建设委员会，下设系统工程指挥部和第二届香菇节暨庆元复县20周年庆典组委会。6月21日，中共庆元县委办公室、庆元县人民政府办公室印发《“中国香菇城”系统工程建设工作计划》，该系统工程包含增加农民收入、改善交通条件、提高食用菌科研水平、发展食用菌加工及产品、提高香菇质量、扩大知名度、打响庆元香菇品牌、拓展国内外香菇市场等内容。7月，张树庭教授为县城入口的城碑题写“中国香菇城”。10月20日，《人民日报》刊登“中国庆元香菇城”广告。11月1日召开第二届香菇节暨中国香菇专题研讨会。

1994年7月16—17日，县委九届五次全会提出《加强中国香菇城系统工程建设若干意见》，继续深入实施中国香菇城系统工程建设。由于庆元县历届县委、县政府的重视，中国香菇城建设取得阶段性成果，起用中国香菇城城徽，建造中国香菇城城碑，建成庆元香菇市场、庆元香菇博物馆，成立庆元食用菌科研中心，举办香菇节和香菇研讨会。

香菇文化节

为提高庆元香菇的知名度，让世界了解庆元，让庆元香菇走向世界，庆元县于1992年开始到2010年相继举办8届中国（庆元）香菇节。“香菇引路、以菇会友”，使庆元这一传统菇民区成为全球具有现代意义的香菇中心。

图13-10　第六届中国（庆元）香菇节暨全国食用菌主产区县（市）长论坛开幕式（叶荣兴　摄于2005年）

1992年1月11日，首届庆元香菇节举行。1993年11月1—3日，第二届香菇节暨中国香菇研讨会举行，国内外有关的食用菌人士云集庆元，共商菇业振兴大计。1994年11月1—3日，第三届中国香菇节暨国际香菇产品研讨会召开。1995年11月1日，召开第四届香菇节暨全县体育运动会。2004年8月23—25日，《华南虎》特种邮票首发式暨第五届中国香菇文化研讨会举行。2005年11月11—12日，第六届中国（庆元）香菇节暨全国食用菌主产区县（市）长论坛召开。2008 年 11 月 10—11 日，第七届中国（庆元）香菇节暨“中国廊桥之乡”授牌仪式举行。2010 年 12 月 10—12 日，第八届中国（庆元）香菇文化节举办，其间举行浙江省食用菌科技创新服务平台最新科研成果发布会、开幕式暨“菇乡谣”大型原生态风情歌舞晚会、“中国生态环境第一县·庆元”全国摄影比赛颁奖仪式、浙江省食用菌区域科技创新服务平台授牌、中国食用菌产业基地授牌、菇乡谣原生态风情歌舞文艺晚会、香菇博物馆开馆仪式、食用菌专业园区奠基仪式、民俗文化踩街活动、中华菇菌文化交流大会、2010 年庆元县招商推介会、2010 年中国（庆元）食用菌美食节、食用菌新技术新产品展销展示博览会、“中国生态环境第一县·庆元”全国摄影比赛作品展，及浙闽赣粤晚报、网站老总庆元行大型采风等一系列活动。

第五章　香菇文化

庆元菇民在深山老林中劳作，形成一套独特的生活习俗，并创造出独特的语言、习俗，并通过编制大量充满菇乡风情的歌谣、谚语和富有传奇的人物故事，借以抒发制菇艰辛和收获的喜悦，反映菇民生产、生活以及与大自然作斗争的情景，生动朴实。香菇文化是中华民族文化宝库中一朵独放异彩的奇葩。

第一节　菇民习俗

菇民习俗是一系列菇民生活、生产的风俗习惯，由信仰习俗、生产习俗、生活习俗等组成，产生于剁花法制菇发明的南宋时期，至今已沿袭数百年，具有悠久的历史和浓郁的地方特色，是庆元乡土文化和香菇文化的一个重要组成部分。

庆元、龙泉、景宁三县的十多万菇民散落在全国12个省200多个县，菇民在香菇生产阶段虽是个很分散的小群体，但是他们在外从事香菇生产中遇到种种困难和险境，都能相互帮助共渡难关，这与菇民的风俗习惯有很大关系。菇民们有着共同的习俗、共同的行业语言——菇山话，这些习俗、语言具有凝聚、整合、引导菇民群体行为和心理的功能，对促进当代香菇发展、栽培技术的保密和菇民之间的团结协作都具有十分重要的意义。

菇山神坛与菇民家庭香火榜

菇山神坛是菇民上山时在菇寮里供奉菇神的场所。此类菇山神坛大多数由菇寮的主人从家乡带来，安置于菇棚中央，面向东方开门处。正中是五显灵官大帝。以此为正中，左一是西洋殿吴三公；右一是国师青田刘伯温；左二是本山福德土地正神；右二是南朝上殿七五大王；左三是右将千里眼国师；右三是左将顺风耳师爷；左四是年月招财童子；右四是时日进宝郎君。此类菇寮门口一般还有对联及横批。对联内容基本是“闹天京英雄第一，震地府孝义无双”或“蓬在青山重重进，厂放香菇叠叠生”等，横批一般为“威震南天”。

菇民春节习俗之采银树

菇民于每年正月初一吃早饭后，就各自到山中采银树。银树是种香菇用的树种，是菇民心目中的发财树，采树完毕后即一路燃放鞭炮，以示敬祀。

还戏祈福

还戏也就是还愿，是菇民要出门去外地菇山前所做的一项祈福活动。该活动隔年举行一次，具体日子、时辰由专人选择确定。待吉时一到，便将神庙内的菇神像或香炉抬到村中的祖屋，让菇神“观看”戏班的傀儡戏表演，祈求保佑来年菇民们有个好收成。这天菇民自愿交钱、粮作为还戏的费用，并要做大量的米馒头分给大家，以示安福、吉祥。

上山习俗

菇民进山以后，选择生产中心点，取坐北朝南、用水方便、辟有通道、地形隐蔽之处，以竹木、茅草为材料，架搭成高不到 3 米、内宽 3 米、长度 6 米的一字形简易菇寮，内设锅灶、床铺、烘房等。每个菇棚一般住四五人，多则十余人。菇民每年都要在这样简陋的寮棚里度过四五个月的艰苦生活，因此菇寮成菇民的第二个家。

菇寮奉师傅习俗

人工栽培香菇鼻祖吴三公被菇民世代尊为菇神和师爷，凡农历每月十四和二十九，菇民都会祭拜吴三公，举行请神等仪式，这类仪式菇民称之为“奉师傅”，或叫“过节”“奉高登”。这天下午，菇寮主人会早点收工，回寮打扫卫生，烧饭煮肉，做好供奉准备。仪式开始，先在寮内祭吴三公。一是用红纸写上“大吉大利”贴在香火桌子上，并在桌子上左摆斧子，右摆柴刀，撒一把米，猪肉用热水稍烫，然后摆在香火桌子上奉请师傅，祈求师傅保佑当年有个好收成。二是在寮门口摆些祭品，祭拜天神，以求天神保佑。三是在寮角边距离门口不远的地方，立一个平板架，在木板上摆一碗饭和几块肉，用来祭奉山里的游魂，保佑出得好菇。四是在寮外树下或岩石边地势低些的地方，用 3 块石头垒砌平台，祭山魈，祭品为一层饭一层肉，层层叠加，肉块自上而下逐渐宽大。传说山魈看到越往下吃肉块越大，就会更加卖力地帮助菇农驱赶野兽。然后再在猪肉中间插入一支筷子，希望山魈能赶走山老鼠、野猪等野兽，以保佑更好更多地产菇。

刹寮

刹寮是菇民在下山回乡前所做的最后的一个仪式。先要带上几斤香菇及其他礼品到东家去道谢，告知回乡启程日期，并嘱咐请对菇山多多关照。启程前日，菇寮主人要向神位上的菇神像和东家山魈殿烧香祭拜，祈求保佑回乡一路顺风；再请东家看好菇木，保护菇寮平安。第二天清早，众人在前面先走，留一个人在最后，等菇寮的灶火完全熄灭后，把锅碗等用具放好、埋土，再点香，一直往后退，距离菇寮四五米外，转身把香插下，然后一直往前走，不再回首。

散光饼

每年清明前后，菇民就陆续准备回家。起身之前，菇民要到山场巡视一遍，盖好菇木，免得树皮被太阳暴晒、禽兽踩踏，影响冬季产菇；把最后一批香菇挑出，结清账目，顺便从集市上买些橘饼、荔枝之类，用于馈赠亲友；如手头尚宽裕，还会多买些布料。但不管丰收歉年，菇山饼都要买些带回家，否则对家乡的小孩无法交代，因为菇民都记得这样一首儿歌：“菇山客，挣钱挣三百；菇山饼，给我啜，我若无饼啜，你被老婆杀。”所以盘缠再紧，也得花上这笔钱。到家进村时，菇民将菇山饼散发给村里面的小孩，也借此告知乡亲自己已经回到家乡。

第二节　菇寮白　香菇山歌　香菇谚语　香菇功夫

菇寮白

中华人民共和国成立前，每到秋冬时节，庆元都会有大批菇民外出种菇谋生，足迹遍布大江南北，而且外出务工时间长达半年以上。由于菇民外出种菇都是三五成群，实行小组群体生产。身处异乡，时常受到地方恶势力的骚扰，再加上长期生活于深山之中，受到迷信思想支配，菇民们把香菇生产的收成和在异乡的人身安全寄托于神灵保佑，在语言上刻意多了些忌讳。另一方面，由于种植香菇是穷困的菇民们最主要的谋生手段，为保护栽培技术不至于对外泄露，出于维护香菇生产技术和平时活动上安全的考虑，菇民认为有必要在语言加以保密，在长期的生产实践和社会生活中形成一套独特的菇寮白（或称蕈山话、山寮话）。

菇寮白是在庆元地方方言的基础上产生的，其语言、语汇与庆元地方方言基本相同，少有区别。主要差别在于词义的改变，使之与庆元方言出现较大分歧，致使庆元本地人也很难听懂。菇寮白并非地方方言的分支，而是属于帮会性的行话。庆元、龙泉、景宁三县毗邻，其他地方语言不甚相同，但所用菇寮白则完全一致。

菇寮白主要分为五大类。有回避不吉利字眼的词汇，如“挂彩”指“受伤”，“四角”指“棺材”，“赤汁”指“血”，“老了”指“死”。有保护人身安全的词汇，如“捧铳”指“贼”，“刷去”指“被贼偷窃”，“苍”指“纸币”，“白田”指“银子”。有生产保密的词汇，如“香老”指“香菇”，“做樯”指“砍菇木”，“言香”指“采香菇”，“焙香”指“烘香菇”，“香丁”指“小香菇”。有回避鬼神不敢直言的词汇，如“祟”指“鬼”，“白胡须”指“神仙”，“泥块”指“菩萨”，“高登爷”指“菇神”，“山魈殿”指“主人家”。有日常生活中不能明说的词汇，如“天”指“饭”，“奏”指“吃饭”，“长长”指“蛇”，“弯”指“柴刀”，“驮田”指“牛”，“福家”指“客人”，“老登”指“老人”，“尖脚”指“妇女”，“外妮”指“本方人”，“扁棒”指“孩子”，“地燕”指“狗”，“地野爬”指“鸡”，“滑溜”指“油”，“咸该”指“盐”，“生财”指“花生”，“九级”指“官”，“王脑”指“帝王”，“八脚”指“跳蚤”。

香菇山歌

庆元菇民世代在深山老林中劳作，创造大量充满菇乡风情的歌谣，以此抒发香菇栽培的苦和乐，反映菇民生产、生活的情景，风格生动朴实。香菇山歌反映菇民八百多年的制菇历史，用山歌形式传唱菇民劳作、制菇技术的发明和传承，香菇山歌数量众多、内容丰富。较有代表性的有：

遮好樯，劈好山，收拾行囊回家乡。回家乡，插田秧，带回洋钱一两千。一半洋钱买田山，一半洋钱买布衫。若要明年更发财，多做馍糍去菇山。

快打谷，快劈山，多办柴火去菇山。去菇山，有银担，明年三月转回乡。半担银两买田山，半担银两买布衫，如要良田千百畈，多做馍糍去菇山。

香菇儿、香菇儿，落雨落雪无好嬉，山上石头当凳坐，林中鸟叫当鸡啼。

香菇谚语（选录）

霜冻多，少做樯；雨水调匀多做樯。

菇樯南北倒，樯身容易烂；菇樯东西倒，添得一年饭。

压绝收，晒半收；遮阳、通风保全收。

一年开衣，二年当旺，三年二旺，四年零散散。

一年雪，三年歇。

山场阳，香菇花又重；山场阴，香菇薄又轻。山地光又实，香菇密又多；山地蓬松松，十樯九是空。

雷雨惊樯空旋转，雨后惊蕈够盘缠。

如要高山香菇多，米槠、红栲、檀香、乌枫来当家；若要低山香菇多，杜英、乌于、楮柴、锥栗来当家。

枫树落叶，夫妻分别；枫树抽芽，丈夫回家。

年情落沙（浓雾），香菇无渣；年情落灰（微雾、轻霜、露、雪天），香菇成堆。

压樯无一寸，晒樯有一半。

上山打拳落山退，香蕈当饭饭当菜。

香菇功夫

菇民每年都要进入异乡的深山老林中种菇，来年再把烘干的香菇运出菇寮销往各地。在长期的生产劳动和特定的艰苦条件下，为防身自卫，抵御异地强盗歹徒和深山中各种飞禽走兽的侵袭，很多菇农练就一套独特的防身术。菇农防身术有扁担功、板凳功、香菇拳多种套路。其中，又以扁担功为代表。习武者使用一根扁担，三五人难以近身。为使行路途中遇强敌迅速反击自卫，所有菇民的扁担都选用硬木制成“光棍担”，即两端不用钉，路遇强敌，无钉扁担可以迅速从挑担状态转为棍棒使用，令对手措手不及。扁担既是菇民的劳动工具，同时也是最实用的防身武器。

图 13-11　香菇功夫（郑承春　摄于 2010 年）

第三节　菇神祭祀

菇神庙会

菇神庙会时间安排在每年插秧后、收割前的闲季和高山林区气候凉爽宜人的农历六月或七月。各地庙会都由“缘首”负责，建立组织，收缴神庙所有的山林田地收入和各地菇民所捐钱物。庙会期间，众多菇民云集西洋殿举行庙会，共同祭祀香菇鼻祖吴三公及诸神。庙会上，菇民还要开展香菇栽培技术交流、演戏作乐、欢庆丰收、练拳习武、会亲访友等一些活动。菇神庙会是外出种菇的庆元、龙泉、景宁三县菇民回乡过节还愿的重大祭祀节日，菇民下山返村和外出做菇时必定要前往菇神庙拜神谢恩、还愿祭祀，有着“到西洋殿吴三公案前进香后，可以使做香菇者香菇茂盛，生意兴隆，人增百福，户纳千祥，四季平安”习俗。菇神庙会还是菇民一年辛苦之后的狂欢节，菇农自七八岁开始随着长辈远涉异乡，秋去春回，由于世代在深山谋生作业，基本没有春节、元宵等节日，一年一度举行的菇神庙会就替代春节和元宵节。清代，菇业有较大的发展，菇民到菇神庙会进香日益兴盛，菇神庙会更胜于过年过节。2007 年，菇神庙会被公布列入浙江省非物质文化遗产名录。

图 13-12　西洋殿菇神庙会（县食用菌管理局供　摄于 2003 年）

西洋殿菇神庙会于每年农历三月十七日（吴三公生日）和七月十六日至十九日举行，为龙、庆、景三县菇民朝拜祭祀菇神的进香期，是县境内规模最大的菇神祭祀活动。

龙岩村菇神庙会每年逢农历三月十七和农历八月十三（吴三公卒日）举行。龙岩村是吴三公的出生地。庙会期间，当地村民在吴三公的神位前，点烛上香，供筵祭祀，形成龙岩村特有的风俗。

菇民戏

发源于古称二都的庆元东部菇民区，因此也称二都戏。菇民戏产生于明代中期，经过长时间的发展，形成以庆元方言为基本语言，集歌、舞、剧于一体的多声腔板体戏剧。菇民戏作为地方剧中之一，在菇民居住区和香菇产地有广泛影响。2007 年，菇民戏被公布列入浙江省非物质文化遗产名录。

菇民戏最早只是一些山歌式的地方小调，只限于迎神庙会中的“求神保佑”祷告式的演唱。香菇生产范围不断扩大，菇民戏也吸收外地剧种曲牌和民间曲调，经过不断演变，形成以皮簧曲调为主的多声腔板腔体唱腔，使其无论在剧本内容、演出形式还是曲调唱腔等方面，自成一体，具有强烈乡土气息。

图 13-13　龙岩村菇神庙会（陈士平　摄于 2010 年）

第十四篇　林业

庆元地处洞宫山脉、仙霞岭，90%地域是山地，为浙江省8个林业重点县之一。中华人民共和国成立后，实行土地改革，山林分配给农民。农业合作化运动中，农民将山林入社。1962—1963年，山林固定给生产队经营。1982—1984年，开展以定权、定责任山、定自留山为内容的林业体制改革，将权属清楚的山林落实给国营林场、人民公社、生产大队、生产队和社员个人，还将公社和大队的“统管山”落户承包。这一系列政策措施使林业生产有了很大发展。1992年，全县林业总产值1.49亿元，占农业总产值的58.8%；森林蓄积量646.90万立方米，森林覆盖率为71.7%。21世纪后，庆元人民以生态的理念发展经济，用经济的理念保护生态，深化林权改革，发展现代林业，建设生态文明，推进科学发展，实现林地面积、森林蓄积量、森林覆盖率“三增长”。2010年，全县林业总产值28.6亿元，农村居民人均林业收入3622元，林业人均纯收入占农村居民人均纯收入的60.25%；林地用地面积16.78万公顷，森林蓄积量846.26万立方米，森林覆盖率为86.0%，林木绿化率为86.7%。

第一章　森林资源

中华人民共和国成立后，县委、县政府将发展林业作为大事来抓，发动群众大搞封山育林和人工造林，把百万亩荒山分期分批绿化。1989年第五次森林调查数据与1957年第一次森林调查数据对比，松木面积增长106.73%，杉木面积增长47.07%，阔叶林面积增长240.71%，竹林面积增长80.13%，疏木林面积减少146.4%，无林地面积减少57.9%。森林总蓄积量增长61.91%，森林覆盖率提高29.7%。1999年，开展珍稀植物调查。2004年，编制生态公益林成果报告、原料林规划成果报告，开展名木古树调查。2008年，编制林地保护利用规划。2009年，进行生态公益林扩面，使省级以上公益林面积占林地面积的50.7%。

第一节　资源

林地面积

1991—2010年，全县开展森林资源调查4次。1997年和2007年，为森林资源二类调查，通过培训及外业实习，对森林资源进行较为详细全面的调查。1994年，为样地调查，据此推算庆元县森林资源。2004年，为补充调查，以1997年森林资源数据为基础，根据每年资源消耗量及生长量进行调整。1994年和2004年，调查主要为编制下一个“五年”林木采伐限额服务。

2007年，庆元县森林资源调查数据显示，土地总面积19.16万公顷。其中，林业用地面积约16.78万公顷（有林地16.36万公顷，灌木林2290.2公顷，未成林造林地1426.4公顷，其他480.93公顷），占87.6%；非林业用地面积2.38万公顷，占12.4%。林地中有纯林7.67万公顷，混交林6.08万公顷，竹林2.61万公顷；界定为生态公益林地约4.13万公顷（国家重点1.08万公顷，省重点2.84万公顷，规划县级公益林2150.3公顷），商品林地12.65万公顷。有林地由1990年的13.26万公顷增加到2007年的16.36万公顷；灌木林地、疏林地、未成林地、无林地由1990年的2.72万公顷减少到2007年的0.41万公顷；森林覆盖率由1990年的71.7%增加到2007年的86%。2009年，生态公益林扩面后，生态公益林面积8.49万公顷，占林地总面积的50.7%，其中，国家级生态公益林1.08万公顷、省级生态公益林7.41万公顷。

蓄积量

根据2007年森林资源调查成果，活立木总蓄积量846.26万立方米。其中，乔木林分蓄积量839.17万立方米，疏林蓄积量126万立方米，散生木蓄积量5.59万立方米，四旁木蓄积量1.49万立方米。各乡镇（林场）之间每公顷蓄积差异明显。单位蓄积量最高的庆元林场乔木林每公顷蓄积量145.05立方米，其次是隆宫乡132.6立方米，再次是万里林场（保护区）125.7立方米，最低的荷地镇和江根乡，每公顷蓄积量27立方米，乔木林每公顷蓄积量仅为庆元林场的18.6%。从历次资源调查数据分析，森林资源蓄积量从1990年的646.91万立方米下降到1997年的478.35万立方米，7年下降168万立方米；再由1997年的478.35万立方米上升到2007年的846.26万立方米，走出一个“V”字形。虽然森林覆盖率连年提高，但有林地单位面积蓄积量却下降，林分质量降低，有林地公顷蓄积量分别为1990年48.75立方米、1994

年39立方米、1997年30.9立方米、2004年38.7立方米。（1997年以后逐步回升，有林地公顷蓄积量达51.75立方米，超过1990年，林分质量有所提高）

1990—2007年庆元县森林资源调查一览表

表14—1—1—1

项目				1990	1994	1997	2004	2007
土地总面积（万公顷）				18.98	18.98	19.13	19.13	19.16
林业用地面积（万公顷）	有林地面积	乔木林	松	5.71	4.72	3.80	3.71	3.49
			杉	2.44	3.40	4.59	4.73	4.83
			阔	3.08	2.60	4.80	4.66	4.97
		经济林		0.25	0.35	0.39	0.45	0.52
		竹林		1.79	1.80	1.90	1.97	2.61
		合计		13.26	13.81	15.48	15.52	16.36
	灌木林地			0.35	0.58	0.25	0.46	0.23
	疏林地			0.83	0.35	0.03	0.03	0.00
	未成林地			0.42	0.45	0.14	0.12	0.14
	无林地			1.12	0.73	0.34	0.04	0.04
森林蓄积	总蓄积（万立方米）			646.91	538.60	478.35	599.86	846.26
	松（万立方米）			338.54	248.17	165.94	187.72	259.21
	杉（万立方米）			85.80	153.05	147.10	253.01	341.67
	阔（万立方米）			193.98	137.38	146.99	148.75	237.50
	毛竹立竹（万株）			2794.62	2528.53	3001.99	3418.13	5452.04
	森林覆盖率（%）			71.70	75.80	82.40	83.50	86.00

古树名木

县域有古树群78个、2298株，散生古树988株。按保护级别分，一级古树40株，二级古树352株，三级古树2894株。其中，散生古树有65个树种，数量前10位的是柳杉（341株）、江南油杉（75株）、樟树（72株）、南方红豆杉（66株）、杉木（53株）、枫香（52株）、榧树（51株）、苦槠（44株）、福建柏（23株）、马尾松（18株）。

树龄500年以上古树名木：江根乡坝头村南方红豆杉，胸围623厘米、树高21米。安南乡东村村牛栏坪罗汉松，胸围596厘米、树高25米。黄田镇东西村竹蓬苦槠，胸围430厘米、树高15米。贤良镇富林村村中黄檀，胸围285厘米、树高13米。合湖乡桥下柳杉，胸围590厘米、树高34米。竹口镇后楼村屋后樟树，胸围1030厘米、树高35米。黄田镇黄坞村水口樟树，胸围460厘米、树高18米。江根乡江根村屋后江南油杉，胸围630厘米、树高17米。江根乡江根村学校沿江南油杉，胸围291厘米、树高19米。举水乡落岭村莲花山杉木，胸围570厘米、树高33米。松源镇南门村宅内巷樟树，胸围490厘米、树高15米。竹口镇上洋村白象水口南方红豆杉，胸围480厘米、树高33米。左溪镇石塘村西坑岭榧树，

图14-1　安南乡东村村罗汉松（县林业局供　摄于2008年）

胸围588厘米、树高29米。百山祖乡斋郎村外圩柳杉，胸围678厘米、树高39米。百山祖乡斋郎村万年凸檫木，胸围591厘米、树高23米。左溪镇左溪村樟树脑樟树，胸围650厘米、树高20米。

第二节 林业区划

林地建设用地需求

根据《庆元县土地利用总体规划大纲》，初步确定2006—2020年建设用地总需求面积2692.32公顷。其中，2006—2010年需求面积1307.45公顷，2011—2020年需求面积1384.87公顷。根据用地项目安排及所处区位特征，结合林地资源特点及林地利用现状进行综合分析，采用分建设项目估计方法，测算出规划期内建设用地对林地需求量为1982.8公顷。其中，近期需求509.2公顷，中远期需求1473.6公顷。

2006—2020年庆元县林地建设用地需求预测一览表

表14—1—2—1　　单位：公顷

规划期	城市建设	工矿用地	交通用地	水利电力用地	其他用地	合计
2006—2010	70.8	128.9	183.3	92.6	33.6	509.2
2011—2020	152.7	183.4	978.8	85	73.7	1473.6

区域布局

根据《庆元县林地保护利用规划》，以及经济社会发展和生态环境建设需要，将林地利用分为东北部生态特别保护区、东南部生态建设区和西部生态经济区。

东北部生态特别保护区为百山祖国家级自然保护区、巾子峰省级森林公园，是瓯江源头、县城居民饮用水水源、最重要的自然生态保护区域。发展方向：为强化保护，构筑屏障，加强水系源头、森林资源和生物多样性保护；充分利用独特地理环境、气候和丰富生态旅游优势，开展以休闲度假、探险等亲近自然为主题的生态旅游产业，将部分农民从原来依赖山林为主转移到以生态旅游为依托的三产服务，为当地农民提供更多就业机会；加快下山脱贫步伐，减少山区人口，减轻森林压力，有效控制人为因素对自然资源与环境的破坏；保护为主，除必要交通、通信、电力设施建设外，应充分利用农居点、非林地等进行旅游设施建设，不得占用现有林地，通过退耕还林等土地造林绿化措施增加林地面积。

东南部生态建设区林地利用思路是保育为主，适度开发。生物措施与工程措施并举，加大林种结构调整，加强地质灾害防治力度，加快下山脱贫步伐；实行封山育林，加强水系源头保护，防止水土流失，尤其是对生态极为脆弱地区要重点保护，严格禁伐或限伐；加强低效公益林培育管理，通过人工补植等造林措施，提高林分质量；推行商品林特别是经济林营造、抚育环节环保作业方式，加强森林火灾和森林病虫害综合治理，在保护基础上，科学合理开发锥栗等水干果、竹林、木材、森林旅游等资源，实现林业生态、经济效益双丰收；进一步扩大经济林种植面积，培植龙头企业，提高产品档次，创建品牌，尽快形成以锥栗为主的水干果产业，优化林业产业结构；根据“宜林则林，宜耕则耕”原则，统筹安排，合理进行耕地开发和退耕还林。

西部生态经济区是林业经济主产区，发展思路是生态治理，以用促育。主要任务：在保护好现有森林基础上，加大对生态公益林严格保护管理，在生态重要区位适当增加生态公益林面积，加强水土流失重点地段生态整治，森林景观效果差的城市周边及省、县道路干线绿化美化；充分利用土壤肥沃、交通便利优点发展优质用材林，加快速生丰产用材、短轮伐期原料林和高效毛竹林建设，加强珍贵树种、大径级材、竹材、工业原料等资源培育；充分利用经济林品牌优势，扩大种植面积，发展柑橘、甜橘柚、锥栗等优质无公害水干果；大力发展绿色农产品生产基地和生态加工业，为农民调整产业结构、转变增长方式创造条件，成为生态建设有力支撑；推进林业经营机制进一步活化，促进林地使用权合理流转，更多吸引社会、工商、私营业主资金流向林业，投入林业发展；通过机制创新，加大培育林业龙头企业，加大发展竹木加工业和经济林产品精深加工，提高资源综合利用效率和产品附加值，使林业向全方位、综合性、高效型方向发展；统筹规划，充分利用低丘缓坡林地资源，加快工业园区建设步伐，处理好林地保护和利用之间关系，促进生态、经济建设共同发展。

1991—2010 年庆元县林地利用区域布局规划一览表

表 14—1—2—2　　单位：公顷

布局区域	行政区域	土地总面积	林地面积
东北部生态特别保护区	百山祖乡，合湖乡，百山祖自然保护区，四山乡，五大堡乡蒙淤、西川、岩下、坛弄、大洪、北坑、黄石、后广、东坑、东岱、西洋、下段、竹山、八洋、天平马、梧桐洋、南源、北择、甘竹山村，松源镇田墩村，庆元林场千岗坑林区	37000.6	34222.8
东南部生态建设区	贤良镇，左溪镇，荷地镇，张村乡，官塘乡，江根乡，举水乡，龙溪乡，岭头乡，五大堡乡杨楼、阴头、东山后、半溪、西坑、后奔、高大、樟下村	81399.6	71927.2
西部生态经济区	松源镇（除田墩村外），屏都镇，竹口镇，黄田镇，淤上乡，安南乡，隆宫乡，庆元林场（除千岗坑林区外）	73204.5	61646.3

林业建设工程

1991—2010 年，全县主要林业生态建设工程有生态公益林建设工程、城镇绿屏建设工程、城镇饮用水涵养林建设工程、森林食品基地建设工程、原料林基地建设工程、种苗花卉产业建设工程、森林旅游产业建设工程。已开发或规划中的主要森林旅游景区有百山祖自然保护区、巾子峰森林公园、双苗尖—月山风景名胜区、镜山林森林公园、浙西南大竹海公园。

退耕还林

20 世纪 90 年代，庆元未全面开展退耕还林工作。2002 年开始，全县全面开展退耕还林，退耕还林面积在 2004 年达到顶峰。2001—2004 年，庆元县根据国家林业政策调整，争取项目资金，开展林业生态专项建设。实施退耕还林 1202.68 公顷。其中，2001 年 65.27 公顷，2002 年 536.07 公顷，2003 年 424.07 公顷，2004 年 177.27 公顷。2002—2004 年，全县年均退耕还林 200 公顷以上。2005 年，围绕“森林浙江”和“建设大森林，发展大林业”的指导思想，全县每年在荒山荒地和迹地上进行更新造林，并在 2005 年春节后上班第一天开展义务植树活动，持续开展营造生物防火林带、实施阔叶林抚育改造、四旁绿化植树活动。2002—2010 年，全县完成造林更新面积 15368.67 公顷，零星植树 260 万株，退耕还林面积 1233.33 公顷。

竹林道建设

2002 年，加快推进竹林道建设，至 2010 年，累计投入 832 万元扶持资金，共建成竹林道 600 多条、1311 千米，形成竹林之间互通，竹林道与乡、县、省道互通，布局合理、功能多样的林区道路网络，覆盖全县13333公顷竹林。竹林道的经济效益最直观就是减少运输成本和劳动力成本。竹林道建设前距道路（公路）超过500米以上的毛竹，靠人力搬运，每株搬运成本至少需5.5元，开通竹林道以后，平均每株运输成本降为2元，节省成本3.5元。按全县1311千米竹林道计算，直接受益面积13333公顷，按年采伐毛竹700万株计算，每年直接为竹农节约毛竹运费2450万元。此外，竹林道还为其他农业生产，如农田种植、森林防火、森林病虫害防治等提供便利。2010年，全县竹林面积2.61万公顷，占林业用地面积的15.6%，毛竹立竹总量5452万株，竹产业年产值14.37亿元。

第二章 造林育林

1991年前，庆元县造林绿化以杉木、松木和以柑橘为主的经济林为主，采种育苗主要也是杉木和松木。1991年开始，植树造林重点不同，先后实施利用世界银行贷款造林、菇木林造林、竹子造林、银杏造林、锥栗基地建设、城乡绿化和珍贵树种造林等，采种育苗也围绕它们进行。1991—2004年，每年3月12日"植树节"，组织县直机关干部职工参与义务植树基地造林。2005—2010年，在春节后第一个工作日，县委、县政府领导率县机关干部职工开展"千人植树日"活动。1991—2010年，建立县级领导义务植树基地50公顷，完成四旁及义务植树1330万株。

第一节 采种育苗

采种

种源基地 庆元县有4处种源基地，均为林业部门创建。庆元林场杉木良种基地坐落于白坎，面积35.07公顷。其中，种子园18.2公顷，试验林16.87公顷，每年采集杉木良种200千克。县实验林场长坑珍贵树种基地27.47公顷，主要有乐东拟单性木兰、火力楠、灰毛含笑、杜英、刨花楠、木荷、红豆树、红豆杉、细柄阿丁枫和伯乐树等树种，每年可采集种子500千克。县实验林场关门岙杉木良种试验基地1.33公顷，还处于幼林期，收集华东地区8个优良杉木种源品种。2001年，庆元林场千岗坑林区建立县阔叶树采种基地，面积756.8公顷。

庆元县实验林场林木良种基地。2009年，庆元林场在原有良种母树林的基础上，设立长坑林木良种繁育基地，同年基地被确定为浙江省六大骨干调剂苗圃之一，2010年又被确定为省重点林木良种基地、国家林木良种补贴试点单位。基地建成办公大楼1座，自动化喷灌钢骨荫棚7个、面积13000平方米，连栋智能温室大棚1个、面积1440平方米，新建年生产能力300万段的无纺布轻基质成型加工流水线设备1套。2010年，林场基地开展中国名贵树种博览园、楠木类种质资源库等项目的建设，收集楠木类种质资源150份、珍贵树种种质资源300多种。其中，从广东、江西等省新引进降香黄檀、天目铁木、格木、红锥和珙桐等优良用材树种90

图14-2 实验林场长坑良种基地苗圃（县林业局供 摄于2010年）

余种，引进栽植树苗 5000 余株，使林场基地成为浙江省唯一集阔叶珍贵用材树种种质资源收集、良种繁育和科研开发于一体的良种基地。

庆元林场杉木良种基地。1976 年建立杉木种子园，收集杉木优良无性系 684 个，共嫁接母树 19747 株，1980 年开始投产。1985 年营建杉木改良代种子园，1990 年投产，1997 年改造杉木一代种子园基础上建立杉木二代生产性种子园，共收集无性系 88 个，全部采用省杉木协作组提供选优的优良无性系。分别建立采穗圃、基因库、子代林和示范林，生产杉木良种 3 万多千克，保存杉木改良代、二代、二代生产性种子园及试验林等 27 公顷，全场现有的杉木速丰林大部分采用良种育苗造林。

种子调配 列入浙江省林木良种基地管理的林木种子由省统一调配；林业部门计划育苗的种子每年上报省种苗管理总站，由省站调配供给种子，优先使用当地采集的林木良种；计划外育苗，由育苗户自行组织种子，由林业部门核发种子种苗生产经营许可证。

育苗

2009 年，苗木面积 50.6 公顷，产量 535 万株。其中，新育苗 4.87 公顷 304 万株，移植苗 20.2 公顷 35 万株，留床苗 25.53 公顷 119 万株，还有容器苗 77 万株。林业部门计划育苗，裸根苗 1.81 公顷，树种有杉木、松木、枫香和木荷，产量 115 万株；容器育苗 128 万株，其中光皮桦 40 万株、马尾松 20 万株、短叶松 26 万株、木荷 15 万株、红豆杉 10 万株、闽楠 6 万株、浙江楠 3 万株、阿丁枫 0.5 万株、厚皮香 0.7 万株、青岗 1.2 万株、火力楠 2.5 万株、江南油杉 2.5 万株、龙眼树 0.3 万株。计划外苗主要是绿化苗，包括一年生、二年生和多年生苗，树种主要是乐东拟单性木兰、深山含笑、杜英、红豆杉、樟树、木莲等。

育苗方式 1991—1997 年，计划苗统一由县营林公司组织培育，县营林公司委托专业育苗户育苗。1998 年后，苗木由县林业局统一管理，同样委托专业户及县营林公司培育苗木。从 2000 年推行容器育苗以来，到 2010 年，容器苗占苗木总数的 50% 以上。其中，珍贵树种达到 100%。2010 年，县林业局与县实验林场签订委托育苗合同，规定 2010 年育苗 126 万株。其中，杉木裸根苗 50 万株、马尾松容器苗 25 万株、短叶松容器苗 15 万株、木荷容器苗 10 万株、裸根苗 6 万株、枫香裸根苗 20 万株。

珍贵、优良品种选育 浙江楠、阿丁枫、闽楠等。科技人员对百山祖冷杉采取嫁接、扦插等方式育苗获得成功。县实验林场组织培育浙江楠、闽楠等一大批珍贵树种容器苗，县实验林场长坑林木良种繁育基地成为浙江省六大骨干调剂苗圃之一。2009 年 9 月，由县实验林场选送的阿丁枫和浙江楠苗在全国苗木花卉博览会上分别获得银奖和铜奖。

杉木 庆元县是中国杉木中心产区。庆元林场进行长期杉木良种选育研究，前后通过浙江省林木品种审定委员会审定的杉木良种：1999 年，“庆场杉木一代”混系良种、“庆场杉木 20 号”；2002 年，“庆场杉木 24 号”“庆场明杉木 24 号”“浙庆杉木一点五代”混系良种；2006 年，“杉木二代种子圆种子”。

锥栗 庆元县是浙江省唯一的“锥栗之乡”，锥栗面积 3800 公顷，锥栗产业是农村经济发展的主导产业。中国林业科学研究院亚热带林业研究所研究员龚榜初与县林业技术推广站站长吴士元、工程师吴连海等人合作“锥栗优良新品种选育”课题，2006 年，获浙江省政府科学技术二等奖。是年，通过浙江省林木品种审定委员会审定的优良品种有 3 个，即锥栗良种 YLZ07 号、YLZ24 号、YLZ25 号。2008 年，通过浙江省林木品种审定委员会审定的优良品种有 2 个，即锥栗良种 YLZ02 号、YLZ27 号。

甜橘柚无籽优株 2007 年 9 月，庆元县志东甜橘柚专业合作社选育的“甜橘柚无籽优株”项目通过浙江省科技厅验收。

第二节 植树造林与封山育林

植树造林

1991—1993年，全县荒山造林2333.33公顷，封山育林4133.33公顷，自然成林266.66公顷，完成连片0.67公顷以上宜林荒山造林6733.33公顷。完成“庆元县世行贷款国家造林项目”造林5145.22公顷。其中，1991年1413.8公顷，1992年1362.57公顷，1993年1004.56公顷，1994年824.29公顷，1995年540.0公顷；按树种分，杉木4535.36公顷，马尾松549.66公顷，阔叶树公60.2顷。1992年，率先在国内开展菇木林树种试种研究。1992—1995年，建立菇木试验林57.43公顷，示范推广4295.2公顷，筛选出银荆、南酸枣、杜英、桤木、米槠、白栲等优良菇木树种。完成基地造林9291.91公顷。其中，用材林8088.8公顷（杉木占造林总面积的65.3%），经济林1019.25公顷，毛竹林183.87公顷。1995年，庆元提前两年实现县委、县政府提出的“五年消灭荒山、七年绿化庆元”目标。1996—2000年，县委、县政府出台《关于加强菇木林育林基金和更新改造资金征管工作的通知》等促进林业优质、高产、高效发展政策措施，促进林种树种结构调整，推进菇木林资源快速发展。“九五”期间，基地造林5412.63公顷。其中，用材林3926.53公顷，经济林、菇木林和毛竹林比重大幅度上升；杉木基地1213.47公顷；经济林1021.76公顷，其中锥栗442.43公顷；“九五”期间是庆元县有史以来菇木林开发政策最优惠、措施最到位、发展速度最快、开发效益最好的时期，营造菇木林基地679.73公顷，散种菇木林280.5万株，按3000株折合1公顷计，营造面积935公顷；毛竹林464.33公顷，竹林培育总面积6224.73公顷；药材林（以厚朴为主）面积346.33公顷。

2001—2005年，进行防护林、退耕还林、经济林等林种开发，林种结构有较大调整。植树造林5242.05公顷。其中，生态林1600.73公顷（含退耕还林1202公顷）、商品林3641.32公顷（用材林844.80公顷、竹林457.20公顷、经济林2339.32公顷）；建立连片13.33公顷以上干水果园区64个，1436.8公顷，仅2003年经济林造林728.27公顷（锥栗626.73公顷），占年度造林总面积的53.06%。2004年，在荷地镇杨桥村、底墅村，举水乡月山村，岭头乡钵下村、徐洋村等营造薪碳林178.20公顷。2005年，松源镇、五大堡林业工作站实施阔叶林发展工程266.27公顷。其中，造林66.27公顷，改培200公顷。同年，建设绿色通道94.65千米。其中，省道59.65千米、县道35千米。2006—2010年，植树造林3081.94公顷。其中，生态林489.67公顷、商品林2592.27公顷（用材林1760.73公顷、竹林479.07公顷、经济林352.48公顷）。2006年，在曹岭至百山祖公路沿线营造高标准森林景观林带25.39千米。2006—2010年，营造生物防火林带236.37千米。2009年，县实验林场在洋岁及关门岙林区新建珍贵树种示范基地15.2公顷；县林场在白岭头新建珍贵树种示范基地7.87公顷，在卢峰林区培育珍贵树种26.6公顷。2010年，县实验林场在南阳及新窑林区新建珍贵树种示范基地66.67公顷。

图14-3 五大堡乡后广村植树造林（杨平昆 摄于2010年）

封山育林

1991—2001年，全县封山育林60075.5公顷。1997年，县政府采取强有力行政措施，号召用铁的手腕，非常的措施，保证封山育林顺利进行，重新规划实施菇木林封山育林31533公顷。1997—2007年，活立木蓄积量从478.3万立方米增至846万立方米，森林覆盖率从82.4%提高到86%，林分郁闭度、森林健康度、生物多样性得到极大提升。2001年10月，编制《庆元县森林分类区划界定工作方案》。2004年，中国环境监测总站对全国31个省、2348个县（市、区）生态环境质量进行评价，形成《中国生态环境质量评价研究》，报告显示庆元县生态环境质量位居全国第一，是“中国生态环境第一县”。同年，在2001年区划界定成果基础上进行完善，签订《浙江省庆元县重点生态公益林现场界定书》223份，面积37188.8公顷，占林业用地的22.9%。同年，全面实行浙江省森林生态效益补偿基金制度，由省、县两级财政共同承担，当年森林生态效益补偿标准为120元/公顷，之后每年逐步提高，2010年为255元/公顷（其中国有林场285元/公顷），2004—2010年共发放森林生态效益补偿资金6193.93万元，直接受益农户7372户，有村级集体统管山的行政村284个。2009年，针对生态区位重要性、森林生态脆弱性和生态环境建设要求，签订《扩面现场界定书》299份，面积42283.7公顷。2010年末，有重点生态公益林84878.6公顷，占林业用地的50.58%。其中，国家级11615.07公顷、省级73263.53公顷，分布在20个乡镇、2个国有林场和1个国家级自然保护区、330个村（林区、单位）6638个小班。

1991—2010年庆元县植树造林一览表

表14—2—2—1

年份	防护林（公顷）	用材林（公顷）	经济林（公顷）	竹林（公顷）	四旁及植树（万株）
1991	—	2496.00	190.32	0	30.00
1992	—	1988.80	489.66	17.87	25.58
1993	—	1530.53	199.66	84.00	27.80
1994	—	1223.87	73.87	45.20	30.43
1995	—	849.60	65.73	36.80	35.44
1996	—	960.73	68.76	34.53	57.90
1997	—	945.27	159.40	37.33	61.46
1998	—	860.73	119.53	70.60	96.51
1999	—	689.13	255.53	172.00	113.93
2000	—	470.67	418.53	149.87	142.90
2001	65.27	261.87	235.07	155.47	157.49
2002	706.93	117.47	385.87	48.47	120.50
2003	506.33	54.33	728.27	83.73	90.53
2004	213.00	44.73	488.99	129.33	77.52
2005	109.20	366.40	501.13	40.20	25.00
2006	98.27	298.40	267.40	105.27	49.70
2007	128.93	288.20	68.08	96.13	47.80
2008	70.53	349.20	17.00	87.07	45.30
2009	104.47	359.33	—	101.67	48.20
2010	87.47	465.60	—	88.93	46.89
合计	2090.40	14620.86	4732.80	1584.47	1330.88

2010 年庆元县重点生态公益林布局与规模一览表

表 14—2—2—2

统计单位	林业用地面积（公顷）	重点公益林面积（公顷）			森林生态补偿资金（万元）
		合计	国家级	省级	
松源镇	10262.80	3867.53	0	3867.53	89.92
屏都镇	5108.40	2346.33	0	2346.33	54.55
黄田镇	10548.87	1951.73	284.80	1666.93	45.38
竹口镇	14900.67	6269.80	326.60	5943.20	145.77
左溪镇	12787.13	6528.73	18.13	6510.60	151.79
荷地镇	8770.87	4466.27	188.27	4278.00	103.84
贤良镇	6835.53	2414.20	0	2414.20	56.13
四山乡	6383.27	3314.87	450.00	2864.87	77.07
百山祖乡	8232.80	7107.87	5261.67	1846.20	165.26
合湖乡	5767.80	4474.00	253.67	4220.33	104.02
隆宫乡	5193.53	1027.60	0	1027.60	23.89
安南乡	6545.07	1078.20	18.07	1060.13	25.07
举水乡	7534.33	5045.87	0	5045.87	117.32
龙溪乡	3973.53	2690.00	0	2690.00	62.54
淤上乡	4580.67	1614.60	0	1614.60	37.54
官塘乡	5227.93	3234.60	152.13	3082.47	75.20
江根乡	5055.93	3286.53	435.67	2850.87	76.41
岭头乡	10611.73	6159.00	59.07	6099.93	143.20
张村乡	5361.40	2717.53	0	2717.53	63.18
五大堡乡	14540.87	7971.07	342.13	7628.93	185.33
庆元林场	5748.27	3487.40	0	3487.40	81.08
百山祖自然保护区	3824.87	3824.87	3824.87	0	88.93
合计	167796.27	84878.60	11615.08	73263.52	1973.42

说明：2010 年全县重点生态公益林三项公共支出经费 143.7 万元未列入表中

第三章　林业产业

1991年，县委、县政府提出“生态立县、工业强县、开放兴县”发展战略。1991—2000年，林业一产产值31.23亿元，林业总产值占工农业总产值的51.81%。2001—2010年，林业贯彻“以林富民、以林促工、以林兴旅、以林美居、以林减排”发展战略，加快产业结构调整和转型升级，实施“兴林富民”工程。2001—2009年，林业总产值从0.52亿元提高到23.21亿元，年均递增52.5%。其中，林业一产、二产总产值年均11.93亿元，占年均工农业总产值的50.1%（林业一产年均产值3.77亿元、二产年均产值8.22亿元，占农业总产值的66.6%、工业总产值的44.96%）。2006年，农民林业人均纯收入2238元，占农民人均纯收入的64.7%。2010年，农民林业人均纯收入3622元，占农民人均纯收入的60.25%。

第一节　林产品加工

竹产业

1990年，全县竹林17893.6公顷。其中，毛竹林17877.33公顷，毛竹总立竹量2794.62万株，每公顷立竹量1560株。1991—2010年，培育丰产笋竹两用林1万公顷，建立毛竹园区34个，面积1000公顷。20世纪90年代中期开始，竹制品加工企业逐步发展。1994年，竹林18046.67公顷。其中，毛竹林18026.67公顷，毛竹总立竹量2528.53万株，每公顷立竹量1395株。1997年，竹林19007.27公顷。其中，毛竹林18998.47公顷，毛竹总立竹量3001.99万株，每公顷立竹量1575株。“九五”期间，毛竹采伐量875万株，年均175万株。2001年，毛竹一产产值0.43亿元，2009年1.8亿元，年均增长17.24%；2001年，毛竹二产产值1.7亿元，2009年8.75亿元，年均增长19.97%。2001—2010年，毛竹产业总产值分别为2.13亿元、2.8亿元、3.2亿元、4.5亿元、6.12亿元、7.59亿元、8.57亿元、9.77亿元、11亿元和14.37亿元。21世纪，竹制品企业和竹制品产品快速发展。2004年，毛竹三产产值0.05亿元，2010年0.60亿元。“十五”期间，毛竹采伐量1549万株，年均309.8万株。2006—2010年，农民人均来自竹产业收入分别为1322元、1527元、1700元、1995元、2884元。2007年，竹林26133.33公顷。其中，毛竹林25822.47公顷，毛竹总立竹量5452.04万株，每公顷立竹量2115株。2009年末，在外省承包租赁竹山6447公顷。“十一五”期间，毛竹采伐量4667.6万株，年均933.52万株。其中，最高年份2008年采伐量1191.9万株。

林木产业

1990年，全县用材林10.94万公顷，活立林蓄积625.90万立方米，每公顷蓄积量57.20立方米。1991—2010年，营造用材林14620.86公顷，年均造林731.04公顷。其中，造林面积最大年份为1991年和1992年，分别营造2496公顷和1988公顷，造林面积最低年份为2003年和2004年，分别营造54.33公顷和44.73公顷；完成四旁植树1330.88万株，年均66.54万株。1991—1995年，年均生产木材（蓄积，下同）30.83万立方米，其中商品材18.37万立方米；1996—2000年，年均生产木材26.78万立方米，其中商品材16.77万立方米；2001—2005年，年均生产木材25.80万立方米，其中商品材20.73万立方米；2006—2010年，年均生产木材25.85万立方米，其中商品材18.14万立方米。1994年，用材林11.37万公顷，活立林蓄积量458.32万立方米，每公顷蓄积量40.31立方米。1997年，用材林10.48万公顷，活立林蓄积量390.04万立方米，每公顷蓄积量37.24万立方米。1998—2002年，村及村以下木材采伐年均产值

2856.19万元。其中2001年最高，为3632.44万元；较低年份是2000年，为2451万元；2003—2009年，木材采伐年均产值4214.57万元。其中2009年最高，为8146万元；较低年份是2003年，为1296万元。2007年，用材林9.36万公顷，活立林蓄积量590.86万立方米，每公顷蓄积量63.12立方米，与1990年相比，面积减少1.58万公顷，蓄积量减少35.04万立方米，每公顷蓄积量增加5.91立方米，与1997年相比，面积减少1.12万公顷，蓄积量增加200.45万立方米，每公顷蓄积量增加25.88立方米。2009年，木制品制造业产值37332万元。2009—2010年，建设珍贵用材林示范基地23.07公顷，培育杉大径材示范林133.33公顷。木制品注册登记企业117家，从业人员4665人。其中，锯材加工企业52家，木制品加工企业40家，木制玩具工艺品制造业企业14家，木质家具制造业企业5家，木地板制造业企业3家，普通胶合板制造业、细木工板制造业企业各1家，其他木制品制造业企业2家。有省木制品类林业重点龙头企业2家，“中国驰名商标”2个，即“梦天”和“吉安”，“梦天”同时获省级名牌产品。

第二节　加工企业

国营林场

庆元林场　1955年3月创建，场部坐落于屏都镇八都村，距县城11千米，是集森林培育、木材经营、林业科研、生态旅游和林木种子种苗工程于一体的国有林场，省重点国有林场之一，科技力量雄厚，先后取得国家、省、市科技成果奖15项。下辖巾子峰省级森林公园和千岗坑、大洋、八都、白岭头、隆宫、卢峰等6个林区。2009年7月，庆元林场由自收自支事业单位调整为差额拨款事业单位，核定差额事业编制58人，增挂县国有生态公益林保护站牌子。经营总面积5835.6公顷，占全县土地面积的3%。其中，国有林业用地面积5394.06公顷；有重点生态公益林3487.4公顷，占全场国有林业用地面积的64.65%；林木蓄积量86万立方米，占全县活立木总蓄积量的10.1%，森林覆盖率97%。2009年，被确定为全国首批森林经营示范国有林场。1997年，在改造杉木一代种子园基础上建立杉木二代生产性种子园6.67公顷。1998年定砧。1999年嫁接，共收集无性系88个，全部采用省杉木协作组提供选优的优良无性系。2000年，经省林业局批准建立巾子峰省级森林公园；2007年5月1日，巾子峰省级森林公园对外开园营业；2008年11月，被评为国家AAA级景区；12月，庆元至巾子峰景区公路开工，总长9.5千米，投资1.18亿元。2009年6月，巾子峰至大洋林区康庄工程开工，总长12.5千米，投资520.8万元。2001年，千岗坑林区建立县阔叶树采种基地756.8公顷。2006年，完成山林延包换证。2009年2月，白岭头林区杀人岙至百丈康庄工程开工，总长6.06千米，投资231万元。

万里林场　1958年6月建立，面积3822.47公顷，分两大块，一块位于百山祖乡境内，西北与龙泉市相邻，东连合湖乡，南接五大堡乡，另一块位于安南乡五岭坑。1963年发现全球最濒危的12种植物之一“百山祖冷杉”，1976年定名发表后，为更好地保护该物种，1985年8月7日，省政府批准建立百山祖省级自然保护区，将百山祖、五岭坑、十九源3个林区划入。1992年10月27日，经国务院批准，将百山祖和凤阳山两个省级自然保护区合并扩建升格为浙江凤阳山—百山祖国家级自然保护区，全部山场划入。2010年，有在册正式干部职工37人，退休职工8人，但由于保护区编制有限（24个事业编制），多余职工没有进行分流，仍保留县万里林场牌子。

实验林场　1982年3月，县营林公司成立。1986年7月，县林业技术推广站并入。1984—1997年，同时履行县林业局营林股职责；1998—2010年，主要从事县营林公司实验林场绿化造林、木材生产、生态公益林管理、森林资源保护、林木良种繁育、林业科技示范推广、林业工程项目规划设计等职能。2009年1月，省林业厅批准县营林公司转为国有林场，命名县实验林场，辖城郊、洋岁、新窑、竹口、白沙、南阳、交溪门7个林区和长坑林木良种繁育基地；20世纪90年代以来，负责实施完成世行贷款“国家项目造林工程”“杉木速生丰产示范基地”“笋竹两用高产示范林基地”“优质高产锥栗示范林基地”建设。

2007年，承担完成“浙江省阔叶林发展工程”“培育杉木大径材示范基地”“高效毛竹基地建设”等项目。2009年，销售商品材1.4万立方米，主营收入1100万元。2010年，长坑林木良种繁育基地确定为省重点林木良种基地，长坑省级珍贵用材树种精品园入选省现代林业精品园。除满足本县需求外，供应外县及省厅有关科研技术推广用苗。2010年，有山林经营面积8108.53公顷，年培育容器苗190万株，在职职工47人。

林业企业

20世纪90年代，林业企业主要由林业系统国有企业组成，民营企业主要是一些木材加工企业，森工企业经营情况呈现先高后低发展趋势。1995年，林业系统收购（生产）木材7.95万立方米，商品材运出8.5万立方米。1996年，有142家木竹加工企业。1996年，林业系统收购（生产）木材5.01万立方米，商品材运出6.21万立方米。1997年，林业系统收购（生产）木材4.11万立方米，商品材运出5.97万立方米。1998年，在市场疲软、资源与资金双危情况下，企业经营情况跌落到历史最低点，只完成木材收购2.09万立方米（含林业自产材），比1997年同比减少36%；销售木材2.1万立方米，比1997年同比减少38%；实现销售收入940.2万元，比1997年减少434.4万元；实现毛利总额318.9万元；实现税金99.8万元；亏损总额135.9万元，与1997年同比增亏101.6万元。同年，县林业局将县木材公司独立出来，建立县林业产业公司；将7个林业站撤并为竹口、菊隆、郊林、新村、荷地5个独立核算林业产业站，由县林业产业公司负责管理。

20世纪90年代开始，林业国有企业经营不善，先后改制。1996年3月，县林产化工工业公司亏损额1735.85万元，负债2591.38万元，扭亏无望，3月29日宣告破产，6月16日以县林产化工工业公司纤维板生产线与浙江吉利集团国美装璜材料有限公司合营，改名为吉利集团庆元吉庆有限责任公司；2007年，划归屏都镇管辖。1994年12月，县木材厂由县政府批准整体改组为股份合作制企业，1995年2月，县丰圆木业有限公司开业。1994年，县林业工程公司投资40万元，引进个人资金10万元，生产复合地板，产值110万元，1996年复合地板生产线停办，1998年名称变更为县林产建筑工程公司。1982年，县柴炭供应站成立，1994年迄今处于瘫痪状态。1995年，竹口人造板有限公司投资110万元（其中吸收个人资金45万元）进行技改，主要生产竹胶板，12月，县木材公司再入股50余万元，引进一条生产线，设计生产竹胶板3000立方米，产值超千万元。1997年，县木材公司改制后停办。

20世纪90年代，林业加工销售企业经历规模从小到大、实力从弱到强、质量从次到优的过程。2005年，省市确认林业龙头企业以后，涌现一批生产、加工、销售等林业龙头企业。2005年确认的浙江省林业龙头企业有浙江梦天木业有限公司、浙江双枪竹木有限公司、浙江节节高炭业有限公司、浙江三禾竹木有限公司和县香菇市场。2006年，浙江天竹工贸有限公司、浙江吉安木业有限公司被确认为浙江省林业龙头企业。2008年，浙江佳缘竹木有限公司确认为浙江省林业龙头企业。2009年，浙江浙南竹木有限公司和浙江可信竹木有限公司确认为浙江省林业龙头企业。到2009年，竹类加工企业187家，从事人员6457人。其中，竹炭加工企业13家，省竹制品林业重点龙头企业7家，省竹类示范性专业合作社2家，丽水市竹制品林业重点龙头企业3家，被认定为驰名商标3个（“双枪”“天竹”“节节高”），省、市级竹制品名牌产品和省级名牌林产品9个。2010年，有林工企业282家，其中规模企业59家、规模以下企业223家；从业人员10808人，其中规模企业6501人、规模以下企业4307人；林业工业企业产值19.19亿元，其中木制品制造业7.52亿元、竹产品制造业11.51亿元。2010年，浙江鑫光工贸有限公司、浙江安南炭业科技有限公司和浙江九川竹木有限公司被确认为浙江省林业龙头企。同年，有省市级林业龙头企业19家，其中省级14家、市级5家；林业企业有“中国驰名商标”5个，即“双枪”“梦天”“天竹”“吉安”“节节高”，浙江省名牌5个，即“梦天”“双枪”“天竹”“可可竹木”“节节高”，丽水市名牌9个，即“周字”“余村”“吉安”“节节高”“志东”“三月三”“佳缘”“三江源”“齐胜”。

第四章　管理与保护

1991—2010年，为保护森林资源，庆元县加大对森林防火、森林病虫害防治、森林资源监测费用的投入。组建森林消防队伍，构建森林防火监控系统，组建护林联防网络，进行火灾隐患大排查，最大限度排除火灾隐患，减少森林火灾发生、降低火灾损失。每年进行主要林业有害生物调查监测，准确预报森林病虫害，并及时对森林病虫害进行有效防治。2010年末，庆元县境内有国家级自然保护区1处、省级自然保护小区16处。

第一节　林政管理

管理机构

1990年末，县林业局内设秘书股、财务股、企管股，直属机构有县营林公司、县乡镇林业技术服务站、县林政总站、县森林植物检疫站、县木材公司、县出口办，派出机构有城郊区、菊隆区、竹口区、万里林区、新村区、左溪区、荷地区林业站，下辖县林场、万里林场、百山祖自然保护区、林业车队、木材厂、林化厂、工程公司、柴碳站。1997年10月，县林业局内设办公室（纪检监察室）、林业股（绿化办）、财务审计股、产业股，下属事业单位有县公安局林业分局、县木材检查总站（辖曹岭木材检查站、新窑木材检查站、安溪木材检查站、上店木材检查站、交溪口木材检查站、八炉木材检查站）、县木竹出口办公室、县森林病虫害防治检疫站、县林业技术推广服务站（能源办）、县防火办、县城镇园林管理站、百山祖自然保护区管理处、县营林公司（实验林场）、县林场、万里林场、乡镇林业工作站20个。2010年，县林业局内设办公室（纪检监察室、法制室）、林业科、财务审计科、产业科；下属事业单位有县木材检查总站、县木竹出口办公室、县林权管理中心、县森林病虫害防治检疫站、庆元林场、县实验林场、县林业产业公司；县政府设在林业局的机构共7个，即县林木种苗管理站、县竹产业办公室、县山林纠纷办公室、县林业技术推广服务站、县会计核算中心林业分中心、县政府森林消防指挥办公室、县生态公益林办公室，以及乡镇林业工作站20个。

林业信息化

2002年，启用电脑“森林植物检疫管理信息系统”单机版，结束手工签发植物检疫证书的历史。2005年9月，开通“浙江省农民信箱”。至2010年，县林业局注册106人。2006年，开通“浙江省林木采伐网上办证系统”，20个乡镇全面运用电脑办理采伐证，实行发证岗位持证上岗制度，进入林业数字化时代。2008年，开通“丽水市木材流通管理系统”，实现全市木材计划管理和签证政务电子化，控制年度木材运输总量。2009年，相继启用“浙江省征占用林地管理信息系统”“林业植物检疫管理信息系统（网络版）”“庆元县森林消防指挥系统”“浙江省野生动物管理网络办公系统”、县林业局网站、县林业局智能网络办公系统，完成县林权信息数据输入和“庆元县森林灾害远程视频预警监控系统”（第一阶段）建设，建成以数据库技术、地理信息技术、网络技术和数据交换技术为核心的县级森林资源管理信息系统。2010年1月，县公益林地籍管理信息系统建设成果通过省级验收，应用于公益林面积管理、管护管理、资金管理、档案管理、数据更新、统计上报、公益林小班信息等方面。10月26日，启用“全国木材运输管理系统”，实现木材凭证运输管理电子化、信息化；11月18日，开通林业产权网上交易平台，成为浙江省首批4个开展林业产权网上交易试点县之一。11月30日，庆元县率先于全国建立“庆元县森林资源资产信息管理系统”（简称“林权IC卡”），存储以户为单位的林权信息、森林资源资产及评估信息、林权抵押登记管理信息，具有森林资源资产评估，林权IC卡生成、打印、制作、查询，林权抵押贷款担保、登记，贷款发放信息管理，统计等业务及数据管理功能，在林权管理、森林资源管理、林权抵押贷款工作中得到推广应用，推进林权抵押贷款业务，实现“统一评估，一户一卡，随用随贷”，是林业信息化改革工作的里程碑式变革。

山林权属管理

1990—1991年，开展完善林业责任制，解决林业“三定”遗留问题。除竹口镇、荷地镇部分村外，其余全部换订合同，补、换订合同22981份，重新核发自留山使用证25409份。2006年，开展山林延包，颁发林权证16.78万公顷，其中国有林1.21万公顷、集体林15.57万公顷；换发统管山、自留山、责任山林权证43103份，面积15.22万公顷，其中集体统管山1.52万公顷、责任山7.61万公顷、自留山6.09万公顷；林地流转面积1.94万公顷，其中入股1.65万公顷、租赁0.11万公顷、转包0.12万公顷、转让0.06万公顷。装订档案3620册，分县档案局、县林业局、乡镇、村四级归档，归档率100%。

林木采伐管理

1991年，县林业局出台《关于部分林木采伐管理的若干规定》。1995年，出台《关于加强林木采伐管理的通知》《关于规范林木采伐作业设计及伐中、伐后检查制度的通知》《关于进一步加强林木发证工作管理的通知》。2005年，出台《庆元县林业局林木采伐管理规程》。2006年，应用电脑办证系统，林木采伐许可证实行网上办证。2008年，出台《庆元林业局关于进一步加强公路沿线采伐管理的若干意见》；林木采伐开始暂缓征收集体育林基金、更新改造资金；通过不断完善林木采伐管理体系和林木采伐审批、发证程序，强化林木采伐审核审批制度、林木采伐公示制度，规范林木采伐“伐前作业设计、伐中检查、伐后验收”制度，加大林业行政执法力度，有力打击滥伐盗伐等破坏森林的违法犯罪活动。1991—2010年，每年林木采伐许可证审核发放严格控制在浙江省政府下达的年度森林采伐限额范围内。2001年，国家林业局对庆元县进行森林采伐限额核查，核查结果表明，庆元县森林资源生长量已大于消耗量。

1991—2010年庆元县林木采伐一览表

表14—4—1—1

年份	林木采伐量（立方米）			毛竹采伐量（万株）
	合计	商品材	非商品材	
1991	195567	149924	45643	86.42
1992	191056	142100	48956	90.36
1993	191244	144263	46981	98.73
1994	184604	138972	45632	103.42
1995	184095	136270	47825	107.96
1996	169983	128560	41423	116.34
1997	152215	105673	46542	118.65
1998	120021	69682	50339	124.70
1999	105409	77459	27950	176.98

续表 14—4—1—1

年份	林木采伐量（立方米）			毛竹采伐量（万株）
	合计	商品材	非商品材	
2000	94461	62446	32015	153.65
2001	105531	86074	19457	155.63
2002	112468	89848	22620	251.60
2003	129271	95658	33613	257.40
2004	147726	123374	24352	359.83
2005	169812	150364	19448	528.24
2006	217008	192198	24810	638.06
2007	199097	177608	21489	693.80
2008	237608	218187	19421	1191.10
2009	240097	209061	31036	1089.48
2010	245800	212800	33000	1256.24

说明：非商品材包括农民自用材、培殖业用材、生活烧材

自然保护区

百山祖国家级自然保护区　1985 年 8 月 7 日，浙江省政府批准建立百山祖省级自然保护区。1992 年 10 月 27 日，经国务院批准，将百山祖和龙泉市凤阳山两个省级自然保护区合并扩建升格为浙江凤阳山—百山祖国家级自然保护区。1995 年 11 月 3 日，设立浙江凤阳山—百山祖国家级自然保护区管理局，下设百山祖管理处和凤阳山管理处。百山祖管理处内设办公室、资源保护科、科研宣教科、社区发展科、万里林保护站和百山祖、茶木淤、出水岙、盘龙地、五岭坑等 6 个保护站。

保护区总面积 10880.1 公顷，其中核心区面积 3939.3 公顷、缓冲区面积 1341.8 公顷、实验区面积 5599.0 公顷。据 2007 年调查统计，林业用地面积 10502.3 公顷，非林业用地面积 377.8 公顷，林业用地中有林地面积 10392.9 公顷，占林业用地的 99.0%；森林覆盖率 96.3%；活立木总蓄积量 96.8 万立方米；毛竹立竹量 100.65 万株。有种子植物 173 科 828 属 2005 种，蕨类植物 36 科 82 属 236 种，苔藓植物 62 科 149 属 326 种（其中叶附生苔 5 科 13 属 38 种），大型森林真菌 12 目 37 科 97 属 256 种，脊椎动物 4 纲 26 目 74 科 254 种，昆虫 22 目 247 科 1346 属 2192 种。有国家一级保护植物 4 种、国家二级保护植物 20 种、国家一级保护动物 8 种、国家二级保护动物 47 种、浙江省重点保护野生动物 43 种。其中，百山祖冷杉为特有物种。

图 14-4　白柘洋天然次生林保护小区（县林业局供　摄于 2007 年）

1991—2010 年，保护区先后培育百山祖冷杉原生树实生苗和嫁接植株子代幼苗，完成华南虎踪迹发

现及基因鉴定，建立5公顷生物多样性监测样地，开展生物多样性本底调查项目，出版《华东百山祖昆虫》一书；完成《百山祖生态旅游专项规划》编制；完成自然保护区二期工程建设，建立自然博物馆、县城综合楼，完成车根至百山祖、茶木淤道路改造工程，修建茶木淤保护站房，改善保护站配套设施。2010年11月，启动百山祖国家AAAA级旅游景区建设。

省级自然保护小区 2001年，建立省级自然保护小区18个。其中，自然生态类型7个、野生植物类型7个、野生动物类型1个、湿地类型2个、自然景观类型1个，总面积2661.8公顷。2004年，撤销千岗坑天然林自然保护小区。2010年4月，撤销大洋湿地自然保护小区。2001年4月，制定《庆元县自然保护小区管理办法（试行）》，统一制作自然保小区牌，实行立牌保护，将自然保护小区纳入生态公益林范围，由村护林组织保护。

2010年庆元县省级自然保护小区一览表

表14—4—1—2

名称	保护对象	地点	面积（公顷）
马蹄岙红栲群落保护小区	森林生态系统	马蹄岙库区	328.6
兰溪桥保护小区	森林生态系统	兰溪桥库区	349.53
冷水湾灰毛含笑保护小区	灰毛含笑及生态系统	松源镇境内	123
黄坛墓庵山闽楠保护小区	闽楠及生态系统	竹口镇境内	7.6
上洋南方红豆杉保护小区	南方红豆杉及生态系统	竹口镇境内	2.47
傍山福建柏保护小区	福建柏及生态系统	岭头乡境内	3.47
白柘洋天然次生林保护小区	天然次生林生态系统	官塘乡境内	30
班岱后南方铁杉保护小区	中亚热带中山山地针阔混交林	四山乡境内	25.6
禁山林自然保护小区	天然次生林阔叶林及其生态系统	县城北部	9.53
关门岙天然次生林自然保护小区	天然次生林生态系统	黄田镇境内	80.87
九际伯乐树自然保护小区	伯乐树和常绿木兰群落	四山乡境内	14.87
贤良处后山自然保护小区	天然次生阔叶林及其生态系统	贤良镇境内	10.6
左溪榧树湾自然保护小区	榧树及其生态系统	左溪镇境内	25.6
香炉尖猕猴自然保护小区	猕猴及其生态系统	举水乡境内	268.6
上洋湖湿地自然保护小区	天然湿地生态系统	荷地镇境内	15
兰泥水口林名木古树自然保护小区	名木古树及其森林景观	合湖乡境内	6.53

野生动物保护

20世纪90年代，按照“加强资源保护，积极驯养繁殖，合理开发利用”方针，庆元开展野生动物保护管理。执行国家、省、市野生动物保护法律、法规和相关规章制度，每年组织开展野生动物保护宣传月暨“爱鸟周”活动，宣传野生动物保护有关法律法规和野生动物知识。2000年始，开始发放陆生野生动物“狩猎证”，规范野生动物猎捕管理，禁止猎捕、杀害国家和省级重点保护动物，凡是持有公安部门核发持枪证的单位和个人，需猎捕一般保护陆生动物的，要向县林业局提出申请，由县林业局核发狩猎证。同时，经营利用陆生野生动物实行核准证制度，凡从事经营利用陆生野生动物的单位和个人须取得县级以上林业主管部门核发经营利用核准证，在餐馆、酒店、农贸市场等经营利用一般保护野生动物单位（户）开展陆生野生动物经营利用核准证办理。定期与不定期在全县开展专项执法检查，打击破坏野生动物资源违法犯罪专项行动，查处非法猎捕、经营利用野生动物行为。2002年，相继组建松源镇狩猎队、荷地镇狩猎队等狩猎组织5个，开展集中猎捕成灾野猪专项行动。至2010年，县林业局和森林公安分局每年联合组织开展严厉打击破坏野生动物资源违法犯罪活动，同时开展野生动物疫源疫病防控。

山林纠纷

1991年以来，县山林纠纷办公室重点调处大案、要案及突发性案件，坚持每月排查，全面梳理山林纠纷突出案件，创新调处手段，下大力气抓好大案、要案及突发性案件调处。1991年1月至2010年11月，受理山林纠纷案件384起，结案225起。其中，省际调处8起，县际调处4起，县内调处213起；调解101起，行政裁决124起。1991—2010年，全县有山林纠纷积案159起，其中省际59起，市际15起，县内85起；急案2起，大案16起，疑难案件141起。

林业执法

庆元县森林公安始建于20世纪80年代，称庆元县公安局森林派出所。1993年9月6日，县公安局林业分局成立，隶属县公安局、县林业局双重领导。1994年5月18日，县公安局林业分局挂牌办公。1999年3月15日，县公安局林业分局核定专项编制26人，全体民警过渡为国家公务员。2001年1月，在松源镇、竹口镇、左溪镇设立警务区。2002年8月21日，县公安局林业分局更名为县公安局森林分局，内设办公室、治安科、保卫科、法制科、百山祖森林派出所、八都森林派出所。2006年1月23日，增设庆元县公安局森林分局森林巡防大队。

1991—2010年，县森林公安查处盗伐林木、滥伐林木、毁坏林木、违法征占林地、违法运输木材、非法收购经营加工木材等案件4.757万起（其中各类林业行政案件2448件、治安案件38件、破获森林刑事案203件），处理各类违法犯罪人员2962人次（其中逮捕115人、治安拘留53人、取保候审104人），罚没款553.20万元，为国家、集体挽回损失3019.5万元。

第二节　森林保护

森林防火

1991年，全县森林防火无线电通讯网络组建，在百山祖和巾子峰建立中继台，加上车载台、手持式对讲机及有线电话组成覆盖全县通信网络，对火情发现、扑救有重要作用；开展生物防火林带试点，营造1000米，此后逐年增加。进入21世纪后，生物防火林带每年新建30—50千米，定点定时完成防火隔离带维修。1993年冬季，实行造林炼山防火责任制，有效遏制炼山跑火造成火灾现象，发生火灾9起。1995年，建立县武警中队森林消防专业队和27支540人义务森林消防队。从2002年开始，森林防火期改为10月1日—次年5月31日。2003年起，森林火灾扑救坚持“专群结合，以专为主”原则，20个乡镇以及县林业局、百山祖保护区、庆元林场、县实验林场等单位，以每年2—3支队伍、每支队伍20—30人，组建半专业森林消防队伍。2004年，制定《庆元县森林火灾事故处理预案》。2008年，在巾子峰林区设置远程森林防火监控系统，在县林业局设立监控中心。

庆元县属闽浙赣毗连地区护林联防组织第二联防区，由福建省政和县、松溪县、寿宁县和浙江省景宁县、庆元县5个县组成，下设6个分会，庆元县11个乡镇和庆元林场分列各分会。毗邻五县在火源管理、火灾扑救、林业生产、林政管理、纠纷调处、案件查处、病虫害防治等方面加强信息沟通，增进交流合作，构建护林联防网络，共同保护森林资源。1998—1999年、2008—2009年，庆元县为轮值县，分别主持召开第二联防区第27次会议和第32次会议。

1991—2010年，全县发生森林火灾177起，受害面积875.84公顷。1998年发生火灾次数最少，仅1起；2004年发生火灾次数最多，33起；2000年森林火灾受害面积最大，250.91公顷。发生较大森林火灾：

1995年2月6日下午，屏都镇余村村民范某在岗后坑山场烧田坎引起人工杉木林起火，过火面积63.33公顷，受害森林面积31.8公顷，烧毁林木蓄积1288立方米、幼树9万余株；2000年3月28日上午10时许，景宁县秋炉乡山头村村民张某在责任田边烧杂草引发大火，蔓延至庆元县张村乡山丘村，过火面积170.84公顷，受害面积94公顷，损失林木蓄积1650立方米、幼树15.87万株；2009年5月11日11时50分，张村乡岙头村发生山火，过火面积64.4公顷，受害面积55.6公顷，损失林木蓄积5182立方米、幼树4.81万株。

1991—2010年庆元县森林火灾一览表

表14—4—2—1

年份	火灾数（次）	火场面积（公顷）	受害面积（公顷）	损失林木	
				成林蓄积（立方米）	幼树（万株）
1991	16	60.40	31.14	624	6.709
1992	28	121.45	54.75	704	10.49
1993	9	42.26	22.52	546	1.55
1994	4	16.82	7.50	71	0.99
1995	3	73.93	37.33	1364	9
1996	5	27.6	10.53	184	2.4
1997	2	10.20	4.73	65	0.30
1998	1	4	3	0	0.45
1999	4	22.31	7.06	19.499	1.7621
2000	11	411.54	250.91	6066.29	35.4
2001	4	6.51	4.5	56	0.81
2002	4	19.41	10.01	373.62	3.2
2003	2	1.38	1.11	31.0	0.0165
2004	33	299.6	146.26	8725.2	20.55
2005	12	150.64	86.58	2788	18.06
2006	3	3.22	2.43	0	0.48
2007	5	42.8	22.9	33	5.72
2008	15	96.85	79.59	1989	7.68
2009	11	98.67	80.29	5581	8.76
2010	5	15.53	12.7	535	1.03

病虫害防治

1990年，庆元开始松材线虫病防控。1991—2000年，全县森林病虫害防治从起步走向规范，开展主要森林病虫害调查监测、防治服务等，但监测网络、防范机制等环节仍然薄弱，防治服务对象仅以用材林病虫害防治为主。1996年始，在锥栗基地推广冬季清园技术，清园面积逐年扩大，对控制和降低锥栗病虫源起到明显效果。1998年，暴发马尾松毛虫，受害666.67公顷，竹口镇、屏都镇、松源镇等地人工松林为害严重。1999年，出台《庆元县松材线虫病防范管理工作预案》。2000年，成立县松材线虫病防控指挥部。2007年，出台《庆元县突发性重大林业有害生物事件应急预案》。2008年，县松材线虫病防控指挥部改为县林业有害生物防控指挥部。2009年，庆元县列入浙南林区松材线虫病基础设施防控项目体系建设，把松林健康调查责任落实到各乡镇，把松材线虫病防控列入乡镇考核内容，坚持科学防控，保护林业生态健康稳定。1999 年始，推广应用打孔注药防治一字竹象害虫，之后每年防治面积在 2666.67 公顷以上。

2000 年后，森防技术人员重视防治试验与技术推广，参与省市级课题 6 项，独立完成县级课题 7 项，撰写学术论文 20 多篇，科学技术在森防实践中起到重要作用。2001 年开始，随着农业综合开发、笋竹两用林推广，森检从单一用材林转向用材林、经济林、毛竹林等综合性全面防治，防治面积逐年扩大。2003 年，全面开展林业有害生物调查，基本摸清主要林业有害植物种类及数量分布，制作大量林业有害生物标本；2010 年，开展林业有害植物普查，基本查清野葛藤、狗尾草、菟丝子、空心莲子草等十多种林业有害植物分布、种群数量以及危害程度等情况，为开展有效除治提供科学依据。2003 年，荷地镇高大村、底墅村、黄沙村等地暴发短叶松金龟子，发生面积 333.33 公顷，虫口密度在 200 条 / 株以上，公路沿线大片松林遭受严重虫害，松针变成枯黄。2004—2007 年，全面实施锥栗病虫害治理项目，通过科学手段，实施有效防治，达到控制病虫害目标，最终实现栗农增收增效，被浙江省森防局评为优秀工程项目。2008 年 8 月，黄田镇洋垅村、竹口镇大泽村、崔家田村等竹林暴发大面积竹舟蛾虫害，发生面积 333.33 公顷，森防技术人员全力应对，首次大面积使用生物农药防治，取得良好防治效果。同年，推开毛竹主要虫害治理，综合运用营林、化学、生物、物理等手段，在竹口镇、黄田镇、隆宫乡等竹林挂设杀虫灯 55 盏，进行有效防治。2008 年起，大力推广应用新技术、新药械（药剂），防治方法从单一化学防治走向营林、化学、物理、生物等综合防治快车道，技术服务稳步向前推进，已建成监测与防治服务网络、防治工作机制完善，技术服务成熟的防治服务体系。2010 年，县森检站组建林业有害生物调查监测、防治服务、锥栗病虫害防治技术辅导、森林病虫害防治 4 支专业队伍。2010 年，市森防总站“噻虫啉生物农药防治试验课题”在庆元县实施。2010 年 8 月，黄田镇李村村、双沈村、双坞村等十多个村发生大面积刚竹毒蛾，县林业局调用莲都区、缙云县两支防治专业队支持；黄田镇相关村民自发成立毛竹防治专业队伍，第一代、第二代防治作业面积 1866.67 公顷。

第五章　林业改革

1981年12月，庆元县分两批进行以“稳定山林权属，划定自留山”为主要内容的山林定权发证。1983年，补充落实林业生产责任制，落实自留山2.07万公顷、责任山6.87万公顷、集体经营统管山6万公顷。通过林业“三定”（稳定山林权、划定自留山和确定林业生产责任制），林农获得经营自主权，形成以家庭承包经营为基础、统分结合的林业双层经营体制格局。1989—1991年，完善林业生产责任制。2006年，延长山林承包期，明确林业产权。2007—2010年，探索和完善林权抵押贷款制度。

第一节　完善山林承包制度

完善林业生产责任制

1989年10月，完善林业生产责任制工作。11月，县政府抽调工作队进驻竹口镇试点。在总结试点经验基础上，全面铺开完善林业生产责任制。至1991年，38个乡镇和庆元林场3个村完成工作任务。划清“三山”界至14892户，47916片山场面积共0.57万公顷，占原界至不清户数的98.8%、山场片数的92%、山场面积的95.8%。新埋设界标5万多片山场，面积1.01万公顷；调查处理大小山林纠纷3642起，处理毁林事件98起，罚金7569元。完善林业承包合同，除竹口镇、荷地镇部分村外，其余全部换订合同，计补、换订合同2.2981万份，重新核发自留山使用证2.5409万份。巩固原有乡村林场100个，经营面积0.87万公顷，恢复、新建乡村林场140个，经营面积1.27万公顷，完善后乡村林场240个，经营面积2.15万公顷，占统管山面积的37.6%，占行政村的74%。兑现前8年合同提留款244.2万元，占应兑现总额的96.5%，未兑现43.3万元。改善集体服务功能，完善后，统管山面积5.35万公顷，比完善前增加6400公顷，集体统管山占“三山”面积从39.8%提高到44.3%。新建立林业责任制档案3300卷，其中县级档案519卷、乡级档案1334卷、村级档案1447卷。

图14-5　村民进行山林延包换证(县林业局供　摄于2006年)

山林延包

2006年2月，庆元县按照“调查摸底、分类指导、先易后难、全面落实”要求，推进延长山林承包期，明晰林业产权，落实经营主体，搞活经营机制，以“确权发证”为核心。2006年3月，县延包办和各乡镇抽调人员组成延包换证试点工作组进驻隆宫乡试点。5月26日，召开全县动员大会，与乡镇签订责任书，全面铺开山林延包。贯彻延包政策“长期稳定不变”

原则，分动员部署、宣传发动、组织实施、考核验收 4 个阶段，历时 8 个月完成。应签订承包责任合同 23214 份，签订承包责任合同 23180 份，占 99.9%；换发林权证 47056 份，占应发数 47212 份的 99.7%。其中，换发所有权证 3953 份，换发率 100%；换发统管山、自留山、责任山林权证 43103 份，发证率达 99.6%；换发国有山林权证 27 份，换发率 100%；补发新增林地 101 宗，补发率 100%；林地变更及注销 6 宗，登记率 100%；县、乡、村受理山林纠纷案件 581 起，调处 556 起，调处率 96%；装订档案 3620 册，分县档案局、县林业局、乡镇、村四级归档，归档率 100%。山林延包进一步稳定和完善林业生产责任制。

第二节 林权抵押贷款

探索实践

2007 年 4 月 11 日，县林业局与县农村信用联社根据“试点先行、以点带面”的工作模式，在隆宫乡举行林权抵押贷款首发仪式，当场发放 4 笔共 9 万元贷款。破解林业史上森林资源变现和农村信贷史上农民抵押担保物两大难题，使林权证成为名符其实的产权证。6 月，庆元县林权管理中心成立，全面开展林权初始、变更、注销登记与管理、森林资源资产调查评估、林权交易等各项业务，完善全县林权动态管理。同时，逐步完善和创新贷款程序、方式方法，开展生态公益林抵押贷款，组建全国第一家林权担保农民专业合作社，形成 1 家专业担保机构为主、7 家农民专业合作社为辅的担保机制，直接抵押和林权信息卡（林权 IC 卡）贷款等多形式并驾齐驱格局。

2008 年 12 月，庆元县针对林权抵押贷款中评估难题，开展以建立林权信息卡（林权 IC 卡）、创新林权抵押贷款模式为重点的林权信息网络管理平台建设。林权信息卡是在林权信息管理系统底层数据基础上，以“人、地、证相符，图、表、册一致”为要求，以“勘界调查、评估建库、制卡授信”三个步骤为关键环节，以“明晰产权、核定资产”为工作目标，通过林权信息和资源资产评估结果数字化处理，制成以户为单位的信息卡。林权信息卡录入山场地块林权证号、地名、权属、四至等信息，将权属界线固定在电子地形图上，林地权属明晰，消除山林纠纷发生隐患。林权信息管理系统与金融部门实现信息共享，使金融机构能够及时准确、全面系统地掌握林农森林资产真实情况，农户凭卡几分钟就可完成信用评估和权属认定，破解金融服务进入难题。林权管理信息系统实现林业管理数字化和网络化，提高行政效率，破解林业管理提升难题。

成效

庆元林权抵押贷款覆盖 20 个乡镇，抵押林种扩大到经济林、用材林和生态公益林，贷款时限从 1 年延伸至 2—3 年。至 2010 年，全县累计发放林权抵押贷款 2.5723 亿元，贷款余额 1.711 亿元，上万户林农从中受益。2008 年、2009 年，庆元县集体林权制度改革连续获得丽水市政府集体林权制度改革工作一等奖；“林权‘IC 卡’ 山林‘身份证’”成果入选全国集体林权制度改革实践 100 例。2010 年 10 月 10 日，庆元县以全国百个林改典型县身份应邀参加全国集体林权制度改革百县经验交流会，浙江省林业厅、丽水市政府以文件形式下发全省各地，要求推广庆元“林权 IC 卡”建设工作经验。

第十五篇　工业

民国时期，庆元仅有手工操作的毛边纸厂、砖瓦窑、陶瓷厂，另有棕棉、染布、理发、裁缝、油漆、泥水和蔑、木、石匠等手工业者。1949年，工业产值空白。中华人民共和国成立后，扶持手工业，引导其走互助合作道路。之后，经过土地改革和农业合作化，废除封建土地所有制，解放了生产力，工业从无到有，逐步建立起电力、化工、水泥、造纸等工业门类。至1958年末，工业总产值1146万元，是1952年的13倍。并入龙泉县后，由于工业企业裁减、设备转移，工业产值急剧下降。1975年，工业产值只有1958年的65.7%。1978年改革开放后，集中力量改造老企业，建设一批新企业，二轻集体企业和乡镇企业迅速崛起，食用菌生产机械和装容塑料产品成为独具特色的工业门类。是年，工业总产值1206.63万元。1992年，全县有各类工业企业1445家，总产值2.29亿元，工业在工农业生产中的比重为47.2%。20世纪90年代后期，改革的深入和国有企业改革，以全民、集体工业为主导，私营和个体工业为辅的工业体系逐渐转变，私营工业企业成为工业的主导，形成以竹木制品加工为支柱，医药化学、食品加工、文教体育用品制造业多头并进格局。2010年，全县有工业企业1205家，其中国有企业3家、有限责任公司2家、私营企业101家、港澳台商投资公司1家、外商投资企业1家、个体经营户1085家。全年完成工业总产值46.17亿元，其中，工业园区完成20.24亿元，规模以上工业总产值35.21亿元，规模以上工业销售产值33.26亿元，出口交货值2.89亿元，规模以上工业企业实现利税3.01亿元，利润1.79亿元。

第一章　工业园区

2002年2月，庆元松源竹木业工业专业区设立，为庆元最早的工业园区。2006年9月，经国务院三部委审核升格为省级开发区，成为浙江省经国家审核保留的103家省级开发区之一，更名为浙江省庆元工业园区，以竹木制品、农产品加工、汽车摩托车零部件为主导产业。2010年9月13日，省发改委、省商务厅、省经信委、省科技厅联合发文，确定为全省先行开展“十二五”发展规划编制的33家开发区（园区）之一。

第一节　管理机构

庆元县经济贸易局

1996年10月，庆元县经济委员会与县乡镇企业管理局、县医药管理局合署办公，县经济委员会（乡镇企业局、医药管理局）是管理工业经济和医药行政的综合职能部门，内设办公室（财务科）、政工科（纪检监察室）、综合科、企业管理科、直属工业科、乡镇企业科、医药管理科、矿管科（地质矿产办公室），下属事业单位有县技术与新产品开发办公室、县矿产资源管理站、县城工业小区管委会办公室。2002年6月，撤销县经济委员会（乡镇企业局、医药管理局），由原县经委、县外贸局、县商业行业管理办公室、县物资行业管理办公室、县经济协作办、县乡镇企业局、县二轻联社等部门组合成县经济贸易局（对外贸易合作局、中小企业局），为负责调节国民经济运行的县政府组成部门，内设办公室（纪检监察室）、综合科（经济运行科）、安全生产综合管理科（安全生产监察科、县安委会办公室，2005年6月县安监局成立后撤销）、企业科（中小企业科）、技改与投资科（技术进步科）、内贸行业管理科、对外贸易经济合作科。2010年，县经济贸易局（中小企业局、对外贸易经济合作局）内设办公室（纪检监察室）、综合科（经济运行科）、企业科（中小企业科）、技改与投资科（技术进步科）、内贸行业管理科、对外贸易经济合作科，下属事业单位有县二轻工作办公室、县新产品开发办公室、县行业管理办公室（生猪屠宰监督管理办公室）、县发展新型墙体材料办公室。

庆元县工业园区管委会

2003年7月30日，县工业园区管理委员会成立，为县政府直属正科级事业单位，依照国家公务员制度管理。8月4日，成立县工业园区建设发展有限公司，国有独资公司，隶属县政府。8月7日，县工业园区建设发展有限公司第一次董事会暨监事会通过《庆元县工业园区建设发展有限公司章程》。2006年10月13日，县工业园区建设发展公司隶属关系变更为隶属县工业园区管委会。2007年1月15日，县工业园区管理委员会更名为浙江省庆元工业园区管理委员会，代表县政府对工业园区实行统一领导、统一规划、统一管理，根据县政府授权负责园区开发建设以及有关日常行政管理。2010年，县工业园区管委会内设办公室、经济发展科、招商引资办公室、规划综合科（政策处理办公室）和工程建设科。

第二节 园区建设

基础建设

2003年，园区总体规划面积10平方千米，由松源镇、屏都镇、淤上乡的6个区块组成，发展竹木制品、铅笔、食品、高新技术产业。2004年，完成反墺地块工业用地土地压实平整。2006年，完成基础设施投入860万元，北门工业园、梦天工业园、东山垟工业园“六通一平”（指通电、通路、通给水、通讯、通排水、通燃气，土地平整）15个工程基本竣工，五都工业园控制性详规通过评审。2007年，黄田垟区块完成“三通一平”。2008年10月，委托湖南城市学院规划建设设计研究院编制《浙江省庆元工业园区生态化建设与改造规划和实施方案》。2009年，园区基础设施建设投资308万元，梦天工业园、北门工业园、东山垟工业园、五都工业园基本完成“六通一平”；形成屏都新区建设平台构想，启动屏都镇、竹口镇、淤上乡、黄田镇等乡镇工业功能区建设。2010年，园区累计完成政府基础设施投入5682万元，完成屏都综合新区低丘缓坡开发一期《屏都综合新区（余村区块）控制性详细规划》、一期工程可行性研究报告和初步设计方案编制、评审和审批，完成水土保持方案、环境影响评价报告审批及基础设施建设用地土地预审和土地农转用报批等项目前期工作，开展土地征用等政策处理；规划总面积30.9平方千米，形成“一区多园”发展格局，下辖梦天工业园、北门工业园、东山垟工业园、五都工业园及屏都、竹口、黄田等多个乡镇工业功能区，累计开发土地111.13公顷，入驻企业52家，形成汽摩配件及金属制品生产、竹木制品生产和农副产品（食用菌、绿色食品）加工四大主导产业。

供地

2004—2010年，庆元工业园区供地61.09公顷。分别为2004年12.03公顷，2005年2.09公顷，2006年14.72公顷，2007年19.03公顷，2008年7.02公顷，2009年2.76公顷，2010年3.44公顷。

第三节 园区分布

县城工业园

五都工业园 位于县城西面5千米处，用地面积37.13公顷，分反墺和黄田洋两大区块，有企业23家，主导产业为竹木制品、汽摩配件、食用菌加工。

东山垟工业园 位于县城西面3千米处的会溪村，用地面积11.2公顷，有企业11家，重点发展食用菌、竹木、铅笔、金属制品等产业。

梦天工业园 位于县城汽车站旁，用地面积6.67公顷，有木门、食用菌企业2家。

北门工业园 位于县城江滨路旁，用地面积8公顷，重点发展汽摩配、轻工、电子、建材等技术含量高、附加值高项目和高新技术产业，有企业7家。

乡镇功能区

菊水工业园 位于屏都镇菊水村菊水垟，用地面积8公顷，有竹木、造纸企业2家。

黄田工业园 位于黄田镇黄田溪东西两边，用地面积7公顷，有竹木制品、漆业企业4家。

规划建设中的工业园

竹口瓦窑山工业园 位于庆元西部竹口镇瓦窑山一带，与竹口镇隔溪相望，龙庆高速公路从中间穿过，将该区块分为东、西两地块，开发面积34.97公顷。建成后面积33.48公顷，其中，高速路基部分1.49公顷，定位为铅笔产业园，着力打造成中国（庆元）铅笔生产基地。

屏都综合新区 位于县城西部，规划协调区用地总面积29.9平方千米（包括水域、山体面积），分别由松源镇、屏都镇和淤上乡的五都区块0.64平方千米（含已开发建设区域）、余村区块（核心规划区）7.53平方千米、石坝区块5.36平方千米、巾子区块2.33平方千米、菊水区块1.64平方千米（含已开发建设区域）五大区块组成，是集商贸、居住、教育、物流、市场于一体的综合性城市新区。其中，余村区块以丽龙庆高速连接线为界分南、北两地块，北地块以居住、公建、商业和科教用地为主，南地块以工业用地为主，以发展现代制造业为主。计划分三期开发：一期1.56平方千米，以连接线以南低丘缓坡开发建设为主，选址于屏都高速公路连接线南北两侧，涵盖竹木产业园、五金汽配产业园、台商投资创业园、食用菌农副产品加工园、中小企业创业园和公共服务中心所在地块，建设单位为县工业园区建设发展有限公司，总规划用地面积140.68公顷，静态投资36473.72万元，动态投资（建设期利息）3150万元，总投资39623.72万元，主要通过对山地进行低山缓坡改造（削峰填谷），建设配套路网与给排水、电力、通信等基础工程，实行滚动开发，可获得有效土地121.54公顷，2012年完成；二期2.59平方千米，2015年完成；三期2.07平方千米，2020年完成（不包括山体水域）。

1991—2010年庆元县工业园区入园企业一览表

表15—1—3—1　　单位：万元

区块	企业名称	入园年份	产业	协议投资额	2010年工业产值
梦天工业园	浙江梦天木业有限公司	2005	木门制造	800	24050
	浙江大山合菇业有限公司	2006	食用菌加工	1500	13347
北门工业园	天元机车部件有限公司	2006	汽车配件	2306.9	2315
	钦耀金属制品有限公司	2006	汽车配件	1394.18	1157.5
	浙江麦高电子科技有限公司	2006	汽车配件	1793.6	910
	浙江金祥汽配有限公司	2010	汽车配件	2300	—
	浙江瑞翔汽车电机有限公司	2006	汽车配件	2700	9200
	浙江欧派电装有限公司	2006	汽车配件	2000	7315.4
	浙江诺顿空调系统有限公司	2007	汽车配件	1538	—
东山垟工业园	庆元斯大食用菌有限公司	2005	食用菌加工	1058	5912
	庆元县江源菇品有限公司	2005	食用菌加工	1062	7525
	庆元绿尔佳食品有限公司	2005	食用菌加工	672	1727
	浙江安南碳业科技有限公司	2005	竹木制品	860	3997
	浙江鑫光工贸有限公司	2009	竹木制品	1387	7424
	浙江国亨滤纸有限公司	2007	汽车配件	1020	1549
	庆元县飞越制笔有限公司	2007	铅笔	996.5	1228
	庆元县博爱诺有限公司	2007	锅炉制造	1597	1670
	浙江达琳工贸有限公司	2007	箱包制造	2281	2000
	浙江光辉工具有限公司	2007	五金工具制造	3034	2800

续表 15—1—3—1

区块	企业名称	入园年份	产业	协议投资额	2010 年工业产值
东山垟工业园	丽水缙庆金属制造有限公司	2006	汽车配件	2800	4432
五都工业园	浙江万欣印业有限公司	2003	印刷	1400	7028
	浙江三禾竹木有限公司	2003	竹木制品	2221	11009
	中艺工贸	2009	汽车配件	3988	—
	浙江节节高碳业有限公司	2004	竹木制品	652	5403
	浙江百兴食品有限公司	2010	食用菌加工	1740	7900
	浙江永丰木业有限公司	2004	竹木制品	873.5	2198.05
	浙江盛泰竹木有限公司	2004	竹木制品	1581	2254
	浙江天竹工贸有限公司	2007	竹木制品	2368	14110
	浙江鸿瑞基业有限公司	2007	汽车配件	3080	4322
	浙江瑞宏金属制品有限公司	2007	金属制品	3415	—
	浙江春尔工程有限公司	2007	塑料制品	1678	1120
	浙江奥杰特有限公司	2007	汽车配件	3988	1067
	浙江大成汽摩部件有限公司	2007	汽车配件	2610	1284
	浙江洪明汽车部件有限公司	2007	汽车配件	3661	752
	浙江瑞庆汽车部件有限公司	2007	汽车配件	6750	4432
	浙江英标菇品有限公司	2007	食用菌加工	1142	7205
	浙江博源彩印有限公司	2007	彩印胶、印制品	1167.4	2125
	浙江奥盛特有限公司	2006	汽车配件	1627	1950
	庆元永昌电器有限公司	2007	金属制品	1309	1740
	浙江奥吉卫浴有限公司	2007	汽车配件	3199	829
	浙江庆元康元食品有限公司	2009	食用菌加工	935	3499
	庆元县万成实业有限公司	2009	食用菌加工	1371	—
	庆元永伟通用器材有限公司	2007	汽车配件	1620	—
	浙江昌达建材有限公司	2006	沙石	5948	1543
屏都园	浙江九川竹木有限公司	2008	竹木	2260	9115
	浙江昌达实业有限公司	2008	机制纸及纸板制造	5948	2580
黄田工业园	浙江可信竹木有限公司	2008	竹木制品	3850	11980
	浙南竹木有限公司	2008	竹木制品	1226	2773.9
	庆元县松源制笔有限公司	2009	铅笔	800	—
	庆元县新正大漆业有限公司	2009	油漆制造	2150	—
淤上	庆安消防材料有限公司	2009	消防器材	550	—
竹口	浙江久灵笔刷有限公司	2010	铅笔、眉笔	5158	—

说明：“—”为 2010 年在建企业

第二章　工业门类

中华人民共和国成立后，庆元工业从无到有，逐步建立起电力、化工、水泥、造纸等与人民生活、生产相关的工业门类。1958年并入龙泉县后，工业企业裁减、设备转移，工业产值急剧下降。1978年改革开发后，工业迅速发展。至20世纪90年代初，建成建材、化学、冶金机械、造纸、印刷、食品酿造、木材加工、纺织、缝纫等工业。随着工业体制改革和经济社会的发展，2010年，庆元县除竹木、食品、文教用品、汽摩配和小水电五大亿元主导产业外，还有造纸、塑料制品、水泥、黑色金属冶炼、印刷、漆业等工业企业，主要生产瓦楞纸、食用菌筒袋、熟料硅酸盐水泥、微炭铬铁、漆料等产品。

第一节　竹木制品加工业

发展

竹制品产业是庆元颇具优势的传统产业，历史悠久。20世纪70年代开始，从无到有，现已形成门类比较齐全、具有一定规模和水平的行业，竹制品产值总量居工业行业首位。20世纪80年代初，竹筷行业发展以隆宫乡家庭加工业为主，主要盛产人工刀削普通竹筷。20世纪90年代后，人工刀削普通竹筷通过油漆、打印、包装，档次得到提升，附加值成倍提高。在浙江双枪竹木有限公司带动下，一批企业如天竹、三禾、佳缘等公司不断发展壮大，逐步推进竹产业持续快速发展。产品主要有木门、竹筷、竹砧板、模板、地板、竹炭制品、家具、竹工艺品等30多种。有全国驰名商标5个（“梦天”“双枪”“天竹”“节节高”“吉安”）、省名牌产品4个（“双枪”“天竹”“三月三”“节节高”）。2010年，庆元被中国轻工业联合会和中国日用杂品工业协会授予“中国竹制品基地”称号。全县有竹木林产工业企业499家，从业人员12672人，规模企业完成工业产值15.72亿元。

主要企业

浙江梦天木业有限公司　位于梦天工业园，1989年成立。公司主要产品有门、门套、线条等系列产品。2010年，公司有员工1200人，产值18294万元。

浙江双枪竹木有限公司　位于松源镇会溪村，1995年成立。公司下属浙江杭州、浙江庆元、浙江龙泉三个大型生产、销售中心。主要研发、生产、销售竹制日用品、厨具用品、家居用品配件，主要产品有工艺筷、砧板、牙签、竹炭、棉签、竹制小家具等。2010年，公司有员工1000人，产值1.92亿元。

浙江天竹工贸有限公司　位于五都工业园，1997年成立。公司主营工艺筷、竹菜板、竹餐具等厨房竹木制品。2010年，公司有员工1000多人，产值1.40亿元。

浙江吉安木业有限公司　位于菊水工业区，1998年成立。主要生产中高档实木复合门、木饰面及其配套产品。公司拥有自营进出口经营权，主要产品以实木复合门为主，2010年，公司有员工约120人，产值2560万元。

浙江节节高炭业有限公司　位于五都工业园，2002年7月成立，是一家专业生产竹炭及竹炭保健制品的综合型企业。2010年，公司有员工120人，产值5000万元。

图 15-1 双枪竹制品车间（县经贸局供 摄于 2009 年）

浙江九川竹木股份有限公司 位于菊水工业园区，2007 年成立。主要生产环保型竹家具、竹制工艺品。2010 年，公司有员工 300 人，产值 8329 万元。

浙江可信竹木有限公司 位于黄田镇工业园区，2003 年成立。公司有 5 个竹胶板模板系列，包括双覆膜板（又称高档竹胶板桥梁模板）、颗粒防滑板、弧形模板、高档机制砖模板、高档全竹集装箱底板。2010 年，公司有员工 226 人，产值 6000 多万元。

浙江三禾竹木科技股份有限公司 位于五都工业园，2004 年成立。公司从事工艺砧板、工艺竹筷及厨房小家具等家庭生活厨具用品的生产、研发、销售。2010 年，公司有员工 270 人，产值 5300 万元。

第二节 医药化学工业

发展

医药化学工业是庆元县特色产业之一。1991 年，有医药化学工业企业 3 家，其中医药业企业 1 家、化学工业企业 2 家。“十五”时期，掀起“二次创业”新高潮，医药化学工业发展比较活跃，浙江方格药业有限公司、浙江佳斯化工有限公司、浙江庆元南明化工有限公司等企业相继投产。2008 年，佳斯化工、南明化工由于生产经营原因停产关闭。2010 年，医药化学工业企业有浙江方格药业有限公司。

企业

浙江方格药业有限公司 位于松源镇星光路，2003 年成立。2004 年取得药品生产许可证，9 月通过国家食品药品监督管理局 GMP 认证。公司生产多系列的食用菌多糖产品，如高新技术产品姬松茸多糖、高含量灰树花多糖和灰树花 MD 抗肺癌组分、99% 注射用香菇多糖、牛樟芝胶囊、

图 15-2 浙江方格药业有限公司（县经商局供 摄于 2009 年）

猴头菇胶囊、香菇胶囊、姬松茸胶囊、灵芝破壁孢子粉、药品灰树花胶囊以及各种规格药食两用菌提取多糖粉、药食用菌超微粉、破壁粉等几十个产品。公司被认定为国家高新技术企业、省级高新技术企业研发中心，持有市著名商标1个，获国家专利局发明专利1项，申报受理发明专利4项。2010年，公司产值1801.7万元。

第三节　食品加工业

发展

1991年，食品企业主要由罐头厂、香菇烘干厂、年糕粉干厂三类组成，年产值仅260万元。至2000年末，一批食用菌加工企业兴起，食品工业形成一定规模，乡以上食品工业企业有38家，包括粮食、油料加工、糕点、糖果、调味品制造、屠宰加工、酿酒、制茶及饮料生产等，主要产品有酒类、大米、食用菌、面粉、食品罐头及茶叶等。此后，食品加工业发展较快，初步形成以食用菌多糖、食用菌、果蔬等食品加工和罐头食品、调味品等制造为主的食品工业基础。2010年，有食品加工企业146家，从业人员2358人，规模以上企业总产值3.51亿元。其中，有食用菌深加工企业40多家，以大山合菇业有限公司、方格公司、江源菇品公司、百兴公司、绿尔佳公司、英标公司、康元公司、斯达食品公司为代表；有笋食品加工企业8家，以英标菇品有限公司、百兴公司为代表，2010年企业总投入1200余万元，生产销售水煮笋400万千克，产值2500万元；有茶品加工企业6家，以百山茶厂、玉龙茶厂、龙溪鱼富茶业开发有限公司为代表，企业总投入200多万元，2010年销售名优茶、大众茶10万千克，产值1000万元。

主要企业

浙江江源菇品有限公司　（详见第十三篇庆元香菇）

浙江元康食品有限公司　位于五都工业园区曙光路，1997年成立。公司从事食用菌系列产品及果蔬罐头研发、生产、加工、贸易，产品有菌菇酱、笋菇酱、银耳羹、双耳原胶饮品、原味白玉笋等。2010年，公司员工22人，产值1200万元。

浙江英标菇品有限公司　位于五都工业园，1999年成立。公司从事农产品生产、加工及销售，主要产品有脱水产品、水煮产品、保鲜产品、盐渍产品、速冻产品、调味产品。2010年，公司有82名固定员工和50多名季节性员工，产值1563万元。

庆元县斯大食用菌有限责任公司　位于东山垟工业园，2001年成立。公司专业经营干鲜香菇，在全国各大城市设立销售网点，产品畅销日本、韩国、欧美等国家和地区。2010年，公司有员工200多人，销售收入7587.7万元。

庆元县绿尔佳食品有限公司　（详见第十三篇庆元香菇）

浙江大山合菇业有限公司　位于梦天工业园，2006年成立。公司是大山合集团旗下的一家子公司，专业从事食用菌及食用菌多糖、食用菌调味品及基料等产品的研发、生产加工和销售。2010年，公司有职工150人，总销售额11302万元，出口创汇413万美元。

第四节　文教体育用品制造业

发展

庆元县文教体育用品制造业主要以铅笔行业为代表。1980年，第一家铅笔厂——县铅笔厂建成投厂，以冬瓜木为主要原料，年生产能力2000万支，后因生产成本高、资金筹措困难等原因处于停滞状态。20世纪90年代，铅笔生产企业进入发展、改造、改组、优化时期，铅笔行业成为庆元工业经济主导产业和出口创汇主力军。2004年，第一家铅笔色芯生产厂家——联兴笔业有限公司建成投产。铅笔生产企业重视品牌建设，“飞雁”“宁雪”“爱沃玛”“双同”“菇城”“松源”“久灵”“冷杉”“攀首”“笔华”“中和”“欧迪”“登科”等品牌在全国铅笔行业中具有较高知名度。2010年3月，中国轻工业联合会和中国日用杂品工业协会授予庆元“中国（庆元）铅笔生产基地”称号。2010年，有铅笔生产企业23家，年生产铅笔、眉笔和化妆笔18亿支，从业人员3000多人。随着铅笔行业发展，与其配套的原辅材料、配件生产企业也发展起来。

主要企业

浙江省庆元浙南铅笔有限公司　位于黄田工业区，1978年成立。公司主要产品是铅笔、眉笔。2010年，公司员工100人，产值3000万元。

浙江美誉文具有限公司　位于竹口工业区，2000年成立。公司主要产品有铅笔、彩笔。2010年，公司员工58人，产值1000万元。

浙江鸿星文具有限公司　位于竹口工业园西区，2000年成立。公司拥有“鸿星”“卡西米尔”“维克熊”3个自主品牌商标，主要产品有铅笔、橡皮擦。2010年，公司员工120人，产值3100万元。

浙江攀首文有限公司　位于菊水工业区，2000年成立。公司主要产品是铅笔，公司员工50人，产值800万元。

浙江万欣印业有限公司　位于五都工业园，2002年成立。公司主要生产包装装潢、其他印刷品印刷、包装材料、食品包装材料（塑料制品、纸制品）、印刷材料、竹工艺品、竹木制品等。2010年，公司员工89人，产值6226万元。

庆元联兴笔业有限公司　位于竹口镇新窑村，2004年成立。公司主要生产普级彩色铅芯。2010年，公司员工40人，产值800万元。

第五节　其他工业

造纸业

1992年，仅有竹口造纸厂1家，工业总产值1261万元，从业人员507人。2000年后，随着民营经济快速发展，凯凯纸业、昌达实业、万源纸业、鑫直纸箱等企业陆续建成投产。2010年，有5家造纸企业，工业产值9421.5万元，资产总计11202.5万元，利税总额625.5万元，从业人员292人。

浙江昌达实业有限公司　位于菊水工业园区，2008年成立。公司主要产品为80—170克/平方米高强瓦楞原纸，拥有两条现代化的造纸生产线，年产10000万千克高强瓦楞原纸，可实现利税4000多万元，是丽水市瓦楞纸日产品量最高的企业。2010年，公司被浙江省列入“省循环经济991行动计划”重点企业，是清洁生产和节能减排的典型企业。公司产品主要销往丽水、温州、金华、台州等地区，销售情况良好，“昌达”牌高强瓦楞纸获得丽水著名商标的荣誉称号。

塑料制品业

塑料制品业主要为食用菌产业链的配套产品。1992年，有庆元塑建公司，工业总产值68.5万元，从业人员40人。2000年后，塑料制品业蓬勃发展。2010年，年主营业务收入500万元以上塑料制造业企业1家，工业总产值1120万元，利税总额40.0万元，从业人员35人。

水泥制造业

1991年，庆元县有1家水泥企业（国营水泥厂），主要生产熟料硅酸盐水泥。2000年后，国营水泥厂经破产改制成民营企业。

黑色金属冶炼业

黑色金属冶炼工业是庆元历史较为悠久的产业之一。1979年，上海铁合金厂在庆元投资建设分厂。2000年后，改制重组注册成立县华特不锈钢材料有限公司。2009年，发展扩张，新建1条生产线。2010年，企业工业总产值6789.2万元，利税总额102.1万元，从业人员61人。

印刷业

1992年，庆元县有印刷企业2家，工业总产值46万元。2000年后，随着工业经济快速壮大，印刷业务逐渐增大，博源彩印、红树实业、捷成印刷、信川印务、新华印业等企业相继建成投产。2010年，印刷业有规模企业3家，工业总产值9689.8万元，利税总额1127.2万元，从业人员186人。

浙江博源彩印包装有限公司 位于五都工业园，2004年成立。公司主要产品有精美包装礼盒、化妆品盒、铅笔盒、竹炭包装、罐头标贴、筷子包装、手袋、画册、不干胶等。2010年，公司员工人数60人，产值2000万元。

庆元县红树实业有限公司 位于屏都工业园，2000年成立。公司主营纸、纸制品、纸箱、印刷、生产、包装装璜、销售，塑料制品、殡葬用品销售。2010年，员工人数150人，销售额4000万元。

浙江捷成印刷有限公司 位于松源镇会溪村，2006年成立。公司主要产品为铅笔包装彩盒。2010年，公司员工30人，产值800万元。

漆业

漆业主要为竹木、文教用品行业的配套产业，发展较迟。2000年后，庆元县二次创业掀起工业发展大浪，伴随着竹木、文教用品业发展，市场对油漆的需求增大。2004年，庆元新正大漆业有限公司成立，位于黄田工业区，是一家专业生产硝基漆的化工企业，是庆元铅笔企业、云和玩具企业的主要油漆供应商。

第三章　工业企业改革

20 世纪 90 年代初，庆元县认真贯彻《全民所有制工业企业转换经营机制条例》《国务院批转国家体改委关于在治理整顿中深化企业改革强化企业管理意见的通知》《全民所有制工业企业承包经营责任制暂行条例》《在治理整顿中深化企业改革强化企业管理的意见》《转发省体改办等单位关于县以上集体工业企业进一步完善承包经营责任制意见的通知》《关于印发加快推行我区股份制几点意见（试行）的通知》等政策，采取“重点突破，整体推进”工作措施，从清产核资、资产评估、界定产权、股份设置、招募股权、设立章程、选举产生组织机构等环节，推进产权制度改革。

第一节　企业承包经营责任制

政策要求

1991—1994 年，国营、集体工业企业在第一轮承包经营责任制基础上，普遍签订第二轮厂长（经理）承包经营责任合同，使两轮承包平稳过渡。政策要求：坚持和完善承包制以稳定政策；对一轮承包者在审计、民主考评基础上实行大稳定、小调整；对承包基数不搞统一增长比例；对承包经营不搞统一模式，实行分类指导；治理整顿期间从严控制奖励机制；完善考核体系，指标应尽可能量化。

主要做法

1991 年，第二轮企业承包领导小组成立，制定《关于推行新一轮承包的实施意见》《关于承包合同兑现工作的有关规定》等政策。县工业主管部门成立第二轮经济承包发包委员会。各企业均召开职工代表大会（或职工大会），审定承包经营方案（合同），民主推选厂长（经理），报主管部门任命。基本形式为“确定基数（核定亏损）递增包干（减亏留用）、超收分成（超亏自补）欠缴自补”。超收分成比例作调整，确定国家 40%（包括县财政及主管部门两部分），企业 60%。其中，1994 年由于国家实施税制改革，所得税部分调整为按 33% 缴纳。二轮承包经营合同仍由企业主管部门、财政部门和企业三方签订，一年兑现一次。

第二节　工业企业产权改制

1993 年，庆元工业企业（国有、城镇集体企业）开始产权改革。县委、县政府先后出台《庆元县破产、兼并、转让国有企业职工安置暂行办法》《庆元县国有企业产权制度改革暂行规定》《关于企业产权制度改革有关问题的补充通知》《关于改制（破产）企业社会保险若干问题的处理意见》等文件。庆元因厂制宜，引导企业通过改革，实现机制转换和制度创新；对部分国有和城镇集体企业实行兼并、租赁、股份合作制、破产等多种形式，积极稳妥推进企业产权制度改革。县二轻系统对一些小、穷、亏企业实施撤、并、包，改革企业结构。至 2010 年 12 月，应改制企业 94 家，其中国有企业 62 家、城镇集体 32 家，完成改制企业 88 家，五大工业企业（染化厂、造纸厂、水泥厂、林化厂和木材厂）和四大流通企业（商业、供销、粮食和物资）等改制进度为93.6%，尚未改制企业6家。

改制形式

破产 1996年，庆元县最大工业企业县造纸厂因污染严重且规模小，实施破产，同时给予企业500万元转产资金，解决504名职工（包括临时工）安置费用。1999年，县染料化工有限公司因污染严重实施破产。2005年3月，县外贸公司因经营不善实施破产。2010年3月，县最大国有企业县水泥厂实施破产。

关闭清算 实行停业关闭清算、撤销注册登记是企业改制过程中采用较多的一种形式。乡镇企业局系统的庆元竹筷厂、庆元县陶瓷厂、五都竹木制品厂等企业因资产量少、经营前景不佳，分别实施自行关闭清算，所留资产归还银行贷款本金及利息。

拍卖 企业净资产通过中介机构向社会公开拍卖、实施产权转移。1993年11月8日，县24家重点工业企业之一的县木折椅厂以14.5万元拍卖，是庆元县首家拍卖企业，标志着县产权制度改革有新突破。

兼并 对规模小、产品单一、没有市场竞争力企业实行“弱弱兼并”，优势互补。1996年6月，县久久实业公司兼并县三江源保健饮料有限公司，组建开元实业有限公司。

协议转让 对国有、集体资产，通过清产核资，将净资产留足安置职工必需费用后，向个人（或合伙人）转让。1999年，县乡镇企业局直属企业县罐头厂转让给个人，成立浙江显丰食品有限公司；2003年，国有企业方格公司转让给个人，黄田铅笔厂、造纸厂等企业也通过协议转让给个人。

租赁 出现过企业与企业之间租赁行为，都是一种过程与过渡，非终极改制形式。1999年1月，县乡镇企业局租赁县天工木制厂有限公司。

重组、组建形式

国有独资公司 1996年10月30日，为使破产后的县造纸厂能顺利转产，解决职工就业，保持社会稳定，县经济委员会成立浙江省庆元县博伦实业总公司，性质为国有独资企业，是庆元县第一家经产权制度改革后重建的国有独资企业。

有限责任公司 依照《中华人民共和国公司法》规定：“有限责任公司由二个以上五十个以下股东共同出资设立。”生产经营类为主的有限责任公司注册不得少于50万元。它是企业产权制度改革后重组的主要形式，占重组企业八成以上。

股份合作制 有一些企业选择“股份合作”改制形式。1990年，县政府批准县工艺品厂改制为股份制企业，是庆元县改制最早的集体工业企业。同年8月，县体改办批准县乡镇企业管理局直属集体企业县工艺鞋楦厂改制为股份合作制企业，改名为县四通实业有限公司。1994年1月，县政府批复同意县经委下属县染化厂由全民所有制企业改为股份合作制企业，是庆元县改制最早的国营企业。同月，县体改办批准二轻下属企业县农机修造厂改制为县庆达机械股份有限公司。

第十六篇　商贸

早在明代，庆元香菇就已远销海外。晚清和民国时期，外销产品增加明笋、茶叶，通过温州、福州、广州等口岸运销新加坡等国家和中国香港地区。抗日战争爆发后，沿海港口沦陷，外销中断。县内商业发展较晚，清道光年间，后田、荷地才有中草药铺和小杂货店。民国初，才出现“庆兴”“元昌”等较大商号。1949年，大小商店仅188家，零售总额144万元。中华人民共和国成立后，以供销社为主，收购推销香菇、茶叶、毛竹、笋干等农副土特产品和回收废旧物品。1950年，设立中国粮食公司丽水分公司庆元办事处，是庆元县最早的国有商业。1980年，改革商业体制，国营、集体、个体一起竞争，繁荣了市场，是年零售总额为2742万元。1990年，商品零售总额为8687万元，是1949年的60倍。2010年，有私营企业728户、注册资金152975万元，个体工商户5521户、注册资本23224万元；外贸进出口总额为3946万美元，其中进口23万美元、出口3923万美元；社会消费品零售总额为14.25亿元，其中县城消费品零售额为8.53亿元、农村市场消费品零售额为5.72亿元。

第一章　国有商业

庆元县最早的国有商业，是设立于1950年的中国粮食公司丽水分公司庆元办事处。1956年，国营庆元县专卖、食品、贸易、百货和粮食公司成立。1965年1月，龙泉县物资局在庆元设物资供应站，承担庆元辖区物资供应业务。复县后，国营商业公司相继恢复和建立。2000年，庆元县国有资本全面退出。2000年后，商业企业产权制度改革完成，商业管理体制由原来对企业直接管理逐步转变为对经贸行业宏观指导和服务监督管理，对企业利用自有资金和商业银行贷款建设项目从原来的审批制改为登记备案制。

第一节　国营商业公司

经营状况

1990年，庆元县有国有商业机构103个，固定职工878人。其中，专业公司17个，固定职工498人，固定资产613.87万元，购进总额6650.08万元，批零销售总额8489.29万元，利润254.17万元，人均创利5104元，商品零售额2547万元，占社会零售总额的30%。

1992年，国营商业实现商品零售总额8311万元，商品经营亏损327万元。

1998年，国有商业实现消费品零售总额6021万元。个体私营经济得到迅速发展，市场占有率迅速提高，全社会消费品零售总额中个体私营经济占66.4%。

2000年，国有企业控制的烟草行业实现商品销售收入8031万元。

专业商业公司

1990年，庆元县国营专业商业公司有商业局下属的食品公司、百货公司、糖业烟酒公司、石油公司、五金交化公司、纺织品公司，物资局下属的物资综合公司、农业机械公司、生产资料服务公司、燃料公司，粮食局下属的粮油贸易公司、饲料公司，医药管理局下属的医药公司，林业局下属的木材公司，水电局下属的水产公司，外贸局下属的外贸公司，县协作办下属的经济协作公司。

1998年，县百货公司、商贸公司、饮服公司、五金交电化工公司、商业工业公司、商业开发公司、商业香菇公司均注销。县物资总公司资不抵债，下属6家企业相继倒闭破产。

2000年，除烟草及其制品批发业为国有及国有控股外，国有企业全部退出商业行业。

第二节　商业体制改革

商业经营体制改革

20世纪80年代到90年代，庆元县国有资本占主导地位，个体工商户不断发展壮大。20世纪90年代，庆元县个体私营经济蓬勃发展，转换国有工业和集体经济工业机制，改用多种灵活经营机制，激活一批企业。同时，鼓励多种经济成分共同发展、平等竞争，个体、私营经济得到有效扶持。2000年，庆元县国有资本全面退出。

商品流通体制改革

20世纪80年代，庆元县改革商业体制，还权于企业；改革计划体制，扩大非计划商品供应；改革价格体制，开放商品价格。20世纪90年代，商贸企业在改革浪潮中，以增强商业活动、搞活流通为中心环节，促进商品流通和生产，搞活市场，方便人民生活，提高商业企业经济效益，在流通领域展开全方位改革，逐步实现从农村到城市、从农副产品到工业品、从国营商业到个体商业、从计划商品经济到商品经济、从少渠道至多渠道、从层层调拨批发到批零兼营产销直接见面、从以行政手段为主调节市场到以经济手段为主调节市场、从“大锅饭”（是对分配方面存在的平均主义现象的一种形象比喻）到承包责任制等一系列流通机制转变，初步形成“两权分离”（指所有权和经营权）和“三多一少”（经济成分多元、流通渠道多种、经营方式多样、流通环节减少）流通格局。将供销社系统县属企业改制为股份合作制基层社，推行“社有个营”。2000年后，商品流通完全由市场决定。

第二章　粮食购销

1953年10月，庆元县开始进行粮食统购统销。当年，省分配统购粮食365.7万千克，统销586.8万千克，销多于购。1958年，实行粮食“大包干”，5年不变。1979年，落实山区粮食政策，增加农村人均口粮，粮食形势始趋稳定。1983年1月，改粮食统购为合同定购，其余为自由购销，价格随行就市。20世纪90年代之前，粮食收购形式分为征收、统购、议购、超购、换购、零散收购6种，粮食销售形式分为统销、种子供应、饲料粮、奖售粮、议销及其他销售6种。1993年3月起，粮食价格放开，取消指令性定购。社会主义市场经济体制建立后，粮食实行订单收购、政府补贴，销售以市场为主。

第一节　收购与储存

粮食收购

计划经济体制下，国家对粮食长期实行统购统销政策，对农民余粮实行计划收购（简称统购），统一粮食收购价格，严格控制粮食自由流通，粮食收购基本由国家垄断经营。改革开放后，粮食购销体制虽然经历多次改革调整，1998年前仍保留比较浓厚的计划经济色彩，存在诸多弊端和问题，已越来越不适应社会主义市场经济发展要求。1990年，国务院决定将粮食定购改为国家定购，作为农民义务，必须保证完成。1998年，根据《粮食收购条例》规定，除国有粮食收储企业以外，任何单位和个人都不得违反规定直接到农村收购粮食，且收购须以县级行政区域为单位，不能跨区域收购，国有企业要敞开收购农民余粮。2001年，省粮食局《关于2001年早稻收购政策的通知》是浙江省粮食市场化后第一个粮食收购政策，明确取消粮食定购任务后，国有粮食企业按“购得进、销得出”原则随行就市敞开收购农民余粮，对种粮大户的余粮，由国有企业采取“订单粮食”形式与农民签订合同，规定“订单粮食”作价原则，实行政府补贴，粮食订单数量根据储备粮轮换需要确定，一年一订。2002年“粮食订单”政府补贴为每50千克3元，2004年为每50千克5元，2006年为每50千克7元，2008年为每50千克10元。

粮食储存

1990年，中国粮食生产创历史纪录，庆元粮食也大幅增产。为解决农民卖粮难，保护农民种粮积极性，促进粮食生产持续稳定发展，国家决定建立专项粮食储备制度，要求各地政府根据实际情况建立本地区粮食储备。浙江省地方储备粮制度始建于1992年，从1993年1月1日起，浙江省放开粮食购销和价格，为确保粮食安全，要求“省、市、县三级都要建立粮油储备制度和粮食风险基金制度，以应付可能出现的各种风险”。省粮食局、省财政厅于1992年下发《关于下达粮油储备计划的通知》，就建立地方粮油储备具体问题作出规定，按早稻和晚稻各50%的比例落实。庆元县储备粮规模：2001年前400万千克，2005年增到500万千克，2008年增到600万千克。2010年，完善地方储备粮管理体系，健全地方储备粮调控功能，进行300万千克地方储备粮和53.2万千克调控转变的轮换。

第二节　调拨与销售

粮食调拨

1998年前，粮食实行指令性调拨计划，确保完成上级粮食部门下达调拨计划。庆元县主要调入品种为面粉、大豆，调出品种主要是大米。从1999年起，取消市、县之间指令性对口调拨计划，实行省指导下的市、县对口衔接，双方自愿协商，基本按市场机制运作，从根本上解决调销中存在的利益矛盾。

粮食销售

在粮食统购统销体制下，国家严格控制粮食市场，城乡粮食供应任务主要由国有粮食部门的粮站承担。中共十一届三中全会以后，被封闭多年的农村集市贸易逐步恢复。1993年以后，省取消粮食统销制度，城镇零售市场逐步放开。1998年粮改之初，省政府《关于进一步深化粮食流通体制改革的通知》提出“要放开粮食零售市场，支持和引导多渠道经营粮食零售业务，鼓励大中城市的超市、便民连锁店开展粮食零售。粮食集贸市场要继续保持常年放开”，促进粮食零售和集贸市场发展。随着粮改推进，国有粮食企业开始逐步退出粮食零售市场，为个体经营户发展提供空间。到2000年，基本实现民营化，由个体经营户为主体组成的遍布城乡的粮食销售网络承担粮食零售供应任务，极大方便城乡居民日常生活。由国有粮食收储公司承担的县级储备粮实行按时轮换销售，主要采取公开拍卖方式。

第三章　供销合作社

民国27年（1938年），庆元县物产调整处成立，筹集股金，开办交易公店。民国28年，县、区筹建合作联合社，乡、保建立消费合作社。民国36年，全县104个消费合作社因资金短缺而告停业。中华人民共和国成立后，1950年4月成立县供销合作总社。1958年，区供销社改称供销部，划归人民公社管理。1983年，恢复供销社集体所有制性质，从事生活、生产资料供应和农副土特产品的收购。1991年，庆元县供销合作社联合社有总资产4168.04万元，销售总额6732.34万元，利润2.25万元。2010年，县供销社销售收入32766万元，利润6.1万元。

第一节　组织管理

组织体制

1991年，庆元县供销合作社联合社下辖县储运公司、县香菇产销社、县副食品公司、县工业品公司、县土产公司、县农资公司、县茶果牧公司、县供销社食用菌厂、县食用菌罐头厂等直属企业9家，松源镇社、城郊区社、菊隆区社、竹口区社、荷地区社、左溪区社、新村区社、万里林区社基层供销社8家，以及供销分社39家、门市部108个、代购代销点84个、餐旅馆9个，在职职工777人。2008年，县供销合作社联合社为县政府直属单位，相当于正科级单位，参照群团组织机构管理。2009年，参照公务员法管理。2010年，县供销合作社联合社（简称县供销社）内设办公室、业务科、财务科、合作经济科。

体制改革

1992年，随着市场经济发展，农资商品由专营改主营，市场出现多方参与竞争，个私商业大量进入农副产品和农资经营市场，县供销社传统经营业务优势已经全面消失。县供销社成立通达集团总公司，统领直属各企业、基层社全面参与市场竞争。1997年是由盈转亏、效益严重滑坡的一年，县供销社调整经营业务结构，对边、远、微且长期亏损严重、失去地理优势的基层合作社、供销网点进行撤并，重心转移到鼓励和支持城区网点和直属企业参与市场竞争。1998—2000年，对下属企业全面开展企业产权制度改革，完成改制直属公司6家、基层社1家，对条件不具备的4家基层社采取“保留母体、减员改制”方式。为保持传统服务功能，2001年，相继重组建立万丰、宏源两家股份制农业生产资料经营公司。2001年末，全系统在册人员87人，资产总额10704.17万元。2001年，烟花爆竹由供销部门专营，控股成立万兴烟花爆竹专营公司。同年，领办组建百山祖香菇合作社。2003年始，全力投入农民专业合作社组建和发展。2006年，组建庆元供销超市有限公司。2007年，建成供销超市和配送中心，参与“千镇连锁超市、万村放心店”工程建设。2007年8月，宏源农资配送中心成立运营，2010年拥有1家供销超市及27个连锁店、30个农资经营网点、5家村级服务社。同年，开展农产品经纪人等行业特有工种职业技能资格鉴定，2008—2010年培训农产品经纪人275人。同年，由县供销社牵头，合作社、信用社、供销社联合建立“三位一体”新型农村合作经济组织，成立庆合农信担保公司，解决农户贷款担保难问题。

第二节 为农服务

农民专业合作社

组织 2007 年，庆元县农民专业合作社开始组建。至 2010 年，县供销社参办和领办的农民专业合作社 17 家，先后成立农民专业合作社协会和农产品经纪人协会，指导、规范农民专业合作社发展。供销系统农民专业合作社带动农户 11163 户，带动产值 28008 万元。

主要合作社 庆元县百山祖香菇合作社。2001 年成立，社员 397 人，拥有香菇经营公司 12 家、原材料及菌种企业 7 家，带动 5900 多户菇农进行 3000 万段无公害标准化香菇菌棒生产。以市场为导向，以经济利益为纽带，为社员和菇农提供产、供、销“一条龙”服务，使食用菌标准化步伐进一步加快和完善，为巩固食用菌强县地位作出卓越贡献。该合作社系原产地域产品“庆元香菇”生产单位，社员、企业均可使用“庆元香菇”标识。2010 年，实现销售额 12080 万元。

庆元县天堂山锥栗专业合作社。2003 年成立，拥有团体社员 15 家、个体社员 520 多户，带动农户 1500 多户，基地面积 813.33 公顷。其中，发展无公害锥栗基地 333.33 公顷，年收购锥栗 50 万千克，生产加工即食锥栗 10 万千克，外销 40 万千克，销售额 600 万元，是主要锥栗经销大户。

庆元县安泰竹笋产销专业合作社。2008 年成立，系浙江省首家跨省组建的农民专业合作社，注册资本 100 万元，入社社员 176 人，带动农户 1276 户。其中，福建省政和县入社社员 21 人，带动农户 118 户。主要开展绿色无公害毛竹、高山蔬菜、锥栗种植，冬笋、春笋、高山蔬菜、锥栗冷藏、出口笋罐头加工及销售等，有毛竹山基地面积 101.67 公顷（其中福建省政和县岭腰乡毛竹基地面积 21.33 公顷）、高山茭白基地面积 5.73 公顷。2010 年，销售额 2000 万元。

图 16-1 庆元县天堂山锥栗合作社新建路锥栗购销部（县供销社供 摄于 2010 年）

2010年庆元县供销社领办、参办农民专业合作社一览表

表16—3—2—1

名　称	成立年份	经营项目	社员数（户）	基地规模（公顷）	销售总额（万元）
百山祖香菇专业合作社	2001	香菇、木耳及其他食用菌种植、销售	397	3000万段	12080
天堂山锥栗专业合作社	2003	锥栗种植及种植技术服务	235	815	806
淤上仔猪专业合作社	2006	仔猪养殖、饲料销售	75	4	210
千钟粟农业专业合作社	2007	谷物及其他农作物种植、销售	—	47	210
翠香水果专业合作社	2008	水果种植、销售	7	33	84
永益养殖专业合作社	2008	山兔、山鸡、家禽养殖、销售	21	7	450
安泰竹笋产销专业合作社	2008	竹笋种植、销售，锥栗、高山蔬菜	328	133	2000
合顺灰树花专业合作社	2008	灰树花种植、销售及技术推广	37	7	500
四季丰农民专业合作社	2008	—	—	67	1906
外婆家水果专业合作社	2008	水果及其他农产品种植、销售	16	53	380
绿兴蔬菜产销专业合作社	2009	蔬菜种植、销售	5	7	203
裕农吊瓜专业合作社	2009	吊瓜种植、销售	5	13	210
竹将军农产品开发专业合作社	2009	笋、竹、蔬菜种植及家禽养殖	15	13	185
丰裕蔬菜专业合作社	2009	蔬菜种植、销售	5	13	120
犁山猕猴桃产销专业合作社	2009	猕猴桃种植、销售	5	7	85
石龙山野兔养殖专业合作社	2009	山兔、七彩山鸡、贵妃鸡养殖、销售	5	2	30
菇山农产品专业合作社	2010	食用菌、茶叶、竹笋、蔬菜、水果种植、销售	—	13	89

1991—2010年庆元县供销系统销售一览表

表16—3—2—2　　单位：万元

年份	销售总额	生产资料	生活资料	农副产品	工业产值
1991	6732	1245	5487	—	—
1992	6291	1201	5090	—	—
1993	7119	1203	1936	3478	502
1994	9931	1512	2505	5302	612
1995	12241	1716	2898	6747	880
1996	15635	1899	2070	10602	1064
1997	11200	1446	2873	6051	830
1998	10311	1357	3149	4717	1088
1999	7711	1105	2873	3733	—
2000	4421	852	886	2683	—
2001	1791	870	921	—	—
2002	3590	1156	824	1610	—
2003	12913	856	810	11247	—
2004	10407	887	844	8676	—

续表 16—3—2—2

年份	销售总额	生产资料	生活资料	农副产品	工业产值
2005	11050	1003	773	9274	—
2006	14650	1056	577	13017	—
2007	15655	1180	323	14152	—
2008	23343	1295	379	21669	—
2009	28246	885	439	26922	—
2010	32766	1059	1425	30282	—

新网工程

2006 年，中华全国供销合作总社提出的新农村现代流通网络工程，即“新网工程”，旨在大力发展农业生产资料现代经营服务网络、农副产品市场购销网络、日用消费品现代经营网络和再生资源回收利用网络。

农业生产资料现代经营服务网络　2007 年，县供销社投入资金改组县宏源农业生产资料有限公司，注册资本 100 万元，成立宏源农资配送中心，建立覆盖 20 个乡镇的 30 家农资连锁店。2007 年始，开展“农资诚信经营放心店”建设。为稳定农资市场、平抑市场价格、保障供应和救灾急需提供农业生产物资保障，根据《关于促进供销社改革发展推进新农村建设的实施意见》（庆委办〔2008〕49 号），2008 年冬季始，恢复中断十多年的化肥、农药淡季储备制度。

图 16-2　庆元县宏源农资公司安溪经营部挂牌（县供销社供　摄于 2005 年）

日用消费品现代经营网络　2006 年，县供销社把“千万工程”（“千镇连锁超市、万村放心店”工程）建设、构建现代农村流通网络作为参与服务新农村建设的有效载体和突破口，组建“庆元供销超市有限公司”。2007 年，依托该公司，投资 160 万元建成供销超市和配送中心，逐步以供销超市为依托，发展和占领农村生活消费品市场，满足丰富农村居民生活需求，扩大供销社服务“三农”领域，完善供销社服务职能。至 2010 年末，共发展日用消费品连锁网点 27 个。

农副产品市场购销网络　通过培育扶持农业龙头企业，整合农产品流通、加工、仓储、营销资源，培育和发展农业龙头企业，开展卓有成效的生产、加工、流通网络建设。2009年，庆元供销超市开设丽水绿谷农产品营销配送中心庆元店，精心组织优质农产品参加展示展销活动。2010年，领办汇集各类农副产品、具有旅游购物和农产品展示功能菇山农产品的展示展销中心，通过举办农产品经纪人培训班培育农产品经纪人队伍，围绕主要农产品积极拓展省内外市场培育，引导相关专业合作社进行市场对接，拓展市场销售渠道。

再生资源回收利用网络 以“积极创建资源节约型和环境友好型社会”为目标，按照“政府引导、市场调节、合理布局、方便回收”原则，积极推进规范收购行业体系建设，促进回收产业健康发展。2008年，制订县级再生资源回收利用总体规划，主要针对居民生活服务配套的再生物资回收网点、统一规范回收运输车辆和再生资源加工交易中心建设，分体系建立阶段、实施建设阶段、产业提升阶段三期实施，分期投入，规划年限12年。

主要企业 宏源农资配送中心。2007年成立，实行统一采购配送、统一经营管理、统一标识品牌、统一质量标准、统一区域售价、统一服务质量的“六统一”标准，以放心农资工程建设为切入点，积极开展农资“放心店工程”建设，从根本上防止假冒伪劣农资侵害及坑农、害农事件发生。创建9家市级“放心店”、10家县级“放心店”，强化农资供应，将县农资网络建设向全国总社申报纳入2010年全国总社薄弱经营服务网络振兴规划。

供销超市和配送中心。2007年，县供销社投资160万元，建成供销超市和配送中心，主动参与“千万工程”建设。2010年，在松源镇、屏都镇、淤上乡、安南乡、隆宫乡、黄田镇、竹口镇、岭头乡建立27个连锁店，销售总额830万元。

庆元菇山农产品展示展销中心。2010年设立，是集参观和购物于一体的农产品“名品”店，展示展销商品涵盖竹制品、食用菌、竹炭产品、水干果、农家食品、养生品、高山茶叶等八大类，数百种高档产品。

第四章　烟草专卖　盐务管理

1989 年，庆元县烟草专卖局成立，挂靠县商业局，下设专卖办。1995 年，县烟草专卖局（公司）从庆元烟糖酒公司分设。2008 年，县烟草公司变更为丽水市烟草公司庆元分公司。2010 年，县烟草专卖局（分公司）内设办公室、财务科、专卖科（专卖监督管理科）、业务科、烟叶科 5 个科室。

1991 年，县商业局下设县盐务管理局，负责食盐供应、计划管理、盐政执法等。1995 年 11 月前，由县烟糖酒公司负责食盐供应。1995 年 11 月 18 日，县烟糖酒公司增挂县盐业有限责任公司牌子。1997 年初，县烟糖酒公司、县盐务管理局、县盐业有限责任公司合署办公。2001 年 11 月，成立新的县盐务管理局、县盐业有限公司，实行合署办公，隶属县国有资产营运公司。2005 年 6 月，浙江省盐业集团庆元县盐业有限公司成立，与县盐务管理局合署办公，由省盐务管理局、省盐业集团有限公司垂直管理。

第一节　烟草专卖

专卖专营网络

1995 年 12 月，庆元县菊水经营部成立，1996 年 8 月成立荷地经营部，均委托当地供销社经营，实行联营方式。1996 年 8 月，县烟草公司流动批发部建立，每星期定时在主要乡镇巡回批发销售卷烟。1997 年，设立大红鹰专卖店。1998 年，设批发兼零售网点 4 家，专职批发、零售网点各 1 家。1999 年 7 月，竹口镇建成多功能示范性自由网点竹口经营部，负责西部地区市场卷烟供应以及省产烟在省外市场培育。2000 年，卷烟销售网络建设逐渐从农网建设向城市网络建设转变，取消批发部、流动批发部、利群批发部的卷烟批发职能，成立卷烟配送中心，承担经烟户卷烟配送、访销以及批发营业。2000 年前，统一实行“访送合一、专销结合”经营模式。2000 年，庆元县城区实行“访送分离、划片管理”模式，竹口批发部依旧实行“访送合一、专销结合”模式，边远山村客户尝试实行“二级配送和邮政协送”经营模式。2003 年，率先在丽水市烟草系统实行“一库制”配送改革，全面实行专卖专营、访送分离、电话订货、集中送货的一库制配送和二级配送相结合的网建模式。2004 年，开通电话订货与电脑开票联动功能服务系统，实现电话订货，电话订货率为 98%，率先向城镇零售客户推行网上电子结算。2005 年，实行“五天制”配送模式，为城区及西部销售量大的经烟户每周提供两次送货服务，其他客户调整为每周一次送货。2006 年，打破县域电话订单采集模式，融入丽水市烟草分公司统一集中呼叫，电话订单随机采集，实现全市货源统一配置。2007 年，全面实行“一周一订一送”营销配送模式。2010 年，电子商务应用比例大幅提升，电子商务订货客户 749 户，占零售客户总数的 74.1%。

专卖管理

1997 年 2 月，县烟草专卖局检查大队成立，后更名为县烟草专卖局专卖稽查大队。1999 年，实行卷烟零售户户籍化管理，将零售户分为重点管理户、一般管理户和守法经营户三个类别，建立规范化户籍管理档案。2002 年，加强烟叶生产监督管理以及违法收购和非法运输烟叶案件查处，全程参与烟叶生产、收购。2003 年，推行卷烟零售户记分制诚信等级管理办法。2007 年，实行农村驻点制度，在安溪、荷地、竹口、左溪设立驻点，强化农村卷烟市场监管；挂牌成立工商驻烟草联络室。县烟草专卖局（分公司）业务科负责卷烟市场管理和专卖零售许可证核发，烟草专卖零售许可证每5年换发一次。2009年，县烟草专卖局开展省际烟草协作模式探索，建立浙闽省际烟草专卖联动协作体系和烟草专卖管理相关政策通报机制。

1996—2010年庆元县卷烟销售效益一览表

表16—4—1—1

年份	销量（箱）	利润（万元）
1996	6488	416.00
1997	7053	422.61
1998	6873	311.85
1999	8999	635.54
2000	9184	639.81
2001	8028	483.44
2002	7813	644.30
2003	8389	1153.41
2004	5992.54	355.37
2005	6012.89	248.55
2006	6274.75	388.06
2007	7259.38	1008.58
2008	7601.01	2153.44
2009	7552.23	2136
2010	8078	2529

第二节　盐务管理

食盐供应

1991年，城镇居民凭购粮证、农村居民凭县供销社发的购盐本到县烟糖酒公司各门市部、城镇粮店、农村供销社及其他个体户购买，每月定量供应（限制买大份），腌制季节每人增量供应2.5千克左右。对工农业生产用盐、行业用盐、畜牧业（包括家庭饲养业）用盐、伙食单位用盐，实行计划供应。全年供应食盐100万千克。1992年，食盐供求缓解，县商业局转发省盐务管理局《关于暂停实行凭票证定量供应食盐办法》，停止凭票证供应，但不允许放开经营，仍实行国家指令性计划管理，统一分配、调拨，计划供应。居民可任意购买，企事业、畜牧用盐按计划审批供应。2001—2010年，购进食盐1144.8万千克，年均购进食盐114.48万千克；销售食盐1107.8万千克，年均销售食盐110.78万千克。

食盐加碘

1991年7月1日起，全国食盐加碘由使用碘化钾改为碘酸钾，加碘比例三万分之一，即每吨盐加碘33.3克。庆元县采用人工搅拌原盐方式加碘。1993年5月1日始，食盐加碘比例按二万分之一执行，每吨加碘50克。1994年9月1日始，碘酸钾强化量为20—60毫克／千克。2000年，将碘含量调到35±15毫克／千克。2010年末，基本实现消除碘缺乏病阶段性目标，碘酸钾强化量调整为20—30毫克／千克。

各级批发食用盐单位按《中华人民共和国产品质量法》定期向地方病防治办公室及检验检测站报验，各级食盐零售单位及个体经营户销售食用盐必须达到百分之百加碘质量标准。因治病需要食用无碘盐，凭医疗机构出具证明到县盐业公司及指定地点购买无碘盐。

2001—2010 年庆元县盐的购销存一览表

表 16—4—2—1　　单位：万千克

年份	2001	2002	2003	2004	2005	2006	2007	2008	2009	2010
购进	123.1	153.9	176	115.2	117	76.8	78.1	182.4	36.8	85.5
销售	128.9	130.4	160.1	117.5	111.4	83.3	80	110.3	93.4	92.5
存储	10	25.9	41.9	39.9	33.9	35.4	33.3	100.8	43.4	36.3

盐政执法

1991 年，庆元县食盐继续实行计划供应。1997 年后，县盐务局组织专门盐政执法人员检查和整顿食盐经营，对经营证照、经营渠道、质量和价格等进行检查，取缔无证、违规经营，严禁销售土盐、硝盐、平锅盐、工业废盐和不加碘盐，打击不法盐贩子套购倒买倒卖、囤积居奇等，确保食盐市场稳定有序。2001—2010 年，县盐务局查处食盐违规经营 20 起，罚没食盐 1.2 万千克。

第五章　对外贸易

1987年，庆元县外贸局成立。1991—1996年，庆元商业流通管理机构是县商业局。1996年10月，撤销县商业局和县工业品采购供应站，保留县商业（集团）总公司。1999年3月，撤销县商业（集团）总公司，组建县商业行业管理办公室。2001年11月，撤销县经济贸易委员会，由原县经委、县外贸局、县商业行业管理办公室、县物资行业管理办公室、县经济协作办、县乡镇企业局、县二轻联社等部门组建县经济贸易局。2002年，县外贸局合并到县经贸局。

第一节　政策措施

2003年始，县政府制定发展外向型经济奖励办法，对外贸出口排名靠前的企业进行奖励。2006年，县委、县政府制定《庆元县发展开放型经济奖励办法》，奖励出口创汇和开拓市场的企业。2009年，县外贸企业上报项目获省以上扶持的专项资金215.4万元，欠发达地区发展外向型经济专项资金、中小企业国际市场专项资金、保持外贸稳定增长专项资金、浙江省开拓国际市场专项资金分别为10万元、38.1万元、90.06万元、77.24万元。2010年，县国资办上报“中小外贸企业融资担保专项资金”获得1021万元补助。至2010年，省政府促进外经贸发展扶持政策十多项，对庆元外贸企业扶持主要有浙江省开拓国际市场专项资金、浙江省实施“走出去”战略专项资金等。2010年，县工业大会兑现2009年度发展开放型经济奖励办法以及“千万助行动计划”外经贸扶持政策相关部分，共扶持外贸企业外向型经济考核奖37万元、境内外国际性展会补助50.36万元、食品行业（食用菌）出口超基数奖8万元、国内国际标准认证补助7万元，共计102.36万元。

第二节　出口贸易

企业和产值

1991年，庆元主要外贸企业有罐头厂、食用菌罐头厂、县木衣夹厂、县工艺品厂、城郊供销社、食用菌开发公司、县香菇公司、县外贸公司、县染化厂、浙南铅笔厂、林化厂、三济木夹厂、县酿造厂、香菇实业公司、汇庆竹制品有限公司。全社会外贸出口收购总值2440.90万元，出口产品合计金额739.57万元，创汇额168.58万美元。1998年，全社会外贸收购总值1.28亿元，自营出口总额165.3万美元。2006年，全县自营进出口经营权企业45家，外贸出口额1156万美元。2010年，庆元县生产经营正常的外向型企业60家，有自营出口实绩企业31家，进出口额3946万美元。

市场和主要产品

庆元外贸出口产品遍布亚洲、美洲、欧洲、非洲、大洋洲等地区，主要市场是亚洲、北美洲、中美洲、大洋洲等地区。

1991年，庆元县出口产品主要有水煮笋、香菇、木衣夹、竹筷、铅笔、玩具及化工染料类、冶金类、木材类、建筑杂品类等。1998年，出口产品主要有香菇、水煮笋罐头、灰树花和竹木制品。2010年，出口产品主要有食用菌类（香菇、木耳、炭树花等）、文具类（铅笔）、机电产品（汽车配件、灭火器等）、竹制品（筷子、竹砧板）等。

2001—2010年庆元县对外经济贸易情况表

表16—5—2—1

年份	进出口总额（万美元）	出口额（万美元）	进口额（万美元）	实际利用外资（万美元）
2001	146	146	0	—
2002	311	309	2	—
2003	748	742	6	53
2004	965	963	2	45
2005	550	545	5	15
2006	1161	1156	5	0
2007	1454	1433	21	44
2008	1696	1690	6	0
2009	3815	3793	22	0
2010	3946	3923	23	55

第十七篇　旅游

庆元山清水秀，风光旖旎。清代文人将巾子祥云、霞帔丽日、百丈龙湫、双潭石印、云鹤松荫、槎水春澜、石龙烟净、梅坳夜月等风景名胜称为“濛州八景”，招引无数游人。中华人民共和国成立后，建成以石龙山为主体的县城风景区。21世纪初，庆元旅游管理的专门部门成立后，开始进行旅游规划，逐步加大旅游基础设施和景区景点的建设。2006年，全年旅游人数11.26万人，实现旅游总收入3679万元。2010年，庆元发挥“中国生态环境第一县”“中国香菇城”“中国廊桥之乡”的生态、产业、文化优势，打造“中国生态文化之旅”“中国廊桥文化之旅”“中国香菇文化之旅”“中国魅力生态山村之旅”4张旅游金名片，统筹管理旅游资源，挖掘旅游文化内涵，塑造旅游景区特色，加快旅游景点开发建设，构筑旅游发展新格局。同年，全县有国家AAA级景区1个、AA级景区1个；旅游从业人员451人，导游32人（其中专职导游员12人）、农家乐从业人员185人；全年接待游客46.4万人次，实现旅游收入1.71亿元。

第一章 旅游资源

2001年，庆元县旅游资源普查结果显示：全县有旅游资源单体270个，五级旅游资源单体（国家标准最高级）4个，即庆元香菇、百山祖、月山古廊桥、百山祖冷杉；四级旅游资源单体5个，即庆元廊桥、百瀑沟、大济古村落、龙岩古村落、西洋殿；三级旅游资源单体20个；二级旅游资源单体38个；一级旅游资源单体152个；无级旅游资源51个。至2010年，由于庆元地处浙南偏远山区，除“庆元香菇”和百山祖国家级自然保护区以及一部分的旅游商品外，庆元其他旅游资源的旅游开发程度较低。

第一节 景点

自然景观

百山祖 位于百山祖乡境内，为中国东南沿海的闽浙丘陵区，由华夏古陆华南台地闽浙地盾演变而成，地史古老。山体属洞宫山系，由福建戴云山脉向东伸展而成。基岩为侏罗纪火成岩，由凝灰岩、流纹岩及花岗岩组成。属典型的山丘型旅游地。主峰海拔1856.7米，为浙江省第二高峰，与浙江省第一高峰黄茅尖（海拔1921米）隔谷相望。地貌类型为切割程度不同的中山，以侵蚀地貌为主。山体坡度多在

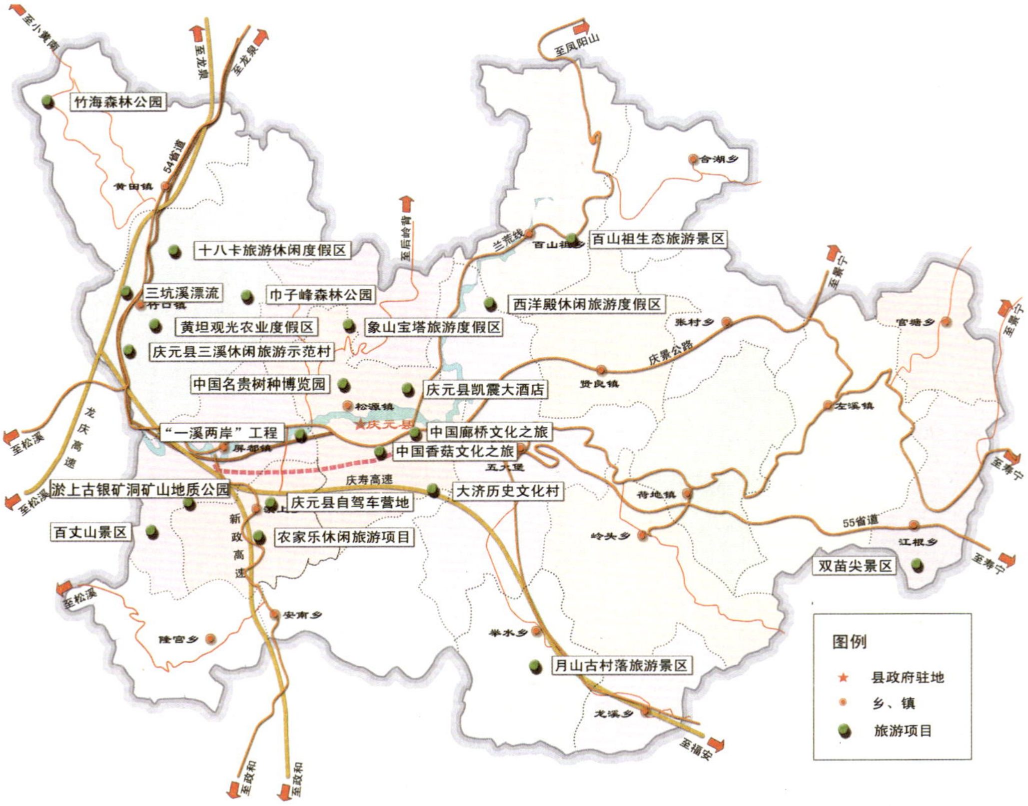

图17-1 庆元县“十二五”重点旅游项目分布图（县旅游局供）

30度以上，山峰、峡谷、悬岩频见。沟谷众多，水系发达，水资源丰富，溪流呈放射状，分属瓯江水系和闽江水系。百山祖西南坡为闽江支流松源溪的源头，东北坡为瓯江主流的发源地。百山祖地区山高林密，地形复杂，沟谷纵深，狭窄而弯曲，水流时而平缓时而湍急，清澈见底，跌水瀑潭随处可见，有些地段比降较大，形成多级瀑布，蔚为壮观。如百瀑沟，峡谷高峻、溪流比降大，整条溪流几乎完全是由瀑布、叠水和泉潭组成的，故名百瀑沟；三井溪，河床较平缓，开合有致，3个龙潭水深在10米左右，如三只巨碗盛三颗巨大的碧玉，潭水碧绿。

百山祖冷杉　是百山祖特有的古老孑遗树种，是第四纪冰川浩劫而保存下来的植物。全球仅存此3棵，有“植物大熊猫”之称，1987年被国际物种保护委员会列为世界最濒危的12种植物之一，是研究古地理、气候的发生与变化的“活化石”。

百瀑沟　位于三公湖度假区与万里林服务管理区之间，总面积为326.9公顷，为丽水市十大峡谷之一。沟段从百山祖到后广村清凉亭止，长度十多千米。沟谷地段保存着成片半原始状态的常绿阔叶林，大树参天，流水潺潺，区内沟壑纵横，沟沟瀑布。曲折迂回的三曲瀑、层层叠叠的百叠瀑、瀑声如雷贯耳的虎啸瀑、艳丽迷人的孔雀瀑、分回自然的双链瀑、丫字瀑、双龙戏珠等景观，各具其态，数不胜数，其瀑布分布密集。虎啸岩、神蛙天歌等石景不仅形态逼真，而且有着美丽的传说。此外，还有蕴秀藏幽的锦绣涧、耸树隐天的密林幽径、神奇怪异的劈石树、树皮斑驳奇丽的紫茎展姿等。1998年，百瀑沟开放。2010年，景区内建成游步道、钢索桥，6座钢索桥将主要景点连接。景区内除开辟游步道外，其他没有进一步开发，整个景区较为原始自然。春夏期间景观效果尤佳，冬天则有冰瀑，景观特别。

巾子峰　又名锦山、薰祖峰。位于县城西北，松源镇与屏都镇交界处，海拔1563.2米。清代庆元知县吴纶彰《巾子峰》有诗极赞巾子峰的秀丽风光：“群山万壑拥苕峣，雾谷霞冠雨后描；瀑驾长虹饮溪涧，峰攒神剑插云霄；松岩薄日开青障，仙杖凌云渡彩桥；回首东南堪入画，玉龙百尺泻寒潮。”巾子峰以“险”“奇”称著。险，指巾子峰的高峻。巾子峰在周围群山中脱颖而出，孤峰独立，宛如两支齐天利戟直插云霄，尤显峻拔。会溪犹如一条银色的丝带从山脚逶迤而过，到了山腰，坡势愈上愈陡，而顶端更是双峰并峙，直迫云际。奇，指巾子峰景观以云见奇。常见两峰之间轻纱飘渺，白云浮游。据清光绪版《庆元县志》记载，宋大观年间出现过一次奇异的天象：一缕五色彩云，从南面的薰山冉冉升起，霎时变成三条彩虹，飞架巾子峰上，隐约听到仙乐之声。西北角上空，霞光纷呈，依稀见到座座玉楼琼阁。数分钟后，云消雾散，幻境顿消，蓝天下又屹立着双峰。这一自然景象，古人喻为“群仙聚会”，古“濛洲八景”之“巾子祥云”因此而来。

双苗尖　位于洞宫山脉东南麓闽浙交界的江根乡境内，以高山草甸、高山奇石、高山湿地而闻名。因有高、低两座山头相对，故被称为双苗尖。山头高者海拔1626米，低者海拔1595米，两尖之间及周围山坡均为草地，局部砂石裸露成片状。在双苗尖顶可望见福建、浙江两省四县，群山尽收眼底，同江根乡箬坑村仙岩山对峙相望。双苗尖风景以奇石著称，在数十平方千米的山岗缓坡上，形态各异的奇石星罗棋布。有的形如巨龟，有的貌似鸟兽，有的层层相叠，摇摇欲坠，有的集聚成迷魂阵，有的孤立于花丛中如娉婷的仙女，有的凌空飞架成天桥，还有“神龟显灵”“神剑劈石”等扑朔迷离的神话传说。高山草甸是双苗尖重要景观之一，山顶上宽阔、平坦的草甸，在蓝天白云的映衬下，一片油绿蔓延至远远的山边，是附近几个村庄的放牧地。山下农户有“春耕后放牛高山，数月不归”的习俗，使这江南景色增添几分塞外风光。位于双苗尖北侧山谷中的双苗尖湿地，面积9000多平方米，海拔1404米，地形狭长，湿地内有一眼泉水，水清澈见底。

龙头山　又名鸾峰山，位于县境西北边陲，浙闽两省龙、庆、松、浦四县交界处，距离县城62千米，顶峰海拔1348.9米。清光绪版《庆元县志》称之为“山峰峭立，为浙闽诸山之源”。站立峰顶，视野开阔，可观绚丽灿烂的日出、瞬息万变的云海；俯瞰脚下，可望四县境地，百里山川，尽收眼底。三峰弧立，两江分水，八角亭榭，四面石墙。还有鳄鱼石、把米岩等景点。山顶有龙头山庙（鸾峰仙阁），山腰有白云寺庙等人文景观。嵩峰亭还有红军书写的标语，崔上村是闽浙边地委驻地所在。

南峰龙井 位于岭头乡南峰，有大小龙井之分，小龙井位于西溪上游之东溪，有上下两井，上井为冰川时期形成的巨型冰臼，四周光滑，口小肚大。下井是瀑布冲击成的深潭。沿东溪顺流而下，两水交汇，这段溪流两岸林木葱郁，峭壁矗立，宛如小三峡。在“麒麟”岩与“狮子”岩护卫的“高漈”下，听到溪水发出沉闷的声响，这就是大龙井。穿过林荫中一条简易游步道后，眼前豁然开朗。在空旷的山谷中，一条“白练”由“龙口”喷薄而出，从近百米的高空奔腾而下，犹如天降，冲击着宽阔的“龙潭”，发出深闷的声响，并推着同心圆式规则的波浪敲打着岸边。

图17-2 苍岱古银坑洞（陈士平 摄于2007年）

十八卡 位于与马蹄岙生态公益林区相距约1000米处。村中河流发源于著名的千岗峡，因有18个窄而深的潭，得名“十八卡”。其境内河流较平坦，水流量较大，有古树、古廊桥、河滩、宗祠，生态优良，原始森林茂密，有野生鱼、石蛙，还曾发现被誉为“水中大熊猫”的桃花水母。

苍岱古银坑洞 位于淤上乡苍岱村后山上。以“险、深、奇”为主要特色。银坑洞之“险”，绝壁百尺，巨石悬顶，沟壑纵横，怪石嶙峋，独木为桥，下临深谷；其“深”，深不可测，游客和当地村民从未有走到尽头者，还有层洞上下相联；其“奇”，宛如巨大的地下宫殿，宽敞处可容数十人，狭窄处只可容一人而过，道路相交，洞穴相连，有游者名之曰“十字街头”“总统套房”。整个景区有大小洞穴1000多个。其中，较大的有200多个。洞穴群是古代遗留矿洞，洞口壁上有“成化十五年”字样，并有矿工伐山取木、烧炭破石的痕迹。

人文景观

庆元廊桥 （参见第七篇庆元廊桥）

大济古村落 位于县城南面。历史上不足300人的小村，自宋朝至明朝，陆续涌现出26名进士，被誉为“进士村”。较完整保留着明清古居、木拱廊桥、金毯街、古井、古地道、卢福神庙、吴氏宗祠等古迹文物，是省级历史文化保护区。2010年，被住房和城乡建设部、国家文物局授予第五批“中国历史文化名村”称号。

卢福庙 （参见第三十七篇风俗宗教）

大济古驿道 约建于宋代，是古时大济村通往县城的交通要道，是大济村政治、经济、文化鼎盛时期的实物例证，它是以人工烧制的香糕砖墁砌路面，组成纹理清晰的图形，防滑性能好。它是村民无意中刨开表土发现的。驿道全长2.5千米，在不同地段设3座古凉亭。驿道暴露地表300余米。2005年，被省政府公布为浙江省第五批文物保护单位。

龙岩古村落 位于百山祖乡与龙泉市龙南乡交界处，与凤阳山景区相邻。香菇鼻祖吴三公出生在此。尚存吴三公故居遗址、吴三公祠，保留传统制菇方法和器具，祭拜活动从未间断，有春祭、秋祭和迎神。其中，春祭于每年农历三月十七举行，秋祭于每年农历八月十三举行。

西洋殿　（参见第三十七篇风俗宗教）

八角殿　位于张村乡东川村，始建于明万历三年（1575 年），清道光二十四年（1844 年）重建，供奉马天仙，由主殿、观音堂、僧房三部分组成。主殿为二层楼阁、三重挑檐，内有戏台、回廊，雕梁画栋，壁画山水、人物、花鸟。八角殿枕山面水、林木荫蔽、幽雅静谧，南阳溪至此呈一大“C”字形如玉带环绕，南岸横哨山如屏风横立。该殿为县级重点文物保护单位。农历七月初一到十五，八角殿举行盛大庙会，庆元、龙泉、景宁、寿宁等县香客赶庙会。

图 17-3　八角殿（陈士平　摄于 2015 年）

南峰寺　（参见第三十七篇风俗宗教）

月山村　位于县城东南 57 千米，海拔 820 米，为举水乡政府所在地。古有“举溪八景”：月山晚翠、云泉晓钟、龙凤两桥、文奎高阁、宝塔东耸、银屏西峙、龙湫灵液、虎胜奇岩。有第五批全国重点文物保护单位木拱廊桥如龙桥、省级文物保护单位吴文简祠以及县级文物保护单位来凤桥、步蟾桥、白云桥，还有耕坑桥、云泉寺、华光庙、马仙宫、圣旨门、荐元塔、复旦亭、望月亭等。长 1000 米的举溪上分布着 10 座古廊桥，间隔只有二三十米，有“二里十桥”美誉。

黄坦古村遗址　位于竹口镇黄坦村。季氏先祖人才辈出，精心经营村庄结构，外有护村墙，内有九曲金街，尚存遗迹。季氏宗祠至今有 700 年历史，是黄坛祭祀季氏先祖季承九及历代先祖的地方。门厅上的如意斗拱及“喜鹊窝”的结构极具美学价值、科学价值和地方特色。

古窑址　庆元古窑址众多，大多属龙泉窑系列，最著名的是浙江省重点文物保护单位上垟窑址。上垟窑址位于竹口镇上垟村，与全国重点文物保护单位大窑龙泉窑遗址相连，约始于五代，盛于南宋，持续近 500 年。由于上垟村有丰富的瓷土矿、茂盛的森林及便利的水运交通，古窑址群散布于溪两岸较为低缓的山坡地带，窑址密集，遗物堆积丰富，北起大窑犇，南至白沙村，以溪流为纵轴线形成的古窑群相距约 1.5 千米。根据遗物分布状况，有古窑址 8 处，溪东 5 处、溪西 3 处。1997 年，古窑址被省政府公布为浙江省第四批文物保护单位。

图 17-4　大窑龙泉窑遗址——上垟窑址一期产品（县文广新局供　摄于 2010 年）

第二节　景区

2010 年，庆元县有国家 A 级景区 2 个。其中，AAA 级景区 1 个、AA 级景区 1 个。

庆元县百山祖国家级自然保护区

1985年，浙江百山祖省级自然保护区成立。1992年，浙江凤阳山—百山祖国家级自然保护区成立。2003年，庆元县百山祖国家级自然保护区被评为第二批AA级旅游区（点）。2010年12月，百山祖启动创建AAAA级景区。百山祖景区作为浙江凤阳山一百山祖国家级自然保护区重要组成部分，具有“幽、秀、雄、奇、古”特色，以神奇原始风貌、优美自然景观、浓郁香菇文化融合成一幅幅意趣横生画卷，以森林生态系统完整性、生物群落地带特殊性、物种资源多样性、生物物种珍稀性和环境质量天然“本底性”，享有“华东古老植物的摇篮”“昆虫的世界”“生物模式标本的产地”“被人遗忘的角落”等盛誉，为中外专家学者所瞩目，是《中国生物多样性保护行动计划》实施重点区域之一，被国家环保局列为全国20个生物多样性保护基地之一。

巾子峰森林公园

2000年11月建立，位于县城以西17.6千米，以海拔1561米的巾子峰命名，面积5758公顷，分为5个功能区，即龙源谷景区、巾子峰景区、银丈坑景区、八都服务区和生产经营区，是以森林生态、休闲度假、科普教育等森林生态功能为主体，兼有登高揽胜、宗教朝圣等功能的城郊山岳型森林公园。有自然资源50多处，“古濛州八景”中的“巾子祥云”“百丈龙湫”“楼水春澜”都在公园内，千岗峡是丽水市十大峡谷之一。龙源谷景区、巾子峰景区为核心区块，拥有1000多公顷原始天然阔叶次生林，森林覆盖率为98%，动植物资源丰富，有木本植物69科156属264种，其中国家级和省级濒危植物13种，国家一、二级保护动物11种。2009年12月，通过国家AAA级景区评定。

第二章 旅游线路与服务

庆元县旅游资源特色显著，但景点分散。县旅游管理部门根据景点特色，联结成生态文化之旅、香菇文化之旅、廊桥文化之旅三条主要旅游线路。2000 年前，旅游产业落后，专门到庆元旅游的人较少，旅服服务设施发展相对滞后，没有专门的旅行社和星级宾馆。进入 21 世纪后，旅游基础设施有较大发展，旅游服务水平不断提高。

第一节 旅游线路

生态文化之旅

百山祖国家级自然保护区（国家 AA 级景区），一日游，庆元—西洋殿、兰溪桥—百山祖动植物陈列馆—百瀑沟景区—百山祖冷杉—百山祖云海日出；二日游，百山祖乡龙岩村—茶木淤原始森林—三井溪。巾子峰省级森林公园（国家 AAA 级景区）一日游：巾子峰龙源谷景区—留步听泉—森林浴道—藤蔓秋千—古树玉石—五龙瀑—息心亭—神龟祈福—彩蝶和泉—透云谷—龙须瀑—淑女瀑—梅林果香。

香菇文化之旅（魅力生态山村之旅）

一日游：县香菇博物馆—香菇市场—大济进士村—西洋殿、兰溪桥—百山祖乡车根村；二日游：百山祖乡龙岩村—吴三公祠—香菇文化陈列馆。

廊桥文化之旅（魅力生态山村之旅）

一日游：后坑桥—咏归桥—双门桥—兰溪桥—举水乡月山村。二日游：如龙桥—来凤桥—白云桥—步蟾桥。廊桥之乡月山村：一日游：庆元—举水月山村—吴文简祠—如龙桥—来凤桥—步蟾桥—白云桥—云泉寺。二日游：月山村—虎胜奇岩—后坑冰臼群。

第二节 旅游服务

旅行社

县旅游集散中心 原名县交通旅行社，2001 年成立，是庆元县首家从事旅游服务、具有独立法人资格的旅游企业。2008 年，升级并更名，下设行政部、计调部、业务部、财务部，有员工 11 人，集公众旅游服务、旅游客运业务、旅游资源展示、旅游咨询服务、旅游商品展销于一体。

百山祖旅行社 原名庆元百山祖旅行社有限公司，2004 年成立，2009 年改为浙江百山祖旅行社有限公司，接待各种旅游团体、会议团体，提供全国各地飞机票、火车票、宾馆、酒店代订服务。联盟丽水市杭外旅游汽车有限公司、庆元青园宾馆、庆元西演农家乐休闲山庄，为客户提供吃、住、行、游、购、娱一条龙服务。

图 17-5　2001 年，庆元县交通旅行社开业（县旅游局供　摄于 2001 年）

菇城旅行社　浙江菇城旅行社有限公司于 2008 年成立，联盟丽水市旅游学校、县蓝雁竹炭公司，从事国内旅游、商务考察以及各类特色旅游服务等业务。

宾馆酒店选介

国际大酒店　2005 年成立，位于松源镇濛洲街 201 号（市民广场旁），占地面积 7300 平方米，建筑面积 15000 平方米，12 层，是由县供电局投资、按国际三星级标准建设的涉外旅游饭店。有豪华套房、商务套房、标准房、单人房等中高档客房 72 间，餐饮包厢 12 个，宴会厅 1 个，大小会议室 5 个，还有大堂吧、KTV、棋牌室、桑拿、大型超市、商务中心、停车场等配套设施。

阳光大酒店　位于石龙街繁华地段。有各类客房 35 间(套)，商务会议室可容纳 50 人，餐厅可同时容纳 350 余人就餐，有 500 多平方米停车场，可停放 20 多辆轿车。

工贸大酒店　地处松源河畔，濛洲公园东侧，8 层。有 47 间客房，餐厅可容纳 260 人同时就餐，有美容美发中心、停车场等配套设施。

农家乐休闲旅游业

2005 年，开始发展农家乐休闲旅游业。2006 年前，基本处于农民自发建设阶段。2006 年 7 月 21 日，组织 16 户农户进行农家乐业务知识培训，组织、指导农户创建农家乐；8 月 16 日，建立农家乐特色村和经营户省、市、县逐级评定晋升制度；9 月 20 日，县农办和县风景旅游局联合发文，公布首批农家乐旅游服务星级经营户名单，评定星级经营户 21 家；9 月 28 日，成立农家乐休闲旅游工作联席会议制度。着重发展“城郊餐饮休闲型”“景区旅游度假型”“边界观光体验型”农家乐。2009 年 5 月，大济山庄入选“丽水十大休闲山庄”。至 2010 年末，建成省级农家乐特色村 1 个（百山祖乡车根村）、市级农家乐特色村 1 个（松源镇会溪村）、省级农家乐特色点 1 个（周墩山庄）、市级农家乐特色点 6 个（大济山庄、状元山庄、浙闽风情农家乐、举水乡月山村龙湫清舍、周墩山庄、月池山庄），有星级农家乐经营户（点）46 家，直接从业人员 300 多人，年接待游客 30 多万人次，实现营业收入 1000 多万元。

第三章 旅游管理

2001年2月，庆元县旅游工作办公室成立，县府办副主任兼办公室主任。是年11月，庆元县风景旅游局（以下简称县风景旅游局）成立，为县政府直属正科级（局）事业单位，主管旅游行业，内设综合办公室。2010年，县风景旅游局内设综合办公室、市场开发和行业管理科、规划发展科。县旅游管理部门不断调整和完善县域旅游规划，加大旅游宣传力度，开拓旅游市场。

第一节 旅游发展规划

总体规划

2002年3月，县风景旅游局成立旅游资源调查领导机构，聘请浙江大学旅游专家先后考察百山祖、巾子峰、大济村、举水乡、西洋殿（兰溪桥）、淤上古银坑洞、竹口龙井等旅游资源，并就旅游资源数量、品级、组合情况等作初步分析。2004年，在全县旅游资源普查基础上，聘请浙江大学亚欧旅游规划设计院专家编制《庆元县旅游发展总体规划》，对客源市场、景区布局与功能分区、旅游形象与旅游产品规划、产业要素规划等进行深入研究，统领旅游景区（景点）开发建设。

景区规划

2005年，完成《百山祖生态旅游规划》编制，通过国家林业局批准。2006年，相继开展《车根村农家乐规划》《巾子峰省级森林公园旅游规划》《大济历史文化村旅游规划》《大济古村落旅游区修建性详细规划》等规划编制。2008年，《大济古村落旅游区修建性详细规划》通过评审，并完成印制。2009年，开始建立旅游项目库，涵盖旅游景区、休闲旅游、农业旅游、文化旅游等类型，为把旅游业培育成为“北承南接”先锋产业，打造休闲度假养生旅游目的地，加速产业转型升级打下坚实基础。与之相配套，《庆元县“十二五”旅游发展规划》《大济古村落旅游规划》《百山祖低碳旅游示范区规划》《象山塔至铅锌矿休闲度假旅游区规划》等旅游规划编制相继启动。2009年，巾子峰森林公园通过国家AAA级景区评定。2010年7月，县委、县政府通过《百山祖创国家AAAA级景区工作方案》。

第二节 旅游宣传与市场开发

宣传

县风景旅游局成立后，庆元旅游业才真正走上产业轨道，并逐步加大旅游宣传和市场开发的力度。2002年，百山祖百瀑沟、巾子峰千岗峡、庆元欧冶刀剑和庆元“百山”牌茶叶，分获丽水市十佳景点、十大峡谷、十佳旅游商品称号。2004年4月，“庆元旅游”网站建立，为宣传和推介旅游产品的快捷网络平台；8月，成功举办《华南虎》邮票首发式暨第五届中国香菇文化节。2006年，举办庆元县首届特色乡村菜点大赛，评选出十大食用菌菜、十大特色菜肴、十大特色名点；在全省乡村菜点大赛中，获得1银1

铜2个单项奖（其中“生态家园山珍荟”获得综合类铜奖），5个菜品列入省百佳菜肴。12月，安南乡安溪浙闽风情农家乐、举水乡龙湫清舍被认定为丽水市农家乐旅游示范点（村）。2007年，编辑出版《品味庆元》，较全面介绍自然景观、人文历史和乡村风情。2008年，“月山村晚”受到中央电视台、浙江卫视、丽水电视台等媒体广泛关注；第七届中国（庆元）香菇节期间，举办特色烹饪大赛，打造“中国生态环境第一县”特色美食和庆元“百菇宴”特色品牌。2009年，编辑印制《庆元旅游手册》，从客运交通、旅游线路、景区介绍、廊桥文化、香菇文化等方面详尽介绍“吃、住、行、游、购、娱”等服务信息。2010年，县餐饮企业代表赴北京参加第六届中国国际食用菌烹饪大赛，获得团体赛金奖，个人赛2金1银；11月，第八届中国（庆元）香菇文化节期间，举办食用菌美食节。

市场开发

2001年，完成全县旅游资源的排摸工作，以古镇古村为代表，乡村旅游开始起步。同年，杭州外事旅游汽车出租公司庆元分公司、庆元县第一家旅行社——交通旅行社有限公司成立，香溢大酒店被丽水市旅游局评为二星级旅游涉外饭店，全县旅游从业人员200人。2002年，全县接待国内外游客2.1万人次，旅游收入490万元，比2001年增长46%。全县有星级旅游饭店3家、旅行社1家、旅游企业2家。2005年6月，在上海举办“中国生态环境第一县”形象推介会，区域旅游品牌形象更加突出。同年12月，三江源农庄被命名为乡村旅游示范点。2006年10月，庆元国际大酒店被评为三星级旅游饭店；12月，交通旅行社更名为庆元县旅游集散中心。同年，工贸大酒店、阳光大酒店被丽水市旅游局评为二星级旅游饭店。2007年，举办“中国生态环境第一县”旅游推介会，与上海、杭州、温州、金华等地20多家旅行社共商庆元旅游发展大计，加快庆元旅游产品与市场对接。同年，设立旅游发展专项资金，出台《庆元旅游发展专项资金使用管理办法》。

图17-6　2002中国国际旅游交易会庆元展厅（县旅游局供　摄于2002年）

第十八篇　财税

清代，县级财政实行“统征分解，统收统支”，权力集于中央，财政收入主要靠人丁、地丁、外赋等，其次是当税、牙税、杂税。康熙十一年（1672年），实征银10387两4分8厘，除存留1621两3钱1分9厘外，余均上解。民国时期，财政收入主要来自田赋附加和地方税捐。1949年，财政收入16.6万元。中华人民共和国成立后，工农业生产逐渐发展，财政收入逐年增加。税收制度大致经过中华人民共和国成立初开征以货物税为主的9种工商税、“文化大革命”时期工商统一税、改革开放时期复合型税制以及1994年新税制改革四次大改革。1950—1952年，全县财政收入121.2万元，年均40.4万元；财政支出28万元，年均9.3万元。1978年，财政收入122.6万元。1989年、1990年，因连遭特大洪灾，财政两度出现赤字。2010年，财政一般预算总收入2.6亿元，是1991年的15.50倍；地方财政收入1.55亿元，是1991年29.82倍；财政支出9.22亿元，是1992年的24.73倍。

第一章　财政收支与管理

1977年3月，庆元县财政金融局分设县财政税务局和中国人民银行庆元县支行。1997年9月，县国税、地税机构分设，成立县国家税务局、县地方税务局。2010年末，财税部门由县财政局、县地方税务局、县国家税务局3个机构组成。其中，县地方税务局与县财政局合署办公。县财政局（县地方税务局）综合科室有办公室、人事教育科、监察科、政策法规科（挂行政审批服务科牌子），县财政局业务科室有预算科、国库科、行政事业科、社会保障科、综合科、经济建设科、国资企业科、农业科、会计管理科、绩效评价科、控办，下属单位有会计核算中心、国库支付中心、预算外资金管理中心、农业综合开发办公室、财政项目预算审核中心。

图18-1　庆元县财税局办公楼(陈士平　摄于2003年)

第一节　财政收支

财政收入

庆元县内财政收入主要来自税收收入和非税收入，主要来源于经济社会发展，财源基础夯实。1991年，全县财政一般预算总收入1550万元。2010年，全县财政一般预算总收入26019万元，是1991年的16.79倍。

财政支出

经济建设　县财政局整合落实财政资金，以财政贴息、奖励、补贴等手段，扶持农业龙头企业，支持现代农业发展，夯实食用菌、笋竹等特色生态农业基础财源。支持企业发展，促进挖掘、革新和改造，推进分离发展服务业，推动经济转型升级，努力培植财源。20世纪80年代初，发放财政周转金，积极促进农业生产、企业发展和商品流通。1998年，财政周转金全面退出竞争性融资领域。2007年，省财政厅提出“积极清收财政周转金，争取再用两年时间完成财政周转金清收扫尾工作”，周转金清理进入尾声。2009年，启动“千万助企”行动计划，增强企业应对金融危机能力。

民生保障　2006年始，加大民生财政保障，优化财政支出结构，将新增财力2/3以上用于民生。2010年，民生支出6.10亿元，占财政支出比重的66.20%。其中，县本级财政安排民生支出3.33亿元，占本级财政安排支出的66.71%。

“三农”投入。落实各项农业扶持和补贴政策，支持农业基础设施建设，改善农村生产生活条件。2001年，启动农业综合开发。2004年2月，成立农业综合开发办公室。2010年，启动村级公益事业建设一事一议财政奖补试点，提升农村公益事业发展水平。2001—2010 年，县农发办争取省级资金 6396 万元。

教科文卫投入。1991 年以来，教科文卫事业财政支出快速增长。1991 年，教科文卫事业财政支出 1000 万元。2010 年，教科文卫财政支出 28190 万元，是 1991 年的 28.19 倍，年均增长 19.21%。保障教育经费增长、教育布局调整、扶困助学投入，对义务教育学校实施免杂费、免教科书费和免住宿费制度，对职业教育实施国家助学金制度。实施公共卫生制度、新型农村合作医疗制度、医疗救助制度和农民健康体检工程，推进医药卫生体制改革。

社会保障投入。20 世纪 90 年代起，社会保障制度从无到有，企业职工养老保险、职工基本医疗保险、失业保险、工伤保险和生育保险逐步完善，城乡居民最低生活保障、被征地农民基本生活保障、新型农村合作医疗、城镇居民医疗保险、城乡居民社会养老保险等相继建立实施。1991 年，财政社会保障支出 143 万元。2010 年，财政社会保障支出 5105 万元，是 1991 年的 35.7 倍，年均增长 20.7%；五大保险基金收入 10101 万元（含利息），支出 7653 万元，累计结余 15893 万元。

1991—2010 年庆元县财政收支一览表

表 18—1—1—1　　　　单位：万元

年份	财政一般预算总收入	地方财政一般预算收入	地方财政一般预算支出
1991	1550	1550	3092
1992	1679	1679	3580
1993	2300	2300	4407
1994	2559	1037	5370
1995	3473	1513	6376
1996	4119	2078	7238
1997	3286	2208	8982
1998	3856	2777	9641
1999	4645	3128	11130
2000	5416	3515	12788
2001	6962	4855	17012
2002	7577	4246	20283
2003	9596	5115	26339
2004	9077	5536	26338
2005	11989	7141	33631
2006	15167	9290	43845
2007	19139	11944	46803
2008	20566	12525	57523
2009	21458	12941	72996
2010	26019	15533	92215

第二节　资金资产管理

预算管理

2004 年，对县级部门单位全面试编部门预算，部门单位预算遵循“人员经费按标准、公用经费按定额”

原则，基本支出实行定员定额管理，项目经费视财力可能、按轻重缓急给予安排。2007 年，推行并不断深化“收入一个笼子、预算一个盘子、支出一个口子”公共财政管理改革，预算编制更加科学规范。

预算外资金管理

20 世纪 90 年代初，逐步将行政事业单位预算外资金纳入财政专户存储管理。1994 年，制定《庆元县预算外资金管理办法》，加强预算外资金纳入财政专户存储管理，实行收支预算编制；推行综合计划核算软件（单机版），预算外资金管理进入电子化。1995 年，对各单位在财政专户储存的预算外资金实行县政府适当集中、统筹安排，统筹比例为 15%，主要用于公益事业和基础设施建设。1997 年 1 月，对公安系统基层单位罚没收入和预算外资金全面实行收支两条线管理，加强财政票据管理。1998 年，开展行政事业财务制度改革，预算外资金从专户储存改成应缴财政专户款，作为财政性资金直接缴入财政专户，纳入预算管理；检察、法院、公安、工商及计生五部门收缴纳入预算（金库）管理。2003 年，加强土地出让金管理，土地出让金收支由国土部门管理纳入财政管理。2004 年，出台《庆元县行政事业单位奖金福利分配统筹管理办法》，清理行政事业单位账户，清理撤销 17 个单位的 38 个账户。2007 年，土地出让金纳入基金预算管理。

国有资产管理

2002 年，庆元县国有资产营运有限公司成立，从事具体领域资产营运、融资、投资和管理。至 2010 年末，国有资产经营机构主要有城市建设发展有限公司、工业园区建设发展有限公司、水利发展有限公司、交通投资有限公司、国有资产营运有限公司、旅游发展有限公司等。

运营管理。2008 年，县水泥厂完成破产，至此完成全县县属国有企业破产、改制。2009 年末，正常或基本正常经营企业有 30 户。2004 年，成立县招投标中心，通过拍卖、挂牌等形式转让国有资产，国有产权转让实现市场化。2008 年，规范行政事业单位房地产出租，统一委托县国有资产营运公司公开招租，推进国有资产市场化管理。

清产核资。1992 年，清产核资 149 个单位国有资产，核实资产 19482 万元，使用国有土地面积 9533.95 万平方米。1995 年，清产核资 61 个国有企业，核实资产 27199 万元，负债总额 22442 万元，所有者权益 4757 万元，土地面积 65.21 万平方米，待处理财产损失 1711 万元。1997 年，清产核资 22 个城镇集体企业，核实资产 30048 万元，所有者权益 2198 万元，负债总额 27850 万元。其中，金融类城镇集体企业 18 个，资产总额 26824 万元，负债总额 25982 万元，所有者权益 842 万元。2006 年，成立县国有资产优化配置工作领导小组办公室，清查 203 个国有单位国有资产，至 2005 年末，国有资产总额 10.87 亿元，净资产 6.48 亿元。其中，行政事业单位资产 5.23 亿元，净资产 4.09 亿元；企业资产 5.64 亿元，净资产 2.39 亿元；县供销社（资产 2619 万元，净资产 1537 万元）、县总工会（资产 139 万元，净资产 78 万元）两单位资产未列入汇总。2007 年，清查 164 户行政事业单位资产，至 2006 年末，行政事业单位资产 6.64 亿元，负债 1.49 亿元，净资产 5.13 亿元，预拨下年经费 145 万元，清查净增 212 万元（清查增加 689 万元，清查减少 477 万元）。

政府采购

1998 年 10 月，施行《庆元县政府采购制度》。1999 年 5 月，成立政府采购工作领导小组，设立政府采购办公室，与县财政局控制社会集团购买力办公室合署办公。2000 年 3 月 2 日，县地税局 TF98 网络设备及计算机公开招标，为庆元县首次公开招标项目。2003 年 1 月 1 日起，施行《中华人民共和国政府采购法》。2004 年 12 月 28 日，政府采购纳入县招投标平台统一交易，政府采购管理机构与集中采购机构分离。2008 年，引入价格竞争机制，对协议供货产品进行二次竞价试点。2010 年，全面开展采购协议供货二次询价制度。

1999—2010 年庆元县政府采购一览表

表 18—1—2—1　　单位：万元

年份	采购预算	实际采购	节约资金	数量（批次）	节约率
1999	611	521	90	22	14.73%
2000	1813	1530	283	103	15.6%
2001	2399	2004	395	126	16.5%
2002	3043	2499	544	185	17.88%
2003	1942	1619	323	182	16.63%
2004	2326	2031	295	155	12.68%
2005	3162	2759	403	332	12.75%
2006	4927	4207	720	381	14.62%
2007	2901	2535	366	390	12.62%
2008	5117	4055	1062	581	20.76%
2009	5073	4316	757	589	14.93%
2010	6038	5270	768	735	12.73%
合计	39352	33346	6006	3781	—

外债金融管理

世界银行造林贷款项目。1990 年 9 月 24 日，县政府与省林业厅签订《执行国际开发协会“国家造林项目”协议书》，转贷世界银行贷款 124 万个特别提款权。1998 年 8 月 20 日，开始偿还借款，至 2010 年，累计偿还 25 期、本息 900 万元，贷款余额 600 万元。

日本“黑字还流”贷款项目。1989 年 3 月 21 日，县食用菌开发公司与省农业物资器材公司就“庆元县香菇出口基地项目”签订《日本“黑字还流”贷款转贷协议》，协议转贷金额 6135 万日元。至 2006 年 7 月 20 日，“黑字还流”日元贷款本金 6287 万日元，利息 2984 万日元，本息合计 9271 万日元。2007 年 2 月 27 日，由县财政局按财政部、省财政厅政策代偿。

第三节　财务监管

财务管理

会计管理　2010 年末，庆元县有会计持证人员 2300 余人。其中，具有高级会计职称 9 人、中级会计职称 222 人、初级会计职称 462 人。

行政事业单位财务管理　庆元县建立并逐步完善规范统一的差旅费开支标准。2005 年，制定行政事业单位人员差旅费开支标准。2010 年，重新修订。2009 年，推行义务教育教师绩效工资制度改革。2010 年，全面推行规范公务员津贴补贴制度，不断完善配套措施，发挥会计核算中心审核监督职能，确保改革平稳推行。

基本建设财务管理　1997 年，县财政局收回原委托建设银行代行的基本建设财政职能，建立经建科，负责国有、集体单位基本建设资金监督管理。2007 年，实行政府投资建设资金预算管理。2009 年，成立县财政预算项目审核中心，对财政性资金投资项目预算进行评价与审查。2010 年，评审预、结算项目 122 个，审定投资额1.81亿元，核减额1313万元，核减率6.8%。

企业财务管理

供销财务挂账 2002年，供销财务挂账金额1468万元。其中，1992年前老挂账1019万元，1993年后新增挂账449万元。2004年，上报确认989万元，省财政补助项目挂账总额871万元，按40%补助计348万元，省财政于2008年10月底拨付庆元县，财务挂账消化完毕。

粮食财务挂账 1992年4月1日至1998年5月31日，粮食财务挂账795万元。根据国家政策，2006年9月剥离到粮食行政主管部门（县发展和改革局）。

粮食综合直补 2006年始，按国家政策实施种粮农民综合补贴，补贴资金由中央财政安排。至2010年末，累计发放2238万元。

家电下乡补贴 实施期为2009年2月1日（3月正式启动）至2013年1月31日，补贴对象为农户，2009年末，增加农场、林场职工两类人员。补贴产品有十大类，补贴标准为13%，按家电类别设最高补贴额，各类家电每户限补2台。至2010年末，发放家电下乡补贴14509台、422万元。

汽车摩托车下乡补贴 实施期分别为2009年2月1日（5月正式启动）至2010年12月31日、2009年2月1日至2013年1月31日。补贴对象均为农户。汽车下乡补贴车型有载货车（轻型、微型）、载客车（微型），补贴标准为10%，最高5000元/辆，每户限补载货车、载客车各1辆；摩托车下乡补贴标准为13%，最高650元/辆，每户限补2辆。至2010年末，发放汽车、摩托车下乡补贴3498台、493万元。

家电以旧换新补贴 实施期为2009年2月1日（2010年正式启动）至2011年12月31日。至2010年末，发放家电以旧换新补贴2464辆、71万元。

财政监督与绩效评价

1999年7月，县财政局设立财政监督办公室，负责财政监督。2006年，建立中介机构库和专家参与绩效评价工作库。2006—2010年，组织财政支出绩效评价项目68个，7.22亿元。2007年，县财政局设立绩效评价科。经省财政厅批准，县达正联合会计师事务所和县濛洲税务所具有参与绩效评价资格。2009年，开展“小金库”专项治理，204户行政事业单位自查自纠，金额108万元；重点检查105户行政事业单位，查出资金31万元。2010年，开展社会团体和国有企业“小金库”专项治理，61家社会团体和33家国有企业自查自纠，重点检查7家社会团体和7家国有企业。多部门联合出台加强财务管理、国有企业银行结算账户管理以及会计人员教育管理等规范性文件，构建防范“小金库”长效机制。

第四节　财政体制改革

县级财政体制改革

1991年，庆元县实行“财政包干”财政管理体制。1992—1993年，庆元县实行“分税制”试点。1994年，开始实行“分税制”，根据事权与财权相结合原则，将税种统一划分为中央税、地方税和中央地方共享税，建立中央和地方税收体系，由中央和地方两套税务机关分别征收。1995年，浙江省对庆元等17个贫困县实行“两保两挂”财政政策，即在确保完成中央“两税”任务（1997年改为确保完成逐步消灭滚存赤字任务）和确保年财政收支平衡前提下，实行补助和奖励与县地方财政收入增长挂钩政策。1997年，国、地税机构分设。2001年，浙江省财政体制微调。2001年10月，县会计核算中心挂牌成立，按照积极实施、稳步推进原则，首批22家行政事业单位纳入核算，其余61家单位分别在2002年3月和8月纳入核算。2002年，改革所得税收入分享，由中央和地方分享的所得税、滞纳金、罚没收入中央分享60%，地方分享40%。2003年，实行新一轮财政体制，浙江省对庆元等30个市（县）实行“两保两挂”财政政策，即在“确保实现当年财政收支平衡、确保完成政府职责任务”前提下，实行省补助和奖励与其地方财政收入增长、增收额挂钩办法。2004年，国家出台出口退税负担机制改革，超基数部分由中央和地方分别负担75%和25%。2005年，改为出口退税超基数部分年终县财政按7.5%上解。2008年实行新一轮财政体制，全省取消“两保两挂”等财政政策，统一调整为“分类分档激励奖补”机制，对32个欠发达市（县）实施三档激励补助政策、两档激励奖励政策，庆元等6个重点欠发达县享受最高等级补助及最高专项转移系数。2010年9月，出台《庆元县财政国库管理制度改革方案》，选择县药监局、县交警大队、县教师进修学校三家为县级国库集中支付改革试点单位，县中行、县农行、县建行三家银行为代理行，建立财政国库单一账户体系。是年11月，按照分月用款计划制度，对试点单位财政资金分别采用财政直接支付和授权支付方式。

乡镇财政体制改革

1986年，庆元县建立乡镇财政，先后采用“超收分成”“两保三挂”“两保两挂”“总额分成”“收支挂钩”等不同形式乡镇财政体制。1999年，庆元县全面实行“超收分成”与“两保三挂”财政管理综合体制。2001年，庆元县继续实行“超收分成”与“两保三挂”，适当调整乡镇财政收入范围、收支基数核定办法、“两保三挂”内容及奖惩办法。2002年，实行“两保两挂”财政管理体制，一年一定。2004年，根据省对县财政体制调整和全省农村税费改革政策，对原“两保两挂”进行完善。2006年，实行“核定收入支出、超收总额分成、奖励收支挂钩”财政管理体制，二年一定。同年9月，成立县会计核算中心乡镇分中心，20个乡镇财务全面纳入集中核算，全面实行“乡财乡用县管”财政管理模式。2007年，在全市率先启用乡镇财务远程实时查询网络，提升“乡财乡用县管”水平。2008年，建立以生态激励为导向的乡镇财政分类考核体制，首次将生态列入考核范围，建立乡镇生态补偿机制，对东部13个乡镇取消工业生产、工业税收和招商引资方面考核。2010年，进一步完善乡镇财政管理体制，对实行“一企一策”企业视同入园企业管理，三年一定。

第二章 税务

2010年，县地方税务局业务科室有税政管理科、征收管理科（挂纳税服务科牌子）、计划财务科、规费管理科，下属单位有稽查局、直属税务分局、黄田税务分局、荷地税务分局、信息中心；县国税局设办公室、人事教育科、政策法规科、税源管理一科、税源管理二科、税源管理三科、征收管理科、收入核算科、纳税服务科、监察室、机关党办11个科室，直属机构有稽查局、信息中心2个，隶属丽水市国家税务局，受丽水市国家税务局和县政府双重领导，主要负责中央税、中央和地方共享税及国家指定税种征收管理。

第一节 国家税务

国税税种

增值税 1979年，庆元县开始试行增值税。1984年和1993年，进行两次重要改革。1994年1月1日起，以《中华人民共和国增值税暂行条例》为基础，实施新增值税制，对商品生产、批发、零售和进口全面实行增值税，对绝大部分劳务和销售不动产暂不实行增值税；采取基本税率再加一档低税率和零税率模式，基本税率为17%，低税率为13%，出口商品一般适用零税率；实行价外计征办法（按不含增值税税金的商品价格和税率计算征收增值税）和根据发票注明税金进行税款抵扣制度。2009年1月1日起，在全国推行增值税转型改革。主要内容：允许企业抵扣新购入设备所含的增值税，取消进口设备免征增值税和外商投资企业采购国产设备增值税退税政策，将小规模纳税人增值税征收率统一调低至3%，将矿产品增值税税率恢复到17%。

消费税 1994年，在流转税中新设置消费税。消费税是在对货物普遍征收增值税基础上，选择少数消费品再征收的税种。主要征收范围：烟、酒及酒精、鞭炮、焰火、化妆品、成品油、贵重首饰及珠宝玉石、高尔夫球及球具、高档手表、游艇、木制一次性筷子、实木地板、汽车轮胎、摩托车、小汽车等税目，有的税目还进一步划分若干子目。实行价内税，只在应税消费品生产、委托加工和进口环节缴纳，在以后的批发、零售等环节不用再缴纳。

企业所得税 1958年和1973年，中国进行两次重大税制改革，其核心是简化税制，工商业税（所得税部分）主要对集体企业征收，国营企业只征一道工商税，不征所得税。1984年9月，国务院发布《中华人民共和国国营企业所得税条例（草案）》和《国营企业调节税征收办法》。国营企业所得税纳税人为实行独立经济核算的国营企业，大中型企业实行55%比例税率，小型企业等适用10%—55%8级超额累进税率；国营企业调节税纳税人为大中型国营企业，税率由财税部门商企业主管部门核定。1985年4月，国务院发布《中华人民共和国集体企业所得税暂行条例》，实行10%—55%8级超额累进税率，原来对集体企业征收的工商税（所得税部分）停止执行。1988年6月，国务院发布《中华人民共和国私营企业所得税暂行条例》，税率35%。1993年12月13日，国务院将《中华人民共和国国营企业所得税条例（草案）》《国营企业调节税征收办法》《中华人民共和国集体企业所得税暂行条例》《中华人民共和国私营企业所得税暂行条例》进行整合，制定《中华人民共和国企业所得税暂行条例》，自1994年1月1日起施行，统一内资企业所得税，实行33%比例税率。2008年1月1日起，《中华人民共和国企业所得税法实施条例》

开始施行，新税法将内外资企业税率统一为25%，统一应纳税所得额税前扣除项，还规定小型微利企业税率为20%、高新技术企业税率为15%等优惠税率。

个人利息所得税 中华人民共和国成立以来，利息税曾三度免征。1950年，《利息所得税条例》规定对存款利息征收所得税。1959年，停征存款利息所得税。1980年通过的《中华人民共和国个人所得税法》和1993年修订的《中华人民共和国个人所得税法》，把利息所得列为征税项目。1999年11月1日开始施行《对储蓄存款利息所得征收个人所得税的实施办法》规定，不论什么时间存入的储蓄存款在1999年11月1日以后支取的，1999年11月1日起开始滋生的利息要按20%征收所得税。2007年8月15日起，将储蓄存款利息所得个人所得税的适用税率由现行的20%调减为5%。2008年10月8日，宣布次日开始取消利息税，存款利率下调0.27%。

车辆购置税 2001年1月1日，实施《中华人民共和国车辆购置税暂行条例》。因车辆购置税由交通部门征收的车辆购置费转变过来，属"费改税"，2001—2004年由县运管稽征所代征，2005年1月1日起，由国税直接征收。纳税人为购置（包括购买、进口、自产、受赠、获奖或以其他方式取得并自用）应税车辆的单位和个人，征税范围为汽车、摩托车、电车、挂车、农用运输车，税率10%，应纳税额计算公式为应纳税额＝计税价格×税率。

国税收入

1997年，国税、地税机构分设，全县国税收入1482万元。2000年，县国税局税收收入2625.69万元（不含个人利息所得税122.27万元和罚没收入3.71万元）。其中，"两税"收入2545.27万元。2005年，税收收入5786.27万元。其中，增值税入库5334.09万元，消费税入库5.74万元，企业所得税入库197.27万元，储蓄存款利息所得税入库249.17万元。2010年，税收收入13210.97万元。其中，增值税入库11008.49万元，消费税入库171.82万元，企业所得税入库884.78万元，个人所得税入库16.77万元，车辆购置税入库1129.11万元，办理免抵调300万元。

图18-2 县国税局办税大厅（沈新林 摄于1999年）

1997—2010年庆元县国税收入一览表

表18—2—1—1　　单位：万元

年份	省局下达计划	税收收入	完成计划
1997	—	1482	—
1998	1624	1523	93.78%
1999	1537	2111	137.35%
2000	1741	2625	150.82%
2001	2741	2894	105.62%
2002	3284	3312	100.87%

续表 18—2—1—1

年份	省局下达计划	税收收入	完成计划
2003	3543	3862	109.02%
2004	4236	4455	105.16%
2005	4891	5883	118.30%
2006	6403	6898	107.74%
2007	7541	8251	109.42%
2008	9484	9487	100.03%
2009	9961	10443	104.84%
2010	11087	13211	119.16%

第二节　地方税务

地税税种

所得税　企业所得税。1993年12月，国务院颁布《中华人民共和国企业所得税暂行条例》。1994年2月，财政部颁布《中华人民共和国企业所得税暂行条例实施细则》。采用比例税率，年应纳税所得额3万元（含3万元）以下的按18%征收，年应纳税所得额3万元—10万元（含10万元）的按27%征收，年所得额10万元以上的按33%征收。2008年1月1日起，实行《中华人民共和国企业所得税法》及实施条例，税率25%，小型微利企业执行20%优惠税率，高新技术企业执行15%优惠税率。

个人所得税。1994年1月起，实施《中华人民共和国个人所得税法》，废止《中华人民共和国个人收入调节税暂行条例》《中华人民共和国城乡个体工商户所得税暂行条例》。采用分项征收方法，税率分项目设置，即工资、薪金所得采用5%—45%九级超额累进税率，个体工商户生产经营所得和对企业事业单位承包经营、承租经营所得采用5%—35%五级超额累进税率，其他各项所得均按20%比例税率征收。从2001年1月起，个人独资、合伙企业停止征收企业所得税，改征个人所得税。2006年10月，开始推广应用个人所得税全员管理系统。2007年始，开始实行年所得12万元以上纳税人自行申报制度。

农业类税　农业税。1986年，实行“实物征收、货币结算”办法，计税价格由县（市、区）政府根据上级规定作出调整。1995年，农业税现粮计税价格为50千克早稻谷56.26元，征收代金标准为每50千克60元。2001年，为减轻农民负担和推进农村税费改革，农业税计税价格调为每50千克46元，实行代金与实物一道价征收。2004年1月1日起，对种植粮食和油菜的农业税计税土地免征农业税。2005年1月，根据省里统一部署取消农业税，比全国统一时间提前一年，原农业税征收额度由省财政转移支付。

农业特产农业税。简称农业特产税。1994年前，称农林特产农业税或农林特产税。2000年，调整农业特产税征收环节，对部分原在生产、收购两个环节征税的农业特产品，合并在生产或收购一个环节征收。2002年，欠发达地区停征农业特产税，庆元县停征。2004年始，取消农业特产品农业特产税。2006年4月30日，对烟叶征收农业特产税改征烟叶税，征收职能由财政转为地税。

耕地占用税。1987年4月1日，全省开征耕地占用税。以占用耕地建房或其他非农业建设的单位和个人为纳税人，对纳税人实际占用耕地面积征税。2008年前，征税标准为7.50元／平方米。其中，普通农户建房减半征收，公路按2元／平方米征收。2008年1月1日，耕地占用税新条例实施，征税标准调整为25元／平方米。其中，普通农户建房征税标准由3.75元／平方米调整为12.50元／平方米。

1991—2004年庆元县农业税（评产计征）征收一览表

表18—2—2—1　　单位：万千克、万元

年份	征收价值(元/千克)		计征任务		减免数		应征数		实征数	
	粮食	代金	数量	金额	数量	金额	数量	金额	数量	金额
1991	0.446	0.444	286.88	125.05	155.25	68.93	131.63	56.12	131.63	56.12
1992	0.492	0.492	286.69	138.23	109.25	53.75	177.44	84.48	177.44	84.48
1993	0.57	0.57	286.68	154.45	131.11	73.95	155.56	80.50	155.56	80.50
1994	0.88	0.88	286.41	239.44	198.91	175.04	87.50	64.40	87.50	64.40
1995	1.02	0.88	285.85	364.59	181.39	159.62	104.46	104.97	104.46	104.97
1996	1.34	1.13	284.52	347.30	109.25	122.93	175.27	224.37	175.27	224.37
1997	1.28	1.12	284.17	331.75	109.25	122.93	174.92	208.82	174.92	208.82
1998	1.23	1.28	283.84	339.04	212.75	239.39	71.09	99.65	71.09	99.65
1999	1.02	1.02	283.58	289.25	155.25	158.34	128.33	130.89	128.33	128.33
2000	0.84	0.84	279.11	234.45	97.75	82.11	181.36	152.34	181.36	152.34
2001	0.92	0.92	276.57	254.45	54.90	50.51	221.67	203.94	221.67	203.94
2002	0.92	0.92	272.79	250.96	74.09	68.17	198.70	182.80	198.70	182.80
2003	0.92	0.82	259.54	238.77	100.25	92.23	159.29	143.54	159.29	143.54
2004	0.92	0.92	250.06	230.06	250.06	230.06	—	—	—	—

契税　1997年7月，国务院颁布《中华人民共和国契税暂行条例》，省出台具体实施办法，规定以受让、购买、受赠、交换等方式取得土地、房屋权属的单位和个人，应依法缴纳契税，适用税率3%（国家规定3%—5%）。1999年8月，对个人购买自用普通住宅契税税率减按1.5%执行；对1998年6月30日以前建成、2000年以前购买的免征契税。2001年，对1998年6月30日以前建成、经县级以上建设行政主管部门验收通过、尚未售出的空置商品住宅免征契税政策延长执行至2002年12月31日止；对1998年6月30日以前建成、经县级以上建设行政主管部门验收通过、尚未售出的别墅、度假村等高消费性空置商品房自2001年1月1日起按3%税率恢复征收契税。2008年10月，对个人首次购买90平方米及以下普通住房的税率暂统一下调至1%。2010年1月1日起，契税征管职能由财政部门划转到地税部门，县地税局出台《关于“地方两税”征管应用系统实施方案》。对个人购买普通住房、该住房属于家庭（包括购房人、配偶以及未成年子女，下同）唯一住房的减半征收契税；对个人购买90平方米及以下普通住房、该住房属于家庭唯一住房的按1%税率征收契税。

1991—2010年庆元县农业特产税、耕地占用税、契税征收一览表

表18—2—2—2　　单位：万元

年份	农业特产税	耕地占用税	契税	年份	农业特产税	耕地占用税	契税
1991	410.94	13.08	3.53	1996	1010.54	88.16	5.54
1992	589.52	22.50	2.03	1997	1067.74	14.27	2.83
1993	507.88	32.18	5.12	1998	1084.53	63.45	6.66
1994	1212.43	35.10	12.39	1999	738.30	292.89	41.69
1995	1310.89	118.63	9.06	2000	455.11	134.30	39.66

续表 18—2—2—2

年份	农业特产税	耕地占用税	契税	年份	农业特产税	耕地占用税	契税
2001	556.90	186.27	51.09	2006	—	225.66	766.70
2002	—	104.11	37.82	2007	—	273.23	845.50
2003	—	103.69	131.45	2008	—	351.35	409.83
2004	—	66.55	174.63	2009	—	189.82	917.11
2005	—	180.84	376.54	2010	—	772.84	684.19

营业税 1994年，国家税制改革前，营业税依照《中华人民共和国营业税条例（草案）》征收，只适用于内资企业。1994年1月1日起，实施《中华人民共和国营业税暂行条例》和细则，外商投资企业和外国企业自此适用国务院发布的增值税、消费税和营业税等暂行条例，实现流转税制统一。2005年4月23日，省地税局下发《关于促进第三产业发展的若干意见》，规定浙江省按期纳税的营业税起征点自2005年7月1日起统一提高到5000元。营业税根据不同行业设置9个税目，实行差别比例税率。2009年1月1日起，实施新《中华人民共和国营业税暂行条例》和细则。2010年1月1日起，高尔夫适用10%税率，其他娱乐业征税项目适用5%税率。

2010年庆元县营业税税目税率一览表

表 18—2—2—3

税目	税率
交通运输业	3%
建筑业	3%
金融保险业	5%
邮电通信业	3%
文化体育业	3%
娱乐业	5%—20%
服务业	5%
转让无形资产	5%
销售不动产	5%

资源税 1994年1月，实施《中华人民共和国资源税暂行条例》和实施细则。中国境内开采原油、天然气、煤炭、其他非金属原矿、黑色金属矿原矿、有色金属矿原矿、盐的单位和个人为资源税纳税义务人。取消盐税，将其纳入资源税征收范围。确定单位税额，实行从量计征。

建筑用石资源税。2005年9月，制定《庆元县地方税务局建筑用石资源税征管办法》。10月1日起，对开采建筑用石等矿产资源单位和个人开征资源税，实行核定征收和源头扣缴相结合的征税方式。以纳税人购入炸药数量换算矿产品开采量，按核定金额由受托方扣缴资源税。税额标准为炸药数量（千克）×1元/万千克。

建筑用砂资源税。2007年7月，制定《庆元县地方税务局关于征收建筑用砂资源税的通知》。1月1日起，对开采建筑用砂单位和个人征收资源税，税额标准暂定为1元/吨。

城市维护建设税。1991—1993年，财政部、国家税务局规定，凡缴纳增值税、产品税、营业税的单位和个人，为城市维护建设税纳税义务人。1994年1月起，按原税率和新颁布实施的增值税、消费税、营业税（简称“三税”）

为依据计算征收。“三税”代扣代缴、代收代缴义务人同时也是城市维护建设税代扣代缴、代收代缴义务人。2003 年，财政部、国家税务总局规定，各省、自治区、直辖市政府不再享有城市维护建设税困难减免审批权。2005 年 1 月，财政部、国家税务总局规定，对生产企业出口自产货物免抵的增值税按规定征收城建税和教育费附加；5 月，财政部、国家税务总局规定，对“三税”实行先征后返、先征后退、即征即退办法的，除另有规定外，对随“三税”附征的城市维护建设税和教育费附加一律不予退（返）还。

2010 年庆元县资源税税目税额幅度一览表

表 18—2—2—4

税目		税额幅度
原油		8—30 元 / 吨
天然气		2—15 元 / 千立方米
煤炭		0.3—5 元 / 吨
其他非金属矿原矿		0.5—20 元 / 吨或者立方米
黑色金属矿原矿		2—30 元 / 吨
有色金属矿原矿		0.4—30 元 / 吨
盐	固体盐 10—60 元 / 吨	10—60 元 / 吨
	液体盐 2—10 元 / 吨	2—10 元 / 吨

房产税 1986 年 10 月 1 日起，在城市、县城、建制镇和工矿区依照房产原值一次减除 10%—30% 后的余值计算缴纳房产税，浙江省一次减去 30%，税率 1.2%；房产出租的，以房产租金收入为房产税计税依据，税率 12%。2001 年 1 月，财政部、国家税务总局规定，对个人按市场价格出租的居民住房，房产税暂减按 4% 税率执行，降低纳税人税负。2006 年 7 月，浙江省对房产税征收范围调整为：除乡行政区域外，用于生产、经营的房产均应缴纳房产税。2008 年 3 月，对个人出租住房，不区分用途，在 3% 税率基础上减半征收营业税，按 4% 税率征收房产税；对企事业单位、社会团体以及其他组织按市场价格向个人出租用于居住的住房，减按 4% 税率征收房产税。2008 年 4 月 24 日，调整城镇土地使用税和房产税缴纳期限：城镇土地使用税和按房产原值征收的房产税，由按年征收、一次性缴纳调整为按年征收、分期缴纳，缴纳期限由每年 9 月 20 日前调整为每年 5 月和 10 月，分上半年、下半年两次缴纳。

印花税 1988 年 10 月 1 日起，在中国境内书立、领受下列凭证的单位和个人，都是印花税纳税义务人，根据应纳税凭证性质，分别按比例税率或者按件定额计算应纳税额，缴纳印花税：1. 购销、加工承揽、建设工程承包、财产租赁、货物运输、仓储保管、借款、财产保险、技术合同或者具有合同性质的凭证；2. 产权转移书据；3. 营业账簿；4. 权利、许可证照；5. 经财政部确定征税的其他凭证。2002 年 8 月，省地税局下发加强印花税征收管理试行办法。2004 年 1 月，国家税务总局重新明确印花税违章处罚适用条款。2006 年 3 月，省地税局下发扩大印花税预征范围若干问题的通知，明确除印花税税目税率表中的“营业账簿”“权利、许可证照”和试行办法已规定实行预征税款行业外，对其他企业应税凭据均实行按经营收入预征印花税。2009 年 11 月，县地税局明确土地出让和转让合同印花税应由签订双方按“产权转移书据”申报缴纳。

城镇土地使用税 2006 年 7 月，浙江省对城镇土地使用税征收范围调整为除乡行政区域外用于生产、经营的土地。2007 年 12 月，调整征收城镇土地使用税土地等级划分和适用税额标准：县城规划区东至周墩桥头、西至会溪黄田垟（含工业园区）部分，划为县城、镇、工矿区等四级，年税额 4 元 / 平方米；县城规划区内其他部分及县城规划区外各建制镇行政区域划为县城、镇、工矿区等五级，年税额 2 元 / 平方米。

土地增值税 1994年1月1日起，实施《中华人民共和国土地增值税暂行条例》。实行四级超率累进税率，税率分别为30%、40%、50%、60%。2004年，省地税局规定，对增值水平较低的，其预征率允许各市、县（市）地税局在省地税局规定1%—3%预征率幅度内向下浮动50%预征土地增值税。2005年6月，县政府明确城区普通住房标准：住宅小区建筑容积率在1.0以上，单套建筑面积在144平方米以下，实际成交价格低于同级别土地上住房平均交易价格1.44倍以下。7月，规范、调整土地增值税有关税收政策。2010年7月1日起，对确需进行核定征收的房地产开发项目，核定征收率原则上不得低于5%；12月，制定《庆元县地方税务局关于土地增值税征管若干问题的公告》。

车船税 2008年4月，开展保险机构代收代缴车船税试点。2009年始，全省全面推开。

烟叶税 2006年4月28日，国务院颁布实施《中华人民共和国烟叶税暂行条例》，实行比例税率，税率20%。庆元县是全省征收该税种的5个县之一。

规费

教育费附加 1991年，开始征收教育费附加，计征率为增值税、产品税、营业税税额的1%。1993年5月，计征率提高至3%。1994年2月，以各单位和个人实际缴纳的增值税、营业税、消费税税额为计征依据。1995年，计征率提高至3.5%。1996年12月，外商投资企业计征额按税额乘中方投资比例确定，由中方负责缴纳。1997年1月，计征率提高至4%，分别与“三税”同时缴纳，对从事生产卷烟和经营烟叶产品的单位减半征收。2005年8月，停止征收外商投资企业教育费附加。2006年5月，计征率下调至3%。

农村教育事业费附加 1991年，开始征收农村教育事业费附加，对设在乡镇（不包括县城）范围内的乡镇、村办工业企业（1994年始，包括外商投资企业、联营企业、个体企业等）征收农村教育事业费附加，按销售收入（外商投资企业按销售总额乘中方投资比例确定，由中方负责缴纳）0.4%—1%计征。2005年8月，停止征收外商投资企业农村教育事业费附加。2006年5月，停止征收。

地方教育附加 2006年5月，开始征收地方教育附加，征收范围为所有缴纳增值税、产品税、营业税的单位和个人，计征率为增值税、产品税、营业税税额的2%。

文化事业建设费 1997年1月1日起，在全国范围内开征文化事业建设费，费率3%，按缴费人应当缴纳娱乐业、广告业营业税的营业额和规定的费率计算应缴费额，由地税局在征收娱乐业、广告业营业税时一并征收。1998年1月22日，开始对外商投资企业、外国企业和外籍个人征收文化事业建设费。

“社保五费”合征 2007年9月1日起，推进社会保险费“五费”合征（基本养老保险费、基本医疗保险费、失业保险费、工伤保险费、生育保险费）。核心内容为“六统一”：参保登记统一、征收机构统一、缴费基数统一、征缴流程统一、数据信息统一、登记场所统一。2008—2009年，企业社会保险费统筹部分实行临时性下浮，实现100%减征，减征金额540万元。2010年，对除房地产、电力、电信、烟草、金融业、石油石化6个行业外，企业社会保险费统筹部分实行临时性下浮，100%减征，减征金额74万元。

基本养老保险费。1998年10月，县地税局开始负责企业职工基本养老保险费代征，实行收支两条线和财政专户管理。社会保险经办机构负责养老保险基金支付、使用。2002年12月，根据《关于修改〈浙江省职工基本养老保险条例〉的决定》，确定地税部门对基本养老保险费征收主体地位。2005年7月，基本养老保险费由原来按照社会保险经办机构核定数征收改为由缴费单位自行申报。2009年4月，企业职工基本养老保险费单位缴纳部分缴费比例从20%下调至14%，个体劳动者缴费比例由20%下调至18%。

基本医疗保险费。2003年7月，县地税局接替社会保险经办机构负责基本医疗保险费征收。

失业保险费。2003年1月，县地税局接替社会保险经办机构负责失业保险费征收。征收范围为各类企业及其职工，企业按全部职工工资总额的2%缴费，职工按本人工资的1%缴费。

工伤保险费。2005年12月，县地税局接替社会保险经办机构负责企业工伤保险费征收。基准费率分行业确定：一类行业0.6%，二类行业1.2%，三类行业2.0%。属于一类行业的按基准费率执行，不实行费率浮动；属于二、三类行业的实行费率浮动。

生育保险费。2005 年 12 月，县地税局接替社会保险经办机构负责生育保险费征收。用人单位按照全部职工工资总额的 0.8% 缴费，职工个人不需缴费。

水利建设专项资金　1994 年 1 月 1 日起，省范围内开征水利建设专项资金。1999 年 1 月，省地税局将水利建设专项资金征收标准统一调整为：凡有销售收入或营业收入的企事业单位及个体经营者按上年销售收入或营业收入 1‰征集；银行（含信用社）按上年利息收入万分之六征集；保险公司按上年保费收入万分之六征集；各类信托公司、财务公司等非银行金融机构按上年业务收入 1‰征集。

兵役义务费　1997 年 1 月，根据《浙江省兵役义务费社会统筹办法》规定，征收兵役义务费，对丝绸、纺织特困企业，按规定缴纳兵役义务费确有特殊困难的，报县地税局批准，可给予适当减免。2002 年 8 月，停止征收。

残疾人就业保障金　2002 年 9 月 1 日起，机关、团体、事业单位、企业、城乡经济组织、中央属省属单位、外地驻庆机构，凡安排残疾人就业达不到单位平均职工人数 1.5% 的，属于残疾人劳动就业保障金征收范围。征收标准：（年平均职工人数 ×1.5%—已安置残疾人数）× 上年度本县职工平均工资 ×100%。

地税收入

1994 年以前，各项税收由县税政税务局征收。1994 年后，县地方税务局负责征收除县财政局、县国税局征收以外的各种税。随着经济社会发展以及各项税费征管措施完善，地税收入稳步增长。

1997—2010 年庆元县地税收入一览表

表 18—2—2—5　　　　单位：万元

年份	总收入	非税收入	税收收入	企业所得税	个人所得税	营业税	地方小税种
1997	1518	195	1064	19	86	722	237
1998	1703	292	1411	169	122	765	355
1999	2281	730	1551	262	176	840	273
2000	2756	761	1995	709	244	766	276
2001	4628	1480	3148	1476	371	997	304
2002	6080	2474	3606	1384	478	1414	330
2003	7664	2945	4719	1474	1265	1567	413
2004	8253	3455	4798	1449	912	1921	516
2005	9631	4007	5624	1524	1139	2305	656
2006	13033	5949	7084	1571	1488	2926	1099
2007	17015	7323	9692	2150	1885	4203	1454
2008	17257	8357	8900	1902	2155	3207	1636
2009	18298	9538	8760	1642	2091	3212	1815
2010	23411	12820	10591	1754	2716	4002	2119

第三节　征管与稽查

征管

税务登记　1993 年 10 月、1996 年 5 月、1999 年 6 月、2006 年 6 月，先后四次统一更换税务登记证件。

1997年12月、2000年9月，税务登记证验证。2006年6月起，县地税局、县国税局、县工商局以“一窗、一证、一码”形式联合办理税务登记证。2008年6月1日起，办理税务登记免填单和免收工本费。2010年，登记纳税户9902户，其中企业1602户、个体工商户8300户。

纳税申报 凡有纳税义务的单位和个人（包括定期定额户）应在发生纳税义务之后，按照税务机关核定期限，向主管税务机关办理纳税申报，经批准减税、免税或有减免税项目的纳税人在减免税期间，亦应按照核定期限向主管税务机关报送纳税申报表；纳税申报有网上申报、直接上门申报、代理申报、邮寄或电话申报等多种方式。1997年，完善集税务登记、发票管理、纳税申报、税款征收、税法咨询等功能于一体的直属分局办税服务厅。1999年10月，县地税局指定银行开设“税款预储账户”或使用银行信用卡（专用缴税卡），在法定纳税申报期内，由纳税人持纳税申报表和有关资料，向地方税务机关申报纳税。2002年，对城区个体定额户实行税款预储纳税管理。是年5月，对不同纳税人实行A、B、C分类管理。2005年，开展网络纳税申报，企业网上申报率40%；2010年，企业网上申报率98.07%。2009年10月，开展2007年、2008年纳税信用等级评定，A级13户（纯地税1户）、AA级2户、AAA级3户、B级1221户（纯地税346户）、C级91户（纯地税80户）、D级0户。

征收方式 1991年1月起，对独立核算、账证和财务制度健全的纳税人实行查账征收。经不断改进，基本形成查账征收、查定征收、查验征收、定期定额、委托代征等征收方式。2003年6月6日，全面导入ISO9000质量管理体系文件，建立完善“预防为主、过程控制、持续改进”地税内部质量管理体系。2005年，正常企业纳税全部实行“一户通”电子扣款。1999年12月，“浙江地税信息系统”1998版征管软件上线运行。2006年，建立“人对事、事对户”税源间接控管模式。2009年1月，推广应用“税友2006”快捷查询管理软件。2010年，全省地税系统启动“数据大集中”工程。

发票管理 1993年1月，启用套印全国统一“发票监制章”新版发票。1995年1月1日起，国营、集体、个体饮食行业一律使用定额和限额发票。1997年1月1日起，统一使用采用防伪措施的新版普通发票。1999年1月1日起，启用新版地税发票，发票按行业和用途分10类54种（含涉税凭证11类56种）。2005年4月1日起，停止使用浙江省地方税务局经营通用发票，启用税务机关代开统一发票。2010年3月，推广应用电脑版普通发票，营业额2万元以上的纳税户推行机打发票，做到“集中统一管理、简并发票种类、推广机打发票、重视数据管税”。

落实减免税 2005—2010年，县税务部门落实技术改造国产设备投资抵免企业所得税、农林牧渔业小型微利企业、高新技术企业、文化体制改革企业、受灾企业、亏损较大企业、个人住房转让（购买）、城乡公共交通车辆、下岗失业人员再就业、残疾人员劳动所得、城镇房屋拆迁、福利企业安置残疾人员等税收优惠政策2239户（人），批准减免企业所得税、营业税、个人所得税、城镇土地使用税、房产税、车船税、城市维护建设税、教育费附加、地方教育附加3596万元。

农村税费改革 2002年7月1日开始，县税务部门用3年时间全面实行以“减调改稳、合理负担、转移支付、配套进行”为主要内容的农村税费改革。至2004年末，农民人均负担从改革前的77.63元下降到0，减负率达100%。2005年，县财政落实转移支付资金1379万元，确保基层财政运转和农村各项社会事业支出。2005年始，全面免征农业税，取消村提留款制度，除建立在村民自愿基础上的村内生产公益项目“一事一议”筹资筹劳外，不再存在由政府及部门规定专门向农民征收的税、政府性收费、集资摊派和“两工”（农村义务工、劳动积累工）等项目。

稽查

税务稽查机构模式经历“征管、稽查两分离”“两级稽查”“一级稽查”三个过程。1990年，县税务局设立税收财务物价大检查办公室，内设检查组，负责税务检查。1995年，撤销检查组，成立县税务稽查大队，增挂县税务稽查分局牌子，增加对外税收检查职能，专门检查农林特产税（香菇税收）。1996

图 18-3　财税干部上街开展税收宣传活动（县财政局　摄于 1998 年）

年，开始实现税务稽查内部检查与审理分离，成立县检察院税务检察室，负责税务、检察部门间涉税犯罪案件查处中的联系和协调。1997 年 9 月，随着国、地税机构分设，由新成立的县地税局税务稽查分局负责地方税收检查。1998 年 10 月，县地税局税务稽查分局更名为县地税稽查局。2005 年，制定庆元县地税稽查查前告知制度，全方位接收社会各界对地税稽查的监督，确保执法严明公正。2010 年，制定《关于进一步完善征管查协调会议制度的通知》等 10 个制度和办法，建立管查互动机制，形成查前、查中、查后全程互动模式。对交通运输行业企业开展管查互动，促进税源管理科学化、精细化、规范化。2002—2010 年，县地税稽查局开展企业所得税、小水电、水泥生产、高收入、房地产开发、服务业等多个行业税收专项检查，专项整治制售贩卖假发票、虚开代开货运发票等涉税违法行为，查处各类案件 735 件，查补罚税款 904 万元。2007—2010 年，协查案件 20 件，涉及发票 176 份。2010 年，查补收入 145 万元，入库率为 100%，检查案件处罚率 52.63%。

第四节　税制改革

1991 年税制改革

1991 年，中国实行工商税制改革，把中外合资所得税法与外国企业所得税法合并为外商投资企业和外国企业所得税法。至此，中国工商税种共有 32 种，即产品税、增值税、营业税、资源税、盐税、城镇土地使用税、国营企业所得税、国营企业调节税、集体企业所得税、私营企业所得税、城乡个体工商户所得税、个人收入调节税、国营企业奖金税、集体企业奖金税、事业单位奖金税、国营企业工资调节税、固定资产投资方向调节税、城市维护建设税、烧油特别税、筵席税、特别消费税、房产税、车船使用税、印花税、屠宰税、集市交易税、牲畜交易税、外商投资企业和外国企业所得税、个人所得税、工商统一税、城市房地产税和车船使用税牌照税。

1992—1994 年税制改革

按照“统一税法、简化税制、公平税负、促进竞争”总体要求，1993 年制定并公布全面改革工商税制总体方案和各项措施，1994 年开始在全国实施。1994 年，税制改革主要内容：全面改革流转税制，实行以比较规范的增值税为主体，消费税、营业税并行，内外统一的流转税制。改革企业所得税制，将过去对国营企业、集体企业和私营企业分别征收的多种所得税合并为统一的企业所得税。改革个人所得税制，将过去对外国人征收的个人所得税、对中国人征收的个人收入调节税和个体工商业户所得税合并为统一的个人所得税。对资源税、特别目的税、财产税、行为税做大幅度调整，如扩大资源税征收范围，开征土地增值税，取消盐税、奖金税、集市交易税等 7 个税种，并将屠宰税、筵席税管理权下放到省级地方政府，新设遗产税和证券交易税（没有立法开征）。

1995—2010年税制改革

2006年1月1日起，废止1958年6月3日通过的《中华人民共和国农业税条例》。2007年1月1日起，施行《中华人民共和国车船税暂行条例》（中华人民共和国国务院令第482号）。2008年1月1日起，施行《中华人民共和国企业所得税法》（中华人民共和国主席令第六十三号）及其实施条例。2009年1月1日起，外商投资企业、外国企业和组织以及外籍个人依照《房产税暂行条例》缴纳房产税。《国务院关于统一内外资企业和个人城市维护建设税和教育费附加制度的通知》（国发〔2010〕35号）规定：2010年12月1日起，外商投资企业、外国企业及外籍个人适用国务院1985年发布的《中华人民共和国城市维护建设税暂行条例》和1986年发布的《征收教育费附加的暂行规定》，1985年及1986年以来国务院及国务院财税主管部门发布的有关城市维护建设税和教育费附加的法规、规章、政策同时适用于外商投资企业、外国企业及外籍个人。

第十九篇　金融

1950 年中国人民银行庆元办事处成立，1951 年改称中国人民银行庆元县支行。1951 年，中国人民保险公司庆元特约代理处成立。1954 年，组建信用合作社。1979 年，中国人民建设银行庆元县支行成立。1980 年，中国农业银行庆元县支行成立。1984 年，中国工商银行庆元县支行成立。1987 年，庆元县信用合作联社成立。1991—2010 年，庆元县金融业在改革中实现较快发展，金融组织体系建设成效明显。4 家国有专业银行转变为国有独资商业银行，取消对国有银行贷款规模控制，引进市场调控机制，运用间接货币政策工具，提高信贷资金使用效益，深化农村信用社改革，改进金融服务，各家金融机构在经济改革、开放和发展中发挥重要作用。至 2010 年末，庆元县金融机构各项存款余额 41.08 亿元（其中居民储蓄存款 20.75 亿元），各项贷款余额 28.11 亿元，保险业实现保费收入 7978 万元，证券交易额 101.8 亿元。

第一章　金融机构

1990年末，庆元县金融机构有工商银行庆元县支行、农业银行庆元县支行、建设银行庆元县支行、县农信联社、中国人民保险公司庆元县支公司。1993年，庆元县城市信用社成立。1994年，中国银行庆元县支行成立。1996年，县农信联社从农行庆元县支行剥离单设。1997年，农发行庆元信贷组成立。2000年，县城市信用社归并县农信联社。同年，工商银行庆元县支行整体退出庆元金融市场。2008年，邮储银行庆元县支行成立。2010年，经工商银行浙江省分行批复同意，工商银行庆元支行获准重新成立。2010年末，全县有中国工商银行庆元县支行、中国农业银行庆元县支行、中国银行庆元县支行、中国建设银行庆元县支行、中国邮政储蓄银行庆元县支行、中国农业发展银行庆元县信贷组、县农村信用合作联社等银行业机构和太平洋财产保险、天安保险、中华联合财产保险、中银保险、人寿财险等财产保险公司。

第一节　中国人民银行庆元县支行

机构

1986年5月，中国人民银行庆元县支行（简称县人民银行）成立，专门行使中央银行职能。2004年4月19日，中国银行业监督管理委员会丽水监管分局庆元监管办事处（简称丽水银监分局庆元监管办事处）成立，为丽水银监分局派出机构。2003年，人民银行与银监会分设。2008年，县人民银行设综合管理部（含办公室、信贷调统股、保卫股）、营业部（含会计、国库、货币金银业务）。

图19-1　中国人民银行庆元支行办公楼（县人行供　摄于2010年）

业务

中国人民银行庆元县支行从1980年开始行使国家银行职能，负责发放基金管理、调拨和经理国家金库；负责融资、稽核和维持金融秩序；负责各专业银行间的票据交换和工作协调；负责发放专项贷款。2010年，主要职责是贯彻实施货币信贷政策，支持地方经济持续健康发展；防范和化解金融风险，全力维护金融稳健运行；全面负责金融统计信息，分析判断辖区经济金融形势；维护支付、清算系统正常运行，保障社会资金高效运转；组织和管理人民币流通，满足经济交往合理需求；依法行使经理国库职责，服务社会事业经济建设；建立健全信贷征信制度，推动社会信用体系建设；严厉打击洗钱、违法行为，规范社会经济金融秩序。

第二节　银行业金融机构

中国工商银行庆元县支行

1990年，中国工商银行庆元县支行（简称县工行）设六股一室，员工79人。1992年，开办“牡丹卡”业务。县工行下辖城镇、新窑2个分理处和7个储蓄所。1998年末，因全行机构调整，下辖分理处和储蓄所全部撤销。2000年8月，为配合金融体制改革步伐，实施结构性重组，整体退出庆元金融市场，业务整体划转中行庆元支行。2010年10月29日，中国工商银行庆元县支行重新成立，下设办公室、营业部、市场部，员工15人。

县工行办理本外币存款、融资、结算、理财等全方位金融业务，为客户提供自助银行、电子银行等全天候金融服务。至2010年末，县工行各项存款余额3476万元。其中，储蓄存款1369万元，对公存款2107万元。

图19-2　中国工商银行庆元县支行（县工行供　摄于2010年）

中国农业银行庆元县支行

1990年，中国农业银行庆元县支行（简称县农行）设六股三室，下辖城郊、菊隆、竹口、荷地、左溪、新村、万里林7个营业所，5个储蓄所。1996年与农发行分家，与信用社脱钩，实现从国有专业银行向国有商业银行转轨。2010年，成为股份制商业银行，内设综合管理部、对公业务部、个人金融部，下设营业中心、石龙分理处等机构。

1992年，县农行开办“牡丹卡”业务。1994年6月，工商银行划转业务由县农业银行代理。2007年，电子银行、网上银行、自助银行高速发展。2010年末，各项存款余额95722万元，各项贷款余额67983万元，中间业务收入559万元，五级分类不良贷款余额90万元，拨备前利润2937万元，人均利润75.3万元。

中国银行庆元县支行

1994年5月10日，中国银行股份有限公司庆元县支行（简称县中行）成立，8月8日开业。1994年，县中行内设办公室、计划信贷科、会计出纳科、存款科，下设储蓄专柜、信用卡部、云鹤分理处、兴庆分理处，有员工30人。1996年8月，先后增设四通分理处、八达储蓄所、商贸储所、黄田代办所等营业网点。2000年8月，县工商银行撤销，所有负债业务并入县中行办理。2004年9月10日，更名为中国银行股份有限公司庆元县支行。2010年，内设行长室、公司金融业务条线、个人金融业务条线、营业部。

图19-3　中国银行庆元支行（县中行供　摄于2010年）

县中行办理人民币存款、贷款、结算、银行票据承兑贴现、代理发行兑付政府债券、收付款项及保险、汇款、外汇存贷款和外币兑换、个人外汇汇款和结售汇，以及办理经中国银行监督管理委员会批准的其他业务。1994年，各项存款余额2354万元，各项贷款余额2359万元。1995年1月23日，举行长城信用卡首发仪式，中国银行信用卡业务开始办理；9月29日，所有营业网点储蓄业务率先实现电脑化；11月20日，在全县金融机构中率先实行柜员电视监控。2010年末，各项存款余额49533万元，各项贷款余额37029万元，各项外币存款余额199万美元，中间业务净收入610万元，实现净利润931.72万元。

中国建设银行庆元县支行

1990年，中国人民建设银行庆元县支行设四股二室。1996年，更名为中国建设银行庆元县支行（简称县建行），内设机构有信贷科、会计科、保卫科、储蓄科、筹资科等科室，下设石龙、丰登、金三角3个分理处。1998年，降格为建行丽水地区分行庆元分理处。2004年9月，更名为中国建设银行股份有限公司丽水庆元分理处。2006年3月28日，更名为中国建设银行股份有限公司庆元支行，内设行长室、综合管理部、会计结算部、客户部、营业部5个科室。

1996年，县建行存款余额8826万元，贷款余额11063万元。1998年，经营领域包括公司银行业务、个人银行业务和资金业务，有多种产品和服务。1995年9月，推出第一张信用卡，为普通卡和金卡。1998年，首次推出个人电子汇款业务和网络银行业务。2002年3月，在庆元金融系统发放首笔基本建设贷款4000万元，用于教育领域项目建设。2003年4月，开办个人住房按揭贷款业务。2003年8月，首次发行第一张双币种信用卡。至2010年末，一般性存款余额70090万元，贷款余额59773万元；累计发放个人住房按揭贷款10683万元；信用卡发卡量768张，消费交易额5646万元。

中国邮政储蓄银行庆元县支行

2008年5月29日，中国邮政储蓄银行有限责任公司浙江省丽水市庆元县支行（简称中国邮政储蓄银行庆元县支行）成立，内设综合管理部、综合业务部、信贷业务部、会计结算部，外设营业部、石龙街支行。

中国邮政储蓄银行庆元县支行经营以本外币储蓄存款为主体的负债业务；以国内、国际汇兑、转账业务、银行卡业务、代理保险及证券业务、代收代付、代理承销发行、兑付政府债券、代销开放式基金、提供个人存款证明服务等多种形式中间业务；以小额信贷、商务贷款、二手房贷款等为主渠道的资产业务。

2010 年，实现邮政储蓄存款余额 51843 万元。其中，银行自营储蓄余额 19691 万元。年末企业存款余额 10868 万元，贷款余额 15512 万元。

中国农业发展银行庆元县信贷组

1994 年 6 月，县农业银行设立中国农业发展银行庆元县专柜，经营农业政策性业务。1996 年 12 月，成立中国农业发展银行丽水市分行派驻庆元县办事组，编制 5 人，办公地址设府后街农业银行城郊营业所。1998 年末，农业综合开发贷款划转农行办理。2000 年初，搬迁到云鹤路 24 号大楼五楼办公。2001 年，更名为中国农业发展银行丽水市派驻庆元县信贷组。2004 年 5 月，更名为中国农业发展银行庆元县信贷组（简称县农发行信贷组）。

1994 年，接受县工商银行、农业银行划转的粮食政策性信贷业务，接收各项存款 766 万元、贷款 1351 万元。1996 年，负责办理粮油收购、储备、调销及农业综合开发等政策性金融业务。1997 年 3 月，专柜业务转由县建设银行全面代理。2010 年末，县农发行在册职工 3 人，各项存款余额 2272 万元，各项贷款余额 8385 万元。

庆元县农村信用合作联社

1996 年 11 月 4 日，根据中国人民银行浙江省分行批复，县联社与中国农业银行庆元县支行脱离行政隶属关系。2004 年，按股份合作制产权组织模式改革，成立县农村信用合作联社（简称县信用联社）。2010 年，县信用联社设置党委办公室、办公室、业务管理科、财会电脑科、内部审计科、保卫科、资产保全科和营业部等，下辖黄田、竹口、屏都、松源、荷地、百山祖和贤良 7 家信用社及 16 个分社。

1990 年，入股农户占总农户的 87%，存款余额 4422 万元，贷款余额 2358 万元。2004 年，实现计算机上线运行，至 2010 年末，安装 ATM 机 10 台、POS 机 78 台、安贷宝 66 台。2007 年 4 月，推行林权抵押贷款，至 2010 年末，发放贷款 1635 户，余额 1.19 亿元。2008 年 5 月，在详细贷前考证后，推行具有庆元特色的香菇仓储贷款。2009 年，开创全省首例“抵押＋保证”贷款，发放 476 笔，余额 1.12 亿元。是年，推进农村信用体系建设工程，至 2010 年末，评定信用户 14101 户、信用村 60 个、信用镇 1 个。2010 年末，县信用联社各项存款余额 12.93 亿元，市场占有率 31.37%，各项贷款 10.08 亿元，占贷款总量的 35.86%，不良贷款按五级分类占比 1.96%。

图 19-4 庆元县农村信用合作联社大楼（县信用联社供 摄于 2010 年）

1991—2010年庆元县银行业金融机构人民币存款和贷款余额一览表

表19—1—2—1　　单位：万元

年份	各项存款合计	各项贷款合计	年份	各项存款合计	各项贷款合计
1991	19936	15139	2001	89205	42991
1992	23611	19182	2002	108485	57906
1993	25882	22098	2003	131321	67379
1994	35429	29106	2004	144921	76503
1995	49534	47867	2005	166420	88174
1996	54213	49171	2006	203980	102524
1997	55166	46251	2007	229204	130131
1998	65646	50491	2008	264312	147025
1999	74127	49630	2009	335077	200879
2000	79296	35426	2010	410814	281085

第三节　非银行金融机构

中国人民财产保险股份有限公司庆元支公司

1991年，中国人民保险公司庆元县支公司（简称人保财险庆元支公司）是庆元县唯一的保险机构，内设办公室、业务一股、业务二股、人身险股。1996年3月，中国人民保险公司庆元县支公司分设中保财产保险有限公司庆元县支公司、中保人寿保险有限公司庆元县支公司。1999年1月，继承中国人民保险公司品牌；4月，复称中国人民保险公司庆元县支公司。2003年10月，更名为中国人民财产保险股份有限公司庆元支公司（简称人保财险庆元支公司）。2010年，内设综合部、业务部、客服部、第一营销服务部，员工22人。

1991年，人保财险庆元支公司开办的主要险种有企业财产保险、家庭财产保险、机动车辆保险、货物运输保险、人身意外伤害保险、农业保险等70余种保险业务。2007年，作为全县政策性保险唯一承办公司，相继推出政策性农房保险、政策性水稻保险、政策性能繁母猪保险、政策性生猪保险和政策性林木火灾保险。

图19-5　中国人民保险公司庆元县支公司办公楼（人保财险庆元支公司供　摄于2010年）

1991年，保费收入208.8万元，支付赔款60.12万元。2006年，处理赔案870起，支付赔款1700多万元，是当年保费收入2倍。2010年，实现保费收入1712.77万元，支付各种赔款730.50万元，分别是1991年的8.20倍和12.15倍。1991—2010年，累计保费收入15477.13万元，累计支付各类赔款9225.44万元。

中国人寿保险股份有限公司庆元县支公司

1997 年，中国人民保险公司分设中保人寿保险公司丽水地区庆元营销点，单独经营人寿保险业务。同年 11 月，设立办事处。2002 年 4 月，升格为中国人寿保险公司庆元县支公司。2003 年 10 月，改制为国有控股公司，更名为中国人寿保险股份有限公司庆元县支公司（简称中国人寿庆元支公司），是庆元县寿险行业中唯一一家功能齐全的县级支公司。内设综合部、客服部、个险部、银保部、团险部，在竹口镇有营销服务部，有管理人员 15 人。拥有由保险营销员、团险销售人员以及专业和兼业代理机构（银行保险渠道客户经理及理财经理）组成的分销网络（170 余人）和 20 人组成的售后服务队伍及专职回访人员。

中国人寿庆元支公司向个人及团体提供人寿、意外和健康保险产品，涵盖生存、养老、疾病、医疗、身故、残疾等多种保障范围，全面满足客户在人身保险领域的保险保障和投资理财需求。2008 年，代理 749 件，保费收入 40.82 万元，手续费收入 3.23 万元；2009 年，代理 679 件，保费收入 70.31 万元，手续费收入 4.43 万元；2010 年，代理 760 件，保费收入 133.55 万元，手续费收入 8.32 万元。2008 年以来，保费收入每年 2000 万元之上，市场份额在 70% 之上，是庆元寿险市场主力军。至 2010 年末，个人保险业务已占公司总业务的 65%。个人保险品种较多，按版本分类，主要有 97 版集团险种（潇洒明天）、2003 版少儿类（鸿运少儿）、2007 版健康类（新康宁终身、瑞鑫两全）、2010 版养老类（福禄满堂）等险种。

中国银河证券庆元濛洲街营业部

1995 年 7 月，浙江省建行信托投资公司丽水证券交易营业部庆元代理处经中国人民银行丽水地区分行批准设立并开业。1997 年，银证分离，由中国信达信托公司转接。2000 年，并入中国银河证券有限责任公司。2007 年初，经中国证监会批准，庆元服务部变更为中国银河证券股份有限公司丽水证券营业部庆元证券服务部。2009 年 12 月 2 日，升级更名为中国银河证券股份有限公司庆元濛洲街证券营业部，下设市场营销部、理财服务部和运行管理部，员工 10 人。2010 年，全年营业收入 893 万元，交易量 101 亿元。

第二章　金融监管

中华人民共和国的法定货币是人民币，由中国人民银行依法发行，至2010年，已发行五套人民币。中华人民共和国成立后，国家一直对金银产品实行严格管制。在金银统购统配时期，县人民银行严格履行国家赋予金银管理职能，认真做好辖区金银收购和配售。同时，加强信贷管理，加大对实体经济的信贷支持力度。不断创新金融体制改革，激活金融机构活力，全方位支持地方经济发展。

第一节　货币发行与管理

发行

货币发行　第一套人民币面额有1元、5元、10元、20元、50元、100元、200元、500元、1000元、5000元、1万元、5万元12种，版别62种，1955年停止流通。1955年3月1日，第二套人民币发行，新人民币1元折合旧人民币1万元。面额主币有1元、2元、3元、5元、10元5种，辅币有1分、2分、5分、1角、2角、5角6种。1957年12月1日，1分、2分、5分3种金属分币发行，与同额纸分币等值混合流通。人民币进入纸币、硬币混合流通时期。分别于1964年和1999年停止流通。1962年4月20日，第三套人民币发行，面额有1角、2角、5角、1元、2元、5元、10元7种，取消主币3元券。1980年4月15日，1角、2角、5角、1元4种金属人民币发行。2000年7月1日停止流通。1987年4月27日始，第四套人民币发行。面额主币有1元、2元、5元、10元、50元和100元6种，辅币有1角、2角、5角3种，当时已有的1分、2分、5分3种纸、硬辅币继续流通。采用"一次公布，分次发行"办法，首先发行50元、5角面额人民币。1992年，中国人民银行自6月8日起发行1元、5角、1角3种金属人民币，与市场上流通的同面额纸币等值混合流通。1999年10月1日，第五套人民币（1999年版）陆续发行，面额有100元、50元、20元、10元、5元、1元、5角和1角8种。2005年8月31日，第五套人民币2005年版100元、50元、20元、10元、5元纸币和钢白色不锈钢材质1角硬币发行，1999年版同时流通。第五套人民币发行后，与第四套人民币等值流通，具有相同货币职能，但第四套人民币只收不付。

普通纪念币（钞）发行　1984年10月1日，首次发行中华人民共和国成立三十五周年面值1元（3枚）流通纪念金属币。至2010年12月，国内发行85套121枚。因流通纪念币（钞）发行量有限，只限在市地级以上金融机构公开发行。县级金融机构只在1999年9月20日公开发行面额50元的庆祝中华人民共和国成立五十周年流通纪念钞。

管理

货币反假　20世纪80年代末，尤其是第四套人民币50元、100元券发行流通后，假人民币在庆元流通逐年增加，由县城蔓延到农村。至2010年，全县收缴各种假人民币2322张、164362元。1991年始，县人民银行会同有关部门开展反假人民币宣传咨询活动。1996—2010年，连续15年组织金融系统开展反假人民币宣传周、宣传月等活动。2000年后，将宣传咨询重点由城市转向农村集镇，解决农村群众防假反假识假意识不强等问题。为提高银行业员工防假反假技能，分期分批对各家银行机构一线员工进行防假反假技能培训。1991 年、2010 年，分别举办企事业单位出纳人员和百名收银员培训班，提高企事业单位财务人员防假反假能力。2008 年始，按照“打防并举、标本兼治、重在治本”工作方针，开展“送反假货币知识进千村入万户”专项活动，推动城乡反假货币网络建设。至 2010 年，建成无假币一条街、反假币工作站 25 个，反假币宣传联络员全覆盖，完成“农村乡镇、城镇社区”反假货币网络建设，建立反假币工作长效机制。

货币投放与回笼　庆元属于现金投放县。1991 年始，香菇产业大发展，货币流通量逐年增加。1991 年，全县现金收入 1212 万元，支出 7204 万元，收支相抵净投放现金 5992 万元。至 2010 年，现金收入 44678 万元，支出 82596 万元，净投放现金 37918 万元。1992—1997 年，现金回笼几乎为 0；1998 年始，有所回笼，但回笼现金为损伤币；2003—2010 年，正式有现金回笼。

1991—2002 年庆元县金融机构现金收支情况表

表 19—2—1—1　　　　单位：万元

年份	现金收入	现金支出	净投放（+）净回笼（-）	其中					
				商业银行			农村信用社		
				现金收入	现金支出	净投放（+）净回笼（-）	现金收入	现金支出	净投放（+）净回笼（-）
1991	1212	7204	5992	682	5536	4854	530	1668	1138
1992	752	10922	10170	0	8891	8891	752	2031	1279
1993	887	21002	20115	0	18428	18428	887	2574	1687
1994	1380	47096	45716	0	43584	43584	1380	3512	2132
1995	1548	37258	35710	0	35137	35137	1548	2121	573
1996	1065	33904	32839	68	31755	31687	997	2149	1152
1997	790	39041	38251	0	35082	35082	790	3959	3169
1998	3824	24499	20675	1305	21560	20255	2519	2939	420
1999	1656	30909	29253	535	29670	29135	1121	1239	118
2000	949	25483	24534	577	25148	24571	372	335	−37
2001	1712	35877	34165	192	28294	28102	1520	7583	6063
2002	2486	35179	32693	139	27645	27506	2347	7534	5187

说明：从 2003 年开始，不再统计金融机构现金收支情况

第二节　金银与信贷管理

金银管理

1998 年始，县人民银行停止金银收兑业务。在金银制品市场未开放前，依据国家有关规定，认真做好金银市场管理。1999 年 10 月，中国人民银行取消白银统购统配管理体制，放开白银市场。2002 年 10 月 30 日，上海黄金交易所开业，标志着 50 多年“统购统配”黄金管理体制终结。中国人民银行对黄金管理重点转移到加强市场监管与“持有、经营、管理国家黄金储备”两个方面。2003 年 2 月 27 日，国务院取消经营黄金制品核准登记证，黄金制品零售市场全面开放，经营黄金制品个私商店迅速发展起来。为规范民间金银来料加工市场，配合公安、工商部门对个体金银饰品加工户非法收购黄金进行打击，对

守法经营个体户进行保护。

信贷管理

20世纪90年代，银行、信用社对实体经济的借款大多能如期偿还，但也存在长期拖欠现象。为加强信贷资金管理，银行、信用社实行信贷“三查”制度（贷前调查、贷时审查、贷后检查），严格手续。至1990年，县农业银行收回欠款228.3万元，信用社收回欠款202.6万元，县建设银行收回逾期贷款458万元。21世纪始，县人民银行落实国家货币宏观调控政策，为地方经济发展提供金融支持。2007年始，发挥基层央行职能作用，做好银行业间协调，为经济发展出谋献策。2007年，按照中央深化林权制度改革有关要求，推出《人行庆元县支行全面深化林权抵押贷款工作实施方案》。4月，在隆宫乡发放全省第一笔林权抵押贷款。2008年，联合林业部门首创林权信息管理系统，率先推出“林权IC卡”。通过增加抵押林权、放贷银行，创新贷款模式，提高授信额度，推进林权抵押贷款快速增量扩面。至2010年，发放林权抵押贷款1817笔，余额17019万元。

2008年，为应对国际金融危机等严峻挑战，各银行金融机构加大信贷有效投入，促进经济平稳增长。新增工业贷款6866万元，重点扶持入园区工业企业发展，保证规模以上的重点骨干企业发展资金需求。县级以上38家农业龙头企业中11家企业取得新增贷款3980万元。短期贷款提高，占新增贷款增量的99.76%，解决企业流动资金需求，保持企业生产发展。农业贷款大幅提高，新增10561万元，特别是林权抵押贷款增量扩面，加大对“三农”支持。2009年，金融机构新增各项贷款总量增幅36.63%，新增存贷比为76.11%。其中，各家银行、信用社新增贷款5.46亿元。信贷资金主要投向实体经济，加大县重点项目建设资金融通需求，重点抓好中小企业金融服务。工业企业贷款余额57310万元，新增22818万元，占新增贷款的42.37%。开展农村信用体系建设，至2010年，评定信用村60个、信用镇1个；获金融机构授信14714户，授信额度31782万元。其中，6176个信用户从金融机构获小额贷款19773万元。开展农房抵押贷款，至2010年，发放农房抵押贷款2964笔，余额22905万元。2010年，个人贷款新增36154万元，占新增贷款的45.08%；工业企业贷款余额87775万元，占新增贷款的37.44%。农户贷款余额88880万元，新增26319万元，其中，林权抵押贷款发放1817笔、17019万元；农房抵押贷款发放1406笔、15377万元；农行发放惠农卡7176张，发放贷款2894万元；农村信用社发放小额丰收贷款卡1439张，发放贷款4488万元。年末，银行业各项贷款余额281086万元，其中短期贷款余额194597万元、中长期贷款余额86489万元。

第三节　金融体制改革

金融行业监管体制改革

1983年9月始，中国人民银行专司货币政策、货币发行、宏观金融监管，系中国中央银行。1991年始，庆元县金融业务由工商银行庆元县支行、农业银行庆元县支行、建设银行庆元县支行、庆元县农信联社、中国人民保险公司庆元县支公司5家机构办理，人民银行庆元县支行统辖金融监管。1992年10月，中国证监会成立，履行证券期货业监管。1998年11月，中国保监会成立，履行保险业监管。2003年3月，中国银监会成立，履行银行业监管。中国“一行三会”金融分业监管体制建立。2004年4月19日，丽水银监分局庆元监管办成立，4月28日正式挂牌。

国有金融体制改革

国有银行商业化转型和股份制改革　1999年下半年，国家先后设立4家资产管理公司，分别接受4

家国有专业银行剥离的不良信贷资产。至 2000 年 6 月，县域国有专业银行不良信贷资产完成剥离处置，改善资产负债表结构，转型为国有商业银行。2003 年末，国家向中国银行、建设银行注资，开始国有银行股份制改革。2004 年 8 月，中国银行股份公司成立。9 月，建设银行股份公司成立。2005 年 10 月，工商银行股份公司成立。2009 年 1 月，农业银行股份公司成立。各家银行股份制改造后，县级分支机构相应更名为中国 XX 银行股份有限公司庆元（县）支行。

国有保险机构商业化转型和股份制改革 1997 年 11 月，中国人保庆元县支公司分设中保人寿庆元办事处，县域保险实施财险、寿险分业经营。2003 年 6 月，中国人寿股份公司成立。9 月，中国人保财险股份公司成立。2003 年 10 月，以上 2 家国有保险公司进行股份制改革，开始综合商业保险机构转型，改造后县级分支机构相应更名为中国 XX 保险股份有限公司庆元（县）支公司。2000—2010 年，太平洋财险、中华联合财险、中银保险、新华人寿、天安保险、人寿财险 6 家保险公司相继在县域设立机构网点，开展保险业务，形成县域保险体系。

农村信用合作社体制改革

1954 年 6 月，县农村信用合作社在竹口乡试点，到年末，全县 44 个乡（镇）建起 40 个信用社，基本实行“一乡（镇）一社”设置。1987 年 9 月 1 日，县农信社联合社成立，为乡镇信用社协调服务机构。

增资扩股改革 1983 年 3 月，县农信社开始增资扩股、增强“三性”（组织上群众性、管理上民主性、经营上灵活性）体制改革，每股股金由 1 元增至 2 元。1996 年 11 月 4 日，县农信社联合社脱离与农行庆元县支行行政隶属关系，为独立法人金融机构。1997 年 8 月，再次进行增资扩股、加强金融支农促发展体制改革，每股股金 10 元，增设企业股，每股股金 1000 元，入社农户数减少，股金增加。

县一级法人改革 2003 年 6 月，国务院提出农村信用社“明晰产权关系、强化约束机制、增强服务功能、国家适当支持、地方政府负责”改革思路，要求加快信用社管理体制和产权制度改革，管理转交省级政府，业务监管由中国银监会负责，把信用社逐步办成社区性地方金融机构。中国银监会确定农村商业银行、农村合作银行、县一级法人、县二级法人 4 种改革模式。庆元县农信社选用县一级法人模式，2003 年 8 月开始改革试点。县农信社对原股金进行清理。新入股分个人股和法人股。其中，个人股分资格股和投资股，资格股每股 1000 元，投资股不限，最多不超总股本的 5‰；法人股每股 1 万元，多入不限，最多不超总股本的 5%，企业股总额不超总股本的 25%。总股本 1026 万元，入股社员由农户、自然人和法人机构组成。对资产进行全面核查，摸清家底，防范金融风险，申请中央银行票据 1025 万元，置换不良资产。县政府出台支持和扶持政策，帮助化解历史包袱，增强支农实力。2005 年 1 月 27 日，召开改制后第一届社员代表大会，选举产生理事会、监事会。4 月 20 日，由二级法人改为县一级法人，更名为县农村信用合作联社。社员代表大会为最高权力机构，日常经营由联社主任代表经营管理班子负责，监事会负责监督经营管理，形成“三会一层”（三会指股东会或股东大会、董事会、监事会，一层指公司执行机构，具体指经理或总经理）法人治理结构。乡镇信用社保留社名，撤销独立法人资格。

银行信贷管理体制改革

1993 年前，银行信贷以计划管理为主，实行“统一计划、划分资金、实存实贷、相互融通”管理方式，流动资金贷款和固定资产贷款相互交叉、适当竞争。1994 年开始，实行“总量控制、比例管理、分类指导、市场融通”限额资产比例管理，以规模控制为主，比例管理为辅。1996 年开始，信贷管理从计划管理向依法监管转轨，实行银行资产负债比例管理，开始采用经济方法管理信贷风险。贷款不得超过存款一定比例，存贷比由监管机构按经济发展整体要求和实际综合确定，各时期存贷比不尽相同。2003 年始，银行存贷比按法人机构规定最高不超过存款总额的 75%，分支机构不单独核定存贷比。

邮政代理储蓄改制

1986年12月10日，县邮电局开办邮政储蓄业务，县域邮政代理人民银行储蓄业务，单一办理个人存款，吸收存款全额交存人民银行。2008年5月29日，邮储银行庆元县支行成立开业，邮政代理储蓄改为代理邮政储蓄银行储蓄。

证券机构改革

1995年7月，建行浙江信托投资公司丽水证券营业部庆元代理处成立开业，办理县域居民证券交易投资业务。1997年8月，证券代理处脱离建行序列，分业经营，由中国信达信托公司转接。2000年，并入中国银河证券有限公司。2007年，经证监会批准，名称变更为中国银河证券股份有限公司丽水证券营业部庆元证券服务部。2009年12月2日，正式升级并更名为中国银河证券股份有限公司庆元濛洲街证券营业部，为县域证券业金融机构。

第二十篇 经济管理

1952年5月，县政府设工商科兼管物价。1953年4月，县政府设统计科，负责统计工作。1954年2月，县政府设计划委员会，专门负责国民经济和社会发展计划。1956年11月，改统计科为计划统计科，并建立工业、农业、商业、基本建设、交通运输、劳动工资、文教卫生等的统计报表制度。1976年，县计量所成立，1979年改称庆元县标准计量管理所。1984年3月，县审计局成立，负责部门内部的审计监督工作。计划经济体制下，政府各部门强化对经济的管理和调控，庆元国民经济和社会平稳发展。1990年开始，县计划委员会除协调归口的物资、外贸、商业、银行等17个部门工作外，工作重心转向对国民经济宏观调控，推进企业转换经营机制，培育和发展市场，以适应社会主义市场经济建立需要。1991—2010年，庆元县全面开展经济体制改革，计划经济逐渐向社会主义市场经济过渡，经济管理机构职能也发生变化，采用行政、经济、法律等手段相结合管理模式，遵循经济建设和发展客观规律办事。本篇记叙庆元县在改革开放后，经济管理职能转变历程和在社会主义市场经济体制下经济管理职能实施等方面内容。

第一章　计划管理

1996年，县计划委员会(县统计局、县技术监督局)内设12个科室，下属事业单位有县检测所(质量检验、计量检定)、县经济信息中心、县统计农调队、县设计室。2001年12月，县发展计划局组建，与县粮食局、县统计局合署办公。2005年6月，县发展计划局改为县发展和改革局（以下简称县发改局)。2005年7月，县体改办职能、人员划入。2010年5月，县交管办职能、人员划入。2010年，县发改局下设10个职能科室，即办公室、发展规划科、农村经济科、投资综合科（重点办)、价格费收管理科、粮食调控管理科、经济体制改革科、政策法制科、行政审批服务科、价格监督检查分局（股级局)；6个全额事业机构，即县信息产业管理办公室、县价格认证中心、县农业区划管理办公室、县项目工作办公室（挂海西联络办和能源办牌)、县铁路工作办公室、县公共资源交易管理办公室；1个下属单位，即县粮食收储有限公司（国有独资企业)。

第一节　计划编制与实施

编制

计划管理主要对经济活动、社会事业发展进行预测，编制发展规划，实施宏观调控，调整生产力布局和产业比例结构，在经济、社会管理方面发挥综合协调、平衡作用。随着社会主义市场经济建立，计划工作是一个新课题。1994年，县计委把计划工作重点转移到研究制定和强化中长期规划，研究专题规划、编制年度计划并检查其运行执行情况等上来。着重提出中长期国民经济和社会发展规划的战略目标、战略方针和战略重点，协调中长期发展过程中总量增长和布局调整。1995年3月至2005年，全面开展并完成“九五”计划、“十五”计划、“十一五”规划编制等五年规划任务。1999年1月，编制《生态环境建设规划》，上报省政府和省计经委。2000年，《关于印发浙江省生态环境建设规划的通知》将庆元县列为全省31个生态环境建设重点县之首。2010年，基本完成“十二五”规划编制，23个“十二五”期间专项规划全面进入文本评审阶段。

实施完善

关注国家宏观政策取向，关注经济运行中出现的新情况、新问题，围绕区域经济发展中的一些重大问题和经济运行中的热点、难点、焦点和亮点，开展专题调研。国家出台加快发展“长三角经济区”“海西经济区”等战略后，开展相关政策研究和对接。建立经济监测预警机制，不断完善经济信息收集制度、经济运行情况分析制度和经济形势定期报告制度，关注经济社会发展趋势和阶段性走势，加强重点指标监测分析，对主要经济社会指标完成情况逐季进行分析比较并提出应对措施。2008年《庆元县规划管理暂行办法》颁布后，不断规范两级三类规划管理，做到编制有计划、资金早安排、实施有评估。通过健全规划管理，使规划体系进一步完善，规划编制活动更加规范，提高规划指导性和可操作性，促进规划科学化、民主化和制度化。

第二节　项目审批与管理

项目审批

县发改部门参与重大前期项目、意向项目谋划和协调，掌握重大前期项目进展动态，充实完善项目库，做好重大项目储备，会同交通、建设、国土、环保等部门做好项目衔接上报；上报编制项目和下达固定资产投资计划，检查、调整计划进度；分析、研究和确定基本建设项目中的重点项目，参与重点工程、小区规划建设；建立财政投资项目责任制，完善县财政投资项目管理。1994 年，下达基本建设投资项目 66 项，投资9251.26万元，年度投资计划6288.26万元，完成投资5492万元，占年度计划的87.34%。编制上报“九五”重大建设项目 33 项，向上级争取扶持资金 84 万元。1998 年，全年完成固定资产投资 1.3 亿元，庆荷公路、龙后线拓宽改造工程、百山祖 35 千伏变电所、教师安居工程、烟草大楼、农行商住综合楼如期推进；大岩坑电站正报批立项，松源溪小流域综合治理工程规划通过省、地专家审查。1999 年，完成固定资产投资 1.57 亿元，大岩坑电站动工建设，城北菜市场、石龙街延伸、国防通讯、农村程控电话、职中教学楼、庆中宿舍楼等工程项目有序进行。2006—2010 年，累计完成全社会固定资产投资 68 亿元，争取低山缓坡开发、龙庆高速公路、地质灾害避险搬迁和下山脱贫农民安置小区等省重点建设项目 24 个，特别是争取衢宁铁路（经过庆元并设站场）取得突破性进展，得到中铁第四勘察设计院集团有限公司、省发改委、市政府认可。

项目管理

1996 年，重视和加强固定资产投资、重点项目管理，努力提高投资效益。在建基本建设项目 76 个，投资 21291.8 万元，下达年度计划 9523.8 万元，预计完成 7415 万元，占计划的 77.86%，竣工或完成项目 46 个，占项目数的 60.5%；重点项目 9 个，年度投资计划 4310 万元，预计完成 2670 万元，占年度计划的 61.9%。1998 年，探索固定资产投资管理办法，加强重点建设项目管理，严格基本建设审批程序，加强项目报批及资金、设计、物资、施工、征地等环节协调管理。加强建设工程招标投标管理，对烟草大楼、财政局办公用房等工程实行招投标。加强重点项目管理，制定重点项目考核管理办法，推进重点项目建设进度，重点项目进展顺利。1998 年，新建校舍 7850 平方米，投资 400 万元；破旧校舍改造 5100 平方米，投资 85 万元。2000 年，20 个重点建设项目进展顺利，完成投资 17714 万元。2006—2010 年（“十一五”期间），包装上报项目约 200 个。其中，累计争取国债项目 56 个，到位资金 9444 万元；省级项目 58 个，到位资金 1796 万元。

第二章　统计管理

1982年，县计划委员会设统计组。1984年，县计划委员会析置县统计局。1996年12月，县统计局与县计划委员会、县技术监督局合署办公。2002年7月，与县发展计划局、县粮食局合署办公。2003年10月，增设社会经济调查队。2006年1月，下属单位县普查中心成立。2009年12月，专业科增挂服务业统计科牌，社会经济调查队增挂统计执法大队牌。2010年8月，综合统计科增挂行政审批服务科牌。统计专业和调查根据经济社会发展需要，不断修改和增设。2010年，县统计局内设综合、核算、农业、工业、能源、固定资产投资、建筑业、房地产业、批发零售贸易业、饮食业、服务业、科技、劳动工资、名录库、中心镇等统计专业，辅以妇女儿童监测、劳动力、1%人口抽样、群众安全感、组织工作满意度等项目调查，以及人口、经济、农业三大普查。县属各单位设有专职或兼职统计员，乡镇有统计分管领导1人、综合统计员1人、专业统计员若干人，“三上”（规模以上工业企业、限额以上批发零售住宿餐饮企业、资质以内的建筑业企业和房地产开发企业）企业也设专职或兼职统计员，建立起较完整统计网络。统计部门负责统计数据处理、汇总上报，加强统计信息管理和统计信息自动化建设；收集、整理、提供基本统计资料，对国民经济、社会发展和科技进步情况进行统计分析、统计预测和统计监督；加强统计咨询。

第一节　统计调查

普查制度

统计常用的统计调查方法有全面调查和非全面调查。全面调查是对调查对象中所有单位都进行调查，包括定期报表和普查。定期报表制度是以原始记录为依据，依照一定表格形式、时间要求和报送程序，由基层单位定期向统计部门提供统计资料的方式，如各行业月报、年报。20世纪90年代，建立国家周期性普查制度，进行第一轮10年5项6次普查，即第一次第三产业普查（1993年）、第三次工业普查（1995年）、第一次基本单位普查（1996年）、第一次农业普查（1997年）、第五次人口普查（2000年）、第二次基本单位普查（2001年）。经国务院批准，国家统计局对第二轮普查（2003—2012）项目和时间安排作相应调整，即10年3项4次普查：逢0年份实施人口普查，逢6年份实施农业普查，逢3、8年份实施经济普查。由于“非典”疫情，首次经济普查推迟到2004年进行。非全面调查是对被调查对象中的部分单位进行调查，包括典型调查、重点调查、抽样调查，通过调查分析，反映社会经济基本情况。

主要普查

第五次人口普查　2000年，选调普查员、普查指导员1080人，进行第五次人口普查。对352个普查区、700个普查小区开展户口整顿、清查摸底、入户调查、数据处理等，查清人口为179449人（包括外来人口，不包括外出人口）。其中，男性92930人、女性86519人，性别比107.41；城镇人口48590人、占总人口的27.18%，县城建成区人口38275人、占总人口的21.32%。

第二次农业普查　2006年，组织动员普查员、普查指导员和各级普查机构工作人员1000人，进行第二次农业普查，调查35476个住户，填报普查表7万张。是年末，有农业生产经营户30819户、农业生产经营单位 341 个、农村从业人员 64963 人。其中，在第一产业就业的占 69.75%，在第二产业就业的占 12.96%，在第三产业就业的占 17.28%；农村住户外出从业劳动力 19642 人，其中男劳动力 12530 人、女劳动力 7112 人。

第二次经济普查　2008 年，350 个普查区的指导员和 436 个普查小区的普查员开展第二次经济普查。是年末，有从事第二、三产业法人单位 1315 个，与 2004 年第一次全国经济普查相比增加 279 个，增长 26.9%；产业活动单位 1514 个，增加 171 个，增长 12.7%；从事二、三产业个体经营户 8517 户，比第一次全国经济普查时增加 1778 户，增长 26.4%；第二、三产业单位和个体经营户从业人员 48802 人，与 2004 年第一次全国经济普查时相比增加 14416 人，增长 41.9%。

第二节　统计服务与执法

统计服务

1991 年始，县统计局服务平台建设不断加强。每年定期发布统计公报，编印统计年鉴，编撰“八五”计划至“十一五”规划各时期分析文章和数据资料，整理、撰写中华人民共和国成立 50 年重大发展成就、改革开放 30 年发展成就、中华人民共和国成立 60 年发展成就等资料和分析文章。2010 年，对外服务平台有《数据快报》《统计专报》，主要向县主要领导报送；《庆元统计信息》《庆元统计》印发给乡镇、部门；庆元统计信息网（外网）以丰富内容、便捷方式服务社会公众。

统计执法

1997 年，县计划委员会综合统计科（统计法制科）履行统计法制教育、组织统计执法检查、查处统计违法行为职能。2001 年 6 月，国家统计局制定《统计执法检查规定》，进一步明确统计执法意义和要求。渐渐克服担心关系处理不好、担心数据要不来、担心诉讼败诉“三个担心”，做到依法办统计、依法管统计、依法治统计“三个依法”。2003 年开始，运用法律手段管理统计日常工作，对不按时报送统计调查报表、填报不完整或指标间矛盾等问题，依法制发《统计调查表催报单》《统计检查查询书》。每年会同县监察局、县法制办成立稽查组，对机关、乡镇、社会团体、企事业单位联合开展统计执法检（稽）查，依法处理各类统计违法行为。2003—2010 年，县统计局对机关、乡镇、社会团体、企事业单位开展统计执法检（稽）查 227 家，依法处理各类统计违法行为 98 起。

第三章　物价管理

民国时期，除食盐价格由两浙盐务管理局核定外，其他商品价格由商业同业公会磋商，随行就市。1952 年，县政府设工商科兼管物价。改革开放前，绝大多数商品和服务价格实行政府定价。1979 年，开始价格改革。1980 年 4 月县物价领导小组成立，1984 年 4 月县物价局成立，辖县物价检查站、价格事务所。1996 年 10 月，县物价局与县工商行政管理局合署办公室，1999 年 3 月与县工商行政管理局分离，列入政府序列。2002 年 6 月，县发展计划局建立，挂县物价局牌子。20 世纪 90 年代起，庆元县放开农产品和工业品价格、服务收费价格，规范行政事业性收费。在定价形式上，以国家定价、国家指导价为主转变为市场调节价为主，市场调节价商品零售总额占 95%。

第一节　价格改革

1991 年开始，庆元推进价格形成机制转换，转换全民所有制企业经营机制，落实企业定价权，大范围放开国家定价商品价格。随着价格结构性改革深入，一些重要生产资料价格相继实行计划内外“并轨”，价格全面放开，由市场形成价格为主的价格机制基本建立，政府价格工作重点是调整价格结构、完善价格形成机制、健全价格调控体系、实现依法治价。1993 年，浙江省颁布《浙江省轻工商品价格管理目录》《浙江省重工商品价格管理目录》。1997 年、1998 年，颁布《浙江省商品和服务价格管理目录（一）、（二）》，对 17 个种类农产品价格、19 个种类工业消费品价格、15 个种类生产资料价格、35 个种类服务价格、8 个种类房地产价格实行政府定价管理。1998 年 5 月 1 日，价格法实施，推进资源环境价格改革。通过推行居民生活用电阶梯式电价，完善峰谷分时电价政策，实行城乡用电同价，实施污水处理和垃圾处理收费制度，促进资源节约和环境保护价格激励和价格约束机制逐步健全。2002 年 10 月，《浙江省定价目录》颁布，17 个种类商品服务价格实行政府定价管理。2007 年，开征污水处理费，加大医药价格和教育收费改革力度。医疗服务价格改革坚持“总量控制、结构调整、分步实施”，适当提高反映医务人员劳务价值的医疗服务价格，降低大型仪器检查费、治疗费和化验费，加强医疗机构销售药品进销差率管理，实行顺加作价政策和差比价规则，整治“虚高”药价，鼓励医疗机构使用疗效确切的低价药；全面规范教育收费，相继取消义务教育学费、杂费、课本费、作业本费，实行高中择校“三限”（限分数、限人数、限钱数）政策。

2010 年 9 月 1 日起，施行修订后的《浙江省定价目录》。放开部分商品和服务价格，实行市场调节，政府定价项目有所减少；新增少数重要商品和服务价格，实行政府指导价或政府定价；完善重要专业服务定价范围和权限分工；根据省扩权强县改革要求，向县级政府下放部分价格管理权限。2010 年，大多数商品和服务价格已实行市场调节价，实行政府指导价、政府定价商品和服务的仅占 5% 左右。实行政府指导价、政府定价的都是垄断性较强、关系国计民生的重要商品和服务，涉及利益关系复杂。政府直接制定价格范围较小并不意味着政府价格管理职责减轻。社会对政府制定价格科学化、民主化不断提出更高要求，管理难度较大。为提高政府定价科学性和透明度，使政府定价既符合价值规律，又符合人民群众根本利益要求，必需做到：建立健全价格听证、专家论证和集体审价等制度，听取社会意见，运用集体智慧，促进政府定价民主化；加强和改进成本调查监审，准确掌握重要商品和服务相关行业经营状况、成本、技术和供求变化、市场前景、省外同行业相关资料等，为政府制定价格提供科学依据；建立价格政策跟踪督察和实施效果评估制度，定期调查了解价格政策执行情况和执行中存在的问题，及时完善相关价格政策。

第二节　调控与监督

物价调控

中共十四大后，价格改革重点转向调整价格结构、转换价格形成机制，价格市场化程度不断提高，国家出台多项财政、金融、外贸改革措施，经济运转速度再次明显加快，但是高投资膨胀、高货币发行、高信贷投放问题突出，价格总水平迅速上升。1994 年，商品零售价格指数、居民消费价格指数涨幅分别为 21.7%、24.8%，价格总指数高位运行，通货膨胀再一次成为经济运行中的重大问题。为抑制通货膨胀，采取严格控制国家管理商品和收费项目提价，年内不再出台提价措施，猛抓“菜篮子工程”，稳定“菜篮子”价格，做好粮食价格调控，整顿行政事业收费，取消不合理收费项目，建立调价申报、备案与审核制度，建立完善市场价格监测制度。在国家宏观调控和一系列稳定物价措施作用下，成功实现经济和价格总水平“软着陆”，居民消费价格指数涨幅于 1996 年回落至 7.9%，1997 年回落至 2.8%，通货紧缩趋势显现。1997 年 10 月，爆发东南亚金融危机，供求关系发生根本改变，居民消费心理预期和消费支出结构发生新变化，通货紧缩迹象日渐显现。价格水平持续低位徘徊，商品零售价格指数连续 5 年在 100 以下，分别为 98.4、97.7、99.0、98.1 和 98.7，居民消费价格指数有 4 年在 100 以下，分别为 99.7、98.8、101.0、99.8 和 99.1。1998 年开始，国家实施积极财政政策和稳健货币政策，运用价格杠杆促进扩大内需、结构调整和优化经济发展环境。1998 年 5 月 1 日实施的价格法，从法律上确立宏观经济调控下主要由市场形成价格的机制。

2001 年，放开粮食购销价格，建立完善粮食储备制度，增强政府调控能力，实施积极价格政策，加强价格执法和清费治乱减负。2003 年“非典”期间，部分商品市场价格出现异常波动，省物价局及时稳妥出台对部分防治“非典”相关商品实施价格干预的措施，执行《关于建立应对市场价格异常上涨工作预案的意见》，使 2003—2008 年价格总水平总体平稳，后期呈现结构性上涨。2003—2006 年，居民消费价格年均涨幅为 2.0%。其中，除 2004 年在粮食等商品价格带动下涨幅为 3.9% 外，其余年份在 1%—2% 平稳运行。2007 年 7 月第二季度起，食品价格大幅上涨，使得 2007 年居民消费价格总水平上涨 4.2%。2007 年以后，市场价格不断走高，通胀压力明显增大。2008 年 1 月，省物价局印发《关于贯彻实施临时价格干预措施的通知》，对市场占有率较高的大米、食用油、猪肉、牛奶和液化气生产经营企业实行提价申报、调价备案制度，严格控制企业提价幅度。国家实施紧缩货币和财政政策，加大宏观调控力度，提出防止经济和物价过热过快的“双防”方针。省物价局对政府提价项目计划管理，对各地出台政府提价项目提出指导意见。把握政府调价项目出台时机和力度，避免政府提价和市场自发涨价产生叠加效应，防止推动市场价格过快上涨，维护市场价格基本稳定。2010 年，按照“强化价格调控监管，深化价格公共服务，稳定企业减负价费政策，整顿市场价格秩序，规范收费行为，稳定市场物价”总体要求，及时转发上级教育收费改革、医疗收费和药价改革、电价改革等价费政策，贯彻落实价费政策。

监督检查

2006 年始，每年开展一次涉及企业的以行政事业性收费为主要内容的企业负担情况调查。2006—2010 年，减轻企业和社会年负担 8980 万元。其中，取消 78 项行政事业性收费项目、涉及 17 个部门，暂停征收 89 项行政事业性收费项目，涉及 15 个部门，减轻企业和社会年负担 8608 万元；降低 8 项行政事业性收费项目，涉及4个部门，减轻企业和社会年负担1277万元；降低涉企经营服务性收费项目、涉及10个行业和部门，减轻企业和社会年负担495万元。开展20个专项整治（旅游行业、规范商业零售价格行为、商品住房销售明码标价等）、30多个专项检查（行业协会、涉农、培训班收费等）、20多个方面巡查（节日市场价格、家电摩托车下乡价格、粮油盐价格等）、20多个举报处理、100多个咨询答复、进入140多个单位（次）检查。完成价格鉴定300多起、7500多万元，评估车辆1000多辆、140多万元。严格执行案件集体审理制度。2010年，规范利用国有资产由社会力量举办幼儿园收费行为；规范城市占道费和挖掘费、电动自行车牌证收费；及时落实医疗收费和药价、电价改革等价费政策；开展供水价格、污水处理费、有线电视视听维护费成本监审及农村客运票价成本调查；做好日常监测，重点监测粮食、食品、副食品、蔬菜、建材、液化气、农业生产资料等与经济发展和民生改善密切相关商品价格，及时上报监测情况，写出价格监测分析报告，对可能引起市场价格异常波动的苗头性、趋向性问题及时预警。

第四章　审计监督

中华人民共和国成立后，财务监督长期由财政局兼管。1984 年 3 月，县审计局成立。1988 年 10 月，县审计事务所成立。1999 年 7 月，县审计事务所撤销。2001 年，县审计局建立局域网，与丽水市审计局进行联网。2002 年，县审计局设办公室、财政金融审计科、经济责任审计科、行政事业审计科。2003 年，增设直属分局。2007 年，增加计算机审计科，开通县审计局审计专网网站（10.30.232.38）、县审计局互联网网站（http：//qyxsjj.net）和县审计局内部资源网站，审计政务公开信息通过因特网网站向全社会发布。2010 年，县审计局内设办公室、财政金融审计科、行政事业审计科、经济责任审计科、计算机审计科，下属事业单位有直属分局和内部审计制度中心。

第一节　国家审计

1991—2010 年，县审计局审计 797 个项目，查出违纪违规金额 36658.05 万元。其中，上缴财政金额 4316.26 万元、归还原渠道 4268 万元，移送司法机关、纪检监察部门案件 9 件，涉案人员 13 人，通过政府门户网公告审计结果 31 个。

财政审计

1996 年始，每年开展同级财政预算执行情况审计（简称同级审），对地方税务局税收征管情况及相关单位、项目进行审计，向县政府、县人大分别提交结果报告和工作报告。2002 年开始，将行政事业审计、基本建设投资审计、专项资金审计纳入同级审监督体系。2006 年开始，同级审以全部政府性资金为对象，以政府性资金绩效性为着眼点和落脚点。2007 年，同级审首次全面摸清县政府全部政府性资金分布状况及总量规模，分析主要支出方向，重点关注有关财政税收政策措施执行和落实情况以及存在问题、构建和谐社会和新农村建设相关专项资金使用及效益，摸清各专项资金收支管用状况，预算执行审计得到县人大、县政府及社会各界重视和支持，促进财政预算管理。2010 年，完成财政审计项目 7 个。其中，预算执行审计项目 2 个（财政预算执行情况审计、全部政府性资金及水利建设资金专项审计），乡镇财政审计项目 5 个（左溪镇、贤良镇、龙溪乡、合湖乡和淤上乡财政决算审计）。审计查出违规金额 732.73 万元，管理不规范金额 1970.88 万元。

行政事业审计

1987 年始，对行政事业单位推行定期审计制度。1991—2010 年，通过定期、不定期审计，审计行政事业项目 194 个，查出违纪违规金额 4424 万元，应上缴财政 257 万元。

企业审计

1984 年始，对工业交通、商粮贸、农林水、物资、农资等国有企业开展审计监督。1994 年以来，全市国有企业相继改制，审计重点逐步由企业审计为主向财政审计为主转变。

经济责任审计

1992年，向县委组织部提出，对乡镇党政主要领导调离时进行经济责任审计。2001年以来，《庆元县经济责任审计结果分工落实制度》《庆元县县管领导干部经济责任交接制度》《庆元县领导干部任期经济责任追究制度》出台。经济责任审计从乡镇推广到县级机关单位。2002—2010年，审计经济责任人139人，查出违纪违规金额1737.53万元，管理不规范金额2376.73万元。

国家资金投资基建项目审计

2002年，省政府出台《浙江省国家建设项目审计办法》，庆元开始实施国家建设项目审计。通过自行审计和委托审计方式，实现政府投资项目必审制。至2010年，完成国家建设审计项目79个（不包括简易项目），审计项目投资额47304.53万元，核减工程款5498.59万元，查出违规金额5528万元，管理不规范金额3752万元，上缴财政金额525.42万元。2005年8月，出台《庆元县国家建设项目审计公告实施办法》，探索国有资金投资基建项目公告制，对31个国家建设项目进行公告。

专项资金审计

1991—2010年，对政府采购资金、农业综合开发资金、扶贫资金、救灾救济资金、水利建设资金、五项社保基金、促进再就业专项资金、土地出让金、土地整理资金、政府投资项目招投标情况、重点生态公益林建设资金、乡镇负债等重点行业、重点问题、重点资金开展专项审计或审计调查，完成审计44个项目，审计资金50737万元，查出问题金额8465万元。

绩效审计

2004年始，以专项资金和建设项目竣工决算审计及调查为主要方式开展绩效审计。至2010年，结合财政审计、经济责任审计、行政事业审计、审计调查，完成绩效审计项目54个。

第二节　内部审计

组织

2005年，丽水内审协会庆元分会成立，先后吸收县林业局、县交通局、县建设局、县信用联社、县教育局、县农业局、县卫生局、县电力工业局、县烟草局、县水利局、县电视台等团体会员12个。

成效

2005年，通过举办内部审计业务培训、开展内审理论研究、评选优秀内部审计项目等活动，加强内部审计监督和指导。2010年，调查全县各部门、企事业单位和各乡镇内部审计工作有关情况，调查结果显示，全县大部分单位内审机构不健全，内审工作没有体制上的保证，部分单位开展内审工作，但大多是内部的财会人员履行内审职责，基层的内审工作较难起到内部监督的作用。

1991—2010 年庆元县审计成效一览表

表 20—4—2—1

年份	审计项目（个）	管理不规范资金（万元）	违规违纪金额（万元）	已上缴财政金额(万元)	归还原渠道资金（万元）	移送案件（件/人）	信息被批示采用(篇·次)	公告项目（个）
1991	54	0	900	19	116	3/3	—	—
1992	40	0	92	6	4	0	—	—
1993	35	0	388	98	0	0	—	—
1994	24	0	546	46	17	0	—	—
1995	26	0	233	37	35	1/1	—	—
1996	26	0	895	73	16	0	—	—
1997	24	0	1534	409	55	0	—	—
1998	33	0	1242	833	160	0	—	—
1999	23	0	2459	815	1	0	—	—
2000	30	0	1443	407	0	0	—	—
2001	59	0	2749	113	165	0	—	—
2002	46	0	677	27	536	2/2	—	—
2003	92	1251	1343	294	599	1/3	50	—
2004	44	898	3270	156	2089	3/5	26	2
2005	57	1909	2664	239	458	1/1	61	6
2006	35	683	3629	208	2	0	28	3
2007	53	15479	10305	325	15	0	47	2
2008	40	12470	1240	112	0	0	55	6
2009	27	7289	66	34	0	0	126	5
2010	29	2697.53	983.05	65.26	0	0	102	7
合计	797	42676.53	36658.05	4316.26	4268	11/15	495	31

第五章　工商行政管理

民国7年(1918年),庆元县商会成立,协助行政当局管理市场。16年,县政府设建设科,兼管工商行政。中华人民共和国成立后，工商行政由县人民政府实业科、建设科兼管。1952年5月，设立工商科。1956年6月，撤工商科，工商行政由商业局兼管。1975年11月，庆元县工商行政管理局成立。1981年12月，县工商局内设财务秘书股、市场管理股、个体管理股、企业管理股。1996年11月，县工商局与县物价局合署。1999年，与县物价局正式分离。2010年，县工商局内设办公室、人教科、监察室、法制科、个体企业监管科、市场规范科，直属机构有注册分局、信息化办公室、“12315”消费者举报申诉中心，基层工商所有直属工商所、郊区工商所、市场管理工商所。

第一节　工商注册管理

企业登记管理

1990年，全县经登记发证的企业777家，从业1.1万人，注册资金11271万元。其中，全民所有制企业251家，集体所有制企业513家，合营企业13家。1995年，年度检验法人企业533家，营业性单位7家，年检率为95.71%；136家法人企业和91家营业性单位被吊销营业执照。2002年，注册分局进驻县行政审批中心，负责实施对各类工商企业、外资投资企业、个体工商户和其他从事生产经营活动单位核定名称、注册登记、审定并颁发证照。审批程序实施一审一核制，即审查员受理、核准员核准，有些简单行政许可事项采取审查核准合一程序，办照速度从原来基本10个工作日提速到基本3个工作日，简单登记事项实现立等可取，办事效率大为提高。2010年末，全县登记注册各类市场主体存量6748户，注册资本（金）238770万元。其中，内资企业239户，注册资本（金）50349万元；私营企业728户（其中有限责任公司645户、股份有限公司分公司1户、个人独资企业71户、合伙企业11户）。其中，分支机构87户，注册资本（金）152975万元；农民专业合作社260户，注册资本（金）12222万元；个体工商户5521户，资金12224万元。

个体、私营经济管理

1990年，全县个体工商业3658家，从业人员4412人，自有资金1498万元；私营企业19家，其中独资4家、合资15家，投资人数75人，雇工288人，资金171万元。国家对私营企业的管理主要是通过自愿申请，登记发证、依法纳税。1991年，全县个体户2431户，从业人员2726人。1995年，全县登记城乡个体工商户6134户，从业人员7679人，注册资金8448万元；城乡私营企业166户，雇工1888人，注册资金6530万元。全面验照贴花和年检个体工商户3603户、私营企业100户。2006年，全县有私营企业563户，注册资金7.91亿元；个体工商户3337户，注册资本9792万元。2010年，全县有个体工商户5521户，注册资本23224万元；私营企业728户，注册资金152975万元。

第二节　市场管理

市场建设

1991—1996年，是庆元市场建设培育鼎盛时期。1991年，县工商局与县供销社共同出资，兴建全国最大香菇市场——庆元香菇市场；全县集贸市场成交总额22万元。1992年，县工商局、县供销社共同出资，建成曹岭香菇市场。1993年，县工商局、县供销社合资兴建香菇市场二期扩容工程。1995年，全县专业市场成交总额10.75亿元。1996年，县工商局组织建成菇城农贸市场和小商品市场。2006年，全县7个市场共完成商品成交额15.4亿元。2010年，全县有登记注册市场4个，建筑面积4.15万平方米，摊位数1516个，成交额17.4154亿元。其中，按主（管）办单位分，县国资公司主办市场3个，其他单位主办市场1个；按成交额分，10亿元市场1个，亿元市场2个，亿元以下市场1个；按市场交易性质分，农副产品市场3个，工业品市场1个。

市场监督

1991年，各类市场相继建立和健全规章制度，对上市交易商品实行定点定位，分类管理，发现假冒伪劣商品及时处理；实行明码标价，亮证经营；对商品统一使用信誉卡制度；做到依法管理、文明交易、守信经营。1996年，在重点市场——香菇市场、农贸市场设立市场管理所。2003年，开展“非典型性肺炎”市场整治、禽流感疫情防治、“红盾护农”、“百日执法”等系列主题活动。

市场管办分离

1997年，市场实行管办脱钩，成立县市场服务中心，负责市场管理、培育、建设。2001年，县工商局成立市场巡查中队，实行市场工商巡查制度。农贸市场内设立食品检测站，检测蔬菜食品农药残留，开展净菜上市、超市化经营制度。2003年始，开展放心食品消费、打假治劣、野生动物保护等活动。2004年，农贸市场建立县首个蔬菜检测中心。2009年12月，县政府将农贸市场、香菇市场和小商品市场委托县工商局管理。

图20-1　县农贸市场内部（县工商局供　摄于2010年）

第三节　经济合同管理

争议调解仲裁

1982年，县工商局设立经济合同仲裁委员会。1988年后，5个基层工商所相继成立经济合同仲裁庭，配备专职或兼职合同管理人员28人，负责办理经济合同纠纷案件调解和仲裁。经济合同鉴证坚持客户自愿原则。1995年后，经济合同纠纷案件调解和仲裁交由县人民法院办理。

企业动产抵押物登记管理

1995年10月，开始办理企业动产抵押物登记。2010年，办理抵押物登记23件，抵押物价值7283万元，企业申请贷款3596万元。1995—2010年，共办理386件，主债权金额5851万元，抵押物价值8369万元。

鉴证管理

1991年，为50余家企业提供经济合同鉴证前的咨询，鉴证经济合同51份。1995年，鉴证经济合同119份。1997年后，采取签订经营管理责任书合同经工商部门鉴证后生效形式，规范生产经营者经济合同行为。当年鉴证经济合同61份，合同金额269万元。1999年始，对拍卖市场实行监督管理，至2010年，现场监督拍卖46场，拍卖成交金额8437万元，成交金额9104万元，查处拍卖串标案件2件，案值103万元，涉案人员17人，罚没款19万元。2000年，拓展经济合同鉴证范围，介入对拍卖合同、抵押合同、政府采购、商品房购销合同和香菇制种以及购销合同鉴证，鉴证各类合同96份，合同金额689万元。至2003年，鉴证各类经济合同3496份，合同金额64189万元。为企业提供咨询服务，追回拖欠款1961万元。2004年，停止经济合同鉴证。2006年后，经济合同管理转变为格式合同备案，行政指导，案件查处。

第四节　商标广告管理

商标管理

1990年前，庆元经济欠发达，商标（品牌）意识不强，发展缓慢，当年全县有注册商标18个。1991年始，个体、私营经济得到跨越式发展，当年上报商标32个，核准注册21个。同时，加大商标法宣传培训，每年3月为商标法宣传月。2004年，出台《商标品牌战略实施方案》。同年5月，“庆元香菇”证明商标通过国家工商局商标局核准注册，2006年开始在57家企业使用。2005年，开展“品牌建设年”活动。2006年，全县申报注册商标106个，注册商标累计322个。2007年，连续出台《庆元县知名商标认定的基本条件和认定工作程序》《庆元县知名商标认定工作通知》《庆元县知名商标认定跟踪管理办法》《庆元县知名商标评审委员会评审工作规则》4个推动商标品牌建设文件，设立创中国驰名商标、省著名商标、市县知名商标奖励政策。2008年，香菇食用菌专业商标品牌基地获省、市专业商标品牌基地称号，竹制专业商标品牌基地获市专业商标品牌基地称号。2010年，有注册商标448件。2010年“百兴”驰名商标专有权质押获银行贷款200万元，实现商标专有权质押贷款零的突破。2001—2010年，有“欧冶”第8类、“欧冶”第28类、“百山”、“百山祖”、“梦园”、“佳缘”、“周字”、“兰天绿谷”、“富根”、“方格”、“三江源”、“磬圆”、“千百川”、“冷杉”、“英标”、“誉禾”、“志东”、“攀首”、“禽园”、“宁雪”、“天堂山”、“卓”等22件商标被丽水市商标评审委员会认定为丽水市著名商标。2003—2010年，有“梦天”“双枪”“天竹”“庆元香菇”“百兴”“节节高”“吉安”“三月三”“可可竹木”“卓”10件商标被浙江省商标评审委员会认定为浙江省著名商标。2007—2009年，有“双枪”“梦天”“天竹”“百兴BAIXING”“节节高”“吉安”6件商标被认定为中国驰名商标。2008年，县商标评审委员会第一次评审认定“誉禾”、“志东”、“禽园”、“品香竹”第19类、“品香竹”第21类为县知名商标；2009年，县商标评审委员会认定“银屏”“美誉”“您信”“千钟粟”“益尔”“宁雪”“中和”“兰天绿谷”8件商标为县知名商标；2010年，县商标评审委员会认定“九川”“万成”“森皇”“蓝雁”“鑫光”“温驰”6件商标为县知名商标。2009年，竹筷专业商标品牌基地获省专业商标品牌基地称号。2001—2010年，查处侵权商标案件75起、侵权商标标识4.8万套、假冒商标标识75万套（张）；捣毁非法印刷商标窝点2个，收缴不规范商标标识、瓶贴36万张。

广告管理

1993年，出台《庆元县广告管理暂行办法》。清理整顿广告经营单位经营活动，查处广告案件3起，罚没款7100元。1994年，发展广告印制单位1家。1995年以来，县城内开设大型张贴广告栏4个，新发展路牌广告235块，霓虹灯广告11处、580平方米，灯箱广告112个，公益广告210条。1996年，对9家广告经营单位工作人员进行法律法规培训和资格考试，做到持证上岗。1997年，县工商局发布《庆元县户外广告管理办法》《关于加强横幅广告管理的规定》，规范户外广告经营和设置，核准户外广告登记证14份，核准登记发布户外广告牌、横幅1767条次。1999年，开展《中华人民共和国广告法》《广告管理条例》等法律法规培训讲座8次。2001年10月后，广告业规划和发展职能划归经济贸易部门，县工商局负责广告日常监督管理和违法广告查处。县工商局对主要媒体发布广告实行监测，在县城中心位置设立广告栏，对户外广告进行巡查。2006年，配备广告监测设备，监测各类广告800余条，查办各类虚假违法广告案件4起。2010年，全县有广告经营单位13家，分别是庆元县方圆美术装璜店、庆元县宏达广告装潢有限公司、庆元县绿韵文化传播有限公司、庆元县天泉文化发展有限公司、庆元县兴华印刷厂、庆元县银峰装饰设计中心、庆元县卓唯广告装饰有限公司、庆元县华迪广告工作室、庆元县春光广告装璜有限公司、庆元县丽阳岛广告策划中心、庆元县博文广告工作室、庆元县胜源信息策划中心、丽水市博扬广告设计中心。

第五节　消费者权益保护

组织机构

1989年9月15日，庆元县消费者权益保护委员会（简称县消保委）成立，全额拨款事业单位，挂靠县工商局，接受县工商局和有关部门领导。它是依据《中华人民共和国消费者权益保护法》《浙江省实施〈中华人民共和国消费者权益保护法〉办法》成立的对商品和服务进行社会监督的社会团体，由县有关行政执法机关和主管部门、社会团体、新闻单位、消费者代表以及各乡镇代表组成，领导机构是全体委员大会，实行委员制，委员由委员单位推荐选派，设委员会主任（由县政府副县长担任）、名誉主任（邀请担任）、副主任（议定担任）、秘书长、副秘书长（提名任命担任）。下设秘书处，负责日常工作，秘书处内设秘书长室、消费指导投诉室；下设直属、郊区、市场3个分会，各乡镇和有关企事业单位设立消费维权监督站46个。全体委员会每年召开一次例会，每5年换届。2010年，全县有消费维权监督站46个，聘请消费维权监督员449人。

权益保护

1991年，县消保委受理消费者投诉，为消费者排忧解难，建立消费警示发布制度，开展推荐商品和“消费者信得过单位”评选活动；当年受理消费者投诉53起，为消费者挽回经济损失6339.15元。1995年，受理消费者投诉228起，为消费者挽回经济损失5万元。1998年，县消保委与县工商局共同设立“96315”消费者举报投诉中心，开通“96315”举报投诉专号电话“12315”。2000年3月8日，“96315”和“12315”并号运行，后设“12315”专号。2006年，全县建立20个农村消费维权监督站，聘请375名消费维权监督员；受理各类投诉302件，接受消费者咨询167人次，评选出16家“消费者信得过单位”。1991—2010年，全县受理消费者投诉案件2819件，为消费者挽回经济损失167.55万元。

第六节　经济检查

1991 年，全县查处各类投机倒把违法违章案件 406 起，罚没款 13.77 万元，查获柴油、化肥、卷烟、饮料、劣质电动机等物资。1995 年，开展“三打一扫”（打假、打私、打非、扫黄）专项工作，查处制售假冒伪劣商品的违法行为，查处各类经济违法违章案件 342 起，罚没款 2 万余元。2006 年，工商执法人员出动 1240 人次，检查各类市场主体 3500 户，查处各类经济违法违章案件 386 件。2010 年，查处各类案件 152 件，大要案 52 件，罚没款 63.2 万元。

查处假冒伪劣商品

1991 年，县工商局开展打击制售假冒伪劣商品违法行为，坚持日常监督和定期突击检查结合，罚款 1911 元。1995 年，开展打假治劣专项治理，主要以“打假保节日”、“打假保农业（春耕）”、“打假保健康”、“打假保香菇”、成品油和粮食市场整顿及平抑市场物价为目的的重点专项活动，2006 年，开展“桑美”台区灾区食品、“熊猫”牌合脂调制炼乳、食用盐等专项检查，检查食品生产、加工和经销企业、个体工商户 2300 多家，查获假冒伪劣食品 1571 千克，为消费者挽回经济损失 1.56 万元。2010 年，查处食用菌原材料麸皮案件，货值 10.42 万元，为 33 户菇民挽回经济损失 4 万多元。

图 20-2　县工商局销毁假冒伪劣商品（叶德荣　摄于 2000 年）

取缔无证经营

1995 年，县工商局将查处无照经营活动工作作为一项经常性工作纳入管理内容，当年组织检查、清理无照经营 8 次，查处无照经营户 500 户，补办营业执照 500 户。2007 年，县政府印发《庆元县人民政府关于开展无证无照查处取缔工作的意见》，无照整治工作上升为政府行为；实行无证无照经营抄告制度，组织 10 次无照经营整治活动，查处无照经营案件 247 件。2008 年，建立“政府领导、工商牵头、部门配合”的无证无照经营长效机制；开展“雷霆一号”“雷霆二号”行动，联合取缔无照经营小旅馆 4 家，疏导办照 112 家。2010 年，依法取缔无照经营 83 户，其中“黑网吧”9 家，引导无照经营户办理营业执照 68 户。

制止不正当竞争

2006 年，查办不正当竞争案件 20 起、商业贿赂案件 3 起、提供虚假材料骗取登记案件 2 起。2010 年，查处冒用浙江节节高碳业有限公司之名，借直销之名进行传销的案件。

第六章　质量技术监督

1976年，庆元县计量所成立。1979年，更名为县标准计量管理所。1990年，升格为县标准计量管理局。1994年，更名为县技术监督局。2000年11月，改名为县质量技术监督局（简称县质监局），纳入省质量技术监督局垂直管理体制。2001年5月，原由县人事劳动局承担的锅炉、压力容器、压力管道、电梯等特种设备安全监察职能成建制划入。2010年，内设办公室（行政审批服务科）、综合业务科（质量科）、监督稽查科（食品科）、安全监察科，增挂稽查大队牌子；下属事业单位有县质量技术监督稽查大队、县产品质量计量检测所（含县食用菌检测中心、食品农产品质量安全检测中心）。

第一节　计量与质量监管

计量监管

1990年，庆元县逐步建立强制检定计量器具数据库，做好强制检定计量器具档案动态管理和信息化，主要完善加油机、医疗卫生、眼镜店、集贸市场、超市、地中衡等计量强检台账。2006年开始，开展“关注民生、计量惠民”专项行动。集中组织开展“诚信计量进市场、健康计量进医院、光明计量进镜店、服务计量进社区乡镇”的“四进”服务活动。至2010年，共出动1000人次，发放宣传资料1万余份，免费检定血压计、人体秤、眼镜上万只，接受计量投诉100余件，组织20多场计量知识讲座。

标准化管理

企业标准备案和登记　1990年，县标准计量管理局承担标准化行政管理职能。1999年，通过省局消灭无标生产验收。2003年，由县质量技术监督局、县食用菌办公室、县食用菌科研中心组织制定《原产地域产品　庆元香菇》（GB19087—2003）国家标准批准发布。2008年，修订该标准，11月1日起实施新《地理标志产品　庆元香菇》（GB/T19087—2008）国家标准。2005年，建立企业产品执行标准数据库，入库企业450家，企业标准备案220项，采标企业15家。

农业标准化　2003年始，组织编写姬松茸、杏鲍菇、长根菇、缘盖美味牛肝菌4个市级农业地方标准，以及“无公害食品　春花菜生产技术规程”“庆元香菇标准化生产技术规范”等10个县级农业地方标准。申报“茶叶标准化种植推广实施”“灰树花标准化推广示范”“庆元县锥栗标准化示范区”等11个省级农业标准化示范项目。申报“庆元香菇（干菇）标准化栽培示范区”全国第四批农业标准化示范项目，投入建设资金8000余万元，2007年3月通过考核验收组验收。

采用国际标准或国外先进标准　2007年12月，浙江久灵笔刷有限公司等7家铅笔企业采用国际标准ISO9180组织生产，通过浙江省标准化协会、丽水市质量技术监督局验证确认，取得采标证书。2009年，浙江光辉工具有限公司木工夹产品采用国外先进标准，通过采标确认，已采标企业均在产品上使用采标标志。

企业代码和商品条码　1993年，建立企事业单位和社会团体统一代码标识制度，至2010年，发证书1119本，在税务、银行、公安、统计、社保等领域广泛应用。商品条码属于信息标准化范畴新技术，2010年，103家企业取得商品条码证书。

企业质量管理

从20世纪90年代初开始，庆元吸取国内外先进经验，在竹木、食用菌、铅笔等行业陆续推行全面质量管理。20世纪90年代末，企业开始实施ISO9000、ISO14000等质量管理体系。2010年，40家企业通过ISO9000、ISO14000质量管理体系认证，9家企业通过环境管理体系认证，通过计量认证检验机构认证累计6家，开展全面质量管理培训企业（TQM）15家，竹木产业质量建档31家，开展卓越绩效管理企业2家。2010年9月，成立庆元县“质量强县”工作领导小组，确立县委、县政府“质量强县”战略。

质量赶超项目 2005年开始，5家企业获得质量赶超项目。2005年，浙江节节高炭业公司承担“生物炭醋饲料添加剂”质量赶超项目；2007年，浙江佳缘竹木公司承担“60万套／年食品密封罐”质量赶超项目；2008年，浙江吉安木业公司承担“甲醛释放量赶超国外先进水平”质量赶超项目；2009年，浙江可信竹木公司承担“竹胶合板模板抗弯曲强度赶超国外先进水平”质量赶超项目；2010年，浙江光辉工具公司承担“可调节螺旋夹钳试验力赶超国外先进标准”质量赶超项目。

生产许可证管理 2002年，县质量技术监督局正式开始履行生产许可证有关职能。2010年，取得工业产品生产许可证14张、食品生产许可证28张。其中，工业产品生产许可证主要集中在眼镜配验、化妆笔、塑刚窗行业，食品生产许可证主要集中在干制食用菌、豆制品、茶叶、大米等行业。

名牌战略 2002年前后，开始有计划、有重点地在规模企业、重点产品和特色农产品中培育发展名牌产品。先后制定《2005—2007庆元县名牌培育规划》《2008—2010庆元县名牌培育规划》，出台名牌产品奖励政策。2002—2010年，创9个浙江名牌产品（其中工业名牌产品2个，农业名牌产品6个，传统文化特色产品1个）、16个丽水名牌产品、1个地理标志产品。2002年6月12日，国家质监总局宣布庆元香菇获地理标志产品保护，10家企业获得标志使用权。

图20-3 浙江省食用菌质量检验大楼（县质监局供 摄于2006年）

第二节 特种设备安全监察

监管范围

2001年5月，原县劳动局承担的锅炉等特种设备安全监察监督管理职能划入县质量技术监督局。综合管理庆元县辖区的锅炉、压力容器、电梯等特种设备的安全监察工作，组织对锅炉、压力容器、气瓶、压力管道的设计、制造、安装、使用、检验、修理、改造等环节实施日常监督检查。

监督整治

2001年，开展特种设备专项安全监督检查，检查全县中小学锅炉使用情况，开展锅炉压力容器管道操作人员普查登记和培训工作；开展气瓶安全专项检查，查处案件10起；普查在用电梯，电梯注册登记、换发合格标志完成率为100%。强化“锅容管特”的安全管理和巡查，打击和取缔土锅炉的制造和使用，发出整改通知书22份。检验锅炉、压力容器、管道等特种设备90余台。实行气瓶集中管理，提高气瓶定检率，液化气钢瓶定检率为99%，无缝钢瓶定检率在80%以上。2002年4月，进行特种设备专项普查整治，9月进行气瓶专项普查整治。2004年3月，进行压力管道普查整治。2006年2月，进行五类承压类设备整治，4月进行起重机械专项整治（以冶金类起重机械为重点），7月进行简易升降机专项整治。2008年3月，进行特种设备隐患排查整治。2009年1月，进行深化冶金类起重机专项整治和承压类设备安全附件专项整治。2001—2010年，进行特种设备应急预案演练9次，特种设备培训28次、培训785人次，查处68起特种设备相关案件，整治土锅炉86台。2010年，有电梯49台、锅炉155台、压力容器115台、起重机械43台、厂内机动车辆14台。特种设备动态监管信息化网络数据库已建成，所有特种设备和特种设备使用单位都在数据库中有相关信息，各乡（镇）能共享数据库，进行实时监管。

第三节 稽查执法

日常执法

1997年，质监部门稽查执法案件42件，主要问题集中在销售、使用不合格计量器具，销售不合格产品等情况。1998年，质监稽查执法案件80件，主要问题集中在销售假冒伪劣产品，销售不符合国家强制标准的产品等情况。2010年，质监稽查执法18件，主要问题集中在生产、加工、销售不合格产品，未按规定取得工业产品生产许可证，锅炉改装等情况，共计罚款53215.5元，并没收违法所得财物。1999—2010年，县质监局立案办理案件806起，罚没收入150多万元。其中，1万元以上案件11起；简易程序134起，一般程序671起；听证程序1起；当事人自行履行的801起，法院强制执行的5起。

专项行动

1997—2005年，进行“查市场保两节”“查农资保春耕”“查建材保建设”“打假保健康”四大行动，进行4次打假冲击波执法行动和全省百日打假大行动。2001年11月20日和12月20日，实施全省统一特别行动，出动执法人员90余次，重点对钢材、水泥、农药、化肥、地条钢等进行专项检查。

第七章　食品药品监督管理

1987年10月，庆元县药品监督检验所建立，隶属县卫生局。2001年12月18日，庆元县药品监督管理局成立，为丽水市药品监督管理局直属机构，药品监督检验所并入县食品药品监督管理局。2005年3月16日，重新组建成立庆元县食品药品监督管理局，为丽水市食品药品监督管理局直属机构，内设综合办公室、食品安全协调监察科、药品医疗器械监管科和药品医疗器械稽查科，加挂县食品药品监察稽查大队牌子。2005年2月28日，庆元县食品安全委员会成立，县食品安全委员会办公室（简称县食安委办）设在县食品药品监督管理局。2010年，县食品药品监督管理局内设综合办公室、药品医疗器械稽查科、药品医疗器械监管科、食品安全协调监察科及县食品药品监察稽查大队。

第一节　食品安全监管

综合监管网络建设

2005年始，县食品药品监督管理局（县食安办）把"四网"（监管责任网、现代流通网、群众监督网、行业自律网）建设作为构建食品安全长效监管机制主要措施，建成纵向到底、横向到边、责任到人、工作到位的监管责任网。2005—2007年，创建放心店233家，配送覆盖率100%，乡镇连锁超市创建覆盖率100%，完成省政府"千万工程"三年创建任务。整合基层监督网资源，建立乡镇综合监督站，实行"五员合一"工作模式。整合农业、卫生、质监、食品药品等部门原有网络，建立综合性群众监督网。其中，20个乡镇建立综合监督站，345个行政村和5个社区设监督点，聘请1名综合监督员、450名农村监督员，组建食品安全四个环节行业协会，统一监督食品、药品、农业投入品、传染病防治、特种设备、消费维权等社会公共卫生。2010年，调整和充实县、乡两级食品安全机构，加强食品安全量化考核，坚持网络建设与规范管理并举。创建19家村级连锁超市便利店，提高小食杂店统一配送的比例在80%以上，采用评分制对222家示范店进行规范管理。调整和充实基层食品安全监督员队伍，聘请385名食品安全综合监督员。

专项整治行动

1991年以来，县工商局试点"放心店"建设，强化食品生产加工环节整治，督促各食品批发单位规范化管理，建立验收、索证索票、购批台账和质量承诺制度、送货备案等管理制度，从源头上防止假冒伪劣食品进入农村市场。2005年，召开全县食品生产加工业整治"千镇连锁超市、万村放心店"工程建设工作会议，创建放心示范店42家、放心准入单位46家、实施商品准入的农村小商店126家。开展学校食品和保健食品、"性保健品"市场专项整治和节日期间食品安全检查行动。2006年，专项检查铁皮石斛市场。2007年，制定《庆元县食用油专项整治工作方案》《庆元县豆制品专项整治工作方案》《庆元县学校及周边环境食品安全专项整治方案》，开展豆制品、节前食品等各类食品安全专项整治行动，整治学校及周边环境食品安全。2008年，开展迎奥运食品安全保障和专项整治，重点加强对产品销往奥运城市的食品加工企业中的食用菌、茶叶等特色产品监管；处置"问题奶粉"，检查经营主体770户次，查处问题奶粉 156.9 千克。2009 年，开展打击违法添加非食用物质和滥用食品添加剂专项整治，涉及初级农畜产品、肉类制品、乳制品、豆制品、糕点、酒类等 19 类食品。2010 年，以城乡接合部、乡（村）镇、农村旅游景区景点为重点区域，集中整治销售假冒、仿冒食品等违法行为；以批发市场、集贸市场等为重点场所，规范食品经营者的经营行为；以农村商场、超市和食品（杂）店为重点单位，建立健全经营者自律机制；以节日性、季节性食品和地方特色食品为重点品种，集中整治农村食品市场销售不合格食品和过期食品等违法行为。加快推进农村食品安全示范店建设的力度，确保每个村有 1 个以上食品安全示范店。开展流通环节重点涉及的肉类制品、乳制品、豆制品、糕点、酒类等 19 类食品全面整治，开展问题乳粉专项整治，开展“地沟油”专项整治检查行动，开展校园及校园周边和中高考食品市场专项整治工作。整治行动中出动执法人员 600 人次，检查食品经营户 283 户次。其中，乳制品经营户 32 户、食用油经营户 220 户、酒类经营户 30 户，涉及重点单位 31 家。检查批发市场、集贸市场 2 个，取缔无照经营 13 户。

食品安全示范乡镇建设

2008 年，出台《庆元县食品安全示范乡镇创建试点工作实施方案》《庆元县食品安全示范乡镇考核验收标准任务分解表》，开展食品安全示范乡镇创建试点。进行农村综合监督员食品安全知识培训，指导 2 个食品安全示范乡镇创建试点。2009 年 7 月，贤良镇、屏都镇获“丽水市第二批食品安全示范乡镇”称号。2010 年，安南乡获“丽水市第三批食品安全示范乡镇”称号。

食品药品安全应急管理

2006—2007 年，出台《庆元县重大食品安全事故应急预案》《庆元县重大食品安全事故应急预案操作手册》《庆元县重大药品（医疗器械）安全事故应急预案》《庆元县重大药品（医疗器械）安全事故应急预案操作手册》。2008 年 9 月 12 日，召开食品安全重大事故应急预案演示会。2010 年，出台《庆元县“第八届中国（庆元）香菇文化节”食品安全事故应急预案》，保障文化节期间的食品安全。

图 20-4　县食品药品监督管理局开展家庭过期药品回收（胡云　摄于 2008 年）

第二节　药品安全监管

规范药房建设

2003—2006年，县食品药品监督管理局在全县在册的217家药品使用医疗机构，包括县、乡（镇）级医院、村卫生室、个体诊所和私立医院，开展市县两级规范药房示范创建工作。根据《丽水市“规范药房”认定验收标准》和《庆元县“规范药房”认定基本标准》要求，县食品药品监督管理局和县卫生部门联合加强农村基层医疗机构“规范药房”建设和改造，使农村基层医疗机构药房与诊疗场所分开独立成室，大部分改造药柜、药架，配置空调、冰柜，药品归类，整齐摆放；建立健全从药人员管理、药械采购验收、药品保管、药品使用、安全用药责任承诺制等有关管理制度，建立药品购销存、养护、一次性医疗器械毁形登记等一系列管理台账，在店堂醒目处悬挂相关事项举报投诉电话。至2006年，全县有146家医疗机构达到“规范药房”标准。

药品不良反应监测

2007年，成立医疗器械不良事件监测中心，当年完成不良反应报告50份。2008年，上报药品不良反应报告110份。2009年，上报药品不良反应报告120份。2010年，上报药品不良反应报告106份。每年均超额完成市不良反应监测中心下达任务。

小药店整治

2008年始，开展“小药店”药品质量安全整治，确定竹口镇为试点乡镇。出动执法人数525人次，对达不到规范要求的下发责令整改通知。全县列入整治规范“小药店”“小诊所”89家，达到要求82家，关停7家，完成率100%。

药品、医疗器械专项整治

2010年，有涉药单位245家。其中，药品生产企业1家、药品零售经营企业26家、医疗器械经营企业2家、医疗机构216家（其中集体医疗机构45家、企事业医务室13家、村卫生室117家、个体诊所38家、私营3家）。每年开展定期和不定期药品监督、检查，重点检查医疗机构、个体药店、游医草药。1998—2000年，开展医药市场整顿，加强药品经营单位从业人员整体素质培训和健康体检。1991—2001年，开展药品全面检查66次，突击检查28次，查获假冒伪劣、过期变质和违禁药品389批次207种。2002年，对300家涉药单位或个人药品、一次性医疗器械、大输液、保健品、进口药品及红参、计生药具、性保健用品等进行检查，检查465家次，组织两次全面药品质量大检查；开展春节打假保健康、大容量注射剂专项检查，一次性无菌医疗器械突击检查，麻醉药品配合换卡专项检查，计生药具、性保健用品市场秩序专项整治，在195家次检查中查获386批次药品，行政处罚77家单位或个人。2003年，开展打击制售假劣药品及医疗器械违法犯罪专项活动、通过邮政渠道邮寄假劣药品专项行动、集贸市场经营中药材整顿和规范专项行动、打击非法行医专项整治活动，查处制售假药“胃珍”等案件，结案32件，罚没款16.69万元。2004年，开展春节打假保健康、食品安全专项整治，医疗器械、麻醉药品、抗菌药物、中药饮片包装、藏药、疫苗、进口药品、非法采血等专项检查和乡村以下非处方药品经营药店超范围经营专项打击，立案37件，结案35件，罚款3.03万元。2005年，开展“药品打假在农村”专项行动及春节打假保健康、医疗器械、麻醉药品等各类专项检查，立案23起，结案22件，罚没款8.7万元。2006年，开展免费体验医疗器械、药品医疗器械违法宣传功能、厚朴中药饮片、橡胶避孕套产品专项检查；进行“打假保节日”专项行动，立案24件，结案23件（包括上年度结转4件），涉案金额5.71万元，罚没款8.55万元。2007年，加大对违法违规生产经营企业处罚力度，立案32件，结案33件，涉案金额4.92万元，罚没款19.51万元；查处销售和使用假冒人血白蛋白案件，列全省药械领域十大典型案件第二。2008年，开展“打假保节日”、特色专科医院药械、中药材中药饮片、药品冒充非药品、电疗/磁疗/光疗等物理设备、化工企业兴奋剂原料药核查、疫苗、苯磺酸氨氯地平片、查控完达山刺五加注射液等专题检查，立案24件，结案22件，罚没款11.01万元；是年，庆元县获浙江省农村药品“两网一规范”建设示范县达标创建单位称号。2009年，开展“打假保节日”、双黄连注射液、糖脂宁胶囊、注射用泮托拉唑钠、防治甲型H1N1流感药械、假人血白蛋白等专项检查，立案11件，结案14件，罚没款5.8万元；监督抽样65批，药品“快检”104批次，不合格15批。2010年，开展打击利用互联网等媒体发布虚假广告及通过寄递等渠道销售假药专项整治和非药品冒充药品、口腔专科门诊、含麻黄碱类复方制剂、疫苗监督、医用氧、学校医务室、阿胶产品等专项检查，立案22件，结案23件（其中1件转结），罚没款8.08万元。

浙闽边界食品药品监管协作机制

2008年，县食品药品监督管理局制订出台《关于建立浙闽边界药械协管工作机制的实施方案》，制作《浙闽边界食品药品监管系统联系卡》，建立横向工作联络机制，同年8月28日，召开首届浙闽边界食品药品监管协作工作联谊会，庆元县、龙泉市、景宁县和福建省寿宁县、政和县、松溪县食品药品监管局就构建浙闽边界食品药品监管协作工作机制达成协议。至2010年，已召开3届浙闽边界食品药品监管协作工作联谊会，创立《浙闽边界食品药品稽查交流园地》、浙闽边界食品药品交流QQ群，为浙闽食品药品协作协查构建交流平台。

第八章　安全生产监督管理

2004年之前，庆元县安全生产监督管理职能由县经济贸易局承担。2004年，庆元县安全生产监督管理局（县安监局）成立，为县经贸局下属单位，在县经贸局内设安全监督科，加挂县安全生产委员会办公室牌子，增加烟花爆竹生产经营单位的安全生产监督管理职能。2005年，升格为正科级行政机构，属县政府工作部门，内设办公室、安全综合监管科、危化科。同年12月21日，县安全生产监察大队成立，为局下属全额拨款事业单位。2010年，县安监局内设办公室（县安委办）、综合安全监督管理科、危险化学品安全监督管理科3个职能科室，下属事业单位为县安全生产监察大队。

第一节　安全宣教培训

宣教

2004年始，为提高全民安全意识，增强安全责任感，开展安全生产宣传教育活动。每年6月，县安监局会同县委宣传部、县总工会、团县委、县电视台等单位开展安全生产月活动。

培训

2005—2010年，县安监局组织举办企业负责人及安全管理人员培训班28期4000余人次；举办特种作业培训班7期570人次；举办烟花爆竹经营单位安全培训班4期320人次；举办危险化学品从业人员安全培训班7期650人次。

第二节　安全生产监管

安全生产责任制

县安监局主要监管矿山、危险化学品、烟花爆竹生产经营单位。有危险化学品生产经营单位和烟花爆竹经营单位68家，其中，有危险化学品生产企业1家（县新正大漆业有限公司）、危险化学品经营单位21家（加油站4家、氧气店3家、油漆店14家）、烟花爆竹批发企业1家（县万兴烟花爆竹有限公司）、零售经营单位41家（其中长年零售经营单位8家、季节性零售经营单位34家）。还承担县安全生产委员会日常工作，为县委、县政府做好参谋。每年召集4次安全生产例会，对安全生产进行安排部署，层层签订安全生产责任状，落实安全生产责任制。制定出台《庆元县安全生产责任目标考核办法》，年末由县政府组织考核组对各乡镇、部门安全生产责任制落实情况进行综合考评。

安全生产专项整治

2005—2010年，开展安全生产行政执法和“查证验证”“打非”等专项行动，查处违法案件185件。每年10月开展下一年度季节性烟花爆竹经营许可，年末和年初集中开展专项整治。2005年始，联合公安、质监、工商等部门开展烟花爆竹专项整治。2007—2010 年，在排查基础上，先后确立市级挂牌重大事故隐患点 8 处、县级挂牌重大事故隐患点 60 处。2005—2010 年，全县发生各类事故 13 起，死亡 18 人，直接经济损失 535.77 万元。

第二十一篇　中共庆元县地方组织

中国共产党在庆元县的活动始于1933年，中共福建省寿宁县特别支部到官塘一带开辟苏区，发展党员。1934年，庆元县第一个党组织——中共白柘洋支部建立。1935年，中共闽浙东特委福（安）寿（宁）办事处在庆元县边境建立中共寿（宁）景（宁）庆（元）县委。1938年6月，中共庆元县特别支部成立。同年8月，中共庆元县委成立，施平任书记。1939年6月，中共处属特委将庆元县委缩编为中共庆元县工作委员会。1940年冬，庆元工委遭破坏，并入龙（泉）庆（元）边县委。1941年，龙庆边县委停止活动。1949年2月，中共闽浙边地委设中共松（溪）浦（城）龙（泉）庆（元）工委。1949年5月17日,庆元县解放。1949年8月17日，中共庆元县委成立，设立秘书室和组织部。1952年，秘书室改称秘书处，增设宣传部、纪律检查委员会、统一战线工作部和干部学校。1955年，秘书处改称办公室，增设农业互助合作部、财政贸易部、供销手工业合作部、文化教育部、监察委员会、审干委员会、五人小组和机关党委。后根据工作需要，机构有撤有立，至1992年底，先后建立过18个工作机构。2010年，县委有县委办公室、组织部、宣传部、统一战线工作部、政法委员会、直属机关工作委员会、农村工作办公室7个工作机构。

第一章　中共庆元县委员会

土地革命战争时期，中国共产党在庆元县边境建立2个县委和3个中心县委，其领导人为上级任命。抗日战争时期，中共浙江省委建立中共庆元县特别支部、中共庆元县委，以及中共处属特委建立的中共庆元县工委，其领导人由上级指定。解放战争时期，中共闽浙赣省委建立中共松（溪）浦（城）龙（泉）庆（元）工委，其领导人由游击队领导兼任。中共庆元县委自1949年8月建立至1956年5月，其领导人由省委任命，以后由县代表大会选举产生。1949年8月，县委实行委员制。1954年9月，县委实行常委制。1958年，庆元县并入龙泉县。1975年3月29日，中共浙江省委公布中共庆元县委、县革命委员会组成人员名单，8月18日正式挂牌办公。同年底，县委下辖县机关党委和城郊、荷地、新村、菊隆、竹口5个区党的核心小组及31个公社党委。1990年底，全县有7个区（镇）委、45个党委、8个总支、623个支部，6521名党员。

第一节　县代表大会

中国共产党庆元县第八次代表大会

中国共产党庆元县第八次代表大会于1990年4月14—17日召开，正式代表235人。大会听取和审议徐培金代表中共庆元县第七届委员会作的工作报告和县纪委作的《切实加强党的纪律检查工作保证和促进我县治理整顿深化改革的顺利进行》的工作报告等，选举产生第八届县委和县纪委。县委八届一次全会选举产生常委会，选举徐培金为书记，谢力群、张春法为副书记。县纪委一次全委会选举沈剑飞为纪委书记。

中国共产党庆元县第九次代表大会

中国共产党庆元县第九次代表大会于1993年4月14—17日召开，正式代表245人。大会听取和审议谢力群代表中共庆元县第八届委员会作的《解放思想　放开搞活　抓住机遇　苦干实干　为把我县的改革和建设推上新台阶而努力奋斗》的工作报告和朱美菊代表县纪委作的《积极进取　开拓创新　为我县改革和建设保驾护航》的工作报告等，选举产生第九届县委和县纪委。县委九届一次全会选举产生常委会，选举谢力群为书记，单天成、夏家生为副书记。县纪委一次全委会选举朱美菊为纪委书记。

中国共产党庆元县第十次代表大会

中国共产党庆元县第十次代表大会于1998年3月2—6日召开，正式代表228人。大会听取和审议郑伟雄代表中共庆元县第九届委员会作的《抓机遇　打基础　苦创业　促发展　为把庆元县改革和建设事业推向二十一世纪而奋斗》的工作报告和包建平代表县纪委作的《围绕中心　服务大局　深入扎实地开展党风廉政建设和反腐败斗争》的工作报告等，选举产生第十届县委和县纪委。县委十届一次全会选举产生常委会，选举郑伟雄为书记，占志妙、陈建波为副书记。县纪委一次全委会选举包建平为纪委书记。

中国共产党庆元县第十一次代表大会

中国共产党庆元县第十一次代表大会于2003年3月17—21日召开，正式代表225人。大会听取和审议占志妙代表中共庆元县第十届委员会作的《实践“三个代表”重要思想　全面建设小康社会　为与全市同步基本实现现代化而努力奋斗》的工作报告和陈鸿斌代表县纪委作的《深入学习贯彻党的十六大精神　与时俱进　开拓创新　把党风廉政建设和反腐败斗争进一步引向深入》的工作报告等，选举产生第十一届县委和县纪委。县委十一届一次全会选举产生常委会，选举占志妙为书记，陈建波、包建平、胡雄光、陈鸿斌为副书记。县纪委一次全委会选举陈鸿斌为纪委书记。

中国共产党庆元县第十二次代表大会

中国共产党庆元县第十二次代表大会于2006年12月5—8日召开，正式代表222人。大会听取和审议蔡小华代表中共庆元县第十一届委员会作的《谋求发展再跨越　推进社会更和谐　为构建浙南闽北边际区域中心与全省同步提前基本实现现代化而努力奋斗》的工作报告和柳向阳代表县纪委作的《全面履行职责　加大惩防力度　为构建浙南闽北边际区域中心提供坚强的政治保证》的工作报告等，选举产生第十二届县委和县纪委。县委十二届一次全会选举产生常委会，选举蔡小华为书记，杜兴林、王顺发为副书记。县纪委一次全委会选举柳向阳为纪委书记。

第八届至第十二届中共庆元县委员会常委名录

表21—1—1—1

届期	职务	姓名	性别	籍贯	任期
第八届（1990年4月—1993年4月）	书记	徐培金	男	浙江淳安	1990年4月—1991年9月
		谢力群	男	浙江松阳	1991年9月—1993年4月
	副书记	谢力群	男	浙江松阳	1990年4月—1991年9月
		姚祖根	男	浙江青田	1991年8月—1992年11月
		张春法	男	浙江遂昌	1990年4月—1992年11月
		单天戌	男	浙江绍兴	1992年11月—1993年4月
		夏家生	男	安徽肥东	1992年11月—1993年4月
	常委	沈剑飞	男	浙江庆元	1990年4月—1992年11月
		夏家生	男	安徽肥东	1990年4月—1992年11月
		姚祖根	男	浙江青田	1990年4月—1991年8月
		吴晓铃	男	浙江庆元	1990年4月—1992年11月
		司徒梅珍	女	广东台山	1991年8月—1993年4月
		叶志深	男	浙江青田	1991年8月—1992年11月
		金建新	男	浙江临安	1991年8月—1993年4月
		郑伟雄	男	浙江缙云	1992年11月—1993年4月
		朱美菊	女	浙江庆元	1992年11月—1993年4月
		黄立鹏	男	福建寿宁	1992年11月—1993年4月
		张为社	男	浙江庆元	1992年11月—1993年4月

续表 21—1—1—1

届期	职务	姓名	性别	籍贯	任期
第九届（1993年4月—1998年3月）	书记	谢力群	男	浙江松阳	1993年4月—1993年10月
		单天戍	男	浙江绍兴	1993年10月—1996年11月
		郑伟雄	男	浙江缙云	1997年6月—1998年3月
	副书记	单天戍	男	浙江绍兴	1993年4月—1993年10月
		郑伟雄	男	浙江缙云	1993年11月—1997年6月
		夏家生	男	安徽肥东	1993年4月—1997年10月
		全建新	男	浙江临安	1993年11月—1996年6月
		占志妙	男	浙江景宁	1997年09月—1998年3月
		陈建波	男	浙江温州	1997年10月—1998年3月
	常委	朱美菊	女	浙江庆元	1993年4月—1996年3月
		黄立鹏	男	福建寿宁	1993年4月—1998年3月
		张为社	男	浙江庆元	1993年4月—1998年3月
		翁争鸣	男	浙江龙泉	1995年7月—1996年6月
		朱国镇	男	浙江缙云	1995年7月—1998年3月
		邱务土	男	浙江松阳	1995年12月—1998年3月
		包建平	女	浙江龙泉	1996年3月—1998年3月
		占志妙	男	浙江景宁	1996年6月—1997年9月
		沈金清	男	浙江景宁	1997年3月—1998年3月
第十届（1998年3月—2003年3月）	书记	郑伟雄	男	浙江缙云	1998年3月—1999年7月
		占志妙	男	浙江景宁	1999年7月—2003年3月
	副书记	占志妙	男	浙江景宁	1998年3月—1999年7月
		陈建波	男	浙江温州	1998年3月—2003年3月
		邱务土	男	浙江松阳	2000年1月—2002年12月
		包建平	女	浙江龙泉	2001年3月—2003年3月
		胡雄光	男	浙江缙云	2002年12月—2003年3月
		陈鸿斌	男	浙江缙云	2002年12月—2003年3月
	常委	包建平	女	浙江龙泉	1998年3月—2001年3月
		邱务土	男	浙江松阳	1998年3月—2000年1月
		黄立鹏	男	福建寿宁	1998年3月—1999年8月
		张为社	男	浙江庆元	1998年3月—1999年8月
		朱国镇	男	浙江缙云	1998年3月—2001年3月
		沈金清	男	浙江景宁	1998年3月—2000年11月
		杨贤高	男	浙江义乌	1999年08月—2002年12月
		胡雄光	男	浙江缙云	2000年1月—2002年12月
		邢柏生	男	浙江嵊州	2000年1月—2003年3月
		詹石梁	男	浙江松阳	2000年9月—2003年3月
		王小荣	男	浙江青田	2000年10月—2002年12月
		熊佩飞	男	江西丰城	2001年3月—2003年3月
		王顺发	男	浙江景宁	2002年12月—2003年3月
		刘秋霞	女	浙江龙泉	2002年12月—2003年3月
		沈世山	男	浙江庆元	2002年12月—2003年3月
		陈志斌	男	浙江丽水	2002年12月—2003年3月

续表 21—1—1—1

届期	职务	姓名	性别	籍贯	任期
第十一届（2003 年 3 月—2006 年 12 月）	书记	占志妙	男	浙江景宁	2003 年 3 月—2004 年 1 月
		蔡小华	男	浙江乐清	2004 年 1 月—2006 年 12 月
	副书记	陈建波	男	浙江温州	2003 年 3 月—2003 年 8 月
		包建平	女	浙江龙泉	2003 年 3 月—2004 年 12 月
		胡雄光	男	浙江缙云	2003 年 3 月—2006 年 3 月
		陈鸿斌	男	浙江缙云	2003 年 3 月—2006 年 10 月
		熊佩飞	男	江西丰城	2003 年 10 月—2006 年 07 月
		王顺发	男	浙江景宁	2004 年 12 月—2006 年 12 月
	常委	詹石梁	男	浙江松阳	2003 年 3 月—2003 年 9 月
		熊佩飞	男	江西丰城	2003 年 3 月—2003 年 10 月
		王顺发	男	浙江景宁	2003 年 3 月—2004 年 12 月
		刘秋霞	女	浙江龙泉	2003 年 3 月—2004 年 12 月
		沈世山	男	浙江庆元	2003 年 3 月—2006 年 12 月
		陈志斌	男	浙江丽水	2003 年 3 月—2006 年 4 月
		沈张富	男	浙江杭州	2003 年 9 月—2004 年 9 月
		叶旭勇	男	浙江丽水	2003 年 10 月—2006 年 12 月
		缪坤延	男	浙江淳安	2004 年 9 月—2005 年 9 月
		包焕盛	男	浙江东阳	2004 年 12 月—2006 年 10 月
		徐俊明	男	浙江常山	2005 年 9 月—2006 年 6 月
第十二届（2006 年 12 月—2011 年 12 月）	书记	蔡小华	男	浙江乐清	2006 年 12 月—2009 年 4 月
		陈景飞	男	浙江温岭	2009 年 4 月—2011 年 11 月
		杜光旻	男	浙江龙游	2011 年 11 月—2011 年 12 月
	副书记	杜兴林	男	浙江绍兴	2006 年 12 月—2009 年 8 月
		王顺发	男	浙江景宁	2006 年 12 月—2009 年 4 月
		叶旭勇	男	浙江丽水	2009 年 4 月—2011 年 11 月
		叶　青	男	浙江景宁	2009 年 8 月—2011 年 12 月
	常委	柳向阳	男	浙江景宁	2006 年 12 月—2008 年 12 月
		沈世山	男	浙江庆元	2006 年 12 月—2011 年 5 月
		叶旭勇	男	浙江丽水	2006 年 12 月—2009 年 4 月
		李继仁	男	浙江遂昌	2006 年 12 月—2011 年 12 月
		李　军	男	山西长治	2006 年 12 月—2007 年 4 月
		朱志强	男	浙江永康	2006 年 12 月—2010 年 12 月
		叶丽娅	女	浙江乐清	2006 年 12 月—2011 年 12 月
		吴青松	男	浙江庆元	2006 年 12 月—2011 年 12 月
		林建勇	男	浙江丽水	2007 年 3 月—2010 年 7 月
		陈伟军	男	浙江温岭	2009 年 12 月—2010 年 5 月
		吴郁郁	男	浙江景宁	2008 年 12 月—2011 年 12 月
		周和平	男	浙江云和	2009 年 10 月—2011 年 12 月
		张　兵	男	浙江温岭	2010 年 6 月—2011 年 12 月
		林元昌	男	福建上杭	2010 年 7 月—2011 年 5 月
		胡　刚	男	浙江兰溪	2010 年 12 月—2011 年 12 月

第二节　县委全体会议

中共庆元县委全体会议（简称全委会）每年至少召开两次以上例行会议，遇有重要情况，可随时召开。

八届全委会

中共庆元县第八届委员会共召开8次全委会。其中，重要议题有：1991年2月5—7日，召开第三次全体扩大会，学习讨论党的十三届七中全会精神，传达贯彻省委、地委扩大会议精神，讨论审议通过《中共庆元县委关于制定庆元县国民经济和社会发展十年规划及“八五”计划的建议》；1992年8月30日—9月2日，召开第六次全会，回顾上半年工作情况，研究下半年工作任务，审议谢力群代表县委所作的《解放思路，狠抓落实，进下加快我县改革开放步伐》报告和姚祖根代表县委、县政府所作的《抓住机遇　加快发展　全面完成今年各项工作》报告；1993年4月5—6日，召开第八次全体会议，研究召开中共庆元县第九次党代会的有关事宜及讨论中共庆元县第九次党代会报告。

九届全委会

中共庆元县第九届委员会共召开14次全委会。其中，重要议题有：1994年1月25日，召开第四次（扩大）会议，学习贯彻中共浙江省第九次党代会精神和全省经济工作会议精神，总结1993年工作，研究部署1994年工作任务；1994年7月15—17日，召开第五次（扩大）会议，研究加强“中国香菇城”建设意见，加强农业和农村工作，讨论通过《庆元县社会主义精神文明建设实施意见》；1994年12月17—19日，召开第六次（扩大）会议，贯彻地区解放思想动员大会精神，为实现“纵向翻番，横向移位，致富奔小康”目标打下良好思想基础，讨论通过《中共庆元县委关于在全县进一步开展解放思想、大学习、大讨论、大落实的决定》；1995年7月11—12日，召开第七次会议，回顾上半年工作，研究部署下半年工作，对各乡镇部门领导班子进行评议测评，推荐德才表现突出领导干部；1996年4月1—2日，召开第八次（扩大）会议，进一步学习贯彻中共十四届五中全会和中共浙江省九届五次会议精神，审议通过《中共庆元县委关于制定庆元县国民经济和社会发展“九五”计划和2010年远景目标的建议》，确定庆元县今后5年和15年奋斗目标、战略方针、工作重点和具体措施；1996年7月18—19日，召开第九次（扩大）会议，分析总结1996年上半年工作，研究部署1996年下半年各项工作任务，学习贯彻《中国共产党地方委员会工作条例（试行）》，确定“优化环境、拓展市场、强农兴工、增强实力”跨世纪发展战略，提出2000年实现“全国最大的香菇产销地，资源开发特色明显、经济实力较强、生态环境优美、人民生活达到小康、经济和社会协调发展、中国香菇城文明繁荣”目标；1996年12月26—27日，召开第十次（扩大）会议，贯彻落实中共十四届六中全会精神和中央经济工作会议精神，简要回顾1996年工作，研究部署1997年各项工作任务，审议通过《庆元县社会主义精神文明建设实施意见》；1997年4月2日，召开第十一次(扩大)会议，布置中共十五大代表候选人初步人选征求意见和圈选工作；1997年7月23日，召开第十二次（扩大）会议，学习贯彻中央（1997）13号、省委（1997）16号文件精神，讨论审议《中共庆元县委、庆元县人民政府关于全县党政机关厉行节约制止奢侈浪费行为的实施意见》，总结1997年上半年工作，研究部署1997年下半年工作任务，一致通过《关于大力发扬艰苦奋斗、勤俭节约精神的决议》；1997年12月4日，召开第十三次会议，研究党委换届选举有关事宜；1998年2月23日，召开第十四次会议，讨论研究中共庆元县第十次代表大会有关事宜。

十届全委会

中共庆元县第十届委员会共召开14次全委会。其中，重要议题有：1998年8月13日，召开第二次（扩大）会议，圈选出席中共浙江省第十次党代会代表候选人预备人选；1999年1月28—29日，召开第三次（扩大）会议，贯彻落实中共十五届三中全会和中共浙江省第十次党代会精神，回顾1998年工作，表彰1998年度先进集体和个人，研究部署1999年工作任务；2000年2月13—14日，召开第五次（扩大）会议，深入贯彻落实中共十五大、中共浙江省十届二次全会和中共丽水地委工作会议精神，回顾总结1999年工作，表彰1999年先进集体和个人，全面部署2000年各项工作任务；2000年8月17—18日，召开第六次（扩大）会议，贯彻落实中共浙江省十届四次全体（扩大）会议精神，全面落实“三个代表”重要思想，回顾2000年上半年工作，进一步落实“三讲”教育整改措施；2000年9月5日，召开第七次会议，圈选庆元县出席中共丽水市第一次代表大会代表候选人预备人选；2001年2月5—6日，召开第八次会议，回顾总结2000年工作，表彰先进集体和个人，部署2001年各项工作；2001年8月17日，召开第九次（扩大）会议，学习贯彻江泽民总书记“七一”重要讲话精神，回顾上半年工作，明确下半年工作目标任务、措施；2002年2月24—25日，召开第十次（扩大）会议，深入贯彻落实中共十五届六中全会、中共浙江省十届七次全会和中共丽水市一届四次全会精神，回顾总结2001年工作，部署2002年工作任务；2002年8月26日，召开第十一次（扩大）会议，贯彻落实江泽民总书记“5·31”重要讲话、中共浙江省第十一次党代会和中共丽水市一届七次全会精神，总结上半年工作，部署下半年任务；2002年12月6日，召开第十二次会议，研究召开中共庆元县第十一次代表大会有关事项；2003年2月13—14日，召开第十三次（扩大）会议，深入贯彻落实中共十六大精神和中共浙江省十一届二次全体（扩大）会议、中共丽水市一届八次全体（扩大）会议精神，回顾总结2002年工作，部署2003年工作任务；2003年3月6日，召开第十四次会议，研究确定中共庆元县第十一次代表大会有关事项，讨论党代会报告。

十一届全委会

中共庆元县第十一届委员会共召开11次全委会。其中，重要议题有：2003年8月1日，召开第二次（扩大）会议，贯彻落实中共中央总书记胡锦涛“七一”重要讲话、中共浙江省十一届四次全体（扩大）会议和中共丽水市一届九次全体（扩大）会议精神，总结上半年工作，部署下半年任务；2004年2月17—18日，召开第三次（扩大）会议，深入贯彻落实中共十六届三中全会、中共浙江省十一届五次全体（扩大）会议精神，回顾总结2003年工作，部署2004年各项工作任务；2004年7月15日，召开第四次（扩大）会议，学习贯彻中共浙江省十一届六次全会和中共丽水市一届十一次全体（扩大）会议精神，全面部署建设“平安庆元”工作；2004年12月24日，召开第五次全体（扩大）会议，贯彻落实中共十六届三中、四中全会和中央、省委经济工作会议精神，回顾总结一年来工作，部署2005年工作，审议通过《中共庆元县委关于认真贯彻党的十六届四中全会精神，切实加强党的执政能力建设的意见》；2005年2月21—22日，召开第六次（扩大）会议，深入贯彻落实中共十六届四中全会、中共浙江省十一届七次全体（扩大）会议和中共丽水市一届十二次全体（扩大）会议精神，回顾总结2004年工作，部署2005年各项工作任务；2005年8月29日，召开第七次（扩大）会议，贯彻落实中共十六大、中共十六届三中全会、中共十六届四中全会及中共浙江省十一届八次全会、中共丽水市一届十三次全会精神，研究部署菇乡文化建设各项工作任务，审议通过《中共庆元县委关于加快菇乡文化建设的决定》；2005年9月9日，召开第八次会议，递补中共庆元县第十一届委员会委员，圈选庆元县出席中共丽水市第二次代表大会代表候选人预备人选；2005年11月7日，召开第九次（扩大）会议，学习贯彻中共十六届五中全会、中共浙江省十一届九次全体（扩大）会议和中共丽水市委第二次党代会精神，回顾总结前阶段工作，部署下阶段各项工作任务；2006年2月13日，召开第十次会议，审议通过《中共庆元县委关于〈庆元县国民经济和社会发展第十一个五年规划纲要（草案）的决议〉》；2006年9月4日，召开第十一次会议，县委书记蔡小华作《大力弘扬抗台救灾精神，努力完成全年各项目标任务》报告，审议通过《中共庆元县委关于贯彻〈中共浙江省委关于建设“法治浙江”的决定〉的实施意见》。

十二届全委会

中共庆元县第十二届委员会召开多次全委会。其中，重要议题有：2007年2月27日—3月1日，召开第三次会议，县委书记蔡小华作《奋发有为谋发展、凝心聚力抓落实，为全力构建浙南闽北边际区域中心奠定坚实基础》报告；2008年2月19—20日，召开第五次会议，蔡小华作《创业创新力促跨越发展，共建共享推进社会和谐，为全面建设惠及全县人民的小康社会而努力奋斗》报告，审议通过《中共庆元县委关于认真贯彻党的十七大精神，扎实推进创业创新，加快构建浙南闽北边际区域中心的决定》；2008年9月28日，召开第六次会议，蔡小华报告前三季度工作情况，审议通过《关于扎实推进生态文明建设，巩固“中国生态环境第一县”建设成果，促进经济社会又好又快发展的决定》和《庆元县推动菇乡文化发展与繁荣纲要》；2009年2月4—5日，召开第七次会议，蔡小华作《抢抓机遇、克难攻坚，努力夺取庆元经济社会发展新胜利》报告；2009年9月27日，召开第九次会议，县委书记陈景飞作《坚持“北承南接”、推进“五个发展”，全力打造接轨融入海西桥头堡和先行地》报告，审议通过《中共庆元县委关于进一步解放思想，加快构建“北承长三角，南接海西区，当好桥头堡，谋求新跨越”对外开放新格局的决定》；2010年09月29日，召开第十二次会议，陈景飞作《推进三大目标，实现三大跨越，努力开创“十二五”庆元科学发展新局面》报告，并就《中共庆元县委关于加快发展低碳经济进一步推进生态文明建设的决定》《中共庆元县委关于制定国民经济和社会发展第十二个五年规划的建议》《中共庆元县委庆元县人民政府关于鼓励和引导民间投资加快推进新型城镇化的若干意见》进行讨论。

第三节　县委工作机构

1988年1月至1993年12月，县委设办公室、组织部、宣传部、政法委、老干部局、党史研究室等7个工作机构。

1996年8月，县委设置办公室、组织部、宣传部、统一战线工作部、政法委员会5个工作机构。办公室内设信访办公室、保密委员会办公室，对外挂信访局、保密局牌子；纪律检查委员会机关与监察局合署办公，一个机构、两块牌子；老干部局由组织部管理；机关党委改称直属机关工作委员会，与组织部合署办公；侨务、台湾事务、民族宗教的行政职能暂由统战部行使，对外挂侨务办公室、台湾事务办公室（县委台湾工作办公室）、民族宗教事务局牌子。

2001年11月，县委机构进行调整，设置办公室、组织部、宣传部、统一战线工作部、政法委员会、直属机关工作委员会6个工作机构。纪委机关与监察局合署办公；办公室挂保密委员会办公室（县国家保密局）牌子；直属机关工作委员会与组织部合署办公；台湾事务、侨务的行政职能并入统战部，对外挂侨台事务办公室（县委台湾工作办公室）牌子，民族宗教事务局与统战部合署办公；政法委与社会治安综合治理委员会办公室合署办公。此外，设2个部门管理机构：县委县政府信访局，为办公室管理机构；县委老干部局，由组织部管理。机构编制委员会办公室是机构编制委员会的常设办事机构，也是县委、县政府主管机构编制工作机构，挂靠县人事劳动社会保障局。

2006年1月至2010年12月，县委有办公室、组织部、宣传部、统一战线工作部、政法委员会、直属机关工作委员会、农村工作办公室7个工作机构。纪委机关与监察局合署办公；办公室挂保密委员会办公室（县国家保密局）牌子；直属机关工作委员会与组织部合署办公；台湾事务、侨务的行政职能并入统战部，对外挂侨台事务办公室（县委台湾工作办公室）牌子，民族宗教事务局与统战部合署办公；政法委与社会治安综合治理委员会办公室合署办公。此外，设3个部门管理机构：县委县政府信访局，为办公室管理机构；县委老干部局由组织部管理；县精神文明建设委员会办公室（简称县文明办）是县精神文明建设委员会的办事机构，由宣传部管理。机构编制委员会办公室是机构编制委员会的常设办事机构，也是县委、县政府主管机构编制工作机构，挂靠县人事劳动社会保障局。农村工作办公室是县委、县政府主管农村工作的办事机构，与县农业局合署办公，2010年6月单独设置，列县委工作部门。

第四节　县委重大决策及活动

重大决策

兴建庆元香菇市场　1986年，松源镇新建路逐渐形成香菇交易集市。1990年，为改善经营条件，庆元县委、县政府决定新建一座现代化的香菇专业市场。庆元香菇市场由县工商局和县供销社共同投资，位于新建路庆元车站左侧，1990年开工建设，1992年1月建成开业，总投资420万元。市场占地面积6660平方米，建筑面积10500平方米，150个摊位。1992年，购销量410.2万千克，成交额1.72亿元。1993年，市场扩建80个摊位。以经营香菇为主，兼营木耳、灰树花、牛肝菌、草菇等30多种其他食用菌系列产品，是全国最大的香菇专业批发市场，曾获全国百强市场、全国文明市场和全国食用菌先进市场等称号。

启动“中国香菇城”建设　1993年3月10日，庆元县政府召开建设“中国香菇城”工程研讨会。5月5—8日，在县第十一届人大一次会议上，政府工作报告正式提出建设“中国香菇城”系统工程计划，提出全方位开展“中国香菇城”配套工程建设。6月7日，县委建立“中国香菇城”系统工程建设委员会，全面推行“中国香菇城”建设计划。除加强宣传，继续扩大庆元香菇知名度外，着重抓好六方面工作：一是狠抓优质高产，增加科技含量，生产更多高品位香菇投放国际市场；二是努力搞好香菇深度加工，带动和促进其他行业发展；三是进一步培育市场，扩宽商路；四是搞好基础设施和服务配套建设；五是加强后备资源建设，争取若干年内建成50万亩菇木林基地，确保香菇生产历久不衰；六是全面开展争做“文明菇城人”活动。通过一系列建设，20世纪90年代，庆元社会、经济发生深刻变化，城乡处处菇业兴旺，市场繁荣。

发展“香菇经济”，做强食用菌产业　庆元县香菇生产虽有800多年历史，但1978年全县香菇干产量只有2.15吨，社员人均收入为71元。1984年，产干菇24万千克，香菇业开始复苏。1985年，制菇农户有2700多户。1986年6月，试验成功“人造菇木露地栽培香菇”技术，被列入国家级“星火计划”。人造菇木制菇，加快香菇业发展，扩大生产规模，提高香菇产量，提高森林资源利用率，安置和挖掘大量农村剩余劳动力，产生巨大社会效益和经济效益，形成独特“香菇经济”。实施“星火计划”以来，香菇生产迅速从东部、北部偏远山村遍及各乡镇。1995年，制菇农户有25000余户，制菇木1.4亿段，产干菇1001.3万千克。香菇单项经济收入由1986年的872万元发展到1995年的2.55亿元；农业总收入由1986年的5447万元提高到1995年的48573万元，占农民年人均总收入近80%。2002年，“庆元香菇”获国家原产地域保护。“香菇经济”繁荣带动灰树花、黑木耳等其他食用菌产品发展，特别是通过2004年“十八条”、2007年“114计划”和“411工程”的实施，食用菌产业开始从传统农业向现代农业转变，从单纯农村经济支柱向工业经济骨干转变。2008年，约7万人从事食用菌及相关行业，食用菌干品产量600万千克，干品年交易量1200万千克，总产值超过11亿元，其中一产（生产环节）2.7亿元、二产（加工企业）1.8亿元、三产（香菇市场交易）5.0亿元，其他行业（原辅材料、菌种、塑料、机械等）1.8亿元，成为全国食用菌生产基地县。

坚持“生态立县”，建设中国生态环境第一县　20世纪70—80年代，庆元县“以林兴县”，林业经济造成森林资源被掠夺性破坏。20世纪90年代中后期，香菇生产消耗大量林木，林业资源日渐短缺，生态环境日益恶化，两大支柱工业企业造纸厂和染料化工厂因污染问题先后关闭。经过反思与调查研究，县委决定走生态效益经济发展道路。1998年，提出建设生态示范区申请。2003年，通过国家级生态示范区创建工作考核验收。2004年，实施“生态立县”发展战略，全面启动生态县建设。2004年，国家环境监测总站公布《生态环境质量研究报告》，庆元县生态环境在全国2348个县（市、区）中名列第一，成为“中国生态环境第一县”。2008年，庆元县森林覆盖率达86%，居全省之首，大气和地面水环境的质量均达到国家Ⅰ类标准，受保护地区土地面积比例高达37.4%，通过省级生态县验收。

重大活动

推进生态移民 庆元县是全国400个严重地质灾害县（市）之一，有140个村庄、3700多户、14000多人常年受到地质灾害隐患威胁，同时有2.18万户、8.28万农民生活在交通不便、自然环境恶劣的高山远山中。为加快新农村和城市化建设及保护环境，自2003年起，开始实施欠发达乡镇奔小康工程，开启一条生态搬迁、齐奔小康的道路。积极探索农民异地转移新路子，高标准规划生态移民安置小区，充分尊重民意，调动农民搬迁积极性，以集中安置为主，注重集约发展，使其和谐融入城市。至2007年末，有14个行政村、51个自然村实现整村搬迁，建成或在建农民安置小区5个，建成脱贫点16个，累计实现下山移民5514户、20970人，其中集中安置在县城的1万余人，全县实现农业总产值6.15亿元、增长7.6%，农村居民人均纯收入3950元、增长14.2%。其中，建成全省最大三类安置小区：全省最大的下山脱贫农民新村洋墩新村，安置农民3300多人；全省最大的灾民安置小区同德新村，安置“桑美”台风受灾灾民1700多人；全省最大的地质灾害避险搬迁安置小区同济新村，安置农民4000多人。生态移民工作加快人口城市化步伐，实现企业发展和农民增收有机结合，有效推进农业产业化进程，促进“中国生态环境第一县”建设。

技能型乡镇政府建设 2004年初以来，庆元县为适应农村经济社会发展新形势，在总结提升江根乡、隆宫乡等部分乡镇探索经验基础上，各乡镇开展“培养技能型干部、建设技能型政府”工作。分为三个阶段进行：第一阶段是学技能、用技能，确立乡镇干部服务理念；第二阶段是全面改革乡镇政府机构，把20多个办公室归并为“一办四中心”，即党政综合办、农村工作指导中心、工业发展服务中心、社会保障服务中心和维（持）稳（定）调（解）处（理）服务中心，集中办公，开放式服务；第三阶段是建立健全服务网络。2006年，组建78个技能学习小组，参加培训干部群众有52110人次，首批有133名乡镇干部取得技能证书；有272名乡镇干部参加中层干部竞聘，占乡镇普通干部的71%；选派182名“一员四助理”和547名“一员一助理”到农村和企业帮助工作；在345个行政村全面推开为民服务中心（站）建设，志愿者队伍有3100多人。技能型乡镇政府建设得到省、市主要领导和有关专家学者的高度重视和充分肯定，引起社会各界和新闻媒体的广泛关注，介绍技能型乡镇政府建设做法的文章被收入《2006中国全面小康发展蓝皮书——全面小康与新农村》公开出版发行，一些地方还直接复制庆元做法。技能型乡镇政府建设于2004年获得浙江省组织工作创新奖，在2006年10月28—29日“2006第二届中国全面小康论坛暨颁奖典礼”上入选“中国十大政府创新典型”，2008年1月获得第四届“中国地方政府创新奖”入围奖。

举办中国（庆元）香菇节，弘扬香菇文化 根据“香菇引路，以菇会友，拓宽市场，发展经济”思路，1992年1月11日，县委、县政府举办首届庆元县香菇节暨庆元香菇市场开业庆典活动。同年11月1日，第二届香菇节暨复县20周年庆祝活动举办，有吴三公像揭像仪式、“93国际香菇技术研讨会”等活动。1994年11月1—3日，第三届香菇节举行，有国际香菇生产暨产品研讨会等活动。1995年11月1日，第四届香菇节暨全县体育运动会举办；同年11月，庆元县被国务院发展研究中心市场经济研究所确认为“世界人工栽培香菇历史最早”“全国最大的香菇产地和集散地”，载入“中华之最荣誉大典”。1996年3月，国务院发展研究中心农村发展研究部、中国农学会特产经济专业委员会、中国特产报社联合授予庆元县“中国香菇之乡”称号。2004年8月23日，《华南虎》特种邮票首发式暨第五届中国香菇文化节举行。2005

年11月11日，第六届中国（庆元）香菇节暨全国食用菌主产区县（市）长论坛举办。2008年11月10—11日，第七届中国（庆元）香菇节暨“中国廊桥之乡”授牌仪式举行，以“集群发展、转型升级、走在前列”为主题，有“中国廊桥之乡”授牌仪式、中国·庆元食用菌产业集群发展高峰论坛、生态产品展示展销等活动。2010年12月10—12日，第八届中国(庆元)香菇文化节举行，有浙江省食用菌科技创新服务平台最新科研成果发布会、浙江省食用菌区域科技创新服务平台授牌、中国食用菌产业基地授牌、香菇博物馆开馆仪式、食用菌专业园区奠基仪式、中华菇菌文化交流大会、2010年庆元县招商推介会、食用菌新技术新产品展销展示博览会等活动。

图21-1　2006年10月，庆元县获“中国十大政府创新典型”证书（县委组织部供　摄于2006年）

弘扬廊桥文化，打造“中国廊桥之乡”　据光绪版《庆元县志》记载，庆元当时有宋朝以来修建的各式廊桥230多座，2004年廊桥普查时尚有98座，为全国廊桥数量最多的县。庆元县重视保护和开发廊桥，积极传承和发扬廊桥文化。2004年，成立木拱廊桥保护与开发领导小组，实施廊桥保护和开发行动，对廊桥进行全面普查，统一登记造册，制订保护规划；举办“首届浙闽两省木拱廊桥保护与开发研讨会”，并与相关县市联合签署《关于开展浙闽两省木拱廊桥保护研究与开发区域合作的倡议书》。2004年、2007年，县政府两度与各乡镇和相关部门签订《古廊桥保护责任书》，从机制上落实和加强对廊桥的保护管理。2005年，后坑木拱廊桥保护项目荣获“联合国教科文组织第六届亚太地区文化遗产保护卓越奖”，并于2007年5月15日举办颁奖典礼。2007年，发起古廊桥爱心认护活动，发动社会各界参与廊桥保护；成立廊桥研究协会，邀请专家及组织乡土人士进行调研，编辑出版发行《中国廊桥之都》一书。2008年1月2日，中国民间文艺家协会同意命名庆元县为“中国廊桥之乡”，同年11月11日在庆元县举行授牌仪式。同年6月7日，国务院公布第二批国家级非物质文化遗产名录（国发〔2008〕19号文件），庆元县“木拱桥传统营造技艺”入选第二批国家级非物质文化遗产名录。

第二章　中共庆元县纪律检查委员会

1950 年 6 月，中国共产党庆元县纪律检查委员会成立。1990 年 4 月，中共庆元县第八次代表大会选出县纪律检查委员会委员 11 人，其中常委 5 人。1993 年 4 月，中共庆元县第九次代表大会选出县纪律检查委员会委员 13 人，其中常委 6 人；同年 8 月，监察局与纪律检查委员会合署办公。2005 年，在浙江省率先开展纪检监察派驻机构统一管理试点工作；2006 年，全面推开，分系统归口设置 5 个派驻纪检组（监察室），干部编制、工资待遇、业务培训、绩效考核、日常办公经费和专项工作经费收归县纪委（监察局）统一管理。2009 年，撤消派驻纪检组（监察室），成立 5 个派驻纪工委（监察分局），动态地向重点单位、重点建设项目派驻纪检监察专员。同年，在原内设机构不变前提下，将委（局）机关内设 8 个科室整合成综合办、执纪执法一室、执纪执法二室和执纪执法三室等“一办三室”，主任由常委（副局长）担任，实行大科室常委（副局长）负责制，在 20 个乡（镇）配备 2 个纪委书记、11 名专职纪委副书记和 12 名专职纪检干部，在 341 个行政村配备纪检委员，完善县、乡、村三级纪检组织网络。

第一节　纪委会议

中共庆元县纪律检查委员会全体委员（扩大）会议，简称县纪委全委（扩大）会议，一般每年召开 1—2 次。会议由县纪委常委会主持，议题一般是：学习传达中央和上级纪委全会、区（市）委全委会会议精神；听取县纪委常委会年度工作报告和有关重大问题通报；通报全年党风廉政建设和反腐败工作，部署下一年度主要工作任务。

第八届县纪律检查委员会

1990 年 4 月，中共庆元县第八次代表大会上，县纪委书记沈剑飞作《切实加强党的纪律检查工作，保证和促进我县治理整顿，深化改革的顺利进行》报告，选举产生中共庆元县纪律检查委员会委员 11 人。中共庆元县第八届纪律检查委员会第一次全体会议选出常务委员 5 人，其中书记 1 人、副书记 1 人。1990 年 7 月，1992 年 7 月、9 月、10 月，常务委员先后作了调整。

第九届县纪律检查委员会

1993 年 4 月，中共庆元县第九次代表大会上，县纪委书记朱美菊作《积极进取，开拓创新，为我县改革和建设保驾护航》报告，选举产生中共庆元县纪律检查委员会委员 13 人。中共庆元县第九届纪律检查委员会第一次全体会议选出常务委员 6 人，其中书记 1 人、副书记 2 人。

第十届县纪律检查委员会

1998 年 3 月，中共庆元县第十次代表大会上，县纪委书记包建平作《围绕中心、服务大局，深入扎实地开展党风廉政建设和反腐败斗争》报告，选举产生中共庆元县纪律检查委员会委员 13 人。中共庆元县第十届纪律检查委员会第一次全体会议选出常务委员 6 人，其中书记 1 人、副书记 2 人。

第十一届县纪律检查委员会

2003 年 3 月，中共庆元县第十一次代表大会上，县纪委书记陈鸿斌作《深入学习贯彻党的十六大精神，与时俱进，开拓创新，把党风廉政建设和反腐败斗争进一步引向深入》报告，选举产生中共庆元县纪律检查委员会委员 15 人。中共庆元县第十一届纪律检查委员会第一次全体会议选出常务委员 11 人，其中书记 1 人、副书记 4 人。

2006 年 3 月 31 日，十一届纪委四次全会召开，审议通过县委副书记、县纪委书记陈鸿斌所作的《自觉服务大局，全面履行职责，积极推进党风廉政建设和反腐败工作》报告。

第十二届县纪律检查委员会

2006 年 12 月，中共庆元县第十二次代表大会上，县纪委书记柳向阳作《全面履行职责加大惩防力度为构建浙南闽北边际区域中心提供坚强的政治保证》报告，选出中共庆元县纪律检查委员会委员 19 人。中共庆元县第十二届纪律检查委员会第一次全体会议选出常务委员 11 人，其中书记 1 人、副书记 2 人。

第八届至第十二届中共庆元县纪律检查委员会（监察委员会）书记名录

表 21—2—1—1

届期	职务	姓名	籍贯	任职时间
第八届县纪律检查委员会	书记	沈剑飞	浙江省庆元县	1990 年 4 月—1992 年 12 月
第九届县纪律检查委员会	书记	朱美菊	浙江省庆元县	1992 年 12 月—1996 年 3 月
第十届县纪律检查委员会	书记	包建平	浙江省文成县	1996 年 3 月—2002 年 12 月
第十一届县纪律检查委员会	书记	陈鸿斌	浙江省缙云县	2002 年 2 月—2006 年 10 月
第十二届县纪律检查委员会	书记	柳向阳	浙江省景宁县	2006 年 10 月—2009 年 2 月
	书记	吴郁郁	浙江省景宁县	2009 年 2 月—2011 年 12 月

第二节　党风廉政建设

廉洁自律相关规定

庆元县以贯彻落实《中国共产党党员领导干部廉洁从政若干准则（试行）》和中共中央、国务院《关于党政机关厉行节约制止奢侈浪费行为的若干规定》为重点，突出以监督副科以上领导干部为重点，围绕狠刹用公款“吃喝玩乐”等难点，相继开展公车使用、干部住房、礼金礼券礼卡等专项治理，切实推进领导干部廉洁自律工作。1997 年，各党政机关基本建立公务接待制度，制定接待标准，实行食堂（或定点）就餐。印发《关于重申外出参加考察学习有关纪律的通知》，转发省纪委《关于坚决制止公款旅游度假的通知》，于每年“五一”“十一”期间会同有关部门进行检查，有效遏制公款旅游现象。2001 年，开设“581”廉政账户，当年收到党员干部上交违规收受礼金礼券礼卡折合人民币 30850 元。2007 年，20 个乡镇建立招投标分中心，建立 5 项制度。

党风廉政建设责任制

1998 年始，庆元县全面实行党风廉政建设责任制。2008 年，345 个行政村建立起村务监督委员会（简称村监会），成员达 1187 人。2005—2010 年，先后开展农村基层党风廉政建设示范村、群众满意基层站所、评星晋级等创建活动，创建市级群众满意基层站所3个、县级群众满意基层站所10个、省级农村基层党风廉政建设示范村3个。2010年，出台《县党政班子成员同下级党政班子、县属国有企事业单位主要负责人廉政谈话制度》和以乡镇、部门“一把手”不直接分管财务、人事、基建工程、物资采购、项目审批、资产、资源等为主要内容的权力制衡机制。

党风廉政教育

庆元县坚持“预防为主、教育为主”方针，利用电视广播讲座、黑板报、党课等形式，切实加强党风廉政建设和反腐倡廉宣传教育。1998年，在《菇城报》上开设《勤政廉政兴庆元》专栏，累计刊发专栏200余期。1999年，组织“利群杯”党纪条规知识竞赛，3684名党员干部参加竞赛。利用胡长清等重大案件进行警示教育活动，组织专题讲座，开展主题讨论。认真组织广大党员干部深入学习“三个代表”、科学发展观重要思想。制定《全县廉政文化“六进”活动实施方案》，积极开展廉政文化进机关、进社区、进家庭、进学校、进企业、进农村活动，将廉政文化“六进”工作列入党风廉政建设责任制考核内容。

第三节　信访举报与案件查处

信访举报

1991—2010年，庆元县先后出台《纪检监察机关信访举报工作责任制》《纪检监察组织初信初访办理规定》《纪委监察局领导接待日制度》等一系列工作制度。1991—2010年，纪检监察机关受理群众来信来访、电话举报、网络举报4837件次，其中纪检监察范围内3144件次，户头数2010个，信访初查报结率在95%以上。2003—2010年，发出信访反映通知书38份，信访谈话81人次，教育批评干部42人次，纠正解决问题70个，有效澄清问题207个，提供案源线索75条。

案件查处

1995年，庆元县纪检监察组织立案查处50件，处分党员干部35人，其中受党纪处分16人、受政纪处分22人、受党政纪双重处分3人，副科以上干部9人，一般党员干部30人。2000年，立案55件，处分违纪党员干部53人，其中受党纪处分34人、受政纪处分20人，立案查处土管领域窝案串案。2005年，案件查办工作被评为省级办案先进集体。2007年，立案21件，查处党员干部51人，其中开除党籍9人、留党察看15人、严重警告11人、警告14人、行政开除留用察看1人、行政降级1人、撤职2人、移送司法机关3人。1991—2010年，立案查处党员干部违法违纪案件964件，处分党员739人，其中副科级以上领导干部116人，为国家和集体挽回经济损失4506万元。

第四节　专项监察

1991—2010年，庆元县先后开展重点工作、重点项目、重要事项和重大疑难问题督察，“两提高、两降低”效能建设主题活动，城乡规划效能监察，省级生态县创建工作效能监察，农村危旧房改造督察，涉企涉农收费督察等工作，598人因效能问题受到责任追究。

1993年，县纪委（监察局）对乡村康庄工程资金管理使用情况、征用农民集体所有土地补偿费管理使用情况、第一批进入县会计核算中心单位资金情况、移民资金管理使用情况、救灾款物管理使用情况、行政许可法贯彻执行情况、建设工程监理情况、国有土地使用权出让情况、企业违法排污损害群众利益突出问题、政府投资建设项目标后管理、省级生态县创建、农村危旧房改造、中央扩大内需促进经济平稳较快发展政策措施执行情况等重点工作进行专项执法监察。推行土地矿产资源、水电资源、森林林地林木资源、公用资源、行政事业单位房地产资源、中小学生平安保险等领域资源配置市场化。推动开展林权 IC 卡制度与抵押贷款。开展建设工程无标底招标，实行建设工程项目报告备案制度。

1998 年，县纪委（监察局）先后开展违规用公款购买商业保险、“小金库”专项治理、违反规定收送“三礼”、治理商业贿赂、干部职工拖欠不良贷款清理、党政机关及工作人员违反规定投资入股等一系列专项治理。

2008 年，345 个行政村建立起村务监督委员会，成员达 1187 人。

2009—2010 年，针对部分股（所）长作风建设等方面存在问题，围绕治理“庸、散、慢、虚、贪”目标，推出直接服务企业和群众的 109 名股（所）长评议活动，深化干部作风建设；组织开展基层站所作风建设“阳光投诉”活动和“百姓热线”走进庆元大型直播活动，将效能监察与社会监督、舆论监督有机结合起来，提出解决问题对策建议 439 条。推进行政审批制度改革，纳入行政审批中心的行政许可项目和便民事项从 251 项增至 522 项。推进网上审批系统、电子监察系统和基层便民服务中心标准化建设，先后推行服务承诺制、限时办结制、首问责任制、AB 岗工作制、窗口部门一次性告知制、企业创业“110”、重点项目全程跟踪监督服务等制度，确保办事提速，服务提质。

2010 年，开展县人民医院（二期）改造工程“代管制”试点，确定县城发公司为代管单位，实行政府投资项目专业化管理；出台《庆元县行政过错责任追究暂行办法》以来，对 8 名项目建设单位主管人员进行党纪政纪处分；开展工程建设领域突出问题专项治理执法监察，对 23 个 2008 年以来扩大内需中央投资项目、18 个政府投资和使用国有资金投资额在 500 万元以上项目进行专项检查，向项目责任部门和业主单位发出整改通知书 49 份，提出 96 条整改建议，督促限期整改到位。

第三章　组织工作

中共庆元县委组织部是县委主管全县组织建设、干部管理和人才工作部门。1949年8月，县委设立组织部。1991年，内设办公室、干部科、组织科、电教站、档案室。2000年，内设办公室、干部科、干部审理科、参照公务员制度管理办公室、组织科、党员电视教育中心。2002年，干部审理科更名为干部监督室。2006年，参照公务员制度管理办公室更名为干部综合科，增设人才工作办公室。2007年，推行机关“大科室”制度改革，将原有科（室、中心）整合至办公室、干部科、组织科三大科室中，其中干部科含干部调配科、干部综合科、干部监督室、人才办，组织科含组织科、党员电化教育中心。2008年，增设县委党代表联络办公室，配编制2人。2010年，人才工作办公室更名为县委、县政府人才工作办公室。2010年，内设机构有办公室、干部调配科、干部综合科、干部监督室、人才办、组织科、电教中心、党代表联络办。

第一节　党员队伍建设

党员发展

1991年，庆元县出台《关于1991年度发展党员工作的意见》，确定党员发展重点，新发展党员328人。1991年末，有党员6820人，其中女党员802人，少数民族党员52人，具有大专以上文化程度党员396人。1992年，发展党员实现规划审批，加强宏观调控，发展党员366人，其中农村发展165人。1999年，出台《关于进一步加强发展党员工作的意见》，严把“入口关”。2000年，出台《关于进一步规范发展党员工作的补充意见》，行政村党支部发展党员普遍推行“一推三公示”。2004年，编制《入党文书规范样本》，严格执行发展党员“三项制度”，对党员发展对象实行全员审核。2005年，制定《庆元县2005—2010年发展党员规划》，依照“坚持标准、保证质量、改善结构、慎重发展”十六字方针，坚决遏制党员发展宗族化、派系化问题。2010年，有中共党员11535人，其中正式党员11062人，女党员2380人，少数民族党员101人，具有大专以上学历党员3073人，新发展党员379人。

党员管理

1994年，庆元县开展党员民主评议，7966名党员中，合格5576人、基本合格2371人、不合格19人。1995年，制定《庆元县流动党员管理暂行办法》。2006年，在总结松源镇等6个先行乡镇活动经验基础上，在341个农村党支部全面推行标杆管理，通过确立先进党员“三好”标杆目标（学习活动好、遵章守纪好、作用发挥好）及“三勤、三守、三争”（勤学习、勤活动、勤汇报，守法纪、守规定、守公德，争落实、争建设、争服务）具体要求，使党员各方面得到持续改进和不断进步。同年，组织部与县信用联社联合开展“创业信贷快车”活动，为97名农村先进党员创业提供5万元以内信贷支持，一直延续至今。2007年，依托松源镇濛洲社区党组织探索建立县党员服务中心，将外地或乡镇流入县城的流动党员纳入管理。2008年，建立流动党员情况定期沟通机制，加强和改进对2056名流动党员管理；开展党员支援四川灾区工作，收到抗震救灾“特殊党费”1296538.2元，涉及党员4296人，占全体党员数的41.1%。2009年，建立党员服务中心376个，健全流动党员服务网络。2010年，继续细化党员标杆管理评分标准，组建党员志愿者队伍，开展“乡村党员公益服务日”“党员一帮一、一带十”“党员亮身份”等活动，为6000余户农村党员挂“共产党员户”牌，做好第四批“农村党员信贷快车”信用户评定，审核信用党员263人，核定信用额度650.5万元。

第二节　基层党的建设

1991年，庆元县出台《关于县机关部门党委工作的若干规定》，撤销机关工委和县企业党委，建立和恢复16个部门党委和21个党组。1991年末，党组织有区委7个、党组22个、党委43个、党总支9个、支部637个。1992年，因撤区扩镇并乡，基层党组织作相应调整，撤掉中共竹口区委、中共菊隆区委、中共城郊区委、中共荷地区委、中共左溪区委、中共新村区委、中共万里林区委，下辖36个乡镇党委和松源镇党委调整为20个乡镇党委，分别为中共松源镇党委、中共黄田镇党委、中共竹口镇党委、中共屏都镇党委、中共荷地镇党委、中共左溪镇党委、中共贤良镇党委、中共五大堡乡党委、中共岭头乡党委、中共张村乡党委、中共淤上乡党委、中共安南乡党委、中共隆宫乡党委、中共举水乡党委、中共龙溪乡党委、中共江根乡党委、中共官塘乡党委、中共百山祖乡党委、中共合湖乡党委、中共四山乡党委。1992年，有党组22个、党委25个、党总支3个、支部617个。1998年，设基层党委32个，其中乡镇党委20个、党总支8个、党支部647个。2005年，对部分党组织设置进行调整，撤消16个党支部，就近合并3个村党支部和2个机关部门党支部，升格5个党支部，组建党总支。2010年，有47个党委、1个直属机关工委，其中乡镇党委20个、独立部门党委10个、机关党委17个、党组22个、党总支19个、党支部672个。

1991—2010年庆元县党组织情况表

表21—3—2—1　　单位：个

年份	党委	党组	党总支	党支部
1991	43	22	9	637
1992	25	22	3	617
1993	23	22	1	627
1994	43	29	2	626
1995	44	30	—	663
1996	44	31	5	663
1997	43	35	—	638
1998	32	28	8	647
1999	25	27	8	650
2000	25	27	6	652
2001	23	24	6	657
2002	23	35	5	643
2003	41	31	5	650
2004	45	33	7	660
2005	46	32	7	649
2006	47	21	7	646
2007	47	30	16	664

续表 21—3—2—1

年份	党委	党组	党总支	党支部
2008	47	30	16	664
2009	47	32	17	667
2010	47	32	19	672

说明：1991 年庆元县有 7 个区委

农村基层组织建设

1991 年，庆元县出台《全县村级组织建设两年规划》，改选、调整农村党支部 92 个，调整、充实支部委员 152 人；开展“达标评类升级”活动，对 22 个后进党支部进行整顿，并与村干部误工报酬挂钩。1992 年，在农村党支部达标评类升级活动中，一类党支部从 140 个增加到 168 个，二类党支部 174 个，三类党支部从 8 个减少 2 个。1993 年，对村两委班子进行换届，出台《农村党支部工作三年规划》。1994 年，狠抓农村基层组织建设特色工作，向各乡镇推广左溪镇青竹村党支部开展“两强两带”活动成功经验，各乡镇做到“一乡一品”，重点对五大堡乡东山村后进支部进行两个多月整顿，党、政、青、妇各组织健全，面貌得到较大改善。1995 年，对 3 个半瘫痪支部和 3 个后进支部采取副县领导直接联系方式，进行全面整顿。1996 年，开始实施“凝聚力工程”，对 167 个村党支部进行换届，建立领导干部联系后进党支部和贫困村制度，左溪镇青竹村党支部被评为全国先进基层党组织。1997 年，在农村党支部中广泛开展“创五好、奔小康”活动，经验收，达到五个好党支部 9 个，达到四个好党支部 36 个，达到三个好党支部 95 个，达到二个好党支部 169 个，达到一个好党支部 34 个；开展“村账乡管”试点，成立“村级财务管理服务中心”，在 1998 年全面推行。1999 年，对 321 个村两委进行集中换届，年末前有 317 个支部、315 个村委会进行换届，对涉及宗派或重大项目建设的村暂缓换届。2000 年，在农村开展村务恳谈活动。2001 年，县委出台《关于认真搞好行政村党支部换届选举工作的意见》，采取“两推一选”方式，对 344 个农村党支部进行全面换届选举，选出新一届村党支部书记 331 人、支部领导班子成员 929 人。2002 年，出台《关于进一步加强村级财务公开和管理工作的意见》，在各行政村推行村级会计委托代理制。2003 年，出台《关于全面开展农村基层组织“先锋工程”建设的意见》《关于认真做好 2003 年农村基层组织“先锋工程”先进乡镇、村党组织创建工作的通知》，形成先进村党组织建设覆盖网。2004 年，开展保持共产党员先进性教育，建立县领导联系乡镇、村工作制度及县领导联系“先锋工程”创建村、后进村制度。2005 年，在村党支部换届选举中，实行“两推一示一选”，开展直选试点，4 月底完成。2006 年，深入开展第三批保持共产党员先进性教育，在 341 个农村党支部全面推行标杆管理，确立先进党员“三好”标杆目标及“三勤、三守、三争”具体要求，参评 17582 人次，被扣分 901 人次；推行村务质询监督制度，较好地解决了村民对村务知情难、做主难、监督难问题。2007 年，在安南乡、屏都镇等 6 个乡镇试行党务村务工作例会。2008 年，全面开展村两委换届，选出新一届村两委成员 1956 人；继续开展“乡村党员公益服务日”活动，在各行政村实行“党员亮身份”活动，营造党员服务群众、服务发

图 21-2　庆元县城乡基层党组织开展“城乡共建、同筑避险路”活动（县机关工委供　摄于 2010 年）

展良好氛围。2009年，借鉴舟山经验，在松源镇、屏都镇、隆宫乡、百山祖乡开展“网格化管理、组团式服务”试点，进一步深化技能型乡镇政府建设，着力构建社会管理服务新模式；实施农村“135”工程，确定13个中心村、35个后进村和55个生态文明村，作为“驻乡进村、组团服务”工作重点。2010年，实施农村“135”工程、村集体经济“百村千万”工程、基层组织建设信息化工程和“领头雁”工程，加强基层组织建设；着重抓好“网格化管理、组团式服务”，按照“区域网格服务和谐，产业网格服务增收”思路，将全县划分为402个区域网格和780个产业网格，为农村解决矛盾纠纷300多起，服务产业、民生5000余件次；开展“双百互动、先锋共建”活动，通过“城乡共建”“村企联建”“强村带建”等形式，帮助结对村发展生产、维护稳定。

农村干部队伍建设

1991年，庆元县举办农村党支部书记培训班1期，受训150人；出台《关于建立村级后备干部制度的通知》，在38个乡镇建立一支752人的村级后备干部队伍。1992年，加强村级后备干部配备使用，分层使用102人，其中任党支部书记22人，任村委会主任、经联社长33人。1994年，县财政拨出10万元，对111个行政村的村干部进行误工补贴。1995年，县、乡两级共举办村干部培训班57期次，其中县级层面重点对新任59名村支书和53名村主任进行系统培训，通过“走出去”方式组织200名村干部到小康示范村实地考察。1996年，把给农村老干部送温暖送爱心活动作为“凝聚力工程”重点项目之一，县委主要领导将光荣匾和生活补助费送给36位任职30年以上的老干部，发放荣誉证957本、离任补助费55530元。1997年，举办村干部培训班3期，受训368人。1998年，举办村干部培训班2期，受训275人，46名村干部取得中专学习培训班学历证书；对农村离任干部补助年限进行调整，书记、主任任职从20年调整至18年，会计任职从25年调整至23年，补助对象298人，发放补助款84000元。1999年，出台《关于开展向叶盛同志学习的决定》，开展“学习叶盛先进事迹，争当优秀乡村干部”活动，使基层干部坚定理想信念。2000年，通过农广校和电大组织72名行政村主要干部参加中专学历教育。2002年，出台《关于建立行政村主要干部考核激励机制的意见》，对村党支部书记、村委会主任进行工作业绩考核，根据年终考核结果，给予相应奖罚。2004年，通过公务员考试，招录2名优秀村干部到乡镇机关工作。2005年，分两期组织新一届党支部书记、村委会主任678人进行为期3天的上岗技能培训。2006年，将村务质询监督工作列入村主要干部目标责任考核内容，起到较好督促作用。2006—2008年，开展大规模村级办公场所建设，建成或修缮办公场所240个。2008年，开展中华人民共和国成立以来任职满10年离任村干部情况调查，分5期对698名村两委主要干部进行上岗基础知识培训，各乡镇通过以会代训等形式对村两委班子成员进行上岗培训。2009年，在《今日庆元》设立《村官论坛》专栏，构筑村两委主要干部交流工作经验平台。2010年，举办“领头雁”工程培训班，对100名村党支部书记进行素质培训；探索村干部挂职乡镇锻炼工作机制，组织竹口镇、屏都镇20余名村干部参与高速公路政策性处理、新区建设等工作；出台《关于推行村主要干部“10+X”式项目考核办法的通知》，规范村干部履职行为；开展大学生“村官”队伍状况调研，制定并下发《关于建立大学生“村官”住房公积金制度的通知》，全面落实住房公积金待遇，拓宽成长成才渠道，设置4个乡镇公务员和2个乡镇事业单位岗位，面向大学生“村官”专岗专考。

社区党的建设

2002年，庆元县在濛洲、玉田、新建、咏归、石龙5个社区建立党支部，通过机关下派、公开招聘、民主直选等途径，配强配齐班子，制定一系列工作制度，规范党支部建设；通过设置党员责任区，设立党员先锋岗，签订责任状，促进各项工作落实。2003年，举办一期社区干部培训班，重点抓好石龙社区党支部示范点建设，突出社区治安和文体特色，通过强化管理和开展各种健康有益文体活动，推动社区党建工作。2004年，开展领导干部八小时外监督进社区活动，成立监督工作领导小组，聘请社区内离退休干部、党代表、人大代表、政协委员、居民积极分子等担任党风廉政监督员，负责对居住社区领导干部八小时外的教育、监督、管理。2007年，对2003年以来社区党建工作进行全面调查摸底，落实社区办公场所、设施，建立远程教育站点5个，完善共建经费收取、管理和使用制度，开展省级党建工作示范社区创建活动，选择濛洲社区作为示范点。2008年，依托濛洲社区党组织探索建立县党员服务中心，配备一名大学生“村官”，将外地或乡镇流入县城的流动党员纳入服务中心管理，按照流入地为主、流出地配合原则，加大网络化和双向互动式管理力度。2009年，濛洲社区党员服务中心配备电脑、图书室等党员学习教育设备，建立流动党员电子档案，确定每月15日为流动党员固定学习活动日，定期组织部分党员开展便民服务等活动。2010年，为5个社区配置电脑、投影仪等现代化办公设备，抽调8名乡镇干部，招聘13名年轻人到社区工作，进一步提升社区管理服务能力；通过召开党员座谈会、发放《致社区党员的一封信》、“党员亮身份”、逐户走访社区党员户等，了解党员思想动态，做好洋墩、同济、同德3个新建社区党组织设置。

企业党的建设

1991年，庆元县在二轻企业中选拔3位经营经验丰富、管理能力较强、思想政治素质较好的经理、厂长到乡镇企业重点区任工业副区长；推行“企业党组织书记责任书”制度，处理好“核心”与“中心”关系。1992年，在县木材厂、百货公司劳动用工制度和工资分配制度改革试点中，组织部与其主管局党委一起探索企业党建新路子，保证企业改革顺利进行。1993年，在部分企业设立企业党建联系点试点，在工艺鞋楦厂改制过程中加强党建工作。1994年，对乡镇企业党建工作进行全面系统调查摸底，摸清职工50人以上或产值300万元以上乡镇企业党建情况。1995年，建立企业党建例会制度，坚持每季度召开一次会议；在9个50名以上职工乡企发展党员8人，实现党员覆盖，在全县唯一有100名以上职工的浙南铅笔厂组建党支部。1996年，建立党组织书记参加经理（厂长）办公会议、党员经理（厂长）定期向党组织报告工作制度。1998年，在国有企业中开展党组织创“四好”活动，调整21个企业党组织设置，其中撤并6个，新建党支部3个。1999年，对改制企业党员情况进行调查，印发《庆元国有企业党组织创“四有”规划》，先后在梦天实业公司、工贸大厦家电城设立党支部。2000年，出台《关于加强企业改制后党员管理的暂行意见》，制定《庆元县非公有制企业党建工作三年规划》，采取五条措施加强改制企业党组织管理，通过以会代训等方式对非公有制企业主、党组织负责人进行培训。2002年，对23家50名以上职工非公企业逐个进行分析，采用单独组建、选派党指导员等方法，进行分类指导，至9月底，新建党组织5家，派驻党指导员5人；对12家100名以上职工企业中的11家单独建立党组织；11家50—99名职工企业全部有党员。2003年，制定“三年覆盖网”建设工作规划，下派7名党建工作指导员，建立非公企业台账，实行动态管理。2004年，出台《关于做好非公企业党建覆盖网建设工作的通知》，扩大企业党建覆盖面。2005年，开展企业服务年活动，引进企业专业技术人才20人，通过选派企业助理员方式服务企业发展。2006年，引进企业经营管理人才和技术人才100余人，从乡镇和部门选调152名干部到141家企业担任助理，为企业代理代办服务824项，协调处理政企、民企事件243起。2007年，制订非公有制企业党建工作三年规划和实施意见，规模以上非公企业共建立党支部28个，覆盖46家企业，覆盖面达到100%。2008年，大力推进“两新”组织党建工作，新组建非公企业党支部3家，在“两新”党组织建立县级示范点5个。2009年，紧密对接省深化“服务企业、服务基层”专项行动，继续选派50名干部担任企业助理，建立企业问题督办制度，共帮助企业解决实际问题2030个，落实帮扶资金2.89亿元，受惠企业数932个。2010年，实施企业经营管理人才培养计划，举办“竹产业企业家培训班”“产品形象设计专题培训班”，对100余名企业家进行相关知识培训；开展企业党组织情况大排摸，摸清非公企业及党建工作情况。

第三节　机关党的建设

县直机关党组织

1988年5月，撤销机关党委，建立中共庆元县直属机关工作委员会（以下简称机关工委）。1989年12月，复建机关党委，与机关工委两块牌子、一副班子。1991年7月15日，撤销机关工委。1996年10月，机关党委改称县直属机关工委委员会（以下简称县直机关工委），与县委组织部合署。2002年，对机构改革后的县属部门机关党组织重新设置，撤销县属部门党委，改设党组，县直机关设立县政府办、县发展计划局、县经贸局、县教育局、县财税局、县人劳社保局、县建设局、县交通局、县农业局、县林业局、县水利局、县文体广电局、县卫生局、县国税局、县人民法院、县人民检察院、县供销社、县二轻联社18个部门机关党委；设立县人大常委会、县民政局、县计生局、县烟草局、县信用联社、社团6个直属党总支；设立直属党支部26个。据2010年党员年报统计，县直机关有部门机关党委17个、直属党总支4个、直属党支部34个，党员11535人。

主要活动

1991—2010年，县直机关工委在机关党员中先后组织开展"三讲"教育、"致富思源、富而思进"、"三个代表"重要思想、保持共产党员先进性教育、学习实践科学发展观、"菇乡先锋"创先争优等学习教育活动，机关党员受教育面在95%以上。1996—2010年，举办入党积极分子培训班15期，参加人数1011人，机关工委审批新党员650人。每年"七一"前后，在机关党组织、党员中广泛开展知识竞赛、演讲比赛、红色歌曲大合唱、党建征文、文娱体育活动等纪念活动。2004—2009年，开展县直机关规范化党支部创建活动，128个党支部通过达标验收，达标率76%。2007—2010年，深入开展机关党员标杆管理活动，2008年获全省机关党建工作"十佳创新成果奖"。2009年，县直机关党组织进行集中统一换届，理顺基层党组织设置，配齐配强党务干部队伍。

第四节　干部队伍建设

选拔任用

1991年，庆元县组成3个机关考评小组和8个乡镇考评小组，对机关124名副科局级以上领导干部和176名副乡级以上领导干部进行考评，调整充实24个部委办局、6个区和12个乡镇班子。1992年，在撤区扩镇并乡工作中，对20个乡镇干部进行定岗调配，领导干部与一般干部分别于5月28日、6月8日全部进岗。1993年，调整充实机关、乡镇领导班子61个，涉及人员107人，其中提拔41人。1994年，调整充实机关、乡镇领导班子34个，涉及对象38人，交流21人，提拔29人。1995年，调整52个班子，调配科局级干部42人，其中提拔18人，交流18人，免职6人。1996年，对20个乡镇配备科技副乡镇长，调整机关领导干部66人。1994—1999年，下派32名年轻干部到乡镇任职，公开招考36名应届大中专毕业生到乡镇锻炼，提拔163名年轻干部充实县机关部门和乡镇领导班子。1997年，采取笔试、考察、面试、体检方式，公开招考23名县机关部门和乡镇工作人员，积极推进干部人事制度改革；调整充实班子56个，涉及干部109人，其中提拔41人。1998年，在检察院试行机关中层干部竞聘上岗、双向选择，积极稳妥地推进乡镇机关推行与参照公务员法管理制度。2002年，统一组织县属机关办公室主任、乡镇党政综合办公室主任公开竞聘上岗，47名办公室主任中有13名是一般干部直接进入办公室主任岗位，18名跨部门交流上岗；推行乡镇干部驻村责任制，289名干部驻村，25名干部待岗；制定《县管干部管理暂行办法》，采取民主推荐、知识测试、组织考察、社会公示、择优审定方法，公开选拔223名干部列入县管干部。2003年，对55个机关部门、企事业单位领导班子和160名副科级以上实职县管领导干部进行换届考察，经过换届调整，留任125人，交流37人，转岗9人，提拔20人，未安排领导职务6人，调整面达到29.4%。2004年，先后5次对20个乡镇、28个县属单位领导班子和领导干部进行例行性考察，调整县管领导干部9批179人次，其中提任57人；对18名普通干部进行跨乡镇交流。2005年，提任公示33人。2006年，出台《领导班子换届人事调整意见》，考察乡镇领导班子20个、机关领导班子62个，乡镇领导干部162人、机关领导干部206人，提任59人。2007年，调整领导干部209人，其中提任正科19人，新提任副科35人。2008年，制定《关于进一步规范县直部门、乡镇机关中层干部选拔任用工作的若干规定（试行）》，推出15个机关部门股级职位进行跨部门竞争上岗；对20个乡镇和60个机关部门领导班子、392名领导班子成员、98名改任领导干部、162名优秀中青干部进行考察了解，分两批次调整领导干部44人，其中提任13人，转任19人，兼职兼任7人，免去全部或部分职务5人。2009年，试行拟提任正科级干部“四轮差额推荐提名法”，在届中考察基础上，通过群众海选推荐提名、组织差额分析提名、全委扩大会议差额提名、常委会差额酝酿提名，产生下一年度可提任正科30人名单；出台《庆元县县管后备干部管理办法》，对县管后备干部进行一次集中调整。2010年，县委常委会召开8次会议研究干部调整，涉及县管领导干部292人，其中提任88人，转任147人。

思想作风建设

1994年，庆元县开展中共十四大精神、《中国共产党章程》、《邓小平文选》（第三卷）学习教育和解放思想大讨论活动。1995年，开展以建设有中国特色社会主义理论和党章为主要内容的“双学”活动。1996年，开展以“尽心尽职干事业，克己奉公为人民”为主题的机关作风整顿，对党员正科级领导干部开展党性分析教育活动。1997年6—8月，在全县机关股级以上党员干部中开展以“提高‘三讲’‘四自’觉悟，增强党性道德修养”为主要内容的党性党风教育活动，下发《关于加强乡镇领导班子和干部队伍思想政治建设的意见》。1998年，县委把党员干部学习邓小平理论和中共十五大精神作为首要任务来抓，开展深入学习邓小平理论及领导干部述学、评学、考学工作，开展乡镇干部思想教育整顿暨“创六好”活动。2000年，开展“三个代表”重要思想学习教育活动和县级领导班子、领导干部讲学习、讲政治、讲正气“三讲”教育活动。2007年，结合“干部作风建设年”“技能型乡镇政府建设”等，在县级领导班子、县直机关部门和乡镇领导班子中全面开展“树新形象、创新业绩”主题实践活动。2009年，开展第二批学习实践科学发展观活动，开展各类领导讲学和专家辅学221场次、专题报告148场次，受教育1万余人次，干部撰写调研报告231篇。2010年，出台《推进县直机关学习型党组织建设的实施意见》，建立领导干部“五谈五促”勤政廉政谈话谈心制度，组织实施党员干部“三百”培训计划，开展“科局长上讲台讲政策”活动。

干部培训

1991年，组织部与宣传部、党校等部门制订干部培训计划，举办干部培训班8期，选送88名副县级领导干部、乡镇领导干部、组工干部和妇女干部参加省、地区举办的培训班。1992年，举办干部培训班12期，受训537人次。1993年，制定《庆元县“八五”期间干部培训规划》，举办培训班7期，受训354人。1994年，举办2期副局级以上领导培训班，受训127人次，选派2名后备干部到高等院校进行学历培训。1996年，开展部委办局领导和新上任乡镇领导岗位培训，举办各种类型干部培训班5期，参训403人。1996年、1999年，分2次委托上海科技管理干部学院进行成人大专学历培训，选送30余名优秀干部参加对外经济贸易、工业经济管理等专业脱产培训。1997年，下发《庆元县干部教育培训“九五”规划》，选派32名机关、乡镇、企业年轻干部到浙大进行为期三个月的进修。1999年，制定《关于干部职工业余参加学历培训的补充规定》，举办主体班次8期，受训人员640余人。2000年，与丽水职业技术学院共同举办农村经济管理大专函授班，43 名干部参加培训。2002 年，先后举办村级主要干部培训班、乡镇干部实用技术培训班、党外干部培训班、新上岗副科级领导干部培训班、妇女干部培训班等 6 个干部教育培训主体班次，1450 人次接受培训。2005 年，组织 1500 余名公务员参加《中华人民共和国公务员法》教育培训。2006 年，广泛开展《干部教育条例》宣传活动，按照大规模培训干部任务要求，完成 6 个干部教育主体班次培训任务，受训干部 2900 余人次。2007 年，组织新上任副科级领导干部培训班等 12 个主体班次，受训干部 1100 余人次，选送 103 名干部参加省市各类业务培训。2008 年，组织县管领导干部中共十七大精神轮训班、乡镇干部国土资源法律知识宣传教育班、村干部上岗培训班等干部教育培训主体班次 15 个，受训干部 1500 余人次，选送 170 名干部参加省市培训班。2009 年，制定出台《庆元县 2009 年干部培训主体班次计划》，统筹远程教育网络、党员干部技能培训基地等资源，完成大学生“村官”培训班、团干培训班、外贸业务知识培训班等 12 个主体班次培训任务，选送 81 名干部参与上级部门举办的乡镇长培训班和中青年干部培训班。2010 年，举办全县领导干部学习班等主体班次 29 个，受训人数 2200 余人次，其中全县领导干部学习班邀请熊焰、胡利群等 4 名全国知名专家学者到庆元县授课，开阔领导干部眼界。坚持青年干部培养计划，分别于 1992 年、1995 年、1999 年、2001 年、2003 年、2007 年、2010 年举办 7 期青年干部培训班，对优秀中青年干部进行为期一个月以上培训。

远程教育培训

1992 年，庆元县在各乡镇建立党员电化教育播放站，建立管理制度和播放员队伍，党员电化教育工作开始起步。1993 年，在机关、企事业单位建立 61 个党员电化教育播放点，播放电教片 1011 场次，受教党员 23219 人次。1994 年，把党员电化教育纳入党建日常工作范围，在县有线电视台开设“党员教育专题”，拍摄《菇乡小康路》《大写富字的人》两个专题片，其中《菇乡小康路》获丽水地区第一届党员电教片展一等奖。1995 年，拍摄《菇乡青竹村》专题片，在省台播出。1996 年，拍摄两个电教片参加地区展评，《人生无悔》获二等奖，《虎背山上的故事》获三等奖。1999 年，17 个乡镇建立电教片库，新建农村播放点 98 个，建点率达 48%。2000 年，利用农广校和电大等学习培训阵地，对行政村主要干部开展中专学历教育，72 人参加学历培训。2001 年，增加电教硬件设备投入，为村级购置 VCD 刻录机和电教片，加强农村党员教育。2003 年，确定竹口镇、百山祖乡为县级示范点，建成 24 个乡镇级示范点，在竹口镇黄坛村开办 1 所电教科普学校；4 月，开展农村科技远程教育活动周，受教育农技干部、专业户 161 人；举办 9 期农村实用技术远程教育培训班，下发高效种植养殖技术等电教片 62 套 1700 张碟片。2004 年，依托科技远程教育，培训农村群众 200 多人次，加强技能培训。2005 年，完成农村党员干部现代远程教育试点建设前期准备工作。2006 年，培训站点管理员 79 人，在相关村组建主体班和各类专业班 125 个；建立农村党员干部远程播放点 62 个。2007 年，全力开展第三批远程教育建点，在乡镇、行政村、社区建成 237 个终端接收站点，对 200 多名村级站点管理员和住村干部进行集中培训。2008 年，继续做好第三批远程教育建点各项工作，开展“百名专家联百村”“远教助创富民”等活动，深化学用。2009 年，开发完成“庆元县农村电子党务政务平台系统”，在隆宫乡召开全市“电子村务”暨“远教通”视频互动系统开发应用工作现场会，培育申报第二批市级学用示范点 3 个和市级示范基地 1 个，申报省级远教致富能手 1 人，举水乡月山村远教站点被推荐为全省远程教育现场会学用典型。2010 年，实施远程教育创业带头人培训工程，采取“站点教学 + 基地实践 + 跟踪辅导”模式，组织党员干部群众以专业班形式开展创业致富技能培训。1—10 月，创业带头人培训基地集中举办特色产业培训班和农民职业技能培训班 25 期，1700 多人参加培训；建立远程教育周二播放日、教学组织“标杆管理”、站点管理员“1+X”等制度，规范站点管理。

挂职锻炼

1991 年，庆元县选派 5 名机关干部到区乡和企业任职锻炼。1994 年，选派 14 名机关和乡镇领导干部到温岭市乡镇挂职锻炼。1995年，选派27名干部到乡镇企业挂职、任职锻炼，10名干部到临海等地挂职锻炼。1999年，选送9名机关、乡镇和企业领导干部到杭州滨江区乡镇、村、企业进行为期3个月挂职锻炼。2002年，制定《关于选派干部到县信访局顶岗锻炼的意见》，规定新提拔的副科级实职领导干部和县管后备干部分期分批到县信访局接受为期3个月不等的顶岗锻炼，同年安排12名新提拔领导干部到信访局锻炼。2004年，选派6名科局级领导干部到义乌市进行为期3个月挂职锻炼，选派21名机关工作人员作为首批企业发展专业助理到17家企业帮助工作，选派2名科局级领导干部到滩坑电站挂职锻炼。2005年，以“双向选择”形式，选派科技助理、平安助理、金融助理等“一员四助理”5支队伍182名干部到乡镇、企业、农村开展服务。2008年，选派3名干部到林业部、省建设厅、省发改委等单位挂职。2010年，分两批选派19名科级干部到温州、台州、桐乡、嘉善等地挂职锻炼。

人才工作

1991年，制定《庆元县1991—1993年知识分子工作意见》，召开首次知识分子工作联络员会议。1992年，吴克甸获评丽水地区第二批“拔尖人才”，吴传根获地区“科学青年奖”。1993年，将“拔尖人才”事迹编辑成《一代风流》一书。1994年，举办首期“拔尖人才”“地区科学青年奖”获得者为主的知识分子培训班，受训人员37人。1994年和1996年，给对食用菌发展有重大贡献的吴克甸分别奖励3000元和商品房1套。1995年，推报“地区拔尖人才”15人，3人获评。1996年，制定《庆元县知识分子工作五年规划（1996—2000）》。1997年，筛选上报10名科技人员为地区人才库人员。1998年，举办科技干部培训班，培训对象为地县两级拔尖人才、地区科学青年奖获得者和重点科技人才，共41人。2000年，推荐12名青年科技干部参加丽水地区科学青年奖评选，5人获二等奖，2人获三等奖；开展县级拔尖人才评选，6人被确定为县第三批有突出贡献中青年专业技术人才人选。2004年，出台《关于人才兴县的实施意见》，实施“人才回流”工程，建立引才“绿色通道”，探索以乡镇长助理或机关单位科局长助理等形式引进优秀大学生，引进各类人才64人；积极争取13名大学生志愿者到庆元县开展1—2年服务。2006年，编写《庆元县十一五人才发展规划》，设立县委组织部人才工作办公室，负责全县人才工作牵头抓总、宏观指导、综合协调。2007年，出台《庆元县人才工作专项资金使用管理办法（试行）》等制度，设立县人才工作专项资金，逐步建立起灵活高效的人才工作运转体制机制；制订出台《关于引导和鼓励高校毕业生到农村和社区工作的实施意见》，实施“一村一社区一名大学生”计划，公开向社会招考普通高校毕业生到农村和社区工作，分两次招聘农村和社区工作人员39人。2009年4月，牵头开展“庆元人闯天下”大型宣传报道活动，在庆元电视台、《菇乡庆元》《中国庆元网》等县内媒体宣传庆元县在外创业成功人士的创业经验、创业历程，每周播出或刊登1期；制定《组织部领导联系大学生“村官”制度》《庆元县大学生“村官”的管理办法》。2010年，人才工作办公室更名为县委、县政府人才工作办公室；开展首届突出贡献人才奖评选，评选出特殊贡献人才1人、突出贡献人才8人、优秀人才11人；同年11月，县委、县政府出台《关于进一步加强人才工作的意见》，召开全县人才暨教育工作大会，明确“十二五”期间人才工作总体目标、要求及工作措施，重点实施“1382”人才培养工程；举办“廊桥艺人”培训班，并与浙江农林大学、浙江工业大学联合举办竹产业企业家培训班和产品形象设计专题培训班。

干部监督

1991年，庆元县受理申诉及来信来访57人次，落实退休4人，落实粮户关系4人，更改伍龄1人，确定中华人民共和国成立前入伍并办理离休手续4人。1993年，制定《关于实行逐级上访制度实施细则》，建立干审工作制度和联络员制度，设立干审结果和干审信息资料库，为干部综合审理和使用干部提供依据。1994年，根据乡镇全面分类定档考核情况，对存在问题的班子和干部分情况进行相应处理，领导干部被降职2人，免职2人，通报批评19人。1995年，收到来信69件，接待来访148人次，对要求落实政策的21人作出决定19人，其中大部分作出不符合要求决定；完成4名因公出国（境）干部审查。1996年，协调纪检监察部门对部分干部职工上班炒股进行3次突击检查，对2名闹不团结的正乡级干部进行诫勉，对3名违反纪律的正、副乡级干部予以降职、撤职和免职。1998年，制定《组织、人事两个部门信访联席会议制度》，明确信访案件受理范围、职责；加大干部纪律检查监督力度，查处案件10个，涉及9个单位8名干部。1999年，在干审联席会议制度基础上，建立每月干审信息通报日制度和干审信息抄告督察制度，建立乡镇干审信息联络员队伍。2001年，对24个单位26位领导进行经济责任审计，审计出违规金额1766万元。2003年，建立领导干部监督信息库，包含历次经济责任审计结论、奖惩情况、年度考核情况、本人及家庭成员重大事项报告、信访调查情况及结论等内容。2004年，下发《关于规范公务出国（境）前报批程序的通知》《庆元县因公出国（境）行前教育注意事项》，对县内组团、副县以上领导干部、科级干部、一般干部、企业人员出国（境）报批程序分别作出明细规定，办理因公出国手续8起，涉及出国人员8人。2005年，全面落实《庆元县调整不称职领导干部试行办法》，根据考察核实结果，3人被免职，1人辞职，2人被调整工作岗位，2人接受组织处理。2006年，以干部经济责任审计、人事任免审核、重大决策审查为主要内容，试行干部监督“三审”制；出台《关于进一步规范股级干部管理工作的意见》《庆元县县管单位党委、党组决策重大事项议事规则》。2010年，将“一报告两评议”延伸到乡镇、部门，及时掌握基层干部选拔任用突出问题；对5个乡镇和4个部门开展经济责任审计，完成45个主要领导变动单位经济责任交接，对反映规范津补贴信访问题进行集中审核；推进公务员调任遗留问题解决。

第五节　党校教育

中共庆元县委党校（以下简称党校）始建于1952年11月。1991年，内设办公室、教务科、财务科，教职工16人。1998年，参照国家公务员制度管理。2010年，中共庆元县委党校、庆元行政学院、浙江广播电视大学庆元分校、庆元县社区学院四校合署，人员编制23人（含工勤1人），内设办公室、培训处、科研处、社教处、学历处、后勤处，教职工20人，其中7人为副高职称。

培训科研

1991—2010年，举办各类培训班103期，培训干部9837人次。1994年3月，党校举办第一期青年干部培训班。

1991—2010年，党校教师分别在省、市理论刊物上发表论文232篇。2009年6月吴昌森《推进技能型政府建设　构建新型乡村治理模式》被评为浙江省委党校第十批优秀课题成果，2010年6月黄丽芬申报立项、吴达平结题的《深化乡镇机构改革的实践与探索》被列入浙江省委党校第十一批课题，2010年6月田其亮申报立项的《农业发展方式转变与农村人力资源的研究》被列入浙江省委党校第十二批课题。

学历教育

1993年党校开办函授大专班，2007年停办。1993—2007年，党校函授大专班开设经济管理、行政管理、法律专业、公共管理等课程，函授大专生1107人毕业。2001年开办函授本科班，2008年停办。2001—2008年，党校函授本科班开设行政管理、经济管理、法律专业等课程，函授本科生638人毕业。

2001年秋，庆元电大经省教育厅、省电大批准，成为开展“人才培养模式改革和现代远程教育试点”工作单位，开始开放教育专业试点招生；2010年1月，电大庆元工作站升格为庆元分校，与党校、行政学校、社区学院四校合署办公，为县委直属正科级全额拨款事业单位，参照公务员法管理，业务上接受上级电大指导。2010年，庆元电大以本科、大专、中专学历教育为主，并积极开展非学历教育，开设财务会计、法律、行政管理、学前教育等十多个专业，教职工 20 人，在校生 800 多人。

第六节　老干部和关心下一代工作

老干部工作

1991 年、2010 年，中共庆元县委老干部局内设 1 个综合办公室，1 个老干部活动中心（包括老年大学）。1988 年，县老干部活动中心成立；1997 年，搬迁至石龙山脚下竹坑路 67 号，总占地面积 1550 平方米，建筑面积 1057 平方米，建有两个标准门球场（各 300 平方米，共 600 平方米），楼内设有老干部阅览室（流动图书室）、台球室、麻将室、棋牌室、乒乓球室等；2010 年，设门球场、乒乓球室、棋牌室、台球室、图书室、阅览室、教室、会议室等，年平均接待老干部 5 万多人次。1988 年以来，县老年大学在册学员每年不到 40 人；2010 年，开设政治、医疗保健、书画、体育、音乐、摄影、舞蹈 7 个专业课程，在校注册学员 150 多人，聘请教师 7 人。

1990 年 12 月，庆元县有离休干部 136 人，其中到上海市、河北省和浙江省内庆元县外县、市易地安置 35 人；2010 年 11 月，有离休干部 70 人，其中易地安置 25 人；2001 年始，副县级以上退休干部委托县老干部局服务管理。历届县委、县政府领导重视和关心老干部工作，建立老干部工作领导小组，印发《庆元县离休干部管理服务工作实施意见》，建立健全老干部工作网络组织。2008 年，各乡镇、部门调整和完善老干部工作领导小组，建立老干部工作目标考核制度。2009 年始，将老干部工作纳入县委目标管理责任制考核内容，加强 20 个离退休干部党支部党建指导和管理。

落实老干部政治待遇。每年组织一次老干部读书会，每季度组织一次老干部学习会（大事通报会），每年组织一次老干部参观考察活动，每年为 80 岁和 90 岁离休干部集体或上门祝寿，每月走访在城及移居丽水（未易地安置）离休老干部一次，离休干部和副县级以上退休干部住院必访，家中有重大事件必访。开展老干部迎共和国 60 华诞系列庆祝活动，召开老干部迎中华人民共和国成立 60 周年茶话会暨纪念章发放仪式。落实老干部生活待遇，完善离休干部“三个机制”，保证离休干部各项生活待遇落实。每年组织一次离休干部和副县以上退休干部健康体检并建立健康档案。2007 年，解决离休干部货币分房。2009 年，出台《关于解决我县解放战争时期参加革命离休干部配偶中无固定收入者医疗费用问题的通知》。

2007 年，组建老干部旅游开发调研组和生态建设调研组。2008 年，组建老科技专家联系“百村”专家组。2009 年，开展依靠社区资源延伸老干部居家服务试点，就地就近给离休干部提供服务；组织老干部为党委政府献计献策，号召和鼓励老干部为庆元县“四个文明”建设再作贡献。

关心下一代工作

1991 年 6 月，庆元县关心下一代工作委员会成立，下设办公室，与县老龄委员会合署办公。县关工委是县委、县政府领导下的关心下一代工作的综合协调组织部门，其领导机构以离退休老干部为主体，有关部门领导参加，组成专兼职相结合的领导班子，独立开展工作。2001 年 11 月，办公室设在县委老干部局。至 2010 年，20 个乡镇和 21 个部门建立关心下一代工作委员会，5 个社区和 345 个行政村建立关心下一代工作协会，关心下一代工作“五老”队伍（老党员、老专家、老教师、老战士、老模范）有 3000 余人。

1999 年以来，县关工委开展社会主义核心价值体系教育和送党史课进学校活动，每年受教育青少年 1 万多人次。从 2000 年始，开展“百场爱国主义影片下乡村进学校”活动，放映 300 多场，观看 28 万余人次；开展以帮困助学为重点的“关心桥”活动，累计筹募办学、资助贫困生、救危扶难等各种资金 500 多万元；离退休科技人员举办科技教育咨询活动，开展“百名老科技专家联系百村”活动；做好失足青少年帮教，促进社会安定团结。

第四章　宣传工作

1977年5月，建立中共庆元县委宣传部。1994年4月，县精神文明建设委员会办公室成立。2002年7月，宣传部内设机构有办公室、教育科、宣传科、新闻文化科（对外宣传办公室）。2004年2月，庆元县新闻信息（传播）中心成立，主办《今日庆元》。2008年1月1日，中国庆元网正式开通。同年11月，县委对外宣传办公室（县人民政府新闻办公室）设立。2010年，宣传部内设机构有办公室、教育科、宣传科、文化科、对外宣传办公室；下属单位有县新闻中心、县精神文明建设委员会办公室、县委对外宣传办公室（县人民政府新闻办公室）。

第一节　理论教育

县委理论学习中心组成员为县委、县人大、县政府、县政协、县纪委等副县（处）级以上领导。1991—2010年，县委理论学习中心组完善学习计划、学习制度、学习机制，围绕“解放思想，振兴庆元”“做文明菇城人，建中国香菇城”“生态立县，特色兴县”“推进‘二次创业’和‘平安庆元’建设”“北承长三角、南接海西区、当好桥头堡、谋求新跨越”等思路，坚持学习日制度、点名签到制度、中心发言人制度、撰写汇编论文制度4项基本学习制度，坚持每月学习1次，每年12天以上，每次1—2个重点专题，每人每年2—3次中心发言和1篇学习论文。

形势政策宣传教育

在县委理论学习中心组带动下，1992年，8个区建立理论学习中心组，每月学习一次。1994年后，20个乡镇建立理论学习中心组，实行“干部培训点名调训”“干部培训登记”制度，对无故不参加者通报批评。组建“形势政策宣讲团”，宣讲团成员、政工师20余人每年召开一次形势政策宣传教育动员会，开展“宣讲形势送政策”活动，学习中共各届代表大会有关文件和决议、各级地方政策和规划，组织2518场宣讲活动。2005年，开展“理论下基层”“流动党校”等活动，以理论学习骨干培训班和系统干部职工培训班等形式增长干部群众建设社会主义新农村政策知识。

基层党员理论学习

1991—2010年，相继建立公安、教育、邮政等系统党校，普遍恢复党支部党员活动室，抓好5个示范活动室；机关企事业单位党支部相继建立党员活动室和学习活动制度，占总数的97%；下发《党员读本》20000余本、《农村常识读本》10180册；举办乡镇干部、村干部、青年干部、厂长经理各类培训班2124期，累计培训6万余人次。

第二节　宣传活动

对内宣传

1991年，刊出《庆元宣传》6期、《宣传简报》40期、《宣传专栏》11期。1992年，60%的乡镇建立宣传思想领导小组。1994年，围绕“建设中国香菇城，做文明菇城人”主题展开一系列宣传教育活动，“为庆元改革开放鸣锣开道，为菇乡经济建设鼓劲加油”，提出《做文明菇城人守则》。2008年，开通“中国庆元网”。至2010年末，《菇城报》发行766期，改版《菇乡庆元》后发行844期。组织开展香港、澳门回归庆典活动，中华人民共和国成立50周年、中华人民共和国成立60周年活动，建党80周年活动，中共十四大、中共十五大、中共十六大、中共十七大召开前夕和召开期间系列庆祝活动。2008年，举办“中国廊桥之乡”授牌仪式。20年间，先后举办八届中国（庆元）香菇文化节。

1991—2010年庆元县舆论宣传主要成果一览表

表21—4—2—1

年份	主要成果
1991	《前进在社会主义道路上》《庆元宣传》
1992	《首届庆元县香菇节新闻专集》《党建理论研讨文集》《改革漫谈》
1993	《中国香菇城》《复县20周年新闻集锦》《科技兴农之路》《来自中国丽水的报导——中国菇城》
1994	《发展个体私营经济百家言》《菇城文明人》《调查与思考》《中国香菇栽培学》《崛起的中国香菇城》《神州风采——中国香菇城》《菇城报》
1995	《文明菇城人工作守则》、《菇城星火别样红》、《路教工作简报》、《菇城报》、《大干快干》（栏目）、《菇城文明花》（栏目）
1996	《八五成就展》、《干部正气歌》、《菇城文明守则》、《菇城报》（周报）、专题片3部
1997	《宣传与实践》、《辉煌的巨变》、专题片1部
1998	《庆元工业经济纵横》、《辉煌的五年》、《辉煌五年》（纪实文学）、《菇乡巨变二十年》、《辉煌五年》（电视专题片）
1999	—
2000	—
2001	《庆元风光》（挂历）、《庆元揽胜》、《食用菌王国——中国庆元》、《走出大山天地宽》、《工作简报》（60期）、《效益农业之路》（专栏）、《纪念建党八十周年》（专栏）、《三个代表学习教育》（专栏）
2002	《喜庆党的十六大特别报道》（专栏）、《与时俱进　再创新业绩》（专栏）、《嘉善平湖庆元人》（电视连续报道）、《百瀑峡》等（旅游宣传片）
2003	《生态环境第一县——庆元》《十六大精神主题教育》（专栏）
2004	《香菇文化》、《庆元廊桥文化》、《今日庆元》（周二报）、《二次创业大家谈》、《二次创业工作动态》、《二次创业在庆元》
2005	《香菇诗歌》、《菌菇菜谱》、《民间故事》、《二都戏》、《中国生态环境第一县·庆元》邮票集、《绿谷印迹》（专刊）
2006	《跨越之路·二次创业庆元发展报告》、《濛洲论坛》（栏目）
2007	《中国廊桥之都——庆元》、《今日庆元》（周三报）
2008	《品味庆元》、《菇城创建》、《耕耘在菇乡》、中国庆元网网站、《十七大主题教育》（栏目）、《加快创业创新、建设生态文明、构建区域中心》（总栏目）、《改革潮涌　庆元巨变》（专题片）

续表 21—4—2—1

年份	主要成果
2009	《生态庆元》(画册)、《庆元记忆》、《菇乡庆元》(周五报)、《庆元人闯天下》(栏目)、《直面挑战、创业创新、转型升级》(专栏)、《永恒记忆、光辉岁月》(主题专栏)、《学习实践科学发展观活动》(栏目)、《科学发展在身边》(栏目)、《中国生态环境第一县——浙江庆元》(专题片)
2010	《庆元方言研究》、《合作共赢》、“推进三大目标、实现三大跨越”(宣传报道总栏目)、“潮涌海西”(栏目)、《生态·庆元／创业·家园》(庆元县形象宣传片)

对外宣传

20 世纪 80 年代始，连续 30 年举办“月山春晚”,并在中央电视台《新闻联播》《南方周末》《嘹望》等报道。1991 年，开展“首届庆元香菇节”宣传活动。1994 年 11 月，举办国际香菇生产及产品研讨会，海外 20 个国家、地区 66 位专家学者和国内专家 200 多人出席；摄制《崛起的中国香菇城》《神州风采——中国香菇城》专题片，在杭州举办“94 国际香菇研讨会新闻发布会”。2004 年，在“华南虎”特种邮票首发式暨第五届中国香菇文化节期间，中央电视台“走遍中国”摄制组专题拍摄《走遍中国·走进丽水》系列之廊桥遗梦，浙江电视台“亚妮专访”摄制组对“廊桥文化”“古村大济”专题拍摄。2005 年，组织中国“生态环境第一县”、技能型乡镇政府建设等新闻稿件在新华社、《人民日报》等 40 多家媒体专题报道。2008 年 11 月，设立县委对外宣传办公室（县政府新闻办公室），负责和指导外宣工作。2009 年 11 月，召开共建海西浙闽边际协作组织成立大会暨第一届年会和中国庆元（国际）竹炭产业发展高峰论坛。2010 年，电视新闻类发稿，丽水市台 506 篇，省卫视 42 篇，中央电视台 3 篇；报刊类发稿，市级 200 多篇，省级 60 多篇，国家级 20 余篇，实现“市级媒体天天有、省级媒体周周有、国家级媒体月月有”外宣目标，提升庆元县知名度和美誉度。

图 21-3 《庆元人闯天下》大型宣传报道活动启动仪式（县委宣传部供　摄于 2009 年）

第三节　精神文明建设

1994 年，庆元县精神文明建设委员会成立。1997 年，庆元县精神文明建设委员会办公室为县委宣传部下属副科（局）级全额事业单位，人员编制 2 人，股级干部职数 1 人。2002 年，庆元县精神文明建设委员会办公室为县委宣传部下属副科级全额事业单位，参照国家公务员制度管理。开展“奉献在岗位，满意在庆元”“做文明菇城人，建中国香菇城”“做新世纪文明菇城人”“菇城人存在‘十个小毛病’”“庆元人的卫生陋习”等系列活动。提炼“团结务实，自强不息，奋力拼搏，开拓创新”庆元精神，表彰菇城十佳青年典型。

省级文明县城创建　1994 年，审议通过《庆元县社会主义精神文明建设实施意见》。1997 年，成立县创建文明县城领导小组。2008 年 2 月，成功创建“省级文明县城”。

省级卫生县城创建　2007 年，县委、县政府把省级卫生县城创建工作列入国民经济和社会发展战略目标之中，建立以县长任组长，县委副书记和有关县委常委、副县长任副组长的创建省级卫生县城领导小组，下设7个专项工作组。先后制订《关于开展省级卫生县城创建活动实施的意见》《庆元县创建省级卫生县城工作任务分解责任落实表》《关于对文明、卫生县城创建工作实施监督管理的暂行办法》等规范性文件，建立领导督察制度、舆论监督制度、群众监督制度、义务监督员制度。加强食品卫生规范化管理，加强公共场所和生活饮用水卫生监督管理，加强传染病预防和治理，加大除“四害”力度，加大城市秩序的执法力度。完善城市功能，拓展城市绿化空间，加强水环境保护，改善县城声环境质量，加大污染防治力度和生态保护力度。开展干部职工上街值勤、文明劝导活动。通过媒体宣传、各类专项主题活动、健康教育活动，提高市民知晓率。2007年11月1日，根据浙爱卫〔2007〕11号文件精神，庆元县成功创建省级卫生县城。

“双建设、双整治”工作 2006年，庆元县开始实施“双建设、双整治”工作（“双建设”指加强思想道德建设、加强文化阵地建设，“双整治”指整治文化市场、整治社会风气），开展文明单位与行政村结对共建文明活动和“百村千户文化示范工程”结对共建活动，其中文明单位与行政村结对42个，文明单位与文化示范户结对80对，文明单位与文化示范户结对90对，为结对村研究制订经济社会发展规划，共商经济发展大计，资助扶持资金47.5万元，开发经济发展项目96个、其他项目34个。开展“三下乡”、科普知识宣传周、庆祝建党85周年电影放映等活动。2008年，葛田村、杨家庄、大济村、月山村先后被评为省级文明村，月山村被省文化厅命名为省文化示范村。至2008年，建成省级文化示范村2个、丽水文化名村2个、市级文化示范村3个、市级文化示范户19户。2010年2月，斋郎村农民吴火菊和马蹄岙电站职工鲍晨被评上丽水市“十大爱心人物”；5月，“月山春晚”荣获全国“群星奖”。

第五章　统一战线工作

1983年4月，中共庆元县委统战部（以下简称县委统战部）复建。1990年9月，县委统战部内设县人民政府台湾事务办公室、县人民政府民族事务科、县宗教事务科。1996年，对外增挂侨务办公室、台湾事务办公室（县委台湾工作办公室）、民族宗教事务局牌子。1997年10月，县民族事务科和县宗教事务科合并为县民族宗教事务局。2002年7月，县委统战部（县民族宗教事务局）内设办公室、民族宗教科（侨台事务科）。2006年1月，原在县委统战部（民族宗教事务局）挂牌的县侨台事务办公室更名为县政府侨务办公室，原由县统战部承担的对台工作职能划归庆元县对台工作办公室。2009年1月，增挂县归国华侨联合会牌子。

第一节　党外干部和知识分子工作

党外干部工作

2002年5月，庆元县组织45名党外优秀干部赴丽水市委党校学习培训。2004年9月，县委出台《关于进一步加强工商联和无党派代表人士工作的实施意见》。2005年12月，县委组织部、县委统战部出台《庆元县2005—2008年培养选拔党外干部工作规划》。2002年5月和2008年10月，分别举办两期80人的党外中青年干部培训班，组织赴市委党校和省社会主义学院学习。2001—2010年，先后推荐26名党外干部参加市里举办的党外中青年干部培训班、无党派代表人士培训班、党外乡镇长培训班学习。

党外知识分子工作

2007年7月，庆元县知识界人士联谊会（简称县知联会）成立，理事52人，以知识界人士中的中、高级职称的党外知识分子为主，吴传根当选第一届县知联会会长。2009年6月，县知联会开展“我为对接海西献一计”活动，征集到34条促进科学发展新思路、新对策和新措施。2010年8月，县知联会举办“凝心聚力　共建庆元”文艺晚会。

图21-4　2007年，庆元县知识界人士联谊会成立大会（县委统战部供　摄于2007年）

第二节　港澳台和海外统战工作与侨务工作

对台事务

1990年10月，召开第一届台属代表大会，成立县台属联谊会，潘川珠当选会长。1992年9月，台胞吴学裕回乡探亲时捐款1万元，用于安南乡校置办课桌。1996年，台胞陈土养获准回乡定居。2004年9月2日，接待以王明蘅教授为团长的台湾成功大学古民居考察团到大济村进行古民居实地考察。2003年9月25日，蔡晓霞、吴登云2人当选丽水市台代会代表，参加市第五次台胞台属代表大会。2006年，县台办为台属办理遗属费3人次，组织台属代表参加市台谊会，加强联络联谊，搭建沟通桥梁。2007年，开展台情普查工作，建立对台工作领导小组，出台《庆元县涉台突发公共事件应急预案，健全对台工作管理运行机制。2008年，组织成立县台胞台属联络小组，对海峡两岸大三通进行宣传报道，组织5名人员赴台开展交流考察，组织台资企业、台属和台办工作人员开展支援四川灾区募捐活动。2009年，牵头成立共建海西浙闽边际区域协作组织，召开年会；5月14日，台湾慈心慈善事业基金会捐建的隆宫乡中心小学慈心楼举行奠基典礼，基金会创办人、董事长谢政达致词。2010年7月12—21日，海峡两岸第五届全国大学生“移动创意营”在庆元县开营，来自台湾云林科技大学、成功大学、亚洲大学、台湾示范大学等30多所高校的41名博士生、硕士生、本科生、高职生及海峡两岸16名教授、专家，开展以城市形象设计为主题的“创意深呼吸庆元”活动；7月27日，庆元台商投资园经省台办批复设立；11月17日，庆元台湾农民创业园经省农业厅、省台办批准设立。

港澳同胞和华侨统战工作

庆元县侨胞数量不多。1990年，定居法国、美国、荷兰等国家华侨和定居中国香港地区的同胞有16人。2010年底，侨居国外华人华侨有201人，有侨眷456人。

2003年11月26—27日，叶绍林、吴时发、吴高芬、周迎巧、姚志东5名侨眷当选丽水市侨代会代表，参加市第四届归侨侨眷代表大会，叶绍林当选市侨联委员会委员。2008年12月22日，阙国宪、叶绍林、王晓琼、叶新荣、吴艳霞、吴时发参加丽水市第五届归侨侨眷代表大会，阙国宪、叶绍林当选市侨联委员会委员；12月31日，县归国华侨联合会成立。2009年10月16日，15个国家和地区20多位丽水籍华侨企业家到庆元县考察招商引资项目。2010年4月8—9日，美国青田同乡会到庆元县考察项目。2010年10月11日，丽水市侨联荣誉主席张成祖率市侨联领导班子成员、部分华侨组成为侨服务团到庆元县开展侨务考察。2010年9月20日，浙江省侨联与庆元县政府缔结战略合作伙伴关系签约。2010年11月10—12日，意大利、西班牙、荷兰、奥地利等国家和地区30多名华侨、华人到庆元县实地考察，参加“叙乡情”恳亲会。2010年末，侨居国外华人华侨有201人，侨眷456人，其中何芳良在加拿大阿尔伯特大学从事生态学研究、教学和指导研究生工作，任国际上三大生态学杂志（《生态学专题》《生态学》《生态学通讯》）编委，何瑞芳在加拿大维多利亚从事软件开发。

1991—2010 年庆元县侨胞、港澳台同胞捐助情况表

表 21—5—2—1　　单位：万元

捐助侨胞（单位）名称	时间	受助单位	金额
香港大业织造有限公司董事长沈炳麟（沈炳麟基金会）	1991 年 6 月	教师进修学校庆同楼	9.06
	1991 年 6 月	和山小学庆同楼	4.76
	1992 年 4 月	五都小学庆同楼	6.12
	1992 年 4 月	曹岭小学庆同楼	3.83
	1993 年 10 月	教师进修学校续建庆同楼	12.5
	1994 年 4 月	合湖小学庆同楼	12
	2007 年 6 月	左溪镇中心小学恩美楼	11
香港赵安中	1995 年 6 月	安南乡中心小学教学楼	12
香港永联行贸易有限公司董事长	1996 年 10 月	荷地镇小教学楼	12
闻儒根（闻氏福利基金会）	1996 年 10 月	江滨小学教学楼	12
南京爱德基金会	1997 年 12 月	印浆、岱山、北坑村自来水安装	4.5
浙江省海外联谊会	2003 年 9 月	岭头乡中心小学教学楼	30
邵逸夫	2006 年 4 月	郊林中学邵氏教学楼	70
法国华侨同乡会	2006 年 8 月	和山小学法华楼	15
中华文化协会健华社	2008 年 5 月	庆元三中金祖鑫图书馆	5000 美元
谢正达	2009 年 3 月	隆宫乡中心小学	25
国家慈心慈善事业基金会	2009 年 3 月	安南乡安溪卫生院	25
广东省浙江商会会长邹立胜	2010 年 6 月	举水乡教学楼加固和维修	20
省侨联青年总会	2010 年 10 月	黄田镇卫生院和民族村项目建设	40

2010 年庆元县百名侨胞助百村捐助情况表

表 21—5—2—2　　单位：万元

捐助企业（侨胞）名称	受助村	资助项目	时间	金额
斯洛伐克华侨梦翔教育发展集团	黄田镇双沈村	村级基础设施建设和助学	2006 年 8 月	5
浙江正达集团	淤上乡山根村	防洪堤建设和自来水工程	2007 年 11 月	6
温州市华顺房地产开发有限公司	举水乡政府	沼气池项目建设	2008 年 9 月	12
浙江同心集团	左溪镇半坑村	农民饮用水工程	2008 年 10 月	6
柬埔寨青田籍华侨王春荣	松源镇西演村	村庄道路建设	2009 年 10 月	6

第三节　民族事务与宗教工作

1990年9月，县政府宗教科设立。1997年9月，县民族宗教事务局成立，列入政府工作部门序列，与县委统战部合署办公。2010年，县民族宗教事务局内设民族宗教科，负责管理民族事务与宗教工作。

民族事务

少数民族聚居村　1989—1999年，省、县财政安排民族补助经费23万元，用于扶持少数民族聚居村搬建新村、水改、维修小公路以及发展生产。1991年前，黄田镇大坑村、举水乡龙井面村、松源镇道岗村被确认为少数民族聚居村。1992年，道岗村获准全村搬迁到地势平坦的大济洋建新村居住，老村住房转让给龙溪乡到松源镇落户村民。2000年5月10日，松源镇西演村被认定为少数民族聚居村。2000—2010年，编制民族村建设项目，向省民委争取到100万元少数民族发展扶持资金，协助9个民族村完成21个项目。2001年2月21日，认定黄田镇李村村为少数民族聚居村。2002年4月26日，认定张村乡库山村为少数民族聚居村。2003年7日，确定黄田镇东西村、屏都镇蔡段村、淤上乡山根村为少数民族村，重新公布县民宗局原审批的6个少数民族村。2003年10月，筹资2万余元，在西演、东西两个民族村5家农户进行沼气应用试点。至2010年12月，有9个少数民族村。

少数民族企业　2001年，庆元县兰天绿谷实业有限公司成立，主要生产竹炭制品，有空气净化系列、汽车用品系列、鞋用系列、工艺品系列、家居用品系列等100多个品种，2003年2月被确定为少数民族企业。

少数民族帮扶　2003年12月，庆元县政府拨款4万元，为196名少数民族中、小学生减免学杂费。2005年8月，“中国光彩吉利资助教育行动”资助庆元县2名少数民族学生。2008年11月，中共舟山市委统战部、中共定海区委统战部、中共普陀区委统战部到庆元县开展“少数民族低收入群众增收帮扶行动计划”，分别给予张村乡库山村10.4万元、松源镇道岗村10万元、黄田镇东西村11万元帮扶资金。2010年1月，1352名少数民族群众享受新型农村医疗保险费个人部分减免50%的政策。

图21-5　少数民族村——松源镇西演村（县委统战部供　摄于2010年）

2000—2010 年庆元县少数民族村（企业）项目一览表

表 21—5—3—1　　　　单位：万元

时间	补助	少数民族村（企业）	项目名称
2000 年 11 月	3	大坑村	下山脱贫新村基础设施建设
		西演村	水泵修理
2001 年 12 月	6	西演村	引水附属工程
		李村村	饮用水改造
2002 年 9 月	6	道岗村	环村水泥路
2002 年 12 月	10	李村村	2000 亩毛竹林低产改造
2003 年 9 月	6	库山村	自来水工程
		兰天绿谷商贸有限公司	技改贷款贴息补助
2004 年 9 月	7	山根村	一期防洪堤工程
2005 年 11 月	10	东西村	自来水工程
2006 年 11 月	10	蔡段村	防洪堤一期引水工程
2007 年 7 月	7	库山村	吊瓜基地
		大坑村	村庄整治
2008 年 10 月	10	东西村	道路建设
		西演村	道路建设
2009 年 7 月	10	山根村	自来水工程
		李村村	毛竹林低产改造
		龙井面村	饮用水工程
2010 年 9 月	15	大坑村	村庄二期建设
		蔡段村	道路建设
		兰天绿谷商贸有限公司	竹炭茶叶保健枕开发

宗教工作（参见第三十七篇风俗宗教）

庆元县民族宗教事务局按照国务院《宗教事务条例》《浙江省宗教事务条例》及相关文件精神，依法管理宗教事务。按照“自治、自养、自传”和独立自主、自办教会原则，协助建立宗教组织，有县佛教协会、县基督教三自爱国运动委员会、县基督教协会 3 个爱国宗教团体。2010 年，民间主要宗教信仰有佛教、道教、基督教，有依法登记宗教活动场所 34 处。

第六章　政法工作

1981年11月，中共庆元县委政法委员会（简称县委政法委）建立。1988年5月，县委撤销政法委员会，建立政法领导小组。1990年9月，复建政法委员会，内设办公室。1991年，社会治安综合治理工作形成党委领导、一把手负总责、社会参与、齐抓共管局面，政法系统各部门围绕经济建设中心，以社会治安综合治理为载体，发挥各自职能，密切配合，为经济建设、社会发展和人民生活创造优良环境。1995年，庆元县被中宣部、司法部列为“依法治理百强县”之一。2010年，20个乡镇都是平安乡镇，人民群众安全感满意率为98.18%，实现2005—2010年省级平安县六连冠，获省委、省政府“平安鼎”。

第一节　机构队伍

机构设置

1992年7月，庆元县社会治安综合治理委员会（简称县综治委）成立，与县委政法委合署办公。1993年前，县委政法委（县综治委）为非常设机构。1993年5月，为常设机构，书记由县委领导兼任，专职副书记1人，办公室主任1人，行政编制4人。2000年，书记1人（县委领导兼任），专职副书记2人（兼县综治委办公室主任），办公室主任1人，县公安局、县检察院、县人民法院、县司法局、县民政局一把手为委员，35个县属单位为成员单位，职能科室有办公室和政治处（执法监督室），行政编制增至6人，20个乡镇建立社会治安综合治理委员会。2010年，内设办公室、政治处（执法监督室）、综治办等。

队伍建设

1992年，县政法系统开展民主评议干警活动，公安机关评出优秀干警10人、合格干警119人、基本合格干警6人、不合格干警1人；县人民检察院、法院、司法局也相继开展民主评议活动。1993年，县委政法委增加协管政法队伍建设职能，规定政法各部门中层干部正副职任免必须报经县委政法委考察审批；开展公安司法评议、严格执法树形象、党性党风教育、评选十佳干警和优秀卫士等专题学习教育活动。1998年，全面推行中层干部竞聘上岗和一般干警双向选择用人机制；开展为期4个多月的政法队伍纪律作风集中教育整顿，排摸违法违纪线索39条，其中查证属实26条，涉及干警24人。1999年，部署争创人民满意干警（单位）活动，坚持政治建警、从严治警方针，以公正执法为重点，以人民满意为标准，以“从人民满意的地方做起，从人民不满意的地方改起”为基本要求。2001年，开展取保候审、保外就医执法监督和案件质量督察，查处干部违纪案件2起、2人。

制度建设

1992年，制定《关于落实社会治安综合治理“谁主管、谁负责”原则的决定》，与各乡镇、县属单位签订责任状，把社会治安综合治理任务、目标、要求分解到基层和治安负责人，年终实行考核。1993年8月，实行社会治安综合治理一票否决制。1994年，继续推行社会治安综合治理责任制，强化属地化管理，强化“谁主管、谁负责”“看好自己的门，管好自己的人”。1998年，建立由综治委、组织部、人劳局、纪检委、监察局五部门参加的联席会议。2010年，签订综合治理目标管理责任书1850份，评出综治先进单位280个、先进个人865人。

第二节　主要工作

群防群治

1992年5月，庆元县开展群防群治，各乡镇每月开展矛盾纠纷大排查，每半月小报，每月一报，对每一矛盾纠纷落实调处责任人，做到小事不出村、大事不出镇、矛盾不上交。1999年，推广枫桥经验，发挥和强化村级调解组织作用，各地相继建立护村队、护林队、妇女禁赌队、护厂队等群防群治组织。2001年，制定《关于深入开展学习推广“枫桥经验”活动，推进综治基层基础工作意见》，把“枫桥经验”与标准化调解委员会、民主法制村建设结合起来，在淤上乡搞试点；同年7月，召开现场会，向全县推广，要求各乡镇认真推行民间纠纷调处组织建设走在工作前、预测工作走在预防前、预防工作走在调解前、调解工作走在矛盾激化前的“四前”工作机制，民间纠纷调解成功率为95%。2010年，20个乡镇建立综治维稳中心，305个行政村建立综治工作站，治保会348个、1127人，52家规模以上企业建立40个综治工作室。

平安建设

1993年始，开展治安安全单位创建活动，由县综治委牵头，县公安局内保人员负责实施，每半年一小查，年终大检查，每年评出省、市、县各级治安安全单位。2005年，开展平安社区创建活动，延伸到村居各小组和家庭。2010年，治安安全单位达标率为93%，92家内保列管单位创建达标率为94.1%，316个村居达到安全村居标准，评出省级、市级、县级治安安全单位，数量分别为31个、63个、260个。

图21-6　庆元县获2005—2010年度浙江省平安鼎（县委政法委供）

2004年，县委做出建设“平安庆元”、促进社会和谐稳定决定，成立创平安领导小组，下设平安办，挂靠县委政法委。会同县委组织部从政法部门选派20名政治素质好、业务能力强的干警到20个乡镇任平安助理，协助乡镇开展平安创建。2008年，20个乡镇均达到创建“平安乡镇”标准，“平安庆元”建设连续四年考评分名列市前茅。

2005年，县反邪教领导小组办公室设在县委政法委，确定1名副科级领导负责。防范和处理邪教工作预防机制健全。在社区开展反邪教警示教育和创建无邪教社区活动。

2003年，国家安全领导小组成立，办公室设县委政法委。充分利用“五五”普法，开展《中华人民共和国国家安全法》宣传教育活动。

专项整治

1993年，庆元县开展“严打”斗争，组织3次统一行动，进行打击团伙犯罪、车匪路霸、拐卖妇女儿童，严禁卖淫嫖娼“三打一禁”专项斗争，破各类案件307起，当年发生刑事案件224起，破案157起，破案率为70%，刑事犯罪势头得到遏制。1994年，开展以反窃车和打击流氓恶势力、打击破坏春耕生产为主要内容的“一反两打”专项斗争，破获刑事案件270起，抓获犯罪嫌疑人316人，查处治安案件561起，查处违法人员1895人。1996年，分三个阶段开展严打斗争，第一阶段为基层基础大排查，排摸打击对象；第二阶段为打击整治，组织3次集中打击统一行动，召开公开处理大会；第三阶段为查漏补缺段。当年发生各类刑事案件439起，破案345起，抓获各类犯罪嫌疑人310人，破获犯罪团伙39个，抓获成员96名，检察机关依法快捕快诉，批捕63件116人，法院从重从快判处一批罪犯，受理各类案件60件，对56名案犯作有罪判决。1997年，开展“三禁”（禁毒、禁赌、禁黄）斗争，出台《庆元县禁毒、禁赌、禁黄专项斗争实施方案》《清理地方、部门保护主义实施方案》。1998年，深化严打斗争，公安机关开展“夏季严打整治”“冬季行动”“抓现行、扫场所、缉逃犯”等专项斗争，破获刑事案件313起。1999年，开展“夏季严打整治”“追逃”“百日攻坚破案大会战”等专项斗争。2001年，建立严打整治斗争领导小组，开展“治爆缉枪”“破案追逃”专项斗争，破获刑事案件140起，摧毁犯罪团伙6个，抓获上网逃犯37人，收缴炸药1305.7千克、民用枪支259支、军用子弹150发、雷管6222枚、导火索3590.7米、黑火药828.2千克、管制刀具548把、剧毒物品3.72千克。2002—2004年，深化严打斗争，“治爆缉枪”“破案追逃”“禁赌毒”等专项斗争一直呈高压态势。

见义勇为

1993年8月，县见义勇为基金会成立，当年捐款8.9万元。制定《关于设立“见义勇为”奖的通知》，表彰奖励在维护社会秩序、抢险救灾、救死扶伤、勇斗歹徒中见义勇为、做出突出贡献的干部群众。1991—2010年，表彰奖励见义勇为先进集体2个、先进个人21人。

流动人口管理

1998年，县流动人口治安管理领导小组及其办公室成立，各乡镇成立流动人口管理办公室，建立工作职责、任务及资料台账等管理制度；各乡镇登记外来人口2929人，发证2855人，全面完成农村户口城市化管理各项工作。1999年，登记外来人口3512人，发证3190人，外来人口犯罪8人。2000年，登记外来人口3510人，发证2760人，外来人口犯罪37人。2007年，新增流动人口协管员33人。至2007年，增强外来人口管理服务，规范暂住人口和出租房屋网上登记，在册暂住人口16162人。2010年，登记外来人口4056人，发证1969人，外来人口犯罪6人，通过流动人口基础工作查处治安案件3起，破获刑事案件1起，抓获逃犯5人；加强外来人口管理服务，规范暂住人口和出租房屋网上登记工作，有流动人口协管员37人，兼职协管员28人，流动人口在册17025人（包括县内跨乡镇人员），登记出租房6982户。

青少年犯罪预防

2000年6月，预防青少年违法犯罪、加强青少年法制教育系列活动领导小组成立。在农村推行“四联保帮教责任制”，即由乡镇综治办、派出所、村干部、青少年父母与有轻微违法行为青少年签订帮教责任书；在学校推行警校共建，每个学校都有政法部门联系，配备法制副校长和法制辅导员，负责法制教育和社会治安综合治理，开展学校及周边治安秩序专项整治行动和净化社会文化环境活动。2003年始，每年组织联合执法检查，取缔学校周边网吧、非法游戏机场所，收缴非法出版物等不利于青少年身心健康的各类物品。1991—2010年，取缔网吧10个、非法游戏场所41个，收缴销毁各类赌博机700余台，净化学校周边环境。

第二十二篇　地方人民代表大会

1950年10月，庆元县各界人民代表会议成立。1953年，实行普选。1954年，根据《中国人民共和国宪法》，建立县、乡（镇）人民代表大会，为地方权力机关。1958年10月，庆元、龙泉并县，庆元县人民代表大会撤销。复县后于1980年直接选举产生县、乡（镇）两级人民代表大会代表。1981年，复建庆元县人民代表大会。庆元县人民代表大会及其常委会认真履行宪法和法律赋予的职责，坚持贯彻依法治国方略，不断推进依法治县。1990—2010年，县人大及其常委会围绕中心，服务大局，发展民主，关注民生，组织对“一府两院”和政府各部门贯彻执行有关法律、法规的执法检查，进一步促进依法行政。同时，紧紧围绕全县经济建设和社会事业发展，以及人民群众关心的热点、难点等重大问题，开展视察调研和议案督办等工作。

第一章　人大会议

1953—1958年，庆元县进行1—3届普选；1983—1993年，进行7—11届普选。历届普选均设县选举委员会，下设办公室；区设领导小组；乡（镇）设选举委员会。选举一般分为3个步骤：建立组织，培训干部，宣传发动，划分选区，进行选民登记，发给选民证，推荐代表候选人，选举。1990—2010年，庆元县人民代表大会经过5次换届，选举产生各届人大常委会。其中，1990年5月，选举产生第十届人大代表，任期3年；自1993年第十一届始，人大代表任期5年。历届县人大及其常委会坚持和完善人民代表大会制度，以经济建设为中心，以民主法制建设为重点，依法对全县政治、经济、文化和社会发展等问题，作出重要决议和决定。

第一节　组织机构

县级人大组织

庆元县人民代表大会是地方国家权力机关，由人民代表大会代表组成，代表由选民直接选举产生。设立常务委员会，由主任、副主任和委员组成，对本级人民代表大会负责并报告工作。从第十一届起，县人大及其常委会每届任期5年。

根据《中华人民共和国地方各级人民代表大会和地方各级人民委员会组织法》有关规定，历届人大常委会组成人员均在人民代表大会会议上选举产生，由主任1人、副主任若干人和委员若干人组成，有专职、兼职两类。第十届人大常委会，任期1990年3月至1993年5月，由主任1人、副主任4人、委员12人共17人组成。第十一届人大常委会，任期1993年5月至1998年3月，由主任1人、副主任4人、委员14人共19人组成。第十二届人大常委会，任期1998年3月至2003年4月，由主任1人、副主任4人、委员14人共19人组成。第十三届人大常委会，任期2003年4月至2007年3月，由主任1人、副主任4人、委员14人共19人组成。第十四届人大常委会，任期自2007年3月开始，由主任1人、副主任6人、委员14人共21人组成。

图22-1　2000年，全县乡镇人大主席座谈会（县人大办供　摄于2000年）

县第十届至十三届人大常委会设办公室、财经工作委员会、法制工作委员会、教科文卫工作委员会、代表工作委员会5个专门委员会。县十四届人大常委会增设农业资源环境工作委员会。

乡镇人大组织

1990年，庆元县乡镇设人大主席团常务主席，乡镇38个。其中，设专职常务主席8人，兼职常务主席27人，未设常务主席乡镇3个。1992年，庆元开展“撤、扩、并”，设乡镇人大主席团20个。其中，乡镇配备专职常务主席17个，大部分乡镇配备主席团专职干部。1995年，根据第八届全国人大常委会第十二次会议修改的《中华人民共和国地方组织法》，乡、民族乡、镇人民代表大会设主席，可以设副主席1—2人。1996年，庆元县第三届乡镇人大第一次会议以无记名投票选举产生主席、副主席。1990—2010年，各乡镇人大进行五次换届选举，历届大会仿照县级人大选举主席团主持会议并召集下次会议。

第十届至第十四届庆元县人大常委会主任、副主任、委员名录

表22—1—1—1

届次	职务	姓名
第十届	主任	司徒梅珍（女）
	副主任	杨义华、丁伍纲、叶冬梅（女）、钟承昌
	委员	江再寿、吴远龙、吴顺传、沈世善、陈光进、林根娣（女）、金德福、周迎巧（女）、练荣锡、姚祖根、黄鹤南、雷子金、冯茂兴（补选）
第十一届	主任	谢力群、单天戍（补选）
	副主任	吴存茂、叶冬梅（女）、吴克甸、练荣锡、朱美菊（女，补选）
	委员	丁伍纲、朱国镇、刘华康、吴永聪（女）、吴远龙 沈世善、周迎巧（女）、周知福、周诚喜、练华遂、柯建义、徐煌、揭德长、雷子金、吴复泽（补选）、吴理安（补选）
第十二届	主任	夏家生
	副主任	朱美菊（女）、练荣锡、周诚喜、吴复泽、胡光瑞（补选）
	委员	毛文英（女）、邢柏生、吴卫东、吴理安、汪剑、周迎巧（女）、郑胜光、练华遂、胡光一、胡光瑞、徐煌、蓝荷根、雷子金、蔡友民、朱义成（补选）、吴永德（补选）、沈张富（补选）
第十三届	主任	夏家生
	副主任	朱美菊（女）、练荣锡、周诚喜、胡光瑞
第十三届	委员	王林生、毛文英（女）、方良、刘敏、刘必海、杨小华、吴明、吴松平、吴建华、吴建新、余静渊、汪剑、沈张富、洪望生、廖坤延（补选）、柯建义（补选）、徐俊明（补选）
第十四届	主任	刘秋霞（女）
	副主任	韦晓云（女）、胡光瑞、林方海、陈明章、吴泽民、王林生（补选）
	委员	叶春梅（女）、刘钢平、许广洋、吴世发、吴进平、吴建新、吴积云、余静渊、陈锦华、林建勇、周国林、胡培岳、胡葆飞、管廷勇

第十届至第十四届庆元县乡镇人大情况表

表22—1—1—2

届次	任期（年）	乡镇数（个）	代表数（人）	主席（副主席）	
				专职（人）	兼职（人）
第十届	3	38	2064	8	27
第十一届	3	20	1391	15	5
第十二届	3	20	945	21	8
第十三届	3	20	950	20	20
第十四届	5	20	963	20	8

第二节　县人民代表大会

县第十届人民代表大会

第一次会议　1990年5月9—14日在县城召开，出席代表245人；听取和审议政府工作报告、计划报告、预算报告、县人大常委会工作报告、县人民法院工作报告、县人民检察院工作报告，作出相应决议；选举县人大常委会，选出主任1人、副主任4人、委员12人；选出县长1人、副县长4人；选出县人民法院院长、县人民检察院检察长各1人；收到代表议案81件、建议327件。

第二次会议　1991年4月11—14日在县城召开，出席代表245人；听取和审议政府工作报告、计划报告、预算报告、县人大常委会工作报告、县人民法院工作报告、县人民检察院工作报告，听取和审议国民经济和社会发展"八五"计划纲要报告，作出相应决议；补选县十届人大常委会委员1人。收到代表议案、建议64件。

第三次会议　1992年4月14—17日在县城召开，出席代表238人；听取和审议政府工作报告、计划报告、预算报告、县人大常委会工作报告、县人民法院工作报告、县人民检察院工作报告，作出相应决议；收到代表议案47件、建议批评和意见37件。

图22-2　1992年，庆元县第十届人代会第三次会议（县人大办供　摄于1992年）

第四次会议　1992年11月25日在县城召开，出席代表234人；听取县委书记谢力群关于认真学习和贯彻中共十四大会议精神报告，选举庆元县出席省第八届人民代表大会代表4人（司徒梅珍、刘国安、吴月荣、徐培金）。

优秀议案和建议　议案：《要求采取措施解决马蹄岙电站水库淤积的问题》。建议：《要求从2‰农转非指标中解决具有助师职称卫生技术人员户粮关系》《要求解决解放前后入伍的教师子女农转非一人》《要求县财政增拨乡级广播员人头经费》《要求及早落实菊隆中学扩建计划》。

县第十一届人民代表大会

第一次会议　1993年5月5—10日在县城召开，出席代表265人；听取和审议政府工作报告、计划报告、预算报告、县人大常委会工作报告、县人民法院工作报告、县人民检察院工作报告，审查批准调整国民经济和社会发展十年规划和"八五"计划主要经济指标，作出相应决议；选举县人大常委会，选出主任1人、副主任3人、委员14人，选出县长1人、副县长4人，选出县人民法院院长、县人民检察院检察长各1人，补选省八届人大代表1名；收到代表议案、建议、批评和意见256件。

第二次会议　1994年4月26—29日在县城召开，出席代表261人；听取和审议政府工作报告、计划报告、预算报告、县人大常委会工作报告、县人民法院工作报告、县人民检察院工作报告，作出相应决议；补选县人大常委会主任1人，补选县长1人，补选县人民检察院检察长1人；收到代表质询案、议案、建议、批评和意见114件。

第三次会议　1995 年 4 月 18—21 日在县城召开，出席代表 256 人；听取和审议政府工作报告、计划报告、预算报告、县人大常委会工作报告、县人民法院工作报告、县人民检察院工作报告，作出相应决议；补选县人大常委会委员 2 人；收到代表质询案、议案、建议、批评和意见 104 件。

第四次会议　1996 年 4 月 23—26 日在县城召开，出席代表 247 人；听取和审议县国民经济和社会发展“九五”计划和 2010 年远景目标纲要的报告、计划报告、预算报告、县人大常委会工作报告、县人民法院工作报告、县人民检察院工作报告，作出相应决议；补选县人大常委会副主任 1 人；收到代表议案、建议、批评和意见 80 件。

第五次会议　1997 年 4 月 16—18 日在县城召开，出席代表 236 人；听取和审议政府工作报告、计划报告、预算报告、县人大常委会工作报告、县人民法院工作报告、县人民检察院工作报告，作出相应决议；审议县人大常委会《关于罢免单天成县人大常委会主任职务的议案》；收到代表议案、质询案、建议、批评和意见 72 件。

第六次会议　1997 年 11 月 27—28 日在县城召开，出席代表 236 人；选举出席省第九届人民代表大会代表 2 人（占志妙、吴智清）。

优秀议案和建议　议案：《要求建造荷地中学师生宿舍方案》《关于筹办食用菌栽培中专学校方案》。建议：《要求拓宽庆荷公路的建议》《全县人民强烈要求听广播建议》。

县第十二届人民代表大会

第一次会议　1998 年 3 月 23—28 日在县城召开，出席代表 167 人；听取和审议政府工作报告、计划报告、预算报告、县人大常委会工作报告、县人民法院工作报告、县人民检察院工作报告，作出相应决议；选举县人大常委会主任 1 人、副主任 4 人、委员 14 人，选出县长 1 人、副县长 4 人，选出县人民法院院长、县人民检察院检察长各 1 人；收到代表议案、建议、批评和意见 167 件。

第二次会议　1999 年 4 月 7—10 日在县城召开，出席代表 167 人；听取和审议政府工作报告、计划报告、预算报告、县人大常委会工作报告、县人民法院工作报告、县人民检察院工作报告，作出相应决议；收到代表议案、建议、批评和意见 104 件。

第三次会议　2000 年 3 月 21—24 日在县城召开，出席代表 165 人；听取和审议政府工作报告、计划报告、预算报告、县人大常委会工作报告、县人民法院工作报告、县人民检察院工作报告，作出相应决议；补选县长 1 人。收到代表议案、建议、批评和意见 105 件。

第四次会议　2000 年 11 月 29 日—12 月 1 日在县城召开，出席代表 163 人；选举出席丽水市一届人民代表大会代表 25 人。

第五次会议　2001 年 3 月 27—30 日在县城召开，出席代表 163 人；听取和审议政府工作报告、计划报告、预算报告、县人大常委会工作报告、县人民法院工作报告、县人民检察院工作报告，审查、批准庆元县国民经济和社会发展“十五”计划纲要，作出相应决议；补选县人大常委会副主任 1 人、委员 3 人，补选县人民检察院检察长 1 人；收到代表议案、建议、批评和意见 101 件。

第六次会议　2002 年 4 月 2—4 日在县城召开，出席代表 159 人；听取和审议政府工作报告、计划报告、预算报告、县人大常委会工作报告、县人民法院工作报告、县人民检察院工作报告，审查、批准庆元县国民经济和社会发展“十五”计划纲要，作出相应决议；补选副县长 1 人；收到代表议案、建议、批评和意见 97 件。

优秀议案和建议　议案：《关于严管“一店一室三厅”，扶持“三馆”和加强文化市场管理取缔非法游戏机经营，营造良好的社会育人环境的议案》。建议：《关于要求加强香菇新品种研究的建议》《关于加大帮扶力度，保证庆中迁建工程顺利进行的建议》《关于要求政法机关加强给中、小学生宣传讲解有关法律法规的建议》《关于加强客运市场管理的建议》《关于要求建立东部农业综合开发高效示范园的建议》。

县第十三届人民代表大会

第一次会议 2003年4月8—12日在县城召开，出席代表168人；听取和审议政府工作报告、计划报告、预算报告、县人大常委会工作报告、县人民法院工作报告、县人民检察院工作报告，作出相应决议；选举县人大常委会主任1人、副主任4人、委员14人，选出县长1人、副县长6人，选出县人民法院院长、县人民检察院检察长各1人；收到代表议案、建议、批评和意见239件。

第二次会议 2004年3月23—26日在县城召开，出席代表168人；听取和审议政府工作报告、计划报告、预算报告、县人大常委会工作报告、县人民法院工作报告、县人民检察院工作报告，作出相应决议；选出县长1人，补选县人大常委会委员1人，增选（补选）出席丽水市一届人民代表大会代表3人；收到代表议案、建议、批评和意见161件。

第三次会议 2005年3月29—31日在县城召开，出席代表168人；听取和审议政府工作报告、计划报告、预算报告、县人大常委会工作报告、县人民法院工作报告、县人民检察院工作报告，作出相应决议；补选县人大常委会委员2人；收到代表议案、建议、批评和意见169件。

第四次会议 2005年11月21—24日在县城召开，出席代表166人；选举出席丽水市二届人民代表大会代表25人。

第五次会议 2006年3月28—30日在县城召开，出席代表166人；听取、审查、批准县国民经济和社会发展“十一五”计划纲要，听取和审议计划报告、预算报告、县人大常委会工作报告、县人民法院工作报告、县人民检察院工作报告，作出相应决议；补选县长1人；收到代表议案、建议、批评和意见115件。

优秀议案和建议 议案：《关于实施依法治脏，改善人居环境提升城市品位的议案》《关于加强劳务输出管理，推进农村劳动力转移的议案》《关于要求尽快出台下山脱贫扶持政策的议案》。建议：《关于加强中小学生安全与法制教育的建议》《关于要求依法做好城市详细规划的建议》《关于重视研究锥栗储藏加工的建议》《关于要求出台政策处理好保护生态中农民增收的建议》《关于加强工业专业区建设加速庆元工业经济发展的建议》《关于切实关注失地农民问题的建议》《关于加强香菇文化的开发和保护建设中华香菇文化第一村的建议》。

县第十四届人民代表大会

第一次会议 2007年3月12—16日在县城召开，出席代表167人；听取和审议政府工作报告、计划报告、预算报告、县人大常委会工作报告、县人民法院工作报告、县人民检察院工作报告，作出相应决议；选举县人大常委会主任1人、副主任5人、委员14人，选出县长1人、副县长6人，选出县人民法院院长、县人民检察院检察长各1人；收到代表议案、建议186件，代表来信1件。

第二次会议 2008年3月31日—4月3日在县城召开，出席代表167人；听取和审议政府工作报告、计划报告、预算报告、县人大常委会工作报告、县人民法院工作报告、县人民检察院工作报告，作出相应决议；增选丽水市第二届人民代表大会代表1人；收到代表议案、建议119件。

第三次会议 2009年3月18—20日在县城召开，出席代表161人；听取和审议政府工作报告、计划报告、预算报告、县人大常委会工作报告、县人民法院工作报告、县人民检察院工作报告，作出相应决议；收到代表议案、建议、批评和意见85件。

第四次会议 2010年3月16—19日在县城召开，出席代表159人；听取和审议政府工作报告、计划报告、预算报告、县人大常委会工作报告、县人民法院工作报告、县人民检察院工作报告，作出相应决议；选出县人大常委会副主任1人、县长1人、县人民法院院长1人；收到代表议案、建议、批评、意见110件。

优秀议案和建议 议案：《加强中小学校周边环境的整治和网吧游戏机室管理》《关于“加大千万农民

饮用水工程建设力度”的建议》。建议:《关于要求规划兴建城东大桥的建议》《加大东部地区重点医院建设投入的建议》。

第十届至第十四届庆元县人民代表大会代表一览表

表 22—1—2—1　　单位:人

届次	代表数	性别		政治面貌		民族		文化程度	
		男	女	中共党员	其他	汉族	少数民族	大专以上	大专以下
第十届	245	198	47	172	73	237	8	81	164
第十一届	265	212	53	192	73	257	8	64	201
第十二届	167	128	39	110	57	161	6	48	119
第十三届	168	136	32	114	54	166	2	67	101
第十四届	167	145	22	106	61	166	1	77	90

第三节　常务委员会会议和主任会议

常务委员会会议

县人大常委会认真履行职责，加强对县政府、法院、检察院（简称“一府两院”）工作监督，决定庆元县重大事项，任免国家机关工作人员（包括辞职）和接受县人大代表辞职以及上级人民代表罢免，适时依法召开县人大常委会会议。县人大常委会会议一般由县人大常委会主任或委托的副主任主持;一般两个月召开一次，如遇特殊情况可增加会议次数;县政府、县人民法院、县人民检察院领导及县人大常委会各工作机构负责人列席会议，根据会议议程安排县政府相关部门主要负责人、有关乡镇人大负责人、有关县人大代表列席会议，视会议的需要邀请县委及有关工作部门、县政协领导参加;以听取和审议“一府两院”工作汇报和专题工作汇报为主要内容。

第十届至第十四届庆元县人大常务委员会会议一览表

表 22—1—3—1

届次	会议次数	听取和审议工作报告（项）	作出决议、决定（个）	审议意见（个）	人事任免(人次)
第十届	18	55	18	13	121
第十一届	35	90	42	20	213
第十二届	33	114	31	18	185
第十三届	29	53	36	14	146
第十四届	34	45	46	11	138

主任会议

县人大常委会建立后，根据宪法、地方组织法有关规定，由主任会议处理常委会日常工作。1993 年 6 月，县第十一届人大常委会通过《庆元县人民代表大会常务委员会主任会议议事规则》，县十二届人大常委会第三次会议、县十三届人大常委会主任会议先后进行修订通过，对主任会议召开、决定问题原则、参加会议对象、列席人员、讨论议题范围等作了明确规定。主任会议由常委会主任、副主任组成;常委会主任或主任委托的副主任主持，必须有主任会议组成人员过半数出席才能举行；县人大常委会党组成员和办公室主任列席会议，视会议需要，“一府两院”负责人、县政府有关部门负责人、县人大常委会工作机构负责人可列席会议；一般每月召开一次，根据工作需要，可以临时召集。主任会议负责处理的主要事项：决定常务委员会每次会议日期，拟订会议议程草案；向常务委员会提出属于常务委员会职权范围的议案；对依法向常务委员会提出的议案，研究决定提请常务委员会审议，或先交有关办事机构审议、提出报告，再决定是否提请常务委员会审议，对决定不提请常务委员会审议的议案向提议案人说明，或者向常务委员会报告；依法向常务委员会提出的质询案，研究决定受质询机关答复形式或时间；听取县政府及其所属部门、县人民法院、县人民检察院专题工作汇报；听取常务委员会各办事机构重要工作安排和工作情况汇报，协调各办事机构日常工作；向常务委员会提请任免常务委员会办公室和各工作委员会主任、副主任，以及依法应由主任会议提请的其他人事任免事项；研究处理有关监督司法工作的重要日常事务；根据常务委员会工作安排，组织部署全县性执法检查、代表视察等重要活动；拟订常务委员会决议、决定草案；检查县人民代表大会和常务委员会决议、决定执行情况，研究进一步贯彻落实决议、决定措施；检查“一府两院”对县人大代表提出议案审议意见落实和建议、批评、意见办理情况，研究处理委员、代表及群众提出的重大申诉、意见和建议；在不能举行常务委员会会议时，讨论决定是否许可对县人大代表采取逮捕、刑事审判以外的法律规定的其他限制人身自由措施，并向下次常务委员会会议报告；研究处理上级人大交办或县人大常委会授权事项和其他重要日常工作。

第二章　人大活动

1990—2010年，庆元县第十届至第十四届人大常委会加强代表自身建设，组织人大代表和人大常委会机关工作人员对人民群众普遍关心的热点问题进行视察、调研，提出意见、建议，推动相关工作开展。同时，对相关部门履行法律法规情况开展执法检查，开展司法监督、民主评议等活动，及时接待和处理来访来信。

第一节　代表工作

县第十届人大常委会

制定《庆元县人民代表大会代表工作制度》，给245名代表颁发代表工作证，增设代表联络工作委员会。1992年“撤、扩、并”前，将原各区人大工作联络员改建为人大工作联络组；先后2次组织912人次县乡两级人大代表评议乡镇政府、县政府各部门驻基层单位工作；开展每月15日代表接待日活动，共接待代表300余人次，办理各项建议、批评和意见51条。

县第十一届人大常委会

每年为每位县人大代表订阅一份《人民政权报》；围绕以评比“优秀代表”和“先进代表小组”为主要内容的“争先创优”活动，组织代表开展大（小）组活动。

县第十二届人大常委会

建立40个县人大代表小组，健全代表活动网络，指导代表小组活动；修订完善《庆元县人民代表大会代表工作制度》，建立《常委会组成人员分工联系代表制度》，开展每季度一次常委会领导接待代表日活动；坚持重要情况向代表通报，邀请代表列席常委会会议，组织代表参加视察、执法检查和评议等，开展代表持证视察活动尝试，先后在屏都镇五都选区和荷地镇苏湖选区开展选民评议县人大代表活动。

县第十三届人大常委会

制定《关于加强联系代表，发挥代表作用的实施意见》和《常委会领导接待代表日制度》；建立30个县人大代表小组，健全代表活动网络，指导代表小组制定工作计划、开展代表活动；分片分批对113名乡镇基层县人大代表进行专题培训；认真执行常委会组成人员联系代表分工决定，坚持常委会领导接待代表日、组织代表小组活动、重要情况向代表通报、邀请代表列席常委会会议等制度；开展先进县人大代表小组、优秀县人大代表评选和组织选民评议代表活动，探索届内代表辞职，指导代表开展持证视察；常委会每年召开代表经验交流会，多次组织东西部乡镇县人大代表进行交叉考察；坚持每年开展评选优秀议案、建议和承办代表建议先进单位及先进个人活动。

县第十四届人大常委会

修订通过《关于加强联系代表，发挥代表作用的实施意见》《常委会领导接待代表日制度》等制度。2007年，首次在松源镇开展人大代表接待选民试点，每月10日为接待选民日，采取轮流接待办法，每个接待日安排2名以上县人大代表主持接待选民；每年7月开展“代表建议督办月”活动。2008年，创新督办方式，对重点建议办理进行“公开当面问效”，开展“一对一”跟踪督办，召开办理工作汇报会，常委会将承办单位办理代表建议情况分为已经落实、正在落实、目前难落实三类，在县人大网站上公布。自2008年开始，将县十四届人代会会议期间代表意见和建议形成书面材料反馈给县府办，县政府将代表意见和建议落实给单位，专门印发《关于答复县十四届人大＊次会议期间代表建议意见的函》。2009年5月，在竹口镇召开县人大代表接待选民活动推进会，并在全县推开。2010年，首次以代表小组为单位分批列席常委会会议，共有8个代表小组先后列席常委会；开展“代表接待日”活动，创新人大代表接待选民制度，形成固定式、预约式和主动式三种接待模式，搭建“选民—代表—‘一府两院’”联系桥梁，实现“建立选民反映情况的直通车、人大代表与选民之间的连心桥、人大代表宣传党的路线方针政策和国家法律的传播站、促进人大代表支持政府工作的新平台”四项功能，推动行政权力阳光运行，推进政府工作良性开展；开展“扶贫帮困、代表行动”活动。

第二节　视察和调研

县第十届人大常委会

届内组织省、县人大代表160人次，就群众普遍关心问题开展视察活动9次，较大规模执法检查13次，检查40余个法律法规，向政府及有关部门提出解决办法和建议。1990—1991年，组织省、县人大代表视察治理整顿中经济工作，向县政府及其有关职能部门提出意见和建议，推动全县于1991年基本完成治理整顿各项任务。分别组织部分人大代表、乡镇人大主席团常务主席和人大机关干部赴福建省建瓯县考察农业综合开发工作，积极建言献策，力推柑橘、猕猴桃、锥栗等水干果和食用菌开发。组织人大代表视察教育工作，就教学布点、职业教育、教育质量、校舍改造等问题向县政府提出建设性意见，引起县政府及其有关部门高度重视。组织常委会组成人员视察龙庆公路拓宽工程、垃圾场、公墓等建设工程，努力解决实际问题，促进相关重大建设工程顺利进行。

县第十一届人大常委会

1993年两次组织农业综合开发、农业“两法”贯彻实施和菇木林基地建设情况视察调查，听取和审议视察调查情况报告和县政府有关工作情况报告，提出许多积极意见和建议，特别是针对日益增长香菇生产与菇木林资源日趋减少矛盾，作出《关于加强领导，加快我县菇木林基地建设的决议》，菇木林基地封管造被县政府摆上重要议事日程，付诸实施，为农村经济可持续发展打下基础。组织对《全民所有制工业企业转换经营机制条例》贯彻实施情况视察，督促政府解放思想，抓住机遇，深化企业改革。两次组织对龙庆公路、科研中心、教场路、濛州街及电力、交通、市政建设、农贸市场建设等重点工程视察，力促工程建设进度，督促支持县政府提前上马县城东大桥，实现人民群众多年迫切要求和心愿。多次组织对科技和教育工作视察检查，有针对性地支持和督促政府加大科技、教育工作力度，促进“科教兴县”战略实施、教育“两基”和“科技先进县”达标验收。

县第十二届人大常委会

1998年组织视察组，对重点项目建设实施情况进行视察；对水毁水利工程修复情况进行视察，确保安全度汛。1999年，视察检查县公安局派出所、看守所执法工作，针对存在问题提出相应整改建议，推进公安机关严格执法，提高执法水平。2000年，组织代表就县殡仪馆选址、石龙街延伸工程等重点工程进行视察、检查，提出积极意见和建议，化解社会矛盾，加强工作监督，较好地形成工作合力，寓监督于支持政府及有关部门工作中。2001年，组织对食用菌生产、香菇市场培育和建设、生态示范区建设、县乡机构改革、教育系统人事制度改革、严打整治专项斗争、县城职工基本医疗保险改革、城区教育资源配置调整以及县重点工程建设等深入视察调研，进行专题审议，促进工作。

县第十三届人大常委会

2003年，组织县人大代表视察、调研生态示范区建设、环境保护、小水电开发、县城规划、旅游开发、招商引资和工业园区建设、交通建设规划及实施以及县重点工程建设等重点工作，提出建设性意见和建议；组织部分常委会组成人员和市人大代表对生态示范区建设工作进展情况进行专项视察，为生态示范区迎验工作献计献策。2004年，组织代表视察交通项目建设，组织调查组开展专题调研，为常委会专题审议并作出《关于加快我县交通事业发展的决议》奠定基础。组织部分县人大代表就机关效能建设进行专项视察，提出积极建议，促进更好地开展机关效能建设，优化经济社会发展软环境。2005年，对省级卫生文明城市创建、农村专业经济合作社发展、招投标开展等工作开展专题视察或调研，提出切合实际意见、建议，促使县政府改进工作。

县第十四届人大常委会

组织常委会组成人员、人大代表围绕生态县建设、重点项目建设、教育、文化、卫生、千万农民饮用水等民生问题开展视察、调研，提出意见、建议，推动相关工作开展。2007年，深入各乡镇和相关部门开展农民建房难问题调研，全面了解村镇规划、农民建房审批、“一户一宅”政策落实、地质灾害险情村异地搬迁落实、农民违章建房等方面情况，形成书面调研报告上报市人大，为上级部门出台相关政策提供基础资料，为推进农民建房难问题解决步伐、实现“住有所居”目标作出努力；组织生态县建设和环境保护专项监督检查，针对检查中发现问题认真分析原因，提出五点建议，县政府及相关职能部门认真研究，采取有力措施，部分建议得到很好落实。2007—2008年，连续跟踪监督水利、环保、交通等部门联合开展环境整治，关闭水源头2个采沙场，建设生态公益林，水源保护区环境得到较好改善，提高县城饮用水源水质；组织县乡两级人大代表专题视察广播电视“村村通”工程建设实施，深入荷地、岭头等乡镇行政村实地了解情况，及时向县政府反馈视察意见，县政府专门印发《庆元县人民政府办公室关于进一步加强全县广播电视“村村通”工作的通知》，加快“村村通”工程建设；专题调研千万农民饮用水工程建设，从加强宣传力度、调整完善政策、理顺管理体制三方面向县政府提出建议、意见，县政府认真落实人大常委会审议意见，及时召开工作推进会，特别是针对庆元实际情况，调整补助政策，有力推动工程建设；组织代表视察创建工作，先后到举水、岭头、五大堡等重点乡镇及县垃圾填埋场、污水处理厂等视察，现场检查重点工程和主要项目建设情况，督促落实省级生态县创建要求；2008年，组织常委会组成人员视察工业、农业农村、城市建设等重点项目实施，督促县政府及职能部门加大抓项目落实力度，按计划有序推进项目建设。2009年，1月，省级生态县创建顺利通过验收，庆元成为丽水市第一个省级生态县；开展农村公共卫生服务体系建设视察，提出积极稳妥推进卫生体制改革、加强基础设施和队伍建设、改善农村医疗环境、主动服务农村公共卫生工作意见建议，促进此项“民心工程”办好、办实；市、县两级人大常委会上下联动，开展农产品质量安全管理调研，提出构建长效机制、加强监管力度、进一步完善农产品质量安全保障体系的建议，努力保障食品安全；组织人大代表视察河道整治，针对存在问题提出整改意见，促进农村环境卫生整治、垃圾收集与处理、生活污水处理、河道规范管理等工作，以良好环境维护“中国生态环境第一县”美誉。2010年，开展国家级卫生城市和国家级生态县创建工作视察，促进村庄整治、环境治污设施、城市污水管网改造、地质灾害防治、“一溪两岸”休闲景观廊道项目、休闲度假养生基地等生态基础建设，加大环境治理保护，进一步夯实生态文明建设基础；以饮用水源保护、跨界河流断面水质达标、城乡污水处理、农村面源污染治理为检查重点，针对龙泉市鑫旺矿业发展有限公司非法采矿，将弃碴、废水排入庆元境内，造成饮用水源污染问题，县人大常委会组织调研、视察，积极争取丽水市人大常委会支持，通过市人大、市政府监督、协调，促使龙泉市政府按时妥善处理，确保全县饮用水安全；开展学前教育工作状况调研，督促政府做好学前教育工作规划，着手全面开展学前教育基础设施建设，全面推进教育强县创建工作验收后教育工作顺利开展；开展市容环境综合整治视察，提出科学规划设置城市道路交通信号、合理规划设置城市公交站点、加大城市综合管理力度意见、建议，推进文明县城建设；对龙庆高速公路、县人民医院改造等重点项目建设进行视察，对存在问题提出意见、建议，推动重点项目建设。

第三节　监督

执法检查

1990年县第十届人大常委会对松源镇、菊隆、竹口、新村、荷地、左溪五区一镇26个司法单位进行检查，重点检查司法情况。1991—1992年，组织代表对《中华人民共和国行政诉讼法》《中华人民共和国水法》《中华人民共和国土地管理法》《中华人民共和国矿产资源法》《中华人民共和国企业法》《全民所有制工业企业转换经营机制条例》等法律法规进行检查，取得较为明显效果。

县第十一届人大常委会组织对农业法和农业技术推广法、教师法、环境保护法等20余部法律法规实施情况进行检查。1994年，农业“两法”执法检查中，强调增强农业法制观念，切实做到依法治农，决不放松农业特别是粮食生产，切实增加投入，以市场为导向，依靠科技进步，狠抓各项政策措施落实，稳步推进全县农业和农村经济，督促解决违法事件。1995年，环保执法检查中，针对水土流失超标排污、县城垃圾处理、开发建设项目环境影响评价和“三同时”制度实施还存在一些问题急待解决，提出相应整改建议，促进国民经济与环境保护协调发展。1996年，土地执法检查中，作出《关于加强非农建设用地管理，严肃查处违法用地的意见》，在县政府和有关部门、乡镇重视下，严肃查处了一批违法用地案件，进一步完善和落实农田保护规划，巩固和扩大蔬菜基地，进一步规范土地市场，保护耕地。

县第十二届人大常委会组织了对食品卫生法、城市规划法、义务教育法和省实施九年义务教育条例、水土保持法、产品质量法、劳动法、建筑法、环保法、省职工基本养老保险条例和失业保险条例等20余部法律法规实施情况检查，涉及人民群众权益保障、生态保护和可持续发展、市场秩序整顿和规范等重要方面。1999年，水土保持法检查中，既充分肯定全县水土保持、治理工作取得成效，又针对宣传不够、水土流失综合防治欠缺、执法配合不协调等提出相应建议，引起县政府高度重视，制订出台庆元县实施水土保持法细则和水土保持方案，推进水土保持工作法治化进程。2001年，在开展环保法及相关法律法规实施情况检查中，通过检查督促，进一步强化县政府及有关部门环保意识，加大环保投入力度，促进生态环境建设和经济社会可持续发展。2002年，在省职工基本养老保险条例和省职工失业保险条例执法检查中，要求县政府加强领导，进一步提高认识，加大宣传教育力度，将社会保障工作作为深化改革、促进发展、维护稳定重要工作来抓，在县政府和有关部门重视下，进一步加大宣传和参保扩面力度，加强规范管理，确保“两金”如期发放；组织检查组开展执法责任制调整情况检查，深入各乡镇和部门进行督促指导，要求相关单位进一步加强领导，进一步理顺执法体系，明确执法职责，完善配套措施，并对“两院”错案责任追究工作进行专项检查，较好地发挥了监督指导和总体推动作用。

县第十三届人大常委会连续三年通过执法检查等形式，对生态建设和环境保护法实施情况进行检查及跟踪督察，督促解决一些影响人民群众健康安全的环境污染问题。2003年，组织对《中华人民共和国劳动法》和《中华人民共和国工会法》贯彻实施情况进行检查，使社保工作机制得到进一步完善，一批反响强烈的违法案件得到纠正和查处，依法维护了劳动者合法权益；组织部分人大代表对全县非公有制经济发展、重点项目建设、机关效能建设、招投标开展情况等开展一系列视察调查评议活动，促进各项工作更好地开展。2004年，组织代表开展交通项目建设情况视察调研，听取和审议县政府相关报告，作出《关于加快我县交通事业发展的决议》，提出抢抓机遇，动员和凝聚全社会力量，全力推进庆元县公路交通建设，尤其要把争取提高联外公路等级项目作为政府工作重点，反映群众心声，引起政府高度重视。2005年，以议案调查审理形式，对水资源保护工作和康庄工程建设进行监督，提出审议意见，交由县政府认真研究落实；重视卫生事业发展，对新型农村合作医疗制度建立和落实情况进行专题调研，就如何进一步完善农村合作医疗救助制度，向县政府及有关部门提出建议、意见。

县第十四届人大常委会紧紧围绕相关法律法规贯彻实施，不断加大深化普法教育和执法工作监督力度，组织代表有重点、有针对性地开展对《中华人民共和国水污染防治法》《浙江省水污染防治条例》《浙江省预防职务犯罪条例》《浙江省宗教事务条例》《中华人民共和国消防法》《中华人民共和国道路交通法》《危险化学品管理条例》《中华人民共和国环境保护法》《中华人民共和国安全生产法》等10余部法律法规贯彻执行情况执法检查，督促职能部门不断增强法制观念，规范执法行为，提高执法水平。2008年，组织县人民检察院、县监察局、县审计局等单位有关人员组成检查组，开展对《浙江省预防职务犯罪条例》贯彻落实情况检查，促进公务人员提高依法行政意识，提高依法公正处理问题水平。2009年，组织开展农业法及相关法律法规贯彻实施情况执法检查，专题审议县政府关于农业法及相关法律法规贯彻实施情况报告；开展预防职务犯罪工作检查调研，听取和审议县人民检察院预防职务犯罪工作报告，推动《预防职务犯罪条例》贯彻实施和预防职务犯罪工作开展；跟踪法院“集中清理执行积案活动”开展，了解掌握法院执行开展情况，促进法院执行；跟踪督察“五五”普法工作情况报告审议意见落实情况、预防职务犯罪工作报告审议意见落实情况、农业法及相关法律法规贯彻实施报告审议意见落实情况。2010年，根据省人大统一部署，采取省、市、县三级联动方式，对《中华人民共和国水污染防治法》及《浙江省水污染防治条例》贯彻执行情况进行检查。

司法监督

县第十届人大常委会组织公检法等司法监督负责人和办案人员，对社会反映较大的6宗案件依法进行面对面司法监督，解决了群众呼声和困难，又有力地支持司法部门依法开展侦查、起诉、审判等工作，为进一步开展司法监督工作积累经验。

县第十一届人大常委会组织县人大代表对公安、检察、法院、司法进行评议。主要评议1993年工作，重点是严格执法和勤政廉政情况，代表们既肯定成绩和主流，同时指出存在问题，就代表反映较为强烈的重大问题组织专门调查，督促有关机关认真采取整改措施，加大执法力度，查处违法违纪案件，激励和调动广大干警积极性，改进工作作风，提高执法水平；还制订《庆元县人大常委会司法监督规定》，进一步明确司法监督工作范围、内容、程序，使司法监督工作步入规范化轨道。

县第十二届人大常委会适时修订完善实施《庆元县人民代表大会常务委员会监督司法机关工作规定》，进一步规范和强化对司法机关监督。

县第十三届人大常委会于2004年和2005年分别组织县人大代表对县人民法院和县人民检察院进行评议，重点对“两院”履职及执法、贯彻执行人大决议决定、队伍建设等情况开展评议，组织代表旁听案件庭审，根据全国人大常委会相关决定，确定县人民法院人民陪审员名额，任命首批6名人民陪审员。2006年上半年，组织人员对“两院”和县公安局开展“规范执法行为，促进执法公正”专项整改活动情况进行督察，听取专题工作报告。

县第十四届人大常委会2010年开展社区矫正试点专题调研，明确指出社区矫正工作存在的困难与问题，提出“要加强协作配合，形成社区矫正工作合力；要理顺关系，形成社区矫正工作网络”等意见、建议。

民主评议

1992年县第十届人大常委会组织人大代表参加对公安、检察、法院、司法等部门干警民主评议，认真听取政法各单位民主评议干警情况汇报，及时指导。

县第十一届人大常委会组织代表和常委会组成人员对司法、行政执法进行执法评议，对人大及常委会选举和任命的国家机关工作人员进行述职评议。1994年，首次组织县人大代表先后对人大任命的14位局长、主任进行述职评议和对县文化局、广播电视局进行行政执法评议。

县第十一届、第十二届人大常委会分批对人大常委会任命的组成人员进行述职评议29人次。其中，第十一届人大常委会对县农经委、县林业局、县土管局、县水电局、县经委、县交通局、县乡企局、县二轻局、县财政局、县建设局、县工商局、县卫生局、县民政局等14位局长、主任进行述职评议；第十二届人大常委会对县农业局、县林业局、县水电局、县土管局、县司法局、县计委、县经委、县农办、县财政局、县人事劳动局、县交通局、县卫生局、县物价局、县建设局、县计生委15位局长、主任进行述职评议。

图22-3 2000年，县人大代表评议县公安局执法工作会议（县人大办供 摄于2000年）

县第十三届人大常委会于1999年和2000年分别组织县人大代表对县人民法院和县公安机关进行评议，历经调查研究、面对面评议、整改提高等阶段，既充分肯定被评议单位工作，又实事求是地指出存在问题，纠正一批违法案件，对相关责任人员进行处理。四次会议期间，还组织全体县人大代表首次对县人大常委会任命干部进行满意度测评。

来信来访

县第十届人大常委会共受理来信458件，处理来访1498人次。县第十一届人大常委会共受理来信1421件，接待来访3238人次。县第十二届人大常委会共受理来信1814件，接待来访829人次。县第十三届人大常委会共处理来信来访1381件次。县第十四届人大常委会自2007—2010年共受理来信来访1093件次。

第二十三篇　地方人民政府

庆元县于宋庆元三年（1197年）置县。历代行政机关，宋至清称县衙、县署；中华民国称县公署、县政府；中华人民共和国成立后，历称县人民政府、县人民委员会、县革命委员会、县人民政府。县人民政府成立初期，在县委统一领导下，建立基层政权，进行土地革命，恢复和发展生产。复县后，县革命委员会领导全县人民发展工农业生产，恢复社会经济。中共十一届三中全会后，县人民政府全面贯彻改革开放方针，加强农业，发展林业，突破工业。1991—2010年，县人民政府历经第十至十四届任期。县人民政府通过全体会议、常务会议、县长办公会议及专题会议等制度，讨论和决定政府工作。县、乡两级人民政府不断适应建设和改革需要，转变政府职能，提高执政水平，努力打造人民满意的服务型政府。

第一章　机构与施政纪略

1949 年 5 月 17 日，庆元县和平解放。5 月 18 日至 7 月 4 日，实行军事管制。7 月 5 日，庆元县人民政府（以下简称县政府）成立。县政府成立初期，直属机构为秘书室、民教科、财粮科、实业科和公安局。随着社会经济的发展，政府工作机构不断发展变化，2010 年，县政府设置工作部门 22 个。

第一节　县政府工作机构

1988—1993 年县政府工作机构

县政府办公室、计划委员会、经济委员会、农村经济委员会、科学技术委员会、计划生育委员会、体育运动委员会、公安局、人事局、劳动局、审计局、财政税务局、工商行政管理局、农业局、林业局、水电局、粮食局、商业局、供销合作社、土地管理局、气象局、档案局、统计局、物价局、物资局、城乡建设环境保护局、卫生局、教育局、文化局、广播电视管理局、二轻局、交通局、邮电局、乡镇企业局、供电局、医药管理局、外贸局、体制改革办公室、经济协作办公室、职工教育管理办公室、住房制度改革领导小组办公室、县政府驻杭办事处。

1996 年县政府工作机构

1996 年 10 月，县政府工作机构作如下调整：撤销县标准计量局，成立县技术监督局、县统计局与县计划委员会合署；县乡镇企业管理局、县医药管理局与县经济委员会合署；县经济体制改革办公室改称县经济体制改革委员会（县经济与社会发展研究中心）与县政府办公室合署，县政府办公室增挂县外事办公室牌子，法制科为县政府内设机构，对外挂县政府法制局牌子；县财政局和县地方税务局合署，增挂县国有资产管理局牌子；撤销县农村经济委员会，成立县农村工作办公室，同时挂县委农村工作办公室牌子；县物价局与县工商行政管理局合署；县地质矿产办公室，为经济委员会内设机构，对外挂牌；撤销县二轻局，暂时保留县手工业联社，在县经委挂牌，其行政职能划转县经委；县物资局、县商业局建制转为经济实体，其行政管理职能分别移交政府有关部门承担；县供销合作社不列入县政府工作机构序列；撤销县城乡建设环境保护局，成立县建设局和环境保护局，合署办公，一个机构、两块牌子；县人事局与县劳动局合并为县人事劳动局；县机构编制委员会办公室为县机构编制委员会常设机构，也是县委、县政府主管机构编制工作机构，挂靠县人事劳动局；县体育运动委员会改称县体育事业发展局，为县政府直属事业单位；县广播电视局、县经济技术协作办公室、县粮食局转为县政府直属事业单位；县档案局与档案馆合并，保留牌子，为县政府直属事业单位，县志办公室更名为县地方志办公室，与县档案馆（局）合署；县教育局改称县教育委员会。调整后，县政府共设置工作机构 23 个，即县政府办公室（经济体制改革委员会）、县计划委员会（统计局、技术监督局）、县经济委员会（乡镇企业管理局、医药管理局）、县农村工作办公室、县农业局、县林业局、县水利水电局、县教育委员会、县科学技术委员会、县卫生局、县计划生育委员会、县文化局、县建设局（环境保护局）、县民政局、县人事劳动局、县财政局（地方税务局）、县交通局、县审计局、县土地管理局、县监察局、县公安局、县司法局和县工商行政管理局（物价局）。

2001年县政府工作机构

2001年11月，县政府工作机构作如下调整：保留县政府办公室、县监察局、县民政局、县公安局、县司法局、县卫生局、县审计局、县财政局（县国有资产管理局职能并入县财政局）、县建设局、县交通局、县农业局和县林业局；不再保留县计划委员会，组建县发展计划局，县物价局并入县发展计划局，不再保留原事业机构县粮食局，成立行政序列的县粮食局，县统计局与县发展计划局合署办公；不再保留县经济委员会，组建县经济贸易局，不再保留原事业机构县对外贸易经济合作局，其行政职能并入县经济贸易局，县乡镇企业局更名为县中小企业局，并入县经济贸易局；不再保留县文化局和原事业机构县体育事业发展局、县广播电视局，组建县文化体育广播电视局，县新闻出版行政管理职能由该局承担；不再保留县人事劳动局，组建县人事劳动社会保障局，将县民政局承担的农村养老保险、县卫生局承担的公费医疗管理、县医疗保险制度改革领导小组办公室承担的医疗保险制度改革职能划入县人事劳动社会保障局；不再保留县土地管理局、划入原县经济委员会地质矿产办公室职能，组建县国土资源局；县教育委员会更名为县教育局，县科学技术委员会更名为县科学技术局，县计划生育委员会更名为县计划生育局，县水利水电局更名为县水利局；建立县经济体制改革委员会，为县政府高层次议事机构，原县体改委改为县经济体制改革委员会办事机构，并承担区域内经济与社会发展研究工作；原在地方设置，现改为省部门直属机构。调整后，县政府共设置20个工作机构，另设议事协调机构的办事机构1个。

2005年县政府工作机构

2005年5月，县政府工作机构作如下调整：县政府办公室挂县外事办公室牌子，将原在县政府办公室挂牌的县政府法制办公室改为与县政府办公室合署办公；将县发展计划局改组为县发展和改革局，撤销县经济体制改革委员会办公室，其承担职能划入县发展和改革局，县粮食局、县统计局与县发展和改革局合署办公；县经济贸易局挂县对外贸易经济合作局、县中小企业局牌子；县委、县政府农村工作办公室与县农业局合署办公；将县文化体育广播电视局改组为县文化广电新闻出版局，设立县体育局，县体育局与县文化广电新闻出版局合署办公；在县药品监督管理局基础上，组建县食品药品监督管理局；组建县安全生产监督管理局；将县计划生育局更名为县人口和计划生育局；将县环境保护局列入县政府工作部门序列。调整后，县政府设置工作部门22个，即县政府办公室（法制办公室）、县发展和改革局（县粮食局、县统计局）、县经济贸易局、县教育局、县科学技术局、县公安局、县民政局、县司法局、县财政局、县人事劳动社会保障局、县国土资源局、县建设局、县交通局、县农业局（县农村工作办公室）、县林业局、县水利局、县文化广电新闻出版局（县体育局）、县卫生局、县人口和计划生育局、县审计局、县安全生产监督管理局和县环境保护局。县监察局与县委纪律检查委员会合署办公，县民族宗教事务局与县委统战部合署办公，列入政府工作部门序列，不计入政府机构个数。至2010年，县政府工作机构未调整。

第十届至第十四届庆元县人民政府县长、副县长名录

表 23—1—1—1

届次	职务	姓名	任期
第十届（1990年5月—1993年5月）	县长	谢力群	1990年5月—1992年11月
	代县长	单天戍	1992年11月—1993年5月
	副县长	单天戍	1990年5月—1992年11月
		潘统文	1990年5月—1991年9月
		叶志深	1990年5月—1992年12月
		黄立鹏	1990年5月—1992年12月
		姚祖根	1991年9月—1992年11月
		郑伟雄	1991年9月—1993年5月
		翁争鸣	1992年12月—1993年5月
		刘国安	1992年12月—1993年5月
		孙义章	1990年5月—1991年1月
		张松寿	1991年12月—1993年5月
第十一届（1993年5月—1998年3月）	县长	单天戍	1993年5月—1994年3月
		郑伟雄	1994年4月—1997年9月
	代县长	占志妙	1997年9月—1998年3月
	副县长	郑伟雄	1993年5月—1994年4月
		翁争鸣	1993年5月—1996年6月
		刘国安	1993年5月—1998年3月
		邝平正	1993年5月—1995年7月
		张松寿	1993年5月—1994年1月
		占志妙	1994年3月—1998年3月
		廖利成	1994年12月—1996年10月
		朱祖新	1995年7月—1997年9月
		邱务土	1995年12月—1998年3月
		蔡建熙	1996年6月—1998年3月
		陈寺海	1997年7月—1998年3月
		吴远龙	1997年9月—1998年3月
第十二届（1998年3月—2003年4月）	县长	占志妙	1998年3月—2000年1月
		陈建波	2000年3月—2003年4月
	代县长	陈建波	2000年1月—2000年3月
	副县长	邱务土	1998年3月—2001年3月
		刘国安	1998年3月—2001年2月
		蔡建熙	1998年3月—2001年3月
		吴远龙	1998年3月—2002年12月
		陈寺海	1998年3月—2000年8月
		胡雄光	2000年3月—2002年12月

续表 23—1—1—1

届次	职务	姓名	任期
第十二届（1998 年 3 月—2003 年 4 月）	副县长	刘秋霞	2000 年 11 月—2003 年 4 月
		王顺发	2001 年 3 月—2003 年 4 月
		季松龄	2001 年 3 月—2002 年 12 月
		吴传根	2002 年 4 月—2003 年 4 月
		柳向阳	2002 年 12 月—2003 年 4 月
		朱志强	2003 年 1 月—2003 年 4 月
		江少伟	2003 年 1 月—2003 年 4 月
第十三届（2003 年 4 月—2007 年 3 月）	县长	陈建波	2003 年 4 月—2003 年 8 月
		胡雄光	2004 年 3 月—2006 年 3 月
		杜兴林	2006 年 3 月—2007 年 3 月
	代县长	胡雄光	2003 年 8 月—2004 年 3 月
		杜兴林	2006 年 3 月—2006 年 3 月
	副县长	王顺发	2003 年 4 月—2004 年 12 月
		刘秋霞	2003 年 4 月—2004 年 12 月
		吴传根	2003 年 4 月—2007 年 3 月
		柳向阳	2003 年 4 月—2006 年 10 月
		朱志强	2003 年 4 月—2006 年 10 月
		江少伟	2003 年 4 月—2006 年 10 月
		胡雄光	2003 年 8 月—2004 年 3 月
		吴安宁	2004 年 2 月—2004 年 5 月
		包焕盛	2004 年 12 月—2006 年 10 月
		吴善华	2004 年 12 月—2007 年 3 月
		杜兴林	2006 年 3 月—2006 年 3 月
		沈世山	2006 年 10 月—2007 年 3 月
		张　明	2006 年 10 月—2007 年 3 月
		胡　刚	2006 年 10 月—2007 年 3 月
		廖永平	2006 年 10 月—2007 年 3 月
第十四届（2007 年 3 月—2012 年 3 月）	县长	杜兴林	2007 年 3 月—2009 年 8 月
		叶　青	2010 年 3 月—2012 年 3 月
	代县长	叶　青	2009 年 8 月—2010 年 3 月
	副县长	沈世山	2007 年 3 月—2011 年 6 月
		吴传根	2007 年 3 月—2011 年 12 月
		吴善华	2007 年 3 月—2009 年 1 月
		张　明	2007 年 3 月—2011 年 12 月
		胡　刚	2007 年 3 月—2010 年 12 月
		廖永平	2007 年 3 月—2010 年 6 月
		陈伟军	2008 年 5 月—2010 年 6 月
		叶　青	2009 年 8 月—2010 年 3 月
		阎昌远	2009 年 11 月—2012 年 3 月

续表 23—1—1—1

届次	职务	姓名	任期
第十四届（2007年3月—2012年3月）	副县长	胡献如	2010年6月—2012年3月
		张　兵	2010年7月—2012年8月
		吴青松	2010年12月—2012年3月
		叶伟玲	2011年12月—2012年3月
		范庆伟	2011年12月—2012年3月
		胡慧红	2011年12月—2012年3月

第二节　施政纪略

县政府全体会议、常务会议、县长办公会议及专题会议制度，分别讨论决定政府工作中的重要事宜。

全体会议一般每半年召开一次。参加人员为县政府领导、乡镇人民政府主要负责人、县政府组成部门及直属各单位主要负责人，垂直单位主要负责人、县政府组成部门和直属各单位副职列席会议，并邀请县人大、县政协各1位领导，县委各部门、县人大办及工作委员会、县政协办及专门委员会、县人武部、县人民法院、县人民检察院、群众团体负责人参加会议。主要议题：传达贯彻上级党委、政府和县委重要会议精神和指示决定；决定和部署县政府重要工作；通报有关全县性重要工作情况；讨论通过需由全体会议决定的其他重要事项。

常务会议一般每月召开一次。由县长或县长委托主持工作的副县长召集和主持，县长、副县长和办公室主任出席，政府办副主任及有关单位负责人根据议题需要列席。会议议题在征求各副县长意见基础上，由县长确定：传达贯彻上级指示和决定；讨论和决定县政府重大问题；讨论拟报请上级政府审定的重要事项；讨论拟提请县委审定的重要事项；讨论拟提请县人大常委会审议的议案，拟提请县人大及其常委会审议的政府工作报告和有关全县性重大问题决策；讨论决定县政府重要文电、行政措施以及部门、乡镇向县政府请示的重要事项；讨论涉及全局性政策性问题和有关文件、规定、办法、实施细则；县长、副县长交流分工范围内重要工作进展情况；讨论需要由县政府常务会议讨论的其他事项。应记录并形成会议纪要，由办公室主任审阅，送县长或主持会议副县长签发。

县长办公会议一般半月召开一次，根据需要可不定期召开。由县长召集和主持，县长、副县长、办公室主任出席，副主任及有关科室负责人列席会议。会议议题由县长或县长委托召集和主持会议的副县长确定：传达和研究贯彻上级有关会议精神；研究确定县政府日常工作中事关全局、需要统筹安排的事项；研究提交县政府全体会议、常务会议讨论的事项；研究向上级领导或上级有关部门负责人汇报工作等有关事项；听取县政府领导重要赴外地考察情况汇报；研究县政府日常工作中其他重要事项。应由专人负责记录并存档保管，根据需要形成纪要，由办公室主任审阅后送县长签发。

专题会议由县长、副县长视情召开，内容为研究处理县长、副县长分管职责范围、需要统筹协调的业务事项，研究突发性事件处理意见等，议定事项形成会议纪要。

第十届政府施政纪略（1990年5月至1993年5月）

1992年，全县实现国内生产总值3.33亿元，比1989年增长51.6%；工农业总产值4.69亿元，比1989年增长80.6%；国民收入3.0亿元，比1989年增长59.4%；社会商品零售总额1.165亿元，比1989年增长25.1%；财政收入1680万元，比1989年增长8.61%；农民人均纯收入793元，比1989年增长62.5%。

1990—1993年，全县农业投入资金累计766万元。其中，投入兴修农田水利176万元，兴修水利工程606处，复垦农田4024公顷，新开农田28.67公顷，修建农村机耕路430千米。1992年，农业总产值2.55亿元，比1989年增长53.89%。实施“五年消灭荒山，七年绿化庆元”规划，开展林业结构调整，制订并实施“一三五六九”工程，累计完成基地造林7933.33公顷。其中，荒山造林2313.33公顷，培育竹笋两用基地693.33公顷，开发水干果基地886.67公顷。1992年，袋料制菇5500万段，干菇产量414.2万千克，生产户从1989年的4500户增加到23600户，香菇产值1.24亿元。食用菌提取物深度加工开发取得实质性进展，食用菌产业发展成为农村经济增长、农民脱贫致富重要途径。1992年，工业产值2.14亿元，首次突破两亿元大关，比1991年增长78.24%。5700吨弹性纸袋纸、7000吨纤维板、日采选100吨铅锌矿等一批重点项目生产线建设为庆元工业发展奠定基础。1992年，乡镇工业产值实现1.1亿元，首次突破亿元大关。造纸、水泥、冶金、染料化工、纺织、塑料、食品和竹木加工等行业的24家重点企业和23个重点产品为龙头的工业生产加工体系初步形成。1992年，社会商品零售总额1.165亿元，比1989年低谷时增长25.09%；外贸收购额0.152亿元，比1989年增长133.58%。1992年，香菇市场销售额1.72亿元，名列全省十大农副产品市场之首。1992年，财政收入1680万元，比1989年同口径增长8.7%；城乡居民储蓄存款余额1.41亿元，比1989年增长122.68%；贷款余额达1.92亿元，比1989年增长151.27%。

第十一届政府施政纪略（1993年5月至1998年3月）

1997年，全县国内生产总值9.8亿元，是1992年的1.49倍；工农业总产值14.2亿元，是1992年的2.35倍。其中，工业总产值9亿元，是1992年的3倍；财政收入3371万元，是1992年的2.01倍；各项存款余额5.52亿元，比1992年增长106%，各项贷款余额4.63亿元，比1992年增长141%。

1993—1998年，培育笋竹两用林基地，开发笋竹林5780公顷，抚育26400公顷。发展淡水养殖和山地养殖，建成3处养鳗场，1997年鳗产量26.5万千克。1994年，建成全国最大县级食用菌科研中心，研究和推广一批新实用技术。5年来，香菇市场交易干香菇3457.78万千克，成交额38.85亿元。推行合力扶工政策措施，创建工业园区。5年来，累计完成企业改制201家，改制率为94%，盘活存量资产4000多万元。吉庆公司、方格公司、开元公司、罐头厂和新星台板厂等企业与外地企业集团进行联营嫁接。扩建香菇市场，新建农贸市场和小商品市场。商业、物资供销等部门推行“四放开”改革和国有民营等承包形式，转换经营机制。1997年，实现全社会商品零售总额3.11亿元，比1992年增长了234%。1997年，农民人均收入1975元，是1992年的2.49倍；职工年人均工资收入6415元，是1992年的2.5倍；城镇居民人均居住面积14.6平方米，比1992年增加6.15平方米。

第十二届政府施政纪略（1998年3月至2003年4月）

2002年，国内生产总值10.35亿元，比1997年增长51.7%，年均增长8.7%；财政总收入7577万元，比1997年增长134.6%，年均增长18.6%。

1998—2003年，庆元香菇取得原产地域产品保护，香菇标准化生产启动。毛竹林面积从1998年的18666.67公顷扩大到2003年的20000公顷。优质烤烟形成规模生产。茶叶生产开始见效，推出庆元茶叶名优品牌。锥栗基地面积2000多公顷。建成新建农业园区28个，开发面积1万公顷。改造中低产田和标准农田建设2000公顷。初步形成竹木加工、食品加工、铅笔生产、塑料加工和水电开发特色工业框架，庆元成为全国重点竹筷、铅笔生产基地和高档木门生产基地。5年来累计完成工业技改投入2.6亿元。松源竹木业专业园区形成产业集聚。规模企业工业产值4亿元，年均增长33.7%，工业对国民经济的贡献率达23%，工业对财政贡献率达49.4%。审批水电建设电源点58个，总装机规模近17万千瓦，大岩坑电站、百龙电站等建成发电，5年新增装机4万千瓦。服务业占国内生产总值比重从1997年的35.8%提高到2002年的37.3%。香菇市场年交易额达10亿元。2002年，自营出口额309万美元，比1997增长

137.7%。1993—2003年，累计完成固定资产投资10.98亿元，相当于改革开放前20年总和。县城主要街道基本成形，濛洲新区初具规模，旧城改造快速推进，产业、人口快速向县城集聚，县城建成区面积从1997年的2.3平方千米扩大到2002年的3.7平方千米，县城人口增加到4万人。实施三期城市防洪工程，新建、加固、加高防洪堤6.78千米，建成十二股橡胶坝，整治河道8.05千米，县城重点部位防洪标准从5年一遇提高到20年一遇。实施濛洲新区及江滨路高压电缆入地改造，建成110千伏电力线路87千米，全面完成农村电网改造。建成长途光缆线路96.7千米，新增程控电话交换机2.5万门。投资5000多万元，建成占地面积8.89公顷的新庆元中学，并于2002年秋季正式招生；建设、改造中小学校舍6.3万平方米。拓宽改造菊后公路、庆荷公路60千米，建成县际断头公路2条、12千米，砂改油公路4条、50千米。2002年与1997年相比，职工年人均工资从6893元增加到13934元，农村居民年人均纯收入从1970元增加到2580元；城乡居民储蓄存款余额从4.11亿元增加到7.24亿元；城镇居民人均住房使用面积从12.88平方米增加到22.81平方米，农村居民人均住房面积从27.3平方米增加到33.82平方米；城乡固定电话普及率从每百人6.1部增加到16.3部，移动电话普及率从每百人0.5部增加到12.5部，互联网用户5059户。松源、黄田、竹口、屏都和隆宫5个乡镇97个行政村通过小康达标验收。

第十三届政府施政纪略（2003年4月至2007年3月）

2006年，生产总值、财政总收入和地方财政收入分别是2002年的1.7倍、2倍和2.2倍，年均分别增长12%、19%和21.6%；高效生态农业初具规模，产业化水平稳步提高，工业总产值是2002年的2倍，主体地位进一步确立，第三产业持续发展，经济增长质量得到改善，三次产业结构由2002年的30.8∶31∶38.2优化为22.1∶36∶41.9。

2003—2007年，全县固定资产投资累计29.1亿元，是1999—2002年投资总和的3倍。新车站、市民广场、生态公园等一批市政公共基础设施建成并投入使用，城市建城区面积5.3平方千米，是2002年的1.5倍，城市化率从30%提高到38%。编制实施《庆元生态县建设规划》。黄田镇、百山祖乡、五大堡乡和隆宫乡等乡镇获省市级生态乡镇称号。2003年，庆元通过国家级生态示范区创建验收。2004年，庆元获“中国生态环境第一县”称号。2005年，木拱廊桥荣获联合国教科文组织亚太地区文化遗产保护卓越奖。实际引进县外资金6.7亿元。2006年，外贸进出口总额是2002年的3.7倍。第五届、第六届中国香菇节和食用菌主产区县市长论坛召开。开展城乡文明创建，先后获市级卫生县城、文明县城、省级平安县、创建文明城市工作先进县称号，连续五届获省级“双拥”模范县称号。

第十四届政府施政纪略（2007年3月至2010年12月）

2010年，全县实现财政总收入2.6亿元、地方财政收入1.55亿元、工业总产值46.7亿元、固定资产投资19.3亿元、外贸出口3923万美元、金融机构人民币存款余额41.1亿元、贷款余额28.1亿元、旅游总收入1.7亿元，与2005年相比，八项指标均实现总量翻番。生产总值从2005年的15.4亿元增长到2010年的31.2亿元，年均增长12.2%，人均生产总值从2005年的8841元提高到2010年的18340元，年均增长12.2%。三次产业结构优化为16.2∶44.5∶39.3，与2005年相比，一产比重下降7.3%，二产比重上升8.2%。城乡居民收入稳步增长，2010年城镇居民人均可支配收入和农村居民人均纯收入分别达到18262元和6012元，比2005年分别增长74.5%和90.9%，年均增长11.8%和13.8%，城乡居民收入差距由2005年的3.3倍缩小为3.0倍。

第二章　政务活动

1991—2010年，县人民政府坚持依法行政，深化改革，不断提高政府行政效率。推进行政审批制度改革，简化审批手续，创新审批运行模式，提高办事人和企业满意率。全面推进社会公共资源和公共权力实行市场化运作，政府法制、驻外联络、外事、信访工作有较大发展。

第一节　行政审批

机构

2002年6月5日，庆元县人民政府行政审批中心（以下简称县行政审批中心）成立，属县政府正科级派出机构，主要履行有关行政审批组织、协调、监督、管理和指导职能，内设办公室、业务督查科。2010年，县行政审批中心内设办公室、业务督查科，工作人员110人。

行政审批制度改革

县行政审批中心成立后，先后进行四轮行政审批制度改革。

第一轮　2002年县行政审批中心成立后，实行集中办理审批事项，12个部门进驻，下设7个分中心，办理108项审批事项，197项审批事项对外公开承诺办理，基本搭建行政审批服务框架。

第二轮　2004年3月，完善提升县行政审批中心功能，办公地点迁至中国农业银行庆元支行宿舍二楼，面积由200多平方米扩大至808平方米，窗口工作人员由31人增至80人，25个部门进驻，办理178项审批事项。

第三轮　在总结2007年建设等部门开展行政许可职能整合试点工作基础上，2008年在18个部门全面开展以“两集中、三到位”为核心内容的行政许可职能整合。同年9月1日，6个部门行政许可科成建制进驻。

第四轮　2010年3月底，新一轮深化行政审批制度改革工作全面启动，取得突破性进展，具有行政审批职能部门全部实施深化改革，实施部门从25个增至32个，改革面达100%，实现全覆盖。结合“扩权强县”对行政许可、非行政许可事项全面清理，对行政审批事项由县府办全面、完整地重新向全社会公布，明确行政审批项目552项（行政许可事项400项，非行政许可事项152项）。具有行政审批职能部门（单位）均设立行政审批服务科。其中，17个部门单设，在原设8个基础上增加9个，单设率由25%提

图23-1　庆元县人民政府办事服务大厅开业（县审批中心供　摄于2002年）

高到53%，增长112.5%。原来分散在85个科（股）室的行政审批项目整合归并到30个科（股）室，行政审批职能整合率达96.4%。行政审批服务科成建制进驻成倍增长。13个重点部门行政审批服务科成建制进驻，成建制进驻率由18.8%提高到40.6%，增长116.7%，为开展并联审批、现场勘察等举措奠定基础，为确保窗口“统一受理、独立办理”提供重要条件，提高办事效率。23个部门设置对外办事窗口（其中便民窗口3个），5个部门设立行政审批分中心，9个部门实行综合代理，为行政审批事项集中办理构建有效载体与平台；20个设置对外窗口部门行政审批项目进驻率由28.9%提高到90.0%，提高了61.1个百分点。授权比较彻底，进驻设置窗口的部门负责人与行政审批服务科长签订授权书，对窗口充分授权，行政审批事项“一审一核”比例达86.2%，有效提高行政审批效率。通过深化改革，对审批承诺期限进行再压缩，平均每个项目缩短4.5个工作日。

运作模式

2004年3月26日，县委、县政府出台《关于完善提升县政府行政审批中心功能的实施意见》，提出应遵循的基本原则，明确主要功能，规范运行方式，从机制上保障高效有序运转。2010年11月8日，县委、县政府出台《庆元县深化行政审批制度改革的若干意见》，以法律文本格式撰写，分总则、项目管理、机构与人员、职能归并整合、集中与授权、信息化建设、运行机制、队伍建设、组织与保障、监督与检查和附则，共11章48条，既明确部门应尽义务，又细化监管权力，更突出保障举措，是集政策性、规范性并具有约束力的纲领性文件，标志着行政审批制度改革从“实践摸索”向“依规操作”转变。

制定并逐步完善“周例会制度”“干部考核办法”“权力制衡工作实施方案”等20项规章制度。2010年，出台《干部学习日制度》《工作督办制度》《窗口服务考评办法》《OA系统管理暂行办法》《窗口便民卡管理办法》《加强和规范政务信息报送工作的规定》《中心维修管理制度》《中心物品采购制度》《电子评价系统管理办法》《视频监控系统使用管理办法》《窗口民主检查自律制度》11项规章制度；全面安装视频监控、服务质量电子评价器及制作规范统一便民卡，提升管理水平与效率；聘请行风监督员，让社会各界和办事企业、群众共同参与管理。

推行“一窗受理、抄告相关、内部运作、统一收费、限时办结”运作方式，实行“三七”制管理。“七件管理”包括即办件、承诺件、告知承诺件、联办件、上报件、补办件和不予审批件；“七项公开”包括审批项目公开、审批条件公开、审批程序公开、承诺时限公开、设定依据公开、收费标准公开和审批结果公开；“七制办理”包括一审一核制、即时办理制、联合审批制、告知承诺制、负责办理制、告知补办制和不予审批制。

实行入园企业综合告知制、全程办事代理制、并联审批制、“绿色通道”制度、重点项目审批过程实施全程跟踪监督服务制和企业“创业110”制度，健全落实岗位责任制、服务承诺制、首问责任制、限时办结制、一次性告知制、AB岗工作制和责任追究制等工作制度，推行全天候服务、延伸服务、延时服务、上门服务和预约服务等服务方式。根据需要实施全程办事代理，方便基层群众办事。将国家省市重点项目、县工业园区项目、重点企业投资项目、外商投资项目和县政府确定的其他重点项目列入项目办理“绿色通道”范围，从立项到竣工验收实行特事特办，实现再提速。将重点项目纳入并联审批，进入绿色通道，从项目受理到交接流程，每个环节都明确办理时限和责任要求，对审批各环节进行全程效能监察和动态监测，做到“特事特办、急事急办”，同时主动沟通协调，确保各部门衔接紧密、运转协调，如期完成重点项目审批。“创业110，一拨就灵”，该服务热线电话24小时受理企业和老百姓咨询、代理、协调服务。

2010年，全县32个行政审批职能部门深化行政审批制度改革，共有行政审批事项552项（行政许可事项400项，非行政许可事项152项）。

第二节　招投标

机构

2004年2月20日，庆元县招投标中心成立（以下简称县招投标中心），为县政府所属全额事业单位，集中办理工程建设、经营性土地出让、政府采购和国有资产产权交易场所。2010年5月13日，更名为庆元县公共资源交易中心，县招投标中心与县行政审批中心合署办公。2004—2010年，县招投标中心以“信息公开、机会公平、结果公正、程序透明、高效廉洁”为标准，按“统一进场、管办分离、规则主导、全程监管”要求，建立“十统一”运作机制，即统一进场交易、统一资源共享、统一发布信息、统一中心报名、统一管理办法、统一评标标准、统一运作规则、统一操作流程、统一监督管理、统一专家库，全面推进社会公共资源和公共权力实行市场化运作。

交易

2005—2010年，县政府招投标中心招投标交易有四大类别：建设工程、政府采购、产权交易和土地出让。其中，建设工程总交易次数647次，预算总价165890.6095万元，交易额146276.3534万元，节约资金19614.2561万元，节约率12.085%；政府采购总交易次数2957次，预算总价26615.733万元，交易额22582.4387万元，节约资金4033.2943万元，节约率14.84%；产权交易总交易次数164次，预算总价9078.2551万元，交易额11676.5967万元，增值2598.3416万元，增值率21.587%；土地出让总交易次数80次，预算总价25299.4997万元，交易额4675.2631万元，增值5275.7634万元，增值率26.023%。

第三节　法制

机构

1990年，县政府办公室法制科和县政府行政复议办公室建立，合署办公，设在县司法局。1991年7月，并入县政府办。1994年10月，设县政府法制局，为二级局，与县府办合署办公。2001年，更名为县政府法制办公室。2002年，机构改革，升格为正科级机构。2009年，更名为政策法规科（县政府行政复议办公室），增挂复议应诉科牌子。

主要工作

统筹考虑城乡、区域、经济社会以及改革开放等各项事业发展，按照条件成熟、突出重点、统筹兼顾原则，做好政府规范性文件“立、改、废”，建立健全规范性文件制定计划制度、合法性审查制度、清理备案制度和公开征求意见制度；2010年，经清理，保留各类规范性文件283件，废止37件，需要修改44件。

完善行政监督机制，建立健全规范性文件备案审查、重大具体行政行为备案审查、行政执法监督等制度，纠正违法或者明显不当行政行为。履行行政复议职能，畅通复议渠道，实行复议调解，发挥行政复议及时化解矛盾纠纷重要作用。重视行政诉讼，自觉接受司法监督；落实丽水市政府提出的“两降低一提高”目标，完善行政机关负责人出庭应诉制度，2008年建立行政机关负责人出庭应诉制度，2010年出台《庆元县行政机关负责人行政诉讼出庭应诉办法》，召开行政复议与行政审判第一次联席会议。

2009年，出台《庆元县重大事项社会稳定风险评估实施办法（试行）》。建立健全网络民主政治建设长效工作机制。推进行政执法体制改革，深化责任制，完善程序，规范行为，建立执法案卷评查制度，不断提高执法水平。实行执法主体和执法人员资格制度，亮证执法。规范行政处罚裁量权，至 2010 年末，22 个执法主体细化量化行政处罚裁量标准。深化审批制度改革，在 2007 年清理行政许可项目基础上，2010 年结合省、市扩权强县下放审批事项，重新梳理并公布行政许可 400 项和非行政许可 152 项。

第四节　信访

机构

1991—1997 年，庆元县群众来信来访由县委、县政府群众来信来访办公室办理。1997 年 7 月，县委、县政府群众来信来访办公室改称县委、县政府信访局（信访办），归口县委办公室管理，是县委办公室内设机构。2003 年 5 月，中共庆元县委、庆元县人民政府信访局成立。2009 年 7 月，庆元县人民政府信访事项复查（复核）办公室设立。2010 年，县委、县政府信访局内设综合办公室，负责内外联系和综合协调工作。

信访办理

1991—2001 年，全县受理群众信访总量未作统计。2002 年，全年受理群众信访总量 4119 件（人）次。其中，受理群众来信 559 件，接待群众来访 449 批 3560 人次。2003 年，受理群众信访总量 2711 件（人）次。其中，受理群众来信 621 件，接待群众来访 490 批 2090 人次。2004 年，受理群众信访总量 2753 件（人）次。其中，受理群众来信 608 件，接待群众来访 577 批 2078 人次。2005 年，受理群众信访总量 2670 件（人）次。其中，受理群众来信 471 件，接待群众来访 708 批 2199 人次。2006 年，受理群众信访总量 2563 件（人）次。其中，受理群众来信 522 件，接待群众来访 617 批 2041 人次。2007 年，受理群众信访总量 2358 件（人）次。其中，受理群众来信 215 件，接待群众来访 557 批 2143 人次。2008 年，受理群众信访总量 2153 件（人）次。其中，受理群众来信 191 件，接待群众来访 435 批 1962 人次。2009 年，受理群众信访总量 2017 件（人）次。其中，受理群众来信 196 件，接待群众来访 419 批 1821 人次。2010 年，受理群众信访 1595 件（人）次。其中，受理群众来信 89 件，接待群众来访 519 批 1506 人次，集体访 81 批 874 人次。

信访制度

1994 年，出台《庆元县机关处理群众集体上访预案》。1999 年，印发《庆元县接待群众集体上访暂行办法》。1999 年 4 月，出台《中共庆元县委、庆元县人民政府领导接待群众来访日预约暂行办法》。1999 年 9 月，出台《关于建立完善乡镇和部门领导接待群众来访日制度》。2001 年，出台《县委、县政府领导阅批群众来信、包办重要信访案件制度（试行）》。2005 年，贯彻执行《浙江省信访事项终结办法》和《浙江省信访听证办法》。2006 年，出台《庆元县预防处置群体性事件实施细则》。

工作机制

1999 年，根据国务院《信访条例》和《浙江省信访条例》，出台信访责任追究机制。县委、县政府与 20 个乡镇党委、政府和县属各单位主要负责人签订年度信访工作目标管理责任书，全面落实信访工作责任。

2005 年，根据国务院《信访条例》和《浙江省信访条例》，出台矛盾纠纷排查化解机制；坚持经常性排查、重点时段针对性排查和重点部门领域专项排查相结合，落实排查责任。制定突发事件提前介入制度，出台非正常死亡等突发事件预警处置制度，把提前介入引入信访工作中。制定异常访处置机制，坚持“属地管理、分级负责”和“谁主管、谁负责”原则。

2009年，根据国务院《信访条例》和《浙江省信访条例》，出台督查专员制度。新任副科级干部担任督查专员，解决信访部门力量不足问题，加大信访督查督办力度。

第五节　驻外联络和外事

驻外联络

庆元县驻杭办成立于1989年，属全额拨款事业性质，编制3人（正、副主任各1人，工作人员1人），实际人数3人。主要承办领导交待事项，管理在杭州固定资产，发动组织商会，处理信访矛盾，开发项目，协助部门办理相关事务及日常联络沟通，以及为在杭州创业人员提供帮助、维权等工作。

外事工作

2004年，经丽水市编委同意，在县政府办公室增设外事办公室（县外办），是县政府主管外事工作、执行国家对外政策和处理重要外事工作的综合管理部门。改革开放以来，为提升庆元对外开放水平，县外办充分把握机遇，借助各种活动和载体，积极邀请外国人到庆元访问、考察、旅游、投资和合作等活动，创新工作机制，优化服务，为与国外有密切业务往来企业简化来往程序，应邀来访外宾人数逐年增加。办理各项因公出访计划、任务报批和审核等各项手续，办理因公出国（境）76人次。企业随时出国、随时审批，为企业对外开展业务交流赢得更多时间和机遇。健全对外友城协作，培育对外交流交往资源和关系。2009年，召开中国庆元（国际）竹炭产业发展高峰论坛，邀请日本、加拿大、爱尔兰、印度、韩国和德国6个国家外宾10人参加。2010年，庆元“异地商会会长家乡行”招商会活动、第八届香菇文化节活动邀请新加坡、澳大利亚、韩国和日本等国家和地区海外嘉宾10人参会；同年12月，尼泊尔驻华大使坦卡·卡尔基等20人到庆元参加曾获得“上海世博会名优茶金奖”的百山茶业授牌仪式。帮助浙江安福消防器材有限公司、浙江庆华贸易有限公司和丽水瑞翔进出口有限公司办理邀请外国人到庆元业务考察手续，为丽水瑞翔进出口有限公司从伊朗引进外资和先进设备、技术。

第二十四篇　地方人民政协

人民政协是爱国统一战线的重要组织，是中国共产党领导的多党合作和政治协商的重要机构，是国家政治生活中发扬社会主义民主的重要形式。1984年1月，庆元成立县政协筹备领导小组，依照《中国人民政治协商会议章程》。7月，中国人民政治协商会议庆元县委员会第一届第一次全体会议召开，中国人民政治协商会议庆元县委员会成立。县政协以团结、民主为主题，高举爱国主义和社会主义两面旗帜，团结各人民团体和各族各界人士，坚持中国共产党领导的多党合作和政治协商制度，充分发挥政协人才荟萃、智力雄厚、联系面广的优势，通过各种形式和渠道，认真履行政治协商、民主监督、参政议政职能，为庆元县经济社会发展，为维护和发展安定团结的政治局面，促进和平统一大业，作出积极的贡献。1990—2010年，政协庆元县委员会历经第三至七届任期。县政协机关设立办公室为常设机构，负责处理县政府日常工作。

第一章　组织机构

第一届县政协有委员89人，民主选举22名常委组成常务委员会（包括主席1人、副主席4人），下设一室（政协办公室）、两委（提案审查委员会、文史资料研究委员会）、八组（农林水利、农村工作、工业交通、商业经济、教育文化、医药卫生、城镇建设、民族宗教对台侨务）。设正、副主任各1人，组设组长1人，副组长若干人。第二届政协有委员122名，民主选举23名常委组成常务委员会。下设1个办公室、3个专门委员会、8个工作组。

第一节　政协庆元县委员会

政协庆元县第三届委员会

1990年5月，第一次会议民主选举主席1人、副主席3人、秘书长1人、常委20人，组成常务委员会。设13个界别，共135名委员。1991年4月，第二次会议补选副主席1人。

政协庆元县第四届委员会

1993年5月，第一次会议民主选举主席1人、副主席4人、秘书长1人、常委19人，组成常务委员会。设17个界别，共151名委员。1994年4月，第二次会议补选常务委员1人。

政协庆元县第五届委员会

1998年3月，第一次会议民主选举主席1人、副主席3人、秘书长1人、常委20人，组成常务委员会。设18个界别，共159名委员。1999年3月，第二次会议补选黄立鹏为主席。2001年3月，第四次会议补选邱务土为主席、张明为副主席、汤云飞为秘书长。

政协庆元县第六届委员会

2003年4月，第一次会议民主选举主席1人、副主席5人、秘书长1人、常委20人，组成常务委员会。设20个界别，共165名委员。2005年3月，第三次会议补选刘秋霞为主席。

政协庆元县第七届委员会

2007年3月，第一次会议民主选举主席1人、副主席4人、秘书长1人、常委20人，组成常务委员会。设20个界别，共168名委员。2008年4月，第二次会议补选常务委员2人。2009年3月，第三次会议补选常务委员1人。2010年3月，第四次会议增选刘义平为副主席。

第三届至第七届庆元县政协常务委员会主席、副主席名录

表 24—1—1—1

届别	职务	姓名	性别	任期
第三届	主　席	练华芳	男	1990 年 5 月—1993 年 5 月
	副主席	边玲娣	女	1990 年 5 月—1991 年 4 月
		吴鸣翔	男	1990 年 5 月—1993 年 5 月
		杨关秀	男	1990 年 5 月—1993 年 5 月
		孙茂林	男	1991 年 4 月—1993 年 5 月
第四届	主　席	吴晓铃	男	1993 年 5 月—1998 年 3 月
	副主席	杨关秀	男	1993 年 5 月—1998 年 3 月
		吴鸣翔	男	1993 年 5 月—1998 年 3 月
		俞向东	男	1993 年 5 月—1998 年 3 月
		余　绪	男	1993 年 5 月—1998 年 3 月
第五届	主　席	吴晓铃	男	1998 年 3 月—1998 年 5 月
		黄立鹏	男	1999 年 4 月—2001 年 3 月
		邱务土	男	2001 年 4 月—2003 年 4 月
	副主席	俞向东	男	1998 年 3 月—2003 年 4 月
		蓝志龙	男	1998 年 3 月—2002 年 2 月
		何如财	男	1998 年 3 月—2003 年 4 月
		张　明	女	1998 年 3 月—2003 年 4 月
第六届	主　席	包建平	女	2003 年 4 月—2005 年 1 月
		刘秋霞	女	2005 年 4 月—2007 年 3 月
	副主席	何如财	男	2003 年 4 月—2007 年 3 月
		吴远龙	男	2003 年 4 月—2007 年 3 月
		张　明	女	2003 年 4 月—2006 年 10 月
		林昌富	男	2003 年 4 月—2007 年 3 月
		吴先武	男	2003 年 4 月—2007 年 3 月
第七届	主　席	朱美菊	女	2007 年 3 月—2012 年 3 月
	副主席	任献民	男	2007 年 3 月—2012 年 3 月
		林昌富	男	2007 年 3 月—2012 年 3 月
		吴先武	男	2007 年 3 月—2012 年 3 月
		吴碧兰	女	2007 年 3 月—2012 年 3 月
		刘义平	男	2010 年 3 月—2012 年 3 月

第三届至第七届庆元县政协委员界别构成一览表

表24—1—1—2

界层	第三届	第四届	第五届	第六届	第七届
中国共产党	6	5	5	8	9
无党派人士	—	—	—	3	3
共青团	2	2	3	3	3
总工会	9	4	4	3	3
妇联	2	4	4	2	3
工商联	32	24	9	11	12
科协	—	—	4	3	3
侨台联	—	6	6	6	6
科技	23	23	9	7	7
社会科学	—	—	9	19	19
经济	—	16	29	31	31
农业	—	—	14	15	15
农林	19	30	—	—	—
教育	16	13	14	14	14
文艺体育	5	5	5	5	5
新闻	—	4	4	3	3
医药卫生	9	9	8	8	8
社会福利	—	—	—	6	6
少数民族	3	3	3	3	3
宗教	2	3	4	4	4
民主人士	7	—	—	—	—
武装部	—	—	—	—	—
特邀人士	—	—	26	11	11
合计	135	151	160	165	168

图24-1　2007年，政协庆元县第七届委员会第一次会议（县政协办供　摄于2007年）

第二节　县政协工作机构

政协庆元县第三届、第四届委员会

下设一室（政协办公室）和九委（提案委员会、学习委员会、文史资料委员会、农林水工作委员会、工交科技委员会、财金贸委员会、文教卫体委员会、社会法制委员会、祖国统一联谊委员会）。

政协庆元县第五届委员会

下设一室（政协办公室）和九委（提案委员会、学习文史委员会、工业经济委员会、农村经济委员会、祖国统一联谊委员会、财经贸易委员会、科教文卫体委员会、社会法制委员会、乡镇工作委员会）。

政协庆元县第六届委员会

下设一室（政协办公室）和七委（提案委员会、农业和农村工作委员会、工业经济委员会、财经贸易委员会、教科文卫体委员会、社会法制委员会、祖统联谊和文史资料委员会）。

政协庆元县第七届委员会

下设二室（政协办公室、专委会工作办公室）和七委（提案委员会、农业农村和人口资源环境委员会、工业经济委员会、财经贸易委员会、教科文卫体委员会、社会法制委员会、祖统文史委员会）。

第二章　政协会议

政协例会即全体委员会议、常务委员会议、主席会议，是政协履行职能的重要形式和途径。历届县政协充分利用政协例会，组织委员协商讨论县委、县政府重大决策以及经济社会发展中重大问题，提出意见、建议，实施民主监督，促进县委、县政府决策科学化和民主化《中国人民政治协商会议章程》规定，各级地方政协委员会每年至少举行一次全体会议。1984年7月至2010年12月，政协庆元县委员会共历7届。其中，第一届至第三届任期各3年，举行全体委员会议各3次；第四届至第五届每届任期5年，举行全体委员会议各5次；第六届任期4年，举行全体委员会议4次；第七届任期5年。

第一节　全体委员会议

政协庆元县第三届全会

1991年4月7—9日举行第二次会议。出席委员134人，列席代表94人。中共庆元县委书记徐培金到会讲话。听取并审议《政协庆元县第三届委员会常务委员会工作报告》《关于县政协三届一次会议以来提案工作情况的报告》和县长谢力群《关于制订县国民经济和社会发展十年规划及“八五”计划纲要的讲话》。一致通过《政协庆元县第三届委员会第二次会议政治决议》《政协庆元县第三届委员会常务委员会工作报告的决议》和作出增补政协委员、表彰先进单位先进个人的决定。补选孙茂林为副主席。

1992年4月7—9日举行第三次会议。出席委员141人，列席代表90人。中共庆元县委书记谢力群到会讲话。听取和审议《政协庆元县第三届委员会常务委员会工作报告》《关于县政协三届二次会议以来提案工作情况的报告》和副县长姚祖根关于政府工作、计划、财政工作讲话。还听取县政协各工作委员会议政发言。一致通过《政协庆元县第三届第三次会议政治决议》《政协三届常务委员会工作报告的决议》。

政协庆元县第四届全会

1993年5月4—8日举行第一次会议。出席委员141人，列席代表58人。谢力群到会讲话。听取和审议《政协庆元县第三届委员会常务委员会工作报告》《政协三届委员会提案委员会关于三年来提案工作情况报告》。与会委员列席县十一届人大一次会议，听取并讨论政府工作报告、财政等报告。选举24名常委组成政协庆元县第四届委员会常务委员会，吴晓铃为主席，杨关秀、吴鸣翔、俞向东、余绪为副主席，余绪兼秘书长。一致通过《政协庆元县第三届常务委员会工作报告的决议》和《政协庆元县第四届委员会第一次会议政治决议》。

1994年4月21—24日举行第二次会议。出席委员141人，列席代表76人。中共庆元县委书记单天成到会讲话。听取和审议《政协庆元县第四届委员会常务委员会工作报告》《政协四届委员会提案委员会关于四届一次会议以来提案工作情况报告》。与会委员列席县十一届人大二次会议，听取并讨论《政府工作报告》《财政预决算报告》等报告。补选常务委员1人。

1995年4月17—20日举行第三次会议。出席委员161人，列席代表76人。单天成到会讲话。听取和审议《政协庆元县第四届委员会常务委员会工作报告》《政协四届委员会提案委员会关于四届二次会议以来提案工作情况报告》。与会委员列席县十一届人大三次会议，听取并讨论《政府工作报告》《财政预决算报告》等报告。表彰 1994 年度先进集体和个人。

1996 年 4 月 22—25 日举行第四次会议。出席委员 159 人，列席代表 73 人。单天成到会讲话。听取和审议《政协庆元县第四届委员会常务委员会工作报告》《政协四届委员会提案委员会关于四届三次会议以来提案工作情况报告》。与会委员列席县十一届人大四次会议，听取并讨论《政府工作报告》《财政预决算报告》等报告。表彰 1995 年度先进集体和个人。

1997 年 4 月 13—15 日举行第五次会议。出席委员 153 人，列席代表 104 人。中共庆元县委副书记夏家生到会讲话。听取和审议《政协庆元县第四届委员会常务委员会工作报告》《政协四届委员会提案委员会关于四届四次会议以来提案工作情况报告》。与会委员列席县十一届人大五次会议，听取并讨论《政府工作报告》《财政预决算报告》等报告。表彰 1996 年度先进专门委员会、办理提案先进单位和先进个人。

政协庆元县第五届全会

1998 年 3 月 21—25 日举行第一次会议。出席委员 159 人，列席代表 79 人。省政协丽水地区工作委员会副主任蓝光谅到会祝贺并讲话，中共庆元县委书记郑伟雄到会讲话。听取和审议《政协庆元县第四届委员会常务委员会工作报告》《政协四届委员会提案委员会关于五年来提案工作情况报告》。与会委员列席县十二届人大第一次会议，听取并讨论《政府工作报告》等报告。选举 25 名常委组成常务委员会，吴晓铃为主席，俞向东、兰志龙、何如财为副主席，何如财兼秘书长。一致通过《政协庆元县第四届常务委员会工作报告的决议》和《政协庆元县第五届委员会第一次会议政治决议》。

1999 年 4 月 6—8 日举行第二次会议。出席委员 163 人，列席代表 70 人。省政协丽水地区工作委员会副主任赵碧春到会祝贺并讲话，郑伟雄到会讲话。听取和审议《政协庆元县第五届委员会常务委员会工作报告》《县政协五届一次会议以来提案工作情况的报告》。与会委员列席县十二届人大第二次会议，听取并讨论《政府工作报告》等报告。补选黄立鹏为主席。表彰 1998 年度先进集体和个人。

2000 年 3 月 20—22 日举行第三次会议。出席委员 160 人，列席代表 72 人。中共庆元县委书记占志妙到会讲话。听取和审议《政协庆元县第五届委员会常务委员会工作报告》《县政协五届二次会议以来提案工作情况的报告》。与会委员列席县十二届人大第三次会议，听取并讨论《政府工作报告》等报告。表彰 1999 年度先进集体、优秀调研报告和先进个人。

2001 年 3 月 26—28 日举行第四次会议。出席委员 153 人，列席代表 83 人。中共庆元县委副书记、县长陈建波到会讲话。听取和审议《政协庆元县第五届委员会常务委员会工作报告》《县政协五届三次会议以来提案工作情况的报告》。与会委员列席县十二届人大第五次会议，听取并讨论《政府工作报告》等报告。补选邱务土为主席，张明为副主席，汤云飞为秘书长。表彰 2000 年度先进集体和个人。

2002 年 4 月 1—3 日举行第五次会议。出席委员 149 人，列席代表 83 人。占志妙到会讲话。听取和审议《政协庆元县第五届委员会常务委员会工作报告》《县政协五届四次会议以来提案工作情况的报告》。与会委员列席县十二届人大第六次会议，听取并讨论《政府工作报告》等报告。表彰 2001 年度先进集体和个人。

政协庆元县第六届全会

2003 年 4 月 7—10 日举行第一次会议。出席委员 165 人，列席代表 90 人。丽水市政协副主席叶志深到会祝贺并讲话，占志妙到会讲话。听取和审议《政协庆元县第五届委员会常务委员会工作报告》《政协五届委员会提案委员会关于五年来提案工作情况报告》。与会委员列席县十三届人大第一次会议，听取并讨论《政府工作报告》等报告。选举 27 名常委组成常务委员会，包建平为主席，何如财、吴远龙、张明、林昌富、吴先武为副主席，秘书长为汤云飞。审议和通过提案审查委员会关于六届一次会议提案审查情况报告。一致通过《政协庆元县第六届委员会第一次会议决议》。

2004 年 3 月 22—24 日举行第二次会议。出席委员 161 人，列席代表 83 人。中共庆元县委书记蔡小华到会讲话。听取和审议《政协庆元县第六届委员会常务委员会工作报告》《县政协六届一次会议以来提案工作情况的报告》。与会委员列席县十三届人大第二次会议，听取并讨论《政府工作报告》等报告。

2005 年 3 月 28—30 日举行第三次会议。出席委员 162 人，列席代表 81 人。丽水市政协副主席吴永水到会祝贺并讲话，蔡小华到会讲话。听取和审议《政协庆元县第六届委员会常务委员会工作报告》《县政协六届二次会议以来提案工作情况的报告》。与会委员列席县十三届人大第三次会议，听取并讨论《政府工作报告》等报告，补选刘秋霞为主席。表彰 2004 年度先进集体和先进个人。

2006 年 3 月 27—29 日举行第四次会议。出席委员 164 人，列席代表 88 人。蔡小华到会讲话。听取和审议《政协庆元县第六届委员会常务委员会工作报告》《县政协六届三次会议以来提案工作情况的报告》。与会委员列席县十三届人大第五次会议，听取并讨论《庆元县国民经济和社会发展第十一个五年规划纲要的报告》等报告。表彰 2005 年度先进集体和先进个人。

政协庆元县第七届全会

2007 年 3 月 12—15 日举行第一次会议。出席委员 163 人，列席代表 77 人。丽水市政协副主席吴永水到会祝贺并讲话，蔡小华到会讲话。听取和审议《政协庆元县第六届委员会常务委员会工作报告》《政协六届委员会提案委员会关于四年来提案工作情况报告》。与会委员列席县十四届人大第一次会议，听取并讨论《政府工作报告》等报告。选举 27 名常委组成常务委员会，朱美菊为主席，任献民、林昌富、吴先武、吴碧兰为副主席，陈丕灶为秘书长。审议和通过提案审查委员会关于七届一次会议提案审查情况报告。一致通过《政协庆元县第七届委员会第一次会议决议》。

2008 年 3 月 31 日—4 月 2 日举行第二次会议。出席委员 162 人，列席代表 80 人。蔡小华到会讲话。听取和审议《政协庆元县第七届委员会常务委员会工作报告》《县政协七届一次会议以来提案工作情况的报告》。与会委员列席县十四届人大第二次会议，听取并讨论《政府工作报告》等报告，补选常务委员 2 人。表彰 2007 年度先进集体和先进个人。

2009 年 3 月 17—19 日举行第三次会议。出席委员 163 人，列席代表 77 人。蔡小华到会讲话。听取和审议《政协庆元县第七届委员会常务委员会工作报告》《县政协七届二次会议以来提案工作情况的报告》。与会委员列席县十四届人大第三次会议，听取并讨论《政府工作报告》等报告。补选常务委员 1 人。表彰 2008 年度先进集体和先进个人。

2010 年 3 月 16—19 日举行第四次会议。出席委员 163 人，列席代表 74 人。中共庆元县委书记陈景飞到会讲话。听取和审议《政协庆元县第七届委员会常务委员会工作报告》《县政协七届三次会议以来提案工作情况的报告》。与会委员列席县十四届人大第四次会议，听取并讨论《政府工作报告》等报告。增选刘义平为副主席。

第二节　常务委员会会议和主席会议

常务委员会会议

县政协常务委员会会议由主席、副主席、秘书长、常务委员组成，一般每个季度举行一次，必要时可临时举行。县政协三届一次会议至七届四次会议，共举行常务委员会会议 97 次。其中，三届政协 16 次，四届政协 22 次，五届政协 20 次，六届政协 18 次，七届政协 21 次。会议由主席主持，或由受主席委托的副主席主持；副秘书长、办公室正副主任及有关人员列席会议；视会议内容和需要，邀请非常委的专门委员会正副主任及有关市、县政协委员列席，邀请有关党政部门负责人参加。主要内容：协商决定本届政协参加单位、委员名额和人选变更及下届政协参加单位、委员名额和人选；决定专门委员会和委员界别设置和变动；任免副秘书长、办公室正副主任、专委会办公室主任、专门委员会正副主任；对召开全体委员会议作出决定，审议提交全体委员会议通过的文件；审议通过向县委、县政府提交的建议案；审查重要视察报告、调查报告；协商讨论县委、县政府大政方针及社会生活中重大问题，听取县委、县政府及其部门负责人对有关重要问题和工作情况通报或说明，提出意见、建议；学习上级重要文件及政协统战理论，听取各专门委员会工作情况汇报；协商处理政协内部重要事务及爱国统一战线其他重要问题；围绕会议主题，开展调研视察活动。

重要议题　1991年1月30日至2月1日，县政协三届三次常委扩大会议，对《关于制定庆元县国民经济和社会发展十年规划和“八五”计划的建议（计论稿）》进行讨论，提出40余条建议。1996年9月17—18日，县政协四届十三次常委会议，围绕关于解决庆元今后用电问题，审议通过《关于加快我县水力资源开发，大力发展电力工业的建议案》。1998年8月14日，县政协五届三次常委会议，就东部地区发展毛竹问题进行广泛讨论，形成《关于加快毛竹发展、促进全县笋竹支柱产业形成的建议案》，引起县委、县政府重视，一些建议被采纳，并着手东部地区笋竹发展规划和落实。2003年10月16日，县政协六届三次常委会议，围绕推进城镇化建设问题进行专题协商讨论，审议通过《关于推进我县城镇化进程的建议案》，提出高起点、高标准修编城镇化发展规划。2008年9月11日，县政协七届九次常委会议，围绕农村扶贫工作问题进行协商讨论，通过了《关于推进我县农村扶贫工作的建议案》，提出20条建议，助推相关部门出台“整合培训资源，加大农民培训力度”“落实农业及农村住房保险”等扶贫措施。

主席会议

主席会议由主席、副主席、秘书长组成，一般1—2个月举行一次，必要时可临时召集。三届政协至七届政协（1990年5月至2010年12月），共举行主席会议179次。其中，三届政协20次，四届政协40次，五届政协37次，六届政协33次，七届政协49次。会议由主席主持，或由受主席委托的副主席主持，副秘书长、办公室正副主任及有关人员列席会议。主要内容：学习上级重要文件及政协统战理论；协商讨论有关全县大政方针以及政治、经济、文化和社会生活中重大问题，提出意见和建议；审查以县政协名义向县委、县政府提出的重要建议案；决定常务委员会会议召开日期，拟定会议议程和日程草案，审议提交常务委员会会议通过的文件；讨论决定委员视察、参观、调研及表彰先进等重要活动；审议专门委员会年度工作计划和总结，听取专门委员会有关工作情况汇报；听取重要视察调研报告和重要提案建议案办理情况汇报；提出办公室正副主任、专委会办公室主任、专门委员会正副主任人选任免意见；听取县委、县政府有关部门单位工作情况汇报，进行专题协商和开展视察，提出意见、建议。

重要议题　2003年6月10日，县政协六届三次主席会议，讨论通过《庆元县政协机关及各专委会党风廉政建设责任制实施细则》，确定2003年度县政协工作安排，决定六届二次常委会会议日程、议程，讨论布置招商引资工作。2006年5月31日，县政协六届二十五次主席会议，学习《中共中央关于加强人民政协工作的意见》，介绍长汀培训农民工的经验；研究部署调研工作、市政协读书会、提案交办等近期工作。2007年11月15日，县政协七届十次主席会议，学习中共十七大会议精神；讨论《构建浙南闽北边际区域医疗保健服务中心调查报告》、县政协2008年工作要点；审议通过《关于评选优秀提案、提案办理先进单位、提案办理先进工作者、提案积极分子的实施方案》《关于评选表彰县政协先进委员的意见》。2010年5月18日，县政协七届四十二次主席会议，对2010年庆元县“十件要事”推进工作落实情况进行视察。先后实地视察洋墩新村、汽车客运中心、街尾村、早市、庆元二中、实验小学、同德新村、香菇市场等场所；与相关部门围绕“十件要事”推进落实中存在的问题进行讨论，提出批评意见和建议。

第三章　履行职能

县政协自成立以来，高举爱国主义、社会主义旗帜，广泛团结各界人士，重视发挥委员的主体作用和各专委会的作用，通过全会、常委会、主席会议和视察、调研、提案、建议案、反映社情民意的形式，认真履行政治协商、民主监督、参政议政等三大职能，为促进庆元县发展建言献策。1984—1990年，县政协第一届至第二届委员会委员提案共553件，96%的提案由政府相关部门及时处理；进行专题调研视察17次，调研报告汇编成《振兴庆元经济文选》；编辑出版《人造菇木栽培香菇技术100题问答》《庆元文史》等书刊。

第一节　政治协商

规章制度

随着《中共中央关于进一步加强中国共产党领导的多党合作和政治协商制度建设的意见》和《中共中央关于加强人民政协工作的意见》，以及《政协全国委员会关于政治协商、民主监督、参政议政的规定》的贯彻实施，县政协履行政治协商职能，更好地发挥政治协商作用，健全和完善开展政治协商制度。明确政治协商内容。将各种事关群众切身利益的重大事项作为政治协商重点，增强政治协商在经济、政治、文化、社会各个方面影响力。将政治协商制度与其他工作制度衔接对应。把政治协商真正纳入决策程序，切实体现到党委、政府决策操作规程中。对落实政治协商制度情况加强督察考核。把落实政治协商制度作为民主政治建设重要方面，纳入各部门管理考核范畴，作为衡量党政领导民主作风重要标尺。建立责任追究制度。对重大事项应交政协协商而没有及时提交协商，没有办理政治协商意见，急于实施协商没有通过事项，实施后又造成重大损失和影响的，追究有关人员责任。1991—2010年，县政协先后制定《关于〈政治协商、民主监督、参政议政〉的有关规定》《常务委员会工作规则》《主席会议工作规则》《专门委员会通则》《专委会工作考核及表彰办法》《视察工作条例》《委员管理暂行办法》《关于调查研究若干意见》《关于加强反映社情民意工作的若干意见》《委员约谈制度》等规章制度。

主要活动

1994年，围绕香菇生产、销售、效益等问题进行专题协商，为“中国香菇城”系统工程建设服务。1996年，围绕《庆元县国民经济和社会发展“九五”计划和2010年远景规划》进行专题协商，并就竹笋两用地、水力资源开发、香菇产销、工业改制、教育“两基”、市政建设等方面提出意见和建议。1999年，围绕加大对东部经济扶持力度进行专题协商，向县委、县政府报送了建议案，提出9条建议。2001年，围绕东部乡镇人口大量外迁引发的耕地抛荒问题进行专题协商，就进一步完善土地流转机制和实施退耕还林等方面提出意见、建议。2004年，围绕促进工业经济发展进行专题协商，在健全工作机制，完善融资体制，重点扶持竹木制品、铅笔、塑料特色产业，发展家庭来料加工业等方面提出16条建议。2007年，围绕基层站所行风建设情况进行专题协商，针对存在问题提出改进意见。

第二节　民主监督

主要形式

县政协积极探索履行民主监督职能新方法、新途径，充分发挥民主监督效力，推进基层民主政治建设。完善政协民主监督范围和内容，将民主监督对象和范围扩大到县委、县政府各部门、乡镇党委政府及其党政主要负责人和有关国家工作人员，推进民主监督实践，促进基层民主政治建设协调发展；向县委、县政府及相关部门提出建议案形式，明确民主问责结果运用，使民主监督由“虚”变“实”，由“结果监督”转向“过程监督”，提高民主监督实效；对民主问责内容、形式、程序和方法进行规范，推进民主监督制度化、规范化、程序化建设；促进部门改进工作，提高民主决策、科学决策能力和水平，更加有效地推进民主执政、依法执政、科学执政。

主要活动

专项民主监督是在实地调研视察、听取部门乡镇情况通报、召开社情民意交流会基础上提出监督意见，如通过发展低碳经济专项民主监督，县委制定出台《关于加快发展低碳经济，进一步推进生态文明建设的决定》，提出“十二五”期间建设“低碳经济示范县”目标。2002 年，县政协首次开展政法部门行风建设专项民主监督。2003 年，开展山区农民乘车难专项民主监督。2004 年，开展机关效能建设专项民主监督。2005 年，开展“培养技能型干部，建设服务型机关”专项民主监督。2006 年，开展灾民安置小区建设专项民主监督。2007 年，开展农村合作医疗专项民主监督。2008 年，开展生态环境建设专项民主监督。2009 年，开展优化企业发展环境专项民主监督。2010 年，开展发展低碳经济专项民主监督。

第三节　参政议政

专题调研

专题调研是政协履行职能的基础和重要形式，也是政协工作和活动的主要内容。第三届政协至第七届政协根据县委、县政府不同时期各项中心工作，为县委、县政府科学决策提供依据，开展专题调研 118 次。一般分两个层次进行：事关全局涉及多个部门的重大问题由常委会组织调研；专门委员会按照自己选择的课题或配合常委会确定的课题开展调研。除形成建议案报送县委、县政府而进行重大调研外，还进行多次重大专题调研，形成重要调研报告。如《稳定数量提单产，优化菌种高质量，畅通渠道增效益》《了解矿产家底，为其开发出谋献策》《地质灾害，难以挥去的阴影》《客运站改造无需易址，货车场急需规划》《香菇烂棒，人均减收三百元；防治烂棒，重在认真把好四道关》《食用小笋调研报告》《庆元县未成年人违法犯罪的现状　原因及对策》《对庆元香菇原产地保护》《加快民族村发展》《关于毛竹低产林改造和竹笋两用林建设的调查》《关于我县私营经济状况的调查》《关于我县物流业的调查》《关于社区医疗卫生服务的调查与思考》《关于我县失业职工再就业情况的调查与建议》《关于在实施“科教兴县”战略中如何发挥好科技人员作用的调查与思考》《关于公民道德素质教育的调查与思考》《构建浙南闽北边际区域医疗保健服务中心的调查与思考》《关于构建肝病、骨伤、休闲保健中心的调查报告》《促进低收入农户增收的调查与思考》《地质灾害避险和生态移民搬迁现状及对策》《关于我县最低生活保障和新型农村合作医疗的思考》《庆元县土地经营权流转情况调研报告》《时不我待，主动对接，加快推动庆寿高速公路立项建设》《我县项目建设工作存在的问题与对策》《关于推进我县食用菌工厂化栽培的调查与思考》《促进庆元县房地产市场健康有序发展的调查与思考》《关于庆元县低碳经济发展的调查与思考》等，涉及工农业生产、国计民生等重大问题，上报后引起县委、县政府高度重视，有的直接研究进行解决，有的批转给有关部门研究解决，对促进工农业发展、社会进步和发展起了推动作用。

建言献策

报送建议案　20年间，县政协坚持服从和服务于县委、县政府经济社会发展主线，共报送《关于进一步发展我县个体私营经济的建议案》《关于切实做好“菜篮子”供应工作的建议案》《关于加快我县水力资源开发，大力发展电力工业的建议案》《关于加快毛竹发展、促进全县笋竹支柱产业形成的建议案》《关于加大对东部经济扶持力度的建议案》《关于加快我县毛竹产业化进程的建议案》《关于推进我县城镇化进程的建议案》《关于加快我县工业经济发展的建议案》《关于加强生态环境保护，打响“中国生态环境第一县”品牌的建议案》《关于推进我县农村扶贫工作的建议案》等建议案38件，为全县经济社会持续健康发展起到积极推动作用。

大会发言　第三至六届政协20次全会上，共组织安排192名政协委员在大会上发言。其中，第三届政协22名，第四届政协53名，第五届政协45名，第六届政协35名，第七届政协37名。发言材料是委员们在深入调查研究基础上形成的，具有较强的针对性和可行性，内容丰富，有一定广度和深度。如《搞好商品流通振兴庆元经济》《深化改革搞活流通》《加强精神文明建设》《振兴教育的希望在教师》《发展我县个体私营经济的建议》《发展花菇生产打好脱贫攻坚硬仗》《积极推进素质教育，加快培养四有新人》《保护森林资源和生态环境，促进庆元经济可持续发展》《树立三个观走出三个误区》《劳务输出势在必行》《加快我县生态建设的建议》《积极培育龙头企业促进龙型经济的发展》《立足二次创业努力优化庆元交通环境》《立项建设庆寿高速公路打通我县出海通道》《依托交通发展，创新经济布局》《科学经营竹资源提高效益促发展》等发言材料，都能紧紧围绕县委、县政府中心工作和人民群众关注的热点、难点问题，得到县委、县政府及有关部门的关注和重视，为县委、县政府决策提供依据。县几套班子领导及县直各部门主要负责人均列席会议，听取委员发言。

反映社情民意　1996年以前，社情民意有的刊登在《庆元政协》上，部分以政协提案形式转交相关部门办理。1996年后，县政协办公室创刊《社情民意》，至2010年末，共刊发198期，受到各级领导的重视。如1999年编报的《让下岗愿耕者有其田》《庆元县地质灾害隐患重重、岌岌可危》，2000年编报的《庆元普通高中发展步履维艰》，2007年编报的《拓宽融资渠道　加大对林农信贷支持力度》，2008年编报的《建议恢复工商银行庆元支行》，经丽水市政协综合采用上报，分别被全国政协办公厅采用，得到分管省长批示；丽水市委领导和县委领导专门作批示的有68件。对反映社情民意信息工作积极的委员，每次全会都进行表彰奖励。

委员提案

20年来，各届县政协提案委员会紧紧抓住提案质量、办理质量和服务质量三个重要环节，不断创新工作思路和方式，积极主动做好与委员、承办单位联系沟通，提供各项服务，使提案工作日益规范化、制度化、科学化。先后制定《政协庆元县委员会提案工作条例》《政协委员提案办理先进单位和个人评选条件和方法》等规定，采取新委员培训、印发提案参考目录、及时通报有关情况、组织委员视察、评选优秀提案等办法和措施，使提案质量逐年提高，数量不断增加；逐步形成提案“二次审查”立案、“三结合”现场办案、开展面商交流、会同县政府办公室开展办理工作督察、主席督办重点提案、县政府领导领办重点提案、跟踪办理提案、开展提案情况“回头看”活动、评选先进办理单位等一系列行之有效的措施和办法，推动提案办理和落实。

第三届至第七届政协，共征集委员提案2032件，内容涉及经济和社会各个方面。每年全会结束后，由县人大办、县政府办和县政协办联合召开代表建议、委员提案交办会，交由有关承办单位办理。其中，所提意见、建议得到解决和采纳的 1019 件，占 50.2%；列入工作计划逐步解决的 765 件，占 37.6%；限于各方面条件尚不能解决，给予解释说明并作为工作参考的 248 件，占 12.2%。委员对提案办理满意率每年均在 97% 以上。2009 年、2010 年，分别评选出优秀提案各 8 件。

第四节　团结联谊

团结

第三届至第七届政协，通过举办迎春茶话会、联谊会等活动，加强与各界人士、工商联、人民团体的沟通交流、向他们通报县政协的工作动态，征求工作意见和建议；县政协领导经常走访政协各参加单位，沟通情况，联络感情，协商问题，听取意见；组织各界人士、工商联、人民团体参加政协的调研、视察、座谈会等活动，为他们知情参政创作条件；鼓励他们在政协会议上提出意见和建议，引导他们为庆元的改革发展做贡献。

联谊

第三届至第七届政协，配合省、市政协到庆元调研、视察，加强与兄弟县（市、区）政协和省外政协的横向联系，拓宽联谊渠道，共接待来自省内外 170 多个县市政协领导及来宾 2900 人次。接待海外侨胞和港澳台同胞工作开展联络和联谊，对他们的来信进行认真处理，接待从海外和港澳台回祖国大陆探亲、旅游、讲学、经商的侨胞和港澳同胞 53 人次。1998 年 9 月，浙江省十四县（市）政协联谊会第七次会议在庆元县召开，13 个县（市）50 多位政协领导参加会议。

第五节　文史资料征编

机构

征编文史资料是人民政协一项重要任务和颇具特色的工作。1984 年 7 月县政协成立后，即建立文史资料委员会，着手开始文史资料征编工作。1987 年，改名为文史资料委员会。1990 年，更名为学习文史委员会。2007 年，改设祖统文史委员会。

主要活动

文史征编坚持统战性、史料性和可读性，遵循“存真、求实”原则，以征集知情人亲历、亲见、亲闻“三亲”资料为重点，既注重庆元地方特色，又力求体现时代特点，使之在“存史、资政、团结、育人”等方面发挥应有作用。1984—2000 年，以征集 1898 年戊戌变法起至 1949 年 9 月 30 中华人民共和国成立前止的非中共文史资料为主；2000 年后，重点征集中华人民共和国成立后文史资料。通过印发《征稿启事》和《参考提纲》、召开座谈会、发信函、聘请文史资料编纂委员、查访有关档案等方法，向广大政协委员、各界人士征集文史资料。至 2010 年 12 月，征集出版了《庆元文史》《庆元纵横》《石龙之歌》《百山祖麓杜鹃红》《大济古村》《蝉声杂韵》《濛洲夕阳红》等文史专辑 180 多万字；为省市文史专辑《文物之都显辉煌》《民营企业先行者》《浙江省市区辉煌 20 年》《大迁移》《古城·古镇·古村》《畲族百年实录》《丽水市改革开放 30 年》《浙江省文史资料目录》《丽水市文史资料选集》提供 18 万余字资料。

第二十五篇　社会团体

1951年5月，庆元县工会建立；1953年4月，第一次县工会代表大会召开，选举成立庆元县工会联合会。1938年12月，中华民族解放先锋队庆元县总队建立；1949—1957年，称新民主主义青年团；1955年底，首次团员代表会召开，选举产生中国新民主主义青年团庆元县委员会；1957年5月，中国新民主主义青年团改称中国共产主义青年团。1950年11月，第一次全县妇女代表会召开，选举产生县民主妇女联合会。1957年12月，县民主妇女联合会改称庆元县妇女联合会。1979年3月，第一次科学技术工作者代表大会召开，选举产生县科学技术普及协会第一届委员会。1986年6月，文学艺术界第一次代表大会召开，选举产生庆元县文学艺术工作者联合会。1957年，县工商业联合会成立，会员200多名。2010年，庆元县社会团体组织主要有工会、共产主义青年团、妇女联合会、科学技术协会、文学艺术界联合会、残疾人联合会、工商业联合会。

第一章　工会

工会是中国共产党领导的职工自愿结合的工人阶级群众组织。1991年，庆元县总工会（以下简称县总工会）内设组织秘书、群众生产、群众生活（含职工物价监督）、财务女工、宣传教育、职工技术协作交流站、法律顾问处7个工作机构，下属事业单位有县工人文化宫，有工作人员9名。2002年，县总工会内设综合办公室，行政编制4名，县工人文化宫事业编制4名。2010年，县总工会总设办公室（含财务部室）、县工人文化宫2个工作机构，有专职工作人员11名。

第一节　县工会代表大会

1990年12月至2010年，县工会代表大会召开4次。除正式代表外，还邀请特邀代表和列席代表参加会议。

第八次代表大会

1990年12月19—21日，在庆元县委党校会堂召开。正式代表208人。其中，女职工代表42人，占20.19%，列席代表58人，特邀代表28人。周诚喜代表县总工会第七届委员会作《全心全意依靠工人阶级，为我县经济发展和政治稳定而奋斗》工作报告。选举产生县总工会第八届委员会委员和经费审查委员会委员，选举主席1名，选举副主席1名。

第九次代表大会

1995年12月27—29日，在庆元县大会堂召开。正式代表160名，列席代表54名，特邀代表8名。周诚喜代表县总工会第八届委员会作《围绕中心，突出维护，团结和动员全县职工为庆元社会经济建设建功立业》工作报告。选举产生县总工会第九届委员会委员和经费审查委员会委员，选举主席1名，选举副主席1名。

第十次代表大会

2002年4月24—26日，在庆元县菇城剧院召开。正式代表156名，列席代表54名，特邀代表13名。吴园娇代表县总工会第九届委员会作《围绕中心，突出维护，求真务实，与时俱进，团结和动员全县职工为实现“十五”计划建功立业》工作报告。选举产生县总工会第十届委员会委员和经费审查委员会委员，选举主席1名，选举副主席1名。

第十一次代表大会

2007年11月7—9日，在县菇城剧院召开。正式代表156名，特邀代表40名。吴明代表县总工会第十届委员会作《服务大局谋发展，凝心聚力促和谐，团结动员广大职工为全面建设小康社会建功立业》工作报告。选举产生县总工会第十一届委员会委员和经费审查委员会委员，选举主席1名，选举副主席1名。

第二节　主要活动

组织建设

1991—2010 年，县总工会按照“组织起来、切实维权”要求和党建带工建、工建促党建工作思路，以非公企业工会组建为重点，积极探索工会组建和农民工入会方式，加大创建力度，创新工作方法，扎实开展“广普查、深组建、全覆盖”集中行动，提高工会组建率和职工入会率，基层工会发展迅速。1991 年，有基层工会 201 个，会员 9100 人。其中，女性会员 2666 人。2009 年末，有基层工会 377 个，会员 14652 人。其中，有全国模范职工小家 3 个、省模范职工之家 5 个、省模范职工小家 4 个、市先进职工之家 19 个、省示范镇乡工会 5 个、市示范镇乡工会 7 个、县职工之家 187 个。2010 年 12 月 1 日，召开工会组建集中行动工作会议，部署工会组建集中行动；12 月 13 日，县总工会、县国税局联合发出《关于庆元县企事业单位工会经费实行县国税局代征的通知》，2011 年 1 月 1 日起，企事业单位（进入会计核算中心单位除外）工会经费和筹备金，由县国税局代征收。是年 12 月，有基层工会 379 个（其中工会联合会 5 个），会员 17052 人。其中，女性会员 9068 人。基层工会中，涵盖法人单位 596 个（其中企业 204 个）、职工 17143 人。其中，有全国“模范职工小家”3 个、省级“模范职工之家”5 个、省级“模范职工小家”4 个、市级“先进职工之家”25 个、省级“示范乡镇工会”5 个、市级“示范乡镇工会”9 个、县级“职工之家”253 个；组建村级家庭作坊企业工会联合会典型做法被评为省总工会创新工作创新项目，受到表彰。

宣传教育

20 世纪 90 年代，庆元县实施职工素质工程，建设“四有”职工队伍。到 2010 年末，有 65 家基层单位开展“创建学习型组织，争做知识型职工”活动，县总工会被省创争活动领导小组授予“2010 年度浙江省‘创建学习型组织、争做知识型职工’优秀组织单位”。有 40 家单位建立“职工书屋”，县总工会、电信公司庆元分公司工会、县汽运总公司工会分别获得省“职工书屋”示范单位称号，成为“文化共享工程进企业职工电子书屋”建设单位。做好调研，为基层、职工提供宣传服务。《庆元县企业安全及职业卫生状况调查和建议》被中国工人出版社《工会工作理论探索与实践》收录；《庆元县农民工精神文化生活状况调查及建议》被中华全国总工会主办刊物《中国工运》《工会信息》及省总工会主办刊物《浙江工运》等收录。2010 年 8 月 25 日，“情系职工、服务基层送电影下企业”上映 13 场次，制作放映《中华人民共和国工会法》《中华人民共和国劳动法》等法律法规知识幻灯片 20 张。组织开展职工文体活动，加强企业文化建设。

文体活动

1991 年，举行庆“五一”劳动者演讲比赛、全县职工文艺调演。1992 年，举行庆“七一”赞工人大合唱比赛、庆元县第十五届“十一”环城火炬接力赛。1993 年，举行“五一”全县职工代表拔河比赛。

图 25-1　庆元县职工田径运动会（胡睦熙供　摄于 2008 年）

1994年，举行庆“五一”全县职工射击比赛、第一期职工气功培训班。1996年，举办“五一”全县职工拔河比赛。1999年，举行“五一”全县职工拔河比赛。2000年，举行“五一赞歌”文艺晚会、大红鹰杯《唱响主旋律，迎接新世纪》菇城十大歌手大赛和企业歌曲征集活动。2001年，举办“电信实业杯”中国象棋赛。2003年，举行“庆五一”生态环保杯全县职工文艺汇演。2004年，举行《放歌五一、放歌新世纪》全县职工文艺汇演。2005年，举行“周字杯”庆“五一”全县职工趣味运动会。2006年，举行浪漫之旅“五一”职工时装表演晚会、全县职工拔河比赛、《大济书法碑廊名家作品展暨“电信杯”和谐庆元美丽菇乡全县职工书画展》。2008年，举行与奥运同行——“中国信合”杯庆元县职工田径运动会。2009年，举行“五一颂”劳动者文艺晚会。2010年，举行庆五一“企业之梦”文艺晚会。

民主管理

20世纪90年代庆元县按照扩大基层民主、强化群众监督、保障职工权益、构建和谐社会要求，推进企业平等协商签订集体合同、工资集体协商、职代会、厂务公开等企业民主管理。1991年6月11—13日，举办全县第一期职工代表培训班，各基层企业单位60名职工代表参加培训。1992年9月11—12日，举办贯彻新《中华人民共和国工会法》师资和职工代表培训班，60名基层工会干部和职工代表参加培训。1995年3月13日，成立现代企业制度试点协调领导小组和贯彻实施《中华人民共和国劳动法》协调领导小组；9月，在企业推行平等协商签订集体合同制度，8家企业签订集体合同。1999年，县推行厂务公开工作领导小组建立，办公室设县总工会；制定《庆元县推行厂务公开工作实施办法》，开始在企业和文教体卫等事业单位推行厂务公开制度；马蹄岙电站、铅锌矿推行厂务公开制度试点。2000年，县粮食收储公司被省总工会确定为省百家改制企业联系点；县汽车运输总公司被省总工会确定为职代会评估试点单位。2001年，香溢贸易公司、丰圆木业公司、伟达矿业公司等非公有制企业试行建立职工代表大会制度。2002年11月15日，县职工经济技术创新活动领导小组成立。县承装公司被市厂务公开领导小组评为“丽水市厂务公开工作先进单位”称号。2003年，梦天木业有限公司和佳缘地板有限公司两家非公企业推行厂务公开制度试点；建立县劳动关系三方协商会议制度；5月27日，县职工职业技能培训基地建立；7月，成立县创建劳动关系和谐企业活动领导小组，办公室设在县总工会。至2010年末，实行职工代表大会制度的企事业单位318家，职工代表2448人，涵盖单位517个，涵盖职工14925人；建立企业平等协商集体合同制度，已签订企业集体合同234份，涵盖单位433个，涵盖职工12581人；累计签订《女职工权益保护专项集体合同》233份，涵盖基层单位433个，涵盖女职工9115人；建立工资集体协商机制234家，涵盖单位433个，涵盖职工12581人。

劳动保护

1991年，县总工会组织全县68个单位、4669名职工参加“安康杯”竞赛活动；按照《工会劳动保护监督检查三个条例》（工会劳动保护监督检查员工作条例；基层工会劳动保护监督检查委员会工作条例；工会小组劳动保护监督检查员工作条例）的要求，建立镇（乡）和企业劳动保护监督组织86个，全县设立安全生产监督检查员331名；督促有关单位和企业制定和完善安全生产检查、教育以及安全生产事故应急救援预案等工作制度，将安全生产、劳动保护等工作纳入各企业集体合同；对重点施工单位和企业进行安全生产检查，帮助企业制定预防安全事故发生的措施，并维护遇难职工家属和受伤职工的经济权益。1998年9月23日，县工会劳动法律监督委员会成立。11月6日，县工会劳动保护监督检查委员会成立，有乡镇、企事业单位建立劳动争议调解委员会246个、调解人员756人，劳动保护监督检查委员会325个、劳动保护检查员950人，劳动法律监督组织324个、劳动法律监督员516人，劳动保障监督员336人。2003年4月21日，建立“安康杯”知识竞赛活动庆元县组织评比委员会，至2010年末，参加单位有241个。2006年9月，县政府出台《庆元县全员安全培训工程实施方案》，将《中华人民共和国工会法》

《中华人民共和国劳动法》等法律法规纳入生产经营单位从业人员安全生产培训内容。积极推进106家规模以上企业工会主动参与劳动安全生产，使用《安全检查提示卡》企业100家，开展班组安全建设企业204家、参加班组767个。其中，民营企业191家、参加班组258个。积极参与职工伤亡事故调查处理。会同县卫生局、人劳社保局开展职业病防治。高温期间，慰问一线工人，做好防暑降温、安全生产。建立劳动关系预警机制，制定下发处置突发事件应急预案，处理职工来信来访，为职工提供有关法律咨询。2010年，县总工会开展第二轮县级劳动关系和谐企业评选表彰活动，20家企业被县政府授予"庆元县劳动关系和谐企业"称号，3家企业被市政府授予"丽水市劳动关系和谐企业"称号；全县签订集体合同230份，涵覆职工10500人；参加"安康杯"竞赛活动单位204家，参赛职工人数9860人；各乡镇工会建立工会劳动争议调解组织和工会劳动保护监督组织；全县企事业单位建立劳动争议调解组织228个，调解人员702人；劳动保护监督组织306个，安全生产监督检查员896人；劳动保障法律监督组织305个，监督人员497人。

维权帮扶

1991年，县总工会开展困难职工情况调查，经调查，全县有特困职工16户，困难职工163户，并建立困难职工档案；发动各基层工会开展结对帮困工作，为困难职工寻找致富路子，督促有关企业解决好职工的工资拖欠问题，保证职工工资按时足额发放；开展走访慰问活动，慰问特困及困难职工110户；制定落实疗休养工作岗位责任制，输送疗休养职工150多人；处理职工来信4件，接待职工来访3批12人次，参与劳动争议案件处理2起；完善劳动关系三方协商会议制度，将其列入乡镇工委工作考核内容；全县签订集体合同183份，建立工资集体协商机制183家。其中，有26家企业单位单独签订工资集体协商协议，涵盖职工2020人；完善修改原有集体合同文本，将工资协商和女工保护等内容纳入集体合同。

1992年起，逐步建立完善依法维权工作机制，加大协调劳动关系力度，开展困难职工帮扶，维护职工合法权益。在20个乡镇建立协调劳动关系领导小组和劳动关系三方协商会议制度。加强职工维权帮扶中心建设，开展"达标""创优"活动，管好、用好困难职工帮扶资金，完善法律援助和救助制度，加大对困难职工尤其是农民工援助。2009年，开展创建劳动关系和谐企业与工业园区活动，至2010年末，35家企业被县政府授予"庆元县劳动关系和谐企业"称号，5家企业被市政府授予"丽水市劳动关系和谐企业"称号。

2010年，县总工会始组织开展首届"庆元县十佳技能选手"评选表彰活动，县委、县政府表彰沈肖肖、李必平、吴文武、吴廷秀、吴金莲、吴继亮、周贤权、陈传青、陈斌、夏昌飞10位"庆元县十佳技能选手"；开展金锤奖——丽水市杰出职工"评选活动创建"工人先锋号"活动，县三禾竹木公司陈传青和久灵笔刷有限公司盘刘军分别获"金锤奖——丽水市十大杰出职工"和"金锤奖——丽水市十大优秀职工"称号；开展创建"工人先锋号"活动，全县有市级以上"工人先锋号"5个；加强职工维权帮扶中心建设，设立职工维权帮扶中心办公室；制定《庆元县职工维权帮扶中心服务指南》《庆元县职工维权帮扶中心案件调解程序》《庆元县职工维权帮扶中心调解工作人员职责》《庆元县职工维权帮扶中心工作人员行为规范》《关于当事人应遵守的调解纪律》《关于职工权益受侵害案件工会代诉办理程序》《庆元县职工维权帮扶中心来访来电接待制度》《庆元县职工维权帮扶中心首问责任制》《庆元县职工维权帮扶中心投诉案件受理、办理程序》9项工作制度；市总工会下拨专项资金25万元，帮扶困难职工419人，为18名在校贫困大学生发放助学金37500元。

1990—2010年，全县有全国劳动模范1人、省部劳动模范22人、市劳动模范6人、县劳动模范18人，开展劳模宣传，展示劳模风采，弘扬劳模精神。每年元旦、春节期间，慰问困难职工和市级以上劳动模范。

第二章　共青团

青少年组织主要有共青团庆元县委（简称团县委）和少年先锋队（简称少先队）。1999年，团县委内设办公室，核定编制4人；下属事业单位县希望工程办公室，定编1人；有基层团委40个、团总支64个，团员10751人。2005年，内设综合办公室，行政编制4名；有基层团委30个、团总支30个、团支部579个、团员7606人。2010年12月，有基层团委40个、团总支40个、团支部345个、团员13181人。1991—2010年，各级共青团组织积极开展各种形式青年活动，团员、青年政治思想素质和能力得到极大提高，促进青少年一代健康成长。1991年，所有小学建立中国少年先锋队（简称少先队），配齐校内外辅导员。

第一节　共青团庆元县代表大会

共青团庆元县代表大会和由它选举产生的委员会是共青团庆元县委领导机构。团县委常委会在共青团代表大会、委员会全体会议闭会期间行使代表大会及委员会职权。

第十二次代表大会

1991年11月23—24日召开，正式代表221人，列席代表15人。叶建胜作《高举团旗跟党走，艰苦奋斗建功业》工作报告。选举产生共青团庆元县第十二届委员会委员。选举生产常委9人，书记1人、副书记2人。

第十三次代表大会

1994年10月召开，代表273人。刘良作《投身市场经济建设战场，为菇城的两个文明建设再立新功》工作报告。选举产生共青团庆元县第十三届委员会委员25人。选举产生常委6人，书记、副书记各1人。

第十四次代表大会

1997年10月召开，代表158人。胡庆华作《高举邓小平理论伟大旗帜，团结带领青年为跨世纪菇城两个文明建设贡献青春》工作报告。选举产生共青团庆元县第十四届委员会委员25人。选举生产常委7人，书记、副书记各1人。

第十五次代表大会

2000年11月20—21日召开，代表161人，列席人员20人，特邀人员40人。李启鑫作《把握大局，开拓创新，努力开创21世纪我县共青团工作新局面》工作报告。选举产生共青团庆元县第十五届委员会委员27人。选举产生常委6人，书记、副书记各1人。

第十六次代表大会

2005年5月30—31日召开，代表152人，列席人员20人，特邀人员43人。范敏姿作《立足新起点，肩负新使命，实现新目标，在实施“三三战略”构建和谐社会进程中谱写壮丽的青春篇章》工作报告。选举产生共青团第十六届委员会委员21人。选举产生常委7人，书记、副书记各1人。

庆元县第十七次代表大会

2010年4月26—27日召开，代表152人。陈掌军作《贯彻科学发展观，奏响青春和谐曲，为构建“北承南接”对外开放新格局贡献青春和力量》工作报告。选举产生共青团庆元县第十七届委员会委员21人。选举产生常委7人，书记、副书记各1人。

第二节　主要活动

革命传统教育活动

1991—2010年，各级团组织每年五四青年节、七一建党节、国庆、元旦等节日，举办各种纪念活动，开展革命传统教育。坚持“实践育人”原则，通过开展活动，对广大青少年进行以爱国主义为核心的传统民族精神教育。1993年，毛泽东诞辰一百周年，开展“中国有个毛泽东”读书活动。

学雷锋活动

每年3月，各级团组织发动青少年开展“弘扬雷锋精神、争创文明城市”城市净化活动和“保护母亲河”植树造林活动。在中小学开展“学雷锋树新风”“敬老优属”“文明班级”创建等活动。1991—2010年，每年参加学雷锋活动青少年5万余人次。

青年志愿者行动

2002年以后，团县委成立县青年志愿者协会，整合社会资源，推行注册志愿者制度，至2010年，招募5980名热心志愿服务事业社会青年志愿者和机关、企事业单位青年志愿者。成立青年志愿者家电义务维修站，每月定期为市民提供家电义务维修服务；成立敬老助残志愿服务队伍，组织志愿服务活动；成立各乡镇青年志愿服务队伍，组织森林防火宣传、卫生整治、环境保护、新农村建设、社区公益、学雷锋做好事等活动；组织“弘扬雷锋精神，救助失学儿童”签名募捐活动；开展文明交通劝导、清除城市乱张贴广告、乱涂乱画等不文明行动大型志愿活动。

青少年法制教育

1991年以来，团组织利用各种宣传工具广泛宣传《未成年人保护法》《预防未成年人犯罪法》，引导青少年增强法制观念，自觉学法、懂法、守法、用法，增强自我保护意识。联合县政法委、教育局、司法局、妇联等单位，在34所中小学及部分乡镇巡回播放法制教育系列片《让孩子远离犯罪》；在学校建立法制副校长制度，定期邀请法制副校长举办法制讲座；配合公安、文化、教育等部门积极参与校园周边环境整治。2010年，团县委开展上法制课、主题班会课等活动，提升青少年的法制意识，如庆元法院举办“公众开放日”活动，检察院、司法局团员青年到庆元中学上法制课，菇城大学生联合会志愿者到农村学校开展支教，全年各项法制宣传活动惠及青少年5000余人。

服务青年就业创业

为促进农村产业结构调整和农民增收、农业增效，切实提高农村青年致富奔小康本领。1991年以后，团县委在继续抓好“农村青年实用技术培训”“青年星火带头人”等活动同时，开展其他一系列培训、结对帮扶活动。2003 年，建立庆元县青年职业服务中心，各乡镇开设“庆元县青年创业行动信息发布栏”，将青年就业、创业信息传递到基层。2008 年，实施“农村青年科技致富奔小康工程”和“学科技、创业绩素质培训工程”。通过开展科技下乡、组织会员开展技术交流、技术比武等活动，向农村社会传播科技致富信息，传授科技知识。20 年中，开办各类培训班 300 余期，培训学员 14740 人次。

少年先锋队活动

1991 年以后，团县委继续发扬“全团带队”光荣传统，切实抓好少先队工作，为少年儿童健康成长做出贡献。1991 年以后，少先队开展“迎新春现场书写春联大拜送”活动、“防艾禁毒”宣传活动、“迎六一”“传承中华文明　争做美德少年”主题夏令营活动、全县少儿歌手大赛、少儿器乐大赛、公益夏令营等活动。还有“童心颂党恩，喜迎十八大”征文比赛、“发扬艺术之光，艺满青少年宫”书画大赛、“庆元旦”现场创意书写等比赛。2003 年，在各所学校巡回放映青少年法制教育片，加强对少先队员法制教育。启动“雏鹰绿色上网工程”，做好网络信息监督和不良信息防范，净化少先队员上网环境。2007 年，举办“十佳少儿歌手”比赛和以“我爱我的家乡——丽水”为主题的中小学生英语演讲比赛，激发广大少年儿童爱国爱家热情，促进少年儿童健康成长。2007—2009 年，县青少年宫连续 3 年举办“流动青少年宫”活动，成为校外教育活动一个响亮品牌。

图 25-2　庆元县青少年宫落成典礼（县团委供　摄于 2007 年）

希望工程

1991 年，庆元县希望工程正式启动。该项工程主要有援建希望小学和资助贫困学生两大公益项目，旨在促进基础教育发展，弘扬扶贫济困、助人为乐的优良传统。希望工程实施以后，先后开展希望工程百万爱心捐款行动、情系希望工程电影周、希望工程 1+1 助学行动、希望工程爱心建功有奖储蓄、希望工程爱心储蓄、捐款 1 元压岁钱、救助一批贫困生和希望工程宣传片《一样的天空》放映等一系列活动，成立爱心基金会，多次争取到省青基会捐款结对救助贫困失学少年和贫困大学生，捐资兴建县江滨小学、江根乡卡森希望小学、荷地镇圣雄希望小学、张村乡巍巍希望小学、屏都镇巍巍希望小学、淤上乡完美希望小学、淤上乡圣雄希望小学，为多所小学争取到每套价值 3000 元的希望书库。至 2009 年 8 月，共立项建设希望小学 7 所。2010 年，县政府制定出台《庆元县爱心助学工作实施方案》《庆元县“政府爱心助学资金”助学行动实施方案》，专项出资 30 万元成立“政府爱心助学资金”，并成立庆元县爱心助学工作领导小组，下设办公室在团县委。团县委按照“一个进口，多个出口”的管理方式，规范 2010 年度政府爱心助学资金申请程序，健全和完善贫困生资助工作机制，尽最大限度避免和减少县贫困家庭学生因贫困而辍学，建立爱心助学的长效机制。2010 年，全县资助大学新生 197 名，高中新生 60 名，筹措、发放爱心助学资金 121.6 万元。

第三章　妇女联合会

1991年，县妇女联合会（简称县妇联）内设办公室、宣传部、权益部。1995年，县妇联主任改名县妇联主席。2010年，庆元县妇女联合会内设综合办公室，行政编制4名；20个乡镇、31个党政机关事业单位设妇委会，5个社区、4个非公有制企业、345个行政村设妇代会。县妇联加强各级妇女组织建设，贯彻执行《妇女权益保障法》，动员广大妇女积极开展“双学双比”“巾帼建功”“五好文明家庭”三大主题活动，促进妇女工作和经济社会发展。

第一节　县妇女代表大会

县妇女代表大会是各级妇联的领导机构，接受同级党委和上级妇联领导，闭会期间由委员会（执行委员会）行使领导职权。1991年5月至2010年，召开第八至第十一届妇女代表大会，选举产生县妇联第八至第十一届委员会（执行委员会）。

第八届妇女代表大会

1991年5月26—28日召开，到会代表270人。会议主题是自尊、自信、自立、自强，为实现“八五”宏伟蓝图建功立业。选举产生第八届执行委员23人，常务委员7人；选举朱美菊为主任，张明为副主任。1993年2月，选举张明为主任。

第九届妇女代表大会

1996年11月13—15日召开，到会代表187人。会议主题为团结奋斗，参与发展，建功立业，自强不息，为实现跨世纪的宏伟目标奉献智慧和才华。选举产生第九届妇联执行委员23人，常委7人；选举张明为主席，毛文英、吴松龄为副主席。

第十届妇女代表大会

2001年11月27—28日召开，到会代表138人。会议主题高举“三个代表”伟大旗帜，团结带领广大妇女为实现庆元县经济社会跨越式发展而努力奋斗。选举产生第十届执行委员23人，常委7人；选举吴碧兰为主席，林瑞月为副主席。吴晓桃经公开选拔为妇联副主席。

第十一届妇女代表大会

2007年12月4—6日召开，到会代表138人。大会主题与时俱进谋发展，立足县情创新业，团结动员全县妇女为全面建设小康社会而努力奋斗。选举产生第十一届妇联执行委员23人，常委7人；选举叶春梅为主席，吴晓桃为副主席。杨觅玫经公开选拔为妇联副主席。

第二节　主要活动

参政议政

1997年，县妇联与县组织部联合举办青年妇女干部培训班，38位基层妇女骨干参加培训。2001—2010年，举办3期优秀青年妇女干部培训班，118名优秀青年妇女干部参加培训学习；组织82名妇联干部参加各级党校、妇女干部院校学习培训，干部队伍政治素质、理论水平和工作能力有明显提高。

1990年，县第八届党代会、第十届人代会和第三届政协会议，女代表（委员）分别为36人、47人和18人，分别占代表和委员总数15.3%、19.18%和13.5%。农村女党支部书记1名。1993年，县第九届党代会、第十一届人代会和第四届政协会议，女代表（委员）分别为48人、53人和24人，分别占代表和委员总数19.59%、20%和15.89%。1995年，有女职工4254人，占职工总数36.14%，比1990年增加3.1%；有女干部267人，占干部总数17.12%。1990—1995年，有636名妇女加入中国共产党；有6名妇女担任村党支部正、副书记，235名妇代会成员担任村两委干部。1998年县"两会"代表换届后，女党代表和女人民代表比例分别为20.2%和23.35%。干部换届调整、公开招考，有9位妇女提拔为副科级领导干部。1999年村两委班子换届后，女干部在村两委中比例达37%，有16名妇女当选为村党支部书记。2000年，女职工占职工总数37.48%，女干部占干部总数36%，分别比1996年提高1.04%和5.1%。1996—2000年，庆元四套班子都配备女干部；提拔科级女干部18人，各乡镇党政班子全部配备女干部。2003年，县第十一次党代会、第十三届人代会和第六届政协会议，女代表（委员）分别为37人、32人和37人，分别占代表（委员）总数17.92%、19.05%和22.42%。2005年村两委换届选举后，345个行政村中158个村有女性干部进村两委，20名女性当选为村党支部书记，1名女性当选为村委会主任，女干部占村两委干部总数45.8%。2007年，县第十二次党代会、第十四届人代会和第七届政协会议，女代表（委员）分别为45人、21人和39人，分别占代表和委员总数20%、12.57%和23.35%。2001—2007年，有副科级以上女干部48名，20个乡镇党政领导班子均配备女干部；28个党政行政部门中，有12个领导班子配备女干部。

"双学双比"活动

1990—1995年，参加各类文化学习有21189名农村妇女。其中，4132名妇女脱盲，18676名妇女参加各种技术和农函大培训学习，68人取得农民技术职称；3名妇女被评为省部级劳动模范，65名妇女获省、地"三八红旗手"和"双学双比女能手""巾帼建功标兵"称号。1996—2000年，63人农函大函授毕业，152人获绿色证书，获得农民技术员职称妇女452人、占全市女农民技术员总数1/4；3.6万农村妇女参加"双学双比"竞赛活动，顺利实施"万名农家女新技术推广培训计划"，广泛开展"一帮一结对扶贫活动""三百工程"竞赛活动，结帮扶对子194对，涌现出省级"妇字号"龙头企业1个、营销大户2个、市级"妇字号"龙头企业2个、营销大户2个；获国家级、省级、市级表彰妇女分别为9人、46人、81人。其中，1人被评为全国"双学双比"女能手和"三八红旗手"、1人被评为省级"双学双比"女能手。1990—1995年，建立村级妇女活动阵地159个，"三八"经费基地28个，科技示范户、扶贫户383户；接管5个村级幼儿园。1996—2000年，7个乡镇妇联、52个村妇代会兴办经费基地，建立207个妇女活动阵地。1999年，组织"串叶松香草"试种取得成功，在7个乡镇260个农户种植草种9.3千克。其中，荷地镇际面村为示范点。2001—2005年，应女性迫切技术需要，组织农业新品种新技术讲座、咨询1020期，内容有茶叶炒制、锥栗种植、灰树花栽培等，2万人接受培训，80%受训对象掌握1门以上农业新技术；352名妇女参加农函大函授学习，840名荣获女农民技术员称号，374名妇女获得"绿色证书"。其中，全部村妇代会主任经过"绿色证书"培训获得农民技术员职称；有省、市级"妇字号"龙头企业8家、"双学双比"示范基地7个、妇女营销大户 10 户、省级以上“双学双比”女能手 3 人。2006—2010 年，参加绿色证书、农函大、来料加工技术以及种养殖技术等培训妇女 6 万人次。其中，900 人获得女农民技术员职称，400 人获得绿色证书，200 人获得经纪人技术等级证书，90% 以上妇女农村劳动力掌握 1—2 门实用技术；2 人获全国“双学双比”女能手，1 家企业获省“妇字号”龙头企业，5 人获省级来料加工突出贡献奖或优秀经纪人奖。

巾帼建功活动

1991 年，县“巾帼建功”协调委员会成立。1996—2000 年，有 26 个巾帼文明示范岗参与巾帼建功活动。1999 年，将县双学双比活动协调小组、儿童少年工作协调委员会、妇女权益保障委员会、巾帼建功协调小组四个机构合并为县妇女儿童工作委员会。2001—2005 年，涌现出市级以上巾帼文明岗 14 个、3 个单位获市“三八红旗集体”、3 人获市“三八红旗手”、17 人获县级以上“巾帼建功”标兵荣誉称号。2006—2010 年，有 6 个省巾帼文明岗、1 个省先进集体、1 个省巾帼示范村、1 个省“三八”绿色示范基地、2 个省“妇字号”示范农家乐、2 个市级“三八红旗集体”、10 个市级巾帼文明岗；1 人被评为全国巾帼建功标兵、1 人被评为全国“三八红旗手”、1 人被评为省级“三八红旗手”、3 人获丽水市“三八红旗手”、10 人获县“巾帼建功”标兵荣誉称号。

来料加工

2004 年，县委、县政府派出 6 名科级干部到义乌与来料加工有关单位、街道挂职锻炼，建立丽水市首家驻义乌来料加工办事处，为承接义乌市场来料加工业务搭建平台。建立来料加工工作领导小组，组织优秀农村妇女、下岗女工赴温州、义乌培训鞋帮、串珠等加工技术。拥有经纪人 100 多名，加工队伍 6000 多人，加工项目涉及彩灯、布艺、网鞋、串珠、饰品等数十个品种，加工费收入 528 万元。2005 年，县政府出台《关于大力发展来料加工业的若干意见》，在子女读书、用电、贷款等方面给予优惠。2006 年 11 月，成立丽水市首个经纪人协会，推动来料加工由政府行为向行业自律转变。2009 年，出台《关于进一步推进来料加工业发展的若干扶持意见》，规定县政府 2009—2012 年每年至少拿出 100 万元发展来料加工业；11 月，开通全市首家“庆元县来料加工”网站。2004—2010 年，组织 3 次来料加工作品设计大赛，印发宣传册 2 万册，将重点经纪人、发展概况、加工样品等内容进行宣传展示。摄制来料加工专题片《风顺扬帆正适时——庆元县发展来料加工业纪实》《小加工做出大产业——庆元县来料加工业发展纪实》，编辑《来料加工培训读本》。2005—2010 年，连续 6 次组织来料加工经纪人参加义乌博览会，10 次组织经纪人参加温州、台州、义乌洽谈会，全国妇联副主席黄晴宜、省长吕祖善、副省长葛慧君分别到庆元县展位、洽谈席看望经纪人，了解来料加工发展情况。来料加工连续六年获市来料加工专项考核一等奖，县妇联获省来料加工突出贡献奖，培养省级优秀经纪人 6 人、市级 10 人、县级 40 人。2010 年，县政府将来料加工产业列入《群众增收致富奔小康规划》项目之一，11 月制定来料加工产业提升项目实施方案。

图 25-3　庆元县来料加工开展千人技术比武活动（县妇联供　摄于 2005 年）

文明家庭创建活动

2000年末，达到乡级“五好文明家庭”标准的有20%家庭。其中，受省、市、县表彰的分别有1户、4户、2072户。2006年末，有28121户参与文明家庭创建活动，评出平安家庭和文明家庭17828户，占总数70.81%。其中，1户获全国“文明家庭”、2户获省级“文明家庭”、4户获省级绿色家庭、2户获省级学习型家庭、1户获无毒家庭模范户、38户获市级“文明家庭”、2690户获县级“文明家庭”荣誉称号。2010年，开展丰富多彩宣传活动，包括利用“三八”妇女节等重大节日活动组织平安创建宣传活动，组织“三进万家”知识巡回展，将“平安家庭”创建标准和内容印制在每户一本的电信黄页上。是年末，有文明家庭、平安家庭、学习型家庭、绿色家庭等各类特色家庭60256户。

妇女儿童权益保护

1990—2010年，庆元县宣传男女平等基本国策；向县人大、政协提交议案、提案；开展妇女权益保障执法检查；参与《婚姻法》《妇女权益保障法》等法律法规修改调研，推动性别意识纳入决策主流；组织妇女进行妇科病检查，开展“尊重生命，尊重爱”免费婚前医学检查、女性健康知识讲座，为城乡妇女提供健康保障；积极开展“三八维权周”、法制宣传日等普法活动，组织大型街头宣传活动，为妇女提供咨询服务，有效提高广大妇女依法维权的意识和能力。

1990—1995年，庆元县接待和处理群众来信来访226件次；实施“春蕾计划”，落实资金12000元，资助38名女童重返校园学习。1990年、2010年，开展第二、三期中国妇女社会地位调查。1992年，成立县少儿协调委员会。1994年，成立妇女权益保障委员会。1994年，成立县女领导干部联谊会。1995年，庆元县妇联苗苗幼儿园教学楼破土动工，1996年通过竣工验收，研究解决负债及编制问题。1996年，研究解决乡镇妇联主任享受副科级待遇问题。1997年，县司法局、妇联联合成立县维护妇女儿童合法权益律师事务所，在丽水地区属首家。1996—2000年，接待群众来信来访240件；协助有关部门解救、遣送被拐卖妇女25人；发放维护妇女儿童权益法律法规宣传资料500册；组织实施“春蕾计划”，资助58名失学女童重返校园学习。2001—2005年，致力于社会化、多元化维权网络建设，先后建立“110”家庭暴力救助中心、法律援助中心、妇女维权合议庭等妇女维权机构，妇联干部积极担任人民陪审员，建立妇女权益保障联席会议制度；接待群众来信来电来访224件，办结率100%，为228名妇女儿童实施法律援助。2001—2006年，开展两次“春蕾义卖”活动，资助76名贫困女童就学，结对特困女童99对；开展关爱留守儿童结对活动，建立4个留守儿童俱乐部，结对留守儿童133对。2007年，成立全国首个军营留守儿童俱乐部。2006—2010年，接待群众来信来电来访230件，办结率100%，为121名妇女儿童实施法律救助；继续实施“春蕾计划”，资助就学资金15000元，结对贫困学生51人。2010年，开通12338妇女维权热线。

第四章　科学技术协会

1999 年，县科学技术协会（简称县科协）内设办公室，人员编制 3 人；下属事业单位农村科教办公室，人员编制 2 人。2002 年，内设综合办公室，人员编制 3 人。2010 年，内设综合办公室，人员编制参公 3 人、事业 1 人；有自然科学学会、协会、研究会 18 个，乡镇科普协会 20 个，会员 660 人，农村专业技术协会 3 个、会员 440 人。

第一节　科学技术工作者代表大会

1991—2010 年，县科协经历第四至六届委员会，建立健全组织机构，围绕普及科学知识、举办学术交流等开展科普活动。各学（协）会成员发挥专业特长，自觉为经济建设和社会发展献计出力。

第四次科学技术工作者代表大会

1991 年 10 月 28—30 日举行，正式代表 206 人。听取审议上届科协工作报告，通过工作报告决议。选举产生县科学技术协会第四届委员会委员 39 人，设常务委员 7 人，主席 1 人、副主席 3 人。

第五次科学技术工作者代表大会

1997 年 10 月 23—24 日举行，出席代表 139 名。潘永昌作《深化改革，求真务实，努力增强科协组织活力，为科教兴县作贡献》工作报告。选举产生县科学技术协会第五届委员会委员 41 人，设常务委员 9 人，主席 1 人、副主席 3 人。

第六次科学技术工作者代表大会

2005 年 10 月 17—18 日举行，出席代表 137 人。胡光瑞作《实施科教兴国，坚持科学发展，为庆元经济社会全面和谐发展建功立业》工作报告。选举产生县科学技术协会第六届委员会委员 41 人，设常务委员 9 人，主席 1 人、副主席 4 人。

第二节　主要活动

协会组织

县级学（协）会　系县科协所属基层组织，按专业学科组建。20 世纪 80 年代初，成立县级学会 17 个，会员 1232 人。至 20 世纪 90 年代中叶，有县属学（协）会 24 个，会员 1856 人；厂矿科协 3 个，会员 135 人；挂靠县级专业科局 16 个。学术研讨气氛浓，学术论文逐年增加，在国家、省级专业刊物均有发表。21 世纪，相近学科学会合并为 18 个。2002 年，县农学会、林学会、工学会、医学会、中医学会、预防医学会、水电学会、邮电通讯学会、质量管理学会、财税学会、会计学会、办税员协会、珠算学会、药学会、畜牧兽医学会、食用菌协会、护理学会完成法人社团登记。

乡镇科协 1991年，乡镇科协26个，占乡镇总数的68.4%。1992年5月，撤扩并为20个乡镇。经县委组织部批准，县科协5月出台《关于组建庆元县乡镇科协的通知》；6月出台《庆元县乡镇科协章程》（试行草案）《庆元县乡镇科协工作管理办法》（试行），明确乡镇党群副书记为科协主席，科技副乡镇长为秘书长；8月底，成立20个乡镇科协，会员964人。

农业专业技术协会 是农民自发组织的专业化农村科普组织，也是乡镇科协团体会员，从事“名、特、优”产品“产、供、销”一条龙服务。2006年，全县有13个农业专业技术协会，会员746人。

科普宣传

1991—2010年，县科协充分发挥科普宣传主力军作用，深入城镇、乡村和企业开展科技成果转化、实用技术推广和新产品开发等系列活动。每年以“科技（科普）活动周”“全国科普日”等为契机，组织各学会科技工作者开展科技进步、开拓创新、低碳节约、和谐发展等系列科普主题活动，着力创新基层科普，合力构建科技服务网络。每年开展县城科技一条街、送科技下乡等活动各2次，服务项目有实用技术培训、科技咨询、现场科技服务、专业知识答疑、上门诊断服务等，受益企业、科技示范户、农技协等群体逐年增长。重视西部乡镇竹木加工、铅笔行业新产品开发和食用菌转型升级，注重东部欠发达乡镇笋竹用林、药材种植、村办企业培植和技术人员培训。1991—2010年，登记在册科普志愿者186名，队伍不断壮大；编印《食用菌实用技术栽培》《科学普及、你我共行》等科普资料11种30余万份。1995年，荣获全国农村科普工作先进单位荣誉称号。2006年，成立科协流动电影队，每年深入乡镇、村、学校放映科普知识和爱国主义电影210场次以上，观众超18万人次。2007年，建立庆元科协网站（http://www.zjqykx.com）；6月，建设23个科普宣传画廊，每两个月定期更换内容。2009年2月，完成县科普活动中心建设。

图25-4 庆元县2010年科技（科普）活动周（县科协供 摄于2010年）

金桥工程

1994—2009年，县科协组织实施“促进科技与经济相结合”的金桥工程项目29项，14个学（协）会科技人员156人次参与架金桥技术服务，取得丰硕成果。艳兰WNA成果转化项目获省金桥项目二等奖。1996年，县科协获省“金桥工程”先进单位荣誉称号，潘永昌荣获“全国金桥工程优秀组织者”称号。

农函大与农民技术职称评定

县科协通过农函大庆元分校和农民技术职称评定开展科技培训，促进农民科技素质不断提高。1996—2010年，农函大庆元分校举办农业、林业、蔬菜、服装、竹笋两用林和水果等专业班17个29期，招收学员628名。根据实际、实用、实效原则，举办乡镇干部、农村党员干部和科技示范户等培训班258期，受训13144人次。农函大庆元分校被省农函大评为2006—2007年度先进分校。2008年，吴丽珍被中国农村致富技术函授大学评为先进工作者，吴秋生被省农函大评为先进工作者。

1991—2008年，县科协依据省科协颁发的农民技术职称评定标准，开展农民技术职称评定。经县农民技术职称评定小组评定，农民技师 291 名，农民助理技师 523 名，农民技术员 1863 名；报经省农职称评审委员会审批，评定农民高经技师 16 名。

青少年科技教育

1991—2010 年，县科协将青少年科技教育列入议事日程，科普经费向其倾斜，支持县青少年科技协会开展活动。每年 3 月，会同县关工委，为中小学生组织爱国主义教育活动。每年 5 月，与县教育局、团县委、科技局联合组织青少年科技创新大赛。其中，1991—2010 年，收到参赛作品 676 件；2007 年以来，选送上级参赛作品获全国优秀科技实践活动三等奖 1 件、获全国少儿科学幻想绘画一等奖 1 件、三等奖 1 件、获省级一等奖 3 件（优秀科技实践活动 1 件、少儿科学幻想绘画 2 件）、二等奖 4 件、三等奖 10 件、获市级一等奖 10 件、二等奖 13 件、三等奖 16 件。1991—2009 年，县科协举办 7 期青少年科技夏令营，参加青少年 425 人、科技辅导员 31 人。

学术交流

1991—2010 年，县科协举办学术交流活动 44 次，参加活动科技人员和副科级以上干部 3399 人次。2005 年，县科协邀请中科院院士、中国科技馆馆长王渝生到庆元作《区域经济与科技发展》报告；县科协、县科技局两次邀请浙江大学教授何亚平到庆元作《五次科技浪潮和“知识经济”》专题学术讲座；6 个学会邀请大学和科研院所教授、博士、省市科技专家到庆元讲学、作学术报告 12 次。20 年来，各县级学会、协会、厂矿科协会员，撰写各类专业论文 252 篇。其中，在全国和省级以上刊物发表 90 篇。

第五章　文学艺术界联合会

1986年，县文学艺术界联合会（简称县文联）筹备领导小组成立，7月召开第一次代表大会。1999年，县文联为正科（局）级全额拨款事业单位，核定编制3名。2010年，县文联下设8个协会和1个学会，即文学家协会、戏曲家协会、民间艺术家协会、美术家协会、音乐家协会、舞蹈家协会、书法家协会、摄影家协会和诗词学会，会员300多人。其中，国家级会员1人、省级会员10人。

第一节　县文学艺术界联合会代表大会

文学艺术界联合会第二次代表大会

1991年5月6—7日召开，正式代表77名。蓝志龙作《坚持“两为”方向，坚持“双百”方针》工作报告，修改文联章程。大会通过工作报告的决议和文联章程修改意见。选举产生县文学艺术界联合会第二届委员会，由27名委员组成，主席1名（黄立鹏）、副主席3名。

文学艺术界联合会第三次代表大会

1998年11月18日召开，代表60名。蓝志龙代表第二届委员会作工作报告，修改文联章程。大会通过关于工作报告决议和文联章程修改意见。选举产生县文学艺术界联合会第三届委员会，由29名委员组成，主席1名、副主席3名。

第二节　主要活动

创作

1994年1月—2000年6月，县文联组织第二、三届“石龙”文艺创作奖的评选工作，共22人次获奖；创作各类文艺作品1000余件。2000年7月—2005年12月，县文联及其各协会在全国、省、市级发表、演出、展出各类文艺作品500余件，编纂出版《庆元揽胜》《苏醒的百山祖》等书籍；2005年，会同省音乐家协会词曲家创作《走进庆元》《情系庆元》《廊桥之歌》《梦幻廊桥》《百山祖之歌》《香菇越香歌越甜》《月山村》9首歌曲；会同省市文学家协会创作《庆元纪行》等9篇纪实文学、散文、游记，并在《丽水文学》2005年第四期专题推出；《浙江画报》2004年第四期主题推出《庆元——卧虎藏龙》。2006年1月—2010年12月，县文联及其各协会在全国、省、市级发表、演出、展出各类文艺作品1500余件，编撰出版《香菇诗歌》《民间故事》《菌菇菜谱》《二都戏》《濛洲诗词》《庆元方言》等文化系列丛书，《庆元文艺》正式创刊。

展览、演出、培训

1994年1月—2000年6月，县文联及其各协会在全国、省级发表、展出、演出各类文艺作品267件。其中，国家级62件，2次共16件作品获丽水地区“五个一”“八个一”工程优秀奖和提名奖。1999年12

月，县文联及其各协会承担第四届中国摄影节庆元分会场的承办工作；举办大型风情歌舞《菇乡谣》及大型广场歌舞《菇城颂》等大中型文艺晚会100多场；举办各类书画摄影展10余次。同时，举办各类培训班20余班次，每年组织各协会举办或参加各类活动。2000年7月—2005年12月，县文联及其各协会举办各类书画摄影展、文艺晚会30余场次。举办各种培训班30余班次。2006年1月—2010年12月，县文联及其各协会举办各类书画摄影展、文艺晚会50余场次。举办“华特杯”青年歌手大奖赛、“洪恩杯”少儿歌手大奖赛;“鑫光之星”电影“其乐融融”群众演员选拔赛;“生态庆元”全国摄影大赛等重大赛事。注重文艺人才培养，举办各种培训班60余班次，5000多人次接受各种艺术培训。

第六章　残疾人联合会

1990年13月17日，庆元县残疾人联合会（简称县残联）建立，与县民政局合署办公。各乡镇相继设立残联。1995年，县残疾人劳动就业服务所（简称县劳服所）成立。1997年，县残疾人康复指导站（简称县康复指导站）成立。1999年6月，县残联与县民政局分离，独立办公，内设办公室，核定编制4名。1999年末，有基层残疾人联合会20个，残疾人10800人。2003年，肢残人协会、盲人协会、听力言语协会、精亲协会、智亲协会成立。2003年后，5个社区相继成立残疾人工作协会。2010年，县残联内设办公室，下属事业单位有县残疾人康复指导站、县残疾人劳动就业服务所。以行政村为单位，设立村残疾人协会。

第一节　县残疾人代表大会

1990年县残联建立后，庆元县残疾人代表大会（以下简称县残疾人代表大会）召开5次。乡镇级代表由乡镇、村提名产生。乡镇县代表由乡镇残疾人代表大会选举产生，机关县代表由县残联提名产生，特邀代表由县残联提名产生，主席团成员、代表中残疾人数要达到51%。

第一次代表大会

1991年1月10—12日召开。正式代表87人，特邀代表38人。大会听取和讨论审议钟承昌代表大会筹备领导小组作《为发展庆元县残疾人事业而共同奋斗》的工作报告，并通过工作报告的决议。大会选举产生县残联第一届主席团委员37人。一届主席团委员会第一次会议选举主席1人，副主席8人，推举执行理事会理事长1人，聘请名誉主席2人。

第二次代表大会

1994年1月17—18日召开。正式代表110人，列席代表24人，特邀代表27人。大会听取和讨论审议何雨来代表县残疾人联合会第一届主席团作《团结扶助，携手共进，努力开创我县残疾人事业新局面》的工作报告，并通过工作报告决议和其他决议。大会选举产生县残疾人联合会第二届主席团委员30人。二届主席团委员第一次会议选举主席1人，副主席8人，推举执行理事会理事长1人；聘请名誉主席2人。聘任副理事长1人。

第三次代表大会

1999年6月7—8日召开。正式代表90人，特邀代表21人。大会听取和讨论审议林志雄代表县残疾人联合会第二届主席团作《求真务实，开拓创新，大力推进我县残疾人事业的发展》的工作报告，并通过工作报告决议和其他决议。大会选举产生县残疾人联合会第三届主席团委员29人。三届主席团委员第一次会议选举主席1人，副主席11人，推举执行理事会理事长1人；聘请名誉主席2人。聘任理事长1人。

第四次代表大会

2003年7月17—18日召开。正式代表90人，特邀代表21人。大会听取和讨论审议林志雄代表县残疾人联合会第三届主席团作《与时俱进，开拓创新，努力推进我县残疾人事业与社会经济协调发展》的工作报告，并通过工作报告决议和其他决议。大会选举产生县残疾人联合会第四届主席团成员。四届主席团委员第一次会议选举主席1人，副主席6人，推举执行理事会理事长1人。聘任理事长2人。

第五次代表大会

2007年12月25—26日召开。出席代表90人。会议听取、审议孙跃进代表庆元县残疾人联合会第四届主席团所作的《求真务实，锐意进取，为努力开拓庆元县残疾人事业新局面而努力奋斗》工作报告。会议选举产生县残疾人联合会第五届主席团成员。县残疾人联合会第五届主席团第一次会议选举产生主席1人、副主席7人，推举执行理事会理事长1人。聘任副理事长2人。

第二节　主要活动

残疾人证申办

1990年12月28日，《中华人民共和国残疾人保障法》公布，1991年5月15日开始实施；2008年4月24日通过修订，7月1日起实施。根据第一次全国残疾人抽样调查，残疾人占全县总人口5.38%。2007年，进行第二次全国残疾人抽样调查，残疾人占总人口6.36%。2010年，有残疾人10180人。

残联成立以后，开始申办浙江省残疾人证，申办人数约2300人。1997年，执行《中国实用残疾人审定标准》浙江省残疾人证废止，更换为中华人民共和国残疾人证（第一代证），申办人数3443人，2009年末废止。2008年，执行《第二次全国残疾人抽样调查残疾人标准》，称第二代中华人民共和国残疾人证，相对于第一代证增加多重残疾类别，并把各类残疾统一为四到一级。其中，一、二级为重度残疾。1991—2010年，全县申办残疾人证人数4241人。

康复服务

残联组织开展残疾人康复工作，以保障残疾人享有康复服务权利，增强其参加社会活动的能力。2004年，我国提出残疾人“人人享有康复服务”目标，要求“坚持社会化工作方式，多渠道、多形式地开发利用社会资源，以社区、乡村为平台，以残疾人的基本需求为重点，加大工作力度，增强服务能力，提高技术水平，努力使残疾人普遍得到康复服务。”2006年，建立社区残疾人康复档案。2010年，与人民医院门诊大楼合建残疾人康复中心。

图25-5　庆元县残联康复中心（县残联供　摄于2009年）

三项康复。1991年9月，开始小

儿麻痹症矫治、白内障复明、聋儿语训三项康复。据1991年普查，小儿麻痹症患者有195人，通过省市医疗队对其中可以康复对象进行手术治疗，1991年康复91人150次，1993年康复29人，1998年康复29人，1998年康复19人。卫生部门发放糖丸，预防小儿麻痹症的发生。2000年，中国向世界宣布消灭小儿麻痹症。据1991年普查，有白内障患者176人，通过省市医疗队对其中可以康复对象进行手术治疗，1991年手术36人44眼，1993年手术58人，1998年复明92人，2002年复明117人眼，2003年后市给年度任务指标100例。1998年，白内障复明得到国际狮子协会“视觉第一•中国行动”援助，开始使用人工晶体植入术。2005年后，由县人民医院治疗复明，成为经常性康复工作。1991—2007年，实行医疗费减免；2008年后免费，减免费用由省、县财政补助。县残联鼓励家长送聋儿到上级聋儿语训机构语训康复，给予困难补助。市聋校、市残联康复中心建立后，聋儿语训和脑瘫儿童康复训练、智残儿童康复培训，县残联鼓励家长送残疾儿童到市康复培训，给予困难补助。

助行、助视、助听。助行工程主要有假肢安装和修理、轮椅赠送、拐杖赠送。助视工程主要有儿童低视矫治。助听工程主要有助听器验配。总计安装假肢39条，轮椅赠送479辆，拐杖赠送30支，助视器验配矫治51人，助听器赠送287台。

残疾人教育

1992年，县残联提出“对接受义务教育的残疾学生和残疾人子女减免学费，同时减免杂费”，要求各级教育单位“不得因其残疾而拒绝接收”，幼儿园要“优先安排本地区的残疾人子女入托”。1994年8月23日，《中华人民共和国残疾人教育条例》颁布实施。县残联承担着协助教育行政部门做好残疾人教育工作的重要责任，在制定教育法规、计划和督导检查时，反映残疾人要求，采取社会保险、社会救助措施，保障残疾人享有平等接受教育权利。对适龄残疾儿童，采取随班就读，或送聋校、盲校就读，县残联采取走访慰问、补助等方式给予鼓励，对符合条件的残疾人实施职业教育。1994年及1998年，提出“残疾人参加县办的职业科学技术培训班，减免50%的培训费，学龄残疾儿童在小学、初中学习期间的书杂费由学校给予适当减免”。1996年起，县残联每年举办残疾人职业技能培训班；1997年起，对具有特殊需求残疾人，县残联提供补助，送县外培训，培训内容主要有食用菌、笋竹两用林、高山蔬菜、锥栗等农作物种植，兔、鱼、牛、羊等畜、鱼养殖，来料加工、理发、计算机操作、盲人按摩等技术，《中华人民共和国残疾人保障法》《中华人民共和国合同法》《中华人民共和国道路交通安全法》等知识。

2000年，采取集中、分散、分级方式开展培训，县残联、各乡镇单独举办培训，各培训机构吸纳残疾人培训，残疾人根据需要自愿免费参加，县残联对乡镇组织单独培训给予经费补助。2003年，县政府规定“通过输送特殊教育学校和在普通学校随班就读形式保证适龄残疾儿童、少年依法接受九年制义务教育，学校对接受义务教育经济上确有困难的残疾学生应酌情减免杂费和其它费用。教育行政主管部门对特殊教育在经费上予以优先安排”；各类学校和教育机构“必须招收符合规定录取标准的残疾考生入学”，凡被录取进入普通中专、大专、本科院校学习的残疾学生，“由县残联分别给予500元、1000元、2000元的一次性资助”；通过自学等方式取得国家承认的大专以上学历的残疾人，“由残联给予1000元的一次性奖励”；各类教育培训机构“对符合培训条件的残疾人，优先录取并免收或减免50%的培训费和其他费用”。2010年，免收学杂费扩大到进入公办高中阶段学习的低保户残疾学生和残疾人子女，对考入大专、本科学习的学生一次性奖励分别提高到2000元和3000元，对取得国家承认的自学本科奖励2000元，并规定“对贫困残疾学生及残疾人家庭子女每年可给予适当助学补助”，“对获省、市优秀毕业生、三好学生、优秀党员、优秀学生干部的残疾学生，家庭困难的可予以适当奖励”。

残疾人劳动就业

1995年开始，向机关、企事业单位征收残疾人就业保障金，征收标准为“残疾人就业保障金=（单

位职工总数 ×1.5%—已安排残疾人就业人数）× 职工上年人均收入 ×60%”。安排盲人、弱智人员可以一顶二。1999—2010 年，向乐清长江电器股份有限公司输送 700 多名残疾人到乐清、瑞安、椒江、绍兴、萧山、平湖、永康、莲都等福利企业异地就业，由异地就业残疾人互相带动自行到异地就业的残疾人 500 多人。

2000 年，缴纳单位改变为机关、团体、事业、企业单位（包括国有、集体、私营、联营、股份制、“三资”、乡镇和村办企业等各类用人单位）及城乡经济组织，征收基数提高到“职工上年人均收入 ×100%”。2002 年，缴纳单位为“机关、团体、企事业单位、城乡经济组织、私营企业”。2003 年，缴纳单位为“机关、团体、企事业单位、民办非企业单位等用人单位”。2003 年后，对滞纳单位自滞纳之日起按日加收万分之五滞纳金，对拒不执行按比例安排残疾人就业规定的单位给予通报、行政处分或纪律处分，逾期拒不缴纳由征收单位依法申请人民法院强制征收，征收单位由残联转为统一由地税部门代为征收。2003 年起，财政拨款单位由会计核算中心统一划转。2008 年后，对民办企业和非企业单位可通过“一户通”扣缴；分散按比例县内就业人数 92 人，征收总数 698.12 万元；残疾人就业保障金属政府性基金，统一纳入财政预算管理，专项用于残疾人事业。县财政和审计对保障金征收管理和使用采取经常性监督审计，2008 年通过省审计厅审计。为保障就业后残疾人合法权益，县残联从残疾人证、劳动合同、社会养老保险和工资表册对单位用工情况进行监管。

2007 年，县残联推行按比例分散就业、集中就业和个体就业，扶助残疾人自主创业，组织开展残疾人劳动就业，保障残疾人劳动权利，鼓励残疾人从事劳务性、服务性个体就业。2010 年，从事个体就业残疾人 215 家，扶持农户 500 多户；建立 10 家残疾人小康示范扶贫基地。

2010 年，县残联从劳动合同、残疾人证、社会养老保险和工资表册对单位用工情况进行监管；通过摊位优先、税收减免、工商管理费减免、资金资助、养老保险补助等多重方式，鼓励残疾人从事劳务性服务性个体就业，全县从事个体就业的残疾人约 215 家；通过资金扶持、小额贷款、贷款利息补差等方式鼓励农业残疾人从事种养殖业和家庭副业，累计扶持农户 500 多户次；建立残疾人小康示范扶贫基地，从资金扶助、项目选择给予帮助，先后建立 10 家基地，帮助约 31 个残疾人就业。

社会保障和服务

1998年，县政府出台《庆元县残疾人优惠政策》。2002年，出台《庆元县扶助残疾人若干规定》。每年春节，县委书记、分管领导带队走访慰问贫困残疾人，对临时发生困难的残疾人实施救助。2004 年，开始实施残疾人万户安居工程，对无房、危房户残疾人改善居住条件进行资助，由省、市、县残联按一定比例支出。2005 年，县府办出台《庆元县人民政府办公室转发丽水市人民政府办公室关于进一步加强扶助贫困残疾人工作的实施意见的通知》。2005 年后，贫困残疾人参加新型农村合作医疗或城镇医疗保险的费用纳入县财政统一支付。2009 年，出台《庆元县人民政府关于实施残疾人共享小康工程的意见》，开始实施残疾人康复工程、基本生活保障工程和托（安）养工程。其中，康复工程，计划 2008 年至 2012 年使有适应指征的贫困残疾人通过助明、助听、助行等，康复需求得到基本满足。基本生活保障工程，使拥有庆元县户籍和《中华人民共和国残疾人证》、重度残疾、家庭人均收入低于城镇或农村低保标准 150% 的残疾人，全额单独施行最低生活保障或最低生活保障补助金，享受医疗救助及其他社会救助政策。托（安）养工程，计划 2008 年至 2012 年，基本满足具有庆元县户籍和《中华人民共和国残疾人证》、残疾等级为一级且生活不能自理的重度残疾人实施托（安）养，对进行日间照料的补助 3750 元 / 年，对居家安养的补助 3750 元 / 年，对入院托养的折合低保补助 9000 元 / 年。2009 年后，重度残疾人参加农村养老保险减半收费，纳入托（安）养和低保户重度残疾人参加农村养老保险按最低级缴保、由财政支付。2010 年，出台《庆元县扶助残疾人实施办法》。出台《中共庆元县委庆元县人民政府关于加快推进残疾人事业发展的若干意见》，明确规定残疾人享有劳动、生活、教育、康复、居住、文化、司法等各项社会福利政策。县府办出台《庆元县人民政府办公室关于加快推进残疾人社会保障体系和服务体系建设的实施意见》。各乡镇、部门相应出台一系列政策措施。

社会环境营造

1999 年，庆元实施《关于加强我县无障碍环境建设的实施意见》，松源镇主要街道、宾馆、车站、银行在新建和扩建中部分采纳无障碍硬件建设。1999 年，县残联工作人员参加市中国手语培训。2002 年、2010 年，县残联分别举办各单位窗口工作人员中国手语初级培训班；各乡镇残疾人工作者分别在市、县举办的培训班中轮训学习。每年 5 月第三个星期星期天，开展“全国助残日”活动。2003 年始，每年 3 月 3 日开展爱耳日活动，开展其他残疾人节日活动。

开展残疾人工作和残疾人事迹宣传活动，省、市、县电视台不时报导庆元残疾人事业和残疾人事迹。2000 年，创办《庆元残联》内刊。2008 年，创办庆元县残疾人门户网站。2010 年，创办庆元县残疾人爱心传递短信互动平台、庆元县残疾人工作者 QQ 群、残疾人图书馆。

第七章　工商业联合会

县工商业联合会（简称县工商联）是工商界以非公有制企业和非公有制经济人士为主体的人民团体和商会组织。1994 年末，县委决定恢复工商联组织，同时建立县商会。近 20 年来，县工商联历经 3 届县工商业联合会（商会）会员代表大会，机构队伍建立健全，异地商会纷纷成立，围绕经济建设，坚持团结、引导、教育、服务方针，积极开展工作，推动非公有制经济迅速发展。

第一节　县工商业联合会（商会）会员代表大会

第三届（商会第一届）会员代表大会

1994 年 11 月 30 日—12 月 1 日，县工商业联合会第三届（商会第一届）会员代表大会召开，出席代表 213 人，特邀代表 24 人。林德金作《团结合作，为振兴庆元经济贡献力量》工作报告。选举产生县工商业联合会第三届（商会第一届）执行委员会委员 25 人，常务委员会委员 9 人。其中，会长 1 人、副会长 5 人、秘书长 1 人。

第四届（商会第二届）会员代表大会

2002 年 6 月 12 日，县工商业联合会第四届（商会第二届）会员代表大会召开，出席代表 112 人。林昌富作《与时俱进，开拓进取，努力开创工商联工作新局面》工作报告。选举产生县工商业联合会第四届（商会第二届）执行委员会委员 37 人，常务委员会委员 16 人。其中，会长 1 人、副会长 8 人。

第五届（商会第三届）会员代表大会

2007 年 11 月 20 日，县工商业联合会第五届（商会第三届）会员代表大会召开，出席代表 127 人。林昌富作《务实创新，奋力拼搏，为构建浙南闽北边际区域中心而努力》工作报告。选举产生县工商业联合会（总商会）第五届执行委员会委员 43 人，常务委员 20 人，正副主席（会长）12 人。

第二节　主要活动

会员服务

融资担保服务　利用县工商联和商会网络，加强与银行等金融机构联系，帮助企业签订银企合作协议，缓解融资压力。加强与中小企业担保公司和银合投资担保公司合作，建立和完善风险防范机制。

法律维权服务　加强与县人民法院、司法局、百山律师事务所合作，通过法律知识培训、“法律体检”、聘请法律顾问等手段，建立法律维权平台，为企业提供全程法律维权服务。

企业教育培训　为企业举办法律知识、税收法规、4S 管理、上市知识等各类培训班，为民营企业家搭建加强学习、接受教育、扩大交流平台，如 2008 年举办企业上市知识培训班，2009 年举办“企业税收

图25-6　庆元县服务行业商会成立仪式（县工商联供　摄于2006年）

法规知识培训班”；2010年举办“产品形象设计专题培训班”，并选送优秀民营企业家到中央党校学习。通过县新闻中心、庆元广播电视台《庆元人闯天下》栏目，宣传报道庆元企业家优秀事迹和生动故事。

企业经贸服务　帮助企业促销产品、开拓市场，支持和鼓励会员企业参与政府组织的各类经贸活动。2010年，针对会员企业发展过程中的困境，组织会员赴广西、湖南学习考察。加强与县国土局、工业园区等部门联系和沟通，反映会员企业用地困难等诉求，使土地瓶颈制约问题有较好解决方法。主动参与会员企业及非公有制经济人士各类庆典等活动，充分体现商会大家庭温暖。

异地商会

2004年12月18日，北京市庆元商会成立，会员83人。2006年12月8日，义乌市庆元商会成立，会员76人。2007年9月23日，宁波市庆元商会成立，会员企业50家。2007年11月7日，庆元服务行业商会成立，会员企业82家，是浙江省首家服务行业商会，也是最基层、服务面最广的商会，包含餐饮美食、美容美发、广告装潢、家用电器、教育培训、花卉婚庆等众多领域。2008年5月18日，庆元温州商会成立，会员93人，为庆元首家异地商会。2009年10月24日，上海市庆元商会成立，会员73人。2010年7月10日，台州庆元商会成立，会员86人。2010年12月，有异地商会6个，直属商会2个。

参政议政

县工商联第三届执委成员中，有县人大代表20人，县政协委员22人，向各级人大、政协提交提案与议案300件。县工商联第四届执委成员中，有省人大代表1人、市人大代表4人、市政协委员3人、县人大代表12人、县政协副主席1人、常委4人、委员35人，向各级人大、政协提交提案和议案280件。县工商联第五届执委成员中，有市人大代表5人、市政协委员3人、县人大常委2人、代表6人、县政协副主席1人、常委6人、委员37人，向各级人大、政协提交提案和议案170件。县工商联执委中的代表和委员积极参政议政，如2008年，形成《实施“亿元企业”工程，加快推动经济社会发展》调研报告，并由副主席、县政协常委吴静安在县政协七届二次会议上作大会发言；2009年，《营造重商亲商氛围，不断优化工业发展软环境》调研材料，在县政协第七届第三次会议上代表工业经济委员会作大会发言；2010年，揭德昌撰写的《关于禁止河道采砂、河边制砂、兴建山岩制砂基地的建议》的提案，作为县政协重点提案督办。

光彩事业

庆元非公有制经济人士积极承担社会责任，主动回报社会的热情非常高，积极发扬助人为乐、乐善好施中华民族传统美德，在建设社会主义新农村、吸纳下岗职工就业、扶贫济困、捐资助学、抗灾救灾、筹措善款等社会公益事业中做出较大贡献，得到县委、县政府充分肯定和社会各界高度评价。县工商联恢复以来，总商会会员参与社会公益事业各项捐款超过700万元。其中，双枪公司郑承烈为四川省汶川地震灾区捐款111.11万元，为玉树灾区捐款11.11万元；可信竹木公司曹志平捐赠101.22万元；2004年始，梦天木业有限公司建立贫困生助学基金，每年出资20万元资助庆元中学贫困生。

回归工程

2004—2010年，县工商联在组建异地商会中，充分利用乡情、亲情、友情招商。宣传“北承长三角，南接海西区，当好桥头堡，谋求新跨越”发展理念，宣传已开工建设的高速公路，积极谋划争取衢宁铁路（衢州至宁德）给庆元经济社会发展带来难得大好机遇，宣传庆元“生态环境第一县”优势，激发在外游子回乡投资办企业热情。2010年10月20—21日，县委、县政府为了解庆元籍在外创业者回乡投资热情，举办首届“2010·庆元‘异地商会会长家乡行’活动”，邀请来自北京、上海、宁波、义乌、台州、丽水等异地商会会长和创业人士36人参加活动。与会人士深切感受到家乡党委政府的热情和关心、家乡日新月异的变化、庆元美好未来的发展，纷纷表示愿意回乡投资创业，有4家商会、3家企业现场签订投资意向书，投资签约资金4.715亿元。

第二十六篇　军事

中华民国时期，庆元先后有浙江省警备队、浙江省省防军、国民革命军、浙江省保安队等武装力量驻扎。1934 年，中国工农红军北上抗日先遣队取得竹口战斗胜利。1935 年，中国工农红军挺进师取得斋郎战斗胜利。庆元解放后，1949 年 8 月庆元县大队成立。中华人民共和国成立后，1950 年丽水军分区第一独立营驻县城。复县以后，基层人民武装部及驻军单位履行职责，服务地方，开展义务兵征集、民兵训练、战备执勤、人民防空等工作，开展拥政爱民、国防教育等活动。县委、县政府拥军优属，加大优抚补助、烈士褒扬力度。2010 年，庆元县地方军事组织有中国人民解放军庆元县人民武装部、中国人民武装警察部队庆元县中队、中国人民武装警察部队庆元县消防大队，分别隶属于解放军丽水军分区、武警丽水市支队、武警丽水市消防支队。民兵领导体制实行中共中央、中央军委统一领导下的地方党委和军事系统双重领导制度；县委成立人民武装委员会，县委书记兼任党委第一书记，基层党委、党支部书记兼任民兵营政治教导员、民兵连政治指导员，民兵连长进村两委。

第一章　武装力量

1950年9月，庆元县人民武装部建立，隶属第七（丽水）军分区。1952年1月，丽水军分区撤销后，归属温州军分区。1954年9月，县兵役局建立。1958年10月，县兵役局因撤县并入龙泉县。1975年3月，中国人民解放军庆元县人民武装部复建。1986年5月，由军队建制划归地方建制，称县人民武装部，实行地方和军队双重领导。1996年4月，改归军队建制，称中国人民解放军庆元县人民武装部，正团级单位。设军事科、政工科、后勤科。是军事领导指挥机关、县委军事部兼县政府兵役机关，县委书记兼任人民武装部党委第一书记，人民武装部一名主官兼任县委常委，一名主官参加县政府常务办公会议。2010年，内设工作机构有军事科、政工科、后勤科，基层人民武装部有20个乡镇人民武装部和1个县直机关人民武装部。

第一节　驻军

武警庆元县中队

中国人民武装警察部队庆元县中队是担负执勤、处置突发事件、反恐怖和抢险救灾任务的内卫部队，以公开武装形式执行安全保卫任务的人民武装。1974年，成立县公安局人民武装警察中队，隶属县公安局和丽水市人民武装警察支队双重领导。1983年，改称中国人民武装警察部队庆元县中队。2010年，武警庆元县中队隶属于武警浙江省总队丽水市支队领导。

县消防大队

1975年8月，县公安局消防中队成立，部队编制，隶属丽水地区消防支队和县公安局双重领导。1995年7月，中国人民武装警察部队庆元县消防中队（县公安局消防科）改建为中国人民武装警察部队庆元县消防大队（正营级单位），隶属武警丽水地区消防支队和县委、县政府双重领导。2010年，县消防大队下辖1个消防中队。

第二节　民兵

组织建设

1991年，庆元县进行民兵整组，对民兵队伍进行政治考查；成立县应急分队，调整民兵应急小分队。1994年，民兵整组。1998—2000年，全面开展城市民兵调整，压缩基干民兵建设规模，调整民兵结构。2001—2002年，重新调整专业对口技术分队，组建交通战备专业分队和人防专业分队，建立县民兵信息网。2005年，进行后备力量资源整合，减少基干民兵数量。

政治建设

基干民兵和应急分队民兵要符合新兵征集政治条件，每年进行一次政治审查。经常对民兵进行党的理论、路线、政策教育及国防知识、民兵基本政治知识教育。2003 年，进行以学习贯彻中共十六大精神为主要内容的民兵政治教育，落实政治教育 16 课时。2004 年，把学习贯彻“三个代表”重要思想作为民兵政治工作首要任务。2005 年，依据总政《参训民兵政治教育纲目》和四课时教育提纲，落实各项教育。

军事训练

1991 年，县人武部对 24 个乡镇人武部基层民兵工作三落实达标情况进行检查验收。1992 年，对通信专业分队和普通民兵进行军训。1997 年，组织民兵应急分队训练和庆元中学高一新生队列、轻武器射击训练。2000 年,组织民兵各类分队训练 3 次。2002 年,组织 1 期民兵汽车运输分队训练。2003—2005 年，组织民兵应急分队、专业分队专业训练和军事训练。2010 年，组织民兵分队训练 70 余天。

第二章　兵役

宋至民国初，实行募兵制度。民国 17 年（1928 年），募兵制废止。民国 22 年，国民政府颁布《兵役法》，实行征兵制度，凡年满 18—35 岁的壮丁，都有义务服兵役，并以“抽签”方法定兵。民国 27 年，县政府设兵役科，专管征兵事宜。民国 33 年，兵役科撤销，征兵工作先后由国民兵团和军事科办理。民国 25 年至民国 37 年，全县共征壮丁 5387 名。1949 年中华人民共和国成立至 1954 年，实行志愿兵役制。1955 年，《中华人民共和国兵役法》颁布实施，义务兵役制取代志愿兵役制。1984 年，实行义务兵役制为主体的义务兵与志愿兵相结合、民兵与预备役相结合的兵役制度。

第一节　兵役制度

义务兵役制

1991—2010 年，庆元继续实行义务兵役制为主体的义务兵与志愿兵相结合、民兵与预备役相结合的兵役制度。1992 年，在应征公民中颁发公民兵役义务证。1998 年 12 月起，义务兵服役年限 2 年。义务兵一般每年征集 1 次，少数年份征集 2 次，一般在冬季进行。

志愿兵役制

根据部队需要和本人志愿，对部分超期服役的义务兵技术骨干和专业人员，改为志愿兵继续留队服役，年限一般为 15—20 年，年龄一般不超过 40 岁。志愿兵退出现役后，由政府安置工作。

第二节　兵员征集

兵役机关

1991—2010 年，庆元县兵员动员、征集实行县委县政府统一领导、党政军相结合的领导体制。县人民武装部兼人民政府兵役机关，设征兵办公室，负责办理兵役工作。

征集条件

年龄条件　通常征集当年 12 月 31 日以前年满 18—22 周岁的男性公民。当年未被征集、年龄在 22 岁以下的，次年仍可被征集服现役，但多数年份征集 18—20 周岁 3 个年龄段的青年公民。具有高中以上学历的适龄青年，年龄放宽至 21 周岁，应届高中毕业生年满 17 岁，本人自愿，根据部队需要，亦可少量征集。2000 年开始，大中专院校学生根据本人自愿，也可应征入伍，服役期满后可回校继续就学。

政治条件　征集服现役的兵员要求政治历史清楚，个人表现良好，拥护中国共产党，热爱社会主义祖国，热爱劳动，遵纪守法，道德品质好，决心为保卫祖国英勇奋斗。

身体条件　根据国防部《应征公民体检条件》，对应征公民的身高、体重、视力、听力和血压等常规项目有具体规定，对内科、外科、五官科等项目也有详细要求；同时，对一些慢性病和类似病史者作了严格界定。

文化程度 1990年开始，农村征集对象必须具有初中毕业以上文化程度，城镇征集对象必须要有高中毕业文化程度。女兵的文化程度要求为高中毕业。

征集程序

宣传教育 20世纪90年代，全县各乡镇建立宣传组，各村（社区）落实宣传员，用新闻媒体、广播电视、张贴标语、悬挂条幅等形式，宣传国防观念、兵役法，激发青年的参军热忱。2010年，庆元实现29年30次无责任退兵。

目测初审 由乡镇人武部负责，所在地卫生院配合，按照《应征公民体检条件》的规定，对适龄青年进行身体目测和病史调查，并填写目测调查表。再对目测合格人员进行政治初审。通过初审合格的人员，上报县征兵办公室。同时，对每年确定的预征对象进行目测和复查。

体格检查与政治审定 在县城设1个体检站，全县应征对象集中到县城体检。体检合格者，由县征兵办公室组织人员下基层，进行全面调查访问。核查应征对象的思想表现和家庭、社会关系、然后经村委会（社区）和当地公安派出所审查。

新兵审定与交接 县征兵办公室在审查合格人员中择优挑选政治思想好、文化程度高、身体素质好的对象定位新兵，批准入伍。被批准入伍的新兵，在接到县征兵办公室发给的入伍通知后按时报到集中，由部队派人到县接兵。双方交接新兵的手续办理，由交接双方按照县征兵办公室统一编造的《新兵花名册》和新兵档案资料，当面点检清楚并签名盖章。

图26-1 县人武部进行征兵流动宣传（县人武部供 摄于2008年）

第三章　拥政爱民与国防活动

1950—1953年，驻庆元部队深入各地，发动群众，清剿土匪，帮助建立农村基层组织。1960年，驻庆元部队自力更生，开创农副业生产，减轻地方负担。1991—2010年，县人武部和驻庆元部队坚持拥政爱民，主动支援地方经济建设，积极投身抢险救灾，积极实施全面国防教育活动，普及人民防空教育和演练，全面国防观念不断增强，密切军民关系，为维护社会安定做出重大贡献。

第一节　拥政爱民

1991年，驻庆元三支部队开展经常性拥政爱民活动。县人民武装部把庆元中学、县供电局、官塘乡政府等作为军民共建结对单位，把松源镇石龙街作为军民共建一条街。县消防大队把庆元二中、菊隆中学、江滨小学、松源镇敬老院、国际大酒店、兰溪桥电站作为军民共建结对单位；门口设立便民窗口，方便群众办证和消防咨询；经常在学校、企业等进行消防培训和演习。县武警中队把县人民法院、农业银行、职业高中、实验小学、鑫光工贸等单位作为军民共建结对单位；经常为农民干活（先后出动150多人次），参加扑救山火8次，为县人民医院产妇、老人义务献血6000毫升；十余年如一日，关心照顾在淮海战役中受伤的一等残疾军人遗属沈和菊，经常为其打扫卫生，逢年过节赠送米、油和水果等，无偿安装供给自来水，帮助解决生活困难。1992年，有学雷锋小组215个，2万多人次参加修桥铺路、兴修水利和农田基本建设。2000年，县维护国防利益法律保障机制成立，设立办公室、巡回法庭、法律援助站。2005年，县人武部发动民兵参加抢险救灾、县重点工程建设、配合公安部门维护社会治安等。2010年，发动民兵抢险救灾600多人次，组织基干民兵参与校园“编外保安”，为中、小学校门口安保值勤60多天。

图26-2　民兵帮助“桑美”强台风受灾村民转移物资（县人武部供　摄于2006年）

第二节　国防活动

国防教育

庆元国防教育实行经常教育与集中教育相结合、普及教育与重点教育相结合、理论教育与行为教育相结合原则，增强全民国防观念，掌握国防知识，自觉履行国防义务。1990 年，县国防教育委员会成立，乡镇和企事业单位成立国防教育领导小组，在村、厂、学校等基层单位委派联络员。1992 年，县委制订国防教育计划，将国防教育纳入部门年度考核；《庆元县国防教育三年规划》制定实施，县教育局将每年 4 月 28 日定为“学生军事生活日”。1994 年，县爱国主义教育宣讲团建立。1995 年，首批爱国主义教育基地建立。2001—2010 年，庆元每年开展类型多样的全民国防教育日活动。

2010 年庆元县各级爱国主义教育基地一览表

表 26—3—2—1

名称	建立年份	命名年份	级别	地址
崔上闽浙边地委住地	1985	1986	县级	庆元县黄田镇崔上村
中国工农红军北上抗日先遣队竹口战斗纪念碑	1985	1986	县级	庆元县竹口镇竹中村
庆元县革命烈士陵园	1986	1995	市级	庆元县松源镇咏归路 1 号
西洋殿	1987	1995	市级	庆元县五大堡乡西洋村
红军挺进师斋郎战斗指挥部旧址	1991	2006	市级	庆元县百山祖乡斋郎村
百山祖自然保护区	1992	1995	县级	庆元县百山祖乡车根村
武警庆元县中队营区	2000	2001	县级	庆元县弦歌坊 101 号

图 26-3　竹口小学举行国防教育活动（县人武部供　摄于 2008 年）

人民防空

县人防办成立之前，人民防空工作由县府办机关人武部负责。2006年7月26日，县人民防空办公室（县人防办）成立，是县政府直属事业单位，县政府防空主管部门，县国防动员委员会办事机构，受县政府和军事机关双重领导，内设综合科、工程科。2007年11月，成立县人民防空合成专业队，组建治安专业队、医疗救护专业队、防化防疫专业队、通讯专业队、消防专业队、交通运输专业队、抢险抢修专业队7支人防专业队伍。2008年4月，成立县人民防空指挥部，在县委、县政府、县人武部领导下开展工作，平时是县人民防空建设议事协调机构，战时负责组织指挥人民防空袭斗争行动，日常工作由县人民防空办公室承办。2008年7月，成立5个社区人防工作领导小组，建立社区人民防空工作站。

2006—2008年，每年在全民国防教育日举行警报试鸣活动。2009年起，每年“全国防灾减灾日”（5月12日）为全省防灾警报试鸣日，分别组织预先警报、空袭警报、解除警报、防灾警报、防灾解除警报信号试鸣。2010年9月，县城各社区举行首次防空防灾应急疏散演练。音响覆盖率在95%以上，完好率、鸣响率达到100%。

图 26-4　洋墩社区举行防空疏散演练（黄从华　摄于2010年）

第二十七篇　法治

1949 年 7 月，庆元县人民政府设立公安科、司法科（主管审判和司法行政）。同年 8 月，公安科改为庆元县人民政府公安局。1950 年，庆元县人民法院成立。1954 年庆元县人民检察署建立，1955 年改称庆元县人民检察院。1956 年，庆元县人民政府公安局改为庆元县公安局。1957 年，检察、公安、法院合署办公。1975 年，庆元公安局、庆元县人民法院复建。1978 年，庆元县人民检察院复建。1981 年，庆元县司法局成立，主管法制宣传、公证、律师、调解等工作。

1991—2010 年，庆元县政法系统各部门围绕经济建设中心，以社会治安综合治理为载体，发挥各自职能，密切配合，为经济建设、社会发展和人民生活创造优良环境。社会治安综合治理工作形成党委领导、一把手负总责、社会参与、齐抓共管的局面。1995 年，庆元县被中宣部、司法部列为“依法治理百强县之一”。2010 年，20 个乡镇都是平安乡镇，人民群众安全感满意率 98.18%，实现 2005—2010 年省级平安县六连冠，获省委、省政府“平安鼎”。

第一章　公安

1991年，庆元县公安局（以下简称县公安局）设政保科、治安科、预审科、秘书科、消防科、政纪科、法制科、户政科、刑侦队、交通警察队、看守所。2010年，县公安局内设纪委（监察室）、政治处（警务科、宣教科）、办公室（控告申诉科、110指挥中心）、警务督察大队、法制科（2007年更名法制室〈信访室〉）、国内安全保卫大队（出入境管理科）、刑事侦查大队、治安大队（警卫科）、经济犯罪侦查大队（禁毒大队于2009年另设）、巡特警大队（与城区中心派出所合署，2007年1月15日分设）、后勤科（2007年改称警务保障室）、办证中心（2008年撤销，设行政许可科，2010年改为行政审批服务科）、信息通信与公共信息网络安全监察大队（2010年改名网络警察大队）、交通警察大队、看守所（挂牌治安拘留所，2006年更名县拘留所）、禁毒委员会办公室（挂牌禁毒大队，2009年增设）；基层派出所有城区中心派出所（城区分局）、菊隆中心派出所及五大堡、万里林、竹口、黄田、新村、荷地、左溪、安溪派出所（2007年增设）。

第一节　惩治刑事犯罪

刑事案件侦破

1991—2010年，庆元县发生刑事案件9850起，破获6433起，破案率65.31%，缴获赃款和赃物5126.56万元；先后破获荷地“1•14”投毒杀人案、胡某某白闯系列案件、郑某某跨省流窜系列盗窃案、“1•15”故意杀人案、“10•6”故意杀人案、“12•20”金店被劫案、“5•15”故意杀人案、“8•6”故意杀人案、“8•28”故意杀人案、“5•7”入室抢劫案、荷地“4•3”故意杀人案、黄田“4•15”案、白天鹅宾馆“8•21”故意伤害致死案。

刑侦技术

1994年4月，县公安局指派2名侦察员到省公安厅警犬基地接受培训，1995年4月16日，携带警犬“德力”和“英奔”学成归来。2001—2010年，刑侦大队先后配置电动开颅机、远程比对仪、502指纹熏显柜、案件现场计算机绘图系统等设备，可勘查现场528个，实际勘查现场528个，勘查率100%。

第二节　治安管理

经营场所排查

1991年，换发治安许可证，与服务性行业和特种行业签订治安责任合同书。1992年，整顿公共场所，办理经营手续177家。2004年，推行娱乐服务场所特种行业星级化管理模式，县城旅馆安装旅馆业治安管理信息系统。2007年，开展清理整顿保安服务业。2008—2010年，开展矛盾纠纷排查化解15次。

治安巡逻

1993 年 5 月，开展治安巡逻，组建治安岗亭，实行 24 小时值班制度，形成以巡特警为主体、以治安岗亭为依托、各警种密切配合协同作战的城镇社会治安控制机制。1997 年，成立 110 指挥中心，负责公安机关接处警。2002 年，建立多警联动、密切协作快速反应机制和网格化防控机制。2010 年，受理各类治安案件 705 起，处理违法人员 243 人。20 年来，共接处有效报警 45000 起。

民用枪支治理

1991—2010 年，在民用枪支专项治理中，收缴民用枪支 1762 支、子弹 971 发。建立落实特许枪支配备、审核、使用制度。2002 年，筹建 2 支狩猎队。

爆炸物品管理

1991 年开始，每年对爆破员进行培训、审验，收缴流散社会上的炸药，没收爆炸物品、导火索。2008 年开始，督促涉及危险品从业单位建立完善安全管理制度、岗位安全责任制度，配备专职人员，落实 24 小时双人看管等制度。2010 年，排查整治爆炸物品从业单位 20 家，收缴手雷 2 枚，群众上缴雷管 177 枚、导火索 4 米，均销毁。

“扫黄”除“六害”斗争

1993 年，开展“查禁赌博”行动，查处赌博案件 101 起。1995 年 6 月，在浙闽交界捣毁一处特大露天赌场，抓获赌博人员 30 人，缴获赌资 5 万元。1997 年，开展以“禁毒、禁赌、禁黄”为主要内容的“三禁”专项行动，查破“黄、赌、毒”案件 121 起，查处违法犯罪人员 383 人。2003 年，开展打击“六合彩”赌博活动专项整治行动，捣毁地下“六合彩”赌博窝点 51 个，查处违法犯罪人员 289 人。2008 年，摧毁涉赌涉恶团伙 7 个，查处强迫卖淫、组织卖淫、嫖娼案件 8 起。是年，对棋牌室放任赌博、担保公司提供赌博资金和托运行业垄断等违法犯罪活动进行专项整治。1991—2010 年间，查获“六害”案件 535 起。其中，赌博案件 350 起 506 人。

社会治安综合治理

1991 年始，在 343 个行政村建立健全治保调解委员会。1995 年，在城乡实施“一二三四五平安工程”建设，推行社会治安综合治理。1998 年，开展“119 平安小区”“交通安全村”创建活动。1999 年，345 个村、5 个居委会完成“创安”，创安率 100%。2007 年，形成以派出所为龙头，辐射各村、居委会的“打防控管”治安管理体系。2010 年，构筑“纵向到底、横向到边、延伸基层、覆盖全社会”维稳第一道防线，排查与掌握各类不安定因素和群体性事件信息 9 起，调处各类矛盾纠纷 153 起。

图 27-1　县公安局上街进行暂住人口登记（县公安局供　摄于 2008 年）

户籍管理

1991 年，登记暂住人口 5503 人，建立户口档案和资料卡片。1996 年，实行农村户口城市化管理。1998 年 12 月，各乡（镇）、村（包括自然村）均挂门牌，完成 7 镇 1 乡户口城市化管理。2004 年 9 月，开始换发第二代居民身份证。2007 年，办证中心首创居民身份证全县联办服务制度，外出为异地务工居民办理身份证。

第三节　交通道路管理

交警大队

1991 年 6 月，庆元县公安局交通警察队更名为庆元县公安局交通警察大队，下设车辆管理所、非机动车辆管理所、大队办公室、安全中队、城镇中队、新窑中队、荷地中队、左溪中队。1993 年 8 月，丽水地区机动车检测中心庆元站成立。

管理活动

1991 年，对易滑、事故多发路段以及冬季易冻路段，采取定点和巡查方式强化事故预防工作，同时制定突发事故紧急处置预案。加大对无牌无证车辆的管理，以整顿客运车辆安全和客运车辆驾驶员管理为重点，强抓车辆安全检验，强化路面管控。1992 年，继续加强对龙后线拓宽工程路段的交通安全管理。以压事故保畅通为中心，强化路面监控，建立健全各项安全责任制。1993 年，开展无牌无证专项整治，组织专人对各乡镇无牌机动车进行注册登记，并组织摩托车驾驶人技术培训。1994 年，庆元在县城投放 690 辆人力三轮车，实行单、双日隔日营运制度。1995 年 1 月，组建县公安局非机动车辆管理所，翌年划归县公安局交警大队管理，负责对非机动车辆登记、发证、换发牌照等管理业务。2007 年，庆元县开展治理自行车（含电动自行车、摩托车等）被盗专项行动。公安与交通部门除平时发现路障及时疏通处理外，每年进行一次全面路检。1994 年，针对路差车多、易发事故特点，对省道主干线、事故多发地段实行定人、定时、定岗、定责“四定”管理，并以城镇、新窑为定点，实行定点、定监控与流动巡查相结合，加强车辆检验、驾驶员安全教育。1998 年，举办违章驾驶员学习班 4 期 100 人次。2006 年，开展“保护生命，平安出行”为主题的交通安全“五进”宣传活动。2007 年，先后开展“蓝盾”系列专项行动、整治酒后驾车专项行动、摩托车道路交通安全综合整治行动、营运客车专项整治。2008 年，以“迎奥运，文明出行”宣传活动，全面推进道路交通安全宣传“五进”。2009 年，对临水临崖路段、事故多发点段、高落差道路、农村库区交通安全隐患及桥头安全设施进行全面深入排查和有效治理。2010 年，开展道路交通安全宣传“五进”，进行隐患排查，依法整治秩序、处理事故。开展“整治酒后驾驶”“严重交通违法行为集中整治”“预防道路交通事故‘五个一’行动”。严厉查处超速、超员、酒后驾驶等严重交通违法行为，出动警力 14600 余人次，查处各类道路交通违法行为 24633 起。

车辆驾驶员登记

2010 年，全县有机动车保有量 22450 辆。其中，汽车 4458 辆、摩托车 17688 辆、农用运输车 105 辆、挂车 199 辆；注册登记小型汽车 696 辆、低速货车 6 辆、摩托车 1323 辆，转移登记 306 辆，抵押登记 202 辆，注销登记 99 辆，转入业务 49 辆，年检 8774 辆。有机动车驾驶员 36510 人。其中，汽车类驾驶员 9707 人、摩托车驾驶员 26804 人；办理驾驶证初领 1688 人，增驾 27 人，换证 3025 人，补证 534 人，超分处理 20 人，注销 467 人，转出 874 人，提交身体验检证明 2160 人。

第四节　森林管理

森林公安

1994 年 5 月，庆元县公安局森林分局成立，为副科级行政单位，内设办公室（政工科）、治安科、保卫科、法制科、百山祖森林派出所、八都森林派出所，核定森林公安专项编制 26 名。2010 年，森林公安分局有民警 20 人，职工 2 人。

管理活动

1994 年 9 月，开展为期四个月的打击破坏森林资源违法犯罪活动的专项斗争，全年受理林业治安案件 285 起，查结 275 起，查结率为 96.5%。1995 年，深入开展打击破坏森林资源违法犯罪活动的专项斗争。1996 年，严厉打击破坏森林资源违法犯罪活动的斗争，打击非法判青山活动。1997 年，开展春季严打整治行动，严厉打击严重刑事犯罪和破坏森林及野生动物资源违法犯罪活动。1998 年，开展“春季严打”和“冬季严打”专项行动。2000 年，贯彻“严打”方针，有重点地开展打击破坏森林资源违法犯罪活动，全年受理各类林业行政治安案件 136 起，查处 136 起，查结率 100%。2001 年，围绕保护森林资源和维护林区社会秩序稳定为中心，开展“绿剑行动”等专项工作。2002 年，开展打击破坏森林资源和野生动植物资源违法犯罪的“破案攻坚战”行动和打击毁林开垦和乱占林地违法犯罪行为专项整治。2003 年，开展“严打整治”、林地保护管理执法检查、“春雷行动”和“春雷二号行动”的严厉打击破坏野生物资源违法犯罪、禁种铲除毒品原植物等专项行动。2005 年 6 月，成立全省森林公安机关林区专业治安巡逻队。2007 年，开展侦破森林火灾案件大会战专项行动和打击盗伐、滥伐林木等行为的“绿盾二号行动”。2008 年，开展侦破森林火灾案件大会战、集中打击破坏野生动植物资源违法犯罪活动专项行动、禁种铲毒专项行动、集中猎捕成灾野猪专项行动。2009 年，开展侦破森林火灾案件大会战专项行动。1991—2010 年，县公安局森林分局共查处各类林业行政案件 2444 件。其中，破获森林刑事案 201 件、治安案件 38 件，处理各类违法犯罪人员 2950 人次，罚没款 551.5043 万元，为国家、集体挽回损失 3019.5 万元。

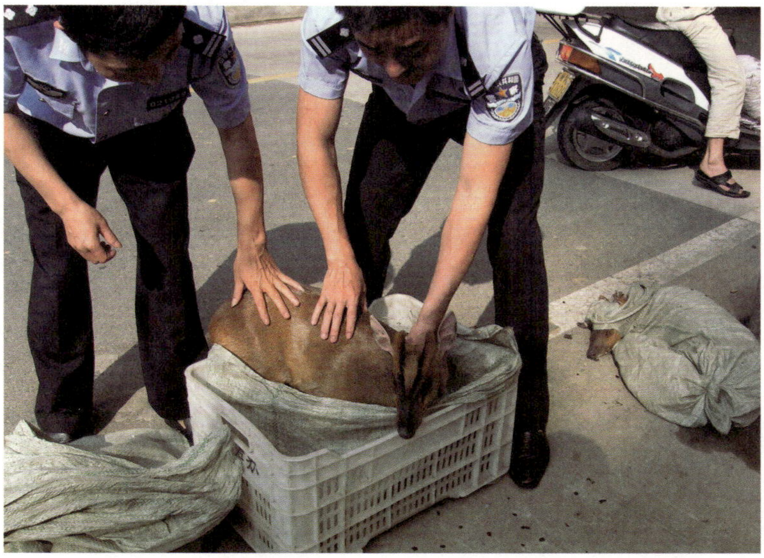

图 27-2　县森林公安分局查获非法交易的野生动物（县森林公安分局供　摄于 2007 年）

第五节　消防管理

消防大队

1991 年，庆元县有义务消防队员 400 多名，每人配备一套消防灭火器材。1993 年，建立以县公安消防科为中心的消防联防组织。1994 年 8 月，县消防大队成立，有官兵 24 人。2000 年，消防大队有消防车 2 辆及各种装备。

管理活动

1993 年，庆元县落实消防保卫措施和防火安全责任制，火灾原因查清率 80%。1995 年，发放重大火险整改通知书 13 份，查出火险隐患 96 处，整改 86 处。1996 年，发放重大火灾隐患整改通知书 11 份，查出火险隐患 106 处，整改 92 处。1998 年，开展易燃易爆物品专项整顿，查封 8 家液化气经营点，取缔 1 家液化气代充点。2000 年，审核工程项目 12 个，验收 8 个，处理违章建筑 2 个；开展联合大检查 4 次，专项整治 4 次，填发重大火灾隐患通知书 3 份、责令限期整改通知书 99 份、责令当场改正通知书 79 份、复查意见书 102 份，行政处罚 8 起。2001 年，庆元县开展公众聚集场所专项整治行动。2005 年，组建 20 个乡镇义务消防队；全年出动警力 210 次，通知整改火灾隐患 250 条。2007 年，消防大队成立留守儿童中心；集中开展固定消防设施、消防产品、人员密集场所“畅通工程”、电气消防、小宾馆、出租房屋消防安全、“多合一”场所火灾隐患等专项整治行动；部署开展中共十七大消防安全保卫“百日大会战”活动。2008 年 4 月，全县消防工作会议上消防大队与各乡镇政府签订《庆元县消防工作目标管理责任书》，在农村、厂矿、企业、事业单位建设业余消防队，配备消防设备。2009 年，消防大队先后开展消防产品质量月专项整治、可燃易燃材料专项整治行动、“利剑行动”专项整治、“三项行动”安全专项整治、工业园区专项整治、中小学校校舍消防安全专项整治；发生火灾 5 起，直接财产损失 38.2012 万元，无人员伤亡。2010 年，加强县重点工程在建项目、高层居民住宅区、市场商场等场所消防工作落实情况专项检查，组织专项检查 6 次，检查单位 31 家，发现并整改火灾隐患 42 处；上报火灾 3 起，直接经济损失 4.5 万元，无人员伤亡。

第六节　监所管理

1991 年，县公安局看守所加强看守所建设，严密看守所的警戒、教育和管理工作，对牢头狱霸坚持露头就打，防止犯人自杀、逃跑等各类事故的发生。1993 年，进一步落实看守所、拘留所、收审所“三所”建设的三年规划，全年没有发生重大事故。1995 年，挖掘犯罪线索 25 条，协助破案 6 起，认真完成关押看守工作，无恶性事件发生。1996 年，县公安局看守所挖掘出犯罪线索 46 条，协助破案 27 起。2000 年，对关押人员开展政策、法律宣传教育 15 次，个别谈话 2000 余次，协助侦破案件 51 起，协助抓获犯罪分子 13 人。2005 年末，看守所扩建工程竣工，2006 年初投入使用。2007 年，看守所、拘留所安防系统安装工程通过验收，包括视频监控及监听系统、紧急按钮及周界防范系统、在押人员报告系统、公共广播教育系统、门禁管理系统、电子巡更系统六大系统；是年，县拘留所启用，拘留人员安全撤出看守所警戒围墙，解决拘留人员与在押人员混押混管问题，切实维护拘留人员合法权益。2009 年，县看守所重新制定在押人员管理制度，规范在押人员教育管理。2010 年，组织开展“找隐患、抓整改，强管控、保安全”专项检查活动，对影响监所安全的管理和设施隐患进行整改，规范监管执法、提高保障水平、优化监内秩序。对原有执勤模式进行调整，成立专职的管教小组和巡查小组。

第七节　禁毒管理

20 世纪 90 年代，经济社会的发展，涉及毒品违法犯罪活动在庆元县有所发生。县公安局一方面加强宣传、普法，每年禁毒日前后开展禁毒宣传，在公共娱乐场所张贴禁毒警示牌，开展禁种、铲毒专项行动，先后在黄田镇、隆宫乡、五大堡乡铲除非法种植毒品原植物；另一方面加强打击查处力度，有效遏制毒品蔓延。1992 年，查获县供销社新窑土产仓库承包人陶某非法种植罂粟 437 株。2006 年，开展“无毒县”创建各项禁毒工作，基本达到创建无毒县要求。2007 年 8 月 3 日，刑侦大队成功查处庆元县第一起非法持有、贩卖、窝藏少量化学毒品案件。2010 年 10 月 15 日，禁毒大队成功破获王某某等“以贩养吸”冰毒案件。

第二章　检察

1994 年，庆元设立驻县烟草、供销、工商、林业、建行检察办事处。经济罪案举报站更名举报中心。1996 年，县人民检察院设立民事行政检察科，贪污贿赂侦查局更名反贪污贿赂局，撤销驻县供销社、建行、工商、林业检察室。1997 年，设立监察室、刑事赔偿工作办公室，撤销税务检察室。2002 年，撤销审查起诉科、审查批捕科、法纪检察科和松源、竹口、荷地 3 个乡镇检察室，设立公诉科、侦查监督科、渎职侵权检察科、法律政策研究室和检察技术科 5 个科室，行装科、法警队合并至办公室，成立机关党委。2003 年，设立驻所检察室。2005 年，渎职侵权检察科更名反渎职侵权局。2007 年，配齐反贪局长和反渎局长（高配副科）。2008 年，设置预防科，法警队从办公室分立。2010 年，设政治处、办公室、法律政策研究室、检察技术科、控告申诉检察科（举报中心）、反贪污贿赂局、反渎职侵权局、职务预防科、司法警察大队、侦查监督科、公诉科、民事行政检察科、监所检察科 12 个科室。

第一节　刑事检察

1991—2010 年，县人民检察院受理提请批准逮捕案件 1671 件 2434 人，审查后批准逮捕 2029 人、不批准逮捕 280 人；受理各类移送审查起诉案件 1873 件 2756 人，审查后提起公诉 1591 件 2294 人、不起诉 117 件 170 人；立案监督 38 件 43 人，追诉漏犯 57 人；抗诉 14 件 16 人，追诉 74 人。

图 27-3　庆元县人民检察院技侦大楼（吴利平　摄于 2005 年）

审查批捕

1991—1995年，县人民检察院受理提请批准逮捕案件377件634人，审查后批准逮捕501人，不批准逮捕48人。1996—2000年，受理提请批准逮捕案件549件788人，审查后批准逮捕647人，不批准逮捕122人。2001—2005年，受理提请批准逮捕案件398件552人，审查后批准逮捕483人，不批准逮捕47人。2006—2010年，受理提请批准逮捕案件347件460人，审查后批准逮捕398人，不批准逮捕63人。

审查起诉

1991—1995年，县人民检察院受理各类移送审查起诉案件383件629人，审查后提起公诉268件440人，不起诉60件93人。1996—2000年，受理各类移送审查起诉案件482件672人，审查后提起公诉394件549人，不起诉35件40人。2001—2005年，受理各类移送审查起诉案件498件724人，审查后提起公诉457件621人，不起诉9件10人。2006—2010年，受理各类移送审查起诉案件511件724人，审查后提起公诉472件667人，不起诉14件31人。

立案监督

1991—1995年，县人民检察院立案追诉漏犯13人；抗诉5件，追诉65人。1996—2000年，立案监督2件，立案追诉漏犯38人；抗诉4件，追诉5人。2001—2005年，立案监督23件29人，立案追诉漏犯6人；追诉4人。2006—2010年，立案监督13件14人；抗诉2件。

第二节　民事行政检察

1996年下半年，县人民检察院设立民行科，受理民事行政申诉案件262件，立案123件，提起抗诉后改判21件，制发民事督促起诉书40份，挽回国有资产损失400余万元。1997—2000年，受理民事行政申诉案件68件，立案数25件，提请抗诉20件，建议抗诉2件，改判3件，挽回国有资产1.5万元，息诉案件18件。2001—2005年，受理民事行政申诉案件76件，立案数40件，提请抗诉（建议抗诉）34件，改判14件，民事督促起诉书9份，挽回国有资产15万元，息诉案件27件。2006—2010年，受理民事行政申诉案件118件，立案数58件，提请抗诉29件，建议抗诉17件，改判4件，民事督促起诉书30件，挽回国有资产389万元，息诉案件3件。

第三节　预防职务犯罪

工作机制

2003年，庆元开展预防职务犯罪工作。2006年，县人民检察院职务犯罪预防工作领导小组成立，下设办公室。2009年始向县人大专题报告预防职务犯罪情况。2010年，预防职务犯罪工作机构逐步完善，形成由院党组统一领导，业务分管领导齐抓共管，预防部门加强协调，各业务部门分工负责抓落实的工作机制；制定《内设机构预防职务犯罪工作职责分工及考核办法》，实现由预防部门单独抓预防向整个检察机关共同抓预防转变。

贪污贿赂案件查处

1991—1995年，县人民检察院立案侦查贪污贿赂案件64件68人，大案35件，挽回经济损失461.6万元。1996—2000年，立案侦查贪污贿赂案件31件31人，大案12件，挽回经济损失321.6万元。2001—2005年，立案侦查贪污贿赂案件22件22人，大案6件，挽回经济损失340万元。2006—2010年，立案侦查贪污贿赂案件43件52人，大案20件，挽回经济损失1530万元。

渎职侵权案件查处

1991—1995年，县人民检察院立案侦查渎职侵权案件14件21人，大案1件，挽回经济损失33.3万元。1996—2000年，立案侦查渎职侵权案件9件9人，挽回经济损失81.5万元。2001—2005年，立案侦查渎职侵权案件7件6人。2006—2010年，立案侦查渎职侵权案件13件13人，大案1件。

第四节　控告申诉检察

1991—1995年，县人民检察院受理群众控告、举报891件，立案6件，初查27件。1996—2000年，受理群众控告、举报725件，立案17件，初查58件，检察长接待来访群众136人次。2001—2005年，受理群众控告、举报582件，初查24件，检察长接待来访群众136人次，化解涉检上访10件，化解群集访1件，化解集体访3件。2006—2010年，受理群众控告、举报425件，检察长接待来访群众111人次，涉检信访风险评估预警机制7件，化解群体访16件。

第五节　监所检察

1991—1995年，县人民检察院驻所检察1154人次，检察建议24次，纠正违法71人次，安全防范检查366人次，法制教育43课，专项检查4次，回访考察3次；1996—2000年，驻所检察1106人次，检察建议83次，纠正违法72人次，安全防范检查465人次，法制教育14课，专项检察1次，回访考察2次。2001—2005年，驻所检察1383人次，检察建议48次，纠正违法91人次，安全防范检查153人次，法制教育48课。2005—2010年，驻所检察1344人次，检察建议143次，纠正违法163人次，安全防范检查35人次，法制教育22课，专项检查4次，回访考察2次。

第六节　人民监督员制度

2004年，庆元开展人民监督员制度试点，成立以检察长为组长的人民监督员制度工作领导小组，由专人负责。先后制定出台《庆元县人民检察院关于加强人民监督员工作的实施意见（试行）》《庆元县人民检察院人民监督员案件监督实施细则（试行）》《庆元县人民检察院关于人民监督员制度试点工作的实施方案》等。2007年，进行人民监督员换届，人民监督员从5名充实到7名。至2010年，对县人民检察院立案侦查的5件9人拟作不起诉和撤案处理的职务犯罪案件启动人民监督员程序，保障了案件质量。

第三章　法院

1990年，县人民法院内设办公室、告诉申诉审判庭、刑事审判庭、民事审判庭、经济审判庭、行政审判庭、森林审判庭、执行庭、法医验伤室9个机构；基层有松源、竹口、菊隆、新村、荷地和左溪6个人民法庭。1991年，森林审判庭并入行政审判庭。1995年，建立司法警察大队。1997年，成立纪检监察室和政工科。1998年，撤销新村、左溪、菊隆3个法庭。1999年，政工科改设政治处，成立司法行政科，撤销竹口法庭。2000年，撤销告诉申诉审判庭，设立立案庭和审判监督庭。2001年，设立执行局，撤销松源法庭，撤销经济审判庭，成立民事审判第二庭。2002年县人民法院机构改革时，不再设立法医验伤室和司法行政科。2005年，成立审判保障服务中心（事业）。2010年，内设立案庭、刑事审判庭、民事审判第一庭、民事审判第二庭、行政审判庭、审判监督庭、执行局（庭）、司法警察大队8个审判机构，办公室、政治处、纪检监察室、审判保障服务中心4个非审判机构；荷地法庭是唯一的基层法庭。

第一节　刑事审判

刑事审判以维护社会稳定为首要任务，坚持"严打"方针不动摇，依法严惩各类严重危害社会治安犯罪，对抢劫、强奸、故意伤害等严重暴力犯罪及盗窃、抢夺等多发性犯罪，坚持"稳、准、狠"方针，重点打击。配合有关部门开展专项整治斗争，依法惩处贪污、受贿、挪用公款等经济犯罪和职务犯罪；积极参与社会治安综合治理，把刑事审判作为审判机关参与建设平安庆元重要平台。

1991年，县人民法院受理刑事案件75件，办结75件，判处罪犯100人。1992年，受理刑事案件77件，办结73件，判处罪犯111人。1993—1997年，审结刑事案件336件，审结率100%，判处罪犯463人。1998—2002年，审结刑事案件539件，判处罪犯793人。2003—2006年，受理刑事案件340件，审结336件，结案率96.5%。2007—2010年，受理刑事案件410件，审结396件。1991—2010年，县人民法院受理刑事案件1756件，办结1755件，判处罪犯2540人。其中，侵犯财产罪案件审结748件，妨害社会管理秩序罪案件审结219件，破坏社会主义经济秩序罪案件审结65件，侵犯公民人身权利和民主权利案件审结385件，贪污贿赂罪案件审结107件，危害公共安全罪案件审结243件。

第二节　民事、商事审判

民事审判

民事审判是县人民法院案件最多、工作量最大、涉及面最广的审判业务。1991—1992年，县人民法院办结民事案件789件。1993—1997年，审结民事案件1589件。1998—2002年，审结民事案件1702件。2002年，经济类案件纳入民商事审判体系，从案件性质看，民事审判主要以婚姻家庭纠纷、相邻纠纷、人身损害赔偿纠纷为主，商事案件以借款合同纠纷为主。2002—2010年，受理各类民商事案件14527件，占法院收案86.83%，审结各类民商事案件14526件。其中，民事案件审结6278件（婚姻家庭纠纷案件

3237件，赡养、抚养、扶养等“三费”案件140件，人身损害赔偿案件717件)；审理各类商事案件8245件，诉讼标的额4.73亿元。其中，购销合同案件621件、借款合同案件6336件、农村承包合同案件51件、企业破产案件12件。

针对民商事案件特点，对婚姻家庭纠纷、相邻纠纷、人身损害赔偿等矛盾容易激化案件及群体性纠纷案件，以“案结事了”为目标，做好调解，将诉前、诉中、诉后调解有机结合，最大限度化解社会矛盾。1991—2010年，通过调解结案（含调解撤诉案件）4281件，占民商事案件结案数29.5%。

商事（经济）审判

2001年11月，撤销经济审判庭，改设民事审判第二庭，将经济类案件纳入民商事审判体系，由民事审判第二庭审理。

1991年，县人民法院办结经济类案件103件。1992年，新收经济纠纷案件76件。1993—1997年，审结各类经济纠纷案件926件，解决争议标的额1.1亿元。1998—2002年，审结经济纠纷案件3385件，解决诉讼标的额1.7亿元。其中，审结借贷等各类金融纠纷案件2817件，审结农村承包合同等涉农案件160件及国有企业破产案件6件。2003—2006年，审结借款合同、买卖合同、租赁、承包经营等纠纷案件2383件，解决诉讼标的额5035.17万元。2009年，审结民间借贷、买卖合同纠纷案件384件。1991—2010年，共受理各类经济案件3538件，诉讼标的额24821.51万元。其中，购销合同纠纷案件214件、借款合同纠纷案件2731件、农村承包合同纠纷案件25件、企业法人破产案件11件。

第三节　行政审判

行政审判中，注重正确处理保护公民、法人以及其他组织合法权益与维护监督行政机关依法行使职权关系，对行政机关合法行政行为予以维持，并以法律强制力保证执行；对行政机关做出的不适当或违法行政行为，依法予以撤销或变更。加强法律和行政法规宣传，对行政执法过程中存在的问题，及时向行政机关提出司法建议。

1991—2001年，县人民法院受理各类一审行政案件448件。其中，治安行政案件119件、林业行政案件168件、土地管理行政案件77件、其他行政案件84件。进入21世纪，行政案件中还出现统计处罚、商标处罚等新类型案件，土地征用、农田承包等政策性强、疑难复杂案件也时有出现。2002—2010年，县人民法院受理各类行政案件413件。其中，行政诉讼案件85件（林业行政诉讼33件，土地行政诉讼16件，其他36件），行政非诉审查案件328件（计划生育行政处罚205件，农林自然资源类行政处罚29件，其他94件）。

第四节　执行工作

案件执行中容易产生执行难，主要是交通事故赔偿执行案件、民间借贷执行案件、行政非诉执行案件、传统执行案件中的人身损害赔偿、刑事附带民事诉讼的执行案件等类型案件。

1991年，县人民法院执行案件448件，占应执行案件的80%，执行标的额157万余元。1992年，受理执行案件281件，旧存280件，已执行327件，已执行标的额125.55万元。1993—1997年，受理执行案件632件，执结588件，执行标的额1246.6万元。1998—2002年，执行各类案件3824件，执行标的额1.1亿元。2003—2006年，受理执行案件3175件，执结3107件，执结率97.9%。2007—2010年，受理执行案件2198件，执结2001件，执结率91.04%，执行标的额6656.48万元。1991—2010年，共受理执行案件10818件，执结10937件（含历史积案），执结标的27447.3万元。其中，执结民事案件3364件、商事案件6379件、行政案件（包括行政非诉案件）713件。

第五节　立案信访和审判监督

立案信访

1989年6月，县人民法院告诉申诉庭成立，负责接收诉状、处理人民群众来信来访、再审、复查等。1991年始，经济、民事、刑事自诉案件，由以往分庭立案改为统一由告申庭审查立案。2000年5月，审、立分设改革，撤销告诉申诉审判庭，设立立案庭和审判监督庭，立案庭负责立案和来信来访处理，审判监督庭负责再审案件及案件质量监督等。

1991年，县人民法院处理来信、申诉435件、2369人次。1992年，审查立案262件，对非诉讼信访转有关部门办理83件，来访14112人次，向群众提供法律咨询103人次。1993—1997年，办理再审案件13件，办理假释案件13件，接待群众来信3089件次，来访5390人次。1998—2002年，处理群众来信14246件，来访10473人次。2003—2006年，处理群众来信2205件次，接待群众来访6201人次。2007年，处理群众来信14件次，来访297人次。2008年，处理群众来信13件次，来访6人次。2009年，处理群众来信37件次，来访22人次。2010年，推进立案信访窗口的标准化、规范化建设，探索预约立案、远程立案、即立即调等措施，保护农民工等困难群体利益，为务工人员追回劳动报酬28.3万元。1991—2010年，经审查立案24736件（除刑事案件外）。其中，民商事10966件、行政诉讼1103件、执行案件10818件、再审案件93件。接待来访14640人次，处理各类来信8243件。1991年始，除对个别历史老案复查外，主要对现行案件进行审判监督，至2010年办理申诉案件79件。

审判监督

1991年，学习贯彻《浙江省地方各级人民代表大会常委会监督司法工作的决定》，自觉接受人大监督，聘请18位人大代表为县人民法院廉政监督员。1993—1997年，重新修订《案件审理流程管理规则》《执行案件流程管理规则》，完善案件流程管理，加强案件质量管理，加大案件评查力度，审判质效评估主要数据指标为全省第9名；邀请人大代表、政协委员旁听庭审、监督执法50余人次。1998—2002年，建立和完善案件质量评查、错案责任追究、审判人员回避等规章制度，设立审判责任追究督查办公室，通过审判监督程序审结再审案件37件，依法改判22件；对45件错案58人次进行责任追究；设立人大代表联络室，邀请人大代表旁听庭审、视察基层法庭，聘请人大代表、政协委员担任执法监督员。2003—2006年，推进诉讼程序制度改革，制定《审判流程管理办法》和《案件质量评查细则》，案件质量评查从2004年始改抽查为每案必查、一案一评，并以此为法官考核晋级依据之一，4年共评查案件5228件，优秀率91.24%；制定《审判委员会议事规则》《合议庭、审判长（独任审判员）管理办法》，规范各审判组织的活动。2007年，评查案件603件，优秀等级为88.72%；办结再审案件6件，改判1件。2008年，评查案件1256件；依法受理再审案件3件，审结2件。2009年，评查案件1147件；加强对发回重审、改判及再审理案件的审查把关，依法受理再审案件7件，审结7件。2010年，逐步建立承办案件质量个人电子档案，评查案件1505件，优秀等级为77.34%；审理立案的再审案件2件，全部审结完毕。

第六节 审判制度

审判公开制度

指人民法院对案件审理过程和判决结果向群众、社会公开的制度。县人民法院全面实施审判公开制度，坚持案件立案公开，收费公开，开庭排期公开，所有案件（除法律另有规定外）审理、宣判一律公开进行。公民只要凭有效身份证件，可以旁听案件审理过程和审理结果宣判。

回避制度

指人民法院审理某一案件的审判人员和其他人员与案件有利害关系或者其他关系，可能影响案件公正处理，而避开或者退出对该案审理的法律制度。县人民法院在审判工作中严格依法执行回避制度，确保诉讼程序公正。

辩护制度

指犯罪嫌疑人、被告人及其辩护人在刑事诉讼过程中可以依法反驳控诉，证明犯罪嫌疑人、被告人无罪、罪轻或者应予减轻、免除刑事责任的制度。1991—2010 年，审理刑事案件 1756 件，除被告人自辩、法院指定辩护人为被告人辩护外，大多数被告聘请律师或其亲属、监护人为其辩护，辩护权得到充分保障。1997 年，新刑事诉讼法实施后，刑事案件庭审方式逐步由纠问式向抗辩式转变，进一步强化被告人和辩护人辩护权，使辩护制度不断完善深化。

调解制度

人民法院对受理的民事案件、经济纠纷案件和轻微刑事案件进行的调解，是诉讼内调解、结案方式，遵循自愿原则。1991—2010 年，审理民事案件 6278 件，调解结案 2323 件；审结经济案件 8245 件，调解结案 1955 件。

上诉制度

指当事人不服第一审人民法院作出的裁判，在法定期间，要求上级法院对请求有关事实和法律适用等进行再审理的制度。中国刑事、民事、行政三大诉讼法颁布实施后，上诉制度不断完善规范。县人民法院在案件判决书和法律允许上诉的裁定书、发给当事人的“诉讼须知”和“签收卡”中，均写明当事人上诉权利。

审判组织制度

中国实行合议制、独任制、审判委员会三种审判组织形式。县人民法院依据审判组织制度要求，设合议庭、独任庭和审判委员会。1997 年前，刑事案件运用独任庭审理的极少。1997 年新《刑事诉讼法》有独任庭审理明确规定。审判委员会由院长、副院长及部分庭室主要负责人组成，2008 年配备专职委员。2000 年以后，对审判组织制度实施改革，先后制定、完善《县人民法院审判委员会工作制度》《审判委员会工作规则》《合议庭审判长、独任审判员制度》等制度，使审判组织工作规范化、制度化。

人民陪审员制度

由审判员和人民陪审员组成合议庭对案件共同进行审判的司法制度，人民陪审员审理案件时享有与法官同等权利，实行“少数服从多数”原则，有权对案件共同做出裁决。1953年，庆元实行人民陪审员制度，经民主选举人民陪审员7人参与案件审理。以后不同时期，或经推荐或经选举产生人民陪审员参与法院案件审理，但由于机制体制、管理保障、经费落实等诸多原因，实际参审率不够高，参审案件不够全面。全国人大常委会《关于完善人民陪审员制度的决定》颁布实施后，2005年，县人民法院相继在社区、企事业、乡镇、机关、学校等推荐和个人自荐基础上，经严格考察审核，报请县人大常委会批准任命人民陪审员6人。2010年，任命人民陪审员14人。通过审判业务培训后，参与法院刑事、民商事、行政案件审判。

第四章　司法行政

1990年，庆元县司法局建立菊隆、左溪、荷地法律服务所。2001年，建立松源、濛洲法律服务所。2002年，处理山林纠纷办公室划归县林业局。2008年1月，设立社区矫正工作管理科；6月，设立松源直属司法所。2009年5月，试点成立法律服务中心，职能是法律援助、公证服务、法律咨询等；县司法局设立“一办两中心”，即办公室、法律服务中心、基层工作中心。2010年1月，设立屏都、竹口、荷地、左溪4个直属司法所；7月，建立行政审批服务科。2010年，县司法局内设办公室（政工科）、法制宣传教育科（普法办）、行政法制科（司法鉴定中心）、基层工作管理科、法律服务管理科（法律援助中心）、公证管理科（公证处）。

第一节　普法

1991年5月14日，庆元县下发《县委、县政府关于批转〈县委宣传部、司法局关于在公民中开展法制宣传教育的第二个五年规划〉的通知》，并召开“二五”普法全县干部动员大会，1995年5月18日，在县委四楼会议室召开县普法领导小组联席会，部署“二五”普法验收的具体工作，并通过验收。

1996—2010年，庆元县完成第一至第五个五年普法教育。成立普法领导小组107个，34所中小学配备法制副校长和法制辅导员。针对不同行业、人群、层次开展法制宣传教育，发放法律读本10余万册、法制宣传资料75万余份、法制教育光碟1000余张，举办各类讲座、培训、影视广播、法律知识竞赛、法律咨询、文艺演出、法制图片展等1万余场次，刊登张贴墙报、黑板报、简报、宣传窗、标语等2万余期。2006年，建立干部职工普法教育建档考试制度。庆元县被评为“二五”普法全国先进县和全国依法治理百强县。“四五”普法期间，开展民主法治村（社区）建设，有省级民主法治村4个（杨楼村、周墩村、菊水村、荷地村）、市级民主法治村（社区）36个、县级民主法治村248个。

第二节　人民调解

1992年3月，松源镇、菊隆区、竹口区、荷地区、左溪区、新村区、城郊区、万里林区司法办公室更名区（镇）司法所。5月，20个乡镇设立司法所，配备专职司法员。整改完善行政村人民调解组织，选举产生调解委员会主任。2008年6月，建立法院司法调解室。2010年5月，县医患纠纷人民调解委员会成立。全县有人民调解组织370个。其中，乡镇20个、村348个、企业2个，人民调解员1127人，年调解各类矛盾纠纷案件2000余起。

第三节 帮扶安置

1993年，县综治委和有关部门负责人赴十里坪劳改农场和浙江第五监狱探望庆元籍“两劳”（劳改、劳教）人员。1994年4月，县司法局设两劳回籍人员管理科，负责指导管理刑满释放、解除劳教及缓刑人员安置帮教；协助做好保外就医、假释人员监控督查。是年，规定3年内“两劳”回籍人员列入派出所重点人口管理，定期考评，进行帮助和监控。1996年12月，县刑释、解教人员安置帮教协调小组成立；在20个乡镇建立“两劳”回归人员管教站，村级建立帮教小组，做好帮教、安置。县司法局建立社区矫正科，负责归正人员管理，各乡镇建立归正人员帮教站，行政村345个和社区5个建立帮教小组。制定实施涉及申报、管理、帮教、考察、档案管理、回访、保密、汇报协调、撤管、警械警具管理使用等“两劳”管教十项制度。安置工作本着“就地消化、妥善处置、给予出路、保障生活”原则，鼓励“两劳”人员进厂、自谋职业、安家立业，对5年来归正人员逐个走访、单个建档、实行一帮一结对活动。2002年5月，两劳回籍人员管理科与基层工作管理科合并。2008年1月，“两劳”回籍人员管理科改名社区矫正工作管理科，增加社区矫正管理职能，负责指导管理全县缓刑、假释、剥夺政治权利、管制、暂予监外执行等社区服刑人员日常监督管理、考核奖惩。是年10月，社区矫正试点启动实施。2009年，全县归正人员重新犯罪率2.88‰。2010年，全县有社区服刑人员203人。

第四节 法律服务

律师

1991年，全县有律师事务所3家，分别为清正、云鹤和菇城律师事务所，22名律师，均为机关干部。随着律师制度改革，公职人员不准从事有偿法律服务，1999年均被撤销。2000年，成立第一家合伙制律师事务所——百山祖律师事务所，有3名律师；2007年，增加到8名律师。2009年，成立第一家个人律师事务所——浙江天贝律师事务所。法律服务范围逐步走向以诉讼代理为基础，法律顾问、参与调解等非诉讼服务为重要补充的多元化服务模式。2010年末，有律师事务所2所、法律服务所2所。

公证

公证处设立之初，公民公证意识较薄弱，年办理公证案件仅数10件。随着改革开放深入和社会经济发展，公民公证意识不断增强，公证案件逐年增加。公证事项已涉及到各个领域、方面，诸如合同、继承、赠与、遗嘱、委托、财产分割、招标投标、拍卖、婚姻状况、亲属关系、收养关系等，公民对财产、婚姻、继承、合同等事项公证尤为重视。2010年，有公证员2人，公证员助理3人，办理公证案420余起。

第五节 法律援助

1990年始，庆元县开展法律援助。1997年，县司法局设立法律援助中心。2002年，法律援助中心与法律服务管理科合署办公，指导管理律师事务所、法律服务所、公证处法律援助，为特困企业和社会弱势群体及符合条件的当事人提供法律援助。经费纳入财政专项经费预算，确保法律援助顺利开展。2008年，县司法局法律援助中心接收农民工雷某的法律援助申请，启动法律援助绿色通道，免审经济困难状

图27-4　全省首家法律服务中心——庆元县司法局法律服务中心成立（县司法局供　摄于2009年）

况，指派律师为其办理。先后两次给予法律援助，后经法院判决，共获赔偿30万元。2009年，庆元县司法局法律服务中心（以下简称中心）成立，为全省首家法律服务中心。中心整合原法律援助中心、律管科、公证处职能，确立法律援助为主，公证服务、律师代理、法律咨询为配套服务。当年中心接待法律援助来访咨询622件，受理法律援助案件168件。2010年，中心接待法律咨询711件750余人次，接听法律咨询电话500余个，办理法律援助案件209件。

第二十八篇　文化　体育

1978年，庆元县文化局成立。1991年，县文化局内设文物管理办公室、文化市场办公室。2000年，县文化局内设办公室、群文股，下属事业单位有县文化馆、县图书馆、县文物管理办公室、县香菇博物馆、县文化市场管理办公室（文化市场稽查大队）、县越剧团、县电影公司、县新华书店。2001年12月，县文化局、县体委、县广播电视局合并，组建县文化体育广播电视局。2002年6月，县文化局、县体委、县广播电视局合并，组建县文化体育广播电视局，内设办公室、文化体育科、广电科。2005年12月，县文体广电局与广播电视台分设，成立县文化广电新闻出版局，单设体育局，合署办公，内设办公室、文化科、行政许可科、体育科（广电科）。2010年，县文化广电新闻出版局（体育局）内设办公室、文化科、体育（广电）科、行政审批服务科，下属事业单位有文化市场行政执法大队、电影发行放映公司、体育中心、图书馆、文化馆、文物管理委员会办公室、艺术中心、香菇博物馆，乡镇综合文化站有松源文化站、屏都文化站、竹口文化站、荷地文化站。

第一章　文学艺术

1991—2010年，庆元县文艺界坚持"为人民服务、为社会主义服务"方向和"百花齐放、百家争鸣"方针，坚持精品战略，积极推动群众艺术创作，提高具有本土文化内涵、思想性较强的文化艺术作品的渗透力和影响力。20年间庆元在文学创作、戏剧、曲艺、音乐、舞蹈、绘画、书法、摄影、民间文艺等领域相继创作出一批富有生活气息和时代精神的优秀作品。

第一节　文学

创作

20世纪90年代，王林生小说《红皮》《鸡毛漂在水上》在《江南》杂志上发表；叶树生小品剧《琴韵》获省创作奖，《路遇》获省"征文"优秀创作奖；彭荣根散文《苏醒的百山祖》在《东海》杂志发表，报告文学《鸟鸣林翠山色新》收录于新华出版社出版《创造光明的人们》。2000年以后，文学创作步入旺盛时期。2003年，彭荣根出版《苏醒的百山祖》。2005年8月，浙江省和丽水市文学家协会会员应邀到庆元县开展文学创作采风活动，创作出《庆元纪行》《月与桥》《菇源、菇民、菇山》《品味月山村》《月山、月山》《游龙头山记》《印象庆元》《走进百山祖》《举水月山、穿越现代历史的廊桥》《西川风景》《百山祖风光览胜》等纪实文学、散文、游记等，在《丽水文学》第四期推出庆元专题，刊登庆元生态环境、风土人情、文物古迹、旅游资源、菇乡风貌等内容。2006年，县委宣传部编撰、出版《香菇文化系列丛书》，即《香菇诗歌》《民间故事》《菌菇菜谱》《二都戏》四册。2006年8月5日，县委宣传部、县文联编撰《抗台救灾英雄谱》一书。2010年，吴永飞散文《濛洲古镇》在《中国世纪大采风》比赛中获散文类一等奖；吴永德在国家级报刊发表作品3篇、省级1篇、市级3篇；吴少云在国家级报刊发表作品2篇、省级2篇、市级13篇；《彭荣根诗词选》获得中国作家金秋笔会全国征文二等奖、入编《中国作家创作书系·中国作家创作获奖作品集（2010卷）》。此外，还有1000多篇文学作品在市级以上报刊发表获奖。

刊物

1991年，县内业余文学社团的社刊，较有影响的有举水的《银屏尖》、县职业中学的《风篁》、合湖的《石磨》、菊隆的《夏季风》。2004年，县诗词学会成立，每年开展2—3次集体创作活动，每年编辑出版《濛洲诗刊》年刊一册，至2010年，出版6期，发表作品1800多篇。2007年，县文联创办《庆元文艺》刊物，为半年刊。

第二节　书法　绘画

书法

1991—2010年，庆元县先后举办过"菇城书法艺术周""浙闽毗邻六县书法篆刻作品展""丽水地区摩崖碑刻拓片展览"等，群众性书法创作活动十分活跃，参与人数多，普及面广。2000年开始，县书法协会每年开展1—2次书法展览活动，在每年春节前夕组织书法协会会员走进农村、社区，义务开展"迎新春、送春联”活动，送出春联2000多副，受到人民群众热情欢迎。组织会员参加各级书法大赛或展览活动。主要有蓝志龙《草书对联》入选中、日、韩书法联展，收入作品集；方兴《草书》在全国书法大赛入选；胡睦熙《篆书对联》在省第四届职工书画展入展，《草书条幅》在“盛世中华杯”中国书画作品大赛获金奖，《篆书对联》在“东方光大杯”全国书画艺术分科展获优秀作品奖；王兴根《草书》在“盛世中华杯”中国书画作品大赛获金奖，《草书》在“和平女神杯”首届国际书画作品大赛获和平奖，《草书》在中国国际网络电视“中国百名书画家鸡年书画作品网络电视展”展出；吴郁郁书法作品获省书法大赛优秀奖；胡睦熙、方兴、吴韦春作品在“乐泰杯”第四届浙江省青年书法选拔赛中入选；吴郁郁、胡睦熙、方兴作品在浙江省建国六十周年书法作品展、丽水市建国六十周年书法作品展中入展，编入《丽水市书法作品集》。

绘画

1991—2010年，县美术家协会每年开展一至两次书画展览活动，邀请中国美院、浙江油画院等20多名知名书画家到西洋殿、月山、西川、蕉坑、菊水、巾子峰等地创作采风，创作一批反映庆元县自然风光、廊桥等人文景观作品。《浙江画报》2004年第10期刊登《廊桥旧事》专题。2009年，县文联与福建省政和县文联联办举办“浙闽两省‘中国廊桥之乡’板画展”。2010年，在西演休闲山庄开办流动画展。主要参展作品：蓝志龙国画《山水》，入选浙江省45周年美术作品展，荣获二等奖；刘妙艳漫画作品《习惯成自然》、晓扬君漫画作品《司马光砸缸》，分别荣获2005年丽水市反腐倡廉书画摄影赛二等奖和优秀奖；吴华国画作品《春上枝头》、吴明全《硕果累累》，入选2010年丽水市六十周年书画精品展，编入《丽水市建国六十周年书画精品集》；吴国珍出版个人书画集。

第三节　摄影

活动

1999年，第四届中国丽水摄影节中，庆元县为摄影节分会场，在西洋殿举办香菇文化庙会，200多名中外摄影家到庆元县创作，广东摄影家《好日子》荣获国际金奖，百山祖国家级自然保护区被中国摄影协会命名为“中国摄影创作基地”。2000年以后，在县老年大学开设摄影课，在机关单位和乡镇举办摄影培训。每年组织2—3次创作采风活动，涉及百山祖国家级自然保护区、巾子峰森林公园、双苗尖及乡镇、农村等地。第五届香菇文化节暨浙闽木拱廊桥保护与开发研讨会期间，开展廊桥摄影作品活动，并将该批作品移至浙江大学四分校区展览；制作《梦幻廊桥》扑克3万副，分发到各单位及乡镇，宣传庆元古廊桥2005—2007年，丽水市开展“丽水摄影创作基地”评选活动，“庆元古廊桥”“巾子峰省级森林公园”“举水历史文化名村”被命名为“丽水摄影创作基地”。丽水国际摄影节期间，举办《梦幻廊桥》专题摄影展。2010年，由县政府与省摄协联办、县文联与县摄影家协会共同承办的“梦天杯”“生态庆元”全国摄影大赛举办，邀请省摄协、丽水摄影杂志社及其他县外摄影家共5批次到庆元采风，收到6省市160多人参赛作品1800多件，评出金、银、铜、佳作、入围奖100件。其中，庆元摄影爱好者获得金奖1名、银奖2名、铜奖1名、入围奖12名。2010年6月，县摄影家协会会同有关单位联合开展“寻找庆元最美古村落”大型摄影采风和图片征集活动，拍摄60多个村落。

代表作品

20世纪90年代，有姚家飞《天涯芳草》《忆》荣获第六届《可爱中华》全国黑白艺术摄影大赛三等奖，《雨中行》获《香菇摄影报》佳作比赛银奖，《山外青山》获“富士杯”全国反卷片摄影大赛优秀作品奖，《百山祖风光》获浙江省环境摄影大赛银奖。2000—2010年，县摄影爱好者创作出一大批反映庆元自然风光和具有庆元特色文化的摄影作品，主要有姚家飞的《长城系列》《水漫金山》《静物摄影》《声震高原》《春沐》《飚》《戏到精采处》等100幅作品。其中，《江南碗窑》《渔舟唱晚》《坝上初雪》《树干系列》《金秋十月》《金山岭》《门系列》7组23幅作品参加《中国摄影家网》举办的网上半月赛，从2002年7月中旬到10月底，连续七期荣获佳作奖，被《中国摄影家协会网站》评为2002年度"十佳会员特别奖"。郑承春的《春意盎然》《丰收的季节》《百山祖冷杉》《二都戏》等在省级以上报刊发表，《绿色家园》荣获丽水市"石梁杯"环保摄影比赛铜奖，《劳模系列》等7幅作品在丽水市《劳模风采》摄影大赛获1个铜奖、4个优秀奖；钱绍林的《电缆挂衣服》获丽水市精神文明建设摄影比赛铜奖。

第四节　音乐　舞蹈　戏曲

音乐

20世纪90年代开始，县民间艺术家协会开展丰富多彩活动。利用节假日，在市民广场、生态公园、水上公园和廊桥等休闲场所义务演出，1991年11月，在第二届香菇节期间，举办"振兴杯"首届"菇城十大歌手"大赛。1993年11月，在第三届香菇节期间，举办"香菇杯"全国歌坛新秀邀请赛，邀请全国音乐界元老时乐濛、沈遵光等为评委。1996年，发起开展"浙闽两省毗邻六县市艺术交流活动"，后来发展到八县市，成为一个时期省际文艺交流重要平台。2002年创作的《红贴·花季》《山寨吊脚楼》在《歌海》首届词曲比赛获三等奖。2005年8月，浙江省音乐家协会词曲家应邀来庆元县开展音乐创作采风活动，为庆元创作了《走进庆元》《情系庆元》《廊桥之歌》《梦幻廊桥》《百山祖之歌》《香菇越香歌越甜》《月山村》等9首歌曲。2010年，吴峰创作的男女声二重唱《望菇乡》在首届江浙民歌比赛中获得创作银奖，吴利华、姚小明、吴娜妮、杨叶红等获得演唱银奖；吴峰创作、周哲等演唱的男声小组唱歌曲《闯滩汉》获省第八届音乐星座演唱演奏大赛创作银奖、演唱金奖。

舞蹈

1991—1992年县文艺界创作的音乐舞蹈作品《畲山听樵》参加全国首届少数民族作品调演，荣获创作、表演金奖。2001年创作的舞蹈《香菇情》《菇山竹响》获浙江省乡镇文艺汇演铜奖；大型歌舞剧《畲山风》获全国第二届少数民族文艺演出金奖，《山妞踏春》获浙江省歌曲创作一等奖，歌舞剧《畲山风》获浙江省人民政府颁发的鲁迅文学奖。

戏曲

2003年6月，陈伟红论文《庆元二都戏的现状及其挖掘、整理》获省民间艺术论坛征文二等奖。2003年以后，县文联会同县文化馆收集整理二都戏资料13万字，两次出版《二都戏》一书；组织民间艺人录下《满堂红》《得胜令》等近50首二都戏原始唱腔唱法。2007年，组织民间艺人多次举办二都戏演出，并成立弘艺二都戏剧社。

第二章 群众文化

1949年11月庆元县人民文化馆成立，1952年改称庆元县文化馆。1990年，县文化馆设农村辅导、阵地活动、文艺宣传、多种经营4个专业组和摄影、美术广告服务部。

1991—2010年，庆元县加大文化设施的硬件建设和软件投入，持续深入开展形式多样的群众性文化活动，春节、元宵节期间群众自发举办文艺晚会，选派专业文艺骨干深入社区、乡镇开展“种文化”活动；培训乡镇文化员、村文化管理员、业余文艺队伍骨干，提高农村文化队伍素质。

第一节 文化设施

文化馆

庆元县文化馆系公益性群众文化事业机构，馆舍占地面积421平方米，建筑面积2038平方米。2010年，设有艺术培训中心、非物质文化遗产保护中心、基层文化工作室、业务辅导室等，编制12人。1996年，被评为一级文化馆。

图书馆

1979年，庆元县图书馆成立。1982年，在石龙街43号新建馆舍，建筑面积380平方米，藏书8.20万册。1995年末，由于书库承重超负荷等原因，迁入濛洲街132号县文化中心三楼。2000年9月19日，在石龙街老馆舍三楼建成丽水市首家公共图书馆电子阅览室。2002年8月24日，成为浙江图书馆庆元分馆，总建筑面积350平方米，下设电子、工具书、外刊、报刊、过期报刊阅览室，集藏、借、阅、检于一体的文献借阅室。2010年，藏书7万余册，古籍5000余册，善本148册，馆藏特色为庆元廊桥及香菇文化类地方文献书籍。2010年，庆元县建立全省首个残联共享工程服务点及图书流通点，各流通点总计图书4万余册。2005—2010年，县图书馆与乡镇、村及县武警中队等共建图书流通点40余个，建立图书馆分馆2个。

图28-1 庆元县图书馆藏书（县文广新局供 摄于2010年）

艺术中心

庆元县艺术中心前身是县越剧团，成立于1979年1月，以越剧演出为主要职能，经常开展送戏下乡和到外地巡回演出活动。20世纪90年代中后期，越剧演出市场逐渐衰退，剧团举步维艰，演职人员从

45人减至25人。为了建立与社会主义市场经济体制相适应的文艺演出队伍，2000年，县越剧团更名庆元县艺术中心，编制16人，属差额事业单位，主要从事公益演出、文艺创作、文艺辅导等。从"十一五"起，每年开展送戏下乡120场，辅导"乡乡一台戏"演出40余场，社区文艺汇演、中小学艺术周演出及企事业单位文艺演出20余场。

庆元县香菇博物馆

1993年，香菇陈列馆创建，位于庆元香菇市场内。1994年，迁至县食用菌科研中心。1997年，香菇陈列馆由文化部门接管，改建为庆元县香菇博物馆，与县文物管理委员会办公室合署办公。1998年12月21日正式对外开放，是全国最早以展示香菇文化为主的专业性和综合性相结合的博物馆，有编制10名。其中，博物馆7名、文管会3名。2000年，县史和革命史陈列室建成，对外开放。2005年，建成廊桥展示厅。2006年，县香菇博物馆被命名为第二批市级爱国主义教育基地。2008年11月，改造廊桥展厅，更名庆元廊桥馆。2009年，被评定为国家三级博物馆。2010年，县香菇博物馆迁建至江滨路生态公园内，由原县委党校办公楼改建而成，建筑面积2380平方米，是以展示香菇文化为主的专业性和综合性相结合的博物馆。博物馆展示了香菇栽培的程序与方式、香菇栽培历史文化、香菇生物学、食用菌科技、蕈菌标本、真菌邮票、香菇之城等15列陈列内容，共有馆藏文物传统数592件，实际数1547件，囊括20个品类。

乡镇文化站

1991—2010年，庆元县通过新建、改扩建等方式，建成竹口、黄田等17个建筑面积500平方米以上的省级达标乡镇综合文化站，全县85%以上的乡镇拥有独立而固定的文化活动场所。松源镇、屏都镇、竹口镇、荷地镇配备了12名专职乡镇文化员，其余16个乡镇文化站配备16名兼职文化员。历年来，乡镇文化站经常性开展丰富多彩、群众喜闻乐见的文化活动，组织开展文化辅导培训，并致力于文化阵地建设。1991—2010年，全县创建浙江省"东海文化明珠"乡镇1个，创建省级体育强乡镇3个，省级文化示范村5个，市级文化"山花乡镇"8个，扶持建设村级文化活动室103个、小康体育村118个。

第二节 文化活动

社区文化

图28-2 庆元县首届社区广场文艺汇演（姚家飞 摄于2007年）

2001年，庆元县开始建设社区。至2010年，全县设立8个社区。2001—2010年，社区文化建设从无到有，从小到大，形成以社区居民为主、辖区单位广泛参与共创社区文化的浓厚氛围。各社区广泛开展文艺演出、体育竞技、知识抢答、书画展览、老年健身表演等群众喜闻乐见的文化活动，每年开展活动都不少于30次，居民参与率80%以上。2007—2009年，庆元县连续举办三届社区文艺汇演，精心组织文艺节目，有专业指导员进行审核和辅导，节目质量和演出水平逐年提高，每年参演人员都在1000人以上，观众2万多人。

农村文化

2006年，庆元县启动覆盖城乡的“送戏、送电影、送图书下乡”活动。选派文化指导员深入各乡镇、村，分片对开展农村文化活动进行业务指导，通过“乡乡一台戏”和“农村文艺会演”等形式，引导农民群众崇尚科学，破除迷信，移风易俗。至2010年，连续举办五届农村文艺汇演，农民自编自演，以原汁原味、充满乡土情趣表演形式宣传和歌颂党的富民政策和新农村建设取得的新成就。蓬勃开展的群众文化活动，为民间艺人、农村文化能人成长提供广阔土壤，充分激发乡土文化能量，形成“月山春晚”“合湖三堆田螺节”等具有地方特色的文化品牌。每逢春节、元宵节、中秋等传统佳节，松源镇大济村、周墩村、屏都镇坪洋村等地农民群众自发举办各具特色文艺晚会，军鼓队、腰鼓队、秧歌队、舞龙队、舞狮队等180多支业余文化队伍活跃在城乡。

图28-3 庆元县开办“农村文化队伍素质提升工程”培训班（县文广新局供 摄于2009年）

企业文化

中共十一届三中全会后，庆元县中小企业如雨后春笋般不断涌现。企业的发展壮大，为提高自身核心竞争力，获得更大生存和发展空间，企业文化建设成为许多企业管理重要内容。21世纪，企业文化活动频繁开展，在每年的“五一”职工文艺会演、农村文艺会演、社区文艺会演等演出活动中，处处可见企业职工身影。尤其是浙江双枪竹木有限公司、浙江节节高炭业有限公司、浙江欧冶刀剑有限公司等企业文化活动各具特色，影响深远。2008—2010年，庆元县举办两届企业文艺会演，企业职工成为文艺节目表演主体，以舞蹈、快板、小品、越剧等形式，展现企业职工良好精神风貌和独特企业文化内涵。

第三章　电影　图书　音像制品

民国24年(1935年),省教育厅电影巡回放映队首次到庆元放映电影。1956年,省530电影队下放庆元。1958年后，各人民公社建立电影放映队。1975年10月，庆元电影管理站成立。1980年改称县电影发行放映公司，负责管理电影发行、发映。1994年，县电影发行放映公司进行人事改革，分流人员。1979年，庆元县电影院建成，座位1202席，年均放映1000场，观众80万人次。1985年，全县有电影队65个。

1955年5月4日，新华书店庆元县支店在松源镇府后街开张营业，发行革命读物及教科用书。1958年10月4日，庆元县新华书店改称龙泉县新华书店庆元门市部。1973年7月，更名庆元县新华书店，隶属县文化局的自收自支事业单位。20世纪80年代初始，县新华书店设有门市部和农村图书发行部。门市部主要从事县城零售，农村图书发行部主要为各乡镇供销社批发供应图书，年发行量20多万元。

1984年5月，庆元成立首个个体录像放映队，在全县定点巡回放映。同年，庆元县广播电视局录像发行点建立。

第一节　电影放映

影院

20世纪90年代,全县有4座国营电影院,25座农村影剧院,座位共1.87万席。20世纪90年代中后期,因电视、录像普及，文化娱乐方式的多样化，全县电影院关停。

放映

1990年，全县有电影队52个，年放映0.72万场，观众202.7万人次。20世纪90年代，电视普及，电影放映率下降,电影队减少,城乡电影放映市场严重萎缩。2006年起,庆元县实施农村电影“2131工程”,开辟农村电影市场，放映电影9000余场次。2008年，庆元县开展以爱国主义教育为主题的“数字电影进校园活动”，每年放映300余场次，年观影学生18万余人次。2009年，县电影发行放映公司实现近20年来首度盈利。2010年，县电影发行放映公司放映农村流动电影3080场次，观影444639人次。

第二节　图书发行

发行机构

2003年，县新华书店为省新华书店集团下属子公司，更名浙江庆元县新华书店有限公司，改制为省属国有企业。2010年，设经理室、财务室、教材科和中心卖场，有正式职工21人，新体制员工4人，年销售量120多万册，码洋1180多万。

发行

图书发行 1990年，新华书店发行图书3100多种，营业额110万元。20世纪90年代开始，图书市场开始从卖方市场向买方市场转变，人民群众图书需求不断增大，图书销售结构有了明显变化，乡镇供销社图书柜台逐渐取消，县新华书店成立流动供应组，不定时地下乡摆摊设点零售。2000年，随着改革开放不断深入，图书市场形成多元竞争格局，新华书店也在不断改革，提高经营规模和集约化经营水平。2006年，"博库网站"庆元分站开通，通过网络平台面向企事单位、个人在线提供30多万品种现货。

图28-4 庆元县新华书店（范正欢 摄于2003年）

课本发行 中小学课本发行，纳入国家计划，属国家准予专营品种。1997年前，中小学课本由各学校按订单报订，自行到新华书店领取。1997年后，由新华书店直接送货到校，确保课前到书，人手一套。

第三节 音像制品

管理机构

1990—2003年，音像制品由县广播电视台音像管理站管理。2003年，县文化市场管理稽查大队负责文化市场管理。2005年7月，更名县文化市场行政执法大队，负责文化市场监督管理和文物监察。

经营活动

庆元录像放映始于20世纪90年代初，城区有几家对外营业的录像放映厅。随着文化政策的放宽，录像放映厅增多。20世纪90年代末，录像放映达到鼎盛，设备有放映机、电视机、投影机等。放映时间从早上到晚上，甚至通宵达旦；全日不设场次，随到随看。2000年，随着娱乐方式的多样化，录像放映开始衰落。2010年，全县有音像制品零售、出租单位5家，录像放映营业场所消失。

第四章　文化管理

1983年，庆元文物普查前原有馆藏文物200件。1979年5月，县文物管理委员会办公室成立。

1987年8月，庆元县文化市场管理所建立。1989年，更名县文化市场管理办公室，设立文化市场稽查队，负责监督、稽查全县文化市场，并对各经营点重新进行登记、审核、办证、制订和颁发管理规则。

第一节　文物保护

机构

2010年，县文物管理委员会办公室为县文化广电新闻出版局下属事业单位。2010年8月，在县文物管理委员会办公室增挂县文化遗产管理办公室牌子。

文物

1990年，庆元库藏文物1192件。2007年6月，庆元启动第三次全国文物普查工作，发现不可移动文物997处。其中，按标准规范登录不可移动文物702处（复查135处、新发现567处），登记一般不可移动文物295处，登记消失不可移动文物10处。囊括古遗址、古墓葬、古建筑、石窟寺及石刻、近现代重要史迹及代表性建筑五大类。有文物保护单位43处44个点。其中，国家级重点文物保护单位1处、省级文物保护单位5处6个点、县级文物保护单位37处。2000年，松源镇大济村被公布为第二批省级历史文化保护区。2010年，松源镇大济村被公布为第五批国家级历史文化名村。

1991—2010年庆元县文物保护单位一览表

表28—4—1—1

名称	级别	时代	公布年份	批次	地理位置
如龙桥	国家级	明	2001	第五批	举水乡月山村
吴文简祠	省级	清	1997	第四批	举水乡月山村
西洋殿（含兰溪桥）	省级	清	1997	第四批	五大堡乡西洋村
上洋窑址	省级	五代	1997	第四批	竹口镇上洋村
大济古驿道	省级	明、清	2005	第五批	松源镇南门至大济村
卢福庙	省级	清	2005	第五批	松源镇大济村
黄坛窑址	县级	唐	1982	第一批	竹口镇黄坛村
竹口窑址	县级	元、明	1982	第一批	竹口镇竹口村
后坑桥	县级	清	1982	第一批	竹口镇竹口村
新窑窑址	县级	明	1982	第一批	竹口镇新窑村

续表 28—4—1—1

名称	级别	时代	公布年份	批次	地理位置
硅化石（树化石）	县级	1 亿年前	1982	第一批	合湖乡烂泥村
孔　庙	县级	明	1984	第二批	松源镇石龙街
咏归桥	县级	清	1984	第二批	松源镇北门村
官　井	县级	明	1984	第二批	松源镇府后街
南峰寺	县级	清	1985	第三批	岭头乡大池洋村
青田庵	县级	清	1985	第三批	江根乡青田村
八角殿	县级	清	1985	第三批	张村乡东川村
革命烈士陵园	县级	现代	1985	第三批	松源镇石龙街
百丈庵	县级	清	1988	第三批	屏都镇羊岭百丈山
云泉寺	县级	明	1993	第三批	举水乡月山村
步蟾桥	县级	清	1993	第三批	举水乡月山村
安禅寺	县级	宋	1993	第三批	屏都镇八都村西南
竹口黑釉瓷窑址	县级	南宋、元	1998	第五批	竹口镇竹口村西北
大济古地道	县级	待考	1998	第五批	松源镇大济村
季氏宗祠木牌坊	县级	清	1998	第五批	竹口镇黄坛村
延陵房祠	县级	清	1998	第五批	五大堡乡杨楼村
黄水长桥	县级	清	2007	第六批	合湖乡黄水村
袅　桥	县级	明	2007	第六批	松源镇西门村
半路亭桥	县级	民国	2007	第六批	黄田镇陈边村
双门桥	县级	宋	2007	第六批	松源镇大济村
甫田桥	县级	宋、明	2007	第六批	松源镇大济村
白云桥	县级	待考	2007	第六批	举水乡月山村
包果桥	县级	清	2007	第六批	岭头乡包果村
济川桥	县级	清	2007	第六批	黄田镇上济村
龙济村	县级	待考	2007	第六批	隆宫乡隆宫村
蛟龙桥	县级	明	2007	第六批	岭头乡大际头村
护龙桥（杨家庄）	县级	清	2007	第六批	岭头乡杨家庄村
护龙桥（黄洋）	县级	清	2007	第六批	荷地镇黄洋村
来凤桥	县级	待考	2007	第六批	举水乡月山村
寨后坑桥	县级	清	2007	第六批	竹口镇新窑村（寨后坑）
观音桥（富林）	县级	待考	2007	第六批	贤良镇富林村
福寿桥	县级	清	2007	第六批	安南乡后楼村
外村桥	县级	明	2007	第六批	荷地镇底墅村

第二节　非物质文化遗产保护

机构

2009 年 5 月，县非物质文化遗产保护中心成立，设在县文化馆，主要从事庆元县域非物质文化遗产普查、申报、保护。

主要非物质文化遗产

2010 年，庆元县有世界级非物质文化遗产 1 项、国家级非物质文化遗产 1 项、省级非物质文化遗产 6 项、市级非物质文化遗产 27 项、县级非物质文化遗产 97 项。

图 28-5　百事吉剪纸作品（陈士平　摄于 2009 年）

1991—2010 年庆元县市级以上非物质文化遗产名录表

表 28—4—2—1

年度	世界级	国家级	省级	市级
2007	—	—	茶灯戏（唱灯）、菇民戏、编梁木拱桥营造技艺、菇神庙会	香菇传说、马灯舞、菇民戏、提线木偶戏、木拱廊桥建造技艺、菇神庙会（增补）
2008	—	木拱桥传统营造技艺	大济古村落营造技艺	庆元方言、菇寮白、忖忖乌的传说、香菇山歌、铁皮石斛采摘及制作工艺、黄粿制作技艺、造桥习俗、菇寮奉师傅习俗、卢福神庙药签、菇民防身术——庆元香菇功夫
2009	中国木拱桥传统营造技艺	—	香菇砍花技艺	笋制作技艺（白笋、明笋）、卢福神庙会、建房与上梁习俗、唱灯（增补）、大济古村落营造技艺（增补）、香菇砍花技艺（增补）
2010	—	—	—	百事吉剪纸、毛边纸传统制作工艺、庆元山歌、菇民习俗、端午走桥习俗

1991—2010 年庆元县市级以上非物质文化遗产代表性传承人一览表

表 28—4—2—2

年度	省级	市级
2008	浙江省第一批非遗传承人：胡永香（菇民戏）	—
2009	浙江省第三批非遗传承人：吴启炀（香菇砍花技艺）、周回翠（菇民戏）、王夏菊（庆元唱灯）、吴佐珠（庆元唱灯）	丽水市首批非物质文化遗产代表性传承人：吴水茂（香菇山歌）、吴其敖（庆元马灯）、胡月珍（庆元提线木偶）、吴辉锦（庆元香菇功夫）、吴复勇、胡森（木拱桥传统营造技艺）、王家武（菇神庙会）

第三节　文化市场管理

管理机构

2003 年，县文化市场管理办公室更名县文化市场管理稽查大队。2005 年 7 月，更名县文化市场行政执法大队，为参照公务员管理事业单位，编制 5 人，负责文化市场监督管理和文物监察。

市场管理

2006—2010 年，庆元县出动检查人员 3763 人次，检查经营单位 7645 家次，受理举报 56 件，立案调查 69 件，取缔无证经营单位 21 家次，收缴非法出版物 6000 多本、音像制品 2 万多盒 / 片、非法安装卫星地面设施 71 套、电子游戏机 211 台，销毁各类非法出版物、音像制品 2 万余（盘）册。

第五章　体育

2010年，庆元县体育俱乐部、体育协会有专、兼职教练员20名。其中，县体育中心有专职教练员5名，其中中级教练员3名、助理教练员2名。至2010年，庆元县有各类裁判员319名。其中，国家一级裁判员8名、国家二级裁判员110名、国家三级裁判员201名。

第一节　群众体育

群众体育活动是群众文化重要组成部分，是社会主义精神文明重要内容。1991—2010年，庆元县不断完善体育基础设施建设，大力加强群众体育网络建设，群众体育活动蓬勃发展，群众参与体育运动热情日益高涨。拥有各类社会体育指导员120名，举办乡镇干部篮球赛、老年乒乓球赛、“六一”幼儿比赛、青少年游泳比赛、农民趣味运动等各类比赛400余次，广大群众自发组织到市民广场、生态公园等公共场所和社区、农村体育场地进行健身活动，经常参加体育锻炼人口率达30%，创立省级体育强乡镇3个，建成125个小康体育村，有体育协会24个，俱乐部9个（其中国家级青少年体育俱乐部1个、省级青少年体育俱乐部2个）。

第二节　竞技体育

体育训练

庆元县加强体育训练设施建设和项目建设，县体育中心重点突破举重、赛艇等重点项目。2008年，庆元县完成举重训练房和赛艇码头、船库建设及赛艇队组建，充分依托体育特色学校、体育俱乐部、协会力量，初步形成多层次体育训练体系。主要项目为举重、赛艇、田径、篮球、羽毛球、游泳、跆拳道、体育舞蹈、象棋等。到2010年，庆元县有省级体育特色学校1所、市级体育特色学校3所、县级特色学校4所，在训学生300多人。

体育竞赛

2002年11月，庆元县参加市第一届残疾人运动会，获金牌25枚、银牌8枚、铜牌4枚。2005年10月，参加市首届运动会，青少年部获金牌19枚、银牌23枚、铜牌15枚，团体总分773分，获全市第三名。2009年11月，庆元县参加市第二届运动会，青少年部获金牌24.5枚、银牌33枚、铜牌45枚，团体总分783分，获全市第三名。2006—2010年，庆元县举重队8次参加省青少年举重锦标赛和冠军赛，获金牌14枚、银牌29枚、铜牌25枚。2000年1月—2010年12月，庆元县参加省青少年田径锦标赛和田径运动会，获金牌3枚、银牌9枚、铜牌18枚。2009年8月，庆元县参加省青少年赛艇锦标赛，获银牌1枚、铜牌1枚。2010年4月，参加市第二届残疾人运动会，获金牌15枚、银牌12枚、铜牌3枚。2010年7月10日，庆元健身秧歌队代表市参加省首届体育大会健身秧歌比赛，取得团体1金、1银。2010年10月，县举重队参加省十四届运动会，获 3 枚银牌，赛艇运动员获 1 银、1 铜。

第三节 体育设施

1987 年，庆元体育馆开馆，是集体育竞赛、训练健身、文化娱乐于一体的综合性活动中心，占地面积 1211 平方米，建筑面积 1650 平方米，座位 1200 个，承办各种体育赛事、大型文艺演出、庆典活动的主要场所，曾举办国家青年队、浙江万马队等男篮邀请比赛、省首届体育大会健身秧歌比赛等重大赛事和中国香菇节等大型庆典活动，年均承办市、县级体育竞赛 20 余次以上，年观众 2 万余人次。2010 年，庆元有体育场地 19.3 万平方米，人均 0.98 平方米，拥有健身路径 118 条、篮球场 115 个、乒乓球室 150 个、庆中 400 米田径场 1 个、网球场 1 个、体育馆 1 个、城东小学 300 米田径场 1 个、体育馆 1 个、菊隆中学 300 米田径场 1 个、二中 200 米田径场 1 个、荷地中学 200 米田径场 1 个。

图 28-6 庆元县体育馆（县文广新局供 摄于 2010 年）

第四节 体育彩票

2000 年，中国体育彩票在庆元县上市。至 2010 年，庆元县体育彩票事业从无到有，从小到大，网点由起步阶段 3 个发展到 23 个（县城 14 个、乡镇 9 个）。销售方式从柜机式到三星级专营店，年销售量从 35 万元到 900 余万元。

第二十九篇　教育

1991—2010 年，庆元县继续深化教育改革，加快发展教育事业。学前教育稳中有增，民办幼儿园蓬勃发展；小学教育不断整合资源，布局逐步优化；中等教育稳中有升，教育资源优化配置，义务教育不断推进，办学效益不断提高；中等职业教育在改革中前进，教育资源有机整合；成人教育大力发展，劳动者素质大有提高；教师队伍不断壮大，整体素质逐步提升。2010 年，全县有教师进修学校 1 所，普通高中 1 所，职业高中 1 所，独立初中 5 所（庆元二中、庆元三中、菊隆中学、荷地中学、新村中学），九年一贯制学校 3 所（黄田镇中心学校、竹口镇中心学校、岭头乡中心学校），小学 24 所（另有教学点 1 个），幼儿园 67 所（其中教育部门办 9 所、民办 57 所、其他部门办 1 所）。1991—2010 年，培养小学毕业生 57080 人，小学毕业生升入初中段（含普通初中、职业初中）52148 人，初中（含职业初中）毕业生 5 万人，初中毕业生升入高中（含普高、职高）20442 人，高中（含普高、职高）毕业生 15984 人，为中专学校（含初中中专、高中中专、技校）输送新生 4756 人，为高等院校（含高职院校）输送新生 10430 人。其中，国家重点院校新生 340 人。

第一章　基础教育

1987年，庆元被省、地教育行政部门确认为“基本普及初等教育和扫除文盲县”。1996年，庆元县通过省“基本普及九年义务教育、基本扫除青壮年文盲”验收。2005年，通过省“高标准、高质量普及九年义务教育”验收。2010年，学前三年入园率92.92%，小学适龄儿童入学率和巩固率均为100%，初中适龄少年入学率99.97%，被授予“浙江省教育强县”称号。

第一节　学前教育

发展概况

1991年，有非教育部门办县城机关幼儿园1所，其他幼儿园班数137个。其中，小学附设学前班班数13个，在园幼儿3585人。其中，学前班幼儿527人，教职工179人。1999年始，幼儿教育由县教委归口管理，负责办学登记审批、制订收费标准、幼儿教育管理、业务指导和等级评估。2001年，建立幼儿班幼儿一日活动安排，实行保育和教育相结合，促进身心和谐发展，为进入小学作准备。2003年，制定幼儿接送管理制度，对幼儿接送车辆安全管理作出规定，严禁无证驾驶、超载和超速行驶。2004年，制定《庆元县幼儿园教育督导评比方案》。之后，每年对幼儿园办园条件、园务管理、队伍管理、保教、安全五大方面64项内容进行全面督导评估，将评估结果在媒体上公布，对获得一、二、三等奖幼儿园给予资金奖励。2005年8月，县机关幼儿园划归县教育局管理，更名县中心幼儿园，是庆元县唯一省二级幼儿园。2006—2008年，县实验小学学前班、江滨小学学前班、松源镇第一小学学前班脱离小学管理体系。2009年3月，对幼儿园进行全面安全检查，对不合格幼儿园限期整改，对7所无法整改的幼儿园发出关闭通知。竹口镇4所幼儿园合办为竹口蓝天幼儿园，周墩2所幼儿园合办成1所。2009年，县城6所幼儿园与东部8所乡镇中心园结对。实行园长、教师、保育（健）人员持证上岗制度。2010年，有幼儿园67所（其中教育部门办9所、民办57所、其他部门办1所），241个班，在园幼儿5758人，教职工472人。其中，民办及其他部门办班217个，在园幼儿5101人，占在园幼儿数88.59%，教职工432人。园长、保育（健）员持证上岗，88名教师获得幼儿教师资格证书，部分幼儿教师参加市教师资格考试培训。

学校选介

庆元县中心幼儿园　位于松源镇，前身为1956年创办的庆元县机关幼儿园，2005年划归县教育局管理，更名为庆元县中心幼儿园，是庆元唯一的省二级幼儿园。该园占地面积6100余平方米，建筑面积2460余平方米，户外活动场地3600余平方米。园内环境优美，拥有游泳池、嬉水池、沙池、多功能大型玩具等标准化、现代化的教学、生活设施。2010学年，全园有教学班10个，幼儿360名，教职工37人。

庆元县妇联苗苗幼儿园　位于松源镇，1996年创办，为县妇联下属自收自支事业单位。该园占地面积1600平方米，为县一级一类幼儿园。2010年，全园有教学班7个，幼儿200多名，教职工20人。

第二节 义务教育

发展概况

1989 年始，乡镇分批实施九年义务教育。1991 年，小学学校 294 所，班级 764 个，另有简易学校 84 处；小学招生数 3938 人，在校生 18468 人，入学率 99.4%，毕业率 99.8%。除县小外，其他乡镇大部分学校均有复式教学，764 个教学班中有复式班 426 个，复式班学生 8067 人。其中，二复式班 301 个、三复式班 120 个、四复式以上 5 个，班额 20 至 11 人及以下的有 336 个班，小学升初中比例 68.5%。普通初中班数 182 个。其中，小学附设初中班数 84 个，完全中学初中班数 36 个；初中招生 3197 人，在校生 8865 人，毕业生 2623 人。其中，初级中学班级 62 个，小学附设初中招生 1308 人，在校生 3515 人。完全中学初中招生 662 人，在校生 1999 人。初中毕业生升入高中段（含普高和职高）比例 15.44%。其中，升入普高 11.9%、升入农职业高中 3.51%。1991 年，城郊和万里林两区所属七乡政府宣布实施九年制义务教育。

2000 年 9 月，实施经修订的《浙江省义务教育试行教学计划》，加强德育核心地位，加强创新精神和实践能力培养，加强外语和信息技术教育。“六三”学制教学计划作了部分调整。其中，小学阶段开设思想品德、体育与保健、语文、数学、常识、音乐、美术、生活与劳动 8 门学科。其中，一二年级语文、思想品德合在一起，小学复式班一至三年级语文、思想品德、常识合在一起，进行合科教学，简易小学可只开设思想品德、语文、数学、常识 4 门学科，体育、兴趣活动可根据情况安排；初中阶段开设思想政治、体育与保健、语文、数学、外语、自然科学、社会、音乐、美术、农业技术基础或劳动技术、家庭生活 11 门学科。其中，农村初中开设农业技术基础课、城市初中开设劳动技术课。2002 年始，加强学生健康知识与健康行为教育，列入教学计划，重视和加强写字教学。2 月 30 日，宁波市江东区与庆元县教育对口支援举行签约仪式。2003 年 9 月，开始使用省通用地方课程《人·自然·社会》，与地方课程、校本课程和“综合实践活动”结合教学。2004 年 9 月，义务教育阶段起始年级全面开展基础教育课程改革实验，小学一二年级语文、思想品德分开，常识改为科学并从三年级起开设，小学到初中各年级体育课每周 3 课时，从 2004 学年始实行新的《学生体质健康标准》（包括普高、职高）。2005 年 7 月，小学复式班教学停止。2007 年 9 月起，调整体育教学计划，实行 25—30 分钟大课间活动，保证学生每天体育锻炼 1 小时。是年，县教育局出台《关于进一步加强教学管理，全面提高教学质量的实施意见》，对教学过程、教育评价与质量监控、督查与考核作出明确要求，促进教学管理和教学质量提高。2007—2010 年，实施第二轮与余姚市、江东区教育对口支援，重点在资金、师资和教育设备等方面帮助庆元县改善办学条件，提高教育质量和办学水平。2008 年，以“优化中部、强化西部、加快东部”发展思路，采用“县城学校（总校）+ 农村学校（分校）”方式组建城乡教育发展联盟 7 个，促进城乡教育均衡发展。2009 年，实施《浙江省中小学学科教学建设〈试行〉》，中考各科平均成绩均排在丽水前三名，教育教学质量有了历史性突破。2010 年，小学招生 1918 人，在校生 11225 人，毕业生 2134 人；初中招生 1966 人，在校生 6186 人，毕业生 2190 人。10 月，教育局召开全县“教学质量分析会暨轻负高质推进会”，对义务教育学校进行专项检查，切实减轻中小学生过重课业负担。到 2010 年，义务教育阶段有省示范学校 4 所（庆元二中、菊隆中学、竹口镇中心学校、县实验小学）、市示范学校 3 所（荷地中学、新村中学、岭头乡中心学校）；省级绿色学校 5 所、市绿色学校 8 所。

学校选介

庆元县第二中学 位于松源镇，是庆元县一所县属初级中学。前身为创建于 1979 年 8 月的城郊中学，2002 年 8 月迁入原庆元中学校址。学校占地面积 22648.70 平方米，校舍面积 14190 平方米，教学用房

4947平方米。2010年，学校有班级30个，在校学生1633人，教职工107人。

庆元县第三中学 位于松源镇，前身是创办于1991年郊林中学，2004年7月更名为庆元县第三中学。学校占地面积近27487平方米，有教学楼、邵逸夫教学楼、实验楼、教师宿舍、餐厅及学生宿舍4幢；田径场、体育馆、综合楼、报告厅与城东小学共用。面向合湖乡、四山乡、百山祖乡、五大堡乡、张村乡、贤良镇、松源镇7个乡镇招生的一所初级中学。2010年，学校有班级36个，在校学生1992人，教职工123人。

庆元县菊隆中学 位于屏都镇，创办于1976年9月，1984年8月更名为庆元县屏都镇中学，后更名为庆元县菊隆中学，面向屏都镇、淤上乡、安南乡、隆宫乡招生的联办初中。学校占地面积34632平方米，建筑总面积为15280平方米，有教学楼1幢、实验楼1幢、教师宿舍3幢、学生宿舍2幢、餐厅、厨房各1幢、多功能学生会堂1座，2010年，学校有班级24个，在校学生1237人，教职工85人。

新村中学 位于贤良镇，创办于1958年9月，1961年并入庆元中学，1976年9月复办。学校占地面积7099平方米，建筑面积4438平方米。学校在艰辛的办学历程中，逐渐形成以领导苦干、教师苦教、学生苦学为核心的新中“三苦”精神。2010年8月，新村中学整体搬迁至城东中心学校实施异地过渡办学，有3个教学班，学生141人，教职工18人。

荷地中学 位于荷地镇创，建于1958年。学校占地面积17588平方米，建筑面积8000多平方米。有主体教学楼、实验楼、学生宿舍楼、学生餐厅和教师餐厅。2010年，学校有班级13个，学生456人，教职工85人。

竹口镇中心学校 位于竹口镇，2006年由原竹口镇中心小学和竹口中学合并而成。学校占地面积26532平方米，建筑面积9457平方米。2010年，学校初中在校学生155人，小学在校学生550人，中小学教职工77人。

庆元县实验小学 位于松源镇，创建于清光绪三十五年（1907年），1992年更名为庆元县实验小学。学校占地面积11766平方米，建筑面积5500平方米，有多功能报告厅、电脑机房、实验室、图书室、音乐美术专用教室等。2010年，学校有班级29个，学生1634人，教职员工95人。

松源镇第一小学 位于松源镇，1945年9月创办，1996年8月更名为松源镇第一小学。学校占地面积7375平方米，建筑面积3600平方米。2010年，学校有班级24个，在校生1283人，教职工80人。

江滨小学 位于松源镇，1992年城郊区校更名为松源镇第二小学，1996年创办中心校，1999年更名为松源镇希望小学，2005年更名为松源镇江滨小学。学校占地面积14964平方米，建筑面积7854平方米。2010年，学校有班级43个，在校生2185人，教职工110人。

淤上乡中心小学 位于淤上乡，前身是创办于1939年的私立承志初级小学，2001年更名为淤上乡中心小学。学校占地面积5175平方米，校舍建筑面积2812平方米。2010年，学校有班级7个，在校学生220多人。

五大堡乡中心小学 位于五大堡乡，1992年设立。学校占地面积17553平方米，建筑面积5285平方米。2010年，学校有班级8个，在校学生252人，教职工46人；成人文化技术学校1所，民办幼儿园5所，在园幼儿110多人。

贤良镇中心小学 位于贤良镇，1992年设立。学校占地面积3146平方米，建筑面积2677平方米。2010年，学校有班级6个，在校学生62人，教职工15人。

荷地镇中心小学 位于荷地镇，1992年设立，2006年苏湖、杨桥、底墅3所学校并入。学校占地面积11370平方米，建筑面积3382平方米。2010年，学校有班级9个，在校学生218人，教职工39人；学前幼儿3个教学班89人。

江根乡中心小学 位于江根乡，始建于1955年。学校占地面积2338平方米，建筑面积2432平方米。2010年，学校有班级6个，在校学生83人，教师13人。

第三节　普通高中

发展概况

1991年，庆元县普通高中（完全中学）3所，招生313人，在校生931人，毕业生322人。1994年，实施分流教育的普通高中教学计划和部分教学内容进行调整，每周上课5天半。1994年入学的高一新生开始，实行“二、一分段，高三分流”。1995年始，实行“3+2”高考，文科考语文、数学、外语、政治、历史五门学科，理科考语文、数学、外语、物理、化学五门学科。2000年始，普通高中免去全省统一会考，毕业考试采取学校自行命题、施考和评定成绩，各学科试卷报省高中会考办备案。庆元中学加大对新生奖励力度和广度，9月3日庆中开学典礼上发奖金3.3万元。2001年9月起，高中一年级开始，全面实施《全日制普通高级中学课程计划（试验修订稿）》，使用相配套的高中教材。高一新生开学前进行为期一周的军训活动，进行国防教育、组织纪律性教育、时事政策教育。2002年，深化普通高中证书会考改革，调整会考科目设置和会考方式，成绩分A、B、C、E4个等级，分别表示优秀、良好、及格、不及格，劳动技术考核列入综合实践活动课综合考核，信息技术实行无纸化考试。2006年9月始，高一新生全面实施新课程，建立由学习领域、科目、模块3个层次组成的课程结构，领域下设科目，每个科目由若干模块组成，共设8大领域、12—14个科目。2009年级起，调整普通高中课程设置，取消普通高中全省会考免考制度。减少统一要求的教学内容，实现教材“瘦身”；调整模块设置和教学进度，为学生自主选课留出更大空间；做好教学进度安排，严格控制周课时数，学年周活动总量（周课时数）不得超过34课时。2010年，有1115名高中毕业生参加高考。其中，报普通高校831人（其中文科类354人、理科类477人）、报单考单招284人。

学校选介

浙江省庆元中学　民国31年（1942年）县立简易师范创办，1949年改名为庆元县初级中学，1958年改名为浙江省庆元中学，2006年被浙江省教育厅评为省一级重点中学。学校于2002年8月搬迁至新校园，占地面积88866平方米，建筑面积37291平方米，绿地34500平方米。2010年，学校有教学班43个，招生数755人，在校学生2308人，毕业生628人，教职工174人。

第四节　职业教育

发展概况

1991年，全县农职业学校高中招生92人，在校生282人，毕业生111人。另有农职业初中招生40人，在校生98人，毕业生35人。职业高中必修课开设政治和语文、数学、体育等课程，其他文化课物理、化学、生物、地理、历史、音乐、美术等根据专业、工种需要开设，讲授内容按专业、工种需要取舍。1993年，政治课使用国家教委编写的教材，体育课使用省编教材。政治文化课、专业课和职业技能训练课安排时间比例为3∶3∶4或4∶3∶3。1996年，为适应经济建设和社会发展需要，外语和计算机列为必修课，内容深浅根据各专业不同需要决定。普遍开展初中毕业后和小学毕业后学后教育（实用技术启蒙教育），离校前初步学会一门专业技术，参与率98.5%。1999年始，进行高三就业预备教育（高三分流），开设专业有电子电工（电子电器）、计算机、财会、艺术、文秘、食用菌等，有条件的实行校内分流，条件不成熟的跨校分流，分流教育时间为一年，分流范围为县职中、庆中、竹中和荷中。2002年，应届毕业生报考高职院校85人，上线81人，上线率95%，居全市第一。2004年5月，对应届初中生进行职前培训，对应届高中毕业生进行职业技能培训。受完“双证制”教育达到毕业要求的，发给由市教育局验印的成人职业高中毕业证书，国家承认学历。2005 年，初中毕业生职前教育培训有职业道德、法律常识、生活常识、应用文写作、种植业养殖业等方面知识。2007 年 11 月，县职业高级中学“电子电器应用与维修”专业被确定为中等职业学校省级示范专业。“庆元县职业高级中学机电实训基地”（机械制造与控制、电子电器应用与维修）被确定为中等职业学校省级实训基地。2007—2009 年，举办各类中短期培训班 77 期，培训 6590 人次，年平均培训 2197 人次。为农村预备劳动力培训、剩余劳动力转移培训、下岗职工再就业培训、从业人员继续教育培训等社会培训提供支撑。2010 年，县职业高级中学有 44 个教学班，招生 737 人，在校生 2062 人，毕业生 729 人（其中获得职业资格证书 606 人）。8 月，增设学前教育专业，试招学生。

图 29-1　庆元职业高中学生进行车工操作（县教育局供　摄于 2009 年）

学校选介

浙江庆元县高级职业中学　1982 年创办，与庆元二中合称为城郊中学，1988 年成立庆元县职业高级中学，2006 年 12 月为省一级重点中等职业学校。学校占地面积 77939 平方米、建筑面积 35308.6 平方米。2010 年，开设电子电器应用与维修、会计、机械制造与控制、服装制作与营销、计算机网络技术、旅游服务与管理、学前教育 7 个专业，有班级 45 个、在校生 2141 人，正式教职工 148 人，“双师型”教师 42 人。2007—2010 年学生就业率为 97.73%，专业对口率为 92.27%，就业稳定率为 96.48%。

第二章　成人教育

1950年,庆元建立66所冬学。1952年,县、区(镇)成立扫盲办公室,开办速成识字法实验班。1953年,县级机关干部文化补习学校成立。1979年,重新建立乡、村两级农民业余教育组织。1982年,全县开展职工(含干部)初中文化补习。1987年,庆元县通过省、地验收,成为基本普及初等教育和基本扫除文盲县。1991—2010年,全县继续开展职工教育和扫盲、成人文化技术培训,努力提高劳动者文化素质和实用技术水平。同时,通过电大教育、自学考试等形式,满足不同人群的需要,提升人民的学历水平。

第一节　职工教育与成技培训

职工教育

参加职工教育培训对象为机关、企事业单位干部和职工,培训重点是岗位培训、技术等级培训和继续教育,培训形式有本单位组办的、请进来送出去的、函授和自学考试等多种形式。1993—1996年,庆元县干部工人参加各级各类培训学习16458人,占总数41.03%。其中,企业职工受训率65.70%。

成技培训

1990年,青壮年非盲人数未达95%,由于农村小学流生等原因,导致新文盲产生。1990年9月,县政府下发《关于建立庆元县扫除文盲工作协调小组和进一步开展扫除文盲工作的意见》,对扫盲任务进行分解,各单位明确职责。各乡镇先后成立农民文化技术学校或成人教育培训中心,把学文化和学实用技术结合起来,形成"不识字的人都来学,有文化的人都来教"良好扫盲社会风气。1992年,对1949年10月1日至1950年12月31日出生的2351人进行文化普查,采取有的放矢、集中与分散相结合办班方法,使804人脱盲,乡镇政府发给脱盲证书。1994年,在乡镇所在地全面创办农民文化技术学校,开展实用技术培训,"燎原计划示范乡镇"每月培训两期以上。是年,创办"食用菌中专班",开始招生。1995年,将脱盲指标600人分配到各乡镇,将扫盲列入校长、成教干部年度考核,没有完成1994年脱盲指标的乡镇在1995年内全部完成。1996年6月,有乡镇农民文化技术学校20所,各乡镇配备1名农村成人教育专职干部;村级农技校309所,占行政村数89.83%,农技校兼职教师420人,对16周岁(1979年9月1日—1980年8月31日出生)人口中没有完成初中教育者进行初中文化补习,统一命题考试合格者由省统一发给初中文化补习结业证书和实用技术培训结业证书。1998年11月,县教委制订《庆元县乡(镇)成教专干工作目标及考核管理办法(试行)》。1999学年始,各乡镇成教专干工作列入乡镇中心校考核,任命部分成教专干为乡镇成人文化技术学校副校长。1999—2001年,实施县、省农教科相结合项目,培训农民致富带头人,提高农村劳动者农业科技素质,推广农业科技示范培训基地,食用菌生产绿证培训4250人次,水干果(锥栗)培训5000人次,笋竹两用林基地培训8000人次,草本药材技术培训1000人次。屏都、竹口、荷地、松源、五大堡、江根、左溪、官塘8个乡镇被认定为省三级成人文化技术学校,青壮年非盲率98.51%。2003年4月,安南乡、黄田镇成技校被认定为省三级成人文化技术学校。8月,县政府出台《关于组织开展企业职工和农民"双证制"教育培训工作的实施意见》,"双证制"教育培训由文化课、技能课组成，由县职业高中承担教学培训任务。2004 年 5 月，成立“庆元县教育局农村劳动力转移培训领导小组”，出台《庆元县教育局关于开展劳动力后备力量培训的实施意见》，对授完“双证制”教育达到毕业要求的发给由市教育局验印的成人职业高中毕业证书，国家承认学历。2005 年 3 月，开展成人文化技术学校等级评估和等级复查评估。五大堡乡成技校被评为市成人教育工作先进集体。1999—2005 年，农民文化技术培训学校举办文化补习班 138 个，小学毕（结）业 4326 人；扫盲班 80 个，小学毕（结）业 1020 人；技能培训班 2074 个，结业 61468 人次。2007 年 6 月，县成人教育培训中心成立，为县教育局下属事业单位，在县职业中学挂牌，负责组织管理成人教育培训，承接和配合有关部门进行各种劳动力职业技能培训。至 2009 年，县成人教育初步形成由县农村工作办公室统筹，以教育为骨干，各部门、乡镇全力协作，形成合力的工作模式，深入实施“百万农民培训工程”，继续开展预备劳动力培训和劳动力转移培训，探索开展“双证制”教育。是年，培训 26837 人次，占劳动力人口 27.3%；参加各类非学历教育培训 24874 人次，其他社会培训教育 1963 人次。其中，农村实用技术及涉农项目推广培训 21623 人次，转移劳动力培训 2440 人次；预备劳动力培训 627 人，完成计划数 113%；县成人教育培训中心招收初中起点“双证制”学生 59 名。

第二节　电大教育

机构

1998 年 12 月 31 日，省广播电视大学庆元工作站从县教委科室分出，独立设置，仍挂靠丽水地区广播电视中等专业学校庆元分校，两块牌子一套班子。2009 年，浙江电大庆元工作站更名浙江电大庆元分校。2010 年，浙江电大庆元分校与县社区学院、县委党校、庆元行政学校合署办学。

教学活动

1991—2000 年，主要开展成人学历教育和中等教育。2001—2010 年，以成人学历教育、远程专科学历教育、开放专科及本科学历教育为主要教育培养模式，教师队伍从 3 人发展到 21 人，在校生年均 600 人以上，专科毕业生 1841 人、本科毕业生 662 人。2001 年秋，经省教育厅、省电大批准，确定为“人才培养模式改革和现代远程开放教育试点”单位。办学条件得到很大改善，现代化教育设备投资 150 多万元，主要现代教学设施有 Ku 波段卫星接收地面站（包括天线、高频头）、卫星 IP 数据接收设备、闭路电视系统、双向视频及终端、校园网主干带宽 100M、校园网交换到桌面 10M、网上直播（教）室 3 个、可联网计算机 73 台、多媒体教室 3 个。

第三节　自学考试

制度

1984 年，国家开始推行高等教育自学考试制度。开考以来，每年在 4 月、10 月举行两次考试。2002 年始，高等教育自学考试由每年的 2 次增加到 4 次，分别在每年的 4、7、10、12 月举行（2003 年始改在 1、4、7、10 月举行）。2002 年始，高等教育自学考试毕业证书进行电子注册。2003 年，开展自学考试与全日制本科教育衔接试点工作，普通本科教育与自学考试学分互认；全日制专科教育、中等职业教育与自学考试衔接，实行自学考试培养模式的新扩展。

成绩

1991 年上半年，庆元自考办组织高等教育专科学历考试有汉语言文学、英语、商业企业管理、法律、会计基础、工业管理工程、行政管理、中医、统计学等科目，本科有汉语言文学。中专有公安、统计学等 10 多门学科。庆元县高等教育自学报考 880 人，实考 456 人，合格 241 人；中等教育自学报考 38 人，实考 24 人，合格 23 人。下半年，庆元自考办组织高等教育专科学历考试学科除增加税收一门外，其他学科和上半年没有变化。庆元县高等自学报考 847 人，实考 513 人，合格 249 人；中等自学报考 36 人，实考 17 人，合格 16 人。1992 年上半年，高等教育增加一门实用学科机制工艺与设备，中等教育减少了公安这一学科。1993 年，庆元自考点开设高师自考，共开 8 个专业，招收学员（初中教师）140 名。1997 年，全县自学考试全年报名 1173 人次，计 33 个专业 2839 科次，通过全国统考毕业 13 人，单科合格 970 科次。1999 年，自学考试考务考籍管理由专业管理变为课程管理，同时考务考籍管理的操作由人工操作改为计算机管理，采集肖像信息。2002 年，自学考试从一年二考增至一年四考。全面建立乡镇自考联络站，推动自学考试向农村延伸。2006 年后，受全日制高等院校就学人数增多的影响，报考自考人数逐年较大幅度减少。2010 年，学历教育大学专科开考 66 个专业、大学本科开考 70 个专业。全县报考 281 人次、529 科次，有 19 人毕业。其中报考法律、会计、学前教育、小学教育专业的人数较多。非学历教育考试有心理健康教育基础知识培训证书、心理健康教育专业证书、全国英语等级考试、全国计算等级考试和幼儿园教师资格认定教育学、心理学证书考试。

1991—2010 年，全县参加自学考试大中专毕业生 918 人。其中，中专毕业生 12 人，大学专科毕业生 717 人，大学本科毕业生 189 人，省级优秀毕业生 3 人，获得心理健康教育基础知识培训证书 73 人。

第三章　素质教育

1989年始，“应试教育”逐步转向全面提高国民素质教育，面向全体学生，全面提高学生思想道德、文化科学、劳动技能和身体心理素质，促进学生生动活泼发展。2000年3月，出台素质教育奖励试行办法。2002学年，学校开展课外兴趣小组活动，培养兴趣，发展个性，从试卷、考分中解脱出来。学生“成绩报告单”改为“素质报告单”，班主任评语为“激励性评语”，体现学生发展成长特点。2006年始，将校园文化建设纳入学校督导评估体系。2008年后，充分发挥“生态环境第一县”优势，寓生态理念于办学、管理、教学、育人中，推进以“绿色校园、书香校园、和谐校园、阳光校园、数字校园、平安校园”为主要内容的“六园”生态学校建设，彰显“一校一特色、校校有特色”，提升学校文化内涵。

第一节　德育

20世纪80年代末，中学开始设立政教处。1991年始，坚持抓师德师风建设，加强教师思想政治修养，促进育人素质提高。邀请全国教育改革家魏书生来庆元讲座。把师德师风建设作为学校和教师考核重要内容，对中小学师德师风进行考评。发挥学校党、政、工、团、队和班会学校德育工作主阵地的引领导向作用，把德育摆在素质教育首位，贯穿于学校教育各个环节，渗透到各学科教学之中，使学生树立科学世界观和人生观。注重社区、辅导员力量和社会资源作用，形成学校、家庭、社会三位一体德育网络。设立日常行为规范检查落实制度，学校建立“学生一日常规”，对学生生活、学习、作息、交往等提出具体要求。中小学升降国旗，清明节奠扫烈士陵园、参观展览和听庆元武装斗争史讲座，进行爱国主义和革命传统教育。1992年，中学设立共青团德育阵地37个、广播站（室）11个、帮教小组5个；小学初中有学雷锋小组109个、“红领巾路”和“共青团劳动基地”20多处。制定安全教育制度，开展师生心理健康教育，逐层签订安全责任状。聘请法制副校长和辅导员对学生进行法制教育，组织观看影片，中学还组织学生军训。组织小学生外出活动要上报教委备案。建立安全事故24小时内逐级上报制度，及时妥善处理各种意外事故。2001年，少先队开展“雏鹰行动”“小学生日常行为规范养成教育”。学校制订、落实21项安全规章制度，落实安全保卫一把手负责制和责任追究制。2003年，破旧校舍加固，危房封闭，学生接送车辆要具备“三证”，学校食堂及小卖部持卫生许可证上岗，防范非典型肺炎，以下简称“非典”。2004年，出台《庆元县教育局关于加强和改进未成年人思想道德建设的实施意见》，把德育融合在教育教学各环节和学生生活实际中。9月1日起，贯彻实施调整和补充后的《中小学生日常行为规范（修订）》，全面开展新一轮中小学生日常行为规范达标活动。是年，制定中小学校寄宿生管理实施意见，建立教师和学生两条管理系统。寄宿生实行封闭式管理，未经请假不准出校门，集体出校门要排队；寄宿生文化生活全面推行“六个一”工程。2005年，实施“德育导师制”，每位中小学教师每学期都要选择若干名受导学生，进行“思想引导、心理疏导、生活指导、学习辅导”。将食品安全知识教育列入健康课程授课内容，100人以上大型聚餐实行申报备案制。对学校食堂、副食品店开办、管理进行不定期检查，达不到要求的立即整改或停业整顿。2006年，教师每天上午、下午最后一节课留出1分钟进行安全教育。2007学年始，安全教育纳入教育督导。开展“代理家长与留守儿童结对关爱行动”。2007年，小学开始设立德育处。

2008 学年，开展“人民满意学校”评选活动。2009 年 5 月中旬，在中小学（幼儿园）开展师生全员参与的应急避险大演练和“防灾减灾”宣传周活动，提高师生预防火灾、地震、台风、洪水等自然灾害意识和能力。2010 年，制订《庆元县教育局校园突发事件应急预案》《庆元县教育局校园突发事件应急工作流程图》《庆元县教育局校园突发事件应急工作学校内部流程图》等一系列文件，各校结合实际制定相应应急预案，举行模拟演练。到 2010 年，乡镇中心小学以上学校都设立政教处或德育处，主要抓学生德育工作。

第二节 智育

1991 年，基础教育阶段小学、初中、高中文化课程都进行考试。1992 年，使用省编新教材，减少考试次数，减轻学生课业过重负担。1996 年，贯彻落实教学常规、学习常规，强调优秀率和合格率。1997 年，实施中小学班级质量监控制度，出台质量评估方案，促使教学观念转变。包括目标观的转变，从“金字塔”式目标转为面向全体面向提高；质量观的转变，从“高分量人才”转为“普及提高论效益”；施教观的转变，从只为升学负责、只为少数尖子生负责转为对每一位学生负责，不求人人升学，但愿个个成才。1998 学年，小学初中实行质量监控检测。以人为本，促进学生人格、智力、身体等全面发展。让素质教育走进课堂，实现课堂教学目标、对象、体系、内容和教学环境、教学方法手段转变。小学实行毕业会考。学生成绩报告单除语文、数学、思品、常识检测科目外，其他科目均采用等第制。2002 年，全面启动课堂教学改革，以学生为中心，以情景为中心，以活动为中心。变注入式教学为主动式教学，变被动听课为主动参与，变单纯知识传授为能力培养；让学生观察，让学生思考，让学生表述，让学生动手，让学生总结。教师在暑期进行普通话培训和测试。2004 年，制定《庆元县义务教育阶段学校教学质量评价方案》，建立起义务教育阶段学校教学质量评价体系，分教学工作和教学效果两项评价，“部分监控”与全面监控、统一考查与随机抽测相结合。开展中小学教师校本培训。2005 年，中考科目为语文、数学、英语、科学、社会（内容包括历史与社会、思想品德），社会实行开卷考试。2007 年 9 月，制定《关于进一步加强教学管理，全面提高教学质量的实施意见》。有条件的学校建立集体备课制度，发挥教师集体智慧，教后有反思，形成二次备课；实施推门听课制度，以听课促备课；上课启发思维，精讲精练，倡导“自主、探究、合理”学习方法，运用电教等现代教学手段；实行分层次布置作业，精心设计，增强实效，作业批改可用评语加等级评价学生。2008 年，开展“书山有路”教师读书活动。庆元中学、庆元三中、江滨小学等学校被评为省课外阅读先进集体。2010 年 10 月，县教研室制定《关于改进学生作业提高教学效率的实施意见》，减轻学生作业负担。

第三节 体育

学校上午课间开设广播体操和眼保健操，下午课间做眼保健操。1991 年始，正常开展中小学生体育达标活动。乡镇中心小学以上学校每年举行 1 次田径运动会，选拔优秀选手组织训练，参加县、市中小学生田径运动会。1992 年始，建立学生体检制度，定期体格检查。1997 年 7 月，组建县中小学生男女篮球队并进行集训，10 月参加在庆元举行的全区中小学生篮球赛。2003 年，贯彻落实《中小学心理健康教育指导纲要》，加强中小学心理健康教育。是年，县中小学心理健康教育指导中心成立，负责学校心理健康教育教师上岗培训、资格认定和组织考核等。7 月，松源镇一小学生徐睿杰在国家棋协举办的棋赛中获华东地区国际象棋赛第二名。2003—2005 年，乡镇中心小学以上学校先后成立心理辅导室。选派教师参加心理健康教育培训与考核，持证上岗。2004 年 12 月，成立县教体结合工作办公室。庆元二中、县实验

图 29-2　全县中小学田径运动会（县教育局供　摄于 2008 年）

小学等学校每年开展学生体育节系列活动。2006 年，庆元二中被定为市传统体育（篮球）基地学校。2007 年，县实验小学被授予市体育训练基地学校，松源镇一小被评为市体育传统先进学校。2007—2008 年，荷地镇小“中国象棋”队多次参加全市中国象棋比赛，先后获得市小学生象棋比赛女子团体第一名、第二名，男子团体第二名、第三名。2008 年 4 月，松源镇一小举重队员吴可青当选 2008 年北京奥运会圣火传递火炬手，作为全市年龄最小的火炬手参加在温州举行的奥运火炬接力传递活动。2005—2009 年，松源镇一小举重队在省、市举重比赛中获举重金牌 19 块、银牌 23 块、铜牌 9 块。2009 年，松源镇一小被授予省体育特色学校。2008—2010 年，教育局组织教职工乒乓球比赛、教工篮球赛、教工排球赛等阳光健身活动。

第四节　美育

县教育局每两年举办一届全县中小学艺术周，至 2010 年，举办 13 届。比赛项目有文艺演出类（声乐、器乐、舞蹈、曲艺的相声、小品、课堂剧等）、书画类（现场绘画、书法）、“三小”类（科技小论文、小发明、小制作）；设单项奖和集体奖，中小学分开评奖。各校建立合唱队、舞蹈队、器乐队、美术小组、书法小组等多种课外艺术兴趣小组，开展兴趣活动，参加比赛。2003 年，实验小学被中国教育学会评为中国艺术教育特色学校，江滨小学创建省书法特色学校。1995 年，初中升学考试加试音、体、美科目，对音、体、美有特长学生给予加分，促进学生全面发展。2003 年始，每年举办一届中小学生兴趣特长综合运动会。比赛内容及涉及语文、英语、科学、音乐、美术（摄影）、书法、体育、劳技等学科。比赛项目每届有所调整。其中，小学组有剪纸、中国象棋、成语积累、器乐（小提琴、双簧管、笛子）等；初中组有剪纸、成语积累、网页制作、素描、小提琴、篮球技能、摄影抓拍等；高中组有英语翻译、程序设计等。2006 年 4 月，举行全县首届中小学生英语文艺晚会。2007 年，松源镇一小姚卢诗晨代表省参加全国少儿声乐大赛获第一名。2009—2010 年，在全省中小学生音乐、书法、绘画等比赛中，有 130 多位学生作品获市级以上奖励。县实验小学被评为省语言文字规范化学校。

第五节　劳技教育

20 世纪 80 年代始，中小学校把系统基础生产劳动知识和技能引入劳技教育课程。1992 年，普遍开设劳动（劳技）课，小学三年级以上每周 1 节，中学每周 2 节，初中劳技教材是《食用菌》。大部分中小学校侧重抓小学、初中、高中毕业生短期职业技术培训，一般利用毕业离校前 2—4 周对学生进行热爱农村、扎根农村、建设农村思想教育，初步掌握 1—2 项农村实用技术。1998 年，小学生活与劳动课每周安排1课时，初中劳动技术或农业技术基础课一年级每周安排1课时，二、三年级每周各安排2课时，高中劳动技术每学年安排4周，可集中也可分散安排。到劳动基地参加生产劳动。是年，35所学校建立劳动基地35个，计20.27公顷。其中，果园、山林基地等15个、蔬菜基地20个。2004年，小学、初中开展综合实践活动，包括研究性学习、社区服务和社会实践、劳动与技术教育三个领域。中小学开始编写乡土教材及开展校本教材教学，庆元二中叶其森、范良帮编写校本教材《神奇庆元》。开展小发明、小制作、小论文科技竞赛。是年，实验小学被中国少年科学院选定为中国少年科学院科普基地。2005年，竹口中学和淤上乡中心小学学生劳动实践基地被评为市学生劳动实践示范基地。江滨小学、松源镇一小、举水乡校等学校重视廊桥文化教育熏陶，开展廊桥文化课题研究、廊桥小导游培训与实践。其中，江滨小学、举水乡校被县委宣传部命名为“庆元县廊桥文化教育基地”。2007年秋季始，高中招生将探究与实践、劳动与技能作为综合素质评价重要组成部分，成为初升高重要条件。2009年，开展青少年科技创新大赛。县实验小学代表队在市少先队创意车模大赛中获得团体总分第一名，载人车模《方圆》代表市参加省比赛荣获一等奖。2010年5月，县实验小学在全国航海模型锦标赛中有10位同学获省一、二、三等奖；8月，县实验小学综合实践活动成果《千年廊桥不倒之谜》获第25届全国青少年科技创新大赛优秀科技实践活动三等奖、省一等奖。

图29-3　江滨小学廊桥文化节廊桥模型作品展（县教育局供　摄于2008年）

第四章　教育管理

1985年5月，基础教育推行“地方负责，分级管理”体制。1986年，杨楼小学成为全省第一所寄宿制小学。1988年，县政府公布九年制义务教育规划和中小学布局具体方案，确定直至村小的每一所中小学“撤、扩、并、改、联”发展去向和开班规模。

1985年，教育经费附加实行“统征统用”，对民办（合同民办、代课）教师工资实行统筹。农村教育费附加采取“乡镇征县管”办法管理，乡镇按月将征收的农村教育附加全额上缴财政局教育附加专户，专户按乡镇设立明细账，分乡镇核算。乡镇依据教育发展规划和实际需要使用教育附加时，由乡镇政府提出申请，县教委审核后报县政府审批，县财政返回，确保专款专用。1989年，设立县人民教育基金会。

1989年始，浙江省对实施九年制义务教育乡镇奖励配备普教仪器，庆元县获得奖励学校32所。

第一节　布局调整

小学布局调整

1992年，根据修订后的教育规划和小学布局方案，小学按联（2.5千米内两所小学确定联办地点实行联办，邻近两所完小实行高段联办）、改（学生10人及以下改为简易小学，撤销教师编制，参照学区人口和在校学生数分档次发补助费）、减（学生数40、70、100、140人及以下小学分别只能开1、2、3、4个班，5班以上小学平均学额45人，不低于40人，达不到以上学额均减班）原则调整，鼓励集中办学（允许乡内继续调整学区、人力财力上重点资助3班以上小学等）。

1992年，小学进行调整，将285所小学和部分简易点调整为100所3班以上完小、100所单双班初小和47处简易点，将678个教学班调整为600个班，按每800—1000人口设置1所小学、300—350人口开设1个教学班标准实施。以乡镇为单位，实行教职工编制包干制度。超编不补，节编留用，节编所余人头经费主要用于教工补贴和奖励。鼓励增办3班以上完小，对小学实行分类指导和扶持。在分级办学、管理体制不变前提下，协助乡镇政府管理3班以上完小（指学区人口1200以上，生源长期稳定80人以上的点），在人力、财力上予以扶持，使之逐步办成标准化小学。小学撤销区辅导学校，乡镇、村分级办学。同年5月，县中心小学改为县实验小学，实行县办县管；松源镇小改为松源镇第一小学，另选择一所镇郊区小学建为松源镇第二小学，负责管理城郊原3个乡范围内各小学和附设初中，职责与其他乡镇中心小学相同，均实行镇办镇管。

1993年8月，布局进一步调整。鼓励乡镇中心小学和辅导小学逐步扩大办学规模，充分发挥教学设施办学效益，吸收本片附近小学学生，特别是高年级学生。鼓励集中办学，加强对3班以上完小管理，增加投资，使之逐步办成标准化小学。是年，县乡财力、师资主要投向3班以上小学。在教学设施许可，社会、家长自愿前提下，支持办好寄宿制小学。逐步撤消三复式班，改二班完小为只开一至四年级二班小学、将五年级联入附近三班以上完小，三班初小改为两班初小。开班标准，学生数30、60、90、120人以下（含本身）小学，分别只开1个、2个、3个、4个班，5班以上农村小学标准学额每班40人，一般不低于30人；学生数8人以下改为简易小学，撤消教师编制，按学区人数和在校生数分档次发放办学补助费；城镇小学开班标准学额45人，一般不低于40人，达不到以上学额均应减班；小学最高学额每班56人。

2001年，庆元县规划小学166所（其中完小69所、初小82所、简易小学15所）。其中，寄宿小学41所。村级小学继续实行“联、改、并”原则，地处偏僻且村落分散地方2.5千米以内学校实行中高段联办，30个学生以下完小改为初小，2～10个学生初小改为简易小学；一至五年级实行联办，撤掉其中一所实行合并办学的两所学校，被撤并小学校舍和场地收归乡镇中心小学管理，供给幼儿园或成人文化技术学校使用。至2001年末，先后创办15所寄宿制小学，配备专职保育员、炊事员、保健员。2002年7月，村级初小一般设一、二年级复式，不再设三复式班，不再设简易小学。2005年，小学不再开设复式班。2006年9月，继续撤并生源不足小学，集中办学。由于人口外迁造成生源严重不足学校（班级），按开学后实际在校生情况另行调整开班计划。县第四小学变更县城东中心学校，四山乡校并入县城东中心学校，撤并底墅、杨桥、苏湖、杨楼、竹山5所辅导小学。2008年，百山祖乡校并入城东中心学校。

中学布局调整

1992年，初中按“合理布局，划片联办，独立设点，完整学制，面向农村，提高质量”原则布设。中学管理上改乡联办区管为乡镇办、乡镇管或乡镇联办、联管体制。其中，原定学区范围与现乡镇区划完全吻合的8所中学，实行乡镇办、乡镇管，改以该乡镇名称命名（带“乡”或“镇”字）；原定学区范围包含现若干乡镇的5所中学，实行乡镇联办联管，委托学校所在地乡镇牵头实施和负责日常管理，校名暂维持原名；庆中、县职中、县二中、县教师进修学校继续实行县办、县管、校名不变，努力办成示范学校。逐步扩大独立初中，有计划撤销附设初中，新村二中（后称五大堡乡中学）开始招生；民办（私立）初中2所。

1993—1997年，民办初中1所（振都中学）。1994年12月，提出“一线三点”初中办学格局，共13所中学。“一线”即发展“龙庆寿”沿线黄田中学、竹口中学、屏都中学、庆元中学、庆元二中、县职中、郊林中学、五大堡中学、荷地中学、江根中学。“三点”即隆宫中学、新村中学和岭头中学。逐步将庆元中学和庆元二中办成高级普通中学和初级中学。初中、普通高中开班标准学额45人、最高学额56人，职业高中开班标准学额40人。1995年9月，南峰初级职业教学班停办。1996年，黄田镇小、姚村辅小、上济辅小、曹岭辅小的附设初中停办。1998年，小安辅小、张村乡校的附设初中停办。2000年9月，庆元中学初中、高中完全分离，办普通高中教育；岭头乡、举水乡、龙溪乡联办岭头中学，合湖乡校附设初中、松源镇二小底村辅小附设初中、淤上乡校附设初中、安南乡校附设初中停办。

2002年7月，左溪镇校、官塘乡校、举水乡校、龙溪乡校的附设初中停办；8月，庆元中学搬进新校区，庆元二中迁入原庆中校址，原庆元二中资源划给职业中学，以扩大办学规模，初中升高中比例达到63.1%，隆宫中学并入菊隆中学。2003年，江根中学并入荷地中学。2004年，郊林中学更名县第三中学，与庆元二中共同完成县城初中招生任务；岭头中学与岭头乡中心小学合并为岭头乡中心学校，成为庆元县第一所九年一贯制学校；9月，荷地中学高中部、竹口中学高中部停办，由完全中学改为初级中学。2006年，黄田镇中心小学与黄田中学合并成黄田镇中心学校，竹口镇中心小学与竹口中学合并成竹口镇中心学校，成为九年一贯制学校，五大堡中学并入庆元三中。2007年，新建城东学校72班规模（其中初中36班、小学36班），扩建屏都学校60班规模（其中初中36班、小学24班）。

第二节 教育经费

1998年，庆元县城镇教育费附加收入91.93万元，上缴省8%部分7.34万元，上缴地区28%部分25.71万元，县级64%部分由县财政划拨县教委，用于重点工程建设。1999年9月，县教委推行财务公开，制订中小学委培费、借读费、捐资款管理与使用办法，主要用于建立中小学校素质教育奖励基金、扶持偏远贫困山区和原单位改善办学条件。2000年，县教委实行教育系统政府采购。2006年，县会计核算中心教育分中心成立，中小学财务工作全部纳入，实行“单位审批、中心结报、统一管理、分单位核算”管理体制。2007年8月，县府办印发《庆元县教育系统专项资金管理暂行办法》，县教育局制定《庆元县教育系统校舍基建维修管理工作规定》，从同年6月15日起执行。

经费来源

教育经费主要来源有国家财政性教育经费（包括预算内教育经费、地方政府征收用于教育税费、勤工俭学用于教育经费）、社会集资办学经费、事业性收入（学杂费），还有希望工程和社会各界捐资助学等。

社会集资经费 1992年，建立县基础教育基金筹集领导小组。各乡镇建立教育基金筹集管理委员会，全面负责基础教育基金筹集、管理和使用。干部、职工每人每年20元，3个月以上临时工每人每年10元；农民按每人年均收入2%（个别地方确有困难年份不低于1%）；行政事业中全额预算单位按每年预算外资金1.5%提取，差额预算单位按每年业务收入0.5%提取，企业、其他事业单位按每年税后盈利中的福利、奖励基金5%提取。1995年，行政事业干部、职工每人每年40元，企业干部、职工每人每年30元，行政、事业、企业3个月以上临时工每人每年20元。1993年始，加大全面开征农村教育费附加力度，逐步建立补（争取专项补助）、拨（县财政拨教育专款）、征（征收城乡教育费附加，实行乡镇征、县统管、乡镇用）、集（集资办学）、捐（捐资助学）投入格局。1996年5月1日起，执行《庆元县城乡教育费附加征收管理办法》，农业人口农村教育费附加根据农民人均收入按每人每年10元或15元标准征收，征收任务下达到乡镇。1998年，农业人口农村教育费附加按每人每年15元或20元征收；9月，县教育发展资金领导小组成立，县人民教育基金会资金划归县教育发展资金户头，资金管理和使用办法不变。2002年11月，县政府制定《庆元县城乡教育费附加征收管理使用办法》，凡缴纳增值税、营业税、消费税的单位和个人（包括外商投资企业），按“三税”税额（外商投资企业计征额按税额乘中方投资比例确定）4%缴纳城镇教育费附加，乡镇、村办工业企业（包括外商投资企业、联营企业、个体企业等）按销售收入0.5%计征农村教育费附加，商业、交通运输、建筑安装、饮食、服务业等按营业额0.5%计征农村教育费附加，从事农、林、牧、副、渔业的农民由收购单位按2%计征率代征农村教育费附加。

事业性收入 2000年6月20日，县物价局、教委、财政局调整普高、职高收费标准，收费项目为学费、住宿费、代管费三项。同年秋季起，调整小学、初中收费标准，收费项目有杂费、借读费、住宿费（含水电费）、代管费，家庭经济确有困难的小学生、初中生杂费减免，减免比例10%左右。2001年7月1日起，实施行政事业性收费票款分离管理。2003年8月，完善义务教育收费管理，收费项目是杂费、代管费、住宿费，跨县域在庆元借读的可以收取借读费，小学、初中少数民族学生免收杂费，家庭经济困难学生书本费、杂费、住宿费减免。2004年秋季始，义务教育普通中小学全面实行“一费制”收费。2007年春季后，免收义务教育阶段公办学校学生学杂费。2008年春季起，免费提供义务教育阶段学生教科书。2009年，幼儿教育得到省政府低收费补助资金26万元。

勤工俭学 校办工业。1991年，校办工厂17家，年产值180万元，实现利润14.5万元，主要产品有木折椅、木地板、杉木门窗、玻璃钢门、学生簿册等。1992年，庆中印刷厂、梦天玻璃钢厂、竹口中学校办工厂利润1万元以上，成为丽水地区校办骨干企业。1993年，县校办企业公司改名县教育服务公司。1997年，13家校办企业获得浙江省校办企业证书。其中，梦天玻璃钢厂改名梦天实业有限公司，年产值300万元以上，被县政府命名为十大重点工业企业。2003年，引进外资160万元，成立缙云东升服饰有限公司庆元分厂；成立县文教卫周转金，扶持校办企业发展。2005年，校办企业进行产权改制，实行校企分开，将学校投资收回，进行转让或拍卖，与学校脱钩，变更为个体私营企业。

校办农业。1991年，145所村完小以上学校落实劳动基地99所，基地面积92.35公顷，组织学生参加基地劳动27066人次，勤工俭学纯收入22.3万元。1994年，有劳动基地181个，面积131.87公顷。县勤工俭学办公室制订劳动基地管理办法，各校因地制宜，种植蔬菜、水果、药材和经济林。1996年，开展劳动基地考核和示范基地评估。1999年，勤工俭学开展率96%，黄田、竹口、屏都、淤上、左溪等11所中小学基地被评为丽水市示范基地。随着学校布局调整，2005年，劳动基地建设重点转移到蔬菜基地上，有蔬菜基地20个，面积3.12公顷，学校利用蔬菜基地开设爱心营养餐，每星期为寄宿生提供免费蔬菜1—2餐。随着教育城镇化发展，教育资源整合不断深入，到2010年，劳动基地数渐渐减少。

1991—2010年庆元县接受捐资助学一览表

表29—4—2—1

年份	受助对象	项目	捐资者名称
1991	庆元县中心小学	资助建造“庆同楼”	香港沈炳麟、冯月娥
1991	庆元县中心小学	资助建造“庆同楼”	松源镇各村筹集
1991	新村二中（五大堡中学）	校舍建设	新村区筹集
1991	新村二中（五大堡中学）	校舍建设	日本捐赠
1992	县教师进修学校	庆同楼	香港沈炳麟
1993	五都辅导小学	庆同楼（教学楼）	香港沈炳麟
1994	庆元二中	教学楼（北楼）	吴建飞
1995	郊林中学	学生宿舍楼	娃哈哈集团公司
1995	菊隆中学	教师宿舍楼	杭州大厦有限公司
1995	菊隆中学	学生宿舍楼	杭百大集团股份有限公司
1995	五大堡中学	学生宿舍楼	浙江经济协作办公室
1998	新村中学	基础设施建设	吴建华
1998	松源镇第二小学	教学楼	共青团丽水地委
1999	松源镇第二小学	“手拉手”希望小学	丽水地区教育局、共青团丽水地委等
1999	松源镇第二小学	捐助办学	吴建华、曾凤云
2002	淤上乡蒲潭小学	教学楼（软件建设）	省青少年发展基金会林圣雄
2002	竹口镇中学	1个多媒体电子教室设备	宁波市江东区人民政府
2002	荷地中学	学生宿舍楼	余姚市人民政府
2003	江根乡中心小学	教学楼（软件建设）	浙江卡森实业股份有限公司
2005	庆元三中	逸夫教学楼	邵逸夫基金会
2005	庆元县实验小学	长庆楼（综合楼）	长兴县人民政府
2005	左溪镇中心小学	教学楼	萧山国际机场
2005	松源镇希望小学	教学楼（新建工程）	余姚市人民政府
2006	新村中学	30年校庆	机关、事业、企业单位和个人
2006	荷地镇中心小学	教学楼	浙江圣雄集团董事长林圣雄
2007	和山辅导小学	教学楼	中国石化公司
2007	屏都镇中心小学	教学楼	美国巍巍汪基金会
2007	淤上乡中心小学	教学楼装修	完美（中国）日用品有限公司
2007	黄田镇中心学校	计算机房	宁波市江东区人民政府
2007	庆元县实验小学	百年校庆	机关、事业、企业单位和个人
2008	庆元三中	图书	金祖鑫
2008	松源镇第一小学	计算机房	宁波市江东区人民政府

续表 29—4—2—1

年份	受助对象	项目	捐资者名称
2008	荷地中学	50年校庆	机关、事业、企业单位和个人
2008	左溪镇中心小学	恩美楼	香港沈炳麟
2009	竹口镇中心学校	邵逸夫教学楼	邵逸夫基金会
2009	岭头乡中心学校	博爱奖励基金	范道勤
2009	张村乡中心小学	教学楼	美国巍巍汪基金会
2009	隆宫乡中心小学	慈善楼（教学楼）	台湾慈心慈善事业基金会执行长温婉伶
2010	竹口镇中心学校	商城教学楼	义乌商贸城围巾协会
2010	举水乡中心小学	综合楼改造	邹立胜
2004—2010	庆元中学	梦天奖	浙江梦天木业有限公司
2008—2009	县职业高级中学	扩建工程	余姚市人民政府
2008—2010	全县中小学	彩虹计划（资助贫困生936人次）	浙江省爱心事业基金会

经费支出

1991年，全县教育经费投入1439万元，支出816万元。2010年，全县教育经费投入46593万元，支出25436万元。1991—2010年，全县教育经费投入258460万元，支出150071万元。教育经费支出主要有三大方面：人员经费，包括教职员工及其他人员和离退休教职工工资、补贴、福利等；公用经费，包括办公费、水电费、通讯费、交通费等支出；基建维修费，包括新建校舍、破旧危房改造、改水改厕、防雷消防等工程支出。此外，还有住房公积金、丧葬费、抚恤金、医疗费、教职工遗属补助和教学仪器、图书资料补助经费等。

校舍改造 1996年7月，县教育局、财政局下达危房、破旧校舍改造等专项经费补助71.05万元。2006年6月3—7日，受强热带风暴“碧利斯”等影响，淤上乡校防洪堤、龙溪乡校学生宿舍、松源镇一小教学楼等一批校舍遭到严重损坏，直接经济损失430万元；8月10日，超强台风“桑美”正面袭击庆元县，25所学校不同程度受损，大量校舍存在安全隐患，直接经济损失1486万元。重建、加固和修复左溪镇小、五大堡乡校、张村乡校、郊林中学、屏都镇小校舍。2009年，县政府批准2009—2011年中小学校舍安全工程总体规划，计划用3年时间，加固、改造或重建存在安全隐患的中小学校。2010年，投入3500万元，加固、改造21所学校、50幢、4万多平方米校舍，整改防雷、消防等设施。

贫困学生资助 2002学年至2003学年第一学期，资助中小学贫困学生2129人（含大学生3人）。其中，小学生866人、初中生394人、高中生（含职高）866人，资助金额714425元（大学生3人13000元）。其中，资助小学生245660元、资助初中生144690元、资助高中生（含职高）311075元。2005年12月，实施农村中小学“4+1工程”，即农村中小学家庭经济困难学生资助扩面工程、农村中小学爱心营养餐工程、农村中小学食宿改造工程、农村中小学教师素质提升工程和学生周末放心车工程。2007年10月23日，县学生资助管理中心成立，开展中小学家庭贫困学生助学。2009年9月18日，县教育局印发《庆元县实施中小学爱心营养餐工程补充规定》，要求学校每周对家庭经济困难学生免费提供3餐荤素搭配、营养合理的营养餐，补助标准每人每学期175元。2010年5月，爱心营养餐实行标准菜谱。2005—2010年，资助中小学家庭贫困学生金额3594万余元。其中，通过教育券资助2399万余元、营养餐资助1195万余元。

第三节　教育设备

机构

1990年，县教研室实施《教学仪器管理办法》。1992年6月5日，县电教仪器站成立，负责电化教育、实验教学和教学仪器（图书）配发。

设备及管理

1992年，电化教育进入学校。1994年始，逐步开始使用音像教材，每年征订音像教材8万元左右。1997年下半年，乡中心学校以上学校各选派1名教学骨干共33人，到浙师大培训学习电化教育，回校后负责学校电化教育。1998年，县城中小学实验教学通过“浙江省中小学实验教学普及县”验收，乡镇中心学校以上学校实验仪器配备基本达到省教育厅颁发的Ⅱ类标准、部分学校达Ⅰ类标准，村校达Ⅲ类标准。1999年，开展“两机一幕”（收录机、投影机、银幕）进教室达标活动。2002年始，庆元县中小学开展实验电教论文、课件和学生电子作品竞赛，提高教师教育技术能力和教育技术装备使用效益。同年，庆元中学建立全县第一个校园网及学校网站，通过“浙江省中小学实验教学普及县”复查验收。2004年，投入30万元，在县电教仪器站建立县教育城域网，与乡中心学校以上学校光纤链接，实现“校校通”。开通县教育网，各乡镇以上学校都有特色校园网站，在网上收发公文，实现无纸化办公，实行电子学籍管理。2005年，庆元中学、县实验小学、县松源镇一小成为省级现代教育技术实验学校。2005年12月6日至2010年，添置光盘放像设备71套、光盘资源17600余片、多媒体设备85套、计算机房4个，价值220余万元。2005年始，每年在教师队伍中开展网络培训，主要形式有“英特尔”未来教育、教育部—微软（中国）“携手助学”创新教师培训和中小学教师教育技术能力标准培训。2005年12月6日，实施省“农远工程”。建立光盘放像点，建设多媒体教室、学生计算机房，配发光盘放像设备和光盘资源。其中，光盘放像设备和光盘资源经费由省财政全额资助，多媒体、计算机70%由省财政资助、30%由县财政配套支付。2006年9月，县电教仪器站制定《庆元县中小学教育技术管理办法》。2007年始，每年每生5元书籍免费配送到农村中小学校，实施“书香校园工程”。2007—2008年，县财政分别单列资金100万元和170万元，用于购置中小学音体美器材和图书。2009年，全面加强中小学教育技术装备，升级教育城域网中心及部分学校网络设备，购计算机1524台，多媒体111套，录播系统1套，升级19所学校广播系统，安防监控系统，13所学校更新实验室设备和音体美器材，图书20.8万册，图书架、阅览桌等设备，总计价值1614.4万元。2010年，添置教师用笔记本电脑380台，多媒体87套，语音室1个，计210万元；省教育技术中心向庆元捐赠中小学校图书21700册，计42万元，以及10个教室多媒体设备、教师笔记本电脑50台、光盘资源6000余盘。

图29-4　庆元三中化学实验室（县教育局供　摄于2009年）

2010年，庆元县中小学实验室等功能教室296个，面积27567平方米。其中，实验室7922平方米，教育技术装备价值

4619.3万元。机房46个。其中，标准学生机房29个、25台学生机房6个，计算机3635台，生机比6∶1，教师办公用机1264台，8所县城学校和2所乡下学校多媒体进教室，其余25所学校均配有专用多媒体教室，多媒体428套，班套比1.21∶1，电化教育设备配齐率93%；理科实验室86个，理科仪器配备率89%；音乐室30个，音乐器材配备率96%；体育器材配备率96%；美术教室23个，美术器材配备率96%；图书室35个，藏书48.96万册，生均21.9册。其中，高中生均20.8册、初中生均24.9册、小学生均20.7册；阅览室9个；劳技、卫生器材装备参差不齐，较为薄弱。校园网站28个，校园广播系统35个。

第四节　招生

基础教育招生

20世纪90年代，随着经济社会发展，学前教育逐步得到国家、社会重视，幼儿入园率逐步上升。1991年，幼儿园招收6周岁以下幼儿入园，招生范围不受地域、学区限制。2000年始，招收5周岁及以下幼儿入园。

1991学年，中小学招生继续落实中小学布局规划和调整方案，推进九年制义务教育，严格入学条件，杜绝回炉生、倒流生、插班重读，控制班级学额，机动指标保证正常转学使用。小学招收7周岁儿童入学（单班复式完小和简易小学可实行隔年招生）。初中招生对象需具有小学毕业文化程度或同等学历，年龄不超过14周岁，由县统一命题，中学和辅导区校共同组织考试，按先区中学后乡中学顺序由县招生办统一录取。高中招生对象需具有初中毕业文化程度或同等学历，年龄不超过18周岁，参加“三考合一”考试，由地区统一命题，县组织阅卷，仍采用先庆中后荷中竹中分片录取、职中单独录取办法。是年7月，县小、松源镇小学区以酒厂为界调整为以云鹤路为界。郊林中学开始面向城郊区、万里林区招生。1992年，小学开始不留级，初中继续不留级。星光、斋郎、杨楼乡附设初中停止招生。庆元中学初中招2个班，庆元二中初中招8个班，五大堡中学开始招生，统一纳入新村区招生计划；庆元中学高一由4个班扩大为6个班，面向全县招生，录取分数线全县统一；县职业中学由2个班扩大到3个班，荷地中学、竹口中学各招一班职业高中学生。其中，荷地职业高中面向原荷地、万里林、左溪区辖区范围招生，竹口职业高中面向竹口、菊隆区辖区范围招生。1993年，五大堡等四处附设初中停止招生，岭头中学、新村中学初一增加到3班；恢复荷中、竹中普通高中招生各1个班，停招职业高中学生，原职业高中班学制不变，县职业中学扩大为4个班。1996年，张村乡校、贤良镇小、南丰附小的附设初中停止招生。是年始，中小学招生安排在学期结束时进行。1997年，百山祖乡校附设初中停止招生，安南乡附设初中停招一个班；庆元中学继续按中考成绩从高分到低分优先录取100名高一新生，其他普通高中新生在初中中专录取分数线公布后再录取；推行职高单独招生，设置单报职高志愿，对初中毕业未参加本年度中考的应届或历届学生，职业学校可以参考毕业会考或往年中考成绩录取，农口专业、艰苦专业可以凭初中毕业证书免试入学。1998年，安南乡校、淤上乡校、底村辅小、合湖乡校的附设初中停止招生；庆元中学停止初中招生，县城初中招生计划全部由庆元二中负责落实，从8个班增加到10个班；庆元中学高一提前录取学生从100名增加到150名，从6个班增加到8个班；职业学校扩大招生自主权，可以在教育行政部门指导下，在规定区域范围和时间内，面向社会直接招生。

2000年9月，将八年制义务教育改为九年制义务教育，小学五年制一年级（招7周岁）和六年制一年级（招6周岁）同时招生。2001年，龙溪乡校、举水乡校、左溪镇校、官塘乡校的附设初中班停止招生；庆元中学招收部分高一保送生，对优秀学生实行奖励。2002年9月，荷中、竹中高中段停止招生，庆元中学从9个班扩大到15个班。2003年11月18日，屏都镇五一、五二、五三、五四4个行政村划归松源镇，小学阶段适龄儿童在五都辅导小学就读，初中阶段适龄儿童、少年按原城郊片（大济、星光、和山片）入学办法在庆元三中就读，也可到菊隆中学就读；庆元中学挖潜扩招高一新生50人，职业高中与普通高中招生比例基本达到 1∶1。2004 年，户口新迁入县城的小学、初中起始年级第一学期适龄儿童，根据县城小学、初中学校可容纳情况，由县教育局统一调配。2005 年，小学初中实行就学区免试入学，不搞“生择校”“校择生”，县职业高中恢复食用菌专业招生。2006 学年，五大堡中学和四山乡校撤并后，户籍在五大堡乡的初一、初二学生到庆元三中就读，户籍在四山乡的适龄儿童少年划入城东中心学校（城东中心学校未建成前安排到江滨小学下属学校）、庆元三中就读。2007 年始，户口于 2000 年 1 月 4 日至当年 6 月 30 日前迁入县城的乡镇机关干部、“创业绿卡”企业主、正式教职工在县城购买或建造住房并于当年 6 月 30 日前办理好房产证，根据住宅位置安排初中、小学一年级新生就读。初中毕业生学业考试由市教育局统一组织命题，分文化考试和技能测试两部分。高中段学校招生坚持“全面衡量、综合评价、尊重选择、适者录取”原则，根据考试成绩、综合素质测评、优惠加分择优录取。坚持面向本县招生，首先满足本县考生的升学要求，外县考生按“择校生”录取。住宅在松源溪以南、云鹤路至云山路至五洲大酒店以西、陵园路以东片的适龄儿童属县实验小学招生；住宅在松源溪以南、云鹤路至云山路至五洲大酒店以东、大济路以西片或松源溪以北、松源街至新建路三弄以东、后田大桥以西片的适龄儿童属松源镇一小招生；住宅在松源溪以南、陵园路以西片或松源溪以北、松源街至新建三弄以西片属江滨小学招生；住宅在大济路至后田大桥以东片属城东中心学校招生。户口在松源镇的周墩、下滩、应岭尾、喜鹊、洋心、田墩、西演 7 个行政村适龄儿童属城东中心学校招生。同济新村（原名上坑岙）安置小区农户子女，小学安排在城东小学就读，初中安排在庆元三中就读；同德新村（原名反墺）安置小区农户子女，小学安排到五都小学或和山小学就读，初中由家长自主选择到庆元三中或菊隆中学就读。城东中心学校 8 月开始招生。2008 年，非庆元县户籍外来务工人员子女在县城有合法产权房产的，小学一年级根据居住区域分别安排在江滨小学、城东小学就读，二至六年级安排在城东小学就读，初一安排在三中就读，初二、初三安排在菊隆中学就读；在庆元县城没有合法房产的，按就近原则分别安排在农村小学、初中就读。是年，重点普通高中开始实行“分配生”制度，分配名额占正取生 30% 左右。是年始，每年从庆元中学所录取的高一新生中挑选家庭经济较为困难但品学兼优的 8—10 名学生到余姚中学就读。2009 年，庆元中学不再执行保送生制度，继续实行分配生制度和音体美技长生及少数民族计划单列等制度，分配生名额占正取生 50% 左右。2010 年，省一级重点中学开始取消跨县（市、区）招收择校生，只招收县内择优生，执行“三限”政策。是年开始，有意愿到丽水中学和缙云中学就读的学生由市教育局根据学生志愿和初中文化成绩从高分到低分统一录取为委托培养生。

大中专招生

1991 年，丽水师专实行单独提前招生，1994 年停止，庆元县这 4 年里向丽水师专输送 126 名新生，向浙师大输送 14 名预科班新生。1991—1999 年，招高中中专新生 443 名，2000 年高中中专停止招生。1993—1997 年，松阳、龙泉两所师范学校招收小学代课教师 156 名、初中代课教师 29 名。1991—1994 年，招高中技校生 35 名；1995 年始，技校招生不受户口限制，农业户口考生也可报考技工学校；1991—2001 年，招初中技校生 442 名。2000 年，高职院校开始实行单考单招；2000—2010 年，高职招生从 18 名增加到 280 多名，县职业高中向高职院校输送 1831 名新生，居丽水市同类学校首位。

1991 年，全省实行高中会考。1995 年，开始“3+2”高考模式。1997 年，高校并轨招生。1999 年始，高校扩招并从原来的“3+2”改为“3+X”。2000 年始，高校录取通知书实行专袋封发，县招办向县邮政局提供考生详细住址，确保投递准确无误。2001 年始，全省取消高考年龄和婚否限制。2003 年，因“非典”高考时间从 7 月 7—9 日提前至 6 月 7—9 日，一直延续。2004 年，实行省高考自主命题。2005 年，实行阳光高考，考生可在平台上查询文考成绩和学习情况。2009 年始，考生可在网上填报志愿，也可异地填报征求志愿。

1991—2010年庆元县中学考入大中专院校学生数一览表

表29—4—4—1　　单位：人

年份	中专	高校	高职	其中国家重点院校
1991	201	58	—	1
1992	238	60	—	—
1993	241	97	—	—
1994	357	150	—	—
1995	410	163	—	—
1996	443	127	—	—
1997	431	148	—	—
1998	394	131	—	—
1999	426	228	—	—
2000	393	272	18	23
2001	241	470	35	47
2002	283	573	81	37
2003	189	717	153	56
2004	270	714	171	44
2005	88	838	246	40
2006	20	650	286	11
2007	17	804	167	18
2008	15	836	128	14
2009	25	825	264	23
2010	74	738	282	31

说明：中专含初中中专、高中中专、初中技校、高中技校，上表数据含师范类。

第五节　学籍管理

1993年始，实行《浙江省义务教育卡》制度，新生入学后建立《浙江省义务教育登记卡》，转学、休学、复学等学生变动需经县教育行政部门审批。是年，中小学毕业班学生不转学、休学，不补办《浙江省义务教育登记卡》。1996年9月入学的高中新生参加全省统一高中会考，建立会考考籍。1997年3月，实行《庆元县义务教育就学证制度》，小学到初中每一个学生都建立就学证，内容与在校生名册、登记卡一致，学生转学、休学、借读、开学报名和参加考试必须携带《就学证》。2000学年始，义务教育阶段实行“六三”学制，义务教育对象受完规定年限义务教育，发给浙江省义务教育证书。2004年8月，开始实行中小学学籍电子化管理。2006年，省内跨县流动儿童少年由流出县教育局登记并发放义务教育登记卡，流入地学校办理学籍并进行义务教育登记卡登记，流动儿童少年就学情况纳入全省电子学籍管理系统，控制辍学。2009年，普通高中毕业班学生被批准参军入伍后，达到毕业要求的学校准予提前毕业，未达到毕业要求的准予提前结业；入伍后因身体等原因退伍可以恢复学籍，继续学习，考试考核按规定毕业。是年始，根据普通高中应届毕业生成长记录和综合素质评价，由电子学籍管理系统生成浙江省普通高校招生考生综合素质评价基本信息表。

第六节　教育科研

机构

庆元县教研室是教研机构，设主任、副主任，配备各学科教研员。1992 年 6 月，县教研室与县教师进修学校合并。1998 年 9 月，从县教师进修学校分离出来。1990 年 1 月 10 日，群众性教育科研组织县教育学会成立，首批会员 117 人，下属有中小学各科专业研究会。1996 年，设立县教科所，教育科研开始步入规范。1997 年，县实验小学和松源镇小设立教科室。到 2000 年，县城中小学先后成立教科室，负责学校教育科研管理，乡镇中心小学设立教育科研分管校长。学校设立学科教研组，配教研组长，开展校本教研活动。基本形成县教研室（教育学会）—学校教务处（教科室）—学科教研组（备课组）—教师的教研网络。

活动及成果

1995—1996 年，邀请省教科院杨章宏、洪致平及全国著名小学语文专家、杭大教育系教授朱作仁到庆元讲学，实地指导教育科研。2000 年，为调动教师科研积极性，规定教育教学研究课题结题、获奖列入学校督导和教师年度考核。2004 年以后，把教育科研作为深化素质教育、提高教育教学质量、促进教师专业成长的动力和依托，形成教、研、训、学一体化校本研训机制，提高校本教研有效性，加强校本教研专题研究，破解教育教学难题。2005 年，兴起课题研究热潮，涉及中小学多数学科多领域，出现可喜成果，有些被推广运用到日常教育教学中；开展县城学校教师到农村学校支援教学活动；3 月，掀起学习细化新纲要理念热潮，至 2010 年参加人数 1500 人次。2006 年 8 月—2008 年 8 月，聘请省特级教师、市学科带头人来庆元讲座、上示范课，选派骨干教师、园长参加市级以上培训 100 人次。其中，60% 民办幼儿园园长参加培训；将县城 26 所幼儿园分为 3 个片区，从中心幼儿园分别抽调 1 位教研组长指导组织教研活动。2007—2008 年，开展各级各类教研活动 270 多次。2007 年，组建中小学教育发展联盟，城乡联盟学校之间教育教学交流和教育科研日趋频繁，2008 年《庆元县城乡教育发展联盟的实践与研究》获省级课题研究立项；县实验小学、松源镇一小等学校成立名师工作室，开展师徒结对和“科研型”教师评选活动，有的学校举行教育教学开放周；组织中青年教师送教下乡；邀请全国著名教育专家、省特级教师、市学科带头人到庆元讲学培训指导，选派教师到上海、杭州、宁波、余姚、江东等地进修学习，挂职锻炼。2009—2010 年，开展片区教研活动 20 次，参加人数近 3000 人次。

1999 年，《运用电教媒体加强山区小学生作文能力训练》《初中数学创新学习方略》分别荣获第一届、第三届省基础教育教学成果二等奖。2003 年，以教育科研为抓手推动课堂教学改革，以校本教研为突破口提高教育教学效率。叶其森、吴韦春等教师参加编写《浙江绿谷》，作为现行综合实践活动和地方课程。松源镇一小《生态家园》《和谐校园》，江滨小学《爱廊桥学廊桥》，荷地镇小《中国象棋校本教材》，竹口镇中心学校《魅力竹口》等校本课程都极具特色。2005—2010 年，中小学教师撰写出许多富有见解、较有影响的教学论文。其中，全国获奖或发表的教学论文 80 多篇、省级获奖或发表教学论文 322 篇、市级获奖教学论文 1189 篇；教师在省级以上课题获奖（立项）93 项、市级课题获奖（立项）1104 项。《多媒体为科学教学撑起一片蓝天》《让英语课堂充满生机和活力》获国家奖，《套圈游戏》获全国一等奖，《奏好前奏》获国家级一等奖，《农村小学体育教学中优秀运动员的选取、培养、培训》获国家级奖；《由“一千个读者就有一千个哈姆雷特”想到》《侃读》获省级一等奖，《如何引导科学探究中的问题提出》获省级奖。《文言文断句方法指导和练习》在《引领少儿走进期刊天地》上发表，《以办特色学校作为素质教育的突破》入编中央教科所《如何实施素质教育》，《以乐树德》发表于《中小学音乐教育》。县实验小学汇编教师论文和教育科研成果集《教师在研究中成长》，松源镇一小汇编《精品教案集》。2006 年 2 月—2007 年 2 月，县教研室不定期编印《菇城教研》，开通《茹城教研》网站；组织幼儿教师专业技能培训（包括舞蹈、声乐、算盘、美术）和基本功比赛。其中，民办幼儿园教师占 88.7%，幼儿教育在省、市级获奖（立项）课题 10 个，在省级获奖教学案例 2 篇、论文 5 篇，在市级获奖（发表）论文 23 篇、案例 16 篇。2006 年，对中小学校长、教师进行专业理论和学科知识、技能培训；庆元二中全国教育科学“十五”重点规划课题《整体构建学校德育体育的深化、研究与推广实验》（2002—2006）通过中央教科所评审验收；小学滚动课题《小学生个性化学习研究》获省一等奖、《山区小学课外阅读活动形式与评价的研究》获省二等奖，《初中科学学生再自学“方法教学初探”》《如何把握语文教学的“主航道”》获省级奖，《〈论语〉选读》获教学课型研究省三等奖、《中等职业学校模式的构建研究——交互活动化模式》获省一等奖；课题《山区小学生态德育实践与研究》《个性化学校互融实践与研究》获市一等奖，《农村“留守儿童”健全人格的研究》《高中历史快乐教学的实践与研究》获市二等奖。2009 年，重新修订印发《关于规定教师各类评比管理的通知》，将“同课异构”引入推门听课活动，强化教师间互动和交流；在市规划类课题评比中，县实验小学有 5 项课题荣获市一等奖，县实验小学被评为省教育科研先进集体、省校本教研示范学校。2010 年 10 月，江滨小学《爱廊桥　学廊桥　建岗位——廊桥文化与少先队道德建设相结合的实践与研究》（2005—2010）通过国家专家组鉴定，作为全国“十一五”少先队三个示范性规划课题之一。

第七节　教育督导

机构

1990 年 9 月，县教育局设督导室。每学年对乡镇以上中小学学校办学方向、办学条件、组织建设、校务管理、教职工队伍建设、教育教学管理、专项工作、教育教学质量等进行督查评估。同时，开展学前教育、中小学收费、体艺卫教育、学生日常行为规范、学校安全等专项督导。

活动

1996 年，配合省政府工作组对“两基”（基本普及九年义务教育、基本扫除青壮年文盲）评估验收，10 月通过验收。之后，负责每年“两基”年审。2005 年，配合省政府工作组对“两高普九”（高标准、高质量普及九年义务教育）评估验收。2009 学年始，开展每三年一个周期的学校发展性水平评估，指导学校制定学校三年发展规划和学年发展计划，实行星级评估和管理，每学年一次初评，每三年一次终结性评估，激励学校走自主发展之路。开展省级教育强乡（镇）申报评估，至 2009 年，被评为省级教育强乡镇 14 个、市级教育强乡镇 4 个。2010 年 4 月，配合省教育厅工作组对创建“省级教育强县”评估验收，促进政府依法保障教育经费，不断加大教育投入，不断改善办学条件，不断提高教育普及水平。2010 学年始，庆元县以成功创建省教育强县为起点，开展现代化学校评估。

第五章 机构与队伍

中华人民共和国成立后，庆元县教育行政机构曾与民政、卫生、文化、体育等部门合并，有民教科（1949年）、文教科（1951年）、文卫科（1954年）等名称。1956年，县委设立文教部，文卫科析置析置教育局。1991—2010年间，庆元县教职工队伍从1991年的1219人发展到2010年的1830人；教师高学历、高职称人数逐年增加，教师素质显著提升。教师工资、福利等待遇进一步提高，全社会形成了尊师重教的良好风气。

第一节 机构

1990年3月15日，庆元县教育体育局撤销，分设庆元县教育局、庆元县体育运动委员会。县教育局内设秘书股、人事股、计财股、普教股、职成教股、监察室审计室、招生办、自学考试办公室、电大工作站、勤工俭学办公室、督导室、教育工会，工作人员40人。1996年10月，县教育局改为县教育委员会，内设办公室、人事科、计划财务科、督导室、纪检监察室（审计室）及下属全额拨款股级事业单位普通教育办公室、招考办公室、成教职教办公室、勤工俭学办公室、教育工会工作委员会（离退休教师协会）、档案微机室。2002年6月，县教育委员会更名为县教育局。2010年，县教育局内设办公室、人事科、计划财务科、督导室、纪检监察审计室；下属事业科室有微机档案室、校舍建设与管理办公室、县普通教育办公室、县招考办公室、县成教职教办公室、县教育装备和勤工俭学管理中心、县教育工会、退休教师协会、校舍建设与管理办公室、信访接待室。

第二节 教职工队伍

1991年，全县各级各类学校教职工1219人。其中，公办教师1189人，在编民办教师30人。另有合同民办教师326人，简易学校教师80人，全民办教师128人，其他部门办教师32人，缺编代课教师173人，临时工105人。教职工中共产党员328人，共青团员460人。公办、民办教师学历偏低、数量不足，民办、代课教师占相当大的比例。从1993年始，对全县中小学具有大中专以上学历的代课（合同民办）教师进行全面考核，选送到师范院校进修半年后转为公民教师，至1996年共有123名具有大中专学历教师转为公办教师。1994年1月，县教育局加快小学教师合格学历培训步伐，提出加强中小学教师学历进修管理工作的若干意见。1996年8月始，逐步辞退合同民办、代课教师。是年9月，通过全面考核，招收了16位为正式教师，充实到教师缺编的偏僻乡镇学校任教。是年，开始实施教师的资格认定工作。1997年，师范类大中专毕业生分配实行从事教育工作服务期制度，服务期为6年。1997年，在县实验小学进行学校教职员工的全员聘任制的试点。1998年，全县初中小学全面实施教职员工的全员聘任制度。2001年始，开始组织并管理全县普通话培训和考试工作。2005—2008年，全县中小学教师实施“素质提升工程”。2008年始，实施“领雁工程”骨干教师培训。1997—2010年，从大中专毕业生中招收902人为中小学教师。2010年，全县各级各类学校教职工1830人。其中，中小学教师1711人，都具有相应的教师资格；中小学专任教师1554人，达到合格学历1538人；在职教师中高级职称教师163人，中级职称教师1097人，初级职称教师540人；另有民办及其他部门办幼儿园非正式教职工432人。退休人员435人，离休人员3人。

教师待遇

1993年10月，实行工资制度改革，教职工工资分为职务（技术）等级工资（占70%）和津贴（占30%）两部分构成，教师同时享受职务等级工资的10%。之后，每两年年度考核合格以上正常晋升一级职务工资。1996年10月起，在乡村从教的教师连续两年考核优秀的，从次年1月起增加一档职务工资。同年12月1日起执行职务岗位津贴；2001年6月1日起执行地方性补贴；2004年1月1日起实行同城待遇。2006年1月始，教职工工资分为岗位工资、薪级工资，教职工每年考核合格以上正常晋升一级薪级工资。同时取消原农村、山区教师年度考核连续两年优秀晋升一档工资的规定。2008年1月1日起，实行农村教师任教津贴。2009年1月1日，义务教育阶段学校教师实施绩效工资。分为基本绩效工资和奖励性绩效工资两部分。基础性绩效工资占绩效工资总额的70%（包括生活补贴、岗位补贴、教工龄补贴、班主任补贴、农村任教津贴等）根据国家有关规定按月发放。奖励性绩效工资占绩效工资总额的30%，是以绩效考核为基础，实施将工资与考核结果挂钩的工资制度，体现多劳多得，优绩优酬的原则，义务教育阶段学校根据各自学校制定的考核方案的考核结果发放。1993年工改后，1995—2005年离退休教师工资每两年正常晋升一次，1997—2005年进行6次调整工资标准。2006年、2009年义务教育学校离退休教师提高生活补贴费。从1995年1月1日起，教龄满30周年的中小学教师退休后按其基本工资的100%发给退休费。为70、80、90周岁及以上老教师举行祝寿活动，每年春节慰问离退休教师。1993年县城学校实施房改制度。1998年，实行教师安居工程集资建房20套2391平方米。2002年9月1日起，县委、县政府设立骨干教师专项津贴。全国优秀教师、省特级教师每人每月300元，省优秀教师、市学科带头人每人每月150元，市“教坛新秀”每人每月100元，同时每人每年补助教育科研经费1000元。2009年1月义务教育阶段的学校实行绩效工资以后停止发放骨干教师专项津贴，按绩效工资办法执行。为鼓励高层次人才引进，推进技术管理和创新。从2007年1月起，对正高级职称的科技人员在生产一线工作期间，给予每人每月300元的政府津贴。对副高级职称和硕士学位的科技人员在生产一线工作期间，给予每人每月100元的政府津贴。对博士学位的科技人员在生产一线工作期间，给予每人每月1000元的政府津贴。从2005年始，对年满55周岁的男教师和年满50周岁的女教师实行离岗退养制度。

尊师重教

每年教师节，县委、县政府开展“尊师重教”活动，表彰优秀教师和教育工作者。1994年实施《中华人民共和国教师法》，从法律上保障教师的合法权益。历届的县党代会、人代会和县政协会，都有教师代表参加。县教育系统的领导和教师代表、委员结合工作实际，积极参政议政，参与科学决策，推动教育事业持续健康发展。有的教师、代表、委员还走上县领导岗位。1991—2010年，3人被评为省特级教师，5人获国家级先进荣誉教师、89人获省级先进荣誉教师、108人获市级先进荣誉教师。

教师进修

1985—1994年，县教师进修学校从代课或民办教师中录取学员360人，举办四期中师函授班、一期民师函授班和一期高师本科自考班；1997年后，与丽水学院合作，开设小教大专班、学前教育大专班、教育心理学和英语等专业本科学历函授班，毕业学员300多人。1991年始，每年培训新上岗中小学新教师。2004年，小学教师以“新课程与学习主题构建”为主要内容的全员集中培训18个教学班、968人；初中教师以“初中学科主题”为主要内容的全员集中培训18个教学班、788人。2005—2008年，教师素质提升工程专题培训中小学教师 1129 名。2008—2010 年，中小学各学科省级“领雁工程”培训 118 人、市级“领雁工程”培训 48 人、县级“领雁工程”小学语文、数学、德育骨干教师培训 72 人；参加“知行中国——班主任远程网络培训”104 人。2001—2010 年，教师参加普通话培训和考试 5000 多人次。

1991—2010 学年庆元县中小学校（幼儿园）教职工数一览表

表 29—5—2—1　　　　单位：人

学年	幼儿园	小学		初中		高中			
						普高		职高	
	教职工	教职工	其中专任教师	教职工	其中专任教师	教职工	其中专任教师	教职工	其中专任教师
1991	179	1067	496	540	326	69	63	29	18
1992	203	1114	493	579	349	70	61	41	26
1993	201	1117	521	622	343	72	72	38	25
1994	184	1069	529	589	376	93	70	29	21
1995	181	1105	561	621	448	77	77	39	27
1996	178	1051	731	643	417	103	74	39	27
1997	168	1085	772	656	426	91	81	45	31
1998	256	1079	797	671	493	94	94	46	31
1999	311	1047	844	641	509	129	104	42	30
2000	243	1085	886	497	469	270	113	46	36
2001	278	1100	906	505	429	167	124	72	46
2002	328	1085	901	不详	424	不详	156	78	69
2003	343	1052	868	不详	406	不详	170	105	89
2004	361	1041	859	483	412	164	144	132	114
2005	364	999	845	462	392	158	138	146	126
2006	385	998	849	458	385	159	137	148	128
2007	398	978	855	456	392	169	145	168	129
2008	404	974	855	461	407	163	140	148	131
2009	432	957	846	470	426	166	142	150	131
2010	472	925	847	468	426	174	152	144	129

说明：幼儿园教职工数包括教育部门办、其他部门办、集体办、民办（社会力量办）幼儿园的园长、教师、保健员及其他工作人员。1991—2001 学年，中小学教职工数含公办正式、在编民办、缺编代课、合同民办、简易学校、全民办教师，未含临时工友；其中初中教职工数含小学附设初中，1991—1994 学年还包含职业初中教师；1991 学年小学和初中教职工数未含全民办教师，2001 学年初中和普通高中教职工总数未含缺编代课教师计 111 人。2002—2010 学年，中小学教职工数均系公办正式人员，其中 2002 和 2003 学年，初中与普通高中教职工合计数分别为 701 人、689 人。1991—1995 学年，中小学专任教师指公办正式、在编民办教师；1996—2010 学年，中小学专任教师均系公办正式教师。此表数据未含县教育局机关及直属单位、民办初中教师。

第三十篇 科技

唐代时，庆元黄坛村的青瓷制造技术就已相当娴熟。宋初，龙岩村吴三公发明人工栽培香菇技术。但长期以来，囿于地域偏僻，庆元科技文化相对落后，前人成果未能及时总结、研究推广。中华人民共和国成立后，政府重视科技工作。1976 年，县科学技术委员会成立。1979 年，县科技协会成立。1993 年，建造全国最大的食用菌科研中心，力图通过加强领导和完善服务等措施推动科技进步和发展。1991—2010 年，庆元县科技工作以科技兴县为目标，以庆元特色的食用菌、竹木产业为重点，制定和实施科技发展计划，逐渐加大科技经费的投入，组织实施各类科技计划项目。进行科技宣传与培训，推广科技技术，开展科技合作。

第一章　科技管理

1976年，庆元县科学技术委员会成立。1990年内设办公室、企管科、计划科、信息科。1994年内设办公室、综合计划管理科（星火计划办公室），下属事业单位为科技信息中心（地震办公室）。2002年6月，庆元县科学技术委员会更名为庆元县科学技术局，内设办公室、综合计划管理科。2010年，县科学技术局内设办公室、综合计划管理科；下属事业单位为科技信息中心、防震减灾中心。

第一节　科技规划

科技发展“八五”计划

主要发展方向和任务：完善企业的经营管理水平，加强对现有企业的技术改造，促进企业向精细加工型和效益转化，对现有企业的技术改造坚持以内涵为主的扩大再生产道路，使技术改造确实起到增强企业后劲，提高经济效益的目的。立足本地资源优势，引进先进适用的新技术、新成果，开发适销对路的新产品。调整产品结构。加强技术研究和应用，解决好当前生产中的一些技术关键问题。加强职工职业教育和技术培训工作，扩大专业技术队伍，提高企业职工技术素质。大力推广先进适用的科技成果，提高农业生产技术水平，由县政府的职能管理部门牵头，财政、金融、计划、供销等有关部门的密切配合，每年选择一批量大面广，牵动农业生产全局的先进适用农业科技成果，通过技术培训、科技示范，结合必要的行政措施，进行大面积的推广应用，把科学技术转化现实生产力。组织科技攻关，解决生产的技术关键问题。

科技发展“九五”计划和2010年远景规划主要任务

认真研究并组织实施四大重点领域科技工作，持续推进“星火计划”的项目实施。一是食用菌领域，以创建“省级食用菌星火技术密集区”为动力，以“国家级食用菌支柱产业”为目标，认真实施三大工程即万吨优质香菇工程、食用菌珍稀品种开发工程、食用菌产品深度加工技术开发及配套机械开发工程。重点是优良品种选育、优质高产栽培技术、珍稀野生食菌开发利用、替代原材料资源研究与开发、菇木后备资源培育及相关成果推广应用。二是现代农业技术领域，围绕高产、优质、高效的目标，改造传统产业，优化农业结构，提高农业综合效益，强化农业的基础地位。要把调整农业结构摆到十分重要的位置，有关部门、各乡镇都要认真研究对策和具体措施，以科技为先导，确保农业稳步发展。要加强优良品种组合引进选育及配套栽培技术、“一优两高”农业技术和农副产品贮藏、保鲜、加工适用新技术的研究推广。重点是培育和引进良种，提高农业科技储备和良种覆盖面，加速培育优质高产笋竹两用林及综合利用，使之成为农村经济第二支柱产业，同时改造低产劣质果园。2000—2005年，农业科技成果转化率达到50%，主要种养业品种更新换代一次以上，努力把科学技术推广应用到农林菌各业中去，使农业综合开发经济效益有较大幅度提高。三是工业经济领域，加强科技信息服务，积极引进新技术、新工艺进行消化、吸收和应用，大力开发具有特色的新产品，努力达到五个提高：提高新产品产值率，提高企业技术开发水平，提高传统产业技术改造水平，提高科学管理水平，提高产品质量水平。要着重抓住新产品开发、技术改造与技术革新和地下矿产的采掘这一关键，进行科学研究与技术改造。要积极引进高新技术，扶植和组建一批技术密集型的产业群体和企业集团，发挥集聚领域，应用现代技术和设备，进行应用研究，促进社会全面发展。与此同时，以实施星火项目为基础，以“一优两高”农业和“高群外”为发展方向，以星火示范乡镇、星火示范园区、星火技术密集区建设为重点，以星火示范企业和星火支柱产业为核心，以人才开发和人才培养为关键，从单项示范管理转向区域综合示范管理，强化星火计划的综合示范功能，为农村发展中的热点、难点和新增长提供科技动力国。加速应用适用科技成果的步伐，为实现农村“一康三化”（即农业现代化、农村工业化、乡村城镇化和农民奔小康）的目标服务。

“十五”科技发展规划实施情况

“十五”期间，全县组织申报市级以上各类科技计划项目109项，立项55项，得到无偿经费资助588.5万元；实施省级以上项目55项，县级150项，通过省级科技成果评审和鉴定的项目18项，获市级以上科技进步奖9项，县级科技进步奖21项；申请专利96件，受理380件；组织大型科技下乡活动10次，建立科技示范点和示范基地15个。高新技术产业实现零的突破，全县有省级高新技术企业1家，市级高新技术企业3家，省级高新技术产品4个，市级高新技术产品3个，省级新产品3个。实施“四外两基地”（科研在外、人才在外、实验在外、市场在外，把庆元培育成孵化基地和生产基地）发展战略，梦天公司、双枪公司、佳斯化工、节节高碳业、方格药业等企业分别与各研究所、大学建立长期科技合作关系，双枪公司被省科技厅认定为省级竹制品科技研发中心。创建全省唯一的食用菌重点实验室（中试基地），推广香菇标准化和香菇有机生产栽培技术成果，组织珍稀食用菌地方标准制订、香菇新品种“庆科20”省级鉴定和菌种审定、庆元香菇地域产品保护工作。建立网上技术市场，开通庆元科技信息网，开通农村远程教育网。同时，存在科技水平起点低、技术产业规模小，科技观念滞后、科技意识薄弱，科技投入严重不足，科技人才匮乏等问题。

“十一五”科技发展规划

发展主要目标：科技进步水平明显提高，科技推动经济发展的能力进一步增强。到2010年科技进步统计监测科技综合实力在全省的位次前移5位，使科学技术成为庆元与全省同步基本实现现代化，全面建设小康社会的强大推动力。高新技术产业有所发展，高新技术领域有所拓宽。全县高新技术企业和产品每年有所增长，到2010年高新技术企业和产品分别达到10家和10个，高新技术产业增长值占工业增加值比重达15%以上。传统产业技术水平迅速提升，区域支柱产业的核心竞争力进一步增强。竹木加工、制笔、食用菌精深加工三大主导产业优势明显，在全省乃至全国有一定的地位，新产品产值率达到8%以上。主要农产品实现从低品质向高品质、从粗加工向精加工方向转变，农业先进技术覆盖率达90%，主要农作物良种覆盖率达95%以上。科技投入明显增长，区域科技创新服务体系建设进一步完善。到2010年全县财政科技投入占同级财政支出的比重达到3.5%。专利申请量、授权量年均递增15%以上。高新技术企业、科技型中小企业、农业研发中心、农业科技企业、特色农业示范基地达12家。科技发展环境良好，农民文化、科学素质明显提高。通过多形式、多层次、多渠道的宣传，科技创新氛围和环境更加良好，科技人才的培养、集聚和使用机制更加完善，到2010年全县高中级人才总数为3500人以上，培养和引进中青年学科技术带头人100名。农民星火技术培训率、企业职工受训率分别为95%、90%。

第二节 科技经费

省科研经费

2001—2005年，网上技术市场建立，全县在网上技术市场上网企业105家，发布企业技术难题57个，对接的签约项目21项，获省科研经费54万元。2006—2010年，申报省级科技特派员专项40个，获省级专项经费216万元，实施农业新技术50余项，引进新品种30多个。

县科技经费

1995年，全县科技三项预算15.5万元。1997年下拨科研经费14.8万元。1998年下拨科研经费25万元。2000年科研经费投入27万元。2005年县本级科技三项费用628万元，占当年本级财政决算支出比例2.57%。2006年县本级科技三项费用715万元，占当年本级财政决算支出比例3%。2005年、2006年，由县科技局下达科技经费分别为47万元、120万元，两年累计安排县级科技项目107项。2006—2010年，全县下达财政科技经费共840万元。

第三节 专利管理

专利成果

1985年《中华人民共和国专利法》实施。至1995年，全县授理专利50项。1996—2000年，县专利工作办公室提供专利咨询、代理专利50余个。2001—2005年，全县申请专利96件，受理量380件。2006—2010年，全县申请专利563件。其中，发明专利42件，实用新型专利114件，外观设计专利407件；专利授权量共计376件。其中，发明专利3件，实用新型专利99件，外观设计专利274件。创建国家级知识产权工作试点单位1家，省级专利示范企业2家，市级专利示范企业4家。

奖励

2005年，庆元县专利工作办公室成立。2007年，《庆元县专利资金管理办法》出台，对获得授权的专利和对实施专利技术和专利产品取得相应成效以及对知识产权工作试点单位确立了相应的专利奖励政策。至2010年末，全县累计发放专利奖励资金25.65万元。浙江联政知识产权中心庆元县联络室成立，为专利申请者提供便利的申报渠道。

第二章　科技服务

1991—2010 年，庆元县科技培训将项目开发和人才培训相结合，举办各类培训班，提高基层人员科技水平。同时，每年不定期开展科技下乡活动，为乡镇、企业提供科技资料，接受科技咨询。探索和发展新的科技合作交流形式，建立县校合作平台；通过网上技术市场引进新技术。持续开展防震减灾活动，提高公众防震减灾意识，健全防震减灾相关制度。

第一节　科技宣传与培训

科技宣传

1991—1995 年，县科技局将项目开发和人才培训结合，从适用知识、技术入手，举办各类各级短期培训班 1000 多期次，3 万多人次受训。1996—2000 年，各乡镇配备科技副乡镇长，建立乡（镇）科委或科技办公室，把科技工作列入各级领导的考核内容；开展食用菌百村培训计划，辅导 500 余人次，科技下乡 20 余场次，《庆元科技》出版 12 期。实施“食用菌百村培训计划”，培训 50 个村的村民 1 万人以上。2006—2010 年，通过送科技下乡、科技赶集、科技专家服务团、选派科技助理等形式，组织大型科技下乡活动 10 次，下乡专家 500 余人次，接受咨询 3000 多人次。

科技培训

1996—2000 年，县科技局与宣传部、科协联合举办科技下乡活动，组织 13 个学会，从食用菌、医药、卫生及新品种等 43 个项目进行科技宣传；组织两次科技下乡活动，科技咨询和上门服务 320 余次，科技图片展览 9 次，受益群众 2880 余人次。2001—2005 年，开通庆元科技信息网，发布各种信息 2403 条，点击率达 43000 人次；开通农村远程教育网，有远程培训点 3 个，举办 40 期远程教育培训，培训人员 2850 人次。2006—2010 年，发放实用技术读本 5000 册，建立科技示范点和示范基地 15 个。

第二节　科技合作

校企合作

2001—2005 年，探索开放型科技发展之路，实施“四外两基地”的发展战略，（即科研在外、人才在外、实验在外、市场在外、把庆元培育成孵化基地和生产基地），为企业与全国大专院校、科研院所提供技术难题求解和科研成果合作平台。梦天公司、双枪公司、佳斯化工、节节高炭业、方格药业等企业分别与上海木材工业研究所、中国竹子研究中心、中科院理化研究所、中国炭素研究所、中国药科大学等建立了长期的科技合作关系，实现引进大院名校与县企业共建创新载体。2010 年，浙江方格药业有限公司与中国药科大学建立食用真菌高品质多糖提取研究基地、浙江大山合菇业有限公司与上海大学食用菌研究室、上海市奉贤食用菌研究所建立了浙江大山合食用菌深加工研发中心、浙江三江源食品有限公司与中国农业大学建立水干果保鲜与深加工技术研发基地，浙江英标食品公司与中科院亚热带研究所建立特种蔬菜脱水技术与加工研发基地，浙江节节高炭业有限公司和浙江安南炭业科技有限公司也分别与浙江林学院、浙江加州纳米学院协商签约了合作协议；同时，梦天公司、双枪公司、节节高炭业分别与上海木材工业研究所、中国竹子研究中心、中国炭素研究所合作，方格药业、赛博电子科技等也与中科院理化研究所、中国药科大学、陕西捷邦科技建立了长期的科技合作关系。在“中国浙江网上技术市场·庆元分市场”上发布企业技术难题 36 项，科技成果 19 项；全年完成技术难题正式签约 13 项、合同成交金额 650 万元；高新技术产品交易签约 4 项。开展科技交流活动，每年组织企业参加中国浙江网上技术市场及高新技术成果展示交易会；组织网上签约企业参加市科技局举行的科技合作洽谈活动。

县校合作

2006—2010 年，开展县校科技合作。2008 年 7 月，庆元县与浙江林学院进行“县校合作”签约，各具体项目负责人和部门乡镇企业代表签订 10 个具体合作项目。2008 年 9 月，与清华大学长三角研究所建立合作机制。2010 年 1 月，与浙江大学签署县校合作框架协议。2008 年始，补助院校合作经费 133 万元。

第三节　防震减灾

地震监测设施

1998 年 7 月，庆元县成立地震办公室，并设立庆元松源地震台，为丽水地区第一个地震监测台，填补了浙南地震测点的空白。该台主要监测丽水地震活动情况，提供完整的地震波形资料，为当地政府提供有关的震情信息。但是，庆元地震台数据的可靠性明显减弱，严重影响正常的地震记录，根据“省防震减灾十一五发展规划”，拟新建 1 座地震综合观测台。2010 年，地震综合观测台进行台址勘选、土地报批、立项、政策处理、土地征用和平整、初步设计报审和批复。

图 30-1　松源地震台（县科技局供　摄于 2010 年）

活动

县科技局每年在科技下乡科普宣传活动中悬挂“地震基本常识”挂图，在县城主要街道开展现场咨询服务，经常组织学校学生进行防震演练，到乡镇村庄播放科普电影，向群众发放“抗震小知识”“地震来时如何逃生”等科普资料。主要宣传和普及地震知识、避险知识、自救互救知识。2009 年开始，每年开展“5·12”防震减灾日活动，宣传防震减灾知识。2010 年，更新调整《庆元县抗震救灾指挥部成员单位》《庆元县抗震救灾应急预案》，收集建立地震应急基础数据库，配合县教育局开展中小学校舍安全工程工作，提高中小学校舍抗震设防性能。

第三章　科技成果与开发

1991—2010年，庆元县科研机构以食用菌、竹木产品、种苗培育等特色产业领域的技术开发为重点，深入开展科技研究，“十一五”规划期间实施的科技项目是八五计划期间的3倍。科技成果显著，有国家、省、市级科技进步奖项。同时，加大科技成果推广，探索科技同农村经济相结合的路子，探索出以科技为动力发展农村经济的星火模式。

第一节　科研机构队伍

机构队伍

1997年，全县民营科技机构15个，从业人员135人。其中，科技人员36人。1998年，全县科研机构25个，各种科技人员90余人；其中厂办研究所1家，专业人员7人，民营科技机构22家，有专业人员100人，县属科研所2家，有专业人员28人。2006年，全县民营科研机构23家，从业人员683人。其中，科技人员147人。主要以从事食用菌、种苗培育、特色养殖、竹木产业、医药化工等县域特色产业领域的技术开发、生产、销售为主。全县民营科研机构投入科技活动经费94.1万元。其中，研究与开发经费56.2万元，实现产值8970.1万元，利税总额1021.2万元，企业增加值3600万元，出口创汇额207.8万元。

庆元食用菌科研中心

1979年成立，是庆元唯一县属科研机构。专业从事食用菌育种驯化、栽培研究、新资源开发、科技成果转化及产品研发、对外技术服务，尤其在食用菌应用技术研究与成果产业化开发方面处于国内领先地位。1996年创建浙江省重点实验室和试验基地——浙江省食用菌开发中试基地，2009年获“全国食用菌行业优秀科研院所”称号，2010年牵头创建浙江省丽水食用菌技术创新服务平台。县食用菌科研中心（省食用菌开发中试基地）先后主持承担国家科技攻关项目1项、国家级星火项目4项、国家科技兴贸项目1项、省部级项目21项、市县级项目30余项；取得同类研究国际领先水平成果2项、国内领先13项、国内先进5项；选育成功香菇“241—4”“庆元9015”“庆科20”及灰树花“庆灰151”等5个食用菌品种（均为全国当家品种并通过国家或省级品种认定）；出版论著7部、制订食用菌相关标准6部、发表论文116篇。《香菇育种新技术的建立及新品种选育》获得国家科学技术奖二等奖1项，省部级科技进步奖二等奖6项、三等奖4项，市厅级（科技进步奖、农业丰收奖、星火奖）一等奖9项，全国食用菌行业“十佳优秀科技成果奖”2项、“优秀成果奖”2项。

第二节　科技项目与成果

科技项目

1991—1995年，全县组织实施各类科技计划项目77项。其中，国家级星火计划项目1项，省级重点攻关项目1项、省级一般科研项目3项、星火计划项目5项，地级科研项目8项，县级项目59项。有重点地开展一系列技术研究和技术引进、推广开发工作，共取得40项有较高质量的科技成果。241—4香菇优质高产新品种选育成果分获1994年地区科技进步一等奖、1995年浙江省科技进步二等奖。“人造菇木栽培花菇”技术达国际领先水平，是袋料香菇生产技术的一项重大突破。开发驯化成功“灰树花”“金耳”“牛舌菌”“长根菇”“高大环柄菇”“大杯蕈”等等野生食药用菌。研制成功高杆切碎机、木屑机、烘干机、装袋机、塑料筒袋、蒸汽发生炉等配套机械和原辅材料系列产品，开发了极品香菇、弱酸染料、铅笔系列新产品。开发成功食用菌方便食用、香菇特酿酒、灵芝饮料、猕猴桃饮料、速冻保鲜香菇、保力生等系列深加工产品。

1996—2000年，全县组织实施各类科技计划项目247个。其中，县级181项。1996年3月22日，省科委确认庆元为“浙江省庆元省级食用菌星火技术密集区”。1998年，《袋料香菇新资源研究及病虫害防治》列为国家科技攻关项目。

2001—2005年，全县组织申报市级以上各类科技计划项目109项，获得立项55项，实施县级项目150项。其中，国家级6项，省级38项，市级11项。共通过省级科技成果评审和鉴定的项目18项，获省、市级科学技术奖9项，县级科学技术奖21项。通过实施国家、省级技术创新项目、火炬项目、新产品等科技产业化项目，填补庆元“九五”以后国家火炬项目，省高新技术企业、科技型中小企业、农业研发中心、农业科技企业，省高新技术产品、省新产品的空白；全县有省级高新技术企业1家，市级高新技术企业3家，省级高新技术产品4个，市级高新技术产品3个，省级新产品3个；创建省级“食用菌开发中试基地”（1996年列入省级重点实验室和中试基地建设计划）。2005年，双枪公司被省科技厅认定为省级竹制品科技研发中心。

2006—2010年，全县培育国家高新技术企业3家、省级科技型中小型企业7家、省级农业科技企业7家，高新技术产品5个，安排工业科技项目52项。省级企业科研机构4家，企业自行组建的科研机构15家，柔性引才75人；共组织申报科技项目112项，列入国家、省级各类计划项目70项（其中国家级3项，省级67项）；组织实施县级科技项目235项。2010年11月，县食用菌科研中心牵头组建的浙江省丽水食用菌科技创新服务平台获得省科技厅的正式立项。

科技成果

1991—1995年，全县有40项科技成果通过专家技术鉴定或验收。其中，国家级1项、省级4项、地级6项、县级29项，技术成果达到国际领先或先进水平的有1项；36项次科技成果获省、地、县科技进步奖或星火奖。其中，省级二等奖3项，地级一等奖2项、二等奖4项、三等奖3项、四等奖5项，县级科技进步奖20项。九五期间，科技成果获奖42项，省级一等奖1项，二等奖1项，三等奖1项，获地区科技成果奖一等奖2项，二等奖6项，三等奖6项，县级一等奖2项，二等奖3项，三等奖6项；县级一等奖3项，二等奖5项，三等奖7项。1997年5月31日，庆元县通过全国科技工作先进县验收。

2000年，评选出庆元1996—1999年度科技进步奖，一等奖3项，二等奖5项，三等奖7项。2005年，庆元食用菌科研中心承担的香菇新菌株“庆科20”选育研究被评为省、市科技进步奖二等奖。2006年，双枪公司承担的省级项目工艺筷机械化生产研制与开发项目获市科技进步二等奖。

2006—2010年，县企事业单位主持或参加的科技项目成果获市级以上科技进步奖20项。其中，国家级科技进步二等奖1项，省级科技进步二等奖2项、三等奖1项，市级科技进步二等奖3项、三等奖3项，县级科技进步一等奖1项、二等奖3项、三等奖6项。

第三节　科技推广

1991—1995 年，庆元县农业科技在粮食生产和综合开发两方面，以优良品种选育、优质高产栽培技术为重点内容，开展一系列关键技术的研究和推广工作。以不育系为开发利用的重点攻关项目，选配成功“Ⅱ优 64”“Ⅱ优 46”“Ⅱ优 63”等杂交水稻新品种，从 1992 年起成为全县杂交水稻栽培的当家品种，累计推广面积 61066.67 公顷，增产粮食 3800 万千克。推广“模式栽培”“垄式栽培”“病虫草鼠综合防治”“配方施肥”“低产冷水田技术改造”等粮食增产技术，每亩增粮食 40 千克以上，推广普及率达 80% 以上。引种成功楚门文旦、胡柚、脐橙、笋用竹、猕猴桃等新种类。推广一批优质高产栽培技术：建立笋用竹示范开发基地 20 公顷，优质高效笋竹两用林标准范林 333.33 公顷，全县推广 1333.33 公顷；建设猕猴桃信生栽培基地 4264 公顷；低产果园技术改造 60 多公顷。实施以“袋料香菇栽培”为重点的星火计划科技项目，星火科技工作在深度和广度上取得重大突破和卓越成效。形成庆元特色的食用菌支柱产业，1995 年末食用菌产业总产值达 4.5 亿元，农民香菇纯收入 960 元，占总收入的 52.2%，创税 2119.75 万元，占全县财政收入的 61%。形成一批以星火科技为依托的新兴乡镇工业企业，塑料筒袋、薄膜、食用菌配套机械、食用菌产品加工、毛竹资源综合加工利用等企业，总产值占全县工业总产值的 30% 左右。培养一批各类企业经营管理人才，乡土人才，提高了乡镇企业的技术和经营水平，提高了农民的科技文化素质。

1996—2000 年，开展浙江庆元省级食用菌星火技术密集区建设工作，重点进行“食用菌产品深加工、菇木林培育相关产业开发、优质高效栽培等产业关键技术开发研究。5 年来，产业发展依靠技术创新与开发实现三大转变，香菇生产从数量型向质量型转变，产业结构从单一型向综合型转变，从资源消耗向“节流开源”方向转变。组织实施省食用菌中试基地建设，进行食用菌品种选育与技术研究，开展食用菌有效成份提取技术研究，开发系列药品、食品等高附加值产品，基地现建成菌种驯化实验室、菌类栽培试验场和食用菌有效成份提取中试车间。

2000—2005 年，巩固庆元香菇产业在全国的领先地位，抓好庆元香菇标准化栽培示范区，建好全省唯一的食用菌开发中试基地，大力推广香菇标准化和香菇有机生产栽培技术的成果，组织珍稀食用菌地方标准制订，香菇新品种“庆科 20”的省级鉴定和菌种的审定及庆元香菇地域产品保护工作，从而推进食用菌支柱产业的发展。

2006—2010 年，开展西部乡村工业科技创新、农业良种优质化、食用菌科技发展、农产品精深加工、农业科技示范园区建设、科技特派员、科技富民强县 6 项科技行动，提高企业的技术开发和创新能力。2010 年，全县产值 500 万元以上的 95 家企业完成工业技改投入 3.72 亿元。

第三十一篇　媒体

1950年10月，县文化馆收音站成立。1953年，县文化馆播音室播放有线广播，范围限于县城。1988年末，全部行政村和96%的自然村都通广播，有喇叭20690只，入户率51.1%，广播成为当时传播最快、范围最大的传媒手段。1978年8月，庆元开始转播电视。1990年末，全县拥有电视机1.5万台，能收看中央电视台1～4套电视节目。1991年，庆元县大众新闻传播媒体有广播、电视和报纸。21世纪初，网络发展，逐渐成为人们广泛应用的信息平台。2004年初，县政府主办的政府门户网站建立。2008年1月，县新闻传媒中心主办的中国庆元网开通。2010年，庆元广电设备、技术不断更新换代，实现广播、电视共缆传输并朝多功能开发方向发展，覆盖率91.5%，有线电视网通村率80.05%，联网用户36400户。

第一章　广播与电视

1956年，庆元县广播站成立。1975年，庆元县增置2*275扩大机、L－601录音机、(751)收讯机各2台、5匹柴油机组1套。1978年，庆元建成电视差转台。1989年7月，采用调频方式试播广播信号。进入20世纪90年代，广电事业有了较大发展。1993年2月，实施庆元县有线电视网建设。1999年12月，庆元县"村村通广播电视"，电视信号覆盖所有行政村。2010年，20个乡镇建成广播站，278个行政村通广播。广播、电视节目日益丰富多彩。

第一节　机构与管理

机构

1992年，庆元县广播事业局升格为庆元县广播电视局。1998年1月20日，庆元县广播电视局与庆元县有线电视台、庆元县人民广播电台合并为庆元县广播电视局。2001年12月，与县文化局、体育局合并为庆元县文体广电局。2005年7月21日，实行局台分设，组建庆元县广播电视台。2010年，县广播电视台内设办公室、财务室、总编室（广告中心）、新闻部、专题文艺部、总工室、技术部、运维部、收费稽查部、播出部；派出机构有松源、竹口、屏都、荷地、左溪、五大堡6个广播电视中心站。

管理

音像管理　1990年10月，庆元县广播电视局音像管理站成立，负责管理、清查卫星地面接收设施和音像、激光视盘，净化庆元县音像制品市场。1996年7月3日，出台《关于开展庆元县音像市场集中治理的实施意见》。1991—2004年，共清查、登记卫星地面接收设施347座；开展音像、激光视盘大检查87次；配合公安、文化、工商开展扫黄打非行动64次，查获走私淫秽录像带5043盒、光盘506张，没收违法设备278台，行政罚款50余万元；查处无证摄像经营34家，吊销录像放映厅87家。2004年6月，县广播电视局音像管理站并入县文化（体育）广电新闻出版局。

广告经营管理　1997年5月，庆元县广播电视局广告部成立，负责广播电视广告经营，广播广告包括商业广告、节目片头冠名，新闻、专题结束后5分钟以内；电视广告包括商业广告（不含气象广告）、电视剧点播、节目片头冠名、点歌（不包括电话互动点歌）、游底字幕（公益）等，每天最多不得超过10条，并对外实行广告经营权的承包。2000年始广告经营权承包对外进行承包，金额10万元；2001年度广告经营权承包金额22万元；2005年度广告经营权承包金额55.8万元；2007年广告经营权承包金额88万元；2010年度广告经营权承包金额95.38万元。

广播电视稽查　1991—2010年，全县查处偷盗广播电视线路案件1783起，出动稽查5052人次，查处私拉乱接广播电视线路267起。2004年6月，县广播电视局稽查大队与县文化（体育）广电新闻出版局文化市场管理稽查大队合并，称庆元县文化市场行政执法大队广电稽查中队，归属县文化（体育）广电新闻出版局。

第二节　广播

广播网络

1993年，县广播电视局建成广播与电视信号共缆工程，清晰转播中央和省级广播节目。1995年，更新淤上、四山、龙溪、张村、合湖等乡镇站广播机房设备；建设荷地镇广播电视共缆传输示范工程，新增村广播室13个，修复通村支线12千米，新装喇叭108只、高音喇叭40只。是年7月，短波广播接收方式改为卫星天线接收。1999年，建立庆元调频广播转播台。2005年，启动新一轮“村村响”工程，加快推进广播电视转型升级。2007年10月，更新巾子峰无线发射台基础设施，新建节目传送系统、天线铁塔、电源系统、避雷系统等，提高无线广播信号覆盖范围；2008年7月竣工。2007年11月，购置UHF—缝隙电视天线、半波垂直极化2层调频天线、20KW稳压器等设备；12月，全县所有行政村通广播电视。2008年，采购数字广播录编储播监控管一体化网络系统SLVNET5000音频工作站1套。至2010年末，20个乡镇建成广播站，278个行政村通广播（含20户以上自然村446个）。

中波转播

1972年，浙江省丽水地区7207办公室成立，隶属丽水地区宣传办公室领导，发射天线安装在大坂洋。改造1982年，机房进行，安装控制台、中波广播电射机6台、收讯机9台，覆盖中央台白天80%晚上40%、省台白天76%晚上25%，年播出时长18475.4小时。1988年，并入县广播电视局。1995年7月，中波转播台迁入祥云路机房，增加1000瓦中波广播发射机3台、AB8智能综合测试仪ABS1台、AUDV/D智能同步激励器1套、4.5米卫星接收天线1付、东芝C4接收机1台、728卫星广播数字接收机。1996年2月，停止转播中央台二套广播节目。1999年7月，更换TS—01B新型全固态发射机，提高中波广播转播质量。2001年1月，中波转播台从县广播电视局分离，成建制上划至省级广电部门统一管理，主管单位为浙江省广播电视集团，更名浙江省庆元广播转播台。负责转播中央一套和省一套广播节目和广播节目多功能开发，转播频率分别为540千赫兹、1134千赫兹，为中波频段范围，发射功率均1KW。主要设施：发射铁塔天线、地网、信号接收前端设备、发射机、供电设备和自动控制系统。是年，迁入松源镇大济村，并通过省广播电视局验收开播，开始转播广播节目。2009年，机房播出系统实现计算机自动控制。

广播节目

1979年始，庆元县自办广播。骨干节目《庆元新闻》每组10条以上消息，主要报道政治、经济、文化和社会发展重大时事新闻。推出《录音报道》《听众来信》《广播评论》《简讯与报摘》《一周要闻》《丽水地区各县新闻联播》等栏目。1998年，与县农业局，食用菌管理局合作开设《农村天地》栏目，每周3档，时长10—15分钟，周一、周三、周五18：40播出。主要聚集和关注农业、农民、农村发展，普及农业科技实用技术，解疑释惑，帮助农民增产致富，带有浓厚乡土人文气息，为建设社会主义新农村营造良好舆论氛围。《社会广角》栏目视角更为广阔，更加注重农村听众精神文化生活和医疗卫生，开设农民信箱，给农民提供在广播上发表个人见解平台，密切媒体与听众间良好关系。《菇乡漫步》栏目向农民宣传党和政府方针政策，传达党委、政府声音，使农民在家里就能及时了解国家大事，收听优秀文学、音乐作品，努力促进城乡一体化发展。2010年，广播栏目有《庆元新闻》《农村天地》《今日论坛》《生活万花筒》《菇乡漫步》《艺海浪花》《一周警情》。至2010年末，广播用稿量7.8万多篇。其中，1990—1992年3年广播来稿均超过1万篇以上。

第三节　电视

无线电视

1990年10月10日，县广播电视台购买盒式磁带彩色录像机、便携型盒带式录影机和型彩色电视监示器等摄录设备。1991年8月27日，与丽水地区广播电视服务公司共同建设庆元饭店共同天线，传输28个电视频道；9月30日，经省广播电影电视厅批复，同意筹建亚洲一号卫星地面接收站（卫星站），安装办公大楼顶，天线高3.5米，接收云南、贵州等省电视台节目，不对外转播，录制节目专用；10月，为加强城镇电视信号，机房添置2台50W发射机，替换原10W发射机。1992年4月，荷地镇横岗头电视差转台拆除。1993年9月，五大堡乡北坑电视差转台拆除。1996年7月15日，开通中央4套加密电视。1997年6月28日，与中央电视台签订《加强卫星电视节目传送合作协议书》。“八五”期间，安装地面卫星接收站260余座，无线电视混合覆盖率97%。1998年5月，官塘乡电视微波转播台拆除。1999年12月，庆元完成“村村通广播电视”，电视信号覆盖所有行政村。发挥无线发射资源优势，提高转播央视一套（CH—28）、央视七套（CH—22）电视信号和“中国之声”（89.2MHZ）覆盖面，根据国家广电总局《关于下达中央广播电视节目无线覆盖工程（2007一阶段）建设任务的通知》要求，2007年10月，对巾子峰无线发射台进行机房改扩建、值班用房修缮、公路修整，新建节目传送系统、天线铁塔、电源系统、避雷系统等，进行扩容优化；2008年7月1日，无线发射台竣工投入使用，通过无线接收天线收看到清晰的央视一套、央视七套电视节目。

图31-1　巾子峰无线发射台（县广播电视台供　2010年摄）

有线电视

1993年，实施《庆元县有线电视网总体规划》；与上海光纤电视技术工程公司合作建设广播与电视信号共缆传输工程，设府后、新建和后田3个光接点。1994年11月1日，县城开通光纤有线电视，清晰传输中央和省级10套电视节目，拥有有线电视用户4000多户。1994年，实施第二期广播电视光纤工程，先后开通林化厂、菊水、竹林坪、坑口、屏都、余村、上余、朱村、五都、岩头、黄田、石井、坑头、底村、会溪、坑西、周墩、大济和洋心等县城周边行政村广播电视光纤，新增有线电视用户2000多户。1995年，加快有线电视发展，县城新架网络干线18.7千米，八都片和荷地镇底墅、高住、际面、黄沙、青社、村尾、荷地、洋边村等行政村有线广播电视光纤网建成并开通信号，增加有线电视用户1000多户。1996年6月，松源镇大毛湾、下滩等村与县城联网。1997年7月，竹山、大坑和应岭尾等村有线电视联网建成。1998年，丽水地区广播电视联网（光纤骨干网）庆元段工程和联网机房改造完成，建立同时监视32套电视屏幕墙，新增12路字幕叠加系统。2001—2003年，实施“广播电视入户工程”，完成123个自然村工程建设。2002年，与市有线广播电视传输中心共建江滨路段广播电视光纤地埋工程，建设濛洲街、石龙街、松源街、祥云路、新建路广播电视光纤传输地埋工程。2003年，购买有线电视前端解码器，加强安全播出，提高机房应急处理能力。2005年，采购工程建设器材。2007年，出台《前端机房安全播出事故分级处置预案》《网络传输安全播出事故处置预案》，庆元电视台进行全面改版。2010年，启动城区有线电视数字化双向网改造，建成骨干网110多千米，安装光节点209个，完成城网改造工程60%；县委办、县政府办出台《庆元县有线电视数字化实施意见》，标准清晰电视节目由32套增加至59套，增加广播节目9套，付费电视节目增加7套，共提供60个付费频道；12月13日，实施有线电视数字化整体转换用户10618户；12月29日，全县广播电视“乡乡通”，并在举水乡政府举行广播电视“乡乡通”工程竣工典礼，基本实现电视“村村通”。

电视节目

1993年11月1日，庆元有线电视开始试播，节目有《庆元电视新闻》《专题新闻》《广告文艺》《少儿剧场》等。1996年7月1日，庆元有线电视台开播，节目有《庆元新闻》《节目预告》《广告天地》《温馨祝福》和《影视剧场》。至2010年末，有《庆元新闻》《菇乡绿野》《菇乡先锋》等电视节目，播出电视剧23306集。

《庆元新闻》 是以时政为主的综合性新闻电视节目，主要报道政治、经济、文化和社会发展重大时事新闻。紧紧围绕县委、县政府重点工作，按照“弘扬主旋律、传播正能量、构建新网络、打造新平台”思路宣传报道。开播时，时长10分钟，每周定时播出两档加一周新闻选播；1998年10月1日，增至每周三档加一周新闻选播；2005年10月10日，实现日播，增至每周五档加一周要闻；2010年12月，每周一至周五为日播，周六、周日为一周要闻，时长10—15分钟，19：35首播，当日22：00、次日7：00分和12：35重播。

《菇乡绿野》 2007年10月，开办对农专题栏目《菇乡绿野》，每周三档，每档15分钟。以“菇乡绿野，全心全意为民服务”为宗旨，始终贯彻“生产发展、生活宽裕、乡风文明、村容整洁、管理民主”服务新农村建设要求，着力播出推进城乡一体化现代农业发展、普及科技知识以及文化、医疗卫生等公共题材。子栏目包括新农村建设、关注三农、信息之窗、实用技术、百姓故事、科普生活、致富之路、科技鹊桥、品种新天地等版块。

《天气预报》 1999年10月1日开始，在《庆元新闻》结束后播出《天气预报》栏目，介绍全县乡镇及主要景区天气预报。

电视作品

1993年，《菇香飘四海》获省社会主义思想教育专题片三等奖。1995年7月，采制《创建文明县城》专题片。2008年，为纪念改革开放三十周年，制作电视纪录片《改革潮涌　庆元巨变》；拍摄《菇乡明珠——余村》《百山祖冷杉迁地保护获成功》《庆元发现500年前红豆杉》《庆元“杉树王”重焕生机》《庆元发现墓志铭》《庆元人闯天下》等电视专题。至2010年12月底，播出专题43期。

1999年，在省广播电台和省广播电视台播出稿件位列丽水地区第二名；2000年，在市电视台、市有线电视台和市广播电台播出稿件分别位列第三名、第一名和第三名；在省广播电台和省广播电视台播出稿件位列市前三；2006年，新闻宣传取得市广播协作一等奖、电视新闻协作二等奖、省广播新闻网先进集体三等奖，县级台新闻报道位列全省第30名、市第一名，开创庆元广播电视新闻宣传新历史；2009年，与省广播电视集团对接，中国生态环境第一县公益广告在浙江卫视播出。《庆元是世界人工栽培香菇的发源地》《黄田镇良官田村发生一起“牛粪官司”》分获1993年度、1997年度丽水地区广播电视好新闻一等奖；《百山祖的丰碑》获1999年度丽水地区广播电视好新闻一等奖；《百山祖冷杉喜得“贵子”》获2001年度市政府奖一等奖；《县长痛斥“糖渣工程”》《最大的火山岩冰川遗迹惊现庆元》《刘丽芳大火中救出七个孩子》分获2005年度和2006年度市政府奖电视一等奖；《吴火菊：弱女子义薄云天　火场救出两小孩》获2008年度省广播电视三等奖；《走进月山春晚》获2008年度市记协广播一等奖；《“林权IC卡”抵贷款模式让我县四万林农步入“高效时代”》获2009年度市电视、广播一等奖。至2010年，市广播电视总台用稿27160篇；省电视台用稿1021篇，省广播电台用稿736篇；中央电视台用稿53篇，中央人民广播电台用稿37篇。

第二章　报刊与网站

1989年，《庆元宣传》创刊，为县委宣传部主办的县级报刊。1992年8月，《菇城报》创刊，由县委宣传部主办。初始为旬报，公开发行，后改为半月报；1997年改为周报；2001年，由周一报改周二报。2003年，推出《濛洲特刊》。因全国县市报整顿，同年12月31日，《菇城报》停刊。2004年，《今日庆元》创刊。2009年，《今日庆元》更名为《菇乡庆元》。21世纪初，网络媒体兴起，全县较大的有影响的网站有庆元县人民政府门户网站、中国庆元网、庆元教育网。

第一节　报刊

机构队伍

2004年2月，庆元县新闻信息（传播）中心成立，主办《今日庆元》，仍为周二报。同年，县委报道组划入。2007年7月，更名县新闻中心。同年9月1日，改为周三报，每周一、三、五出版。2009年9月1日，《今日庆元》更名《菇乡庆元》，改为周五报，内容更加丰富多彩，刊载新闻更为及时。2010年，庆元县新闻中心内设办公室、新闻科、编辑部、记者部、网络部，正式工作人员18名，临时聘用采编、网站人员8名。

栏目

1995年《菇城报》新开设的栏目：《生活顾问》《热点追踪》《特写》《菇城论坛》《来信照登》《首富村富裕村专题》《为您服务》《春耕备耕专栏》《法制与道德》《市场调查》《大地论坛》《来自菇城工业战线的报道》《创建文明县城动态》《来自建筑业的赞许》。1996年《菇城报》新开设的栏目：《调查与思考》《社会新闻》《菇城短波》《我论世事》《百家争鸣》《八五成果巡展》《读者来信》《辉煌八五》《时事论谈》《标题新闻》《简讯》《创建全国科技先进县》《经济大特写》《小短识》《现场新闻》《流行节拍》《纪念红军长征胜利60周年》《路教专题》。1997年《菇城报》新开设的栏目：《文明之窗》《热门话题》《菇城揽胜》《蓝箭行动》《菇城人物》《警钟长鸣》《他山之石》《夕阳红》《记者调查》《扶贫攻坚之窗》《两富村巡礼》《继续打好粮食翻身仗》《一句话新闻》《人物通讯》《庆祝建县八百周年》《庆元革命斗争史讲座》《我为党旗添光彩》《邮电之窗》《调查与研究》。1998年《菇城报》新开设的栏目：《纪念周恩来同志诞辰100周年》《纪念三中全会二十周年》《来自示范村的报道》《勤政廉政兴庆元》《五好文明家庭户》《庆元方言研究》《改革开放二十周年》《独家报道》《征兵动态》《感生悟道》《经济论坛》《一家之言》《教育园地》《小小说》《走进一九九八》《学生习作》《共青热线》《省级文明医院》。1999年《菇城报》新开设的栏目：《本报特稿》《龙头企业巡礼》《佳作推荐》《改革巨变话今昔》《往事如烟》《诗作园地》《巾子峰副刊》《三抓三比三讲促发展》《除陋习树新风》《人物通讯》《局长们的心里话》《建国五十周年巡礼》《效益农业》《菇事指南》《现代化教育》。

2000年《菇城报》新开设专栏：《民情信箱》《政协委员风采》《庆元工业大有作为》《社会万象》《百味人生》《话题争鸣》《校园内外》《读者之友》《第三只眼》《生活写真》《人生风景》《百姓人家》《新闻背后》《贯彻落实全县干部大会精神》《三讲教育学习体会》《有话直说》《新闻特刊》《热门话题》。2001年《菇城报》

新开设专栏：《每周关注》《努力实践三个代表》《纪念中国共产党建党八十周年》《新闻调查》《凡人剪影》。2002 年《菇城报》新开设专栏：《现场实录》《每周关注》《中学生园地》《特色工业之路》《读者论谈》《民警日记》《诚信人物》《一周警情》《百山之巅》《迎接党的十六大特别报道》《学习贯彻十六大精神》。2003 年《菇城报》新开设专栏：《巾帼风采》《濛洲论坛》《五年回眸话辉煌》。2004 年《今日庆元》新开设专栏：《二次创业在庆元》《服务企业》《先锋工程创建》《二次创业大家谈》《机关效能建设》《三大创业》《校园传真》《水电开发》《二次创业打造技能型政府》《创建文明（卫生）县城》《种养殖知识窗》《全力打造平安庆元》《防雷知识窗》《全力打造浙江生态环境第一县》《菇城纵横》。2005 年《今日庆元》新开设专栏：《贯彻落实县委十一届五次全会精神》《天南地北庆元人》《大学生志愿者服务在庆元》《实施“三三战略”推进“二次”创业》《主题教育活动》《保持共产党员先进性　推进二次创业》《奇闻轶事》《三江源保护行动进行时》《中国生态环境第一县》《创新破难加快项目推进》《创建省级双拥模范县》《共产党员风采》《发展是第一要务服务是第一理念》。2006 年《今日庆元》新开设专栏：《争创全国双拥模范县》《盘点 2005　展望 2006》《掀起二次创业高潮　谱写和谐社会新篇》《重点建设项目进行时》《项目建设百日会战》。2007 年《今日庆元》新开设专栏：《贯彻落实县党代会精神》《灾后重建》《建设社会主义新农村》《谋求发展再跨越　推进社会更和谐》《推进机关作风建设年》《关注》《新一届政府组成部门负责人访谈》《树新形象　创新业绩》《创造新业绩　喜看新成就》《战斗 60 天　确保完成目标任务》《杂言碎语》。2008 年《今日庆元》新开设专栏：《高举旗帜创业创新强县富民》《深入开展十七大精神主题宣传教育活动》《加快创业创新　建设生态文明》《村官论坛》《创业故事》《民情帮办》《法制道德》。2009 年《今日庆元》新开设专栏：《学习实践科学发展观访谈》《坚持科学发展　建设生态文明　构建区域中心》《庆元人创天下》《创业在园区》《海西考察行》《北承长三角　南接海西区　当好桥头堡　谋求新跨越》《对接海西　谋求跨越》《庆祝新中国成立 60 周年》《永恒记忆光辉岁月》《时代先锋——爱岗敬业立新功》《项目建设大会战》《报网互动》《科学发展在身边》《关注非物质文化遗产》《深入践行科学发展观活动》《关注食用菌产业发展》。2010 年《菇乡庆元》新开设专栏：《林农喜说林改》《回顾 2009　展望 2010》《对接海西　谋求跨越》《关注旧城改造》《义乌庆元商会》《记者观察》《落实两会精神》《备战第八届中国香菇文化节》《深化三个年　构建“北承南接”新格局》《加快推进旧城改造》《全面提升城市品位》《菇乡清风》。

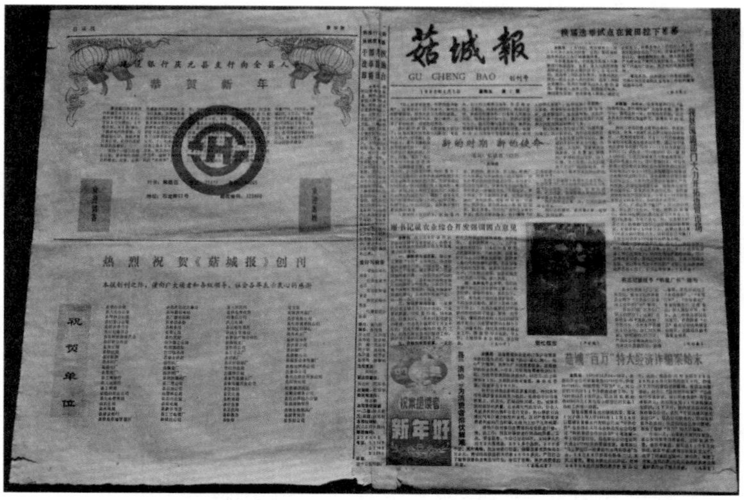
菇城報
GU CHENG BAO
热烈祝贺《菇城报》创刊
祝贺单位
新年好

图 31-2 《菇城报》创刊号（县新闻中心供　2010 年摄）

第二节　网站

庆元县人民政府门户网站

域名 www.zjqy.gov.cn，2004 年初创建，县政府办公室承办，是县党政机关对外统一发布各类政务信息的门户网站。进行 6 次大的改版，设计新颖美观，功能完善，版块分布合理，栏目多样，内容丰富。包涵县委、县政府及县直属各部门、乡镇街道综合信息，涵盖政治、经济、科技、文化、社会生活。向上链接中国政府门户网站、省政府门户网站、市政府门户网站；横向链接丽水市各县市（区）政府网站、省部分县市（区）门户网站；下与部分县直属部门、乡镇街道子网站组成复式链接。围绕政府重点工作和公众关注热点，开设“庆元县深入学习科学发展观”“共建海西　合作共赢”“龙庆高速”“关注旧城改造”“解放思想大讨论”等专题栏目及县长信箱、民意征集等，接受公众情况反映、建言献策，办理网上投诉。完成“庆元法制网”“庆元县深入学习科学发展观建设工作网”“百山祖乡试点工作网”建设，协助建成“反腐网眼”“庆元县党务村务信息公开平台”等二级网站。政务动态栏目日更新量50条以上，日点击量最高近16万人次。2010年8月，在市政府信息公开日常监测中位列第一名。2010年，年终网络综合考评获得全市第一名。

中国庆元网（浙江在线·庆元支站）

域名http：//qynews.zjol.com.cn，2008年1月1日开通，由县委宣传部主管，县新闻中心主办，浙江在线提供技术支持，是对外宣传重要阵地和平台。坚持正确舆论宣传导向，强化服务意识，开发利用整合传统媒体新闻资源，突出网络媒体特色和优势，加强与《菇乡庆元》报网互动，组织庆元论坛“十佳金点子”评选等活动，架起广大群众与党委政府沟通的桥梁。2010年4月，《宣传半月刊》刊登《县城小论坛　民生大热流》一文，9月9日《浙江日报》以近整版篇幅刊发《庆元网民成为参政新生力量——网络问政的台前幕后》一文，肯定中国庆元网为党委、政府和民众搭建起沟通平台。日均页面点击量13万多人次。2008年、2009年，连续两年被评为“浙江在线十佳支站”。2010年，被评为“2010年浙江省文化传播创新十佳网站”。

庆元教育网

域名http：//www.zjqyjy.com/index.asp，2004年创建，主办单位县教育局，与乡镇以上学校特色校园网站光纤链接，实现“校校通”，是一家融政策性、知识性、科学性、公益性于一体的多功能网站。开设教育行政、教育信息、学校教育、党建园地、招生考试、教育技术、教师之窗、学生天地等专栏。可了解教育新闻、学校动态；收看教育视频、浏览师生优秀作品；收发文件，实现无纸化办公；实行电子学籍管理等。每日更新，总访问量达96.63万人次。

第三十二篇 史志 档案

1991—2010年，庆元党史、地方志、档案工作围绕为民存档，资政育人，服务当代持续深入开展工作。开展党史史料征集、研究，庆元抗损课题调研、革命遗址普查，进行党史宣传、爱国主义教育活动。开展地方志编修，全面完成庆元第一轮修志工作，启动庆元二轮修志工作；同时，启动《庆元年鉴》编纂，坚持一年一鉴，公开出版；指导部门、乡镇及村修志用志，拓宽地方志工作领域。坚持依法征集、接收、保管、利用档案，推进档案管理规范化、法制化，为单位、个人提供优质查档、利用服务。

第一章　党史

1981年8月15日，县委党史资料征集领导小组成立，下设办公室，进行党史资料征集工作。1984年11月，撤销党史资料征集领导小组，保留县党史办公室。1986年5月，更名县党史资料征集研究委员会。1991年8月，改名县委党史研究室。1997年，县党史办公室与县志办公室合并，称县委史志办公室。2001年12月，与县档案馆（局）合并为县档案局（馆、史志办），挂县委史志办牌子，内设党史编研科，负责党史工作。

第一节　革命遗址普查

庆元县是革命老根据地县，县域内革命遗址众多，党史工作机构建立后一直进行各方面资料收集研究整理工作。20世纪90年代，党史部门在继续进行革命遗址方面研究工作，确定革命事件发生的时间、地点、实地走访、采访亲历者，保存了一批采访资料、回忆录及音视频资料，这些资料为以后的研究、编纂党史著作奠定基础。

2010年，根据中共中央党史研究室《关于进一步做好全国革命遗址普查工作的通知》及《丽水市革命遗址普查工作实施方案》要求，进行实地普查革命遗址，查清18个乡镇革命遗址33处100余个，形成《庆元县革命遗址总目录》《庆元县革命遗址统计表》《庆元县革命遗址登记表》《庆元县革命遗址普查报告》及相关革命遗址图片文字说明等材料。

2010年庆元县革命遗址一览表表

表32—1—1—1

名称	形成年份	地点
中共白柘洋支部旧址	1933	官塘乡白柘洋村
中国工农红军北上抗日先遣队攻克荷地区署遗址	1934	举水乡月山村
中国工农红军北上抗日先遣队濛淤桥战斗遗址	1934	五大堡乡濛淤村
中国工农红军北上抗日先遣队占领县城旧址	1934	县城府后街
中国工农红军北上抗日先遣队竹口战斗遗址	1934	竹口镇竹口村
白柘洋苏维埃政府旧址	1934	官塘乡白柘洋村
闽浙边地委仙庄交通站旧址	1935	黄田镇仙庄村官路后2号仙庄村祠堂后山山顶
闽北红军庆浦独立营攻克上济“三乡联防队”据点遗址	1935	黄田镇上济村鲍家老房
中国工农红军挺进师半岭政委会会议遗址	1935	安南乡半岭村
中国工农红军挺进师斋郎战斗旧址	1935	百山祖乡斋郎村
中国工农红军挺进师第四纵队三堆交通站遗址、隐藏地旧址	1935	合湖乡合湖村、三堆村

续表 32—1—1—1

名称	形成年份	地点
中国工农红军挺进师四纵队合湖村还击战遗址	1935	合湖乡合湖村
闽东红军二纵队二分队胡英山起义地遗址	1936	岭头乡八炉村
中国工农红军挺进师闽东独立师茶园湾战斗遗址，红军挺进师、闽东独立师与敌 166 旅茶园湾战斗遗址	1936	左溪镇茶园湾村（上寮）
闽北红军独立师第三纵队黄畲战斗旧址	1937	黄田镇黄畲村
闽东独立师第一、二纵队久住垟反击战遗址	1937	合湖乡久住洋
寿政庆县独立营驻地旧址	1938	隆宫乡隆宫村
吴文显烈士就义地旧址	1937	贤良镇新村
中共庆元县特别支部成立地旧址	1938	县城咏归桥
中共庆元县委余村交通站旧址	1938	屏都余村
中共庆元县委成立地旧址	1938	县城生态公园
庆北游击队成立地遗址	1939	黄田镇东丝湾
济下交通站遗址	1939	黄田镇龙济村
浙江省第二难童保育院驻地旧址	1942	黄田镇下济村
中共福建省委游击队山林岘驻地遗址	1945	江根乡山林岘
中共福建省委游击队八角殿战斗遗址	1945	张村乡东川村
中共福建省委游击队黄连坑、鱼条漈驻地遗址	1945	岭头乡鱼条漈
庆东游击队成立地遗址	1945	江根乡水寨村
中共闽浙边地委崔上驻地遗址	1947	黄田镇崔上村
闽浙赣游击纵队二支队长湾战斗遗址	1947	龙溪乡长湾村
闽浙边游击纵队曹岭战斗遗址	1947	黄田镇曹岭村
中共闽浙边地委地虎坑整风会议遗址	1948	龙溪乡冯家山、举水乡荐坑村、举水乡地虎坑
闽浙边游击队转水驻地遗址	1948	龙溪乡转水村
石龙山革命烈士陵园	1986	县城石龙山

第二节 党史编研

《中共庆元党史》编撰

1999 年初，县党史研究室启动《中共庆元党史》（第一卷）编撰工作。2001 年，完成党史篇目及前三章材料，2 万余字。2002 年，因机构改革，由县委史志办党史编研科接手编撰。2007 年，经过 12 轮编撰修改，形成文字稿 20 万字，提交市党史研究室评审。2010 年 12 月，经市党史研究室修改后返回定稿。

抗损课题调研

2006 年 6 月 19 日，庆元启动抗日战争时期人口伤亡和财产损失课题（以下简称抗损）调研。2008 年 7 月中旬结束，历时 25 个月，较为全面地掌握了庆元县的抗损情况。其间，访问 257 位知情人，形成第一手的社会调查走访口述资料 125 份 608 张，照片 105 张。经抗损课题工作小组总结调查：庆元县在抗战期间人口伤亡共 23814 人，含民国 26 年（1937 年）至民国 34 年人口减少数 23603 人，1946—1950 年期间鼠疫延续感染死亡 150 人，受伤 61 人。其中，在国民党正规军部队战场阵亡 53 人，直接受伤 2 人；

单列上报因细菌战鼠疫直接死亡1427人，直接受伤1人；战争灾民因征壮丁及战乱贫病交加等原因人口减少22273人，灾民受伤58人。而这些数据还未计人口自然增长率的人口损失。为抗战可统计的各项财产损失按民国26年7月物价折算共计1102908元，其中社会财产损失995015元，居民财产损失107893元。而未找到确切的折算依据和未找到依据的损失更是数不胜数，难以统计。

资料整理编研

1982年10月起，党史部门编辑印制内部资料《庆元县革命斗争史资料》1—12期；1985年1月，改名《庆元党史通讯》（总第13期）；1995年8月，印制总第23期后停刊（机构改革）。1998年10月开始，编写《庆元史志》，共出版2期。1994年，启动收集、整理中华人民共和国成立后庆元党史大事记材料，2001年，编辑印制《中共庆元历史大事记（1949—1999）》。2003年8月，编辑印制《档案与史志》第一期。2005年4月，编辑整理先进性教育材料《庆元革命斗争史》。1996—2010年，发表在国家、省、市级报刊、书籍党史论文或纪念类文章60余篇。其中，6篇论文获省级以上奖励；配合省、市、县电视台制作党史活动专题片3部，即1996年《重走红军路》纪录片、2004年《斋郎战斗》纪录片、《浙南三年》纪录片。

第三节　资政育人

1996—2010年，县党史部门在清明节、“七一”、国庆节等节日期间，组织党史宣传教育“六进”，为机关、乡镇、学校、社区、农村、企业、驻庆部队和外地来庆元夏令营的大学生等宣讲党史、革命斗争史及先进事迹，累计200余场、3万余人次。其中，2005年党员先进性教育期间开展58场次党史专题讲解。1994年，组织在城党员干部隆重举办“纪念中国工农红军北上抗日先遣队攻克庆元县城60周年”大型活动，邀请先遣队部分老红军到庆元参加座谈。1996—2001年期间，组织在城党员干部隆重纪念中国共产党诞生75周年、80周年活动，党史部门领导作党史专题报告。

第二章 地方志

县志办成立前，庆元地方志工作主要是县文史办、地名办承担。1985 年 11 月，县志编纂委员会及办公室成立。《庆元县志》编辑部工作人员主要由县政协办公室下属县文史办、地名办人员组成。1997 年 9 月，县志办公室与县委党史研究室合并，称县委史志办公室。2001 年 12 月 28 日，与县档案局合并，称县档案局（馆、史志办），挂县委史志办牌子，内设方志编辑科，负责地方志工作。

第一节 志书编纂

县志编纂

1984 年，县文史办、地名办收集民国庆元县志稿和清康熙版《庆元旧志》、嘉庆版《庆元旧志》，整理、标注、出版清光绪版《庆元县志》。1985 年，县志编纂委员会及其办公室成立，开始编纂中华人民共和国成立后第一部《庆元县志》。1992 年 11 月底，完成《庆元县志》评审稿。1996 年 1 月，《庆元县志》出版发行。2009 年，启动第二轮县志编修，开始编纂《庆元县志（1991—2010 年）》，起讫时间为 1991 年 1 月 1 日—2010 年 12 月 31 日。

部门志和专业志书编纂

1996 年，庆元县全面完成第一轮修志，除县志外还编纂《庆元县地名志》《庆元土壤志》等部门志、专业志共 17 种。2009 年，县人武部、县公安局、县交通局相继开展部门志书编纂。2010 年 12 月，县人武部编纂出版《庆元县军事志》。

省、市志稿编写

2008 年，完成《浙江省新中国成立 60 周年》《浙江省改革开放 30 周年》庆元县部分撰稿任务，撰写《丽水年鉴》庆元县部分文稿。2009 年 12 月，完成《丽水市乡镇街道通览》庆元县 20 个乡镇文稿撰写。2010 年，撰写《丽水市志》庆元县部分文稿。此外，指导《庆元县军事志》《庆元县交通志》《庆元县公安志》等部门志编修。

庆元县第一轮修志成果一览表

表 32—2—1—1

书名	编纂单位	主编	出版单位	出版年份	字数（万字）
庆元县供销社志	庆元县供销社	叶福荣	内部资料	1985	25
庆元土壤志	庆元县农牧特产局	姚传本	内部资料	1986	11
庆元县工商行政管理志（1918—1988）	庆元县工商行政管理局编纂组	毛邦兴	内部资料	1989	5

续表 32—2—1—1

书名	编纂单位	主编	出版单位	出版年份	字数（万字）
庆元县地名志	庆元县地名委员会	余　绪	杭州大学出版社	1990	60
庆元县商业志	庆元县商业局	朱克全	内部资料	1990	—
庆元县民政志	庆元县民政局	姚德绍	初稿	1991	—
庆元县群众文化志	庆元县文化局、文化馆	叶庆泉	内部资料	1992	—
庆元县金融志	庆元县金融志编写组	吴声良	内部资料	1992	16.36
庆元县粮食志	庆元县粮食局	孙知非	内部资料	1992	30
庆元县职工教育志	庆元县职教委办公室	练荣标	内部资料	1992	4.52
庆元县交通志	庆元县交通局	刘化涛	海洋出版社	1993	25
庆元县财税志	庆元县财政税务局	刘化涛	杭州大学出版社	1993	28.20
庆元县卫生志	庆元县卫生局	刘昌富	内部资料	1993	7
庆元县教育志	庆元县教育局	练正森	西安地图出版社	1994	44.40
庆元县工会志	庆元县总工会	叶庆泉	内部资料	1994	19
庆元县农业志	《庆元县农业志》编纂办公室	胡兆行	黄山书社	1995	21.50
庆元县庆元林场志（1955—1995）	庆元林场	陈敏红	内部资料	1995	—
《庆元县志》	《庆元县志》编纂委员会	余　绪	浙江人民出版社	1996	84.40

第二节　年鉴编辑

编纂组织

2007年，庆元县地方志编纂委员会及其办公室成立，组建《庆元年鉴》编辑部负责《庆元年鉴》编纂工作。《庆元年鉴》是县委、县政府主办的重要年刊，是汇集县情信息资料的综合性地方年鉴，全面、真实、系统地记述上年度庆元县自然、经济、政治、文化、社会等基本情况及重大事件。由有承编任务的县属机关和各乡镇、单位提供撰稿，经县年鉴编辑部编辑后，返回供稿单位核稿，单位领导复审签名盖章，经主编汇总审查，提交出版社审稿后，印刷厂印刷出版。

编纂成果

《庆元年鉴》实行一年一鉴、公开出版，2007年至2010年，出版发行4卷。

《庆元年鉴（2007）》 2008年3月由方志出版社出版发行，字数66.8万字。全书设37个类目，依次为：特载、专辑、大事记、总述、中国共产党庆元县委员会、庆元县人民代表大会、庆元县人民政府、政协庆元县委员会、中共庆元县纪委、庆元县监察局、民主党派和工商联、群众团体、人事·劳动·社保、外事·侨务·台务、政法、军事、农村经济、林业、工业经济、交通、电信·邮政、城建·城管·环保、旅游、财政·税务、金融·保险·证券、国内贸易、对外经济贸易、经济管理、教育、科学技术、文化·体育、报刊·广播·电视、卫生、社会生活、乡（镇）、人物与荣誉、文件选编、附录。

《庆元年鉴（2008）》 2009年2月由方志出版社出版发行，字数72.6万字。全书设35个类目，较2007年卷新增外事·台务，工商联纳入社会团体类为工商联·工会·共青团·妇联，交通、旅游归为交通·旅游。依次为：特载、专辑、大事记、总述、中国共产党庆元县委员会、庆元县人民代表大会、庆元县人民政府、政协庆元县委员会、中共庆元县纪律检查委员会·庆元县监察局、工商联·工会·共青团·妇联、人事·劳动·社保、外事·台务、政法、地方武装、农业、林业、工业、交通·旅游、通信·邮政、城建·环保、财政·税务、金融·保险、国内贸易、对外贸易、经济管理、教育、科学技术、文化·体育、报刊·广播·电视、卫生、社会生活、乡镇、人物与先进、文选、附录。

《庆元年鉴（2009）》 2010年1月由方志出版社出版发行，字数65.7万字。全书设35个类目，依次为：特载、专辑、大事记、总述、中国共产党庆元县委员会、庆元县人民代表大会、庆元县人民政府、政协庆元县委员会、中共庆元县纪律检查委员会·庆元县监察局、工商联·工会·共青团·妇联、人事·劳动·社保、外事·台务、政法、地方武装、农业、林业、工业、交通·旅游、通信·邮政、城乡建设·环境保护、财政·税务、金融·保险、国内贸易、对外贸易、经济管理、教育、科学技术、文化·体育、报刊·广播·电视、卫生、社会生活、乡镇、人物、文选、附录。

《庆元年鉴（2010）》 2011年1月由方志出版社出版发行，字数65.1万字。全书设33个类目，依次为：特载、专辑、大事记、综述、中国共产党庆元县委员会、庆元县人民代表大会、庆元县人民政府、政协庆元县委员会、农业·农村、林业、水利、工业、贸易、交通·旅游、邮政·电信、国土资源管理、城乡建设·环境保护、财政税务、金融·保险、经济管理、人民团体、国防、政法、人事劳动·社会保障、民政、科学技术、教育、文化·体育、广播电视·报刊网站、卫生、乡镇、人物、文选、附录。

图32-1《庆元年鉴（2007）》《庆元年鉴（2008）》《庆元年鉴（2009）》《庆元年鉴（2010）》（吴青 摄于2010年）

第三章　档案

庆元县档案馆前身为县委档案馆。1980年，县档案馆成立，隶属县委办公室。1988年，庆元县档案局成立，局、馆合署办公。1996年，县档案局和县档案馆合并。2001年12月，县档案局、县档案馆和县史志办合并，为正科（局）级全额拨款事业单位，内设办公室、执法监督科、业务指导科、保管利用科、党史编研科、方志编辑科6个职能科室，编制14名。2010年，县档案局（馆、史志办）内设办公室、业务指导科、保管利用科、党史编研科、方志编辑科、现行文件查阅中心。

第一节　档案收藏与管理

收藏

1991—2010年，庆元县档案局接收99个立档单位文书、科技、会计、照片、人事档案20516卷、23546件。其中，1991—2000年，庆元县档案局接收76个单位档案11295卷；2001—2010年，接收62个单位档案9221卷、23546件。1991—2010年，庆元县档案局开展档案资料征集，征集到志书、地方文献、史料等各类资料1478册。

管理

库房建设　1991年，县档案局（馆）建筑面积400平方米。为提高防尘、防潮、防高温能力，1997年，迁入新建档案馆，建筑面积1564平方米。2010年，有服务器1台、微机18台、复印机2台、去湿机4台。

馆藏建设　20年间，为便于快速调阅档案资料，改进检索手段，编制《全引目录》《专题目录》等簿式检索工具376本、卡式检索工具38516张，逐步形成门类齐全、结构合理、载体多样、具有地方特色的馆藏体系。2010年，馆藏档案121个全宗、43075卷（其中民国档案711卷）、23546件，录音、录像档案211盘，照片档案2960张，光盘档案16张，印章档案231枚，资料4102册。

建档达标　“九五”以来，开展档案目标管理，县机关单位和乡镇机关档案管理逐步走上标准化、规范化、现代化轨道。2010年末，达到省一级、二级、三级、县一级目标管理标准单位分别有6家、16家（含撤销单位1家）、21家、56家（含撤销单位3家），符合省级行政村示范档案室标准4家，符合省级行政村规范化档案室标准7家，符合村级建档规范2家，符合省级社区示范档案室标准2家。

执法监督　2001年3月，印发《庆元县重点建设项目竣工档案专项验收管理办法》《庆元县重点建设项目竣工档案专项验收评分表》，开展档案执法检查。2010年，加强重点建设项目档案日常监督、指导、管理，执行重点建设项目档案管理登记制度。

第二节　档案利用

1991—2010年，县档案馆接待查阅档案19111人次、资料1169人次，查阅档案71319卷（件）、资料7687册。2008年，第三批开放档案5225卷，包括山林延包、二轮土地承包、土地征用等。2010年，开放78个全宗档案，14633卷。

1991—2010年庆元县档案馆资料利用一览表

表32—3—2—1

年份	接待数（人次）	提供档案（卷次）	查阅资料（人次）	查阅资料（册次）
1991	619	2853	134	280
1992	477	1472	112	268
1993	987	1253	153	253
1994	441	1054	30	108
1995	549	1379	38	126
1996	389	1504	38	286
1997	562	2289	68	386
1998	819	5927	98	686
1999	1295	11337	126	1682
2000	1155	10856	116	1962
2001	838	5664	92	982
2002	820	3803	7	235
2003	876	2784	17	79
2004	1058	2341	14	106
2005	1383	2705	5	7
2006	2376	4797	59	75
2007	1209	2752	36	67
2008	1332	2491	17	48
2009	1926	4058	9	51
2010	2069	9633	50	22

第三十三篇　卫生

明洪武十四年（1381年），官府正式设立医疗机构“医学训科”。民国18年（1929年），民政科监管卫生行政，警察局协管环境卫生；民国29年，庆元县卫生院成立。中华人民共和国成立后，医药卫生事业迅速发展，医疗卫生设施日臻完善，先后控制和消灭鼠疫、天花、疟疾、麻风病和地甲病；有效控制多种急性传染病，人民健康水平显著提高。1991—2010年，全县通过深化改革，卫生事业进一步发展。医疗队伍不断壮大，县、乡镇、村医疗卫生网络建设进一步健全，预防保健体系进一步完善，各项医疗预防设施建设得到加强，防病治病技术水平不断提高，城乡卫生面貌有显著改善，人民健康水平进一步提高。

第一章　医疗

1952年8月县政府设卫生科，1954年与教育科合并为文卫科，1956年恢复卫生科。1975年8月，复县设庆元县卫生局，直属机构有防疫站、妇幼保健站、药品监督检验所和爱国卫生委员会。卫生行政管理原分县、区（镇）、乡三级。1991年前全县有区级卫生院6个，乡镇卫生院34个。1992年后，原区所在地的乡（镇）卫生院成为中心卫生院，协助县卫生行政机构管理各乡（镇）镇医疗卫生事业。2006年，竹口、屏都、松源、百山祖、贤良、荷地、左溪、黄田等卫生院设社区卫生服务中心，两块牌子一套班子。松源镇社区卫生服务中心下设玉田、濛洲、石龙、新建4个社区卫生服务站。

第一节　医疗机构

医疗管理机构

庆元县卫生局　是主管全县卫生工作的县政府职能部门，负责贯彻执行党和国家的卫生工作方针、政策、法律、法规、技术标准，研究制订卫生事业发展的中长期规划和卫生现代化规划，指导全县卫生改革，协调和处理全县各项日常卫生行政工作。2010年，县卫生局下设办公室、行政审批服务科、规划财务科3个科室，局机关人员编制9人。

农村卫生工作办公室　2006年成立，属县卫生局内设科室，事业性质，具体负责组织、协调、督查、指导全县农村公共卫生工作。

庆元县新型农村合作医疗办公室　2005年建立，归口县卫生局，事业性质。主要职能是：贯彻执行县医管会决定，承担县医管会的日常工作；负责对县新型农村合作医疗业务管理中心及其业务网络和定点医疗机构的指导和监督管理；协调各部门、单位具体业务工作，指导、协助各乡镇做好宣传发动、统筹费征缴及相关管理工作；汇总全县新型农村合作医疗工作数据和信息，定期将运行情况向县医管会汇报；办理其他相关工作。

庆元县爱国卫生运动委员会办公室（简称爱卫办）　1952年成立，历届委员会主任由县委副书记、副县长担任，委员由相关部门组成。委员会下设办公室，挂靠县卫生局，为政府常设办事机构，主持全县爱国卫生日常工作，负责协调、组织、指导全县各部门创建卫生城市（镇）、卫生村、卫生先进单位、农村改水改厕、除四害、健康教育，对基层爱卫会工作进行考核、评价。

庆元县卫生监督所　2001年6月成立。是履行卫生监督职能的执行机构，归口县卫生局管理。全所设办公室、监督科、办证科3个职能科室。2007年，屏都、荷地各设1个分所。其主要职责是依据有关法律法规，对全县餐饮、医疗及其公共卫生的卫生监督、卫生行政许可证的受理审查、从业人员的卫生法制宣传、卫生知识培训和突发事件、卫生案件的调查处理。

县级医疗机构

庆元县人民医院　位于县城学后路34号。前身为县卫生院，1956年5月扩建为县人民医院，是全县医疗救护中心。2010年，医院占地面积19110平方米，医疗用房23000平方米，应用病床200张。职工

262人。其中，卫生技术人员234人。10万元以上医疗器械28台（件），100万元以上3台，固定资产总值3649.63万元。设外科、内科、骨科、妇科、儿科、传染科6个病区，30个科室。有各类救护车4部，全年门（急）诊13.53万人次、住院6245人次，业务总收入5563.15万元。是集医疗、科研、教学、保健于一体的二级乙等综合性医院。

庆元县中医院　位于县城石龙街72号。1984年5月成立。2010年，医院占地面积3300平方米，建筑面积6780平方米，核定病床100张，开放病床78张。全院共有职工133人。其中，卫生技术人员124人。设内儿、妇产、骨外3个病区，25个科室。固定资产1758.55万元。全年门诊12.55万人次，住院2851人次，业务收入2562.36万元。是全国中医特色分级管理标准二级乙等中医院、二级乙等中医医院、庆元县惠民医院。

庆元县疾病预防控制中心　位于菇源街工业路18号。2001年6月成立，属全民所有制事业单位。主要承担各类传染病、地方病、寄生虫病以及慢性非传染疾病的预防、监测和控制。参与危害公共卫生的中毒及重大疫情等突发性公共事件的调查处理，救灾防病工作。开展健康教育，除四害活动。2010年，有8个科室，职工15人（卫生防疫技术人员13人），固定资产743.76万元。

庆元县妇幼保健所（庆元县计划生育宣传技术指导站）　位于县城云鹤路27号。全民所有制事业单位，是为妇女、儿童身体健康提供保健服务，是全县妇幼保健业务指导中心。主要承担全县妇幼保健工作计划制定、业务指导、人员培训、各种信息统计上报等工作。1991年，内设儿保科、妇保科、儿保门诊、妇保门诊、妇检室、化验室、手术室、资料室、药房等科室。1998年，增设婚检室、留观室、B超室、心电图室、乳腺红外透视室、儿童听力、保健室、所办公室、宣教室9个科室。2010年10月，县妇幼保健所、县计划生育宣传技术指导站合署办公。2010年，全所有职工9人，取得执业医师资格6人，固定资产143.96万元。

乡镇医疗机构

竹口中心卫生院　2010年，全院有医疗用房1504平方米，设有急诊科、内科、外科、骨伤科、中医科、妇产科、儿科、B超室、X光室、心电图室、检验室、西药房、中药房、预防保健科、社区卫生服务室、住院部16个科室。有B超诊断仪、X光机、心电图机、电动吸引器、心电监护仪、多普勒胎心仪、婴儿保温箱、血球计数仪、尿液分析仪、生化分析仪、血糖监测仪等医疗仪器设备。开放病床10张，全年门诊13357人次，住院282人次，业务收入167.52万元。固定资产151.40万元。工作人员21人。其中，卫生技术人员19人。2006年被评为浙江省全国200强乡镇卫生院示范单位。2007年被列入浙江省规范化社区卫生服务中心示范点。

百山祖中心卫生院　1991年，医疗用房和生活用房综合楼1座，面积426平方米，内设中西医门诊、防疫、妇幼3个科室，内设病床3张；职工3人。其中，卫生技术人员（初级）3人。2007—2010年，由原来的医疗型服务逐渐转变为公共卫生服务，成立百山祖社区卫生服务中心，担负辖区内的公共卫生3大类12项的农村卫生工作任务。2010年门诊422人次，业务收入2.62万元。固定资产21.78万元。

贤良中心卫生院　1991年，内设中西医门诊、检验室、放射室、中药房、西药房、防疫办、妇幼办、院办公室、住院部9个科室；内设病床10张，全年门诊34050人次，业务收入10.0万元，固定资产17.70万元；职工15人。其中，卫生技术人员10人。2010年，医疗用房1881平方米，设住院部、办公室、西医门诊、中医门诊、检验室、放射室、内科、骨伤科、口腔科、妇产科、西药房、中药房、公卫办13个科室；内设病床5张，全年门诊2930人次，住院36人次，年业务收入26.84万元。固定资产59.51万元。职工9人。其中，卫生技术人员9人，主治医师1人。

左溪中心卫生院　1991年，医疗用房1幢，面积370平方米；内设住院部、中西医门诊、中西药房、检验室、妇产科、放射科、收费室、财务室、防保办、办公室10个科室；全年门诊1.03万人次，业务收入6.98万元；固定资产2.74万元；职工13人。2010年，医疗用房1525平方米；设有内科、儿科、急诊室、外科、检验科、妇科、X光室、心电图室、中西药房、妇产科、中西药门诊、收费室、公卫办、办公室、住院部15个科室。拥有200MAX光射线机、B超、心电图仪、血球分析仪、离心机；内设病床5张，全年门诊9438人次，业务收入60.01万元；固定资产172.50万元；职工8人。其中，主治医师职称1人，执业医师2人，执业助理医师2人，执业护士1人，影像技师1人，执业药士1人，执业助产护士1人，其他人员3人。

荷地医院 1991年，医疗和生活用房2113平方米；医疗设备有牙科综合治疗台，人流电动吸引器、综合产床、X光机、高频电刀、B超、洗胃机、进口心电图、显微镜；救护车1辆；内设西医门诊、中医门诊、普外科、检验科、放射科、妇产科、注射室、住院部。内设病床23张；门诊2.16万人次，业务收入14.25万元；职工21人。其中，主治医师1人，西医师2人，中医师1人，医士2人，护士1人，助产士1人。2007年7月成立荷地社区卫生服务中心，下辖岭头、举水、龙溪3个社区卫生服务站。2010年，万元以上医疗设备有B超、胃镜、X光机、生化分析仪、血球计数仪、多功能手术台、血球分析仪、牙科综合治疗仪、母亲胎儿监护仪；救护车1辆；内设病床20张，基本诊疗科室齐全；全年门诊5356人次，业务收入87.07万元；固定资产246.5万元；职工16人，执业医师4人，执业助理医师3人，执业护士1人，执业药士1人。

屏都中心卫生院 1991年，医疗用房740平方米，主要医疗设备有X光机、综合产床、自动吸引器、心电图、B超。设中西医门诊、妇产科、化验室、中西药房、防保办等科室；设病床3张；门诊10082人次，业务收入70008元；人员12人。其中，西医师3人，中医师1人，西医士2人，其他人员6人。2010年，医疗用房1381平方米；内设内科、外科、妇产科、小儿科、化验室、B超室、X光室、中西药房、注射室、防疫科等科室。设病床8张；医疗设备有X光机、B超、血球分析仪、尿液分析仪、胎心监护仪、心电图、显微镜；全年门诊7176人次，业务收入72.6万元；固定资产56.42万元；职工15人，执业医师3人，执业助理医师2人，执业护士2人，执业药师1人。

村级医疗机构

1991年，全县345个行政村有医疗点220个。其中，集体办15人，乡镇卫生院设点17个，乡村医生开业的有190个，全县有乡村医生133名，接生员82名。1999年国家执业医师法实施后，根据《医疗机构管理条例》相关规定，全县进行了医疗市场整顿，不符合条件的医疗点被注销。2003年国家《乡村医生从业管理条例》实施后，经省卫生厅组织对乡村医生重新培训、考试、考核，全县通过考试合格乡村医生108名。至2010年底，县内有村卫生室117家，乡村医生96人，达到中专以上水平118人，因村级集体经济困难，村级卫生组织绝大多数由乡村医生个人筹资举办。

企事业单位医疗机构

1991年，全县有企事业单位医务室13家，卫生技术人员36人。1993年后，由于企业先后进行体制改革，所属医务室大部分相继撤销。2010年，全县留有企事业单位医务室有县汽运公司、县建筑公司、县丰木圆公司、县马蹄岙电站、县梦天公司、县公安局看守所6个，卫生技术人员6人。

1993年前，12所学校设立医务室13个，由于学校的撤并及医务室人员没编制等原因，至2010年底有庆元中学、庆元二中、庆元职中、县实验小学、县江滨小学、县松源镇小6个学校医务室，卫生技术人员9人。

个体医疗机构

1991年，全县有个体医疗机构133家。其中，西医96家、中医37家。1999年后，根据《中华人民共和国执业医师法》的规定，县卫生局对全县医疗市场进行整顿，特别是2002年对个体开业依照相关法律规定，在考虑历史遗留问题的基础上按执业人员的资质条件予以分流落实，如有执业医师资格或乡村医生资格的分别予以个体执业或充实到村卫生室，使全县医疗市场步入有序的管理。2010年，全县个体开业诊所35家。其中，西医10家、中医18家、口腔7家。

第二节　医疗队伍

卫生技术人员

1991年，全县卫生系统在编职工693人。其中，卫生技术人员607人，具有本科学历35人，大专学历155人，高中287人，初中及以下130人。2010年，全县卫生系统在编职工595人，离退休181人。全县有卫生技术人员519人。其中，西医人员275人，中医22人，中药14人，护理160人，其他卫技人员48人。在卫生技术人员中具有本科学历172人，大专186人，中专77人，高中65人，初中及以下19人。取得卫生技术职务任职资格正高5人，副高28人，中级180人，初级306人。

医疗技术人员继续教育

庆元医疗系统以举办培训班、专科专修班、自学、函授、选送进修学习、培养技术拔尖人才、学科带头人等方式，大力培养卫生技术人才。2001年，举办成人高校考前复习班，为时5天，培训102人。2002年，挂靠杭州师范学院与丽水职工卫校联办首届临床医学专科班，学制4年，32名学员就读。2004年，挂靠杭州师范学院与丽水职工卫校联办医学护理专科班，学制4年，42名学员就读。2005年，组织中专学历补缺教育，91名学员取得社区医学专业中专学历。2006年，举办临床专科班，学制四年，学员32人；临床本科班，学制3年，学员32人。2008年，举办08级护理本科班，学制2.5年，学员47人。2009年，举办2009级护理本科班，学制2.5年，学员54人。2001—2010年，组织乡村医生全科培训101人，取得乡村医生全科合格证书。2001—2010年，组织全科医师岗位培训95人，取得全科医师岗位培训合格证书。

第三节　医疗技术

中医

1997年，县中医院中西医结合骨伤科经省中医药管理局批准，被确定为省级中医重点专科建设项目。2008年，县中医院骨伤科《坐位整脊手法合中药治疗腰椎滑膜嵌顿症》被列为省基层中医药适宜技术项目研究计划。《庆元县原生态中药资源调查和保护》被列入省中医药普通课题研究计划。2010年，中医药人员（不包括个体开业人员）36人。其中，大专以上文化程度17人、中专19人；主任中医师1人、副主任中医师2人、主治中医师11人、中医师7人、中医士1人、主管中药师5人、中药师5人、中药士4人。

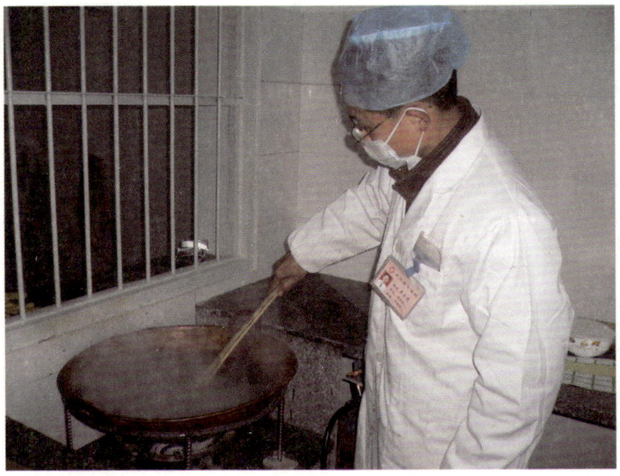

图33-1　县中医院中药房膏方熬制（吴海东　摄于2008年）

西医

西医发展始于民国18年(1929年)，仅1名西医。民国29年县卫生院建立后，增至2名，有西药10余种、医疗器械10余件。民国36年，从龙泉购进少量金鸡纳霜，被视为“灵丹妙药”。1950年，县人民政府接管县卫生院，派人到丽水购进一批西药和简单医疗器械，从上海、杭州、温州等卫生专科学校引进一批医护人员。此后，通过各种渠道，使西医队伍不断扩充壮大。2010年，有西医卫生技术人员275人。其中主任医师4人、副主任医师14人、主治医师67人、医师91人、医士90人、主管医师9人；护理人员160人。其中，副主任护师5人、主管护师53人、护师32人、护士70人。

中西医结合

中西医结合始于中华人民共和国成立后。诊断技术用中医“望、闻、问、切”“阴阳五行”“四诊、八纲”辨证施治，与西医用体温表测体温、血压计测血压、听诊器听诊、化学检验、X光、心电图、超声波等现代医疗技术设备检查结合，提高疾病诊断水平。治疗上，中医以中药为主，西药辅之，西医也运用中医中药医治常见病及疑难杂症，提高疗效。1959年，县人民医院建立中医科和中药房。1984年，县中医院成立后，以中西医结合骨伤科、中西医结合小儿科为龙头，逐步增强诊疗功能，为中西医结合医治疾病创造条件。通过县卫生学校培训等形式培训中西医药人员。2010年，有4名医务人员取得中西医高校毕业证书，逐步使中西医药人员掌握一定中西结合知识，采用中西医结合开展防病治病。各乡镇卫生院成立后，也逐步配备中医人员，建立中药房。

技术进展

1991—2010年，庆元县医院购置万元以上先进医疗器械设备256台（件），开发新技术、新项目143项。1992年，开展食道癌根治术、甲状腺叶切除术、阴式子宫切除术、卵巢囊肿切除术。1993年，庆元县医院开展肝癌肝叶切除术、乳腺癌改良根治术、子宫内膜癌盆腔淋巴清扫、无痛人流。1994年，开展贲门失驰缓症扩张术、胃肠道息肉切除术、高位肝管修补术。1995年，开展胃癌根治术、低位直肠癌保肛术、鼓室成形术。1996年，开展心脏起搏器植入、心肌梗死静脉溶栓治疗、心律失常电复律等技术。1997年，开展低位直肠癌保肛术、脾片埋植术、尿道下裂伸直加尿道成形术。1998年，开展白内障摘除术＋人工晶体植入术、功能性鼻内窥镜手术、肾上腺肿瘤切除术。1999年，开展椎体成形术、颈椎前路手术、CT引导下立体定向术。2000年，开展脑室腹腔分流术、鼓室成形术、椎间盘摘除植骨融合内固定术。2000年以后，开展腹腔镜手术、血液透析、全髋关节置换术、关节镜手术、颅底重建修补术、胸骨柄穿刺、胫骨穿刺、桡动脉穿刺等。2003年，组建县疾控中心质量检验中心，经省计量认证评审专家组现场考核评审，认定申报的88个项目（参数）具有相应检验能力，成为全县第一家通过计量认证的检验机构。开展全髋关节置换术。2009年，县疾控中心在全市9个县（区、市）中首先建成甲型H1N1流感病毒核酸检测实验室，首次具备病毒核酸检测能力，生物实验室检测水平再上一台阶，为防控甲型H1N1流感提供强大技术保障。1991—2010年，医务人员联系临床、工作实践，撰写论文477篇。其中，在国家级医药刊物上发表论文66篇、在省级医药刊物上发表论文411篇。

1991—2010 年庆元县医疗技术进展一览表

表 33—1—3—1

年份	医疗技术项目
1991	开展新生儿蓝光治疗黄疸护理技术
1992	食道癌根治术、甲状腺叶切除术、阴式子宫切除术、卵巢囊肿切除术
1993	肝癌肝叶切除术、乳腺癌改良根治术、子宫内膜癌盆腔淋巴清扫、无痛人流
1994	贲门失驰缓症扩张术、胃肠道息肉切除术、高位肝管修补术
1995	胃癌根治术、低位直肠癌保肛术、鼓室成形术
1996	心脏起搏器植入、心肌梗死静脉溶栓治疗、心律失常电复律等技术
1997	低位直肠癌保肛术、脾片埋植术、尿道下裂伸直加尿道成形术。中西医结合骨伤科经省中医药管理局批准被确定省级中医重点专科建设项目
1998	白内障摘除术＋人工晶体植入术、功能性鼻内窥镜手术、肾上腺肿瘤切除术
1999	椎体成形术、颈椎前路手术、CT 引导下立体定向术
2000	脑室腹腔分流术、鼓室成形术、椎间盘摘除植骨融合内固定术
2001	外科、妇产科的腹腔镜手术、血液透析、关节镜手术、颅底重建修补术、儿科的胸骨柄穿刺、胫骨穿刺、桡动脉穿刺
2002	耳道肿瘤切除＋皮瓣移植术
2003	全髋关节置换术、疾控中心质量检验中心第一家通过计量认证的检验机构
2004	儿童鼻窦炎置换疗法、鼓室成形术
2005	膝关节置换术
2006	颈椎次全切减压＋自体髂骨植入＋钢板内固定术，HP 根除前后对 COX—2、P53 蛋白联合表达的影响
2007	甲强龙左急性脊髓损伤中的应用，薄层液基细胞病理学（FCT）准确筛查早期宫颈癌
2008	骨伤科的《坐位整脊手术法合中药治疗腰椎滑膜嵌顿症》被列为浙江省基层中医药适宜技术项目研究计划
2009	疾控中心甲型 H1N1 流感病毒核酸检测实验室建成并投入使用
2010	五官科：鼻内镜下腔海藻填塞手术、下鼻甲外移术 妇产科：保留子宫血管的子宫切除术，打补钉法缝合子宫防止产后出血 药剂：中药膏方

第四节　医政管理

1991—2010 年，庆元县开展“以病人为中心、以医疗为核心”“医疗质量大行动”“医疗质量年”“医院管理年”“优质医疗、优质服务”活动。县人民医院、县中医院拥有进口彩超、CT、核磁共振等大型医疗设备，设备比较齐全。乡镇卫生院医疗设备进一步更新，15 个乡镇卫生院配备“新五件”（B 超、心电图、血球仪、尿液分析仪、半自动生化分析仪）。建立健全质控管理体系，规范医疗行为，提高医疗护理质量和风险意识，缩短住院日，降低消费，提高医疗资本运作效率和医院综合效益，提高医院竞争力。1992 年，县人民医院评定为乙级丙等综合性医院。1997 年，县中医院中医类评定为二级乙类中医院。2005 年，县人民医院评为二级乙类综合性医院。2008 年，县级医院全面推行院务公开，建立健全各项规章制度，规范药品使用和临床用药行为。各级医疗机构认真执行《处方管理办法》，实行处方占评制度，对药品实施动态监测和超常规预警管理，促进处方规范化管理和药品合理使用。建立医师用药评价通报制度，完善医师合理使用抗菌药物制度，对抗菌素用量实行动态监测、超常规预警及通报制度。2008年，县中医院被确定为惠民医院，承担低保人员定点医疗服务，惠民对象4680户9051人。至2010年末，接诊惠民对象969人次，按“十免、十减半、两优惠”政策，减免优惠15.2万元。

平安医院创建 2008年，庆元以《关于开展创建“平安医院”活动的意见》为指导，推进医疗机构治安综合治理，切实解决医疗机构执业环境面临的突出问题。县人民医院、中医院开展平安医院创建，经市综治办、公安、工商、宣传、卫生等部门复核，均被评定为平安医院。

公共突发事件医疗保障 2008年，在汶川大地震、问题奶粉事件、手足口病、H1N1流感疫情重大突发事件面前，庆元卫生战线工作者恪尽职守，积极配合政府开展灾后重建和防治。问题奶粉事件发生后，全力投入医疗救治活动，先后接诊、筛查食用三聚氰胺婴幼儿奶粉的婴幼儿4274例，临床诊断患儿55例。

医疗纠纷防范和处置 2010年，根据《关于推进人民调解化解医患纠纷工作的意见》和《浙江省医疗纠纷预防与处理办法》规定，成立县医患纠纷人民调解委员会，加强医疗质量监管和医务人员职业道德教育，规范执业行为，完善医患纠纷问责制，从源头上防范和减少医患纠纷发生，确保医疗安全。引入第三方调解机制，倡导以法律途径解决医患纠纷。

第二章 卫生保健

1991—2010 年，庆元县针对妇女、儿童、老年人等特殊群体，开展母婴健康工程、妇女健康检查、儿童保健、建立老人健康档案等工作。1998 年 6 月，庆元县成为初级卫生保健达标县。2005 年，实施新型农村合作医疗制度。2006 年始，全面开展农村公共卫生工作。2007 年 9 月，启动城区社区公共卫生服务。全县基层卫生保健和农村医疗保障工作取得显著成就。

第一节 妇幼保健

妇女保健

1991 年始每年进行一次妇女病普查，对重点病人建档立卡，定期访查，及时治疗，妇女健康总体水平提高。1991 年始，每年新法接生率 98% 以上。至 2010 年，庆元县孕产妇保健覆盖率 98.56%，系统管理率 95.36%，住院分娩率 99.94%，新法接生率 99.95%，高危孕妇住院分娩率 99.89%，产后访视率 98.40%，孕妇艾滋病检测率 93.49%，优生检测率 78.21%，产前筛查率 56.87%，无孕产妇死亡。

儿童保健

1985 年，庆元县实行儿童系统管理，对 0—3 岁儿童登记建卡，凭卡进行定期检查、健康指导和诊疗疾病。20 个乡镇卫生院开设儿童保健门诊。2010 年，庆元县儿童保健覆盖率 92.31%，0—2 岁儿童保健管理率 91.92%，新生儿疾病筛查率 98.01%，婴儿死亡率 7.74‰，5 岁以下儿童死亡率 10.51‰。

托幼机构卫生保健

1993 年始，按照《浙江省托幼机构、幼儿园保健工作管理办法》，对各级各类托儿所、幼儿园实行颁发年度卫生保健合格证制度，行政设施、生活制度、营养与膳食、健康检查、消毒隔离、防疫工作、安全保护、家长联系与宣传、簿册登记等符合要求，发给合格证。对各类幼儿园和保健老师进行经常性卫生保健知识宣传和指导，定期为幼儿教师进行体检。2010 年，托幼机构幼师及工作人员 320 人，健康体检 303 人，体检率 94.68%，体检合格率 99.34%。县城幼儿园春季新入托儿童健康体检率 99%，“六一”儿童健康体检率 96.45%。县城托幼机构卫生保健年度考核 29 所，合格率 100%。

图 33-2 县妇保站举办孕产期保健知识讲座（胡金莲 摄于 2008 年）

第二节　老年人保健

2009年始，城乡社区卫生服务机构为老年人提供六方面服务：每年进行1次老年人健康管理，包括健康体检、健康咨询指导和干预等；生活方式和健康状况评估；体格检查；辅助检查；告知居民健康体检结果并进行相应干预；对老年居民进行慢性病危险因素和疫苗接种、骨质疏松预防、防跌倒措施及意外伤害和自救等健康指导。加强与村（居）委会、派出所等相关部门联系，及时掌握老年人口信息变化。加强宣传，告知服务内容，使更多老年居民愿意接受服务。对行动不便、卧床居民提供预约上门健康检查，每次健康检查后及时将相关信息记入健康档案。2010年，全县有60岁以上老人25749人，乡镇卫生院、社区卫生服务中心（站）为20610位老人建立健康档案，管理率80%。

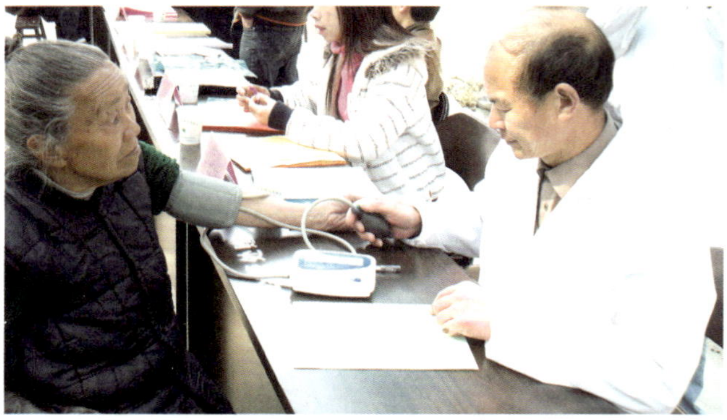

图33-3　县卫生局开展送医下乡活动（县卫生局供　摄于2008年）

第三节　初级卫生保健

1995年，庆元县初级卫生保健委员会成立，下设办公室，负责协调有关部门组织实施初级卫生保健规划，实现2000年人人享有卫生保健目标。同年，县政府下达各乡镇初级卫生保健任务，县初级卫生保健委员会与各乡镇签订初保主要任务目标责任书。1998年6月，省初级卫生保健委员会下文确认庆元县为初级卫生保健达标县。

第四节　城区与农村公共卫生

城区社区公共卫生服务

2007年9月，庆元县启动城区社区公共卫生服务，工作任务由松源镇社区卫生服务中心承担。至2010年，松源镇社区卫生服务中心下设玉田、濛州、石龙、新建4个社区卫生服务站，配备责任医生26人，建立城区居民健康档案8211户、个人健康档案19165人。

农村公共卫生服务

2006年始，庆元县制定《庆元县加强农村公共卫生工作实施意见》《庆元县农村公共卫生服务项目实施方案》，全面开展农村公共卫生工作，组织实施农村公共卫生服务项目，健全县、乡、村三级农村公共卫生服务网络。2006年始，开展农民健康体检，每两年进行1次；2006—2010年，体检27.53万人次，查出疾病4.46万人次，患病率16.2%。其中，高血压占5.6%、胆结石占2.7%、糖尿病占0.35%、肺部疾病占0.31%、肿瘤占0.02%、肾炎占0.02%，建立家庭档案51390份、个人健康档案161247份。至2010年，设竹口、屏都、松源、百山祖、贤良、荷地、左溪、黄田8个社区卫生服务中心，有责任医生123人。

第三章　卫生防疫

民国28年(1939年),庆元县临时防疫处建立。1956年,庆元县卫生防疫站成立,负责防疫工作。1990年,县卫生防疫站设防疫、食监、劳卫、检验、地方病防治等科室,各区、乡卫生院均设专职或兼职防疫员。1991—2010年,县卫生防疫部门持续开展对公共场所、餐饮经营单位、化妆品生产经营单位、集中供水单位、医疗机构、职业病危害企业、中小学校、幼托机构的卫生监督和监测,严格卫生行政许可审批,加强卫生监督执法。同时,严防传染病、地方病等疾病,保障人民群众生命健康。

第一节　卫生监督监测

公共场所卫生

1991—2010年,发放公共场所卫生许可证1556本;检查公共场所10905户次;从业人员体检5712人,体检率98.2%,查出“五病”29人,全部调离岗位。

学校卫生

每年春季、秋季开学之际及不定期开展学校卫生状况监督、监测,加强对食堂、食品经销店、校舍、传染病防治等监督检查。1991—2010年,中小学生每年进行一次学校健康体检,达268430人次,查出近视及视力低下60109人次,龋齿45207人,沙眼5212人,贫血14094人,其他2982人,对各种疾病采取相应办法治疗矫正,及时向相关单位通报健康体检结果。1991—1999年,根据学生蛔虫感染检查结果,服驱虫药104887人次。

食品卫生

1991—2010年,庆元县发放卫生许可证10876户,从业人员体检31923人,实检率98.8%,查出“五病”人员174人,全部调离岗位。卫生知识培训31749人。检查监督54948户次,监测食品及餐具等健康产品8871份次,合格7362份,合格率82.9%,查出无包装说明书、无产地、无生产日期“三无”食品及变质、过期食品67591千克,全部销毁,处罚751户。

劳动卫生

庆元县建立健全厂矿企业劳动卫生档案,加强健康体检和噪音、粉尘监测。1991年以后,接触有害物者体检3711人次,拍片520人次,发现可疑矽肺病例2例;对有职业危害的应测点进行噪音、粉尘等定期检测。2002年5月1日,开展职业病危害监控处置及职业危害项目录入和检查,促使用人单位申报职业危害项目,对接触职业病危害劳动者落实防护措施,组织职工职业健康检查,建立劳动者健康监护档案,推广职业卫生台账管理。2010年,完成职业危害因素网上申报企业22家,建立职业卫生管理台账企业10家。

放射卫生

1991—2010年，庆元县定期开展医疗机构X光机防护监测和医疗机构放射人员剂量监测。其中，放射人员剂量监测243人次。

第二节 疫病防控

传染病

鼠疫 1991—2008年，坚持开展鼠疫监测，未发现鼠间、人间鼠疫疫情。1999年，鼠疫监测报告黄胸鼠、印鼠客蚤指数全年平均1.19。其中，6月、8月最高，达4.0，与历史上鼠疫流行高峰相一致。2004年6月，卫生部在浙江、福建两省三县（市）鼠疫疫源地调查中，采集人血清1299份，鼠疫菌F1抗体血凝阳性49份，阳性率3.77%。采集鼠血清490份，鼠疫F1抗体放免阳性1份，阳性率0.2%。2005年9月，庆元县鼠疫监测点被确定为浙江省唯一全国40个国家级监测点之一。2009—2010年，采集检测鼠血清759份，均为阴性。

霍乱 1997年，报告1例霍乱病例，经积极隔离治疗、疫源地消毒、密切接触者隔离观察和预防性治疗等，未发生二代病例。至2010年，开展腹泻病人监测和外环境监测，未发现霍乱病例。

细菌性痢疾 1991—2008年，发病人数1150人，平均年发病63例。1996年、2005年，举水乡中心学校、竹口镇中心小学先后发生菌痢暴发疫情，经省、市、县疾控专家共同努力，疫情得以有效控制。1996—2010年，菌痢发病逐年下降。

伤寒副伤寒 1995年、2002年、2004年、2006年、2008年均报告1例散发病例，均为外出务工人员。2009—2010年，未发生病例。

手足口病 2008年5月，发现丽水市首例EV71感染手足口病例和多起散发疫情，县疾控中心开展应急处置，多管齐下，联防联控，有效控制疫情流行。2008年，报告病例30例。2009—2010年，开展甲型H1N1流感疫苗免费接种，发放疫苗接种6100人份。

非典型肺炎 2003—2010年，未发生“非典”病例和疑似病例。

麻疹 1993年，93例，为发病小高峰，其余年份均处在低发病水平。1991—2008年，发病182例。2009—2010年，未发生病例。

百日咳 1991年以后，一直呈低水平散发态势。1991—2008年，发病24例。2009—2010年，无病例发生。

流脑 1997年以前，时有散发病例，报告病人8例。1998—2010年，未有病例报告。

性病 1991—2008年，报告淋病1309例，平均每年发病72例。1998年以后，发病数逐年下降。1991—2008年，报告梅毒284例。2006年8月，浙大附属医院报告1例HIV阳性病例，女，41岁，户籍为松源镇，以外出务工为主，是庆元县首例HIV感染者，2007年病人离开庆元后失访。2009—2010年，分别发生病例2例和3例。性病发病增加和变化主要原因为人员流动性增长，性安全意识薄弱。

麻风病 1991年，编写《浙江省庆元县麻风病防治资料及基本消灭麻风病工作总结（1951—1991）》，通过省、地专家基本消灭麻风病考核验收。1996年，新发1例，患者儿子2004年10月16日确诊为多菌型（瘤型）麻风病。2007年，市、县疾控中心共同开展屏都镇薰坑、薰山下两村500村民麻风病普查，发现1例。对病人进行监测管理，对其中2例现症病人进行全程、规则抗麻风病药物免费治疗。2008—2010年，未发生病例。

结核病 1991年，对已知结核病人进行专项登记、转卡和随访管理，发现登记结核病人168人。1992—1995年，报告184例。1996年，按归口诊治、管理要求，确定县人民医院、中医院为定点治疗单位。

2000年8月，启动《卫生部结核病控制项目》，确定县人民医院为肺结核定点诊治单位。1996—2000年，报告754例，发病人数逐年增加。2002年，开始实施《CIDA / WHO结核病控制项目》，增设结核病专科门诊，为结核病归口诊治单位。2005年7月，确定县人民医院为结核病定点诊治单位，实施肺结核免费治疗，诊治病人825例，病人治愈率逐年提高。2006—2010年，诊治病人236例。

自然疫源性疾病

流行性出血热 庆元县为浙江省流行性出血热疫区，发病率高于全省平均水平。1991—2008年（除1994年外），每年均有发病，累计发病177例。1995年始，开展黄田镇三际片流行性出血热综合防治，群防群治，控制发病，全镇鼠密度从灭鼠前27%下降到4%。1999年，对黄田镇双沈村局部爆发点进行疫源地调查，提出防治预案，开展防病知识宣传发动、鼠密度监测、消毒杀虫及预防接种，疫情得到初步控制。2005—2010年，庆元县列为省级流行性出血热监测点，在屏都镇和黄田镇东西村开展人群和鼠间监测。

流行性乙脑 时有散发病例。1991—2008年报告7例。2009—2010年未发生病例。

钩端螺旋体病 仅在1998—2002年出现散发病例，报告8例。2003—2010年无发病。

恙虫病 2008年，竹口镇大泽村恙虫病时有散发，报告病例6例，县疾控中心开展流行病学调查和防治宣传，提供消杀药品，指导杀虫、消毒、灭鼠。2009—2010年未发现病例。

地方病防治

碘缺乏病防治 1991年，自查37个病区乡镇居民、学生27521人，通过省地基本控制地甲病考核专家组考核验收，成为基本控制地甲病县。1992—2008年，每年对碘盐销售点、加工点、用户开展碘盐监测。1992—1995年，开展大济村地甲病横向观察，1993对全村7—14岁儿童进行一次口服碘油丸行动。1996—1998年，地甲病横向监测点改设竹口镇新窑村。1999年，对竹口镇竹下村进行碘缺乏病横向监测。表明全县已达到消除碘缺乏病标准。2008年，庆元列为省级碘缺乏病重点监测县。2009—2010年，重点开展碘盐监测和病情监测。

寄生虫病防治 丝虫病。1999年，继续开展基本消灭丝虫病后的病原学调查、蚊媒监测，经省地方病专家全面考核审评，达到卫生部颁布的消灭丝虫病标准。

蛔虫病。1992年，中学生蛔虫感染检查2843人，感染率27.8%；对城镇2所中小学校用加腾改良法查寄生虫卵142人份，阳性率50.1%。1991—1999年，每年开展中、小学生驱蛔。1993年，开展肠道蠕虫感染和防治效果调查，抽查1204人，驱虫前阳性率51.4%，驱虫后降为29.4%。2001年，学生常见病综合防治终期考评，蛔虫感染率从1995年11.79%下降到2000年7.75%，至2010年一直下降。

第四章　公共卫生

1952年，庆元县爱国卫生运动委员会建立，负责全县清洁卫生运动。1954年，在后田街尾村建造城内第一座公共厕所。1958年，庆元县在全省率先实现基本“四无”（无老鼠、苍蝇、蚊子、麻雀）县。20世纪70年代，爱国卫生运动转入建立农村合作医疗制度和以“管水、管粪，改水井、改厕所、改畜圈、改炉灶、改环境”为内容的“二管五改”为主。进入20世纪80年代，爱国卫生运动与社会主义精神文明建设紧密结合，以开展“五四三”活动（五讲四美三热爱）和农村改水改厕为主体。

第一节　爱国卫生运动

1988年6月，县农村改水服务站成立，担负改水工程勘察、设计、预算、组织材料供应以及监督施工一条龙配套服务；至1990年，全县投入改水资金147.7万元，建成自来水站223座，受益人口98768人，占农村总人口53.5%。进入20世纪90年代以后，农村改水投入不断加大，至2010年，投入改水经费1.44亿元，建成自来水站518座，饮用自来水人口16.56人，占农村总人口95.2%。

1989年，建立爱国卫生月活动制度，规定每年4月为爱国卫生月，强化大卫生观念。1989年，张村乡东村村（今东川村）进行三格式无害化改厕试点；至1990年，农村改造厕所1503座。其中，三联通沼气池厕所39座；2010年，农村卫生户厕4.7万座，占全县农村总户数93.5%。其中，无害化厕所2.7万座，占51.9%。

20世纪90年代始，开展创建卫生先进单位、卫生乡镇、卫生村、农村改水改厕、除“四害”和卫生保健活动。1997年，建立健康教育组织网络。1998年，20个乡镇全面开展健康教育。

2000年始，相继开展“千村示范，万村整治”、加快社会主义新农村建设、创建卫生文明县城、实施公共卫生项目、开展“全民健康素养促进行动”、倡导全民控烟、开展城乡环境卫生整治行动等活动。2008—2010年，继续巩固省级卫生县城、文明县城成果，争创国家卫生县城。

1991—2010年，开展不同形式爱国卫生运动32次，有卫生先进单位省级41个、市级27个、县级26个，卫生村省级24个、市级16个、县级1个，卫生乡镇市级3个、县级2个。庆元县2004年获丽水市卫生县城称号，2005年获丽水市文明县城称号，2007年获省卫生县城、省文明县城称号。

第二节　无偿献血

组织机构

庆元县红十字会是中国红十字会的县级分会，是从事人道主义工作的社会救助团体，以弘扬“人道、博爱、奉献”的红十字精神，保护人的生命和健康，促进人类和平进步事业为宗旨。庆元县红十字会始建于1990年12月，隶属于卫生局，会长由分管文教卫副县长兼任。2010年5月，升格为相当于正科级的独立事业单位，由县政府领导联系，列入群团机关管理，会长由分管副县长兼任。

无偿献血

1998 年 10 月 1 日，《中华人民共和国献血法》《浙江省实施〈中华人民共和国献血法〉办法》颁布实施后，县卫生局成立无偿献血相关组织，出台指导无偿献血相关文件，规范临床用血。每年组织一次大型宣传活动，以各种形式宣传血液知识、献血常识，使“无偿献血、奉献爱心”深入人心。每月 12—13 日，为固定献血日，丽水市中心血站流动采血车到庆元采血。2007—2010 年，参加无偿献血 2787 人，献血总量 955700 毫升，保证临床用血。

造血干细胞捐献

2006 年 11 月 13 日，县红十字会组织开展“征募造血干细胞志愿者行动”活动，174 名志愿者采集血样，成为首批加入“中国造血干细胞捐献者资料库”的志愿者。2007 年，有 2 名造血干细胞志愿者初配成功，2 名志愿者 100% 自愿捐献造血干细胞。10 月 12 日，庆元县马蹄岙电站的鲍晟成功实现捐献造血干细胞，为北京道培医院的一位白血病人捐献造血干细胞，成为全省第 16 位全市第 2 位的成功捐献者。

图 33-4　县红十字会举行世界红十字日主题宣传活动（毛昌方供　摄于 2009 年）

第三十四篇
人事　劳动　社会保障

1952 年，庆元县人民政府设人事科。1958 年，更名为人事劳动科。1977 年，人事科设立。1980 年，人事科改称县人事局。1980 年，县劳动局成立。1996 年 8 月，撤销人事局、劳动局，组建县人事劳动局，内设办公室、录用考核调配股、教育培训职称股（县职称改革领导小组办公室）、劳动力管理监察股（人事劳动仲裁股、县劳动争议仲裁委员会办公室）、工资保险福利股（县工资改革领导小组办公室、机关事业单位退休职工管理股）、劳动保护股（县安全生产委员会办公室、县劳动鉴定委员会办公室），下属事业单位有县人才交流中心、县劳动监察大队、县就业管理服务处、县社会保险事业管理处。1998 年，县编制委员会办公室挂靠县人事劳动局。2002 年 6 月，更名县人事劳动社会保障局，内设办公室、公务员管理科（军队转业干部安置工作领导小组办公室）、人才开发管理科（职称改革领导小组办公室、教育培训科）、工资福利科（改革工资制度领导小组办公室）、劳动力管理监察科（人事劳动仲裁委员会办公室、劳动仲裁委员会办公室）、社会保障科（退管科、劳动鉴定委员会办公室）。县编制委员会办公室挂靠县人事劳动社会保障局，内设编制管理科。2010 年，内设办公室、公务员管理科（军队转业干部安置工作领导小组办公室）、人才开发管理科（职称改革领导小组办公室、教育培训科）、工资福利科（改革工资制度领导小组办公室）、劳动力管理监察科（人事仲裁委员会办公室、劳动仲裁委员会办公室）、社会保障科（退管科、劳动鉴定委员会办公室），下属事业单位有县社会保险事业管理中心、县人才交流中心、县就业管理服务处、县劳动监察大队。

第一章　人事

中华人民共和国成立后，用工形式多样，固定工、合同工是劳动部门招收分配，临时工、季节工是用工单位自行招用。1984 年后，工矿企业新进工人实行合同工制。1992 年，深化企业改革，干部、工人都实行合同制，取消固定工、干部与合同工的区别。1991—2010 年，县人事劳动部门服务经济社会发展大局，采取公务员、事业单位人员招录和大中专毕业生就业、招工等方式，吸引人才，扩大就业，实行机关、事业单位工资调整和改革，建立工资、奖励、津补贴、福利制度。

第一节　机构与编制

管理机构

1955 年，庆元县编制委员会成立。2002 年 6 月，设立县机构编制委员会办公室，成为县委、县政府工作机构，负责行政管理体制和机构改革以及机构编制日常管理，挂靠县人事劳动社会保障局，内设机构编制管理科。在历次机构改革中，县机构编制委员会办公室负责方案起草、实施。按照“三定”规定及核定股级职数审批，控制编外用工管理，做好机构编制统计和事业单位登记管理。

事业单位登记

2000 年，庆元县有法人事业单位 123 个，登记 119 个。2008 年，庆元县有事业单位 207 个，登记在册 172 个。2010 年，庆元县有 215 个事业单位，参照公务员管理事业单位 31 家。动态管理编制台账，确保台账信息库及时、准确。

第二节　招录任用

公务员招录

2002 年，庆元开始面向社会公开招聘公务员。庆元根据《浙江省公务员录用体检通用标准（试行）》《浙江省公务员录用实施办法（试行）》《浙江省公务员录用考察工作细则（试行）》进行招录公务员。根据公务员录用规定，录用公务员，坚持公开、平等、竞争、择优的原则，按照德才兼备的标准，采取考试与考察相结合的方法进行；必须在规定的编制限额内，并有相应的职位空缺。录用公务员，按照下列程序进行：（一）发布招考公告；（二）报名与资格审查；（三）考试；（四）考察与体检；（五）公示、审批或备案。必要时，省级以上公务员主管部门可以对上述程序进行调整。录用特殊职位的公务员，经省级以上公务员主管部门批准，可以简化程序。1991—2010 年，庆元县招录公务员 325 人。

事业单位工作人员招录

2007 年，庆元县根据浙江省出台的《事业单位公开招聘人员暂行规定》，全面实施“凡进必考”制度，事业单位新进专业技术人员、管理人员和工勤人员面向社会公开招聘。庆元县事业单位工作人员招录办法：事业单位新进专业技术人员、管理人员和工勤人员，均应面向社会实行公开招聘；事业单位接收上级机关按人事管理权限任命的人员、国家规定的政策性安置人员按有关规定办理；事业单位公开招聘人员应当坚持公开、平等、竞争、择优的原则；坚持政府宏观管理与落实单位用人自主权相结合，统一规范、分类指导、分级管理；事业单位公开招聘人员根据用人单位招聘岗位的任职条件及要求，采取考试、考核的办法进行；事业单位公开招聘人员，不得设置歧视性条件要求。公开招聘程序：（一）制定招聘计划；（二）发布招聘信息；（三）受理应聘人员的申请，对资格条件进行审查；（四）考试（笔试和面试）、体检及考核；（五）根据考试、考核结果，确定拟聘人员；（六）公示招聘结果；（七）签订聘用合同，办理聘用手续。

2007—2010 年，全县面向社会公开招聘事业单位工作人员 333 人，招聘高校毕业生到农村和社区工作人员 139 人。1991—2007 年，庆元县退伍安置 37 人。2008 年，转业士官实行考试安置。

招工

1991 年，庆元县实施计划招工。同年，庆元县审批办理招工手续 306 人。1993 年始，庆元县贯彻实施《全民所有制工业企业转换经营机制条例》，劳动部门不再下达招工指标，企业用工根据生产经营发展情况，由企业自行掌握，面向社会公开招收。

干部任免制度

1991 年，制定《关于县党政机关、事业单位干部调配规定的通知》。1994 年，制定《关于行政机关及事业单位干部职工和科技人员停薪留职等问题的若干规定》。1995 年，县委制定《关于进一步加强培养选拔优秀年轻干部工作的实施意见》，下派 21 名干部到 12 个乡镇任乡镇长助理。1996 年，县委制定《关于领导干部选拔任用工作的具体规定》，出台《庆元县“九五”期间培养选拔优秀年轻干部工作规划》。1997 年，实行部分乡镇自行任免“乡镇长助理”制度。1998 年，加大对《党政领导干部选拔任用工作暂行条例》学习宣传和贯彻力度，制定《关于贯彻执行〈党政领导干部选拔任用工作暂行条例〉的有关规定》。1999 年，制定《庆元县 1999—2003 年培养选拔青年干部规划》，下发《关于占职数非领导职务的实施意见》。2000 年，县委制定《庆元县干部制度改革意见》《干部推荐责任制度》《干部选拔任用公示制度》等，进一步规范干部考察、任用、管理等有关制度。制定《庆元县 2000—2003 年培养选拔女干部、党外干部工作意见》，加强女干部、党外干部培养和选拔。2001 年，实行考察预告制、差额考察制、考察责任制、任职试用期制等，试行县委常委无记名投票决定干部任免制度。2002 年，制定《县管后备干部管理暂行办法》，从后备干部队伍中优选 16 名 30 岁以下干部担任乡镇长助理。下发《关于学习贯彻执行〈党政领导干部选拔任用工作条例〉有关问题的通知》，对基层党组织做好中层干部选拔任用作了明确规定。2004 年 1 月至 2005 年 9 月，做好《干部任用条例》贯彻落实，对县管干部选拔任用进行认真自查。2008 年，制定《关于进一步规范县直部门、乡镇机关中层干部选拔任用工作的若干规定（试行）》。2009 年，制定《庆元县县管后备干部管理办法》，6 月集中调整。2010 年，建立完善正科级领导干部提拔“四轮差额推荐提名法”，探索实行副科级干部提拔“一备三差额推荐提名法”和重要岗位拟任人选全委会差额提名办法，建立年度拟提任正科级和副科级干部后备人选库，进行重点考察、培养和使用。

干部聘任制度

1992 年，建立“双层分级聘用”制度，实行组织人事“核编聘任”与乡镇党委政府“择优聘岗”。1994 年，完善双层分级聘用管理制度，对评聘期限、评议评聘方法、岗位安排与管理等方面进行调整，将 45 名聘用时间长、工作表现突出的聘用人员转为招聘干部。1995 年，下发《双层分级聘用管理制度的补充规定》。2002 年，试行事业单位聘用制，率先在乡镇农经干部中推行，20 个乡镇实行统一公开竞聘，30 名受聘人员与所在乡镇政府签订聘用合同。

干部竞争性选拔制度

1993年，县委开展“双推双考”选拔干部，6名年轻干部走上土管、卫生、教育、文化等机关副局领导岗位，平均年龄30.2岁。1998年，采取“双推双考”形式公开选拔领导干部。其中，团县委书记1名、教委副主任1名、人事劳动局副局长1名、文化局副局长1名。2003年，推出县府办副主任等8个副科级领导干部岗位，面向社会进行公开选拔，报名人数438人，入围8名干部平均年龄32岁，最小27岁。2003年始，每两年开展一次公开选拔县管领导干部。2005年，推出6个副科级岗位面向社会公开选拔。2007年，推出6个副级科岗位面向全国公开选拔。2009年，推出3个正科、8个副科共11个职位开展竞争性选拔领导干部，454人报名。

第三节　管理

监督

1995年，建立健全干部动态管理制度和领导干部重大事件报告制度，实行“助理”和“主持工作”制度，建好干部“政绩档案”。制定《实行“下管一级”干部管理原则的规定》，下放干部管理权限。1996年，县委制定《关于建立领导干部诫勉制度》。1997年，县委制定《全县领导干部个人重大事项报告制度》《县管领导干部外出学习、参观、考察管理的规定》，完善乡镇住村干部、联系贫困户、出勤月报制度。2000年，出台《中共庆元县委关于加强对党政“一把手”管理监督的意见》，建立完善落实党风廉政责任制、“一把手”经济责任审计、重大事项报告、八小时外监督等8项加强党政“一把手”管理监督制度。2001年，县委组织部与县纪委联合下发《关于重申县管领导干部请销假的有关规定》，制定《关于干部职工业余参加学历培训的若干规定》，出台《关于进一步完善县管领导干部个人重大事项报告制度的通知》《庆元县领导干部经济责任审计结果分工落实制度》《庆元县乡镇主要领导干部离任经济责任交接制度》。2001年，全面推行《“二合一”干部管理办法》，用军队化严明组织纪律，用企业化明确分工、优化组合、效率优先方式，加强对乡镇干部管理。2002年，出台《经济责任追究制度》。2004年，出台《庆元县因公出国（境）行前教育注意事项》，重新修订《庆元县县管主要领导干部离任经济责任交接制度》。2006年，出台《领导干部任前审计培训制度》《关于进一步规范股级干部管理工作的意见》，酝酿《庆元县县管单位党委、党组决策重大事项议事规则》。2009年，制定出台《关于建立健全庆元县干部监督工作联席会议制度的实施意见（试行）》，聘请13名联席会议成员单位领导干部为干部监督员。2010年，制定出台《领导干部“五谈五促”勤政廉政谈心谈话制度》《干部考察监督员制度实施办法（试行）》等管理文件。

考核

1992年，庆元县实行季度机关副局长以上干部“政绩报告”和年度“述职报告”制度。2004年，出台《关于进一步加强干部队伍建设为庆元县“二次创业”建功立业的若干意见》《调整不称职领导干部试行办法》《关于进一步加强国家公务员（机关工作人员）年度考核工作的通知》。2005年，全面落实《庆元县调整不称职领导干部试行办法》。2010年，制定出台《庆元县县管领导干部年度量化考核评价办法》《庆元县抽调（挂职）人员专项考核办法（试行）》。

第四节　待遇

机关、事业单位工资、津贴、补贴

20 世纪 90 年代后，庆元机关、事业单位津贴、补贴有很大发展。新建津贴、补贴主要有：随着物价制度改革，实行副食价格补贴、粮油价格补贴；鼓励人才向边远艰苦地区流动，边远艰苦地区实行艰苦津贴、高远临时补贴，农村科技人员实行岗位津贴；巩固基础教育和护理人员队伍，建立中小学教师教龄津贴和护士工龄津贴等。1993 年 10 月，机关事业单位新工资制度实施后，省人事厅、财政厅对各类工资性津贴、补贴进行清理，有的继续保留，有的调整发放办法，有的与新设津贴（事业单位活工资部分）合并。根据国家统一规定和省政府决定，对部分津贴、补贴发放范围、标准陆续作了调整，并对一些在特殊岗位上工作的职工建立岗位津贴或外勤补贴。2009 年 1 月起，义务教育学校实行绩效工资。2010 年 1 月，对机关及参照公务员管理单位实行规范津补贴制度。2010 年 1 月起，除义务教育学校以外的事业单位实施绩效工资，将原来的津补贴进行规范，将国家一级规定的特殊岗位津贴给予保留。

1991 年 6 月，省劳动人事厅、财政厅联合印发《关于调整国家机关和部分事业单位奖励工资的通知》，规定奖励工资由每人每月 15 元调整到 25 元。根据人事部、国家计委、财政部《关于适当调整国家机关和部分事业单位工作人员奖励工资（奖金）标准的通知》精神，1992 年 5 月，省改革工资制度领导小组印发《关于调整国家机关工作人员奖励工资标准的通知》，规定各级党政机关、各民主党派、人民团体、各级人大常委会、政协、法院、检察院机关奖励工资标准低于全年人均 3 个月基本工资的提高到 3 个月基本工资；不搞平均发放，与责任大小和实际工作挂钩，按职务和工作年限拉开差距，按月发放。事业单位奖励工资低于全年人均 3 个月基本工资的按 3 个月基本工资执行，达到或超过 3 个月基本工资按原规定执行、不得提高标准；按职务和工作年限拉开差距，按月发放。1993 年 1 月，国家机关、事业单位奖励工资改称职务岗位津贴。

1993 年 10 月起，庆元县机关、事业单位进行第三次工资制度改革。机关建立国家公务员工资制度，即职级工资制；事业单位根据教育、科研、卫生、测绘、交通、海洋、水产、文化艺术、体育运动员以及金融等不同类型，分别实行专业技术职务等级工资制、专业技术职务岗位工资制、艺术结构工资制、体育津贴奖金制和行员等级工资制；事业单位管理人员实行等级工资制；机关、事业单位工人也分别设置工资标准。机关、事业单位 4430 人参加工资改革，人均增资 114.6 元。

2006 年，庆元县进行机关事业单位工资收入分配制度改革，是中华人民共和国成立以后第四次大的改革，与以往历次工资制度改革相比，也是情况最复杂、难度最大一次，目的是改革制度，建立新机制，而不是简单地增加工资。公务员和事业单位工作人员基本工资结构进行调整，工资运行机制相应发生变化。实现新旧工资制度平稳过渡，理顺工资关系，确定工资套改办法，确保不突破总体增资水平。避免把原来不合理因素带入新工资制度，规范工资管理，没有采取按原工资额套改办法，而是推倒重来，分别按职务（岗位）、任职年限、套改年限三要素进行套改。公务员基本工资由现行职务工资、级别工资、基础工资和工龄工资四项构成调整为职务工资和级别工资两项构成，取消基础工资和工龄工资；机关技术工人仍实行岗位技术等级工资制，基本工资由现行岗位工资、技术等级（职务）工资和奖金三项构成调整为岗位工资和技术等级（职务）工资两项构成；普通工人仍实行岗位工资制，基本工资由现行岗位工资和奖金两项构成调整为岗位工资一项构成；事业单位岗位绩效工资由岗位工资、薪级工资、绩效工资和津补贴四部分构成。其中，岗位工资和薪级工资为基本工资。

福利

工时制度 1994年，庆元县执行国务院《关于职工工作时间的规定》。1995年，执行《国务院关于修改〈国务院关于职工工作时间的规定〉的决定》，规定5月1日起，国家机关、事业单位实行统一工作时间，每周五天工作制，每日工作8小时、每周工作40小时，星期六、星期日为休息日。

假期制度 法定节假日。元旦节1天，清明节1天，五一节1天，中秋节1天，国庆节3天，春节3天。

年休假。参加工作时间满1年不满5年的每年休假3天，满5年不满10年的休假7天，满10年不满20年的休假10天，满20年的休假15天。

婚假。到达法定结婚年龄结婚的婚假3天，符合晚婚条件的婚假15天。

产假及哺乳假。符合计划生育规定生育的女职工假期，正常分娩产假90天，难产或双生以上的增加产假15天，产假期间工资照发，不影响晋级、调整工资。产假期满后抚育婴儿有困难的，经本人申请，领导批准，可请哺乳假。

福利费 福利费是国家为解决机关事业单位工作人员生活困难而制定的一项福利制度。中华人民共和国成立以后，国家多次就福利费管理发文规范。福利费提取标准：机关（党派、团体）按每人每月10元提取，事业单位按按工资总额2.5%提取。

第二章　劳动

民国时期，职业自谋。中华人民共和国成立后，通过劳动部门安排就业、自愿组织起来就业和自谋职业三条渠道，大部分有劳动能力者都获得就业机会。庆元最先实行就业安置是矿山、野外勘探、森林采伐等行业，1975年始规定这些行业部门可实行子女顶替和“内招”制度。1986年10月，废止该制度，采用公开考试办法招工。1990年，全县通过各种渠道共安置就业4543人。

1979年10月，县安全生产领导小组成立，组织协调全县安全生产工作。1980年，县劳动局配备劳动保护兼职干部。

第一节　就业

大中专毕业生就业

1991—2010年，庆元县接收大中专毕业生797人。2010年，庆元县出台针对普通高校毕业生就业工作实施意见，鼓励和引导高校毕业生面向基层就业，支持高校毕业生自主创业和灵活就业，组织回原籍未就业的高校毕业生开展见习活动，为期6个月至1年。

下岗职工再就业

1998年，县国有企业下岗职工基本生活保障和再就业工作领导小组成立。安置国有企业下岗职工452人，国有企业和主管部门30家建立再就业服务中心。其中，进入再就业服务中心231人，基本生活费由中心足额发放；基本生活费由企业自行发放221人；企业再就业服务中心筹集36万元。其中，县财政安排33万元、企业自筹3万元，发放22.7万元；在城市信用社建立再就业服务中心专项资金账户，实行专项管理。2003年，成立县就业和再就业工作联席会议。2006年，县人力资源市场成立，为用人单位自主用工和劳动者自主择业提供服务。2010年，庆元县下岗失业人员实现再就业311人，完成目标任务104%。其中，困难人员再就业162人，完成目标任务135%。

图34-1　庆元县人力资源招聘会（县人力社保局供摄于2006年）

第二节　劳动监察与仲裁

劳动监察

1990年8月24日，县劳动局成立劳动保护监察股。1997年10月，明确县劳动局内设劳动力管理监察股，负责劳动力管理监察工作，并同时成立庆元县劳动监察大队，为全额拨款事业单位。2003年，县劳动监察大队确定为依照管理事业单位。

2003年，县劳动监察大队检查企业100户，查获违规违纪企业23个，劳动年检合格52家；调处工资拖欠案件47件，涉及职工216人，支付拖欠工资25万元。2010年，规模以上企业劳动合同签订率96%。2006—2010年，查处违法案件470起，涉及劳动者3600人。

人事劳动争议仲裁

1988年10月，县劳动争议仲裁委员会成立。1990年8月，县劳动局劳动争议仲裁股成立，与县劳动争议仲裁委员会办公室合署办公。1997年10月，人事劳动仲裁股、县劳动争议仲裁委员会办公室设立。2002年6月，人事劳动仲裁股取消，改挂人事仲裁委员会办公室和劳动仲裁委员会办公室牌子，挂靠劳动力管理监察科。2010年8月，县人事劳动仲裁院设立，为劳动人事争议仲裁委员会办事机构，承担劳动人事争议调解仲裁等日常工作。

2006—2010年，全县受理劳动人事争议案件150起。

第三章　社会保障

1951 年，职工 100 人以上和生产经营正常的工矿、邮电、交通等企业实行保险。1975 年，全民企业统一实行保险。1986 年，在全民、集体企业试行合同制个人退休养老保险制度；县劳动服务公司（就业管理服务处）办理职工待业保险。1987 年，县职工离退休基金统筹领导小组成立，办理劳动合同制工人退休养老保险、固定工离退休经费社会统筹工作。1991—2010 年，陆续出台企业职工基本养老保险、生育保险、工伤保险、城镇职工基本医疗保险、机关事业单位养老保险、被征地农民基本生活保障、新型农村合作医疗、城镇居民医疗保险、城乡居民社会养老保险等制度。2010 年，企业基本养老保险、基本医疗保险、工伤保险、失业保险、生育保险参保人数分别为 12850 人、13404 人、10517 人、9241 人和 2992 人。

第一节　保险

养老保险

1992 年，庆元县出台《庆元县企业职工社会养老保险暂行办法》，从 1993 年始初步建立企业职工基本养老保险制度。1998 年，庆元县出台《关于建立我县统一的企业职工基本养老保险制度的通知》，建立全县统一的企业职工养老保险制度。2002 年，出台《庆元县事业单位工作人员基本养老保险试行办法》，自 4 月起，将机关事业单位职工纳入基本养老保险制度范围。至 2010 年，有企业基本养老保险参保人员 12850 人（其中国有集体企业 2194 人、私营企业 1838 人、个体工商户、自由职业者 8818 人），事业单位养老保险参保人数 3838 人；企业养老保险费基金收入 4759 万元（其中企业单位实缴额 1878 万元、个体工商户、自由职业者缴纳 2714 万元、清欠 167 万元），事业单位养老保险基金收入 1992 万元；支付离退休人员养老金 4727 万元，享受养老金待遇的离退休人员 2874 人（其中企业离退休人员 1973 人、支付 3242 万元，事业单位离退休人员 901 人、支付 1485 万元），企业养老保险人均享受养老金每月 1373 元，机关单位养老保险人均享受养老金每月 1400 元；企业养老保险基金累计结余 7891 万元，事业单位养老保险基金累计结余 4171 万元。

2005 年，庆元县出台《庆元县被征地农民基本生活保障试行办法》，建立被征地农民基本生活保障制度。之后几年，制度不断完善，个人缴纳和政府补助标准逐步提升。2010 年，被征地农民基本生活保障金三个档次分别达到 196 元、236 元和 276 元，均比 2005 年分别高 60 元。至 2010 年末，参保人数 5322 人，征收基金 3686 万元，累计享受人数 2068 人，累计支付 1063 万元，基金结余 8761 万元。

2010 年，庆元县出台《庆元县城乡居民社会养老保险实施细则》，建立城乡居民社会养老保险制度。至 2010 年末，参加城乡居民社会养老保险 70184 人，基金收入 4451.96 万元，享受待遇 21949 人，支付 1747.13 万元，基金结余 2704.83 万元。

医疗保险

城镇职工基本医疗保险　2001 年 7 月，《庆元县城镇职工基本医疗保险暂行规定》出台，建立城镇职工基本医疗保险制度。同年，出台《庆元县国家公务员医疗补助暂行办法》，保证国家机关公务员参加基本医疗保险后待遇不降低。至 2010 年末，职工基本医疗保险参保人数 13404 人，基金收入 2777 万元，基金支出2473万元（其中统筹基金支出1381万元、个人账户基金支出1092万元），公务员补助（大病救助）支出150万元，统筹基金结余958万元，个人账户结余沉淀1547万元。

新型农村合作医疗 2004年，《庆元县新型农村合作医疗暂行办法》出台，建立新型农村合作医疗制度（简称新农合）。2005年1月1日正式实施，推行新型农村合作医疗制度，参加对象农业户口居民、无固定职业且未纳入城镇职工医疗保险的城镇居民，统筹费以户为单位缴纳，每人每年40元。其中，个人出资20元、省财政资助10元、县财政资助10元，必须在定点医院看病、住院才报销医药费，特殊病种的特定门诊治疗费也纳入报销，一周年一统筹期。2005年，121024人参加，占应参加人口70.99%，筹得基金484.1万元。其中，个人242.05万元、财政242.05万元。参加合作医疗必须在定点医院看病住院才能报销金额。之后，陆续出台相关文件，对新型农村合作医疗制度进行完善和发展，参合率和筹资水平不断提高，医疗保障能力得到大幅提升。2005年到2010年6年间，人均筹资标准从40元提高到191元，参合率从70.99%提高到97.10%。2010年9月，全县参加新型农村合作医疗人数162903人，参保率97.10%，筹集资金3076.29万元。其中，个人出资633.20万元、中央和省财政补助1318.47万元、县财政补助1000万元、村级补贴124.62万元，报销医药费213514人次，报销金额2288.15万元。

城镇居民医疗保险 2008年，《庆元县城镇居民医疗保险工作实施试行方案》出台，建立城镇居民医疗保险制度。2010年，出台《关于调整庆元县城镇居民医疗保险有关政策的通知》，对城镇居民医疗保险制度进行调整和完善，提高住院报销比例和报销封顶额。至2010年，参保人数15502人，基金收入204万元，支出134万元，结余211万元。

工伤保险

1996年，庆元县出台了《庆元县企业职工工伤保险实施办法》，建立企业职工工伤保险制度，1996年7月开始正式实施。此后国家、省、市陆续出台文件法规对工伤保险制度进行完善和补充。2007年，出台《庆元县事业单位、民间非营利组织工作人员参加工作保险有关问题》，建立事业单位工伤保险制度。至2010年，工伤保险参保人数10517人，征收基金140万元，支出92万元，享受工伤待遇131人，基金结余270万元。

生育保险

1992年，庆元县出台《庆元县女职工生育基金统筹办法》，规定1993年始初步建立生育保险制度。2001年，庆元县出台《关于庆元县企业职工生育保险办法》，完善生育保险制度。2010年，庆元县生育参保人员2992人，征收基金54万元，享受人数28人，支出24万元，结余182万元。

失业保险

1991年，庆元县实行待业保险，参保单位145个，职工7096人，征收待业保险金6.3万元。1994年，职工待业保险改为失业保险。同年，有单位164个，职工6970名参加失业保险，发放失业保险金3.3万元。1999年，庆元县事业单位工作人员参加失业保险。2010年，参加失业保险单位208家，参保人数9241人，失业保险金征收166.16万元，支出31.11万元，当年结余175.7万元，累积结余872.65万元。

第二节 退休

退休条件

庆元县根据国家相关规定，依据干部职工年龄、工龄，有的还要考虑身体条件和劳动条件等因素，执行干部职工退休制度。

1978年，凡在党政机关、群众团体和全民企事业单位工作的干部和工人，符合下列条件之一的可以享受退休待遇：1. 男年满60周岁、女干部年满55周岁、女工人年满50周岁，干部参加工作年限满10年、工人连续工龄满10年；2. 从事井下、高空、高温、低温、高山地区特别繁重体力劳动或其他有害身体健康工作，男年满55周岁、女年满45周岁，干部参加革命年限满10年、工人连续工龄满10年；3. 男年满50周岁、女年满45周岁，干部参加工作年限满10年、工人连续工龄满10年，由医院证明完全丧失劳动能力（工人经劳动鉴定委员会确认）；4. 因公致残，由医院证明完全丧失劳动能力（工人经劳动鉴定委员会确认）；5. 患二、三期矽肺病离职休养的职工和患一期矽肺合并活动性肺结核符合上述第三项规定年龄的职工，如果本人自愿，也可以退休；6. 从事井下、高空、高温、低温、高山地区特别繁重体力劳动或其他有害身体健康的工作，需要具备下列条件之一才能办理退休手续，即一是从事高空和特别繁重体力劳动工作满10年（指实际工作年限），二是从事井下高温工作累计满9年（从事高温工作是指经常在38℃以上场所工作），三是从事其他有害身体健康工作累计满8年的。计算连续工龄时，凡从事井下、高温工作的时间每年按1年零3个月计算，从事其他有害身体健康工作的时间每年按1年零6个月计算；经常在0℃以下场所工作和常年在海拔4500米以上高山高原地区流动工作的人员可以参照从事井下、高温工作的人员办理退休手续，常年居住在4500米高山高原地区工作的人员可以参照从事有害身体健康工作的人员办理退休手续。

1983年9月，根据国务院印发《关于高级专家离休退休若干问题的暂行规定》《关于延长部分骨干教师、医生、科技人员退休年龄的通知》，对少数高级专家，确因工作需要，身体能够坚持正常工作，适当延长离休退休年龄：副教授、副研究员以及相当这一职称的高级专家，经上一级主管机关批准，延长离休退休年龄最长不超过65周岁；教授、研究员以及相当这一级职称的高级专家，经省政府批准，延长离休退休年龄最长不超过70周岁；学术上造诣高深，在国内外有重大影响的杰出高级专家，经国务院批准，可以暂缓离休退休，继续从事研究或著述工作。1990年前，对讲师、主治医师、工程师、农艺师、助理研究员以及具有一定学历、教学经验丰富的中小学教师中，确因工作需要，能够坚持正常工作，有较强业务能力的，经县级以上主管机关批准，可以延长退休年龄1—5年。

1993年，根据国务院颁布的《国家公务员暂行条例》，对公务员退休条件作出规定，除国家另有规定外，公务员符合下列条件之一的应当退休：1. 男年满60周岁、女年满55周岁；2. 丧失工作能力。此外，公务员符合下列条件之一的，本人提出要求，经任免机关批准，可以提前退休：1. 男年满55周岁、女年满50周岁，且工作年限满20年的；2. 工作年限满30年的。另外，根据省政府《关于印发〈浙江省全面推进科研院所体制改革实施意见〉的通知》和省人事厅《关于贯彻〈浙江省事业单位实行聘用制暂行办法〉若干问题的通知》规定，科研院所转为企业前，距法定退休年龄5年以内工作年限满20年的人员或工作年限满30年的人员，本人自愿，经批准，可提前退休。实行聘用制事业单位的女干部被聘用在工勤岗位上工作满1年以上，其退休年龄根据本人自愿也可按现行女工人退休年龄执行。

退休待遇

1993年9月30日前退休，如果中华人民共和国成立前参加革命工作，除符合离休条件干部和符合享受原工资100%退休待遇工人外，其他人员退休标准是抗日战争时期参加革命工作的按本人标准工资90%计发，解放战争参加革命工作的按80%计发，中华人民共和国成立后参加革命工作的工作年限（连续工龄）满20年的按本人标准工资75%计发、工作年限满15年不满20年的按70%计发、工作年限满10年不满15年的按60%计发，退休费低于50元的按50元计发。同时，下列人员分别提高退休费比例：1952年末前参加工作工龄满30年的在原标准上加发20%、工龄满20年不满30年的加发15%，1953年后参加工作工龄满30年的在原标准上加发15%、工龄满20年不满30年的加发10%；加发后退休费比例，不得超过本人原标准工资。

1993年10月1日以后退休的，实行职级工资制的退休人员，其基础工资和工龄工资按本人原标准全额计发，职务工资和级别工资按本人原标准一定比例计发。其中，工作满35年的按职务工资和级别工资两项之和88%计发、工作满30年不满35年的按职务工资和级别工资两项之和82%计发、工作满20年不满30年的按职务工资和级别工资两项之和75%计发、工作满10年不满20年的按职务工资和级别工资两项之和60%计发、工作年限不满10年的按职务工资和级别工资两项之和40%计发（1993年工资制度改革后，为了同公务员制度相衔接，实行职级工资制的人员只实行退休制度不实行退职制度）。机关技术工人退休后退休费按本人原岗位工资、技术等级（职务）工资和工资构成比例所规定的奖金三项之和的一定比例计发。普通工人退休后退休费按本人岗位工资和按工资构成比例所规定的奖金两项之和的一定比例计发。其中，退休时工作满35年的退休费按90%计发、工作满30年不满35年的按85%计发、工作满20年不满30年的按80%计发、工作满10年不满20年的按70%计发。事业单位退休人员退休费按本人职务（技术等级、等级）工资和津贴部分（计算退休费时，全额拨款单位津贴部分按工资构成30%计算，差额拨款和自收自支单位津贴部分按工资构成40%计算）两项之和的一定比例计发。其中，退休时工作满35年的退休费按90%计发、工作满30年不满35年的按85%计发、工作满20年不满30年的按80%计发、工作满10年不满20年的按70%计发。

1993年9月30日前，因工致残完全丧失劳动能力而办理退休手续的职工其饮食起居需要人扶助的按本人标准工资90%计发，还可以根据实际情况发给护理费100元，饮食起居不需要人扶助的按本人标准工资80%计发。1993年10月1日后，因工致残完全丧失劳动能力而办理退休手续的职工，饮食起居需要人扶助的机关干部按本人标准工资98%发，事业单位和机关工人按本人标准工资100%发给；饮食起居不需要人扶助的机关干部按93%发给，事业单位和机关工人按95%发给。

1996年3月、1997年11月，省人事厅、财政厅分别规定1995年9月30日前的退休人员从1995年10月起每月增加退休费20元；1996年12月31日前的退休人员从1997年1月起每月增加退休费20元。1999年9月，省政府印发《关于增加机关、事业单位离退休人员离退休费的实施方案》，规定对当年6月30日前的退休人员从当年7月起按在职时职务分不同标准增加退休费；在职时没有职务的，按每月90元增加退休费。2001年3月、10月，省人事厅、财政厅两次联合印发《关于增加机关事业单位离退休人员离退休费的实施方案》，分别规定2000年12月31日前的退休人员从2001年1月起按在职时职务分不同标准增加退休费，在职时没有职务的按每月80元增加退休费；2001年10月1日前的退休人员从当年10月1日起按在职时职务分不同标准增加退休费，在职时没有职务的按每月55元增加退休费。2006年，进行机关、事业单位工资收入分配制度改革，规定2006年6月30日前的退休人员按在职时职务分不同标准增加180元到750元不等的退休费。2010年始，公务员进行规范津补贴，事业单位实施绩效工资，机关、事业单位退休人员津补贴按在职人员津补贴水平65%确定生活补贴费，大幅度提高机关事业单位退休人员待遇。

机关、事业单位工作人员退休，由原工作单位一次性发给安家补助费400元；由城镇连同户口迁到农村安家的发给安家补助费800元。

退休人员管理

1991年，庆元县将行政事业退休人员规划县人事劳动局管理，设退管股，后改为社保（退管）科。2010年，有退休活动中心组1个，下设大组14个，1200名退休人员。建立退休人员电子信息档案，召开退管工作会议，发放《退管信息》，开展年终慰问、祝寿、老年文艺晚会、书画摄影比赛等活动。

第三十五篇　民政

1949年8月县政府设民教科。1950年4月析置民政科。复县后初设庆元县内务局。1978年改成庆元县民政局，各乡（镇）配专职或兼职民政助理员。1991年，县民政局设办公室、民政股、优抚安置股、社会救灾救济股。2002年，县民政局设办公室（含新安江移民遗留问题处理办公室）、社会救济福利科（县募捐办公室、县福利企业管理办公室）、优抚安置科（县双拥办公室、县退伍军人和军队离退休干部安置领导小组办公室）、基层政权建设和社会事务科（民间组织和区划地名科）。2007年，县民政局由15个科室合并为救灾救助服务中心、社会事务服务中心、内部管理中心。2010年，县民政局设办公室（新安江移民遗留问题处理办公室）、社会救济福利科（县募捐办公室、县福利企业管理办公室）、优抚安置科（县双拥办公室、县退伍军人和军队离退休干部安置领导小组办公室）、基层政权建设和社会事务科（民间组织和区划地名科），下属事业单位有县老龄工作委员会办公室、县移民工作办公室、县烈士陵园管理处、县地名办公室、县婚姻登记管理处、县救助管理站、县殡仪馆、县中心敬老院、县移风易俗办公室。

第一章　社会事务管理

1951年，庆元根据浙江省《婚姻登记暂行办法》开始办理婚姻登记。1964年，庆元安置新安江水电站移民314户、1625人，至1990年，新安江移民人口增至563户、2648人。1991—2010年，全县民间组织规模壮大，由38家发展到102家；行政区域界线勘定全面完成，地名随着社会发展不断更新；老年人待遇不断提高，活动场所和设施不断改善；婚丧管理进一步完善，开始推行遗体火化；加强弃婴依法登记、收养管理；通过对水库移民直接补助、库区和移民安置区基础设施及产业发展等项目扶持，移民生活条件显著提高。

第一节　民间组织管理

县民政局依法对社会团体和民办非企业单位进行年度检查，及时向有关单位和个人公告年检结果。1991年，庆元县有社会团体38家。1995年，全县年检合格社会团体35家。2002年，县民政局对社会团体重新进行登记，保留社团20家，增加公办社团26家，增加民办非企业24家。2010年，庆元县有民间组织102家。其中，社会团体62家、民办非企业单位40家。

2010年庆元县社会团体一览表

表35—1—1—1

名称	成立日期	法定代表人	业务主管单位
庆元县消费者权益保护委员会	2002年10月20日	李　雄	县市场监督管理局
庆元县个体劳动者协会	2002年10月20日	真顺和	县市场监督管理局
庆元县私营（民营）企业协会	2002年10月20日	吴中月	县市场监督管理局
庆元县食用菌协会	2002年10月20日	叶　高	县食用菌管理局
庆元县农学会	2002年10月20日	田芦明	县农业局
庆元县预防医学会	2002年10月20日	陈运海	县卫计局
庆元县中医学会	2002年10月20日	廖瑞龙	县卫计局
庆元县护理学会	2002年10月20日	兰庆芬	县卫计局
庆元县医学会	2002年10月20日	管廷勇	县卫计局
庆元县财税学会	2002年10月20日	姚伟波	县财政局
庆元县会计学会	2002年10月20日	何来平	县财政局
庆元县林学会	2002年10月20日	夏瑞满	县林业局
庆元县建设行业协会	2002年10月20日	方世炎	县建设局
庆元县钱币学会	2002年10月20日	吴云玲	县人民银行
庆元县离退休教师协会	2002年10月20日	吴孚贵	县教育局
庆元县集邮协会	2002年10月20日	王缙红	县邮政局

续表 35—1—1—1

名称	成立日期	法定代表人	业务主管单位
庆元县水电学会	2002 年 10 月 20 日	周　健	县水利局
庆元县珠算协会	2002 年 10 月 20 日	吴宗铨	县财政局
庆元县老年人体育协会	2004 年 8 月 10 日	沙云媚	县文体广电局
庆元县农民专业合作社	2005 年 12 月 27 日	黄立高	县供销社
庆元县慈善总会	2005 年 12 月 27 日	吴远龙	县民政局
庆元县百山行者俱乐部	2006 年 3 月 08 日	吴宗文	县旅游局
庆元县来料加工经纪人协会	2006 年 11 月 29 日	吴永香	县妇联
庆元县农家乐（民宿）协会	2006 年 12 月 4 日	兰日山	县扶贫领导小组办公室
庆元县党外知识人士联谊会	2007 年 7 月 26 日	张金钰	县委统战部
庆元县餐饮业协会	2007 年 11 月 13 日	全开彬	县市场监督管理局
庆元县竹产业行业协会	2007 年 12 月 20 日	吴生锡	县林业局
庆元县革命老区开发建设促进会	2008 年 3 月 28 日	吴丽丽	县民政局
庆元县温州商会	2008 年 4 月 22 日	戴绍国	县工商联
庆元县小水电行业协会	2008 年 6 月 2 日	徐建华	县水利局
庆元县北宋状元刘知新文化研究会	2008 年 6 月 25 日	刘恒枝	县文学艺术界联合会
庆元县农产品经纪人协会	2008 年 8 月 1 日	李成武	县供销联合社
庆元弘艺二都戏协会	2009 年 4 月 30 日	吴永荷	县文化广电新闻出版局
庆元县岭头乡岭头村村级发展互助会	2009 年 8 月 21 日	胡顺民	县扶贫领导小组办公室
庆元县隆宫乡里地村村级发展互助会	2009 年 10 月 26 日	甘思林	县扶贫领导小组办公室
庆元县荷地镇杨桥村村级发展互助会	2009 年 12 月 18 日	练珍文	县扶贫领导小组办公室
庆元县香菇研究会	2009 年 12 月 21 日	叶开林	县扶贫领导小组办公室
庆元县弘扬八角殿文化协会	2010 年 5 月 2 日	吴坤武	县文化广电新闻出版局
庆元县江根乡江根村村级发展互助会	2010 年 5 月 5 日	吴家铁	县扶贫领导小组办公室
庆元县濛淤桥暨应岭岚古道文化协会	2010 年 5 月 5 日	吴登荣	县文化广电新闻出版局
庆元县青年企业家协会	2010 年 6 月 7 日	吴生锡	团县委
庆元县志愿者协会	2010 年 11 月 22 日	吴庶坤	团县委

2010 年庆元县民办非企业单位一览表

表 35—1—1—2

单位名称	成立日期	法定代表人	业务主管单位
庆元县春晖幼儿园	2002 年 10 月 20 日	吴　珍	县教育局
庆元县大济幼儿园	2002 年 10 月 20 日	吴东红	县教育局
庆元县坑西好娃幼儿园	2002 年 10 月 20 日	胡秋姿	县教育局
庆元县黄田陈边村星星幼儿园	2002 年 10 月 20 日	叶先贞	县教育局
庆元县蓝精灵幼儿园	2002 年 10 月 20 日	姚永红	县教育局
庆元县绿茵幼儿园	2002 年 10 月 20 日	魏春华	县教育局
庆元县育苗幼儿园	2002 年 10 月 20 日	吴美芬	县教育局
庆元县西门幼儿园	2003 年 10 月 20 日	沈淑燕	县教育局
庆元县竹口镇小天使幼儿园	2003 年 10 月 20 日	邱慧华	县教育局
庆元县三江源青少年体育俱乐部	2007 年 12 月 07 日	胡少庆	县体育局

续表 35—1—1—2

单位名称	成立日期	法定代表人	业务主管单位
庆元县博毅跆拳道俱乐部	2007年12月07日	杨中峰	县体育局
庆元县乒乓球俱乐部	2007年12月07日	吴新荣	县体育局
庆元县蓝猫幼儿园	2010年1月8日	沈淑花	县教育局
庆元县佳佳幼儿园	2010年1月28日	兰洁珍	县教育局
庆元县濛洲越剧艺术团	2010年5月27日	胡大信	县文广新局

第二节　县界和地名管理

县界管理

庆元县5条行政区域界线总长401.43千米。其中，县级行政区域界线总长191.35千米。其中，龙庆线102.8千米、庆景线88.55千米，涉及乡镇10个，设县界界桩7个；省级行政区域界线总长210.08千米。其中，庆松段73.19千米、庆政段71.63千米、庆寿段65.26千米，涉及乡镇11个，设省界界桩7个。

行政区域勘界　1997年6月，开始行政区域界线勘定。1999年10月，与毗邻省、市、县5条行政区域界线勘定全面完成，先后签订“谈判协议”和“会议纪要”23份，协商解决部分地段山界纠纷和山林权属等问题，埋设界桩14个。其中，县界界桩7个、省界界桩7个。形成各类勘界成果资料55余卷、1∶10000边界地形图117余幅。

行政区域界线联检　2007年4—7月，庆元县、龙泉市和福建省松溪县、政和县、寿宁县联合检查浙闽线庆元、松溪、政和、寿宁段，检查界线210.08千米、界桩7个，证实庆元—松溪段、庆元—政和段、庆元—寿宁段两侧地形、地物和界线标志物无变化，7个界桩和界桩方位物与界桩登记表记载相符。2008年6月，与毗邻县（市）进行联合检查，至2009年8月完成内外业联检，检查县界191.35千米。其中，龙庆线102.8千米、界桩5个，庆景线88.55千米、界桩2个，证实龙庆线、庆景线两侧地形、地物和界线标志物无变化，发现庆景线3311262701号界桩被人破坏遗失，后在原界桩点位重新埋设3311262701号界桩。

平安边界建设　2008年，县平安边界创建活动工作领导小组成立，与毗邻两省五县（市）签定“平安边界”创建协议，建立互访互通制度和应急反应机制，共同创建平安边界。与界桩所在乡镇、村签订《庆元县行政区域界线界桩委托管理协议书》，7个省际界桩、7个县际界桩由所在村就近落实专人负责管理维护，形成个人管点、村庄管段、乡镇管线、民政管面的行政区域界线管理格局。鼓励毗邻乡镇、村签订睦邻友好公约，加强界线档案资料管理，规范边界地区群众自觉维护边界平安行为，及时疏导和解决各种纠纷矛盾与积怨。

地名管理

地名命名与更名　依据国务院《地名管理条例》《浙江省地名管理办法》《庆元县地名管理办法》，县民政局对街、路、巷、弄、广场、小区等进行命名和更名。1996年，命名兴贸路、祥云路、霞岐路、龙湫路、小济路、西桥路、江滨路、菇源路、济川路、菇市一路、菇市二路、菇市三路，将原府后街更名濛洲街。1997年，命名西源路、市场一巷、市场二巷、市场三巷、银行巷、双潭巷、槎水巷、槎水北弄、槎水南弄、春澜北巷、春澜南巷、梅岙巷、百丈巷、夜月巷、巾子一巷、巾子二巷、社环路；将槎水巷更名市场南路。1998—1999年，命名乡镇街、路、巷、弄578条。2004年，命名希望路、工业路、阳光路、新苗巷、新苗二巷、幸福巷、塑料南巷、塑料东巷、振兴巷、园林巷、希望路一、二、三、四、五、六、七、八弄、八五弄、龙洲东路、龙洲中路、龙洲西路、石龙街一、二、三、四、五弄、酒厂巷、酒厂二巷、酒厂三巷、松云巷、洋墩路32条新道路。2008年，命名曙光路。2002年，命名新建社区、咏归社区、石龙社区、濛洲社区、玉田社区。2003年，命名松源新居。2005年，命名聚丰佳园、文昌苑、洋墩新居、江滨花苑。2007年，命名金诚佳苑、银泰•丽晶城阳光华庭、同德新村、同济新村、石塘新村、沁心园商住楼。2008年，命名瑞丰房产。2009年，命名龙山苑。

地名补查和资料更新　1994年3月，开始地名补查更新。至1996年末，制作第二代各类成果表1731张。其中，行政区划和居民点名称1179条，专业部门名称76条，名胜古迹和人工建筑名称193条，自然地理实体名称214条，废止地名69条。填写村名表77张，36万余字，标注1:50000地形图一套，标绘镇区平面图7幅。

地名标志设置　1997年11月，县地名办由县政协移交县民政局。1998年，县城门牌管理从县民政局交由公安部门管理。2003年5月，确定县城门牌管理属县民政局，由县城建局实施。2003年7月，确定门牌管理和实施由县民政局下设的地名办负责管理。各部门管理期间，都对地名标志进行设置。县政协下辖地名办管理期间，至1996年5月，设置城区路牌96块、弄牌164块、楼牌13块，编制装订城区门牌3145块。公安管理时期，由于城区建设变化，根据户籍管理需要，对城区门牌号进行重新编制，至1999年8月，重新装订5290块门牌，在乡镇设置门牌36895块，农户大部分装订门牌。县民政局地名办接手后，2003年，在曹岭至县城公路沿线设置村碑17块、铁质村牌50块；2004年，在县城设置街路牌92块。其中，在主要街道设置75块美观大方且带有广告特色街路牌，设置巷弄牌116块，单元牌21块，幢牌19块，门牌1252块；2005年，设置门牌350块，发放相应门牌证；2006年，编制装订单元牌62块，幢牌27块，门楼牌974块、发放相应门牌证；2007年，编制装订单元牌86块，幢牌56块，门楼牌1618块、发放相应门牌证；2008年，编制装订门楼牌107块、发放相应门牌证；2009年，编制装订单元牌77块，幢牌217块，门楼牌3442块、发放相应门牌证。

地名公共服务工程　2005年，制定地名公共服务工程5年实施方案。至2009年，基本完成地名公共服务工程四项专项事务。地名规范：根据《庆元县地名管理办法》要求，规范地名命名、更名审批程序和城区门牌管理。地名规划：2008年8月，《庆元县地名总体规划（2007—2020年）》获市和县两级专家组论证通过，上报县政府及市民政局批准实施。地名标志：遵照GB17733.1—1999《地名标牌　城乡》标准制作地名标志，按照相关规定设置地名标志。数字地名：2007年，全面完成地名数据库建设，录入各种信息1482条，11月完成庆元县地名网站建网。

地名图籍　庆元县地图，由县民政局与省测绘大队以标准名称标注1:75000比例尺联合绘制而成，2006年10月出版，印数5000张，绘有庆元县政区图、毗邻县市、图例及松源镇平面图。

庆元县交通旅游图，由县民政局与省测绘大队联合编制，2003年1月出版，印数5000张，绘有庆元县政区图和庆元县城区图，插有部分企业名录、庆元县简介及介绍部分风景名胜和文物古迹。

《庆元县地名总体规划（2007—2020年）》，2008年上报县政府及市民政局批准实施，以彰显“菇乡文化、生态庆元”为总体思路，以提高地名公共服务水平、提升城市文化品味为目标，从庆元县人文地理特点、地名历史和现状、城市发展等出发，科学设计地名系统，使城市地名管理走上科学化、标准化、规范化轨道。

第三节　收养登记管理

20世纪90年代，庆元县改革开放进程加快，计划生育政策不断加强，流动人口增加，尤其深受重男轻女封建观念影响，社会弃婴现象屡见不鲜。1995年，县民政局接收弃婴24人。其中，残疾男婴1人、女婴 23 人。查明弃婴父母并追究法律责任 2 人，送还生身父母 1 人，依法办理领养 23 人。1993—1997 年，全县收养弃婴 126 人。1999 年，依法将弃婴进行登记、收养，发给收养证，作为领养人自己子女抚养。2008 年，根据《关于解决国内公民私自收养子女有关问题的通知》，核实 1999 年 4 月 1 日至 2009 年 4 月 1 日发生的国内公民私自收养弃婴（儿童）27 人。1999—2010 年，庆元县有弃婴 181 人，办理收养证 181 人。

第四节　老年人工作

县老龄委

1986 年 10 月，县老龄问题委员会成立。1991 年 1 月，更名为县老龄工作委员会，发挥老年人作用、保护老年人合法权益、为老年人服务，下设县老龄工作委员会办公室。

主要工作

1991 年，60 个行政村成立老年人协会，建立老年活动中心（站）或活动室。县老龄办常举办文艺晚会、电影招待会、登山比赛和游园活动。1995 开始，春节期间走访慰问 90 岁以上老人。2003 年，县老龄办会同县人大法工委对贯彻执行《中华人民共和国老年人权益保障法》进行执法检查。2004 年 9 月 1 日，县府办出台《关于全面开展创建社区老龄工作“3587 工程”的意见》，开始建设老年电大教学点，开设课程，使老年人老有所学。2005 年，组织“送光明”活动，免费为 58 名贫困老年白内障患者做复明手术，成功率 100%。2006 年，县政府出台《庆元县优待老年人实施办法》，为老年人办理浙江省老年优待证，当年办理 8012 张，约占老年人 1/3；基本完成社区老龄工作“3587”工程，即在社区建立老龄工作领导小组、老年人协会、助老志愿者队伍 3 个老年工作组织，基本建成养老保障、医疗服务、生活照料、文化教育、权益维护 5 个服务网络，实施 8 项老龄工作任务，达到 7 条规范化建设标准。2010 年 1 月 1 日始，凡满 60 周岁城乡居民每人每月可领 60 元城乡居民社会养老保险基础养老金（享受退休待遇的除外）。2007—2010 年，庆元县建成“星光老年之家”103 个、老年电大教学点 11 所，建立乡镇老年活动中心 4 个、老年协会 223 个，5 个社区都建立居家养老服务站和老年活动室，县城建有标准门球场、健身场地等老年人户外活动场所。2010 年末，60 岁以上老年人 2.44 万人，占总人口 12.1%。其中，农村老年人 19801 人、90 岁以上老年人 173 人。

图 35-1　南阳星光老年之家（县民政局供　摄于 2010 年）

第五节　婚丧管理

婚姻登记管理

1995 年始，申请结婚登记必须凭居民身份证、婚姻状况证明、婚前体检证明，再婚需增加无配偶和有无子女情况证明。1991 年至 2002 年 6 月，婚姻登记由各乡镇政府负责办理。县民政局根据《中华人民共和国婚姻法》《浙江省婚姻登记管理办法》负责指导乡镇婚姻登记管理和婚姻法制宣传教育。2002 年 7 月，县民政局设立婚姻登记处，开始集中办理国内公民结婚登记、离婚登记，每对收费 9 元。2003 年 10 月 1 日，实施新颁布的《婚姻登记条例》，对婚前医学检查改为结婚当事人从双方健康角度考虑，自愿到县妇保站体检。

1991 年至 2002 年 6 月，由于庆元县乡（镇）撤、扩、并，档案资料缺失，全县婚姻登记情况无法统计。2002 年 7 月至 2010 年，庆元县申请结婚登记 28382 人，准予登记结婚 27814 人，申请离婚登记 2512 人，准予登记离婚 2386 人，婚姻登记率 100%。

2002—2010 年庆元县婚姻登记一览表

表 35—1—5—1

年份	结婚登记（对）	离婚登记（对）
2002	700	28
2003	1319	59
2004	1534	90
2005	1382	98
2006	1773	127
2007	1867	184
2008	1772	179
2009	1794	216
2010	1766	212
合计	13907	1193

殡葬管理

1992 年，征用松源镇西门村山地 5.33 公顷建设公墓。1993—1997 年，建成公墓一期工程 332 墓穴。2001 年县殡仪馆开工建设，2002 年建成并投入运营；占地面积 34500 平方米，主体建筑面积 877 平方米，附属服务建筑面积 300 平方米。县殡仪馆隶属县民政局，设服务大厅、休息厅、大小悼念厅、法医解剖工作室、火化车间。2003 年始，有步骤地实行火葬，改革土葬，节约殡葬用地，革除丧葬陋俗，提倡文明节俭办丧事。2003 年，发布《庆元县殡葬管理实施办法》，8 月 1 日零时全面实行遗体火化。2008 年，县移风易俗办公室成立，主要负责监督管理殡葬活动。2010 年，治理“一沿四区”范围内坟墓，330 个行政村实行生态葬，覆盖率 95.7%；启动县城公墓（二期）工程建设和屏都区块生态公墓建设，加强城镇殡仪活动管理。2002—2010 年，全县火化遗体 13200 具，月均火化 100 余具，在火化区未出现拒绝火化和遗体装棺土葬行为。

第六节 水库移民安置

2010 年，庆元县有大中型水库 3 座，小型水库 34 座，移民 6134 人。其中，大中型水库直补资金 4238 人，涉及 12 个乡镇 112 个村居；小型水库移民 209 人，涉及 17 个乡镇 79 个村居；跨库移民 1687 人，涉及 4 个乡镇 14 个村居。

直补政策

2006年，根据国务院《关于完善大中型水库移民后期扶持政策的意见》，凡被纳入扶持范围的大中型水库农村移民可享受资金直补政策，每人每年补助600元，连续补助20年。7月1日开始发放，全县大中型水库移民直补人数4238人，一人一折，按季发放。至2010年，庆元县发放移民直补资金15次、1144.26万元。

移民项目扶持

1991—2001年，庆元县开展移民项目扶持，但扶持经费不多，扶持效益不明显。2002年以后，庆元投入移民项目资金1475.57万元，建设项目250余个，分为三个移民扶持规划期：

中央直属水库移民遗留问题处理"六年规划"期 2002—2007年，实施新安江水库移民遗留问题处理项目137个，投入移民资金915.76万元。其中，库建基金448.5万元，省补资金467.26万元。一是基础设施建设方面，新建水池21座，管道60.94千米，受益移民2580人次；新建渠道18条23.822千米，堤坝23条7.272千米，受益移民10857人次；新增灌溉面积238.2公顷，改善灌溉面积825.93公顷；道路硬化65条80.937千米，新建机耕路28条108.14千米，受益移民13156人次；改造农村电网项目1个，解决60户210人用电难题；架设有线电视网项目2个，解决360户移民电视收看问题；新建排水（污水）沟2.7千米，受益移民1893人次。二是生产开发方面，开发果树面积81.93公顷，经济林283.67公顷，受益移民2766人次。三是科技推广方面，培训移民干部300人次、移民962人次，受益移民2854人次。

大中型水库移民后期扶持第一个"五年规划"期 2006—2010年，有扶持项目78个，扶持资金455.49万元。一是基础设施建设方面，新建水池15座，管道99.743千米，受益移民6348人次；新建渠道9条4.587千米，堤坝11条3.02千米，受益移民6405人次；新增灌溉和改善灌溉面积70.07公顷；道路硬化19条13.688千米，新建机耕路2条5.5千米，受益移民12517人次；新改建村委会办公楼1304平方米，解决8个库区村村委会办公用房问题，受益移民1316人；安装路灯44盏，解决5个库区村道路亮化难题；医疗保险1687人，房屋保险600户。二是科技推广方面，培训移民、移民干部6期268人次。

大中型水库库区和移民安置区基础设施建设和经济发展规划期 期限为2006—2026年。2008—2010年，完成大中型水库移民后期扶持结余资金项目38个，扶持资金215万元；应急补助资金项目6个，扶持资金40万元。新建水池7座，管道35.49千米，受益移民4034人次；新建渠道6条3.305千米，堤坝5条1.3千米，受益移民1525人次；新建管理机房1座，安装抽水机机组1套，改善灌溉面积54.67公顷；道路硬化2条0.75千米，新建机耕路2条6千米，桥梁1座，受益移民1676人次；安装路灯175盏，解决7个村道路亮化难题；杉树林改毛竹林33.33公顷，受益移民138人；培训移民、移民干部3期156人次。

第二章　基层民主自治

1991—2010 年，庆元依据《村民委员会组织法》《居民委员会组织法》，分别在农村和城镇依法选举村民委员会、居民委员会组成人员，完善城乡基层政权建设和基层群众自治组织建设，指导社区服务管理，推进社区建设。

第一节　村民委员会选举

1991—2010 年，进行村民委员会换届选举 8 次。

1991 年 7 月 26 日至 9 月 12 日，屏都乡八一村村民自治示范村试点，由全体村民直接选举产生新的村委会主任、村民代表以及治保、调解、卫生、民政等组织，建立村民代表会议，制订村民代表会议制度，为贯彻《村民委员会组织法》、逐步推开村民自治积累经验。是年，344 个村委会中 171 个参照村委会组织法进行换届改选，结束由乡镇任命村委会主任方式。1992 年，建立村民小组 1714 个。1994 年，松源镇第五居委会被省民政厅列为省级示范居委会。1996 年，344 个行政村中 137 个村进行换届选举，占总数 39.8%，成功率 98.5%。1997 年，32 个村进行换届选举，占总数 9.3%，成功率 97%。1998 年，《中华人民共和国村民委员会组织法》通过。1999 年，全面铺开村委会统一换届选举，345 个行政村成功换届 316 个，参加投票选举选民 100329 名，参选率 89.9%，制订自治章程和村规民约，确保村委会民主自治、民主决策、民主监督、民主管理。2002 年 3—6 月，进行第六届村委会换届选举，345 个行政村中 339 个顺利进行换届选举，登记选民 94797 人，87213 名选民参加投票选举，参选率 92%，选出村委会成员 1198 人。其中，女性 49 人。2005 年 3—6 月，进行第七届村委会换届选举，345 个行政村中 341 个顺利进行换届选举（4 个村暂缓选举），登记选民 112993 人，参加投票选举选民 86734 人，参选率 76.8%，选出村委会成员 1112 人。其中，村主任 330 人、副主任 57 人、女性 65 人。2008 年 1—4 月，进行第八届村委会换届选举，345 个行政村中 328 个顺利进行换届选举（其余 17 个村因整村搬迁延期换届），登记选民 121610 人，参加投票选民 87736 人，参选率 72%，选出村委会成员 1184 人。其中，村委会主任 324 人、支部书记兼村委会主任 6 人、村委会主任连任 99 人。其中，采用“自荐海选”方式的 308 个，采用有候选人选举的 18 个，采用无候选人选举的 2 个村，324 个村实行妇女委员专职专推专选。2010 年 11 月 16 日—12 月 29 日，在岭头乡进行第九届村委会换届选举试点，28 个应换届村委会全部采用“自荐直选”方式，为第九届村委会换届选举积累经验。

第二节　社区居委会建立

城市社区

1991 年，庆元县城有第一、第二、第三、第四、第五 5 个居民委员会（简称居委会）。2001 年 5 月，庆元县被重新划分为 7 个居委会。2002 年，庆元县将 7 个居委会调整为 5 个社区居委会，即新建、咏归、石龙、濛洲、玉田社区居委会，社区规模控制在 1500—2500 户。2003 年，相继出台《庆元县社区建设和社区党建工作联席会议成员单位和相关职能部门工作职责》《庆元县社区资源共享实施意见》等文件，建立社区建设协调小组、社区党建工作联席会议制度、县领导联系社区制度和驻区单位共驻共建机制。2004 年，玉田社区和咏归社区分别被评为省、市级示范社区。2007 年，出台《关于推进和谐社区建设的实施意见》，提高社区办公经费，由 1 年 2880 元（每月 240 元）提高到 1 年 18000 元（每月 1500 元），改革社区共建经费筹措机制，建立社区共建基金专户，由各驻区单位按单位公务费用支出总量 0.1% 主动缴纳共建经费。2002 年、2005 年、2008 年，5 个社区分别进行换届选举。2008 年，同德新村、同济新村（灾民安置小区）、洋墩新村（下山脱贫安置小区）列入社区管理模式，建立同德、同济、洋墩社区党总支和社区居委会，2010 年 8 月 5 日正式成立社区居委会。2010 年，有城市社区 8 个、专职社区工作者 40 名、社区片警 24 名、协警 16 名、计划生育专管员 16 名，另有兼职社区居委会委员 17 名。

农村社区

2008 年，根据《中共浙江省委浙江省人民政府关于推进农村社区建设的意见》《丽水市民政局关于开展农村社区建设试点工作的通知》，确定松源镇周敦村和大济村进行农村社区建设试点。此后，又将举水乡月山村、百山祖乡斋郎村、黄田镇中济村列入试点村。2010 年 6 月，县城乡镇社区工作协调小组编制出台《庆元县农村社区建设布局规划及建设标准》，均建立乡镇社区服务中心。20 个乡镇，建立农村社区服务中心 141 个村。

第三节　村务公开与民主管理

1998 年，中共中央办公厅、国务院办公厅印发《关于在农村普遍实行村务公开和民主管理制度的通知》，庆元县开始实施村务公开和民主管理。村民委员会组织法修订公布后，县委组织部制定《庆元县村务公开制度》，开始推行村务公开，对公开的内容、时间、方式等作具体详细规定。确定示范村 54 个，制定制度，建立统一固定的村务公开栏。村建立村务公开领导小组和监督小组 342 个，制定村务公开制度，实行村务公开，因人口大量外出未开展 3 个村。

2000 年 8 月，县委组织部、县民政局在百山祖乡枫坪村开展村务恳谈试点。9 月，全县推广，要求各乡镇选择 1—2 个条件成熟村开展村务恳谈活动，把召开村务恳谈活动与村务公开有机结合。2000 年末，村建立村务公开领导小组和监督小组 342 个，制定村务公开制度。2002 年，根据《关于进一步规范村级财务公开和管理工作的意见》，建立村级财务管理工作责任制。10 月 18 日，松源镇率先试点推行村级会计委托代理制。2003 年 1 月 1 日，全县开始实行村级会计委托代理制，各乡镇以农经站为主体，建立会计委托代理服务机构，为村级提供会计服务，从根本上解决村级会计业务不熟悉、财务管理不规范、制度落实监督不到位问题。

2005 年，省委、省政府对村务公开和民主管理提出“建立健全党委和政府统一领导、有关部门共同参与、民政部门组织协调的领导体制和工作机制”后，归口民政部门负责。2006 年，村务公开民主管理列入对乡镇考核内容。2006—2010 年，广泛开展村务公开民主管理规范化建设和示范单位创建活动。至 2010 年，达到村务公开民主管理规范化建设标准和要求行政村 335 个，达标率 97.1%，达到村务公开民主管理示范单位标准和要求行政村 78 个。

第三章　救灾　救助

1991—2010年，庆元县社会救助体系不断完善，及时开展自然灾害灾后救助，发放救灾款12581.98万元；积极向因灾、残、老、病的困难户提供救济金和救济物品；节日向农村老党员、五保户、低保户、特困户、“三老”人员等发放慰问金和慰问品；以各种方式救助社会流浪乞讨人员，保障困难群体基本生活。慈善事业不断发展，募捐金额逐年提高，持续开展助老、助孤、助残、助困、助学等活动。

第一节　救灾

自然灾害

1991—2010年，庆元发生水、旱、雹、台风、洪涝等自然灾害68起，不同程度受灾乡镇20个，死亡（包括失踪）76人，受伤203人，直接经济损失23.7亿多元。其中，1998年和2006年尤为严重。

6月13—22日洪灾　1998年6月13—22日，庆元县出现200年未遇连续暴雨，20个乡镇严重受灾，受灾人口13.5万人，占总人口75%，因灾死亡8人，受伤136人，倒塌房屋715户，大批农田、水利设施、公路、桥梁、通讯、电力线路遭受毁灭性破坏，直接经济损失2.8亿元。县民政局组织8个救灾小分队将50多万元应急救灾慰问金发放到715户重灾户，下拨救灾资金三批次计248万元，发放救灾棉510床、衣服6700多件。全面开展灾后重建。出台《庆元县倒房重建优惠政策》和倒房重建补助政策。召开千人赈灾捐赠动员大会，开展专项赈灾募捐活动，收到赈灾捐赠款107.39万元。至1999年春节前，房屋受损户全部修复，所有倒房户搬入新居。是年，建立健全相对稳定的县、乡灾害救助资金网络，20个乡镇按农业人口人均1.5元建立“217大灾预备金科目”，储备大灾应急资金26万元，会同财政部门制定严格管理制度和增长机制。

6月3—8日大暴雨　2006年6月3—8日，全县普降暴雨、大暴雨，降雨历时长、范围广、强度大、破坏性强，长达107小时，平均降雨量383.4毫米，最大降雨量（举水站）490.5毫米，6个站点降雨量超过400毫米。持续强降水导致河水暴涨，部分地区出现50年一遇洪水，引发山洪、山体滑坡等次生灾害，使20个乡镇、4.6万人不同程度受灾，紧急转移3929人，失踪3人，房屋倒塌217间，损坏民房1230间，直接经济损失1.51亿元。其中，农林牧渔业0.35亿元、工业交通运输业0.36亿元、水利设施0.75亿元、其他0.05亿元。

台风“桑美”灾害　2006年8月10日，庆元遭受百年未遇第8号超强台风“桑美”正面袭击，受灾7.5万人，死亡38人，失踪8人，紧急转移21000多人，房屋受损15710间。其中，完全倒塌753户2578人6475间，直接经济损失7.1亿多元。其中，农林牧渔业1.11亿元、工业交通运输业3.68亿元、水利设施1.67亿元、其他0.64亿元。迅速开展灾后救助，举全县之力重建家园。接收捐赠款625.8万元、大米83953千克、食用油3075瓶、新旧衣被15万件，各种救灾物资折价196.3万元；发放死亡失踪人员家属救助金92万元、灾民生活救灾资金801.4万元、救灾物资折价220余万元。8月23日，县政府成立灾后重建工作指挥部。出台重建政策。选定反墺和上坑岙两处为集中重建安置小区（后命名为同德新村和同济新村），设计占地面积45平方米、54平方米、65平方米三种户型供倒房户选择重建；对低保户和

图 35-2 荷地镇石磨下村“桑美”台风灾后救助现场（荷地镇供 摄于 2006 年）

无能力建房受灾户，政府负责建造户型 40 平方米左右、造价约 2.5 万元套房，产权归低保户所有。9 月开工建设，至 2007 年春节基本建成，所有倒房灾民搬入新居。同年，庆元县被省民政厅和省建设厅确定为全省 7 个“避灾工程”建设试点县之一。

火灾救济

庆元县除旱、洪等自然灾害外，各地历年发生火灾也非常严重，大多是因烘烤香菇不慎而引起的。1991—2010 年，庆元县发生火灾 194 起，死亡 9 人，受伤 28 人，直接经济损失 2152 余万元，县民政局及时下拨救济资金 163.49 万元，调拨和捐赠大量衣、被、粮食等物资。

第二节 救助

扶贫济困

春荒、冬令救济 20 世纪 90 年代，民政部门在每年的冬季都要拨出一批棉衣、棉被、棉胎，对缺乏寒衣的农民和孤老残疾者进行实物和寒衣代金救济。此项开支逐年增加。2003 年，民政部门下拨春荒救济款 10.3 万元，冬令救济款 26 万元，临时救济款 27.5 万元。2004 年春夏荒期间，下拨救灾救济款 45 万元，临时救济款 25 万元。2005 年春夏荒期间，下拔救灾款 25 万元，发放冬令农村五保户、特困户救济物资踏花被 370 床、旧衣裤 2600 件。2006 年，下拨冬令救济款 25.5 万元，春荒救济款 50 万元，救济棉被 650 条和部分衣裤；直接救助农村因灾病困难群众 360 户，发放临时救济补助资金 8.5 万元。2007 年，下拨冬、春荒救灾救济资金 166 万元，救济灾民和困难群众 3935 户 15434 人；直接救助临时生活困难群众 215 户，发放救助资金 4.5 万元。2008 年，下拨春荒、冬令救灾救济资金 46.7 万元，发放救灾救济棉 51 床；直接救助农村特困户、低保户临时生活困难群众 456 户，发放救助资金 8.29 万元。2009 年，下拨救灾和冬春救济资金 35.1 万元，冬令救灾棉被 247 床；直接救助临时生活困难农村特困户、低保户 325 户，发放救助资金 9.86 万元。2010 年，下拨冬春救灾救济资金 45 万元，冬令救灾棉被 200 床；直接救助临时生活困难农村特困户、低保户 179 户，发放救助资金 6.78 万元。每年冬季，都要拨出一批棉衣、棉被，对生活困难群众进行实物救济。

走访慰问 每年元旦、春节期间，开展走访慰问优抚对象、县人民医院和县中医院住院病人等活动，安排慈善年夜饭 30 桌。1993—1997 年，走访慰问黄田、竹口、贤良、荷地镇和江根、合湖、张村、举水、百山祖乡农村老党员、五保户、低保户、特困户、“三老”人员（老共产党员、老游击队员、老交通员）及家属，发放慰问金 9500 元及慰问品。1998—2001 年，发放春节慰问金 20 余万元和 700 份慰问品。2002—2005 年，分别走访松源、竹口、黄田、屏都等 6 个乡镇，发放慰问金 67.68 万元。2006—2010 年春节期间，走访各乡镇，慰问农村老党员等人员及家属，发放慰问金 10948.56 万元。

社会捐助 1991—2010 年，庆元开展“扶贫济困送温暖”社会捐助活动，收到捐助款 18.2 万元，50 名大中专（高中）新生、40 名重点优抚对象、200 名因残老灾病特困户得到救助。配合县卫生部门开展“微笑列车行动”，完成325名唇腭裂儿童康复手术。

医疗救助

2005年，庆元出台《庆元县城乡困难人员医疗救助实施办法》，建立困难群众医疗救助制度。同年，县财政按人均3元安排医疗救助资金60万元；救助五保户、低保对象6人，发放医疗救助金0.42万元，资助五保户、低保对象、城镇三无人员参加农村合作医疗4316人，补助金额9.56万元。2006年，出台《庆元县城乡困难人员医疗救助暂行办法》，7月1日起实施，出台医疗救助操作办法。批准救助98人，发放救助金28.39万元，资助低保对象等困难人员参加新型农村合作医疗6900人，资助金额13.8万元。2007年，县政府出台新医疗救助标准，实行零起点救助，提高救助标准5%，最高救助额由1.5万元提高至3万元。批准医疗救助307人，救助资金84.8万元，资助城乡低保对象免费参加“农医保”6044人，资助金额12.09万元。2008年，批准救助城乡困难人员医疗救助621人，发放救助金172.94多万元。其中，即时救助五保人员9人、低保对象127人；资助城乡低保对象免费参加“农医保”7854人，资助金额19.635万元。2009年，对农村五保人员、城镇三无人员和城乡低保对象实行即时救助，批准医疗救助992人，发放医疗救助金219.61万元；资助城乡低保对象等困难群众免费参加“农医保”9895人，资助金额24.74万元。2010年，扩大医疗救助范围，除五保、低保对象外，其他医疗费用支出超过家庭人均收入的家庭均列入救助范围，医疗救助年度筹资水平提高到每人8元。批准城乡困难人员医疗救助1721人，发放医疗救助金226.65万元。其中，五保、低保对象224人，医疗救助金67.25万元，救助五保、低保对象到惠民医院门诊622人次，救助金额12.04万元。资助城乡低保对象等困难群众免费参加“农医保”11968人，“城医保”421人，资助金额61.27万元。2005—2010年，发放医疗救助金732.81万元。

流浪乞讨人员救助

20世纪90年代，人口流动加速，外地流浪乞讨人员随之增多。1991年，县民政局遣送24名外地流浪乞讨人返家，资助路费1500元。1996年，收容遣送被拐骗妇女6名。1997年，收容遣送被拐骗妇女8名。2002年，接收和遣送社会流浪乞讨人员132人。2003年8月1日，国务院《城市生活无着的流浪乞讨人员救助管理办法》开始实施，收容遣送改为救助，仍由民政局社会救灾救济科兼管。是年，救助流浪乞讨人员26名，收养救助县内残疾孤儿2人。2004年，接待求助人员100余人次，发放返家路费及生活救助金3万多元。2005年，救助外来乞讨人员85人次，发放返家路费及生活救助资金0.6万元。2006年，救助各地流浪人员55人，发放返家路费及生活救助金0.275万元。2007年，救助外来人口68人，发放返家路费及生活救助资金0.544万元。2008年，救助外来生活无着流浪乞讨人员211人，发放返家路费及生活救助资金1.37万元。2009年，县救助管理站成立，救助外来生活无着流浪乞讨人员235人，发放救助资金2.13万元。2010年，上海世界博览会期间，开展流浪乞讨人员特别是精神病人救助调查研究。县政府和市第二医院签订精神病人治疗包干协议，救助外来生活无着流浪乞讨人员151人，发放救助资金2.5万元。

第三节　慈善事业

慈善募捐

县慈善总会在企业和学校中宣传普及慈善理念，弘扬慈善文化，鼓励企业根据自身实力，积极参与慈善活动；鼓励中小学生积极参加每年一次的“社会慈善捐赠月”活动。2006年，县慈善总会创始基金规模为255.67万元。2010年12月底，累计募集慈善资金1456.54万元。其中，各类专项定向捐赠资金260.712万元，基金规模1000.15万元。2006—2010年，向县慈善总会捐款最多的企业是可信竹木有限公司，捐款100.92万元；捐款最多的个人是双枪竹木有限公司董事长兼总经理郑承烈，捐款100万元。2006年“桑美台风”灾害期间募集善款154万余元，用于赈灾和灾后重建。2008年5月17日，举办“抗震救灾义不容辞”慈善募捐晚会，为四川汶川地震灾区募集善款507650.62元。2009年，为岭头乡“怪脸姑娘”吴小燕募集定向捐助善款28万多元。2010年，参与濛淤木拱廊桥暨应岭岚古道及八角殿的修复工程，先后有2000多人参与捐款捐物和投工，共募集资金200余万元；5月10日，为青海省玉树县地震灾害募集救灾赈灾款10万元。2010年，向海地共和国地震灾区捐出救灾款人民币1万元。

“五助”活动

助老 2006年春节开始，县慈善总会每年春节都在4个敬老院举行慈善年夜饭，让老人在年节享受到团圆热闹气氛。2007年9月，省慈善总会赠送敬老院7台华日冰箱。2009年11月，省慈善总会赠送敬老院“兴业影像书库”4套DVD放像机和碟片。2010年1月，市慈善总会赠给全县90岁以上老人和敬老院老人500套保暖内衣，赠给五保老人每人100元、计17700元慰问金。

助孤 2006—2010年，省慈善总会连续组织胜华助学、万向集团“四个一千”工程、“爱心援孤”等助孤项目，对孤儿中的大、中、小学生开展不间断助学救助622人次，发放救助款668920元。

助残 每年元旦、春节开展的助困活动中，县慈善总会都将特困残疾人家庭列入重点救助。2006年，省慈善总会组织“爱心助我行”，赠送残疾人轮椅23辆。2008年5月，省、市慈善总会赠送残疾人轮椅75辆。2008年5月16日，配合助残日赠送电话活动，向受助残疾人家庭共注入15000元话费。2010年11月4日，低碳爱心助残赠送手机活动时，向受赠残疾人手机捐赠2万元话费。

助困 2007年元旦开始，县慈善总会每年元旦、春节期间，都对因病、因灾致困困难家庭开展救助，发放救助金678350元，惠及351户。2007年2月8日，省慈善总会拨款20万元，对757户在“桑美”台风中家园被毁灾民开展春节慰问，加上民政局专项资金178500元，给每户灾民发放500元慰问金，共计发放378500元。2008年，省慈善总会和市慈善总会向200个没有电视机困难家庭赠送彩电。2009年，3名儿童接受省慈善总会“爱心列车”少儿简单型先天性心脏病免费治疗。2010年，市慈善总会救助11名大病困难户共计8万元；4名身患白血病、恶性肿瘤、先天性心脏病儿童获省慈善总会“福彩儿童大病”救助项目资金共10万元。

助学 2006年9月11日，资助“桑美”台风重灾区当年考上大学的51名考生，共计111000元。2010年，省慈善总会赠送隆宫小学“阳光课堂”6个教室300套课桌椅和6套讲台，赠送菊隆中学电脑教室1间18台电脑。1991—2010年，共资助457名贫困家庭大学新生，资金847800元。省、市慈善总会在大、中、小学生中分别以长期结对和一次性资助方式资助孤儿、贫困家庭孩子429人次，助学金769100元。

第四章　社会福利

1958年人民公社化后，庆元办起敬老院8所。1962年，敬老院停办。1985年，庆元创办首家福利企业。1991—2010年,庆元县逐步提高农村五保人员和城镇三无人员供养标准,加大福利企业优惠政策力度,建立农村社会养老保险制度和城乡联动最低生活保障制度，逐年提高低保标准，通过发行社会福利彩票、募集福利资金，发展社会福利事业。

第一节　敬老院与福利企业

敬老院

1996年,庆元建成乡镇敬老院15所,床位68张,接收入院供养孤寡老人46人。1997年,有敬老院20所。其中，乡镇敬老院19所，床位365个，接收入院供养孤寡老人68人。1998年，扩建松源镇周墩村桥头县级综合福利院，占地面积837.17平方米，主楼占地面积476.5平方米，床位40张。1999年，建立2座县级示范敬老院，19个乡镇敬老院收养农村五保老人86人。2004年，改建荷地、左溪两所中心敬老院，120位五保老人入住。2005年，改扩建敬老院4所，床位378张，入住五保老人355人；县社会福利院和县光荣院并入县中心敬老院，实行“三块牌子一个班子”运行。2010年，有敬老院4所，即县中心敬老院及屏都、荷地、左溪中心敬老院。

福利企业

1991年，全县有4家福利企业，年产值不到100万元，安置残疾职工15人。1992—1994年，先后有12家福利企业。1995年，14家福利企业年产值1200多万元，安置残疾职工92人。1996年下半年始，由于经营管理不善、资金周转困难等原因，多家企业相继倒闭。1998年，有5家福利企业，处于半停产状态，年产值368万元。1999年始，福利企业逐步趋于稳定。2001年，创办2家。2004年，创办2家。2005—2006年，取消2家。2007年开始，实行新的福利企业优惠政策，1家福利企业自动退出。2010年，有福利企业6家，产值5777万元，销售收入5307万元；安置残疾职工86人，月平均工资1560元。

2010年庆元县福利企业一览表

表35—4—1—1

企业名称	职工人数	“四残”人员	主要产品	创办时间
庆元县天马木艺有限公司	23	11	木门	1988年
庆元县凯凯纸业有限公司	25	11	瓦楞纸	1992年
庆元县菇城木制品有限公司	30	13	玩具配件	1994年
庆元县蒙洲工艺制品有限公司	25	13	电脑桌、绣架	1994年
庆元县丰华木制品厂	58	17	玩具半成品、竹垫	2001年
庆元县贝斯特软化板有限公司	47	22	软化板	2004年

第二节　五保和三无人员供养

1991年末，庆元县在册五保〔保吃、保穿、保医、保住、保葬（孤儿为保教）〕人员440人。其中，乡镇统筹供养400人、投亲靠友供养40人，生活费360—200元，平均240元，粮食250千克；年终发放踏花被400多条，下拨乡镇补助每个五保户救济款60元，计2.64万元。1992年，在册五保人员440户440人。其中，乡镇统筹供养385户385人，人均生活费220元，粮食250千克，投亲靠友供养55户55人；拨出专项资金3.4万元，购置军工民用棉大衣440件，分发五保老人；下拨各乡镇补助每个五保户救济款50元，计2.2万元。1993年，在册五保人员527户532人。其中，乡镇统筹供养340户346人，人均生活费220元，粮食250千克，投亲靠友供养187户187人；下拨冬令物资资金12.67万元，下拨各乡镇补助每个五保户救济款50元，计2.66万元。1994年，在册五保人员527户529人。其中，乡镇统筹供养340户342人，人均生活费360元，粮食250千克，投亲靠友供养187户187人；下拨冬令物资资金15.6万元，下拨各乡镇补助每个五保户救济款100元，计5.27万元。1995年，在册五保人员496户502人。其中，乡镇统筹供养367户373人，人均生活费360元，粮食250千克，投亲靠友供养129户129人；下拨冬令物资资金16.1万元，下拨各乡镇补助每个五保户救济款100元，计5.02万元。1996年，在册五保人员528户534人。其中，乡镇统筹供养314户316人，人均生活费360元，粮食250千克，投亲靠友供养214户218人；下拨五保供养专项救济款2.74万元。1997年，在册五保人员488户，实行乡镇统筹供养277人，人均生活费600元，粮食250千克，投亲靠友供养211人；为解决五保户过冬御寒，下拨棉被350床，专项救济费1.2万元。1998年，在册五保人员479户，全面实行供养经费乡镇统筹，供养标准达到农民上年人均收入60%（600元）。1999年，农村五保老人生活费乡镇统筹，供养标准提高到800元。

2002年，乡镇统筹五保老人列入最低生活保障575户，按低保标准全额发放生活费，基本生活得到保障。2003年，省政府提出3年内基本实现城乡孤寡老人集中供养目标。全县五保户228人，三无人员（指由民政部门收养的无生活来源、无劳动能力、无法定抚养义务人或法定抚养义务人丧失劳动能力而无力抚养的公民）559人，孤儿7人，年末集中供养15人，户院挂钩218人。2004年，在册农村五保人员415人，城镇三无人员51人。按照《农村五保供养条例》规定，全面清理认定农村五保人员，重新签订五保供养合同。出台《庆元县农村五保人员和城镇三无人员集中供养工作实施方案》，启动农村五保人员和城镇三无人员集中供养，有294人集中供养，集中供养率63.1%。2005年，在册农村五保人员412户415人，城镇三无人员51户51人（其中弃婴1人），完成省、市政府提出的三年基本实现农村五保人员和城镇三无人员集中供养目标。2006年，在册五保人员382人，集中供养328人，集中供养率86%。2007年，在册五保人员393人，新增五保人员15人，因死亡注销五保人员28人，集中供养340人（其中户院挂钩30人、城镇三无人员22人），集中供养率86.5%。2008年，在册五保人员343人，集中供养306人，集中供养率88%。2009年，在册农村五保人员334人，城镇三无人员10人，集中供养294人，集中供养率88%。2010年，在册五保人员324人，城镇三无人员10人，注销五保人员36人次，新增低保对象37人次，集中供养292人。落实供养资金126.75万元，实际平均供养标准3912元，提高农村五保人员供养水平。

第三节　农村社会养老保险

机构

1995年，县农村社会养老保险工作委员会建立，颁布《庆元县农村社会养老保险暂行办法》，建立农村社会养老保险制度。

主要工作

1995 年 11 月 9—29 日，在竹口镇试点，收取保险费 32.5 万元。12 月 5 日，县政府主持召开黄田镇、屏都镇、淤上乡、安南乡、隆宫乡党委书记、乡镇长农村社会养老保险工作会议，布置安排 5 乡镇年末前全面开展农村社会养老保险工作。1996 年，隆宫乡开展农村社会养老保险，收取保险费 9500 元。1997 年，安南乡、隆宫乡 3840 人参保农村社会养老保险，收缴保险费 54 万元。1998 年，成立农村养老保险办公室，竹口镇、安南乡、隆宫乡建立农村社会养老保险组织；农村社会养老保险覆盖 10 个乡（镇），参保人数 7000 多人，投保金额 120.4 万元。2000 年，继续开展计划生育对象等专项养老保险业务，进入规范化、电算化管理。是年，通过市民政局组织的资金安全与保险增值检查。2003 年 9 月 1—3 日，县审计局对县农村养老保险基金进行就地审计，至 2003 年 8 月，农村养老保险基金收支账面累计结余 1636756.25 元，实际银行存款余额 1450525.59 元，差额 186230.66 元被管理费支出占用。2004 年，县农村社会养老保险事业管理处成建制移交县社会保险事业管理处。7 月 19 日，双方签订移交协议，移交农村养老保险基金 1450525.59 元和利息 7938.53 元及账册等档案资料。

第四节　最低生活保障

1997 年 10 月，县民政局建立最低生活保障制度，调研岭头乡各村困难群众致贫原因、收入水平、家庭结构、维持基本生活标准等。全县农村村民年人均收入 600 元以下的有 1918 人，城镇居民年人均收入低于 960 元的有 62 人。会同县财政、物价等部门经市场调查制定第一个低保标准，城镇居民 80 元／人·月，农村居民 50 元／人·月。1998 年 1 月 1 日起，《庆元县城乡最低生活保障制度暂行办法》施行，正式建立城乡联动的最低生活保障制度。1998 年，首批享受基本生活保障人员 696 户 1152 人（农村低保对象 683 户 1133 人，城镇低保对象 13 户 19 人），发放保障金 21 万元。1999 年，列入低保范围 717 户 1199 人。其中，农村低保对象 690 户 1139 人、城镇低保对象 27 户 60 人，发放保障金 22.69 万元。

2000 年，庆元县政府第一次调整低保标准，城镇居民提高至 90 元／人·月，农村居民提高至 60 元／人·月，从 1 月 1 日开始执行。列入低保范围 725 户 1483 人。其中，农村低保对象 678 户 1374 人、城镇低保对象 47 户 109 人，发放保障金 32.92 万元。2001 年，列入低保范围 1194 户 2427 人。其中，农村低保对象 1120 户 2245 人、城镇低保对象 74 户 182 人，发放保障金 60.77 万元。2002 年 4 月 1 日，《庆元县最低生活保障实施办法》颁布施行，低保进入法制化、规范化时期。第二次提高低保标准，城镇居民提高至 105 元／人·月，农村居民提高至 70 元／人·月，从 4 月 1 日开始执行（下几次执行时间均为 4 月 1 日）。列入低保范围 2293 户 4519 人（其中农村低保对象 2173 户 4209 人，城镇低保对象 120 户 310 人），发放保障金 107.01 万元。是年，由乡镇统筹生活费的 575 户五保老人列入最低生活保障，享受全额保障金待遇。2003 年，第三次提高低保标准，城镇居民低保标准保持不变，农村居民提高至 80 元／人·月。建立乡镇负担配套、资金统一收取统一发放的“先缴后拨”制度。列入低保范围 2147 户 4427 人。其中，农村低保对象 2029 户 4148 人、城镇低保对象 118 户 279 人，发放保障金 123.7 万元。2004 年，第四次提高低保标准，城镇居民提高至 120 元／人·月，农村居民提高至 90 元／人·月。建立城镇低保对象保障金由县民政局通过银行按季直接发放，农村低保对象每半年由乡镇政府发放。年末在册低保对象 2208 户 4587 人。其中，城镇居民 143 户 329 人，农村居民 2065 户 4257 人，批准发放保障金 175 万元。建立困难群众基本生活物价补贴制度，在春节前按 1 个月低保标准给每位低保对象发放困难群众基本生活物价补贴，共计 43.25 万元。2005 年，第五次提高低保标准，城镇居民提高至 150 元／人·月，农村居民提高至105元／人·月。列入低保范围2144户4316人。其中，农村低保对象2001户3992人、城镇低保对象143户324人，投入资金183.19万元，农村低保率2.36%，城镇低保率1.15%。

2006年，第六次提高低保标准，城镇居民提高至196元／人·月，农村居民提高至118元／人·月。建立低保标准随最低工资标准自然增长机制和城镇低保对象按月、农村低保对象按季动态管理机制。年末在册低保对象2302户4729人，占总人口2.4%。其中，城镇居民148户333人、农村居民2154户4396人，下拨发放保障金292.14万元。第一次开展“白内障复明工程”，对292名白内障患者进行初检；省民政厅和浙二医院派出专家医疗队为39名白内障患者进行复明手术，救助资金13.42万元。2007年，第七次提高低保标准，城镇居民提高至216元／人·月，农村居民提高至130元／人·月。建立每人每月补助不低于50元救助机制和社区（村）低保救助联络员制度。年末在册低保对象2378户4933人，占总人口2.5%。其中，城镇居民153户351人、农村居民2225户4582人，发放保障金387万元。是年，根据物价指数上涨水平，按城镇低保对象25元／月人、农村低保对象15元／月人标准，分三次发放低保对象物价补贴92.37万元。2008年，第八次提高低保标准，城镇居民提高至248元／人·月，农村居民提高至150元／人·月。执行低保扩面50%以上和每人每月最低补差75元政策，新增低保对象3577人次，注销低保对象1181人次，调高低保对象补差17518人次。年末在册低保对象3484户7446人，占总人口的3.73%，低保对象扩大保障面达到52.2%。其中，城镇居民254户468人、农村居民3230户6978人，发放保障金622.56万元。发放困难群众基本生活因副食品价格上涨给予动态物价补贴三次，发放低保对象物价补贴211万元。将60年代精减老职工（认粮人员）92人生活保障列入最低生活保障，按城镇低保标准发放生活救助金12.33万元。开展第二次“白内障复明工程”，初检白内障患者246名，合格74人；省民政厅和浙二医院为56名白内障患者进行复明手术。实施“彩虹行动”救助项目，发放500台21英寸彩色电视机给无彩电低保家庭。2009年，第九次提高低保标准，城镇居民提高至276元／人·月，农村居民提高至166元／人·月。9月，取消乡镇政府负担部分保障金，全额由县财政支出。建立保障金集中社会化发放制度，由县财政（国库）直接通过信用联社发放到低保对象账户。继续实施城镇低保对象按月、农村低保对象按季动态管理和人均月最低补差不低于100元机制。年末在册低保对象4384户8381人，占总人口的4.17%。其中，城镇居民294户532人、农村居民4090户7849人，发放保障金1044.93万元。注销低保对象2859人次，新增低保对象3150人次。根据物价上涨情况发放困难群众基本生活物价补贴22.43万元。对二级以上持证重度残疾人实施单独施保和享受补助金制度，有单独施保、全额享受低保金重度残疾人505人，享受全额低保标准生活补助重度残疾人156人，发放低保和救助金66.76万元。发放21英寸彩色电视机600台给无彩电低保家庭。

2010年，庆元县开展低保专项检查。年末在册低保对象4305户7833人，占总人口3.87%。其中，城镇居民290户551人、农村居民4015户7282人，发放保障金1213.30万元。注销低保对象4614人次，新增低保对象4019人次。单独施保、全额享受低保金重度残疾人217人，享受全额低保标准生活补助重度残疾人629人，发放低保和救助金165.64万元。按季度发放动态物价补贴四批次，计152.17万元。1998—2010年，发放保障金4183.86万元。

第五节　社会福利彩票

销售

1991年，庆元销售福利奖券15万元，筹集社会福利资金7.5万元。1992年，社会福利有奖募捐采取“大奖组、大场面、大声势”销售法，销售福利彩票55万张，金额106万元，人均购买额5.7元。1993年，福利彩票销售额39万元。1994—1997年，销售福利奖券30万张，金额60万元，筹集福利资金16万元；

筹集发展社会福利事业资金 7.8 万元。1999 年 12 月 28 日—2000 年 1 月 3 日，福利彩票销售历时 6 天，销售额 300 万元，清理拍卖 1991 年以来有奖销售中遗留的实物、回笼福利资金 5 万元，筹集社会福利资金 66.5 万元。2000 年，进行常年性电脑福利彩票销售，组织 200 万张大奖组福利彩票集中销售活动，发行福利彩票 218 万张，筹集福利资金 65.4 万元，留存福利资金 47.5 万元。2001 年始，福利彩票销售由市福利彩票管理中心直接管理，提取一定比例福利彩票公益金返回给各县（市、区），庆元县无相关统计数据。其中，2001—2003 年，福利彩票主要形式为即开票、电脑票；2004 年，为电脑票；2005 年，为中福在线、电脑票；2006—2010 年，为即开票、中福在线、电脑票。

主要福利基金建设项目

1991 年，投资 25 万元，在松源镇周墩桥头建成庆元县社会福利院，为庆元县首座福利院。资助张村乡蔡川村敬老院 3000 元，赠送 17 英寸黑白电视机 1 台。1992 年，募集社会福利基金 20 余万元，建设县福利院和五大堡乡敬老院。其中，资助五大堡乡敬老院 5 万元。

第五章　优抚安置与革命老区

二十世纪二三十年代起，庆元县有中国工农红军北上抗日先遣队、中国工农红军挺进师、闽东独立师、闽北独立师和中共福建省委、中共闽浙边地委领导的游击队进行革命斗争。庆元人民前仆后继，英勇牺牲，为革命胜利作出重大贡献。1991 年始，县委、政府和当地群众以不同方式走访慰问驻地官兵和烈军属，不断加大复退员军人和义务兵家属优待力度，提高抚恤补助标准，褒扬革命烈士事迹，革命老区建设日新月异。1992 年和 1996 年，庆元县获“拥军优属模范县”称号；2000 年、2003 年、2006 年、2010 年，庆元获“双拥模范县”称号。

第一节　拥军优属

军人优待

1991 年，庆元县每户优待金 476 元。1992 年，庆元根据《军人优待抚恤办法》，各乡（镇）建立 22 个拥军优属领导小组，各村设小组，具体负责帮耕、帮技术，逢年过节，发动学生、群众为烈军属、残疾军人打扫卫生、砍柴等。在部队立三等功义务兵，各乡（镇）及时将喜报送到军属家中，奖励 100—300 元不等。1997 年开始，农村义务兵优待金由乡（镇）统筹改为由县统筹。1999 年冬季，赴西藏服役义务兵，每年优待金 4000 元，比普通义务兵 1000 元提高 4 倍；退役后，庆元均安排工作。2008 年冬和 2010 年冬，庆元义务兵赴西藏服役人员每人每年优待金 15000 元，比普通兵每人 4730 元高 3.17 倍。赴西藏服役的义务兵入伍奖励 3000 元；退伍返乡后，按城镇兵退伍安置金标准一半作为退伍安置补助费。大学生入伍，当年奖励 3000 元。2009 年 7 月 1 日起，出台《庆元县军人抚恤优待实施细则》，现役军人在部队立功奖励金有较大提高。其中，荣立一等功者一次性奖励 5000 元，荣立二等功者一次性奖励 3000 元，荣立三等功者一次性奖励 1000 元；被评为“优秀士兵”或“优秀士官”者，一次性奖励 300 元。待业青年和在职入伍义务兵优待金，由县机关人武部转发；各乡（镇）义务兵优待金由县划拨到乡（镇），由各乡（镇）转发。2010 年，每户优待金增至 5300 元，是 1991 年的 11.13 倍。义务兵进藏服役，优待金高于普通义务兵。

走访慰问

1991 年和 1996 年“八一”建军节间，县民政局先后在菇城宾馆召开全县烈军属、残疾军人、复员老功臣等重点优抚对象座谈会。1996—1997 年，拨款 17.4 万元建造武警中队训练场地、消防大队购置消防车等；驻庆元部队随军家属就业予以妥善安置，解除后顾之忧。1991—2010 年，每年的“八一”建军节、春节期间，县四套领导班子主要领导和有关单位负责人走访慰问驻庆部队官兵，走访松源镇、屏都镇等乡（镇）烈军属和复退军人（其他乡镇主要领导各自开展慰问活动），赠送慰问品、慰问金，倾听意见和建议，多次举行军民同乐联欢晚会。县邮电、工商、物资、烟草、各银行、县人民医院等 15 个单位赠送驻庆部队慰问金、慰问品 4 万余元。县民政局向优抚对象赠送年画 6500 份。先后解决驻庆部队营房修建、防暴经费、山区生活补贴、医疗补助等 9.4 万元。

第二节　复退军人安置

1991年，按国务院《退伍义务兵安置条例》、县政府《关于进一步加强退伍安置工作的通知》，采取行政、经济措施，强化安置力度。1991年，庆元县接收的退伍军人中，部分安置在行政、企事业单位，部分回农村，部分招聘补充乡镇行政人员。1997年，冬季城镇退伍士兵就业安置根据各人技能特长和单位需求给予安置。1999年始，城镇复退军人实行货币安置。1991—2010年，庆元县发放复退军人补助金248.75万元。

第三节　抚恤补助

2009年，庆元县按国务院《军人抚恤优待条例》《浙江省抚恤实施办法》《庆元县军人抚恤优待实施细则》规定，对烈士等遗属和残疾军人以及失散老红军等重点优抚对象，实行国家抚恤和政府补助，保障优抚对象生活水平略高于当地群众平均生活水平。此外，乡镇对军属报批宅基地、子女入托、上学等给予优先。

国家抚恤

“三属”（革命烈士遗属、因公牺牲军人遗属、病故军人遗属）、残疾革命军人，享受国家定期抚恤金。“遗属”指父母、配偶及其未成年（未满18周岁）弟妹、子女。为保障抚恤对象基本生活，随着国民经济发展，抚恤金标准逐年提高。1991—2010年，全县累计发放“三属”抚恤金170.34万元，累计发放残疾军人抚恤金152.83万元。2010年，庆元县发放抚恤金28.24万元，是1991年的12.5倍；为在职残疾军人发放抚恤金32.25万元，是1991年的4.6倍（2004年10月前，在职残疾军人抚恤金称保健金）；为在乡残疾军人发放抚恤金31.5万元，是1991年的19.7倍。农村“三属”和残疾军人，除按国家规定标准抚恤外，每人每年另有群众优待，其中，“三属”200—400元、残疾军人100—200元。2004年始，庆元县大幅提高群众优待。其中，“三属”每人每年800元、残疾军人每人每年640元、老复员军人每人每年320元。

定期补助

失散老红军战士、老复员军人、带病回乡退伍军人和参战退役人员享受政府定期补助。1991年，有失散老红军3人，每人每月定补50元，略高于复员军人；1992年，减为2人，每人每月增至56元；1998年只有1人，每月定补增至152—160元，后病故。1991年，有老复员军人249人，发放定期补助款13.87万元。其中，中华人民共和国成立前入伍的每人每月享受38—40元，中华人民共和国成立后入伍的每人每月享受33—35元，孤老每人每月48元。2010年，有老复员军人115人，发放定期补助金66.67万元，比1991年增长4.8倍。其中，中华人民共和国成立前入伍的每人每月554元，比1991年增长14.2倍；中华人民共和国成立后入伍的每人每月542元，比1991年增长15.94倍；孤老每人每月587元，比1991年增长12.23倍；带病回乡退伍军人，2005年每人每月220元，2010年提高为516元，比2005年增长2.35倍；退伍军人1991年每人每月6—15元，2010年提高为60元。2007年，有参战军人51人。2010年，减为50人，城镇每人每年定补420元，农村每人每年定补320元。

医疗补助

2003年前，“三属”、残疾军人、老复员军人等住院医疗补助，由县卫生局酌情减免。其中，中华人民共和国成立前复员军人（含孤老）减免50%、中华人民共和国成立后复员军人减免30%—40%、二等乙级以上革命残疾军人全报。2003年，“三属”、残疾军人和复员军人门诊医疗费按发票补助50%和40%；住院医疗费补助50%，年每人封顶补助3500元。2006年，执行新医疗补助标准，“三属”和在乡残疾军人、复员军人、带病回乡退伍军人以及参战退役人员门诊医疗补助，按年抚恤补助金10%一次性发给本人；住院医疗费按城镇居民基本医疗保险和新型农村合作医疗规定报销后部分由县民政局给予医疗补助。标准：七级至十级因战、因公致残军人按照70%和60%补助；烈士遗属、因公牺牲军人遗属和病故军人遗属按80%、70%、60%补助；解放战争时期入伍的复员军人、中华人民共和国成立后入伍的复员军人和带病回乡退伍军人、参战退伍军人，按60%、50%补助。

第四节　烈士褒扬

革命烈士审批

2003年，按国务院《革命烈士褒扬条例》和省政府办公厅《关于进一步规范革命烈士报批工作意见的通知》精神，对1991年后报批的吴仁友、周朝顺等5名烈士，严格按程序报批。县民政局根据死难情节、生前事迹、申请报告及证明材料进行认真详细调查核实，写出调查报告，提出书面意见，报请县政府审核、认定；县政府报请省民政厅审核认定；省民政厅报请省政府批准，填发《革命烈士证明书》。

县革命烈士陵园建设与管理

1979年，在石龙山建设革命烈士陵园，1987年竣工。主体建筑由革命烈士纪念碑、烈士墓、革命文物陈列馆、丹心亭、八角亭等十多处亭阁、设施组成，并由东、南、北三条石级踏步通道形成回环。1991年，在北面建造革命军人公墓，维修陵园管理房。1991—2008年，相继修建南路、北路踏步247米308个台阶，新建石龙亭，安装亮化工程，装修布置纪念馆，铺设烈士墓前坪花岗岩火烧板263平方米，修复管理房和六角亭，从烈士墓向上延伸至西门村界地，新建道路台阶218米。1991—2001年，聘用专职管理人员2人，2002年始聘用1人，负责打扫卫生、修剪花木等日常管理工作，县财政局每年安排1万元管理经费。

图35-3　庆元革命烈士陵园（县民政局供　摄于2010年）

每年清明节、“八一”建军节、春节，纪念馆对外开放，使干部群众在祭奠革命先烈和观光游览中得到教育。1995年，县委确定县石龙山烈士陵园为“爱国主义教育阵地”。2002年12月，省民政厅批准列为省重点烈士纪念建筑物保护单位，称“庆元县革命烈士陵园”。

修复吴显文、齐明鉴烈士墓

吴显文，贤良镇新村村人，清光绪三十二年（1906年）生，民国23年（1934年）参加红军，中共党员。民国26年11月，代表闽东抗日军政委员会，赴庆元与国民党当局洽谈合作抗日事宜未果。返回途中，在南丰村与随从人员齐明鉴（福建省寿宁县人）被反动民团杀害。为褒扬革命烈士，1998年10月，县委、县政府在贤良镇新村村就地修复吴显文、齐明鉴墓，立碑（墓碑高1.5米、宽0.8米），造价18000元。

第五节　革命老区

1985年4月26日至5月2日，县委、县政府举行红军挺进师、闽东独立师、闽北独立师入庆50周年纪念活动，谢文清、宣金堂、张金发、王福英、刘德高、曾阿缪、沈宗文、陈文发等8位老红军邀参加，全国人大常委会副委员长叶飞和王蕴瑞、李资平、龙跃、左丰美、傅振军、陈挺等15位老红军致贺电贺信。1986年7月24日，丽水地区民政局批准左溪、官塘、江根、合湖、斋郎、车根、石湖、张村、五大堡、隆宫、黄坑、小安、南坑13个乡为第二次国内革命战争时期建立的老游击区；竹坪、青竹、荷地、苏湖、杨桥、举水、龙溪、竹口、黄真、三济、黄田、三坑12个乡是抗日战争和解放战争时期新开辟的革命根据地。1988年5月，省政府批准庆元为“革命老根据地县”。1991年9月21日，县革命老区领导小组及其办公室成立。1996年乡镇撤扩并后，全县有革命老区乡镇16个、老区村199个。2007年9月，县革命老区开发建设促进会成立，宣传发扬老区革命精神和优良传统，动员社会各界关心、支持老区建设与发展。

“三老”人员补助

1993年，县民政局对农村“三老”（指中华人民共和国成立前入党的农村老党员、老游击队员和老交通员）人员及生活情况进行调查，确认“三老”人员248人。其中，老党员43人、老游击队员31人、老交通员174人。1999年4月，对“三老”人员逐一调查核实，新增定补“三老”人员49人，对享受定补“三老”人员提高标准，发放定补款9.3万余元。2000年，对“三老”人员再次调查核实，新增定补“三老”人员19人，发放定补款9万余元。2004年，对“三老”人员再次调查核实，进行最后一次定补、增补，新增定补“三老”人员24人，发放定补款20万元。2009年始，国家大幅度提高“三老”人员困难补助标准。其中，抗战时期人员从2000年每人每月50元提高到2010年每人每月240元，解放战争时期人员从2000年每人每月40元提高到2009年每人每月230元。2010年，还有“三老”人员171人，发放定补款54万元。

基建扶持

1991年，根据老区建设“十年规划”，制定老区“八五”发展计划。是年，扶持老区基础设施项目40个，基地开发项目2个，投放老区发展资金14万元，用于修建学校、桥梁、道路和架设电视、广播线路等设施。2000—2007年，省老区办补助庆元县老区发展资金117万元，扶持项目122个。其中，2000—2002年，省拨扶持资金38万元。其中，用于机耕路、村道建设和桥梁建设方面75个项目24.72万元，用于电网改造、程控电话、电视等方面9个项目1.95万元，用于修建学校、烈士陵园等方面13个项目2.8万元，用于养殖业、市场建设、自来水、引水工程等方面15个项目7.38万元，用于发展竹笋、药材等方面2个项目1.15

万元。2003—2004年，省拨扶持资金24万元。其中，用于修建公路方面项目1个9万元，用于敬老院建设项目1个10万元，用于抢修斋郎战斗旧址项目1个5万元。2005—2006年，省拨扶持资金25万元。其中，用于敬老院建设项目1个12万元，用于防洪堤工程项目1个7万元，用于饮水工程1个6万元。2007—2008年，向省老区办申请发展资金补助40万元，扶持项目4个。其中，县革命烈士陵园道路延伸工程1个，县财政投资20万元，社会募捐9万元，省老区办补助22万元；隆宫乡黄坑村饮水工程项目1个，自筹资金16万元，县财政补助8万元，省老区办补助8万元；黄田镇上济村防洪堤工程项目1个，自筹资金16万元，县补助5万元，省补助资金5万元；荷地镇荷地村村内环境整治工程项目1个，自筹资金12万元，县补助5万元，省补助资金5万元。2009—2010年，有项目2个：百山祖乡斋郎村基础设施建设工程，总投资40万元。其中，自筹资金10万元、县补助14万元、省补助16万元；举水乡月山村供水工程和村内环境改造工程，总投资42万元。其中，自筹资金10万元、县补助16万元、省补助资金16万元。

第三十六篇　方言

庆元县北接吴方言区，南接闽方言区。因此方言既具有吴语的大部分特征，又因受闽北方言影响，有浊音清化等一些不属于吴语的差异。庆元方言大致可分为城区（县城及周边乡镇）、北区（黄田、竹口一带）、东区（荷地、新村和万里林区一带）三种口音，但差别并不太大，彼此之间都能听懂。

本篇所记述的是县城一带的老派音，用国际音标标音，五度制声调标号。

第一章　形成及特点

庆元方言保存大量古代汉语的特征（如古八声齐全，无浊音清化现象等），属吴语方言的处衢片区。庆元方言形成于晚唐时期，吴祎及其家族为避战乱，从京城辗转迁来庆元，带来当时的“普通话”，为庆元方言的形成奠定基础。由于庆元的地理环境特殊，受外来语种干扰少，故这种“唐宋时期普通话语音”能历经上千年而基本保持原貌。

第一节　形成

唐代以前，庆元尚属一个待开发地区，是一片人烟稀少的处女地。唐末时，吴祎及其家人避乱来到庆元之后，庆元社会经济面貌才有显著变化。吴祎，为吴翥之子。吴翥（719—784年），字明举，号文简，越州山阴（今浙江绍兴）人。唐乾宁四年（897年），吴祎为避董昌之乱，辗转迁徙到达当时的松源（今松源镇），并决定在此定居。此后，吴祎及其子孙后代在这块土地上不断开发创业，繁衍生息，逐渐发展成为一个枝繁叶茂的庞大家族，其后裔遍布全县各地。2005年4月统计资料，庆元吴姓人口共65525人，约占全县总人口数的1/3，是庆元第一大姓。

吴祎家族既是庆元地方的开拓者，又是庆元文化的奠基者，更是庆元方言的缔造者。由于吴祎家族世代都在京城做官，他们带来了当时中原一带被称作“中原雅音”或“官话”的官方语言，此后世代相传，逐渐形成并确立不同于周边地区方音的庆元方言。今天的庆元人所讲的方言，基本上就是吴祎及其家人带来的当时的京城官话与吴方言的混合物（因吴祎世代都在朝中做官，在吴语区山阴一带也生活了较长时间）。由于庆元地理环境十分闭塞，“地皆天设之险，野少夷旷之区”“深僻幽阻，舟车不通，名人游历足迹之所不至”（清光绪《庆元县志》），故受外来语音的干扰相对较少，后来庆元虽然不断有外姓人迁入，并且带来各个地方的方言，但都没能形成气候，这些晚来的方言很快就被吴姓人的语言所同化。尽管历经了上千年时间，原始的语音状态并未发生太大的变化，许多唐宋时期的“普通话语音”，就这样一代接一代地延续下来。

第二节　特点

古音古字多

庆元方言中保存的古音和古字特别多。例如：“吃饭”，庆元方言叫做“咥饭”，这个“咥”，就是古字（《易·履》“履虎尾，不咥人”）。

“猴子”庆元方言叫作“苦镭”，“苦镭”这个名词，至少在唐代就有——唐张鷟的《朝野佥载》中就有“杨仲嗣燥急，号热鏊上苦镭”的记述；宋杨万里《无题》诗中也有“坐看苦镭上树头，旁人只恐堕深沟”的句子。还有“镜子”，庆元方言称作“照”，照镜子称“照照”（前字作动词用，后字作名词用）。这个“照”，同样是古话。这一古语词的来源至少可以追溯到六朝时期。《广雅·释诂》中有“照，鉴也”的释文，明确指出“照”就是“镜子”。庆元方言还称物品为“物事（音 me sē）”，“物事”也是地地道道的古语词，这个词在宋、元人的笔记和话本小说中随处可见（普通话中属零声母的“物”字，在《广韵》的注音中属“微母”，“微”和“明”都是声母 [m] 的代表字）。

再如飞鸟的“鸟”字，庆元方言语音近似“吊”，就是古音。这和《广韵》（宋陈彭年等撰）《集韵》（宋丁度等撰）《韵会》（元初熊忠撰）等书中“都了切”和“丁了切”的注音是相一致的。读过《水浒传》的人大概都知道，梁山好汉骂人时候往往喜欢用“鸟人”“鸟汉”“鸟事”“鸟男女”之类的粗俗语词，这里的“鸟”借指男性生殖器。书中所有的“鸟”字统统都该念作“diao”，因为《水浒传》作者施耐庵生活的时代，“niao”这个音还没有出现。成书于汉代的《说文解字》（东汉许慎撰）是我国最早的字书，该书对“鸟”字虽未作注音，但对另一个字“鳥”（庆元方言称斗鸡眼为“斜鳥”）却标注得明白无误：“鳥：目熟视也。从目，鸟声。读若雕。”这个字的注音，无疑是“鸟”字古音念“diao”的最有力的证据。

庆元方言中不但中古音多，保留的上古音也不少。像“田螺”的“螺”字，庆元方言念作“来”，完全符合汉字“形声字”“虫”形“累”声的结构特点，可知是纯粹的上古音。还有“明”字，庆元方言称“明天”为“明将日”，“明”念作“芒”，这可从先秦的典籍中找到根据。《诗经・齐风・东方未明》开头两句“东方未明，颠倒衣裳”，《小雅•鸡鸣》中的“东方明矣，朝既昌矣”“匪东方则明，日出之光”，屈原的《楚辞》的“暾将出兮东方，照吾槛兮扶桑。抚余马兮安驱，夜皎皎兮既明”，这些所有的“明”字，全都应该读作“芒”。如果按照现代的语音读作“名”，就统统变成“不押韵”。

语词简炼

汉语在古代曾经是单音节词占优势的语言，只是随着时间的推移而逐步发展成为双音节、多音节词占优势的语言。现代汉语普通话中很多双音节和多音节的词汇，庆元方言中大都用单音节的词来取代。例如“燕子”“茄子”“桌子”“窗子”“鞋子”“袜子”，这些带“子”的普通话语词，在庆元方言中，就都不再带“子”，只需说“燕”“茄”“桌”“窗”“鞋”“袜”就够了。再如：普通话的“儿子”，庆元方言叫“儿”（音 niě）；普通话“女儿”，庆元方言叫“囡”（音 nan）；普通话“房屋”，庆元方言叫“阙”；普通话“小孩儿”，庆元方言叫“团”（音近“仙”），也都仅用一个音。以上这些庆元方言语词，虽然都是单音节词，所表达的意思同样形象、准确，丝毫不会比双音节、多音节的普通话语词显得逊色。语言文字发展的规律总是由简到繁的，越古老的语词往往越简单。

形容词程度表示方法独特

普通话表示形容词的程度，一般是在形容词前加“很”“极”“非常”等几个修饰语，数量有限，变化通常比较少。庆元方言则别树一帜，丰富多彩。例如“很硬”称“铁硬”，“很软”称“鞭软”，“很重”称“砧重”，“很轻”称“屁轻”，“很大”称“天大”，“很苦”称“药苦”，“很穷”称“丐穷”“很黑”称“墨乌”，“很滑”称“鳅滑”“鳗滑”，“很酸”称“橘酸”“醋酸”等。

其实，从古汉语的角度看，这是一种“用名词作状语”的词类活用现象。这种词类活用的现象，在普通话和其他方言中虽然也有，但为数不多，在庆元方言中却随处可见。庆元方言的形容词程度表现方法还有个显著特点，那就是主客之间存在着“一对一”的关系。即：差不多每一个形容词都拥有一个专属于自己的修饰词，彼此之间很少会出现重复。像“铁”只用于形容“硬”，“鳅”只用于形容“滑”，“药”只用于形容“苦”等。

第二章　语音　词汇　语法例句

庆元方言文白异读，凡是念文读音的，基本上都是今音；念白读音的，大都是古音。文读音一般用于读书，白读音一般用于日常说话。方言中有一类字时间地点不同，读音和声调都相同；另一类字却随着用法和构词环境的变化而变化，称为变音字或变调字。

第一节　语音

庆元方言共有声母28个，韵母45个，声调9个（其中包括阴平、阳平、阴上、阳上、阴去、阳去、阴入、阳入8个基本声调，外加1个小称音）。

庆元方言声母表

表36-2-1-1

声母	庆元方言	声母	庆元方言	声母	庆元方言	声母	庆元方言
p	般表布八	p´	铺派票拍	b	平倍罢白	m	吗门武望
f	非府富福	v	浮父赴伏	t	都丢党桌	t´	天土套秃
d	同道地夺	n	而南你纳	l	蓝里路辣	ŋ	吴岩岸额
k	甘果故国	k´	开孔快克	g	衔喷枕沓	x	欢火货霍
tɕ	京主酱节	tɕ´	青抢处妾	dʑ	茄赵共镯	ɣ	河项恨核
ɕ	书喜舍惜	ʑ	徐社射席	ts	增走钻作	ts´	粗草寸错
dz	茶佐	s	丝嫂诉速	z	词似字贼	ø	盐矮远话

庆元方言韵母表

表36-2-1-2

韵母	庆元方言	韵母	庆元方言	韵母	庆元方言	韵母	庆元方言
ɿ	资此次寺	i	衣倚亿异	u	屋洿哭独	y	威为位域
ɑ	啊矮閪扼	iɑ	呀也野夜	uɑ	歪淮外滑	yɑ	越悦阅粤
o	哦涡祸斡	io	唷欲浴昱	ɣ	师卢堵遏	ie	移裔页谒
uɣ	乌湖坞护	ye	于余雨誉	ə	卒撮不十	iə	一揖逸溢
uə	豌或惑贼	yə	欝溧欝揰	ɑ i	哀蔼爱暧	u ɑ i	灰喂煨桅
ɑ u	夯奥媪懊	iɑu	妖摇舀耀	ɑ n	庵鹌暗谙	i ɑ n	淹盐演炎
uɑn	安魂稳混	yɑn	冤猿苑远	ou	欧鸥讴鸥	iou	优油幼右
ən	森嗯摁粉	iən	音淫隐胤	uən	吻刎愠紊	yən	云允永运

续表 36-2-1-2

韵母	庆元方言	韵母	庆元方言	韵母	庆元方言	韵母	庆元方言
eŋ		ieŋ	英盈映应	yeŋ	词语“肱裣坠”中“坠”的韵母	ɑŋ	盘山铲烂
iaŋ	央烟扬样	uaŋ	弯环缓换	yɑŋ	溅·泼水声	ɔŋ	
iɔŋ	拥容勇用	uɔŋ	汪黄皇旺	oŋ	风懂粽梦	ioŋ	春荣茸融
ŋ́	翁红瓦瓮	—	—	—	—	—	—

基本声调

声调	庆元方言	声调	庆元方言	声调	庆元方言	声调	庆元方言
阴平	衣都纠奢	阳平	夷图求蛇	阴上	椅赌酒写	阳上	以杜舅社
阴去	意堵救舍	阳去	异度旧射	阴入	益德祝薛	阳入	亦突逐截

另外，还有小称音 1 个（|^{h}），高升调 1 个（相当于普通话阳平调，只存在于口语中，用于表示语气，没有特指的字）。

第二节 词汇

庆元方言词汇示例表

表 36-2-2-1

普通话	庆元方言	标音	普通话	庆元方言	标音
太阳	日头	[nɤ˩diou˥˩]	彗星	天煅秧	[t́iɑŋ˦xuɑi˦ɑn¬]
彩虹	光生囡	[kuɔŋ˦sɑn˧nɑn˦]	闪电	龙燴	[liɔŋ˥˩ɕiɑ˥]
山岩	岩塔	[ŋɑŋ˥˩t́ɑ˥]	冰	涸	[kou˧˥]
石头	岩头	[ŋɑŋ˥˩diou˥˩]	泥团	泥墣	[nie˥˩bə˩]
阡陌	田塍	[diɑŋ˥˩ɕieŋ˥˩]	菜畦	地墈	[di꜖liɑn˧]
老虎	大毛	[do꜖mɑu˥˩]	狐狸	貘狸	[mo˥˩li˥˩]
猴子	苦猨	[ḱuɤ˦ɕyɑn¬]	刺猬	枪	[tɕ́iɑŋ꜔tuɔŋ|^{h}]
穿山甲	鲮狸甲	[liɑŋ˥˩li˥˩kɑ˥]	狗	犬	[tɕ́iɑn˦]
猪	豬	[to¬]	种公猪	猳	[to꜖tɕiɑu˥˩]
公鸡	鸡虹	[ie꜔xuɔŋ˧˥]	鸭子	嘎嘎（儿语）	[kɑ˧kɑ˧]
鹅	呜嘎（儿语）	[u|^{h}kɑ˧˥]	飞鸟	鸟	[tiɑu˦]
雀鹰	老鹞	[lɑu˧iɑu˨˩]	乌鸦	老鸦	[lɑu˧o¬]
枭鸟	猫头鹞	[mɑu|^{h}diou˥˩iɑu˨˩]	鱼鹰	鸬鹚	[lɤ˥˩sɤ˥˩]
大雁	雁鹅	[ŋɑ˨˩ŋo˥˩]	凫（野鸭）	水鸭	[ɕy˦ɑ˥]
麻雀	鵮	[tɕieŋ|^{h}]	雉鸟	山鸡	[sɑŋ꜔ie¬]
啄木鸟	喧枚鸟	[tɕ́ioŋ˧˥tɕiou꜔tiɑu˦]	八哥	斑斑	[pɑŋ¬ pɑŋ|^{h}]
五步蛇	蝮蛇	[ṕo˥ɕiɑ˥˩]	眼镜蛇	喷气蝮	[koŋ˧˥tɕ́i˧˥ṕo˥]
乌梢蛇	山蜡	[sɑŋ꜖lɑ˩]	竹叶青蛇	蟜蛁	[tɕiɑu꜔tiɑu|^{h}]
王蛇	黄菜花	[uɔŋ˥˩tś ɑi˧˥xo¬]	银环蛇	竹节蛇	[tiou˥tɕiɑ˥ɕiɑ˥˩]
蜥蜴	蛹扁	[liɑŋ|^{h}biɑŋ˧]	守宫	壁虎	[pi˥xuɤ˦]

续表 36-2-2-1

普通话	庆元方言	标音	普通话	庆元方言	标音
鳖	蛔鱼	[dɑŋ˥˩ŋɤ˨˦]	虾蟆	苦蟆	[k´uɤ˧no˥˩]
蟾蜍	涔蛤	[u˨˦kɤ˥]	青蛙	青蛞 / 田狗	[tɕ´ieŋ˨˦kuɑ˥]/ [diɑŋ˥˩kou˦]
石蛙	蜷	[tɕyɑn˧˩]	螺蛳	田螺	[diɑŋ˥˩lɑi˥˩]
毛毛虫	毛烧蝲	[mɑu˥˩ɕiɑu꜖lɑ˥]	米虫	蚚	[i˥˩]
蛀米虫	蛪蛘	[tɕ´iɑ꜖liɑŋ˥˩]	书虫	蛃鱼	[piə˥ŋɤ˨˦]
蚯蚓	蠃蜋	[lo˥˩xɑn˦]	蛞蝓	蜒蚰	[iɑŋ˥˩iou˥˩]
水蛭	斑蟥	[bɑŋ꜖uɔŋ˥˩]	甲虫	硬壳虫	[ŋɑn꜔k´u˥doŋ˥˩]
蟑螂	蛪	[sɑ˩]	屎克螂	涔喠	[u˨˦tɕ´ioŋ˨˦]
臭虫	狡虱	[kɑu꜔sɤ˥]	虎蛛	蟢蟊	[ɕi˦mɑu˥˩]
螳螂	龙桄	[liɔŋ˥˩kuɔŋ˥˩]	蚂蚁	蛾	[ŋɑ˧]
蛾子	飞回	[pɑi꜖uɑi˥˩]	蠛蠓虫	酒蠦	[tɕiou˦lɑi|^{h}]
蝉	奶奶嘤	[nɑ˧nɑ˧ieŋ¬]	萤火虫	映煌	[ieŋ˦uɔŋ¬]
蜻蜓	黄飞	[uɔŋ˥˩pɑi|^{h}]	小咬	蚊蛸	[miɑn˥˩sən|^{h}]
牛虻	青盲蝇	[tɕ´ieŋ꜖mɑn˥˩ɕieŋ˨˦]	大麻苍蝇	涔蝇	[u˨˦ɕieŋ˨˦]
军鱼	鲥鲒	[ɕi˥ɕiɑ˥]	鳜鱼	桂鱼	[tɕye˨˦ŋɤ˨˦去]
黑鱼(七星鱼)	乌鳢	[uɤ꜖liou˧]	黄颡鱼	黄魟	[uɔŋ˥˩ɑ˥]
娃娃鱼	鲵鱼	[i˩ŋɤ˨˦]	大鲶	鳠	[o˧˩]
蛤蜊	花蚶	[xo꜖xɑn|^{h}]	田蚌	田笋	[diɑŋ˥˩ɕyən˦]
棕树	棕榈栝	[tsoŋ꜖li˥˩kuɑ˥]	树林	杸峦	[tɕiou꜖lɑn˥˩]
竹林	竹峦	[tiou˥lɑn˥˩]	树木	杸	[tɕiou˧˩]
木柴	樵	[ɕiɑu˥˩]	松明	榀	[tɕieŋ¬]
木片	樵柿	[ɕiɑu˧˩p´i˦]	鸡血木	乌叶	[uɤ꜔ie¬]
冬瓜树	烂樏	[lɑŋ꜔t´ɑ˥]	鹿角木	柘槶	[tɕiɑ˩tɕio˥˩]
锥栗	囵栗	[lən˥˩liən|^{h}]	板栗	扁栗	[piɑŋ˦liən|^{h}]
桑叶	蚕叶	[sɑn˥˩ie˩]	茶叶	细茶 / 茶产	[ɕie˨˦tso˥˩]/[tso˥˩sɑŋ˦]
银杏	白果	[bɑ˩ko˦]	桂花	木樨	[mu˩ɕie¬]
葛根	葛藤脑	[kuɤ˥tɕieŋ˥˩nɑu˧]	蒺藜	荞莉	[tɕiɑu|^{h}tɕ´ie˨˦]
菝葜	金刚莉	[tɕiən꜔kuɔŋ꜔tɕ´ie˨˦]	荸荠	水栗	[ɕy˦liə˩]
沙梨	豬涔梨	[to꜔u˨˦li˥˩]	猕猴桃	槿梨	[tɕiən˥˩li˥˩]
酸枣	山椒	[sɑŋ꜔tɕiɑu˦]	沙果	林檎	[liən˥˩tɕiən˥˩]
桂圆	圆眼	[yɑn˥˩ŋɑŋ˧]	燕麦	乌麦	[tiɑu˦mɑ˩]
稻子	谷	[ku˥]	糯米	糯米	[no꜖mi˧]
籼米	穛米	[tɕiɑu˦mi˧]	粳米	稍米	[tɕiou˧mi˧]
小米（黍）	鸡觳穑	[ie꜔k´ɑu꜔sɤ˥]	玉米	苞萝	[pɑu꜖lo˥˩]
高粱	粟	[ɕio˥]	蚕豆	兰花豆	[lɑŋ˥˩xo꜔dioŋ|^{h}]
四季豆	三信梁	[sɑŋ꜔ɕiən˨˦liɑŋ|^{h}]	地瓜	番薯	[fɑŋ꜖tɕie˥˩]
山药	薯	[tɕie˥˩]	马铃薯	洋芋	[iɑŋ˥˩ye˧˩]
蕉藕	芭蕉芋	[po꜔tɕiɑu꜔ye˧˩]	南瓜	北瓜	[pɤ˥ko¬]
丝瓜	天萝	[t´iɑŋ꜖lo˥˩]	葫芦瓜	瓠	[bɤ˥˩]

续表 36-2-2-1

普通话	庆元方言	标音	普通话	庆元方言	标音
萝葡	菈葡头	[lɑ˩bɤ˩diou˥˩]	大白菜	包心菜	[pɑu˫ɕiən˫ts'ɑi˩˥]
卷心菜	球菜	[tɕiou˥˩ts'ɑi˩˥]	菠菜	菠薐	[po˪lɑn˥˩]
空心菜	蕻菜	[ŋ'˩˥ts'ɑi˩˥]	荞菜（芸苔菜）	莙荙	[tɕyən˪dɑ˩]
荠菜	苋豆娘	[ɕiɑŋ˩˥diou˪niɑŋ˥˩]	茭白	茭笋	[kɑu˫ɕyən˥]
香菜	芫荽	[nyɑn˧ɕye¬]	岩姜	苦猹姜	[k'uɤ˥ɕyɑn˫tɕiɑŋ¬]
香菇	香蕈	[ɕiɑŋ˪ɕiən˧]	牛肝菌	黄靛蕈	[uəŋ˥˩diɑŋ˪ɕiən˧]
珊瑚菌	老鼠牙	[lɑu˧tɕ'ie˥ŋo˥˩]	灵芝	木勺蝶	[mu˩ɕiɑ˩diɑ˩]
杜鹃花	春鸟花	[tɕ'yən˫tiɑu˥xo¬]	月季花	月月红	[nye˩nue˩ŋ'˥˩]
牵牛花	喇叭花	[iɑ˩po¬ xo¬]	木芙蓉	佛伞花	[fə˩sɑŋ˥xo¬]
向日葵	日头花	[nɤ˩diou˥˩xo¬]	野菊花	苦花	[k'uɤ˥xuəŋ|ʰ]
路边菊	水苦荬	[ɕy˥k'uɤ˥i˥]	败浆草	苦荬	[k'uɤ˥i˥]
蒲公英	鸡姆孵	[ie˪mo˥˩bɤ˨˩˦]	马齿苋	泗苋	[sɑi˧ɕiɑŋ˩˥]
马鞭草	野荆芥	[iɑ˧tɕieŋ˫kɑ˩˥]	鼠麴草	社麴	[ɕiɑ˧tɕ'iou˥]
凤仙花	肢甲花	[tɕ'ye˥kɑ˥xuəŋ|ʰ]	车前草（芣苢）	虾蟆衣	[xo˥˩mo˥˩i¬]
酢浆草	梅酸草	[mɑi˥˩sɑi|ʰts'ɑu˥]	竹节草	撞屄草	[tɕiəŋ˫pi˫ts'ɑu˥]
莠草	犬尾苋草	[tɕ'iɑn˥mi˧tioŋ|ʰts'ɑu˥]	苦荼（东风草）	老萬菜	[lɑu˧o˫ts'ɑi˩˥]
树参	鸭掌菜	[ɑ˥tɕiɑŋ˥ts'ɑi˩˥]	夏枯草（茺蔚）	蒙棰草	[moŋ˥˩tɕy˥˩ts'ɑu˥]
忍冬花	金银花	[tɕiən˪niən˥˩xo¬]	野草莓	鸽公	[kɤ˥koŋ¬]
金樱子	地莽	[di˪do˥˩]	小果蔷薇	地莽弟	[di˪do˥˩diɑn˥]
黄药子	苦李	[k'uɤ˪liou˧]	土茯苓	榅糯猪	[uɑn˫no˫tuəŋ|ʰ]
石斛	吊兰	[tiɑu˩˥lɑŋ˥˩]	石菖蒲	坑底蒲	[k'ɑn˫ti˥pɤ˥]
石蒜	老鸦蒜	[lɑu˧o˫sɑn˩˥]	芦荻	蒙茨	[moŋ˥˩ts'ɑn¬]
芒草（杜荣）	芊／芒芊	[kuɑn¬]/ [moŋ˥˩kuɑn¬]	蕨萁	蕨／槎	[tɕ˥]/[so˥˩]
芒萁	狼衣	[luəŋ˥˩i¬]	苔藓	青落	[tɕ'ieŋ˪tɕi˥˩]
地锦（爬山虎）	穿山龙	[tɕ'yən˫sɑŋ˪liəŋ˥˩]	石蕊	山鬐	[sɑŋ˫ɕie¬]
浮萍	薸	[biɑu˥˩]	青苹	田钱	[diɑŋ˥˩diɑn˥˩]
荇藻	虾鬐	[xuəŋ|ʰɕie¬]	斧子	把头	[po˥diou˥˩]
柴刀	樵鐅	[ɕiɑu˥˩tɕie˥]	钉耙	耙锋	[bo˥˩no˥˩]
栲栳	米栳	[mi˧lɑu˧]	炊帚	竹刷	[tiou˥ɕye˥]
箩筐	箩箸	[lɑ˥˩ie˩˥]	耥耙	筤耥	[luəŋ˥˩t'uəŋ¬]
连枷	豆搭	[dioŋ|ʰxuɑ˥]	蓑衣	棕衣	[tsoŋ˥i¬]
斗笠	箬笠	[niɑ˩liə˩]	平整水田农具	耖耙	[ts'ɑu˩˥bo˨˩˦]
粪箕	猪洿稞	[to˫u˩˥tɕ'ie˥]	箕斗	谷籍	[ku˥ts'ɤ˥]
箩筐	箩箸	[lɑ˥˩ie˩˥]	小篾箩	笑	[ɗɑ˧]
小竹篓	篡	[lɑi˧]	礼品篮	吊箩	[tiɑu˩˥lo˥˩]
大粪桶	窖桶	[kɑu˩˥doŋ˧]	饲料桶	潘水桶	[fən˥ɕy˥doŋ˧]
扇车（扬谷风扇）	米扇	[mi˧ɕiɑn˩˥]	碾谷磨	砻	[loŋ˥˩]

续表 36-2-2-1

普通话	庆元方言	标音	普通话	庆元方言	标音
八磅锤	石虎	[ɕi˩xuɤ˦]	木杵	蒙槌	[moŋ˥˩tɕy˥˩]
大锯	鏩板锯	[kɑ˦pɑŋ˦kɤ˨˦]	手钻	鋉钻	[lo˩tsɑn˨˦]
剪刀	铰剪	[kɑu꜔tɕiɑŋ˦]	石臼	舂臼	[ioŋ꜖kou˧]
抽屉	拔笿	[bɑ˩lo˩]	量谷用大斗	匚	[fuɔŋ꜒]
瓶子	钵	[pɤ˦]	热水瓶	炳壶	[nən˧uɤ˥˩]
晾衣竿	竹竿	[tiou˥xuɔŋ˧˩]	衣杈	老山桠杈	[lɑu˧sɑŋ꜔o꜔ts'uɔŋ|ʰ]
大铁锅	鈷鎊	[k'uɤ˧muɔŋ˧]	锅盖	鎊鍽	[muɔŋ˧biɑŋ˧˩]
水勺	匏桸	[bɤ˧xɑi꜒]	炊笼	蒸笼	[tɕieŋ꜖loŋ˥˩]
捞饭用具	笊篱	[tsɑu˧li˥˩]	淘米箩	筲箕	[so˦i꜒]
防蝇菜罩	箪筛	[bi˥˩ɕi꜒]	筷子	箸	[tɕye˧˩]
火铲	熮锨	[xuɑi˦ɕiɑn|ʰ]	吹火棍	熮筒	[xuɑi˦doŋ˥˩]
碗	啞饭碗	[tiɑ˥fɑŋ꜖uɑŋ˦]	大号碗	大蛮凹	[do꜖mɑŋ˥˩ɑu꜒]
青瓷碗	清器碗	[tɕ'ieŋ꜔tɕ'i˨˦uɑŋ˦]	缺损碗	攋鐑碗	[lɑi꜖niɑ˩uɑŋ˦]
汤匙	瓢羹	[biɑu˥˩kɑn|ʰ]	茶盘	托盘	[t'o˥bɑn|ʰ]
茶杯	茶蔽	[tso˥˩pi˨˦]	拖鞋	趿鞋 / 踢趿端鞋	[t'ɑ˥xɑ˥˩]/ [t'i˥t'ɑ˥tɑn|ʰxɑ˥˩]
毛巾	面幪	[miɑn꜖foŋ|ʰ]	手绢	汗巾	[xuɑn꜔tɕiən|ʰ]
脸盆	面桶	[miɑn꜖doŋ˧]	脚盆	骹桶	[k'ɑu꜖doŋ˧]
马桶	尿桶	[ɕy꜖doŋ˧]	手纸	樵腽臀纸	[tɕiɑu˦k'u˧dɑn˥˩tɕie˦]
唾盆	痰盂	[dɑŋ˥˩ye˥˩]	肥皂	洋蜡	[iɑŋ˥˩lɑ˩]
扫把	筅帚	[ɕiɑŋ˦tɕiou˦]	拖把	地拖	[di꜔t'o꜒]
畚斗	扫地箬	[sɑu˨˦di꜔ts'ɤ˦]	草荐	稻秆荐	[do꜖kuɑn˦tɕiɑŋ˨˦]
小人被	囝被	[ɕiɑn|ʰbi˧]	可分合的棉被	双合棉	[ɕiɔŋ꜖xɤ˩miɑn˥˩]
裸棉絮	碌秃棉	[lu˩t'u˥miɑn˥˩]	衣服	衣裳	[i꜖ɕiɑŋ˥˩]
裤子	布裤	[pɤ˨˦k'uɤ˨˦]	短裤	布裤衩	[pɤ˨˦k'uɤ˨˦lioŋ|ʰ]
新衣	出客衣	[tɕ'ye˥k'ɑ˥i꜒]	破衣	破褛筛	[p'ɑ˨˦liou˦sɑi꜒]
短衫	对衦	[tɑi˨˦kuɑn|ʰ]	夹衣	裌袄	[kɑ˥u˦]
背心	背褌	[pɑi˨˦tɑŋ|ʰ]	汗衫	汗褂	[xuɑn꜔kuɔŋ|ʰ]
衣袖	胠衿	[tɕ'ye˦iən˦]	围裙	幱身	[lɑŋ˥˩ɕiən꜒]
肚兜儿	袹肚	[bɤ˧dɤ˧]	尿布	尿褯	[ɕy꜔ɕiɑ˧˩]
围涎	檠幪	[sɑŋ˥˩foŋ|ʰ]	绑腿	扎绕	[stɑ˥niɑu˧˩]
木屐	貘狸夻	[mo˥˩li˥˩kɑ˩]	鞋垫	鞋屧	[xɑ˥˩t'ie˨˦]
鞋模	鞋楦	[xɑ˥˩ɕyɑn˨˦]	首饰盒	银器箱	[niən˥˩tɕ'i˨˦ɕiɑŋ|ʰ]
项链	项箍	[xuɔŋ꜔k'uɤ꜒]	耳环	耳丁	[ni˧tieŋ|ʰ]
挖耳匙	耳朵盘	[ni˧to˦ɑŋ|ʰ]	戒指	手井	[ɕiou˦tɕieŋ˦]
发钗	簪	[tsɑn|ʰ]	发罩	鬏络	[tsən|ʰlo˦]
发托	鬏屧	[tsən|ʰt'ie˨˦]	竹篦	篦笸	[bi꜔tɕi꜒]
镜子	照	[tɕiɑu˨˦]	照镜子	照照	[tɕiɑu˨˦tɕiɑu˨˦]
镜屏	全身照	[ɕyɑn˥˩ɕiən꜔tɕiɑu˨˦]	镜台	梳妆台	[sɤ꜔tsuɔŋ˧dɑi˥˩]

续表 36-2-2-1

普通话	庆元方言	标音	普通话	庆元方言	标音
网兜	网络	[muɔŋ˧lo˥]	锥子	鞋鐟	[xɑ˥˩tsɑn|ʰ 音]
顶针儿	针框	[tɕiən꜓tɕ´iɔŋ|ʰ]	粉线袋	老鼠儿	[lɑu˧tɕ´ie˦niɑn|ʰ]
助力棒	抵棒	[tie˨˦buɔŋ˧]	手提灯	定风灯	[diieŋ˨˩˧foŋ꜓tɑn¬]
火笼	毁烩	[xuɑi˦ts´oŋ¬]	砚台	砚盘	[niɑn˧bɑn˥˩]
画儿	猣	[noŋ|ʰ]	画画	画猣	[o˨˩˧noŋ|ʰ]
信封	信筒	[ɕiən˨˦doŋ˥˩]	鼓	鼕鼕	[doŋ˧doŋ˧]
军鼓	洋鼓	[iɑŋ˥˩kuɤ˦]	钹	镲镲	[tɕ´iɑ˧tɕ´iɑ˧]
竹鼓	笰笰	[dɑ˥dɑ˥]	响板	咶咶	[kuɑ˥kuɑ˥]
叫子	吡吡	[bi꜖bi|ʰ]	留声机	洋戏	[iɑŋ˥˩ɕi˨˦]
长者	老班辈	[lɑu˧pɑŋ꜓pɑi˨˦]	长辈	大侬	[do˨˩˧noŋ˦]
同辈	平肩	[bieŋ˥˩iɑn¬]	小辈	细侬	[ɕie˨˦noŋ˦]
未婚男人	娘家儿	[niɑŋ˥˩ko꜓nie˨˦]	小伙子	后生囝	[u˧sɑn꜓ɕiɑn|ʰ]
已婚女人	宅眷客	[tsɑ˩tɕyɑn˨˦k´ɑ˥]	少女	嫩娘妹	[nɑn꜖niɑŋ˥˩mɑi|ʰ]
未婚女青年	娘家囡	[niɑŋ˥˩ko꜖nɑn˦]	童养媳	妫囡	[iɑ˥nɑn˦]
老妇	老大嫫	[lɑu˧do꜖muɔŋ˦]	守旧的女子	古老囡	[kuɤ˦lɑu˧nɑn˦]
丑妇	毛翘婆	[mɑu˥˩tɕ´iɑu˨˦bo˥˩]	阴阳人	半男奶	[pɑn˨˦nɑn˥˩nɑ˧]
老来伴	相傍老	[ɕiɑŋ꜓buɔŋ꜖lɑu˧]	倒插门	上门农	[tɕiɑŋ꜖mən˥˩noŋ˥˩]
入赘	招赘	[tɕiɑu¬ tɕye˨˦]	姘居	地道混	[di꜖dɑu˧uɑn˨˩˧]
老人	老成侬	[lɑu˧ɕieŋ˥˩noŋ˦]	小孩	囝侬	[ɕiɑn|ʰnoŋ˦]
婴儿	嫩儿㒲	[nɑn꜓nie ˨˦bən|ʰ]	男孩	儿侬	[nie ˨˦noŋ˦]
女孩	囡侬	[nɑn˦noŋ˦]	父／母	爸／媎	[pɑ˥/ 八阴入][tɕiɑ˦]
继父	叔爷	[ɕiou꜖io˥˩]	乳母	咥胧娘	[tiɑ˥muɔŋ|ʰniɑŋ˥˩]
伯母	长姆／媎媎	[tɕiɑŋ˦mo˨˦]/ [tɕiɑ꜖tɕiɑ˦]	叔母	婶婶	[ɕiən꜖ɕiən˦]
姑父	姑爷	[kuɤ꜖iɔŋ|ʰ]	姑母	孃孃	[niɑŋ꜖niɑŋ¬]
舅母	娘妗	[niɑŋ˥˩tɕiən˦]	公公	大倌	[dɑ꜖kuɑŋ¬]
婆婆	大伢	[dɑ꜖iɑ¬]	祖父	公公	[koŋ꜖koŋ꜓]
祖母	嫫嬷	[mo꜖mo¬]	夫妻	老公老嫫	[lɑu˧koŋ¬ lɑu˧mo˧]
妻的姊妹	姨嫫	[i꜓muɔŋ˦]	妻的兄弟	老婆舅	[lɑu˧bo˥˩tɕiou˧]
夫兄	大伯	[do꜖pɑ˥]	夫的姊妹	姑	[kuɑn|ʰ]
妯娌	嫜母娘	[tɕiɑŋ꜖moŋ˧niɑŋ˥˩]	子孙	儿孙	[nie˨˦sɑn¬]
子女	儿囡	[nie˨˦nɑn˦]	儿媳	新妇	[ɕiən꜖fɤ˧]
女婿	婿郎	[ɕye꜖luɔŋ˥˩]	侄子	甥	[sɑn¬]
侄女	囡甥	[nɑn˦sɑn¬]	内侄	后头甥	[u˧diou˥˩sɑn¬]
曾孙	孙巴孙	[sɑn꜖bo꜖sɑn|ʰ]	玄孙	孙巴孙巴孙	[sɑn꜖bo꜖sɑn꜖bo꜖sɑn]
厨师	博士	[po˥sɤ˧]	和尚	长老	[tiɑŋ꜖lɑu˧]
道士	喧生	[ɕyɑn꜓sɑn¬]	神汉	抐瘇喧生	[nɑn˥˩uɔŋ˥˩ɕyɑn꜓sɑn¬]
巫婆	盼花婆	[p´ɑn꜓xo꜖bo˥˩]	庙祝	斋公	[tsɑ꜓koŋ¬]
流浪汉	走荒丐	[tsou˦xuɔŋ꜓k´ɑn|ʰ]	乞丐	貣饭丐	[t´ɤ˦fɑŋ꜓k´ɑn|ʰ]

续表36-2-2-1

普通话	庆元方言	标音	普通话	庆元方言	标音
赌徒	赌棍	[tɤ˥ku ɑ n˧˥]	抬棺者	八仙	[po˥ɕi ɑ n˥]
疯子	癫侬	[ti ɑ ŋ˩noŋ˥˩]	二流子	烂劣	[l ɑ ŋ˩lɤ˩]
帮抬嫁妆者	行郎	[x ɑ ˥˩luoŋ˥˩]	老滑头	潦鬼	[li ɑ u˥˩ku ɑ i˥]
骗子	拐子	[ku ɑ ˥tsɿ˥]	反应迟钝的人	木侬 / 木郎	[mu˩noŋ˥˩]/[mu˩luoŋ˥˩]
鬼主意多的人	忖忖乌	[ts' ɑ n˥ts' ɑ n˥uɤ˥]	胆小怕事的人	吓死鬼	[x ɑ ˥sɤ˥ku ɑ i˥]
特别愚笨的人	头世侬	[diou˥˩ɕie˧˥noŋ˥˩]	吝啬的人	小气鬼	[ɕi ɑ u˥tɕ'i˧˥ku ɑ i˥]
嘴馋的人	好咥胚	[x ɑ u˧˥ti ɑ ˥p' ɑ i˥]	眼睛	目珠	[mɤ˩tɕye˥]
脸孔	面卵	[mi ɑ n˥lən˧]	鼻涕	泗	[s ɑ i˧]
眼泪	眸眵	[mo˥˩sɤ˥˩]	淌口水	流㵘	[liou˥˩s ɑ ŋ˥˩]
口	嘴	[ts ɑ i˥]	胡子	喙鬚	[tɕ'ye˥ɕiou˥]
唾沫	痰沛星	[d ɑ ŋ˥˩p' ɑ i˧˥ɕieŋ˥]	喉咙	喽头	[liou˥˩diou˥˩]
脖子	脰颈	[diou˩tɕieŋ˥]	胸膛	怀	[ku ɑ ˥˩]
心窝	心头窟	[ɕiən˩diou˥˩k'u ɑ n˩^{h}]	肩胛骨	老枷骨	[l ɑ u˧luoŋ˩^{h}kuɤ˥]
乳房	胧	[muoŋ˩^{h}]	肚子	腹	[pu˥]
肋骨	篾笼骨	[mi ɑ ˩loŋ˧kuɤ˥]	胃	肚	[tɤ˥]
屁股	腒臀	[k'u˧d ɑ n˥˩]	阴囊	裤猪 / 卵脬	[k'uɤ˧tuoŋ˩^{h}]/[l ɑ n˧p' ɑ u˧˥]
阴茎	朘	[ts ɑ i˥]	手	肢	[tɕ'ye˥]
阴户	毴 / 屄	[p ɑ ˥]/[pi˥]	足跟	骹后端	[k' ɑ u˩u˧t ɑ n˥]
脚	骹	[k' ɑ u˥]	拉稀	腹泻溜	[pu˥ɕi ɑ ˧˥lioŋ˩^{h}]
粪便	涴	[u˧˥]	尿道炎	腹尿钻	[pu˥ɕy˧ts ɑ n˧˥]
伤风感冒	寒	[tɕ'i ɑ ŋ˧ku ɑ n˥˩]	痄腮（腮腺炎）	猪头瘴	[do˩diou˥˩tɕi ɑ ŋ˧˥]
发疟疾	筝脾寒	[tɕiou˩bi˥˩xu ɑ n˥˩]	患风疹	生冷瘼	[s ɑ n˥l ɑ n˧mo˩]
患麻风病	生疯	[s ɑ n˥f' ɑ ˥]	鼠疫	老鼠瘴	[l ɑ u˧tɕ'ie˥tɕi ɑ ŋ˧˥]
绞肠痧	乌荫痧	[uɤ˧iən˧˥so˥]	肺结核	成痨	[ɕieŋ˥˩l ɑ u˥˩]
腹水	堕腹胀	[do˧fu˥ti ɑ ŋ˧˥]	神经质	半癫晃	[p ɑ n˧˥ti ɑ ŋ˧xuoŋ˥]
癫痫(羊角风)	腹堕吊	[pu˥do˥ti ɑ u˧˥]	房屋	处	[tɕ'ye˧˥]
育婴堂	箬笠祠	[ni ɑ ˩liə˩sɿ˥˩]	草屋	茅草寮	[m ɑ u˥˩ts' ɑ u˥li ɑ u˩^{h}]
菇寮	蕈山寮	[ɕiən˧s ɑ ŋ˧li ɑ u˩^{h}]	茅厕	茅司间	[m ɑ u˥˩sɿ˥ k ɑ ŋ˥]
厅堂	堂间	[u ɑ ŋ˥k ɑ ŋ˥]	后厅	东间后	[toŋ˧k ɑ ŋ˩u˧]
厢房	横厢	[u ɑ n˥˩ɕi ɑ ŋ˥]	寝室	简处	[k ɑ ŋ˥tɕ'ye˧˥]
餐厅	咥饭间	[ti ɑ ˥f ɑ ŋ˧k ɑ ŋ˥]	厨房	鐤间	[muoŋ˧k ɑ ŋ˥]
门楣	大门梁	[do˩mən˥˩li ɑ ŋ˥˩]	门槛（坎门儿）	门塚	[mən˥˩tɕy ɑ n˧]
窗棂	疏榭齿	[so˩l ɑ ˩ts'ɤ˥]	造房子	起处	[tɕ'i˥tɕ'ye˧˥]
竖房架	挢处	[bu˥˩tɕ'ye˧˥]	陷阱	下累坑	[xo˧l ɑ i˧k' ɑ n˥]
河堤	砥	[tioŋ˧˥]	护堤坝	坝埵	[p ɑ i˥do˥˩]
筑坝	甓坝	[tɕi ɑ ŋ˧˥p ɑ i˥]	廊桥	处桥	[tɕ'ye˧˥tɕi ɑ u˥˩]
简易木桥	草桥	[ts' ɑ u˥tɕi ɑ u˥˩]	桥柱	桥苗	[tɕi ɑ u˥˩mi ɑ u˥˩]
渡石	矴步	[dieŋ˥bɤ˥˩]	洗衣埠	溪埠头	[tɕ'ie˥ bɤ˩diou˥˩]
酒徒	酒鬼	[tɕiou˥ku ɑ i˥]			

庆元方言动词示例表

表 36-2-2-2

普通话	庆元方言	标　音	普通话	庆元方言	标　音	普通话	庆元方言	标　音
吃	咥	[tiɑ˥]	咬	啮	[ŋuɤ˩]	叫	喊	[xɑŋ˩˥]
嗅	齅	[p´oŋ¬]	跑	赶	[kuɑn˦]	睡	睏	[k´uɑn˩˥]
大叫	啨	[tɕyɑ˥˩]	哭	謷	[iɑu˩˥]	看	略	[lɑu¬]
想	忖	[ts´ɑn˦]	恼火	恚	[xuɑi˦]	寻找	攞	[lo˧]
游泳	划浴	[o˥˩iɔŋ˥˩]	说话	讲白	[kuɔŋ˦bɑ˩]	跳	�	[tɕyə˥]
藏放	园	[k´uɔŋ˩˥]	滚动	礌	[lɑi˧]	刀割	脟	[lɤ˥˩]
脚踩	蹑	[nɤ˧]	砍	锲	[ts´ɑi˩˥]	拳击	揖	[ioŋ¬]
拿取	夲	[tɑu˦]	抛掷	磡	[k´ɑn˩˥]	牵拉	拸	[to˩˥]
肩扛	驮	[do˥˩]	推	擩	[ɕye˧]	—	—	—
捆绑	缚	[bo˩]	打	抐	[nɑn˥˩]	—	—	—

庆元方言数量词示例表

表 36-2-2-3

普通话	庆元方言	标　音	普通话	庆元方言	标　音
多	夥	[uɑ˧]	很多	蛮夥	[mɑŋ˥˩uɑ˧]
多得多	夥夥	[uɑ˧uɑ˧]	太多	忒夥	[t´ɤ˥uɑ˧]
多得数不清	无霰数	[mɤ˩˥sɑŋ˦sɤ˩˥]	数量很少	牮牮碎	[niən|ʰniən|ʰsɑi˦]
不多不少	点道点	[tiɑŋ˦dɑu˧tiɑŋ˦]	差得多	争夥	[tsɑn¬ uɑ˧]
各得一半	对半分	[tɑi˩˥pɑn˩˥fən¬]	大部分	大半	[do˧˩pɑn˩˥]
小部分	细半	[ɕie˩˥pɑn˩˥]	半价	对半价	[tɑi˩˥pɑn˩˥ko˩˥]
一两五钱	两半	[liɑŋ˧pɑn˩˥]	三分之一	三股一	[sɑŋ˧kuɤ˦iə˥]
各得两只	大家双	[dɑ˩ko¬ ɕiɔŋ|ʰ]	五个	一巴掌	[i˥po˦tɕiɑŋ˦]
十个	两巴掌	[lɑn˧po˦tɕiɑŋ˦]	百分之百	百道百	[pɑ˥dɑu˧pɑ˥]
一百二十	百廿	[pɑ˥niɑŋ˧˩]	一千五百	千五	[tɕ´iɑŋ˩ŋuɤ˧]
一万三千	万三	[mɑŋ˧sɑŋ¬]	一斤二两	斤二	[tɕiən˧ni˧˩]
一斤五两	斤半	[tɕiən˧pɑn˩˥]	一元三角	块三	[k´uɑi˩˥sɑŋ¬]
一元五角	块半	[k´uɑi˩˥pɑn˩˥]	一角六分	角六	[ko˥liou˩]
一两五钱	两半	[liɑŋ˧pɑn˩˥]	一丈九尺	丈九	[tɕiɑŋ˧tɕiou˦]
一尺八寸	尺八	[tɕ´i˥po˥]	一寸五分	寸半	[ts´ɑn˩˥pɑn˩˥]
一分五厘	分五	[fən˩ŋuɤ˧]	—	—	—

庆元方言副词示例表

表 36-2-2-4

普通话	庆元方言	标　音	普通话	庆元方言	标　音
不要	勳	[fɑ˥]	不曾	勯	[fɑi|h]
可以	有訽	[uɤ˧niɑŋ˧]	不可以	无訽	[mɤ˩˥niɑŋ˧]
大都	矮都	[uɑ˧tɤ˥]	概括	一扒拉	[i˥bɑ˩lɑ˩]
只要	喁事	[iɔŋ|^{h}sɤ˨˩˦]	切勿、切莫	莫休	[mo˩ɕiou˦]
还有	姑有	[ku˥ uɤ˧]	刚才	儳僥	[sɑn˦tɕieŋ|^{h}]
即刻	马上	[muɔŋ˧ɕiɑŋ˨˩˦]	趁机	徬汤	[buɔŋ˦t'uɔŋ˥]
姑且	哤事	[muɔŋ˥˩sɤ˨˩˦]	原本	积了	[tɕi˧liɑu˧]
果然	真事	[tɕiən˥ sɤ˨˩˦]	仍然	原旧	[nyɑn˥˩tɕiou˨˩˦]
忽然	闪不咋	[sɑŋ˥pɤ˥tsɤ˥]	幸亏	全靠	[ɕyɑn˥˩k'ɑu˩˥]
干脆	索性	[so˥ɕieŋ˩˥]	必定	当定	[tuɔŋ˥ dieŋ˨˩˦]
永远	永古	[yən˧kuɤ˥]	迟早	早晚	[tsɑu˥uɑn˩˥]
刚好	正正是	[tɕieŋ˩˥tɕieŋ|^{h}ɕi˧]	有可能	有门理	[uɤ˧mən˥˩li˧]
赶快	赶工	[kuɑn˥koŋ˥]	故意	故忳	[kuɤ˩˥dɑn|^{h}]
听任	凭在	[bieŋ˥˩sɑ˧]	以为	硬慆	[ŋɑn˨˩˦t'ɑu|^{h}]
可能、也许	斡	[kuɑn˥]	感觉、觉得	见得	[tɕiɑn˩˥ti˥]
算了、拉倒	歇作	[ɕie˥tso˥]	—	—	—

庆元方言代词示例表

表 36-2-2-5

普通话	庆元方言	标　音	普通话	庆元方言	标　音
咱们	我伲 / 我侹	[ŋo˧ni|^{h}]/[ŋo˧t'ieŋ|^{h}]	咱俩	我伲双	[ŋo˧ni|^{h}ɕiɔŋ|^{h}]
你们	你侬	[nie˧noŋ˥]	他们	佢侬	[kɤ˧noŋ˥]
孩子们	囝侬	[ɕiɑn|^{h}noŋ˥]	谁	岂侬	[tɕ'ie˥noŋ˥]
自己	我自	[ŋo˧ɕi˨˩˦]	这里	这埄	[tɕie˩tɑ˥]
哪里	岂埄	[tɕ'ie˥tɑ˥]	到处	百埄	[pɑ˥tɑ˥]
一样	一般般	[i˥pɑn˦pɑn|^{h}]	同样	共号	[tɕiɔŋ˨˩˦xɑu|^{h}]
什么	譣訣	[tɕ'iɑŋ˥niɑŋ˥]	什么东西	譣物事	[tɕ'iɑŋ˥mɤ˥sɤ˥]
什么样子	岂号式	[tɕ'ie˥xɑu˨˩˦ɕi˥]	怎么、如何	慠会	[tɕiɑu˥uɑi˦]
如是	渀尔	[xɑn˥˩ni˦]	这么久	渀矮时	[xɑn˥˩uɑ˧sɤ˥˩]
这么怪	渀古董	[xɑn˥˩kuɤ˥toŋ˥]			

庆元方言介词示例表

表 36-2-2-6

普通话	庆元方言	标　音	普通话	庆元方言	标　音
和、跟	侹	[t´ieŋ¬]	把、将	帮	[mɑŋ¬]
给	乞	[k´ɤ˨˦]	任凭	听凭	[t´ieŋ¬ bieŋ˥˩]
这么	⿰氵那 / ⿰氵那尔	[xɑn˥˩]/[xɑn˥˩ni˦]	除开	除非	[tɕye˥˩fi¬]

第三节　语法例句

庆元方言语法例句表

表 36-2-3-1

普通话	庆元方言	庆元方言标音
你姓什么？我姓吴。	你姓詥物事？我姓吴。	[nie˧ɕieŋ˨˦tɕ´iɑŋ˦mɤ˦sɤ¬ ʔŋo˧ɕŋuɤ˥˩]
有几个孩子了？一个女孩，一个男孩。	有赅个珽了？一个囡，一个囝。	[kɑi˦kɑi˨˦mɑi|hlɑu˧ʔi˥kɑi˨˦nɑn˦，i˥kɑi˨˦ɕiɑn|h]
你是谁？我是老胡。	你是岂侬？我是老胡。	[nie˧ɕi˧tɕ´ie˦noŋ˦ʔŋo˧ɕi˧lɑu˧uɤ˥˩]
老周在吗？老周到邻村去了。	老周舍嘞勯？老周去过村了。	[lɑu˧tɕiou¬ ɕiɑ˩lɤ˦fɑi|hʔlɑu˧tɕiou¬ k´ɤ˨˦kuɤ˨˦ts´ɑn¬ lɑu˧]
你到哪儿去？我到城里去。	你去岂埲？我去城嘞。	[nie˧k´ɤ˨˦tɕ´ie˦tɑ˥ʔŋo˧k´ɤ˨˦ɕieŋ˥˩lɤ˦]
去城里干啥？买点东西。	去城里做詥事？买集物事。	[k´ɤ˨˦ɕieŋ˥˩lɤ˦tso˨˦tɕ´iɑŋ˦sɤ˨˩ʔmɑ˧niən|hmɤ˦sɤ¬]
他今年多大了？看样子快五十岁了。	佢今年赅堆年纪了？调数快骚五十了。	[kɤ˧tɕiən¬ niɑŋ˦kɑi˦tɑi˪niɑŋ˥˩tɕi˦lɑu˧ʔlɑu¬ diɑu˨˩sɤ˨˦k´uɑ˨˦sɑu¬ ŋuɤ˧sə˩lɑu˧]
你故事讲得真好，我还想听一遍。	你真会讲古董，我姑忖听转添。	[nie˧tɕiən¬ uɑi腹kuɔŋ˦kuɤ˦toŋ˦，ŋo˧ku¬ ts´ɑn˦t´ieŋ¬ tɕyɑn˦t´iɑŋ¬]
老周才讲得活灵活现呢，你更听不厌了。	老周讲儳傹佯异呐，你更听已弗识歇了。	[lɑu˧tɕiou¬ kuɔŋ˦sɑn˦tɕieŋ|hiɑŋ˥˩ie˨˩nɤ˦，nie˧kɑn˨˦t´ieŋ¬ tɕi˦fɤ˦tɕi˥ɕie˥lɑu˧]
这条路高低不平，年纪大了脚步不稳，走路要小心些。	这条路上高下低，老成侬无步了，走路要做旬些。	[tɕie˩diɑu˥˩lɤ˨˩tɕiɑŋ腮kou¬ iɑ˧tie¬，lɑu˧ɕieŋ˥˩noŋ˦mɤ˨˦bɤ˨˩lɑu˧，tsou˦lɤ˨˩ŋɑu腹tso˨˦xoŋ|hsɤ]
这是我妻子，那是我女儿。	这个是我宅眷客，哈个是我囡。	[tɕie˩kɑi˨˦ɕi˧ŋo˧tsɑ˩tɕyɑn˨˦k´ɑ˥，xɑ˩kɑi˨˦ɕi˧ŋo˧nɑn˦]
那边那个是她的丈夫。	哈边哈个是佢嘅男子客。	[xɑ˩piɑŋ¬ xɑ˩kɑi˨˦ɕi˧kɤ˧kɑi˨˦nɑn˥˩tsɿ˦k´uɤɑ˥]
这个大，那个小，你看哪个好些？	这个大，哈个细，你睰岂个好集？	[tɕie˩kɑi˨˦do˨˩，xɑ˩kɑi˨˦ɕie˨˦，nie˧lɑu¬ tɕ´ie˦kɑi˨˦xou˦niən|h？]
我看小的比大的好得多。	我□细嘅比大嘅好得赘。	[ŋo˧lɑu¬ ɕie˨˦kɑi˨˦pi˦do˨˩kɑi˨˦xou˦ti˥luɑ˧]
他去过北京，你没有去过，我也没有去过。	佢去过北京，你勯去过，我也勯去过。	[kɤ˧k´ɤ˨˦kuɤ˨˦pɤ˥tɕieŋ¬，nie˧fɑi|hk´ɤ˨˦kuɤ˨˦，ŋo˧iɑ˨˩fɑi|hk´ɤ˨˦kuɤ˨˦]

续表 36-2-3-1

普通话	庆元方言	庆元方言标音
不管你去不去，我是一定要去的。	不论你去弗去，我当定要去。	[pɤ˦l ɑ n˨˩˧nie˧k′ɤ˩˧fɤ˦k′ɤ˩˧，ŋo˧tuɔŋ˥ dieŋ˨˩˧ŋ ɑ u腹k′ɤ˩˧]
他一声不响，只顾埋头工作。	佢弗窜做声，只顾头病已做道路。	[kɤ˧fɤ˦tsə˦tso˩˧ɕieŋ˥˧，i˦ku˩˧diou˥˩ku ˥ ɕi˦tso˩˧d ɑ u˧lɤ˨˩˧]
别跟他噜嗦！这家伙本来就不是好人。	覅侹佢朝朘！这货佬生成弗是好农。	[f ɑ ˦t′ieŋ ˥ kɤ˧tɕi ɑ u˥˩ts ɑ i ˥！ tɕie˩xo˩˧l ɑ u˧s ɑ n˥ ɕieŋ˥˩fɤ˦ɕi˧xou˦noŋ˥˩]
你在说谁？我讲的不是你。	你讲岂侬？我讲嘅覅是你。	[nie˧kuɔŋ˦tɕ′ie˦noŋ˦？ ŋo˧kuɔŋ˦k ɑ i˩˧f ɑ i˥˧ɕi˧nie˧]
饭都来不及吃，啥事这么要紧？	饭都来弗追咥，諗事渺要紧？	[f ɑŋ˨˩˧tɤ ˥ lie˦fɤ˦d ɑ i˨˩˧ti ɑ ˦，tɕ′i ɑ ŋ˦ni ɑ ŋ˦sɤ˨˩˧x ɑ n˥˩i ɑ u˩˧tɕiən˦？]
你先走，我随后就来。	你去先，我随骹端便来。	[nie˧k′ɤ˩˧ɕi ɑ ŋ ˥，ŋo˧ɕy˥˩k′ ɑ u˥t ɑ n ˥ p ɑ n˨˩˧lie˦]
他走在前面，我跟在后面。	佢做先，我做骹端。	[kɤ˧tso˩˧ɕi ɑ ŋ ˥，ŋo˧tso˩˧k′ ɑ u˥t ɑ n ˥]
喝了一大碗茶，还感到口渴。	咥了一大蛮凹茶，姑见腹渴。	[ti ɑ ˦l ɑ u˦i˦do腮m ɑ ŋ˥˩ ɑ u ˥ tso˥˩，ku ˥ tɕi ɑ n˩˧pu˦k′uɤ˦]
那件事他知道不知道？一点都不知道。	哈样事佢晓得弗晓得？一渠都弗晓得。	[x ɑ ˩i ɑŋ˨˩˧sɤ˨˩˧kɤ˧ɕi ɑ u˦ti˦fɤ˦ɕi ɑ u˦ti˦？i˦niən˥˧tɤ ˥ fɤ˦ɕi ɑ u˦ti˦]
这个字你认得不认得？有的认得，有的不认得。	这个字你认着认弗着？有些认着，有些认弗着。	[tɕie˩k ɑ i˩˧sɿ˨˩˧nie˧niən˨˩˧tɕi ɑ ˩niən˨˩˧fɤ˦tɕi ɑ ˩？uɤ˧sɤ˦niən˨˩˧tɕi ɑ ˩，uɤ˧sɤ˦niən˨˩˧fɤ˦tɕi ɑ ˩]
这群孩子像猴儿似的，到处乱爬。	这帮团正正苦猹儿般，百埲爬。	[tɕie˩puɔŋ˦ɕi ɑ n˥˧tɕieŋ˩˧tɕɔŋy ɑ n˦ni ɑ n˥˧p ɑ n ˥，p ɑ ˦t ɑ ˦bo˥˩]
给我拿本书。	书掇本给我。	[ɕye ˥ do˥˩p ɑ n˦k′ɤ˩˧ŋo˧]
这东西有多重？大概有五六十斤。	这物事有赅堆重？斡有五六十斤。	[tɕie˩mɤ˦sɤ ˥ uɤ˧k ɑ i˦t ɑ i ˥ ku ɑ n ˥ uɤ˧ŋuɤ˧liou˩sə˩tɕiən ˥]
他俩关系相当融洽，咱俩也不错。	佢两个佮得弗识赅堆好，我伲双也蛮对。	[kɤ˧l ɑ n˧k ɑ i˥˧kɤ˦ti˦fɤ˦tɕi˦xou˦，ŋo˧ni˥˧ɕiɔŋ˥˧i ɑ ˨˩˧m ɑ ŋ˥˩t ɑ i˩˧]

第三章　谚语　歇后语　谜语　歌谣

庆元人民在长期生产实践和生活中创作和积累了大量的俗语、歌谣，这些民间口头文学不仅地方色彩浓郁，艺术艺术水平也相当高，体现了庆元人民的聪明和才智。本章选录的是庆元具有代表性的谚语、歇后语、谜语、歌谣。

第一节　谚语

鳅有路，鳝有路，虾蟆无路跳过步。

山坑无鱼，石斑为大。

不做声，不做气，背后做台戏。

一年算得三次命，不病也要病。

舌无骨，由人拨。

挡路石头有人搬。

愈嬉愈懒，愈吃愈嘴淡。

穷靠猪，富靠书。

山茶梨，看得吃勿得。

拆东篱，上西壁，扳面前，补背背。

教别人种菜自吃糟。

吃了端午粽，棉袄远远送。

砍得两边伏，不愁没香菇。

肥田不如瘦店。

百样好味输了盐，百样生意输种田。

无鸡莫请客，无灰莫点麦。

芒种落雨火烧溪。

立夏栽芋，没菜抵箸（筷子）。

立夏晴，棕衣满田塍。

六月旱，仓仓满。七月旱，没稻秆。

重阳三九晴，晴到明年大清明。

冬至月头，冻死老牛。冬至月当中，无雪又无霜。冬至月尾，一粒冰块两个扛。

湿冬至，燥年夜。

地下暖，天上孵雪卵。

第二节　歇后语

粗桶（粪桶）下蚯蚓——永难翻身
跌倒抓把沙——老想占便宜
馒头落丐肚——讨不回
切卵添刀——小气
移居忘了土地公——抓住细小忘大事
吃豆腐渣说大话——自吹自擂
做犬不知自身生毛——不知自量
佛吃馒头钟受槌——替人受罪
天开裂——难得见
癫痫扮小旦——不像样
做卦不摇龟壳——做事如神
水流坝下——无法挽回
阎王勾簿隔张纸——大难不死
好尻（脚）着烂尻耽——无辜受累
竹鞭泥下过——暗中行事
拉尿搀大水——趋炎附势
天光落尿床——做后出问题
有心酿酒酒成醋——好心办成坏事
三记斧头两记截——干脆利落
关公骑马过竹桥——危险
站得正，坐得正，不怕三角凳——光明正大
竹竿晒鸡蛋——不可能
夹淡吃了一缸盐——花了钱未办好一件事
东坑没水西坑有，哪有坑坑断水流——天无绝人之路
剃刀当柴刀——用非其才
种麻不死种痘死——逃脱不了
十个手指有长短——承认差别
驼背不落席——两头空
换汤不换药——同样
双脚踏两船——立场不坚定
搬起石头打自己的脚——自找苦吃
有爷靠爷计　没爷自做计——自己动手
耳朵骨软——容易听信别人
无时碰到鬼——运气坏
钟来锤去——祸不单行
轻轻婆婆百念斤——不易对待
死人硬不过棺材——强不来

未倒四块板，不敢称命好——不敢骄傲
天师着鬼打——该死
讲三国——说奸话
乌猪莫笑花猪——差不多
桥原桥，路原路——清清楚楚
粪出肛门找草纸——做事无准备
留蜂不做糖——强留无益
一箩虾米都是头——无人做主

第三节 谜语

一字生的恶，四面八个角。（谜底：“井”字）
头一扭，脚一勾，扛支扁担落温州。（谜底：“共”字）
一点一划长，一撇到南洋。城里有个人，只有寸把长。（谜底：“府”字）
一间阙（房屋），五枝椽，五块阙瓦盖边沿。（谜底：手）
一枝柱，千枝椽，明瓦盖阙背，团团圆圆。（谜底：雨伞）
一双囝（小孩），共般长，共个腹脐。（谜底：铁钳）
清咥（吃）得，热咥得，便是用刀且弗得。（谜底：水）
我嘴对你嘴，我手搂你腰，你的屁股着火烧。（谜底：烟筒）
爷穿棕衣，儿穿皮袄，爷开口，儿跌倒。（谜底：栗子）
生在树上，死在人家。揉成腌菜，水面开花。（谜底：茶叶）
面上真光生，面下百条坑。有花有厚薄，无叶也会生。（谜底：香菇）
两队画眉共一笼，五个雌来五个雄。日间雌雄成双对，晚上拆散各西东。（谜底：纽扣）
兄弟一家三十多，先生弟弟后生哥。小事弟弟管，大事找哥哥。（谜底：牙齿）
圆圆扁扁腹里空，相陪婆婆过寒冬。春三二月来分别，寒冬腊月再相逢。（谜底：火笼）
头戴紫金冠，身穿白绸衫。走路八字步，讲话永康腔。（谜底：大白鹅）

第四节 歌谣

指腡谣

一腡贫，二腡富，三腡淌淌过，四腡卖豆腐。五腡盖灰房，六腡死了无人扛。七腡半天飞，八腡做乌龟。九腡九，做太守。十腡全，中状元。

三件宝

庆元三件宝，火笼当棉袄，火蔑当灯草，蕨根填肚饱。

天天星

天天星，打铁钉。铁钉条，钉桥苗。桥苗囡，真光生（漂亮），嫁来嫁去无米坑。长长汗巾挂门帘，短短汗巾擦托盘。托盘擦不光，新娘拖你去泡茶汤。茶汤泡不沸，怨哑嘴。哑嘴姑，怨柿姑。柿姑蒂，抵锅底。锅底呃呃喷，煎鸭卵。鸭卵黄，配酥糖。酥糖甜蜜蜜，配锥栗。锥栗开条缝，嫁布客。布客落温州，新妇拖尾巴。尾巴脑，做公道。公道人，驮尿筒。尿筒驮到厅堂半，倒了半，给爷给娘打半死。

长工歌

正月长工去上工，一碗猪肉一碗葱，东家老少都吃肉，我做长工吃碗葱。二月长工去犁田，长工做后牛做前，一日犁田三五畈，东家讲我磨洋工。三月长工做田塍，手拿铁锹下田畈，畈头做到畈尾转，东家讲我懒洋洋。四月长工去割锄，手拿柴刀满山爬，东山割得西山转，东家讲我未割锄。五月长工去割锄，青青秧田满田洋，别人插田吃酒肉，我做长工喝菜汤。六月长工矮热浪，日头晒得水如汤，东家小姐思量我，你做长工苦难当。七月长工去戽田，东家小姐正贪眠，小姐在家思量我，做人长工苦黄连。八月长工早谷黄，日日担谷入仓房，一日担谷三五担，东家骂我懒惰郎。九月长工五谷黄，五谷登仓日夜忙，东家仓内多谷米，我做长工无粒糠。十月长工谷收完，东家磨米做汤圆，汤圆东家吃了光，长工喝汤无汤圆。十一月长工去砍柴，雪雨风霜苦难熬，一日砍柴三五担，东家嫌我砍得少。十二月长工正打尘，东家算账无分银，棕衣箬笠交还你，明年请你雇别人。

碓米歌

男唱：水碓碓米响轰轰，一朵好花开碓中，有心来把花蕾采，不知小妹通不通。
女唱：水碓碓米响轰轰，十个小妹九个通，世间就是有钱好，只要有钱在手中。
男唱：水碓碓米响连连，你哥今日未带钱，唤你小妹先赊我，一回补你两回钱。
女唱：水碓碓米响连连，阿哥讲得好语言，你家也有亲姐妹，一回赊得几多钱？

月娜姐

月娜姐，光洋洋，塘边姐，做新娘，开了窗，瞧新娘，开了笼，检衣裳，新做衣裳十八统（套），勿靠爹，勿靠娘，靠自双手添衣裳。

花对花　柳对柳

日头出，照红花，日头落，收红花，旦旦媒人至我家，我家囡，年纪小，嫁府（不得）好人家。花对花，柳对柳，破畚箕，对扫帚，腊肉丝，好配酒，拣人要拣人忠厚。

媳妇难

米筛筛米转湾湾，做人新（媳）妇几多难，有盐烧菜又嫌淡，没盐烧菜又嫌咸。

第三十七篇　风俗　宗教

庆元地处浙西南山区，山高林密，交通闭塞，致使“十里不同风、百里不同俗”，县城与县域西北、县域东部习俗都有一些差异。20世纪90年代始，社会发展、人口流动，不同习俗相互交融，移风易俗，出现一些具有时代特色新风俗。

1949年前，庆元有佛教、道教、天主教、基督教等宗教传播。1948年天主教教会活动停止。1949年罗教停止活动。至2010年，庆元民间的主要宗教信仰有佛教、道教、基督教。

第一章　风俗

庆元人民最隆重的传统节日是春节，之后根据岁时和节气，比较重要的节日有元宵节、春社、清明节、端午节、中秋节、重阳节等。其中，立夏节气时吃立夏羹、逢闰月吃闰月饭又是庆元特有的地方特色节日风俗。1991—2010年，庆元人民生活习俗随着物质生活的提高而悄然改变，精细粮食在饮食结构中的比重逐渐上升，肉、水产已成为餐桌常见食材，但仍保留着不同节气制作时令食品的传统饮食习俗。改革开放后，促使庆元人们的服饰、居住环境、出行也发生了深刻的变化，反映了庆元经济发展的巨大成就。庆元人民日常生活中传统的礼仪习俗，随着人口流动、国家政策变化的影响也发生了一些变化，特别是婚嫁、丧葬习俗受国家政策、当地政府移风易俗制度的影响最大，总体朝着礼仪简化的方向转变。

第一节　节日风俗

春节

又称过年，中国最重要、最隆重的传统节日。农历正月初一是一年的开始，为春节；农历一年的最后一天（大月为三十日，小月为二十九日），为大年三十。庆元民间有过小年和大年的习惯。小年为农历十二月二十三或二十四日；大年从农历十二月二十五日开始，一直到正月初五日年才算过完。

过小年　也称“灶王节”。小年的日期为农历十二月二十三或二十四日。传说，此日是灶君上天祭灶日，家家户户打扫房屋，擦洗家具，称掸尘，俗称打炱。人们用带叶的竹枝扎成炱刷，彻底清理室内屋外、屋前屋后，衣服被褥洗涤一新，等待新年的到来。过小年最重要的仪式是晚上祭灶，供奉灶君。传说古时人吃东西不洗也不煮，人和牲畜经常生病。玉皇大帝见凡间年年遭瘟疫，便派身边童子下凡来管人们的膳食，封为灶君。灶君投胎到高氏，教人筑灶、煮食，东西要洗净、煮熟才吃。自此，人民少了许多病痛。灶君死后，百姓尊他为灶神，在灶头上安放其神位，神位两边还贴联“上天奏善事，回驾赐祯祥”。每年末，灶君上天向玉帝禀报百姓的膳食诸事。这一天，家家户户要净灶，清洗灶头、餐桌、菜厨、饭桌、板凳，打扫房屋。同时，祭拜灶君，放鞭炮送灶君上天，让灶君上天在玉帝前说好话。至除夕迎回灶神。20世纪90年代后，祭拜灶君习俗已不多见，但掸尘、打扫卫生的习俗一直延续。

过大年　农历十二月二十五日，是过大年的第一天，人们要举行接祖神，俗称请太公。此日始每早要在祖神位或画像面前点香，摆4碗米饭请太公，至正月初五送太公。寓意将老祖宗接回阳间来过年。此风俗体现下一辈常怀感恩之心，长存报恩之志的传统。20世纪90年代后，此俗已废。

小除夕　俗称辞年，意味着旧的一年即将过去。每年农历十二月二十九日或二十八日，是除夕前一日。人们会在家里的厅堂或家门前或阳台上，摆好供桌，祭谢天地，辞别旧岁。辞年的祭品十分丰富，花果、茶酒齐备，六斋、十味、鸡、鸭、隔年饭、五果（一种印成圆形和方形的小米糕）摆满供桌。地上盆里烧贡银，家长长辈念词祈祷来年平安。庆元的传统，神比祖宗大，祭完天地，再祭祖宗。祭祖宗时不用茶酒，但要增添菜饭，烧银纸。因辞年的“辞”与麻糍的“糍”同音，庆元民间都在此日做麻糍，吃麻糍，有旧岁至此而除，来年另换新岁的意思。20世纪90年代后，此俗已废。

除夕　又称大年夜。农历十二月二十九日或三十日，是每年腊月的最后一天，与春节（正月初一）

首尾相连。当日，家家户户贴春联，在门楣或墙壁贴福字。晚餐即年夜饭，丰盛的年菜摆满一桌，阖家团聚，围坐桌旁，共吃团圆饭。桌上有大菜、冷盆、热炒、点心，一般少不了火锅和鱼。火锅沸煮，热气腾腾，温馨撩人，寓意红红火火；"鱼"和"余"谐音，寓意吉庆有余、年年有余；萝卜俗称菜头，寓意好彩头。家家户户要多蒸些米饭，留待第二年吃，叫隔年饭，寓意年年有剩饭，一年到头吃不完，也叫来年陈。

除夕庆元人有守岁的习惯，俗名熬年。有的人家在庭院里垒旺火，寓意旺气通天，兴隆繁盛。至夜晚十一二点时要吃点心，俗称吃隔岁。吃完隔岁后，人人坐在桌旁，由长辈发给晚辈压岁包，并勉励儿孙学习长进、好好做人。午夜交正时，家家户户燃放烟花爆竹，寓意辞旧迎新。

开年要举行接神仪式，要选择焚香大吉时辰，时间亦不太统一，有的子时一到就开始举行，有的子正之时，即午夜零点开始，有的则在子正之后，家家燃香、点烛、放鞭炮，奉神拜祖。初一早晨，开门大吉，先放爆竹，叫作开门炮仗。爆竹声后，碎红满地，寓意满堂红。

正月　初一为正月之始，又称春节、元旦、元日、新年。当日，人们习惯无事不早起。只有祭祀求神的人才早早起床。有些人为上头柱香，天没亮就往寺庙赶。初一到初五不能说不吉利的话，要说好话。正月有许多禁忌习俗，以吃为多：初一起床喝糖茶，寓意一年生活甜甜蜜蜜；初一动筷子先夹青菜吃，寓意一年家里清清吉吉；初一早上吃年糕，寓意一年生活节节高；初一早上吃剩饭，寓意一年粮食吃不完。生活禁忌：初一不能喝米汤，不然做事就泡汤；不能看秤砣，不然就会碰到蛇；不能扫地倒垃圾，不然风水会没了；不能晒衣裳，不然田地会倒塌；不能把灶台和饭桌弄湿；初一早上洗脸水不能往外倒；初一小孩所穿的新衣服如果湿了，马上要给小孩挂红；初一当天要吃斋，表示对神佛的尊敬。当天不能去别人家拜访；有些人家会去神佛地祭拜，一般都是在自己家里。

正月初一采银树。初一早晨小孩子要出行上山采银树。按照通书拟定时辰，朝大利方向和财神方位采伐，一般是选择做香菇的柴种，采完柴木后要放鞭炮，采好后回家时也要放鞭炮。为防柴叶损坏，不得将柴枝随地拖，一定要将其背着回家。到家后将银树插立在天井内或房前，树杆用红纸绕糊一圈。银树一直摆到元宵，元宵后再将此柴木烧掉，寓意新年大丰收。

初二开始，亲朋好友相互拜贺，称拜年、又称祝喜、贺岁、贺年。内外姻亲、朋友故旧互相请客吃饭，称年节酒。20 世纪 90 年代之后，除沿袭传统拜年方式外，又兴起礼仪贺卡拜年和电话等形式拜年。

初五，破五俗。正月初五俗称破五，也称开小戒。破五前诸多禁忌过此日皆可破，部分禁忌解除。民间传说初五日是财神诞辰，春节期间大小店铺从大年初一起关门，而在正月初五开市贸易。俗以正月初五为财神圣日，选择这一天开市必将招财进宝，此俗一直延续，当日店家必在门前燃放鞭炮。

正月为禁屠月，禁忌很多，除过年禁忌外，还有正月独有的月忌，如正月不理发，民间称正月剃头损娘舅。因此，人们都选择腊月理发，正月过后才理发，此俗一直延续。

元宵

据清光绪《庆元县志》记载，"上元自十三夜至十五夜架鳌山，剪彩张灯，迎土神出游，笙歌戏剧杂沓往事，夜阑则止"。这是古代庆元百姓欢度元宵的真实写照，这个古老的风俗依然在庆元一直传承沿袭。元宵灯会在正月十五举行。元宵灯会与迎神庙会以及佛庙寺院的宗教活动都有着密切的关系，是伴随着民间信仰活动而发展起来的民俗活动。起初，花灯、抬阁、高跷、龙灯、叠罗汉灯、狮子灯等一起游行欢庆，随着时间的推移，军鼓队、腰鼓队、花杆队、彩扇队等等都参与到元宵灯会游行之中。

灯会在元宵节傍晚开始。先舞龙灯到庙里祭拜，节节龙灯都要拜一下神灵，然后绕柱子，舞四门，再抢珠，最后回龙。回龙是在抢珠结束后，以龙尾为头，退到门口，再由龙头冲进再舞。此后，龙灯会游行开始。游行灯会由神佛、抬阁、花车、龙灯、狮子灯、彩灯、彩旗、扇队、腰鼓队、花杆队等组成，每个门类都有专人负责组织。大灯笼由寺庙提供，彩灯则由各家各户负责制作。灯会游行的线路，基本上是绕村庄一周，然后再在空旷的地方集合。游行结束后，敬送神像回庙。进入抢庙环节：神像进庙前，击鼓鸣钟迎接。并且要由两位村民先敲着大锣跑着进出三遍，神像方可抬进庙内，然后在天井中迅速掉头。被众人簇拥着向后退进大堂，再拉上布帘遮挡换衫——给神像换回红袍，戴回官帽。帮忙换衫之人要求体格健壮，清洁双手，换衫时其他人不得趋近观看。至此，元宵灯会结束。屏都和大济元宵灯会是庆元规模最大的灯会，此俗一直延续。

春龙节

俗称龙抬头。农历二月初二日是天上主管云雨的龙王抬头的日子，此后雨水会逐渐增多。相传武则天当了女皇，玉帝认为乾坤颠倒，下令三年不许降雨以示惩罚。司掌天河的玉龙不忍心百姓受灾挨饿，偷偷降雨。玉帝闻之大怒，将玉龙压在大山下。旁立一碑：龙王降雨犯天规，当受人间千秋罪。要想重登灵霄阁，除非金豆开花时。人们为救玉龙，到处寻找开花的金豆。第二年二月初二日，人们翻晒玉米种子时见玉米像金豆，于是家家户户爆玉米花，并在院里设案焚香，供上开花的金豆。玉龙明白百姓的意思，大声喊："金豆开花了，放我出去"，玉帝见人间家家户户金豆花开放，只好放龙重回天庭。此后，民间就形成二月二爆玉米花的习俗。后此俗渐废。

百花生日

相传农历二月初二日是百花生日，庆元民间当天在果树上贴红纸，家里吃粿条、粿丝，庆贺百花仙子生日。因为二月天气渐渐转暖，百花齐放，果树花木长势喜人，有民谣：二月二，天气晴，样样果子好收成；百花生日天气晴，百样果树长茂盛；百花生日天气好，百样果子长得好。

社日节

又称土地诞，社日分为春社和秋社。古时社日节期依据干支历法来定，后来因历法变动改用阴历定节期。春社按立春后第5个戊日推算，一般在农历二月初二前后，秋社按立秋后第5个戊日，约新谷登场的农历八月。古代把土地神和祭祀土地神的地方都叫"社"，按照中国民间的习俗，每到播种或收获的季节，农民们都要立社祭祀，祈求或酬报土地神。社日当天，庆元人祀社祈年，杀猪祭神。祭神的猪肉称"社肉"。祭神仪式由道士主持，每家都能领到社肉、社酒。家家摊社粿，煎社羹。在东部和南部乡村，还要给亲戚送社粿。为此，庆元民间一直流传着"一都馒头，二都粽，三都社粿满村送"的民谣。1949年后，春社日祀社祈年活动基本停止，摊社粿，煎社羹的习俗则一直延续。

清明

清明当天，庆元民间要蒸清明粿，用香菇切丝葱切段与饭搀和在一起捏成饭团。族人聚集祠堂祭祖，上坟祭祖，称扫墓。扫墓要安排在清明节前三天或后四天，民间概括为"前三后四"，不宜在辰、酉、戊、寅日上山扫墓。此俗一直延续。

立夏

时间为每年的农历四月初，阳历五月五日或六日。当天，庆元民间家家煎香羹，俗称立夏汤。立夏汤要招呼邻里共同品尝，民谚"吃得七家立夏羹，后世最光生（漂亮）"。此俗一直延续。

送毛娘

庆元民间有农历四月初八送毛娘的习俗。传说有一年春天，天上飞来无数的毛虫，吃光山上树叶和田里的禾苗，眼看连人畜也要被吃了。到农历四月初八这天，一个身披黄袍的道士在村口垒起一座神台，台下堆满干艾叶。道士在神台四周点起48支蜡烛和48柱檀香。然后抽出神刀，边舞边念：“四月初八送虫公，一送送你到山东；四月初八送虫娘，虫娘一去不回乡”。念毕，举刀朝四周劈去，砍落的烛火点燃地上的艾草，神台上即刻升起一股浓烟，浓烟随风飘去，熏的毛虫眼瞎翅膀焦，毛虫只能抱住树枝慢慢爬行。此后，庆元一些地方的人在农历四月初八这天往房屋柱子、门窗上贴神符，神符上写着黄袍道士念的咒语或焚艾叶驱虫。20世纪90年代后，此俗渐废。

端午

五月初四过端午 端午节，又称端阳节、重午节、天中节。原在农历五月初五，自从元朝末年始，庆元民间将端午节日期改为五月初四。“相传胡仲渊以午日出师改焉。遂沿为例，邻邑皆然”（清光绪《庆元县志》）。元至正二十五年（1365年）五月，朱元璋的处州守将胡琛征调各县乡兵增援闽军，庆元、龙泉等县子弟兵向福建松溪集结，预定初五围攻浦城，老百姓或为送子弟兵上前线或为躲避战祸，纷纷在初四日提前过端午节，此后相沿成俗，之后庆元、龙泉及福建的一些地方都在初四过端午节。县外人将初四过端午说为：高山妇女不知屁，端五当端四。

插艾叶、挂菖蒲 蒲叶似剑，艾叶似旗，传说蒲艾有驱逐邪魅之效，有些人家还会贴上“艾叶如旗招百福，菖蒲似箭斩妖邪”的对联。庆元城乡流传着端午挂菖蒲和艾叶的传说：古时有一年端午节，家家户户正喜气洋洋地煮粽子吃，忽然，一帮番兵朝庆元杀来。番兵路上见人便杀，见屋便烧，眼看就要杀到松源城。可城内只有衙门捕快，根本无法抵挡。百姓都说：这回松源城要灭了。这时，城外拱瑞堂的五尊大帝显灵，将城外田洋里的麦茬全变成士兵，把松源城团团护住，可士兵手中都没武器。大家正在犯难，五尊大帝将松源河两岸的菖蒲变成长剑，艾叶变成飞镖，士兵们都有了武器。番兵杀到城外，见城墙下布满手执兵器的士兵，吓得不战自退。此后，每年端午节，人们要在门窗上挂些菖蒲艾叶。一是纪念五尊大帝护城有功，二是因为菖蒲艾叶曾经是兵器，可以辟邪。此俗一直延续。

包角黍 即包粽子，还要饮雄黄酒、挂香袋。粽子有菱形、方形形状，菱形粽子有大小之分，大个的称丁粽，小个的称粽儿，方形称还包粽。在庆元民间风俗中丁粽含人丁之意思，粽儿含生儿添丁之意义，端午节每个家庭要为每个人口准备一个丁粽和部分粽儿。其中，每家要备一个内藏粽儿的特大丁粽，此粽称添丁粽，俗话说：男人吃到小粽者鸿运当头，妇女吃到小粽者会添丁，小孩吃到会读书。当母亲的要为出嫁的女儿家庭准备丁粽，并亲自送去，表示长辈之关爱，女儿用还包粽回礼感恩。此俗一直延续。

采端午茶 农历五月五日，庆元村民到山间野外采集中草药，中草药总数达十几种，去泥晾干，切碎炒焙，晒干混合，名曰“端午茶”或“午时茶”。“端午茶”具有祛暑、舒胃、散风、退热等功效。平日家人偶有不适，取出用开水沏泡饮用，重症者加水煎服，疗效颇佳。20世纪90年代后，农村地区仍保留此俗。

走桥 是指每年的农历五月初六，乡村妇女在廊桥上来回反复行走、反复唱祷的文化活动的形式。走桥是庆元人民在长期农耕生活中形成的以敬神、娱乐为内容，以歌谣、祭祀活动为载体，富有历史、民俗、艺术等诸多文化元素的传统民间文化活动。由于走桥是民间相沿成习的传统风俗性活动，历史上没有得官方和社会上层人士的重视和关注，所以鲜有相关历史文献记载。走桥是对爱国诗人屈原的纪念。古时候，庆元民众对屈原的祭祀非常隆重，纪念活动从农历五月初五日早晨开始，一直延续到翌日夜晚。由于端午节前后是南方多雨季节，祭祀活动常常不得不从河边移到廊桥上进行，后来便形成走桥这样固定的民间集会。据史料记载，庆元的古代乡村社坛就设在廊桥上面，廊桥供奉社神之外还供奉着观音菩萨等佛教神像，是佛教信徒活动的主要场所。后来走桥慢慢的便演变成民众祭拜神灵、祈求福祉的仪式。走桥是庆元先民对廊桥文化崇拜的反映。在庆元方言中“桥”与“朝”同音，俗话“朝上有人好做官”，人在桥上走就寓意“朝上有人”，意味着飞黄腾达，大贵大富。由于走桥活动迎合百姓普遍的社会文化心理，有着广泛的群众性。每年端午节的第二天拂晓，来自全县及周边地区（龙泉、景宁与福建政和、松溪等县）的妇女，头插鲜花，身着色彩鲜艳的传统服饰，带着粽子、水果、茶点、香、烛、黄纸、鞭炮等祭品，分别到县城附近的双门桥、袅桥、咏归桥等桥上，进行走桥活动。参加走桥者先要在廊桥中间的供桌上摆好祭品，点香朝拜。并将点燃的十双香拿在手上，肩上挂若干粽子，嘴里唱着民间小调和山歌，以边走边唱的形式由桥头走到桥尾，再从桥尾走到桥头，一共走十个来回。每走两个来回，就在桥头、桥中、桥尾三处往河里各扔一个粽子。走完十回，再到桥下的河边找一块大石头，在上面摆上茶点、水果、香、烛、纸、粽子，点香烧纸唱祷、祭拜，而后把该处的祭品投入河里。之后，再回到桥上祭拜，焚烧所带的全部香纸、经卷，燃放鞭炮。与此同时，包好桥上朝拜后的祭品，带回分给家人吃，以期子孙兴旺、福禄无边。该项活动是民众自发的行动，所以前来走桥的人有远有近，有早有晚，整个过程是松散型的。走桥者络绎不断。整个走桥活动从天蒙蒙亮开始，直到临近中午才结束。走桥时诵唱的曲调，是庆元山歌“哭娘腔”，音乐旋律舒缓简单，但都是吉祥、祈福的内容。如《走桥歌》：“五月初六出门去走桥，看见溪河水漂漂，看见水面一座桥，金做栏杆木做桥，一同玉女一同信，金童玉女接我桥上拜观音，拜的观音云头现，双线透尾子孙满堂做个好福人”。走桥以廊桥为主要活动空间。集传统服饰、民间歌谣、祭祀祈祷仪式为一体，可以说是庆元民俗文化的一种集中表现。走桥习俗一直延续。

六月六

为晒衣、晒书日。六月初六晒书源于北宋，相传玉皇大帝当天于六月初六赐予宋真宗天书，真宗皇帝就将此日定为天祝节。从此，读书人晒书籍、字画，老百姓则晒衣服、被褥，此俗一直延续。人们把六月初六视为一年中最热的一天，庆元人们一直流传着：“六月六，曝得鸡卵熟”这一谣谚，会在当天晾晒衣物、书籍。20世纪90年代后，此俗渐废。

小暑食新

民间有小暑食新习俗，即在小暑过后尝新米，农民将新割的稻谷碾成米后，做好饭供祀五谷大神和祖先，然后人人吃尝新酒、新米饭等。据说“吃新”乃“吃辛”，为此第一口新米饭必须让种谷的人先吃，也是小暑节后第一个辛日。民间有小暑吃黍、大暑吃谷之说。庆元大部分乡村都会在小暑前后举行隆重的迎神祭祀活动和“吃新”节，此俗一直延续。

七月七

又称七夕节、乞巧节。民间传说阴历七月初七晚上喜鹊在银河上搭桥，让牛郎、织女在桥上相会，还说在葡萄架下可以听到牛郎织女的窃窃私语。庆元民间习俗，当天民家要炒茶点，如炒粿片、粿丝、瓜子、花生，并将茶点分给孩童。20世纪90年代，还有许多家庭在当天将粿片等茶点加盐水入味后，放入砂锅中炒制。进入21世纪后，此俗逐渐消失。

七月半

每逢农历七月十五日，庆元乡村家家户户都要做七月半馒头，礼拜香火，祭奉祖宗。《修行志》说：“七月中元节，地官降下，定人间善恶，道士于是日夜念经”。佛教徒于当日举行盂兰盆会。当天，庆元各宗祠要请僧道来斋醮，并做馒头分发给族人祀奉祖先，久而久之，民间就习惯地称之为“七月半”。

庆元有七月半“抢香桥”的习俗。传说七月半是鬼节，当天地藏菩萨传书各州县城隍爷放冤魂饿鬼三天假日，让他们在凡间自由讨吃。庆元的城隍爷正巧是这天生日，有一年他自己一时高兴，给那些鬼魂们多几天假，谁知鬼魂们得寸进尺，在外作恶。城隍爷规定的假期已满，可许多恶鬼还在凡间不肯回来。这件事传到地藏菩萨那里，便对城隍爷说：“这些恶鬼流落凡间，害苦百姓，我们又深在地府，管不着他们，还是请凡间百姓把他们赶回阴曹吧”。第二年，快到七月半的时候，城隍爷托梦给庙祝，将地藏菩萨的主意告诉庙祝。到七月半这天，庆元各村各户都用半个鲜柚壳插在竹竿上，点上香，让孩子们举着朝村尾的水口赶去，半个柚壳与地藏菩萨的帽子十分相像，以此吓退恶鬼，当地称之做“抢香桥”。20 世纪 90 年代后，七月半“抢香桥”的风俗渐废。

中秋

又称八月节，俗称八月半，是合家团圆的日子，因此又称团圆节。中秋节仅次于春节，是一年中第二大传统节日。当日要到祠祀祖宗、品尝月饼、炒粉干。晚上，男人饮酒赏月，女人陈饼拜月，全家老少在月光下举杯畅饮，共享欢乐。传说农历八月十五天狗会吃月亮，人们得守护月亮，若出现天狗吃月，要敲鼓拯救月亮。庆元东部地区一些乡村风俗守护月亮到半夜时家家都要烧点心吃。

重阳

又称登高节。每年农历九月初九日，人们祈祷延年，祀祖先，包粽子，蒸米糕，吃麻糍，饮菊花酒，插茱萸。民间习俗：饮菊花酒可延年，插茱萸可消灾，避恶气。明清时期，庆元文人墨客相聚石龙山，登高临赏，饮酒赋诗。清光绪版《庆元县志》载有清人重阳登石龙山的唱和诗 20 多首。重阳节农村人都要做冻糕，因“糕”和“高”同音，意为着长命百岁、步步高升、登高望远、更上一层楼。还有传说重阳日是螃蟹结婚的日子，螃蟹成双结对，为此小孩子们会很早起床去溪边捕捉螃蟹。

腊八节

农历十二月初八，民俗谓之腊八，腊八吃腊八粥的食俗，在中国已有千年之久。腊八粥是用八种当年收获的新鲜粮食和瓜果煮成，味道香美，可口开胃。人们首先用腊八粥供奉神仙、祭祀先人，然后合家品尝，馈赠亲友。

其他节日

白露 每年的秋季白露之日，乡村民众会自发组织年满 16 周岁以上的村民修路修桥，很多的村民积极参与，以修路修桥为积德。当天，村里会在祠堂集中举办伙食，参加修桥修路的人员都可参加聚餐。1949 年后，此俗渐废。

迎神节 迎神节是庆元东部地区几乎所有农村沿袭的一项重要传统民俗活动，流传有 1000 多年的历史。迎神庙会一般都在特定时间举行，通常多为小暑后，各个乡镇具体时间则又不尽相同，有的乡村固定为于每年的分龙日，有的乡村还要择日选定，持续时间一般 2—4 天不等，多的有 10—15 天。该习俗是村民祈求一年风调雨顺、五谷丰登的祭祀活动。每年迎神节第一天，也是迎神日。当天，人们先将诸神迎至庙堂，然后摆上精心准备的供品，上香跪拜，祈求诸神保佑。庙会期间，穿插诸多活动，参与人数多，场面大。每个村庄的首事人，也称“迎神头”（每户轮流担任，在上年神庙会上选定）。待到迎神日接近，买好所用的供品，杀猪宰羊，恭候迎神日的到来。吉日一到，每家每户都要派人参加，甚至全家出动。乡民先把村庄佛殿内的各路神灵抬到迎神坛

图 37-1 合湖乡黄土洋村迎神节（陈士平 摄于 2009 年）

（专门的祭祀场所）的大堂内供奉着，然后举行盛大的祭祀参拜活动。如果节日是持续两天的，那么第二天是诸神归殿庙。当晚，在举行祭祀祈福仪式后将诸神像请回佛殿，所有村民虔诚地朝拜，一路跟随神像回殿。但女人不能送诸神进殿，只能送到殿外。21世纪后，迎神节庙会活动在各乡镇特别是东部乡镇延续开展。

闰月饭 庆元称“后头饭”。每逢闰年闰月，女子娘家兄弟都要把自己的姐妹请到家中，请她们吃上一顿饭，名为“闰月饭”，吃“闰月饭”有图吉利之意。21世纪后，这项风俗仍在民间延续。

第二节 生活习俗

饮食

平常饮食 20世纪80年代末，在乡村，与农事生产相关的民间习俗逐渐消失，传统的手工加工饮食逐渐被机器加工所取代。20世纪90年代开始，细粮成为城乡居民的主食。从20世纪90年代中期开始，蔬菜种类越来越多，肉类产品加工已初具规模，人们餐桌上的花样也逐渐多了起来。主要蔬菜品种以土豆、油菜、萝卜、茄子、黄瓜、苦瓜、韭菜、芹菜、豆角、辣椒、西红柿等。食用山野菜主要有各种香菇、木耳、黄花菜、苦叶菜、鸭掌菜等。经加工后食用的蔬菜有绿豆芽、黄豆芽、豆腐（豆腐皮和豆腐干）等。旧时，食用腌渍菜、干菜、野菜主要用于弥补冬春季节时鲜菜之不足，现已作为习惯食法而保留。其中食用量较大的主要是腌咸菜。腌制咸菜主要有茄子、香菇、黄豆、毛芋、黄瓜、萝卜等。晒干菜主要有芥菜、茄子、萝卜、苦叶菜、鸭掌菜等，多为冬春食用，现晒制者已渐少，城乡有少量晒制者，已多为换口味之用。副食品之肉蛋类，畜肉以猪肉、牛、羊肉为主；禽肉以鸡、鸭、鹅肉为主。随着畜禽养殖业和农业的发展，人工养殖的雉、家兔等也上了人们的餐桌。二十世纪六七十年代以后，发展人工养殖，人们食用之鱼类则绝大部分为养殖鱼类。食用鱼类主要有鲤鱼、鲫鱼、鲢鱼等，另有草鱼、泥鳅等。人们食用的水产品副食类还有河虾和少量的鳖（甲鱼）等，20世纪90年代前，海产品以咸鱼类为主，20世纪90年代后，随着交通条件的改善，从温州、福州等地运来各种海鲜，以带鱼、螃蟹、虾、鲳鱼等为多见。进入21世纪，食品市场供应不断丰富，品种繁多，随着城乡居民生活水平的不断提高，对于饮食也是越来越讲究了。在吃好的基础上，更加注重质量的提高和搭配的合理，对食品消费的追求正从美味食品向营养搭配的均衡方向变化，食品营养性、科学性、均衡性和多样性成了人们追求的新方向。在农村，农民家庭消费总支出中用于食品的比重越来越少，人们有了更多的消费选择，农民生活已经逐步由温饱型消费向享乐型和发展型转变，农民生活质量迈上了一个新台阶。

传统饮食习俗 节气与饮食习俗：春分做黄粿，春社摊社粿，二月二吃田螺，清明做清明粿，立夏煮立夏汤，下秧时节做下秧粿，四月初八做乌饭，端午节包粽子，七月半做馒头，稻谷成熟吃新米饭，满仓做馍糍，冬至做米团和米胨。

图37-2 社粿（陈士平 摄于2008年）

社粿。每逢春社，庆元有摊社粿的习俗。用俗称社曲（学名鼠曲草）放在舂臼中舂成富有黏性的酱状，与糯米浆掺和摊成薄饼，称为社粿，其色彩绿诱人，其味香甜，还具有止咳、理气、燥湿等药用功能。

蓬粿。蓬（庆元方言）：庆元人称社曲（学名鼠曲草），蓬粿具有庆元特色，其制作方法：首先是将蓬草放在舂臼中舂成富有黏性的酱状，倒入糯米粉捣成粿状；其次是将香菜、肉丝、笋干丝、香菇丝等加入油盐，调以红酒之类的香料，烧熟后为粿馅，最后用手工包成饼状放入锅里蒸熟。

清明粿。庆元的清明粿别具一格。其主料是粳米，辅料则是以炊熟的香菜干为主，配之肉丝、香菇丁、嫩笋碎等。制作方法是将佐料入锅，加入油盐，调以红酒之类的香料，烧熟后，倒入粳米饭中捣拌均匀，再用木槌轻轻杵之，杵软后捏成饭团。

乌饭。农历四月初八吃乌饭是庆元黄田、竹口一带的民间风俗。乌饭的做法是将一种叫乌饭芦的灌木叶子放在锅里煮烂，然后取其乌黑的汁液拌入糯米之中，再加上瘦肉、香菇搅拌，经文火炊透便成风味独特的乌饭。民间吃乌饭习俗历史悠久，代代相传。《本草纲目》载："摘取南烛树叶捣碎，浸水取汁，蒸煮粳米或糯米，成乌色之饭，久服能轻身明目，黑发驻颜，益气力而延年不衰"。

立夏羹。立夏羹烹制方法简易：先将糯米磨成水粉，然后调以碎肉、笋丝、墨鱼干丝和香菇等佐料，大锅烹煮至熟即可。其味香醇，老幼皆宜。

笋粽。庆元笋粽风味独特，因制作时使用笋油，故称笋粽。笋油乃用笋厂（旧时制作白明笋及笋干的作坊）煮笋的笋汤制成，通过煎熬，笋汤浓缩成胶状，即为笋油。笋粽的制作过程是：将糯米洗净放入适量笋油拌匀，让米尽量吸收发涨，然后用笋壳包裹，放到陶锅里煮一日一夜，熟烂后即可。

馒头。选上等糯米经水浸透，细磨为浆糊状后再榨干，揉捏为包馅的皮。馒头的陷有多种：其一是将赤豆蒸熟后捣烂成泥，加入红糖搅拌均匀，捏成团状；另一种是糯米饭拌红糖；再一种是用红糖掺苦菜干。馒头洁白晶莹，柔软爽口，备受人们青睐，又尤为老人小孩所喜爱。

黄粿。庆元城乡在每年农历十一月、十二月，几乎家家户户都要制作黄粿。黄粿以粳米为主要原料，以柃木枝叶烧制而成的植物碱为辅料，经淘洗、泡浸、蒸煮、戳捣、成形等10多道工序制作而成。整个加工过程历时较长，环节繁琐，参与人数众多，工艺讲究，技艺独特。黄粿制成后，外观黄里透绿，色泽晶莹，具有易于长期储存、烹制方便等特点，而且吃起来柔韧耐嚼，清香四溢，十分可口，是庆元的传统特色美食。20世纪90年代开始传统的手工加工黄粿逐渐被机器加工所取代。

图37-3　黄粿（陈士平 摄于2000年）

宵梅。在庆元农村，宴席上有一种点心是不可少的，那就是宵梅。宵梅用番薯粉和以猪油、白糖做成。具体制作方法是：先将番薯粉炒熟盛锅，撒上白糖，加入纯猪油和匀，再用力捏揉成小圆团，装盘蒸熟可即食用。宵梅的形状像梅子，其名由此而来。宵梅蒸熟后表面形成一层透明薄膜，光溜圆滑，里面则又酥又软，香甜可口，是庆元小吃中特有的风土名点。

脨糕。脨糕以粳米为主要原料，以柃木枝叶烧制而成的植物碱为辅料。用适量植物碱水将粳米泡浸24小时，将米磨成适度米浆（过去用手工石磨，现在可用磨浆机取代）。用一种木制蒸笼（庆元方言叫糕匣）摆放到铁锅里，通过铁锅内的蒸汽将米浆一层一层蒸熟成糕。为此也有人称为千层糕。庆元风俗里乔迁喜宴必备脨糕，以示步步高升。上庙宇拜佛还愿也用脨糕，以示高兴和平安。

庆元红酒。也称家酿红酒，是用手工制作的红籼糯米酒，口感香醇、浓甜。每年农历十一月家家酿红酒的民间习俗一直沿袭。制作配料一般为米和红曲。制作方法：早上将糯米泡下去；晚上将糯米捞出沥干；泡12个小时后再开始蒸糯米饭；将红曲倒进瓦缸里加水用手搓碎；米饭蒸好后不是很烫手的时候加入红曲，并搅拌均匀；用布盖上留一缝隙，等它发酵；前5天每天打酒一次，打到清下去有泡沫为止；存放6天左右再封口；放上3至5天再加盖子，半个月后即可饮用。

衣着

服饰演变 中华人民共和国刚成立时，很多地区的服装还保留着民国时期的样式。城市男子一般穿侧面开襟的长袍，妇女穿旗袍。农村男子一般穿中式的对襟短衣、长裤，妇女穿左边开襟的短衫、长裤，有的还穿一条长裙。此外还时行西装和中山装。做衣的面料则多是机织的“洋布”、粗棉布或麻布。随着社会主义建设的开展，西装和旗袍被看作是资产阶级情调，在人们的生活中逐渐消失，干部服、列宁装成为新的时尚服装。1956 年，从苏联传入的色彩鲜艳的连衣裙布拉吉成为最受女性欢迎的服装。

20 世纪 60 年代初期，匮乏的经济限制了服装的发展，人们购买服装的主要标准是耐磨和耐脏，灰、黑、蓝色成为街头流行色。60 年代后期，军便服时代开始盛行，当时最时尚的装束莫过于穿一身不带领章、帽徽的草绿旧军装，脚蹬一双草绿色解放鞋。

20 世纪 70 年代初期，服装依然遵循着 20 世纪 60 年代的革命标准，同时流行烟色条绒大棉袄。

改革开放后，庆元人民的服装的花色、款式开始多样化，面料、质地也发生很大的变化。健美裤、牛仔裤、直筒裤、牛筋裤、喇叭裤、老板裤、萝卜裤、夹克衫、蝙蝠衫、皮大衣、晚礼服、休闲装、喇叭裙、一步裙、A 字裙，甚至超短裙、迷你裙陆续出现。

20 世纪 90 年代，随着改革开放的不断深化，人们的物质生活不断改善、思想逐渐开放，单调的服装款式已不能满足人们对着装的要求，人们的衣着已经逐渐与世界同步，呈现一个多元丰富的时代。喇叭裤、踏脚裤、健美裤、蝙蝠衫、超短裙、一步裙、连衣裙、松糕鞋掀起一阵热浪。牛仔也不再是往日的模样，色彩、面料、款式都不再那么单一。

进入 21 世纪服装的演变已达到完全个性化，正统、休闲、名牌、DIY，流行风格也向多面化发展。唐装，羽绒衫、休闲装，人们想穿什么就穿什么，赶时髦，求时尚成为趋势。只有部分农村老年人仍保持着传统服饰的穿着习惯。

传统服饰 长布衫。又称长褂、中式长衫。长布衫通常长及脚踝，要像西装一样量身定做，制作的长布衫分单层和双层两款，双层款式有内外两层，内层是布内衬棉，外层则用高档真丝缎配上纯手工缝制的布扣。其中，长布衫的两只长袖不能用碎步拼接，而是要在整块布料上与衣身一并裁取，寓意长福、长寿。

对襟。俗称对门襟。是一种对称的襟式，即衣服胸前左右两襟对开，用搭袢、纽扣或绳带在开口处系连，穿脱方便，男女通用，多用于袄、褂、马甲等服装。

大襟。即左衽。左衽是指衣襟由左向右掩，纽扣偏在一侧，从左到右盖住底襟。偏襟与花式扣搭配组合为女装，在解放前的年代里一般农村妇女都穿大襟服装。

旗袍。又名长衫、长袍。旗袍式样有对襟、琵琶襟、一字襟、大襟、直襟、斜襟。主要特点为宽大、平直、衣长及足，材料多用绸缎，衣上绣满花纹，领、衣、襟、裾都滚有宽阔的花边。外观特征为右衽大襟开襟或半开襟形式，立领盘纽，摆侧开衩，单片衣料，衣身连袖的平面裁剪。现代穿旗袍的女性虽然不多，但不少地方仍保持了传统韵味。在庆元民间旗袍舞队伍越来越庞大，并利用每年的香菇节或重大节日组织旗袍秀活动。

住行

居住环境 庆元民间传统的民居均为土木结构，随着时代的发展和经济条件的改善，也从传统的土木结构转为砖木结构和砖混结构，居住环境大为改善。因为建筑结构的改变，传统的建房习俗趋于简化。20 世纪 90 年代前，城镇居民多住砖混结构的房子，一般都采用预制板和传统的现浇建筑结构工艺，而农村则以土木结构为主。20 世纪 90 年代后，城镇居民的住房条件改善很快，开始住高楼，住房面积增大。入住新住房前都要进行装修，门窗包边，墙体进行木包装或是软包装，大部分家庭开始使用空调。2000

年后，装修风格上更显时尚潮流，个性与前卫。城镇居民家庭信息化明显升级，移动电话、互联网等几乎家家都装有。20 世纪 90 年代的农村，居住环境也焕然一新，卫生条件明显改善。改革开放以后，通过整治村庄“脏乱差”和建设村内道路、供水、环卫设施以及污水、垃圾等处理设施，农村已有水泥或柏油路面。庭院绿化，居住环境整洁卫生。

传统居住习俗 庆元百姓观念中，人生第一大事通常是指建房。“宅为人之本，人以宅为家，居若安即家代昌”。为此，庆元民间在建新房的流程中，都要举行庄重严肃的民俗仪式，该类仪式，一般都是以万物有灵为依据，以自然崇拜为主要内容。仪式种类繁多，规模有大有小，但通常建房相宅、上梁办房酒之俗是必不可少的。上梁是农村建房最关键的一道程序，一根大梁负担着支撑房屋架构的重任，所以在选材、上梁等方面都特别注重。庆元建房与上梁习俗主要有选址、选梁、采梁、丈杆、祭梁、喝梁等。

选址。乡村对房屋的坐向十分讲究，一般在建屋时会请阴阳先生对选址进行查看，选好坐向。房屋朝向一般情况是坐北朝南，此种朝向光线好，光照充足。

选梁。东家盖房子前要由木匠师傅与其一起到山上选两棵根连在一起的双脑树，然后点香插在树边上，绑上红绳子做记号。

采梁。请阴阳先生择个吉日，吉日一到，便请来木匠师傅和父母双全的青年 2 人一起上山砍伐。砍前先由木匠师傅烧三贴黄纸，点燃三炷香，念：“福兮，福兮，又福兮，鲁班先生亲身到，此树不是非凡树，此树本是盘龙山中一棵长木树，别人采你没何用，鲁班先生亲身采你做栋梁，大吉大利”！也有的念词是：“此梁不是非凡梁，南山请来一炷香，别人请你做别用，仙师请你做栋梁，梁头雕起金狮子，梁尾雕起玉凤凰，狮子吼声招百福，凤凰啼时进田庄，梁下儿孙千百万，荣华富贵福寿全”。念完燃放鞭炮。然后由父母双全的青年先砍三下，再由东家自己砍，不能伤到旁边的小树。要在地上铺好柴枝、杂草，使砍断的树木不致触地，以防被“玷污”，人们不能从树身跨过。由 2 位父母双全的青年抬回，要在木头上挂块红布，不能从亭和屋檐下经过，并一路放鞭炮。制作栋梁要选择在石桥或田地之露天场地，未到上梁期间还要安排专人看守。劈下的树皮木梢不拿回家当柴火，全扔到河里。

丈杆。也称水杆，是东家上山选梁的同时再选取的一棵杉木。丈杆须是整根的杉木刨成。房内柱子的高度都是由此丈杆为尺测量的。房子建好后，丈杆要放置在栋梁的下方。

祭梁。准备上梁时，先要择吉日吉时。当日在梁边摆一案桌，桌上摆三碗饭、三杯酒、三贴纸，全猪，鸡鸭鱼肉等菜及木匠的斧、凿、尺等。然后点烛、奉香祭梁。木匠师傅在梁上铺上红布念诵，诵毕宰鸡，将鸡血淋在上面“去煞气”，同时念诵祭语。众人也在旁高声呼应，以求吉利。

喝梁。祭梁之后，开始上梁。在主梁上绑一对七宝袋、七块清洁的瓦片和栋梁杉树之树尾，用红头绳系绑。七宝袋中装着粳米、糯米、籼米、赤豆、黑豆、盐、茶叶等七物。上梁时要将丈杆放在主梁下小梁上面。丈杆的根部朝向左边放置。吉时一到，木匠身佩红布，手拿三支香，在鞭炮声中喝梁。喝梁时念词祈福。木匠将两块红布绑在梁的两端，上面拉梁，下面托梁，此时其他木匠也以吉利的话语来赞颂、祝福，直到上好梁。上梁结束主家要请木匠和抬梁的人吃蛋茶、递红包。

上门梁。上门梁一般选择与上房梁同一时辰或另择良日吉时。苗梁仪式与祭房梁大同小异，祭门梁词以祈福为内容。

家庭用具

家具 改革开放前，农村室内家具八仙桌、两屉桌、木凳、长条凳居多。20 世纪 80 年代后兴起大衣柜、五斗柜、菜橱、床头柜等。床类有木板床、棕板床、席梦思床等。沙发种类繁多，有硬杂木的、真皮的、人造革的布艺的，样式有仿古的、也有现代的。20 世纪 90 年代末，步入式衣柜、真皮软床、高级家具进入农村少部分家庭和城镇居民家庭。

炉具 1990 年前境内农户多用大锅烧水烧饭，少数户生煤球炉烧水炒菜。20 世纪 90 年代起，煤球炉、电茶壶等进入家庭。进入21世纪，农村在大力推广沼气，石油液化气灶也由少到多进入农家。城镇四季多用电器和液化气灶具，如电饭锅、电炒锅、电磁炉、微波炉、高压锅、电蒸锅、石油液化气灶等，城镇居民和部分农村家庭为了净化厨房环境，普遍安装了抽油烟机、排气扇等。

炊具 农村多用木饭桶、铁锅、铝合金锅、不锈钢锅炒菜、煮饭。烧开水一般用铁壶、铝壶。2000年前后，饮水机开始大量进入居民家庭。

餐具、茶具、酒具 因庆元历史上是瓷产区，家用餐具自古以来都是用青瓷、白瓷的碗、盘、碟。还有不锈钢餐具。筷子均为竹筷。茶具20世纪90年代前农村多用青瓷、白瓷的茶壶、茶碗、茶盅，后改用带盖茶杯、玻璃杯、一次性的纸杯。酒具有陶瓷、塑料、玻璃制品、不锈钢制品等。

床上用品 城乡居民床上还挂蚊帐，以棉被、棉褥、床单、毛巾被为主要铺盖用品。经济条件好的置有羽绒被、太空被等。20世纪90年代后，床罩、床单更趋高档化，竹凉席等床上用品逐渐普及。

家用电器 随着居民生活水平的提高，家用电器普及很快，且更新换代频繁。城乡多数家庭除置有电炊具外，多数都有电视机，由20世纪90年代前的黑白电视机过渡到彩色电视机。除电视机外，还有音响设备、磁带录放机、影碟机、功放机、音箱，称之为“家庭影院”。有的还备有录像设备、摄像机、照相机、数码相机等。2010年城镇家庭已经基本普及家用电脑等电器。果汁机、豆浆机、绞肉机、健身器械也是很多居民的家用电器。空调、洗衣机更是普及。

出行

20世纪90年代前，城乡居民出行多用脚踏自行车，少有摩托车。20世纪90年代后，摩托车在城乡青年人中盛行，几乎家家都有。农村大部分的农户有小型拖拉机，农忙耕地、运输，平时当作交通工具，用以赶集进城走亲戚。2000年后，电动车在城里大兴。一些居民自己购买高级轿车、进口轿车或面包车，私家购车已经成为时尚。一般居民出门则乘公共汽车、打出租车。农村基本实现村村通公共汽车。城镇公交车满街跑，票价1元，乘坐方便、快捷。

第三节 礼仪习俗

称谓

亲属 辈分——排行；亲属——亲眷；直系亲属——嫡亲；旁系亲属——叔伯；母系亲属——后头亲。

男女 男人——男子；已婚男人——男子客；未婚男人——娘家儿；女人——宅眷；已婚女人——宅眷客；未婚女人——娘家囡。

长辈 祖先——祖公头、太公头；父亲——爸、老倌；母亲——妈、婼；公公——大倌；婆婆——大伢。

平辈 自己——我自；妻的姊妹——姨嫫；妻的兄弟——老婆舅；亲家母——亲家婆；兄弟——哥弟。

晚辈 子孙——儿孙；子女——儿囡；儿媳——新妇；女婿——婿郎；侄子——孙儿；侄媳——孙新妇；侄女——囡孙；侄婿——孙郎。

婚嫁

进入20世纪80年代后，随着经济的发展，婚姻观念发生重大变化。男女青年通过自由恋爱或经介绍而相识相恋。择偶标准多注重经济条件、职业、单位、身材、志趣等。但联姻仍要经过提亲、定亲、登记结婚三个步骤。

提亲 主要有两种形式。一是男女青年先谈恋爱，合意后，邀请媒人提亲；二是男女青年一方看中另一方后，找个媒人到对方家提亲。对方若中意，双方开始交往，自由恋爱。

订婚 20世纪80年代前的农村，在议婚阶段，称是初定，初定是男方家到女方家，需要择一吉日，吉日里送礼品到女方家，有手帕、袜子、冰糖、定头钱等。正式订婚又要选吉日，男方送芝麻球、彩礼钱、吊箩十盒或六盒（吊箩内装的是香菇、笋干、墨鱼干等10样或6样菜）等到女方家，女方家也要回礼，一般是一双布鞋、一本笔记本、一支钢笔等。2000年后，男方择吉日到女方家，送上金戒指、金项链、金手镯、彩礼、十斤糖、十条烟、红包等，彩礼多为1万元起，看男方的家庭条件给，也有的给39999，有“天长地久”之意。订婚宴则由女方家庭来定办不办，钱由男方出。两家商量择日摆宴席（订婚酒）。酒宴一般设在自己家中，也有一些设在酒店。所邀人员主要是双方的长辈，双方长辈要给新人互赠见面红包。

结婚登记 男女结婚必须符合婚姻法规定的结婚条件。男女双方携带有效证件，择日到县民政局婚姻登记处按规定程序登记。登记后，双方即成为合法夫妻。

择期 选择婚礼的日期要占卜择吉，选取男女双方及双方家庭相合之吉日良辰。

婚礼准备 结婚用品越来越高档，农村建独院、城镇购楼房、家具、电器、金银饰品等。婚礼仪式越办越大，大请宾客、大摆宴席、小汽车迎娶，讲排场，比阔气。2007年后，庆元县城出现了4个专门服务于大众婚庆的婚庆公司，兴起司仪风，聘请司仪主持婚礼，活跃婚礼气氛的内容逐渐多起来。

迎亲之前要做好以下筹划工作：①新房装饰。②家具购买。③发送请柬（喜帖）。新郎新娘或家人亲自登门邀请（送请柬），或委托信任的人员送请柬，或通过电话邀请赴宴。④结婚仪式。结婚仪式种类很多，有传统的“拜天地”婚仪，有现代的专业婚庆公司主持的婚仪。⑤婚典场景。婚典礼仪的场所农村多在自家宅院举行，城市多在酒店举行。

婚礼流程 迎亲。迎亲日，新郎穿西服较为普遍，新娘服装，夏季多穿套裙，春秋冬季穿旗袍、套裙，外罩婚纱。迎亲车队以事先择好的出门与入门时辰行驶。迎亲车队的头辆车，要到花店装饰成花车。花车内坐新郎、伴娘（接新娘妹子），行郎等人员所乘车辆紧跟其后。接新娘妹子要父母双全，要随身带上红雨伞一把，红雨鞋一双。新郎要带红包提供新娘出门之用。迎亲车辆进入村口或新娘住所附近，点鞭炮人要点两响数个，鸣示女方家迎娶者已到。迎亲车队到达新郎家，即时撒彩花、放礼炮、鞭炮迎接新娘，并由新郎家年龄最高或父母双全的女长辈牵新娘入洞房，在新娘床上撒黑豆、爆花米。同时伴娘、小舅子等贵宾入座吃蛋、茶。用米筛摆上糖、瓜子、花生、桂圆、红枣等十种茶点，泡上糖茶，煮上茶叶蛋，由老人分发给贵宾吃。新娘要端茶给新郎家的长辈人喝，长辈们要给新娘洞房红包。

仪程。现场多由婚庆公司主持安排。结婚典礼一般程序：①新人的父母、证婚人、介绍人就位；②新人入场；③主婚人、证婚人、介绍人致辞；④拜天地、拜高堂；⑤交换信物、喝交杯酒；⑥点烛台、倒香槟酒；⑦互动游戏；⑧礼成，照相。

婚宴。亲朋好友到宴席点，把红包递到管局处登记入册，领烟、糖等回礼，自主入席。时辰到，点炮，宴席开始。

闹洞房。闹洞房都是要好的朋友才会参与。

回门。结婚后第三天上午，新郎与新娘携带礼物到新娘娘家，称回门。届时，女方设宴席招待（民间称“请婿郎”），并请族中近亲和亲友作陪。回家时，娘家会叫新娘带上一只公鸡一只母鸡到夫家，寓意为早日为夫家开枝散叶。

乡村婚礼习俗 在东部乡村交通不便，很少用婚车，一般都采用拜天地方式举行婚礼。

接新娘。男方在前一天由媒人、丑客、行郎、接新娘妹子一行去女方家接新娘，并参加女方酒宴。男方要带去火炮、蜡烛、香烟、红包提供女方酒宴备用和新娘梳头、出门等之用。晚上主要本家要为主家客人烧点心与安排住宿，俗称接点心。

新娘出门。新娘出门首先拜香火，由其兄弟背着出门。接着由接新娘妹一前一后以及送新娘妹子陪同出程。男方将其娘家给女儿的陪妆物品抬去。新娘在棉被内藏红包，为新娘搬棉被者可自行拿去红包。

男方的丑客主要任务是要请亲家光临男方婚宴，俗称“钓亲家”。在行程途中男方要为迎亲人员送去点心，还要给行郎他们发香烟及红包。

新娘入门。男方的父母双全的女长辈牵新娘，先将新郎家的钥匙递到新娘手中，示为新娘从此参与管家；再牵新娘到屋内香火前敬拜神灵；最后牵新娘入洞房，同时在新娘床上撒黑豆、爆米花，一边撒一边念祝福语。此时主家要给牵新娘者红包。

婚宴。乡村婚宴按宾客的辈分大小安排坐位，丈人、媒人、舅舅、姑父等长辈安排最上坐位。为增加婚礼气氛及留远客，在主家举行主婚宴之外，已分家的兄弟和主要本家在次日要分别摆酒席招待客人，俗称“接饭”。

请新郎。一般在婚礼的第二天，小舅子要亲自前来姐夫家，一来请姐夫去做新郎，二来接老父亲回家。

洗月满。新娘出嫁满一个月，母亲要亲自去女婿家接女儿回娘家看望老父母，俗称“洗月满”。

生育

产前 庆元民间妇女怀孕称“带身”，又叫“双身子”。妇女怀孕的妊娠反应，民间叫“病孩”（俗称病妹）。在日常生活中，孕妇有很多禁忌。如不能看木偶剧，不能看病人，不能见死人等，更不能扶灵摸棺。怀孕几个月后，婆婆或丈夫就不让干活，安心在家里养胎。每隔两个月就到医院检查一次胎位，胎位不正的及时“调整”，难产的进行剖腹手术。

产后 妇女生孩子叫“坐月子”，又叫“添丁”。孕妇产期临近，婆家要及早为媳妇准备小米、红糖和鸡蛋等食材。后来，随着科学的发展和医疗水平的提高，人们改变了对新生儿的接生方式，孕妇生产再也不找民间的接生婆了，都到县级医院或妇幼保健院生孩子。

鸡酒担，也称“送酒”。婴儿出生，婴儿的父亲得去向丈人家报喜。报喜时孩子的父亲用扁担挑着担子，一头是礼盒，内装熟鸡一只，鸡蛋26只，另一头是圆形精制竹篮子，内装一壶红酒及黑豆子，酒壶盖要封上红纸，如是生女的还要在酒壶嘴口塞上红纸。丈人家给小孩子的衣服、帽子、馋兜、尿布回送，作为贺礼。

庆满月，孩子出生以后，亲朋好友都会在月子里相继送来礼物或礼金。孩子满月时，主人家会摆酒席盛情款待送礼的亲朋好友，称为“满月酒”。满月后，婴儿要理满月头。

庆周岁，小孩1周岁时，要庆贺生日，主家要摆酒设宴（俗称周酒），宴请诸亲好友。

抓周，又称拭儿，是小孩周岁时举行的一种预测前途和性情的仪式。“抓周儿”的仪式一般都在吃中午那顿“幼酒”之前进行。讲究一些的富户都要在床（炕）前陈设大案，上摆：印章、儒、释、道三教的经书，笔、墨、纸、砚、算盘、钱币、帐册、首饰、花朵、胭脂、吃食、玩具，如是女孩“抓周儿”还要加摆铲子、勺子（炊具）、剪子、尺子（缝纫用具）、绣线、花样子（刺绣用具）等等。一般人家，限于经济条件，多予简化，仅用一铜茶盘，内放私塾启蒙课本《三字经》或《千字文》一本，毛笔一枝、算盘一个、烧饼油果一套。女孩加摆：铲子、剪子、尺子各一把。由大人将小孩抱来，令其端坐，不予任何诱导，任其挑选，视其先抓何物，后抓何物。以此来测卜其志趣、前途和将要从事的职业。如果小孩先抓了印章，则谓长大入仕为官；如果先抓了文具，则谓长大以后好学，必有一笔锦绣文章；如是小孩先抓算盘，则谓长大后善于理财。如是女孩先抓剪、尺之类的缝纫用具或铲子、勺子之类的炊事用具，则谓长大后善于料理家务。反之，小孩先抓了吃食、玩具，也不能当场就斥之为“好吃”“贪玩”，而要说“孩子长大之后，必有口道福儿，善于‘及时行乐’”。通过小孩抓周儿，在客观上检验了父母家人对小孩是如何教育的。庆元民间里常会用“从小未抓周”来训责拎着手不干活的人。

寿诞

婴儿出生，要请“产顿”；长到周岁，要给“记周”；此后每逢10岁、20岁、30岁、40岁，都要记之“记十”。50 岁乃年过半百，古训不宜喧张。60 岁起，逢十祝寿，称之“旬庆”。老人逢十不做寿，如：60 岁的在 59 岁时做，80 岁的在 79 岁时做寿。有抢先享福，福早些来的意思。庆元方言“十”与“死”有谐音，不吉利。有怕“折箴逢节容易断”的意思，怕逢十做寿会损伤老人的健康和寿年。

中华人民共和国成立前，父母寿庆，一般由子女主持。女婿送的礼物，要有一对寿烛和一长串鞭炮；亲友则无定，可送衣服，也可送外具“桃仪”的小红包。寿辰之日，女婿或儿子拂晓即起，盥洗后负责插香、点蜡烛和燃放鞭炮。早餐是 4 炒盘加长寿面，午餐请女客，晚餐请男客。大户人家的 60 寿庆，还要制作锦帐寿屏，极为隆重。中华人民共和国成立后，寿庆活动屡有举行，唯制作锦帐寿屏者渐少。进入 21 世纪，寿庆活动没有了旧时的繁文缛节，大多是至亲家人于老人生日当天聚餐，当作庆祝。

丧葬

汉民族传统的丧葬习俗由于受儒家思想的影响，土葬仪式相当繁琐，而其形式繁简又受着家庭经济状况和社会地位的制约。全县东西南北，也略有差异。

2003 年 8 月 1 日起，丧葬习俗有了巨大的变革和进步。积极响应遗体火化号召，形成了一套当今社会普遍认可的丧葬习俗。

遗体处理 遗体火化时间根据死者的断气时辰和至亲家属的生辰八字来择日择时。火化时不进行遗体告别的，由逝者子侄护送遗体到火化场火化；需要遗体告别的，火化前亲朋好友在灵堂或火化场殡仪厅进行告别仪式。遗体火化后将骨灰盒由长子抱回放入灵堂，如果占用棺木，火化后的当晚或第三天晚上入殓。

丧事（白事）流程 择日。立行事丧礼、报丧。

带孝。带孝就是根据血缘关系的远近，做“孝帽”和“孝服”。其中：男子为“羊角帽”，女子多用白方布裹头。

买水。孝子穿戴孝装，手提长明灯，孝媳孝女穿戴孝装，手撑伞子，握着三支香，带上三文钱，到达河边丢一文钱，打半碗水，连续做三次。唱着买水歌回来，用买来的水给死者洗脸。

入殓。即入棺，俗称“入室”。入殓前，要请阴阳先生推算入殓时辰。入殓时，由长子抱头，次子抱脚，如子多，则其余子均抱腰，脚先头后出屋，屋外用布毯遮阳或打伞避免阳光照射，俗称“上不见天”。入棺时，先将尸体的脚放入棺内，将原先含于亡人口中的小红纸包放入亡人衣襟内，把绑住亡人双脚的红头绳解掉。再用一根红线从棺头中线拉至棺尾中线，看尸体鼻子与棺头、棺尾中线，三点是否成一直线。死者头部要枕特制的凹木枕。尸体两侧分置死者生前所爱之物及生活用品和冥器等。亡人双手要向内握拳，右手握钱币左手握桃竹枝及灰粽子。盖棺又称“合棺”，即将棺盖盖上。入殓结束后。棺木边上放上一箩谷糠，点上长明灯，插香烧纸。

道场，也叫做法事。通常习俗有：（1）后头祭（灯）。后头即娘家的客人。后头祭的祭品有全猪、全羊，鸡、鸭、鱼、孝联、花圈及冥器等。祭品用小方桌摆放，后头亲戚敲锣打鼓，步街抬送。在农村后头亲戚一般不单另举行祭祀，祭品采用吊箩、斗米等简单形式。孝子到门口接入。此祭如以小辈的名义送来的，可全收下；如是用平辈或上一辈人的名义送来的，无论轻重，都要以双倍赔付。（2）报灵。孝子按男左女右，从大到小磕跪在灵堂前。先生连呼“福兮”三声，孝子们分别随呼天、地、爹（娘）三声。先生将手中插着香的碗砸碎于天井或大门口。孝子们开始吊丧，跪叩，连哭三声，没有词，妇女哭丧，嚎啕大哭，有调有词。（3）做灯，拜祭。做灯分别为开路灯与上山灯。灵堂案桌点香烛，摆祭祀贡品。先生口念忏语一手举番一手摇铃，长孝子捧着灵盘跟随，其他人紧跟，每人手拿香，握着竹竿顶住脚尖背，围绕灵堂顺倒绕圈，圈数按法事而定。拜祭是按队伍轮流敬拜献酒，妇女要双手握住竹竿两端举拜。其中“七跪八拜”是庆元民间所流传的特别拜祭方式。（4）“赶寨”。在出殡之前，由先生、香花、八仙、吹唱等 8 人组成驱赶队，先生口念咒语，先将道场上的所有符撕去，一人举斧头，一人举茅杆、竹枝、杉刺，一人举火把，一人丢碎瓦片，一人随后清扫瓦片、垃圾，一人在门窗前张贴封条。众人沿着弄道房间冲向路口或村口，并将垃圾等扔到远处。以示净宅驱邪，清除丧气。

出殡。“八仙”（八个抬棺人）抬出棺木，孝子跪伏于地，二人在 100 米前引路，一路上不可停留。经过十字路口，桥梁时，都要扬撒纸钱。如路程中间需要休息的话，地上应垫上木头等，以免棺木触地。

进圹。到达墓地后，将棺木放于墓坪垫枕上，移至墓门滑篾上，孝子跪于墓坪尾，“八仙”送棺木入圹，并抽出滑篾。由阴阳先生先用一根线，从棺木的头尾对准罗盘仪矫正方向，将棺木移至准确座字位置。此根线俗称“分金线”，得按孝子人数平均分给，寓意风水平分。再赠送地契，寓意亡人受阴宫保护。

迎风水。孝子在墓上点香烧纸，点燃马灯、火盆（风水盆），敲着锣鼓回来，大门口边插着火柱迎风水，火盆内火种分给各孝子。

葬墓酒，俗称“上山饭”。来宾一般是用钱代物，出殡前用白纸包，出殡之后就要用红纸包，落款为“代菜”字样。孝子要逐一跪谢“八仙”。

抱三顿，俗称“圆坟”，也称“送火种”。亡者埋葬后第三天，孝子带上香烛纸，在坟头上抱些泥土，坟墓前烧个火堆。有的地方风俗要带去火柴、大米、油、盐到墓上。

祭七，指人死后每隔 7 天一祭，共祭 7 次。祭七仪式：将一碗饭一个煮蛋摆放于锅灶内，点上香烛，烧些纸钱供祭亲人。给父母祭七，孝女或孝媳要在灶前号哭，诉说思念亲人的话语，叫喊亡灵受用。

禁忌 忌讳。避讳“死”的字眼，常用过世了，人没了，走了，百年了等词。丧事后，第一年贴对联要用白纸，第二年用绿纸，第三年才可恢复用红纸。与出殡日子、时辰相冲的人避免送葬。

度亡诚意。是记录亡者生终日期、坟墓坐落地址等资料。撰立度亡诚意，是为下一代追宗寻祖和日后编制家谱建立档案资料。

第二章　宗教

县民族宗教事务局按照国务院《宗教事务条例》和《浙江省宗教事务条例》及相关文件精神，依法管理宗教事务。至2010年，全县登记宗教活动场所34处。有县佛教协会、县基督教三自爱国运动委员会、县基督教协会3个宗教团体。

第一节　佛教

传播

庆元佛教传播，最早见于县城东郊南朝萧梁年间（502—566年）始建的天铭寺，宋庆元三年（1197年）任杭州灵隐寺住持的吴崇岳禅师曾修行于此。唐宋期间，添建法会、石龙、普化、化成等19座寺庙。加上明、清两代添建和重修的，至清末有寺、庙、庵、堂150余座。寺庙佛事活动或由庙祝住持，或由神社缘首和烧香念经的“斋娘”安排。1998年12月，庆元县成立县佛教协会，第一届会长是吴步铃法师。2010年，全县有佛教活动场所19处。

佛教场所选介

净悟寺　位于隆宫乡隆宫村，始建于唐乾符元年（874年），1982年重修。该寺占地面积2310平方米。建筑面积1880平方米，建有地藏殿、弥勒殿等。

石龙寺　位于松源镇石龙山下，唐乾符（874—879年）年间始建，后多次重修，1994年重建。砖木结构，上下二栋，建筑面积2100平方米。

慈照寺　位于松源镇底村村。始建于唐乾符二年（875年），2005年重建。该寺建筑面积600平方米，有明嘉靖七年（1528年）凿制石水槽、石脚盆。

庄严寺　位于屏都镇蔡段村，始建于唐中和二年(882年)，2005年重修。该殿总占地面积4169平方米，建筑面积3500平方米。

安禅寺　位于屏都镇八三村。始建于唐光启元年（885年），后多次重修扩建。该寺占地面积1280平方米，山门朝西，纵轴线上有前殿、天井、大殿，主体建筑分上、下两殿和药王殿。

大觉寺　位于竹口镇竹中村。始建于宋咸平七年（1004年），1992年重修。该寺建筑面积671平方米，建有大雄宝殿、四大天王殿、观音殿。

普化寺　位于五大堡乡盖竹村，建于宋天圣二年（1024年），清光绪十二年（1886年）重建。1993年重修该寺，建筑面积741平方米。

鼎岳寺　位于官塘乡官塘村，始建于宋至和二年（1055年），1996年重修。该寺占地面积2000平方米，建筑面积1500平方米，正殿供奉观音与弥勒佛像。

横栋庵　位于屏都镇余村村。始建于明成化年间，2003年重修。该庵建筑面积1600平方米，有三宝殿，塑有马夫人、马七仙、管家佛等。每年农历八月十三日、八月十四日、八月十五日为香期，浙闽边境香客云集。

拱瑞堂　位于松源镇北门村。始建于北宋期间，祀五显神，原庙在盖竹，邑人何文魁、吴标请建于此，清顺治五年（1648年）僧明光及清同治九年（1870年）重修，每年春秋二祭。该堂占地面积12993平方米，建筑面积5380平方米。建有石大门、大雄宝殿、五显灵官庙、徐夫人庙、千手观音庙、吴三公庙、真武庙、庆龙寺、三善庙（蔡伯庙）、阁门岭、观音堂、菇源阁、观鱼池等。

南峰寺 又称东溪庵，位于岭头乡南峰村。元至大年间，举溪吴懋修捐资所建。寺坐北朝南，为二山所抱，占地面积1400平方米，由正殿、下堂、钟鼓楼、厢房四部分组成。正殿有十八罗汉等佛像100余尊。铸于明洪武四年（1371年）的大铁钟高86厘米，重100多千克。每年农历六月初一，泰顺、寿宁等邻县香客数千人到此敬香。

大济庙 又称卢福神庙、卢医庙、扁鹊庙，位于松源镇大济村东部。始建于元至元元年（1341年），后多次修建。是大济村先民为纪念神医扁鹊而建，为浙江省文物保护单位。该庙坐东朝西，由戏台、中亭、两边钟鼓楼厢、正殿、福兴堂组成，总面宽39米，进深63.6米，占地面积2300多平方米。庙内有沿用至今的100枚药笺和铸造于清嘉庆九年（1804年）的铜钟。每年元宵节当晚，大济村民抬出卢福神像，沿村中古官道游行一周，以此祈求卢福神的庇护。

碧泉寺 原名碧泉庵，位于左溪镇竹坪村。始建于元代。该寺建筑面积1200平方米建，有天王殿、大雄宝殿、左右厢房、配殿、庭院组成等。

庆云庵 位于荷地镇底墅村的松花岭、岁云岭和蜈蚣岭三岭之间的莲花山中。始建于明朝弘治年间（1488—1505年），后多次修建。该庵占地面积500平方米，建筑面积1100平方米。

云泉寺 位于举水乡月山村。始建于明崇祯五年（1632年），相传系南明鲁王兵部司务吴懋修所倡修，1986年整修。寺门东北朝向，门额木匾书“云泉寺”三字，左右联为“云飞有色长生画，泉涌无声永蕴禅”。主体建筑大雄宝殿为合院建筑，中间有一方天井，正殿两侧为厢房。大殿右侧为华光殿，左侧为观音堂。占地面积近2000平方米，建筑面积1500平方米。大殿左厢房设有一座三层木制阁楼式的钟鼓楼，古钟有上百年历史。

图37-4 云泉寺（举水乡政府供 摄于2006年）

乌峰庵 位于淤上乡坑口村上岗尖，始建于清顺治五年（1648年），1978年重建。该庙占地面积450平方米，整座庙宇横连三间，前后两进，供奉天后娘娘、观音、关帝、医灵大帝、神农及金花娘娘等神祇。

龙凤庵 原名为百丈庵，位于屏都镇昌蒲洋村百丈山上。始建于清顺治十年（1653年），后多次重修。该庵坐南朝北，分上下堂，占地面积6600多平方米。庵内神龛供奉马氏三仙等，后殿有三宝殿，供奉如来等神佛，三宝殿后为观音堂。

岗头寺 位于安南乡岗头山上，始建于清咸丰七年（1876年），1995年重建。该寺占地面积2000平方米，建筑面积1133平方米，有“观音堂”“三宝殿”“凉亭”等建筑。

青田庵 原名福善祠，位于江根乡青田村。始建于宋建中靖国元年（1101年），1984年修复。该庵占地面积2668平方米，建筑面积630平方米，三殿合观式建筑，中轴线自西而东墙、山门、前厅、外厅、正殿等。正殿有释迦摩尼、观音菩萨、满堂诸佛正殿、左右18罗汉和24诸天，中殿有四大天王佛像，外殿有茂七公殿，大殿内有钟鼓楼，大门内有香炉宝鼎、弥勒佛等，花园正殿后有古进泉水、厨房。

第二节 道教

传播

庆元道教传播最早见于记载的是五代时华亭（今上海市松江县）马氏姐妹在百丈山结庐修炼得道升天之事。此后，有宋代吴十五（龙岩村人，吴三公之父）、黄十公（黄坛村人）、梵公（二都人）和明代叶有赐（西隅人）、翁正五（翁村人）等精通道术方士（旧志均有记略）。相传香菇鼻祖吴三公曾得五显神点化，故菇民多崇尚道家，香菇生产亦被蒙上一层神秘色彩。清代以后道士均属“南派”火居道士一类，以巫术为职业，从事斋醮祭祷、降神驱鬼等迷信活动，并设有“神洞”，供奉天师。历史最长“神洞”当推黄田镇双井村鲍家“神洞”，从元大德年间一直沿袭，历700余年。2009年8月，县道教管理工作小组成立。2010年，全县有道教活动场所7处，无道士。

道教场所选介

更心仙殿 位于黄田镇曹岭村台湖山山麓，始建于南朝北魏大同二年（547年），1992年重修。该殿建筑面积2800平方米，背拱台湖山，四周山脉环绕，有仙殿、吴三公庙、风景八角亭等建筑。

陈夫人庙 位于屏都镇八都村白马山上，始建于宋代，2001年重修，2006年扩建。该庙建筑面积187平方米，供奉陈夫人。

马夫人庙 原名护应马氏真人庙，位于松源镇南门洋，始建于南宋宝庆元年（1225年），后多次修建，1987年重建。该庙建筑面积610平方米，有马夫人殿、父母庵、子婿郎殿等建筑，供奉马氏真人、土地神、药王，文曲星、管家神、女婿神等。

西洋殿 又名松源殿、吴判府殿，位于五大堡乡西洋村。始建于宋咸淳元年（1265年），清乾隆三年（1738年）扩建，清光绪元年（1875年）重建，系龙泉、庆元、景宁三县菇民为纪念香菇鼻祖吴三公而建。该殿总建筑面积为816.2平方米，面阔21.30米，进深38.5米。该殿坐北朝南，主体建筑平面呈长方形，平面中轴线依次为照壁、石大门、倒座（戏房）、戏台、月台、厢房（钟楼）、中亭、正殿，大门上端砌有“松源殿”三字石匾。正殿设吴三公像，殿外东侧有一古井，为“运木古井”，相传建庙用的木材是从井里涌出的。东侧为民国时期的附属建筑——观音堂。每年农历三月十七日、七月十七日至七月十九日为龙、庆、景三县菇民朝拜菇神的进香期，云集诸方山货，举行戏剧表演，宣扬菇民民俗文化。该殿旁有兰溪桥，与之珠联璧合，相映生辉。

龙头山庙 位于黄田镇良官田村龙山头山巅。始建于南宋景炎年间（1276—1277年）。其正殿分上下两堂，中间是天井，四面石墙，缸瓦盖顶，占地面积805平方米。道观神龛供奉的主神是传说中的白鹤老仙，另有华佗、张仲景等。

东岳宫 位于松源镇黄塘岗下，始建于元延祐二年（1315年），1950年被毁，1979年重建。该庙建筑面积1500平方米，有“奈何桥”“万岁殿堂”“观音堂”等建筑。

五谷仙庙 位于淤上乡狮子岩，始建于清道光十五年（1835年），1987年重建。该庙建筑面积600多平方米，供奉五谷仙、盘古王、太阳太阴星君、释迦牟尼佛、四海龙王等。

第三节　基督教

传播

清光绪二十三年（1897年），姚立求在龙泉加入基督教，为庆元最早教徒。次年，基督教牧师奔德（德国人）在后田街尾设立传教公所，进行传教活动。民国9年（1920年），改传教公所为耶稣堂，教徒发展至400余名，聚会点也由县城扩展到八都、竹口等地。25年后，陆续在城内、八都、安溪、洋头、美源等地建立耶稣堂。中华人民共和国成立后，基督教一度停止活动。1982年，基督教活动恢复。1985年，庆元县基督“三自”（即自治、自养、自传）爱国运动委员会建立，配备牧师、长老等神职人员。2010年，全县有基督教活动场所8处，长老5人，神学生3人，信徒3500余人。

基督教场所选介

八都教堂　位于屏都镇下吾村，建于民国16年（1927年），占地面积1000平方米，建筑面积2000平方米。

安溪教堂　安南乡安溪村，建于民国16年，占地面积120平方米，建筑面积300平方米。

庆元县基督教堂　位于松源镇濛洲社区，建于1985年，2008年迁建至濛洲社区过境公路边上。教堂共4层，附属楼4层，占地面积3000多平方米，庆元县基督教两会（基督教三自爱国运动委员会和基督教协会）设在附属楼办公，管理信教群众的日常活动，全县有活动点8处，信徒3000余名。

竹口教堂　位于竹口镇竹中村，建于1991年，占地面积150平方米，建筑面积530平方米。

菊水教堂　位于屏都镇菊水村，建于1993年，占地面积184平方米，建筑面积450平方米。

举水教堂　举水乡月山村，建于1994年，占地面积210平方米，建筑面积230平方米。

黄田教堂　位于黄田镇东西村，建于1999年，占地面积150平方米，建筑面积520平方米。

合湖教堂　百山祖镇合湖村，建于2003年，占地面积100平方米，建筑面积150平方米。

第三十八篇　人物

1978年，改革开放以后，庆元县实施人才战略，加大人才培养教育使用力度，各类高级人才与先进人物大批涌现，对推动经济社会发展作出重大贡献。本志人物记载范围有所扩大。一方面，坚持“生不立传”传统，人物传略记载1991—2010年逝世、有较大影响的庆元籍或在庆元工作的外籍人士（以卒年时间为序），烈士英名录按省政府批准时间为序；另一方面，设立模范人物名录（市级劳动模范以上）、高级知识分子名录（正高级职称以上）、历届正县（处）级以上领导干部名录（含域外庆元籍正处级以上领导干部）、历届省级以上党代表人民代表政协委员名录、立二等功以上人员名录以及先进个人名录（省、部级以上）。前志已载先进个人一般不载，对各条战线作出重要贡献的在世知名人物则在各有关章节中以事系人、简要记述。

第一章　人物传略

前志收入人物72名，其中以“传略”记述者42名，简介者30名。本志人物传略11名。

周朝顺

周朝顺(1911年12月—1942年2月),男,黄田镇黄源底村人。民国26年(1937年),他带领农民起义,抢夺国民党小梅盐务局枪支，打击土豪，向贫苦农民分发财物。经常与中国共产党联系，自愿接受教育，中共建（瓯）松（溪）政（和）特委派出共产党员董生有为党代表，将其改编为共产党领导的游击队。1939年起，更名为周朝顺游击队，周朝顺任队长，活动在庆元县、福建省松溪县边界地区。1941年2月，周朝顺加入中国共产党。皖南事变后，国民党围剿清乡，特委战略转移，闽浙边武装力量发生变化，周朝顺游击队失去党组织领导。1942年2月，周朝顺乘“招安”之机，将计就计，带领12名骨干打入敌人内部，准备越狱行动，但因叛徒告密，越狱行动失败。1942年2月15日晚，周朝顺等12人被枪杀于庆元县城北门外。2003年5月30日，浙江省政府批准周朝顺为革命烈士。

周维奶

周维奶（1916年4月—1947年11月），男，黄田镇崔上村人。民国36年（1947年）3月，中共闽浙边省委部分机关人员进驻崔上村。同年4月,周维奶参加贫农团组织,帮助游击队采购食物、搭建住棚等。周维奶配合游击队侦察敌情，为攻打福建省松溪县渭田区公所、周墩乡公所、龙泉县小梅镇公所等战斗作出贡献。1947年11月13日，敌人围攻崔上村，周维奶为掩护党员及革命群众，不幸被捕。他在敌人威逼利诱面前立场坚定，坚持不招供，被敌人当场杀害。1999年11月25日，浙江省政府批准周维奶为革命烈士。

周培通

周培通（1914年8月—1948年1月），男，黄田镇良官田村人。民国28年（1939年）初参加革命。抗日战争时期，任三际乡分支部负责人。解放战争时期，他任中共闽浙边地委游击队交通员，以小学教员身份作掩护，积极宣传抗日，发动群众为边区游击队探敌情、送情报、购粮食、购日用品等，被国民党庆元县党部列为“本县共党最近重要负责人名”。1948年元月中旬，周培通被捕，经受各种严刑拷打，宁死不吐露党秘密。1948年1月23日，周培通被枪杀。2004年4月19日，浙江省政府追认周培通为革命烈士。

周朝鋆

周朝鋆（1904年10月—1948年1月），男，黄田镇湖头村人。民国28年（1939年）5月，周朝鋆参加中共建（瓯）松（溪）政（和）特委下属周朝顺游击队，任交通员。1947年初，任中共闽浙边省委游击队交通员。周朝鋆以做香菇生意作掩护，为游击队探敌情、送情报、购日用品，多次参加游击队军事行动。1948年1月30日，国民党浙闽六县联防区秘密捉拿周朝鋆等，周朝鋆不幸被捕。敌人威逼周朝鋆讲出游击队秘密，他宁死不屈。敌人恼羞成怒，将周朝鋆枪杀。2004年11月30日，浙江省政府追认周朝鋆为革命烈士。

吴仁友

吴仁友（1921 年 6 月—1951 年 7 月），男，竹口镇新窑村人。任浙江省第七（丽水）军分区缙云县独立营（第八营）班长。1951 年 7 月 23 日，国民党“江浙人民反共突击军”二十八纵队陈杰部 100 余人，在乐清湾偷渡登陆，窜入缙云县大洋山区。第五、第七军分区成立联合剿匪指挥部，组织各县独立营合力围剿。吴仁友担任机枪手，作战勇敢，不幸中弹牺牲。1999 年 8 月 9 日，浙江省政府批准吴仁友为革命烈士。

吴高珍

吴高珍（1931 年 9 月—1998 年 8 月），男，松源镇北门村人。1948 年 7 月，毕业于庆元县简易师范学校。1951 年 5 月，任县委收发员。1958 年 5 月，加入中国共产党，从事卫生工作。1959 年，被评为浙江省卫生系统先进工作者，出席省群英会。1960 年，出席全国文教卫生群英会。1975 年庆元复县，历任县农业局秘书、县科委副主任（主持工作）、县府办主任、县委农工部部长、县经委主任、县食用菌办公室负责人等职。他大胆创新，提出振兴庆元菇业工作思路，推广应用先进技术，改变生产模式，推动香菇科技进步推广，把“人造菇木露天栽培代料香菇”国家级星火计划推广到千家万户。推动建立香菇市场、举办香菇节会等工作，积极宣传庆元香菇，弘扬香菇文化，使庆元香菇再创辉煌，被当地菇民们誉为“香菇部长”。荣获全国农牧渔业部丰收三等奖、省星火计划三等奖、浙江省“十佳星火明星”评选活动中荣获“优秀企业家”“丽水地区食用菌行业功臣”等称号。

周明栋

周明栋（1956 年 7 月—1999 年 2 月），男，松源镇底村村人，毕业于杭州大学中文系，先后在龙泉师范学校、庆元二中、庆元县委党校任教。他病危之际，留下丧事从简，坚决要求火化，不立坟墓的遗言。家属根据其遗言，将其遗体送往丽水火化（1992 年庆元尚无殡仪馆），并将其骨灰撒进西大桥下松源河，仅在石龙山栽下一棵纪念树。

叶　盛

叶盛（1965 年—1999 年 10 月），男，百山祖乡斋郎村人。1982 年，任斋郎村团支部书记时，将红军战斗遗址山林取名“青年林”，带领团员建设管理，后被团省委、省绿化委员会授予“青年绿化工程”。1986 年 6 月，加入中国共产党。1995 年，当选斋郎村党支部书记，带领村民自力更生，装上闭路电视。1996 年，斋郎村成为全县第一个开通光缆程控电话行政村。1998 年初，厦门富士岛食品公司在庆元县建立优质特种菇生产基地，他担任村特种菇生产组组长，为集体和村民垫资 3 万余元，多次请公司技术人员向菇民传授特种菇技术，全村特种菇栽培 54 户，户均增收 2000 多元；次年，发展到 161 户，占全村农户 80%，是全县特种菇产菇最多、质量最好的一个村。他婉言谢绝公司奖金 1 万元。1994 年、1997 年，他被评为县级优秀共产党员，村党支部被评为县先进党支部。1998 年被评为县级劳动模范。1999 年 10 月 4 日，他为村民押运特种菇出售回村途中，因车祸不幸遇难，年仅 34 岁。是年 12 月 2 日，中共丽水地委组织部发出通知，要求全区共产党员和农村基层干部开展向叶盛学习活动。

姚德绍

姚德绍（1935 年 8 月—2003 年 8 月），男，松源镇后碓村人，历任通讯员、统计员、文书、会计和龙泉县光峰管理区副主任、庆元县民政局副局长等职。1982 年以后，关心伤残复退军人、烈军属生产生活，帮助解决实际困难；历经 7 年，走遍革命老区村庄 237 个，搜集庆元革命战斗牺牲的老红军遗骨 185 具，安葬于石龙山陵园烈士墓，收集烈士珍贵遗物上百件，藏于革命文物陈列馆。1996—2000 年，受县聘在石龙山革命烈士陵园讲授庆元革命斗争史。

吴常明

吴常明（1979 年 4 月—2006 年 4 月），男，左溪镇湖边村人。2006 年 6 月 4 日晚，吴常明与同事朱鹏在永康工作时，为抢救跳江同事小俞，跳入湍急江水。小俞被救起，而吴常明、朱鹏却被湍急江水卷走，献出年轻生命。《钱江晚报》、丽水电视台等媒体作了报道，被永康市授予“见义勇为勇士”称号。2010 年，被庆元县委、县政府评为首届“十大感动庆元的人和事”。

吴起昌

吴起昌（1996 年 10 月—2009 年 8 月），男，荷地镇高际村人。2009 年 8 月 11 日，吴起昌与邻居刘志伟（12 岁）、陈宁宁（12 岁）到瓯江支流温溪新码头边玩，陈宁宁不慎落水。吴起昌、刘志伟跳入湍急江水中抢救。正当二人把陈宁宁托上码头时，刘志伟被浪峰推向高架桥下泥石堆上，而吴起昌却被汹涌大浪吞没。次年，吴起昌被省委宣传部授予“浙江省第十四届见义勇为勇士”称号，被庆元县委、县政府评为首届“十大感动庆元的人和事”。

第二章　人物名录

前志人物表分：进士名录、烈士名录、庆元籍正处（县）级以上人员表、庆元籍具有高级职称人员表、省级以上劳动模范先进个人一览表、省级以上先进集体一览表。本志分七节列表记述人物相关情况。

第一节　正处（县）级领导干部名录

1991—2010 年，任中共庆元县委书记 7 人，县人大常委会主任、代主任 6 人，县人民政府县长 8 人，县政协主席 7 人；寓外庆元籍正处（县、团）级以上领导 12 人，共 40 人。

1990—2010 年中共庆元县委书记名录

表 38—2—1—1

姓名	性别	出生年月	籍贯	届别	任职时间
徐培金	男	1941 年 7 月	浙江淳安	第八届	1990 年 4 月—1991 年 9 月
谢力群	男	1956 年 5 月	浙江松阳	第八届	1991 年 9 月—1993 年 4 月
谢力群	男	1956 年 5 月	浙江松阳	第九届	1993 年 4 月—1993 年 10 月
单天戍	男	1946 年 8 月	浙江绍兴	第九届	1993 年 10 月—1996 年 11 月
郑伟雄	男	1954 年 6 月	浙江缙云	第九届	1997 年 6 月—1998 年 3 月
郑伟雄	男	1954 年 6 月	浙江缙云	第十届	1998 年 3 月—1999 年 7 月
占志妙	男	1954 年 8 月	浙江景宁	第十届	1999 年 7 月—2003 年 3 月
占志妙	男	1954 年 8 月	浙江景宁	第十一届	2003 年 3 月—2004 年 1 月
蔡小华	男	1957 年 8 月	浙江乐清	第十一届	2004 年 1 月—2006 年 12 月
蔡小华	男	1957 年 8 月	浙江乐清	第十二届	2006 年 12 月—2009 年 4 月
陈景飞	男	1963 年 11 月	浙江温岭	第十二届	2009 年 4 月—2011 年 9 月

1990—2010年庆元县人大常委会主任名录

表38—2—1—2

姓名	性别	出生年月	籍贯	届别	任职时间
司徒梅珍	女	1945年11月	广东台山	第十届	1990年5月—1993年5月
谢力群	男	1956年5月	浙江松阳	第十一届	1993年5月—1993年10月
单天戍	男	1946年8月	浙江绍兴	第十一届	1994年4月—1997年4月
吴存茂	男	1939年7月	官塘官塘	第十一届	1997年4月—1998年3月（代）
夏家生	男	1946年11月	安徽肥东	第十二届	1998年3月—2003年4月
夏家生	男	1946年11月	安徽肥东	第十三届	2003年4月—2007年3月
刘秋霞	女	1955年8月	浙江龙泉	第十四届	2007年3月—2012年3月

1990—2010年庆元县人民政府县长名录

表38—2—1—3

姓名	性别	出生年月	籍贯	职务	届别	任职时间
谢力群	男	1956年5月	浙江松阳	县长	第十届	1990年5月—1992年11月
单天戍	男	1946年8月	浙江绍兴	代县长	第十届	1992年11月—1993年5月
单天戍	男	1946年8月	浙江绍兴	县长	第十届	1993年5月—1994年1月
单天戍	男	1946年8月	浙江绍兴	县长	第十一届	1994年1月—1994年3月
郑伟雄	男	1954年6月	浙江缙云	县长	第十一届	1994年4月—1997年9月
占志妙	男	1954年8月	浙江景宁	代县长	第十一届	1997年9月—1998年3月
占志妙	男	1954年8月	浙江景宁	县长	第十二届	1998年3月—2000年1月
陈建波	男	1963年8月	浙江温州	代县长	第十二届	2000年1月—2000年3月
陈建波	男	1963年8月	浙江温州	县长	第十二届	2000年3月—2003年4月
陈建波	男	1963年8月	浙江温州	县长	第十三届	2003年4月—2003年8月
胡雄光	男	1963年2月	浙江缙云	代县长	第十三届	2003年8月—2004年3月
胡雄光	男	1963年2月	浙江缙云	县长	第十三届	2004年3月—2006年3月
杜兴林	男	1967年11月	浙江绍兴	代县长	第十三届	2006年3月—2006年3月
杜兴林	男	1967年11月	浙江绍兴	县长	第十三届	2006年3月—2009年3月
杜兴林	男	1967年11月	浙江绍兴	县长	第十四届	2009年3月—2009年8月
叶　青	男	1968年2月	浙江景宁	代县长	第十四届	2009年8月—2010年3月
叶　青	男	1968年2月	浙江景宁	县长	第十四届	2010年3月—2012年3月

1990—2010 年庆元县政协主席名录

表 38—2—1—4

姓名	性别	出生年月	籍贯	届别	任期
练华芳	男	1933 年 1 月	荷地黄洋	第三届	1990 年 5 月—1993 年 5 月
吴晓铃	男	1940 年 11 月	松源吴宅	第四届	1993 年 5 月—1998 年 3 月
吴晓铃	男	1940 年 11 月	松源吴宅	第五届	1998 年 3 月—1998 年 5 月
黄立鹏	男	1947 年 7 月	福建宁德	第五届	1999 年 4 月—2001 年 3 月
邱务土	男	1960 年 1 月	浙江松阳	第五届	2001 年 4 月—2003 年 1 月
包建平	女	1955 年 6 月	浙江文成	第六届	2003 年 4 月—2005 年 1 月
刘秋霞	女	1955 年 8 月	浙江龙泉	第六届	2005 年 3 月—2007 年 3 月
朱美菊	女	1954 年 9 月	松源北门	第七届	2007 年 3 月—2012 年 2 月

1991—2010 年寓外庆元籍正处（县、团）级以上领导干部名录

表 38—2—1—5

姓名	性别	出生年月	任职时间	工作单位和职务
沈剑青	男	1954 年 12 月	1997 年 10 月	中国农业银行丽水地区分行党组书记、行长
林瑞日	男	1953 年 2 月	2000 年 12 月	中共丽水市委秘书长
张为社	男	1957 年 2 月	2001 年 3 月	中共丽水市直属机关工作委员会书记
吴益由	男	1962 年 11 月	2002 年 12 月	丽水市司法局局长
邝平正	男	1961 年 7 月	2004 年 1 月	中共青田县委副书记、县长
李一飞	男	1967 年 7 月	2004 年 8 月	中共龙泉市委书记
余静波	男	1958 年 1 月	2005 年 3 月	中国建设银行浙江省分行行长
刘佳荣	男	1955 年 11 月	2006 年 3 月	丽水市电信局党委书记、局长
郑力平	男	1963 年 6 月	2008 年 9 月	丽水市人民政府副秘书长
毛小明	男	1959 年 8 月	2008 年 12 月	丽水市人民检察院政治部主任
吴小平	男	1960 年 11 月	2008 年 12 月	丽水市城市管理行政执法局党组书记、局长
张晓强	男	1975 年 11 月	2009 年 6 月	中共遂昌县委副书记、县长

第二节　正高级专业技术职务、博士名录

庆元县正高级专业技术职务 9 人，寓外庆元籍正高级专业技术职务 11 人，共 20 人；博士 19 人。

1991—2010年庆元县内正高级专业技术职务名录

表38—2—2—1

姓名	性别	出生年月	籍贯	工作单位	专业职称	评定时间
徐　煌	男	1944年11月	浙江淳安	庆元县中医院	主任中医师	1996年12月
吴鸣翔	男	1936年7月	浙江浦江	庆元县林技推广站	教授级高工	1998年6月
范树满	男	1952年7月	屏都余村	庆元县人民医院	主任医师	2001年12月
吴文有	男	1957年3月	合湖三堆	庆元县疾控中心	主任医师	2002年12月
刘昌富	男	1954年4月	合湖合湖	庆元县人民医院	主任中医师	2006年12月
陈俏彪	男	1963年5月	浙江永康	庆元食用菌科研中心	研究员	2006年12月
吴肖妮	女	1959年3月	竹口新窑	庆元县中医院	主任中医师	2007年11月
毛昌方	男	1963年3月	左溪青竹	庆元县人民医院	主任医师	2008年11月
钟玉平	男	1966年1月	黄田垟垄	庆元县人民医院	主任医师	2008年11月

1991—2010年寓外庆元籍正高级专业技术职务、博士名录

表38—2—2—2

姓名	性别	出生年月	工作单位（博士授予院校）	职称（学位）	评定（授予）年月
吴起珍	男	1950年8月	宁波北仑区人民医院（浙大一院北仑分院）	主任医师	2002年12月
王家平	男	1966年10月	首都师范大学文学院中国现当代文学专业博士生导师	教授、博士	2003年12月
吴绍长	男	1968年1月	丽水市第二人民医院	主任医师	2007年11月
叶新民	男	1955年4月	丽水市人民医院	主任医师	2008年11月
周云芳	男	1969年10月	丽水市第二人民医院	主任药师	2008年11月
毛玉清	女	1957年11月	丽水市科技信息中心	研究馆员	2008年12月
姚小群	女	1960年4月	龙泉市人民医院	主任护师	2009年12月
胡美馨	女	1975年2月	浙江师范大学	教授、博导	2010年3月
吴卓珈	女	1971年8月	浙江建设职业技术学院	教授级高工	2010年11月
鲍晓红	女	1964年12月	丽水市中心医院	主任医师	2010年11月
练发良	男	1965年11月	丽水市林业科学研究院	教授级高工	2010年12月
何芳良	男	1961年1月	加拿大蒙特利尔大学	博士	1993年7月
陈士源	男	1968年12月	清华大学	博士	1995年7月
何瑞芳	男	1963年1月	加拿大魁北克大学	博士	1996年7月
吴东平	男	1974年1月	兰州大学	博士	2001年6月
毛传澡	男	1974年5月	浙江大学	博士	2003年6月
吴仁毅	男	1973年	瑞士巴塞尔大学（医学博士）、浙江大学（眼科博士）	博士	2003年
吴春霞	女	1977年11月	美国田纳西大学KNOXVILLE分校	博士	2005年12月
余　逊	男	1977年10月	美国明尼苏达大学	博士	2006年7月
杨明锋	男	1980年12月	美国克拉克大学	博士	2006年10月
郑流爱	男	1975年3月	华东师范大学	博士	2007年6月

续表 38—2—2—2

姓名	性别	出生年月	工作单位（博士授予院校）	职称（学位）	评定（授予）年月
范良忠	男	1980 年 1 月	中国科学院研究生院	博士	2007 年 7 月
吴善跃	男	1976 年 12 月	武汉海军工程大学	博士	2007 年 12 月
王华奎	男	1974 年 3 月	中国科学院声学研究所	博士	2007 年
董长飞	男	1980 年 12 月	浙江大学	博士	2008 年 6 月
朱福友	男	1979 年 8 月	伦敦大学玛丽女皇学院	博士	2009 年 5 月
吴绍华	男	1980 年 9 月	南京大学	博士	2009 年 6 月
叶明花	女	1979 年 12 月	北京中医药大学	博士	2009 年 7 月
张百里	男	1963 年 3 月	美国堪萨斯大学	博士	2010 年 5 月
吴奕飞	男	1982 年 5 月	华南理工大学	博士	2010 年 6 月

第三节　省级以上中共党代表、人民代表、政协委员名录

庆元县出席全国人民代表大会代表 2 人，全国政协会议委员 2 人次，省级以上中共党代表 15 人次、人民代表 13 人次、政协委员 8 人次，共 40 人次。

1991—2010 年庆元县出席全国人民代表大会代表名录

表 38—2—3—1

姓名	性别	出生年月	籍贯	届别	起讫时间	工作单位及职务
吴顺传	男	1938 年 8 月	松源街尾	第七届	1988 年 3 月—1993 年 3 月	松源镇街尾村、香菇专业户
吴克甸	男	1938 年 9 月	松源北门	第八届	1993 年 3 月—1998 年 3 月	庆元县食用菌研究所所长、农艺师

1991—2010 年庆元县出席全国政协会议委员名录

表 38—2—3—2

姓名	性别	出生年月	籍贯	民族	届别	起讫时间	工作单位及职务
蓝志龙	男	1952 年 4 月	浙江景宁	畲	第九届	1998 年 3 月—2003 年 3 月	庆元县政协副主席
蓝志龙	男	1952 年 4 月	浙江景宁	畲	第十届	2003 年 3 月—2008 年 3 月	庆元县政协副主席

1991—2010 年庆元县出席中共浙江省代表大会代表名录

表 38—2—3—3

姓名	性别	出生年月	籍贯	届别	起讫时间	工作单位及职务
徐培金	男	1941 年 7 月	浙江淳安	第八届	1988 年 12 月—1993 年 12 月	中共庆元县委书记
吴克甸	男	1938 年 8 月	松源北门	第八届	1988 年 12 月—1993 年 12 月	县食用菌研究所所长、农艺师
谢力群	男	1956 年 5 月	浙江松阳	第八届	1988 年 12 月—1993 年 12 月	中共庆元县委副书记、县长
夏家生	男	1946 年 11 月	安徽肥东	第九届	1993 年 12 月—1998 年 12 月	中共庆元县委副书记
单天戌	男	1946 年 8 月	浙江绍兴	第九届	1993 年 12 月—1998 年 12 月	中共庆元县委副书记、县长
许　涛	男	1962 年 5 月	浙江乐清	第九届	1993 年 12 月—1998 年 12 月	县染化厂党总支书记、厂长
郑伟雄	男	1954 年 6 月	浙江缙云	第十届	1998 年 12 月—2002 年 6 月	中共庆元县委书记

续表38—2—3—3

姓名	性别	出生年月	籍贯	届别	起讫时间	工作单位及职务
陈建波	男	1963年8月	浙江温州	第十届	1998年12月—2002年6月	中共庆元县委副书记
何亚妮	女	1960年3月	隆宫张地	第十一届	2002年6月—2007年6月	浙江电视台
占志妙	男	1954年8月	浙江景宁	第十一届	2002年6月—2007年6月	中共庆元县委书记
陈建波	男	1963年8月	浙江温州	第十一届	2002年6月—2007年6月	中共庆元县委副书记、县长
章寿朝	男	1957年1月	浙江临安	第十一届	2002年6月—2007年6月	县农业局党委书记、局长
邝平正	男	1961年7月	黄田曹岭	第十一届	2002年6月—2007年6月	中共云和县委副书记、县长
李一飞	男	1967年7月	黄田李村	第十一届	2002年6月—2007年6月	中共遂昌县委副书记、县长
蔡小华	男	1957年8月	浙江乐清	第十二届	2007年6月—2012年6月	中共庆元县委书记

1991—2010年庆元县出席浙江省人代会代表名录

表38—2—3—4

姓名	性别	出生年月	籍贯	届别	起讫时间	所在单位职务
刘玉峻	男	1930年3月	山东陵县	第七届	1988年1月—1993年1月	庆元县人大常委会主任
刘国安	男	1955年10月	福建寿宁	第七届	1988年1月—1993年1月	庆元中学副校长
周雨波	男	1959年5月	松源吴宅	第七届	1988年1月—1993年1月	松源镇吴宅村村委会主任
司徒梅珍	女	1945年11月	广东台山	第八届	1993年1月—1998年1月	庆元县人大常委会主任
刘国安	男	1955年10月	福建寿宁	第八届	1993年1月—1998年1月	庆元中学校长
吴月荣	男	1962年11月	松源城北	第八届	1993年1月—1998年1月	庆元县造纸厂厂长
占志妙	男	1954年8月	浙江景宁	第九届	1998年1月—2003年1月	中共庆元县委书记
吴智青	男	1947年4月	屏都五都	第九届	1998年1月—2003年1月	庆元县食用菌开发公司经理
吴肖妮	女	1959年3月	竹口新窑	第十届	2003年1月—2008年1月	庆元县中医院副院长
夏家生	男	1946年11月	安徽肥东	第十届	2003年1月—2008年1月	庆元县人大常委会主任
蔡焕镜	男	1949年3月	黄田朱黄	第十届	2003年1月—2008年1月	浙江国镜药业有限公司党总支书记、董事长、总经理
杜兴林	男	1967年11月	浙江绍兴	第十一届	2008年1月—2013年1月	庆元县人民政府县长
兰庆芬	女	1963年4月	松源北门	第十一届	2008年1月—2013年1月	庆元县人民医院护理部主任

1991—2010年庆元县出席浙江省政协会议委员名录

表38—2—3—5

姓名	性别	出生年月	籍贯	届别	起讫时间	所在单位及职务
吴鸣翔	男	1936年7月	浙江浦江	第六届	1988年1月—1993年1月	庆元县林业技术推广站高工、县政协副主席
吴鸣翔	男	1936年7月	浙江浦江	第七届	1993年1月—1998年1月	庆元县林业技术推广站高工、县政协副主席
刘国安	男	1955年10月	福建寿宁	第八届	1998年1月—2003年1月	庆元县人民政府副县长
何亚妮	女	1960年2月	隆宫张地	第八届	1998年1月—2003年1月	浙江电视台
吴先武	男	1959年7月	五大堡北坑	第九届	2003年1月—2008年1月	庆元县政协副主席
刘国安	男	1955年10月	福建寿宁	第九届	2003年1月—2008年1月	庆元县人民政府副县长
何亚妮	女	1960年2月	隆宫张地	第九届	2003年1月—2008年1月	浙江电视台
吴先武	男	1959年7月	五大堡北坑	第十届	2008年1月—2013年1月	庆元县政协副主席

第四节　市级以上劳动模范名录

全县获省部级以上劳动模范 17 人次，省“五一”劳动奖章 2 人，市劳动模范 10 人。

1991—2010 年省部级劳动模范名录

表 38—2—4—1

姓名	性别	出生年月	所在单位	荣誉名称	授予时间	颁奖机关
吴克甸	男	1938 年 9 月	庆元县食用菌科研所	省“七五”劳动模范	1992 年	省人民政府
张继誉	男	1964 年 7 月	庆元县教育局	全国教育系统劳动模范暨授予人民教师奖章	1993 年 9 月	国家教委、人事部
吴传益	男	1951 年 9 月	五大堡乡西洋村	省劳动模范	1995 年 3 月	省人民政府
吴克甸	男	1938 年 9 月	庆元县人大常委会	全国农业劳动模范	1995 年 5 月	国务院
夏富财	男	1962 年 8 月	庆元县教育局	全国教育系统劳动模范暨授予人民教师奖章	1995 年 9 月	国家教委、人事部
姚成生	男	1957 年 12 月	庆元县环卫所	省劳动模范	1999 年 9 月	省人民政府
廖永平	男	1963 年 7 月	庆元县政府	省劳动模范	2001 年 4 月	省人民政府
陈孔寿	男	1959 年 10 月	庆元县林业局	全国林业系统先进工作者	2003 年 9 月	人事部、国家林业局
吴松平	男	1966 年 12 月	庆元中学	省劳动模范	2004 年 9 月	省人民政府
吴其林	男	1945 年 3 月	庆元县香菇博物馆	全国文化系统先进工作者	2005 年 10 月	人事部、文化部
叶荣兴	男	1959 年 10 月	庆元县档案局	全国档案系统先进工作者	2007 年 12 月	人事部、国家档案局
吴建新	男	1960 年 1 月	庆元县供电局	国家电网公司劳动模范	2009 年 1 月	国家电网公司
姚丽雅	女	1971 年 10 月	庆元县实验小学	省劳动模范	2009 年 9 月	省人民政府

1991—2010 年省“五一”劳动奖章获得者名录

表 38—2—4—2

姓名	性别	所在单位	荣誉名称	授予时间	颁奖机关
吴良福	男	庆元县交通规划设计所	省“五一”劳动奖章	2007 年 4 月	省总工会
吴建新	男	庆元县供电局	省“五一”劳动奖章	2008 年 4 月	省总工会

1991—2010年丽水市劳动模范名录

表38—2—4—3

姓名	性别	出生年月	所在单位	荣誉名称	授予时间	颁奖机关
蔡友民	男	1956年5月	庆元县星光果木场	丽水市劳动模范	2003年4月	丽水市政府
吴松平	男	1966年12月	庆元中学	丽水市劳动模范	2003年4月	丽水市政府
余静渊	男	1963年7月	庆元县梦天木业公司	丽水市劳动模范	2003年4月	丽水市政府
蔡焕镜	男	1949年3月	浙江国镜药业公司	丽水市劳动模范	2003年4月	丽水市政府
吴良福	男	1955年7月	庆元县交通规划设计所	丽水市劳动模范	2008年4月	丽水市政府
吴建新	男	1960年1月	庆元县供电局	丽水市劳动模范	2008年4月	丽水市政府
兰庆芬	女	1963年4月	庆元县人民医院	丽水市劳动模范	2008年4月	丽水市政府
吴丽荷	女	1968年12月	庆元县百大超市	丽水市劳动模范	2008年4月	丽水市政府
李小宾	男	1973年10月	屏都镇八一村	丽水市劳动模范	2008年4月	丽水市政府
姚丽雅	女	1971年10月	庆元县实验小学	丽水市劳动模范	2008年4月	丽水市政府

第五节　省部级以上立功人员、集体名录

全县个人获省部级以上一等功3人，二等功4人，省委、省人民政府批准的三等功1人；集体立一等功1次，二等功6次。

1991—2010年省部级以上立功人员名录

表38—2—5—1

姓名	性别	工作单位	荣誉称号	批准时间	批准部门
吴晓平	男	庆元县司法局	一等功	1993年3月	省司法厅
季　斌	男	空军高炮学院高炮连	二等功	1993年8月	中国人民解放军空军高炮学院
程杰锋	男	武警庆元县中队	二等功	2001年9月	省武警总队
吴祥焕	男	庆元县民政局	全国勘界工作一等功	2003年1月	人事部、民政部
吴纯孟	男	庆元县国土资源局	省标准农田建设个人二等功	2003年7月	省人民政府
吴强忠	男	松源镇司法所	一等功	2006年12月	省司法厅
吴绍安	男	73133部队	二等功	2009年1月	中国人民解放军第九十一师政治部
吴传水	男	庆元县农业局	省防治高致病性禽流感三等功	2004年10月	中共浙江省委、省人民政府

1991—2010 年省部级以上立功集体名录

表 38—2—5—2

单位	立功等级	批准时间	批准部门
庆元县公安局“1·11”特大盗窃案侦破组	集体二等功	1992 年 3 月	省公安厅政治处
庆元县司法局	集体二等功	1993 年	省司法厅
庆元县司法局	集体一等功	1995 年 6 月	司法部
庆元县处理山林纠纷办公室	集体二等功	1995 年	省司法厅
庆元县公安局 2.22 系列反标案侦破组	集体二等功	1997 年 12 月	省公安厅政治处
松源镇司法所	集体二等功	1997 年 12 月	省司法厅
庆元县公安局抗台救灾工作组	集体二等功	2007 年 2 月	省公安厅

第六节　省部级以上先进个人名录

1991—2010 年，全县获省部以上表彰的先进个人 132 人次。

表 38—2—6—1

姓名	性别	所在单位	荣誉名称	授予时间	颁奖机关
夏毓翠	女	庆元县工商局	廉内助	1991 年 3 月	省军区
夏家生	男	庆元县人武部	先进个人	1991 年 9 月	省军区
陈卞知	女	中国传媒大学国际传播学院	工作成绩显著回国留学人员奖	1991 年	国务院
徐培金	男	中共庆元县委	全国优秀领导干部	1991 年	中央组织部
吴盛华	男	庆元县人武部	征兵工作先进个人	1991 年	省人民政府、省军区
李先达	男	黄田乡葛田村	省优秀共产党员	1991 年	中共浙江省委
全春来	男	航天科工集团公司二院	首届“航天十佳”青年	1991 年	航空航天部
周发茂	男	万里林区人武部	优秀专武干部	1991 年	省军区
郑力平	男	庆元县城郊区委	省 1991 年抗灾救灾先进个人	1991 年	中共浙江省委、省人民政府
吴传根	男	庆元县种子公司	省农业丰收奖杂交水稻高产优质低耗制种技术应用一等奖	1992 年	省人民政府
胡美珍	女	左溪镇政府	从事计划生育工作满十五年（工龄 30 年）	1993 年 4 月	国家计生委
周诚喜	男	庆元县总工会	全国优秀工会工作者	1993 年 10 月	全国总工会
吴晓平	男	庆元县司法局	全国司法行政系统优秀政治工作者	1993 年 12 月	司法部
李开棣	男	庆元中学	浙江省特级教师	1994 年 8 月	省人民政府
潘水松	男	庆元县计生委	全国优秀计划生育工作者	1994 年	国家计生委
吴克甸	男	庆元食用菌科研中心	省科技进步重大贡献一等奖	1996 年 4 月	省人民政府

续表 38—2—6—1

姓名	性别	所在单位	荣誉名称	授予时间	颁奖机关
吴晓平	男	庆元县司法局	全国司法行政系统英雄模范	1996 年 9 月	人事部、司法部
吴智青	男	庆元县食用菌开发公司	优秀农业企业家	1996 年 10 月	省人民政府
叶　征	女	庆元县邮政局	全国残疾人文艺汇演《春的节奏》集体舞一等奖	1997 年	文广新局、文化部、民政局、中国残联、教育部
叶　征	女	庆元县邮政局	全国残疾人文艺汇演《家乡的阿妹》二等奖	1997 年	文广新局、文化部、民政局、中国残联、教育部
沈森萍	女	省体育训练二大队赛艇队	第八届全运会赛艇项目女子轻量级 4 人单桨无舵手第二名	1997 年	第八届全运会组委会
沈森萍	女	省体育训练二大队赛艇队	第八届全运会赛艇项目女子轻量级双人双桨第四名	1997 年	第八届全运会组委会
周春玲	女	庆元县邮电局	全国邮政服务先进个人	1997 年	邮电部
叶新荣	男	黄田镇人武部	省全民国防教育先进个人	1997 年	中共浙江省委、省人民政府、省军区
吴克旬	男	庆元食用菌科研中心	省 1996 年科技进步重大贡献奖获奖个人	1997 年	省人民政府
陈　芬	女	五大乡西川村	全国“三八红旗手”	1998 年 2 月	中华全国妇联
陈　芬	女	五大乡西川村	全国“双学双比女强人”	1998 年 3 月	中华全国妇联
沈森萍	女	省体育训练二大队赛艇队	第十三届亚运会女子轻量级 4 人双桨赛艇冠军	1998 年 12 月	第十三届曼谷亚运会组委会
沈森萍	女	省体育训练二大队赛艇队	世界赛艇锦标赛第四名	1998 年	世界赛艇联合会
沈森萍	女	省体育训练二大队赛艇队	全国赛艇锦标赛第三名	1998 年	全国赛艇锦标赛组委会
朱礼贤	男	庆元林场	全国绿化奖章	1999 年 4 月	全国绿化委员会
夏盛其	男	屏都镇菊水村	省优秀共产党员	1999 年 6 月	中共浙江省委
邢柏生	男	庆元县人武部	艰苦奋斗先进个人	1999 年 7 月	省军区
沈森萍	女	省体育训练二大队赛艇队	全国赛艇锦标赛第三名	1999 年	全国赛艇锦标赛组委会
李和秀	女	庆元县实验小学	浙江省特级教师	2000 年 9 月	省人民政府
林方海	男	庆元县委政法委	省社会治安综合治理先进个人	2000 年	中共浙江省委、省人民政府
周光兴	男	庆元县公安局林业分局	全国优秀人民警察	2000 年	公安部
沈森萍	女	省体育训练二大队赛艇队	赛艇冠军赛第二名	2000 年	全国赛艇冠军赛组委会
吴强忠	男	松源镇人民政府	人民满意的司法助理员	2001 年 4 月	司法部
邱务土	男	中共庆元县委	全省“三五”法制宣传教育先进个人	2001 年 5 月	中共浙江省委、省人民政府
吴强忠	男	松源镇司法所	全国先进司法助理员	2001 年 6 月	司法部
顾　健	男	庆元县电信局	省优秀共产党员	2001 年 6 月	中共浙江省委
倪荣新	男	庆元林场	省农业科技先进工作者	2001 年 6 月	省人民政府
彭德南	男	庆元县体委	全国群众体育先进个人	2001 年 9 月	体育部

续表 38—2—6—1

姓名	性别	所在单位	荣誉名称	授予时间	颁奖机关
吴文有	男	庆元县疾控中心	全国消灭脊髓灰质炎工作先进个人	2001 年 10 月	卫生部
沈森萍	女	省体育训练二大队赛艇队	全国赛艇女子轻量级四人双桨 2000 米比赛银牌	2001 年 11 月	第九届全运会组委会
吴义珍	男	松源镇政府	第五次全国人口普查先进个人	2001 年 12 月	国家统计局、国务院人口普查办公室
练永嘉	男	庆元县统计局	第五次全国人口普查先进个人	2001 年 12 月	国家统计局、国务院人口普查办公室
叶光贵	男	庆元县公安局户政科	第五次全国人口普查先进个人	2001 年 12 月	国家统计局、国务院人口普查办公室
全春来	男	航天科工集团公司二院	“863”计划十五周年先进个人	2001 年	科技部
沈森萍	女	省体育训练二大队赛艇队	全国赛艇锦标赛第三名	2001 年	全国赛艇锦标赛组委会
胡显成	男	左溪镇青竹村	优秀人民调解员	2002 年 5 月	省人民政府
吴法其	女	荷地镇际角村	全国“三八”绿色奖章	2002 年 6 月	中华全国妇联、林业部
练永嘉	男	庆元县统计局	第二次全国基本单位普查先进个人	2003 年 1 月	国家统计局、第二次全国基本单位普查领导小组
练　敏	男	庆元县统计局	第二次全国基本单位普查先进个人	2003 年 1 月	国家统计局、第二次全国基本单位普查领导小组
周显文	男	屏都镇政府	第二次全国基本单位普查先进个人	2003 年 1 月	国家统计局、第二次全国基本单位普查领导小组
陈观喜	男	庆元县民政局	2001 年冬季退役士兵安置工作先进个人	2003 年 2 月	省人民政府、省军区
吴善平	男	庆元县人民法院	全省法院“优秀司法警察”	2003 年 2 月	省高级人民法院
吴文有	男	庆元县疾控中心	省抗击非典先进个人	2003 年 9 月	中共浙江省委、省人民政府
吴新美	男	庆元县公安局	省级社会治安综合治理先进个人	2003 年 12 月	中共浙江省委、省人民政府
邝平正	男	中共云和县委	省级社会治安综合治理先进个人	2003 年 12 月	中共浙江省委、省人民政府
吴生锡	男	庆元天竹工贸有限公司	全国农村青年创业致富带头标兵	2003 年 12 月	农业部、团中央
陈芝菊	女	庆元县百山茶厂	全国“三八”绿色奖章	2004 年 2 月	中华全国妇联、林业部
吴裕金	男	庆元县人民法院	全省法院“优秀司法警察”	2004 年 3 月	省高级人民法院
张维芬	女	庆元县农业局	全国农业科技活动先进工作者	2004 年 3 月	农业部
毛时薛	男	竹口镇党委	省为民好书记	2004 年 6 月	中共浙江省委
蔡冬梅	女	黄田镇陈边村	省“双带”好党员	2004 年 6 月	中共浙江省委
范良一	男	屏都镇余村村	省“双带”好党员	2004 年 6 月	中共浙江省委
毛明吉	男	庆元县农业局种畜场山林队	拥军优属模范	2004 年 10 月	中共浙江省委、省人民政府、省军区
谢新明	男	庆元县水利局	省抗台救灾先进个人	2004 年 12 月	中共浙江省委、省人民政府
吴世民	男	庆元县就业管理服务处	全省再就业先进工作者	2004 年 12 月	省人民政府

续表 38—2—6—1

姓名	性别	所在单位	荣誉名称	授予时间	颁奖机关
姚传算	男	庆元县财政（地税）局	省优秀农村工作指导员	2005年5月	中共浙江省委、省人民政府
钟祥寿	男	竹口镇政府	省优秀农村工作指导员	2005年5月	中共浙江省委、省人民政府
周国林	男	庆元县林业局	全国第六次森林资源清查工作先进个人	2005年8月	国家林业局
姚跃津	男	庆元县烟草局	全国群众体育先进个人	2005年9月	体育总局
吴松奇	男	庆元县经贸局	山海协作工程先进个人	2005年11月	省人民政府
蔡小华	男	中共庆元县委	省党政系统2004年度优秀调研成果优秀奖	2005年12月	中共浙江省委、省人民政府
叶旭勇	男	中共庆元县委组织部	省党政系统2004年度优秀调研成果优秀奖	2005年12月	中共浙江省委、省人民政府
邝平正	男	青田县政府	农村“五保”和城镇三无人员集中供养工作先进个人	2005年12月	省人民政府
季良培	男	庆元县民政局	农村“五保”和城镇三无人员集中供养工作先进个人	2005年12月	省人民政府
周振法	男	庆元县农业局	全国农业植物检疫有害生物普查工作先进个人	2005年12月	农业部
吴生锡	男	浙江天竹工贸有限公司	全国优秀青年乡镇企业家	2005年12月	团中央、农业部
张兆福	男	庆元县工商局	“2005红盾护农”先进个人	2005年12月	国家工商总局
陈德良	男	庆元县百山祖国家级自然保护区	星火科技先进工作者	2006年1月	科技部
王顺发	男	中共庆元县委	省维护国防利益法律保障工作先进个人	2006年1月	省军区、省高院等
吴圆娇	女	庆元县总工会	全国工会系统“四五”普法先进个人	2006年2月	中华全国总工会
林方海	男	中共庆元县委政法委	省级社会治安综合治理先进个人	2006年5月	中共浙江省委、省人民政府
叶从美	男	庆元县百山祖茶木淤保护站	全国优秀护林员	2006年5月	国家林业局
吴松标	男	中共庆元县委办公室	第二批省优秀农村工作指导员	2006年5月	中共浙江省委、省人民政府
吴　明	男	四山乡政府	第二批省优秀农村工作指导员	2006年5月	中共浙江省委、省人民政府
朱美菊	女	庆元县政协	2001—2005年省法制宣传教育先进个人	2006年6月	中共浙江省委、省人民政府
吴菊花	女	庆元县人口和计划生育局	全国人口和计划生育科技工作先进个人	2006年6月	国家人口和计划生育委员会
姚丽雅	女	庆元县实验小学	浙江省特级教师	2006年9月	省人民政府
叶惠祥	男	庆元县供电局	抗台救灾先进个人	2006年12月	中共浙江省委、省人民政府
叶永库	男	庆元县公路段	抗台救灾先进个人	2006年12月	中共浙江省委、省人民政府
李　军	男	庆元县人武部	省慈善个人奖	2006年12月	省人民政府、省军区

续表 38—2—6—1

姓名	性别	所在单位	荣誉名称	授予时间	颁奖机关
林建勇	男	庆元县人武部	抗台救灾先进个人	2006年12月	中共浙江省委、省人民政府
林建勇	男	庆元县人武部	“十五期间”军事训练先进个人	2006年	省军区
沈国清	男	庆元县保密局	全国“四五”保密法制宣传教育先进工作者	2007年1月	国家保密局
兰庆芬	女	庆元县人民医院	全国“巾帼建功”标兵	2007年2月	中华全国妇联、全国“巾帼建功”活动领导小组
杨德荣	男	庆元县农业局	省优秀农村工作指导员	2007年8月	中共浙江省委、省人民政府
王加平	男	庆元县农村工作办公室	省“千村示范、万村整治”工作先进个人	2007年8月	中共浙江省委、省人民政府
姚丽雅	女	庆元县实验小学	全国优秀教师	2007年9月	教育部
张益民	男	庆元县水利局	全国调处水事纠纷创建平安边界先进个人	2007年9月	中央综治委办公室、水利部
吴强忠	男	松源镇司法所	优秀人民调解员	2007年12月	中共浙江省委、省人民政府
陈俏彪	男	庆元食用菌科研中心	2007年度省有突出贡献中青年专家	2007年12月	省人民政府
吴雄飞	男	丽水市经贸委	全国商务系统先进个人勋章	2008年1月	人事部、商务部
卢子清	男	庆元县民政局	2006年冬季退役士兵安置工作先进个人	2008年1月	省人民政府、省军区
吴菊花	女	庆元县计划生育宣传技术指导站	全国计划生育流动服务车项目先进个人	2008年2月	国家人口和计生委、国家发改委
吴荣平	男	庆元县公路段	省抗击雨雪冰冻灾害先进个人	2008年3月	中共浙江省委、省人民政府
吴传根	男	庆元县人民政府	第二次全国农业普查先进个人	2008年4月	国务院第二次农业普查领导小组办公室、国家统计局
吴学炎	男	庆元县统计局	第二次全国农业普查先进个人	2008年4月	国务院第二次农业普查领导小组办公室、国家统计局
叶　飞	男	庆元县岭头乡	第二次全国农业普查先进个人	2008年4月	国务院第二次农业普查领导小组办公室、国家统计局
吴练英	男	庆元县松源镇	第二次全国农业普查先进个人	2008年4月	国务院第二次农业普查领导小组办公室、国家统计局
吴长斌	男	庆元县淤上乡	第二次全国农业普查先进个人	2008年4月	国务院第二次农业普查领导小组办公室、国家统计局
毛先明	男	左溪镇党委	省优秀共产党员	2008年6月	中共浙江省委
姚丽雅	女	县实验小学	省优秀共产党员	2008年6月	中共浙江省委
吴强忠	男	松源镇人民政府	全国司法行政系统二级英雄模范	2008年6月	司法部
胡林松	男	庆元县人民法院	全省法院优秀纪检监察干部	2008年10月	省高级人民法院
胡明达	男	庆元县人民法院	全省法院司法规范化建设先进个人	2008年12月	省高级人民法院

续表 38—2—6—1

姓名	性别	所在单位	荣誉名称	授予时间	颁奖机关
陈家贵	男	左溪镇中心小学	首届浙江省农村教师突出贡献奖	2009 年 9 月	省人民政府
叶晓星	男	庆元县农业局	农业科技成果转化推广奖	2009 年	省人民政府
王良荣	男	庆元县人民法院	2009 年度全省法院优秀政工干部	2010 年 1 月	省高级人民法院
胡敬松	男	竹口镇人民政府	2008—2009 年省级社会治安综合治理先进个人	2010 年 6 月	中共浙江省委、省人民政府
甘长飞	男	庆元县委农村工作办公室	省第四次民族团结进步模范个人	2010 年 7 月	省人民政府
陈文仁	男	庆元县人民法院审监庭	入选全省法院系统商事审判调研人才库	2010 年 7 月	省高级人民法院
吴炉庆	男	庆元县交通局	省重点建设立功竞赛先进个人	2010 年 9 月	省人民政府
毛待庆	男	庆元县人民法院监察室	全省法院纪检监察工作先进个人	2010 年 12 月	省高级人民法院
陈联和	男	庆元县农业局	2008—2010 年度农牧渔业丰收奖三等奖	2010 年 12 月	农业部
姚德芬	女	庆元县供销社	省优秀农村工作指导员	2011 年 2 月	中共浙江省委、省人民政府
吴明生	男	庆元县农办	省优秀农村工作指导员	2011 年 2 月	中共浙江省委、省人民政府
吴晓平	男	庆元县司法局	2006—2010 年全国法制宣传教育先进个人	2011 年 5 月	中央宣传部、司法部

第七节　革命烈士英名录

前志列入辛亥革命、北伐战争、第二次国内革命战争、抗日战争、解放战争、抗美援朝及保卫社会主义建设中牺牲的革命烈士共 80 人，本志新增庆元县 1991 年后追认的革命烈士 5 人。

表 38—2—7—1

姓名	性别	出生日期	籍贯	牺牲时间及地点	牺牲时单位及职务	批准日期或批准机关
吴仁友	男	1921 年 6 月	竹口镇新窑村	1951 年 8 月青田县船寮区黄泥坪	丽水军分区第 8 独立营、班长	1999 年 8 月 9 日浙江省人民政府
周维奶	男	1916 年 4 月	黄田镇崔上村	1947 年 11 月 13 日黄田镇崔上村	庆元县三济乡崔上、民兵组长	1999 年 11 月 25 日浙江省人民政府
周朝顺	男	1911 年 12 月	黄田镇黄源底村	1942 年 2 月 15 日庆元城北门外	福建省建、松、政特委所属游击队、队长	2003 年 5 月 30 日浙江省人民政府
周培通	男	1914 年 8 月	黄田镇良官田村	1948 年 1 月 23 日龙泉县小梅公路边	闽浙边地委游击队、交通员	2004 年 4 月 19 日浙江省人民政府
周朝鋆	男	1904 年 10 月	黄田镇湖头村	1948 年 1 月黄田镇上济村桥头	闽浙边地委游击队、交通员	2004 年 11 月 30 日浙江省人民政府

附　录

附录收录文件选编 2 个，重要数据年表 5 个，国民经济和社会发展统计公报 1 份，省部级以上集体荣誉 201 单位次，历次修志情况介绍，历代《庆元县志》序选录 5 篇，前志补遗与勘误等。

文件选编

中共庆元县委　庆元县人民政府
关于在全县乡镇进一步推进技能型政府建设的意见

各乡（镇）党委、政府，县属各单位：

为认真学习贯彻“三个代表”重要思想，落实县委、县政府提出的“全面兴起二次创业，推进经济社会发展新跨越”的工作部署，扎实推进机关效能建设，进一步转变乡镇政府职能，改进乡镇干部工作作风，提高乡镇干部服务经济建设能力，经县委、县政府研究，结合江根乡等乡镇开展技能型政府建设的新典型、新经验，决定在全县各乡镇进一步推进技能型政府建设活动。现就推进该项工作提出如下意见：

一、进一步认识推进技能型政府建设的重大意义

1. 推进技能型政府建设是坚持求真务实、实践“三个代表”的必然要求。在新形势下，实现农业和农村经济更快更好的发展，要求乡镇干部不仅要有全心全意为人民服务的思想，更要有为人民群众服务的本领，就当前农村实际而言，群众对干部在帮助其调整农业产业结构、加快块状经济升级提供技术、信息服务方面的要求最为强烈。因此，乡镇干部不断提高综合技能素质，帮助农民掌握实用技能和致富本领，是大兴求真务实之风的具体表现，也是进一步把兴起学习贯彻“三个代表”重要思想新高潮引向深入的重要举措。

2. 推进技能型政府建设是坚持以人为本、落实科学发展观的内在要求。当前，农民增收困难问题在我县农村十分突出，迫切需要把科学发展观落实到农业和农村经济发展中去，用以人为本的理念推进农民增收，促进农业和农村经济全面、协调发展。在这背景下，要求乡镇干部在改进工作方法的同时，不断提高综合技能素质，使自己成为技能型干部，为农民增产增收服务，调动农民的积极性和创造性，加快全面建设小康社会的步伐。

3. 推进技能型政府建设是坚持第一要务、促进政府职能转变的客观要求。随着社会主义市场经济的快速发展，乡镇政府职能和乡镇干部的工作方式也发生了根本性变化，从过去应付型、征收型、政令贯彻型向主动型、服务型、经济发展型转变。农民群众也日益需要政府部门提供更多的技能帮助，解决产业发展、行业管理和生产技术上存在的难题，这也要求广大乡镇干部必须转变思想观念，不断提高掌握和应用技术的能力，不断增强“操作到位、破解难题”的本领。

二、进一步明确推进技能型政府建设的指导思想、工作目标和基本要求

1. **指导思想**

以邓小平理论和“三个代表”重要思想为指导，深入贯彻省委十一届六次全会和市两会精神，紧紧围绕县委、县政府提出的“全面兴起二次创业，推进经济社会发展新跨越”的工作部署，以培养技能型

干部、打造技能型政府为主题，动员和组织广大乡镇干部积极适应农业增效、农民增收、农村发展要求，增强服务意识，提高服务本领，改进工作作风，进一步加强乡镇机关效能建设，切实转变乡镇政府职能，全面推进技能型政府建设，促进我县农村经济社会的全面发展。

2. 工作目标

通过技能型政府建设，使全体乡镇干部每人掌握1—2门实用技能，培养乡镇干部的创业精神和服务意识，提高乡镇干部的技能水平和服务本领，转变乡镇政府职能，切实推进乡镇机关效能建设，促进农业增效、农民增收和农村发展。

3. 基本要求

一是以加强技能培训为基础，提高乡镇干部服务本领。开展“一人学一技”活动，每位乡镇干部根据本乡镇、所驻行政村的经济发展项目，结合本人工作岗位和爱好特长，学习、掌握1—2门实用技能。培训内容要紧紧围绕当地经济发展项目，根据“农民需要什么，干部学习什么”的原则，包括食用菌生产、茶叶生产、高山蔬菜栽培、笋竹两用林开发管理、水干果栽培、养殖业、烤烟生产、农产品加工和营销等技能。培训形式要符合乡镇实际，以干部自学为主、集中授课为辅、实际操作相结合的方式进行。在技能培训中要注重知识更新，每年通过一定形式、一定时间，对已掌握的技能予以巩固、提高，不断吸收新的知识，同时也要根据本乡镇产业发展的需要和农民的需求学习其它新的农村实用技能，变“一次性”学习为“日常性”学习，建立长效学习机制，以适应科技的不断发展和生产实践的需要。除乡镇统一组织的技能学习外，鼓励干部通过自学、参加各类培训等形式学习各种农民生产实践中所需的实用技能。

二是以服务发展为宗旨，切实转变政府职能。要正确把握乡镇政府定位，把为农民群众提供技能服务作为乡镇政府的基本职能和乡镇干部的主要职责。每位乡镇干部要运用各自所掌握的技能，积极送新信息、新技术下农村，进一步帮助农民掌握实用技能和致富本领，重点培养农村科技致富带头人和效益农业、科技示范户；帮助农民调整农业产业结构，提供技术、信息服务，解决生产技术难题，努力实现“学技能”与“用技能”的有效对接，使学到的技能有用武之地，真正为农村经济、社会发展提供实实在在的服务，切实发挥出乡镇干部服务农村经济建设的作用，促进农业增效，农民增收。

三是以制度建设为保障，建立健全长效工作机制。要建立经常性的干部技能培训制度，在提高培训针对性和学精、学深上下功夫，积极探索适合乡镇实际的培训方法、形式，使乡镇干部具备为农服务的真本领。要建立干部联系农业经济发展项目和科技示范户制度，积极探索为农服务的载体、形式和长效机制，将切实为农民提供高质量的服务作为开展活动的出发点和落脚点。要建立考核激励制度，建立乡镇干部技能学习考核和服务档案，对乡镇干部技能服务情况定期不定期进行检查，使干部由“要我学”转变为“我要学”，激发干部的主观能动性，并把乡镇干部技能学习考核和服务情况列入年度考核，作为评优评先的内容。

三、进一步加强对推进技能型政府建设的领导

1. 要高度重视。各乡镇党委、政府要从践行“三个代表”重要思想的高度来推进这项工作，要把推进技能型乡镇政府作为落实“三个代表”重要思想、加强机关效能建设、加强干部教育培训工作的一个重要载体来抓，思想上高度重视，把它列入党委、政府的重要议事日程，认真加以落实。县委将把各乡镇推进技能型政府建设工作列入对乡镇的目标管理考核内容。

2. 要精心组织。组织部门要做好协调考核工作，宣传部门要做好宣传报道工作，农业、林业、科技、科协、经贸等有关部门要积极配合，通力协作，为乡镇提供技能培训服务。各乡镇要根据本意见精神，结合本乡镇实际制定实施方案和工作计划。竹口镇、荷地镇、江根乡、百山祖乡、隆宫乡要在6月份完成阶段性工作，其他乡镇在8月底前开展这项工作。各乡镇要将实施方案、工作计划和开展工作情况上报县委

组织部。

3. 要注重实效。各乡镇党委、政府要积极探索适合本乡镇实际的技能型乡镇政府建设的方法和路子，要在提高干部技能水平、服务本领上下功夫，尤其是要突出服务效果，要积极探索为农民群众生产服务的有效载体和形式，并把服务效果作为推进技能型政府建设的出发点和落脚点，做到真学、真用、真抓，确保工作取得实效。

（庆委〔2004〕17号，2004年6月4日）

中共庆元县委　庆元县人民政府
关于进一步深化集体林权制度改革的实施意见

为巩固全县延长山林承包期工作成果，进一步明晰集体山林的林木所有权、使用权和林地承包经营权、使用权归属，完善经营机制，促进林业增效、林农增收和生态文明建设。根据《中共中央国务院关于全面推进集体林权制度改革的意见》和《中共浙江省委　浙江省人民政府关于进一步深化集体林权制度改革的若干意见》等文件精神，结合我县实际，就进一步深化集体林权制度改革提出如下实施意见。

一、充分认识深化集体林权制度改革工作的重要意义

集体林权制度改革是延长山林承包期工作的延续和深化，是农村家庭承包经营制度的丰富和完善，是优化森林资源配置的有效手段。实行集体林权制度改革能有效盘活林农手中的森林资源，激发农民发展林业生产经营的积极性，有利于农民特别是山区农民脱贫致富，有效破解“三农”问题，推进社会主义新农村建设。各乡镇、各部门要从战略的高度，充分认识深化集体林权制度改革的重大意义，努力推动林业体制和机制创新，破解当前林业体制和机制的制约瓶颈，化解林业改革和发展中深层次的矛盾和问题，引导和鼓励社会力量参与森林资源流转，搞活林业经济，走上稳农、活林、惠民之路，促进林业可持续发展和社会主义新农村建设。

二、深化集体林权制度改革的指导思想、基本原则和总体要求

（一）指导思想。全面贯彻党的十七大、十七届三中全会精神，以邓小平理论和“三个代表”重要思想为指导，深入贯彻落实科学发展观，大力实施以生态建设为主的林业发展战略，不断创新集体林业经营的体制机制，依法明晰产权、放活经营、规范流转、减轻税费，进一步解放和发展生产力，促进传统林业向现代林业转变，为建设社会主义新农村和建设生态文明作出贡献。

（二）基本原则。坚持统筹兼顾各方利益，确保农民得实惠、生态受保护；坚持尊重农民意愿，确保农民的知情权、参与权和决策权；坚持依法办事，确保改革规范有序；坚持分类指导，确保改革符合实际。

（三）总体目标。大力推进林业体制改革和机制创新，提高服务“三农”水平。通过理顺林业管理体制、规范林权流转、扩展林权抵押贷款、推进林业保险和提高林业服务水平。全面推进林业配套改革，逐步建立和完善林业发展机制，实现资源增长、林业增效、农民增收、生态改善、林区和谐的目标。

三、明确新时期深化集体林权制度改革的主要任务

（一）稳定和完善林业生产责任制。严格按照《中华人民共和国物权法》《中华人民共和国农村土地承包法》和《中华人民共和国森林法》等有关法律法规的规定，坚持农村家庭承包经营制度不动摇，保持林业生产责任制长期稳定，依法保障林农的合法权益，使林农多得实惠。充分尊重林农的自主经营权利，在稳定家庭承包经营、明晰产权和林农自愿的基础上，以山林产品、资金、技术为纽带，探索建立新型林业经营组织。积极引导发展林业专业合作社，完善规章制度和运行机制，推进合作社规范化建设。对自留山、责任山，鼓励林农通过联户经营、委托经营和转包经营等方式，推进适度规模经营；对集中连片的规模造林项目，优先纳入重点造林工程，并安排造林补助经费；对集体统管山，按照“管理民主、经营科学、分配合理”的要求，由村集体经济组织民主决定经营管理方式，其经营收益纳入村级财务统一管理，并按规定公开收支情况。

（二）规范林权流转，盘活森林资源。通过森林资源流转，使分散在千家万户的林地逐步向经营大户、向加工企业、向合作组织等集聚，产生更大的社会和经济效益。森林资源流转包括合作、租赁、托管、承包、转让等。

1. 引导集体林权有序流转。在依法、自愿、有偿的前提下，林地承包经营权人可采取承包、租赁、入股、托管等方式流转林地经营权和林木所有权。流转期限不得超过承包期的剩余期限，流转后不得改变林地用途。集体统一经营管理的林地经营权和林木所有权的流转，在本集体经济组织内提前公示，依法经本集体经济组织成员同意，收益应纳入农村集体财务管理，流转收益主要用于本集体经济组织发展林业以及其他公益事业。

2. 规范集体林权流转程序。集体林权流转当事人凭合法有效的《林权证》和其他相关材料，签订书面流转合同。林木所有权和林地使用权可以单独流转，也可以一并流转。通过家庭承包取得的集体林权，可以由林农依法自主决定流转，流转收益归个人。已流转给他人的林权需要再次流转的，必须征得原承包人的同意，并不得超过原流转的剩余期限。集体林权流转应当报发包方备案。农户和个人拥有的林权在流转时是否需要评估，由当事人自主决定。

集体统一经营的山林林权流转，其流转方式、基价、收入以及收入的使用、分配等都必须提前向村民公示，经本集体经济组织三分之二以上成员或者三分之二以上村民代表同意后进行。集体林权流转采用转包（出租、转让）等方式的，应当通过公开招标和拍卖的方式确定。流转收益主要用于本集体经济组织发展林业以及其他公益事业。

对未取得林权证但已流转的林权，只要权属清晰，其林权流转申请和林权登记申请可以一并提出，经县林业主管部门依法审查合格后，按规定程序办理林权登记或变更手续。已经发生流转的林权，本着“尊重历史、面对现实、依法合规”的原则，对程序合法、合同规范、手续完备的，予以维护；对暗箱操作、以权谋私、严重损害集体或者村民利益的，应及时予以制止并纠正。

（三）加快林权抵押贷款推进步伐，拓展信贷支农渠道。开展林权抵押贷款工作是落实和完成市委六大农民增收任务的重要抓手，是党委、政府一项非常适时的重要工作。继续围绕“政府推动，市场运作，多方共赢，协调发展”的原则在全县形成强有力的推进态势。

1. 拓宽贷款区域。认真抓好林权抵押贷款增量扩面工作，贷款区域在总结试点乡镇的基础上，在全县 20 个乡镇范围内全面推开，使该项政策惠及全县人民。

2. 拓展信贷模式。根据农户的不同需求，不断创新金融产品，以信贷模式更多样、信贷期限更灵活、信贷手续更简便为目标，努力促进林权抵押贷款增量扩面。推行林农小额循环贷款模式，简化手续，采用“一次核定、余额控制、随用随贷、周转使用”的方法，满足广大林农的小额贷款需求；健全农业专业合作社

担保贷款模式，充分发挥基层村两委的作用，降低贷款风险，方便林农，减轻农民负担，更有利于森林资产的变现；结合信用村、信用户建设适当推开林权直接抵押贷款模式；继续加强担保贷款模式，为大户抵押贷款服务担保。进一步降低利息标准，加强信贷支农服务，做大做强我县林权抵押贷款总量，最大限度地支持我县三农发展。

3. 拓展抵押资产范围。在已开展的毛竹林抵押基础上，向成、过熟用材林、经济林等林种及其他法律法规规定可以抵押的森林景观资产和与森林资源相关的其他资产上全方位开展林权抵押贷款，并根据不同林种的生长特点、林权贷款用途设定灵活的贷款期限，尽量与林业生产周期相匹配。

四、完善集体林权制度改革的政策措施

（一）建立较为完善的服务管理体系

完善服务平台建设，建立集林权管理中心、森林资源评估机构、交易场所、林权抵押贷款窗口、林业法律咨询和林业科技服务窗口等为一体的较为完善的林业服务中心，为盘活森林资源、规范资源流转提供便捷高效的服务。鼓励有能力的企业、个人或者其他经济组织加入到林权抵押贷款担保的行列中，为全县林权抵押贷款提供担保与反担保，在林农与银行之间起桥梁纽带作用，化解银行金融风险。

（二）建立健全保障措施

1. 全面推行林业保险工作。在政策性林业火灾保险的基础上，根据各种灾害发生的概率和危害程度，在全县范围内推开林业保险，建立森林资产保护风险机制。保费由省政府、县政府及林农按一定比例承担，促进林业再生产，最大限度地降低和减少森林火灾造成的损失。

2. 制定配套管理办法。坚持“依法、自愿、有偿”的原则，按照有利于林业发展、林农致富、农村进步的要求，尊重群众意愿，遵循市场规律，积极稳妥地推进集体林权制度改革工作。制定出台《庆元县林权登记管理》《森林资源收储管理》《森林资源资产抵押管理》等配套管理办法。

3. 出台贷款贴息政策。出台相应的贷款贴息政策，支持金融企业和林权抵押贷款担保机构开展林权抵押贷款，各涉农部门的资金应向参与林业抵押贷款的金融企业倾斜，积极推行农业贷款风险补偿机制，在保障金融企业和担保机构利益的同时，对低收入农户和小额贷款户的进行贷款贴息，减轻农户利息负担，降低农户贷款成本，更多地让利于农，扶持发展。

（三）大力推进信用体系建设

农村信用体系建设，是扩大农村信贷资金投放、引导农村资金融通的基本条件。以推进林权抵押贷款和森林资源流转工作为契机，加快农村信用体系建设步伐，为农村经济建立一个稳定发展的金融平台和资源流转平台。

1. 健全信用等级评定机制。通过信用户评定捆绑上林权等有效途径以授信额度、利率、抵押率倾斜作为调节杠杆，对农户的信用度进行科学评定，并在信用户评定的基础上推进信用村（镇）建设，逐步建立统一的农户信用登记咨询系统，以信用联社为主，乡镇主动配合，全面启动信用等级的评定工作。把农村信用体系建设纳入工作考核，为农村信用体系建设奠定良好的基础。

2. 加大对信用对象扶持力度。依据农户信用程度对农户进行贷款授信，推行被授信户在授信额度内可享受贷款资金优先、利率优惠等政策。对相应“A”级的信用户，给予相应贷款支持；对还贷、续贷做到守时、守信的信用户，可给予“一次核定，余额控制，周转使用，随用随贷”的小额循环贷款，降低贷款利率并实行零手续费。

3. 健全农村金融信用环境。积极培育金融部门、乡镇、村和农户的“四位一体”农村社会信用体系，为守信者提供一个宽松的金融环境和经济合作环境，对逃废金融债务和单方无理违约的农村经济组织和个人则加大司法打击力度，加大失信者的经济成本，使其无利可图，杜绝失信现象发生，从而形成良性

循环的信用环境。

（四）强化集体林权管理

1. 加强林权证管理。按照统一、规范、科学、公开的要求，认真做好林权登记、变更、权证发放、流转交易、评估监管、抵押登记等工作。加强林权档案管理，加快林权数字化管理系统建设，及时更新林权证管理数据库，并把林权管理资料与生态公益林补偿、林地征占用、造林补助以及林木采伐申请、流转、抵押等林事管理工作结合起来，不断提高管理效率。

2. 完善林木采伐管理机制。编制森林经营方案，改革商品林采伐限额管理，实行林木采伐审批公示制度，简化审批程序，提供便捷服务。严格控制公益林采伐，依法进行抚育和更新性质的采伐，合理控制采伐方式和强度。加强公路沿线等特殊区域的林木采伐管理，保护森林生态景观。

3. 妥善调处林权纠纷。按照属地管理、分级负责、依法调处的原则，制定和完善林权纠纷调处预案，充分发挥乡村调解机构和民间调解组织的作用，形成上下联动、齐抓共管的长效调处机制，促进林区社会和谐稳定。

4. 加大抵押监管力度。进一步落实资金、人员，明确监管责任，确保抵押物在贷款期间的全程监管，以维护担保机构和金融部门的利益。

5. 加强林业社会化服务工作。扶持发展林业专业合作组织，培育一批辐射面广、带动力强的龙头企业，促进林业规模化、标准化、集约化经营。发展林业专业协会、充分发挥政策咨询、信息服务、科技推广、行业自律等作用。引导和规范森林资源资产评估、森林经营方案编制等中介服务健康发展。

五、进一步加强对集体林权制度改革的领导

深化集体林权制度改革是一项涉及面广、政策性强、工作量大的综合系统工程。各乡镇、部门要高度重视，加强组织领导。在原延长山林承包期工作领导小组的基础上，调整成立深化集体林权制度改革领导小组，加强工作指导。林业部门要切实发挥好职能作用，认真做好各项基础工作。发展改革、财政、国土资源、农业、司法、民政、监察、税务、金融等有关部门要认真履行职责，加强协作配合，合力推进深化集体林权制度改革工作，为促进现代林业发展和社会主义新农村建设贡献力量。

（庆委〔2008〕35号，2008年12月2日）

重要数据年表

1991—2010年庆元县户籍人口状况统计表

表39—2—1

年份	年末总人口（万人）	按性别分		按农业非农业分		人口出生率（‰）	人口死亡率（‰）	增长率（‰）
		男	女	农业	非农			
1991	18.56	9.67	8.87	17.33	1.21	9.78	5.39	4.39
1992	18.62	9.66	8.89	17.25	1.30	10.48	5.36	5.12
1993	18.66	9.70	8.96	17.34	1.32	11.06	5.35	5.71
1994	18.70	9.73	8.96	17.34	1.34	11.62	5.10	6.52
1995	18.75	9.76	8.97	17.34	1.39	12.58	6.27	6.31
1996	18.88	9.81	8.99	17.36	1.44	11.84	4.57	7.27
1997	19.02	9.89	9.07	17.32	1.64	12.61	5.44	7.17
1998	19.16	9.95	9.13	17.37	1.71	14.44	5.70	8.74
1999	19.41	10.04	9.20	17.50	1.75	16.20	5.50	10.7
2000	19.63	10.16	9.37	17.41	2.11	15.13	6.38	8.75
2001	19.73	10.20	9.47	17.37	2.31	11.34	4.78	6.56
2002	19.76	10.21	9.52	17.17	2.57	11.10	4.56	6.54
2003	19.79	10.24	9.55	17.06	2.72	12.86	5.11	7.75
2004	19.82	10.27	9.56	16.93	2.90	14.20	5.86	8.34
2005	19.84	10.30	9.55	16.80	3.06	12.48	4.08	8.4
2006	19.86	10.32	9.54	16.73	3.13	12.76	7.07	5.69
2007	19.95	10.36	9.54	16.72	3.23	13.4	5.81	7.59
2008	20.12	10.44	9.68	16.79	3.33	13.52	4.71	8.81
2009	20.24	10.49	9.74	16.86	3.38	13.31	6.22	7.09
2010	20.36	10.56	9.80	16.94	3.42	12.78	5.86	6.92

1991—2010年庆元县地区生产总值及构成统计表

表39—2—2

年份	地区生产总值（万元）					构成（%）				人均GDP（元）
	合计	第一产业	第二产业	其中：工业	第三产业	第一产业	第二产业	其中：工业	第三产业	
1991	28819	12821	6012	3947	9986	44.5	20.9	13.7	34.7	1535
1992	34311	14734	7139	5290	12438	42.9	20.8	15.4	36.3	1835
1993	42574	18434	8817	6836	15323	43.3	20.7	16.1	36.0	2293
1994	57870	27010	11184	8711	19676	46.7	19.3	15.1	34.0	3141
1995	64006	23672	14992	11299	25342	37.0	23.4	17.7	39.6	3503
1996	71431	25942	16645	12934	28843	36.3	23.3	18.1	40.4	3941
1997	74524	27062	18052	14694	29410	36.3	24.2	19.7	39.5	4135
1998	76692	27156	19244	15533	30293	35.4	25.1	20.3	39.5	4269
1999	80353	27096	21648	17526	31609	33.7	26.9	21.8	39.3	4487
2000	85444	29101	24324	19528	32019	34.1	28.5	22.9	37.5	4773
2001	93619	30663	27434	21770	35522	32.8	29.3	23.3	37.9	5236
2002	103399	31884	32063	24451	39452	30.8	31.0	23.6	38.2	5920
2003	117313	32680	38386	28259	46247	27.9	32.7	24.1	39.4	6846
2004	132605	34250	44114	33040	54241	25.8	33.3	24.9	40.9	7898
2005	153796	36202	55753	43392	61841	23.5	36.3	28.2	40.2	9412
2006	176679	37214	67778	54435	71687	21.1	38.4	30.8	40.6	11084
2007	213176	40802	86329	69005	86045	19.1	40.5	32.4	40.4	13621
2008	248976	44719	104498	80929	99759	18.0	42.0	32.5	40.1	16246
2009	262855	46789	109825	86808	106241	17.8	41.8	33.0	40.4	17641
2010	317002	50774	143676	110065	122552	16.0	45.3	34.7	38.7	21999

1991—2010年庆元县农业、工业、投资、内外贸易情况统计表

表39—2—3

年份	农林牧渔总产值（万元）	工业企业单位个数（个）	工业总产值（万元）	全社会固定资产投资(万元)	社会消费品零售额（万元）	出口额（万美元）
1991	18527	354	14703	4579	9921	—
1992	21469	1442	18954	5192	11186	—
1993	26728	4835	24871	9062	13983	—
1994	38691	2677	32552	11896	18878	—
1995	34694	4918	43138	21569	21445	—
1996	38083	817	49895	16418	24340	—
1997	39861	747	56698	9713	27528	—
1998	40641	632	59930	14377	31190	—
1999	41577	1020	67718	15669	35307	—
2000	44770	935	75662	20787	39826	138

续表 39—2—3

年份	农林牧渔总产值（万元）	工业企业单位个数（个）	工业总产值（万元）	全社会固定资产投资(万元)	社会消费品零售额（万元）	出口额（万美元）
2001	47174	1107	85120	25011	44964	146
2002	49052	986	96010	35291	50854	311
2003	50278	949	110368	51059	57465	748
2004	52692	1085	124960	67765	65051	965
2005	54852	1090	146759	78744	73507	550
2006	57156	1189	188625	93307	83725	1161
2007	61502	1162	240292	110689	97033	1454
2008	66851	1228	288570	138926	116966	1696
2009	71865	1192	356971	140456	120922	3815
2010	77875	1205	467141	192929	142541	3946

1991—2010年庆元县财政金融情况统计表

表 39—2—4　　单位：亿元

年份	地方财政收入	财政支出	各项存款合计	其中：城乡居民储蓄存款	各项贷款合计
1991	0.155	0.3092	16299	5937	11846
1992	0.1679	0.358	19497	7514	14908
1993	0.23	0.4407	20648	10468	16580
1994	0.1037	0.537	35429	24520	29106
1995	0.1513	0.6376	49536	32888	44637
1996	0.2078	0.7238	51798	37805	44134
1997	0.2208	0.8982	55166	41096	46251
1998	0.2777	0.9641	65646	47690	50491
1999	0.3128	1.113	74127	52773	49630
2000	0.3515	1.2788	79296	57012	35426
2001	0.4855	1.7012	89200	62193	42991
2002	0.4246	2.0283	108485	72383	57906
2003	0.5115	2.6339	131322	81267	67379
2004	0.5536	2.6338	144920	87518	76502
2005	0.7141	3.3631	166420	98024	88174
2006	0.929	4.3845	203980	109969	102524
2007	1.1944	4.6803	229204	112232	130131
2008	1.2525	5.7523	264312	138679	147025
2009	1.2941	7.2996	335077	176365	200879
2010	1.5533	9.2215	410814	207515	281085

1991—2010年庆元县教育卫生情况统计表

表39—2—5

年份	专任教师数（人）		在校学生数（人）		医院、卫生院		医生人数（人）
	普通中学	小学	普通中学	小学	个数	床位（张）	
1991	386	496	9796	18468	42	304	323
1992	408	493	9468	18711	42	365	204
1993	413	521	8849	18551	42	359	210
1994	444	529	8887	17813	42	357	225
1995	495	561	10117	17377	42	557	247
1996	491	731	11503	16210	42	347	240
1997	507	772	11951	14631	43	339	268
1998	587	797	11579	12995	43	379	257
1999	615	844	11012	11638	41	316	287
2000	582	886	10500	12951	42	379	280
2001	553	906	10030	12668	43	397	288
2002	580	902	9274	12664	43	342	266
2003	576	868	8345	12862	43	342	259
2004	556	859	7797	12936	43	342	268
2005	530	845	7447	12990	43	410	248
2006	522	849	7708	13006	42	487	211
2007	537	855	8004	12596	42	361	239
2008	547	855	8517	12066	42	342	300
2009	568	846	8692	11590	42	348	297
2010	578	847	8494	11225	42	351	302

2010年庆元县国民经济和社会发展统计公报

2010年，庆元县围绕加快构建“北承南接”对外开放新格局、打造接轨、融入海西桥头堡，全力开创经济社会发展新局面的目标，扎实开展“项目建设攻坚年、工业经济服务年、软环境建设优化年”活动，齐心协力，开拓进取，实现全县经济社会的新发展：经济平稳较快增长，民生状况持续改善，各项社会事业加快发展。

一、综合

初步核算，全年生产总值31.22亿元，增长12.9%，比2009年加快2.3个百分点。其中，第一产业增加值5.05亿元，增长4.3%；第二产业增加值13.89亿元，增长17.5%；第三产业增加值12.28亿元，增长11.5%，三次产业结构优化为16.2∶44.5∶39.3，第二产业比重快速提升，比2009年提高2.7个百分点。

全年城镇新增就业952人，比2009年增加36人，帮助下岗失业人员再就业311人，比2009年增加109人。年末城镇登记失业率为3.75%，有效控制在4.0%以内。年末农村劳动力9.6万人，已实现转移就业5.65万人。

全年实现财政总收入2.6亿元，增长21.3%，地方财政收入1.55亿元，增长20.0%。全年财政支出9.22亿元，增长26.3%，其中民生支出6.1亿元，增长22.5%。

二、农业和农村建设

全年完成农作物播种面积16262公顷，比2009年下降0.4%。其中粮食作物播种11972公顷，同比增长0.1%，全年粮食作物产量66615吨，同比增长16.2%。（见表39—3—1）。

全年食用菌产量5715吨，增长2.4%，其中香菇产量4412吨。蔬菜产量44043吨，增产3.3%。茶叶产量554吨，与2009年基本持平。水果产量11961吨，减产3.5%。

全年木材采伐21.28万立方米，比2009年减少11.4%；毛竹采伐1256万根，增长15.3%。

全年生猪存栏3.73万头，比2009年下降4%，生猪出栏3.66万头，同比下降0.5%；家禽年末存栏19.92万只，同比增长0.8%，家禽年内出栏28.21万只，同比下降1.4%。

2010年庆元县主要农产品产量统计表

表39—3—1

指标	2009年	2010年
粮食	57333	66615
食用菌	5579	5715
其中：香菇	4302	4412

续表 39—3—1

指标	2009 年	2010 年
蔬菜	42646	44043
茶叶	557	554
水果	12390	11961
其中：柑橘	7405	7824
笋干	878	782
板栗	1500	1403

全年实施农村危旧房改造 4613 户，其中批建新房 2311 户，农村危旧房修缮 2302 户。组织 40 个村开展村庄整治建设，硬化村内主干道 70.3 千米，完成改厕农户 5667 户，建成公厕 53 个。全县 294 个行政村实施垃圾收集处理，农村垃圾收集处理率达 85%。完成农民异地转移 838 户 2920 人。其中，高山远山区群众下山搬迁 636 户 2192 人，地质灾害隐患区群众避险搬迁 202 户 728 人。整村搬迁 9 个自然村 415 户 1434 人。完成农村劳动力素质培训 8687 人，组织农民转移就业 4729 人，帮助解决农民就业岗位 1713 个。全年新增星级农家乐经营户 7 家，累计星级农家乐经营户达到 46 家。

三、工业和建筑业

全年完成工业总产值 46.71 亿元，比 2009 年增长 29.6%。其中工业园区完成工业总产值 20.24 亿元，同比增长 36.9%。

规模以上工业总产值 35.21 亿元，增长 34.6%，其中新产品产值为 6.06 亿元，比 2009 年增长 106.2%，新产品产值率为 17.2%，比 2009 年提高 5.7 个百分点。

规模以上工业销售产值 33.26 亿元，增长 37.8%，其中出口交货值 2.89 亿元，增长 14.5%。发电量 33926 万千瓦小时，增长 19.1%。（见表 39—3—2）

2010 年庆元县主要工业产品产量统计表

表 39—3—2

产品名称	单位	产量	比 2009 年增长 %
发电量	万千瓦小时	33926	19.1
水泥	万吨	2.64	11.8
木杆铅笔	万支	197396	50.2
人造板	立方米	67582	30.3
纸制品	吨	7818	—
铁合金	吨	5566	—1.4

说明：工业产品产量的统计范围为年主营业务收入 500 万元以上的工业企业

全年规模以上工业企业实现利税 3.01 亿元，利润 1.79 亿元，比 2009 年分别增长 63.1% 和 84.8%。

全年建筑业增加值 3.36 亿元，比 2009 年增长 32.9%。全年 8 家资质以上建筑企业利润总额 1215 万元，比 2009 年增长 121.3%。

四、固定资产投资

全年全社会固定资产投资19.3亿元，比2009年增长37.4%，其中限额以上投资17.1亿元，增长50.8%；限额以上国有投资12.24亿元，增长60.4%，占全部限额以上投资的71.6%。

在限额以上固定资产投资中，第一产业投资0.92亿元，比2009年下降22.0%；第二产业投资3.57亿元，下降14.5%，其中制造业投资3.12亿元，增长10.4%；第三产业投资12.61亿元，增长110.5%。全年限额以上投资项目102个，比2009年减少9个。其中，新开工项目52个，比2009年增加11个。

全年房地产开发投资1.04亿元，增长418.3%。商品房销售面积2.34万平方米，增长210.2%。

五、国内贸易

全年社会消费品零售总额14.25亿元，比2009年增长17.9%。其中，县城消费品零售额8.53亿元，比2009年增长18.7%；农村市场消费品零售额5.72亿元，增长16.6%。分行业看，批发零售贸易业零售额13.23亿元，增长21.0%；住宿餐饮业零售额1.02亿元，增长16.7%。

六、对外经济

全年进出口总额为3946万美元，比2009年增长3.4%，其中进口23万美元，增长6.6%；出口3923万美元，增长3.4%。从出口产品看，文体用品出口864万美元；香菇出口854万美元；干牛肝菌出口188万美元；干木耳出口181万美元；从出口市场看，亚洲、欧洲、北美洲是主要出口地，分别出口1709万、955万和580万美元。

七、交通运输、邮电和旅游

全年交通运输、仓储和邮政业增加值6928万元，比2009年增长10.4%。

年末全县等级公路总里程1441千米。其中，二级千米74千米；三级千米110千米；四级千米438千米。

全年完成全社会货运量436万吨，比2009年增长7%，货物周转量64883万吨千米，增长3.8%；客运量184万人，增长1.1%，客运周转量9801万人千米，增长1.2%。（见表39—3—3）。

2010年庆元县旅客、货物运输量统计表

表39—3—3

指标	单位	绝对数	比2009年增长%
旅客运输总量	万人	184	1.1
旅客运输周转量	万人千米	9801	1.2
货物运输总量	万吨	436	7.0
货物运输周转量	万吨千米	62487	3.8

全年邮电业务总量10335万元，比2009年增长16.2%。其中，邮政业务总量1111万元；电信业务总量9224万元。

年末固定电话用户 2.31 万户。其中，城市电话用户 1.51 万户，农村电话用户 0.76 万户；移动电话用户 11.61 万户。年末互联网用户数为 11730 户，比 2009 年新增 2785 户。

全年实现旅游总收入 1.71 亿元，比 2009 年增长 31.6%。其中，接待国内旅游者 46.37 万人次，增长 25.9%，实现国内旅游收入 1.7 亿元，增长 31.8%。

八、金融、保险

年末金融机构人民币各项存款余额 41.08 亿元，比 2009 年末增长 22.6%。其中，居民储蓄存款余额 20.75 亿元，比 2009 年末增长 17.7%。人民币各项贷款余额 28.11 亿元，比 2009 年末增长 39.9%。人民币存贷比 68.4%，比 2009 年末提高 8.4 个百分点。

全年保险业实现保费收入 7978 万元，比 2009 年增长 16.9%。其中，财产险保费收入 3411 万元，比 2009 年增长 50.5%；人身险保费收入 4567 万元，增长 0.2%。支付各类赔款及给付 2050 万元，增长 23.1%。其中，人身险赔付 507 万元，财产险赔款 1542 万元。全年证券交易额 101.8 亿元，增长 29.7%。

九、教育和科学技术

全县拥有普通中学 9 所，招生 2721 人，在校学生数 8494 人，毕业生 2818 人。拥有中等职业中学 1 所，招生 737 人，在校生 2062 人，毕业生 729 人。拥有小学 24 所，招生 1918 人，在校生 11225 人，毕业生 2134 人。年末全县有幼儿园 67 所，在园幼儿 5758 人。

全年受理专利申请 64 件。其中，发明专利申请 9 件，实用新型专利申请 31 件，外观设计专利申请 24 件，全年专利授权量 53 件。

十、文化、卫生和体育

全年建成张村、举水、龙溪 3 个乡镇综合文化站。年末共有 17 个乡镇综合文化站达标，达标率 85%；新建 26 个村级文化活动室，使村级文化活动室达 103 个，占全县行政村总数的 1/3。全年共组织各类文艺演出 120 场次，放映流动电影 3200 余场次，送图书下乡 1 万余册。成立残联图书室、竹口镇文化中心等 6 家农家书屋。新香菇博物馆累计接待观众 8000 余人次。

年末全县共有医疗卫生机构 46 个，其中医院、卫生院 42 个，卫生技术人员 580 人，其中执业医师和执业助理医师 252 人，注册护士 180 人。

年末全县责任医生 131 名，社区卫生服务机构覆盖率 80%。建立农村居民个人档案 143178 份，建档率 85.07%；城镇居民个人档案 18069 份，建档率 54.25%。农村安全卫生饮用水人口覆盖率 98.65%，农村卫生厕所普及率 93.5%。

承办浙江省首届体育大会健身秧歌比赛，被评为浙江省最佳赛区。由庆元运动员组成的丽水市健身秧歌代表队参加省首届体育大会健身秧歌比赛夺得一金一银的成绩。在第十四届省运会竞赛中庆元运动员不畏强手，顽强拼搏，夺得一银四铜的成绩。

全年发行体育彩票 979.2 万元，比 2009 年增长 17.6%。

十一、人口、人民生活和社会保障

年末全县户籍人口 20.36 万人，比 2009 年增加 1209 人。其中，男性人口 10.56 万人，女性人口 9.8 万人，分别占总人口的51.8%和48.2%。全年出生人口2594人，出生率为12.78‰；死亡人口1190人，死亡率为5.86‰；自然增长率为6.92‰。

2010年末庆元县户籍人口数及其构成统计表

表39—3—4　　　　单位：人

指标	年末数	比重%
全县总人口	203579	100.0
其中：男性	105553	51.8
女性	98026	48.2
其中：0—17岁	42876	21.1
18—35岁	50627	24.9
35—60岁	83593	41.1
60岁以上	26483	13.0

根据对全县城乡住户抽样调查，全年城镇居民人均可支配收入18262元，农村居民人均纯收入6012元，分别比2009年增长11.4%和13.9%。城镇居民人均消费支出14260元，比2009年增长14.7%；农村居民人均生活消费支出4245元，增长7.0%。

年末城镇居民人均住房建筑面积41.2平方米，农村居民人均居住面积47.0平方米。城乡居民家庭主要耐用消费品拥有量继续增长（见表39—3—5）。

2010年庆元县城乡居民每百户主要耐用消费品拥有量统计表

表39—3—5

耐用消费品	单位	城镇居民	农村居民
洗衣机	台	95	52
电冰箱	台	94	19
摩托车	辆	47	17
阻力车	辆	47	40
家用电脑	台	64	12
彩色电视机	台	161	117
移动电话	部	195	164

全年共有15361人参加城镇居民医疗保险，有49250人参加城乡居民养老保险，总参保率达41%。其中，年满45周岁以上人员的参保率达到98%，被征地农民基本生活保障参保人数5313人，比2009年新增1607人。21785名年满60周岁人员领取到每月60元的基础养老金，实现100%发放。

全年新增企业基本养老保险参保人数1410人；新增职工基本医疗保险参保人数481人；新增工伤保险参保人数501人；新增生育参保人数403人；

年末全县新型农村合作医疗参合人数162909人，参合率97.1%，人均筹资标准191元。全年报销金额3148万元。其中，住院报销2813万元，特殊门诊报销74万元，普通门诊报销261万元。

年末在册低保对象4305户，7833人，共批准发放保障金1213万元。在册五保人员324人，集中供养292人，集中供养率90.1%，实际平均供养标准为3622元。年末全县共有老年电大教学点6所、星光老年之家45个、居家养老服务站2个、乡（镇）老年活动中心2个。

十二、资源、环境保护和社会安全

全年平均降雨量2342.5毫米，比2009年增长45.7%，全县水资源总量22.55亿立方米，过境水资源总量22.81亿立方米。全年平均气温为18.6℃，比2009年下降0.5℃。农户林权信息和森林资源建档率达97.4%，累计发放林权抵押贷款2.6亿元，盘活森林资源近30万亩。

县城可吸入颗粒物、二氧化硫、二氧化氮三项污染物年均值分别为0.061毫克/立方米、0.015毫克/立方米、0.016毫克/立方米，均优于《环境空气质量标准》中的二级标准，县城环境空气优良天数98.0%；全县各河段的水质均符合功能区标准，水质良好；兰溪桥水库饮用水源地的各项指标均符合《地表水环境质量标准》Ⅱ类水要求；县城区域噪声昼夜等效声级为50.5dB（A），符合声环境质量标准。

全县平安浙江满意率为98.18%。全年共发生各类事故34起，同比下降27.7%；死亡14人，同比下降6.7%；直接经济损失48.1万元，同比下降40.7%。其中：工矿商贸企业死亡事故3起，死亡3人，直接经济损失39万元，同比分别持平、持平和下降2.5%；道路交通事故28起，同比下降28.1%，死亡11人，同比下降8.3%；火灾事故3起，死亡没有。

注：（1）本公报所列各项数据为年度初步统计数据。

（2）全县生产总值和各产业增加值绝对数按现行价格计算，增长速度按可比价格计算。

省部级以上集体荣誉名录

1991—2010年，全县获省部级以上授予的先进集体201单位次。

表39—4—1

单位	荣誉名称	获奖时间	颁奖机关
中共松源镇委、镇人民政府	省级社会治安综合治理先进集体	1991年1月 1996年1月 2000年 2001年 2003年12月	中共浙江省委、省人民政府
庆元林场	全国先进林木良种基地	1991年10月	林业部
庆元县民政局	1990年冬季退伍安置工作先进单位	1991年11月	省人民政府、省军区
庆元县国防教育委员会	省国防教育先进单位	1991年	省人民政府、省军区
庆元县小	全国红旗大队	1991年	全国少工委
松源镇小301班	全国优秀中队	1991年	全国少工委
庆元县教育局	“学赖宁，做党的好孩子”活动先进集体	1991年	全国少工委
屏都镇余村村	省级文明单位	1991年 1993年	中共浙江省委、省人民政府
庆元林场	全国国有林场先进单位	1992年6月	林业部
庆元县人民政府	拥军优属模范县	1992年7月 1996年12月	中共浙江省委、省人民政府、省军区
庆元县种子公司	省1991年度农业丰收奖一等奖	1992年	省人民政府
庆元林场	全国国营林场100佳单位	1993年12月	林业部
庆元县香菇市场	1991—1992年全国文明集贸市场	1993年	国家工商行政管理局
庆元实验林场	世界银行贷款国家造林项目先进单位	1993年	林业部
庆元县食用菌科研所	省模范集体	1994年	省人民政府
松源镇第五居委会	省级示范居委会	1994年	中共浙江省委、省人民政府
庆元县食用菌开发公司	省优秀农业企业	1994年	省人民政府
庆元县人民政府民族事务科	省民族团结进步先进集体	1995年6月	省人民政府
庆元县	1991—1995法制宣传教育先进县	1995年12月	中宣部、司法部
庆元县	列为依法治理百强县之一	1995年	中宣部、司法部
庆元县食用菌科研所	省1994年度科学技术进步奖二等奖（241－4香菇菌株的选育）	1995年	省人民政府
庆元县水泥厂	省级文明单位	1995年	中共浙江省委、省人民政府
黄田镇上际村	省级文明单位	1995年	中共浙江省委、省人民政府

续表 39—4—1

单位	荣誉名称	获奖时间	颁奖机关
庆元县审计局	省级文明单位	1995 年 2001 年 3 月 2003 年 4 月 2005 年 1 月	中共浙江省委、省人民政府
庆元县	征兵工作先进单位	1995 年	省人民政府、省军区
庆元县染料化工厂	省“转机好　效益好”企业	1995 年	省人民政府
庆元县	全国乡村林场建设先进县	1996 年 2 月	林业部
庆元县	全国科技工作先进县	1996 年 6 月	科技部
庆元县食用菌开发公司	省先进农业龙头企业	1996 年 10 月	省人民政府
庆元县德瑞祥种养专业合作社	先进农业龙头企业	1996 年 10 月	省人民政府
庆元县邮电局	省级文明单位	1996 年	中共浙江省委、省人民政府
庆元县人民医院	省级文明单位	1996 年 2001 年 3 月	中共浙江省委、省人民政府
庆元县香菇市场	1993—1995 年全国文明市场	1996 年 1 月	国家工商行政管理局
庆元县	基本普及九年义务教育、基本扫除青壮年文盲县	1996 年 10 月	省人民政府
庆元县食用菌科研所	1996 年度省科技进步奖二等奖（代料栽培花菇技术）	1996 年	省人民政府
左溪乡青竹村	先进基层党支部	1996 年	中央组织部
屏都镇	全国首届“中华扫盲奖”	1996 年	国家教委、财政部
庆元县供电局	省级文明单位	1997 年 2001 年 3 月 2003 年 4 月 2005 年 1 月 2006 年 12 月 2011 年 2 月	中共浙江省委、省人民政府
庆元食用菌科研中心	贯彻实施《中华人民共和国技术合同法》先进集体	1997 年 10 月	国家科委
竹口镇大泽村	1996—1997 年度“全国造林绿化千佳村”	1997 年	林业部
庆元县人民医院	全国体育先进单位	1997 年	体育部
庆元县松源法庭	省级“五好法庭”	1998 年 10 月	省高级人民法院
庆元县民政局	抗洪救灾先进集体	1998 年 12 月	民政部
竹口镇党委	先进基层党组织	1999 年 6 月	中共浙江省委
庆元县人民医院妇委会	全国妇联系统先进集体	1999 年 10 月	中华全国妇联、人事部
庆元县	全国“爱心献功臣行动”先进县	1999 年 12 月	全国双拥工作领导小组、民政部
庆元县竹口镇	体育先进单位	1999 年	省人民政府
庆元香菇市场	全国香菇生产基地县	1999 年	商业部
庆元县食用菌科研所	省科技进步三等奖（香菇新菌株“庆元9015”的选育与推广）	1999 年	省人民政府

续表 39—4—1

单位	荣誉名称	获奖时间	颁奖机关
庆元县	省双拥模范城（县）	2000年1月 2003年1月 2006年1月 2010年8月	中共浙江省委、省人民政府、省军区
庆元县荷地法庭	省级“五好法庭”	2000年8月	省高级人民法院
庆元县人民法院行政庭	行政审判工作先进集体	2000年8月	省高级人民法院
庆元县交通局档案室	全国交通系统档案工作先进集体	2000年9月	交通部
庆元县电信局营业班	全国巾帼建功示范岗	2000年	中华全国妇联
竹口镇人民政府	土地管理“三无”乡镇	2000年	省人民政府
竹口镇人民政府	民兵参建先进单位	2000年	省人民政府、省军区
庆元县人民法院	人民满意好法院	2001年3月	省高级人民法院
庆元县人民法院司法警察大队	优秀司法警察大队	2001年3月	省高级人民法院
人民银行庆元县支行	省级文明单位	2001年3月 2003年4月 2005年1月 2011年2月	中共浙江省委、省人民政府
庆元中学	省级文明单位	2001年3月 2003年4月 2005年1月 2009年2月 2011年2月	中共浙江省委、省人民政府
庆元县菇城宾馆	省级文明单位	2001年3月 2003年4月	中共浙江省委、省人民政府
庆元县邮政局	省级文明单位	2001年3月 2003年4月 2005年1月 2011年2月	中共浙江省委、省人民政府
庆元县气象局	省级文明单位	2001年3月 2003年4月 2005年1月 2011年2月	中共浙江省委、省人民政府
庆元县香菇市场	省级重点农副产品批发市场	2001年3月	省人民政府
庆元县司法局	全省“三五”法制宣传教育先进集体	2001年5月	中共浙江省委、省人民政府
庆元县教委党委	省先进基层党组织	2001年6月	中共浙江省委
竹口镇党委	全国先进基层党组织	2001年7月	中央组织部
庆元县民政局	1996—2000年全国民政系统法制宣传教育先进集体	2001年8月	民政部
黄田镇上济村	省级文明村	2001年	省人民政府
竹口镇政府	第五次全国人口普查先进单位	2001年	国家统计局、国务院人口普查办公室
松源镇政府	第五次全国人口普查先进单位	2001年	国家统计局、国务院人口普查办公室

续表 39—4—1

单位	荣誉名称	获奖时间	颁奖机关
庆元县	省无偿献血先进县	2002 年 1 月	省人民政府
松源镇姚家村人民调解委员会	优秀人民调解委员会	2002 年 5 月	省人民政府
竹口镇	创建文明村镇工作先进单位	2002 年 10 月	中央文明委
竹口镇	全国精神文明创建工作先进镇	2002 年 11 月	中央文明委
庆元县基普办	第二次全国基本单位普查先进集体	2003 年 2 月	国家统计局、第二次全国基本单位普查领导小组
庆元县人民法院	执行工作良性循环法院	2003 年 3 月	省高级人民法院
庆元县电信局	省级文明单位	2003 年 4 月	中共浙江省委、省人民政府
庆元县国家税务局	省级文明单位	2003 年 4 月 2005 年 1 月 2011 年 2 月	中共浙江省委、省人民政府
庆元县实验小学	全国红旗大队	2003 年 10 月	全国少工委
松源镇党委、镇人民政府	省级社会治安综合治理先进集体	2003 年 12 月	中共浙江省委、省人民政府
庆元县	2003 年度征兵工作先进单位	2004 年 10 月	省人民政府、省军区
庆元县营林公司	全国特色苗木基地	2004 年	国家林业局
中国电信庆元分公司	省级文明单位	2005 年 1 月 2011 年 2 月	中共浙江省委、省人民政府
庆元县环境保护局	省级文明单位	2005 年 1 月	中共浙江省委、省人民政府
庆元县烟草专卖局(公司)	省级文明单位	2005 年 1 月	中共浙江省委、省人民政府
荷地公路站工会小组	全国模范职工之家	2005 年 4 月	中华全国总工会
庆元县妇联苗苗幼儿园	全国巾帼建功文明岗	2005 年 5 月	中华全国妇联、全国妇女“巾帼建功”活动领导小组
庆元县环境保护局	国家级生态示范区	2005 年 5 月	环保总局
庆元县计划生育指导站	全国婚育新风进万家活动先进单位	2005 年 11 月	中宣部等 10 家单位
庆元县百山祖香菇合作社	重点龙头企业	2005 年 11 月	全国供销合作总社
浙江三禾竹木有限公司	山海协作工程先进企业	2005 年 11 月	省人民政府
荷地中心敬老院	全国农村五保和城镇三无人员集中供养工作先进敬老院	2005 年 12 月	省人民政府
中共庆元县委、县人民政府	省文明城市创建工作先进县	2005 年 12 月	中共浙江省委、省人民政府
庆元县人武部	抗击“桑美”台风先进集体	2006 年	南京军区
黄田镇中济村	省第三批全面小康建设示范村	2006 年 2 月	中共浙江省委、省人民政府
庆元食用菌科研中心	省科学技术奖二等奖(香菇新菌株“庆科 20”选育研究)	2006 年 3 月	省人民政府
庆元县国税局计征科	国税系统全国青年文明号	2006 年 4 月	团中央、税务总局
松源镇党委、政府	省级社会治安综合治理先进集体	2006 年 5 月	中共浙江省委、省人民政府
屏都镇党委	省先进基层党组织	2006 年 6 月	中共浙江省委
庆元县供电局	国家电网公司优质服务标杆单位	2006 年 7 月	国家电网公司
庆元县金桥中介服务有限公司	全国农村青年转移就业先进单位	2006 年 7 月	团中央等 7 部委

续表 39—4—1

单位	荣誉名称	获奖时间	颁奖机关
庆元县	全国十大政府创新典型	2006年10月	中央农办等3家单位
庆元县供电局	国家电网公司一流县供电企业	2006年11月	国家电网公司
黄田镇	省教育强镇	2006年12月	省人民政府
荷地镇	省教育强镇	2006年12月	省人民政府
贤良镇	省教育强镇	2006年12月	省人民政府
岭头乡	省教育强镇	2006年12月	省人民政府
五大堡乡	省教育强镇	2006年12月	省人民政府
淤上乡	省教育强镇	2006年12月	省人民政府
庆元县供电局	继续保持卫生先进单位	2006年12月	中共浙江省委、省人民政府
庆元县交通局	省级文明单位	2006年12月 2008年11月 2011年2月	中共浙江省委、省人民政府
庆元县公路管理段	省级文明单位	2006年12月 2008年11月 2011年2月	中共浙江省委、省人民政府
中国移动庆元分公司	省级文明单位	2006年12月 2008年11月 2009年2月 2011年2月	中共浙江省委、省人民政府
庆元县人武部	2006年度先进团单位	2006年	省军区
张村乡人民政府	抗洪救灾先进集体	2007年1月	省人民政府
庆元县林业局	2004—2006年度全国森林防火工作先进单位	2007年2月	国家林业局等
庆元县委、庆元县人民政府	2006年度“平安县”	2007年3月	中共浙江省委、省人民政府
庆元县国土资源局	地质灾害防治工作先进单位	2007年4月	国土资源部
松源镇人民政府	省民政工作先进乡镇（街道）	2007年5月	省人民政府
庆元县妇联	全国先进妇联组织	2007年6月	中华全国妇联
庆元县公安局森林分局	2005—2006年度全国森林公安系统优秀公安分局	2007年6月	国家林业局森林公安局
庆元县水利局	全国调处水事纠纷创建平安边界先进集体	2007年9月	中央综治委办公室、水利部
中国电信庆元分公司营业厅	全国巾帼文明示范岗	2007年11月	中华全国妇联
庆元县	省文明县城	2007年12月	中共浙江省委、省人民政府
庆元县	省卫生县城	2007年12月	中共浙江省委、省人民政府
庆元食用菌科研中心	省科学技术奖二等奖（代料香菇周年栽培技术开发与推广）	2007年	省人民政府
建行庆元支行	住房资金部门合作签约营销活动优秀营销团队	2008年1月	中国建设银行
松源镇农业普查办公室	第二次全国农业普查先进集体	2008年4月	国务院第二次农业普查领导小组办公室、国家统计局

续表 39—4—1

单位	荣誉名称	获奖时间	颁奖机关
淤上乡农业普查办公室	第二次全国农业普查先进集体	2008 年 4 月	国务院第二次农业普查领导小组办公室、国家统计局
岭头乡农业普查办公室	第二次全国农业普查先进集体	2008 年 4 月	国务院第二次农业普查领导小组办公室、国家统计局
庆元香菇市场	改革开放三十年中国浙江十大先锋市场	2008 年 10 月	国家工商行政管理总局等单位
庆元食用菌科研中心	国家科技进步奖二等奖（香菇育种新技术的建立与新品种的选育）	2008 年 12 月	国务院
庆元食用菌科研中心	省科学技术奖三等奖（食用菌胶囊菌种工厂化繁育及应用技术）	2008 年	省人民政府
庆元食用菌科研中心	省科学技术奖三等奖（食用菌生产质量控制体系研究及应用）	2008 年	省人民政府
庆元食用菌科研中心	省科学技术奖二等奖（省大型野生真菌资源及开发利用研究）	2008 年	省人民政府
庆元县供排水有限公司	全国工人先锋号	2008 年	中华全国总工会
庆元县农村工作办公室	省农村指导员工作先进单位	2009 年 1 月	中共浙江省委、省人民政府
松源镇石龙社区居委会	全国基层低保规范化建设典型单位	2009 年 1 月	民政部
庆元县农村信用合作联社	省级文明单位	2009 年 2 月 2011 年 2 月	中共浙江省委、省人民政府
庆元县环保局	省级生态县	2009 年 3 月	省人民政府
庆元县民政局婚姻登记处	2007—2008 年全国婚姻登记规范化单位	2009 年	民政部
左溪供电营业所	国家电网公司标准化示范供电所	2009 年	国家电网公司
庆元林场	全国首批森林经营示范国有林场	2009 年	林业部
百山祖乡	全国环境优美乡	2010 年 3 月	环境保护部
举水乡	全国环境优美乡	2010 年 3 月	环境保护部
举水乡月山村	月山春晚获全国第十五届全国“群星奖”	2010 年 5 月	文化部
举水乡月山村	中国环境优美乡村	2010 年 5 月	环保总局
庆元县松源镇	省级社会治安综合治理先进集体	2010 年 6 月	中共浙江省委、省人民政府
举水乡月山村	农村基层文化建设群星奖	2010 年 10 月	文化部
庆元县基督教两会	首届全国创建和谐寺观教堂先进集体	2010 年 12 月	国家宗教事务局
庆元县人武部	征兵工作先进单位	2010 年	省军区
庆元县运管所稽征所	省级文明单位	2010 年	中共浙江省委、省人民政府
大济进士村	中国历史文化名村	2010 年	住房和城乡建设部、国家文物局
庆元县人民法院	全省法院信息工作三等奖	2010 年 1 月	省高级人民法院
举水乡月山村	国家特色景观旅游名村	2010 年 3 月	住房和城乡建设部、国家旅游局
县行政审批中心	第二批示范行政服务中心	2011 年 1 月	省人民政府

说明：不含各类学会、协会等表彰的先进集体

庆元历次修志情况

庆元从建县到民国时期共修志12次，成书8本。宋邵笥撰《括苍庆元志》1卷，早佚。元有《松源志》，散佚无考。明正统前曾修《庆元县志》，卷帙及纂修者不详，旧志缺失无考。明万历四年（1576年），县令沈维龙修刊《庆元县志》。万历四十六年，汪献忠增补刊行。崇祯十五年（1642年），杨芝瑞复增重印。以上明朝三志，清康熙、嘉庆两志的序录都认为“刻板无存，无从考载”，但1991年在上海市图书馆古籍善本藏书中发现五卷残本。清康熙十一年（1672年），知事程维伊、训导戚光朝重修县志，共10卷。嘉庆六年（1801年），知事关学优续修县志12卷，增补康熙志后120年的遗闻轶事。道光十二年（1832年）吴纶彰续修6卷，增补嘉庆元年以后30年事迹。道光二十三年宋琛补修共6卷，将道光十二年以后的事迹收录。光绪三年（1877年），林步瀛、史恩纬重修《庆元县志》12卷，增补道光二十三年后的事迹。民国21年（1932年）设修志馆，由姚文林主修《庆元县志》，吴锺祥续修完成，未刊印，1983年仅存残稿5卷。

中华人民共和国成立后，启动全国第一轮修志工作。1985年，庆元县志编纂委员会及其办公室成立，启动《庆元县志》编纂。1992年总纂成稿，1996年出版发行。全志32卷，84.4万字。

2009年，庆元启动第二轮修志，开始编修《庆元县志（1991—2010年）》。2020年出版发行。

《庆元县志》序选录

清康熙《庆元县志》序

知县 程维伊

粤稽五世御极，典章备饬，一统有志。方岳有志，列郡有志。牙签汗牛富于二酉。复为县志何居？古侯国皆有掌记之官，今之岩邑非古之小国乎。政事之因革，人才之盛衰。地理之形胜，田土之肥瘠，物产之厚薄，风俗之淳浇，与夫天变人谋莫不于志乎。察其源流，验其盈虚，俾贤者有所观感，愚者有所惩戒，此古今之权衡也。

庆元建于宋之宁宗，历四百一十二载从未有志，迄明万历四年，邑令沈君，始搜家乘，访野老，起而草创之。寻四十六年，邑令汪君，复加修辑。崇祯十五年，邑令杨君仅补阙略，于兹又三十年所，其间兵乱相寻残编散失，益叹文献无征。伊治庆九载，服官之初，即访询旧志故家耆老，佥云丁亥兵燹版籍尽毁，即乡士夫家亦无有收而藏之者，数购之不得。壬子冬，奉部檄征邑志汇上史馆。修一统大志，以继隆古盛事。伊遍搜闾阎，仅得残志二册，蠹蚀之余，首尾残缺。乃扫云鹤堂，召邑诸生雅有文行者与之商耀而属笔焉。盖庆虽越东尔之蕞尔，财赋不居充斥，然语山川，则有百丈之胜，岿然犁空，为仙窟宅，可与天台地脉鼎峙寰中；语人才，则有先哲刘公，殿试第一，文章焰起，且如少师吴公，耿亮博雅，为中外表望。陈大宗伯、吴少司徒、胡中铨诸公，踵迹朝端，名喧九垓，尤异者，王黄门，读卷而识，文信国，古谊忠肝，以得士贺，可谓乾春只眼，流光汗简。若夫寅仲弱冠，通籍墨绶，出宰忠勇捍国。时发节概自许，绯衣奉使，君命不辱，磊磊落落，堪与诸邑君子并峙而争雄。使缺焉未备，将来政事、人才、地理、田土、物产、风俗何所征考欤。诸生咸韪伊言，皆毅然以采辑旧闻为任，搜罗故实而不沿其谬，广摭舆论而不眩其见，各以其事分类取式．腐廷之史而不溺其旨，剪灯吮笔，娓娓忘倦。伊簿书之余，谬司综理，不阅月而纂辑业竣，爰付剞劂，为邑实录，以答圣朝采风问俗之德意。至于追琢章句，衡鉴流品，将以待后之乔肸云。

清嘉庆重修《庆元县志》序

知县 关学优

县必有志，自昔无志，而前人独有以草创之固难。志必重修．历久不修，而将来欲有补续之亦难。庆小邑也，建于宋代。其志自前令沈君创之，汪君、杨君继修之，大都率从简略。至康熙壬子，程君分类编载，亦由略而渐详矣。然阅今百二十余年，其间事迹湮没，几于文献无征，识者虑之。己未夏，予来治庆事，甫下车，窃皇皇然，即以修志为务。因偕章癖山、胡慕园两广文，延集邑之绅士，开馆纂修，辑为一十二卷。壬子以前不妄损亦不妄增者，从其旧也。壬予以后，不敢遗亦不敢滥者，录其实也。书既校定，爰付剞劂，庶几传诸将来而随时补辑者，藉得前有所考，亦后有所据也夫。时嘉庆六年春三月下澣。

清道光增补《庆元县志》序

知县 吴纶彰

窃维邑之有乘，犹国之有史，国史所以示褒贬，明彰瘅、炳大道于日新；邑乘所以辨淑慝、昭劝惩，维名教于古今。洪纤虽别，体例皆同。我国家重熙累叶，大化涵濡，稽古右文，崇儒重道，固已集四库之大成，合三通而美备矣。庆元虽僻处山陬，而志乘亦上贡天府，以供采择。溯自嘉庆六年春三月，关前令编辑至今，不惟原版漫漶模糊，难于披览；且三十年来，方隅之沿革，风俗之浇淳，人物之孝行节烈，有关乎风化。裨于政治者，恐日久就湮，无以征信。庚寅初，予来治庆。下车后，百务蝟集，尤拳拳于邑志之未及修也。壬辰适奉部文檄征邑志，更加责无可辞，乃召邑诸生与之谋，众议佥同，皆愿分任采辑。是岁秋，予捐廉倡修，延请学正文醇者，分类编补，并举公正廉明者，经理其事，夏偕沈广文蓼庵，悉心综核，五阅月而草创始定，爰付阶劂，上以备朝廷之采择，下以资士庶之观摩，亦以俾后之随时增辑者，未必无小补云，是为序。

清光绪重修《庆元县志》序

知县 林步瀛

庆隶括，末邑也。深僻幽阻，舟车不通，名人游历足迹之所不至。然而民皆务本业，崇节俭，犹有山枢蟋蟀之风焉。邑志纂修于康熙壬子程君维伊。续修于嘉庆辛酉关君学优；续修于道光壬辰吴君纶彰；复修于道光癸卯宋君琛，迄今又三十余年。维山川犹是，民物犹是，而损益沿革，关乎政教者阙焉弗录，何以备物垂轨而资考镜？又况咸丰戊午，粤匪窜扰县之化乡，阖邑震动。其时捍御捐躯者，义烈之士，讵委诸蔓草荒烟；贝洁之操，忍听其碑残碣断。余初莅是任，询诸故老，窃耿耿于邑乘之未及修也。旋因调摄平昌篆，事遂中寝。回任之次年，议复举时，值夏旱祷雨，行平粜，未遑兼顾。去岁引邑中之髦硕，共襄采辑，适以秋闱校士，奉调解任，幸得史君静伯踵而成之，今春数以书来促余为序，余方憾有志未逮，敢言序哉。顾余于前志获厕经始之列，兹自去庆后乐观其成，不可谓非厚幸也，爰识数语以弁简端云。光绪三年岁次丁丑孟夏之吉。

1996年版《庆元县志》序

中共庆元县委书记 谢力群

新修《庆元县志》，是庆元的一件大事。它的出版，对于了解县情、积累资料，吸取经验、指导工作，承前启后、教育后人，都有不可低估的作用，还将为今后各项改革和经济的发展提供大量可资征信的依据。能为志书作序，深感有幸。

庆元青山绿水、钟灵琉秀、物产丰富、人才荟萃。巍巍百山祖，滋养着广阔而又茂密的原始森林，哺育着世界濒临灭绝的珍稀树种百山祖冷杉；菇神吴三公开创的制菇业，养育着一代代菇乡人民，庆元香菇正称雄于中华大地；源远流长的三江之水，滋润着全国质量评比独占鳌头的庆元柑橘、果大味美的庆元猕猴桃和质量上乘的“天堂锥栗”；令人赏心悦目、流连忘返的“濛洲八景”与日益发展的资源加工、邮电运输、文化教育、电力城建、市场流通、卫生体育等各项事业相映成辉，展示了山区蒸蒸日上的发展画卷。庆元自古以来民风淳朴，人民勤劳简朴，不畏艰难。特别是在中国共产党十一届三中全会以来的路线指引下，全县人民积极投身改革，解放思想，更新观念，励精图治，艰苦创业，合力发展经济，携手振兴庆元，使庆元大地政通人和，百业兴旺，步入盛年之年！

新修《庆元县志》开县志之新体，注重经济，详今略古，更把当今改革进程作为重点载入，内容全面，文简事丰，具有鲜明之地方特色；新修《庆元县志》总览一县自然之概貌，把握社会变迁之脉络，使我们对古今县情基本了然，一方乡土，占卷可得，工程之浩瀚，可想而知，内容之广博，前所未有；新修《庆元县志》，真实地记载庆元的历史，确切地反映庆元的发展历程。尽管因时间条件所限，志书难免有疏漏之处，但终不失为庆元县情资料的传世典籍，终不失为一部详尽的地方百科全书。

庆元曾有100多年文史资料记载的空白，为弥补这一缺憾，中共庆元县委、县人民政府决定于1985年开始修志，在县志编纂委员会的指导下，参加修志的67个单位、150余人历时七载，兢兢业业、埋头苦干，付出了艰辛的劳动。又承蒙社会各界、方志专家以及有关知名人士的大力支持，悉心指导，才得以完成这样一件裨益当今惠及后世的大好事。我们在开卷之时，不会忘记他们足资称道的贡献，庆元人民不会忘记他们的辛勤劳动。

改革的深入，社会的前进，必将继续造就一代风流人物。勤劳朴实的庆元人民，一定能在历史发展的大潮中，求真务实，奋力拼搏，艰苦创业，用智慧和勤劳、心血和汗水创造出比前人更辉煌、灿烂的业绩，为《庆元县志》续写更加壮丽、自豪的篇章。

前志补遗与勘误

《庆元县志》（1996版）出版后，陆续发现一些遗漏和错误，特在第二轮修志中将遗漏和错误予以补正。

（一）前志补遗

省部级劳动模范名录

表39—7—1

姓名	性别	出生年月	所在单位	荣誉名称	授予时间	颁奖机关
吴鸣翔	男	1936年7月	庆元县营林公司	省劳动模范	1982年10月	省人民政府
吴顺传	男	1938年8月	松源镇街尾村	省劳动模范	1985年12月	省人民政府
吴式求	男	1936年8月	庆元县造纸厂	省劳动模范	1987年5月	省人民政府
叶先义	男	1935年8月	黄田镇东西村	省劳动模范	1990年4月	省人民政府

省部级以上先进个人名录

表39—7—2

姓名	性别	所在单位	荣誉名称	授予时间	颁奖机关
刘德林	男	竹口供销社	1956—1964省先进工作者	1957年7月	省人民委员会
吴岩泉	男	县伊达公司	1956—1964省先进工作者	1958年10月	省人民委员会
李四头	男	县吉庆公司	1956—1964省先进工作者		省人民委员会
张正书	男	县艺术中心	1956—1964省先进工作者		省人民委员会
张一凡	男	江根小学	省文教方面社会主义建设先进工作者	1959年	省人民政府
李金荣	男	县医药公司	1956—1964省先进工作者	1961年5月	省人民委员会
林少华	男	县教育局教研室	全国体育优秀裁判员	1985年12月	国家体委
姚秋荣	男	新村中学	全国体育优秀裁判员	1985年12月	国家体委
蔡福通	男	新村中学	省优秀共产党员	1986年6月	中共浙江省委
吴　奇	男	江西省上饶职教培训中心	全国广播电视大学优秀教师	1986年	国家教委
骆涌芳	男	县卫生局	国防荣誉证书	1987年	国防部
麻育豹	男	县人民医院	国防荣誉证书	1987年	国防部
潘水松	男	庆元县计生委	在全国生育节育抽样调查中评为国家级先进工作者	1989年3月	国家计生委、全国生育节育抽样调查领导小组
张以良	男	石湖乡人武部	以劳养武先进个人	1989年9月	省人民政府、省军区
林国杰	男	庆元中学	全国普教卫生工作先进个人	1989年11月	国家教委
胡晓峰	男	庆元县人武部	人武部干部在职训练先进个人	1989年	省军区
施仁娣	男	屏都乡人武部	抗洪救灾先进个人	1989年	省军区
夏家生	男	庆元县人武部	先进个人	1990年10月	省军区

续表 39—7—2

胡恒龙	男	左溪区人武部	抢险救灾先进个人	1990 年 12 月	省人民政府、省军区
林新成	男	万里林区公所	第四次全国人口普查先进个人	1990 年 12 月	国家统计局、国务院第四次全国人口普查领导小组
刘先红	女	石湖乡人民政府	第四次全国人口普查先进个人	1990 年 12 月	国家统计局、国务院第四次全国人口普查领导小组

省部级以上先进集体名录

表 39—7—3

获奖单位	荣誉名称	获奖时间	颁奖机关
庆元中学	省体育基层先进单位	1978 年 3 月	省革命委员会
庆元中学	省卫生工作先进集体	1982 年 9 月	省人民政府
庆元中学	省第七届运动会群众体育先进基层单位	1982 年 9 月	省人民政府
松源镇姚家村青年民兵之家	“红星”（先进）青年民兵之家	1988 年 12 月	省军区
庆元县人武部	先进人武部	1988 年	省人民政府、省军区
庆元县人武部	省民兵武器管理连续五年无事故活动先进县	1988 年	省人民政府、省军区
庆元县人武部	抗洪救灾先进单位	1989 年	省人民政府、省军区
松源镇人民政府	第四次全国人口普查省级先进单位	1990 年 12 月	省人民政府
庆元县人民政府	征兵工作先进单位	1990 年	省人民政府、省军区
庆元县人民政府	民兵预备役工作先进单位	1990 年	省人民政府、省军区
庆元县人民政府	退伍安置工作先进单位	1990 年	省人民政府、省军区
庆元县人民政府	以劳养武先进单位	1990 年	省人民政府、省军区
庆元县人武部	征兵工作先进单位	1990 年	省人民政府、省军区
庆元县人武部	民兵工作先进单位	1990 年	省人民政府、省军区
竹坪乡人武部	基层民兵政治教育先进单位	1990 年	省军区
三济乡人武部	基层民兵学雷锋活动先进单位	1990 年	省军区
屏都乡人武部	基层民兵为部队系列化服务先进单位	1990 年	省军区
四山乡人武部	基层民兵以劳养武工作先进单位	1990 年	省军区

（二）前志勘误

表 39—7—4

页数	行数	原文	补正	错误类别
序一 1	倒数 3 行	言必有握	言必有据	错别字
序二 3	8 行	濛州八景	濛洲八景	错别字
序四 7	9 行	粈烂的香菇文化	灿烂的香菇文化	错别字
2	7 行	海拔 1875 米	海拔 1856.7 米	数值错误
68	16 行	贤良镇淤上、新村	淤上乡塘根村	地名错误
255	到数 7 行	抢起	抡起	错别字
544	15 行	胡纮（约 1139—1204）	胡纮（1137—1204）	时间错误
568	19 行	吴美珍	胡美珍	人名错误
639	20 行	徐传彬	徐传珍	人名错误

索　引

本索引包含目与子目索引、图片索引、表格索引。

目与子目索引收录正文中的目与子目，部分目与子目因语言环境需要，在名称中酌情增加修饰词。图片索引收录卷首和正文中的地图和照片。表格索引收录正文中的表格。原有图片序号一并保留，图片序号中的首个数字为该图表所在篇，第二个数字为该图片的该篇中的次序；表格序号中的首个数字为该表格所在篇，第二、三个数字为该表格在该篇中所在的章、节，第四个数字为该表格在该篇章节中的次序。

目与子目索引按笔画为序排列，首字相同的依第二字排序，以此类推；阿拉伯数字起首的单列，按数字从小到大的书序排列；英文子目起首亦单列。图片索引和表格索引按页码先后为序。

各条目后的数字为该条目在书中所在的页码。

目与子目索引

【二画】

【三画】

【四画】

【五画】

【六画】

【七画】

【八画】

【九画】

【十画】

【十一画】

【十二画】

【十三画】

【十四画以上】

【阿拉伯数字】

【英文字母】

图片索引

【卷首图片】

【正文图片】

表格索引

编后记

2006年，《地方志工作条例》颁布实施后，地方志工作走上有法可依的轨道。根据条例规定，地方志书每20年左右编修一次。1996年，庆元县完成第一轮修志。2009年，启动二轮修志工作，续修《庆元县志》。

《庆元县志（1991—2010年）》为续修，上限为1991年，下限为2010年，涉及全县101个乡镇、部门、单位，规划46篇186章，110万字。经初审、复审、终审定稿后，共38篇，110万字。

二轮县志启动前，庆元县于2007年成立《庆元年鉴》编辑部，开始《庆元年鉴》编纂，人员为县档案局（馆、史志办）方志编辑科2名工作人员和返聘的2名退休教师。二轮县志编纂启动后，设立《庆元县志（1991—2010年）》编辑部，与《庆元年鉴》编辑部一同办公，同时进行县志和年鉴编纂。2009年5月27日，庆元县地方志编纂委员会办公室发布《关于〈庆元县志（1991—2010年）〉篇目及承编单位征求意见的公告》，公开向各单位和社会各界征求二轮县志篇目设置的意见和建议。之后，各单位分别建立二轮修志领导小组及其办公室，负责二轮修志。7月1日，召开全县党史方志工作会议暨《庆元县志（1991—2010年）》编纂动员大会。7月3日，下发《中共庆元县委办公室、庆元县人民政府办公室关于印发〈庆元县编修地方志工作方案〉的通知》，明确二轮修志指导思想、目标任务、方法步骤、组织领导、具体要求。经过征求意见建议和长期讨论、修改，2010年4月15日，下发《中共庆元县委办公室　庆元县人民政府办公室关于印发〈庆元县志（1991—2010年）〉篇目和承编单位的通知》，各承编单位陆续进行县志资料收集、初稿撰写、文稿修改补充。9月16日，下发《关于抓紧进行〈庆元县志（1991—2010年）〉初稿撰写工作的通知》，督促各撰稿单位加快县志初稿撰写进度。2012年7月11日，县府办发出《关于征集〈庆元县志（1991—2010年）〉人物资料的通知》，面向社会公开征集入志人物资料。至2014年末，各承编单位基本完成初稿撰写。2015年，县志、年鉴编辑工作分离，由吴青、郑善九负责县志总纂。2016年5月20日，县委办、县政府办印发《关于再次征集〈庆元县志（1991—2010年）〉入志人物资料的通知》。2016年末，总纂形成县志征求意见稿。2017年末，修改后形成县志初审稿。2018年11月，县志通过初审。2019年10月，县志通过复审。2020年7月，县志通过终审。县志终审修改后，分别报丽水市地方志研究室、县人民政府批准出版，并由方志出版社出版发行。

在修志过程中，各乡镇和县直各单位给予大力支持和配合，完成供稿任务。徐鹏、朱晓亮、叶剑平、吴平、樊有富、陈世森、洪关旺、吴兆江、郑利锋、洪声保等专家出席县志初审会议，章其祥、徐鹏、胡锡明、雷华英、朱晓亮、刘勇、彭岳舜、田金友等专家出席县志复审会议，潘捷军、周祝伟、雷华英、徐鹏、朱晓亮等省市专家，编纂委员会成员和统战部、人武部等单位出席县志终审会议。这些专家都对县志修改和完善提出了宝贵的意见和建议。在此，谨向为本志编纂提供帮助和支持的单位及付出辛勤劳动的个人一并致以最诚挚的感谢！

在编修中，本着为现实服务、对历史负责的态度，力争求真务实，突出时代特色和地方特色，尽量做到体例规范、史实翔实、表述准确。但由于种种原因，部分单位资料收集不全，数据不够完整，导致部分篇章内容单薄。同时，由于编纂人员水平有限，书中错讹遗漏在所难免，敬请读者指正并提出宝贵意见，以便在下一轮修志时纠错补遗。

庆元县地方志编纂委员会
2020年10月